国家社会科学基金重大项目
10&ZD099资助课题
《中国现代文学馆藏珍品的发掘、
整理、研究与出版》

「十二五」国家重点
图书出版规划项目

中国现代文学馆
馆藏珍品大系

中国现代翻译文学初版本图典·上卷

主　编　　陈建功　吴义勤

执行主编　许建辉　徐　俊

副主编　　张元珂　崔庆蕾

百花洲文艺出版社

BAIHUAZHOU LITERATURE AND ART PRESS

中国现代翻译文学初版本图典

中国现代文学馆馆藏珍品大系

主　编　　陈建功　吴义勤

执行主编　许建辉　徐俊

副主编　　张元珂　崔庆蕾

正　文　　徐俊　张元珂　崔庆蕾

图　片　　徐俊

附表索引　徐俊

资料管理　张元珂　王清辉　李立云

　　中国现代文学馆是巴金先生等老一代著名作家倡议、由中国政府支持建成的文学博物馆。无论从建筑的规模还是从藏品的数量来看，均可排在世界的前列。因此，它也就成为了北京乃至中国文化建设的地标性设施——络绎不绝的参观者无不赞颂它所展示的文学的自信与尊严，赞颂它展示了一个国家一个民族对文学的爱护与推重。

　　我们固然为此而自豪，同时也清醒地意识到，文学馆远不仅只是一个展示的窗口、一个地标性的建筑。文学馆的价值，或许更在于它可能为研究者提供一个通往作家作品乃至文学流派的通道，在于它可能为更广大的民众开启一扇走近作家走入文学的大门。近年来，我馆积极进行"作家版本图书馆"、"数字文学馆"、"手稿珍品馆"的筹建，坚持开办"星期日免费讲座"，以及这次编选出版《中国现代文学馆馆藏珍品大系》丛书，都是我们朝着既定的办馆方向的努力。

　　自1986年巴金先生在北京西郊万寿寺宣布中国现代文学馆开馆以来，文学馆已经伴随着国家的发展和文学的繁荣走过了二十寒暑。在党和政府的高度关怀下，在一代一代馆员的努力下，在成千上万的作家及其亲属的殷殷关切和慷慨襄助下，文学馆既变化了容颜，也丰富了馆藏。我们倍感欣慰的是，拜金主义的风行，似乎侵袭不到人们心中的文学净土。许许多多的作家及其亲属仍然继续无偿地向文学馆捐赠珍贵的手稿、藏书乃至作家的各种遗物。如此热情甚至感染了海外，不少海外著名的华文作家，也都携其重要文稿资料来归，其对丰富我馆馆藏乃至扩大我馆影响之贡献，是不言而喻的。

　　作为一个作家，其文稿、藏书对于文学馆的重要价值是不消说的。难得的是，不少作家——特别是老一辈作家，多是国学功底深厚、艺术修养全面的饱学之士，有的本身就是藏书家和书画家，更多的人，则由于声名显赫，或得以广交书画界朋友，常得遗赠丹青；或自身喜爱书画赏析，不惜重金持购。聚沙成塔，集腋成裘，于不知不觉间成了艺术珍品的持有者。另有作家之间的唱和、赠答、翰墨往来等，也在不经意间成为了寄寓着文坛佳话的珍品。这些，都使得作家遗存物品并不止于文稿藏书，而呈现出更为缤纷多样的特点。令人感动的是，不论手稿、藏书还是其他珍品，不论这些珍贵物品得之如何不易，藏之如何难舍，也不论它们是否价值连城，我们的作家及其亲属们都视之为民族文化的财富，当他们发现有现代文学馆可以信赖托付时，毫不犹豫慷慨与赠。由此成就了中国现代文学馆蕴含丰厚的馆藏，有的甚至成为了我们的"镇馆之宝"。

这些珍贵的藏品既取之于社会，就要回报于社会。与捐赠者的无私与慷慨相比，作为文学馆的管理者，我们总是觉得自己对这些珍贵藏品的编目、保管、展示等工作都过于迟钝了。随着收藏日多，已有不少有识之士对我馆提出建议。当代藏书家谢其章在《老期刊收藏》一书中就曾专门撰文讲到唐弢先生的收藏，他说："唐弢先生是大藏书家……逝世之后，毕生所蓄期刊一千多种，一万五千多册，全部捐献中国现代文学馆，其中精品罕品甚多，可惜……仅见到七种象征性地摆在那里。……惜哉！唐弢收藏的杂志，就那么'深锁环琅饱蠹鱼'了吗？至少应该出一本图册，以怀念唐弢先生一生的辛勤收集。"

是的，唐弢先生有知，决不会同意我们将"唐弢文库"束之高阁。应该说，回应这种批评和呼吁，反省我们的工作，就是这套《中国现代文学馆馆藏珍品大系》丛书编纂出版之缘起。

因此，这套丛书的出版，既是中国现代文学馆二十年间收藏珍品的巡礼，也可以看作是我馆向慷慨的捐赠者和坦率的批评者的汇报。

是为序。

2006年10月6日

编辑说明

（一）

本书收录1949年10月之前出版的外国文学（不含评论）译本，涵盖本馆所有馆藏，入藏时间截止于2013年12月。

1. 为保证译作的纯文学性，时事类报告通讯及非创作类书信日记不予收录，传记接近于评论，亦不在收录之列；自传、回忆录接近于散文，则予收录。

2. 中国作者（如林语堂）用外文创作又被译成中文的作品不予收录。

3. 根据外国文学改编的作品是否收录视具体情况而定：根据原著翻译并改写的，视同于译作，予以收录；根据中文译本改写的，不予收录。

（二）

本书收录的外国文学译本，馆藏有初版本的，编入正文，每一种译本设一条目，配置一帧封面图片并标明尺寸；馆藏无法确定是否为初版本（因版权页缺失等故）以及馆藏无初版本的，分别编入附表一《馆藏初版本不确定的新文学译本》和附表二《馆藏无初版本的新文学译本》。分册出版的初版本而馆藏无首册的，也编入附表二。

1. 有的译本虽名为"初版"，此前已由其他出版社出版，或因收入某一丛书而重新标为"初版"，这些所谓的"初版本"一概编入附表二，并说明以前出版情况，或注明丛书名。

商务印书馆在二十世纪初期出版了大量外国文学文言译本，重复收入《欧美名家小说》、《说部丛书》（又分为十集本和四集本）、《林译小说》丛书（有两集）、《小本小说》、《袖珍小说》等丛书中，大多标为"初版"，在版次上颇为混乱。为避免混淆，本书对这些版本都注明丛书名。

有的译本由于版权页缺失，无法确知出版时间及版次，为避免版本信息过于稀少，也注明丛书名。

除去以上三种特例，本书仅对于编为正文条目的初版本注明丛书名。

2. 正文和附表中的"不明版本"是指因版权页缺失等故致使出版者、出版时间及版次都无法得知的版本。

3. 正文和附表中的书名以汉语拼音顺序排列。同一种原著的不同译者之译本，在正文和附表中分别立目。如译名相同，以译者姓名的汉语拼音为序。不同著者原著的译本译名相同，则以著者姓氏的汉语拼音为序。

4. 本书共有正文1762条，附表一191条，附表二497条。

（三）

正文条目由版本信息、馆藏情况、序跋介绍、内容篇目四部分组成。

1. "版本信息"包括书名、类别、著者、译者、初版时间、印数、出版地、出版发行者、印刷者、经售者及丛书名。以上内容之齐全与否，视书籍本身提供信息之多寡而定；凡书籍提供之信息，一般按原样抄录。

书名原则上以封面为准以与图片取得一致，著者名与译者名原则上以版权页为据。书名、著者名、译者名在封面、书脊、扉页、目录页、正文、版权页等不同位置有异文的，在条目中注明。

原著者的国别，除"瑞典"与"瑞士"、"波兰"与"波斯"等易于混淆者使用全称外，一律使用简称，如"英"、"法"、"俄"、"苏"、"日"、"美"等。

作品合集的著者或译者有三个及三个以上时，只录排名第一位的著者或译者并加以"等"字。如果封面注明的著者或译者并非排位第一，则以封面为准以与图片取得一致。

2. "馆藏情况"罗列本馆收藏的该译本的所有版次（初版和重版）以及所有收藏地点（各个作家文库以及图书大库）。

版次与各个库房并非一一对应，版次罗列以出版时间之先后为序，库房罗列则以本书编写之先后为序。

3. "序跋介绍"罗列译本首尾作为序跋的篇名及作者，摘录其中介绍译作内容的文字。

序跋作者在书籍上有署名的，完全依照署名情况抄录；没有署名而根据序跋可以推断出作者的，则用括号将作者标注在篇名之后。

序跋摘录时完全按照原文抄录，遇有衍夺讹误需要校正时，衍字以[ ]标出，夺字或讹误以〈 〉补正。

序跋如未叙及译作内容，则不予摘录。如不摘录序跋，则"序跋介绍"与"内容篇目"合并为一段。

4. "内容篇目"介绍单篇作品（小说、诗歌、戏剧、散文）的章节（幕场）

数或作品集（小说集、诗歌集、戏剧集、小说戏剧集、诗歌散文集等）的篇目名及篇目数。

篇目超过15个的，只抄录前15个。目录与正文的篇目名经核对有异文时，取正确者；有异文而又都可通（如"和"、"与"之别），则以正文为据。

单篇作品不录章节（幕场）名。

（四）

附表内容为书名、类别、著者、译者、馆藏版本及馆藏地点。

书名、类别、著者、译者的编写原则参照正文条目第一部分，馆藏版本与馆藏地点则等同于条目第二部分"馆藏情况"。

（五）

书末附有《书名索引》、《译者索引》、《出版者索引》。

1.《书名索引》涵盖本书正文和附表中出现的所有书名，以汉语拼音顺序排列。

2.《译者索引》以译者引领所有书名，译者与书名均以汉语拼音顺序排列。译者不详的书目列在最后。

3.《出版者索引》以出版者引领所有书名，出版者与书名均以汉语拼音顺序排列。出版者不详或译者自刊的书目列在最后。

本书以汉语拼音排列顺序时，对于同音字按笔画数由少到多排列，笔画数相同的则按笔形横、竖、撇、点、折的顺序排列。

（六）

本书编撰过程中，参考了贾植芳、俞元桂主编的《中国现代文学总书目》（福建教育出版社1993年12月出版），特此致谢！

2013年12月

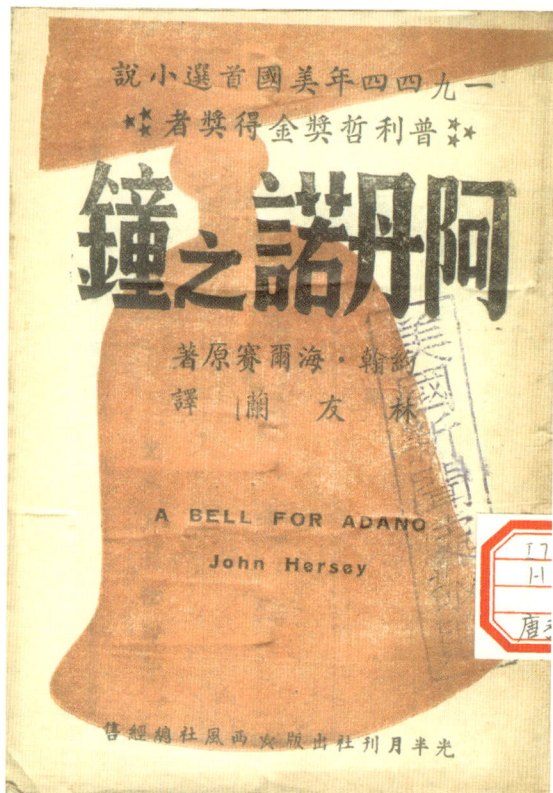

一九四四年美国首选小说
★普利哲奖金奖得者★

鐘之諾丹阿

約翰·海爾賽原著
林友蘭譯

A BELL FOR ADANO
John Hersey

西安風雨社總經售　光半月刊社出版

阿丹诺之钟
初版本封面（17.9厘米×13厘米）

小说。【美】约翰·海尔赛著。林友兰译。民国三十四年（1945）六月初版。光半月刊社印行。重庆西风社总经售。

馆藏光半月刊社1945年6月初版，见唐弢文库。

初版本卷首有《原序》（著者），卷末有林友兰《跋》。作品共有20章。

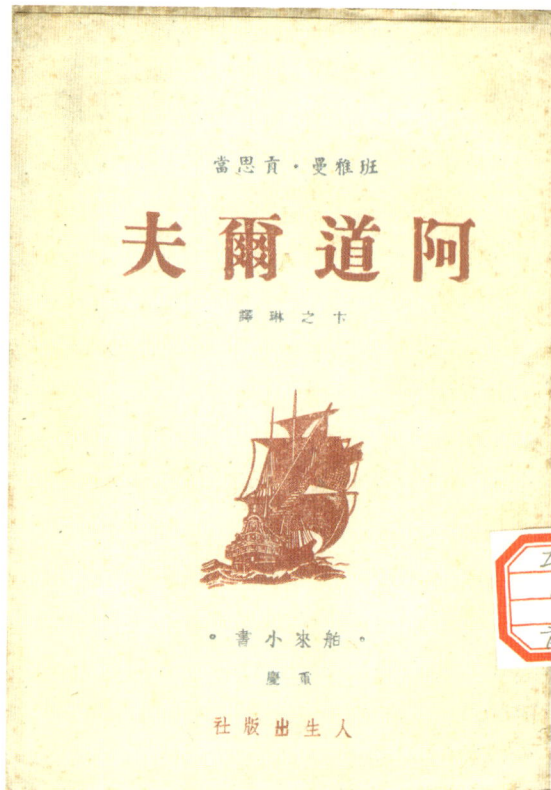

班雅曼·贡思当

夫爾道阿

卞之琳譯

·舶来小書·
重庆

人生出版社

阿道尔夫
初版本封面（18.4厘米×13.2厘米）

小说。【法】班雅曼·贡思当著。卞之琳译。民国三十四年（1945）七月渝初版。重庆人生出版社出版、发行。润华印书馆印刷。《舶来小书》之一种。

馆藏人生出版社1945年7月初版、文化生活出版社1948年7月初版，见唐弢文库、巴金文库、图书大库。

初版本卷首有卞之琳《译者序》、《原书第三版序》（著者）、《刊行人弁言》，卷末有《致刊行人函》、《覆函》、【法】安特列·勒·布雷东《贡思当及其〈阿道尔夫〉》（附录）。作品共有10章。

阿笃儿夫
初版本封面（18.1厘米×12.6厘米）

小说。【法】康斯当著。徐仲年译。民国三十二年（1943）二月初版。重庆古今出版社发行。古今印刷所印刷。马耳主编《古今文艺名著译丛》之一种，《国立中央大学外国文学研究会丛书》之一。

馆藏古今出版社1943年2月初版、正风出版社1948年7月初版（书名为《情蠹》并附注原名《阿笃儿夫》），见唐弢文库。

初版本卷首有徐仲年《序——重九赠兰勋》、《出版者言》、《致出版者函》、《覆函》。作品共有10章。

阿尔刻提斯
初版本封面（18.6厘米×13厘米）

戏剧。【古希腊】攸里辟得斯著。罗念生译。民国三十二年（1943）六月初版。重庆古今出版社发行。古今印刷所印刷。马耳主编《古今文艺名著译丛》之一种。

馆藏古今出版社1943年6月初版，见巴金文库、图书大库。

初版本卷首有罗念生《译者序》、《攸里辟得斯传略》、泽拉谟《编者的引言（节译）》，卷末附有《希腊文译音表》、《译剧里的专名词表》（译者）、《抄本版本与英译本》。作品有3场，另有《开场》、《进场歌》、《歌》3支、《退场》，共9幕。

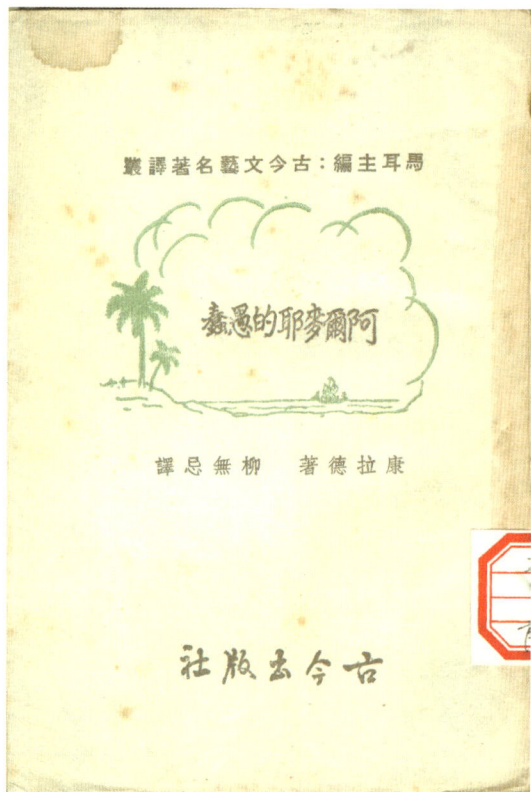

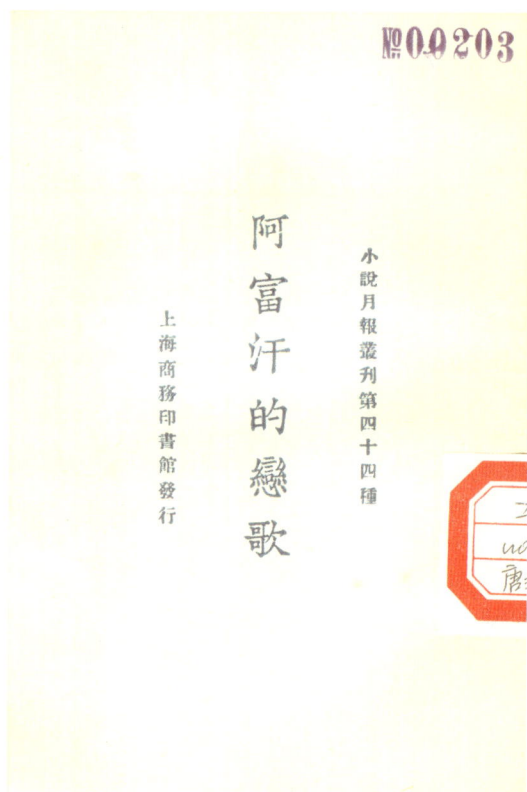

阿尔麦耶的愚蠢
初版本封面（18.6厘米×12.9厘米）

　　扉页、正文题《阿尔麦耶底愚蠢》。小说。
【英】康拉德著。柳无忌译。民国三十二年（1943）
九月初版。重庆古今出版社发行。古今印刷所印刷。
马耳主编《古今文艺名著译丛》之一种。

　　馆藏古今出版社1943年9月初版，见唐弢文库。

　　初版本卷首有《绪言》（译者）。作品共有12
章。

阿富汗的恋歌
初版本封面（14.9厘米×10.1厘米）

　　诗歌集。【瑞典】泰伊纳等著。希真等译。民国
十四年（1925）三月初版。上海商务印书馆印行。小
说月报社编辑《小说月报丛刊》之四十四。

　　馆藏商务印书馆1925年3月初版，见唐弢文库、图
书大库。

　　初版本无序跋。内收《阿富汗的恋歌》、《永
久》、《季候鸟》、《辞别我的七弦竖琴》、《"假
如我是个诗人"》、《浴的孩子》、《你的忧悒是你
自己的》、《东方的梦》、《什么东西的眼泪》、
《在上帝的手里》、《十二个》、《"十二个"》、
《伤痕》、《分离》、《她的名字》等18篇。

阿莱城的姑娘
初版本封面（18.9厘米×13.4厘米）

戏剧。【法】都德著。张志渊译。1930年5月初版。上海开明书店发行。

馆藏开明书店1930年5月初版，见唐弢文库。

初版本卷首有朱孟实《朱序》、薰宇《刘序》。作品有第一场1幕、第二场2幕、第三场2幕，共5幕。

阿莱凯姆短篇集
初版本封面（15.7厘米×11.5厘米）

小说集。【苏】阿莱凯姆著。柳无垢译。1944年3月初版。桂林耕耘出版社出版、发行。建设印刷厂印刷。《耕耘文丛》之五。

馆藏耕耘出版社1944年3月初版、1947年2月沪一版（书名为《喀特雅最幸福的人》），见唐弢文库、图书大库。

初版本卷末有【苏】亚龙·葛斯坦《论夏洛姆·阿莱凯姆》。正文收《三个小头儿》、《倍尔·阿萨克讲美国珍闻》、《从倍诺斯·爱勒来的人》、《高等学校》、《征兵》、《录取了》、《喀特雅最幸福的人》共7篇。

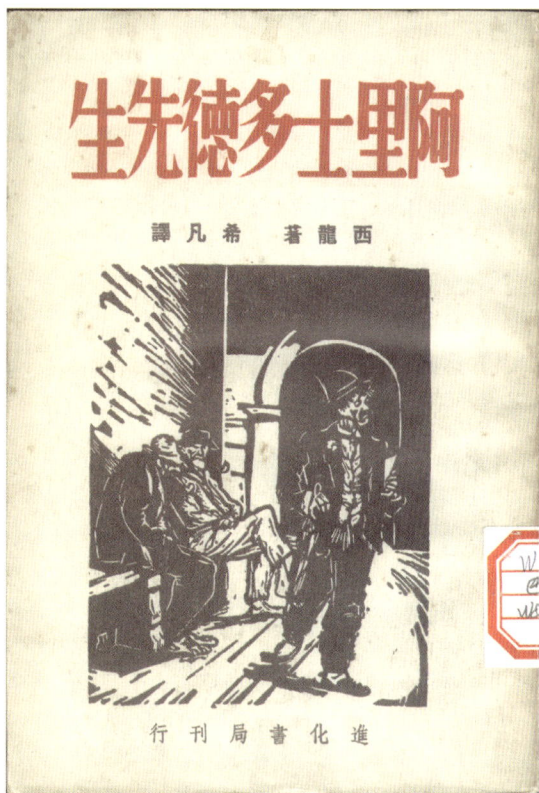

阿里士多德先生
初版本封面（18.2厘米×12.8厘米）

阿丽思漫游奇境记
初版本封面（18.9厘米×13厘米）

小说集。【意】西龙著。希凡译。民国三十五年（1946）九月初版。进化书局印行。上海华夏书店总经售。

馆藏进化书局1946年9月初版，见巴金文库、图书大库。

初版本卷末有尼蒂·苏脱洛《关于西龙的种种》。正文收《阿里士多德先生》、《机关》、《哭丧婆——阿喜》、《辛波列索》、《旅行巴黎》共5篇。

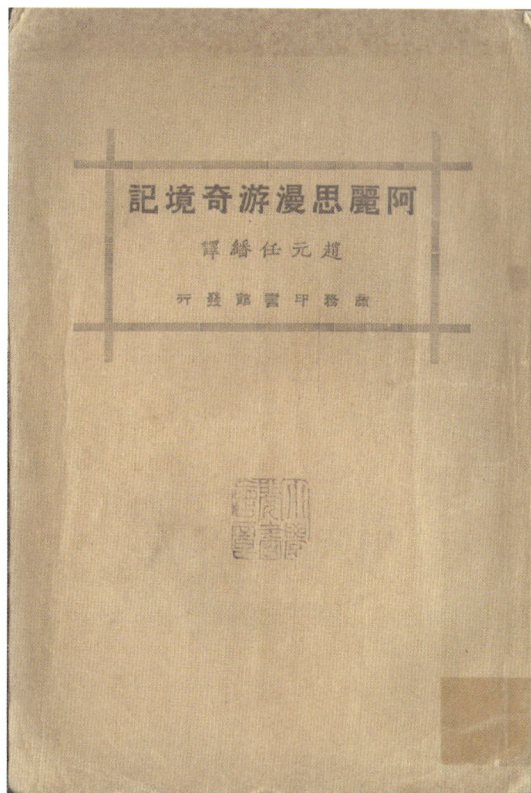

童话。【英】路易斯·加乐尔著。赵元任译。民国十一年（1922）一月初版。上海商务印书馆印行。

馆藏商务印书馆1922年1月初版、1923年5月二版、1947年3月五版，见王辛笛文库、图书大库。

初版本卷首有赵元任《译者序》、《凡例》（译者）、《特别词汇》（译者）。作品共有12章。

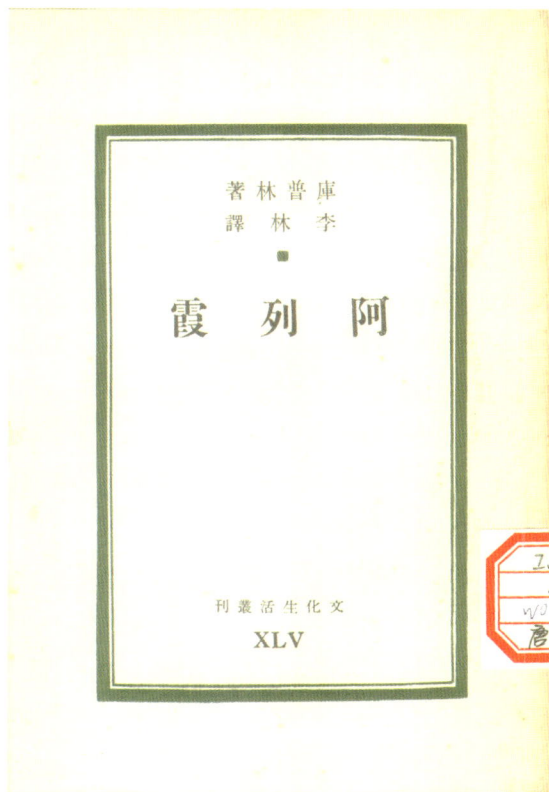

阿列霞
初版本封面（18.3厘米×13.1厘米）

阿路塔毛奥甫家的事情
初版本封面（18.5厘米×12.7厘米）

　　小说。【俄】库普林著。李林译。民国三十八年（1949）六月初版。文化生活出版社印行。巴金主编《文化生活丛刊》之四十五。

　　馆藏文化生活出版社1949年6月初版，见唐弢文库、汝龙文库、图书大库。

　　初版本无序跋。作品共有14章。

　　小说。【苏】M.高尔基著。树华译。1937年1月出版。天津生活知识出版社印行。天津书局、上海生活书店经售。《M.高尔基小说全集》之一。

　　馆藏生活知识出版社1937年1月初版，见唐弢文库。

　　初版本卷首有《全集缘起》（译者）。作品共有4章。

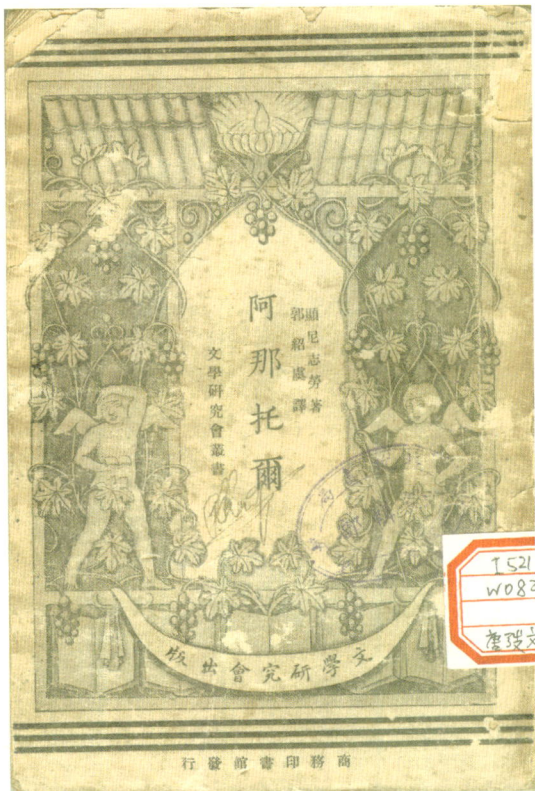

阿那托尔
初版本封面（18.8厘米×13厘米）

阿难小传
初版本封面（18.8厘米×12.5厘米）

　　戏剧。【奥】显尼志劳著。郭绍虞译。民国十一年（1922）五月初版。文学研究会出版。上海商务印书馆印行。《文学研究会丛书》之一种。

　　馆藏文学研究会1922年5月初版、商务印书馆1933年版（版权页缺失），见唐弢文库、图书大库。

　　初版本卷首有郑振铎《序》。作品共有7幕。

　　小说。【英】笠顿著。平公译。光绪三十一年（1905）十一月初十日初版。上海有正书局印行。《小说》之一。

　　馆藏有正书局1905年（农历）11月初版，见唐弢文库。

　　本书为写情小说。初版本卷首有《冷序》。作品共有15回。

阿托莫诺夫一家（一）
初版本封面（18.5厘米×12.2厘米）

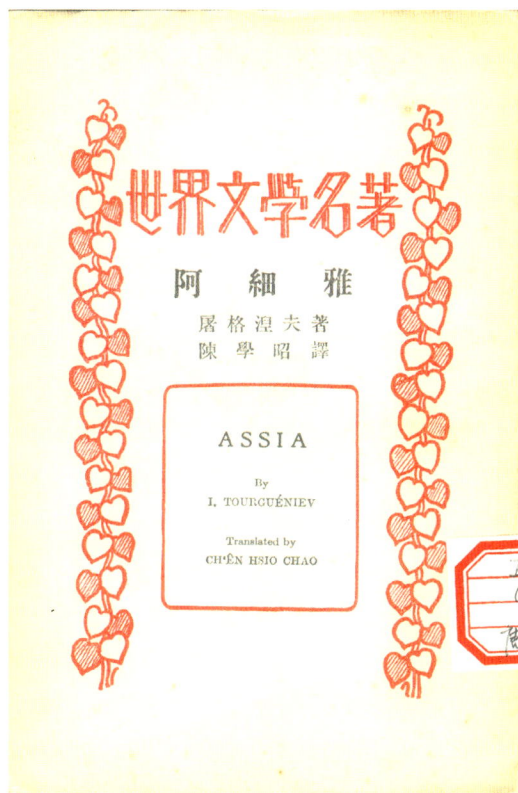

阿细雅
初版本封面（19厘米×13厘米）

封面误为《阿托诺莫夫一家》。小说。【苏】高尔基著。汝龙译。民国三十三年（1944）十一月渝一版。文化生活出版社印行。《译文丛书》之一种。

馆藏文化生活出版社1944年11月初版、1946年11月初版（一至四部合订本）、1948年11月二版（一至四部合订本），见唐弢文库、丁玲文库、图书大库。

初版本无序跋。作品不标章次。

小说。【俄】屠格涅夫著。陈学昭译。民国二十五年（1936）六月初版。上海商务印书馆印行。《世界文学名著》之一种。

馆藏商务印书馆1936年6月初版，见唐弢文库。

初版本无序跋。作品共有22章。

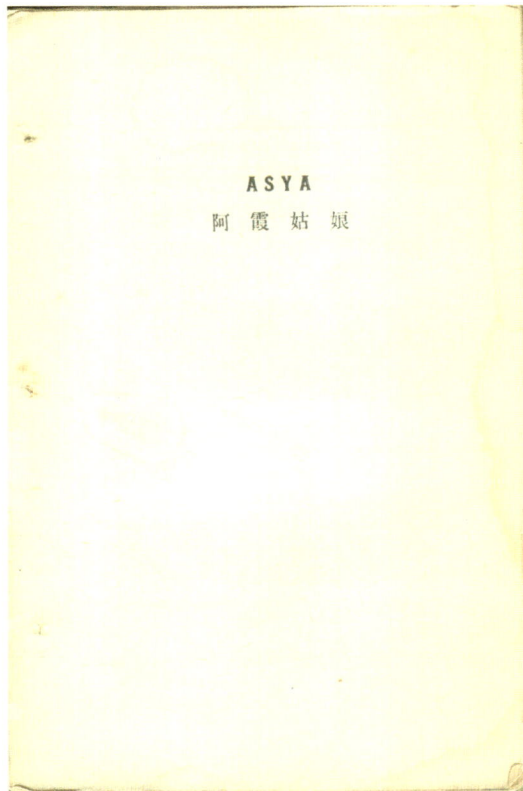

阿霞姑娘
初版本正文页（封面、扉页缺失。19厘米×13.1厘米）

　　小说。【俄】屠格涅夫著。席涤尘、蒯斯曛译。1933年8月初版，印2000册。上海黎明书局印行。

　　馆藏黎明书局1933年8月初版，见巴金文库。

　　本书为中英文对照。初版本卷首有伍蠡甫《屠格涅夫的忧郁》。作品共有22章。

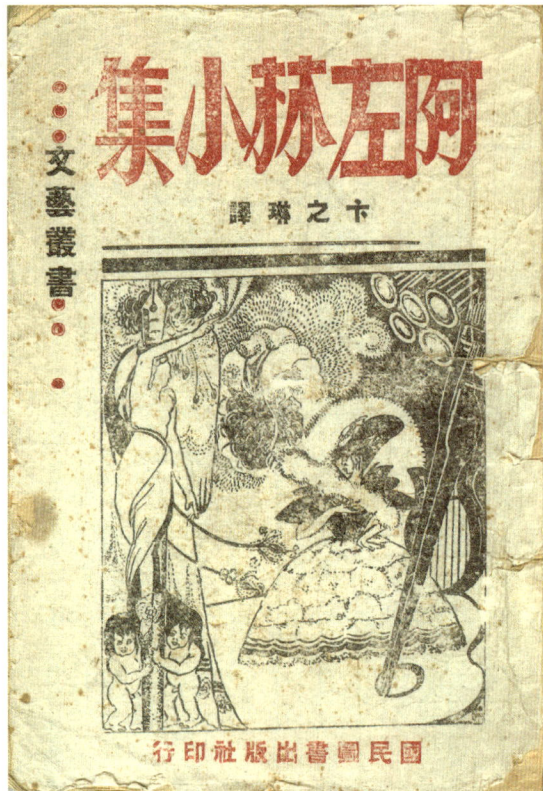

阿左林小集
初版本封面（18.1厘米×12.7厘米）

　　小说散文集。【西】阿左林著。卞之琳译。民国三十二年（1943）五月初版。重庆国民图书出版社印行。《文艺丛书》之一种。

　　馆藏国民图书出版社1943年5月初版，见唐弢文库。

　　初版本有卞之琳《卷头小识》。正文收《"阿左林是古怪的"》、《孤独者》、《"晚了"》、《上书院去的路》、《卡乐思神父》、《叶克拉》、《读书的嗜好》、《早催人》、《三宝盒》、《奥蕾丽亚的眼睛》、《〈堂·欢〉断片》、《〈菲利克思·梵迦士〉断片》、《玫瑰，百合，蓊边罗》、《迷惘》、《耽乐》等19篇。

罗曼罗兰戏剧丛刊
帝爾哀
譯 才之賀
世界書局印行

烂漫丛书之一
爱的微波
英沿依德原著
彭兆良译

哀尔帝
初版本封面（18厘米×12.7厘米）

爱的微波
初版本封面（18.6厘米×13.1厘米）

　　戏剧。【法】罗曼罗兰著。贺之才译。民国三十三年（1944）十一月出版。世界书局印行。《罗曼罗兰戏剧丛刊》之一种。
　　馆藏世界书局1944年11月初版，见唐弢文库、图书大库。
　　初版本卷首有贺之才《〈罗曼罗兰戏剧丛刊〉弁言》、贺德新《〈罗曼罗兰戏剧丛刊〉序》。作品共有3幕。

　　小说。【英】皮塞·滑依德著。彭兆良译。民国二十年（1931）二月初版。上海中华新教育社印行。《烂漫丛书》之一。
　　馆藏中华新教育社1931年2月初版、1933年3月二版，见唐弢文库、图书大库。
　　初版本无序跋。作品共有15章。

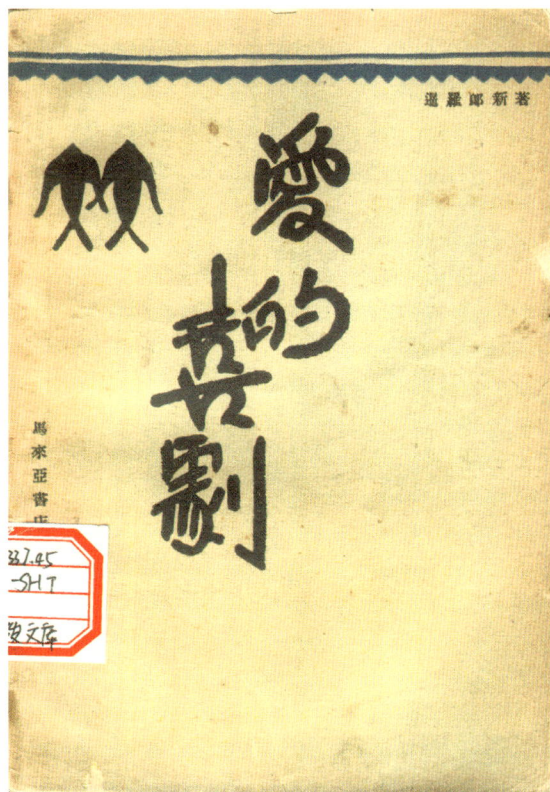

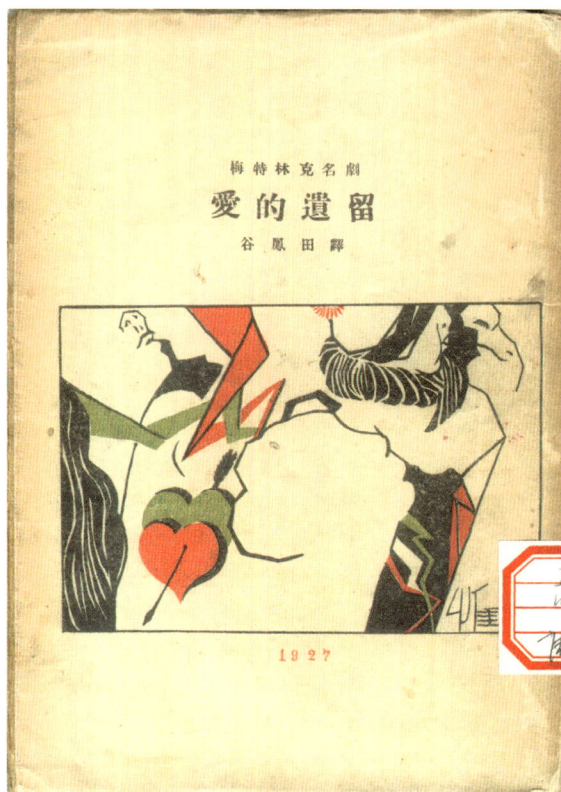

爱的喜剧
初版本封面（18.4厘米×13.2厘米）

爱的遗留
初版本封面（19.2厘米×13.7厘米）

小说。【泰】郎新著。陈毓泰译。1931年3月第一版。上海马来亚书店出版。

馆藏马来亚书店1931年3月初版，见唐弢文库。

初版本无序跋。作品共有14章。

正文题《拜梨雅士与梅李三德》（原名）。戏剧。【比】梅特林克著。谷凤田译。1927年3月出版，印1500册。北京海音书局发行。《海音丛书》之三。

馆藏海音书局1927年3月初版，见唐弢文库。

初版本无序跋。作品共有5幕。

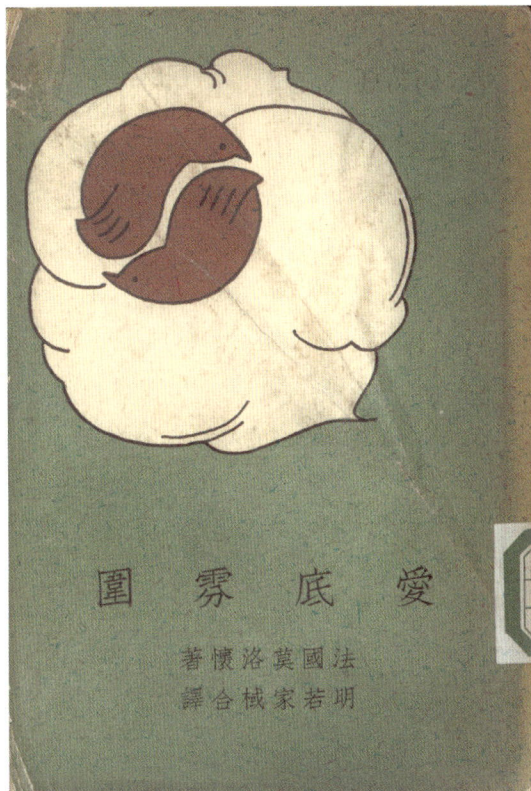

爱底氛围
初版本封面（18.5厘米×12.7厘米）

　　小说。【法】莫洛怀著。盛明若、王家棫译。民国二十一年（1932）九月印刷、发行。上海中华书局印行。《现代文学丛刊》之一种。

　　馆藏中华书局1932年9月初版，见图书大库。

　　初版本卷末有家棫《译者附记》。作品有卷上《奥黛儿》22章、卷下《绮色白儿》24章，共46章。

爱儿小传
初版本封面（18.5厘米×12.9厘米）

　　小说。著者不详。陶祝年、庄孟英译。民国四年（1915）十月六日印刷，十九日初版、发行。上海商务印书馆印行。四集本《说部丛书》第二集之九十八。

　　馆藏商务印书馆1915年10月初版，见唐弢文库。

　　本书为艳情小说。初版本无序跋。作品共有30章。

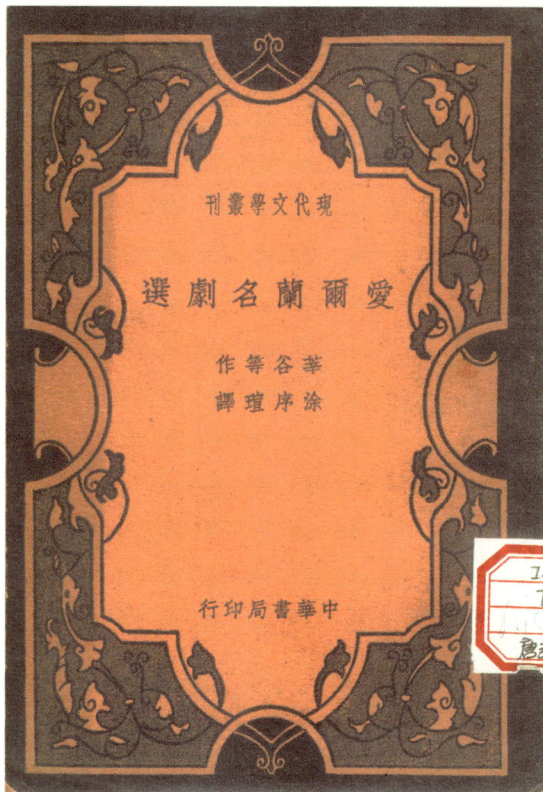

爱尔兰名剧选
初版本封面（18.6厘米×13.2厘米）

莘谷等著。涂序瑄译。民国二十六年（1937）十二月印刷、发行。上海中华书局印行。《现代文学丛刊》之一种。

馆藏中华书局1937年12月初版、1940年11月二版，见唐弢文库、艾芜文库、图书大库。

初版本卷首有译者《小引》。正文收《海葬》、《麦克唐洛的老婆》、《沙钟》、《亚尔济美尼斯皇帝与无名战士》、《誓约》共5篇。

爱尔赛之死
初版本封面（17.7厘米×12.7厘米）

小说。【奥】显尼志勒著。施蛰存译。民国三十四年（1945）八月一日初版。福建南平复兴出版社出版、发行。南平东南日报社印刷。

馆藏复兴出版社1945年8月初版，见唐弢文库。

初版本卷首有译者《题记》。作品不标章次。

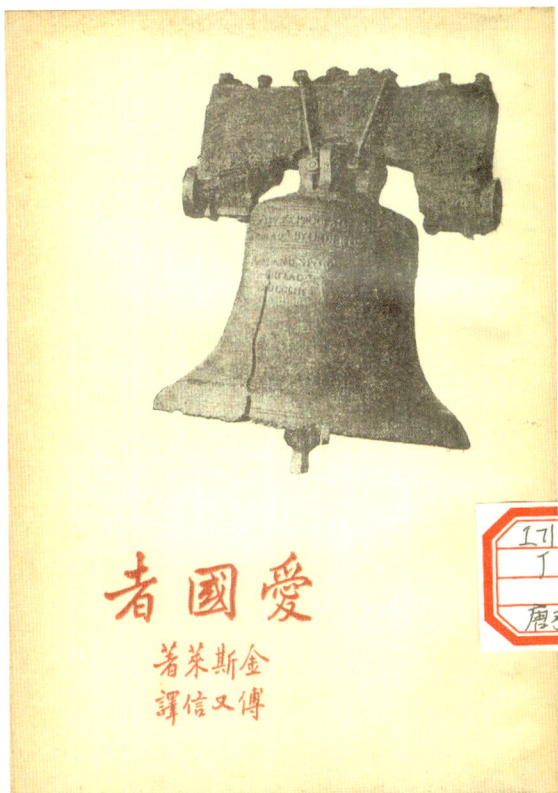

爱国者
初版本封面（17厘米×12.2厘米）

戏剧。【美】金斯莱著。傅又信译。民国三十七年（1948）七月初版。上海开明书店印行。

馆藏开明书店1948年7月初版，见唐弢文库、图书大库。

初版本卷末有小渔《雪尼·金斯莱》。作品除《序幕》外共有3幕。

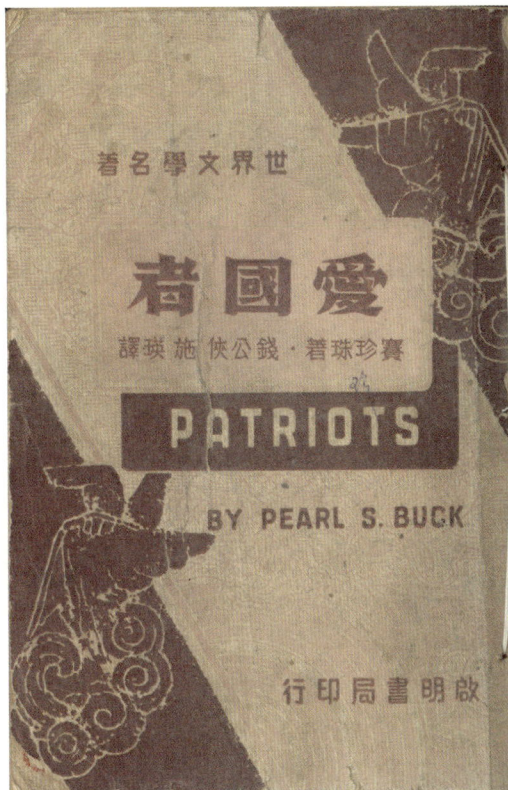

爱国者
初版本封面（16.9厘米×11.3厘米）

小说。【美】赛珍珠著。钱公侠、施瑛译。民国三十七年（1948）十一月初版。上海启明书局印行。上海古今书店经售。《世界文学名著》之一种。

馆藏启明书局1948年11月初版，见图书大库。

初版本卷首有《小引》（译者）。作品共有三部，部内不分章节。

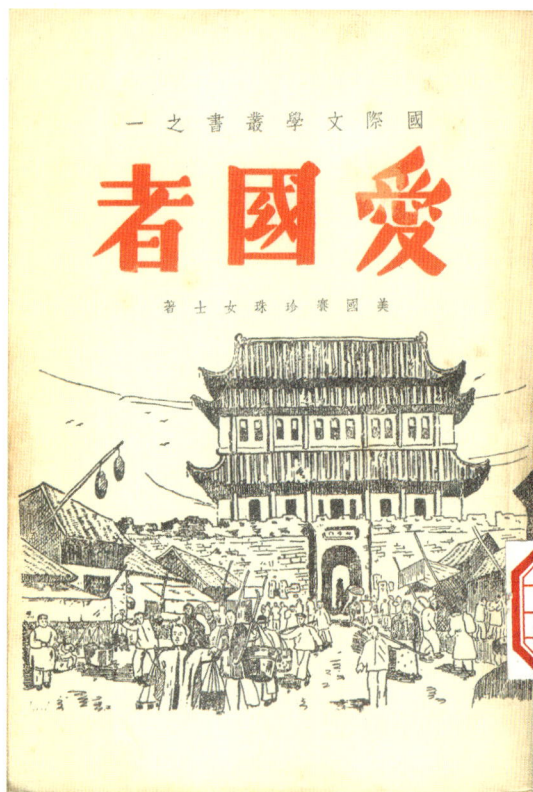

国际文学丛书之一

者國愛

美國珍珠女士著

愛國者
初版本封面（18.5厘米×12.9厘米）

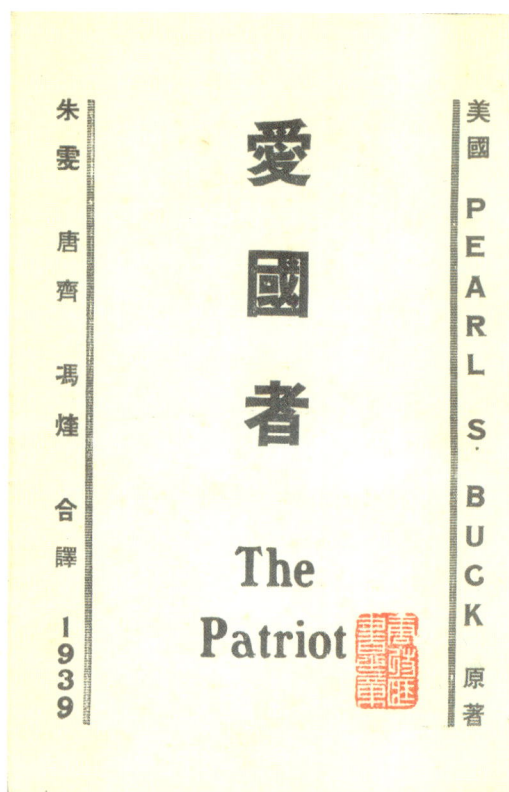

美國 PEARL S. BUCK 原著

愛國者

The Patriot

朱雯 唐齊 馮煙 合譯 1939

爱国者
初版本扉页（精装本封面无书名。18.2厘米×12厘米）

　　小说。【美】赛珍珠著。哲非等译。民国二十八年（1939）六月六日初版。上海群社出版。上海长风书店总经售。《国际文学丛书》之一。

　　馆藏群社1939年6月初版，见唐弢文库。

　　初版本卷末有林如斯《赛珍珠传》。作品共有三部，部内不标章次。

　　小说。【美】赛珍珠著。朱雯等译。民国二十八年（1939）五月十日印刷，六月五日初版。美商华盛顿印刷出版公司总发行。

　　馆藏美商华盛顿印刷出版公司1939年6月初版，见唐弢文库。

　　初版本卷末附有林语堂《白克夫人的伟大》、林如斯《赛珍珠传》。作品共有三部，部内不标章次。

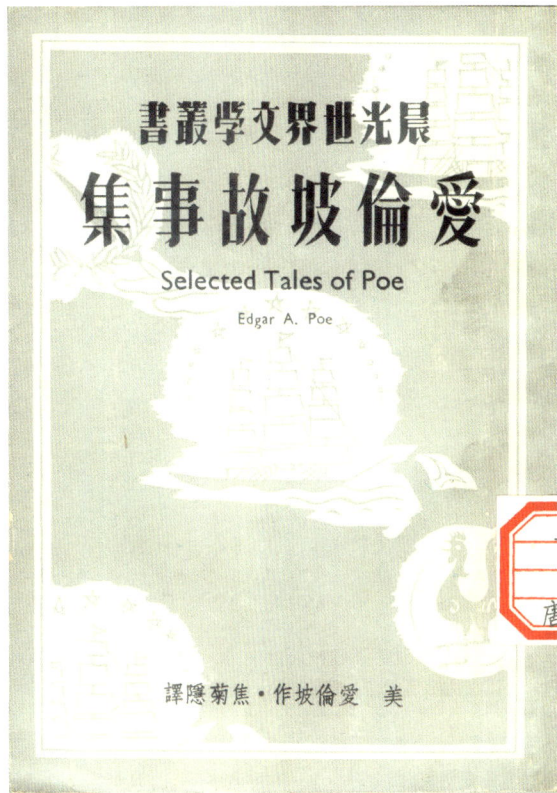

爱俪儿
初版本封面（18.6厘米×13.1厘米）

爱伦坡故事集
初版本封面（17厘米×12.1厘米）

　　小说。【法】莫洛怀著。李惟建译。民国二十年（1931）四月印刷、发行。上海中华书局印行。徐志摩主编《新文艺丛书》之一种。

　　馆藏中华书局1931年4月初版、1940年4月二版，见唐弢文库、图书大库。

　　初版本无序跋。作品共有37章。

　　小说集。【美】爱伦坡著。焦菊隐译。1949年3月初版。上海晨光出版公司发行。中华全国文艺协会主编《晨光世界文学丛书》之七。

　　馆藏晨光出版公司1949年3月初版，见唐弢文库、冯亦代文库。

　　初版本卷首有赵家璧《出版者言》（丛书总序）。正文收《黑猫》、《莫尔格街的谋杀案》、《玛丽·萝薏的神秘案》、《金甲虫》、《登龙》共5篇。

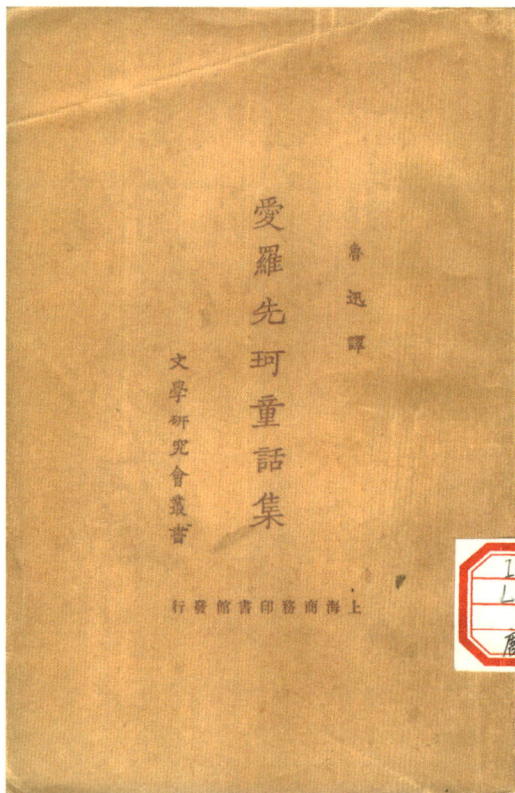

爱罗先珂童话集
初版本封面（19.1厘米×13厘米）

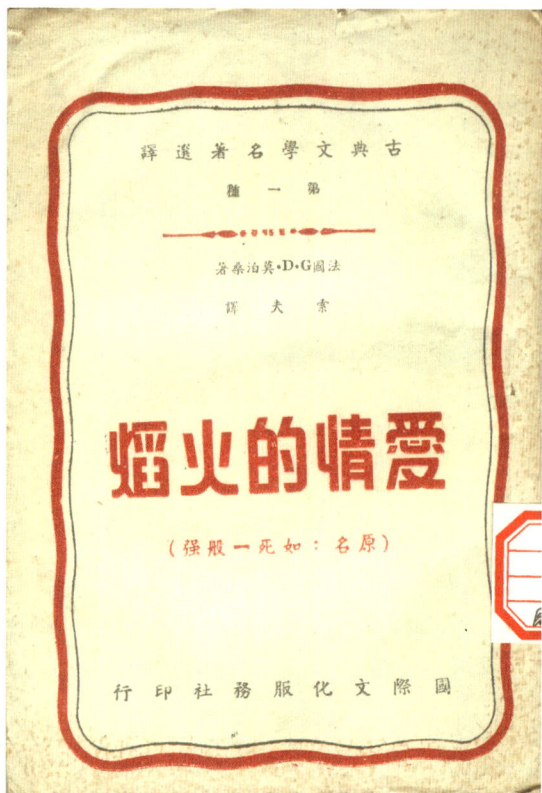

爱情的火焰
初版本封面（18.5厘米×12.9厘米）

　　【俄】爱罗先珂著。鲁迅等译。民国十一年（1922）七月初版。上海商务印书馆印行。《文学研究会丛书》之一种。

　　馆藏商务印书馆1922年7月初版、1923年11月三版、1927年3月六版、1929年11月七版、1933年10月国难后一版，见唐弢文库、图书大库。

　　初版本卷首有鲁迅《序》、《我的学校生活的一断片——自叙传》（著者）。正文收《狭的笼》、《鱼的悲哀》、《池边》、《雕的心》、《春夜的梦》、《古怪的猫》、《两个小小的死》、《为人类》、《虹之国》、《世界的火灾》、《为跌下而造的塔》共11篇。

　　原名《如死一般强》。小说。【法】G.D.莫泊桑著。索夫译。民国三十四年（1945）八月初版。重庆国际文化服务社印行。《古典文学名著选译》之一。

　　馆藏国际文化服务社1945年8月初版，见唐弢文库。

　　初版本无序跋。作品有第一部4章、第二部6章，共10章。

爱西亚
初版本封面（封面无书名。15.9厘米×12.1厘米）

小说。【俄】屠格涅夫著。席涤尘、蒯斯曛译。
1928年5月1日初版，印1500册。春潮社发行。《春潮社丛书》之一种。

馆藏春潮社1928年5月初版、黎明书局1933年8月初版（书名为《阿霞姑娘》），见唐弢文库。

春潮社初版本卷首有尘弟《小序》。作品共有22章。

爱与恨
初版本封面（18.3厘米×12.9厘米）

戏剧。【俄】奥史特洛夫斯基著。钱颖、张庚改译。1937年7月1日初版，印2000册。上海杂志公司总经售。《戏剧丛刊》之一种。

馆藏上海杂志公司1937年7月初版，见唐弢文库、图书大库。

初版本卷首有改作者《前记》。作品共有3幕。

爱与死的搏斗
初版本封面（18.6厘米×12.7厘米）

　　戏剧。【法】罗曼罗兰著。李健吾译。民国二十八年（1939）九月初版。上海文化生活出版社出版、发行。文化生活印刷所印刷。巴金主编《文化生活丛刊》之二十三。

　　馆藏文化生活出版社1939年9月初版、1943年2月桂一版、1946年11月三版，见唐弢文库、刘麟文库、孔罗荪文库、图书大库。

　　初版本卷首有罗曼·罗兰《序》，卷末附有陈西禾《罗曼罗兰小传》、译者《本事》、译者《跋》。《序》云："《爱与死的搏斗》是我'大革命'表册的一叶。"

　　初版本共有12场。

爱与死之赌
初版本封面（18.1厘米×12.8厘米）

　　戏剧。【法】罗曼罗兰著。贺之才译。民国三十三年（1944）四月出版。世界书局印行。《罗曼罗兰戏剧丛刊》之一种。

　　馆藏世界书局1944年4月初版，见唐弢文库。

　　初版本卷首有贺之才《〈罗曼罗兰戏剧丛刊〉弁言》、贺德新《〈罗曼罗兰戏剧丛刊〉序》。作品共有12场。

爱与死之角逐
初版本封面（18.8厘米×13.3厘米）

戏剧。【法】罗曼罗兰著。夏莱蒂、徐培仁译。1928年7月1日付排，9月15日初版，印1500册。上海创造社出版部出版。

馆藏创造社1928年9月初版，见唐弢文库。

初版本卷首有罗曼罗兰《序》、莱蒂《译者序》、罗曼罗兰"献辞"。作品共有12场。

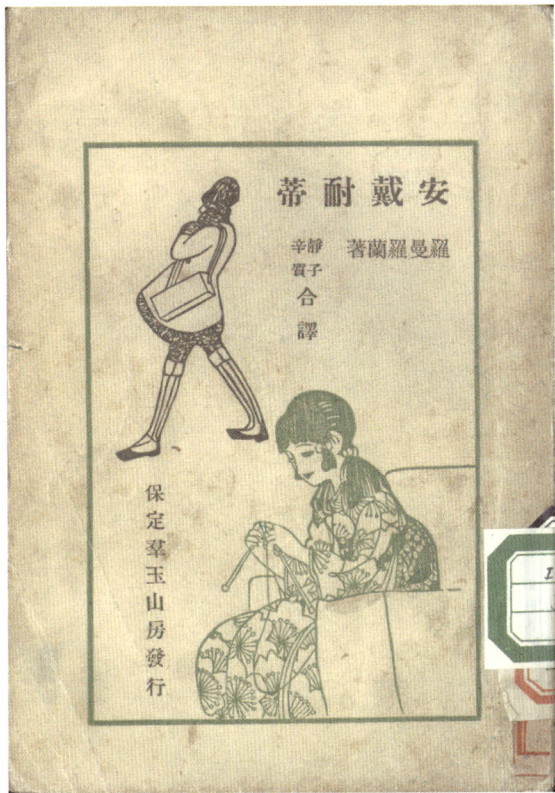

安戴耐蒂
初版本封面（18.5厘米×12.8厘米）

小说。【法】罗曼罗兰著。静子、辛质（正文排名为"辛质、静子"）译。1932年8月15日付排，9月1日出版。保定群玉山房出版、发行。北平中华印书局印刷。

馆藏群玉山房1932年9月初版，见图书大库。

初版本卷首有崔西《序》、静子及辛质《译者序言》。《译者序言》云："《安戴耐蒂》是罗曼罗兰名著《Iean Christophe》十大卷中之一卷，这十卷中的故事，都是衔接的，惟这一卷可以分开独立。"

初版本不分章节。

安那斯玛
初版本封面（18.7厘米×12.8厘米）

安娜·桂丝蒂
初版本封面（17.6厘米×12.6厘米）

　　戏剧。【俄】安东列夫著。郭协邦译。民国十二年（1923）一月出版。上海新文化书社印行。

　　馆藏新文化书社1923年1月初版，见唐弢文库。

　　初版本卷首有郭协邦《译者自叙》，卷末附有《安东列夫传略》、《安东列夫创作一览》、《〈安那斯玛〉剧本的批评》。作品除《楔子》、《结幕》外共有5幕。

　　戏剧。【美】奥尼尔著。聂淼译。民国三十七年（1948）一月初版。上海开明书店印行。

　　馆藏开明书店1948年1月初版，见唐弢文库、巴金文库、艾芜文库。

　　初版本卷首有聂淼《译者序》。作品共有4幕。

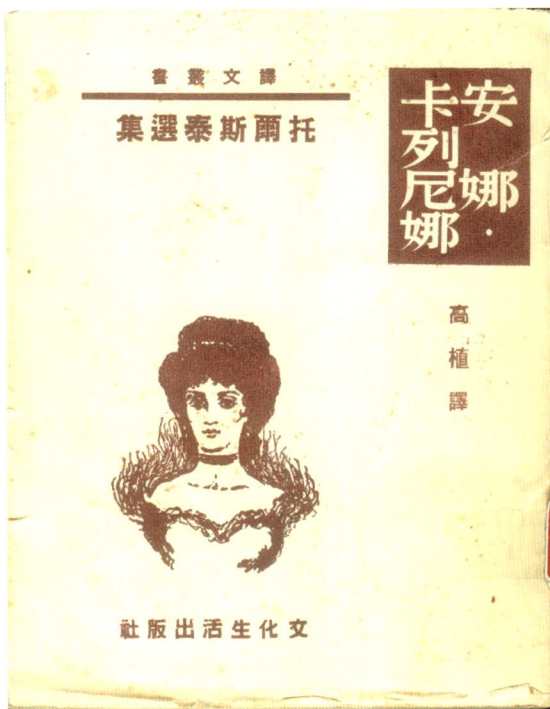

安娜·卡列尼娜（上、下）
上册初版本封面（18.1厘米×14.8厘米）

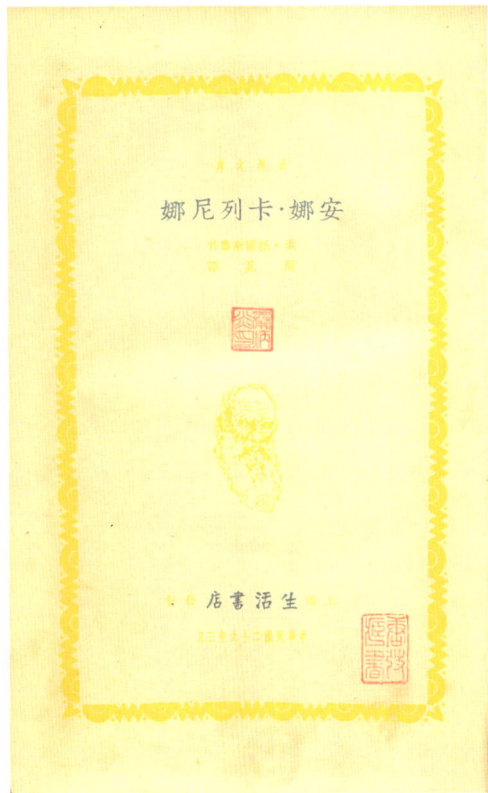

安娜·卡列尼娜（上）
上册初版本扉页（精装本封面无书名。21.8厘米×14.1厘米）

　　小说。【俄】托尔斯泰著。高植译。民国三十八年（1949）四月初版。文化生活出版社印行。《托尔斯泰选集》、《译文丛书》之一种。

　　馆藏文化生活出版社1949年4月初版，见唐弢文库、田仲济文库、图书大库。

　　初版本下册卷末有《本书内容概览》。作品有第一部34章、第二部35章、第三部32章、第四部23章、第五部33章、第六部32章、第七部31章、第八部19章，共239章。

　　小说。【俄】托尔斯泰著。周笕译。民国二十六年（1937）三月初版（下册暂未出版）。上海生活书店发行。生活印刷所印刷。郑振铎主编《世界文库》之一种。

　　馆藏生活书店1937年3月初版、1947年1月胜利后一版（下册，译者为周笕、罗稷南）、同年3月胜利后二版（上下册），见唐弢文库、田仲济文库、图书大库。

　　初版本无序跋。全部作品有第一部34章、第二部35章、第三部32章、第四部23章、第五部33章、第六部32章、第七部31章、第八部19章，共239章。

安徒生童话集
初版本封面（17.4厘米×12.1厘米）

暗杀者
初版本封面（14.4厘米×10.1厘米）

【丹】H.安徒生著。范泉译写。民国三十七年（1948）五月初版。上海永祥印书馆印行。《少年文学故事丛书》之一种。

馆藏永祥印书馆1948年5月初版、同年10月四版，见巴金文库、图书大库。

初版本卷末有范泉《附记》。正文收《夜莺》、《丑小鸭》、《大克劳斯和小克劳斯》、《皇帝的新衣》、《卖火柴的女儿》、《小丁妮》共6篇。

小说集。【美】汉敏威等著。黄源等译。民国三十年（1941）一月十日印刷，十五日发行。上海三通书局印行。三通书局编辑部编辑《三通小丛书》之一种。

馆藏三通书局1941年1月初版，见图书大库。

初版本无序跋。内收《人生的开端》、《米格儿》、《暗杀者》共3篇。

奥古洛夫镇
初版本封面（18.5厘米×13厘米）

小说。【苏】高尔基著。适夷译。民国三十年（1941）一月初版。大时代书局出版、发行。大时代印刷所印刷。

馆藏大时代书局1941年1月初版、1941年5月二版，见唐弢文库、孔罗荪文库、图书大库。

初版本无序跋。作品不标章次。

奥莱叔华
初版本封面（18.3厘米×12.8厘米）

小说。【苏】高尔基著。适夷译。民国三十七年（1948）四月初版，印2000册。生活书店发行。嘉华印刷公司印刷。

馆藏生活书店1948年4月初版，见唐弢文库、刘麟文库、李辉英文库、图书大库。

初版本无序跋。作品共有3章。

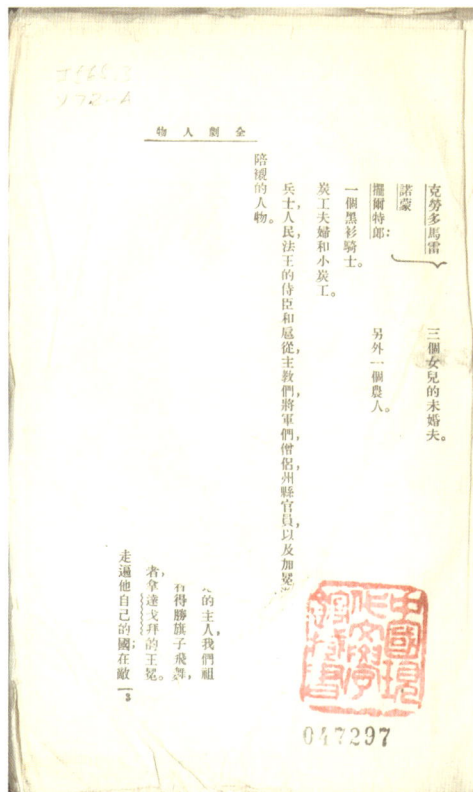

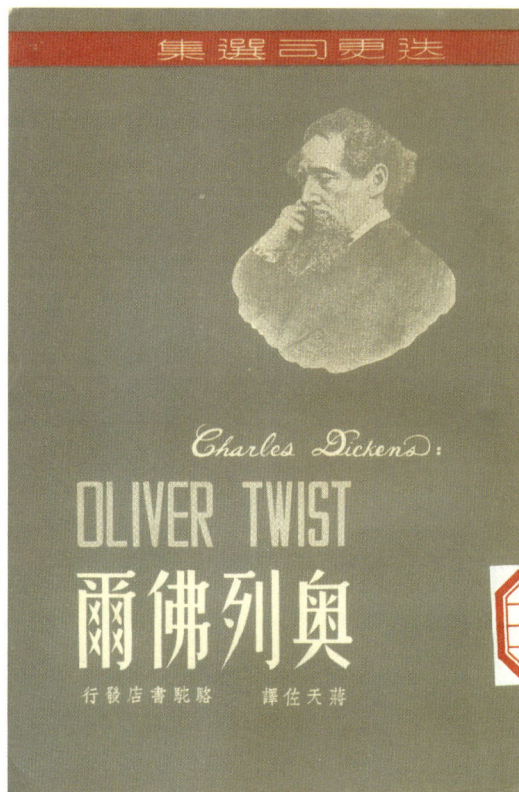

奥里昂的女郎
初版本残存首页（封面、扉页缺失。19.4厘米×12厘米）

奥列佛尔
初版本封面（21.5厘米×14.5厘米）

戏剧。【德】席勒尔著。叶善定编译。民国二十一年（1932）五月出版。上海汇丰银行发行。上海天新印刷公司印刷。

馆藏汇丰银行1932年5月初版，见图书大库。

初版本卷末有《一百多年的英法之战》、《剧中人物的历史》、《席勒尔小传》、《后序》（编译者）。作品除《小引》外共有5幕。

小说。【英】迭更司著。蒋天佐译。民国三十七年（1948）三月初版。上海骆驼书店印行。《迭更司选集》之一种。

馆藏骆驼书店1948年3月初版，见唐弢文库、刘麟文库、臧克家文库、图书大库。

初版本卷首有《作者序》。作品共有53章。

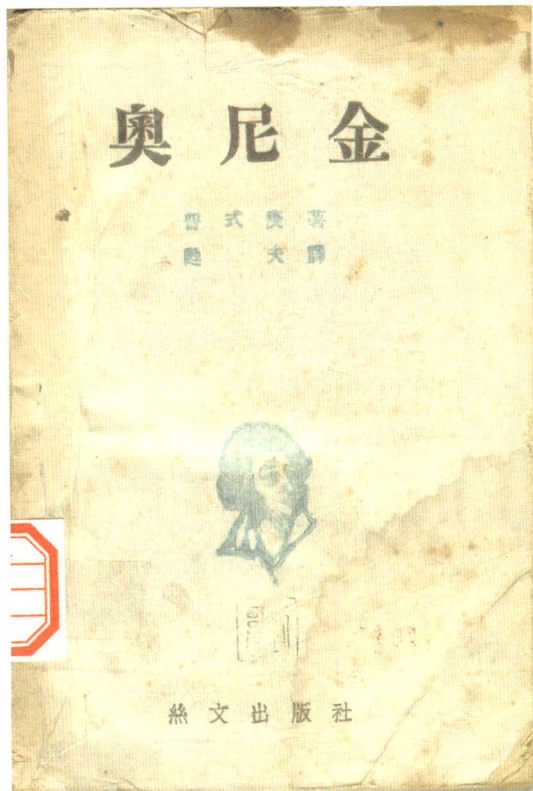

奥尼金

奥尼金
初版本封面（17.9厘米×12.4厘米）

奥赛罗
初版本封面（21.2厘米×15.1厘米）

　　正文题《欧根·奥尼金》。诗歌。【俄】普式庚著。苏夫译。民国三十一年（1942）九月初版。桂林丝文出版社出版、发行。广西日报社印刷。

　　馆藏丝文出版社1942年9月初版，见唐弢文库、图书大库。

　　初版本卷首有《献诗》（著者）。作品共有8章。

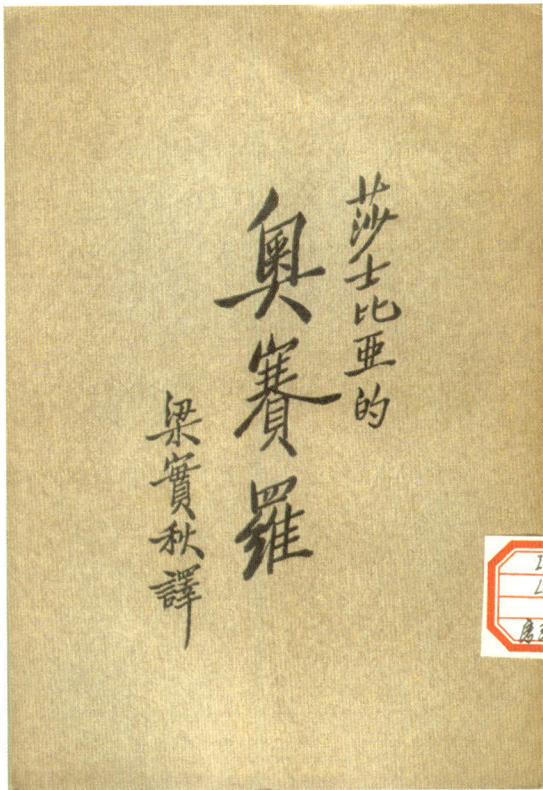

　　戏剧。【英】莎士比亚著。梁实秋译。民国二十五年（1936）十一月初版。中华教育文化基金董事会编译委员会编辑。上海商务印书馆印行。

　　馆藏商务印书馆1936年11月初版，见唐弢文库。

　　初版本卷首有《序》（译者）、《例言》（译者）。作品共有5幕。

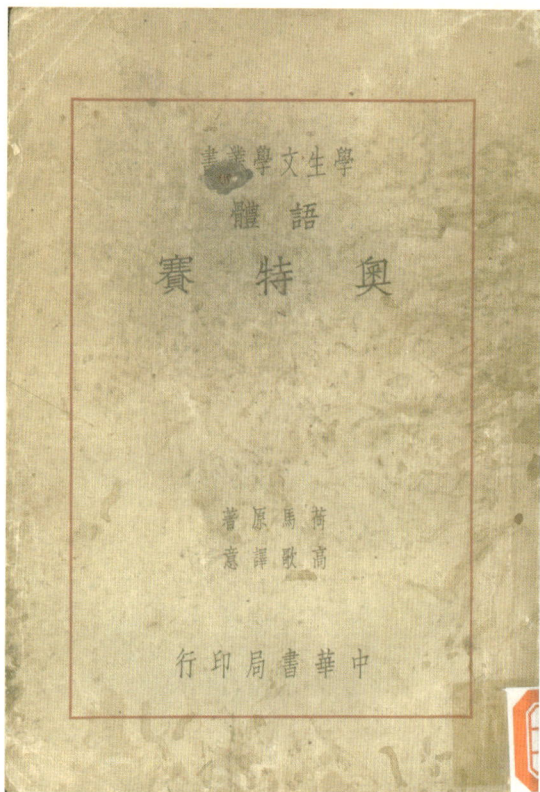

学生文学丛书

語體

奧特賽

荷馬原著

高歌譯意

中華書局印行

奥特赛
初版本封面（18.5厘米×13.1厘米）

　　故事。【古希腊】荷马著。高歌改译。民国十九年（1930）一月印刷、发行。上海中华书局印行。《学生文学丛书》之一种。
　　馆藏中华书局1930年1月初版，见薛汕文库。
　　初版本卷首有高歌《引子》。作品共有23章。

八十万年后之世界
初版本封面（18.8厘米×12.5厘米）

小说。【英】威尔士著。心一译。民国四年（1915）四月初版。上海进步书局印行。上海文明书局、上海中华书局经售。

馆藏进步书局1915年4月初版、文明书局1923年5月四版，见唐弢文库。

本书为理想小说。初版本无序跋。作品共有20章。

巴比塞短篇作
初版本封面（18.6厘米×13厘米）

小说集。【法】巴比塞著。祝秀侠译。1933年8月15日初版。上海大江书铺印行。

馆藏大江书铺1933年8月初版，见唐弢文库。

初版本卷末有秀侠《后叙》。正文收《归家》、《红姑娘》、《煤炭坑的马》、《文明的进步》、《污点》、《教师》、《无名的英雄》、《格来斯亚的转变》、《保查》、《耶稣的故事》、《罗马尼亚的真故事》共11篇。

巴尔扎克短篇集
初版本封面（17.5厘米×12.6厘米）

小说集。【法】巴尔扎克著。穆木天译。1942年
12月初版。桂林三户图书社出版、发行。三户印刷社
印刷。艾芜主编《文学丛书》之二。

馆藏三户图书社1942年12月初版，见图书大库。

初版本无序跋。内收《石榴园》、《信使》、
《刽子手》、《再会》、《不可知的杰作》共5篇。

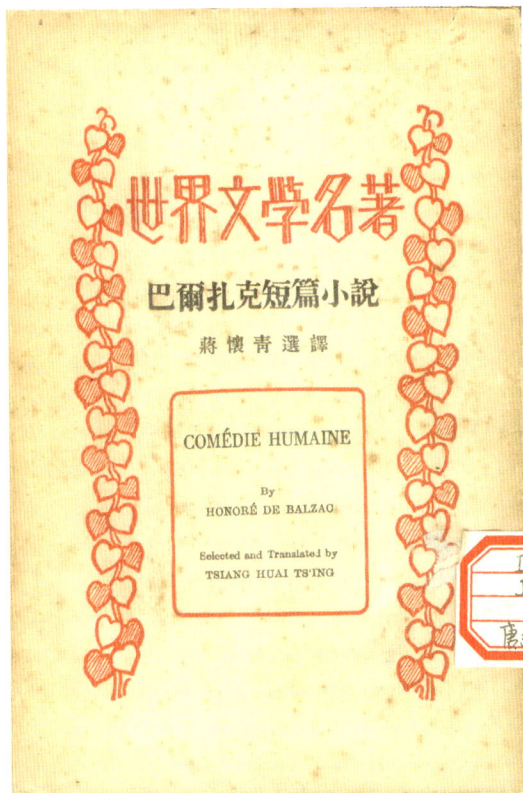

巴尔扎克短篇小说
初版本封面（19.1厘米×12.9厘米）

【法】巴尔扎克著。蒋怀青译。民国二十五年
（1936）六月初版。上海商务印书馆印行。《世界文
学名著》之一种。

馆藏商务印书馆1936年6月初版，见唐弢文库。

初版本卷首有王任叔《关于巴尔扎克》，卷末
有《巴尔扎克重要作品录》。正文收《红色旅馆》、
《荒野情爱》、《法西诺·加拿》、《基督在法兰德
斯》、《在恐怖时代》、《大白莱德克》、《格莱纳
蒂尔》、《海滨的一个悲剧》共8篇。

巴尔扎克讽刺小说集（一、二）
初版本封面（18.1厘米×12.6厘米）

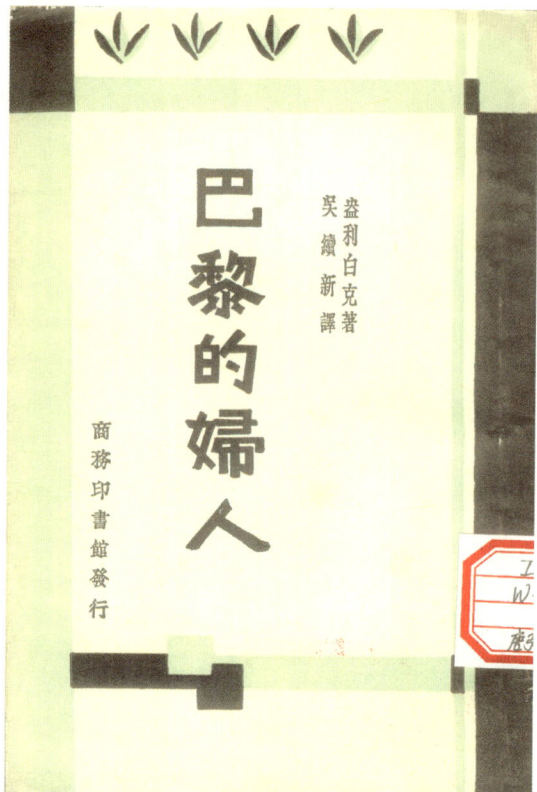

巴黎的妇人
初版本封面（19.1厘米×13.1厘米）

第二集正文题《巴尔扎克讽刺小说集续编》。【法】巴尔扎克著。陈原译。民国三十四年（1945）四月初版。五十年代出版社发行。

馆藏五十年代出版社1945年4月初版，见唐弢文库、图书大库。

初版本第一、二集卷首各有陈原《译者前记》、《开场白》（著者），卷末各有《收场白》（著者），内容均不同。全书正文收《美丽的茵贝利亚》、《可赦的罪孽》、《皇帝的情妇》、《魔鬼的继承人》、《路易十一皇帝的恶作剧》、《高级警官的老婆》、《蒂劳思的少女》、《结拜兄弟》、《亚茜·勒·里都的教区牧师》、《恶报》、《三个圣·尼古拉教士》、《缪东教区牧师的说教》、《法兰西斯一世的节欲》、《亚茜堡是怎样建造起来的》、《假娼妇》等20篇。

戏剧。【法】盎利白克著。吴续新译。民国十九年（1930）十一月初版。上海商务印书馆印行。

馆藏商务印书馆1930年11月初版，见唐弢文库、图书大库。

初版本无序跋。作品共有3幕。

巴黎的陷落
初版本封面（17.9厘米×12.7厘米）

巴黎秘密案（上）
初版本封面（18.5厘米×12.4厘米）

小说。【苏】爱伦堡著。袁水拍、徐迟译。民国三十六年（1947）七月初版。中苏文化协会编辑委员会编辑。云海出版社印行。上海群海发行所总经售。曹靖华主编《中苏文化协会文艺丛书》（大型本）之十七。

馆藏云海出版社1947年7月初版，见唐弢文库。

初版本卷首有戈宝权《伊里亚·爱伦堡及其〈巴黎的陷落〉（代序）》、《爱伦堡致戈宝权的两封信》。《代序》云："作者在这本书中，写出了欧洲和法国从一九三五年直到一九四〇年巴黎陷落前后所发生的一切……他是通过小说中所描写的法国的许多实际情形与现身的人物而反映出这一切事件和它们的细节的。"

初版本有第一部31章、第二部29章、第三部44章，共104章。

小说。著者不详。君谷编译。丙午年（1906）七月初版、发行。上海小说林社印行。

馆藏小说林社1906年（农历）7月初版，见唐弢文库。

初版本无序跋。作品共有7节。

NOTRE-DAME DE PARIS

巴黎聖母院

著果雨·多克維
譯容敬陳

上別

巴黎烟云

長篇小說
巴尔札克

幻滅

穆木天
譯

2

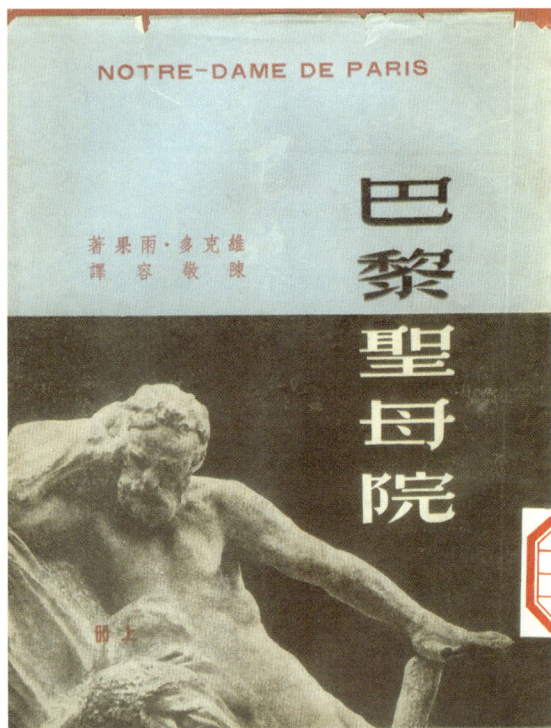

巴黎圣母院（上、下）
上册初版本封面（18.2厘米×14.4厘米）

巴黎烟云（上）
初版本封面（16.1厘米×11.7厘米）

　　小说。【法】维克多·雨果著。陈敬容译。民国三十八年（1949）四月初版，印1500部。上海骆驼书店印行。

　　馆藏骆驼书店1949年4月初版，见唐弢文库、图书大库。

　　初版本上册卷首有《原序》、《定刊本前记》，下册卷末有《译后小记》、《校后小记》（译者）。作品有第一卷6章、第二卷7章、第三卷2章、第四卷6章、第五卷2章、第六卷5章、第七卷8章、第八卷6章、第九卷6章、第十卷7章、第十一卷4章，共59章。

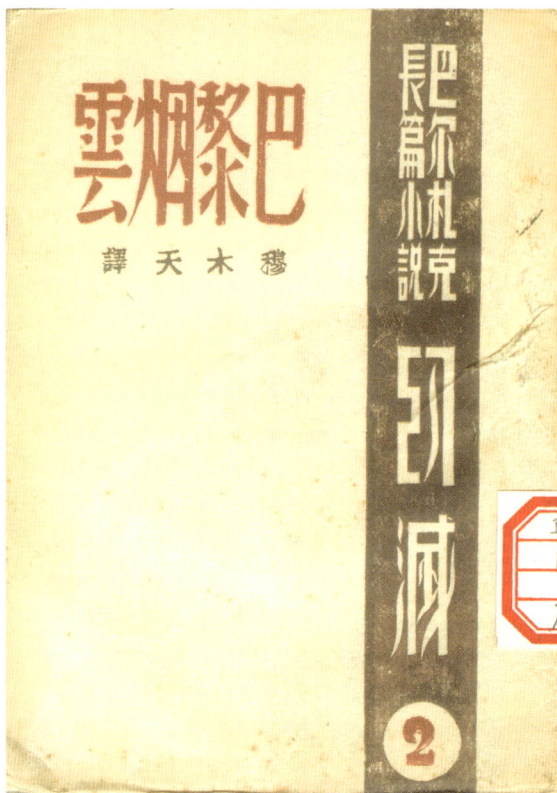

　　原名《地方伟人在巴黎》。小说。【法】巴尔扎克（封面作"巴尔札克"）著。穆木天译。1944年3月初版。桂林耕耘出版社出版、发行。三户印刷社印刷。《耕耘文丛》之六。

　　馆藏耕耘出版社1944年3月初版，见唐弢文库。

　　本书为《幻灭》三部曲之二。初版本无序跋。作品不标章次。

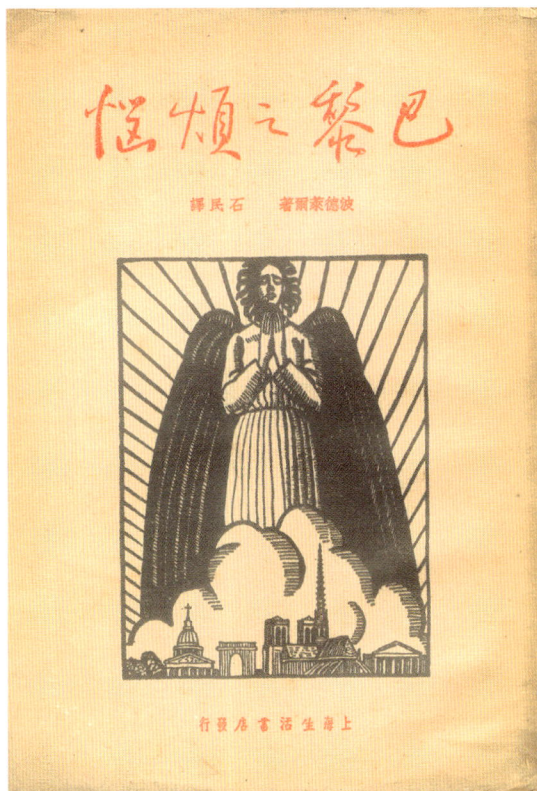

巴黎之烦恼
初版本封面（18.8厘米×13.1厘米）

巴黎之旅
初版本封面（17.3厘米×11.6厘米）

散文诗集。【法】波德莱尔著。石民译。民国二十四年（1935）三月初版。上海生活书店发行。生活印刷所印刷。《翻译文库》之二。

馆藏生活书店1935年3月初版，见唐弢文库、图书大库。

初版本卷首有《译者小言》。正文除《Epilogue》外收《外方人》、《老妇人之失望》、《艺术家的忏词》、《戏谑者》、《二重房》、《各人都有他的吉默拿》、《疯人与维娜丝》、《狗与瓶》、《倒霉的玻璃匠》、《早上一点钟》、《野蛮妇与妖姣女》、《人众》、《寡妇》、《老浪人》、《糕》等50篇。

小说集。【意】西隆涅著。马耳译。民国三十三年（1944）三月初版、发行。桂林开明书店印行。

馆藏开明书店1944年3月初版、1948年5月二版，见唐弢文库、图书大库。

初版本卷首有《译者前记》。正文收《巴黎之旅》、《神父受职式》、《狐狸》共3篇。

巴利童话集
初版本封面（18.4厘米×13厘米）

　　【英】巴利著。天澍译。民国二十三年（1934）二月初版。上海大东书局印行。《童话名作集》之一种。

　　馆藏大东书局1934年2月初版，见图书大库。

　　初版本无序跋。内收《花园大旅行》、《潘·彼得》、《画眉巢》、《闭门时》、《小屋子》、《彼得的山羊》共6篇。

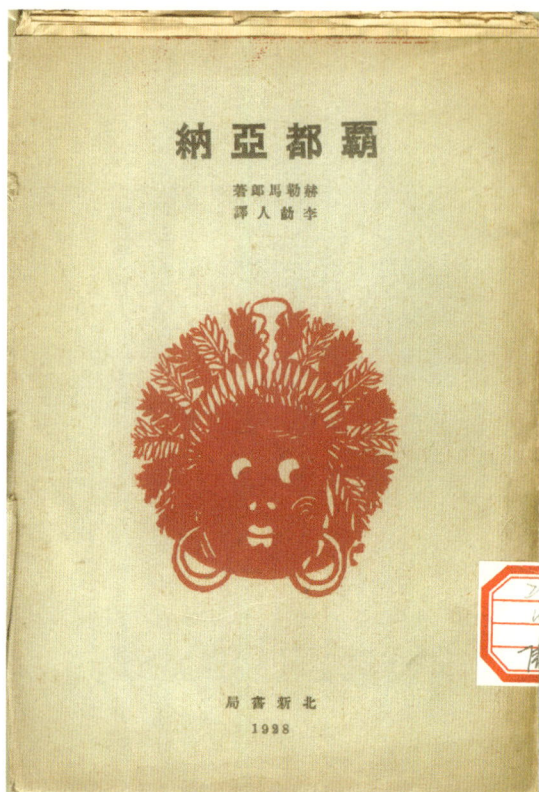

霸都亚纳
初版本封面（19.3厘米×14.4厘米）

　　小说。【法】赫勒马郎著。李劫人译。1928年3月初版。北新书局印行。

　　馆藏北新书局1928年3月初版，见唐弢文库。

　　初版本卷首有赫勒马郎《原序》，卷末有李劫人《翻译〈霸都亚纳〉以后》。作品共有12章。

白 痴（上）
1943年初版本封面（17.8厘米×12.7厘米）

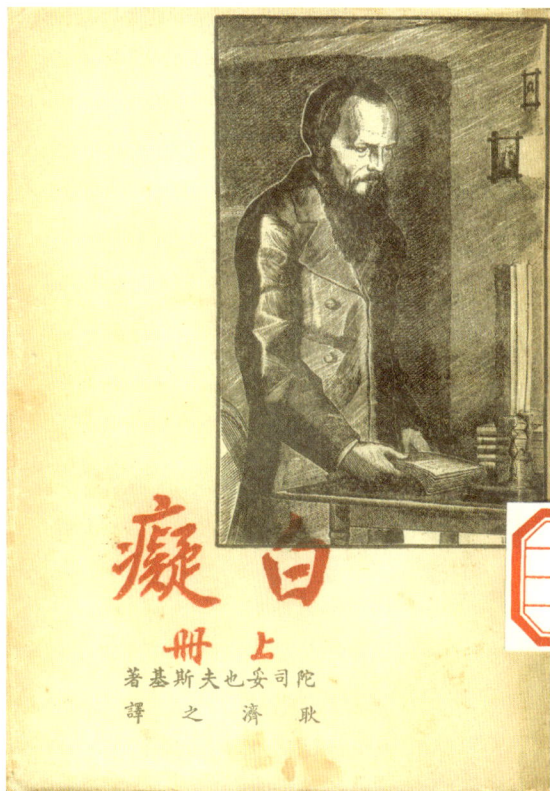

白 痴（上、下）
初版本封面（17.1厘米×12.3厘米）

小说。【俄】陀思退夫斯基著。高滔、宜闲译。
民国三十二年（1943）九月初版（下册暂未出版）。
桂林文光书店发行。桂林科学印刷厂印刷。《世界文
学名著译丛》之一种。

馆藏文光书店1943年9月初版、1948年5月沪初版
（上下册），见唐弢文库、汝龙文库、田仲济文库、
图书大库。

初版本无序跋。全部作品有第一部16章、第二部
12章、第三部10章、第四部12章，共50章。

小说。【俄】陀司妥也夫斯基著。耿济之译。民
国三十五年（1946）十二月初版。开明书店印行。

馆藏开明书店1946年12月初版，见唐弢文库。

初版本无序跋。作品有第一卷16章、第二卷12
章、第三卷10章、第四卷12章，共50章。

白 痴
初版本封面（18.2厘米×12.8厘米）

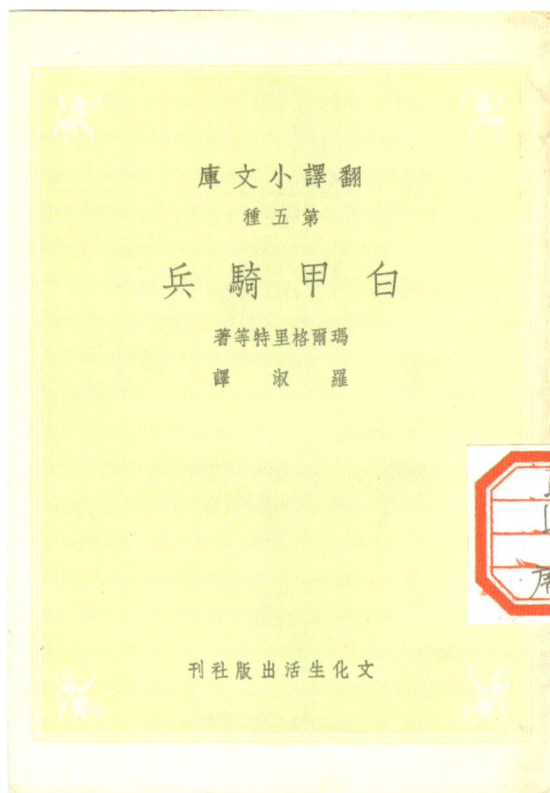

白甲骑兵
初版本封面（14.3厘米×10.3厘米）

　　小说。【俄】托思妥以夫斯基著。徐霞村、高滔译。民国三十二年（1943）三月初版。文艺奖助金管理委员会出版部编辑、发行。润华印书馆印刷。重庆建国书店总经售。《文学名著译丛》之一。

　　馆藏文艺奖助金管理委员会1943年3月初版，见唐弢文库。

　　初版本卷首有徐霞村《译者序》。作品共有16章。

　　小说集。【法】P.玛尔格里特等著。罗淑译。民国三十六年（1947）十月初版。文化生活出版社印行。《翻译小文库》之五。

　　馆藏文化生活出版社1947年10月初版，见唐弢文库、图书大库。

　　初版本卷末有【法】R.罗兰《贝多芬的笔谈》（附录）、巴金《后记》。正文收《白甲骑兵》、《决心》、《耶稣降生的槽边的牛和驴子》、《棺材商人》共4篇。

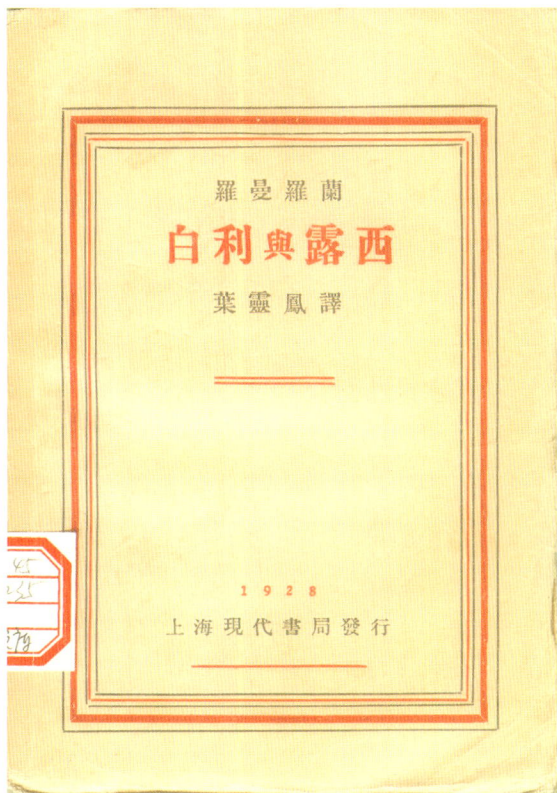

白利与露西
初版本封面（18.5厘米×13.4厘米）

小说。【法】罗曼罗兰著。叶灵凤译。1928年5月初版，印2000册。上海现代书局印行。

馆藏现代书局1928年5月初版，见唐弢文库、图书大库。

初版本卷首有《罗曼罗兰》（译者），内云："《白利与露西》（Pierre et Luce）是欧战后一八〈九〉一八年所写的一部小说，是以战争作背景，于战神的狂怒之下，在巴黎市上所发生的一幕恋爱的悲剧。文字沉痛哀艳，几乎是一首极美的抒情长诗。"

初版本共有16章。

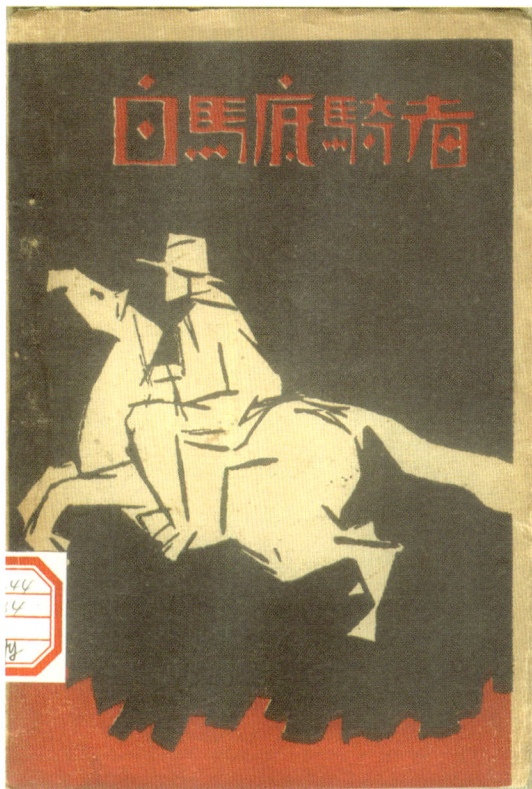

白马底骑者
初版本封面（19.8厘米×13.9厘米）

小说。【德】施笃姆著。钟宪民译。1930年4月付排，5月出版，印2000册。上海光华书局印行。蓬子、徐霞村、杜衡主编《欧罗巴文艺丛书》之一种。

馆藏光华书局1930年5月初版（共两种，另一版本封面题名为《白马的骑者》，封面著者译名为"施笃谟"），见唐弢文库、胡风文库、图书大库。

初版本卷首有《译者序言》。作品共有9章。

初版本封面
（18.6厘米×13.3厘米）

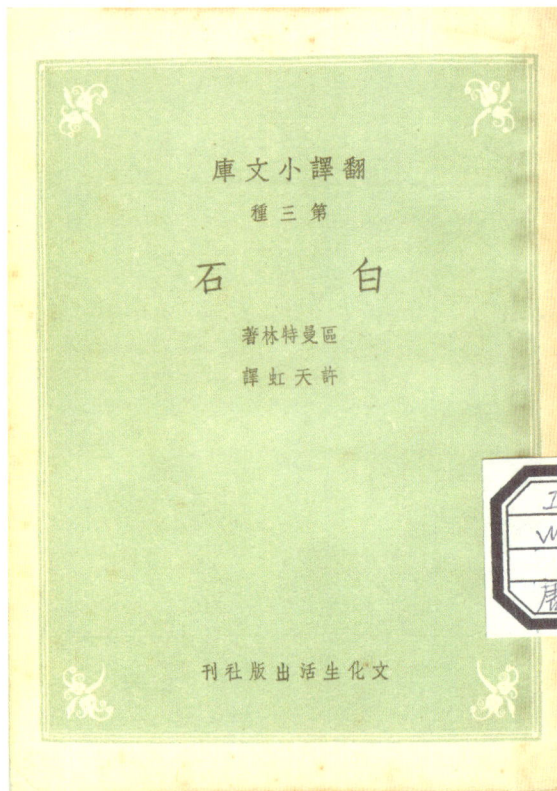

白 石
初版本封面（14.3厘米×10.4厘米）

白石上
初版本封面（19.1厘米×13厘米）

　　小说。【苏】区曼特林著。许天虹译。民国二十九年（1940）九月初版。上海文化生活出版社出版、发行。文化印刷所印刷。《翻译小文库》之三。

　　馆藏文化生活出版社1940年9月初版，见唐弢文库、胡风文库。

　　初版本卷末有《译者附记》，内云："这篇小说写的是新社会的建设工作进行之际必然要遇见的人事方面的阻碍，以及一个具有小资产阶层根性的人怎样变成了一个具有社会意识的新人。"

　　初版本共有12章。

　　散文。【法】法郎士著。陈聘之译。民国二十四年（1935）五月初版。上海商务印书馆印行。《世界文学名著》之一种。

　　馆藏商务印书馆1935年5月初版，见唐弢文库、艾芜文库、胡风文库、图书大库。

　　初版本卷首有《译者的序》，内云："《白石上》是作者晚年思想转变后的巨制。那时他大约是五十五岁，已由虚无主义者转变为社会主义者了。……本书是由五篇随笔缀合而成，各自独立。但却首尾衔接，系统整然，分读，则不免有'破镜'之感。"

　　初版本共有6章。

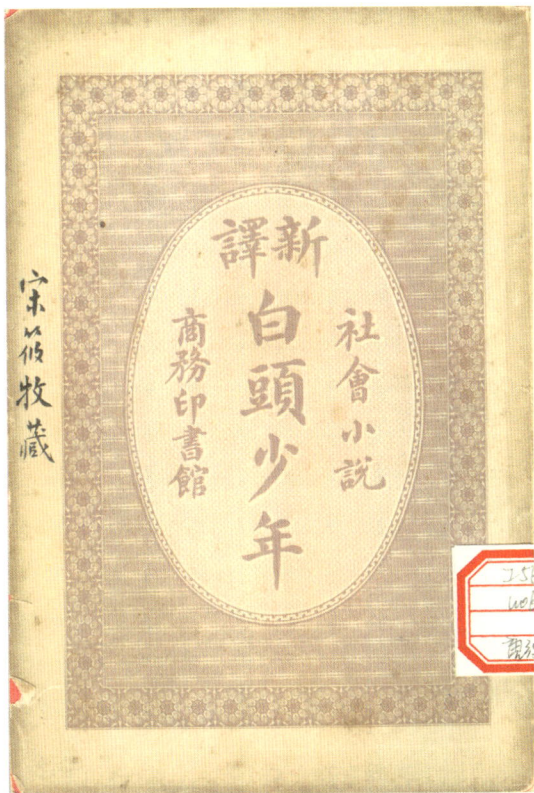

白头少年
初版本封面（19.2厘米×13.2厘米）

　　小说。【英】盖婆赛著。陈家麟译。光绪三十四年（1908）七月初版。上海商务印书馆印行。

　　馆藏商务印书馆1908年（农历）7月初版、1915年10月二版（四集本《说部丛书》第二集），见唐弢文库、图书大库。

　　本书为社会小说。初版本无序跋。作品除《导言》外有卷上7章、卷中7章、卷下6章，共20章。

白头鸳鸯
初版本封面（17.4厘米×11.8厘米）

　　小说。著者不详。煮梦译。光绪三十四年（1908）十二月初版。上海改良小说社印行。上海集成图书公司代印。《说部丛书》之一种。

　　馆藏改良小说社1908年（农历）12月初版，见唐弢文库。

　　本书为言情小说。初版本卷首有剑秋等《〈白头鸳鸯〉题辞》。作品不分章节。

白 牙
初版本封面（18厘米×12.6厘米）

白 夜
初版本封面（15.3厘米×11厘米）

　　小说。【美】杰克·伦敦著。苏桥译。民国三十六年（1947）九月初版。上海国际文化服务社印行。《古典文学名著选译》之四。

　　馆藏国际文化服务社1947年9月初版，见田仲济文库。

　　初版本无序跋。作品有第一部《"洪荒世界"》3章、第二部《"洪荒"之子》5章、第三部《"洪荒世界"的神祇》6章、第四部《高等神祇》6章、第五部《驯服》5章，共25章。

　　小说。【俄】妥斯退夫斯基著。斐琴、陈达人译。1936年1月15日印刷，2月1日出版。日本东京东流文艺社发行。《东流文库》之五。

　　馆藏东流文艺社1936年2月初版，见唐弢文库。

　　初版本卷末有《妥斯退益夫斯基略传》。作品共有6章。

白 夜
联益出版社初版本封面（17.8厘米×12.6厘米）

　　小说。【俄】陀思退夫斯基著。叔夜译。民国三十四年（1945）四月渝初版。联益出版社出版。重庆文光书店、联营书店经售。《世界文学名著译丛》之一种。

　　馆藏联益出版社1945年4月初版、文光书店1947年8月沪初版，见唐弢文库、汝龙文库、孔罗荪文库。

　　初版本无序跋。作品共有5章。

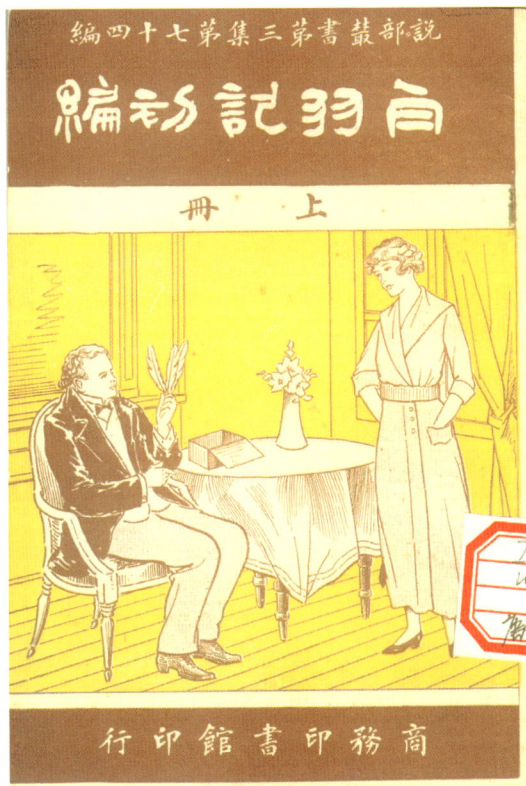

白羽记初编（上、下）
初版本封面（18.2厘米×12.6厘米）

　　小说。著者不详。沈步洲编译。民国八年（1919）七月初版。上海商务印书馆印行。四集本《说部丛书》第三集之七十四。

　　馆藏商务印书馆1919年7月初版、1921年10月二版（四集本《说部丛书》第三集），见唐弢文库、巴金文库。

　　初版本上册卷首有《序》（译者），内云："是书述英人经营苏丹事，亦稗官野史之类也。"

　　初版本有卷上5章、卷下6章，共11章。

白羽记三编（上、下）
初版本封面（18.5厘米×12.6厘米）

白羽记续编（上、下）
初版本封面（18.3厘米×12.6厘米）

小说。著者不详。沈步洲编译。民国九年（1920）五月初版。上海商务印书馆印行。四集本《说部丛书》第三集之九十六。

馆藏商务印书馆1920年5月初版，见唐弢文库、巴金文库。

初版本无序跋。作品有卷上5章、卷下7章，共12章（章次接续《续编》）。

小说。著者不详。沈步洲编译。民国八年（1919）十月初版。上海商务印书馆印行。四集本《说部丛书》第三集之八十三。

馆藏商务印书馆1919年10月初版、1922年3月二版（四集本《说部丛书》第三集），见唐弢文库、巴金文库。

初版本无序跋。作品有卷上5章、卷下6章，共11章（章次接续《初编》）。

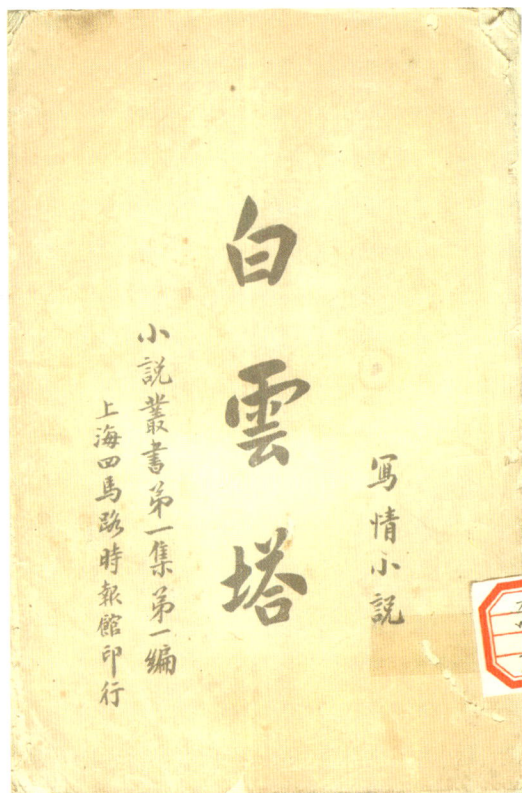

白云塔
初版本封面（22.3厘米×15厘米）

　　一名《新红楼》。小说。著者不详。冷译。光绪三十一年（1905）九月二十日初版。上海时报馆印行。有正书局发售。《小说丛书》第一集之一。

　　馆藏时报馆1905年（农历）9月初版，见唐弢文库。

　　本书为写情小说。初版本卷首有《约言》、静观《〈白云塔〉投书（一）》、汉精《〈白云塔〉投书（二）》、杜任子《〈白云塔〉投书（三）》、《自述》。作品共有49回。

败　北
初版本封面（18.8厘米×13厘米）

　　小说集。【日】芥川龙之介等著。沈端先译。1930年4月初版，印1500册。神州国光社出版。

　　馆藏神州国光社1930年4月初版，见图书大库。

　　初版本无序跋。内收《齿轮》、《富美子的脚》、《败北》、《橘》共4篇。

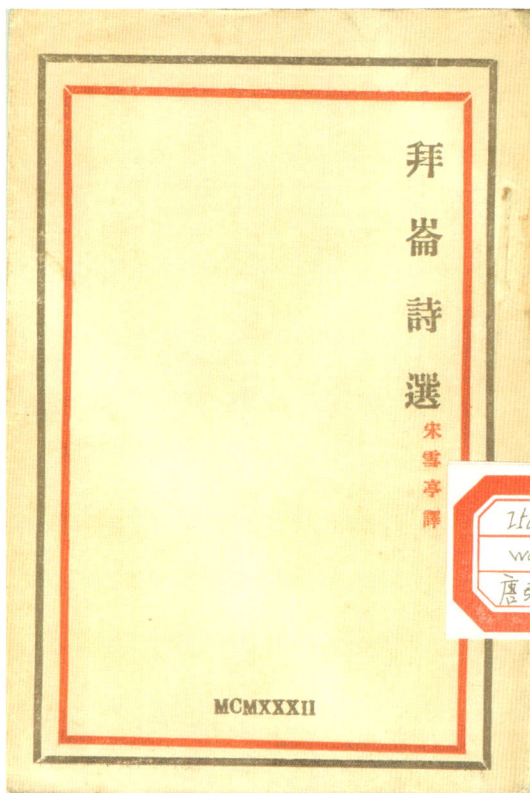

拜崙詩選
宋雪亭譯

MCMXXXII

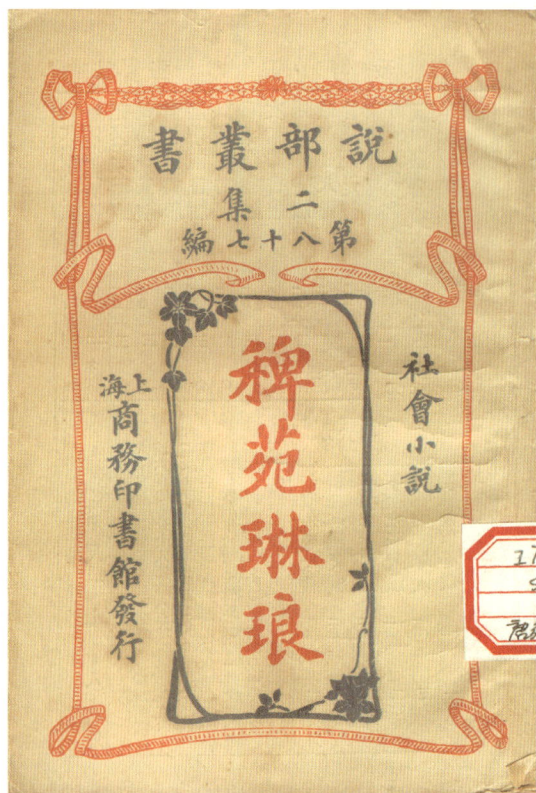

說部叢書
第八十七編
二集

社會小說

稗苑琳琅

上海商務印書館發行

拜仑诗选
初版本封面（15.1厘米×10.5厘米）

【英】拜仑著。宋雪亭译。1932年11月付排，12月出版，印1500册。译者自刊。长沙商务印书馆、长沙民智书局、长沙同益公司寄售。

馆藏1932年12月初版，见唐弢文库。

初版本卷首有宋雪亭《引言》、《拜仑传》。正文收《答玛丽赠画像》、《答某女士赠束发绒带》、《给某夫人》、《给我底儿子》、《当我们俩分手的时候》、《髑髅酒杯铭》、《好！你现在既是很快乐》、《答某夫人》、《莫要使我想起》、《去国行》、《给弗劳伦斯》、《暴风雨中作歌》、《雅典底女郎》、《别语》、《再挣扎一次》等29篇。

稗苑琳琅
初版本封面（18.6厘米×12.8厘米）

小说。【美】美林孟著。诗庐译。民国四年（1915）九月二十九日印刷，十月十二日初版、发行。上海商务印书馆印行。四集本《说部丛书》第二集之八十七。

馆藏商务印书馆1915年10月初版，见唐弢文库、图书大库。

本书为社会小说。初版本无序跋。作品共有5章。

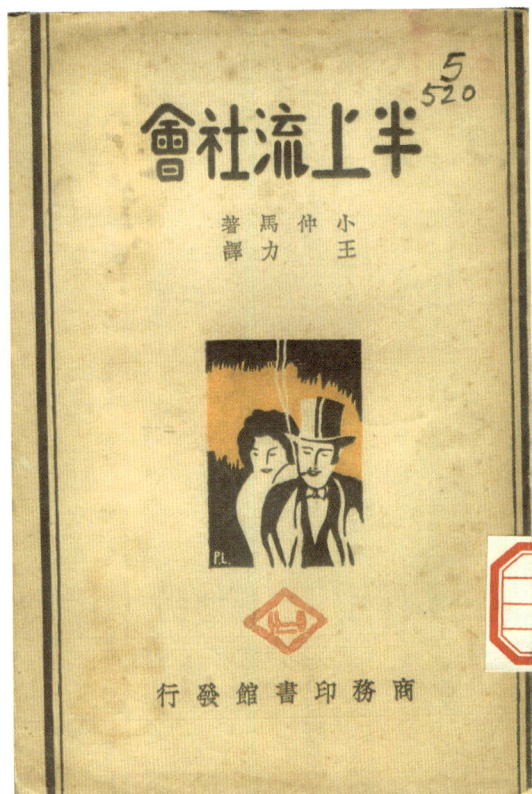

半上流社会
初版本封面（19厘米×13厘米）

　　戏剧。【法】小仲马著。王力译。民国二十年
（1931）六月初版。上海商务印书馆印行。
　　馆藏商务印书馆1931年6月初版，见唐弢文库。
　　初版本卷首有《译者的自白》、译者《著者小传
与本剧略评》。作品共有5幕。

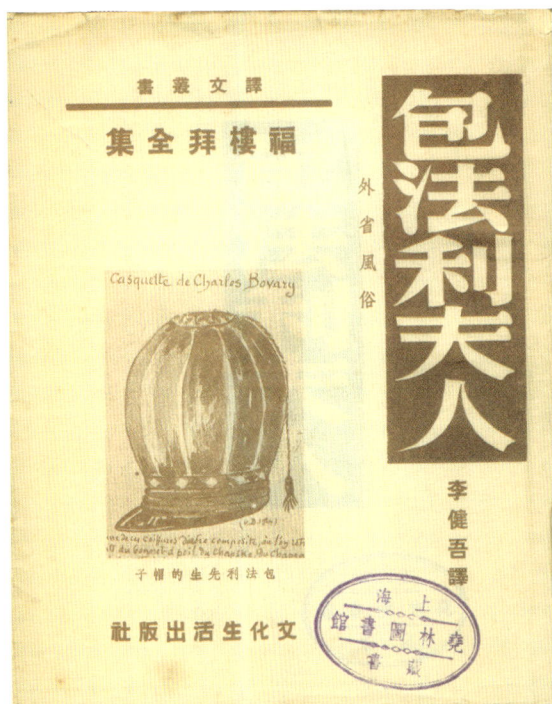

包法利夫人
初版本封面（18.2厘米×14.8厘米）

　　副标题为《外省风俗》。小说。【法】福楼拜
著。李健吾译。民国三十七年（1948）九月初版。文
化生活出版社出版、发行。文化生活印刷所印刷。
《福楼拜全集》、《译文丛书》之一种。
　　馆藏文化生活出版社1948年9月初版、同年11月二
版，见唐弢文库、巴金文库、图书大库。
　　初版本卷首有《译者序》。作品有上卷15章、下
卷11章，共26章，卷末附有《发表与诉讼》、《公诉
状》、《辩护状》、《判决书》。

宝　岛
初版本扉页（精装本封面无书名。18.9厘米×12.3厘米）

宝石花
初版本封面（17.8厘米×12.6厘米）

　　小说。【英】史蒂文生著。顾均正译。1930年11月初版。上海开明书店发行。美成印刷所排印。《世界少年文学丛刊》之一种。

　　馆藏开明书店1930年11月初版、1933年9月三版、1947年3月七版，见唐弢文库、康濯文库、图书大库。

　　初版本卷首有顾均正《付印题记》、徐调孚《史蒂文生小传》、《史蒂文生的重要作品》。作品有第一部《老海盗》6章、第二部《船上的厨夫》6章、第三部《我的海岸冒险》3章、第四部《木寨》6章、第五部《我的海上冒险》6章、第六部《雪尔福船长》7章，共34章。

　　故事集。【苏】巴若夫著。戈宝权译。1947年出版（无版权页）。上海时代书报出版社出版。

　　馆藏时代书报出版社1947年初版，见唐弢文库。

　　本书为《乌拉尔民间传说》。初版本卷首有《译者前言》。正文收《杜姆拉亚山上的看更房》、《宝石花》、《矿山的名匠》共3篇。

保加利亚短篇集
初版本封面（18.3厘米×12.7厘米）

保加利亚短篇小说选
初版本封面（18.3厘米×12.7厘米）

　　小说集。卡拉佛洛夫等著。孙用译。民国三十四年（1945）十二月初版。上海正言出版社出版、发行。华丰印刷铸字所印刷。《正言文艺丛刊》之二。

　　馆藏正言出版社1945年12月初版，见唐弢文库、巴金文库、图书大库。

　　初版本卷首有转译者（孙用）《前记》，卷末有《作者小记》。正文收《哈奇艮丘》、《约佐爷爷望着……》、《魔鬼》、《邓丘叔叔的渴想》、《最后的治疗》、《不同的人——不同的理想》、《驼背姑娘》、《新年》、《外快》、《老牛》、《天国的管门人》、《伊凡伊凡尼支怎么齐家》、《大赦》、《笑》、《未婚夫》等16篇。

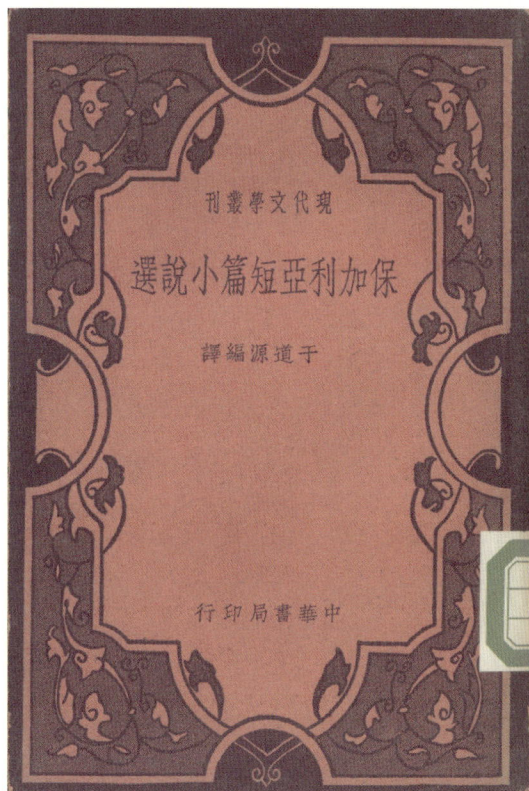

　　小说散文集。伐作夫等著。于道源译。民国二十九年（1940）十月印刷、发行。昆明中华书局出版、发行。上海美商永宁有限公司印刷。《现代文学丛刊》之一种。

　　馆藏中华书局1940年10月初版，见唐弢文库、胡风文库、图书大库。

　　初版本卷首有于道源《译者序》，卷末附有《作者年表》。正文收《他来吗？》、《两种才能》、《新年前后》、《海滨别墅》、《公墓》、《到干爹那里去》、《赦》、《鬼》、《生活与文学》、《〈谜之书〉里的几个片段》、《垂死的人》、《在大海前面》、《梦幻与真实》共13篇。

保卫察里津
初版本封面（18厘米×12.6厘米）

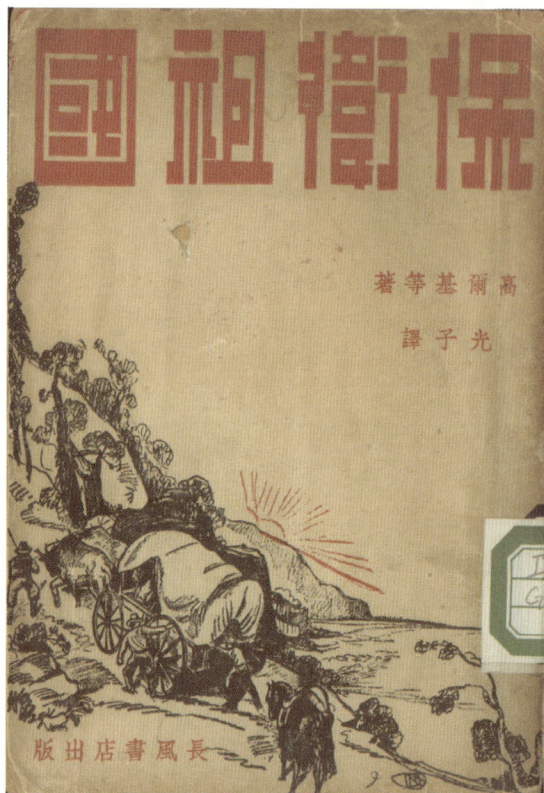

保卫祖国
初版本封面（18.3厘米×12.9厘米）

　　又名《粮食》。小说。【苏】A.托尔斯泰著。曹靖华译。民国三十四年（1945）一月初版。中苏文化协会编译委员会编辑。昆明北门出版社出版。昆明北门书屋总经售。曹靖华主编《苏联文学丛书》之十五。

　　馆藏北门出版社1945年1月初版、1946年11月二版、1947年12月大连一版，见唐弢文库、图书大库。

　　初版本卷首有《作者自传》、靖华《译者序》，卷末有《作者著作年表》。作品共有12章。

　　小说集。【苏】高尔基等著。光子、黄峰译。民国二十九年（1940）二月初版。上海长风书店印行。上海光明书局、上海正风书店、香港大公书局等代售。

　　馆藏长风书店1940年2月初版，见图书大库。

　　初版本卷末有译者《后记》。正文收《战争与革命》3篇、《新旧女性型》2篇、《战斗的西班牙》2篇、《日记及其他》2篇，共9篇。

文艺新潮社小丛书第一辑之五

遠志鮑

易卜生著·石靈編譯·文藝新潮社刊

鲍志远
初版本封面（16.8厘米×12.4厘米）

中俄文對照

暴風雪

普希金著·梁香譯

時代書報出版社

暴风雪
初版本封面（17.7厘米×12.8厘米）

　　戏剧。【挪】易卜生著。石灵编译。民国二十九年（1940）二月一日印刷，十五日初版。文艺新潮社印行。上海万叶书店总经售。锡金、钱君匋主编《文艺新潮社小丛书》第一辑之五。

　　馆藏文艺新潮社1940年2月初版，见唐弢文库、艾芜文库。

　　初版本卷末有《后记》（译者）。作品共有4幕。

　　小说。【俄】普希金著。梁香译。1947年11月初版。上海时代书报出版社出版。

　　馆藏时代书报出版社1947年11月初版，见薛汕文库。

　　本书为中俄文对照。初版本无序跋。作品不分章节。

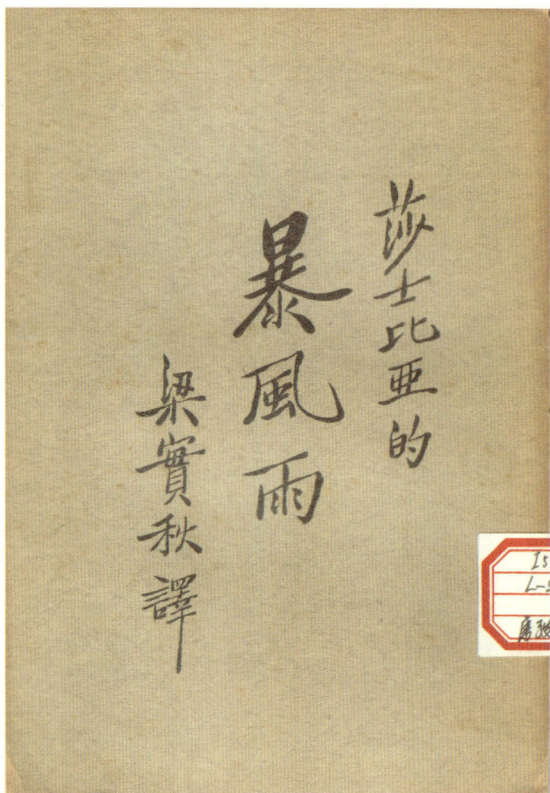

暴风雨
初版本封面（21.2厘米×15.2厘米）

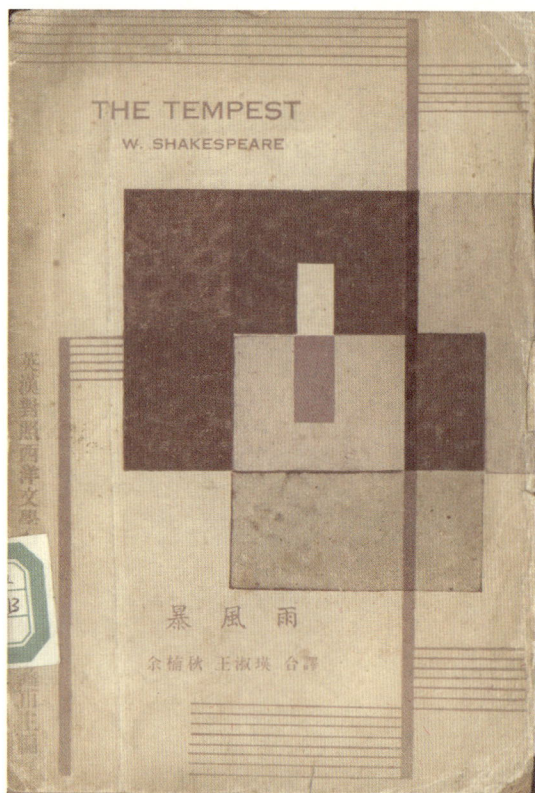

THE TEMPEST
W. SHAKESPEARE

暴风雨

暴风雨
初版本封面（19.9厘米×14厘米）

戏剧。【英】莎士比亚著。梁实秋译。民国二十六年（1937）五月初版。中华教育文化基金董事会编译委员会编辑。上海商务印书馆印行。

馆藏商务印书馆1937年5月初版、1947年2月三版，见唐弢文库、艾芜文库、图书大库。

初版本卷首有《序》（译者）、《例言》（译者）。作品共有5幕。

诗剧。【英】莎士比亚著。余楠秋、王淑瑛译。民国二十四年（1935）四月初版。上海黎明书局发行。伍蠡甫主编《英汉对照西洋文学名著译丛》之八。

馆藏黎明书局1935年4月初版，见图书大库。

初版本卷首有余楠秋、王淑瑛《译者序》。作品共有5幕。

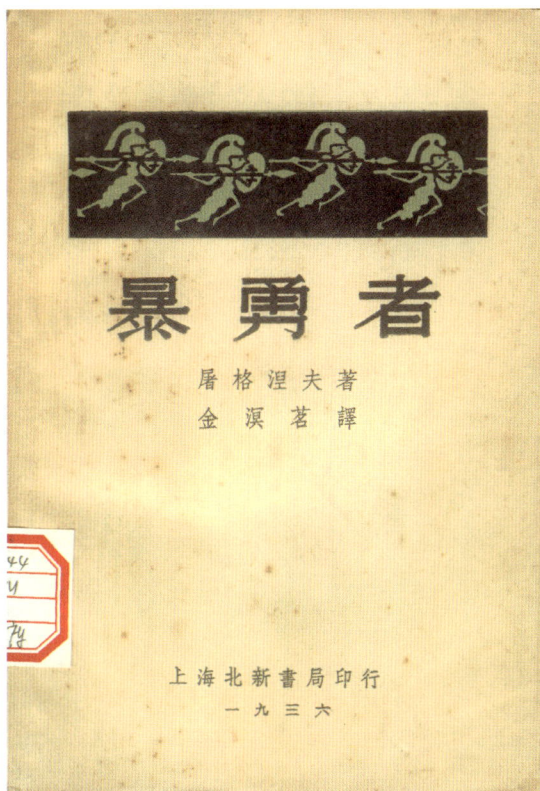

暴勇者
初版本封面（18.7厘米×13.1厘米）

小说集。【俄】屠格涅夫著。金溟茗译。1936年8月付排，9月出版，印1500册。上海北新书局印行。

馆藏北新书局1936年9月初版，见唐弢文库、图书大库。

初版本卷首有《译者小序》。正文收《蒲宁与白布林》、《暴勇者》共2篇。

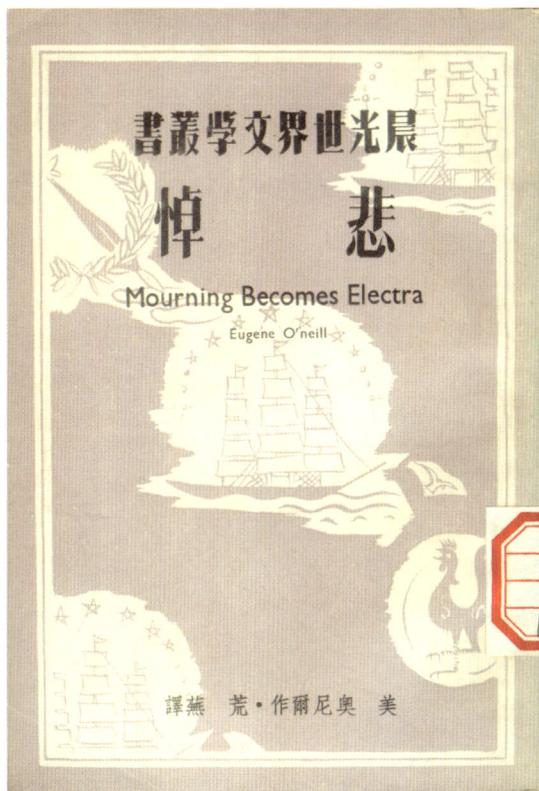

悲 悼
初版本封面（17厘米×12.1厘米）

戏剧集。【美】奥尼尔著。荒芜译。1949年3月初版。上海晨光出版公司发行。中华全国文艺协会主编《晨光世界文学丛书》之十五。

馆藏晨光出版公司1949年3月初版，见唐弢文库、图书大库。

本书为戏剧三部曲。初版本卷首有赵家璧《出版者言》（丛书总序）。正文收《归家》、《猎》、《祟》共3篇。

北欧小说名著
初版本封面（18.7厘米×13.2厘米）

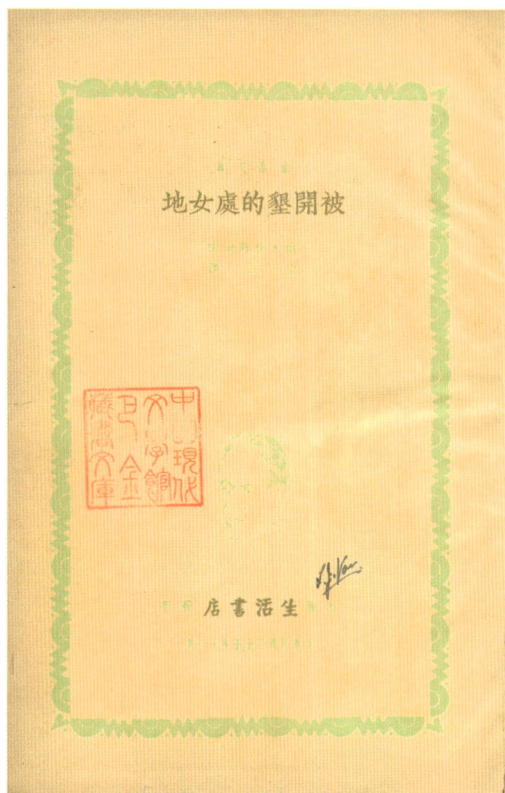

被开垦的处女地（一）
1936年初版本扉页（精装本封面无书名。21.5厘米×13.9厘米）

正文题《北欧小说集》。【挪】哈姆生等著。古有成等译。施落英编。民国二十六年（1937）六月初版。上海启明书局印行。《世界文学短篇名著》之一种。

馆藏启明书局1937年6月初版、1941年7月初版（书名为《爱情的面包》，正文题《北欧小说集》），见图书大库。

1937年初版本卷首有《引言》。正文收《生的叫喊》、《西蒙生》、《卖火柴的女儿》、《爱情与面包》、《新袍子》、《火烧城》、《父亲拿洋灯回来时候》、《父亲在亚美利加》、《海的坟墓》、《善终旅店》、《婴儿杀戮》、《孤独者》共12篇。

小说。【苏】梭罗诃夫著。立波译。民国二十五年（1936）十一月初版。上海生活书店发行。生活印刷所印刷。郑振铎主编《世界文库》之一种。

馆藏生活书店1936年11月初版、1937年3月二版、1946年4月胜利后一版、1948年5月东北初版，中苏友好协会1946年初版（上册，无版权页，著者译名为"萧洛柯夫"），冀中新华书店1947年12月版（分两册，著者译名为"萧洛霍夫"，版权页记为1941年1月初版），见唐弢文库、巴金文库、图书大库。

生活书店初版本卷末有《译后附记》。作品共有40章。

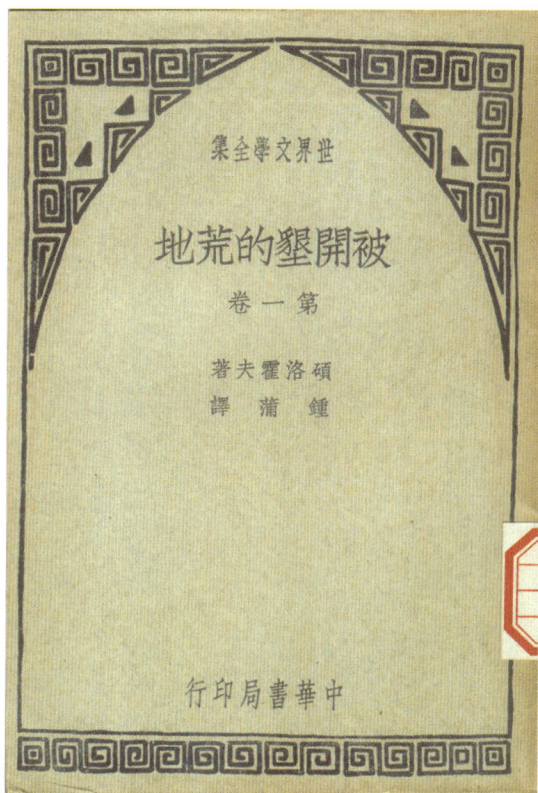

世界文学全集

被开垦的荒地

第一卷

硕洛霍夫著
钟蒲译

中华书局印行

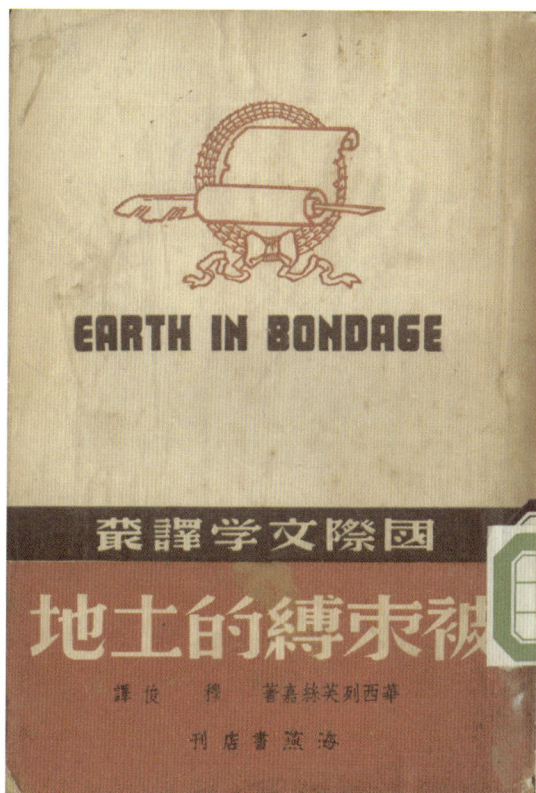

EARTH IN BONDAGE

国际文学译丛

被束缚的土地

华西列芙丝嘉著 穆俊译

海燕书店刊

被开垦的荒地（一）
初版本封面（18.4厘米×12.9厘米）

小说。【苏】硕洛霍夫著。钟蒲译。民国三十四年（1945）十一月初版、发行。上海中华书局印行。《世界文学全集》之一种。

馆藏中华书局1945年11月初版，见唐弢文库。

初版本卷首有钱歌川《小序》。作品共有40章。

被束缚的土地
初版本封面（18.1厘米×12.8厘米）

小说。【波兰】华西列芙丝嘉著。穆俊译。民国三十年（1941）四月出版。香港海燕书店出版。《国际文学译丛》之二。

馆藏海燕书店1941年4月初版，见巴金文库、图书大库。

初版本卷末有【苏】D.查斯立夫斯基《纹黛·华西列芙丝嘉的创作方法》（冰夷译）。作品共有8章。

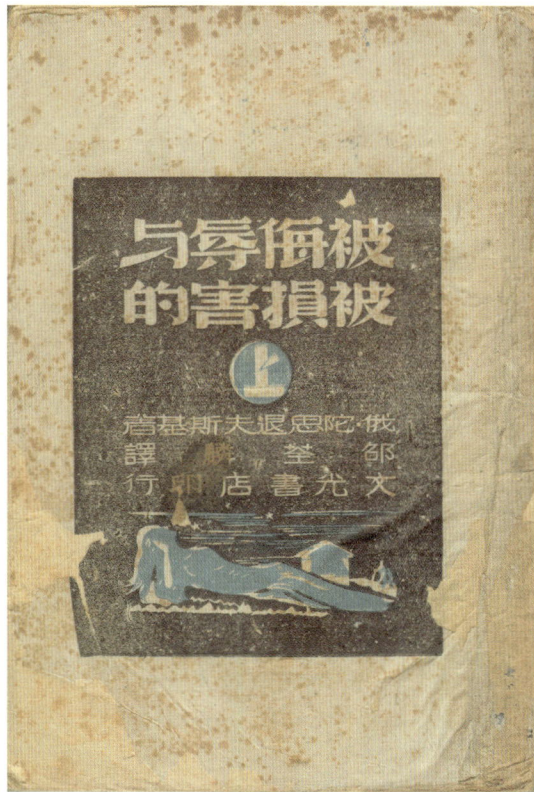

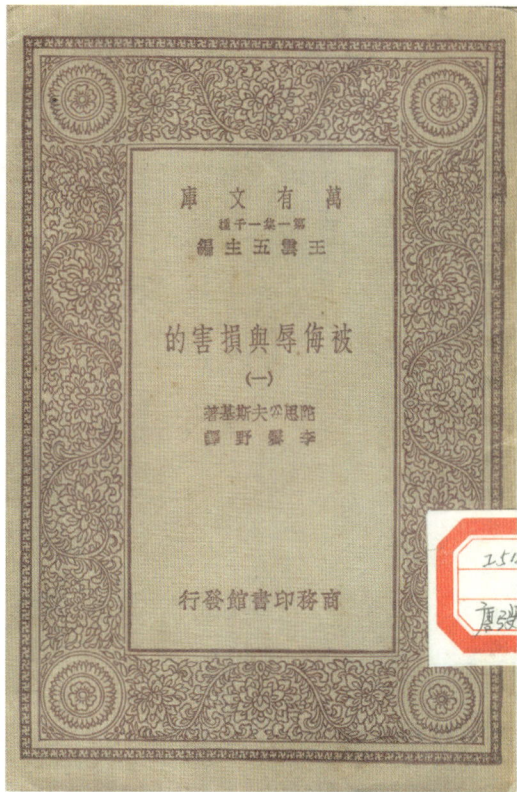

被侮辱与被损害的（上、下）
初版本封面（17.7厘米×12.5厘米）

被侮辱与损害的（一至八）
初版本封面（17.5厘米×11.8厘米）

　　小说。【俄】陀思退夫斯基著。邵荃麟译。民国三十二年（1943）十月、民国三十三年（1944）四月初版，印3000部。桂林文光书店出版、发行。桂林秦记西南印刷厂印刷。《世界文学名著译丛》之一种。

　　馆藏文光书店1943年10月、1944年4月初版，合订本1946年5月上海一版、1948年6月沪三版、1949年9月沪三（？）版，见唐弢文库、侯金镜文库、刘麟文库、李辉英文库、图书大库。

　　初版本下册卷末有《译后记》。作品除《尾声》外有第一部15章、第二部11章、第三部10章、第四部9章，共45章。

　　小说。【俄】陀思妥夫斯基著。李霁野译。民国二十年（1931）四月初版。上海商务印书馆印行。《汉译世界名著》、王云五主编《万有文库》第一集之一种。

　　馆藏商务印书馆1931年4月初版、1934年11月初版（上下册），见唐弢文库。

　　初版本无序跋。作品除《尾声》外有第一部15章、第二部11章、第三部10章、第四部9章，共45章。

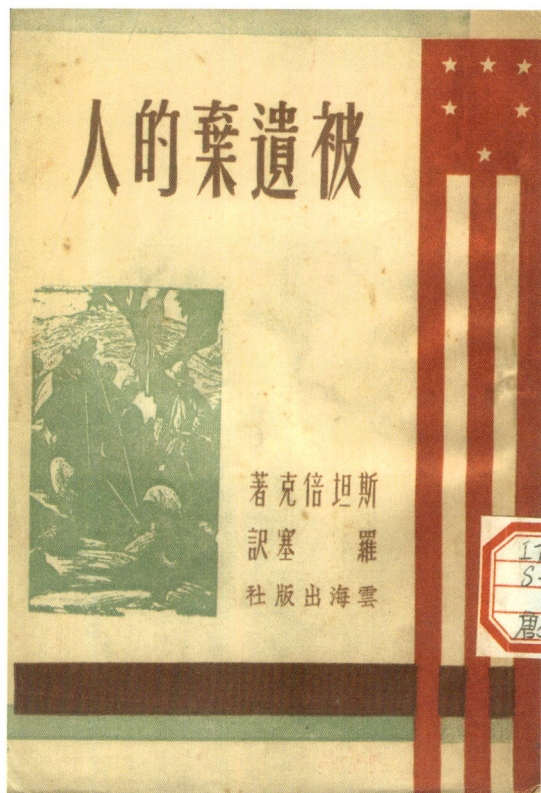

被遗弃的人
初版本封面（18.2厘米×12.8厘米）

　　原名《Tortilla Flat》。小说。【美】J.斯坦倍克著。罗塞译。民国三十五年（1946）一月沪初版。上海云海出版社印行。

　　馆藏云海出版社1946年1月初版，见唐弢文库、巴金文库、图书大库。

　　初版本卷末有《关于作者》（译者）、罗塞《后记》。作品除《前言》外共有17章。

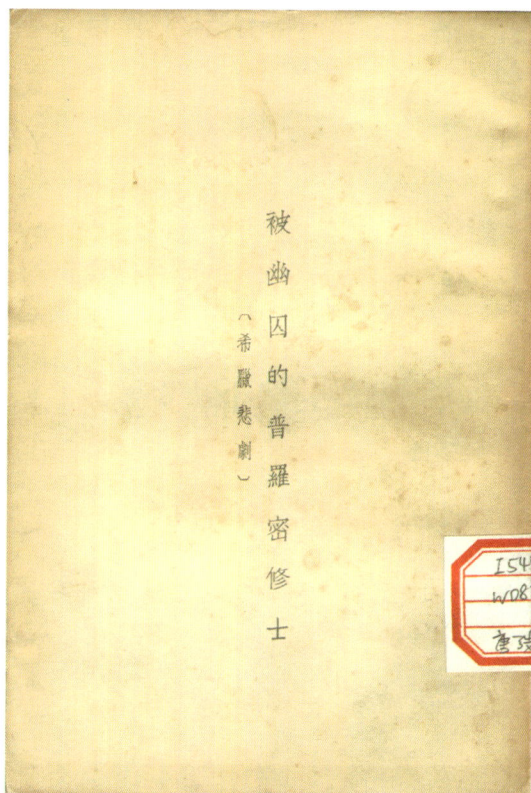

被幽囚的普罗密修士
初版本封面（18.6厘米×12.9厘米）

　　戏剧。【古希腊】埃斯基拉著。杨晦译。民国二十一年（1932）八月出版，印1500册。北平人文书店发行。佩文斋分发行。

　　馆藏人文书店1932年8月初版，见唐弢文库、巴金文库、图书大库。

　　初版本卷首有亨利穆莱《希腊悲剧家埃斯基拉》、《小引》（译者），卷末附有杨晦《普罗密修士》。作品为独幕剧。

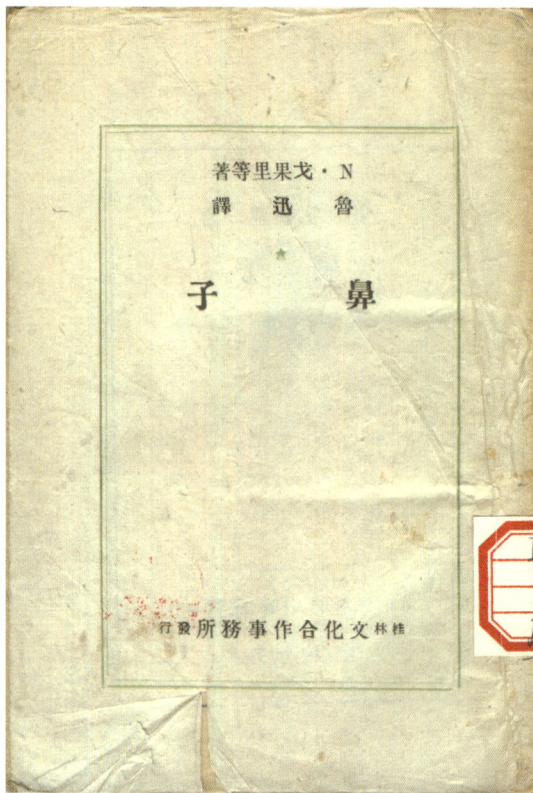

鼻 子
初版本封面（18.1厘米×12.6厘米）

小说集。【俄】N.戈果里等著。鲁迅译。民国三十一年（1942）九月初版。桂林文化合作事务所印行。《译文丛书》之二。

馆藏文化合作事务所1942年9月初版，见唐弢文库。

初版本无序跋。内收《鼻子》、《父亲》、《贵家妇女》、《波兰姑娘》、《拉拉的利益》、《一篇很短的传奇》、《洞窟》、《恋歌》共8篇。

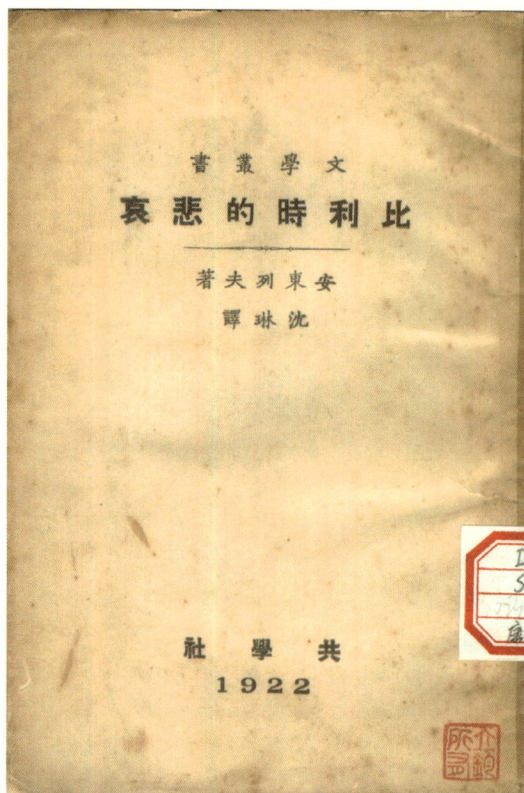

比利时的悲哀
初版本封面（19.1厘米×13厘米）

戏剧。【俄】安东列夫著。沈琳译。民国十一年（1922）九月初版。上海商务印书馆印行。共学社《文学丛书》之一种。

馆藏商务印书馆1922年9月初版、1925年12月二版，见唐弢文库。

初版本卷首有沈琳《叙言》、柏恩斯泰《原序》，卷末有《安得列夫事略》、《安得列夫的戏剧作品一览》。《叙言》云："《比利时的悲哀》就是一段比利时国的悲哀的故事的写照。在这本戏曲里，安得列夫描写战争的可怕情形同比利时的国民性和国家精神。"

初版本共有6幕。

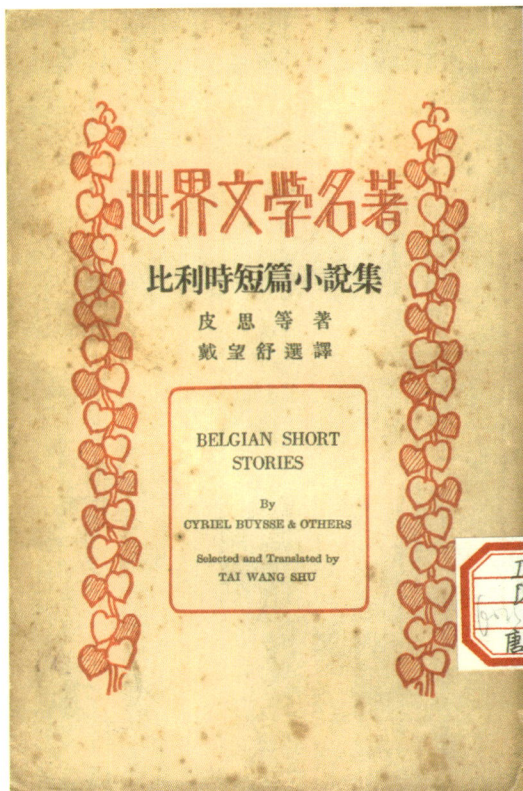

比利时短篇小说集
初版本封面（19.1厘米×13厘米）

皮思等著。戴望舒译。民国二十四年（1935）六月初版。上海商务印书馆印行。《世界文学名著》之一种。

馆藏商务印书馆1935年6月初版、同年11月二版，见唐弢文库、胡风文库、李辉英文库、图书大库。

初版本卷首有译者《小引》。正文收《孤独者》、《贝尔洛勃的歌》、《迟暮的牧歌》、《溺死的姑娘》、《圣诞节的晚上》、《住持的酒窖》、《乌朗司毕该尔》、《法布尔·德格朗丁之歌》、《薇尔村的灵魂》、《善终旅店》、《婴儿杀戮》、《朗勃兰的功课》、《红石竹花》、《公鸡》、《新闻》等20篇。

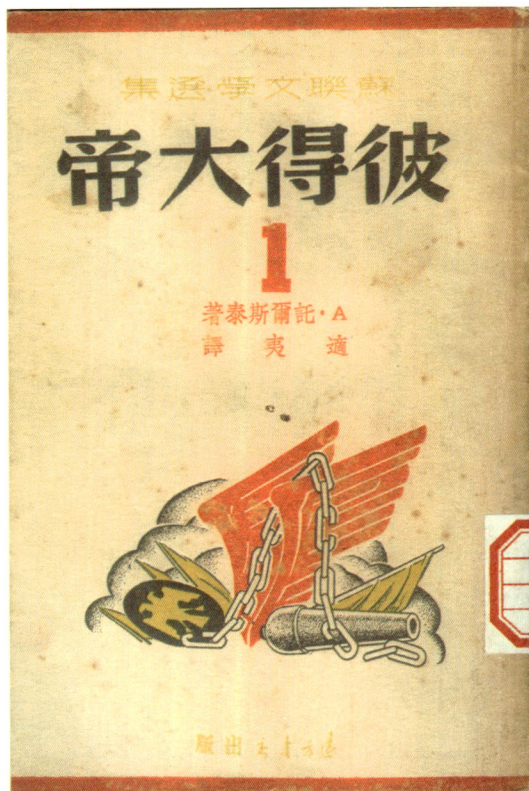

彼得大帝（一）
初版本封面（18.3厘米×12.7厘米）

小说。【苏】A.托尔斯泰著。适夷译。民国三十年（1941）九月出版，印1500册。远方书店出版。香港大陆印务公司印刷。香港南洋图书公司、上海泰风公司经售。《苏联文学选集》之一种。

馆藏远方书店1941年9月初版、新中国书局1949年3月香港一版，见唐弢文库、图书大库。

初版本卷末有《译记》。作品共有7章。

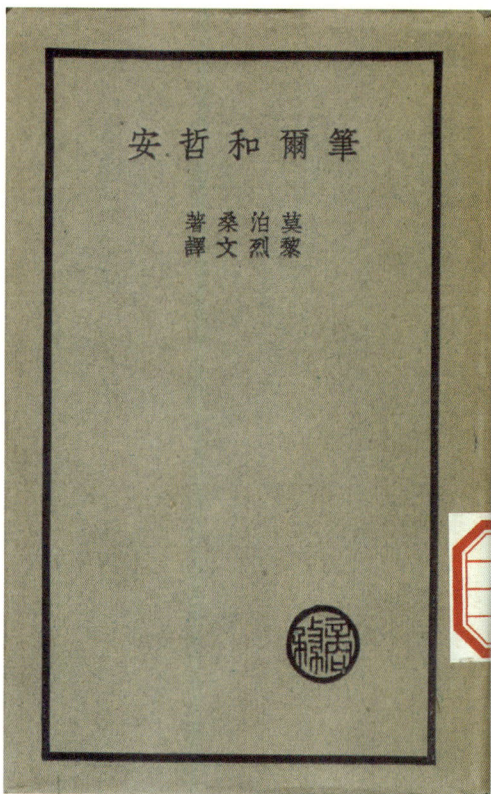

笔尔和哲安
初版本封面（17.1厘米×10.8厘米）

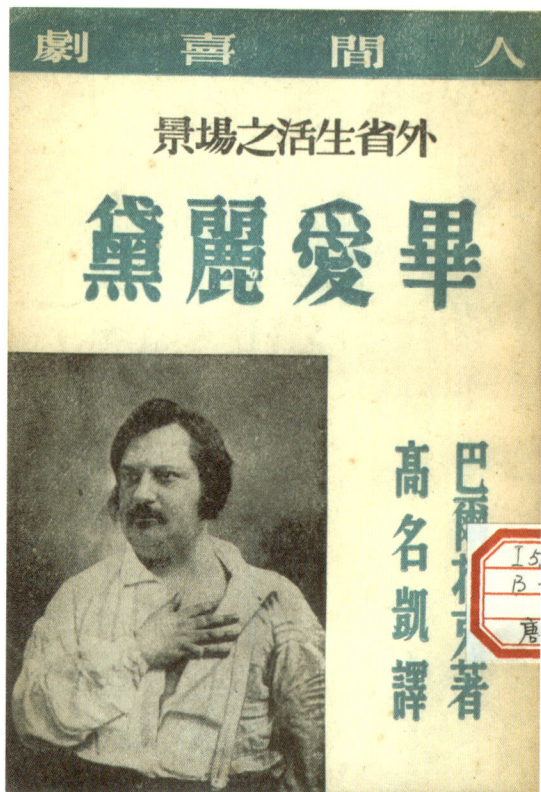

毕爱丽黛
初版本封面（18.1厘米×12.8厘米）

　　小说。【法】莫泊桑著。黎烈文译。民国二十五年（1936）三月初版。上海商务印书馆印行。《文学研究会世界文学名著丛书》之一种。

　　馆藏商务印书馆1936年3月初版，文化生活出版社（书名为《两兄弟》）1944年3月渝一版、1946年11月沪一版、1948年5月沪二版、1949年4月沪三版，见唐弢文库、巴金文库、管桦文库、李辉英文库、图书大库。

　　初版本卷末有莫泊桑《论小说》。作品共有9章。

　　小说。【法】巴尔扎克著。高名凯译。民国三十五年（1946）十一月初版，印1500册。海燕书店出版。上海群益·海燕·海云联合发行所总经售。《人间喜剧·外省生活之场景》之一种。

　　馆藏海燕书店1946年11月初版，见唐弢文库、阳翰笙文库、图书大库。

　　本书为《独身者》三部曲之二。初版本卷首有得·巴尔扎克《献给　韩斯迦·得·安娜小姐》。作品不标章次。

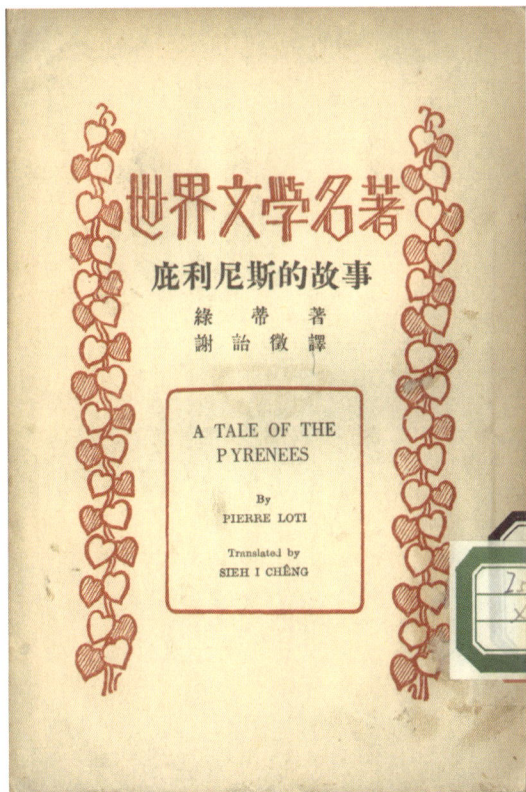

庇利尼斯的故事
初版本封面（19厘米×13厘米）

正文题《庇利尼斯》。小说。【法】绿蒂著。谢诒征译。民国二十五年（1936）五月初版。上海商务印书馆印行。《世界文学名著》之一种。

馆藏商务印书馆1936年5月初版，见唐弢文库、图书大库。

初版本卷首有谢诒征《译者的闲话》。作品有第一部27章、第二部13章，共40章。

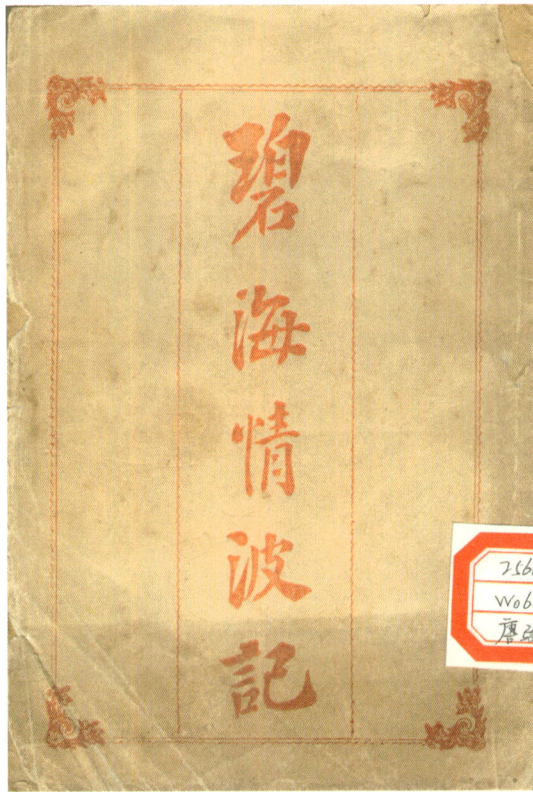

碧海情波记
初版本封面（18.2厘米×12.7厘米）

小说。著者不详。天笑生编译。宣统二年（1910）九月初版。上海秋星社发行。上海时中书局印刷。

馆藏秋星社1910年（农历）9月初版，见唐弢文库。

初版本无序跋。作品共有7章。

碧色的国
初版本封面（18.4厘米×13.2厘米）

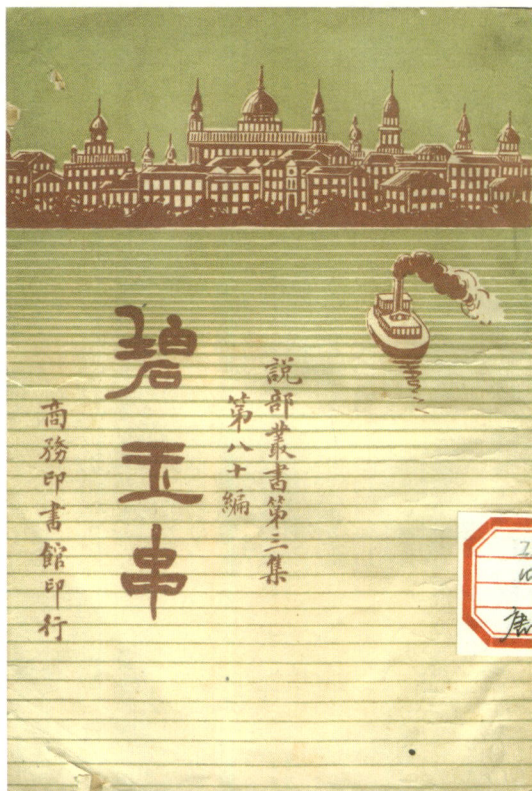

碧玉串
初版本封面（18.3厘米×12.6厘米）

　　小说集。【英】吉辛等著。刘大杰等译。民国十八年（1929）十月初版。上海启智书局出版、发行。上海启智印务公司印刷。《世界短篇小说丛刊》之一种。

　　馆藏启智书局1929年10月初版、1935年4月三版，见唐弢文库、图书大库。

　　初版本卷首有大杰《小序》。正文收《穷绅士》、《一个自愿的死者》、《新教师》、《皮外套》、《蜘蛛的丝》、《青柳》、《女教师》、《碧色的国》、《小小爷》、《幸福的船》共10篇。

　　小说。著者不详。尤玄甫编译。民国九年（1920）二月初版。上海商务印书馆印行。四集本《说部丛书》第三集之八十。

　　馆藏商务印书馆1920年2月初版，见唐弢文库。

　　初版本无序跋。作品共有12章。

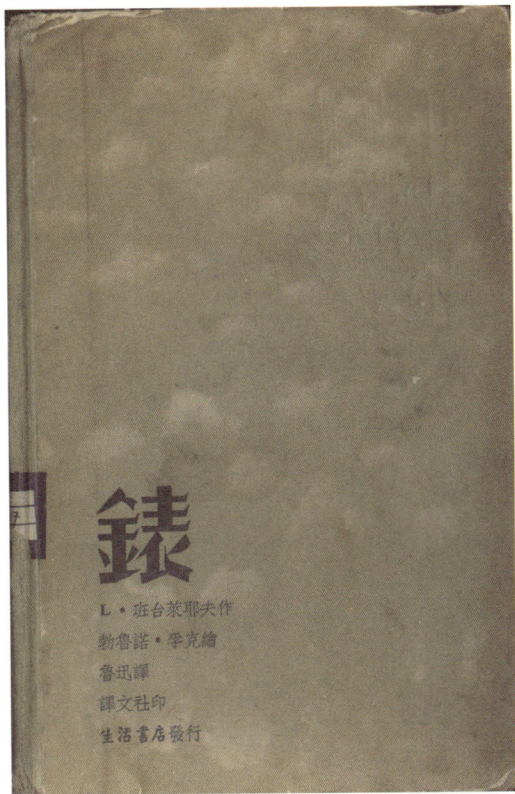

表
译文社初版本封面（21.5厘米×14厘米）

小说。【苏】L.班台莱耶夫著。勃鲁诺·孚克绘。鲁迅译。民国二十四年（1935）七月初版。上海译文社出版。生活印刷所印刷。上海生活书店发行。《译文丛书（插画本）》之一种。

馆藏译文社1935年7月初版、1936年7月四版、1937年2月五版，晋察冀新华书店1946年2月初版，大众书店1946年6月二版，生活书店1948年9月东北初版，太岳新华书店1949年4月初版，山东新华书店1949年7月初版，东北书店版（版权页缺失），见唐弢文库、胡风文库、图书大库。

初版本卷首有鲁迅《译者的话》。作品不标章次。

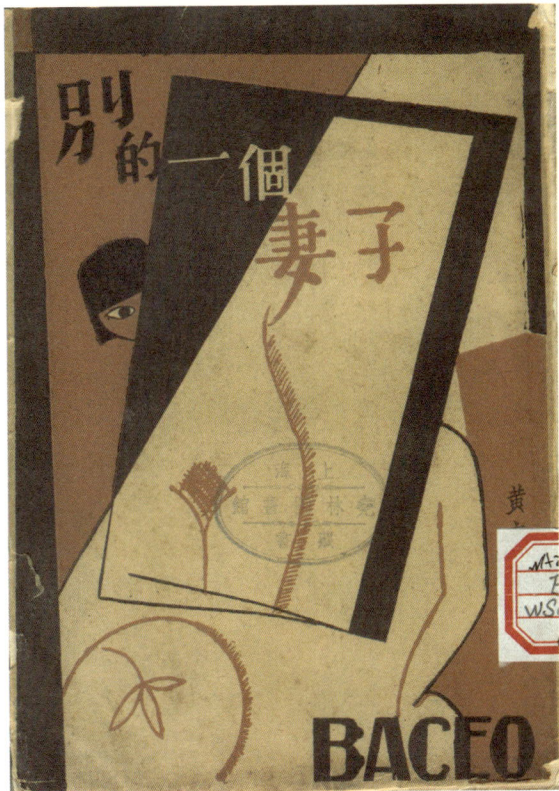

别的一个妻子
初版本封面（19.3厘米×14厘米）

小说集。【美】安德孙等著。黄嘉谟译。1929年7月初版，印1500册。上海水沫书店印行。

馆藏水沫书店1929年7月初版，见唐弢文库、巴金文库。

本书为《美国现代短篇选集》。初版本无序跋。内收《别的一个妻子》、《邂逅》、《维也纳的熏炙品》、《两个杀人者》、《北地艳迹》共5篇。

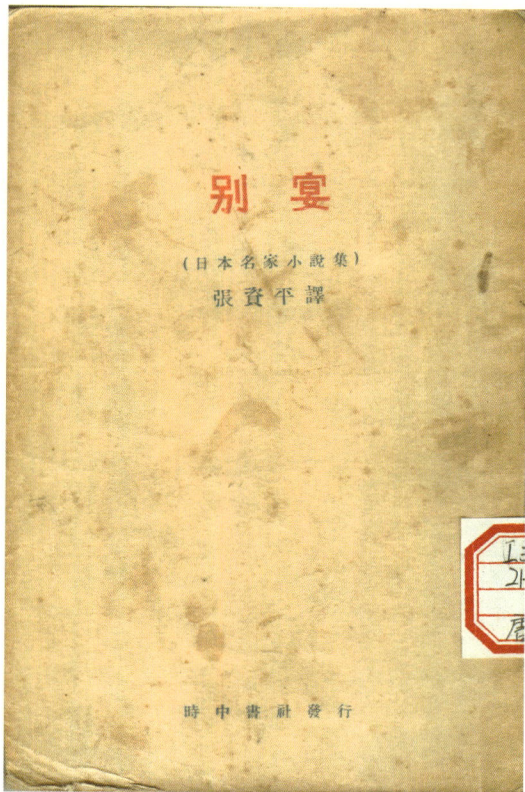

别 宴
初版本封面（18.1厘米×12.5厘米）

　　小说集。【日】谷崎精二等著。张资平译。民国十五年（1926）三月初版。武昌时中合作书社总发行。

　　馆藏时中合作书社1926年3月初版，见唐弢文库、图书大库。

　　本书为《日本名家短篇小说集》。初版本卷首有译者《序》。正文收《别宴》、《无产阶级者》、《消遣的对话》、《衬衣》、《自杀》、《最后列车》、《梦醒了》共7篇。

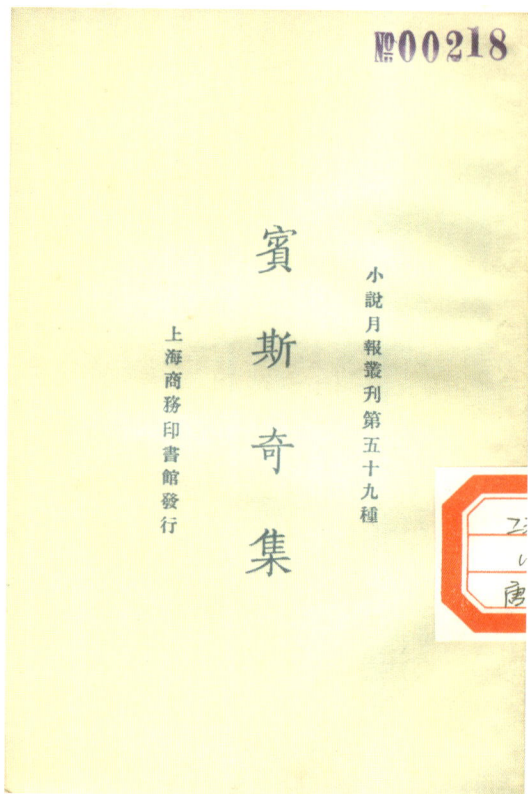

宾斯奇集
初版本封面（14.9厘米×10.1厘米）

　　小说戏剧集。【俄】宾斯奇著。冬芬等译。民国十四年（1925）四月初版。上海商务印书馆印行。小说月报社编辑《小说月报丛刊》之五十九。

　　馆藏商务印书馆1925年4月初版，见唐弢文库、图书大库。

　　初版本无序跋。内收《美尼》、《波兰》、《拉比阿契巴的诱惑》、《暴风雨里》、《一个饿人的故事》共5篇。

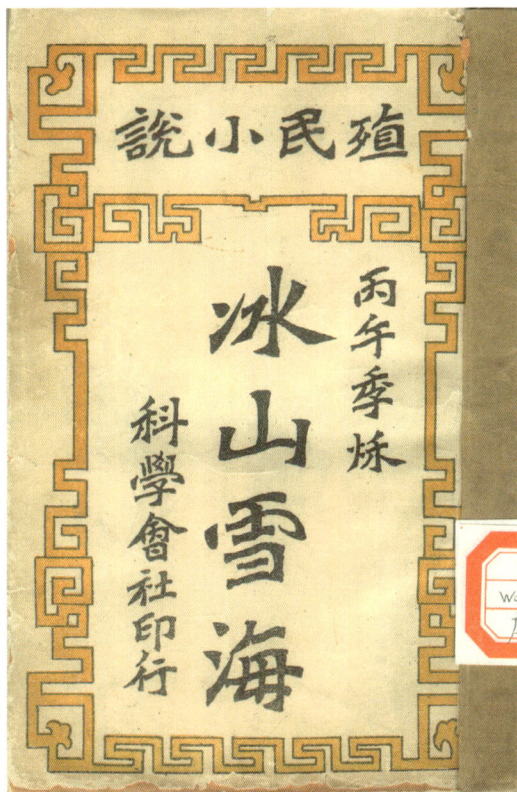

冰岛渔夫
初版本扉页（精装本封面无书名。21.9厘米×14.1厘米）

小说。【法】罗逖著。黎烈文译。民国二十五年（1936）三月初版。上海生活书店发行。生活印刷所印刷。郑振铎主编《世界文库》之一种。

馆藏生活书店1936年3月初版，文化生活出版社1942年12月改订初版、1943年2月渝一版、1947年3月三版、1949年2月五版，见唐弢文库、巴金文库、刘麟文库、李辉英文库、孔罗荪文库、图书大库。

生活书店初版本卷首有《〈冰岛渔夫〉小引》（译者）。作品有第一部6章、第二部13章、第三部17章、第四部8章、第五部11章，共55章。

冰山雪海
初版本封面（18.7厘米×12.6厘米）

小说。著者不详。李伯元编译。光绪三十二年（1906）八月初版。科学会社印行。乐群书局经售。

馆藏科学会社1906年（农历）8月初版，见唐弢文库。

本书为殖民小说。初版本无序跋。作品共有12回。

冰原探险记
初版本封面（残。18.2厘米×12.5厘米）

小说。著者不详。王无为编译。民国五年（1916）十一月初版。上海商务印书馆印行。四集本《说部丛书》第三集之十四。

馆藏商务印书馆1916年11月初版，见唐弢文库。

初版本无序跋。作品共有12章。

波城世家
初版本封面（16.8厘米×11.5厘米）

原名《蒲痕君》。小说。【美】马关著。林疑今译。民国三十二年（1943）十月初版。重庆新生图书文具公司总发行。南方印书馆印刷。徐訏主编《作风文艺小丛书》之一种。

馆藏新生图书文具公司1943年10月初版，见图书大库。

初版本卷首有《译者序》，卷末有徐訏《后记》。作品共有16章。

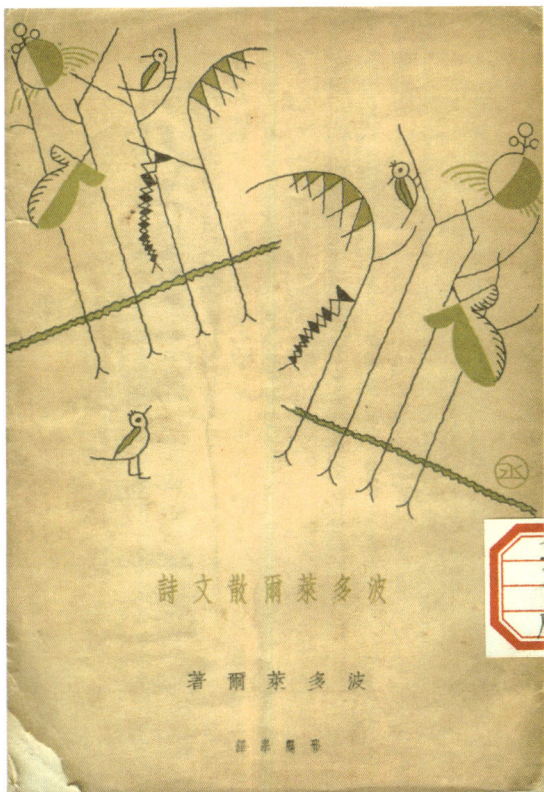

波多莱尔散文诗
初版本封面（18.6厘米×13.1厘米）

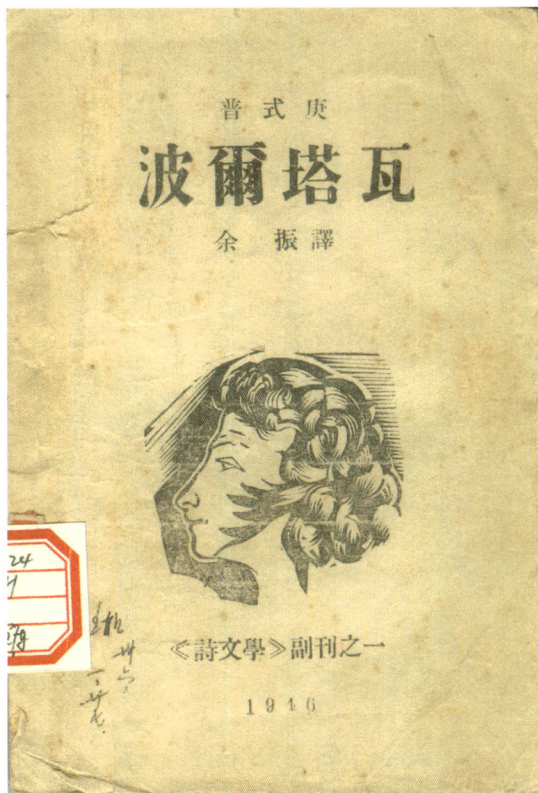

波尔塔瓦
诗文学社初版本封面（17.6厘米×12.4厘米）

　　【法】波多莱尔著。邢鹏举译。民国十九年（1930）四月印刷、发行。上海中华书局印行。徐志摩主编《新文艺丛书》之一种。

　　馆藏中华书局1930年4月初版、1933年5月二版，见唐弢文库、施蛰存文库、薛汕文库、图书大库。

　　初版本卷首有志摩《序》、《译者序》、《波多莱尔的诗文——颓废派文学家之供献》（译者）。正文收《散文诗》第一部11篇、《散文诗》第二部24篇、《小散文诗》13篇，共48篇。

　　诗歌。【俄】普式庚著。余振译。1946年9月出版。北平诗文学社出版。魏荒弩主编《诗文学》副刊之一。

　　馆藏诗文学社1946年9月初版、博文书店1948年6月初版，见唐弢文库、薛汕文库。

　　诗文学社初版本卷首有《献》（著者），卷末有余振《后记》。作品共有3章。

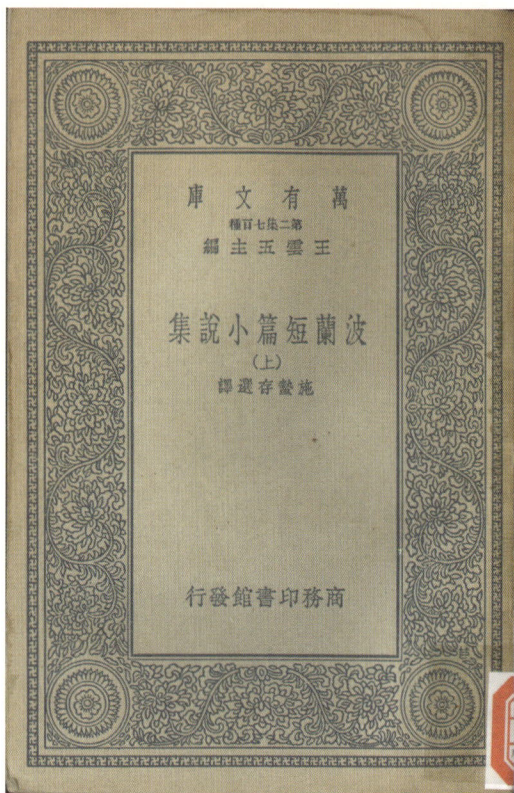

波兰短篇小说集（上、下）
初版本封面（17.4厘米×11.7厘米）

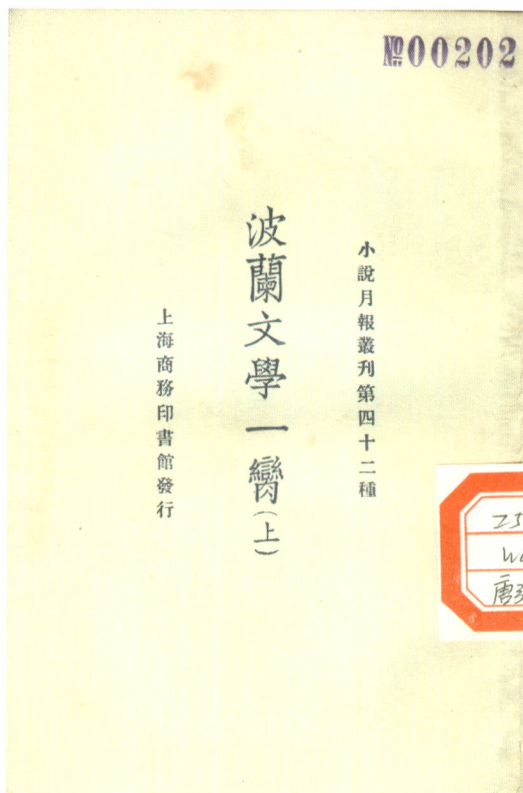

波兰文学一臠（上、下）
初版本封面（14.9厘米×10.1厘米）

式曼斯奇等著。施蛰存译。民国二十五年（1936）九月初版。上海商务印书馆印行。《汉译世界名著》、王云五主编《万有文库》第二集之一种。

馆藏商务印书馆1936年9月初版、1937年2月初版（合订本），见唐弢文库、巴金文库、施蛰存文库、图书大库。

初版本下册卷末有《作者生卒年表》。正文收《两个祈祷者》、《辞行》、《巧克切人》、《死刑判决》、《你记得吗》、《灯塔守》、《强的性》、《审判》共8篇。

小说集。科诺布涅支加等著。周作人等译。民国十四年（1925）四月初版。上海商务印书馆印行。小说月报社编辑《小说月报丛刊》之四十二、四十三。

馆藏商务印书馆1925年4月初版，见唐弢文库、图书大库。

初版本上册卷首有【波兰】诃勒温斯奇《近代波兰文学概观》，下册卷首有【日】千叶龟雄《波兰文学的特性》（海镜译）、沈雁冰《波兰近代文学泰斗显克微支》。全书正文收《我的姑母》、《影》、《燕子与蝴蝶》、《农夫》、《审判》、《二草原》、《犹太人》、《树林中的圣诞夜》、《古埃及的传说》、《秋天》共10篇。

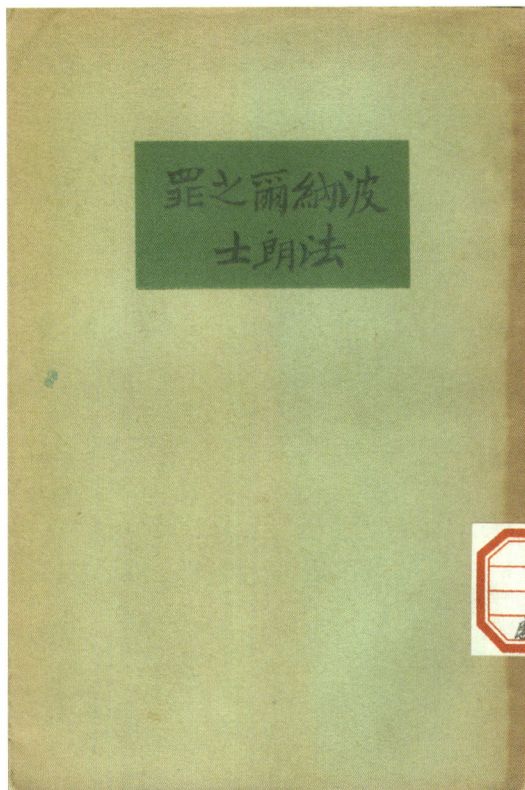

波纳尔之罪
初版本封面（19.1厘米×13.1厘米）

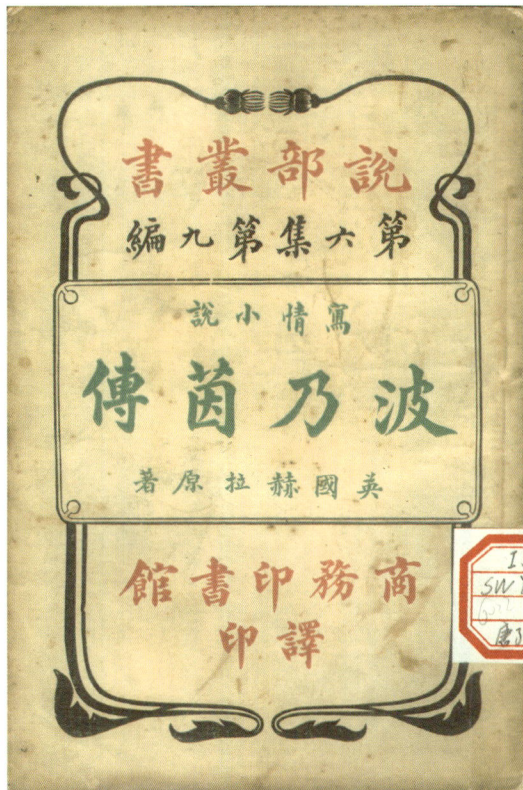

波乃茵传
初版本封面（19.1厘米×13.2厘米）

　　小说。【法】法朗士著。李青崖译。民国十七年（1928）十二月初版。上海商务印书馆印行。《文学研究会丛书》之一种。

　　馆藏商务印书馆1928年12月初版、1933年2月国难后一版，见唐弢文库、图书大库。

　　初版本卷首有青崖《译者的引言》。作品有第一部《柴》14则、第二部《约翰妮亚历桑德尔》27则及《最后的一叶》，共42章。

　　小说。【英】赫拉著。商务印书馆编译所译。光绪三十二年（1906）十一月初版。上海商务印书馆印行。十集本《说部丛书》第六集之九。

　　馆藏商务印书馆1906年（农历）11月初版，见唐弢文库。

　　本书为写情小说。初版本无序跋。作品共有15章。

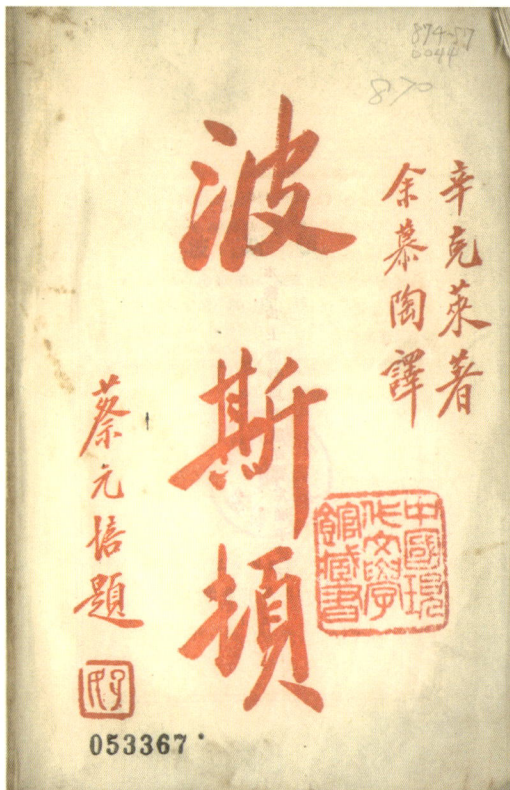

波斯顿
初版本题签页（封面缺失。18.3厘米×12.5厘米）

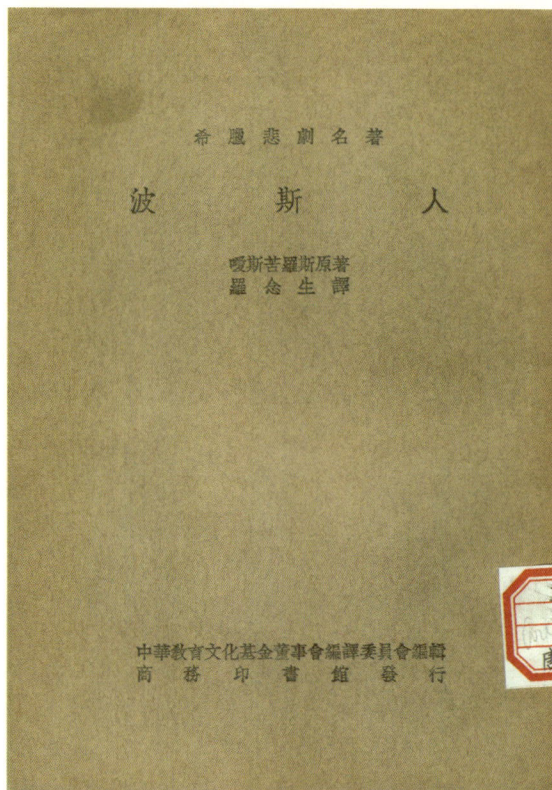

波斯人
初版本封面（21.1厘米×15.2厘米）

　　小说。【美】辛克莱著。余慕陶译。1931年6月付印，7月初版，印2000册。上海光华书局印行。

　　馆藏光华书局1931年7月初版，见图书大库。

　　初版本卷首有辛克莱《序》。作品有上、下卷各12章，共24章。

　　戏剧。【古希腊】嗳斯苦罗斯著，【英】普利卡德编。罗念生译。民国二十五年（1936）十月初版。上海商务印书馆印行。中华教育文化基金董事会编译委员会编辑《希腊悲剧名著》之一种。

　　馆藏商务印书馆1936年10月初版，见唐弢文库、艾芜文库、图书大库。

　　初版本卷首有罗念生《译者序》、《插图表》、《嗳斯苦罗斯小传》、普利卡德《编者的引言》，卷末附有《希腊译音表》、《译文内的专名词表》、《抄本版本与英译本》。作品有3场，另有《合唱》、《歌》4支、《退场》，共9幕。

法國 E. Labiche 和 ÉD Martin 著

玻利松先生的旅行記

王壽山譯

譯方紹于 著姆鮑·基韋

行發社版出代年十五

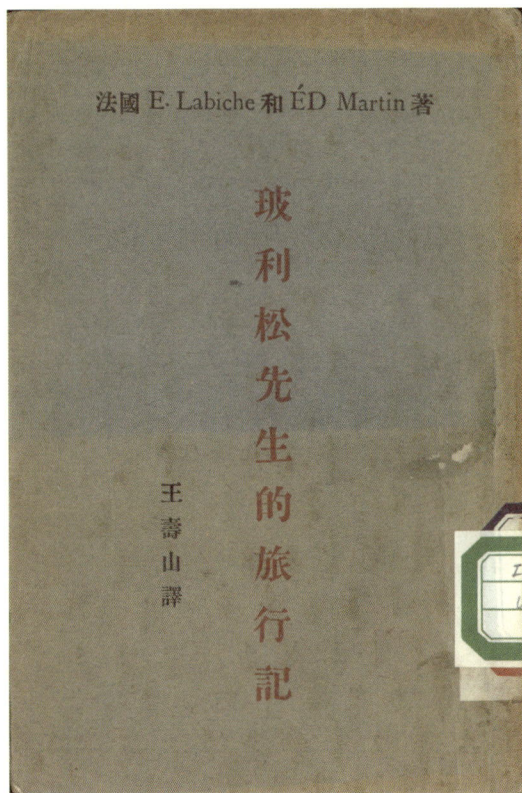

玻利松先生的旅行记
初版本封面（18.9厘米×12.9厘米）

戏剧。【法】拉必士、玛尔丹合著。王寿山译。1930年3月1日付排，4月5日初版。译者自刊。北平未名社代售。

馆藏1930年4月初版，见图书大库。

初版本卷首有《作者传略和译者的话》。作品共有4幕。

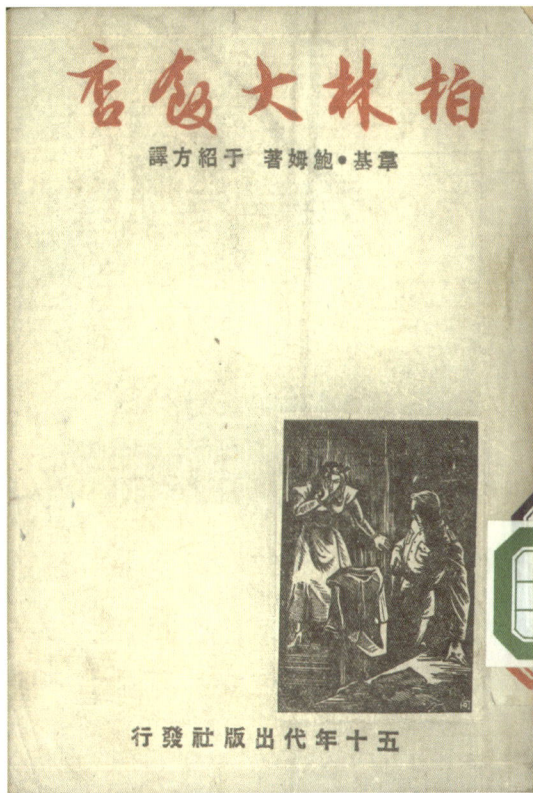

柏林大饭店
初版本封面（18.1厘米×12.6厘米）

小说。【美】韦基·鲍姆著。于绍方译。1949年5月10日初版，印2000册。北平五十年代出版社印行。

馆藏五十年代出版社1949年5月初版，见图书大库。

初版本卷首有《关于本书及作者》（译者）。作品共有17章。

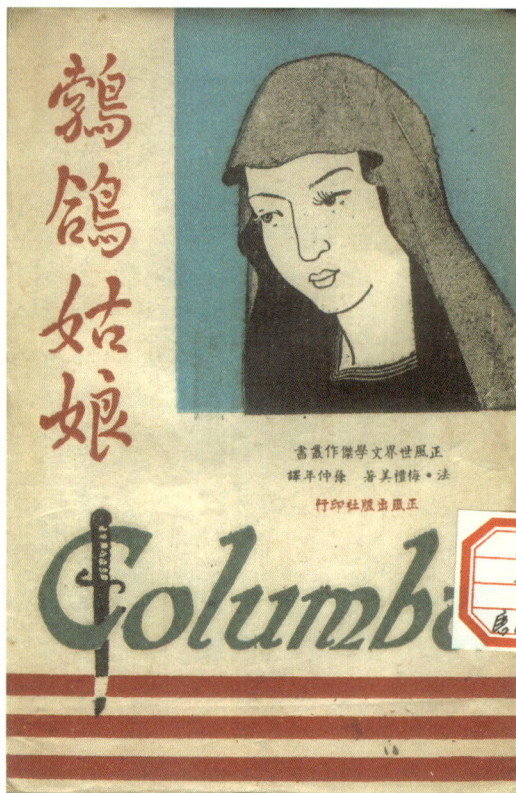

鹟鸽姑娘
初版本封面（18.4厘米×12.6厘米）

小说。【法】梅礼美（正文作"梅里美"）著。徐仲年译。民国三十四年（1945）九月初版、发行，印3000册。正风出版社印行。联营书店分发行。《正风世界文学杰作丛书》之一种。

馆藏正风出版社1945年9月初版，见唐弢文库。

初版本卷首有世界文学社《正风〈世界文学杰作丛书〉总序》、徐仲年《〈鹟鸽姑娘〉导言》。作品共有21章。

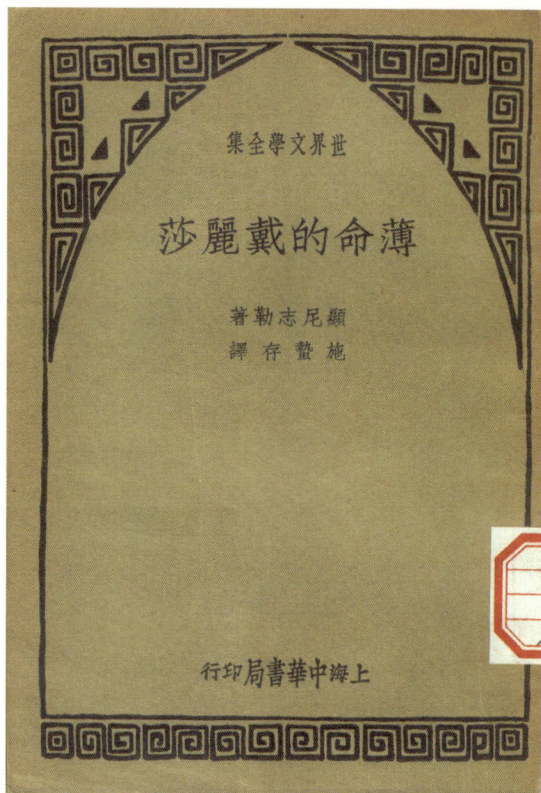

薄命的戴丽莎
初版本封面（18.8厘米×13.2厘米）

小说。【奥】显尼志勒著。施蛰存译。民国二十六年（1937）四月印刷、发行。上海中华书局印行。《世界文学全集》之一种。

馆藏中华书局1937年4月初版、1940年2月二版，见唐弢文库、图书大库。

初版本卷首有施蛰存《译者序》。作品共有107章。

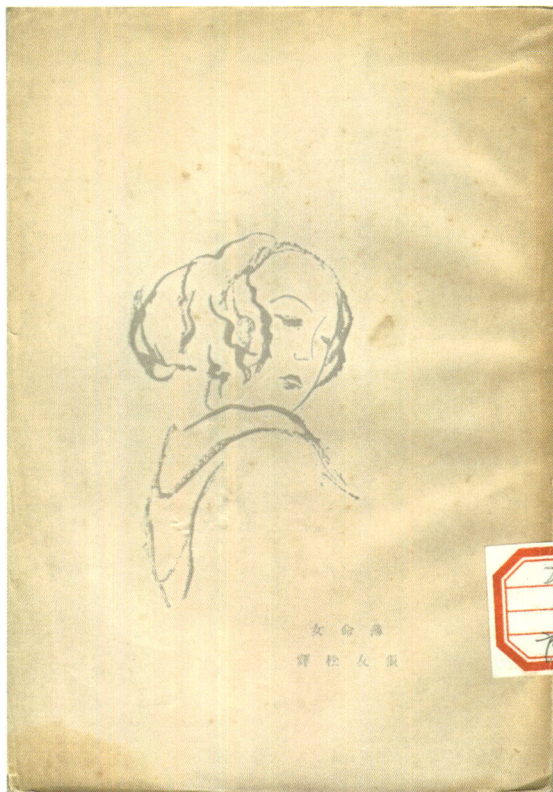

薄命女
初版本封面（19.7厘米×14.4厘米）

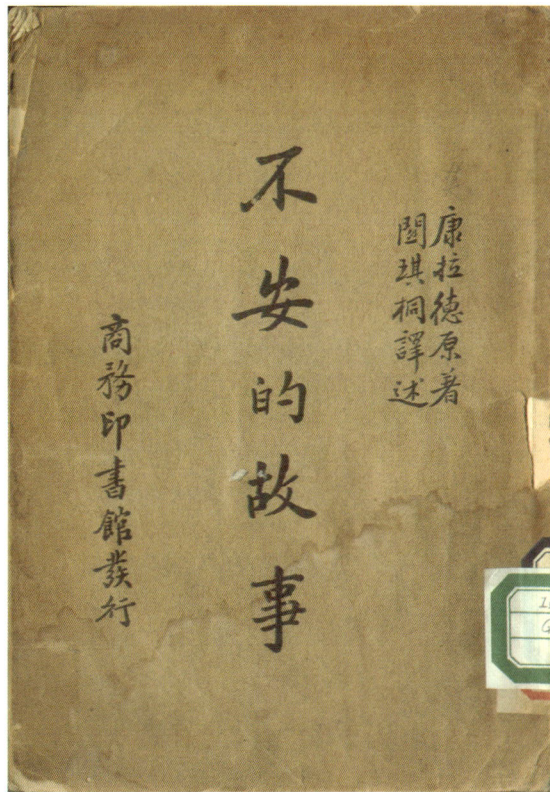

不安的故事
初版本封面（21.2厘米×15.1厘米）

小说。【俄】都介涅夫著。张友松译。1927年4月初版。北新书局发行。《欧美名家小说丛刊》之一种。

馆藏北新书局1927年4月初版、同年6月二版，见唐弢文库、图书大库。

初版本无序跋。作品共有28章。

小说集。【英】康拉德著。关琪桐译。民国二十五年（1936）二月初版。中华教育文化基金董事会编译委员会编辑。上海商务印书馆印行。

馆藏商务印书馆1936年2月初版、1937年3月二版，见唐弢文库、王辛笛文库、图书大库。

初版本卷首有J.C.《作者附言》。正文收《迦鸾：一个回忆》、《痴人》、《进步的前哨》、《归来》、《浅湖》共5篇。

不　测
初版本封面（19.7厘米×14厘米）

不能克服的人
初版本封面（18.4厘米×12.8厘米）

　　小说。【法】查拉著。毕树棠译。1929年8月付排，9月出版。上海北新书局印行。

　　馆藏北新书局1929年9月初版，见唐弢文库、图书大库。

　　初版本无序跋。作品共有5章。

　　小说集。【法】巴比塞等著。蓬子等译。1946年1月初版。铁流书店印行。《联合国文学名著》之一种。

　　馆藏铁流书店1946年1月初版，见巴金文库、图书大库。

　　初版本无序跋。内收《不能克服的人》、《最后一课》、《二渔夫》、《教师》、《绝望女》、《正当慈善》、《反抗》、《无神者之弥撒》、《小花脸》、《决心》、《小狗》共11篇。

不平常的故事
初版本封面（18.2厘米×12.8厘米）

小说。【苏】高尔基著。石人译。民国三十六年（1947）五月初版。诚文出版社印行。
　　馆藏诚文出版社1947年5月初版，见图书大库。
　　初版本无序跋。作品不分章节。

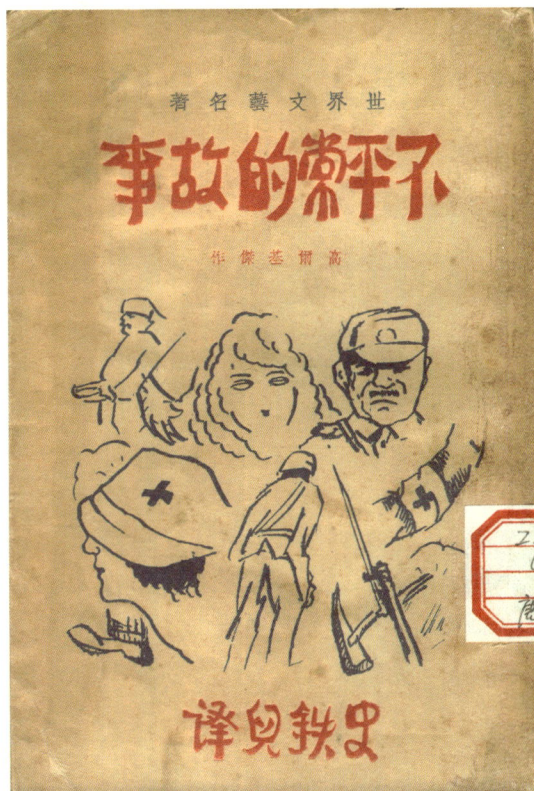

不平常的故事
初版本封面（18.7厘米×13厘米）

小说。【苏】高尔基著。史铁儿译。民国二十一年（1932）十月付印，十一月出版。上海合众书店出版、发行。合众印刷所印刷。《世界文艺名著》之一种。
　　馆藏合众书店1932年11月初版，见唐弢文库。
　　初版本无序跋。作品不分章节。

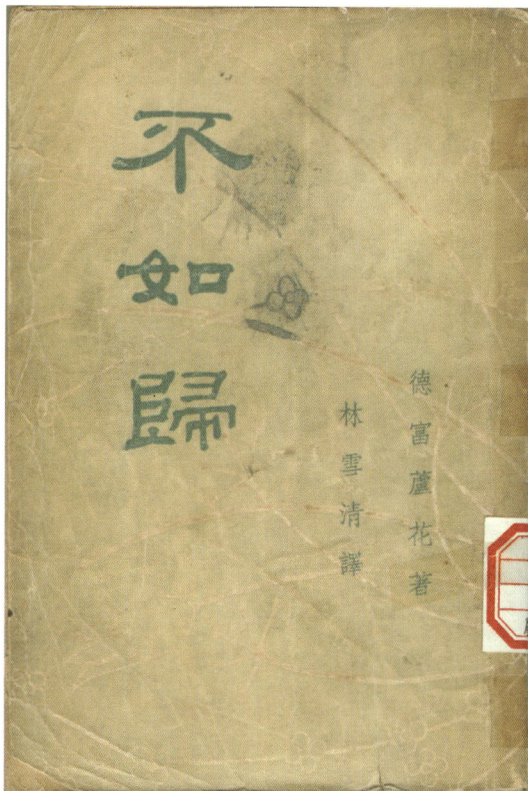

不如归
初版本封面（18.9厘米×13厘米）

小说。【日】德富芦花著。林雪清译。民国二十二年（1933）九月出版。上海亚东图书馆印行。

馆藏亚东图书馆1933年9月初版，见唐弢文库。

初版本卷首有章衣萍《〈不如归〉新序》。作品有上编7章、中编10章、下编10章，共27章。

不是没有笑的
初版本封面（18.5厘米×12.1厘米）

小说。【美】兰斯东·休士著。夏征农、祝秀侠译。1936年10月20日初版，印1500册。上海良友图书印刷公司印行。

馆藏良友图书印刷公司1936年10月初版，见唐弢文库、巴金文库。

初版本卷末有傅东华《关于休士》，内云："这书所描写的是一个黑人劳动阶级家庭的生活，所反映的是阶级分化的过程，奴隶心理的变化，以及新兴阶级心理的产生。"

初版本共有30章。

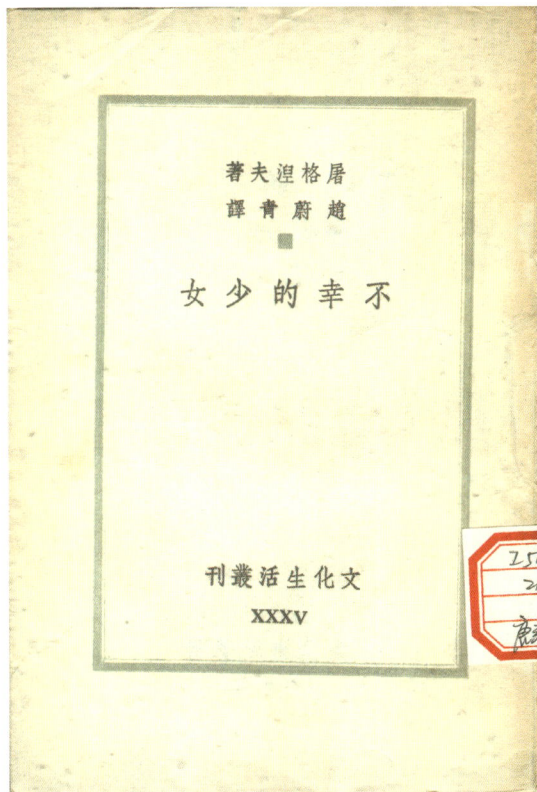

不幸的少女
初版本封面（18.3厘米×12.7厘米）

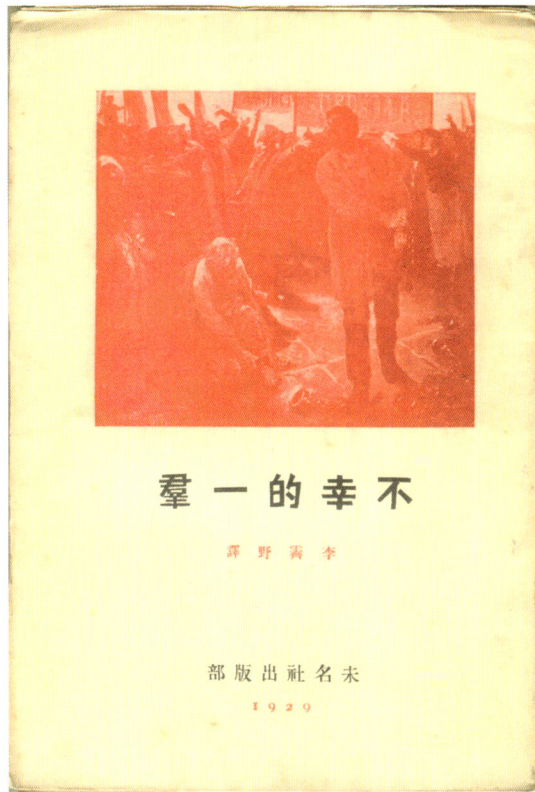

不幸的一群
初版本封面（19.8厘米×13.9厘米）

小说。【俄】屠格涅夫著。赵蔚青译。民国三十四年（1945）四月初版。文化生活出版社印行。巴金主编《文化生活丛刊》之三十五。

馆藏文化生活出版社1945年4月初版、1946年11月沪一版，见唐弢文库、巴金文库、图书大库。

初版本卷首有译者《呈献给我同龄的冰岩姑的亡灵》。作品共有28章。

小说集。【俄】陀思妥夫斯基等著。李霁野译。1929年4月初版，印1500册。北平未名社出版部发行。《未名丛刊》之十九。

馆藏未名社1929年4月初版、开明书店1935年2月二版，见唐弢文库。

初版本卷末有译者《后记》。正文收《诚实的贼》、《马赛曲》、《善忘的伊凡底命运》、《一撮盐》、《木匠科瓦尔斯基》、《从鲁巴托夫来的斯罗尔》、《预兆》、《扑克摊底被逐者》共8篇。

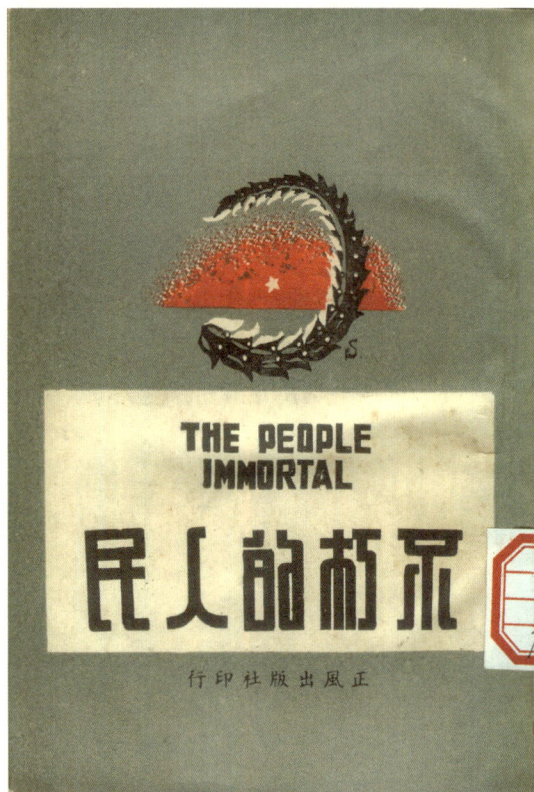

不朽的人民
初版本封面（18厘米×12.7厘米）

　　小说。【苏】格罗斯曼著。海观译。民国三十四年（1945）十二月初版、发行，印2000册。上海正风出版社印行。联营书店分发行。
　　馆藏正风出版社1945年12月初版，见唐弢文库、图书大库。
　　初版本卷首有郭沫若《序〈不朽的人民〉》、【苏】E.克尼维茨《关于〈不朽的人民〉》。作品共有18章。

不准敌人通过
初版本封面（18.5厘米×13厘米）

　　小说。【美】U.辛克莱著。王楚良译。民国二十八年（1939）一月初版。上海枫社出版。《洪流文艺丛书》之一种。
　　馆藏枫社1939年1月初版，见图书大库。
　　初版本卷首有巴人《序》，卷末有《译后》。作品共有17章。

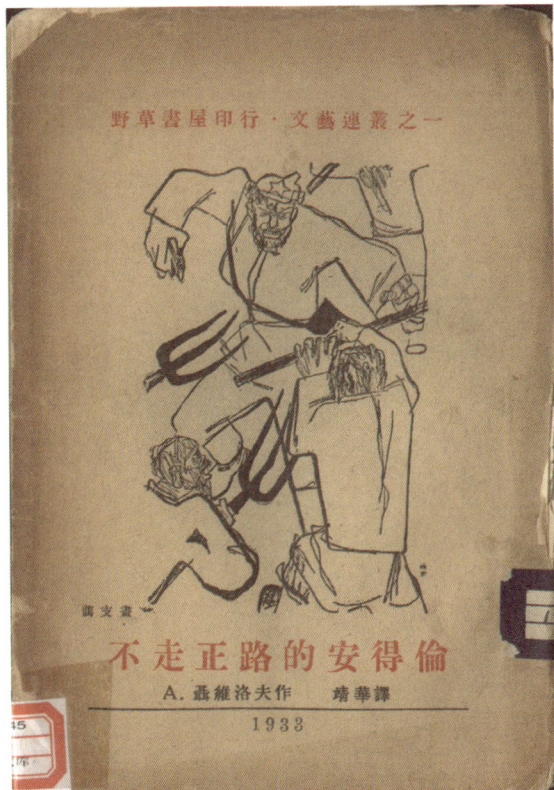

不走正路的安得伦
初版本封面（21.9厘米×15.8厘米）

小说。【苏】亚历山大·聂维洛夫著。曹靖华译。1933年5月印成2000册。上海野草书屋印行。《文艺连丛》之一。

馆藏野草书屋1933年5月初版、太岳新华书店1946年8月初版、华北新华书店1948年7月初版，见唐弢文库、胡风文库、田仲济文库、孔罗荪文库、图书大库。

野草书屋初版本卷首有鲁迅《小引》。作品共有26章。

布利乔夫
初版本封面（18.2厘米×12.6厘米）

戏剧。【苏】高尔基著。焦菊隐译。民国三十一年（1942）十二月初版，印3000册。桂林国光出版社出版、发行。国光印刷厂印刷。桂林文献出版社总经售。《世界文学名著文库》之一。

馆藏国光出版社1942年12月初版，见唐弢文库。初版本卷末有《译后记》。作品共有3幕。

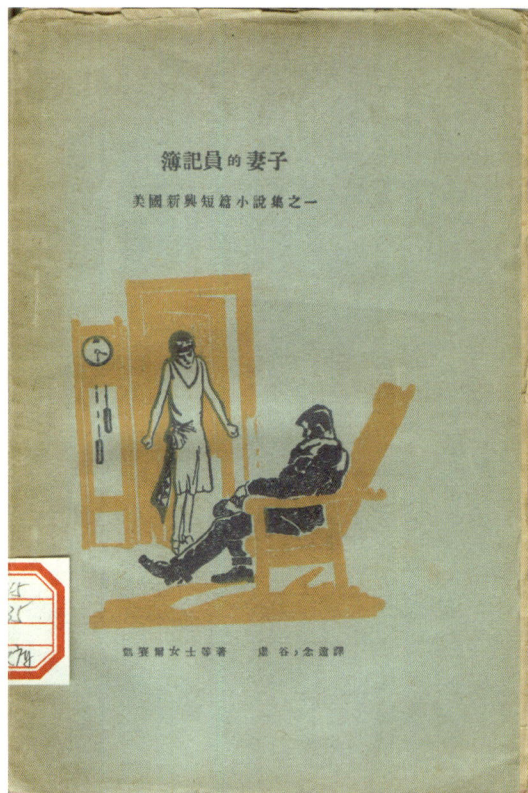

簿记员的妻子
初版本封面（20.2厘米×13.7厘米）

　　小说集。【美】凯赛尔等著。虚谷、俞念远译。
1930年1月10日付印，2月15日出版，印1000册。上海昭
昭社出版。《美国新兴短篇小说集》之一。
　　馆藏昭昭社1930年2月初版，见唐弢文库。
　　初版本无序跋。内收《王的妻》、《东边的母
亲》、《垃圾场上的爱情》、《簿记员的妻子》共4
篇。

参情梦及其他
初版本封面（16.3厘米×11.8厘米）

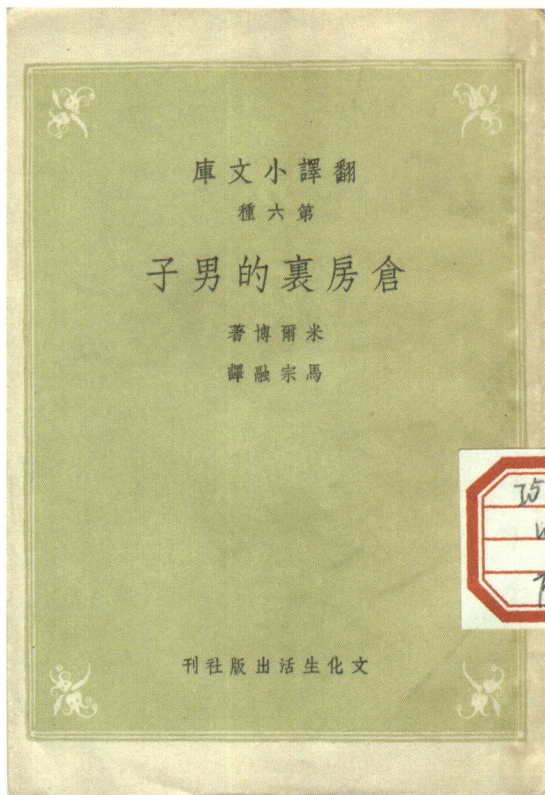

仓房里的男子
初版本封面（14.3厘米×10.1厘米）

正文、版权页题《参情梦》。诗歌集。【英】
E.C.Dewson等著。傅东华译。1928年9月初版。上海开
明书店发行。

　　馆藏开明书店1928年9月初版，见唐弢文库。

　　初版本卷首有东华《序》。正文收《参情梦》、
《初雪》、《布衫行》、《乌林侯的女儿》、《与夜
莺》、《阿龙索与伊木真》、《多啦》、《以诺阿
登》共8篇。

　　小说集。【法】米尔博著。马宗融译。民国
三十六年（1947）十月初版。文化生活出版社印行。
《翻译小文库》之六。

　　馆藏文化生活出版社1947年10月初版，见唐弢文
库、图书大库。

　　初版本卷首有译者《前记》。正文收《仓房里
的男子》、《麦茷毕朵的忧愁》、《一条狗的死》、
《婴孩》、《初级裁判厅》共5篇。

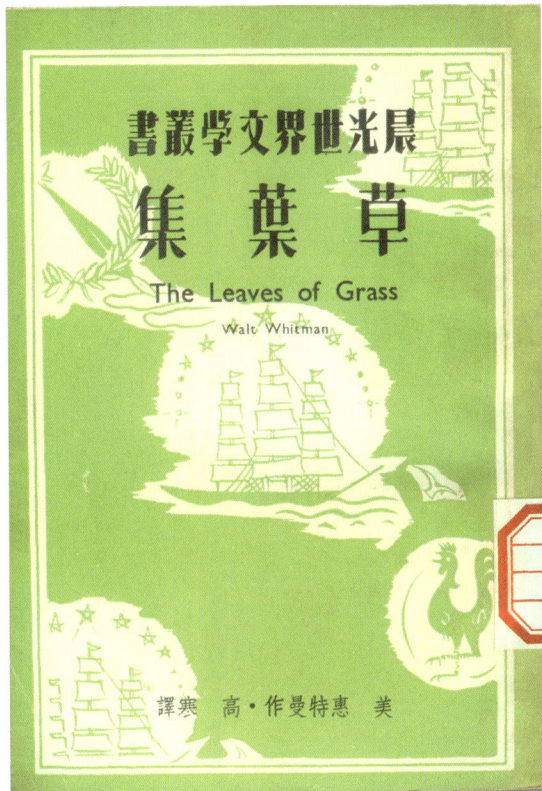

草叶集
初版本封面（17厘米×12.1厘米）

草 原
初版本封面（17.9厘米×12.8厘米）

诗歌集。【美】惠特曼著。高寒译。1949年3月初版。上海晨光出版公司发行。中华全国文艺协会主编《晨光世界文学丛书》之十三。

馆藏晨光出版公司1949年3月初版，见唐弢文库、楚图南文库、图书大库。

初版本卷首有赵家璧《出版者言》（丛书总序）、高寒《译序》、L.昂特梅尔《关于惠特曼的诗歌》、《惠特曼年谱简表》，卷末附有《关于介绍惠特曼》。正文收《铭言集》8篇、《亚当的子孙》3篇、《芦笛集》14篇、《候鸟集》2篇、《海流集》3篇、《路边之歌》5篇、《桴鼓集》6篇、《林肯总统纪念集》3篇、《秋之溪水》4篇、《神圣的死之低语》5篇、《从正午到星光之夜》1篇、《别离之歌》1篇，共55篇。

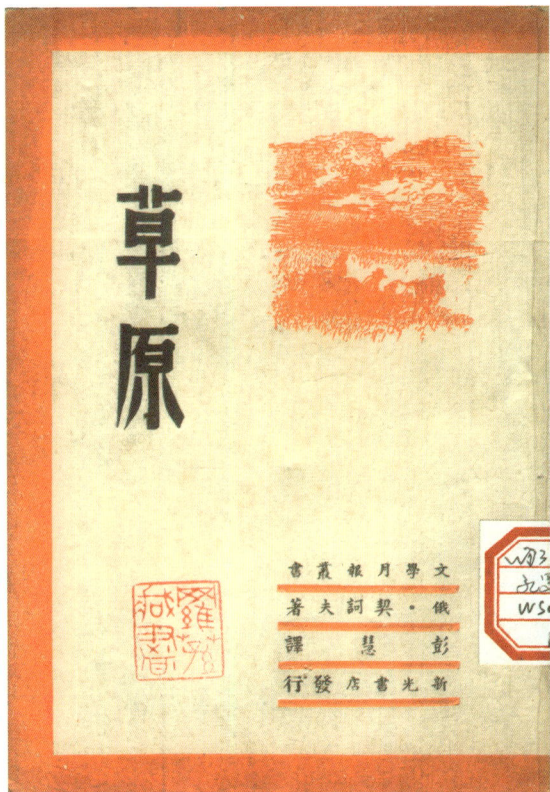

副标题为《一个旅途的故事》。小说。【俄】契诃夫著。彭慧译。1942年7月初版。桂林新光书店发行。文学月报社编辑《文学月报丛书》之一种。

馆藏新光书店1942年7月初版，读书出版社同年10月渝二版、1947年5月二版，见唐弢文库、孔罗荪文库、图书大库。

初版本无序跋。作品共有8章。

草原故事
马来亚书店初版本封面（18.3厘米×13.3厘米）

草原上
初版本封面（18.9厘米×10.7厘米）

小说集。【苏】高尔基著。巴金译。1931年4月初版。上海马来亚书店印行。

馆藏马来亚书店1931年4月初版，新时代书局1931年10月改订二版，生活书店1933年6月初版，文化生活出版社1935年11月初版、1936年3月二版、同年9月三版、1942年1月桂一版、1947年8月七版，见唐弢文库、巴金文库、图书大库。

马来亚书店初版本卷首有巴金《译者序》，内云："高尔基自然是现今日最伟大的一个做梦的人。这本《草原故事》便是他底最美丽最有力的仙话。其价值，凡是能够做梦的人都会了解的。我希望我底翻译还能够保存着原作底那种美丽的，充满了渴望的，忧郁的调子，同时还能够使读者嗅到露西亚草原底香气。"

初版本收《马加尔周达》、《因了单调的缘故》、《不能死的人》共3篇。

小说集。【苏】高尔基著。梁遇春译。1931年5月付排，6月初版，印3000册。上海北新书局印行。《英文小丛书》之一种。

馆藏北新书局1931年6月初版，见图书大库。

本书为中英文对照。初版本卷首有《Maxim Gorki》（译者）。正文收《草原上》、《可汗同他的儿子》共2篇。

草原上
初版本封面（19.8厘米×14.3厘米）

小说集。【苏】高尔基著。朱溪译。1928年7月发印，8月出版，印2000册。上海人间书店发行。

馆藏人间书店1928年8月初版，见唐弢文库、巴金文库。

初版本卷首有朱溪《译者序》。正文收《草原上》、《伙伴》、《一个秋夜》、《我们二十六人同另外一位》共4篇。

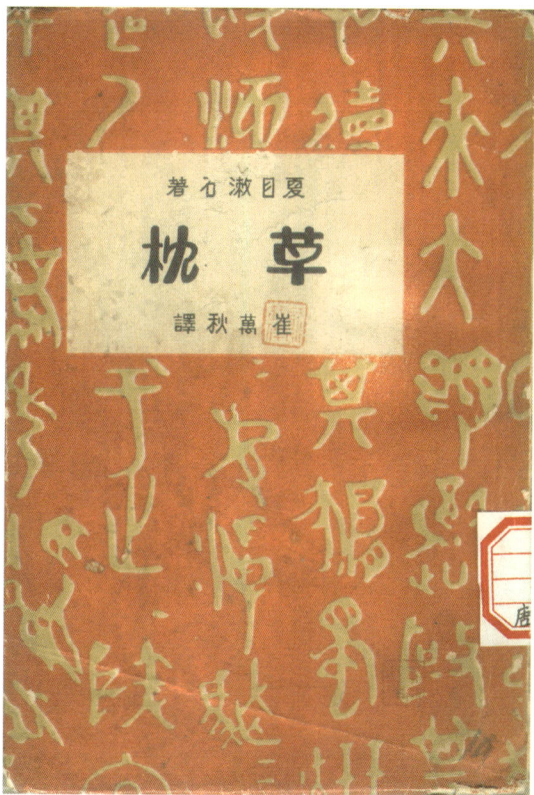

草 枕
初版本封面（19.8厘米×13.7厘米）

小说。【日】夏目漱石著。崔万秋译。1929年5月5日出版，印2000册。上海真美善书店发行。

馆藏真美善书店1929年5月初版，见唐弢文库、图书大库。

初版本卷首有崔万秋《译者序》。作品共有13章。

INTERMEZZO
By
Heinrich Heine

插乐曲
初版本封面（12.9厘米×9.3厘米）

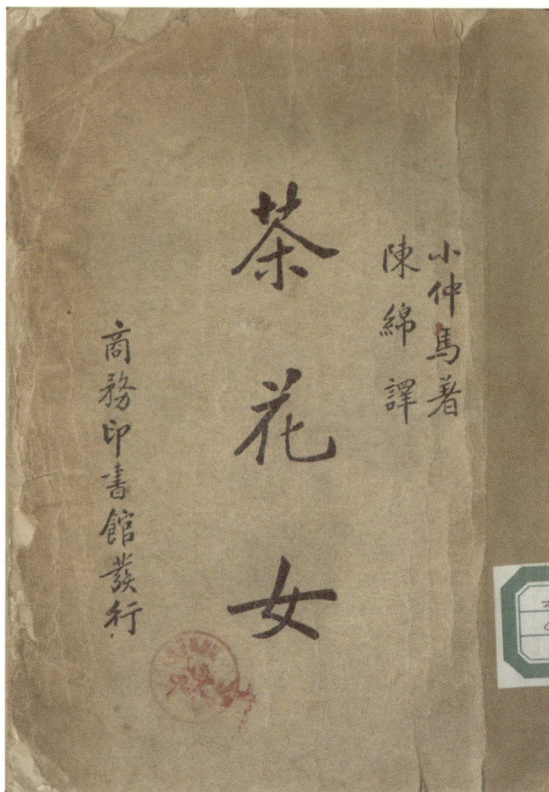

茶花女
初版本封面（21.2厘米×15.1厘米）

诗歌集。【德】海涅著。谪瀛译。民国十七年（1928）十月十日初版，印2000册。粤港受匡出版部印行。《一角小丛书》之一种。

馆藏受匡出版部1928年10月初版，见唐弢文库。

初版本卷末有《终结》（著者）、《海涅的生平》（附录）、萍君《附记》。正文共收54篇，无篇名。

戏剧。【法】小仲马著。陈绵译。民国二十六年（1937）二月初版。中华教育文化基金董事会编译委员会编辑。上海商务印书馆印行。

馆藏商务印书馆1937年2月初版、1947年2月四版，见唐弢文库、图书大库。

初版本卷首有《序》（译者），内云："《茶花女》是说一个妓女玛格里特·高杰因为真诚地爱阿芒·杜瓦乐，牺牲了自己的幸福而至于死。"

初版本共有5幕。

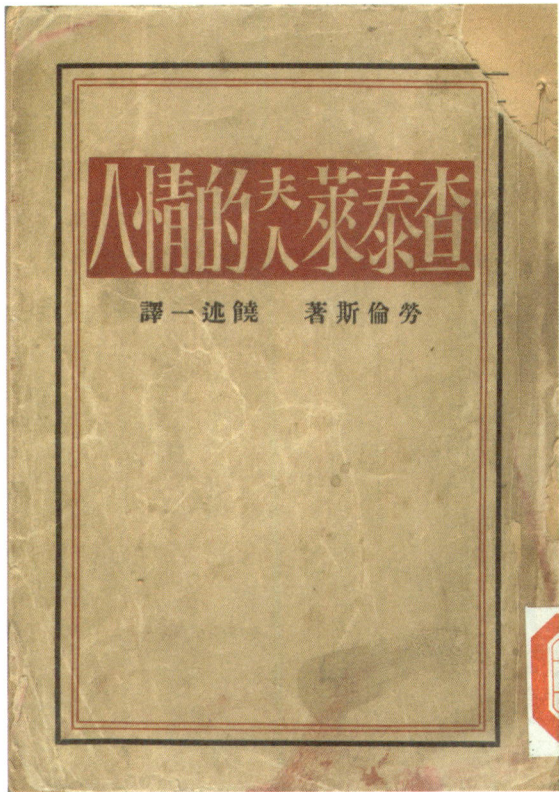

查泰莱夫人的情人
初版本封面（18.1厘米×13厘米）

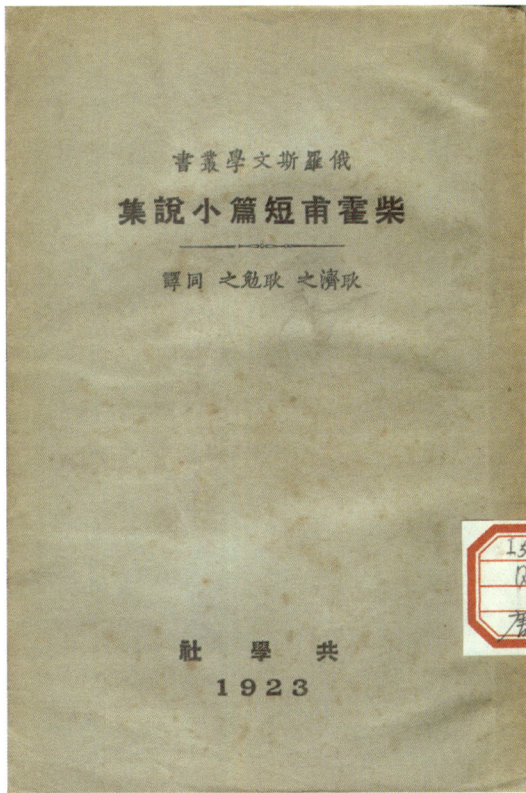

柴霍甫短篇小说集
初版本封面（18.9厘米×13厘米）

小说。【英】劳伦斯著。饶述一译。民国二十五年（1936）七月付印，八月初版，印2000册。译者自刊。北平东亚印书局印刷。上海北新书局特约经售。北平知行书店、佩文斋人文书店、华鑫书社代售。

馆藏1936年8月初版，见唐弢文库。

初版本卷首有饶述一《译者序》、劳伦斯《著者序》。作品共有19章。

【俄】柴霍甫著。耿济之、耿勉之译。民国十二年（1923）一月初版。上海商务印书馆印行。共学社《俄罗斯文学丛书》之一种。

馆藏商务印书馆1923年1月初版，见唐弢文库、图书大库。

初版本无序跋。内收《剧后》、《侯爵夫人》、《伏洛卡》、《居家》、《邻人》、《无名的故事》、《厌闻》共7篇。

铲形的皇后
初版本封面（17.9厘米×12.6厘米）

　　小说诗歌集。【俄】普式庚著。孟十还等译。
1942年10月初版，印3000册。桂林学艺出版社发行。
　　馆藏学艺出版社1942年10月初版，见图书大库。
　　本书为《普式庚名著选集》。初版本卷末附有
【俄】M.列尔孟托夫《普式庚之死》（诗作）、《后
记》（编者）。正文收《波希米人》、《铲形的皇
后》、《棺材商人》、《驿长》、《射击》、《秋天
及其他》、《渔夫与鱼的故事》共7篇。

忏　悔
初版本封面（18.6厘米×13.2厘米）

　　小说。【南斯拉夫】米耳卡·波嘉奇次著。鲁彦
译。民国二十年（1931）六月出版。上海亚东图书馆印
行。
　　馆藏亚东图书馆1931年6月初版，见唐弢文库、图
书大库。
　　初版本卷首有鲁彦《译者序》。作品有第一部9
章、第二部21章、第三部21章，共51章。

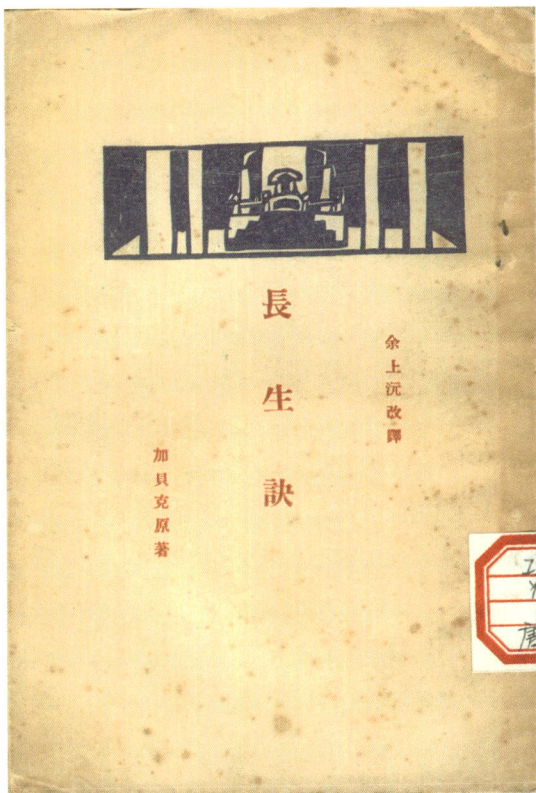

长生诀
初版本封面（18.5厘米×12.9厘米）

　　原名《The Makropoulos Secret》。戏剧。【捷】加贝克著。余上沅改译。1926年9月出版。北新书局印行。

　　馆藏北新书局1926年9月初版，见唐弢文库。

　　初版本卷首有余上沅《序》。作品共有3幕。

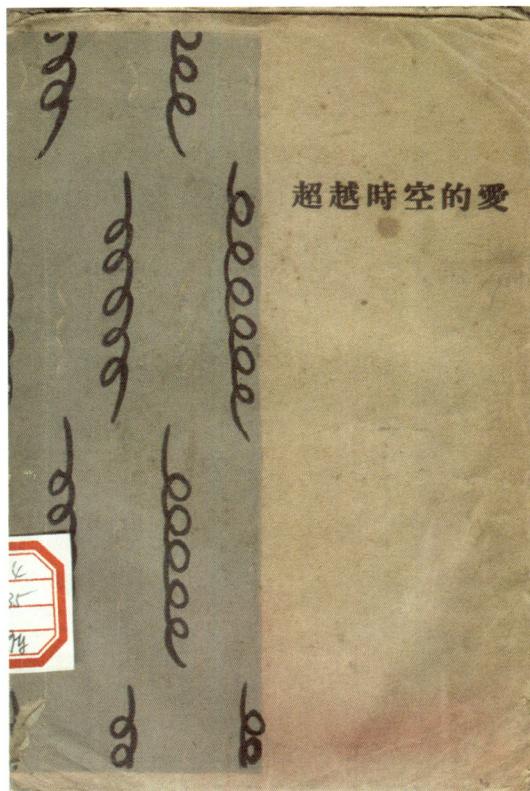

超越时空的爱
初版本封面（18.4厘米×13.4厘米）

　　小说集。【法】Gautier著。古有成译。1929年3月付印，6月发行，印2000册。上海光华书局印行。《世界名著选》之一种。

　　馆藏光华书局1929年6月初版，见唐弢文库、图书大库。

　　初版本无序跋。内收《一个牧师的爱》、《超越时空的爱》共2篇。

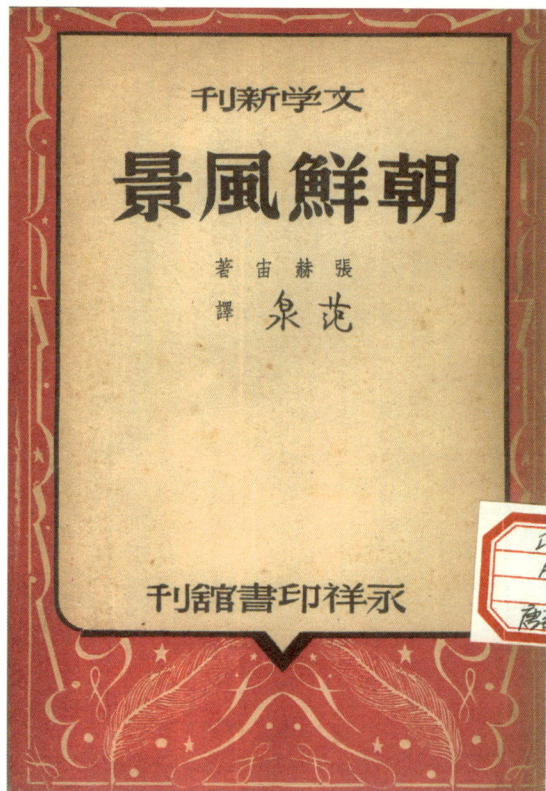

朝鲜风景
初版本封面（18.3厘米×13厘米）

散文集。【朝】张赫宙著。范泉译。民国三十五年（1946）七月初版。上海永祥印书馆印行。范泉主编《文学新刊》第三集之一种。

馆藏永祥印书馆1946年7月初版，见唐弢文库。

初版本卷首有《我底作品的成因》（著者）。正文收《春来时节》、《朝鲜的春》、《春愁》、《夏的朝鲜风景》、《朝鲜的冬》、《美丽的朝鲜》、《幼时的西川》、《洛东江》、《自然和人》、《蛇毒》、《希望再见的人》、《旅情》、《海印寺纪行》、《北鲜之旅》、《春香和梦龙》等20篇。

朝鲜民间故事
初版本封面（17.8厘米×11.8厘米）

【朝】佚名著。刘小蕙译。民国二十一年（1932）六月初版，印1000册。上海女子书店出版、发行。均益·利国联合印刷公司印刷。

馆藏女子书店1932年6月初版，见图书大库。

初版本卷首有衣萍《序》、周作人《序》、刘复《校后语》。正文收《八去福》、《卜者》、《沈清》、《孔夫子》、《画家》、《李无忧》、《高与吉氏》、《莲池》、《车福》、《蜈蚣精》、《叔父》、《梁与石氏》、《猫》、《月梅氏》、《一个不忠实的朋友》等20篇。

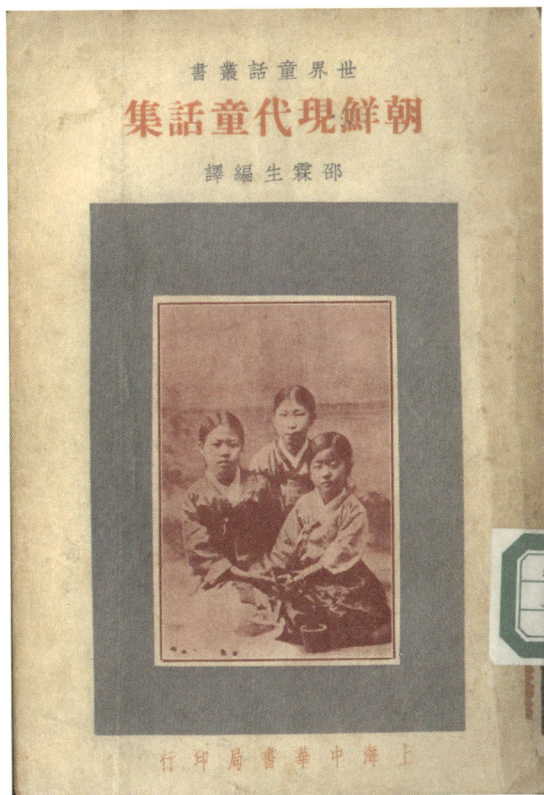

朝鲜现代童话集
初版本封面（18.7厘米×13.1厘米）

马海松等著。邵霖生译。民国二十五年（1936）
十一月印刷、发行。上海中华书局印行。《世界童话
丛书》之一种。

馆藏中华书局1936年11月初版，见图书大库。

初版本卷首有汤冶我《汤序》、邵霖生《自
序》。正文收《老虎和柿饼》、《国王的耳朵驴
耳朵》、《不会叫的叫虫》、《小石头》、《苹果
树》、《岩石的悲哀》、《老秃子》、《堕落了的行
脚僧》、《月儿的话》、《碎了的花瓶》、《燕子和
博士》、《虎的报恩》、《小猫》、《小狗》、《黄
牛》等28篇。

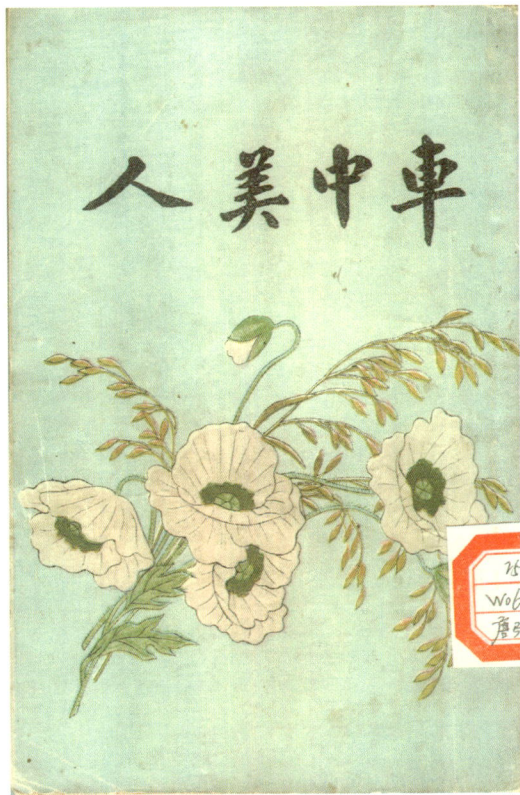

车中美人
初版本封面（18.6厘米×12.6厘米）

小说。著者不详。小说林社员译。乙巳（1905）
十一月初版、发行。上海小说林社编辑、印行。

馆藏小说林社1905年（农历）11月初版，见唐弢文
库。

初版本无序跋。作品共有12章。

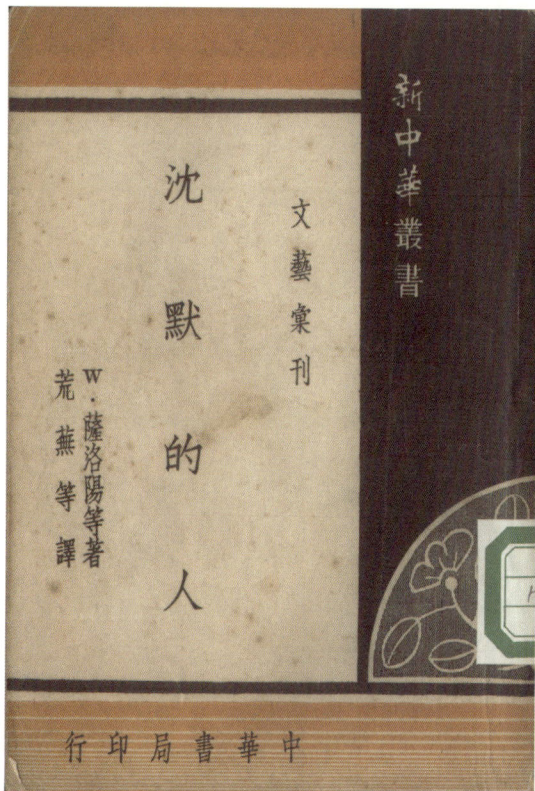

沈默的人
初版本封面（18厘米×12.6厘米）

沈茜
初版本封面（17.4厘米×12厘米）

　　目录页、正文题《沉默的人》。小说集。【美】W.萨洛阳等著。荒芜等译。民国三十七年（1948）十月初版、发行。上海中华书局印行。《新中华丛书·文艺汇刊》之一种。

　　馆藏中华书局1948年10月初版，见图书大库。

　　初版本无序跋。内收《沉默的人》、《登龙术》、《老魔鬼》、《髭》、《搭车的人》、《来登小学的一班新生》、《塔契扬》、《医生之死》、《五十镑的一张钞票》、《初雪》、《饿鬼》、《白人跟黑人》、《猴爪》、《校长所述的故事》、《男女之间》等24篇。

　　诗剧。【英】B.P.雪莱著。方然译。民国三十三年（1944）四月渝初版，印3000册。重庆新地出版社印行。成都东方书社、桂林新光书店经售。

　　馆藏新地出版社1944年4月初版，见唐弢文库、巴金文库。

　　初版本卷首有B.P.雪莱《献辞——给Leigh Hunt先生》、B.P.雪莱《序》，卷末有《译后记》。作品共有5幕。

沈 钟
初版本封面（18.6厘米×10厘米）

戏剧。【德】霍普特曼著。孙博译。民国二十一年（1932）五月初版、发行。上海开明书店出版、发行。上海美成印刷公司印刷。

馆藏开明书店1932年5月初版，见唐弢文库。

初版本卷首有孙博《译者序》、《〈沈钟〉梗概》。作品共有5幕。

沉默的彭琪
初版本封面（残。18.2厘米×12.6厘米）

小说集。【国别不详】I.L.勃莱兹等著。庄寿慈译。1944年1月初版，印3000册。桂林春草书店出版、发行。广西省合作文化印刷厂印刷。

馆藏春草书店1944年1月初版，见唐弢文库。

初版本卷末有译者《后记》。正文收《母亲》、《沉默的彭琪》、《守夜人》、《戈嘉·魏希维里》、《马是没有罪过的》、《电话机》、《一杯牛乳》共7篇。

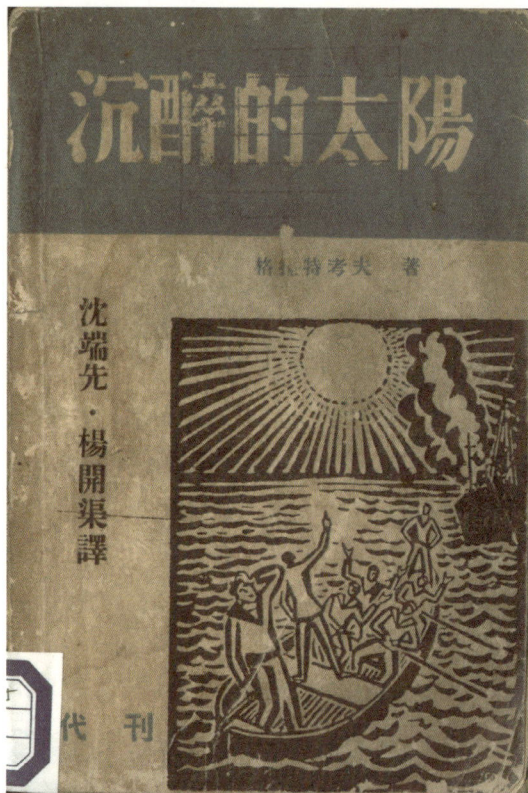

沉醉的太阳
初版本封面（18.7厘米×13厘米）

小说。【苏】格拉特考夫著。沈端先、杨开渠译。1933年5月20日初版，印2000册。上海现代书局出版、总发行。现代印刷公司印刷。

　　馆藏现代书局1933年5月初版，见图书大库。

　　初版本卷首有《关于格拉特考夫》（译者）。作品共有14章。

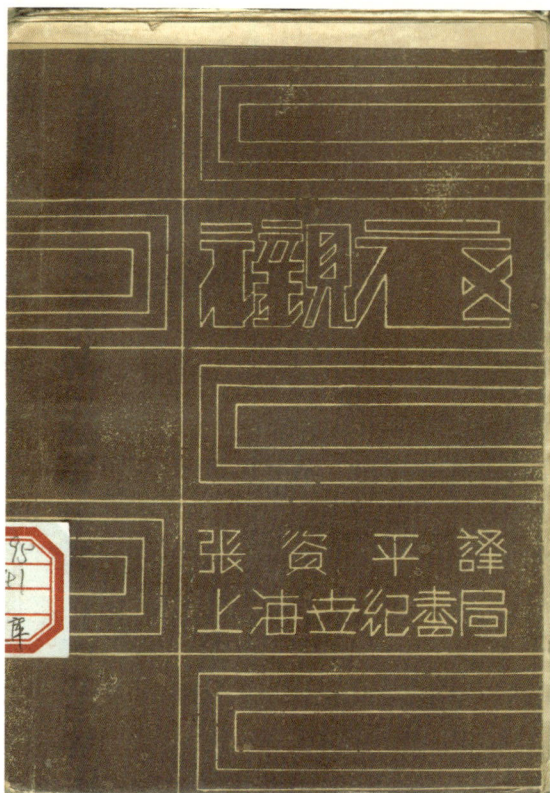

衬　衣
初版本封面（18.3厘米×13.2厘米）

小说集。【日】加能作次郎等著。张资平译。1928年7月10日初版，印1500册。上海世纪书局出版。

　　馆藏世纪书局1928年7月初版，见唐弢文库。

　　初版本无序跋。内收《衬衣》、《无产阶级者》、《消遣的对话》、《自杀》、《最后列车》、《和解》共6篇。

城与年
初版本封面（21.5厘米×14.6厘米）

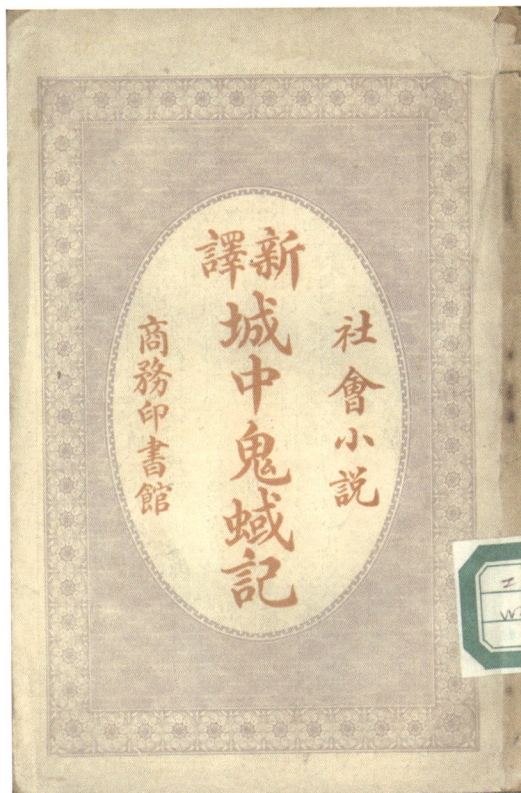

城中鬼蜮记
初版本封面（18.7厘米×12.8厘米）

　　小说。【苏】К·斐定著。曹靖华译。民国三十六年（1947）九月沪初版，印2000册。上海骆驼书店印行。曹靖华主编《中苏文协文艺丛书》之二十八。

　　馆藏骆驼书店1947年9月初版，见唐弢文库、胡风文库、许杰文库、图书大库。

　　初版本卷首有G.柯列斯尼柯瓦《普及本原序》、К.斐定《作者自传》，卷末有靖华《译后记》。《译后记》云："城，这是由德国的纽伦堡，爱兰艮……写到俄国的彼得堡，莫斯科……年，这是从一九一四年，即第一次世界大战前夜起，一直到一九二二年，即苏联新经济政策开始止。在第一次世界大战与军事共产主义时代的背景上，展开了广大的场面。"

　　初版本共有9章。

　　版权页题《城中鬼域记》。小说。【美】爱得娜温飞尔著。汪德祎（正文署"汪德伟"）译。民国四年（1915）五月六日印刷，二十七日初版、发行。上海商务印书馆印行。

　　馆藏商务印书馆1915年5月初版、同年10月二版（四集本《说部丛书》第二集），见唐弢文库、图书大库。

　　本书为社会小说。初版本无序跋。作品共有24章。

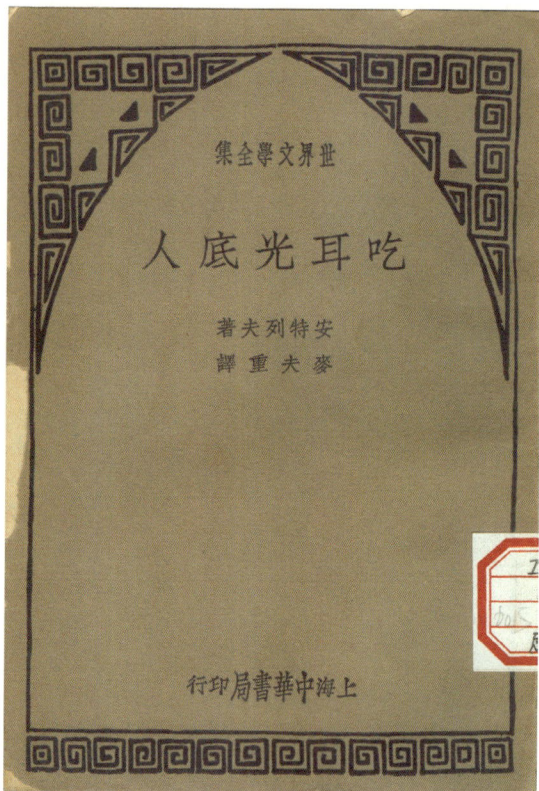

吃耳光底人
初版本封面（18.6厘米×13.1厘米）

痴郎幻影（上、中、下）
初版本封面（18.3厘米×12.5厘米）

戏剧。【俄】安特列夫著。麦夫译。民国二十四年（1935）二月初版、发行。上海中华书局印行。《世界文学全集》之一种。

馆藏中华书局1935年2月初版、1940年1月二版，见唐弢文库、图书大库。

初版本卷首有葛雷歌利·席尔堡《英译者引言》。作品共有4幕。

小说。【英】赖其镗著。林纾、陈器译。民国七年（1918）十月初版。上海商务印书馆印行。四集本《说部丛书》第三集之五十二。

馆藏商务印书馆1918年10月初版、某版（无版权页，《林译小说》第二集），见唐弢文库、图书大库。

初版本无序跋。作品有卷上17章、卷中18章、卷下18章，共53章。

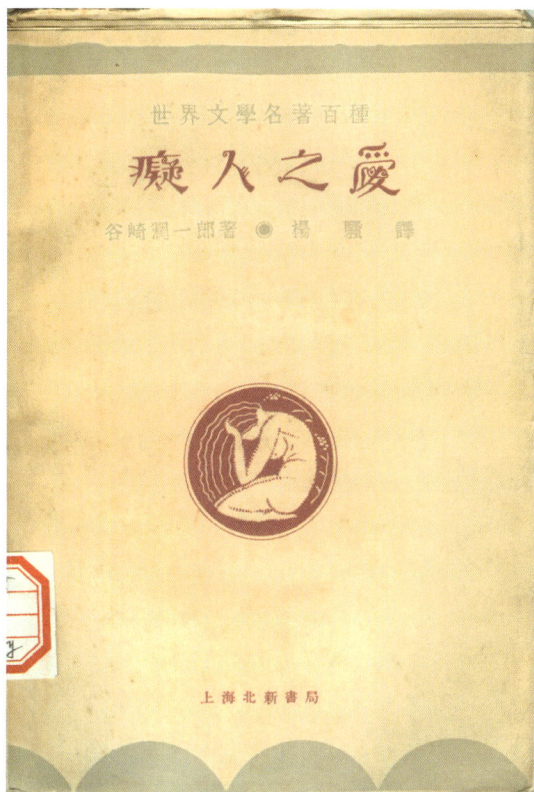

世界文學名著百種

癡人之愛

谷崎潤一郎著 ◎ 楊騷譯

上海北新書局

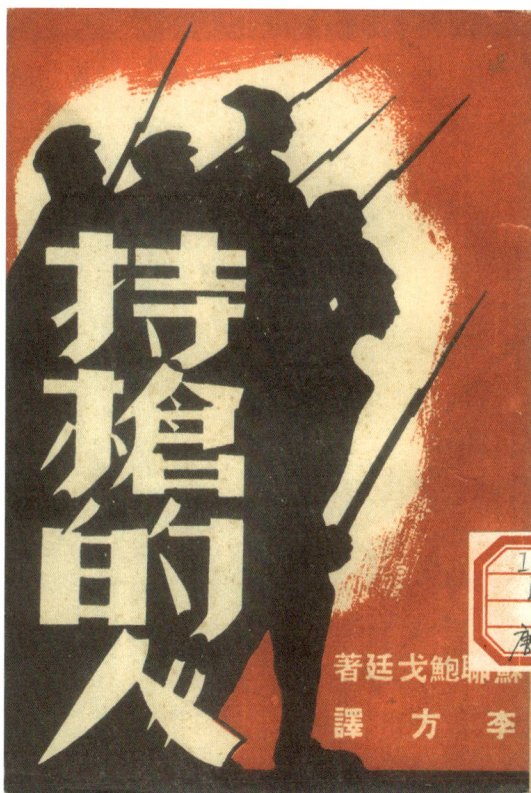

痴人之爱
初版本封面（19.5厘米×14.1厘米）

持枪的人
初版本封面（18.2厘米×12.7厘米）

小说。【日】谷崎润一郎著。杨骚译。1928年10月1日付印，12月9日出版，印3000册。上海北新书局出版。《世界文学名著百种》之一种。

馆藏北新书局1928年12月初版，见唐弢文库。

初版本卷首有译者《序》，内云："作者喜欢描写变形底女性——虐待男子，会使男子屈服的女性；……这篇《痴人之爱》，是他描写这种女性的作品中的一部杰作，而且是他的一部代表作，许多批评者这样说。"

初版本共有28章。

戏剧。【苏】尼古拉·鲍戈廷著。李方译。民国二十九年（1940）五月出版。上海国民书店印行。

馆藏国民书店1940年5月初版，见唐弢文库。

初版本卷首有泰洛夫《尼古拉·鲍戈廷的〈持枪的人〉》，卷末有李方《译后》。作品除《尾幕》外共有3幕。

赤 恋
初版本封面（19.9厘米×14厘米）

重回故乡
初版本封面（18.6厘米×12.9厘米）

　　小说。【俄】柯仑泰著。杨骚译。1929年4月10日付排，7月20日初版，印3000册。上海北新书局印行。

　　馆藏北新书局1929年7月初版，见唐弢文库、图书大库。

　　初版本卷首有杨骚《序》、著者《序》。作品有《恋爱》3章、《同居（上）》4章、《同居（下）》6章、《解放》1章，共14章。

　　小说集。【匈】拉兹古等著。蒋怀青译。1932年12月付排，1933年1月初版。上海湖风书局出版。《世界文学名著译丛》之一种。

　　馆藏湖风书局1933年1月初版，见唐弢文库、巴金文库。

　　本书为《非战小说集》。初版本无序跋。内收《重回故乡》、《一个新生的复活节》、《炮火的洗礼》、《人影》共4篇。

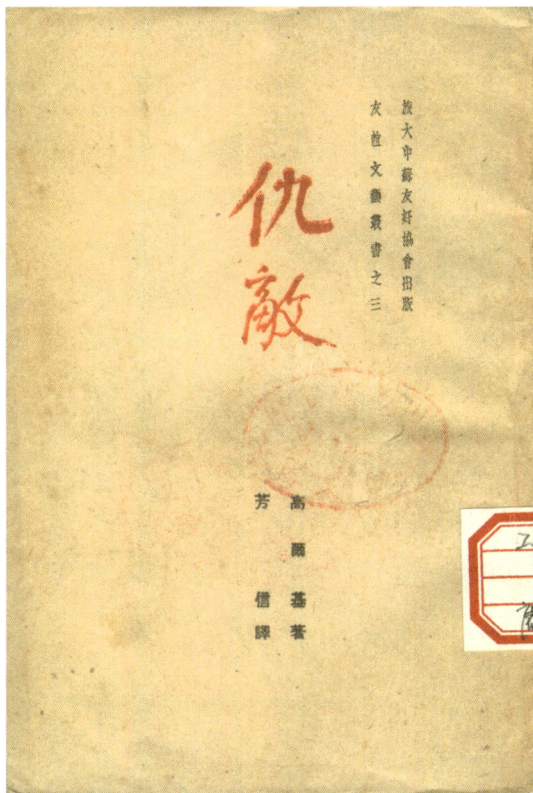

仇 敌
初版本封面（18.1厘米×12.5厘米）

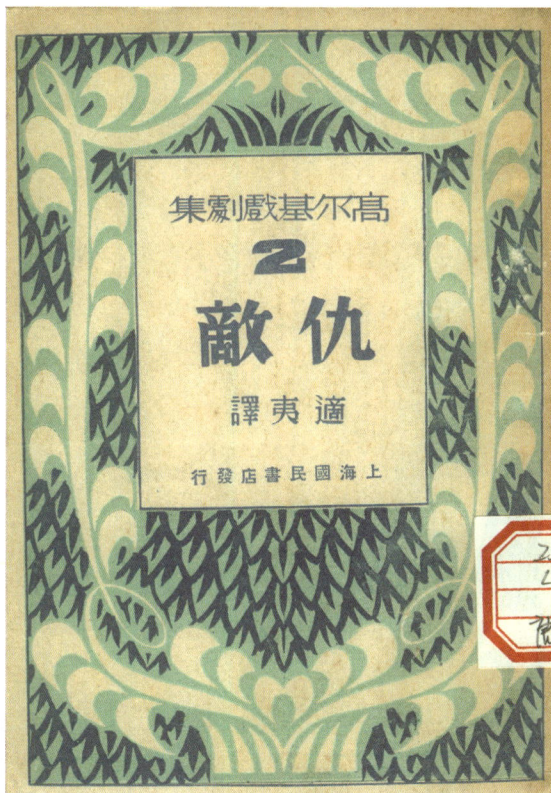

仇 敌
初版本封面（16.8厘米×12.2厘米）

　　戏剧。【苏】高尔基著。芳信译。民国三十八年（1949）五月初版。旅大中苏友好协会出版。旅大友谊印刷厂印刷。大连旅大友谊书店总经售。《友谊文艺丛书》之三。

　　馆藏中苏友好协会1949年5月初版，见唐弢文库、图书大库。

　　初版本无序跋。作品共有3幕。

　　戏剧。【苏】高尔基著。适夷译。民国三十年（1941）十二月出版。上海国民书店印行。《高尔基戏剧集》之二。

　　馆藏国民书店1941年12月初版，见唐弢文库、图书大库。

　　初版本卷首有适夷《译序》。作品共有3幕。

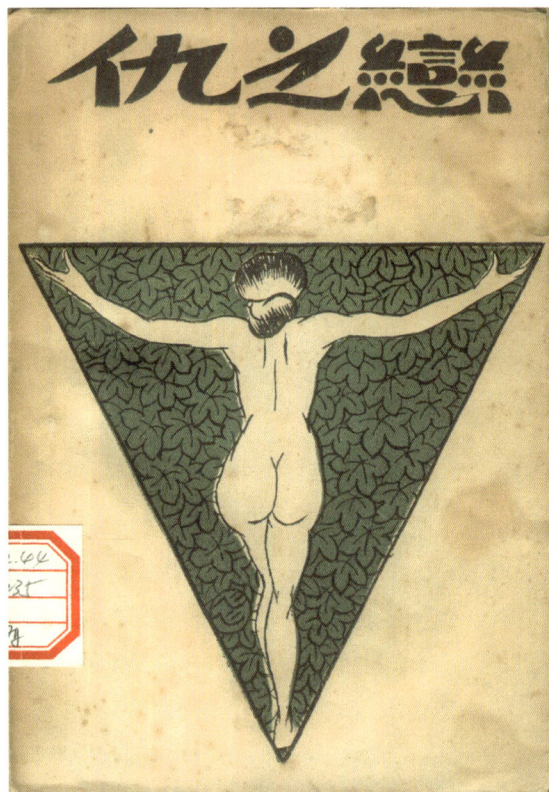

仇之恋
初版本封面（18.1厘米×13.2厘米）

愁斯丹和绮瑟
初版本封面（19厘米×13.4厘米）

　　小说。【瑞士】克拉著。周学普译。民国十八年（1929）六月三十日出版。上海金屋书店出版。

　　馆藏金屋书店1929年6月初版，见唐弢文库。

　　初版本卷首有《译者序》。作品不标章次。

　　扉页题《愁斯丹和绮瑟的故事》。小说。【法】柏地耶著。朱孟实译。民国十九年（1930）七月初版。上海开明书店出版、发行。美成印刷所排印。

　　馆藏开明书店1930年7月初版，见唐弢文库、图书大库。

　　初版本卷首有《节译Gaston Paris原序》、《译者序》，卷末有《译名对照表》。作品共有19章。

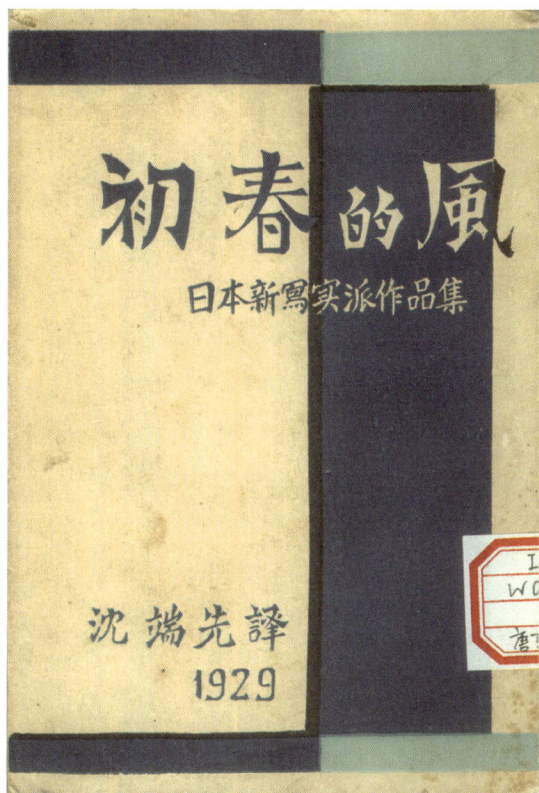

初春的风
初版本封面（18.8厘米×13厘米）

小说戏剧集。【日】平林Tai子等著。沈端先译。1929年9月15日初版。上海大江书铺发行。

馆藏大江书铺1929年9月初版，见唐弢文库、图书大库。

本书为《日本新写实派作品集》。初版本无序跋。内收《抛弃》、《初春的风》、《印度的鞋子》、《油印机的奇迹》、《铳火》共5篇。

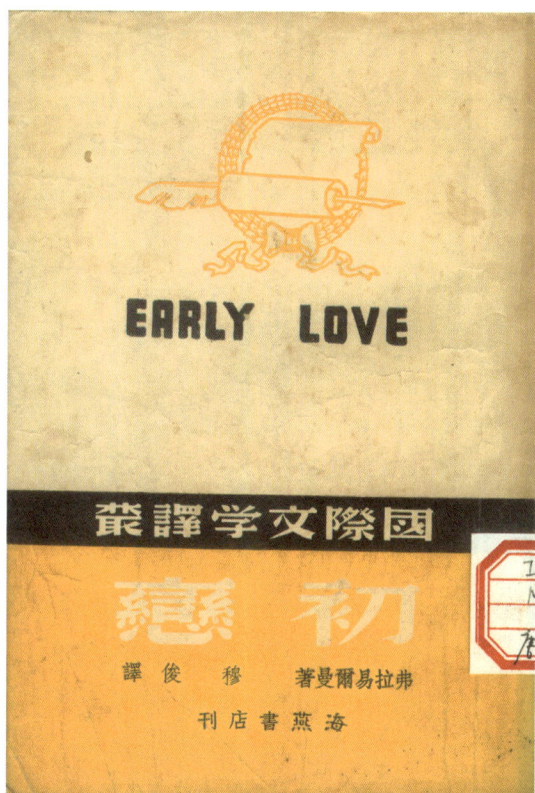

初　恋
初版本封面（18.2厘米×12.8厘米）

小说。【苏】弗拉易尔曼著。穆俊译。民国三十年（1941）六月出版。香港海燕书店出版。《国际文学译丛》之三。

馆藏海燕书店1941年6月初版、1942年6月二版、1946年4月新一版，见唐弢文库、图书大库。

初版本无序跋。作品共有22章。

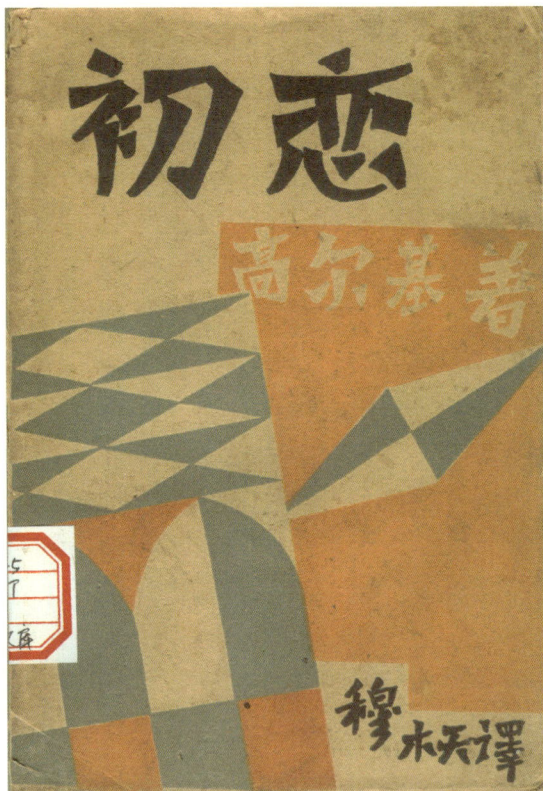

初 恋
初版本封面（18.6厘米×13.2厘米）

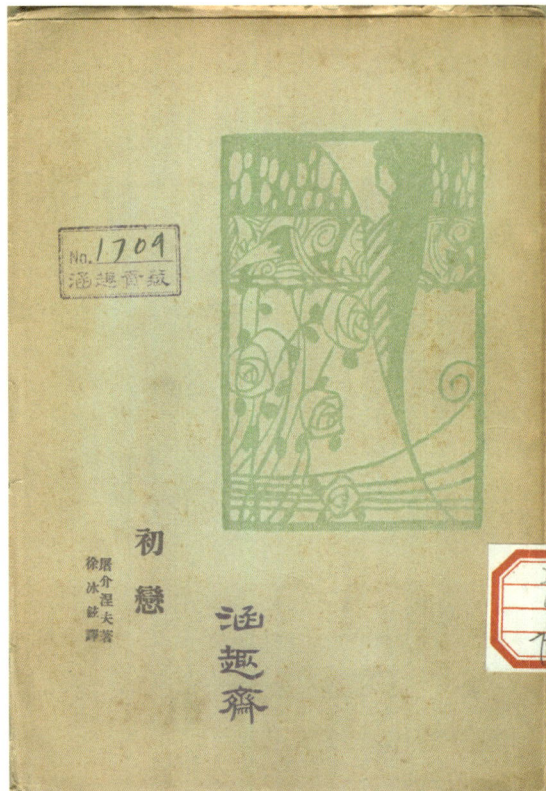

初 恋
初版本封面（19.6厘米×14.2厘米）

　　小说集。【苏】高尔基著。穆木天译。1932年2月初版，印2000册。上海现代书局出版、总发行。现代印刷公司印刷。

　　馆藏现代书局1932年2月初版、1933年5月二版，见唐弢文库、图书大库。

　　初版本无序跋。内收《初恋》、《恋爱的奴隶》、《某女人》、《隐者》、《守卫》共5篇。

　　小说。【俄】屠介涅夫著。徐冰铉译。1928年1月1日付排，2月15日初版，印2000册。上海北新书局印行。《欧美名家小说丛刊》之一种。

　　馆藏北新书局1928年2月初版、1930年3月三版、1934年4月四版，见唐弢文库、图书大库。

　　初版本无序跋。作品共有22章。

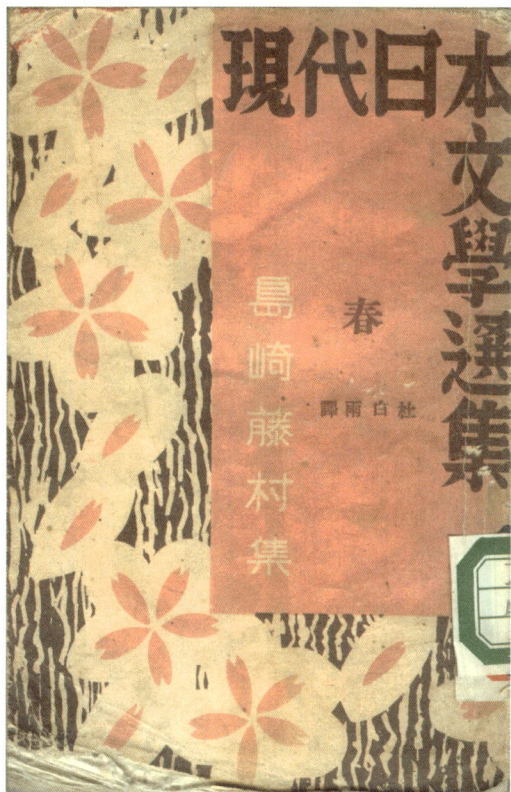

春
初版本封面（18.6厘米×12.3厘米）

春
初版本封面（14.9厘米×10.6厘米）

又名《岛崎藤村集》。小说。【日】岛崎藤村著。杜白雨译。康德九年（1942）九月一日印刷，五日发行。新京（长春）艺文书房出版、发行。满洲军援产业株式会社印刷。《现代日本文学选集》之一。

馆藏艺文书房1942年9月初版，见图书大库。

初版本卷末有《岛崎藤村》。作品共有132章。

诗歌集。【英】屋茨渥斯等著。黄药眠译。1927年1月1日付排，12月20日初版，印2000册。上海创造社出版部出版。

馆藏创造社1927年12月初版，见唐弢文库。

初版本卷首有药眠《小引》。正文收《早春书怀》、《夜歌》、《歌》、《春辞》、《杜鹃》、《给——》、《安魂歌》、《呈天上玛利之灵》、《燕子》、《少和老》、《哀歌》、《歌》、《挽歌》、《睡中的美人》、《晚星之歌》等35篇。

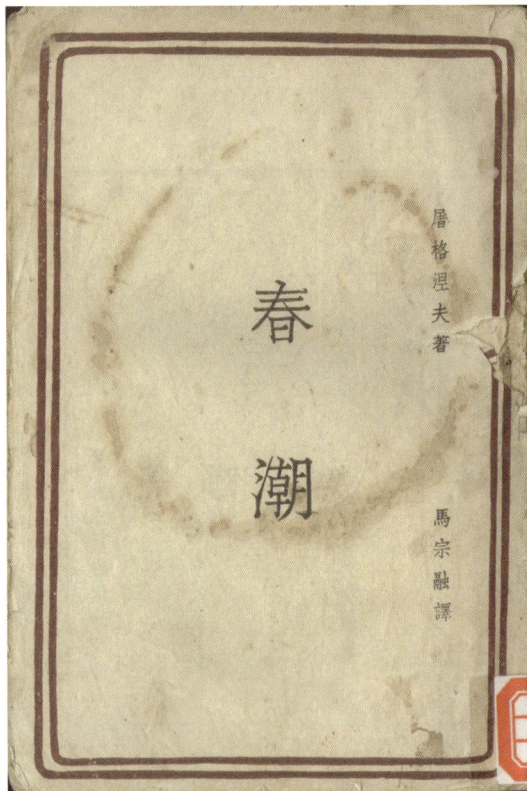

春 潮
初版本封面（18.5厘米×12.8厘米）

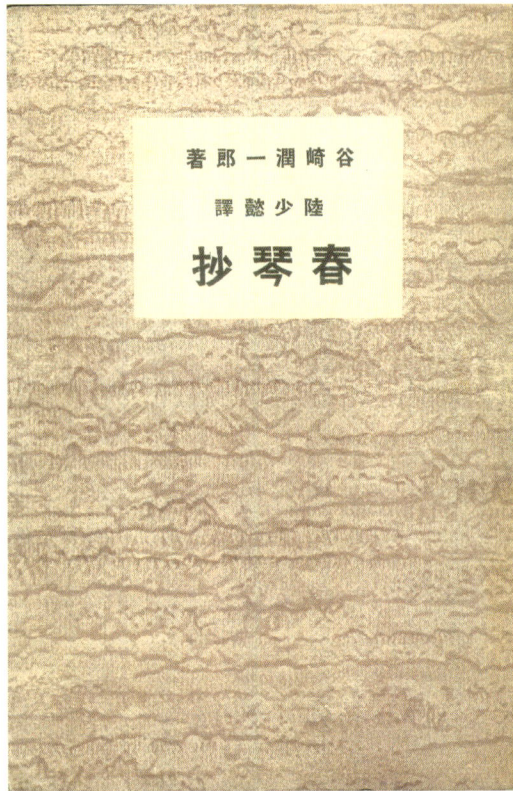

春琴抄
初版本封面（18.4厘米×12.3厘米）

　　小说。【俄】屠格涅夫著。马宗融译。民国三十四年（1945）四月初版。文化生活出版社出版、发行。润华印书馆印刷。《译文丛书》之一种。

　　馆藏文化生活出版社1945年4月初版、1946年1月沪一版、1947年6月沪三版，见唐弢文库、汝龙文库、图书大库。

　　初版本无序跋。作品除"引子"外共有44章。

　　小说。【日】谷崎润一郎著。陆少懿译。民国二十五年（1936）九月初版。上海文化生活出版社发行。陆少懿、吴朗西主编《现代日本文学丛刊》之三十一。

　　馆藏文化生活出版社1936年9月初版，见唐弢文库、巴金文库、图书大库。

　　初版本卷末附有《〈春琴抄〉后语》（著者）、《寄与佐藤春夫述过去半生的信》（著者）、编者《后记》。作品不标章次。

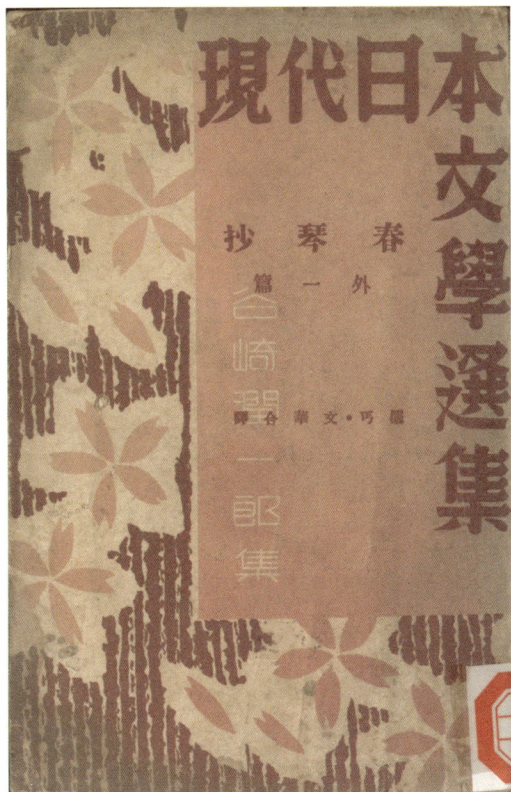

春琴抄
初版本封面（18.7厘米×12.5厘米）

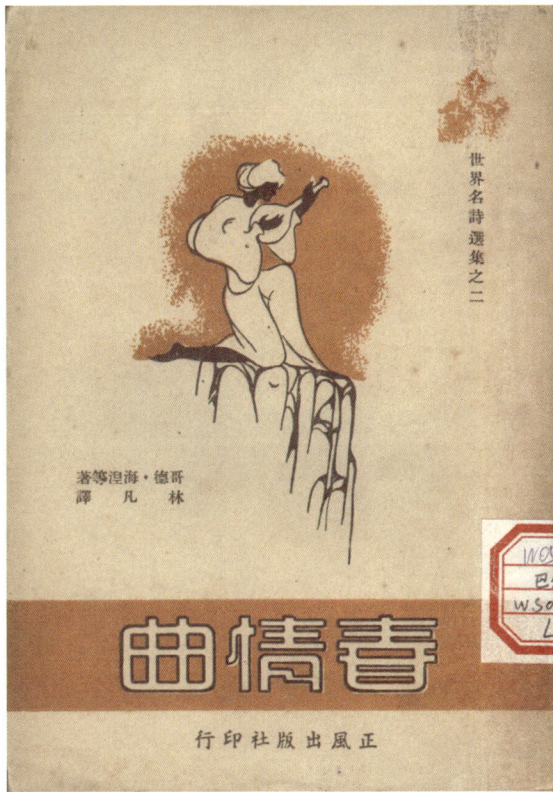

春情曲
初版本封面（18厘米×13厘米）

　　又名《谷崎润一郎集》。小说集。【日】谷崎润一郎著。儒丐、文华译。康德九年（1942）五月一日印刷，十五日发行。新京（长春）艺文书房出版、发行。满洲军援产业株式会社印刷。《现代日本文学选集》之四。

　　馆藏艺文书房1942年5月初版，见王辛笛文库。

　　初版本卷末有《谷崎润一郎》。正文收《春琴抄》、《猫与庄造和两个女人》共2篇。

　　诗歌集。【德】哥德等著。林凡译。民国三十六年（1947）十一月初版、发行，印2000册。上海正风出版社印行。利群书报发行所、联营书店分发行。《世界名诗选集》之二。

　　馆藏正风出版社1947年11月初版，见巴金文库、薛汕文库。

　　初版本卷首有林凡《译者题记》。正文收《普柔梅瑟斯》、《玫瑰》、《牧童哀歌》、《遥寄》、《永恒的思想》、《虚幻》、《少女叹》、《情绪》、《现》、《知识》、《播种》、《序曲》、《亲爱的女郎》、《我的歌是有毒的》、《海里有珍珠》等45篇。

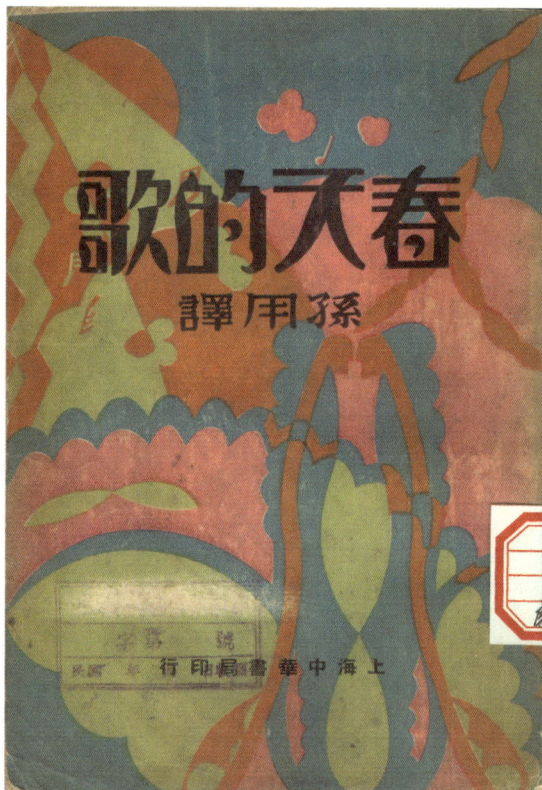

春天的歌
初版本封面（18.4厘米×13.1厘米）

春天的喜剧
初版本封面（17.3厘米×12厘米）

小说集。【波兰】戈尔札克等著。孙用译。民国二十二年（1933）三月印刷，四月发行。上海中华书局印行。《现代文学丛刊》之一种。

馆藏中华书局1933年4月初版、1940年11月二版，见唐弢文库、图书大库。

初版本卷首有译者《总序》，内云："《春天的歌》是译者……介绍小国小说的结集，凡三国共十六篇：波兰戈尔札克七篇，罗马尼亚勃拉太斯古五篇，匈牙利赫尔才格四篇。关于三国的文学及其著者，在每部之前，都附有简略的介绍，而其补充的说明，则在每部之后的《后记》里。"

初版本收第一部《春天的歌》7篇、第二部《夜莺》5篇、第三部《马拉敦之战》4篇，共16篇译作。

戏剧集。【苏】雅鲁纳尔等著。黄宗江等改译。民国三十三年（1944）八月初版。重庆美学出版社发行。重庆印刷厂印刷。重庆联营书店经售。

馆藏美学出版社1944年8月初版，见唐弢文库。

初版本卷末有《后记》。正文除改编剧1篇外收《落花时节》、《春郊外》、《临去秋波》、《窈窕淑女》、《君子好逑》、《人约黄昏后》共6篇改译剧。

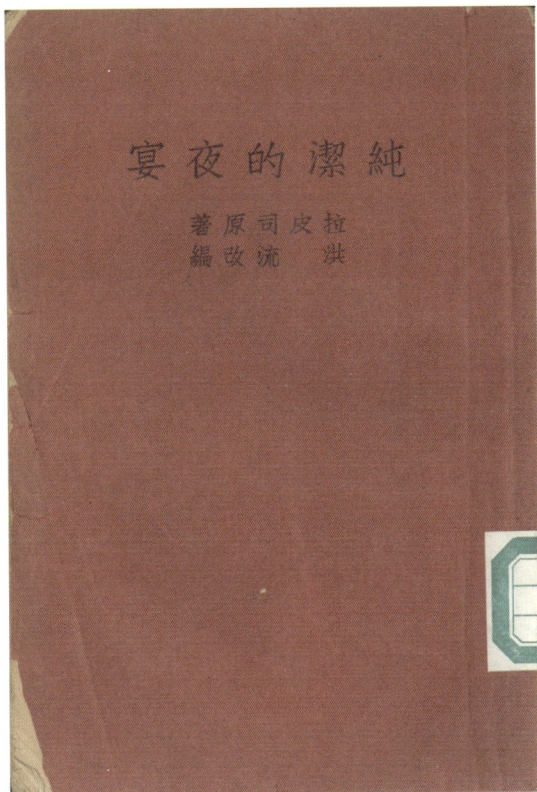

纯洁的夜宴
初版本封面（18.3厘米×12.8厘米）

戏剧。【法】拉皮司著。洪流改译。1940年1月初版。上海正心书店印行。上海东南书店经售。

馆藏正心书店1940年1月初版，见图书大库。

初版本无序跋。作品共有2幕。

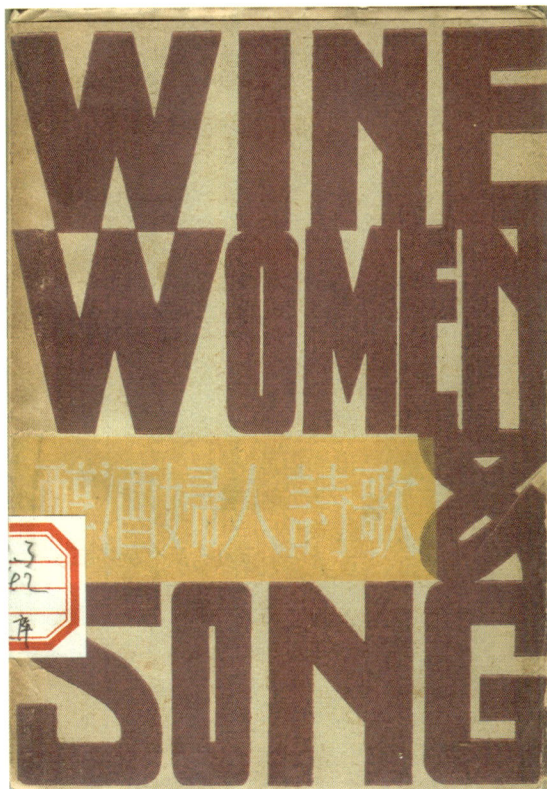

醇酒妇人诗歌
初版本封面（18.2厘米×13.5厘米）

诗歌集。著者不详。罗念生译。1930年1月付印，2月发行，印2000册。上海光华书局印行。

馆藏光华书局1930年2月初版，见唐弢文库、薛汕文库。

初版本卷首有《序》（译者），内云："这集子可以分做两大类，第一类是春曲，牧歌，写景诗，抒情诗，酒歌和一些'幽默的'作品；第二类是一些庄严的诗，描写人生的悲哀，生命的短促和对社会，尤其是对宗教的讽刺。"

初版本收《鸟的爱曲》、《春曲》、《春的甜蜜》、《纯洁的爱》、《情人与夜莺》、《给青年》、《五朔节庆祝》、《向村女求爱》、《给野茨的夜曲》、《乡村跳舞》、《跳舞的邀请》、《牧女》、《求爱》、《花神和村女》、《花神》等30篇。

蠢货
初版本封面（19.6厘米×14.1厘米）

茨冈
初版本封面（16.9厘米×12.4厘米）

　　戏剧集。【俄】杜介涅夫、【俄】柴霍甫著。曹靖华译。1929年8月初版，印1500册。北平未名社出版部发行。《未名丛刊》之二十一。

　　馆藏未名社1929年8月初版，开明书店（"杜介涅夫"译为"屠格涅夫"）1940年10月二版、1946年12月三版，见唐弢文库、秦兆阳文库、孔罗荪文库、图书大库。

　　初版本无序跋。内收《在贵族长家里的早餐》、《纪念日》、《蠢货》、《求婚》、《婚礼》共5篇。

　　诗歌。【俄】普式庚著。瞿秋白译。民国二十九年（1940）三月一日印刷，十五日初版。文艺新潮社印行。上海万叶书店总经售。锡金、钱君匋主编《文艺新潮社小丛书》第一辑之一。

　　馆藏文艺新潮社1940年3月初版，见唐弢文库。

　　初版本卷末有锡金《后记》、【苏】R.高甫曼《普式庚·俄国文学语言的创造者》（铁弦译）、【苏】N.阿胥金《普式庚怎样写作》（陈冥译）。作品不分章节。

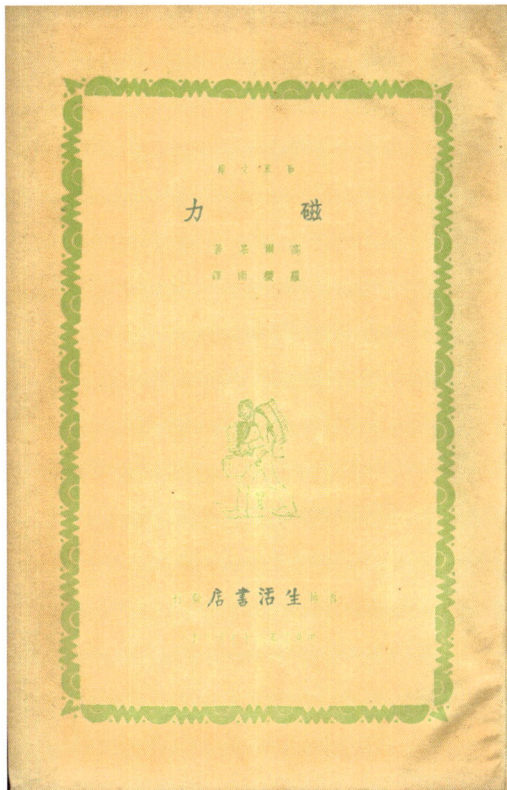

磁　力
初版本扉页（精装本封面无书名。21.7厘米×14.2厘米）

刺蔷薇
初版本封面（18.8厘米×12.9厘米）

　　小说。【苏】高尔基著。罗稷南译。民国二十七年（1938）九月初版。生活书店发行。生活印刷所印刷。郑振铎主编《世界文库》之一种。

　　馆藏生活书店1938年9月初版、1947年10月胜利后一版，见唐弢文库、艾芜文库、孔罗荪文库、图书大库。

　　本书为《四十年间》四部曲之二。初版本无序跋。作品共有28章。

　　小说。著者不详。蒋景缄编译。民国四年（1915）十月初版。上海进步书局印行。上海文明书局代印。文明书局、中华书局经售。

　　馆藏进步书局1915年10月初版，见唐弢文库。

　　本书为军事小说。初版本无序跋。作品共有22章。

从暴风雨里所诞生的
初版本封面（18.2厘米×12.9厘米）

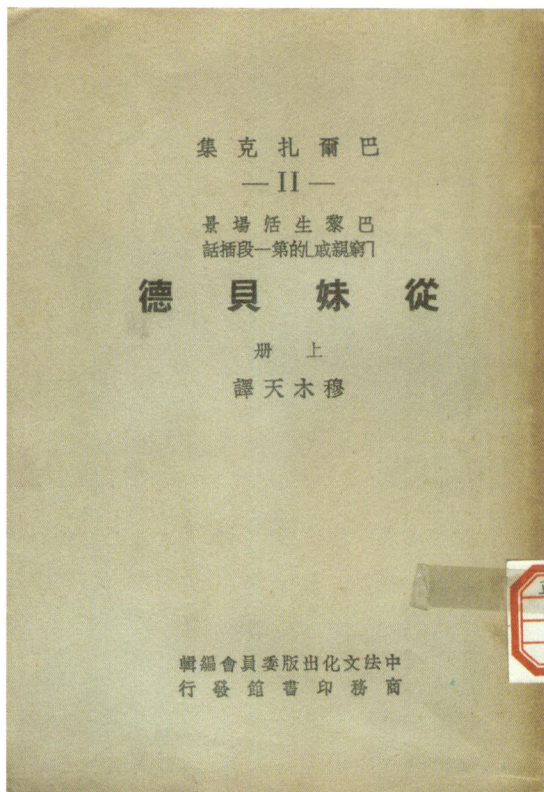

从妹贝德（上、下）
初版本封面（21.2厘米×15.1厘米）

　　小说。【苏】奥斯特洛夫斯基著。王语今译。1943年1月渝初版。读书出版社发行。文学月报社编辑《文学月报丛书》之一种。

　　馆藏读书出版社1943年1月初版，见藏克家文库。初版本无序跋。作品共有12章。

　　小说。【法】巴尔扎克著。穆木天译。民国二十九年（1940）二月初版。长沙商务印书馆印行。中法文化出版委员会编辑《巴尔扎克集》之二。

　　馆藏商务印书馆1940年2月初版、1947年5月二版，见唐弢文库、巴金文库、孔罗荪文库、图书大库。

　　本书为"巴黎生活场景《穷亲戚》的第一段插话"，即《穷亲戚》二部曲之一。初版本上册卷首有《译者之言》、得·巴尔扎克《穷亲戚》（献辞）。《译者之言》云："《从妹贝德》，同它的姊妹篇《从兄蓬斯》一样，是一篇家族崩溃的悲剧。"

　　初版本不标章次。

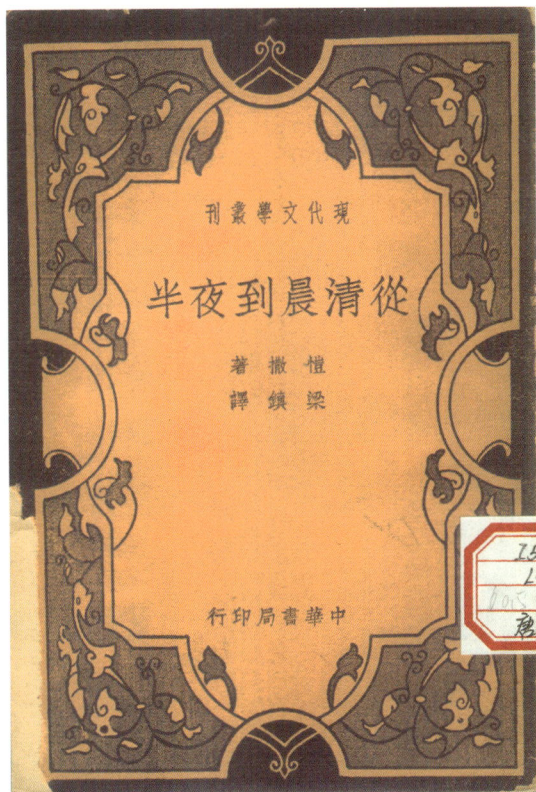

从清晨到夜半
初版本封面（18.7厘米×12.9厘米）

戏剧。【德】恺撒著。梁镇译。民国二十三年（1934）九月印刷、发行。上海中华书局印行。《现代文学丛刊》之一种。

馆藏中华书局1934年9月初版、1940年4月二版，见唐弢文库、图书大库。

初版本卷首有梁镇《译者序》。作品有第一部3幕、第二部4幕，共7幕。

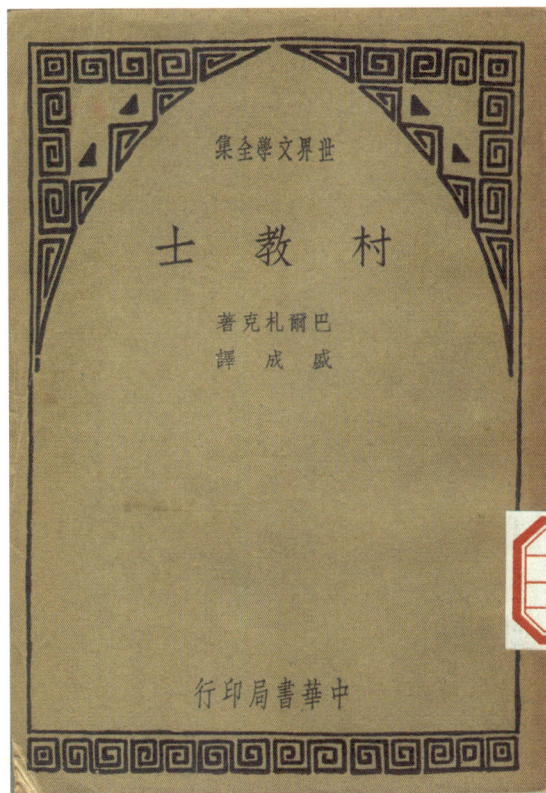

村教士
初版本封面（18.5厘米×13.2厘米）

小说。【法】巴尔札克著。盛成译。民国二十九年（1940）三月印刷、发行。昆明中华书局出版、发行。上海美商永宁有限公司印刷。《世界文学全集》之一种。

馆藏中华书局1940年3月初版，见唐弢文库、图书大库。

初版本卷首有巴尔札克《献辞》、《一八四一年初版自序》（著者）、盛成《译者序言》。作品共有5章。

村　戏
初版本封面（18.3厘米×13.1厘米）

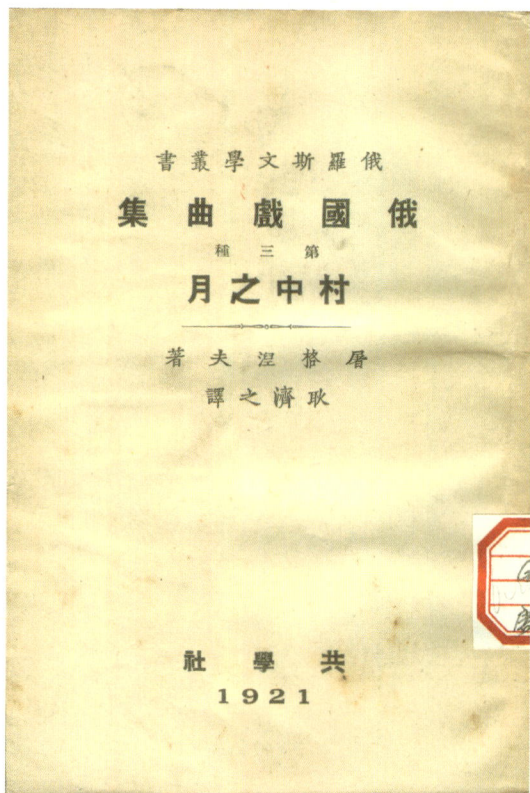

村中之月
初版本封面（18.8厘米×13厘米）

　　小说集。【苏】希希考夫等著。傅东华译。民国十八年（1929）九月十日初版。上海新建设书店总发行。中国印刷厂印刷。上海文明书局、上海民有印书馆代售。《新俄小说集》之一种。

　　馆藏新建设书店1929年9月初版，见唐弢文库。

　　初版本无序跋。内收《村戏》、《不过一点儿小事》、《飞腿儿奥西普》、《皮短褐》、《饿》共5篇。

　　戏剧。【俄】屠格涅夫著。耿济之译。民国十年（1921）三月初版。上海商务印书馆印行。《俄国戏曲集》之三，共学社《俄罗斯文学丛书》之一种。

　　馆藏商务印书馆1921年3月初版、某版（版权页缺失，《世界文学名著》）、1937年3月国难后一版，见唐弢文库、图书大库。

　　初版本无序跋。作品共有5幕。

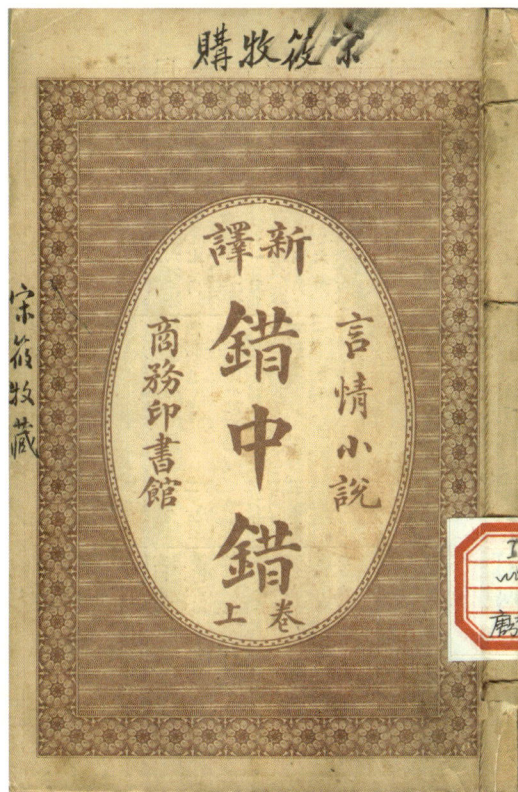

错中错（上、下）
初版本封面（18.5厘米×12.5厘米）

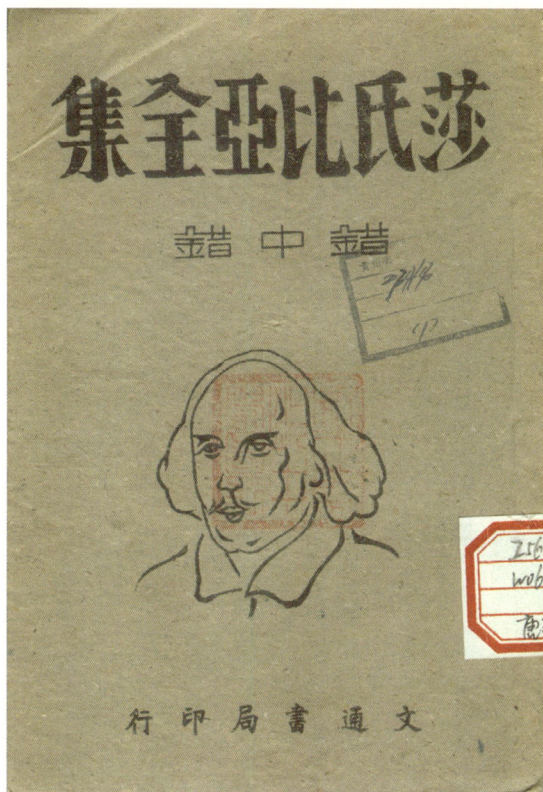

错中错
初版本封面（18.2厘米×12.8厘米）

小说。【英】查理士高法司著。商务印书馆编译所译。宣统元年（1909）八月初版。上海商务印书馆印行。

馆藏商务印书馆1909年（农历）8月初版、1915年10月三版（著者未署，四集本《说部丛书》第二集），见唐弢文库。

本书为言情小说。初版本无序跋。作品有卷上24章、卷下20章，共44章。

又名《错误的喜剧》。戏剧。【英】莎氏比亚著。曹未风译。民国三十三年（1944）五月初版。贵阳文通书局印行。《莎氏比亚全集》之一种。

馆藏文通书局1944年5月初版，见唐弢文库。

初版本无序跋。作品共有5出。

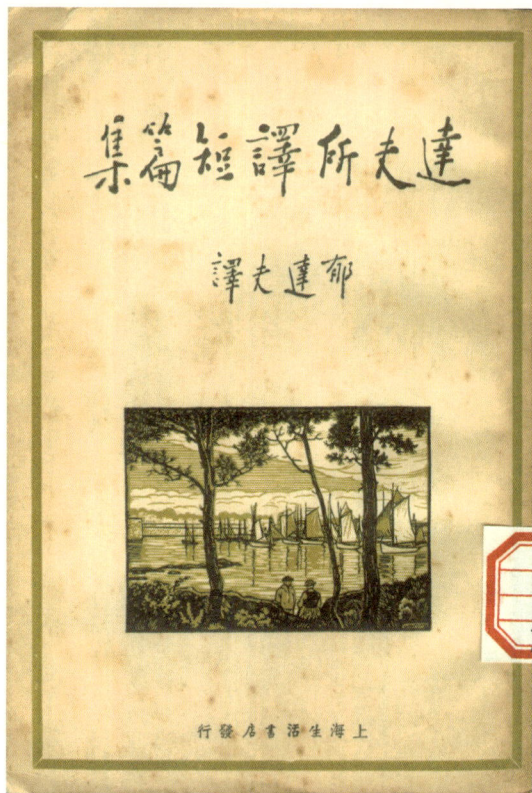

达夫所译短篇集
初版本封面（18.8厘米×13.1厘米）

　　小说集。【德】盖斯戴客等著。郁达夫译。民国
二十四年（1935）五月初版。上海生活书店发行。生
活印刷所印刷。

　　馆藏生活书店1935年5月初版，见唐弢文库。

　　初版本卷首有《自序》（译者）。正文收《废
墟的一夜》、《幸福的摆》、《马尔戴和她的钟》、
《一个败残的废人》、《一位纽英格兰的尼姑》、
《一女侍》、《春天的播种》、《浮浪者》共8篇。

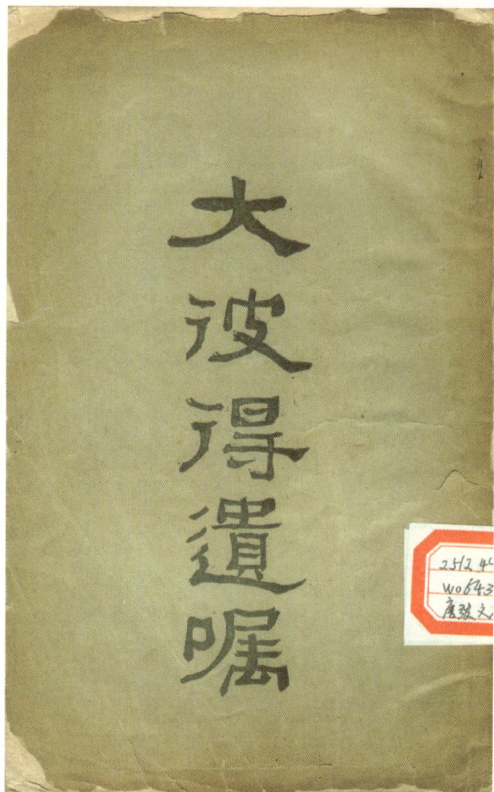

大彼得遗嘱
初版本封面（22.6厘米×14.4厘米）

　　原名《白藕节》。小说。【法】握兴著。吴士
毅、无竟生译。光绪三十一年（1905）四月初版。上
海时报馆发行。上海开明印刷部印刷。

　　馆藏时报馆1905年（农历）4月初版，见唐弢文
库。

　　初版本卷首有《译言》。作品不分章节。

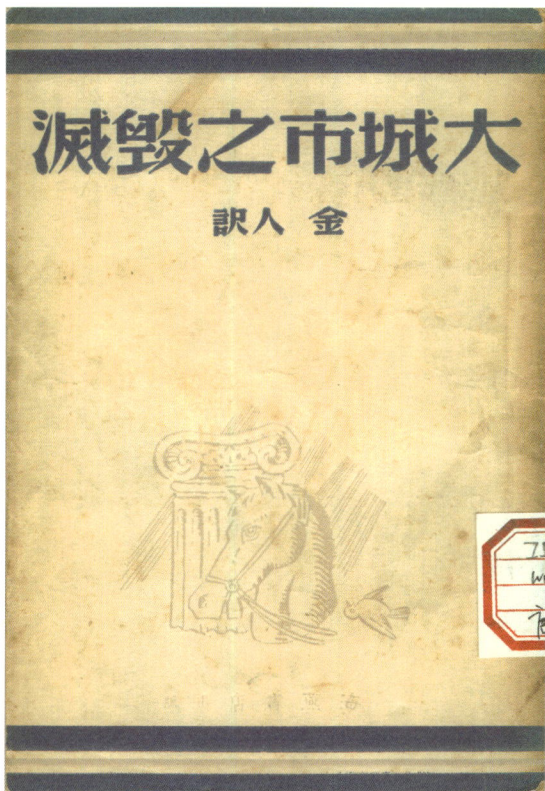

大城市之毁灭
初版本封面（17.9厘米×12.7厘米）

小说集。【国别不详】左祖黎等著。金人译。民国三十年（1941）八月出版。香港海燕书店出版。

馆藏海燕书店1941年8月初版，见唐弢文库。

初版本卷末有金人《后记》。正文收《大城市之毁灭》、《风》、《退伍》、《海边》、《英雄的测验》、《我的职业》、《陷阱》共7篇。

大 地（上、下）
初版本封面（18.6厘米×12.8厘米）

小说。【美】波尔卜克著。张万里、张铁笙译。民国二十二年（1933）六月一日初版，印2000部。北平志远书店发行。

馆藏志远书店1933年6月初版，见唐弢文库。

初版本上册卷首有《原序——关于本书作者》、铁笙《译后自记（算作序）》、万里《致读者》。作品有上册18章、下册16章，共34章。

大地的女儿
初版本封面（18.5厘米×12.9厘米）

回忆录。【美】史沫特列著。林宜生译。1932年11月初版，印1500册。上海湖风书局印行。

馆藏湖风书局1932年11月初版，见唐弢文库。

初版本卷首有杨铨《序》，卷末有宜生《译后》。作品共有7章。

大地的叹息
初版本封面（18.5厘米×12.8厘米）

原名《安多士的女人》。小说。【美】威尔特著。黄嘉音译。民国二十八年（1939）十月初版。上海西风社发行。《西风丛书》之三。

馆藏西风社1939年10月初版、1940年2月二版，见巴金文库、图书大库。

初版本卷首有黄嘉音《译者的话》、《〈大地的叹息〉及其作者》、《前言》，卷末附有《中英名称对照表》。《〈大地的叹息〉及其作者》云："本书便是以……古希腊为背景，所说的是在希腊艺妓制度与种族歧视偏见下的一个可歌可泣的恋爱故事，一个三角恋爱故事。"

初版本不标章次。

大复仇
初版本封面（18.9厘米×13.3厘米）

小说。著者未署。奚若译。甲辰（1904）六月初版。小说林社发行。大同书局印刷。

馆藏小说林社1904年（农历）6月初版，见唐弢文库。

本书为福尔摩斯侦探第一案。初版本无序跋。作品共有9章。

大荒归客记（上、下）
初版本封面（18.3厘米×12.5厘米）

小说。【法】曲特拉痕脱著。梁禾青、赵尊岳译。民国五年（1916）六月初版。上海商务印书馆印行。四集本《说部丛书》第三集之八。

馆藏商务印书馆1916年6月初版，见唐弢文库。

初版本上册卷首有尊岳《叙文》。作品除《结局》外有上册7章、下册5章，共12章。

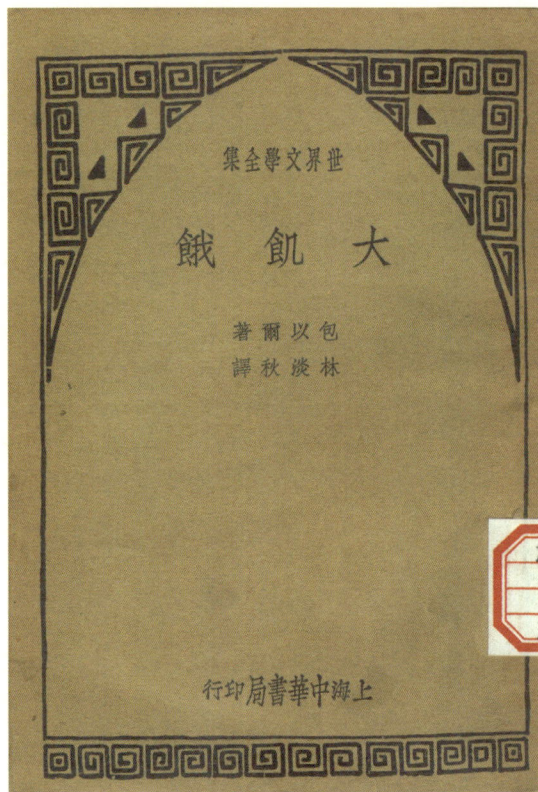

大饥饿
初版本封面（18.6厘米×13.2厘米）

小说。【挪】包以尔著。林淡秋译。民国二十五年（1936）七月印刷、发行。上海中华书局印行。《世界文学全集》之一种。

馆藏中华书局1936年7月初版，见唐弢文库、艾芜文库、图书大库。

初版本卷首有《译者序》。作品共有27章。

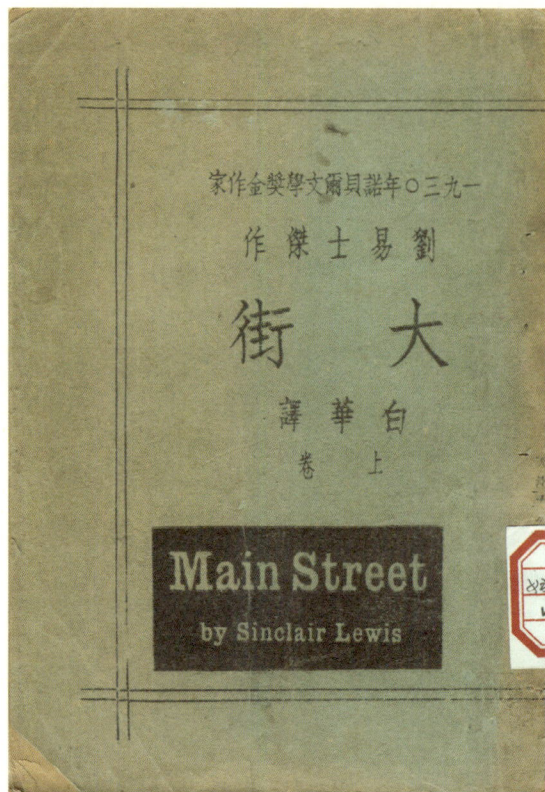

大　街（上、下）
初版本封面（18.4厘米×13厘米）

小说。【美】刘易士著。白华译。民国二十一年（1932）五月一日初版。天津大公报馆印行。

馆藏大公报馆1932年5月初版，见姚雪垠文库。

初版本无序跋。作品除《楔子》外有上卷19章、下卷20章，共39章。

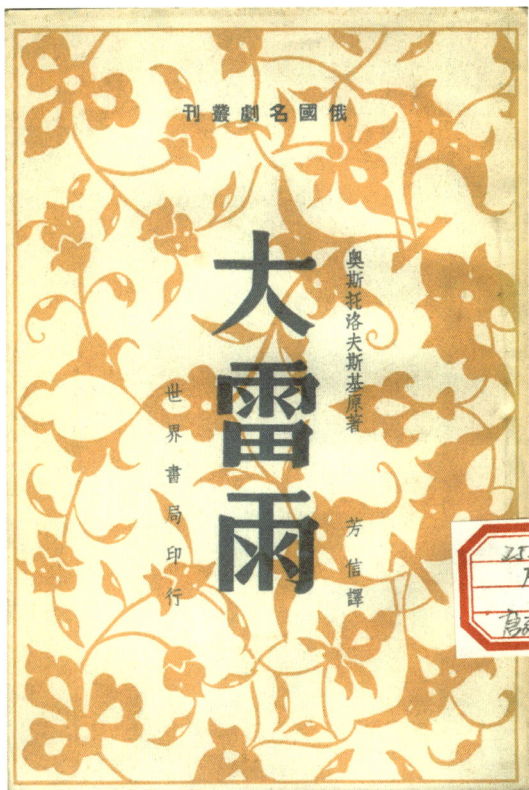

大雷雨
初版本封面（18.5厘米×12.9厘米）

戏剧。【俄】A.奥斯托洛夫斯基（扉页作"A.奥斯特洛夫斯基"）著。芳信译。民国三十三年（1944）二月出版。世界书局印行。《俄国名剧丛刊》之五。

馆藏世界书局1944年2月初版、1947年10月二版，灿烂书店1945年3月渝初版，见唐弢文库、孔罗荪文库、图书大库。

世界书局初版本卷末有【日】米川正夫《关于奥斯托洛夫斯基》。作品共有5幕。

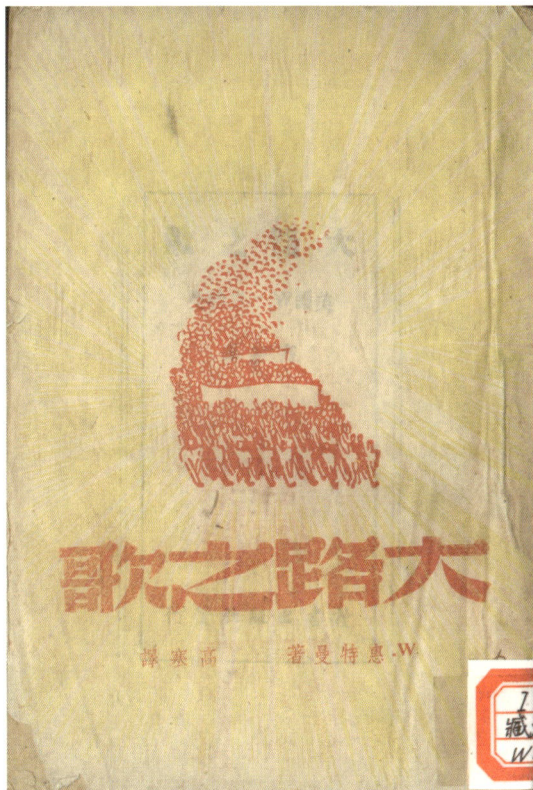

大路之歌
初版本封面（18.1厘米×12.7厘米）

诗歌集。【美】W.惠特曼著。高寒译。民国三十三年（1944）三月初版。读书出版社发行。

馆藏读书出版社1944年3月初版、1947年8月二版，见唐弢文库、薛汕文库、臧克家文库、图书大库。

初版本卷首有《惠特曼的诗歌——〈草叶集〉译序》、M.伊斯特曼《惠特曼——德模克拉西的诗人》。正文分上、下部，收《开拓者哟！啊开拓者哟！》、《从巴门诺克出发》、《大路之歌》、《我歌唱带电的肉体》、《近代的年代》、《我在一个梦中做梦》、《当庭园中残余的紫丁香花新开了的时候》、《从永久摇荡着的摇篮里》、《在路西安纳我看见一株活着的橡树正在生长》、《一匹无声的坚忍的蜘蛛》、《从群众——摇荡着的海洋》、《给一个陌生人》、《泪滴》、《黑夜中在海岸上》、《自己之歌》共15篇。

大食故宫余载

1907年初版本封面（18.9厘米×13.1厘米）

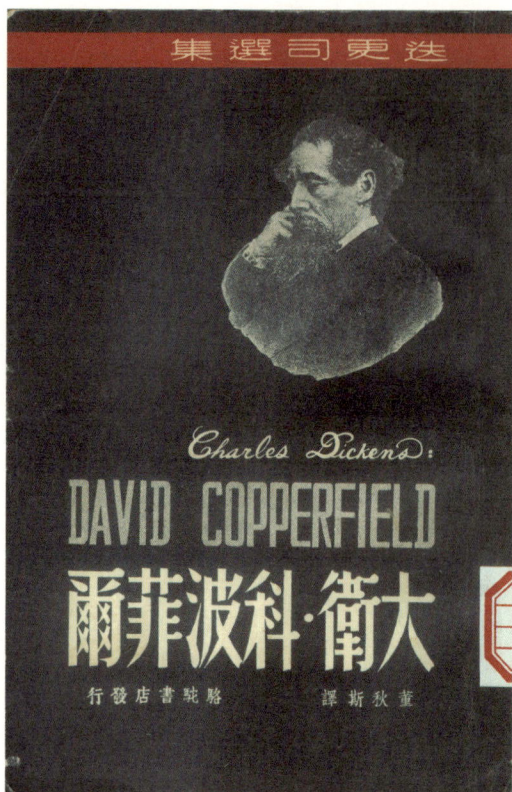

大卫·科波菲尔（上、下）

上册初版本封面（21.5厘米×14.5厘米）

小说集。【美】华盛顿欧文著。林纾、魏易译。光绪三十三年（1907）六月初版。上海商务印书馆印行。《欧美名家小说》之一种。

馆藏商务印书馆1907年（农历）6月初版、1914年6月初版（《林译小说丛书》）、1915年8月三版（四集本《说部丛书》第二集），见唐弢文库、俞平伯文库、图书大库。

初版本无序跋。内收《纪程》、《记阿兰白拉宫》、《记余渐履宝位》、《记阿兰白拉故宫中居民》、《记回王觐见外臣宫殿》、《记秘宫》、《记康马利斯塔远眺》、《记月台》、《记圬者之暴富》、《记狮子殿》、《记蒲阿白的而王遗事》、《记亚刺伯占星之家》、《记游宫之旅客》、《记金索拉立甫夏宫》、《记阿默德世子》等29篇。

小说。【英】迭更司著。董秋斯译。民国三十六年（1947）六月初版，印1500部。上海骆驼书店印行。《迭更司选集》之一种。

馆藏骆驼书店1947年6月初版，见唐弢文库、臧克家文库。

初版本上册卷首有《著者叙》、【美】P.M.布克《著者传略》，下册卷末有董秋斯《译后记》。作品有上册28章、下册36章，共64章。

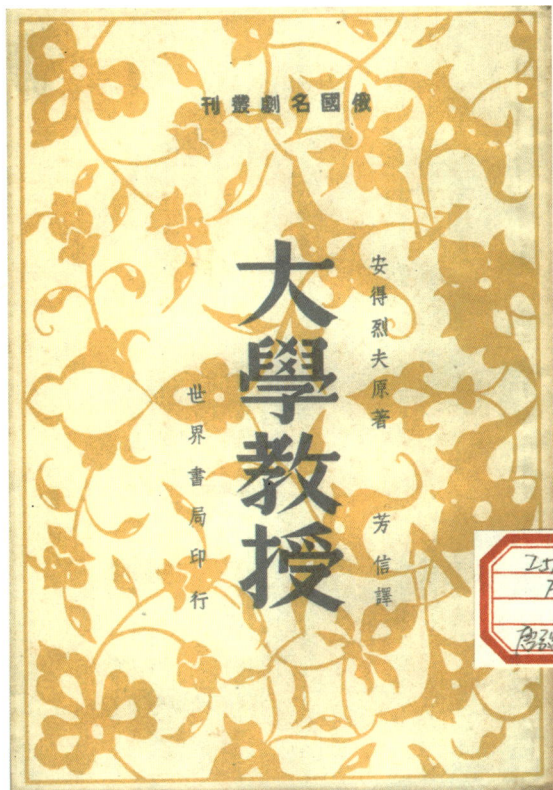

大学教授
初版本封面（18.3厘米×13.1厘米）

原名《施托利伊茨恩教授》。戏剧。【俄】安得烈夫著。芳信译。民国三十三年（1944）六月出版。世界书局印行。《俄国名剧丛刊》之十一。

馆藏世界书局1944年6月初版，见唐弢文库、图书大库。

初版本卷末有【日】熊泽复六《关于安得烈夫》。作品共有4幕。

岱蕾斯·赖根
初版本封面（17.9厘米×12.9厘米）

小说。【法】左拉著。毕修匀译。民国三十七年（1948）七月初版。世界书局印行。《左拉小说选集》之一种。

馆藏世界书局1948年7月初版，见唐弢文库、巴金文库。

初版本无序跋。作品共有32章。

带枪的人
初版本封面（17.5厘米×11.6厘米）

戴茜米勒尔
初版本封面（18.9厘米×13厘米）

戏剧。【苏】N.包哥廷著。葛一虹译。1942年7月出版。桂林华华书店总经售。

馆藏华华书店1942年7月初版、天下图书公司1949年5月北平一版，见阮章竞文库、图书大库。

初版本卷末有包哥廷《我怎样写〈带枪的人〉》（附录）、【苏】泰洛夫《关于〈带枪的人〉》（附录）、葛一虹《〈带枪的人〉及其他》（附录）、黄钢《〈带枪的人〉的意义》（附录）、《后记》（译者）。作品共有3幕。

小说。【美】詹姆斯著。林疑今译。民国二十三年（1934）九月印刷、发行。上海中华书局印行。《现代文学丛刊》之一种。

馆藏中华书局1934年9月初版、1940年11月二版，见唐弢文库、胡风文库、图书大库。

初版本卷首有林疑今《译后小记》。作品共有2部。

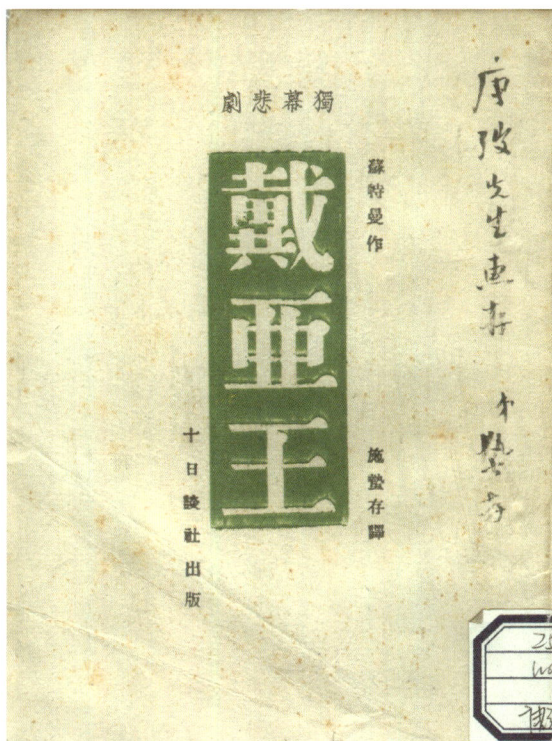

戴亚王
初版本封面（17.5厘米×13.5厘米）

戏剧。【德】苏特曼著。施蛰存译。民国三十四年（1945）八月初版。福建永安十日谈社印行。

馆藏十日谈社1945年8月初版，见唐弢文库。

初版本卷末有施蛰存《后记》。作品为独幕剧。

戴依夫人
初版本封面（18.4厘米×12.8厘米）

小说集。【法】巴尔扎克著。罗塞译。民国三十四年（1945）一月初版。昆明黎明社发行。

馆藏黎明社1945年1月初版、1946年4月沪二版，见唐弢文库、巴金文库、图书大库。

初版本卷末有罗塞《后记》。正文收《戴依夫人》、《约安先生》、《恐怖时代》、《基督在福兰达斯》共4篇。

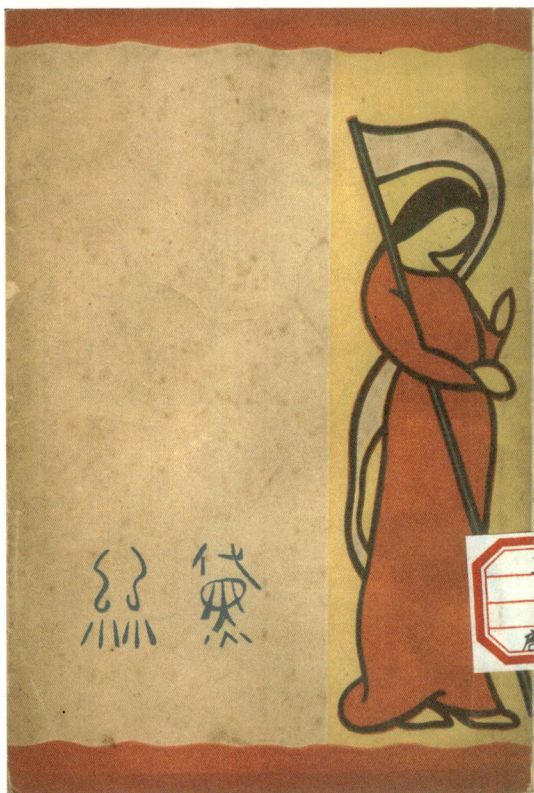

黛 丝
初版本封面（18.5厘米×12.9厘米）

小说。【法】法朗斯著。杜衡译。1928年3月初版。上海开明书店发行。《水沫社彳亍丛书》之一种。

馆藏开明书店1928年3月初版，见唐弢文库。

初版本无序跋。作品有第一部1章、第二部3章、第三部1章，共5章。

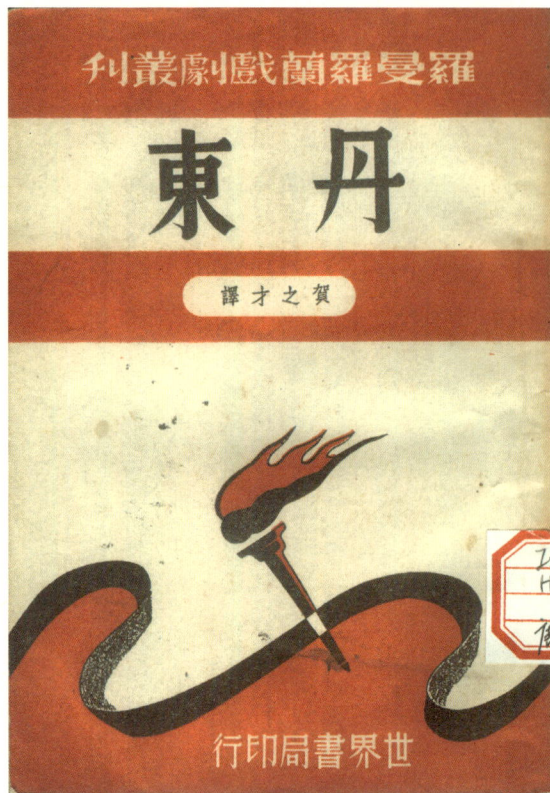

丹 东
初版本封面（18.1厘米×12.9厘米）

戏剧。【法】罗曼罗兰著。贺之才译。民国三十三年（1944）四月出版。世界书局印行。《罗曼罗兰戏剧丛刊》之一种。

馆藏世界书局1944年4月初版，见唐弢文库、图书大库。

初版本卷首有贺之才《〈罗曼罗兰戏剧丛刊〉弁言》、贺德新《〈罗曼罗兰戏剧丛刊〉序》。作品共有3幕。

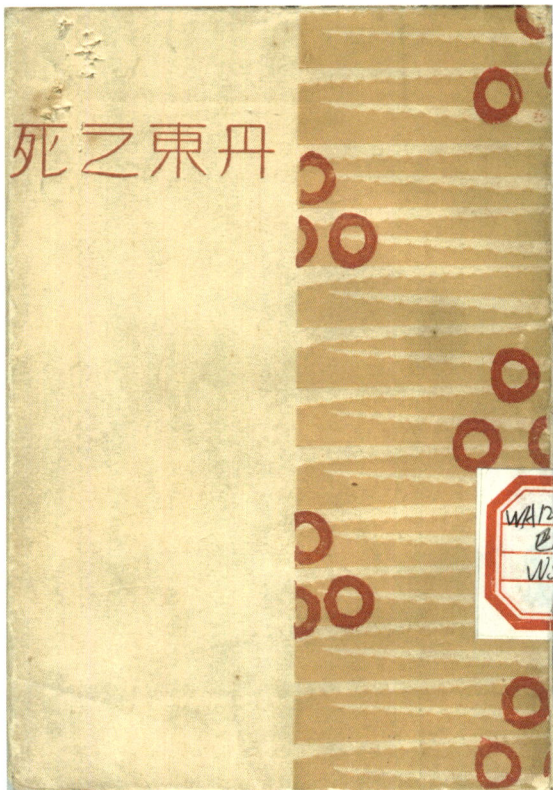

丹东之死
初版本封面（15.4厘米×11.1厘米）

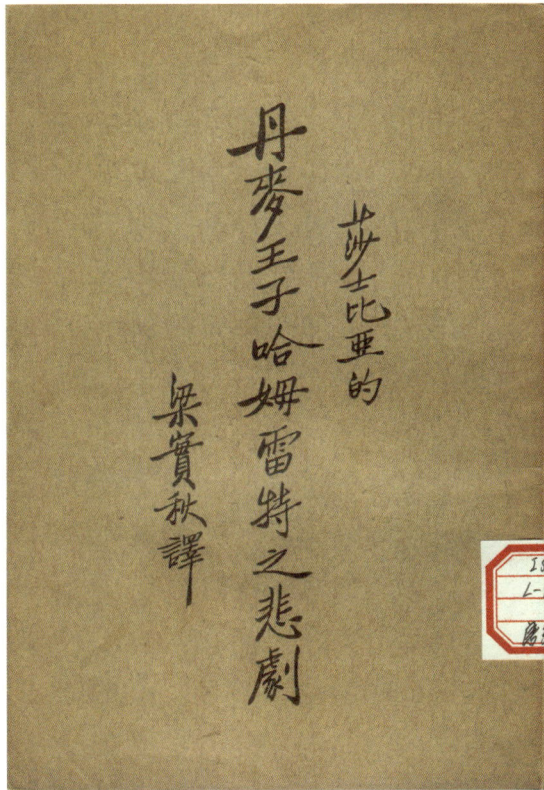

丹麦王子哈姆雷特之悲剧
初版本封面（21.3厘米×15.2厘米）

　　戏剧。【苏】A.托尔斯泰著。巴金译。1930年7月初版。开明书店发行。微明学社编辑《微明丛书》之一种。

　　馆藏开明书店1930年7月初版、1935年11月二版、1939年5月改订三版、1941年5月四版、1943年3月内一版、1947年3月六版，见唐弢文库、巴金文库、姚雪垠文库、图书大库。

　　初版本卷首有A.N.Tolstoj《原序》、《译者序》。《译者序》云："'丹东之死'曾经被许多文学家取来作剧本的题材，是为众人所熟知的，就在我所译的这一本戏剧里也有详细的描写。自然丹东是死得无辜，是法国革命中的一个伟大的殉道者。"

　　初版本共有12幕。

　　戏剧。【英】莎士比亚著。梁实秋译。民国二十五年（1936）七月初版。中华教育文化基金董事会编译委员会编辑。上海商务印书馆印行。

　　馆藏商务印书馆1936年7月初版，见唐弢文库、图书大库。

　　初版本卷首有《序》（译者）、《例言》（译者）。作品共有5幕。

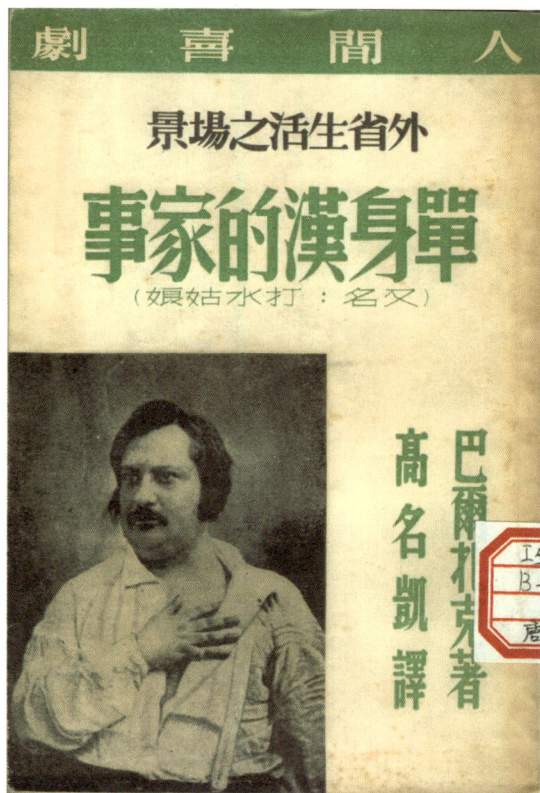

单身汉的家事
初版本封面（18厘米×12.8厘米）

又名《打水姑娘》。小说。【法】巴尔扎克著。高名凯译。民国三十六年（1947）二月初版，印2000册。海燕书店出版。上海群海联合发行所总经售。《人间喜剧·外省生活之场景》之一种。

馆藏海燕书店1947年2月初版，见唐弢文库。

本书为《独身者》三部曲之三。初版本卷首有巴尔扎克《献给 法兰西研究院评议员阿尔森拿尔图书馆馆长诺地埃·查礼先生》。作品不分章节。

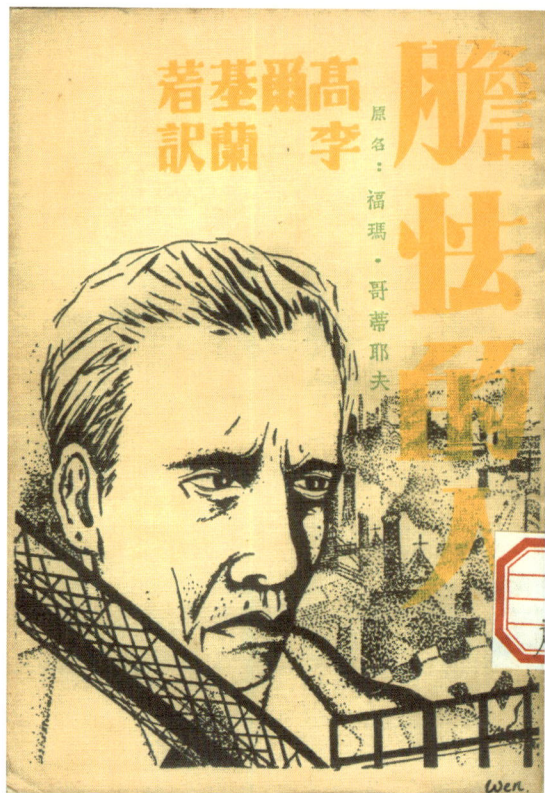

胆怯的人（上、下）
上册初版本封面（18.9厘米×13.3厘米）

原名《福玛·哥蒂耶夫》。小说。【苏】高尔基著。李兰译。1932年10月20日初版。上海湖风书局出版。《世界文学名著译丛》之一种。

馆藏湖风书局1932年10月初版，见唐弢文库、巴金文库。

初版本上册卷首有《译者序》。作品有上册7章、下册6章，共13章。

但顿之死
初版本封面（18.9厘米×12.9厘米）

戏剧。【苏】亚历舍·托尔斯妥叶著。林适夷译。民国二十二年（1933）十二月初版。上海商务印书馆印行。《世界文学名著》之一种。

馆藏商务印书馆1933年12月初版，见唐弢文库。

初版本卷首有亚历舍·托尔斯妥叶《原序》。作品共有12场。

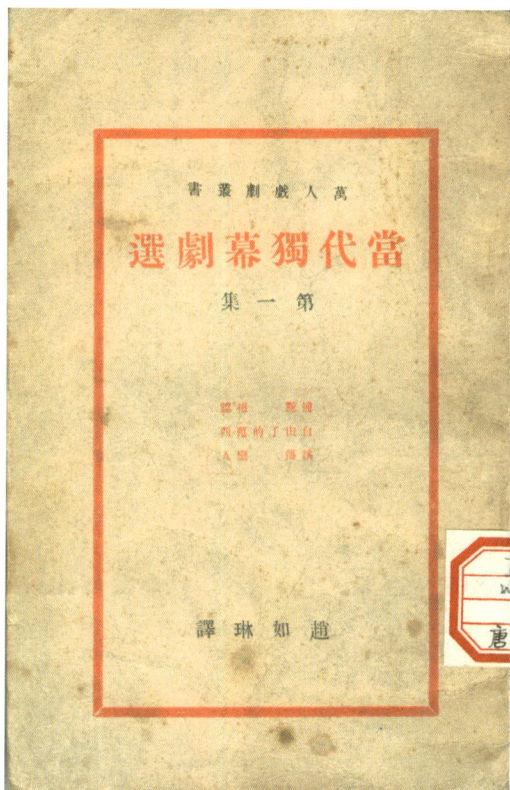

当代独幕剧选（一）
初版本封面（19厘米×12.7厘米）

【美】E.O'neill等著。赵如琳译。民国二十年（1931）四月初版，印2000册。万人社出版部出版。光东印务局印刷。广州泰山书店发行。《万人戏剧丛书》之一种。

馆藏万人社1931年4月初版，见唐弢文库。

初版本卷首有《〈万人戏剧丛书〉总序》、《自序》（译者）。正文收《捕鲸》、《自由了的范西》、《谣传》、《招认》、《恋人》共5篇。

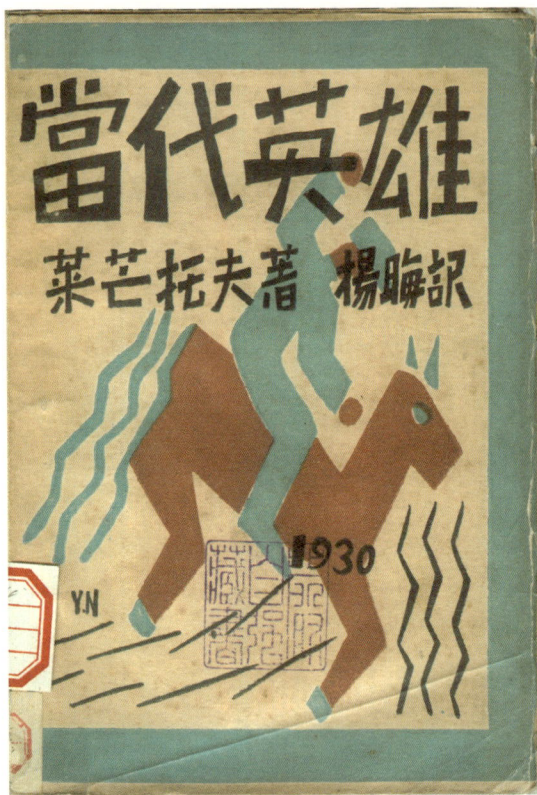

当代英雄
初版本封面（19.6厘米×14.1厘米）

当炉女（上、中、下）
初版本封面（18.2厘米×12.5厘米）

　　小说。【俄】莱芒托夫著。杨晦译。1930年2月付排，5月初版，印2000册。上海北新书局印行。

　　馆藏北新书局1930年5月初版，见唐弢文库、图书大库。

　　初版本卷末附有原著者《再版自序》。作品分《培拉》、《马克西谟·马克西米基》、《塔满》、《定命论者》、《普林赛司·玛利》共五卷。

　　小说。著者不详。王卓民编译。民国七年（1918）七月初版。上海商务印书馆印行。四集本《说部丛书》第三集之四十九。

　　馆藏商务印书馆1918年7月初版，见唐弢文库。

　　初版本上册卷首有《〈当炉女〉提要》（编译者）。作品有上、中、下册各9章，共27章。

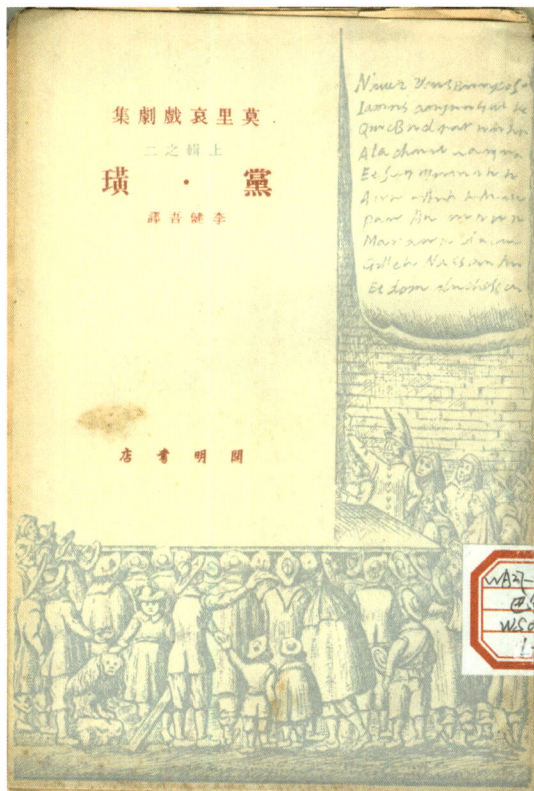

党·璜
初版本封面（19.4厘米×13.4厘米）

一名《石宴》。戏剧。【法】莫里哀著。李健吾译。1949年6月初版。上海开明书店印行。《莫里哀戏剧集》上辑之二。

馆藏开明书店1949年6月初版，见唐弢文库、巴金文库。

初版本卷首有《序》（译者）。作品共有5幕。

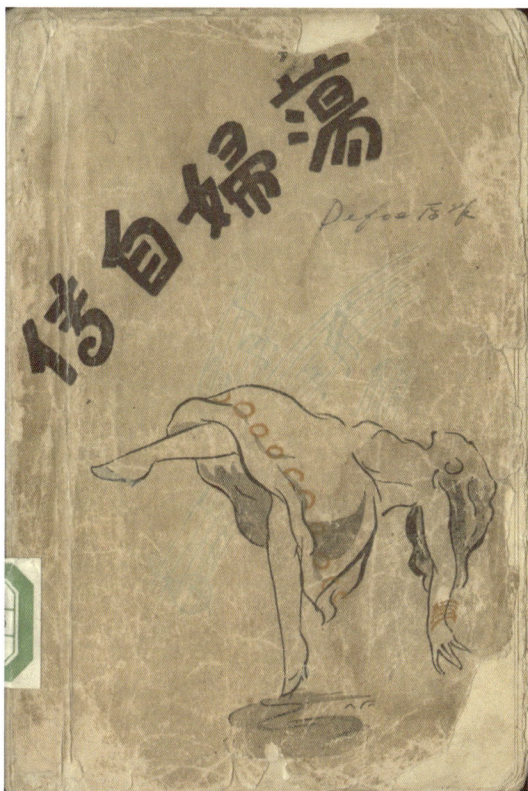

荡妇自传
初版本封面（19.5厘米×13.6厘米）

正文题《荡妇法兰德斯自传》。小说。【英】狄福著。梁遇春译。1931年6月付印，7月初版。上海北新书局印行。《世界文学名著丛书》之一种。

馆藏北新书局1931年7月初版，见巴金文库、图书大库。

初版本卷首有叶公超《序》。作品不分章节。

到城里去
初版本封面（18.5厘米×13厘米）

小说戏剧集。【芬】爱罗·考内斯著。王抗夫译。1929年10月10日付排，11月20日出版，印2000册。上海南强书局印行。

馆藏南强书局1929年11月初版，见图书大库。

初版本卷首有编者《序》并附《作者的序（节译）》。正文收《英琪儿》、《奥格之死》、《婚礼》、《奔哈德·力夫斯》、《到城里去》、《书记与牧师》、《牺牲》、《克布加巴德临死的时候》、《沙利马的拔士巴》共9篇。

盗马者
初版本封面（17.3厘米×12.8厘米）

正文题《旧俄小说集》。【俄】柴霍甫等著。效询等译。施落英编。民国三十年（1941）七月出版。上海启明书局印行。

馆藏启明书局1941年7月初版，见图书大库。

本书为旧俄小说名著。初版本卷首有《引言》。正文收《上帝的公正》、《盗马者》、《悒郁》、《射击》、《鼻子》、《比留克》、《一个诚实的贼》、《老敲钟人》、《反覆》、《中暑》、《残花》、《歌士》、《旗号》、《芦管》、《鹤》等17篇。

盗 面
初版本封面（18.7厘米×12.9厘米）

小说。【美】白乃杰著。陈鸿璧、张默君译。宣统三年（1911）七月既望出版。译者自刊。上海华英印务公司印刷。上海广智书局总代售。

馆藏1911年（农历）7月初版，见唐弢文库。

初版本无序跋。作品共有23章。

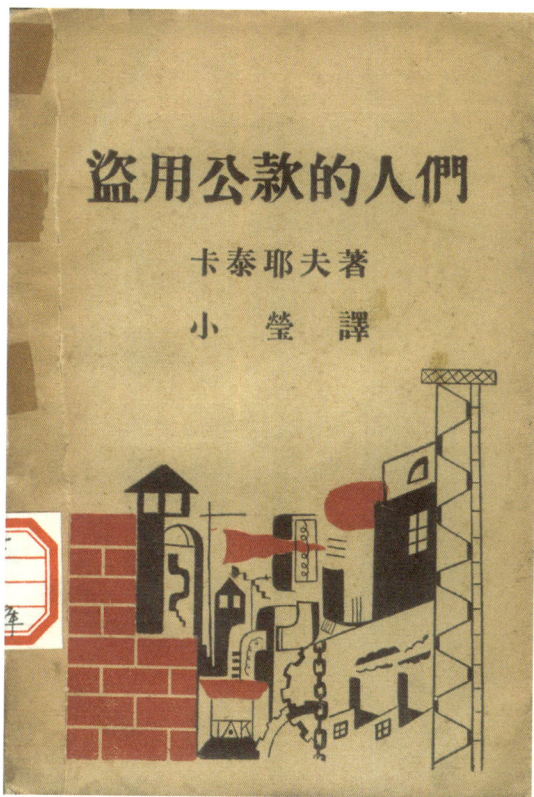

盗用公款的人们
初版本封面（18.8厘米×13.1厘米）

小说。【苏】卡泰耶夫著。小莹译。1930年11月25日付排，1931年2月3日出版，印2000册。上海南强书局印行。

馆藏南强书局1931年2月初版，见唐弢文库、巴金文库。

初版本卷首有译者《序言》，内云："作者以含泪微笑的文笔，以庄谐杂出的风格，写成了这本描写革命后的小市民们的喜剧。……本书记载了那一时期的旧的小市民们底故事；而在本书结束的地方，则作者明白地宣告了旧的小市民们底死亡。作者是同情新社会的，所以书中始终讽刺那正在没落着的小市民们。"

初版本共有12章。

道林格雷画像
初版本封面（20厘米×13.4厘米）

　　扉页题《道连格雷画像》。小说。【英】王尔德著。杜衡译。民国十七年（1928）四月初版。上海金屋书店出版。

　　馆藏金屋书店1928年4月初版，见唐弢文库、许杰文库。

　　初版本卷首有奥斯卡·王尔德《序》。作品共有20章。

道生小说集
初版本封面（18.9厘米×13.2厘米）

　　【英】E.C.道生著。朱维基译。1927年12月付印，1928年2月出版。上海光华书局印行。《水仙丛书》之一。

　　馆藏光华书局1928年2月初版、大光书局1935年11月二版（书名为《一个成功者的日记》，正文仍题《道生小说集》），见唐弢文库。

　　初版本无序跋。内收《一个成功者的日记》、《良心》、《乐队中的瓒珘璘》、《一个自私者的遗留物》、《限制律》共5篇。

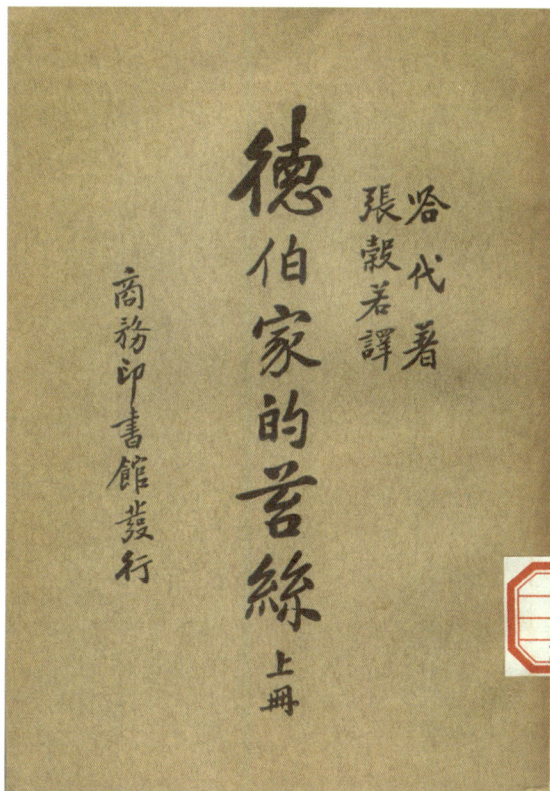

德伯家的苔丝（上、下）
初版本封面（21.2厘米×15.2厘米）

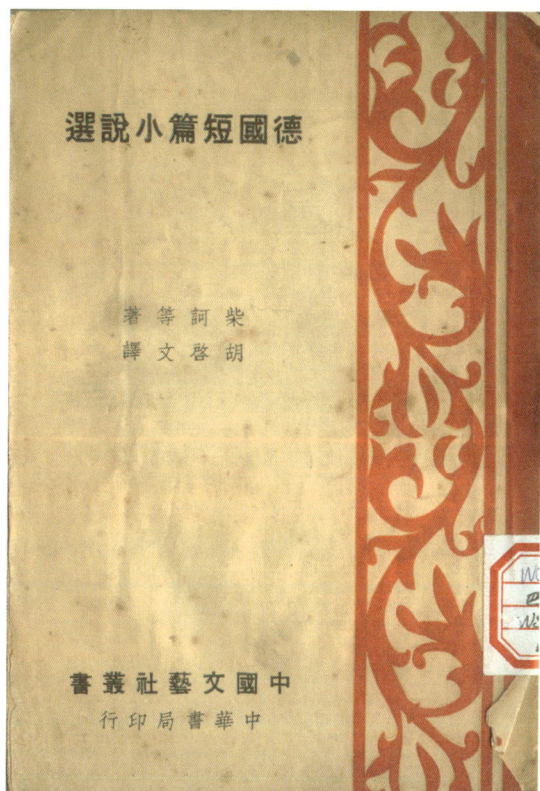

德国短篇小说选
初版本封面（18.6厘米×13.1厘米）

　　副标题为《一个贞洁的女人》。小说。【英】哈代著。张谷若译。民国二十五年（1936）三月初版。中华教育文化基金董事会编译委员会编辑。上海商务印书馆印行。

　　馆藏商务印书馆1936年3月初版，见唐弢文库。

　　初版本上册卷首有《译者自序》、T.H.《原书第五版及后出各版序言》、T.H.《原书第一版弁言》，下册卷末附有《参考书目录》（译者）、《山东方言常用字》（译者）、《注释待考》（译者）。作品有第一期《女儿无瑕》11章、第二期《柳败花残》4章、第三期《旗鼓重整》9章、第四期《作茧自缚》10章、第五期《痴心女子》10章、第六期《冤家路狭》8章、第七期《情天历劫》7章，共59章。

　　柴诃等著。胡启文译。民国二十六年（1937）一月印刷、发行。上海中华书局印行。《中国文艺社丛书》之一种。

　　馆藏中华书局1937年1月初版，见巴金文库。

　　初版本卷首有《译序》、路威士·密尔维尔等《原序》，卷末附有瓦兹涡斯《现代德国文学的流派》。正文收《克兰撒的旅店》、《洪水》、《竖琴》、《跳舞的公主》、《彼得·须莱米耳》、《牧羊郎克劳斯》、《诺布伽》、《瓦尔特伯爵和海根达夫人》共8篇。

德国名家小说集
初版本封面（18.8厘米×13.1厘米）

W.H.Riehl等著。刘思训译。民国二十年（1931）十月印刷、发行。上海中华书局印行。徐志摩主编《新文艺丛书》之一种。

馆藏中华书局1931年10月初版，见巴金文库、图书大库。

初版本无序跋。内收《上帝祝福你！》、《法龙的矿山》、《不得已的犯人》共3篇。

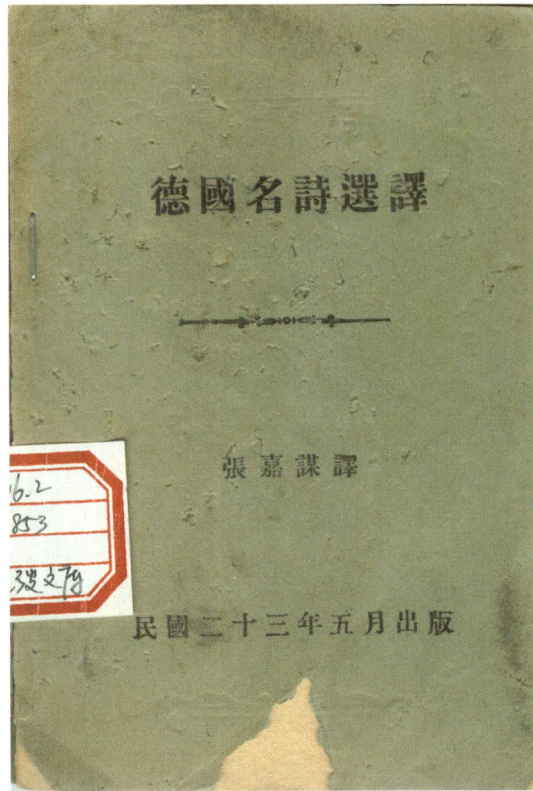

德国名诗选译
初版本封面（14.7厘米×10.2厘米）

雷新等著。张嘉谋译。民国二十三年（1934）五月初版。上海国际画报社出版。

馆藏国际画报社1934年5月初版，见唐弢文库。

初版本卷首有杨丙辰《杨序》。正文收《酒歌》、《西班牙之歌》、《衣尔漫镇》、《精灵对水而歌》、《愁念》、《希望》、《同景异感》、《福与梦》、《海之寂静》、《记忆》、《祝花》、《题公主玛丽之像》、《细细利岛之歌》、《纺女》、《不耐》等26篇。

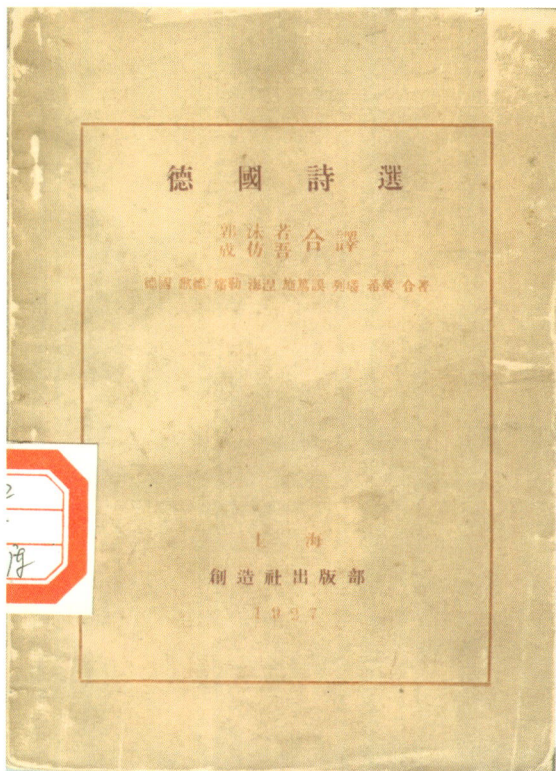

德国诗选
初版本封面（15厘米×11.1厘米）

歌德等著。郭沫若、成仿吾译。1927年9月20日付排，10月15日初版，印3000册。上海创造社出版部出版。创造社《世界名著选》之六。

馆藏创造社1927年10月初版、1928年3月二版，见唐弢文库、薛汕文库、图书大库。

初版本无序跋。内收《湖上》（2篇）、《五月歌》、《牧羊者的哀歌》（2篇）、《放浪者的夜歌》（2篇）、《对月》、《艺术家的夕暮之歌》、《迷娘歌》、《弹竖琴者》、《渔夫》、《屠勒国王》、《掘宝者》、《少年与磨坊的小溪》、《〈浮斯德〉选译》、《〈维特〉序诗》、《渔歌》等25篇。

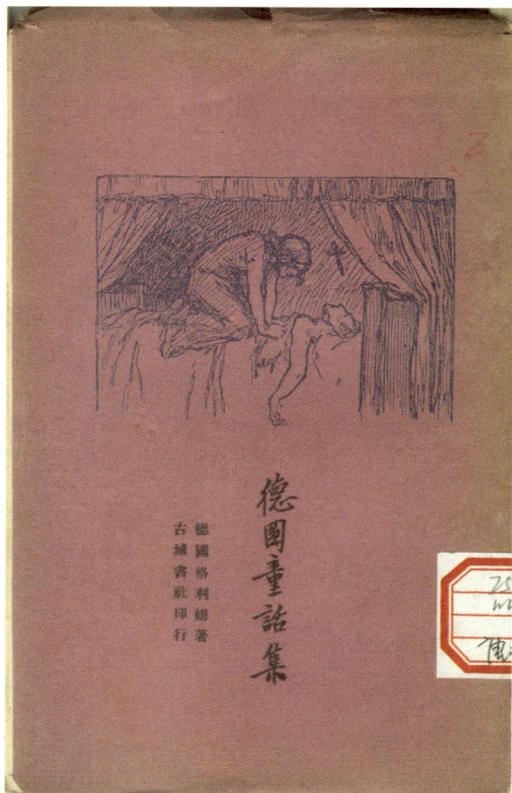

德国童话集（一）
初版本封面（21厘米×13.5厘米）

格利姆著。刘海蓬、杨钟健译。民国十七年（1928）五月出版。北京文化学社出版、发行。古城书社印刷。

馆藏文化学社1928年5月初版，见唐弢文库、图书大库。

初版本无序跋。内收《白雪娃》、《金山王》、《慈惠太太》、《十二猎夫》、《一个妖怪和他的祖母》、《一犹太人在荆棘中》、《三纺妇》、《少年巨人》、《聪明的葛利特》、《小红帽》共10篇。

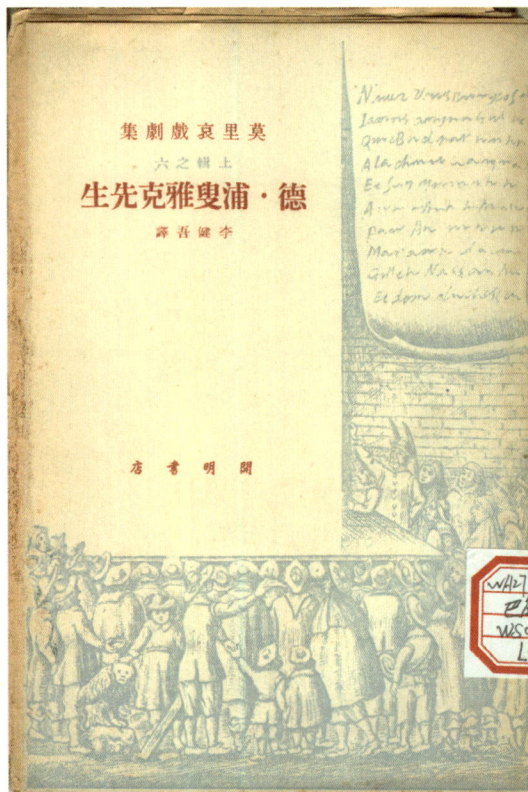

德·浦叟雅克先生
初版本封面（19.5厘米×13.3厘米）

戏剧。【法】莫里哀著。李健吾译。1949年6月初版。上海开明书店印行。《莫里哀戏剧集》上辑之六。

馆藏开明书店1949年6月初版，见唐弢文库、巴金文库。

初版本卷首有《序》（译者）。作品共有3幕。

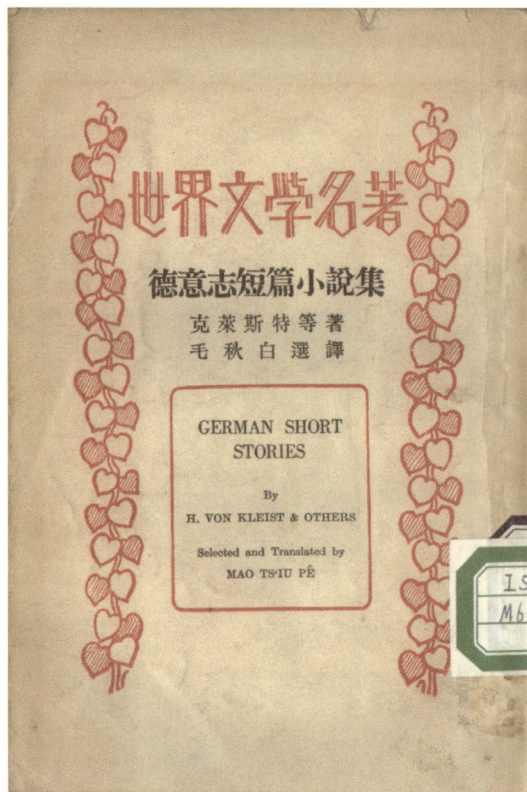

德意志短篇小说集
初版本封面（19厘米×12.9厘米）

克莱斯特等著。毛秋白译。民国二十四年（1935）十一月初版。上海商务印书馆印行。《世界文学名著》之一种。

馆藏商务印书馆1935年11月初版，见唐弢文库、图书大库。

初版本卷首有秋白《序》。正文收《智利的地震》、《杏革莉茹》、《欧格娆》、《沈默的议员》、《俏皮姑娘》、《管栅门的第尔》共6篇。

灯 塔
初版本封面（18厘米×12.7厘米）

诗歌集。【苏】玛耶柯夫斯基等著。戈宝权等译。1949年5月初版，印4000册。沈阳东北书店印行。

馆藏东北书店1949年5月初版，见阮章竞文库。

初版本卷首有《编者的话》。正文收《列宁和斯大林》8篇、《红军赞》9篇、《伟大的斯大林宪法》7篇，共24篇。

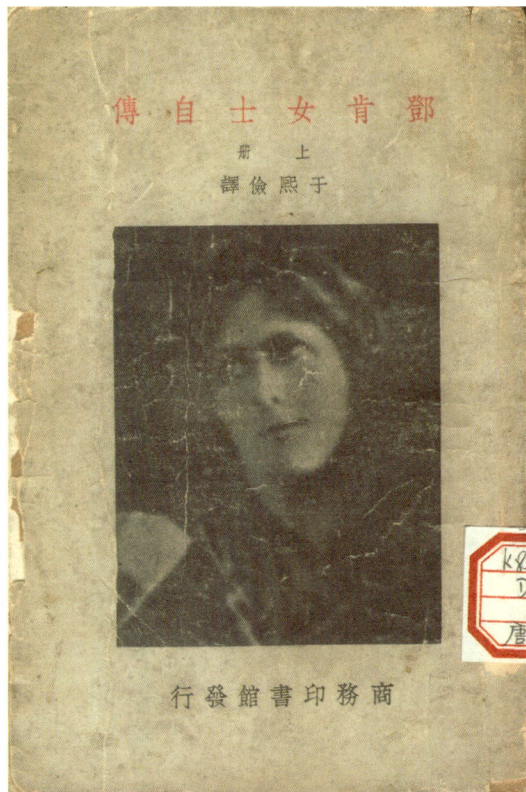

邓肯女士自传（上、下）
初版本封面（19厘米×13.1厘米）

回忆录。【美】邓肯著。于熙俭译。民国二十三年（1934）五月初版。上海商务印书馆印行。

馆藏商务印书馆1934年5月初版、1947年3月七版（合订本），见唐弢文库、图书大库。

初版本上册卷首有霍雷斯·利非莱特《出版者赘言》、《导言》（著者）。作品有上册18章、下册13章，共31章。

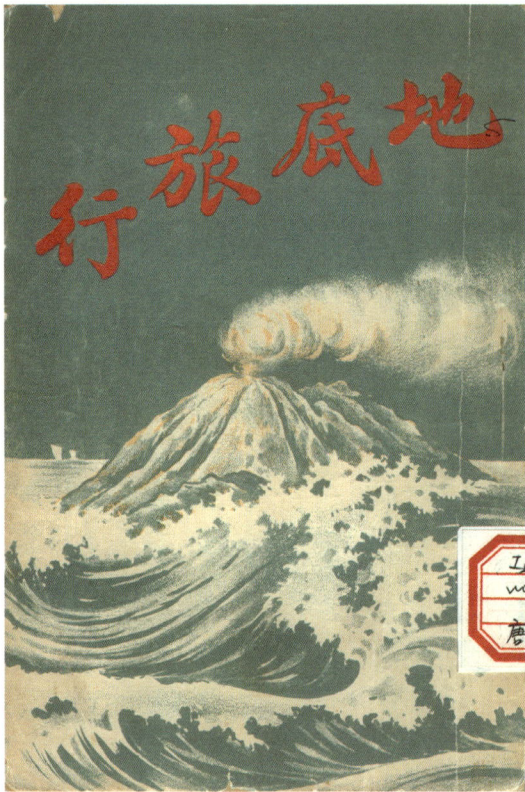

地底旅行
初版本封面（18.7厘米×12.9厘米）

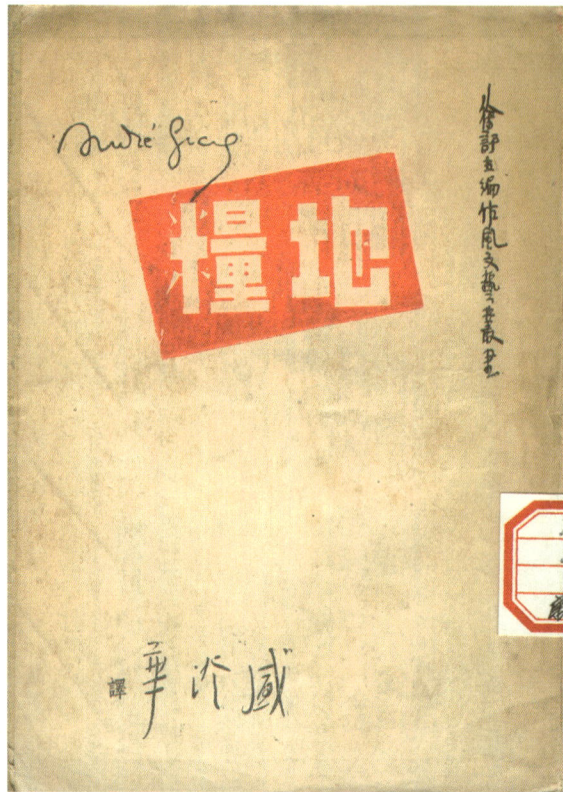

地 粮
新生图书文具公司初版本封面（18厘米×12.7厘米）

小说。【英】威男著。索士译。光绪三十二年（1906）三月十五日印刷，二十九日出版。南京启新书局发行。日本东京并木活版所印刷。上海普及书局经售。

馆藏启新书局1906年（农历）3月初版，见唐弢文库。

初版本无序跋。作品共有12回。

散文诗。【法】A.纪德著。盛澄华译。民国三十二年（1943）七月初版。重庆新生图书文具公司印行。徐訏主编《作风文艺小丛书》之一种。

馆藏新生图书文具公司1943年7月初版，文化生活出版社1945年6月初版、1948年7月沪二版、1949年2月沪三版，见唐弢文库、巴金文库、吴组缃文库、图书大库。

新生图书文具公司初版本卷首有《A.纪德〈地粮〉译序》、A.G.《一九二七版原序》，卷末有徐訏《后记》。作品除《引言》、《颂歌——代尾声》、《寄语》外共有8卷。

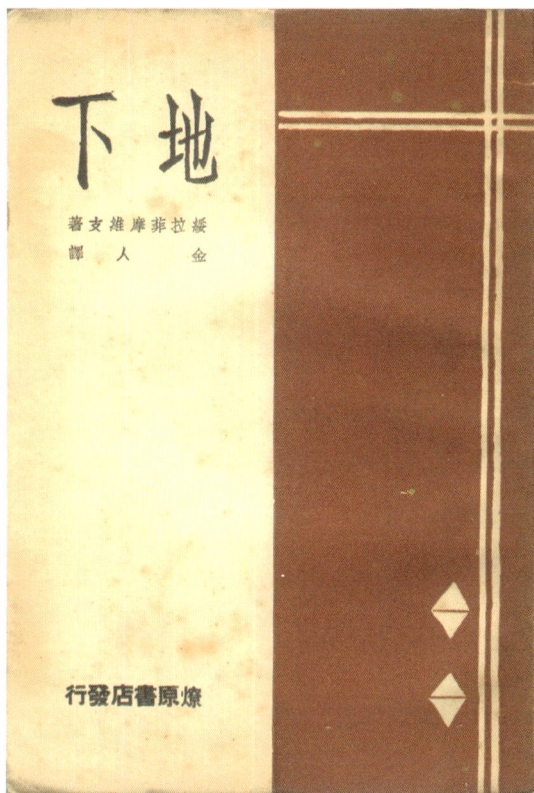

地 下
初版本封面（18.5厘米×12.8厘米）

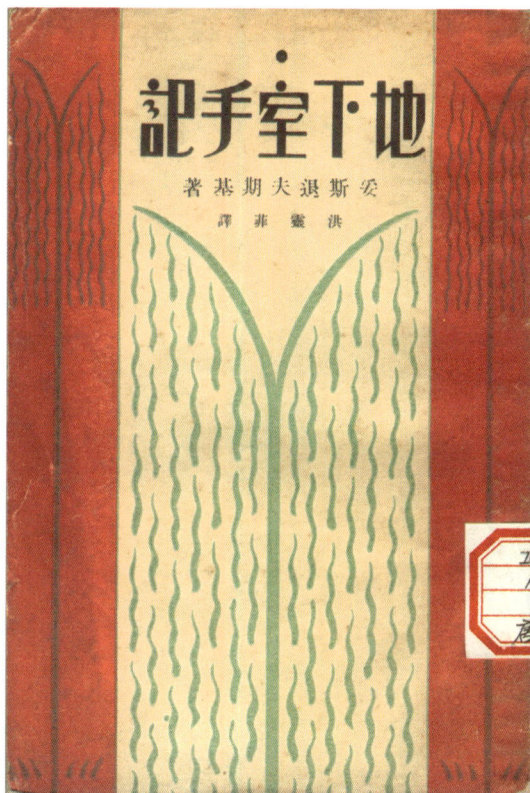

地下室手记
初版本封面（18.7厘米×12.9厘米）

　　小说集。【苏】绥拉菲摩维支著。金人译。民国二十六年（1937）八月一日付印，九月一日初版。上海燎原书店发行。太平洋印刷公司印刷。《世界文学丛书》之二。

　　馆藏燎原书店1937年9月初版、跋涉书店1938年11月二版，见唐弢文库、图书大库。

　　初版本卷首有《作者小传》，卷末有金人《后记》。正文收《地下》、《天文学》、《冰上》、《工厂中》、《风》共5篇。

　　小说。【俄】妥斯退夫斯基著。洪灵菲译。1931年10月1日付印，11月1日初版。上海湖风书局出版。《世界文学名著译丛》之一种。

　　馆藏湖风书局1931年11月初版，见唐弢文库、图书大库。

　　初版本卷首有《作者小序》。作品有上部《地下室》11章、下部《街上正在飘着雪》10章，共21章。

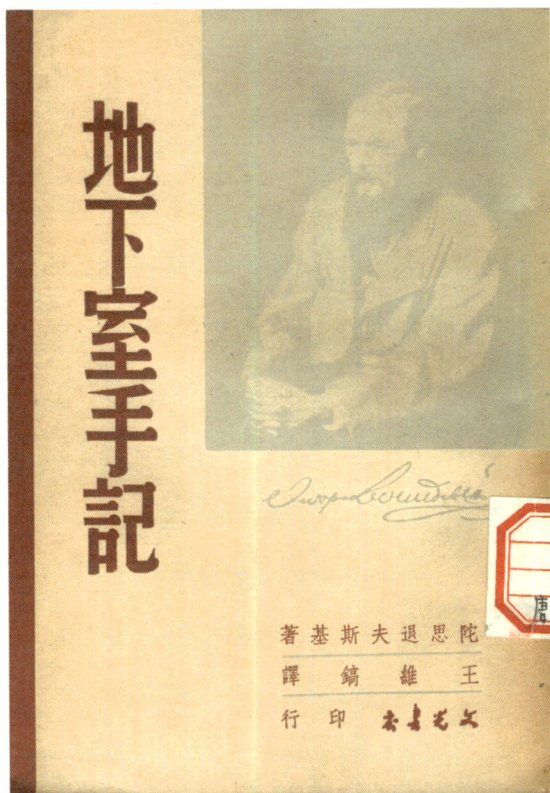

地下室手记
初版本封面（18厘米×12.9厘米）

小说。【俄】陀思退夫斯基著。王维镐译。民国三十七年（1948）四月沪初版，印1000册。上海文光书店印行。联营书店、上海利群书报联合发行所分发行。《陀思退夫斯基选集》之一种。

馆藏文光书店1948年4月初版，见唐弢文库。

初版本卷首有费阿多·陀思退夫斯基《原序》。作品有上部《地下室》11章、下部《关于落着的雪雨》10章，共21章。

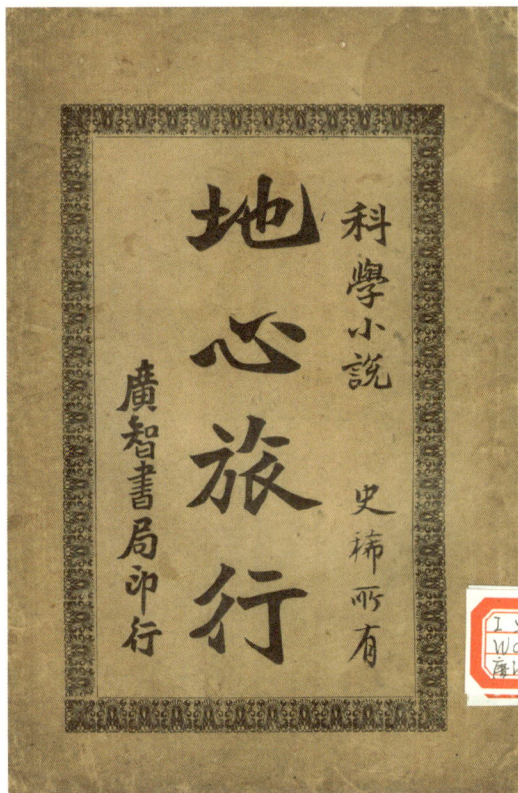

地心旅行
初版本封面（22.3厘米×15厘米）

一名《地球隧》。小说。著者不详。周桂笙译。光绪三十二年（1906）三月十五日印刷，二十日发行。上海广智书局印行。

馆藏广智书局1906年（农历）3月初版，见唐弢文库。

本书为科学小说。初版本无序跋。作品共有6章。

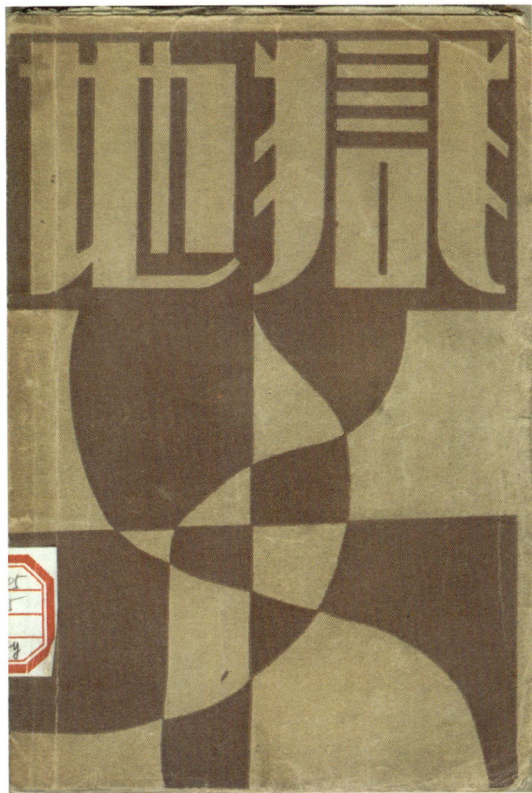

地 狱
初版本封面（19.5厘米×13.7厘米）

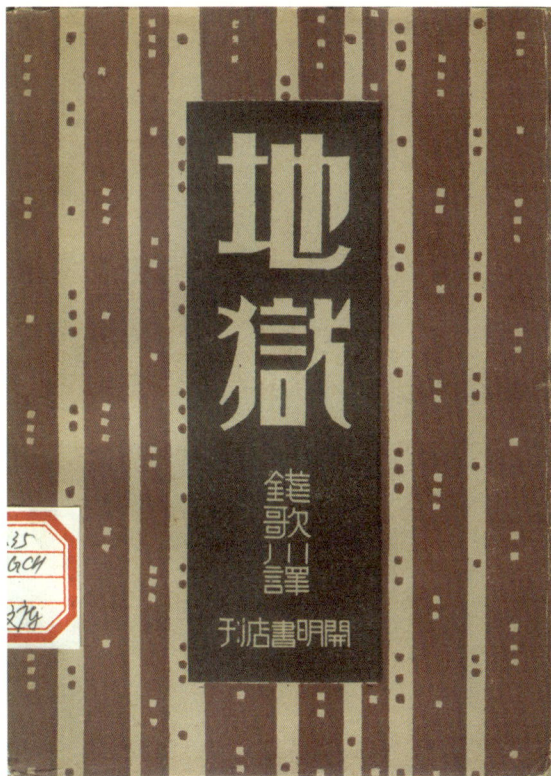

地 狱
初版本封面（17.8厘米×13.2厘米）

　　小说。【法】亨利·巴比塞著。成绍宗译。1930年4月付排，5月出版，印2000册。上海光华书局印行。蓬子、徐霞村、杜衡主编《欧罗巴文艺丛书》之一种。

　　馆藏光华书局1930年5月初版，见唐弢文库。

　　初版本卷首有《巴比塞》（译者）。作品共有17章。

　　戏剧。【美】辛克莱著。钱歌川译。1930年5月出版。上海开明书店出版、发行。美成印刷所印刷。

　　馆藏开明书店1930年5月初版，见唐弢文库。

　　初版本卷首有译者《序引》、《梗概》。作品共有4幕。

地狱礁（上、下）
初版本封面（残。18.3厘米×12.5厘米）

小说。著者不详。卓呆译。民国六年（1917）七月初版。上海商务印书馆印行。四集本《说部丛书》第三集之三十。

馆藏商务印书馆1917年7月初版，见唐弢文库、巴金文库。

初版本无序跋。作品除《发端（一、二）》外有上册22章、下册28章，共50章。

地中海滨
初版本封面（19.4厘米×13.9厘米）

小说。【波兰】显克微支著。张友松译。民国十七年（1928）十月十日付排，十一月十五日初版，印2000册。上海春潮书局印行。

馆藏春潮书局1928年11月初版，见唐弢文库、图书大库。

初版本卷首有《英译者S.C.DE SOISSONS序》。作品共有10章。

地主之家
初版本封面（18.7厘米×13.1厘米）

小说。【俄】谢德林著。陈原译。民国三十四年（1945）六月初版。重庆文风书局印行。文风书局编译委员会主编《文风世界文学名著译丛》之六。

馆藏文风书局1945年6月初版、华北新华书店1948年5月初版、新中国书局1949年3月大连初版，见唐弢文库、郭小川文库、汝龙文库、刘麟文库、臧克家文库、周扬文库、孔罗荪文库、图书大库。

初版本卷首有译者《译序》，内云："书里的主题是写县里的一个地主的家族，在农奴制度正在灭亡的时代，怎样升起和怎样迅速的毁灭。"

初版本共有7章。

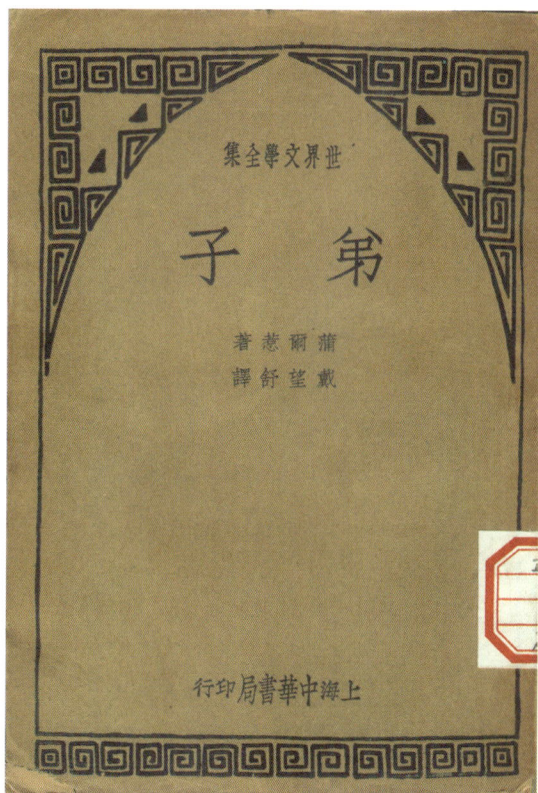

弟 子
初版本封面（18.6厘米×13.2厘米）

小说。【法】蒲尔惹著。戴望舒译。民国二十五年（1936）七月印刷、发行。上海中华书局印行。《世界文学全集》之一种。

馆藏中华书局1936年7月初版，见唐弢文库、艾芜文库、图书大库。

初版本卷首有译者《保尔·蒲尔惹评传》、保尔·蒲尔惹《致一位青年》。作品共有6章。

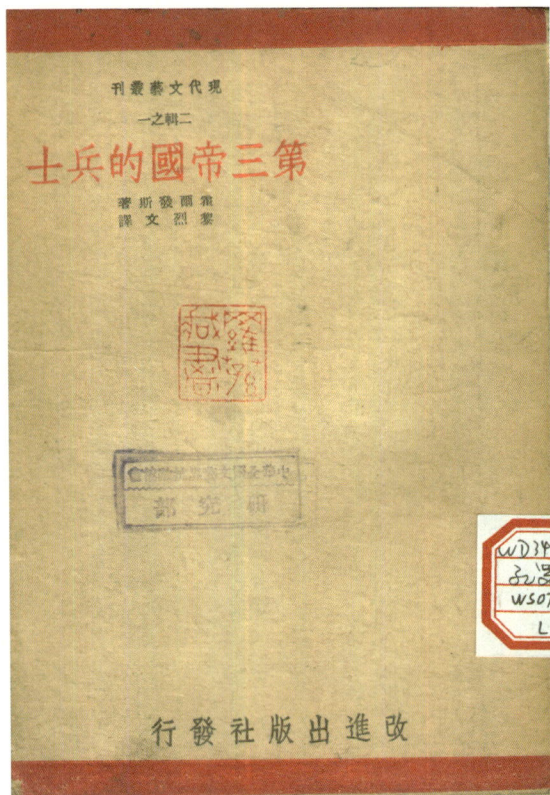

第三帝国的兵士
初版本封面（18厘米×13厘米）

第十二夜
初版本封面（22.8厘米×15.2厘米）

　　小说。【匈】霍尔发斯著。黎烈文译。民国三十年（1941）三月初版。福建永安改进出版社印行。《现代文艺丛刊》第二辑之一。

　　馆藏改进出版社1941年3月初版、文化生活出版社1949年8月初版，见唐弢文库、巴金文库、孔罗荪文库、图书大库。

　　改进出版社初版本卷首有译者《前记》，内云："当希特勒正在欧洲耀武扬威的时候，我们特地介绍这部巧妙而又细致的描写变态心理的小说，让大家从一个德国兵士的自述中，约略窥见希特勒的理想和方法，究竟把德国青年引上了怎样的道路，并给他们预备了一个怎样的前途，想还不是完全没有意义的事吧！"

　　初版本共有11章。

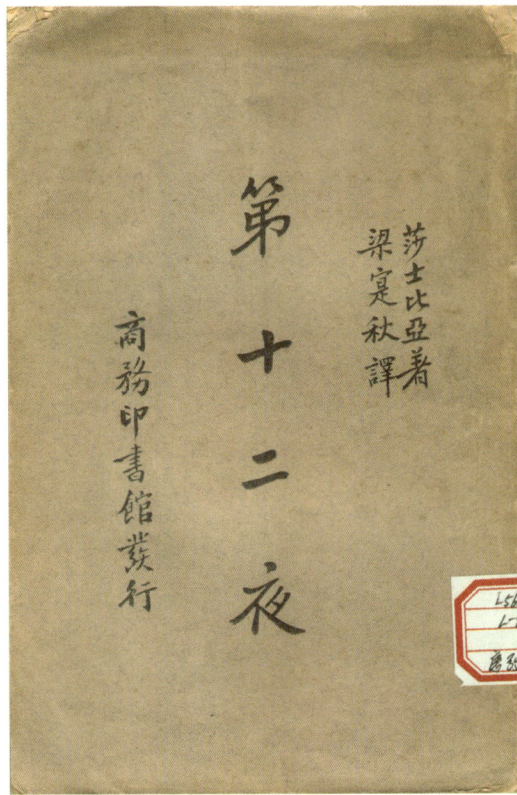

　　戏剧。【英】莎士比亚著。梁实秋译。民国二十八年（1939）九月初版。中华教育文化基金董事会编译委员会编辑。长沙商务印书馆印行。

　　馆藏商务印书馆1939年9月初版，见唐弢文库。

　　初版本卷首有《序》（译者）、《例言》（译者）。作品共有5幕。

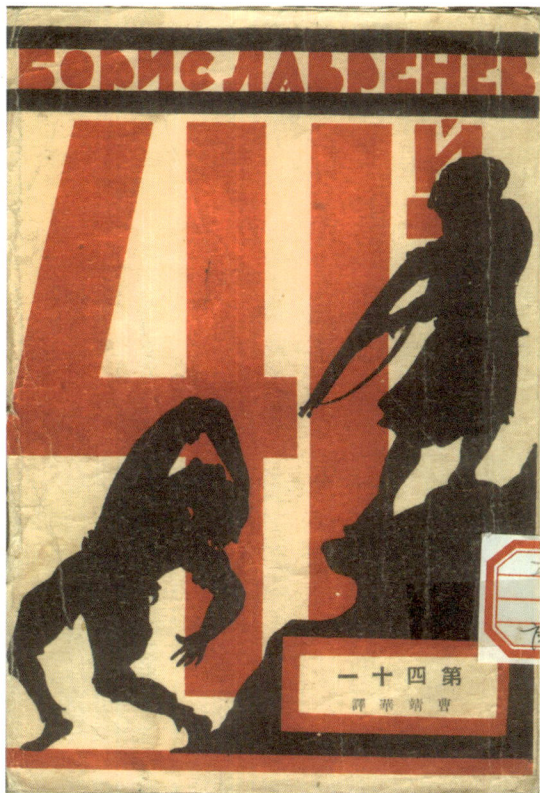

БОРИС ЛАВРЕНЕВ
41й

第四十一
未名社初版本封面（19.8厘米×14.4厘米）

　　小说集。【苏】拉甫列捏夫著。曹靖华译。1929年6月初版，印1500册。北平·未名社出版部发行。《未名丛刊》之二十。

　　馆藏未名社1929年6月初版、良友图书印刷公司删订版（小说）、冀南书店1946年12月（扉页记为1947年4月）删订初版（小说）、光华书店1949年2月删订初版（小说），见唐弢文库、图书大库。

　　未名社初版本卷首有鲍里斯·拉甫列捏夫《对中国读者的序》、《作者传》（译者）。正文收《第四十一》、《平常东西的故事》共2篇。

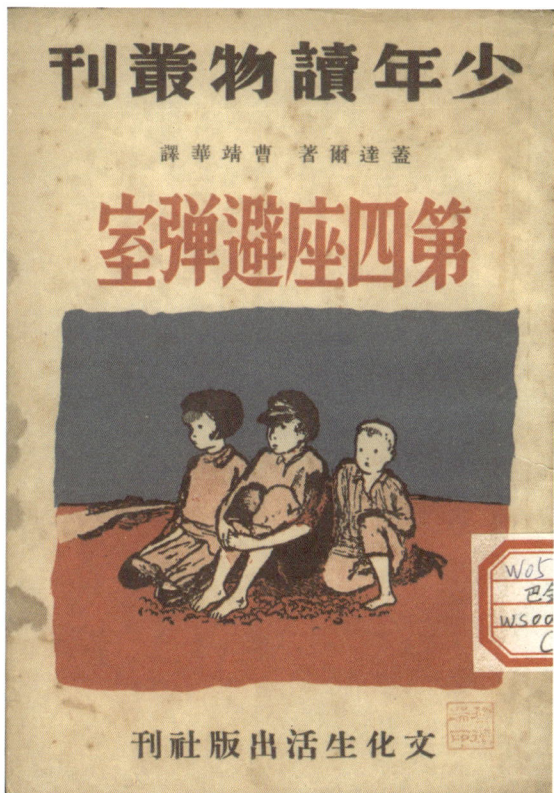

少年讀物叢刊
盖爾達著　曹靖華譯
第四座避彈室
文化生活出版社刊

第四座避弹室
初版本封面（18.6厘米×12.8厘米）

　　童话。【苏】盖达尔著。曹靖华译。民国二十八年（1939）十月初版。上海文化生活出版社印行。少年读物编辑社编辑《少年读物丛刊》甲辑之六。

　　馆藏文化生活出版社1939年10月初版，见巴金文库。

　　初版本无序跋。作品不标章次。

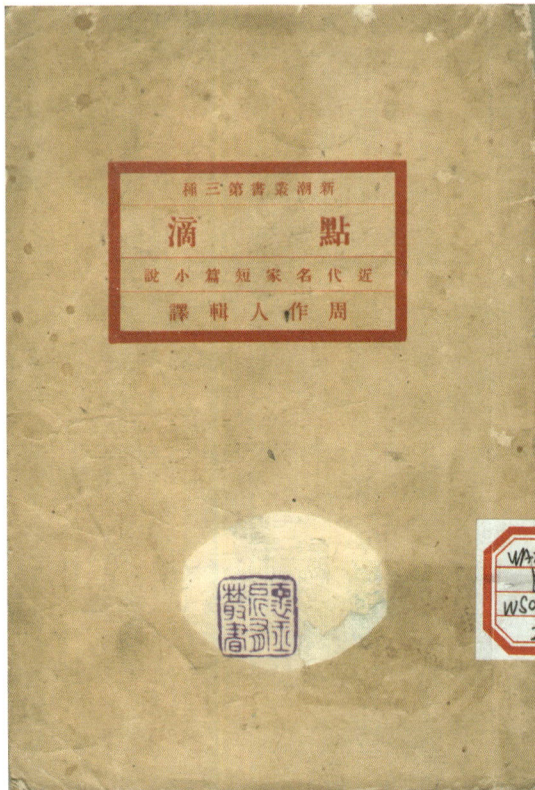

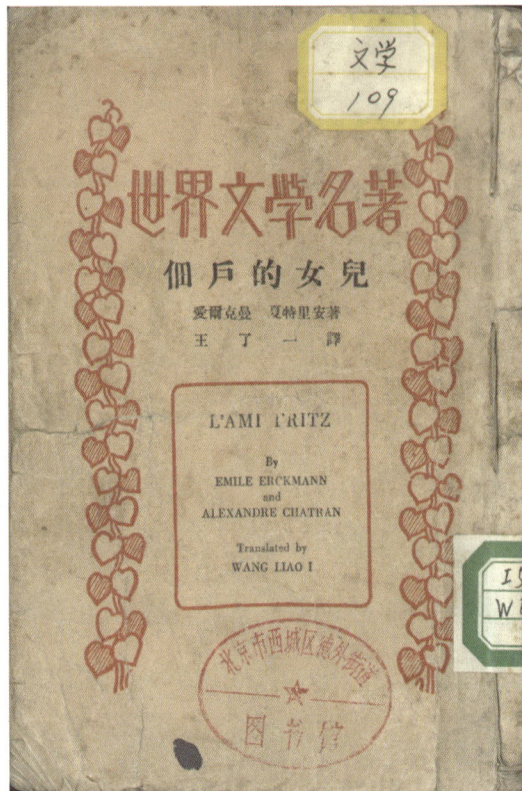

点　滴（上、下）
上册初版本封面（18.3厘米×12.9厘米）

佃户的女儿
初版本封面（18.9厘米×12.8厘米）

　　小说集。【俄】托尔斯泰等著。周作人译。民国九年（1920）八月初版。北京大学出版部发行。财政部印刷局印刷。《新潮丛书》之三。

　　馆藏北京大学1920年8月初版，开明书店（改订本全一册，书名为《空大鼓》，小说戏剧集）1928年11月初版、1930年5月二版、1939年8月三版，见唐弢文库、巴金文库、姚雪垠文库、图书大库。

　　北京大学初版本为"近代名家短篇小说"集，上册卷首有周作人《序言》，下册卷末附有《人的文学》（译者）、《平民的文学》（译者）、《新文学的要求》（译者）。全书正文收《空大鼓》、《摩诃末的家族》、《可爱的人》、《童子林的奇迹》、《铁圈》、《帝王的公园》、《圣处女的花园》、《晚间的来客》、《齿痛》、《酋长》、《诱惑》、《黄昏》、《卖火柴的女儿》、《不自然淘汰》、《改革》等21篇。

　　原名《朋友福厘慈》。戏剧。【法】爱尔克曼、夏特里安合著。王了一译。民国二十三年（1934）四月初版。上海商务印书馆印行。《世界文学名著》之一种。

　　馆藏商务印书馆1934年4月初版，见图书大库。

　　初版本卷首有译者《著者小传与本剧略评》。作品共有3幕。

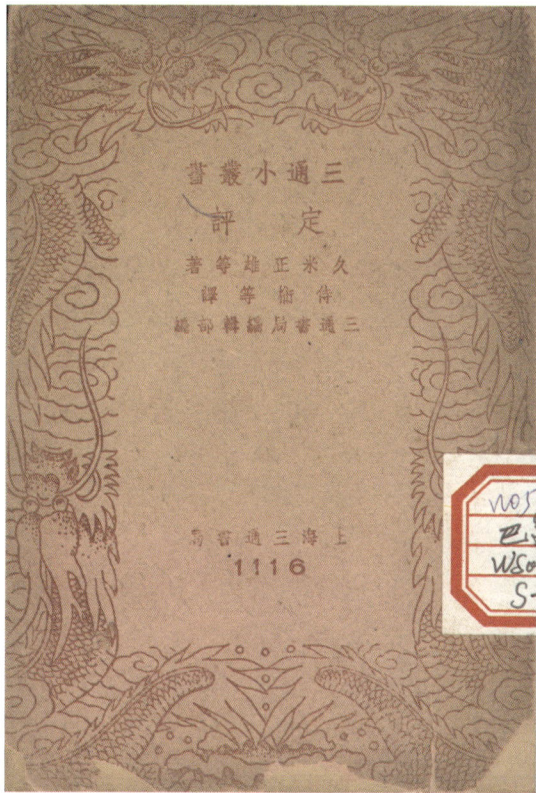

定 评
初版本封面（14.5厘米×10厘米）

东方寓言集
初版本封面（18.9厘米×13.4厘米）

小说集。【日】久米正雄等著。侍桁等译。民国三十年（1941）一月十日印刷，十五日发行。上海三通书局印行。三通书局编辑部编辑《三通小丛书》之一种。

馆藏三通书局1941年1月初版，见巴金文库。

初版本无序跋。内收《定评》、《猫的墓》、《该隐的末裔》、《女体》共4篇。

【俄】陀罗雪维支著。胡愈之译。1927年11月初版。上海开明书店发行。《文学周报社丛书》之一种。

馆藏开明书店1927年11月初版、1931年10月二版（书名为《猪的故事》），见唐弢文库、图书大库。

初版本卷首有译者《序》。正文收《寓言的寓言》、《喀立甫和女罪犯》、《赫三怎样落下了裤子》、《错打了屁股》、《雨》、《猪的历史》共6篇。

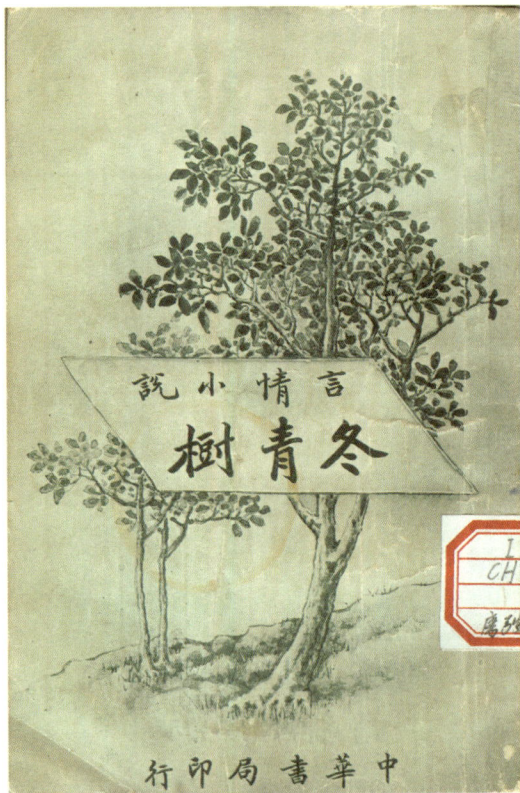

冬青树
初版本封面（18.8厘米×12.8厘米）

小说。著者不详。程小青译。民国六年（1917）五月印刷，六月发行。上海中华书局印行。

馆藏中华书局1917年6月初版，见唐弢文库。

本书为言情小说。初版本无序跋。作品共有10章。

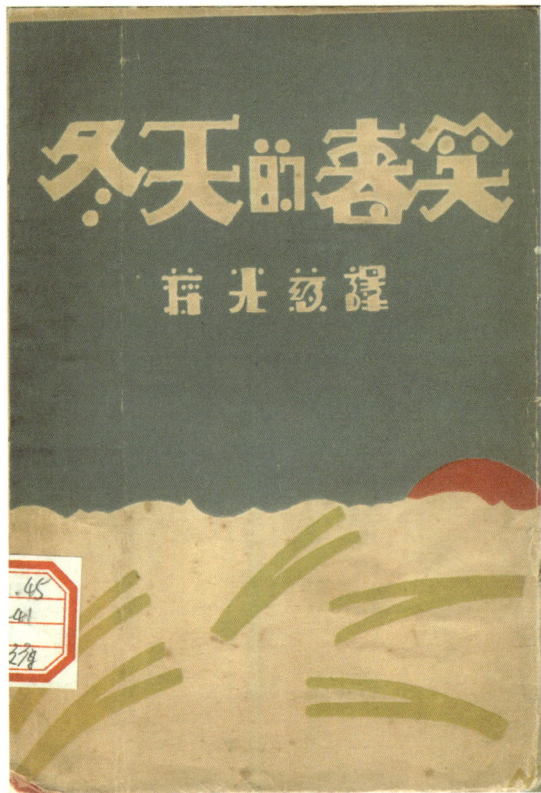

冬天的春笑
初版本封面（19.4厘米×14.1厘米）

小说集。【苏】索波里等著。蒋光慈译。民国十八年（1929）六月初版，印2000册。上海泰东图书局出版、总发行。泰东印刷所印刷。《世界文学丛书》之一种。

馆藏泰东图书局1929年6月初版、同年某月版（版权页缺失，译者署名为"华维素"）、1933年10月三版，见唐弢文库、姚雪垠文库、图书大库。

本书为《新俄短篇小说集》。初版本无序跋。内收《寨主》、《冬天的春笑》、《信》、《都霞》、《一周间》、《最后的老爷》、《狱囚》、《技术的语言》共8篇。

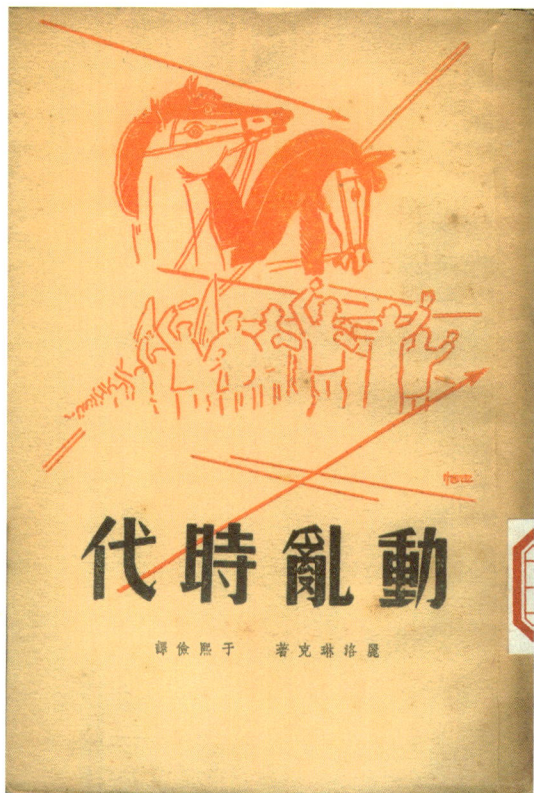

动乱时代
初版本封面（18.6厘米×12.9厘米）

回忆录。【德】丽洛琳克著。于熙俭译。民国二十五年（1936）九月初版。上海生活书店发行。生活印刷所印刷。

馆藏生活店1936年9月初版，见唐弢文库。

初版本卷首有丽洛琳克《作者原序》，内云："这是关于一个德国女子的自述，如果有什么价值的话，就是在于描写过去二十年中关于德国的种种背景——战争，革命，因通货膨胀而中产阶级的崩溃，然后想造成一个自由而合乎民治主义的国家，而终归于失败等等。"

初版本除《楔子》外有第一篇《战争与革命》9章、第二篇《青年的活跃》7章、第三篇《共和国》5章、第四篇《逃亡》2章，共23章。

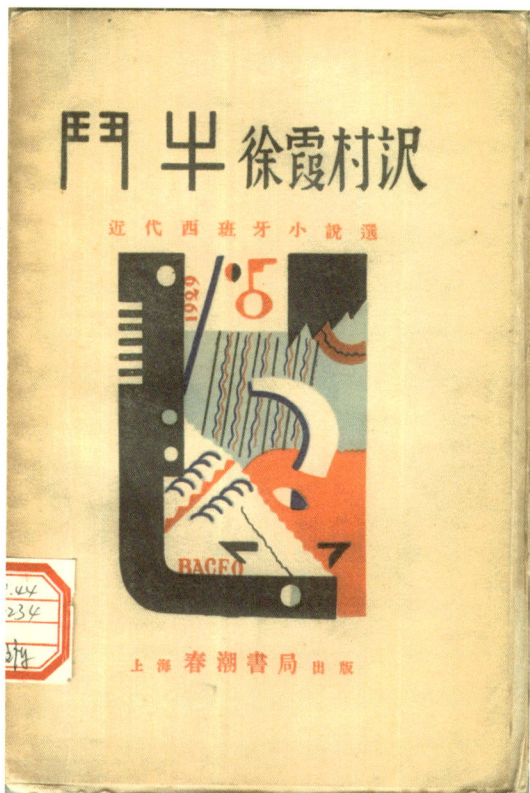

斗　牛
初版本封面（19.8厘米×13.5厘米）

小说集。【西】阿左林等著。徐霞村译。1929年2月20日付排，3月20日初版。上海春潮书局印行。

馆藏春潮书局1929年3月初版、立达书局1932年10月初版（书名为《西班牙小说选》，扉页、版权页题《近代西班牙小说选》），见唐弢文库、图书大库。

春潮书局初版本卷首有《前记》（译者）。正文收《斗牛》、《十足的男子》、《威胁》、《箱子》共4篇。

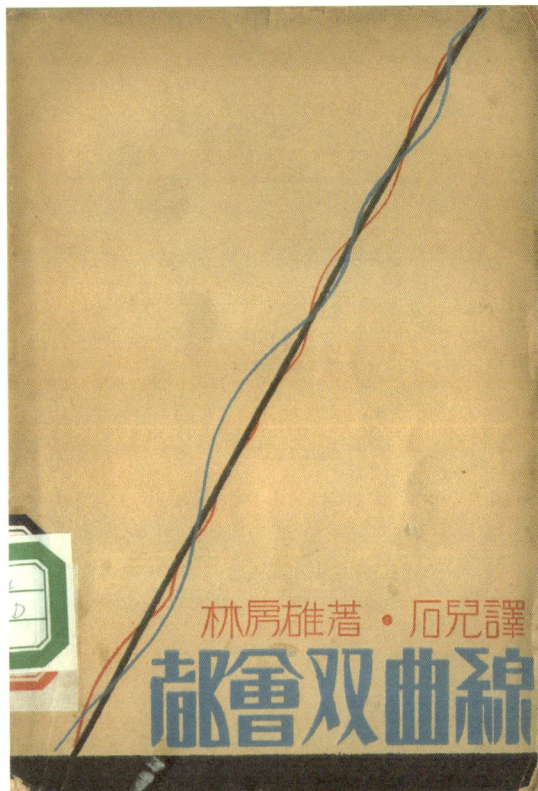

都会双曲线
初版本封面（18.7厘米×13.1厘米）

小说。【日】林房雄著。石儿译。民国二十一年（1932）六月初版、发行。上海神州国光社印行。

馆藏神州国光社1932年6月初版，见图书大库。

初版本无序跋。作品共有43章。

毒菌学者（上、下）
初版本封面（18.4厘米×12.5厘米）

小说。【英】惠霖劳克著。朱有畇译。民国六年（1917）六月初版。上海商务印书馆印行。四集本《说部丛书》第三集之二十四。

馆藏商务印书馆1917年6月初版，见唐弢文库。

初版本上册卷首有《原起——医学博士白浪致惠霖劳克书、惠霖劳克复书》。作品有卷上7章、卷下8章，共15章。

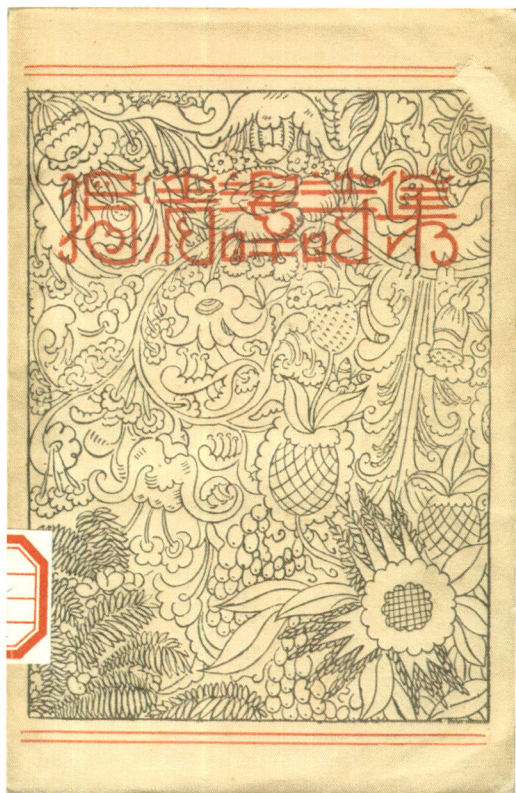

独清译诗集
初版本封面（19.1厘米×12.7厘米）

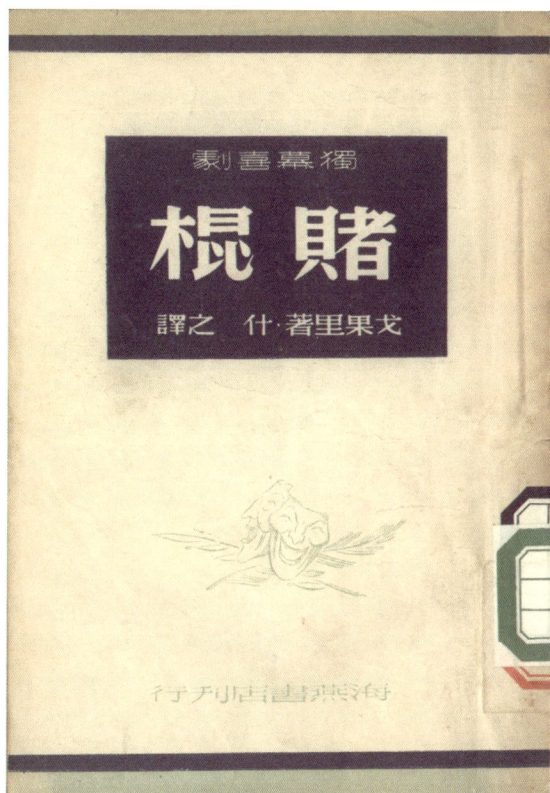

赌 棍
初版本封面（17.7厘米×12.7厘米）

　　【国别不详】阿奈歌郎等著。王独清译。1929年5月15日付排，6月10日初版，印2000册。上海现代书局印行。

　　馆藏现代书局1929年6月初版、1932年11月三版，1937年版（出版者不详），见唐弢文库、薛汕文库、图书大库。

　　初版本卷首有独清《前置》。正文收《赠某女郎》、《同性爱》、《无题》（5篇）、《悼亡》、《流光》、《恋歌》、《叶落》、《给我开门，哎！》、《希腊》、《云雀歌》、《去海上者之歌》、《纪念》、《牧童哀歌》、《教堂》、《心愿》等23篇。

　　副标题为《早已死去的往事》。戏剧。【俄】戈果里著。什之译。民国三十七年（1948）八月初版，印1500册。上海海燕书店印行。

　　馆藏海燕书店1948年8月初版，见图书大库。

　　初版本无序跋。作品为独幕剧。

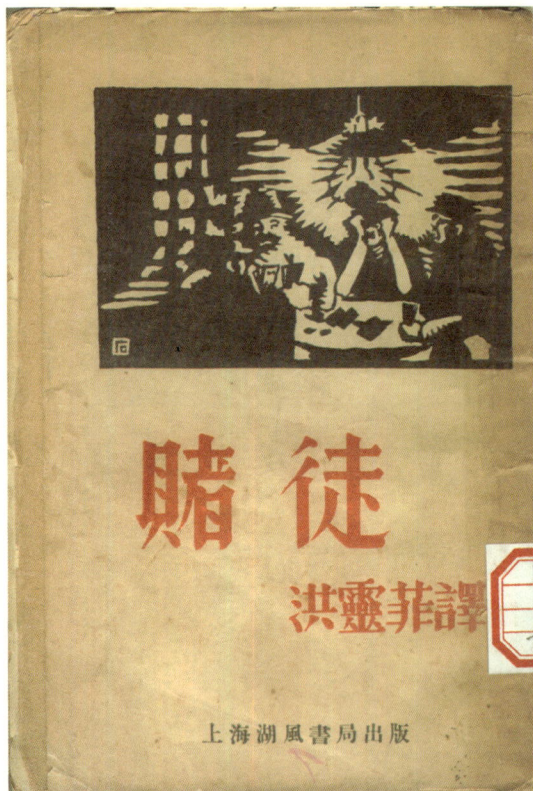

赌 徒
初版本封面（19.6厘米×12.8厘米）

　　小说。【俄】妥斯退夫斯基著。洪灵菲译。1933年3月20日初版。上海湖风书局出版。《世界文学名著译丛》之一种。

　　馆藏湖风书局1933年3月初版、复兴书局1937年4月二版，见唐弢文库、图书大库。

　　初版本无序跋。作品共有17章。

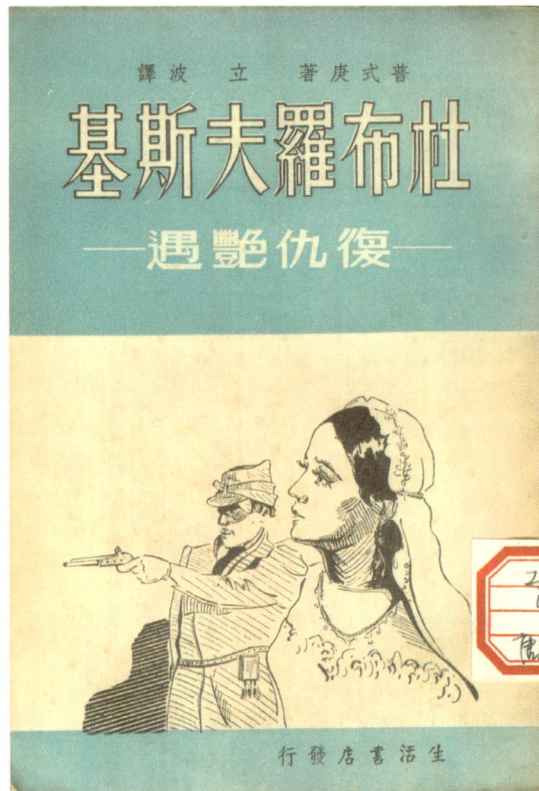

杜布罗夫斯基
初版本封面（18.6厘米×13厘米）

　　副标题为《复仇艳遇》。小说。【俄】普式庚著。立波译。民国二十六年（1937）二月初版。上海生书店发行。生活印刷所印刷。

　　馆藏生活书店1937年2月初版、1946年4月胜利后一版（书名为《复仇艳遇》并附原名《杜布罗夫斯基》，正文仍题《杜布罗夫斯基》），学艺出版社1945年9月渝版（书名为《复仇艳遇》并附原名《杜布罗夫斯基》），见唐弢文库。

　　初版本卷首有《译者序言》。作品共有19章。

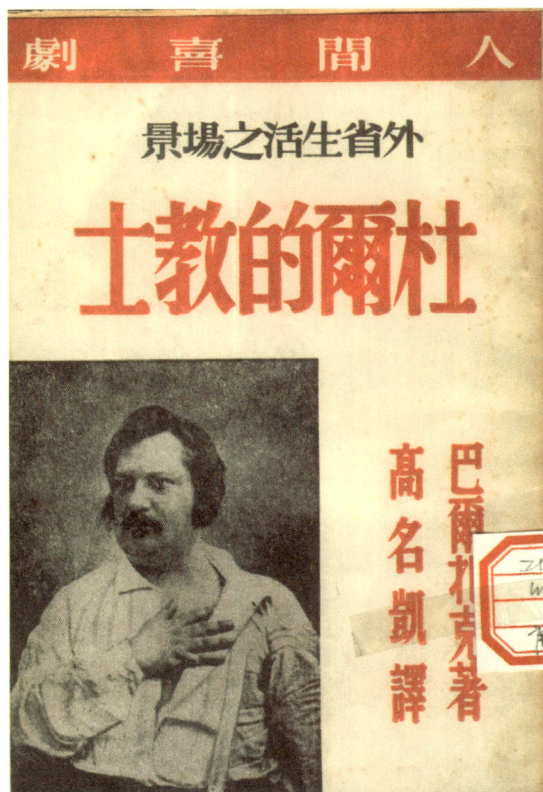

杜尔的教士
初版本封面（18.3厘米×12.8厘米）

小说。【法】巴尔扎克著。高名凯译。民国三十五年（1946）十月初版，印1500册。上海海燕书店出版。《人间喜剧·外省生活之场景》之一种。

馆藏海燕书店1946年10月初版，见唐弢文库、臧克家文库。

本书为《独身者》三部曲之一。初版本卷首有《译序》、《巴尔扎克评传》、得·巴尔扎克《献给雕刻家大卫》。作品不分章节。

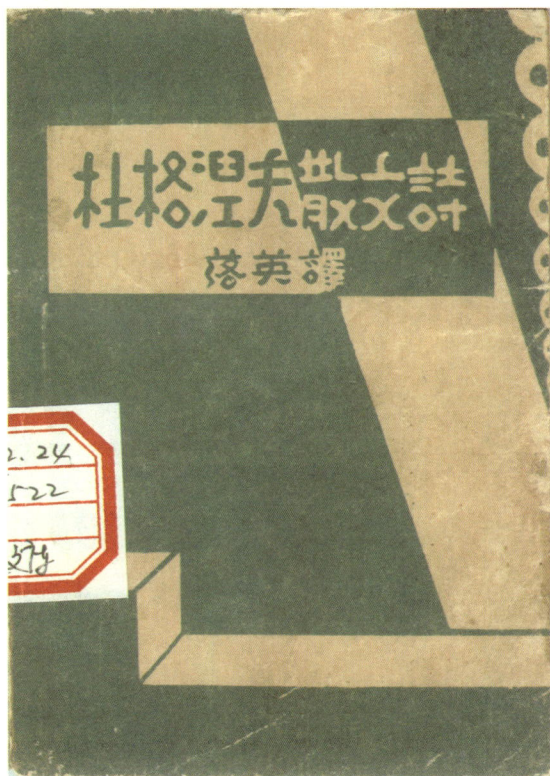

杜格涅夫散文诗
初版本封面（12.7厘米×9.4厘米）

扉页、目录页题《杜格涅夫散文诗选》。【俄】杜格涅夫著。落英译。1931年1月20日出版。无锡文艺组合出版。

馆藏文艺组合1931年1月初版，见唐弢文库。

初版本卷首有落英《序》，卷末有落英《最后一页》。正文收《露西亚语》、《两个富人》、《明朝呀明朝！》、《岩石》、《僧侣》、《乞丐》、《犬》、《我们直须奋斗到底！》、《麻雀》、《我底敌手》、《大自然》、《海上》、《玛莎》、《玫瑰》、《两兄弟》等19篇。

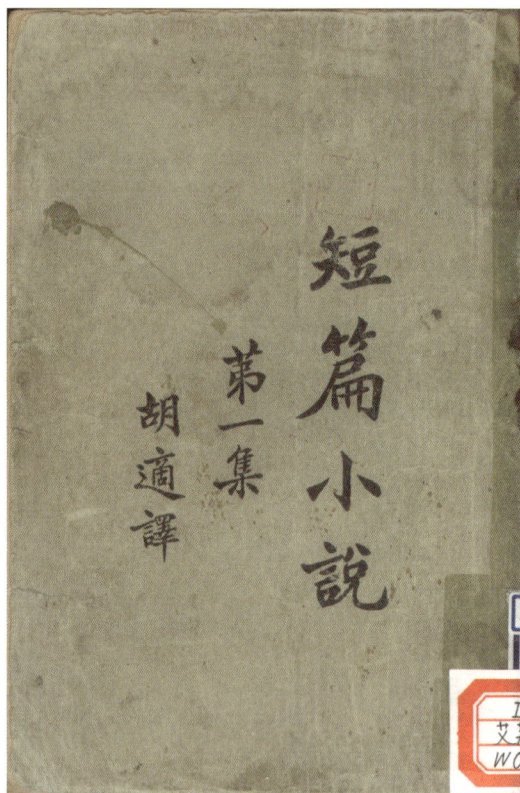

短篇小说（一、二）
初版本封面（18.7厘米×12.6厘米）

断流集
初版本封面（18.7厘米×12.8厘米）

【法】都德等著。胡适译。民国八年（1919）十月、民国二十二年（1933）九月初版。上海亚东图书馆印行。

馆藏亚东图书馆第一集1919年10月初版、1928年10月十一版、1929年8月重排十三版、1931年8月重排十六版，第二集1933年9月初版，见唐弢文库、艾芜文库、图书大库。

初版本第一集卷首有胡适《译者自序》（1919年），卷末有胡适《论短篇小说》；第二集卷首有胡适《译者自序》（1933年）。全书正文收《最后一课》、《柏林之围》、《百愁门》、《决斗》、《梅吕哀》、《二渔夫》、《杀父母的儿子》、《一件美术品》、《爱情与面包》、《一封未寄的信》、《米格儿》、《扑克坦赶出的人》、《戒酒》、《洛斯奇尔的提琴》、《苦恼》等16篇。

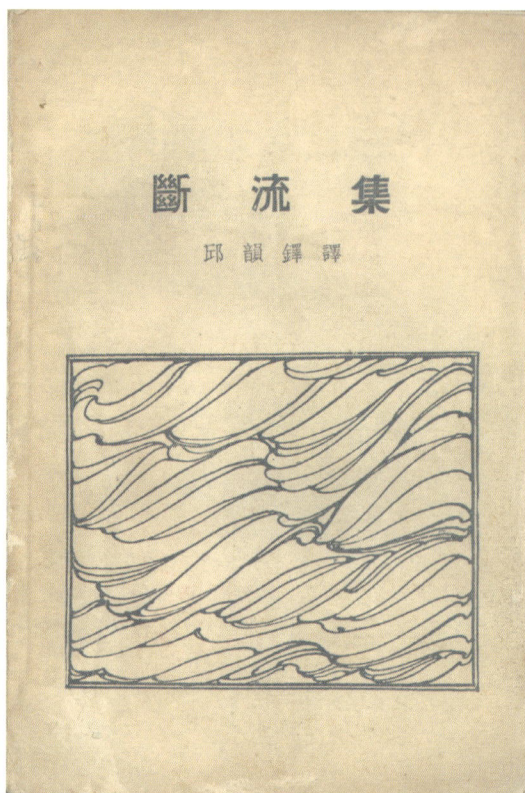

诗歌集。【英】司提芬孙著。邱韵铎译。民国十八年（1929）八月初版，印2000册。上海泰东图书局出版、总发行。泰东印刷所印刷。

馆藏泰东图书局1929年8月初版，见唐弢文库、薛汕文库。

初版本卷首有韵铎"致弟妹"、《作者小传》。正文分上、下卷，收《题辞》、《战后的乡村》、《营幕》、《病儿》、《赠镜》、《断流之滨》、《一颗星》、《"我曾"》、《墓铭》、《船到何处去》、《床是小船》、《睡乡》、《床被之域》、《夏天的床》、《海滨》等35篇。

断 桥
初版本封面（18.8厘米×13厘米）

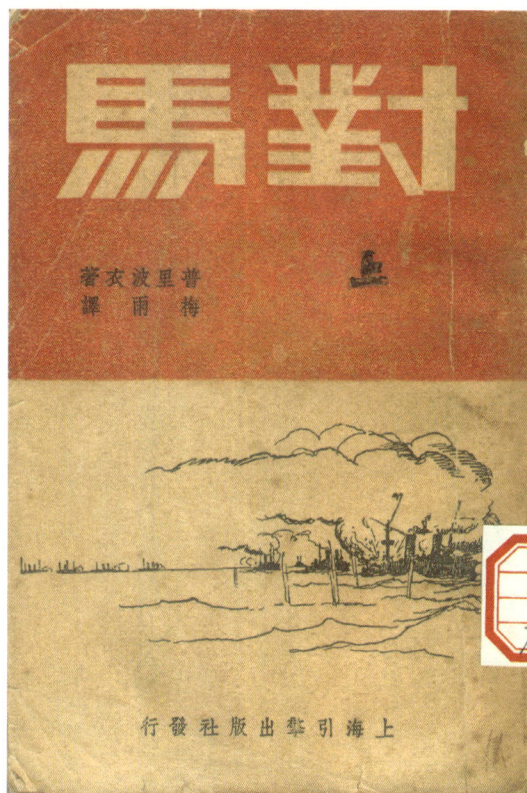

对 马（上、下）
初版本封面（18.5厘米×12.8厘米）

　　小说。【美】Wilder著。曾虚白译。民国二十年（1931）二月印刷、发行。上海中华书局印行。徐志摩主编《新文艺丛书》之一种。

　　馆藏中华书局1931年2月初版，见图书大库。

　　初版本卷末有《人物对照表》。作品共有5章。

　　小说。【苏】普里波衣著。梅雨译。上部民国二十六年（1937）三月付印，四月初版；下部同年六月付印，七月初版。上海引擎出版社印行。

　　馆藏引擎出版社1937年4、7月初版，新知书店1940年4月初版（书名为《日本海海战》并附注原名《对马》）、1946年12月沪版（书名仍为《对马》，合订本），见唐弢文库、胡风文库、刘麟文库、臧克家文库、图书大库。

　　引擎出版社初版本上部卷首有《〈对马〉是怎样写成的》（著者），卷末有《后记》（译者）；下部卷末附有《作者自传》。作品除《尾声》外有上部《海程》、下部《海战》各4章，共8章。

多情的寡妇
初版本封面（19.6厘米×13.9厘米）

小说。【奥】显尼志勒著。施蛰存译。1929年1月1日初版，印1500册。上海尚志书屋印行。

馆藏尚志书屋1929年1月初版，见唐弢文库、图书大库。

初版本无序跋。作品共有11章。

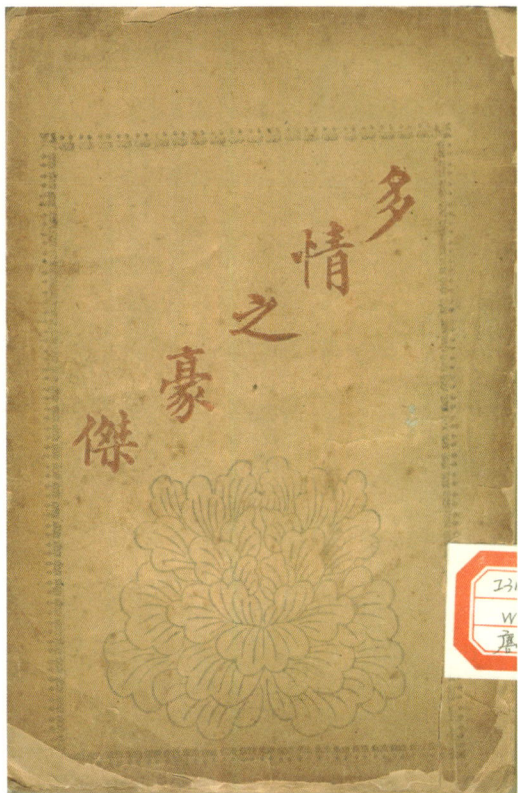

多情之豪杰
初版本封面（19.8厘米×13.2厘米）

小说集。【日】宫崎来城著。慕卢译。癸卯（1903）十月印刷，十一月出版。上海大同印书局印行。上海文明书局、上海开明书店、上海启文社经售。

馆藏大同印书局1903年（农历）11月初版，见唐弢文库。

初版本卷首有南铁《〈多情之豪杰〉序》，卷末附有来城小隐《叙言》、《美人谱》、《张灵崔莹合传》、《陆松陵集情第二》、《太恨生》、《李生窥墙》。正文收《源赖朝》、《源义经》、《平重衡》、《木曾义仲》、《平通盛》、《平维盛》、《曾我祐成》、《藤原藤房》、《尊良亲王》、《新田义贞》、《楠正行》、《高师直》、《高师秋》、《新田义兴》、《柴田胜家》等16篇。

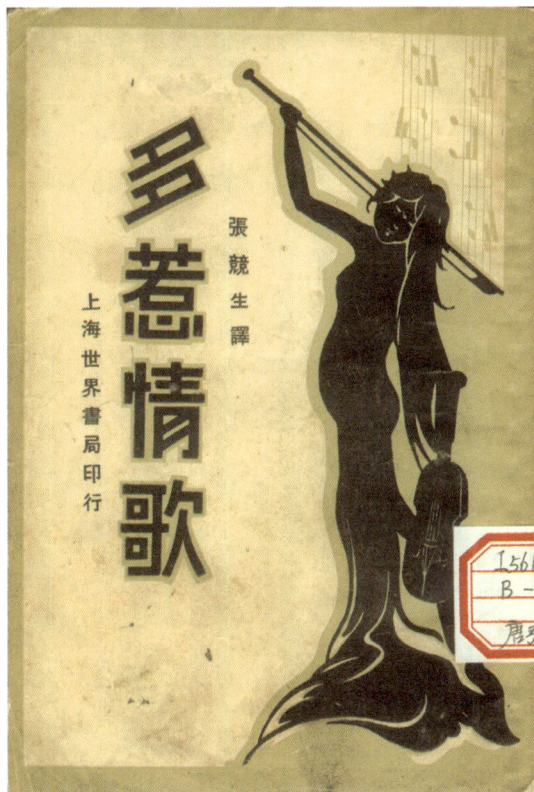

多惹情歌
初版本封面（18.7厘米×12.9厘米）

小说诗歌集。【英】拜仑（正文作"贝仑"）著。张竞生译。民国十九年（1930）五月印刷、出版。上海世界书局印行。

馆藏世界书局1930年5月初版，见唐弢文库。

初版本卷首有张竞生《序》。正文收《多惹歌》、《情话的一段》共2篇。

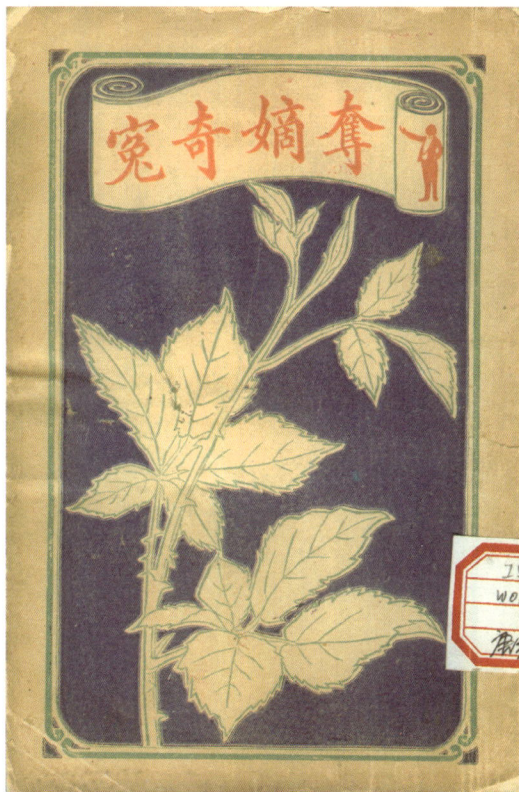

夺嫡奇冤
初版本封面（19.2厘米×13.1厘米）

小说。著者不详。商务印书馆编译。光绪二十九年（1903）十月首版。上海商务印书馆印行。

馆藏商务印书馆1903年（农历）10月初版，见唐弢文库。

初版本卷首有彼岸居士《序》。作品共有44回。

現代文學叢刊

像畫的萊格連朶

王爾德 著
凌璧如 譯

行印局書華中

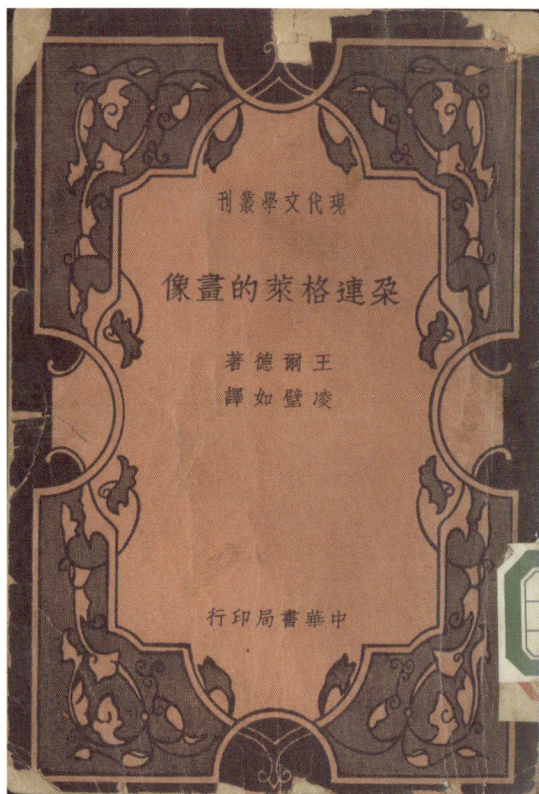

朵连格莱的画像
初版本封面（18.4厘米×13厘米）

　　小说。【英】王尔德著。凌璧如译。民国二十五年（1936）六月印刷、发行。上海中华书局印行。《现代文学丛刊》之一种。

　　馆藏中华书局1936年6月初版、1940年11月二版，见图书大库。

　　初版本卷首有译者《作者评传》、奥丝卡·王尔德《原序》。作品共有20章。

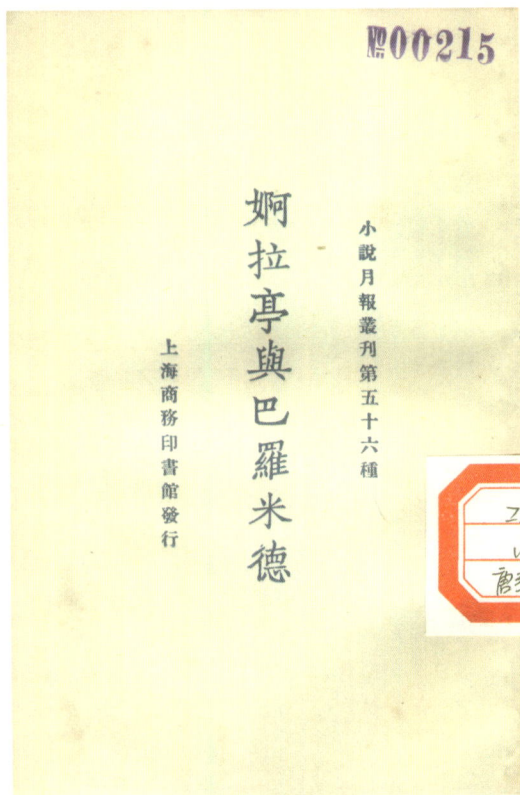

№ 00215

小說月報叢刊第五十六種

婀拉亭與巴羅米德

上海商務印書館發行

婀拉亭与巴罗米德
初版本封面（14.9厘米×10.1厘米）

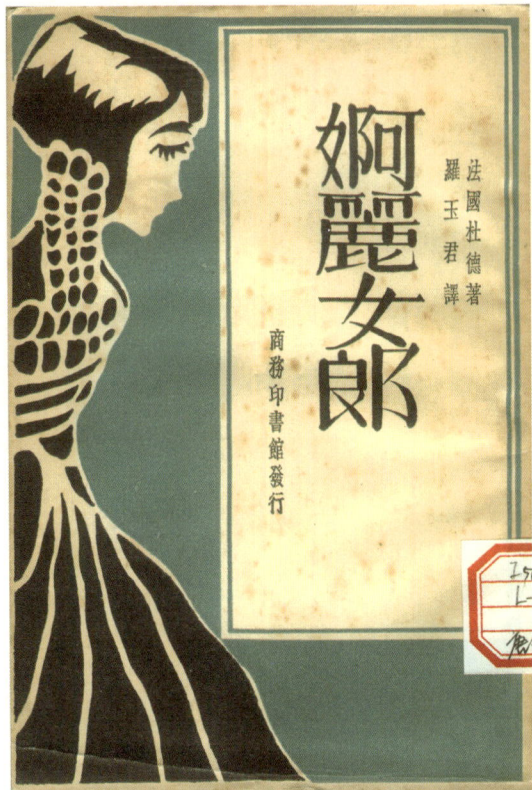

婀麗女郎

法國杜德著
羅玉君譯

商務印書館發行

婀丽女郎
初版本封面（19厘米×13厘米）

　　戏剧。【比】梅脱灵著。伧叟译。民国十四年
（1925）四月初版。上海商务印书馆印行。小说月报
社编辑《小说月报丛刊》之五十六。

　　馆藏商务印书馆1925年4月初版，见唐弢文库、图
书大库。

　　初版本卷末附有沈雁冰《梅脱灵略传》。作品共
有5幕。

　　原名《L'Arlésrenne》。戏剧。【法】杜德著。
罗玉君译。民国十九年（1930）十一月初版。上海商
务印书馆印行。

　　馆藏商务印书馆1930年11月初版、某版（版权页缺
失，著者译名为"都德"，《世界文学名著》），见
唐弢文库、图书大库。

　　初版本无序跋。作品共有5场。

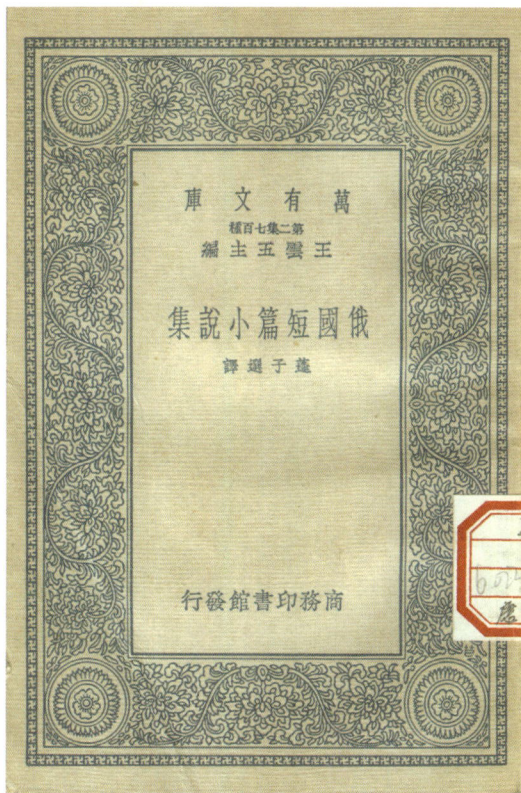

俄国短篇小说集
初版本封面（17.4厘米×11.7厘米）

B.皮涅克等著。蓬子译。民国二十六年（1937）
三月初版。上海商务印书馆印行。《汉译世界名
著》、王云五主编《万有文库》第二集之一种。

馆藏商务印书馆1937年3月初版、1939年12月简编
版，见唐弢文库、李辉英文库、图书大库。

初版本卷首有蓬子《译后杂记》，卷末有《作者
生年表》。正文收《人性的风》、《伊凡底不幸》、
《白夜》、《阿K和人性的故事》、《恋爱的权利》、
《青春》、《铁链的歌》、《异样的眼》共8篇。

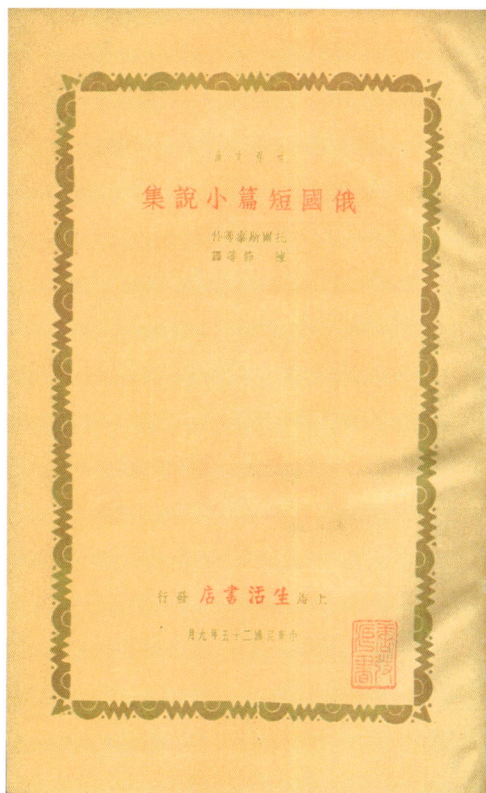

俄国短篇小说集
初版本扉页（精装本封面无书名。21.8厘米×14.2厘米）

托尔斯泰等著。高滔等译。民国二十五年（1936）
九月初版。上海生活书店发行。生活印刷所印刷。郑
振铎主编《世界文库》之一种。

馆藏生活书店1936年9月初版，见唐弢文库、艾芜
文库、图书大库。

初版本无序跋。内收《郭尔内·瓦西利耶夫》、
《温淑的心》、《杜兰蒂娜》、《奥罗夫夫妇》、
《马尔华》、《山径中》共6篇。

俄國短篇小說譯叢

鄭振鐸選譯

俄國情史

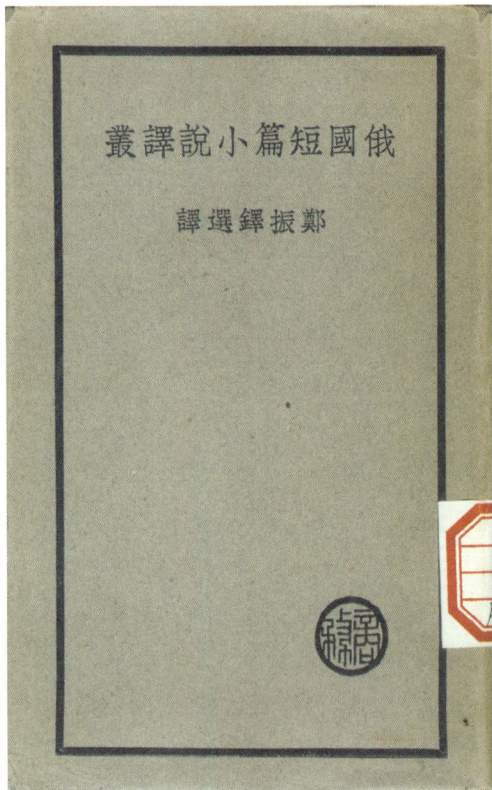

俄国短篇小说译丛
初版本封面（17.1厘米×10.8厘米）

俄国情史
初版本封面（22.2厘米×14.9厘米）

契利加夫等著。郑振铎译。民国二十五年（1936）三月初版。上海商务印书馆印行。《文学研究会世界文学名著丛书》之一种。

馆藏商务印书馆1936年3月初版，见唐弢文库、图书大库。

初版本卷首有译者《引言》，卷末有《作者略传》。正文收《浮士德》、《严加管束》、《在狱中》、《林语》、《你是谁》、《木筏之上》共6篇。

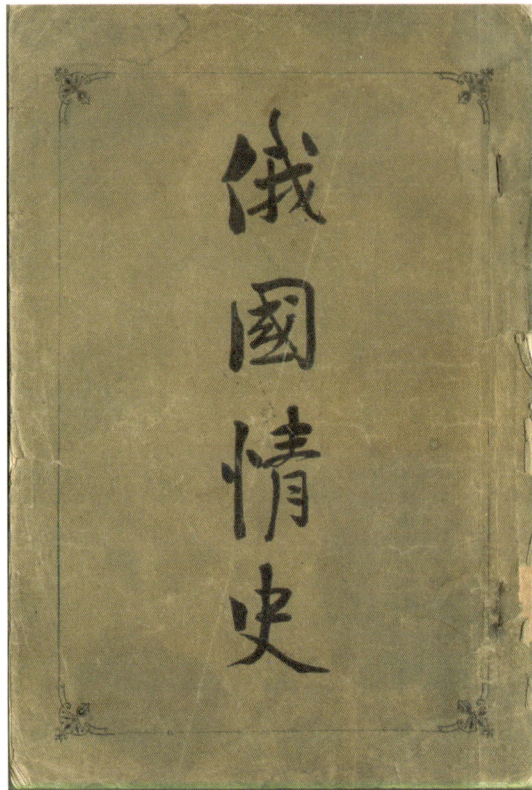

副标题为《斯密士玛利传》。一名《花心蝶梦录》。小说。【俄】普希罄著。戢翼翚译。光绪二十九年（1903）五月十五日印刷，六月十五日出版。大宣书局发行。作新社印刷局印刷。上海开明书店、上海文明书局经售。

馆藏大宣书局1903年（农历）6月初版，见唐弢文库。

初版本卷首有黄和南《〈俄国情史〉绪言》，内云："全书仅二万数千言，为叙事体，非历史，非传记，而为小说。所述者又不出于两人相悦之轶事，实则即吾国之所谓传奇，其曰情史者，乃袭用原译者之原用名词也。"

初版本共有13章。

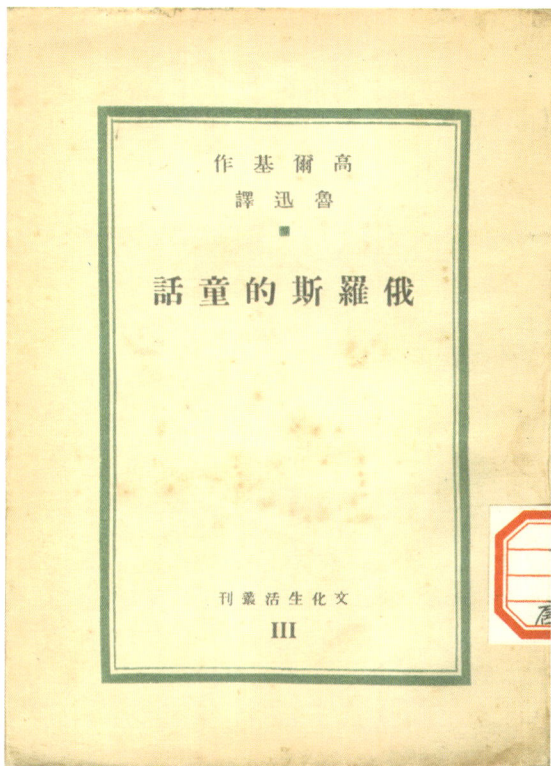

俄罗斯的童话
初版本封面（17.7厘米×13.1厘米）

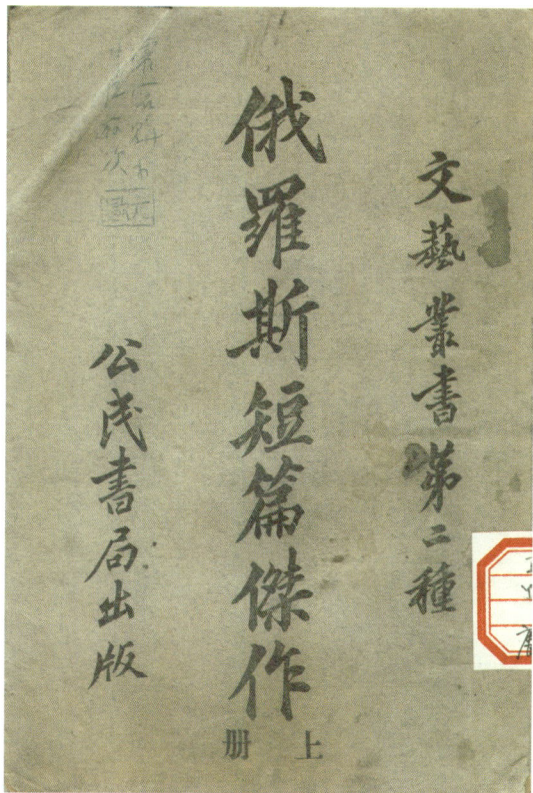

俄罗斯短篇杰作（上）
初版本封面（18.7厘米×13.1厘米）

小说集。【苏】高尔基著。鲁迅译。民国二十四年（1935）八月初版。上海文化生活出版社出版、发行。上海三一印刷公司印刷。开明书店特约经售。巴金主编《文化生活丛刊》之三。

馆藏文化生活出版社1935年8月初版、1936年4月二版、1944年9月渝一版、1947年8月五版，见唐弢文库、图书大库。

初版本卷首有鲁迅《小引》，内云："这《俄罗斯的童话》，共有十六篇，每篇独立；虽说'童话'，其实是从各方面描写俄罗斯国民性的种种相，并非写给孩子们看的。"

初版本共收16篇，无篇名。

小说集。哥尔基等著。叶劲风译。民国十年（1921）十月出版。上海公民书局印行。《文艺丛书》之二。

馆藏公民书局1921年10月初版，见唐弢文库。

初版本无序跋。内收《秋之一夜》、《两个军官的供养》、《范伽》、《他的情人》、《圣诞树与婚礼》、《外套》、《不法——一件真事》、《迷藏戏》、《多情女子》、《拉撒路》共10篇。

俄罗斯短篇杰作集（一、二）
初版本封面（20.7厘米×13.9厘米）

小说集。莱尔蒙托夫等著。水沫社编译。1929年5、6月初版，各印1500册。上海水沫书店印行。

馆藏水沫书店第一册1929年5月初版、1930年5月二版，第二册1929年6月初版，见唐弢文库、图书大库。

初版本无序跋。全书收《达芒》、《一个诚实的贼》、《老敲钟人》、《红花》、《沙夏》、《夜》、《十三》、《黑和尚》、《射击》、《旗号》、《古年代记中之一叶》、《上帝知道的，但是在等着》、《奥格利若伏村底戏剧公演》、《仆人》共14篇。

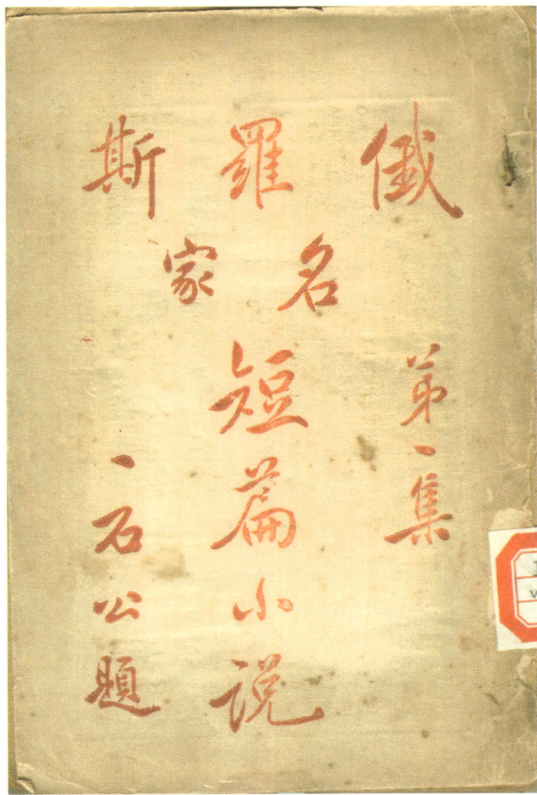

俄罗斯名家短篇小说（一）
初版本封面（21.8厘米×15.2厘米）

正文、版权页题《俄罗斯名家短篇小说集》。普希金等著。沈颖等译。民国九年（1920）七月出版。北京新中国杂志社出版。新闻印刷局印刷。

馆藏新中国杂志社1920年7月初版，见唐弢文库。

初版本卷首有瞿秋白《〈俄罗斯名家短篇小说集〉序一》、郑振铎《〈俄罗斯名家短篇小说集〉序二》。正文收《驿站监察吏》、《雪媒》、《马车》、《鹊贼》、《九封书》、《木工的伙伴》、《守岗兵》、《舰头琐语》、《一瞥》共9篇。

俄罗斯名著
初版本封面（18.3厘米×12.9厘米）

俄罗斯名著二集
初版本封面（18.9厘米×13厘米）

扉页、目录页、正文及版权页题《俄罗斯名著第一集》。小说诗歌集。克鲁洛夫等著。李秉之译。民国十四年（1925）十二月出版。上海亚东图书馆印行。

馆藏亚东图书馆1925年12月初版、1928年11月二版，见唐弢文库、图书大库。

初版本卷首有译者《序》。正文收《橡树与芦苇》、《歌士》、《比留克》、《高加索的囚俘》、《上帝的公正》、《苏拉特城的咖啡馆》、《法文课》、《理发馆》、《靴子》、《决赌》、《盲童》、《小鸟儿的歌曲》共12篇。

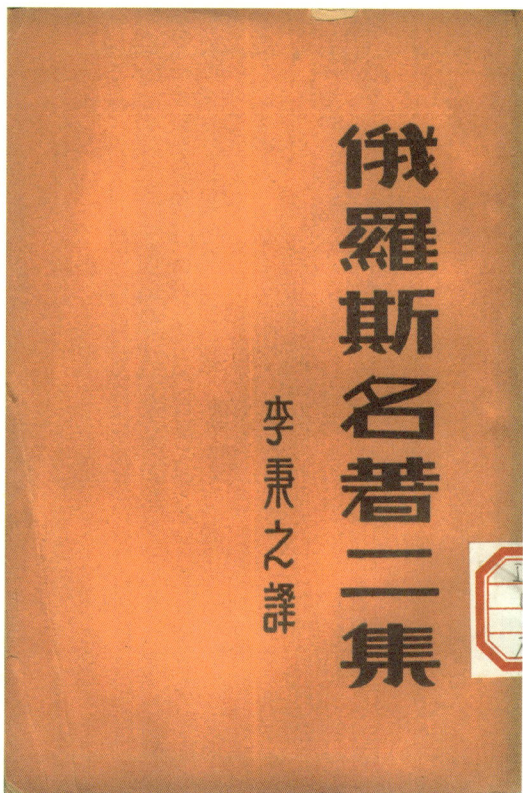

正文题《俄罗斯名著第二集》。小说戏剧集。郭歌里著。李秉之译。民国二十三年（1934）三月出版。上海亚东图书馆印行。

馆藏亚东图书馆1934年3月初版，见唐弢文库、图书大库。

初版本卷首有译者《序》、《郭歌里传略》。正文收《维依》、《鼻子》、《二田主争吵的故事》、《结婚》、《赌家》共5篇。

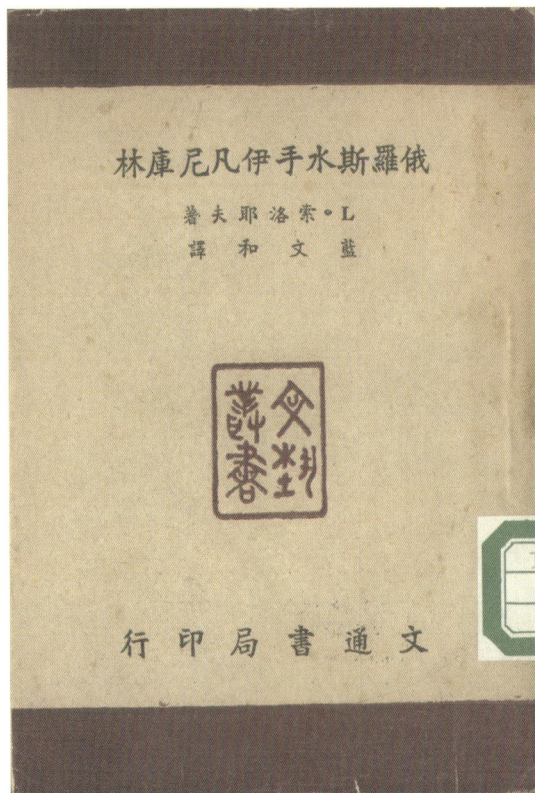

俄罗斯水手伊凡尼库林
初版本封面（17.4厘米×12.3厘米）

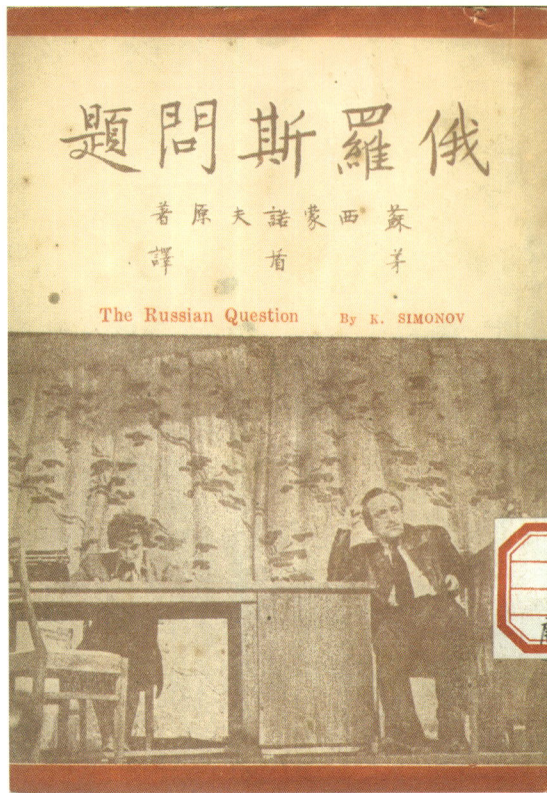

俄罗斯问题
初版本封面（18厘米×12.9厘米）

　　小说。【苏】L.索洛耶夫著。蓝文和译。民国三十六年（1947）四月贵阳初版。贵阳文通书局印行。《文艺丛书》之一种。

　　馆藏文通书局1947年4月初版，见图书大库。

　　初版本卷首有《译者话》，卷末附有【苏】A.玛卡洛夫《L.索洛耶夫》。作品共有29章。

　　戏剧。【苏】K.西蒙诺夫著。茅盾译。民国三十六年（1947）九月初版。中苏文化协会编辑。上海世界知识社印行。曹靖华主编《中苏文化协会文学丛书》（小型本）之一种。

　　馆藏世界知识社1947年9月初版、1948年10月二版，见唐弢文库、孔罗荪文库。

　　初版本卷首有茅盾《K.西蒙诺夫访问记》、茅盾《关于〈俄罗斯问题〉》，卷末有《译后记》。作品共有3幕。

恶 党
初版本封面（18.8厘米×13.3厘米）

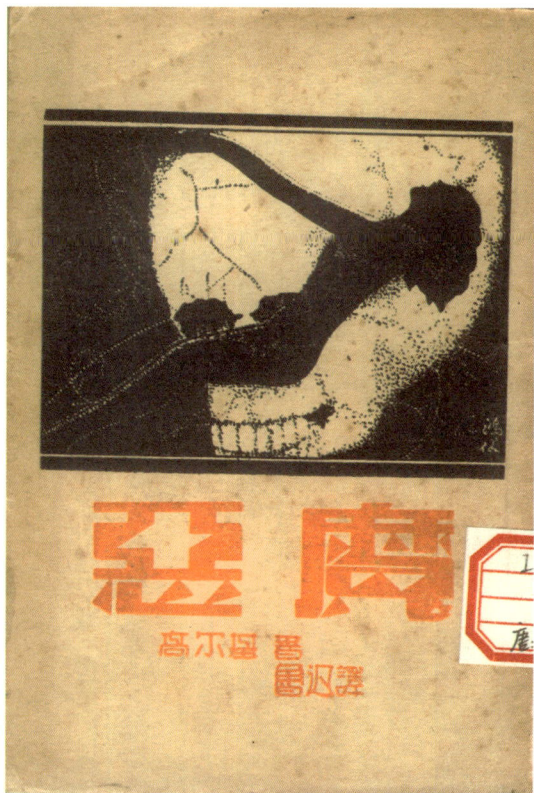

恶 魔
1934年初版本封面（18.5厘米×13厘米）

小说。【俄】柯洛涟科著。适夷译。1931年9月初版。上海湖风书局印行。《世界文学名著译丛》之一种。

馆藏湖风书局1931年9月初版，见唐弢文库。

初版本无序跋。作品共有10章。

小说集。【苏】高尔基著。鲁迅等译。民国二十三年（1934）十二月十五日初版。上海春光书店印行。《世界文学名著译丛》之一种。

馆藏春光书店1934年12月初版、1936年4月初版，见唐弢文库、图书大库。

初版本无序跋。内收《恶魔》、《一个人的出生》、《幸福》、《人类和自然》共4篇。

恶 魔
初版本封面（17.7厘米×12.2厘米）

小说集。【苏】M.高尔基等著。鲁迅译。民国三十一年（1942）九月初版。桂林文化合作事务所印行。《翻译丛书（扉页、版权页为"译文丛书"）》之一。

馆藏文化合作事务所1942年9月初版，见唐弢文库。

初版本无序跋。内收《恶魔》、《农夫》、《亚克与人性》、《工人》、《村妇》、《在沙漠上》、《饥馑》、《铁的静寂》、《枯煤·人们和耐火砖》共9篇。

恶 魔
初版本封面（14.5厘米×10.1厘米）

小说集。【日】谷崎润一郎、【日】横光利一著。章克标、高汝鸿译。民国三十年（1941）一月十日印刷，二十日发行。上海三通书局印行。三通书局编辑部编辑《三通小丛书》之一种。

馆藏三通书局1941年1月初版，见图书大库。

初版本无序跋。内收《恶魔》、《现眼的虱子》共2篇。

恶 魔
初版本封面（18厘米×12.7厘米）

扉页、版权页题《恶魔及其他》。诗歌集。
【俄】莱蒙托夫著。穆木天等译。民国三十一年
（1942）九月初版，印3000册。重庆文林出版社印
行。《莱蒙托夫选集》之一，罗荪编辑《文学集丛》
之一种。

馆藏文林出版社1942年9月初版，见唐弢文库、图
书大库。

初版本卷末附有戈宝权《关于〈姆奇里〉等诗篇
的介绍》。正文收《姆奇里》、《关于商人卡拉西尼
科夫之歌》、《恶魔》共3篇。

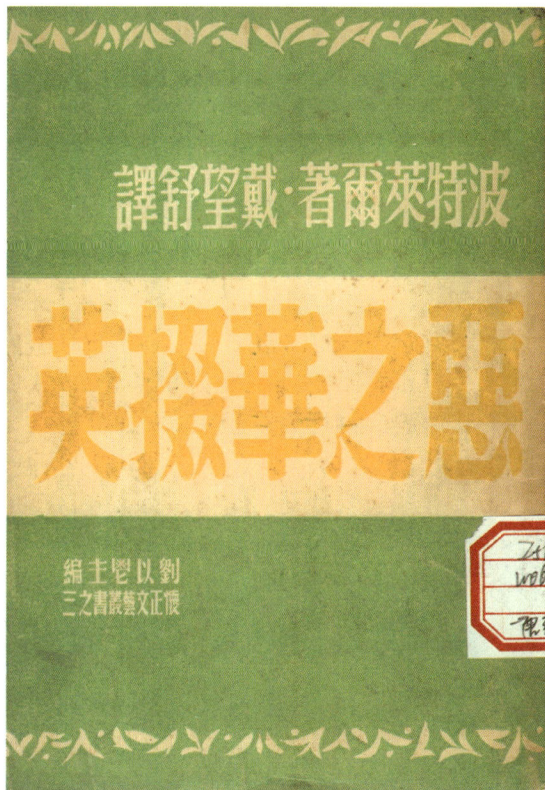

恶之华掇英
初版本封面（18.1厘米×12.9厘米）

诗歌集。【法】波特莱尔著。戴望舒译。民国
三十六年（1947）三月初版。上海怀正文化社发行。
刘以鬯主编《怀正文艺丛书》之三。

馆藏怀正文化社1947年3月初版，见唐弢文库、汝
龙文库。

初版本卷首有梵乐希《波特莱尔的位置》，卷
末有戴望舒《译者后记》。正文收《信天翁》、《高
举》、《应和》、《人和海》、《美》、《异国的芬
芳》、《赠你这几行诗》、《黄昏的和谐》、《邀
旅》、《秋歌》、《枭鸟》、《音乐》、《快乐的死
者》、《裂钟》、《烦闷》（共2篇）等24篇。

饿
初版本封面（18.3厘米×13.4厘米）

　　小说。【挪】哈姆生著。章铁民译。1930年2月初版，印1500册。上海水沫书店发行。

　　馆藏水沫书店1930年2月初版，见唐弢文库。

　　初版本卷首有E.Björkman《凯纳脱·哈姆生》。作品共有4章。

恩仇血
初版本封面（18.7厘米×12.5厘米）

　　小说。著者未署。陈彦译。甲辰（1904）七月初版。上海小说林社编辑、发行。日本东京翔鸾社印刷。

　　馆藏小说林社1904年（农历）7月初版，见唐弢文库。

　　本书为福尔摩斯侦探案之一。初版本无序跋。作品有上卷5章、下卷7章，共12章。

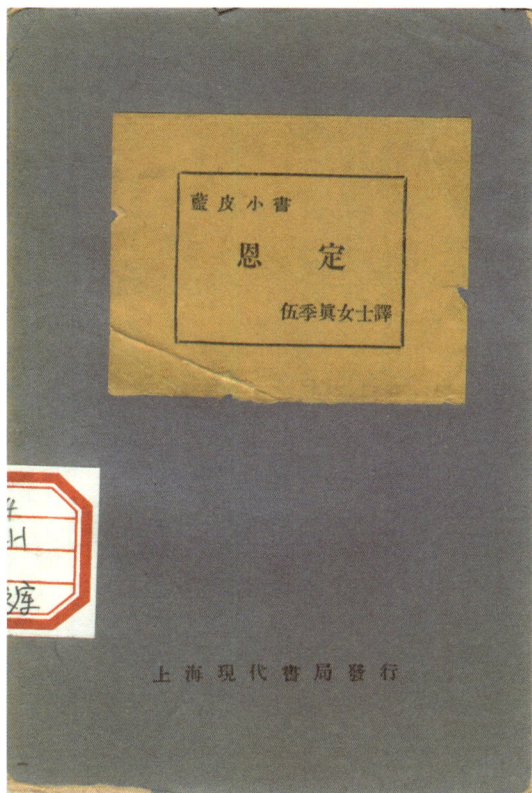

恩 定
初版本封面（15.3厘米×10.6厘米）

恩 怨
初版本封面（18.3厘米×12.6厘米）

　　小说。【法】傅恺著。伍季真译。民国十八年
（1929）七月二十日初版，印2000册。上海现代书局
发行。王夫凡编辑《蓝皮小书·翻译之部》之一。

　　馆藏现代书局1929年7月初版，见唐弢文库。

　　初版本卷首有夫凡《蓝皮小书〈发刊缘起〉》。
作品共有19章。

　　小说。著者不详。王卓民编译。民国九年
（1920）五月初版。上海商务印书馆印行。四集本
《说部丛书》第三集之九十九。

　　馆藏商务印书馆1920年5月初版，见唐弢文库。

　　初版本无序跋。作品不分章节。

儿童剧
初版本封面（18.2厘米×12.9厘米）

戏剧集。【日】坪内逍遥等著。周作人编译。民国二十一年（1932）十一月初版、发行。上海儿童书局印行。

馆藏儿童书局1932年11月初版、1933年3月二版，见唐弢文库。

初版本卷首有周作人《序一》、周作人《序二》。正文收《老鼠会议》、《乡间的老鼠和京城的老鼠》、《乡鼠和城鼠》、《青蛙教授的讲演》、《公鸡与母鸡》、《卖纱帽的与猴子》共6篇。

儿子的抗议
初版本封面（17.4厘米×12.9厘米）

小说集。【英】哈代著。罗念生、卢木野译。1928年12月12日付排，1929年1月15日出版。上海远东图书公司印行。《哈代小说集》之一。

馆藏远东图书公司1929年1月初版，见唐弢文库、图书大库。

初版本卷首有罗念生《序》。正文收《悲惨的德国骠骑》、《儿子的抗议》、《为良心》、《一八零四年的传说》共4篇。

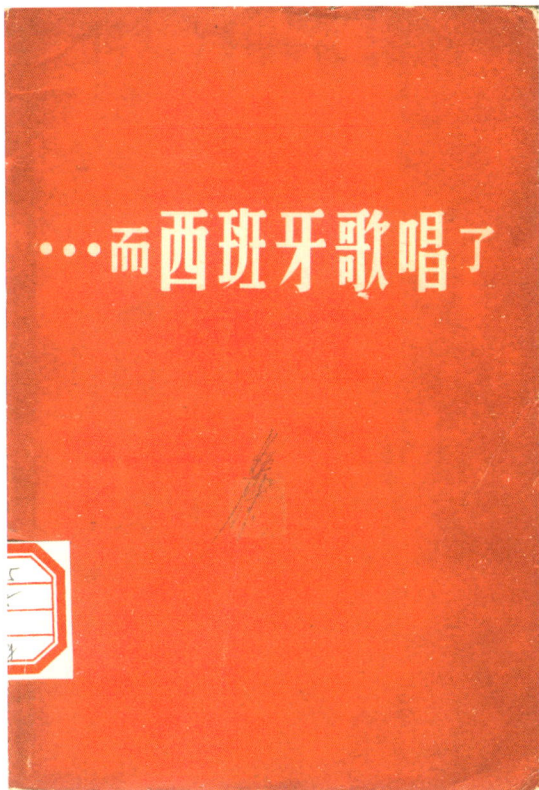

…而西班牙歌唱了
诗歌书店初版本封面（18厘米×12.7厘米）

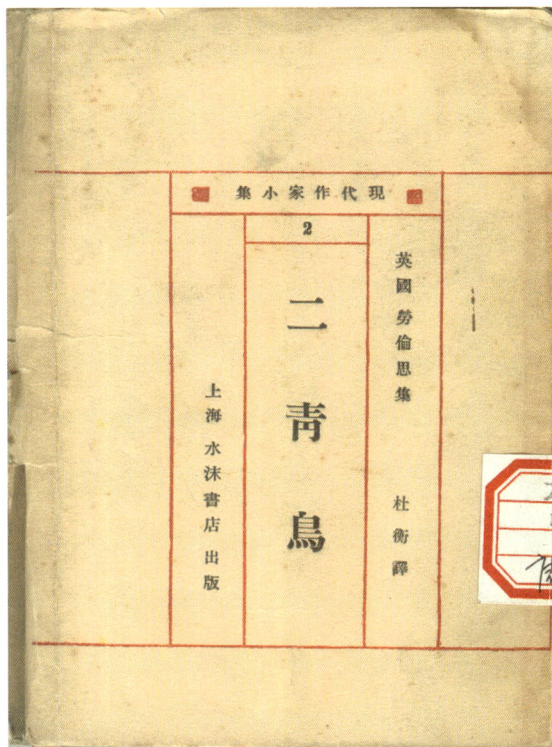

二青鸟
初版本封面（16厘米×12.4厘米）

诗歌集。【西】A.Aparicio等著。芳信译。民国三十年（1941）四月出版。诗歌书店印行。上海国民书店经售。《诗歌翻译丛书》之一。

馆藏诗歌书店1941年4月初版、光华书店1948年4月初版（书名为《西班牙人民军战歌》，副标题为《…而西班牙歌唱了》），见唐弢文库、九叶诗人文库、图书大库。

诗歌书店初版本卷首有M.J.Benardete等《前言——西班牙人民的战谣》、L.Varela《引言——西班牙人民的歌谣》，卷末有《后记》（译者）。正文收《谁在这儿走过？》、《农民的胜利》、《橄榄林》、《流亡者》、《村庄的风》、《马德里的木刻：战斗的前线》、《马德里与她的敌人们》、《保卫马德里》、《抵御丛山中的冷气》、《在刺刀的尖上》、《你瞧那些兵士！》、《西班牙是决不会做奴隶的》、《哥尔多巴的非拉法郎加》、《拉维安那的约翰》、《裘恩·芒托耶》等51篇。

小说集。【英】劳伦思著。杜衡译。1929年7月初版，印1500册。上海水沫书店印行。《现代作家小集》之二。

馆藏水沫书店1929年7月初版，见唐弢文库、图书大库。

初版本卷首有译者《序》。正文收《二青鸟》、《爱岛的人》、《病了的煤矿夫》共3篇。

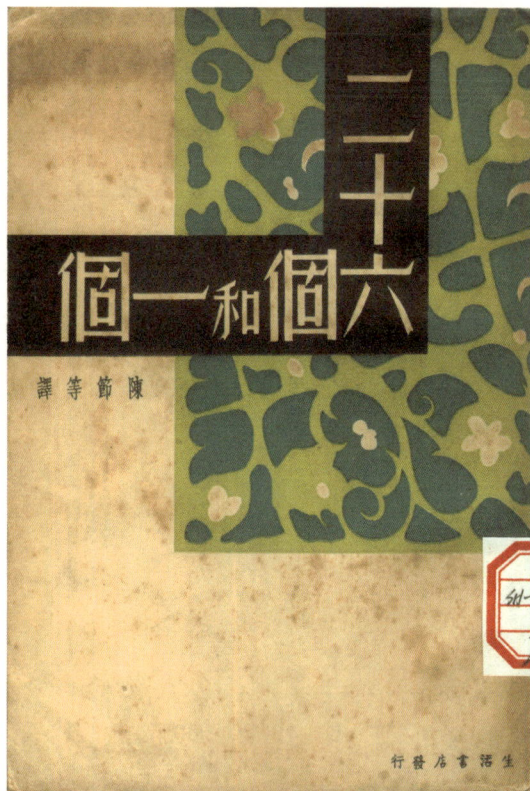

二十六个和一个
初版本封面（18.7厘米×12.9厘米）

小说集。【苏】M.高尔基等著。陈节等译。民国二十四年（1935）九月初版。上海生活书店发行。生活印刷所印刷。生活书店编译所编辑《文学翻译小说选》之一，《文学丛书》之一种。

馆藏生活店1935年9月初版，见唐弢文库。

初版本无序跋。内收《二十六个和一个》、《严加管束》、《伊凡的不幸》、《琉卡狄思》、《谛尔西的缝工》、《合唱》、《牧场道上》、《复本》、《速》、《嘉烈与列翁朵》、《改变》、《山中笛韵》、《两个世界》共13篇。

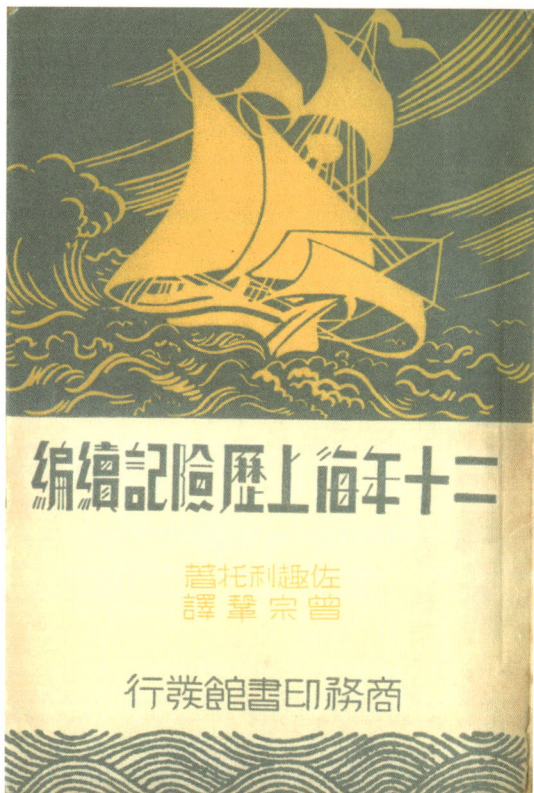

二十年海上历险记续编
初版本封面（18.9厘米×13厘米）

小说。【美】佐趣利托著。曾宗巩译。民国二十六年（1937）五月初版。上海商务印书馆印行。《星期标准书》之一种。

馆藏商务印书馆1937年5月初版，见图书大库。

初版本无序跋。作品有卷上8章、卷下7章，共15章。

二义同囚录（一至四）
初版本封面（18.8厘米×12.7厘米）

　　小说。【英】亨旦著。甘永龙、朱炳勋译。民国五年（1916）八月初版。上海中国图书公司和记印行。

　　馆藏中国图书公司1916年8月初版，见唐弢文库。

　　初版本第一册卷首有《原序》（著者），内云："意大利将军加黎波的仓卒起义，率乌合之师，为数仅千，毅然以入两西西利，功成而返。是役也，诚为古今军事历史中之绝无仅有者。……是编所记两西西利战事，其大端皆取资于加黎波的将军之本传，及英海将福皮斯所口述者，删辑成书，以告当世。"

　　初版本有卷上8章、卷下10章，共18章。

F

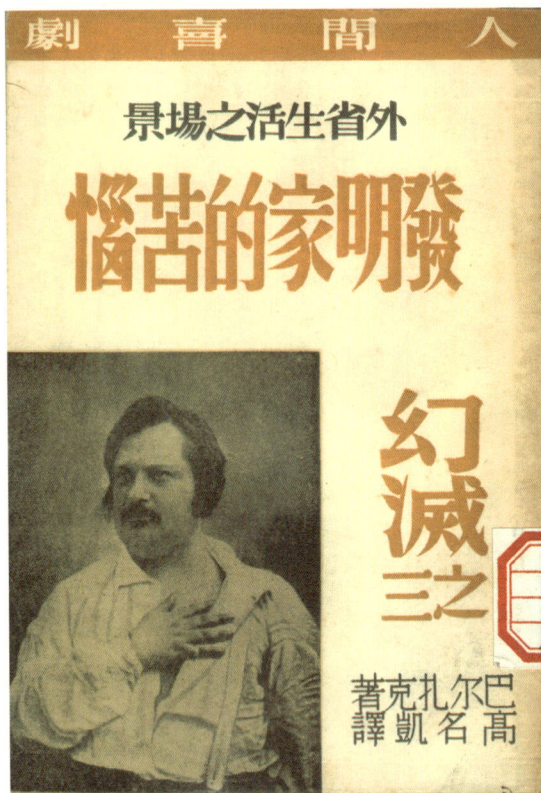

人间喜剧

外省生活之场景

发明家的苦恼

幻灭之三

巴尔扎克著

高名凯译

发明家的苦恼
初版本封面（18厘米×12.8厘米）

　　小说。【法】巴尔扎克著。高名凯译。民国三十六年（1947）五月初版，印2000册。海燕书店出版。上海群海联合发行所总经售。《人间喜剧·外省生活之场景》之一种。

　　馆藏海燕书店1947年5月初版，见唐弢文库、臧克家文库。

　　本书为《幻灭》三部曲之三。初版本无序跋。作品不分章节。

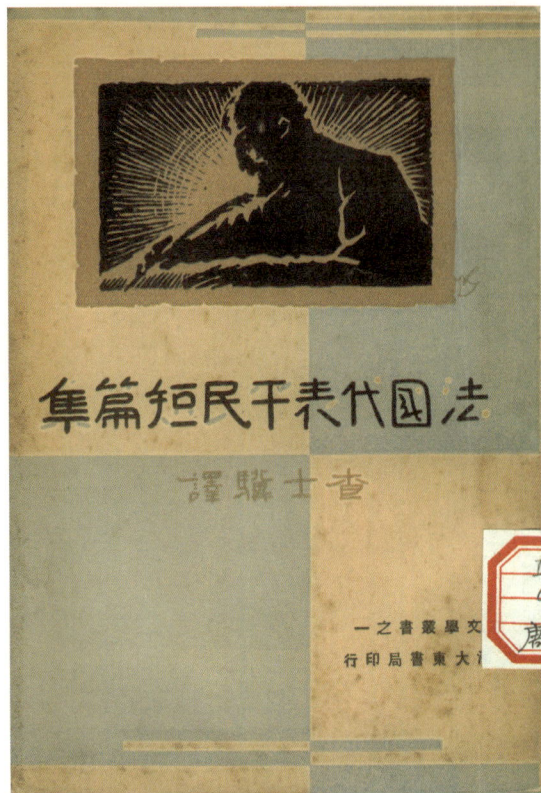

法国代表平民短篇集

查士骥译

文学丛书之一

大东书局印行

法国代表平民短篇集
初版本封面（18.6厘米×13厘米）

　　小说集。罗易·菲力伯著。查士骥译。民国二十年（1931）八月初版。上海大东书局印行。徐志摩主编《新文学丛书》之一种。

　　馆藏大东书局1931年8月初版，见唐弢文库、图书大库。

　　初版本卷首有《译序》、《Charles Louis Philippe传略》。正文收《杀人犯》、《恋之一页》、《女儿的妒忌》、《自白》、《捉狮子》、《小狗》、《牛酪中的猫》、《两个朋友》、《遗嘱》、《金奴》、《逃学》、《客人》、《青奈脱的脚》、《罗曼沃和裴丽特》、《醉汉》等21篇。

法国短篇名著
初版本封面（19.1厘米×13.1厘米）

　　小说集。伯盛等著。庄建东译。民国二十年（1931）九月初版。北平文化学社印行。

　　馆藏文化学社1931年9月初版，见图书大库。

　　初版本无序跋。内收《归来》、《钟楼村的牧羊女》、《小国王之圣诞节》、《小比莱历险记》、《贾律宾》、《杜安离乡记》、《聋哑之人》、《谁的罪过？》、《饥饿之塔》、《天使的车夫》、《比埃尔之蛋糕》、《窘困中的英勇》共12篇。

法国短篇小说集
初版本封面（17厘米×10.7厘米）

　　梅里美等著。黎烈文译。民国二十五年（1936）三月初版。上海商务印书馆印行。《文学研究会世界文学名著丛书》之一种。

　　馆藏商务印书馆1936年3月初版、同年9月二版，见唐弢文库、巴金文库、图书大库。

　　初版本卷首有黎烈文《序》。正文收《埃特律利花瓶》、《大密殊》、《血》、《名誉是保全了》、《未婚夫》、《信》、《客》、《反抗》、《晚风》、《田园交响乐》、《菫色的辰光》、《他们的路》、《一个大师的出处》、《故事十篇》、《热情的小孩》共15篇。

法国短篇小说选（一）
初版本封面（18.4厘米×12.9厘米）

法国名家小说杰作集（上、下）
上卷初版本封面（19.7厘米×14.1厘米）

高贝等著。谢冠生等译。白峰云编。民国二十八年（1939）六月一日初版。公教丛书委员会出版。北京第一监狱印刷。天津崇德堂发行。

馆藏公教丛书委员会1939年6月初版，见图书大库。

初版本卷首有白峰云《叙言》。正文收《皇家的圣诞节》、《小国王之圣诞节》、《归来》、《路易金币》、《天神的车夫》、《两个不相识的人》、《钟楼村的牧羊女》、《西简先生的羊》、《谁的罪过?》、《罗尔蒙底的船主》共10篇。

大仲马等著。鲍文蔚译。1927年3、5月初版。上海北新书局印行。《欧美名家小说丛刊》之一种。

馆藏北新书局上卷1927年3月初版，下卷同年5月初版、同年7月二版，见唐弢文库、图书大库。

初版本无序跋。全书收《苏兰殊》、《克鲁亚锡侯》、《侯爵夫人》、《哀尔镇的维纳像》、《磨坊之役》、《两所客店》、《Boule de Suif》、《背囊》、《仇台总督》、《都耳的一双爱人》、《一对结发夫妇》、《一对老夫妇》、《还家》共13篇。

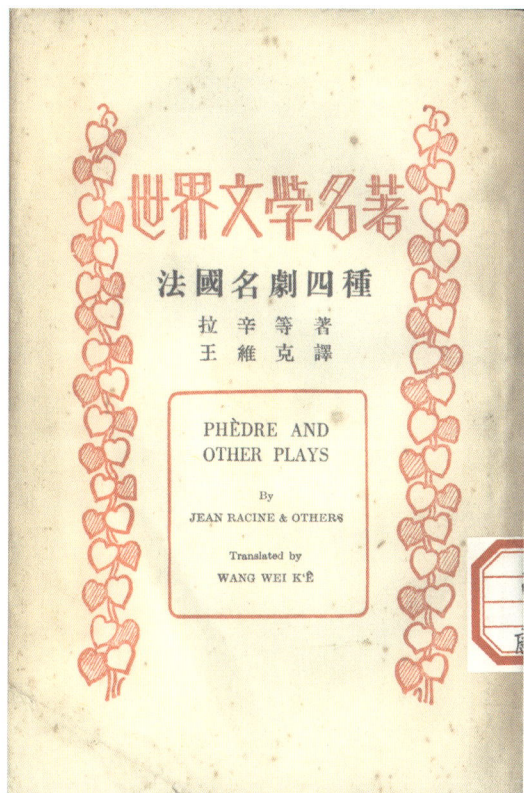

法国名剧四种
初版本封面（19厘米×12.9厘米）

拉辛等著。王维克译。民国二十四年（1935）十月初版。上海商务印书馆印行。《世界文学名著》之一种。

馆藏商务印书馆1935年10月初版，见唐弢文库、李健吾文库、图书大库。

初版本卷首有王维克《〈法国名剧四种〉总序》。正文收《费特儿》、《查太顿》、《群鸦》、《远方公主》共4篇。

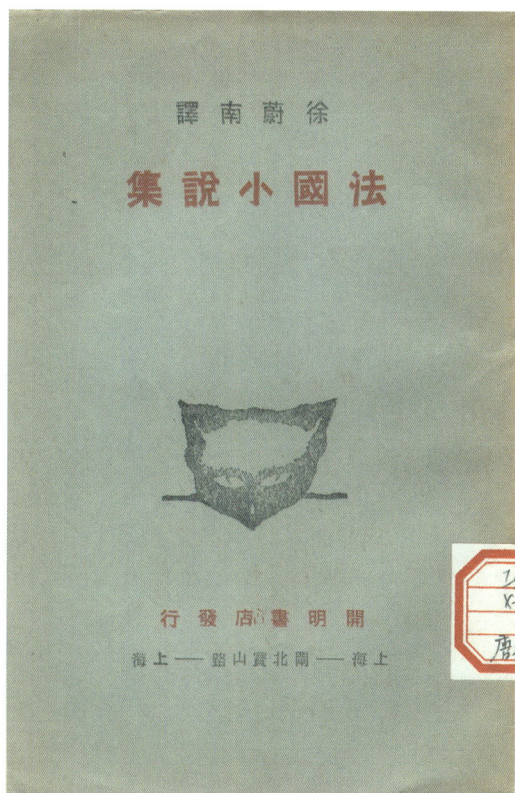

法国小说集
初版本封面（19.2厘米×13厘米）

扉页题《法国名家小说》，书脊、版权页题《法国名家小说集》。小说散文集。小仲马等著。徐蔚南译。1926年11月付印，12月出版。上海开明书店发行。友文印刷所印刷。《黎明社丛书》之一种。

馆藏开明书店1926年12月初版、1931年10月四版（书名为《法国名家小说集》，扉页仍题《法国名家小说》），见唐弢文库、图书大库。

初版本卷首有译者《弁言》。正文收《鸽子的悬赏》、《半身小像》、《猫》、《〈比爱儿之书〉序》、《怪物》、《白衣妇人》、《我给您这朵蔷薇花》、《爱多亚的孩子们》、《一串葡萄》、《金眼睛的马山勒》、《曙光里写就的附注》共11篇。

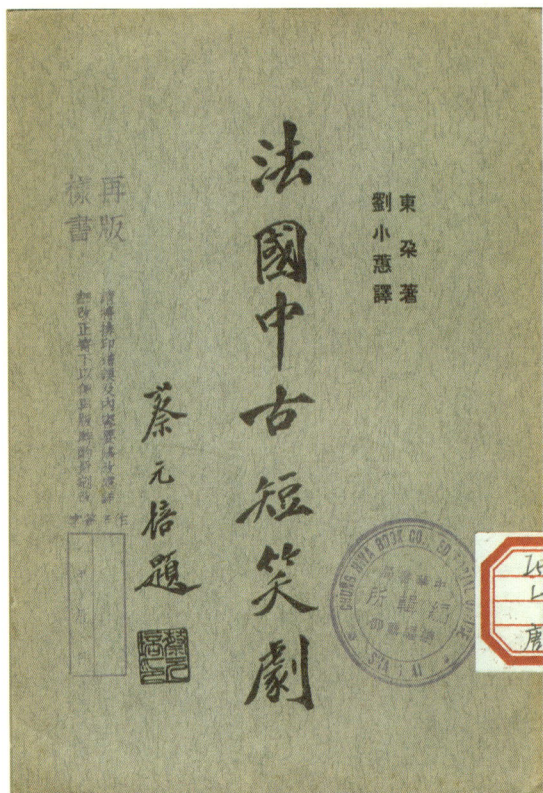

法国中古短笑剧
初版本封面（18.5厘米×13厘米）

法兰西短篇杰作集（一、二）
初版本封面（18.5厘米×13.9厘米）

　　戏剧集。东朵著。刘小蕙译。民国二十六年（1937）五月印刷、发行。上海中华书局印行。

　　馆藏中华书局1937年5月初版，见唐弢文库。

　　初版本无序跋。内收《水缸》、《两个瞎子》、《饼与糕》、《巴德林先生的故事》、《哑妻之夫》共5篇。

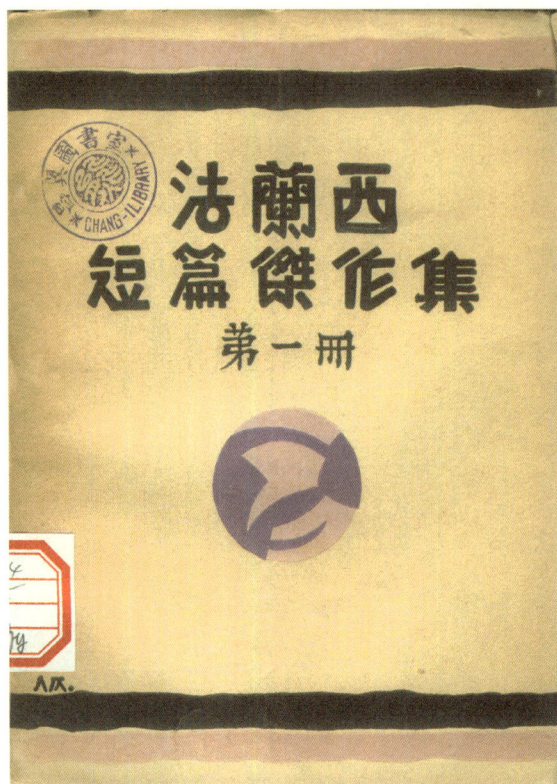

　　小说集。高贝等著。戴望舒等译。第一册1928年9月1日付排，10月1日初版，印2000册；第二册1929年7月25日付排，8月25日初版，印1500册。上海现代书局印行。

　　馆藏现代书局1928年10月、1929年8月初版，1937年版（出版者不详，封面题名为《法兰西短篇杰作》，第二册），见唐弢文库、图书大库。

　　初版本无序跋。全书收《代替人》、《格莱奥巴特尔底一夜》、《征发兵》、《预台太守》、《六日之夜》、《细绳》、《炮台之袭取》、《阿盘赛拉易之末裔》、《奥诺丽纳》、《淳朴的心》、《洪水》共11篇。

法兰西现代短篇集
1934年初版本封面（18.6厘米×12.9厘米）

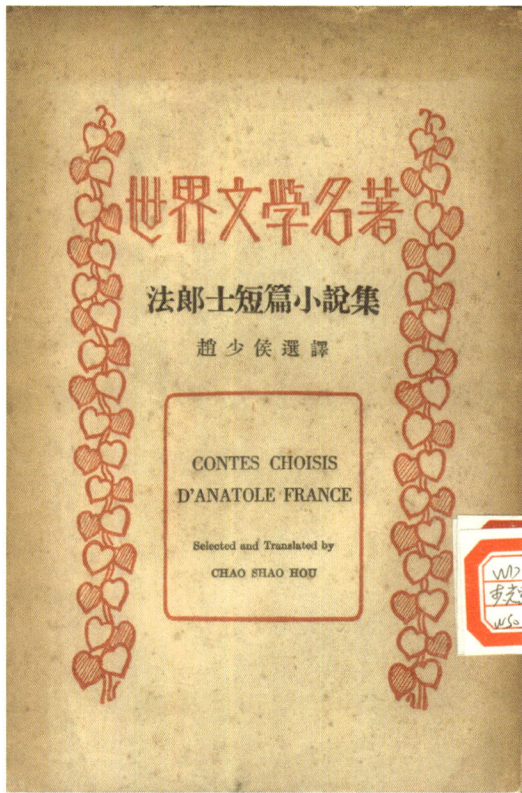

法郎士短篇小说集
初版本封面（18.9厘米×13厘米）

　　小说集。季奥诺等著。戴望舒译。民国二十三年（1934）五月初版、发行。上海天马书店印行。
　　馆藏天马书店1934年5月初版、1937年5月普及本初版，译社1940年2月初版（书名为《罗马之夜》），见唐弢文库、图书大库。
　　初版本无序跋。内收《怜悯的寂寞》、《人肉嗜食》、《尼卡德之死》、《罗马之夜》、《佳日》、《下宿处》、《诗人的食巾》、《克丽丝玎》、《厨刀》、《旧事》、《杀人犯克劳陶米尔》、《三个村妇》共12篇。

　　【法】法郎士著。赵少侯译。民国二十五年（1936）五月初版。上海商务印书馆印行。《世界文学名著》之一种。
　　馆藏商务印书馆1936年5月初版，见唐弢文库、李辉英文库。
　　初版本无序跋。内收《克兰比尔》、《布特瓦》、《复活节的红鸡蛋》、《鲁纪夫人》、《市政长官》、《狗的思想》、《民国二年八月的轶事》共7篇。

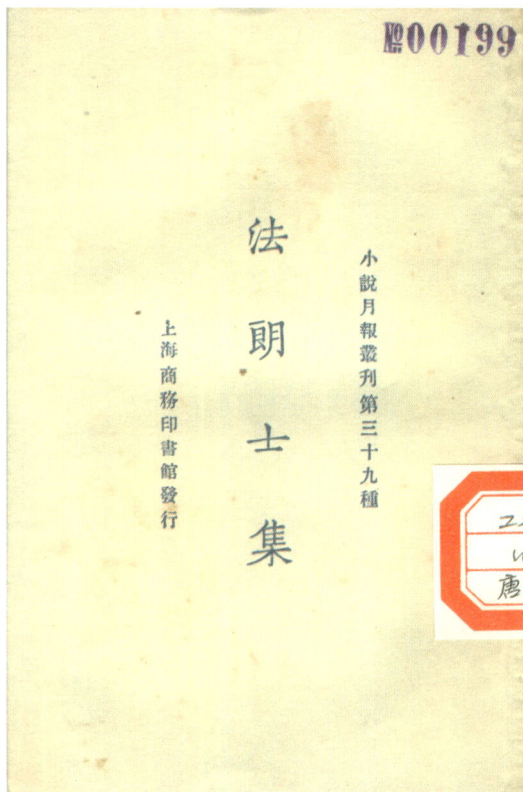

法朗士集
初版本封面（14.9厘米×10.1厘米）

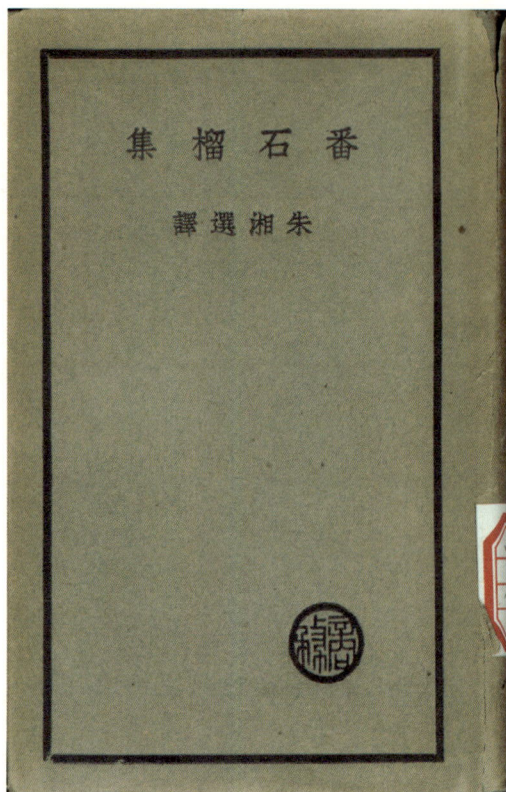

番石榴集
初版本封面（17.1厘米×10.8厘米）

　　小说戏剧集。【法】法朗士著。沈性仁等译。民国十四年（1925）四月初版。上海商务印书馆印行。小说月报社编辑《小说月报丛刊》之三十九。

　　馆藏商务印书馆1925年4月初版，见唐弢文库、图书大库。

　　初版本无序跋。内收《哑妻》、《穿白衣的人》、《红蛋》共3篇。

　　诗歌集。【亚剌伯】穆塔密德等著。朱湘译。民国二十五年（1936）三月初版。上海商务印书馆印行。《文学研究会世界文学名著丛书》之一种。

　　馆藏商务印书馆1936年3月初版、同年9月二版、1948年6月五版，见唐弢文库、巴金文库、王辛笛文库、薛汕文库、李辉英文库、图书大库。

　　初版本无序跋。全书分上、中、下卷，收《〈死书〉二首》、《莫取媚于人世》、《水仙歌》、《永远的警伺着》、《我们少年的时日》、《〈圣书〉节译》、《一个美丽》、《〈茹拜迓忒〉选译》、《〈果园〉一首》、《〈玫瑰园〉一首》、《曲》（2篇）、《国王》、《秋》、《恬静》、《俳句》等80篇。

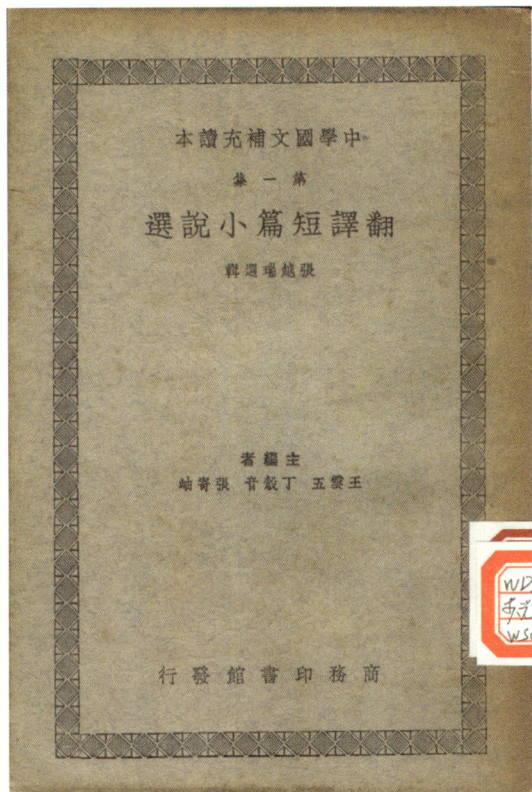

翻译短篇小说选
初版本封面（19厘米×13厘米）

翻译小说选
初版本封面（18.5厘米×12.7厘米）

　　【美】哈特等著。胡适等译。张越瑞选编。民国二十六年（1937）五月初版。上海商务印书馆印行。王云五、丁燮音、张寄岫主编《中学国文补充读本》之一。

　　馆藏商务印书馆1937年5月初版，见李辉英文库。

　　初版本卷首有编者《导言》。正文收《米格儿》、《意外的利益》、《省会》、《太阳与月亮》、《鼻子》、《我的舒尔叔父》、《战争中的威尔珂》、《父亲拿洋灯回来的时候》共8篇。

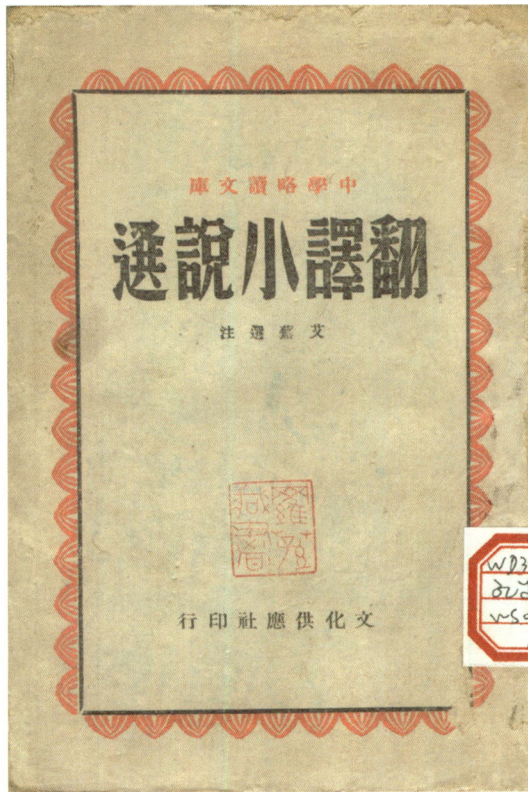

　　【俄】A.契诃夫等著。黎璐等译。艾芜选注。民国三十一年（1942）十一月出版。桂林文化供应社出版、发行。桂林建设印刷厂印刷。《中学略读文库》之一种。

　　馆藏文化供应社1942年11月初版、1947年9月港一版，见唐弢文库、孔罗荪文库。

　　初版本卷首有《序》（选注者）。正文收《盒里的人》、《村妇》、《酋长》、《野人老娘》、《幽会》、《一个琴师的故事》、《庆祝》、《最后的恩惠》、《上绞刑架》、《幸运的维克克》、《鸽窠的历史》、《男性的友情》共12篇。

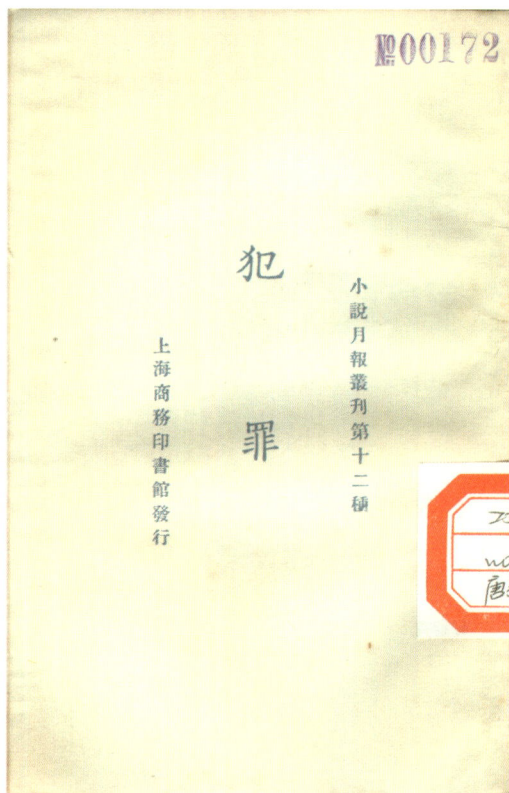

№00172

犯
罪

上海商務印書館發行

小說月報叢刊第十二種

犯 罪
初版本封面（14.9厘米×10厘米）

小说集。【俄】柴霍甫著。济之等译。民国十三年（1924）十二月初版。上海商务印书馆印行。小说月报社编辑《小说月报丛刊》之十二。

馆藏商务印书馆1924年12月初版，见唐弢文库、图书大库。

初版本无序跋。内收《犯罪》、《法文课》、《戏言》、《一个医生的出诊》、《好人》共5篇。

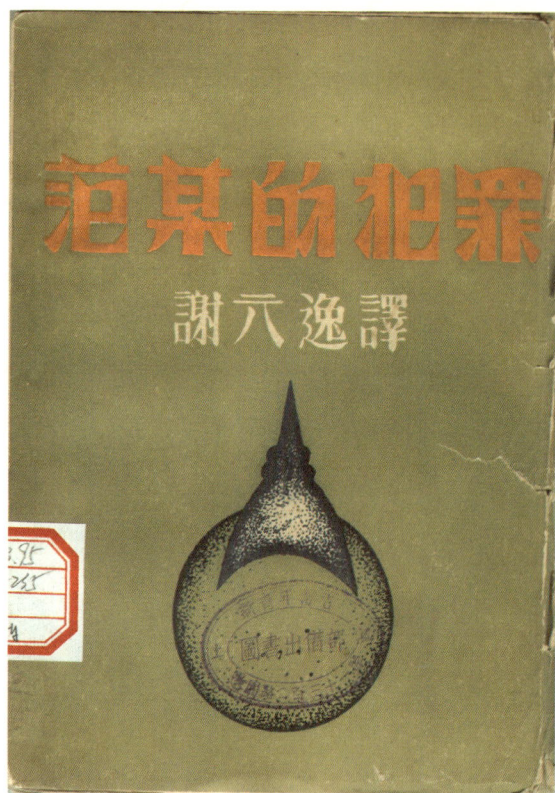

范某的犯罪

謝六逸譯

范某的犯罪
初版本封面（18.3厘米×13.5厘米）

小说集。【日】志贺直哉等著。谢六逸译。1929年8月1日出版，印1500册。上海现代书局印行。《倾盖丛书》之一种。

馆藏现代书局1929年8月初版，见唐弢文库、图书大库。

初版本无序跋。内收《范某的犯罪》、《一篇稿子》、《梅雨》、《朝诣》、《某殖民地发生的事变》共5篇。

方枘圆凿
初版本封面（18.5厘米×13.1厘米）

芳　汀（上、下）
上册初版本封面（18.6厘米×12.9厘米）

　　戏剧。【苏】凯泰耶夫著。维特译。民国二十六年（1937）五月印刷、发行。上海中华书局印行。《现代文学丛刊》之一种。

　　馆藏中华书局1937年5月初版，见图书大库。

　　初版本卷首有余上沆《余序》、《译者序言》。作品共有3幕。

　　书脊、扉页及版权页题《悲惨世界》。小说。【法】V.雨果著。微林译。民国三十三年（1944）十月初版。重庆自强出版社印行。联营书店特约经售。

　　馆藏自强出版社1944年10月初版，见臧克家文库。

　　本书为《悲惨世界》第一部。初版本上册卷首有奥特维尔庐《序》、S.R.约翰《英译本小引》。作品有第一卷《正直的人》14章、第二卷《沉沦》13章、第三卷《在一八一七年》9章、第四卷《寄养有时就是遗弃》3章、第五卷《堕落》13章、第六卷《佘凡尔》2章、第七卷《相马第事件》11章、第八卷《反击》5章，共70章。

纺轮的故事
初版本封面（19.5厘米×13.6厘米）

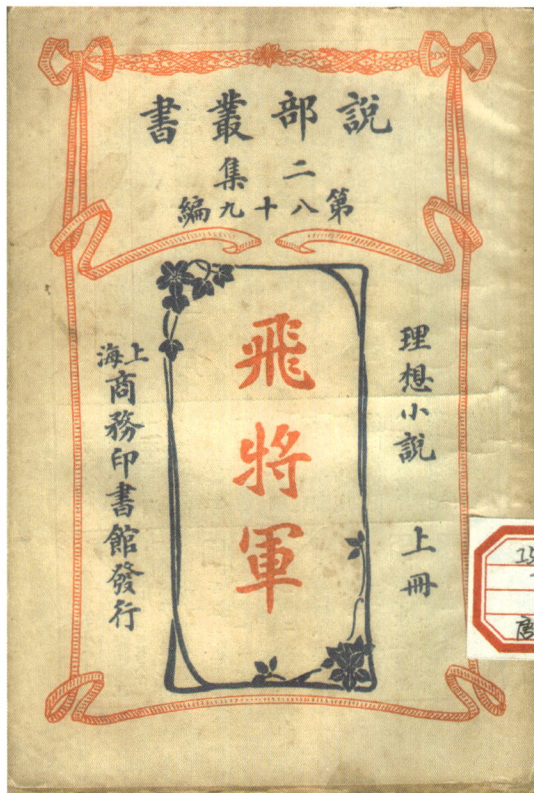

飞将军（上、下）
初版本封面（18.4厘米×12.9厘米）

　　童话集。【法】孟代著。CF译。1923年12月付印，1924年5月初版。新潮社发行。周作人编辑《新潮社文艺丛书》之四。

　　馆藏新潮社1924年5月初版、1926年5月二版，北新书局1927年4月三版，见唐弢文库、巴金文库。

　　初版本卷首有CF《译者序》、T.J.Vivian《英译者序》，卷末附有《失却的爱字》、【德】格林《睡美人》。正文收《睡美人》、《三个播种者》、《公主化鸟》、《镜》、《冰心》、《致命的愿望》、《可怜的食品》、《钱匣》、《可惊的吸引力》、《跛天使》、《两枝雏菊》、《亲爱的死者》、《罗冷将军之悲哀》、《最后的一个仙女》共14篇。

　　小说。【英】葛丽裴史著。天游译。民国四年（1915）九月二十七日印刷，十月十日初版、发行。上海商务印书馆印行。四集本《说部丛书》第二集之八十九。

　　馆藏商务印书馆1915年10月初版，见唐弢文库。

　　本书为理想小说。初版本无序跋。作品有卷上20章、卷下18章，共38章。

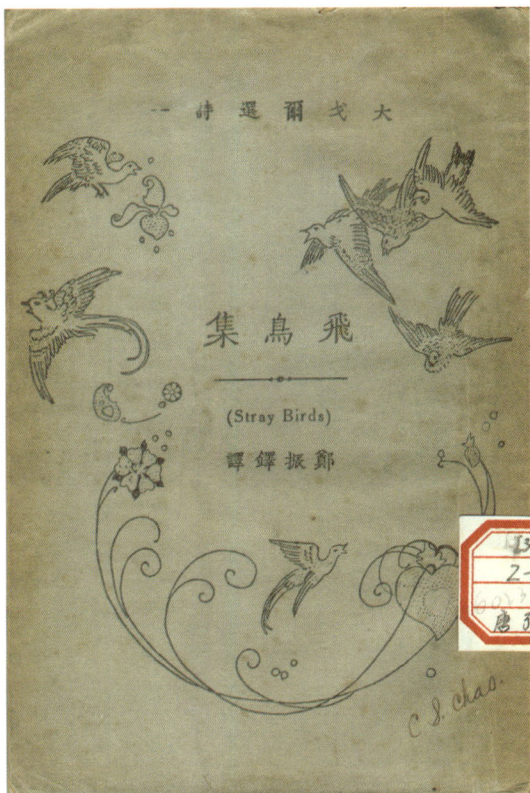

飞鸟集
初版本封面（19.1厘米×13厘米）

飞行记
初版本封面（18.9厘米×12.8厘米）

诗歌集。【印】太戈尔著。郑振铎译。民国十一年（1922）十月初版。上海商务印书馆印行。《太戈尔诗选》之一，《文学研究会丛书》之一种。

馆藏商务印书馆1922年10月初版、1933年版（版权页缺失）、1947年3月二版、1948年5月三版，见唐弢文库、图书大库。

初版本卷首有郑振铎《例言》、《太戈尔传》、郑振铎《序》。正文共收326篇，无篇名。

小说。【英】萧尔斯勃内著。谢炘译。丁未年（1907）五月初版、发行。上海小说林社印行。

馆藏小说林社1907年（农历）5月初版，见唐弢文库。

初版本无序跋。作品有上卷16节、下卷19节，共35节。

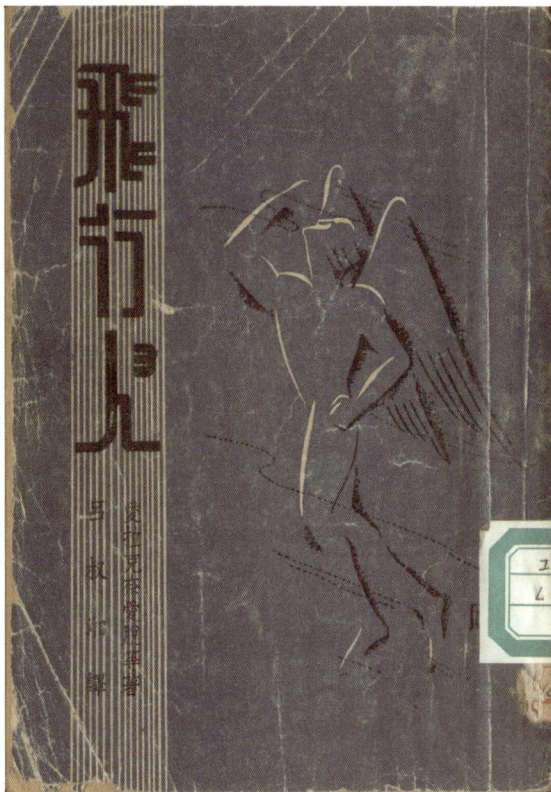

飞行人
初版本封面（17.9厘米×12.9厘米）

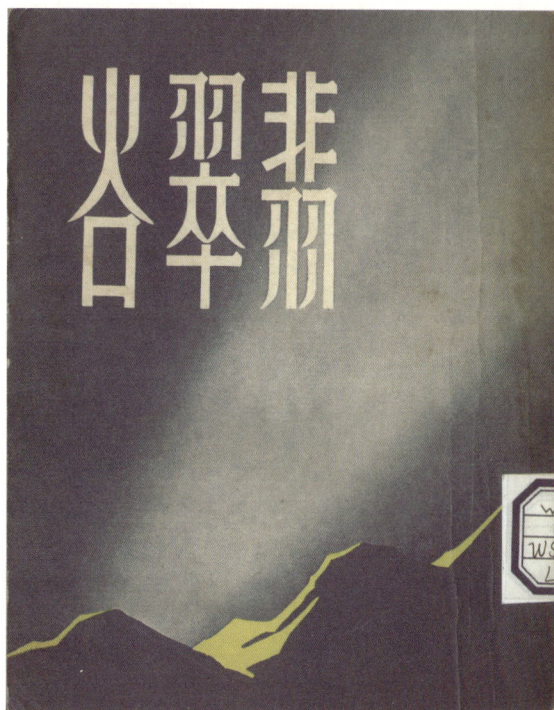

翡翠谷
初版本封面（18.1厘米×14.6厘米）

小说集。【英】爱拉克奈爱脱（扉页、版权页作"爱拉克·奈脱"）等著。吕叔湘译。民国三十五年（1946）十月沪初版，印1000册。上海文光书店印行。联营书店分发行。《文光文丛》之五。

馆藏文光书店1946年10月初版，见图书大库。

初版本卷首有吕叔湘《自序》。正文收《飞行人》、《美丽的大海》、《老太太》、《黄昏》、《号外》、《寄包裹》、《钓鱼》、《盲点》共8篇。

电影剧本。【国别不详】理查·李维英著，【国别不详】菲力甫·邓编。罗静予译。民国三十八年（1949）四月初版。上海作者书屋发行。

馆藏作者书屋1949年4月初版，见胡风文库、周扬文库。

初版本卷首有罗静予《怎样研究电影剧本（代序）》，卷末有李戈尔《作家和电影》。作品共有9场。

狒拉西
初版本封面（19厘米×13厘米）

小说。【英】渥尔芙著。石璞译。民国二十四年（1935）十二月初版。上海商务印书馆印行。《世界文学名著》之一种。

馆藏商务印书馆1935年12月初版，见唐弢文库、胡风文库、王辛笛文库、图书大库。

初版本卷首有《序》（译者）、《作者渥尔芙夫人传》、《勃朗宁夫人小传》。《勃朗宁夫人小传》云："这部小说体裁的传记《狒拉西》完全是以十九世纪的一位英国女诗人勃朗宁夫人和她底小狗作材料的。"

初版本共有6章。

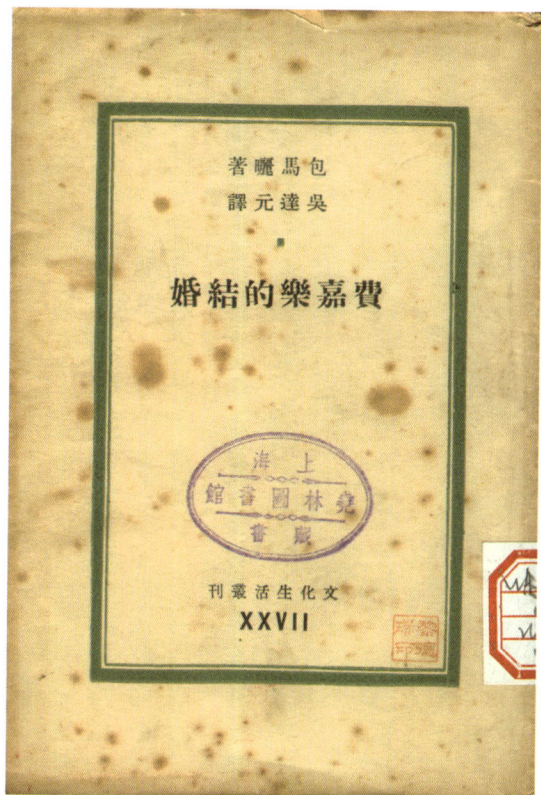

费嘉乐的结婚
初版本封面（18.3厘米×12.9厘米）

又名《狂欢的一日》。戏剧。【法】包马晒著。吴达元译。民国三十年（1941）八月初版。上海文化生活出版社出版、发行。文化生活印刷所印刷。巴金主编《文化生活丛刊》之二十七。

馆藏文化生活出版社1941年8月初版，见唐弢文库、巴金文库、图书大库。

初版本卷首有《序》（译者）。作品共有5幕。

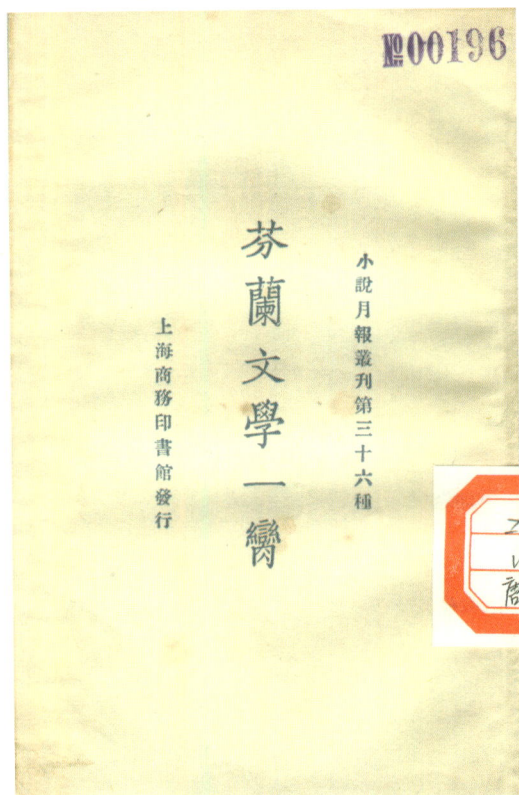

芬蘭文學一臠

小說月報叢刊第三十六種

上海商務印書館發行

№00196

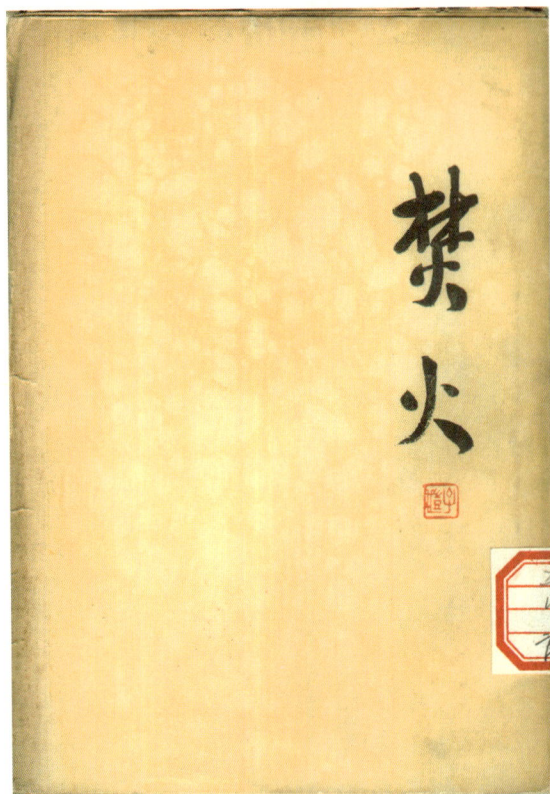

焚火

芬兰文学一脔
初版本封面（14.9厘米×10厘米）

　　小说集。哀禾等著。周作人等译。民国十四年（1925）三月初版。上海商务印书馆印行。小说月报社编辑《小说月报丛刊》之三十六。

　　馆藏商务印书馆1925年3月初版，见唐弢文库、图书大库。

　　初版本卷首有H.Ramsden《芬兰的文学》（沈雁冰译）。正文收《父亲拿洋灯回来的时候》、《疯姑娘》、《我的旅伴》共3篇。

焚 火
初版本封面（19.5厘米×14.4厘米）

　　小说集。【日】志贺直哉著。叶素译。民国二十四年（1935）五月初版、发行。上海天马书店印行。

　　馆藏天马书店1935年5月初版，见唐弢文库。

　　初版本卷首有叶素《序》。正文收《焚火》、《正义派》、《清兵卫与葫芦》、《老人》、《混浊的头脑》、《真鹤》、《学徒的菩萨》、《佐佐木的遭遇》共8篇。

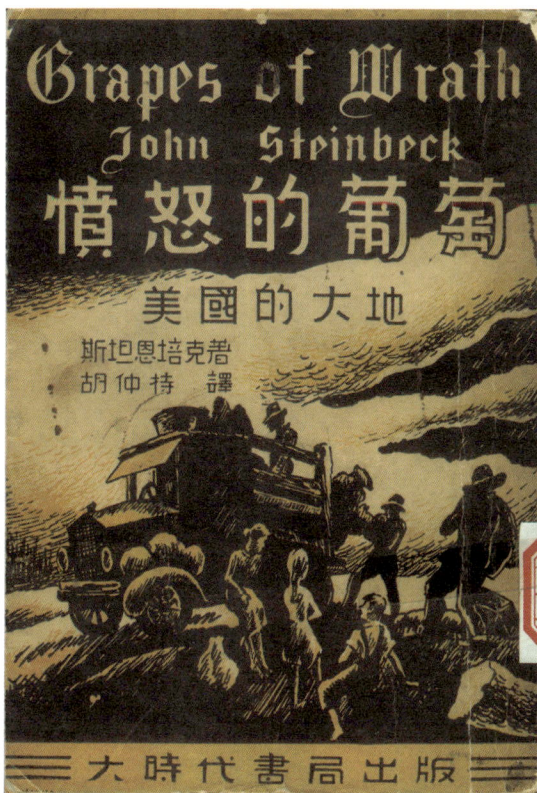

愤怒的葡萄
初版本封面（18.2厘米×12.8厘米）

凤岛女杰
初版本封面（18.2厘米×12.6厘米）

副标题为《美国的大地》。小说。【美】斯坦恩培克著。胡仲持译。民国三十年（1941）十月初版。大时代书局出版、发行。大时代印刷所印刷。

馆藏大时代书局1941年10月初版、1945年10月渝一版（上下册），见唐弢文库、刘麟文库。

初版本卷首有译者《译序》，内云："《愤怒的葡萄》不消说是斯坦恩培克的代表作了，这部小说以典型的农民约特一家凄凉的逃荒生活为经，以美国深刻的经济恐慌为纬，用灰暗的色彩给这世界第一'富国'的表面繁荣所掩盖的丑恶的现实描出了一幅动人的画图。"

初版本共有26章。

小说。著者不详。罗文亮编译。民国八年（1919）七月初版。上海商务印书馆印行。四集本《说部丛书》第三集之七十六。

馆藏商务印书馆1919年7月初版，见唐弢文库。

初版本无序跋。作品不分章节。

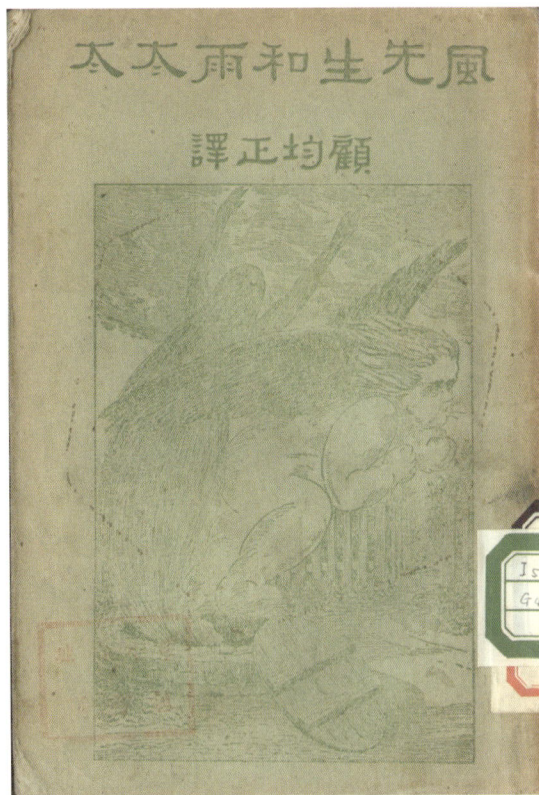

风先生和雨太太
初版本封面（18.8厘米×13.2厘米）

　　童话。【法】保罗缪塞著。顾均正译。1927年5月初版，印2000册。上海开明书店出版。《世界少年文学丛刊·童话》之一。

　　馆藏开明书店1927年5月初版，见图书大库。

　　初版本卷首有保罗缪塞《序》、《译者的话》。作品共有15章。

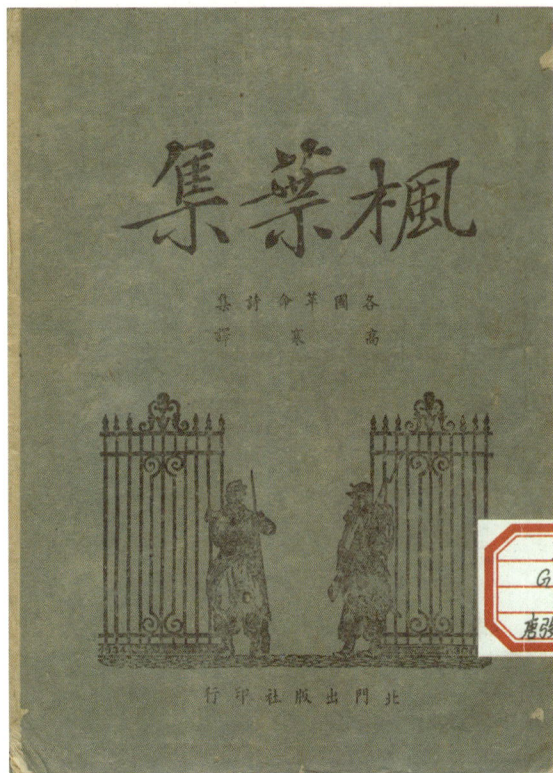

枫叶集
初版本封面（17.8厘米×12.8厘米）

　　诗歌集。【俄】N.尼克拉索夫等著。高寒译。1944年初版（月份不详），印2000册。北门出版社出版、发行。华丰印刷厂印刷。昆明北门书屋总经售。

　　馆藏北门出版社1944年初版，见唐弢文库、薛汕文库。

　　本书为《各国革命诗集》。初版本卷首有译者《题记》。正文收《铁窗双燕》、《劳动者》、《饮酒之歌》、《黑暗中的呼声》、《收获之歌》、《匕首》、《帆》、《在囚絷中》、《好像我是在黑夜中的马路上》、《卡加林娜》、《再会罢》、《我的生日》、《别祖国》、《黑夜中在海岸上》、《我在一个梦中做梦》等16篇。

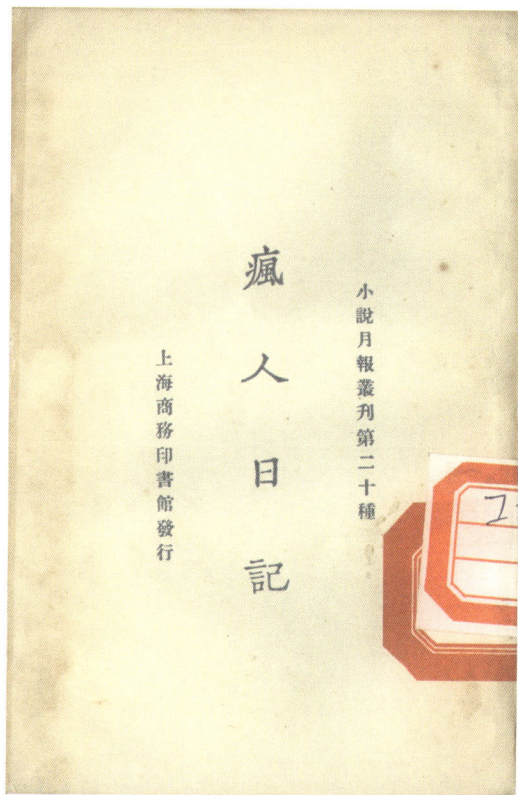

疯人日记
初版本封面（14.8厘米×10厘米）

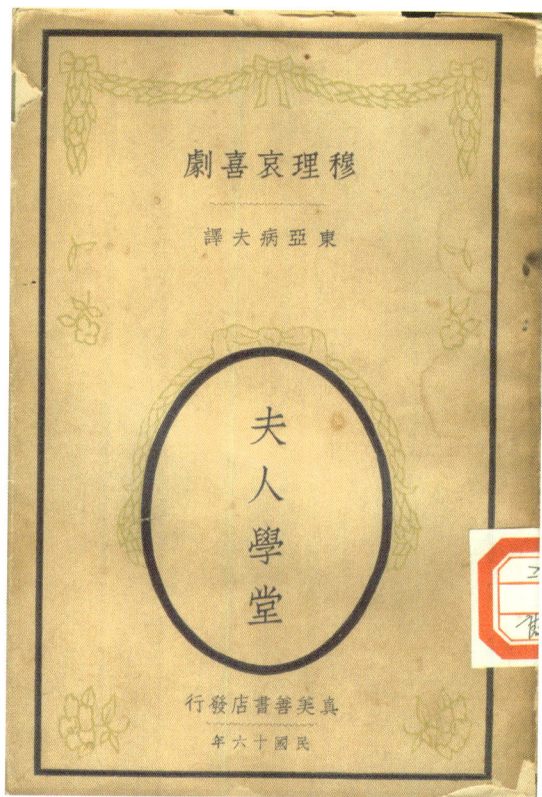

夫人学堂
初版本封面（19.1厘米×13.6厘米）

小说集。【俄】郭哥里、【俄】屠格涅甫著。耿济之译。民国十四年（1925）一月初版。上海商务印书馆印行。小说月报社编辑《小说月报丛刊》之二十。

馆藏商务印书馆1925年1月初版，见图书大库。

初版本无序跋。内收《疯人日记》、《尺素书》共2篇。

戏剧。【法】穆理哀著。东亚病夫译。民国十六年（1927）九月出版。上海真美善书店发行。

馆藏真美善书店1927年9月初版，见唐弢文库。

初版本卷首有《穆理哀原序》，卷末有《喜剧大家穆理哀小传》、《穆理哀批评》（节译自法赅《法兰西文学史》）。作品共有5折。

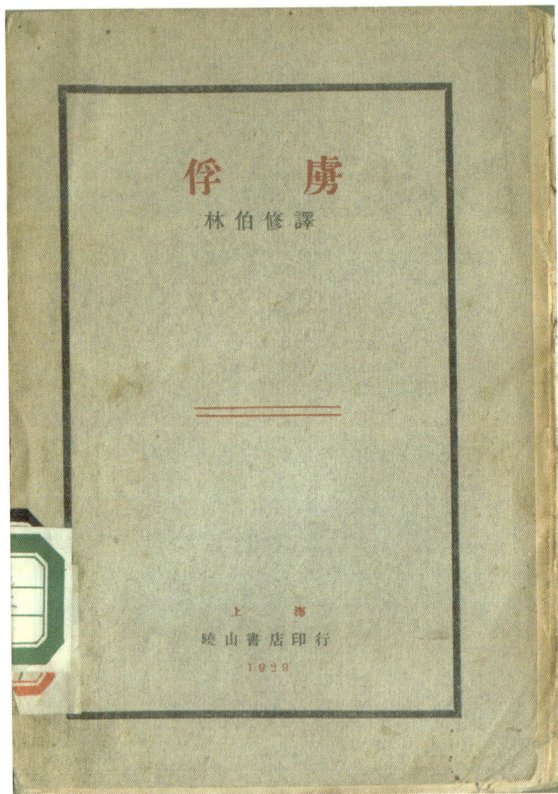

俘 虏
初版本封面（18.2厘米×12.7厘米）

小说集。【日】金子洋文等著。林伯修译。1928年11月1日付排，1929年1月1日出版，印1000册。上海晓山书店印行。

馆藏晓山书店1929年1月初版，见图书大库。

初版本无序跋。内收《俘虏》、《兵士》、《草间中尉》、《御加代》、《卖淫妇》共5篇。

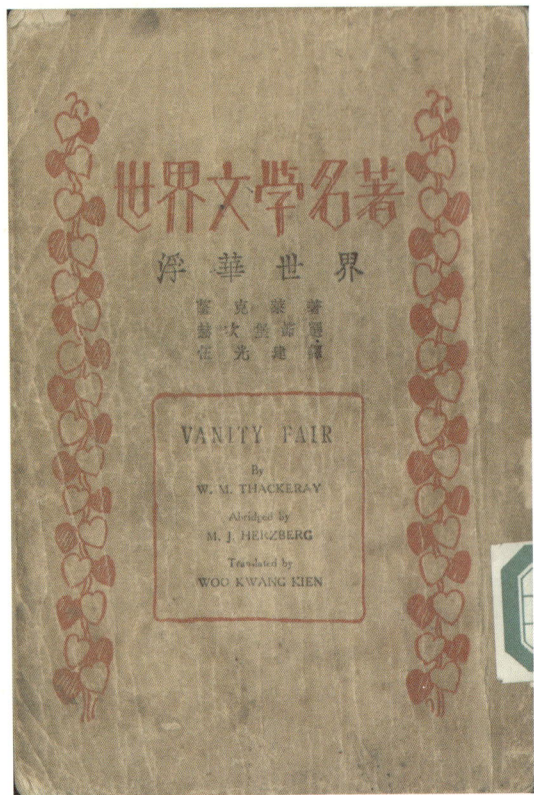

浮华世界
初版本封面（18.8厘米×12.8厘米）

小说。【英】萨克莱著。【美】赫次堡节选。伍光建译。民国二十年（1931）十月初版。上海商务印书馆印行。《世界文学名著》之一种。

馆藏商务印书馆1931年10月初版，见唐弢文库、图书大库。

初版本卷首有《作者自序》。作品共有67回，节译33回。

浮士德
创造社初版本封面（18.8厘米×13.2厘米）

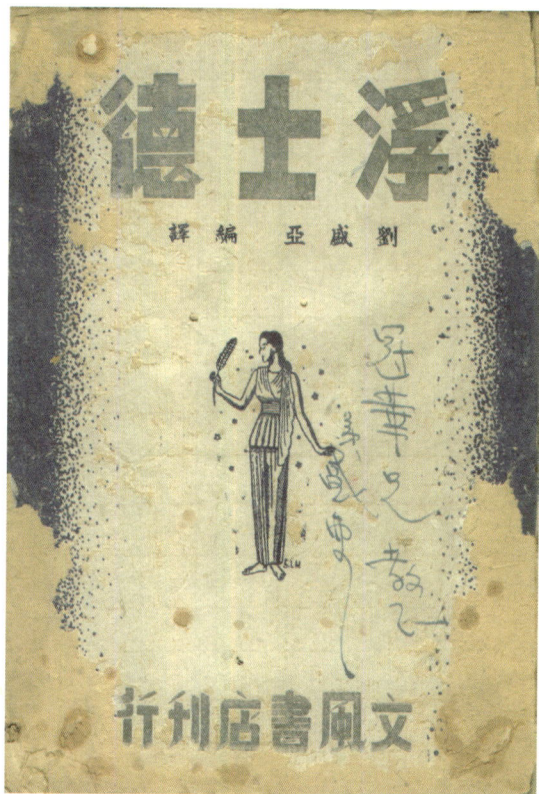

浮士德
初版本封面（18.4厘米×13厘米）

诗剧。【德】歌德著。郭沫若译。1927年12月1日付排，1928年2月1日初版，印2000册。上海创造社出版部出版。创造社《世界名著选》之八。

馆藏创造社1928年2月初版、同年4月二版、同年12月三版，现代书局1930年5月四版、1932年6月五版，中亚书店版，东南出版社1944年4月初版，群益出版社1947年3月新初版、同年11月增订初版（共两部），见唐弢文库、巴金文库、薛汕文库、刘麟文库、图书大库。

创造社初版本为《浮士德悲壮剧》第一部，卷末附有《译后》。作品除《剧前三部曲》外共有25幕。

戏剧。【德】歌德著。刘盛亚编译。民国三十一年（1942）六月初版。重庆文风书店印行。

馆藏文风书店1942年6月初版，见孔罗荪文库。初版本无序跋。作品共有6幕。

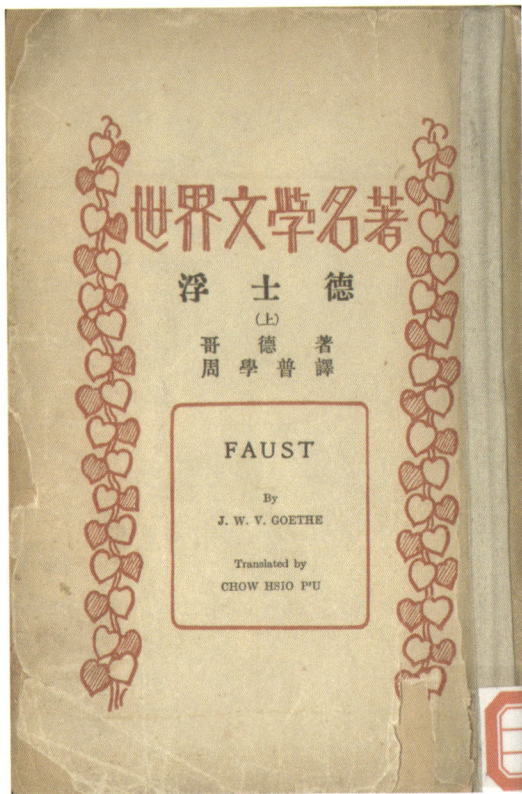

浮士德（上、下）
初版本封面（18.9厘米×13厘米）

诗剧。【德】哥德著。周学普译。民国二十四年（1935）八月初版。上海商务印书馆印行。《世界文学名著》之一种。

馆藏商务印书馆1935年8月初版、某版（版权页缺失，合订本），见唐弢文库、冯至文库、图书大库。

初版本上册卷首有钟敬文《钟序》、《译者序》。作品除《献词》、《舞台上的序剧》、《天上序曲》外有《悲剧》第一部23幕（另有《插戏》、《牢狱》各1场）、《悲剧》第二部5幕，共28幕。

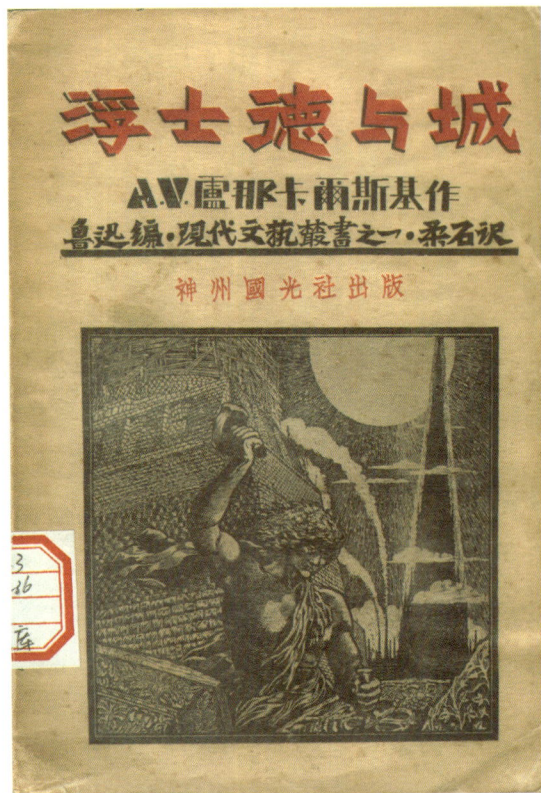

浮士德与城
1930年初版本封面（18.8厘米×13.2厘米）

戏剧。【苏】A.V.卢那卡尔斯基著。柔石译。1930年9月初版。上海神州国光社印行。鲁迅编辑《现代文艺丛书》之一种。

馆藏神州国光社1930年9月初版、1946年12月初版，见唐弢文库、胡风文库、图书大库。

1930年初版本卷末有编者《后记》、【日】尾濑敬止《作者小传》。作品除《序幕》外共有11幕。

福尔摩斯再生（一至三）
第一册初版本封面（18.6厘米×13.1厘米）

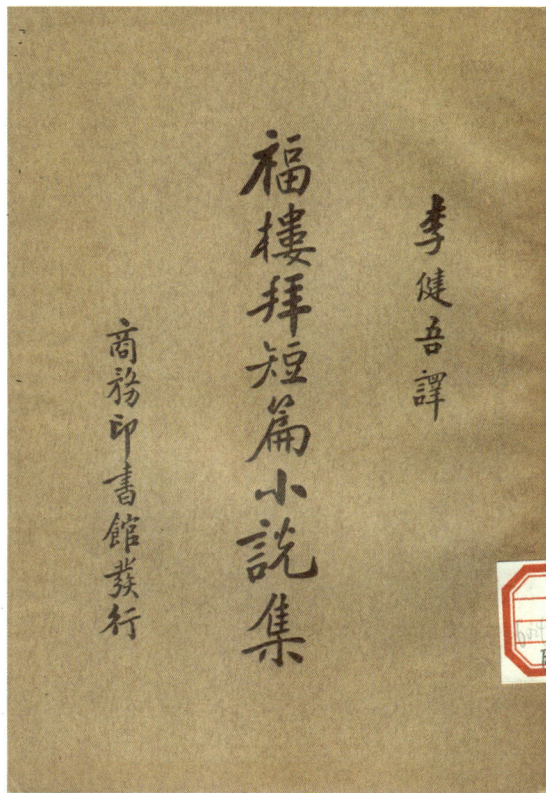

福楼拜短篇小说集
初版本封面（21.2厘米×15.1厘米）

正文题《福尔摩斯再生后探案》。小说集。
【英】华生著。周桂笙、奚若译。第一册甲辰
（1904）十二月初版，上海作新社印刷局印刷；第
二、三册甲辰十月初版，上海东亚改良印书馆印刷。
上海小说林社编辑、发行。

馆藏小说林社1904年（农历）10、12月初版（第三
册以后无藏），见唐弢文库。

初版本无序跋。前三册收《阿罗南空屋被刺案》
（附《福尔摩斯缉案被戕记》）、《约拿哑特克之焚
尸案》、《却令敦乘自转车案》、《麦克来敦之小学
校奇案》、《宓尔逢敦之被杀案》共5篇。

【法】福楼拜著。李健吾译。民国二十五年
（1936）一月初版。中华教育文化基金董事会编译委
员会编辑。上海商务印书馆印行。

馆藏商务印书馆1936年1月初版，见唐弢文库、巴
金文库、图书大库。

初版本卷首有译者《序》，卷末有译者《跋》。
正文收《一颗简单的心》、《圣朱莲外传》、《希罗
底》共3篇。

福禄特尔小说集
初版本封面（18.7厘米×12.9厘米）

【法】福禄特尔著。陈汝衡译。民国二十四年（1935）三月初版。上海商务印书馆印行。《世界文学名著》之一种。

馆藏商务印书馆1935年3月初版，见唐弢文库、图书大库。

初版本卷首有陈汝衡《译叙》、吴宓《福禄特尔评传》。正文收《坦白少年》、《查德熙传》、《记阮讷与柯兰事》共3篇。

父与子（上、下）
上册初版本封面（18.5厘米×12.6厘米）

小说。【俄】屠格涅夫著。巴金译。民国三十二年（1943）七月初版。文化生活出版社出版、发行。桂林国光印刷厂承印。《屠格涅夫选集》之四，《译文丛书》之一种。

馆藏文化生活出版社1943年7月初版、同年9月二版（上册）、1945年12月沪二版（合订本）、1946年9月沪二（？）版（合订本）、1948年6月沪四版（合订本）、1949年2月沪五版（合订本），见唐弢文库、巴金文库、臧克家文库、孔罗荪文库、图书大库。

初版本上册卷首有《本书人物表》、爱德华·嘉尔纳特《英译本序》，下册卷末有巴金《后记》。作品有上册17章、下册11章，共28章。

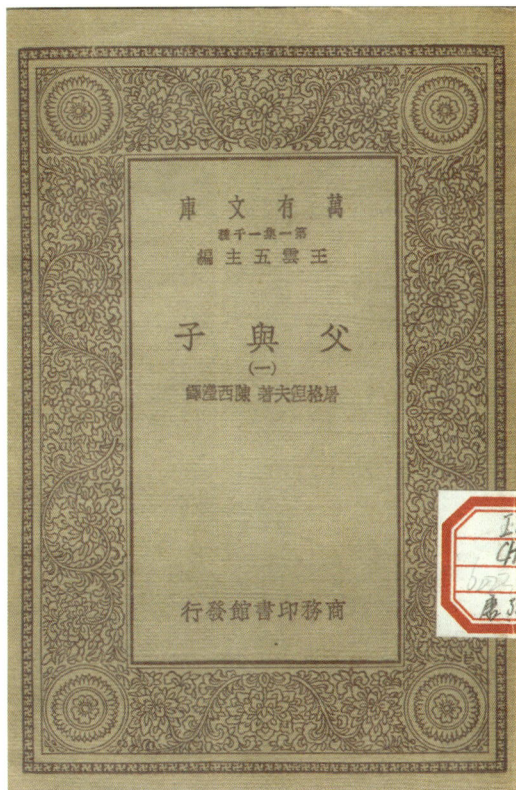

父与子（一至三）
初版本封面（17.4厘米×11.7厘米）

妇女戲劇集
初版本封面（18.8厘米×13.4厘米）

小说。【俄】屠格涅夫著。陈西滢译。民国十九年（1930）十月初版。上海商务印书馆印行。《汉译世界名著》、王云五主编《万有文库》第一集之一种。

馆藏商务印书馆1930年10月初版、1931年6月初版（合订本）、1947年3月二版（合订本），见唐弢文库、图书大库。

初版本第一册卷首有《译者的话》、《本书中的人名表》。作品有第一册13章、第二册9章、第三册6章，共28章。

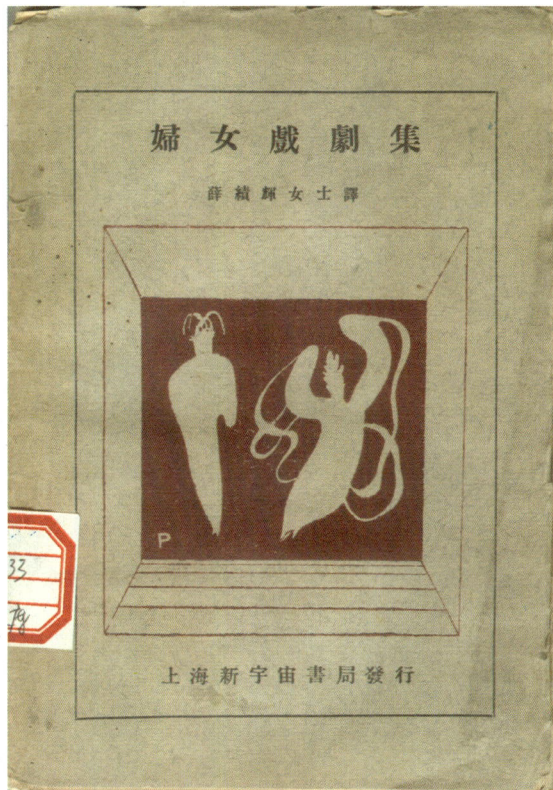

【瑞典】史特林堡等著。薛绩辉译。1928年8月10日付印，10月10日初版，印1500册。上海新宇宙书店（封面误为"新宇宙书局"）印行。

馆藏新宇宙书店1928年10月初版，见唐弢文库。

初版本卷首有《译了以后》。正文收《强者》、《登特琪之死》、《瓷猪》、《女主人的梦》共4篇。

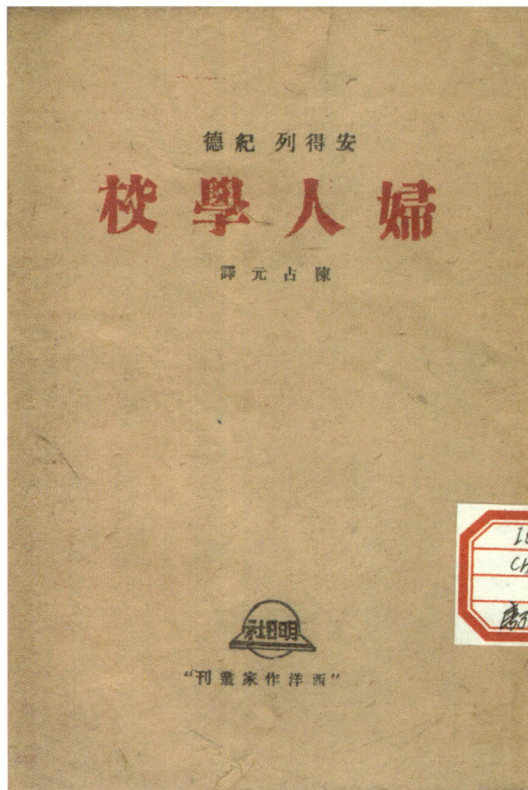

妇人学校
初版本封面（18.1厘米×12.4厘米）

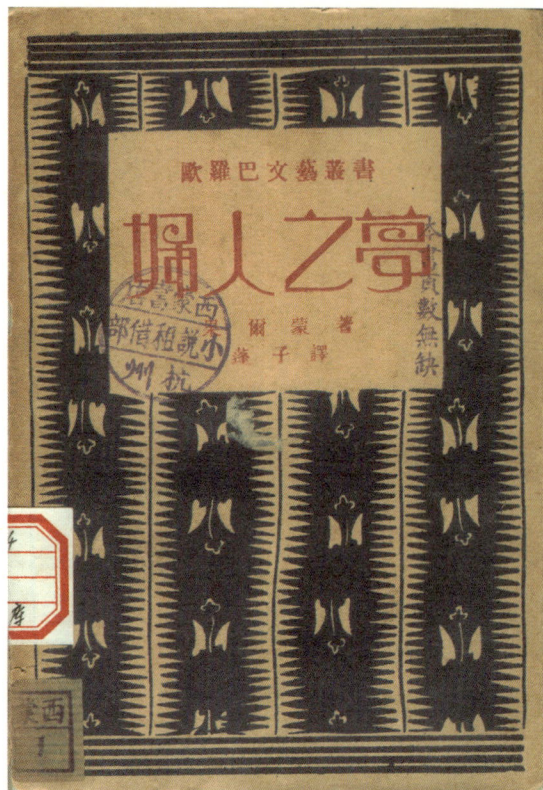

妇人之梦
初版本封面（18.8厘米×13.2厘米）

　　小说。【法】安得列·纪德著。陈占元译。民国三十三年（1944）五月发行，印3000册。明日社发行。桂林建华印刷厂承印。《西洋作家丛刊》之一种。

　　馆藏明日社1944年5月初版，见唐弢文库。

　　初版本卷首有D.真纳维耶"致著者"，内云："先生：经过许多犹豫，我决意给您寄出这些册子，我的母亲给我遗下的日记用打字机誊录的副本。……假如您以为若干少妇阅读它们不会没有裨益的话，我听您把这些篇页发表。"

　　初版本除《尾声》外共有两部。

　　小说。【法】果尔蒙（扉页作"果尔梦"）著。蓬子译。1930年2月付排，3月出版，印2000册。上海光华书局印行。蓬子、徐霞村、杜衡主编《欧罗巴文艺丛书》之一种。

　　馆藏光华书局1930年3月初版，见唐弢文库。

　　初版本无序跋。作品不分章节。

妇心三部曲
初版本封面（18.5厘米×12.2厘米）

　　小说集。【奥】显尼兹勒著。施蛰存译。1931年6月初版。神州国光社出版。

　　馆藏神州国光社1931年6月初版、言行社1947年2月初版（著者译名为"显尼志勒"），见胡风文库、图书大库。

　　神州国光社初版本卷首有《译者序》，内云："本书是他底三种小说底译本。《蓓尔达·迦兰夫人》是一个长篇，其他两种是中篇小说。因为这三种著作都是他底杰作，而且都是描写女性心理的，所以把它们合起来，冠以《妇心三部曲》这个题名。"

　　初版本收《蓓尔达茄兰夫人》、《毗亚特丽思》、《爱尔赛小姐》共3篇。

复仇的火焰
初版本封面（18厘米×12.5厘米）

　　小说。【苏】巴甫林科著。茅盾译。民国三十二年（1943）六月初版，印3000册。中苏文化协会编译委员会编辑、发行。重庆新知书店出版、总经售。曹靖华主编《苏联文学丛书》之六。

　　馆藏新知书店1943年6月初版、韬奋书店1945年7月版（书名为《复仇火焰》，著者译名为"巴夫连科"）、冀中新华书店1947年10月版（书名为《复仇火焰》，著者译名为"巴夫连科"），见唐弢文库、臧克家文库、图书大库。

　　初版本卷首有茅盾《序——关于〈复仇的火焰〉》，内云："巴甫林科这部小说写的还是苏联和纳粹德国作战第一年的冬季在伊尔曼湖森林区域一枝不满百人的游击分队的故事。"

　　初版本共有28章。

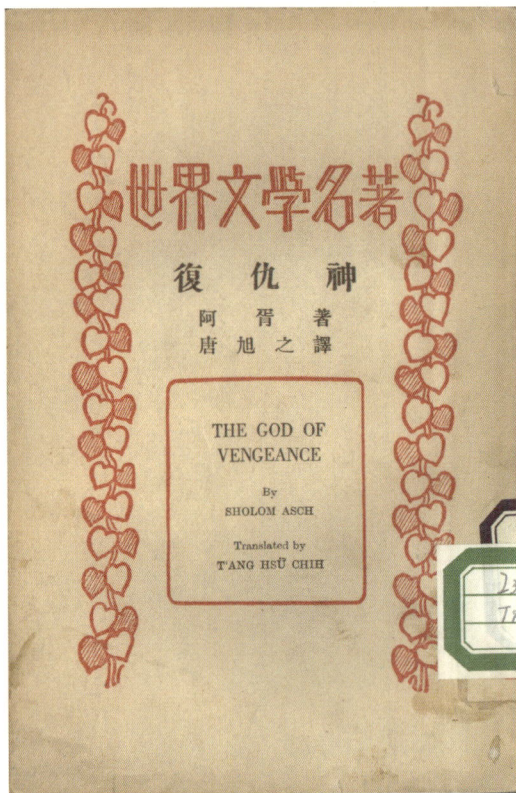

复仇神
初版本封面（18.9厘米×12.9厘米）

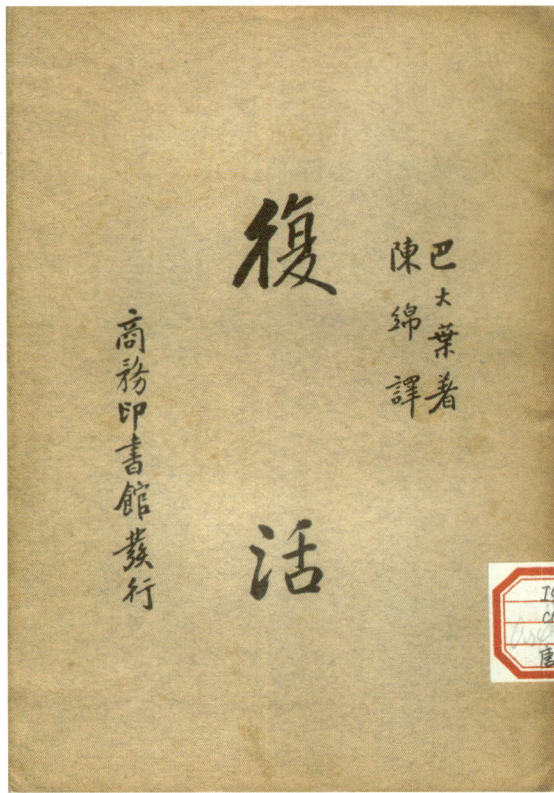

复 活
初版本封面（21.2厘米×15.2厘米）

　　戏剧。【俄】阿胥著。唐旭之译。民国二十五年（1936）七月初版。上海商务印书馆印行。《世界文学名著》之一种。

　　馆藏商务印书馆1936年7月初版，见唐弢文库、图书大库。

　　初版本卷首有【美】亚伯拉罕·卡汉《序》，卷末有唐旭之《译后记》。作品共有3幕。

　　戏剧。【法】巴大叶著。陈绵译。民国二十六年（1937）一月初版。中华教育文化基金董事会编译委员会编辑。上海商务印书馆印行。

　　馆藏商务印书馆1937年1月初版，见唐弢文库。

　　初版本卷首有陈绵《序》。作品共有5幕。

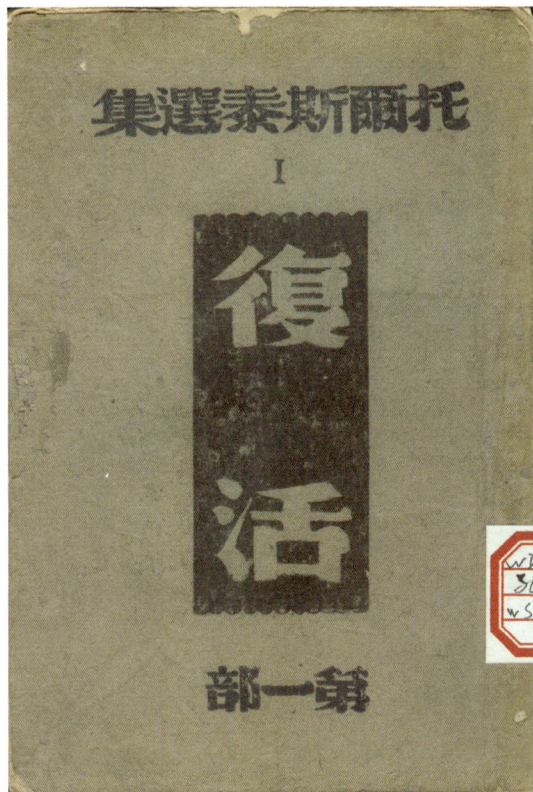

复 活（一、二）
初版本封面（18.7厘米×13厘米）

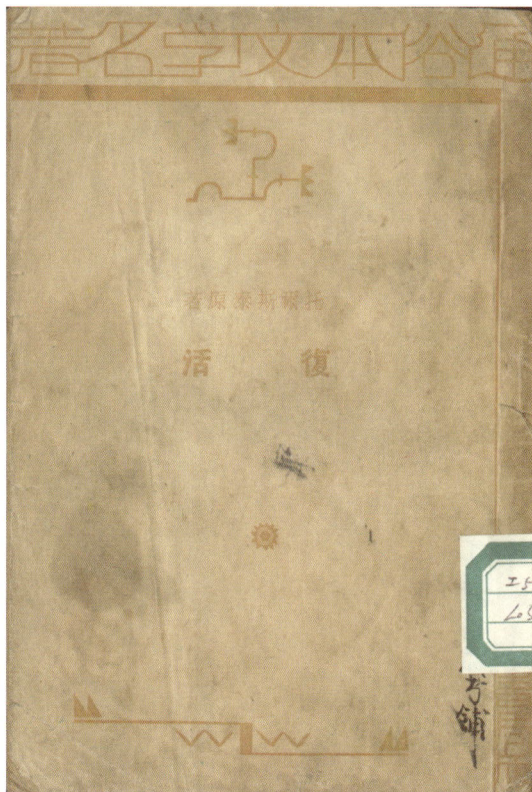

复 活
初版本封面（18.6厘米×13.1厘米）

　　小说。【俄】托尔斯泰著。高植译。民国三十二年（1943）五、八月渝一版。文化生活出版社出版、发行。南方印书馆印刷。《托尔斯泰选集》之一，《译文丛书》之一种。

　　馆藏文化生活出版社1943年5月初版（第一部）、1946年2月沪一版（合订本）、1948年4月沪三版（合订本），见唐弢文库、巴金文库、孔罗荪文库、姚雪垠文库。

　　初版本第一部卷首有《译者附序》，第二部序跋情况不详。作品有第一部59章、第二部42章、第三部28章，共129章。

　　小说。【俄】托尔斯泰著。罗洪编译。民国二十三年（1934）四月付印，五月出版。上海开华书局发行。上海中和印刷公司印刷。上海中学生书局总经售。《通俗本文学名著丛刊》之一种。

　　馆藏开华书局1934年5月初版，见图书大库。

　　初版本卷首有《前言》（译者）。作品不分章节。

复 活
初版本封面（18.6厘米×13厘米）

复活的死人
初版本封面（18.5厘米×13.3厘米）

戏剧。【俄】托尔斯泰著。田汉改译。1936年9月初版，印1500册。上海杂志公司总经售。《文学创造丛书》之一种。

馆藏上海杂志公司1936年9月初版、同年12月二版，见唐弢文库、图书大库。

初版本无序跋。作品共有6幕。

小说集。【俄】黎阿尼达·安特利夫、【俄】伊凡·蒲宁著。国祥、乙丁译。民国二十二年（1933）九月初版。上海鸡鸣书局发行。现代印刷所排印。《世界名著小说丛书》之一。

馆藏鸡鸣书局1933年9月初版，见唐弢文库、图书大库。

初版本卷首有矮勃兰哈姆·夏尔慕林司基《英译者序言》。正文收《复活的死人》、《暴死的绅士》共2篇。

覆　车
初版本封面（18.8厘米×13厘米）

　　小说。著者不详。天笑、毅汉译。民国十年
（1921）六月初版。进步书局出版。上海文明书局印
行。中华书局经售。
　　馆藏进步书局1921年6月初版，见唐弢文库。
　　初版本无序跋。作品共有7章。

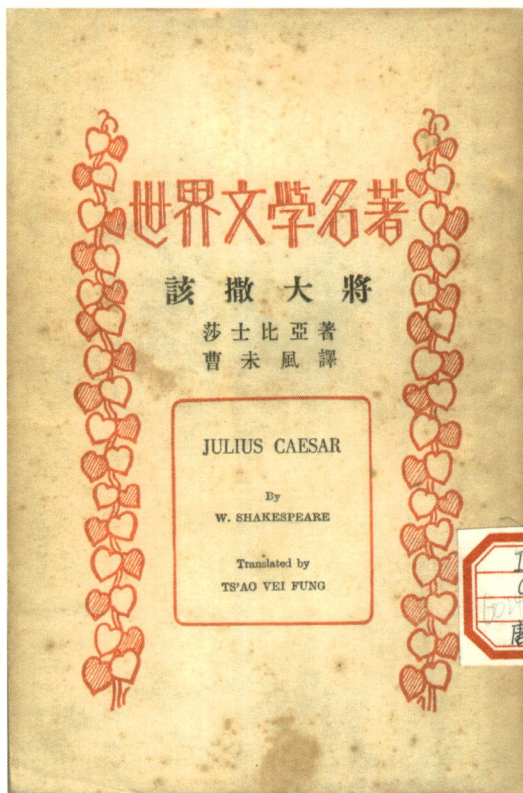

该撒大将
初版本封面（18.9厘米×13厘米）

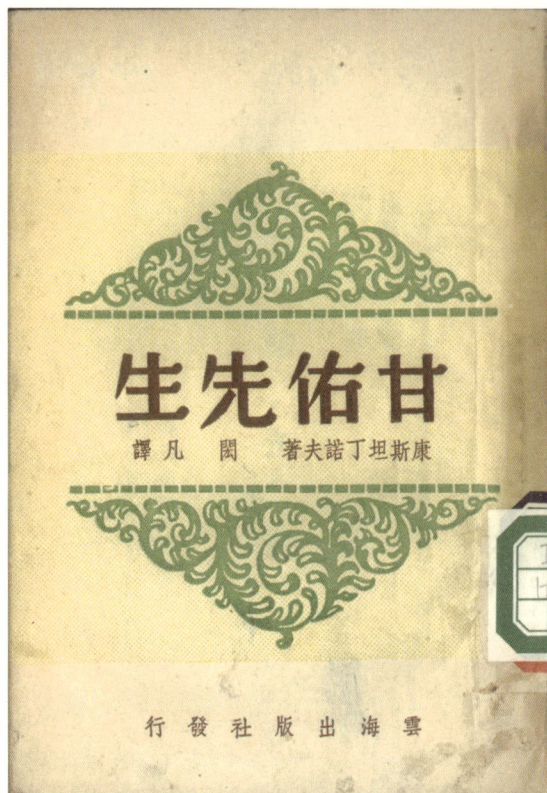

甘佑先生
初版本封面（17.2厘米×12.2厘米）

　　戏剧。【英】莎士比亚著。曹未风译。民国二十四年（1935）八月初版。上海商务印书馆印行。《世界文学名著》之一种。

　　馆藏商务印书馆1935年8月初版，见唐弢文库、图书大库。

　　初版本无序跋。作品共有5幕。

　　小说。【保】康斯坦丁诺夫著。阎凡译。民国三十五年（1946）六月沪初版。上海云海出版社印行。

　　馆藏云海出版社1946年6月初版，见巴金文库、图书大库。

　　初版本卷末有世界语本译者《本书作者略传》、《甘佑先生是保加利亚的代表人物吗？——世界语译本原序》。作品除"引子"外共有4章。

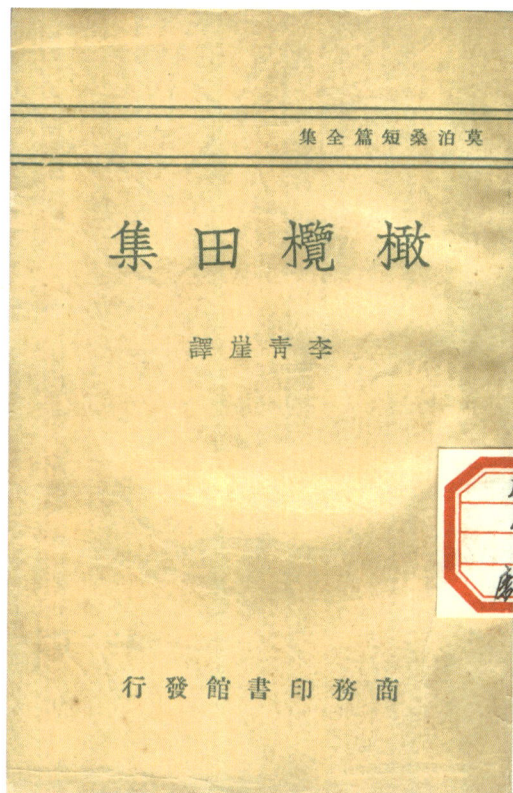

橄榄田集
初版本封面（15.2厘米×10.1厘米）

小说集。【法】莫泊桑著。李青崖译。民国三十年（1941）七月初版。长沙商务印书馆印行。《莫泊桑短篇全集》之一种。

馆藏商务印书馆1941年7月初版，见唐弢文库、图书大库。

初版本无序跋。内收《橄榄田》、《一件买卖》、《那一顿年夜饭》、《隐者》、《鬼神出没》、《海上》、《巴襄斯那个朋友》、《新年礼物》、《小酒桶》、《替手》、《子爵夫人》共11篇。

橄榄仙（上、下）
初版本封面（18.5厘米×12.6厘米）

小说。【美】巴苏谨著。林纾、陈家麟译。民国五年（1916）十一月初版。上海商务印书馆印行。四集本《说部丛书》第三集之十三。

馆藏商务印书馆1916年11月初版、1920年7月二版（四集本《说部丛书》第三集）、某版（无版权页，《林译小说》第二集），见唐弢文库、王辛笛文库、图书大库。

初版本无序跋。作品有上册14章、下册11章，共25章。

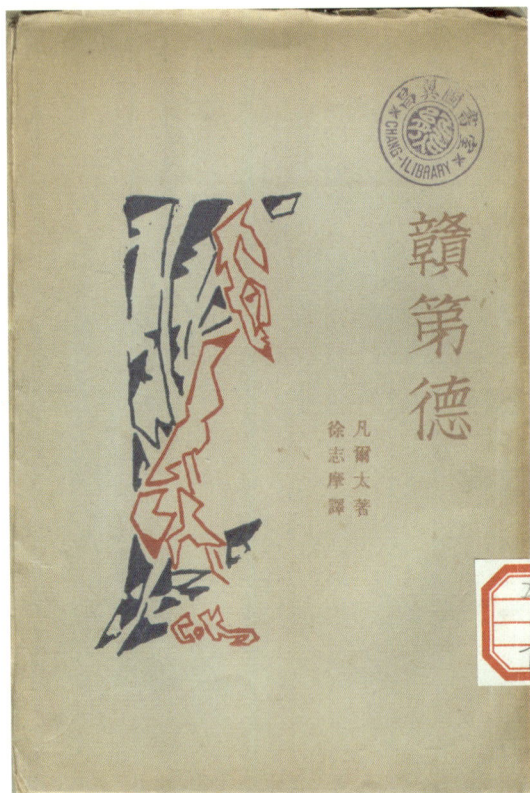

赣第德
初版本封面（20.2厘米×13.8厘米）

小说。【法】凡尔太著。徐志摩译。1927年6月出版。北新书局发行。

馆藏北新书局1927年6月初版，见唐弢文库、图书大库。

初版本卷首有志摩《赣第德》。作品共有30回。

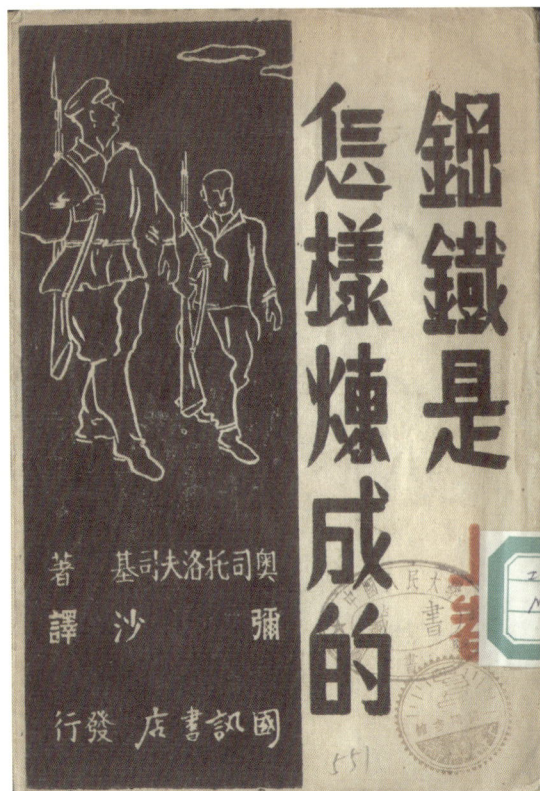

钢铁是怎样炼成的
初版本封面（18.6厘米×13.1厘米）

小说。【苏】奥司托洛夫司基著。弥沙译。民国三十二年（1943）十月初版。重庆国讯书店发行。茅盾主编《国讯文艺丛书》之一种。

馆藏国讯书店1943年10月初版，见唐弢文库、图书大库。

初版本无序跋。作品共有9章。

高尔基创作选集
初版本封面（18.9厘米×13厘米）

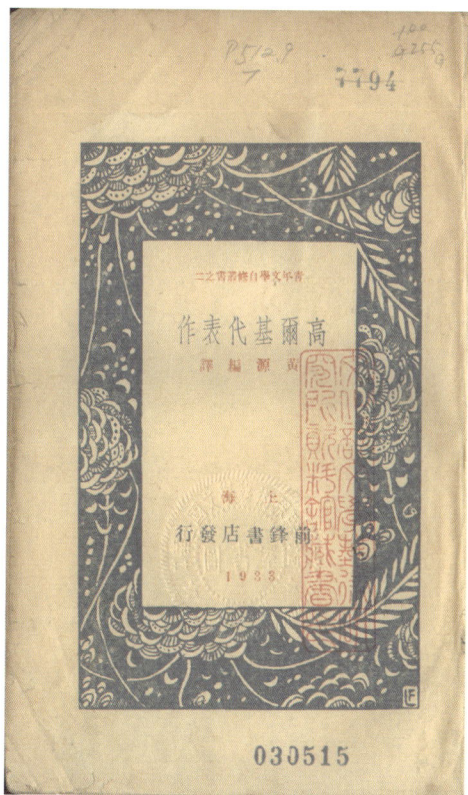

高尔基代表作
初版本扉页（封面无书名。18.8厘米×11.4厘米）

小说散文集。【苏】高尔基著。萧参译。民国二十二年（1933）十月初版。上海生活书店发行。生活印刷所印刷。

馆藏生活书店1933年10月初版、1946年7月胜利后一版（增订本，译者署名为"瞿秋白"），1936年8月初版（出版者不详，书名为《坟场》，译者署名为"史杰"），文学出版社1943年9月改订桂版（书名为《海燕》，译者署名为"陈节"），海林社1943年10月改订版（书名为《海燕》，译者署名为"易嘉"），见唐弢文库、图书大库。

生活书店初版本卷首有《高尔基自传》、【苏】史铁莎基《马克西谟·高尔基——四十年的文学事业》、【苏】卢纳察纳斯基《作家与政治家（原序）》，卷末有萧参《后记》。正文收《海燕》、《同志！》、《大灾星》、《坟场》、《莫尔多姑娘》、《笑话》、《不平常的故事》共7篇。

小说散文集。【苏】高尔基著。巴金等译。民国二十二年（1933）十月出版。上海前锋书店印行。开明书店、现代书局等分销。《青年文学自修丛书》之二。

馆藏前锋书店1933年10月初版、1934年7月二版、1936年7月三版，见唐弢文库、图书大库。

初版本卷首有茅盾《高尔基》、黄源《高尔基评传》、沈端先《年谱》。正文收《马加尔周达》、《拆尔卡士》、《秋夜》、《我的旅伴》、《筏上》、《二十六个男子和一个少女》、《等待渡船》、《布格罗夫》、《托尔斯泰回忆杂记》、《强果尔河畔》、《三人》、《母亲》、《我的童年》、《我的大学》共14篇。

高尔基的回忆琐记
初版本封面（18.5厘米×13.3厘米）

【苏】高尔基著。陈勺水译。1929年10月1日付排，11月15日出版，印2000册。上海乐群书店出版。

馆藏乐群书店1929年11月初版，见唐弢文库。

初版本卷首有《译者小引》。作品共有23章。

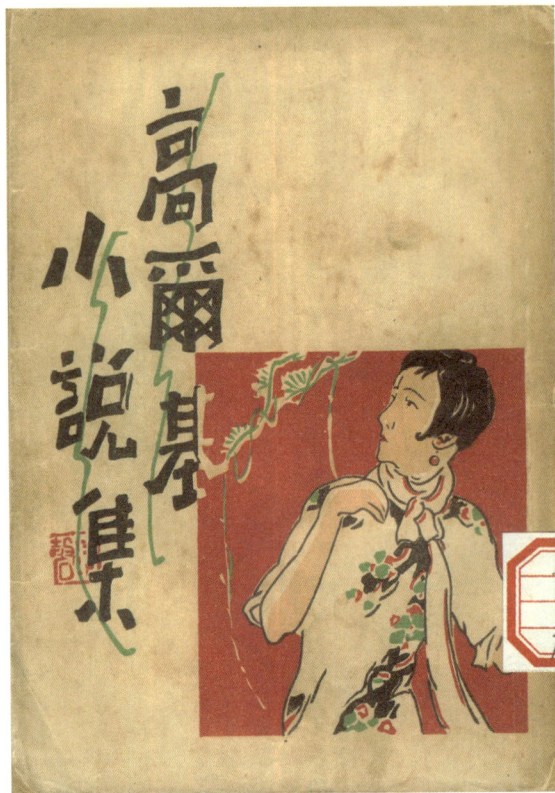

高尔基小说集
初版本封面（18.2厘米×13厘米）

【苏】高尔基著。宋桂煌译。民国十七年（1928）二月初版。上海民智书局出版、发行。上海民智印刷所印刷。

馆藏民智书局1928年2月初版，见唐弢文库。

初版本卷首有【英】乞斯脱顿《引言》。正文收《曾经为人的动物》、《二十六男和一女》、《拆尔卡士》、《我的旅伴》、《在木排上》共5篇。

高尔基作品选
初版本封面（19.3厘米×13厘米）

小说散文集。【苏】高尔基著。宋桂煌等译。汪仑编。1936年8月15日付排，1937年2月10日初版，印1000册。上海良友图书印刷公司印行。

馆藏良友图书印刷公司1937年2月初版、惠民书店1949年7月初版，见唐弢文库、汝龙文库、李辉英文库、图书大库。

初版本卷首有汪仑《M.高尔基走过的路程》，卷末有汪仑《高尔基年谱》。正文收《拆尔卡士》、《海燕》、《筏上》、《我的旅伴》、《二十六个和一个》、《奥罗夫夫妇》、《大灾星》、《曾经为人的动物》、《坟场》、《草原上》、《马尔华》、《一个人的出生》、《笑话》、《英雄的故事》共14篇。

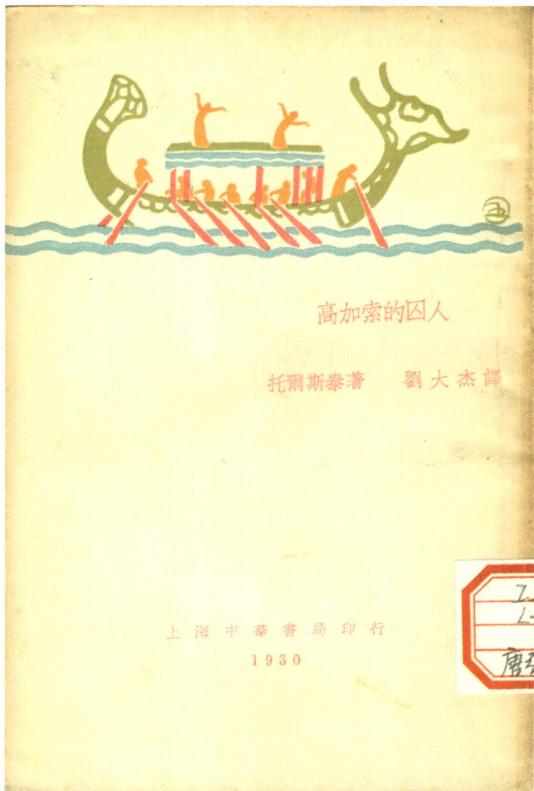

高加索的囚人
初版本封面（18.9厘米×13.2厘米）

小说集。【俄】托尔斯泰著。刘大杰译。民国十九年（1930）一月印刷、发行。上海中华书局印行。

馆藏中华书局1930年1月初版，见唐弢文库、图书大库。

初版本卷首有《序》（译者）。正文收《高加索的囚人》、《最后的审判》、《爱在神即在》、《巴霍曼的死》、《克利萨斯与沙伦》共5篇。

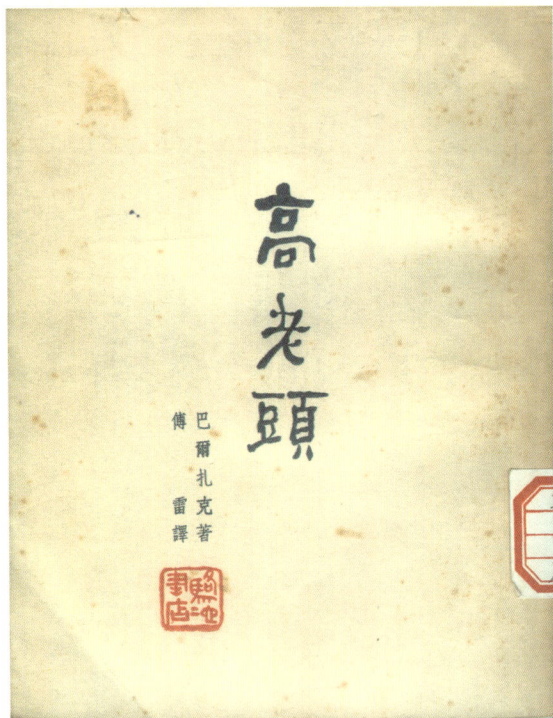

高老头
1946年初版本封面（18.4厘米×14.7厘米）

高龙芭
初版本封面（18.6厘米×13.2厘米）

　　小说。【法】巴尔扎克著。傅雷译。民国三十五年（1946）八月初版，印1000册。上海骆驼书店出版。

　　馆藏骆驼书店1946年8月初版、1947年1月二版、同年6月初版、1949年3月三版，见唐弢文库、姚雪垠文库、图书大库。

　　初版本无序跋。作品不标章次。

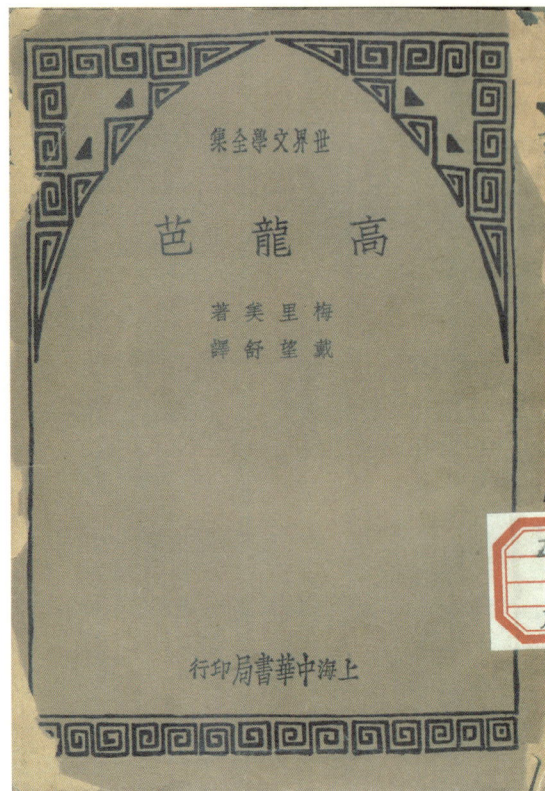

　　小说集。【法】梅里美著。戴望舒译。民国二十四年（1935）二月印刷、发行。上海中华书局印行。《世界文学全集》之一种。

　　馆藏中华书局1935年2月初版，见唐弢文库。

　　初版本卷首有《梅里美小传》。正文收《高龙芭》、《珈尔曼》共2篇。

哥萨克
初版本封面（17厘米×12.3厘米）

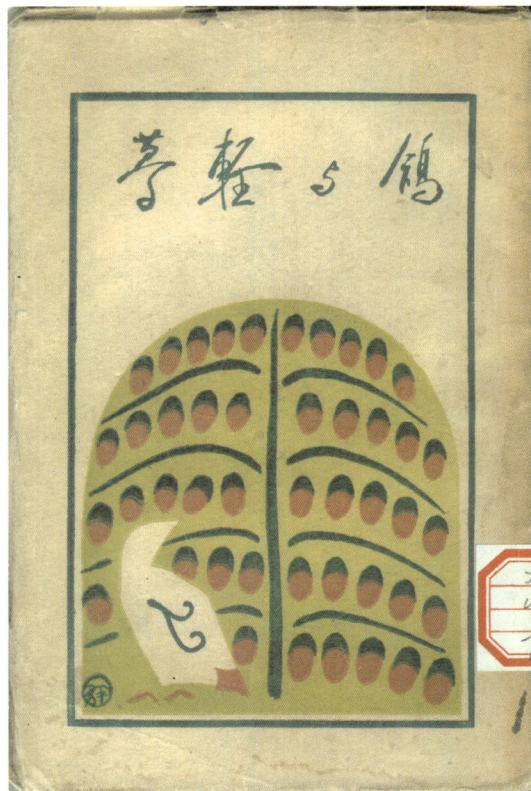

鸽与轻梦
初版本封面（20.1厘米×14.1厘米）

　　副标题为《一八五二年的故事》。小说。【俄】L.托尔斯泰著。吴岩译。1949年9月初版。上海开明书店印行。《开明文艺译丛》之一种。

　　馆藏开明书店1949年9月初版，见唐弢文库。

　　初版本卷首有译者《小引》。作品共有42章。

　　戏剧集。【英】高尔斯华绥著。席涤尘、赵宋庆译。1927年10月初版。上海开明书店印行。

　　馆藏开明书店1927年10月初版，见唐弢文库、巴金文库。

　　初版本卷首有尘、庆《小序》。正文收《鸽》、《轻梦》共2篇。

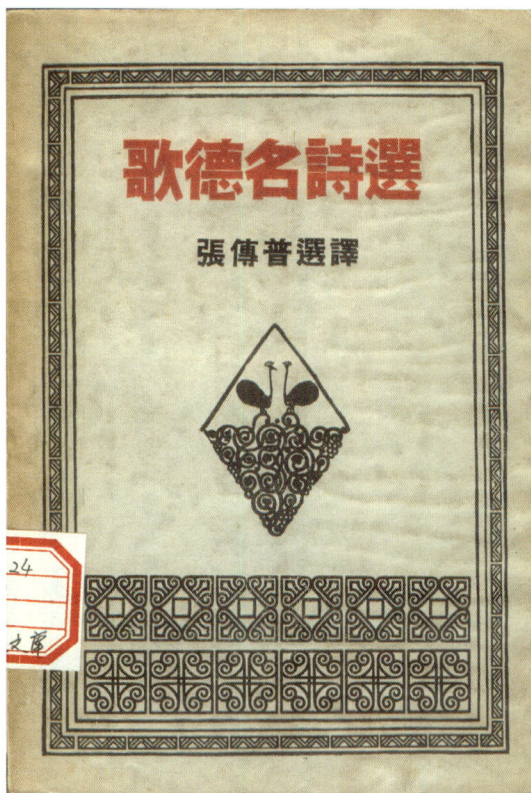

歌德名诗选
初版本封面（18.7厘米×13厘米）

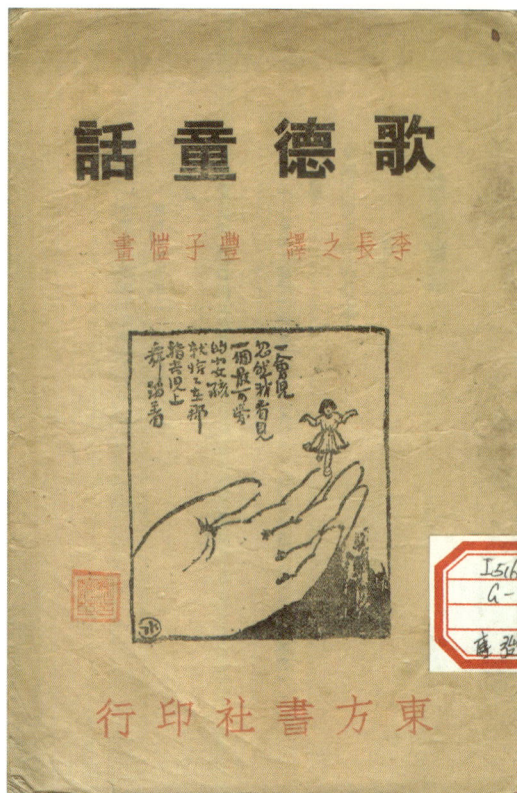

歌德童话
初版本封面（18.6厘米×12.4厘米）

　　【德】歌德著。张传普译。1933年11月15日初版，印2000册。上海现代书局出版、总发行。现代印刷公司印刷。

　　馆藏现代书局1933年11月初版，见唐弢文库、薛汕文库、图书大库。

　　初版本卷首有《赠丽娜》（著者），卷末有译者《译后记》。正文收《献诗》、《五月歌》、《荒原小玫瑰》、《紫罗兰》、《土勒王》、《新的爱情，新的生命》、《湖上》、《游子夜歌》（2篇）、《无尽的爱情》、《对月》、《渔夫》、《水上神祇吟》、《魔王》、《迷娘》（2篇）、《歌人》等24篇。

　　【德】歌德著。李长之译。民国三十四年（1945）四月初版，印3000册。东方书社印行。联营书店分发行。

　　馆藏东方书社1945年4月初版，见唐弢文库。

　　初版本卷末有《译后小记》。正文收《新的巴黎王子的故事》、《新的人鱼梅露心的故事》共2篇。

歌德小曲集
初版本封面（18厘米×12.7厘米）

歌德自传（上、下）
上册初版本封面（21.7厘米×15厘米）

诗歌集。【德】歌德著。罗贤译。民国三十五年（1946）一月一日出版。重庆四维出版社发行。重庆四维印刷所印刷。

馆藏四维出版社1946年1月初版、正风出版社1948年12月三版（书名为《野蔷薇》），见唐弢文库、薛汕文库、图书大库。

初版本卷首有译者《小序》、《献词》（著者）。正文收《卷头语》、《给亲爱的读者》、《新勇士（新的阿马特士）》、《狐死皮存》、《野蔷薇》、《盲鬼》、《克丽丝特》、《无情的女郎》、《有情的女郎》、《救》、《诗神的宠儿》、《发见》、《相互的喜悦》、《舞场的唱和》、《自欺》等88篇。

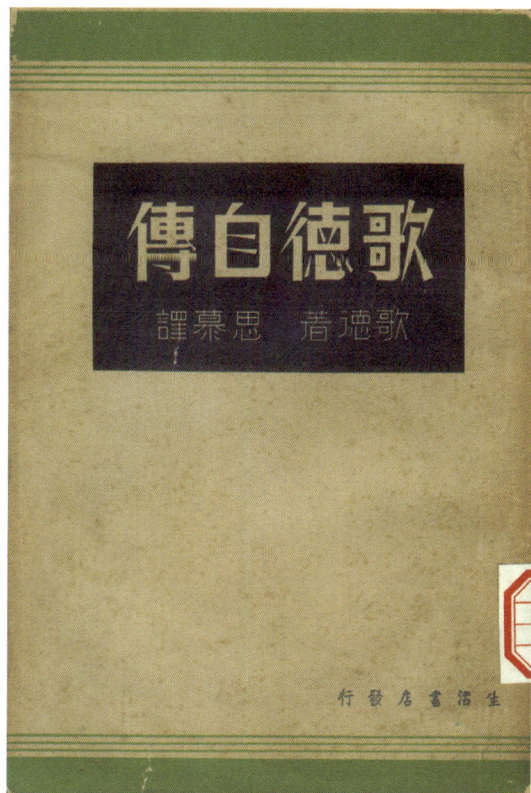

回忆录。【德】歌德著。思慕译。民国二十五年（1936）十二月、民国二十六年（1937）四月初版。上海生活书店发行。生活印刷所印刷。

馆藏生活书店1936年12月、1937年4月初版，见唐弢文库。

初版本上册卷首有《译者序》、《自序》。作品有第一部4卷、第二部6卷、第三部5卷、第四部5卷，共20卷。

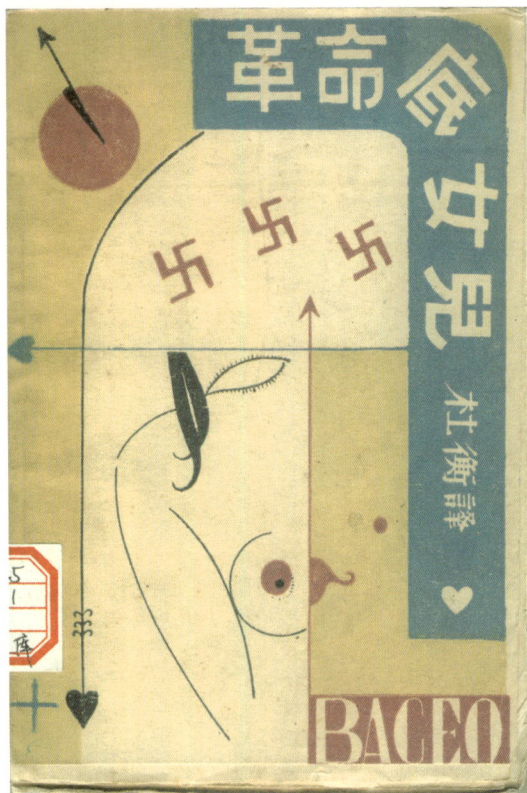

革命底女儿
初版本封面（19.2厘米×13.6厘米）

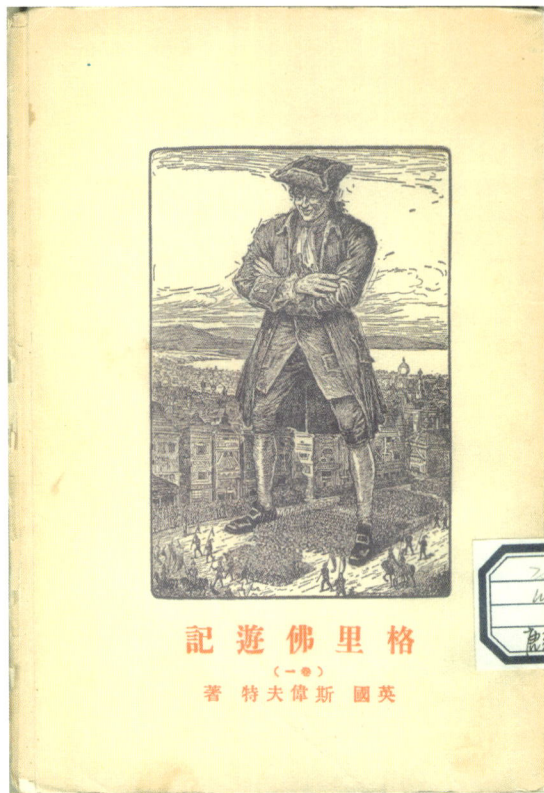

格里佛游记（一、二）
初版本封面（19.7厘米×13.3厘米）

　　小说集。【美】约翰·李德著。杜衡译。1929年3月30日初版，印1500册。水沫书店印行。《新兴文学丛书》之一种。

　　馆藏水沫书店1929年3月初版，见唐弢文库、巴金文库、田仲济文库。

　　初版本无序跋。卷首有提要云："《革命底女儿》，短篇小说选集，大都是作者把在墨西哥，欧罗巴，俄罗斯和美利坚所看到或经到的种种照着流浪的革命者底观点，用着华美而新颖的笔致，忠实地又多色彩地叙述了出来的记载，作于一九一二至一九一八。"

　　初版本收《资本家》、《看见便是相信》、《公判底试验》、《革命底女儿》、《麦克——美利坚人》、《百老汇之夜》、《革命的饰花》共7篇。

　　小说。【英】斯伟夫特著。韦丛芜译。1928年9月、1929年1月初版，印1000部。北平未名社出版部发行。《未名丛刊》之十五、十七。

　　馆藏未名社1928年9月、1929年1月初版，见唐弢文库。

　　初版本卷一卷首有丛芜《小引》。作品有卷一《航行至里里浦》、卷二《航行至布罗勃丁那格》各8章，共16章。

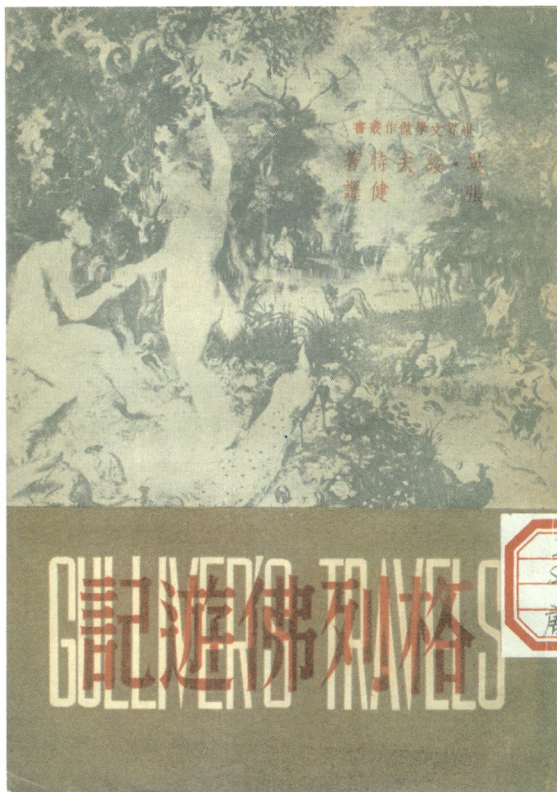

格列佛游记
初版本封面（18厘米×13厘米）

格林童话集
初版本封面（17.3厘米×11.9厘米）

小说。【英】绥夫特著。张健译。民国三十七年（1948）十一月初版、发行，印2000册。正风出版社印行。利群书报发行所、联营书店分发行。《正风世界文学杰作丛书》之一种。

馆藏正风出版社1948年11月初版，见唐弢文库、王辛笛文库、图书大库。

初版本卷首有张健《译者记》、瑞查·辛浦生《初版发行人告读者》。作品有第一部《利立浦记游》8章、第二部《宝丁奈记游》8章、第三部《勒皮他，巴尼巴比，拉格纳，格勒纳锥，日本等地记游》11章、第四部《慧骃之国记游》12章，共39章。

【德】格林兄弟著。范泉译写。民国三十七年（1948）八月初版。上海永祥印书馆印行。《少年文学故事丛书》之一种。

馆藏永祥印书馆1948年8月初版、同年10月四版，见巴金文库、图书大库。

初版本卷末有范泉《附记》。正文收《大拇指》、《金鸟》、《汉萨和葛兰姗》、《台子·驴子·棍子》、《白雪和红玫瑰》、《老雾母》共6篇。

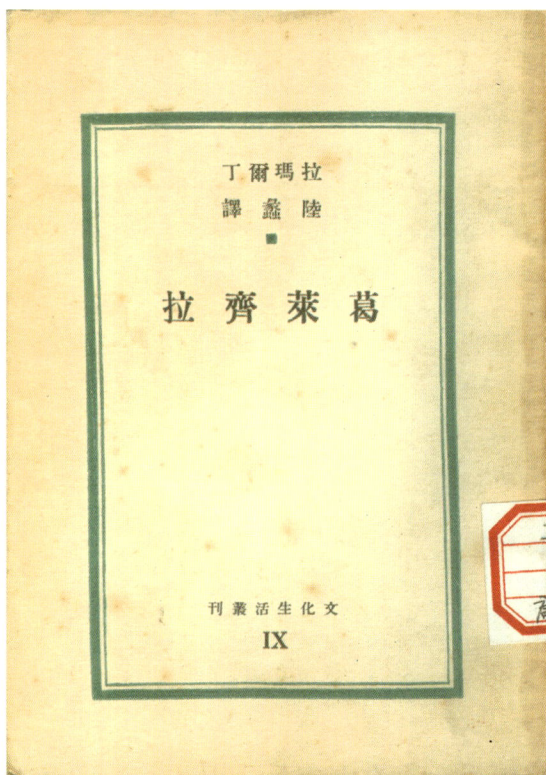

葛莱齐拉
初版本封面（17.8厘米×12.9厘米）

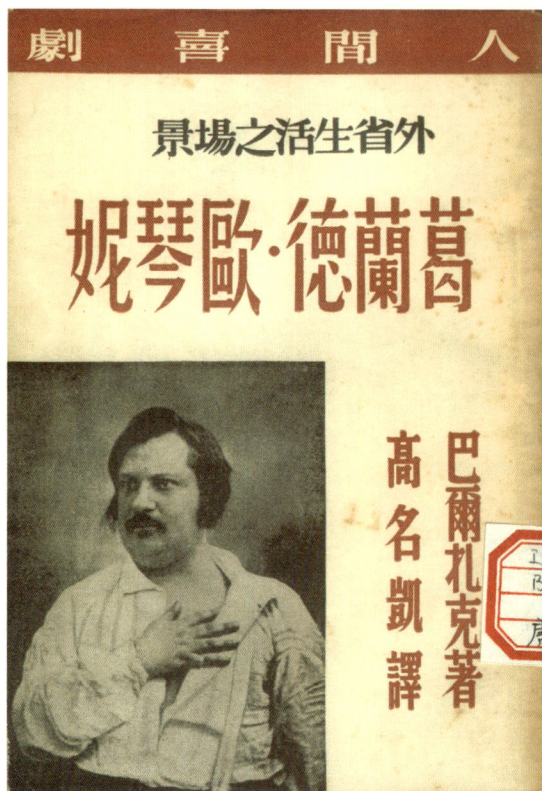

葛兰德·欧琴妮
初版本封面（18.2厘米×12.9厘米）

　　小说。【法】拉玛尔丁著。陆蠡译。民国二十五年（1936）四月初版。上海文化生活出版社出版、发行。上海三一印刷公司印刷。开明书店特约经售。巴金主编《文化生活丛刊》之九。

　　馆藏文化生活出版社1936年4月初版、同年5月二版、1943年3月渝一版、1946年9月三版，见唐弢文库、巴金文库、田仲济文库、刘麟文库、臧克家文库、孔罗荪文库、图书大库。

　　初版本卷末有陆蠡《后记》。作品共有4章。

　　小说。【法】巴尔扎克著。高名凯译。民国三十五年（1946）十二月初版，印2000册。海燕书店出版。上海海燕·群益·云海联合发行所总经售。《人间喜剧·外省生活之场景》之一种。

　　馆藏海燕书店1946年12月初版，见唐弢文库、图书大库。

　　初版本卷首有得·巴尔扎克《献给 玛利亚》。作品除《收场》外共有6章。

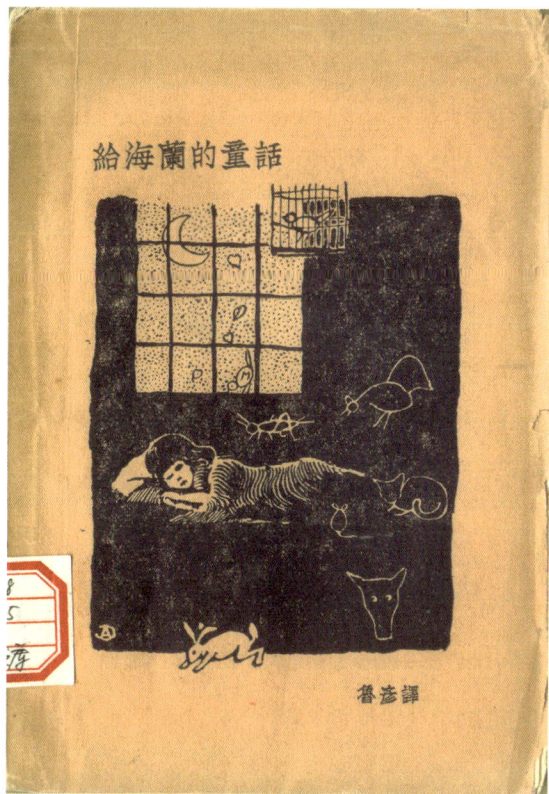

给海兰的童话
初版本封面（19.6厘米×14厘米）

故事集。【俄】马明西皮尔雅克著。鲁彦译。1927年10月付印，11月发行。上海光华书局印行。《狂飙［社］丛书》第三辑之三。

馆藏光华书局1927年11月初版，见唐弢文库。

初版本卷首有《序》（著者）。正文收《长耳朵，斜视眼，短尾巴的大胆的兔子》、《小蚊子》、《最后的苍蝇》、《牛乳儿，麦粥儿，和灰色的猫满尔柯》、《是睡觉的时候了》共5篇。

给妮侬的故事
初版本封面（17.9厘米×12.9厘米）

小说集。【法】左拉著。毕修勺译。民国三十七年（1948）七月初版。世界书局印行。《左拉小说选集》之一种。

馆藏世界书局1948年7月初版，见唐弢文库。

初版本卷首有毕修勺《译者序》。正文收《给妮侬》、《辛普列斯》、《跳舞提名册》、《爱我的她》、《爱的仙女》、《血》、《贼与驴子》、《穷人妹妹》、《大西顿与小曼德利漫游记》共9篇。

集選說小拉左

海上
尧林圖書館
藏书

畢修勺譯

給妮儂的新故事

世界書局印行

给妮侬的新故事
初版本封面（17.9厘米×13厘米）

М. ГОРЬКИЙ

更夫及主人

譯者 樹華

СТОРОЖ и ХОЗЯИН

更夫及主人
初版本封面（18.5厘米×12.7厘米）

小说集。【法】左拉著。毕修勺译。民国三十七年（1948）七月初版。世界书局印行。《左拉小说选集》之一种。

馆藏世界书局1948年7月初版，见唐弢文库、巴金文库、图书大库。

初版本无序跋。内收《给妮侬》、《洗澡》、《草莓》、《大米舒》、《断食》、《侯爵夫人的肩膀》、《我的邻人杰克》、《猫的天堂》、《莉莉》、《爱神小蓝袍的传说》、《铁匠》、《失工》、《小农村》、《忆》、《约翰·古尔东的四日》共15篇。

小说。【苏】M.高尔基著。树华译。1937年3月出版。天津生活知识出版社印行。天津书局、天津大东书局、上海生活书店经售。《M.高尔基小说全集》之二。

馆藏生活知识出版社1937年3月初版，见唐弢文库、图书大库。

初版本无序跋。作品不标章次。

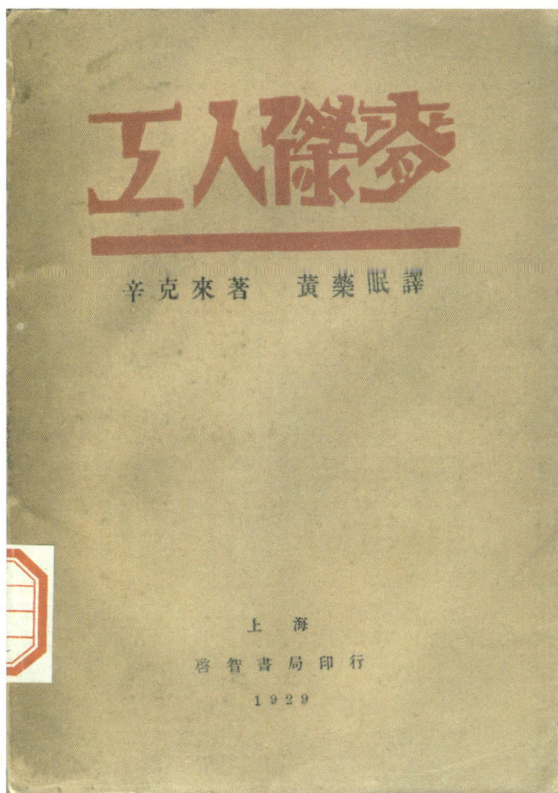

工人杰麦
初版本封面（18.6厘米×13.4厘米）

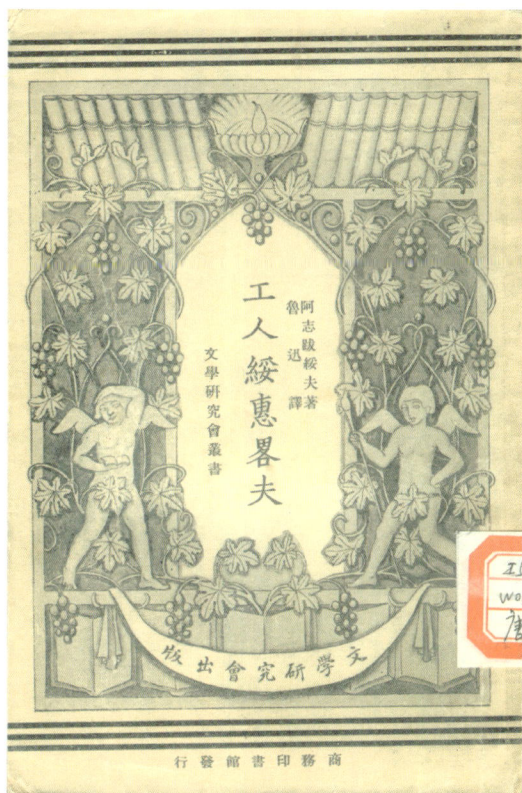

工人绥惠略夫
初版本封面（19厘米×13厘米）

小说。【美】辛克来著。黄药眠译。1929年8月15日付印，11月10日出版，印1000册。上海启智书局印行。

馆藏启智书局1929年11月初版，见唐弢文库。

初版本卷末有药眠《译后》。作品共有27章。

小说。【俄】阿志跋绥夫著。鲁迅译。民国十一年（1922）五月初版。上海商务印书馆印行。《文学研究会丛书》之一种。

馆藏商务印书馆1922年5月初版、1924年6月二版，北新书局1927年6月初版（著者译名为"阿尔志跋绥夫"），见唐弢文库、侯金镜文库、图书大库。

初版本卷首有鲁迅《译了〈工人绥惠略夫〉之后》。作品共有15章。

L·托爾斯泰著·陳　原譯

狗的故事
生活书店初版本封面（20.4厘米×14.9厘米）

　　副标题为《动物·植物·物理讲话》。故事集。【俄】L.托尔斯泰著。陈原译。民国三十六年（1947）四月第一版，印2000册。生活书店发行。联营书店特约经售。《少年文库》之一种。

　　馆藏生活书店1947年4月初版、光华书店1948年东北初版，见唐弢文库、图书大库。

　　初版本卷末有《译者后记》。正文收《狗的故事》8篇、《动物杂记》6篇、《植物杂记》4篇、《物理杂话》8篇，共26篇。

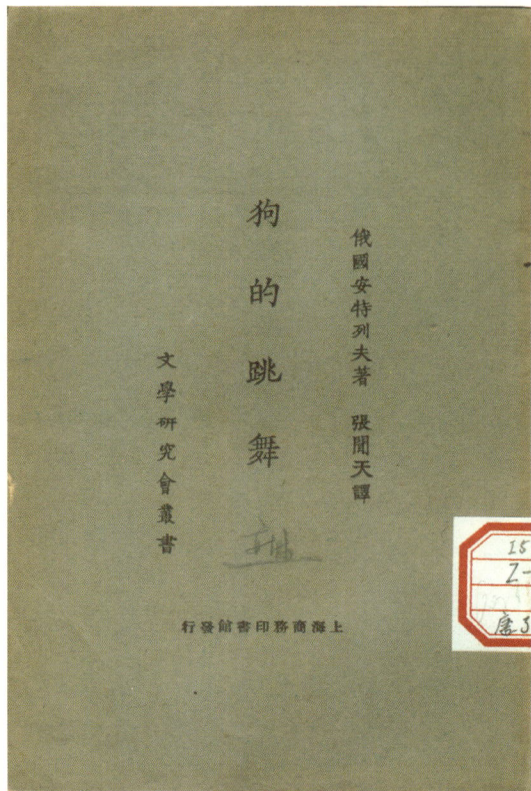

狗的跳舞
初版本封面（18.9厘米×13厘米）

　　戏剧。【俄】安特列夫著。张闻天译。民国十二年（1923）十二月初版。上海商务印书馆印行。《文学研究会丛书》之一种。

　　馆藏商务印书馆1923年12月初版、1933年7月国难后一版，见唐弢文库、巴金文库、胡风文库、图书大库。

　　初版本卷首有张闻天《译者序言》。作品共有4幕。

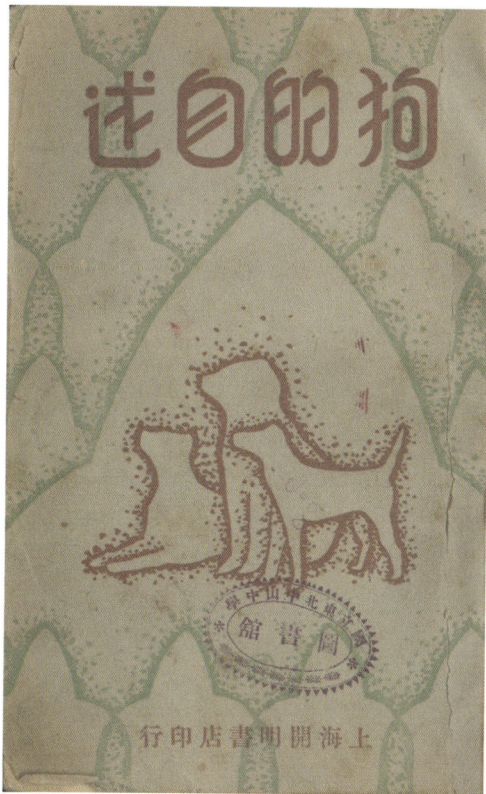

狗的自述
初版本封面（17.8厘米×11.3厘米）

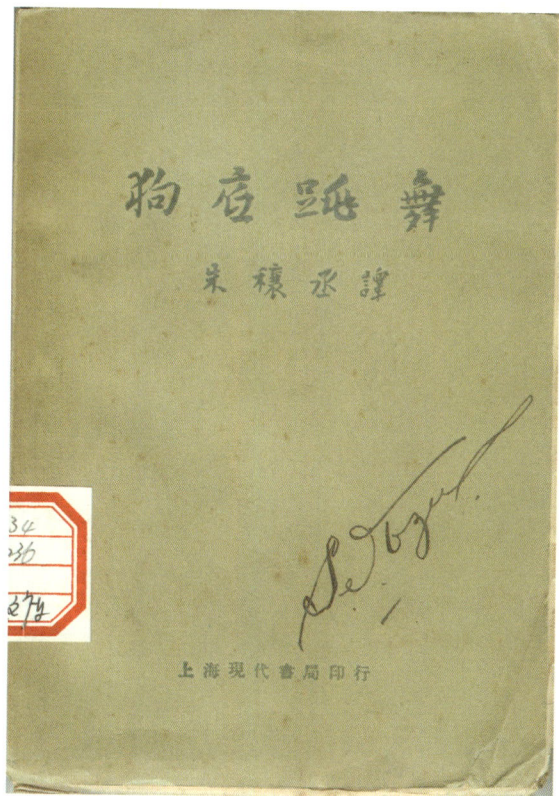

狗底跳舞
初版本封面（16.2厘米×11.8厘米）

　　小说。【美】山兜·马修著。曹文楠、于在春译。民国二十一年（1932）四月初版。上海开明书店出版、总发行。上海美成印刷公司印刷。《世界少年文学丛刊·小说》之六。

　　馆藏开明书店1932年4月初版，见图书大库。

　　初版本卷首有在春《译者序》。作品共有35章。

　　戏剧。【俄】廖溺特·安特立夫著。朱穰丞译。1929年11月1日出版，印1500册。上海现代书局印行。《世界戏剧译丛》之一种。

　　馆藏现代书局1929年11月初版，见唐弢文库。

　　初版本无序跋。作品共有4幕。

够了及其他
初版本封面（18.7厘米×13.2厘米）

版权页题《够了》。小说集。【俄】都格涅夫著。效洵译。民国二十年（1931）六月出版。上海亚东图书馆印行。《伊文都格涅夫小说集》之一。

馆藏亚东图书馆1931年6月初版，见唐弢文库、图书大库。

初版本无序跋。内收《够了》、《阿丝雅》、《神父阿立克舍的故事》共3篇。

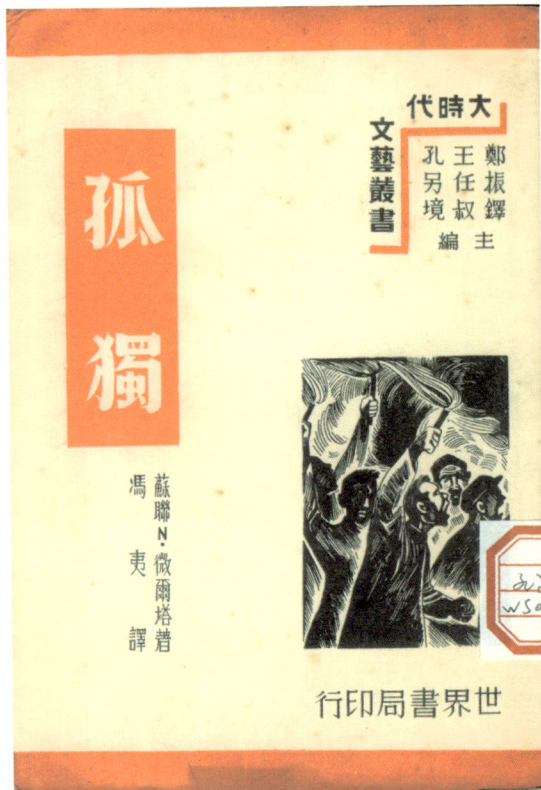

孤　独
初版本封面（18.3厘米×12.8厘米）

小说。【苏】N.微尔塔著。冯夷译。民国二十八年（1939）七月初版。世界书局印行。郑振铎、王任叔、孔另境主编《大时代文艺丛书》之一种。

馆藏世界书局1939年7月初版，见唐弢文库、孔罗荪文库。

初版本卷首有主编者《〈大时代文艺丛书〉序》，卷末有巴人《后记》。《后记》云："微尔塔所处理的题材，主要便是在苏联苏维埃的建设过程中富农的反叛；而这反叛又是和土匪的勾结而展开，要敉平这一叛变，决不仅是红军的武力所能达到的，而更需要政治的进攻。全篇的故事，即沿着这一主题发展。"

初版本有第一部《叛变》17章、第二部《溃散》18章、第三部《狼》19章，共54章。

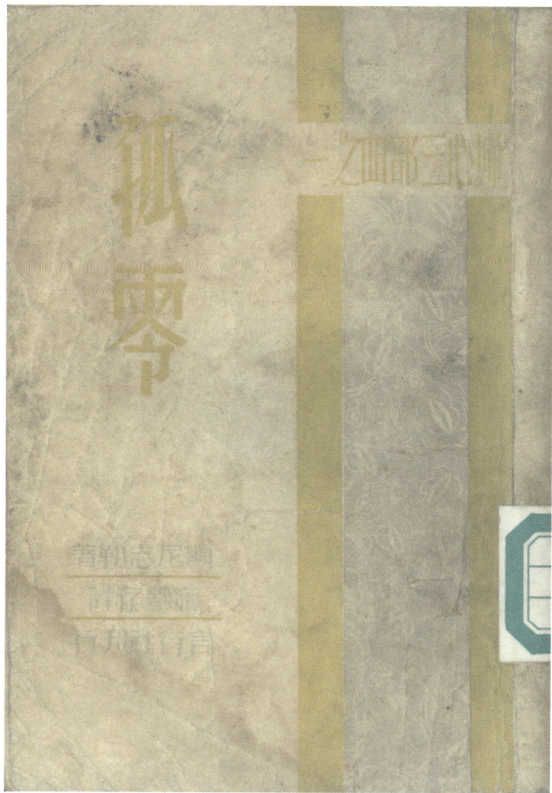

孤 零
初版本封面（17厘米×12.3厘米）

孤露佳人续编（上、下）
初版本封面（18.5厘米×12.6厘米）

　　小说。【奥】显尼志勒著。施蛰存译。民国三十年（1941）五月出版。言行社印行。上海神州国光社总经售。

　　馆藏言行社1941年5月初版，见图书大库。

　　本书为《妇心三部曲》之一。初版本无序跋。作品共有11章。

　　小说。【英】亨利瓦特著。范况、徐尔康译。民国七年（1918）十一月初版。上海商务印书馆印行。四集本《说部丛书》第三集之五十六。

　　馆藏商务印书馆1918年11月初版，见唐弢文库。

　　初版本无序跋。作品有卷上12章、卷下10章，共22章。

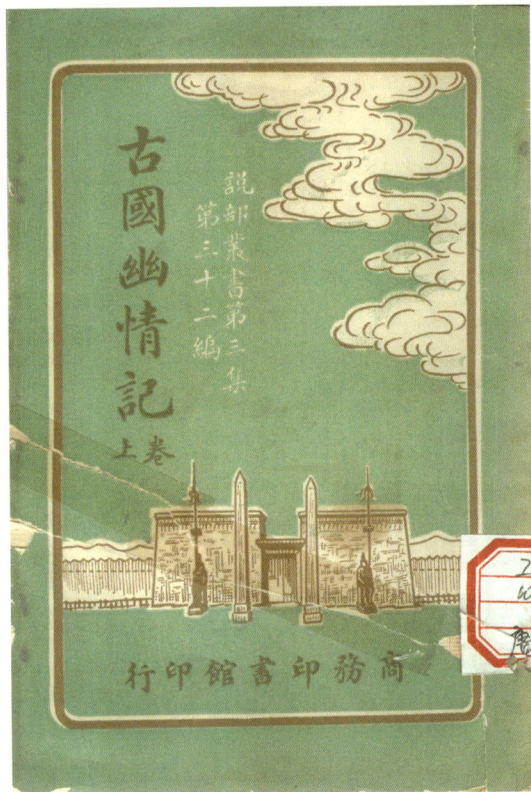

古国幽情记（上、中、下）
初版本封面（18.1厘米×12.6厘米）

　　小说。著者不详。寒蕾编译。民国六年（1917）九月初版。上海商务印书馆印行。四集本《说部丛书》第三集之三十二。

　　馆藏商务印书馆1917年9月初版，见唐弢文库。

　　初版本无序跋。作品除《楔子》外有第一篇《定策长征及途中情景》6章、第二篇《坎德都城曼尼佛》7章、第三篇《耐德倭凯脱宫》7章、第四篇《丹涅斯》8章，共28章。

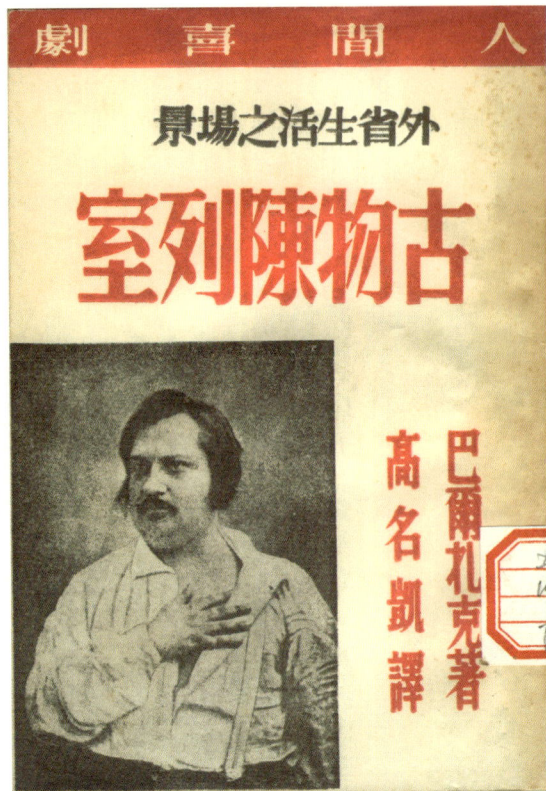

古物陈列室
初版本封面（18.1厘米×12.7厘米）

　　小说。【法】巴尔扎克著。高名凯译。民国三十七年（1948）十月初版，印1000册。上海海燕书店出版。《人间喜剧·外省生活之场景》之一种。

　　馆藏海燕书店1948年10月初版，见唐弢文库。

　　本书为《竞争》二部曲之二。初版本卷首有得·巴尔扎克《献给〈土耳其帝国史〉著者奥地利王室参赞汉穆尔–蒲尔格斯托尔男爵先生》。作品共有9章。

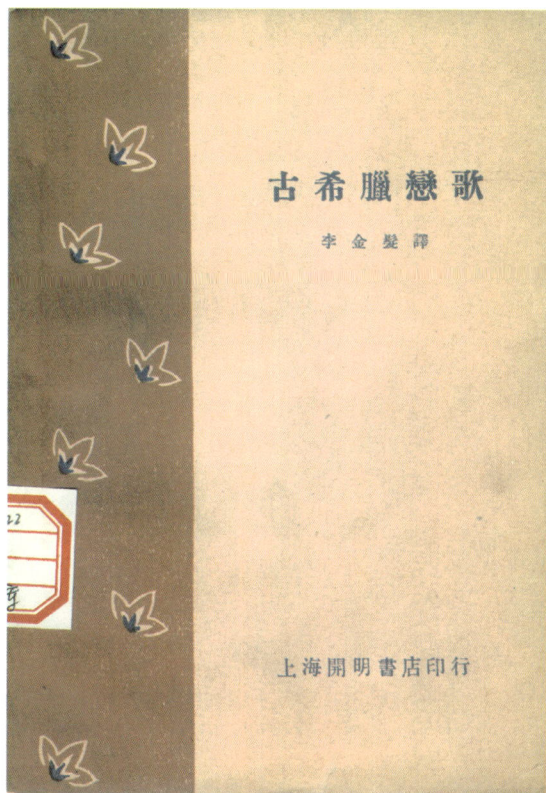

古希腊恋歌
初版本封面（18.3厘米×13厘米）

　　诗歌集。碧丽蒂著。李金发译。1928年5月初版、
发行。上海开明书店印行。

　　馆藏开明书店1928年5月初版，见唐弢文库、图书
大库。

　　初版本卷首有金发《序》。正文收《在彭飞利的
牧歌》44篇、《在美帝恋纳的悲歌》46篇、《在失符
岛的小诗》52篇、《Bilitis之墓》3篇，共145篇。

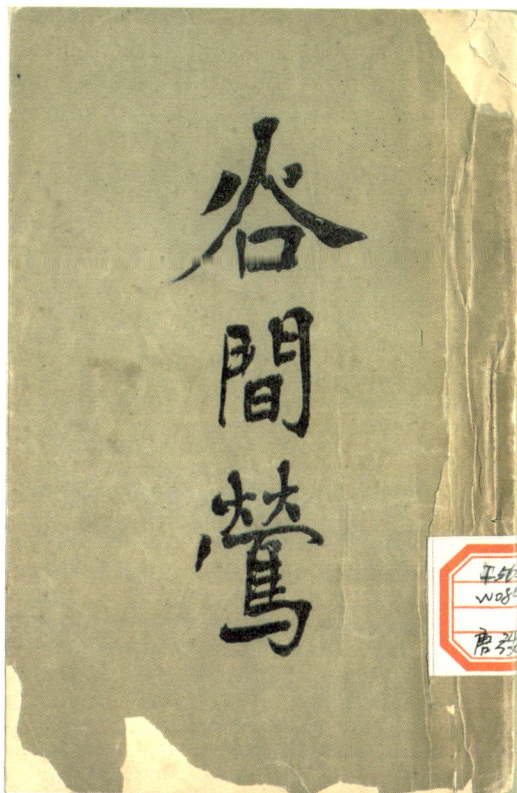

谷间莺
初版本封面（18.7厘米×12.4厘米）

　　小说。【法】彭生德氏著。逸民译。光绪三十年
（1904）七月初五日印刷，十五日发行。日本东京翔
鸾社印刷。上海各书店经售。

　　馆藏翔鸾社1904年（农历）7月初版，见唐弢文
库。

　　初版本无序跋。作品共有10回。

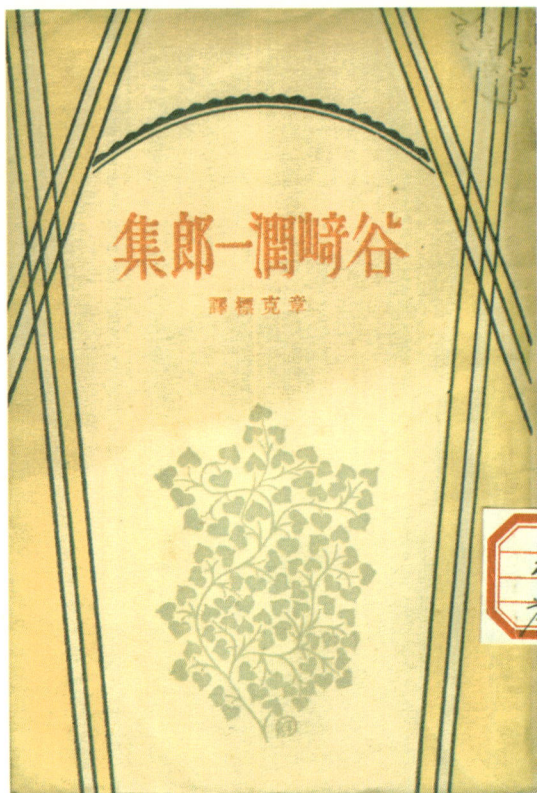

谷崎润一郎集
初版本封面（18.9厘米×13.3厘米）

骨肉之间
初版本封面（18.3厘米×12.9厘米）

　　小说集。【日】谷崎润一郎著。章克标译。民国十八年（1929）十一月初版。上海开明书店出版、发行。美成印刷所排印。

　　馆藏开明书店1929年11月初版，见唐弢文库、图书大库。

　　初版本卷首有章克标《序》。正文收《刺青》、《麒麟》、《恶魔》、《续恶魔》、《富美子的脚》、《二沙弥》共6篇。

　　原名《叶戈尔·布莱曹夫及其他》。戏剧。【苏】高尔基著。郝拔夫译。民国二十九年（1940）一月初版。上海文汇出版公司印行。

　　馆藏文汇出版公司1940年1月初版，见唐弢文库。

　　初版本卷末有章泯《附在书后（代跋）》。作品共有3幕。

鼓风炉旁四十年
初版本封面（18.2厘米×13厘米）

鼓声
初版本封面（18厘米×12.8厘米）

　　回忆录。【苏】伊凡·柯鲁包夫著。曼斯译。民国三十二年（1943）十一月初版。中苏文化协会编译委员会编辑、发行。重庆国讯书店出版、总经售。曹靖华主编《苏联文学丛书》之八。

　　馆藏国讯书店1943年11月初版，东北书店1946年8月初版、1948年6月二版，韬奋书店1947年5月初版，中原新华书店1949年3月初版，见唐弢文库、吴组缃文库、图书大库。

　　初版本无序跋。作品共有24章。

　　诗歌集。【美】瓦特·惠特曼著。屠岸译。1948年11月初版。青铜出版社印行。《惠特曼诗集》之一种。

　　馆藏青铜出版社1948年11月初版，见唐弢文库。

　　初版本卷末有《惠特曼小传》（附录）、【美】卡尔·桑德堡《〈现代文库〉本〈草叶集〉序》（附录）、译者《论介绍惠特曼》（附录）、《译后记》。正文收《有一个孩子向前走去》、《更进一步》、《给异邦》、《我听见亚美利加在歌唱》、《将来的诗人们呵》、《给你》、《我们两个——我们被愚弄了多久》、《亚当，在一天清早》、《一支歌》、《当我在一天终结的时候听到》、《给一个不相识者》、《我听见有人控告我》、《我们两个孩子在一起依附着》、《土地！我底化身！》、《我在梦里梦见》等52篇。

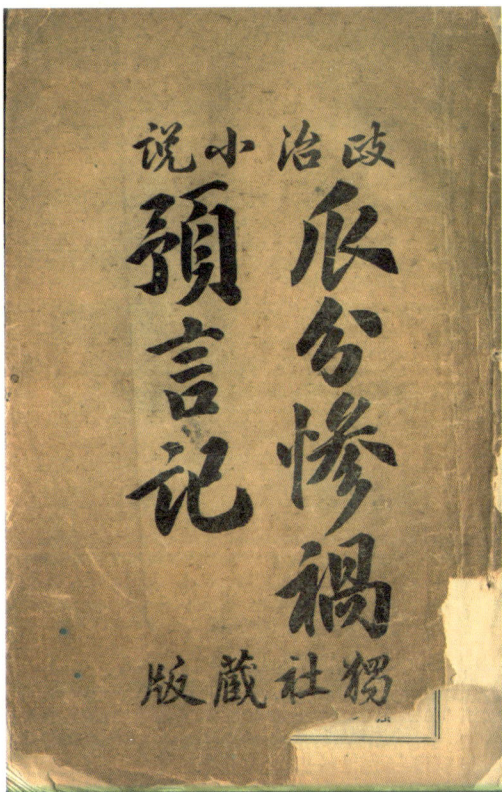

瓜分惨祸预言记
初版本封面（22厘米×14.3厘米）

小说。【日】中江笃济著。轩辕正裔译。光绪癸卯年（1903）十一月付印，十二月出版。上海独社出版、发行。广智书局活版部代印。上海达文社总经售。

馆藏独社1903年（农历）12月初版，见唐弢文库。

本书为政治小说。初版本卷首有《例言》。作品共有10回。

怪医案
初版本封面（14.3厘米×10.5厘米）

小说。【美】企格林著。商务印书馆编译所译。光绪三十四年（1908）二月初版。上海商务印书馆印行。《袖珍小说》之一种。

馆藏商务印书馆1908年（农历）2月初版，见唐弢文库。

初版本无序跋。作品共有12章。

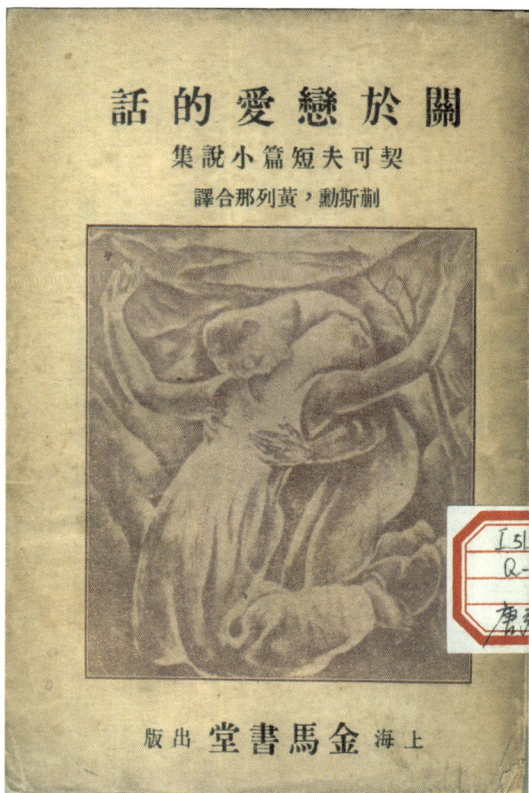

关于恋爱的话
初版本封面（17.5厘米×12.2厘米）

小说集。【俄】契可夫著。蒯斯勋（扉页署"蒯斯曛"）、黄列那译。1931年1月出版。上海金马书堂出版。

馆藏金马书堂1931年1月初版，见唐弢文库。

初版本无序跋。内收《丈夫》、《家长》、《伊奥尼支》、《执拗的人》、《一个医生底出诊》、《风波》、《伏洛特亚》、《关于恋爱的话》共8篇。

关着的门
初版本封面（18.8厘米×13.3厘米）

小说集。【法】列尼耶等著。李万居译。民国二十五年（1936）二月初版。南京正中书局印行。《文艺丛书》之一种。

馆藏正中书局1936年2月初版、1947年11月沪一版，见图书大库。

初版本卷首有《译者的话》。正文收《关着的门》、《大理石女子》、《决绝》、《喷水泉》、《山中之夜》、《威尔几妮与保罗》、《两个不相识的人》、《奶子》共8篇。

光　明
初版本封面（18.6厘米×13厘米）

　　小说。【法】巴比塞著。敬隐渔译。1930年10月15日付排，11月15日出版，印2000册。上海现代书局印行。

　　馆藏现代书局1930年11月初版、1932年11月三版，见唐弢文库。

　　初版本无序跋。作品共有23章。

光明与黑影·特髯迦尔曲
初版本封面（18.1厘米×12.5厘米）

　　诗歌集。【比】马赛儿·郭儿等著。徐仲年、杨连山译。民国三十三年（1944）三月初版。重庆独立出版社印行。重庆正中书局、重庆中国文化服务社经售。《中国诗艺社丛书》之一种。

　　馆藏独立出版社1944年3月初版，见唐弢文库、薛汕文库、图书大库。

　　初版本有《卷首记》（徐仲年）。正文收《光明与黑影》、《特髯迦尔曲》共2篇。

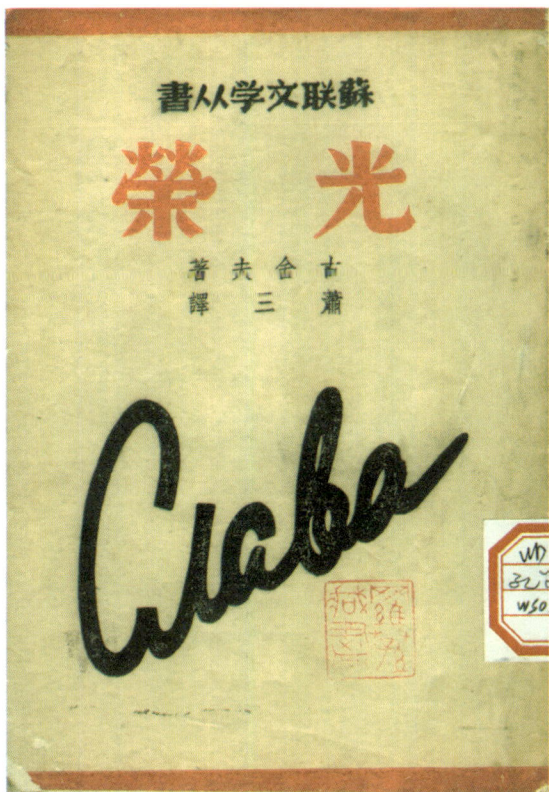

光 荣
初版本封面（17.8厘米×12.8厘米）

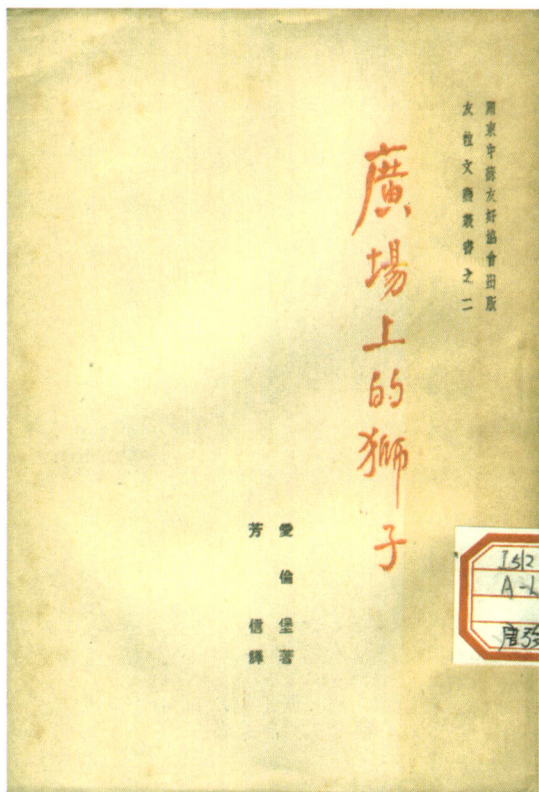

广场上的狮子
初版本封面（18.4厘米×13厘米）

戏剧。【苏】古舍夫著。萧三译。民国三十一年（1942）十一月初版，印3000册。中苏文化协会编译委员会编辑、发行。重庆文林出版社总经售。曹靖华主编《苏联文学丛书》之二。

馆藏文林出版社1942年11月初版，见唐弢文库、巴金文库、孔罗荪文库。

初版本无序跋。作品共有3幕。

戏剧。【苏】爱伦堡著。芳信译。民国三十八年（1949）四月初版。关东中苏友好协会出版。关东友谊印刷厂印刷。大连关东友谊书店总经售。《友谊文艺丛书》之二。

馆藏中苏友好协会1949年4月初版，见唐弢文库、图书大库。

初版本卷末有《略记》（译者）。作品共有5幕。

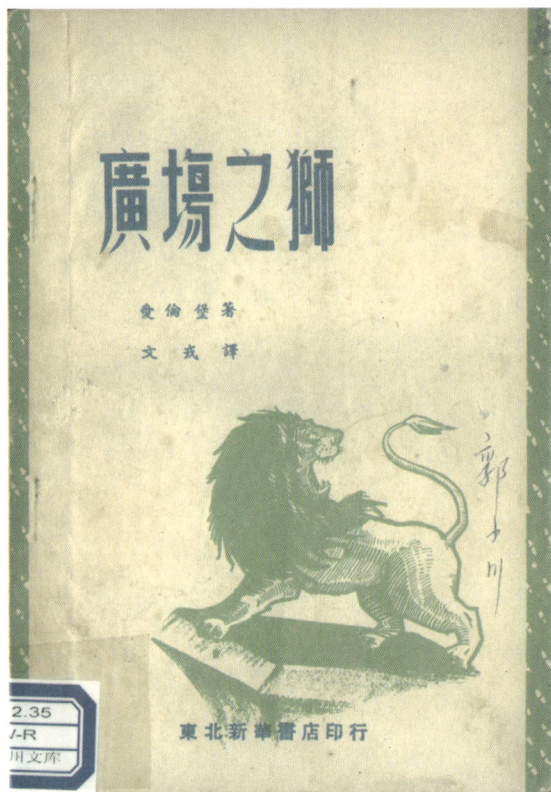

广场之狮
初版本封面（17.9厘米×12.9厘米）

戏剧。【苏】I.爱伦堡著。文戎译。1949年7月初版，印5000册。沈阳东北新华书店印行。

馆藏东北新华书店1949年7月初版，见郭小川文库。

初版本无序跋。作品共有5幕。

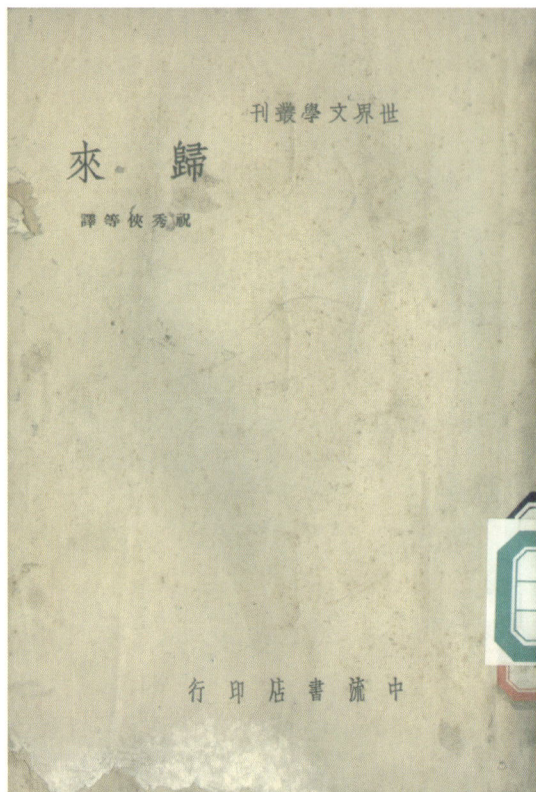

归 来
初版本封面（17.9厘米×12.6厘米）

小说集。【法】巴比塞等著。祝秀侠等译。1942年5月初版。上海中流书店印行。光明书局、五洲书报社、中国杂志公司等总代售。《世界文学丛刊》之一种。

馆藏中流书店1942年5月初版，见图书大库。

初版本无序跋。内收《一个大师的出处》、《不能克服的人》、《最后一课》、《二渔夫》、《归来》、《鸽的悬赏》、《失业》、《教师》、《绝望女》、《俞先生》、《正当慈善》、《连续的事》、《反抗》、《无神者之弥撒》、《小花脸》等17篇。

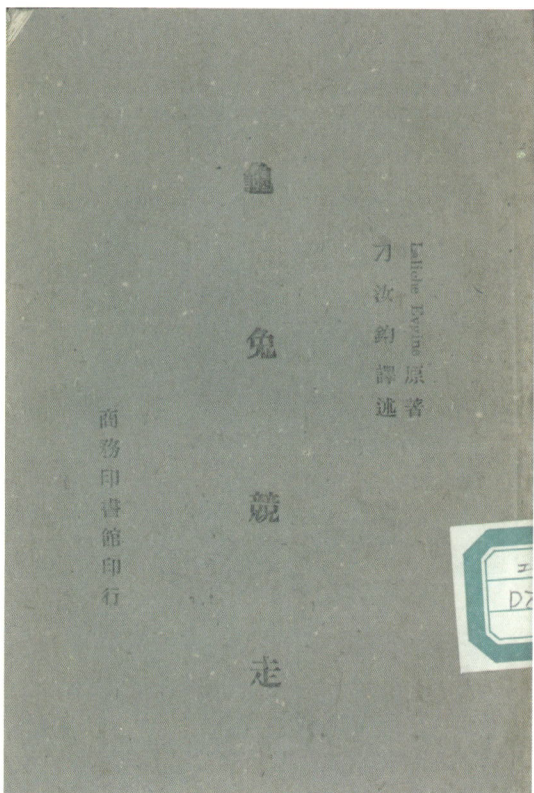

龟兔竞走
初版本封面（17.4厘米×12.3厘米）

闺　怨
初版本封面（18.4厘米×13厘米）

　　戏剧。【法】L.Evgine著。刁汝钧译。民国三十四年（1945）十一月初版。重庆商务印书馆印行。

　　馆藏商务印书馆1945年11月初版，见图书大库。

　　初版本无序跋。作品共有4幕。

　　戏剧。【英】鲁道夫·培斯亚著。许子译。民国二十八年（1939）十二月初版。上海剧场艺术出版社出版。上海光明书局总经售。松青主编《〈剧场艺术〉戏剧丛书》之二。

　　馆藏剧场艺术出版社1939年12月初版，见巴金文库、图书大库。

　　初版本卷首有蓝洋《寄鸿（代序）》、许子《译者序》、《〈闺怨〉的史实》。《译者序》云："五幕喜剧《闺怨》，不是著者鲁道夫·培斯亚凭想像虚构出的创作，乃是他根据这两位英国诗人——伊丽莎白·巴勒及劳勃·白郎宁——的生活而编写成的史事剧（chronicle play）。"

诡辩家
初版本封面（18.4厘米×13厘米）

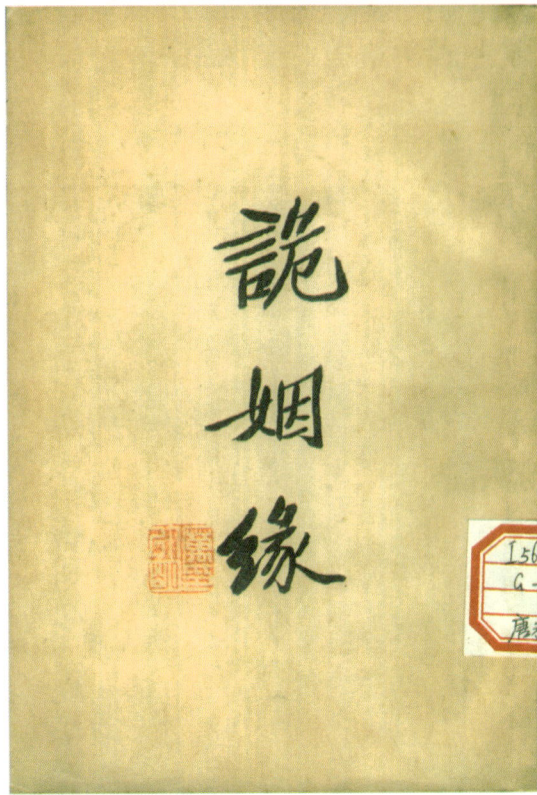

诡姻缘
初版本封面（护封缺失。18.6厘米×13厘米）

　　戏剧。【丹】L.贺尔伯著。穆俊、严珏译。民国二十九年（1940）九月初版。世界书局印行。《世界名剧》之一种。

　　馆藏世界书局1940年9月初版，见唐弢文库、图书大库。

　　初版本卷首有仲彝《序一》、适夷《序二》。作品共有5幕。

　　戏剧。【英】高尔斯密士著。伍光建译。1929年11月初版，印2000册。上海新月书店发行。

　　馆藏新月书店1929年11月初版，见唐弢文库、图书大库。

　　初版本卷首有叶公超《序》。作品共有5幕。

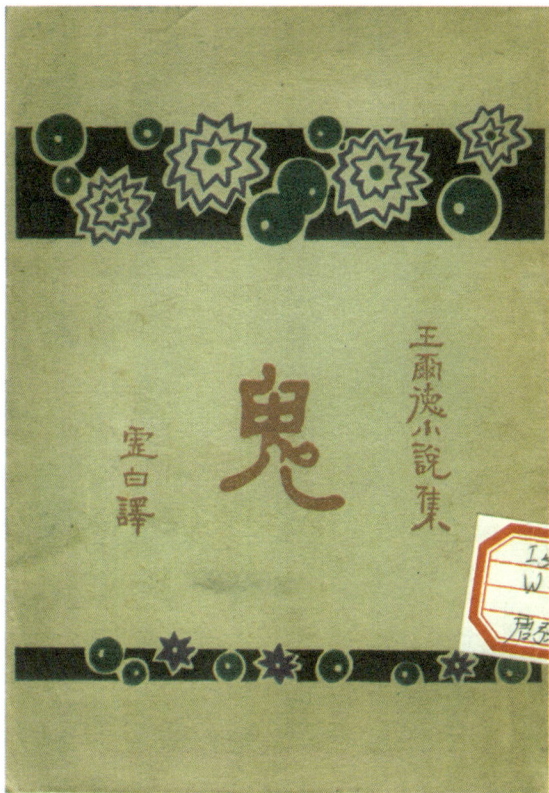

鬼
初版本封面（18.5厘米×13.1厘米）

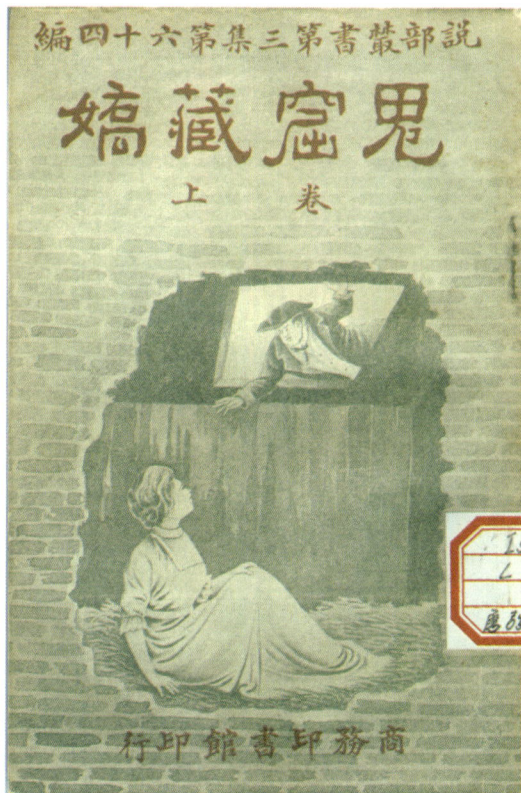

鬼窟藏娇（上、下）
初版本封面（18.4厘米×12.6厘米）

　　小说集。【英】王尔德著。虚白译。民国十七年
（1928）三月十日付印，四月十日出版，印3000册。
上海真美善书店发行。上海华东印刷厂承印。

　　馆藏真美善书店1928年4月初版，见唐弢文库。

　　初版本无序跋。内收《青年国王》、《忠心的朋
友》、《英芬德的生日》、《鬼》共4篇。

　　小说。【英】武英尼著。林纾、陈家麟译。民国
八年（1919）六月初版。上海商务印书馆印行。四集本
《说部丛书》第三集之六十四。

　　馆藏商务印书馆1919年6月初版、某版（无版权
页，《林译小说》第二集），见唐弢文库、图书大
库。

　　初版本无序跋。作品有卷上12章、卷下15章，共
27章。

鬼窟歼魔记
初版本封面（18.1厘米×12.9厘米）

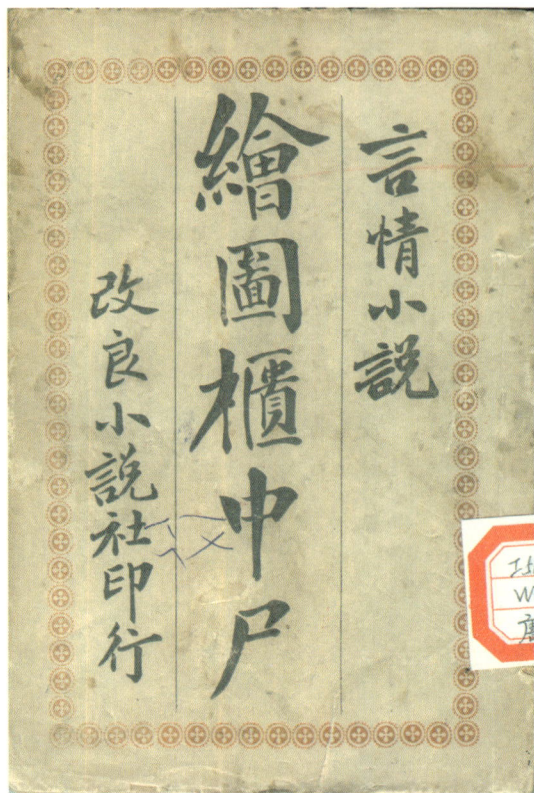

柜中尸
初版本封面（17.2厘米×12厘米）

　　小说。【德】嘉禄米著。胡兴粤译。民国三十六年（1947）一月出版。澳门慈幼印书馆印行。苏冠明主编《新青年小说丛书》第二辑之一（扉页为"新青年小说丛书之十三"）。

　　馆藏慈幼印书馆1947年1月初版，见图书大库。

　　初版本无序跋。作品共有4章。

　　小说。【英】克保斯培著。东海钓客译。光绪三十四年（1908）十月初版。上海改良小说社印行。上海集成图书公司代印。《说部丛书》之一种。

　　馆藏改良小说社1908年（农历）10月初版，见唐弢文库。

　　本书为言情小说。初版本无序跋。作品除《结束语》外共有12章。

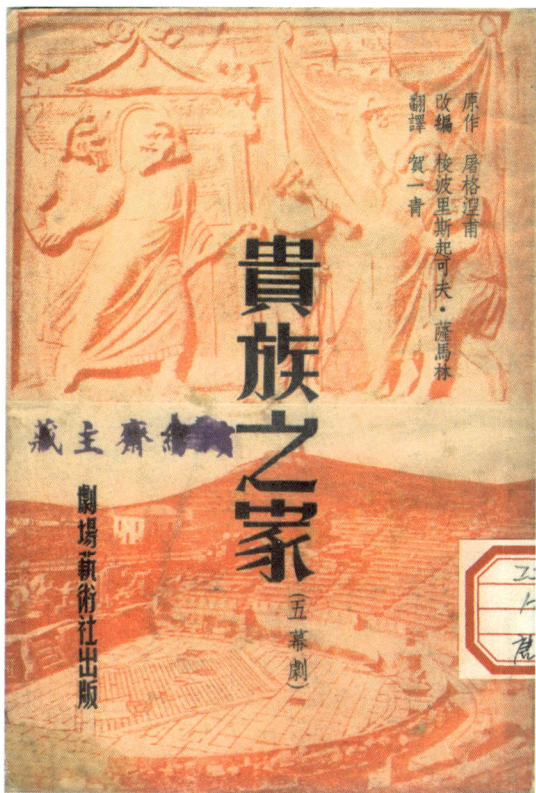

贵族之家
初版本封面（18.2厘米×12.7厘米）

贵族之家
初版本扉页（精装本封面无书名。18.8厘米×13.7厘米）

戏剧。【俄】屠格涅甫原著，【俄】梭波里斯起可夫·萨马林改编。贺一青译。民国二十九年（1940）三月初版。上海剧场艺术出版社出版。上海光明书局总经售。

馆藏剧场艺术出版社1940年3月初版，见唐弢文库、王辛笛文库。

初版本卷末有译者《译后记》。作品共有5幕。

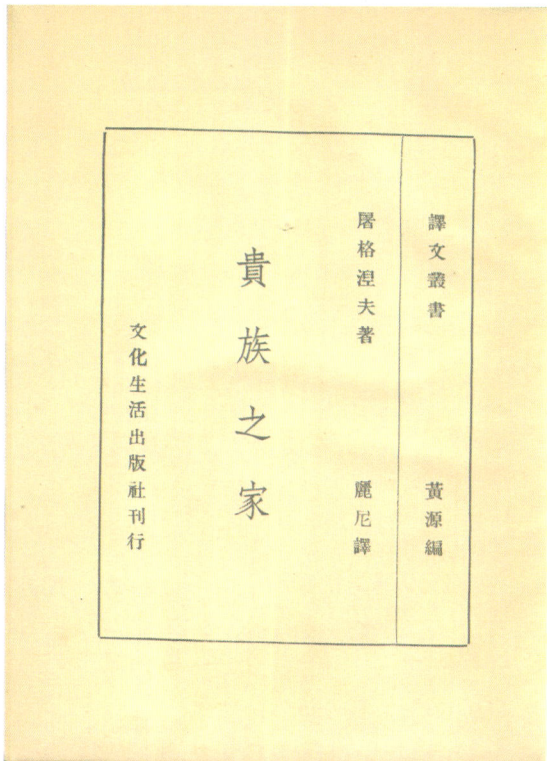

小说。【俄】屠格涅夫著。丽尼译。民国二十六年（1937）二月初版。上海文化生活出版社出版、发行。文化生活印刷所印刷。《屠格涅夫选集》之二，黄源主编《译文丛书》之一种。

馆藏文化生活出版社1937年2月初版、1940年2月三版、1946年8月五版、1947年3月五（？）版、1949年3月七版，见唐弢文库、图书大库。

初版本卷首有《译者小引》。作品除《尾声》外共有45章。

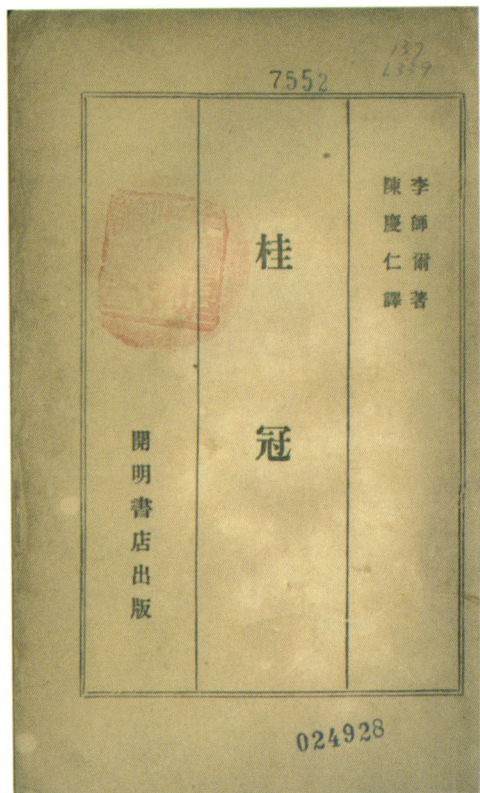

桂　冠
初版本扉页（封面缺失。19.8厘米×12.2厘米）

跪在上升的太阳下
初版本封面（18厘米×12.9厘米）

　　小说。【英】李师尔著。陈庆仁译。民国二十一年（1932）十一月初版、发行。上海开明书店出版、发行。上海美成印刷公司印刷。

　　馆藏开明书店1932年11月初版，见图书大库。

　　初版本无序跋。作品共有33章。

　　小说集。【美】E.加德维尔等著。董秋斯译。1949年7月沪初版，印2000册。生活·读书·新知上海联合发行所发行。上海国光印书局印刷。《现代美国文艺译丛》之一种。

　　馆藏生活·读书·新知联合发行所1949年7月初版，见唐弢文库。

　　初版本卷末有董秋斯《译后记》。正文收《跪在上升的太阳下》、《星期六下午》、《塔克尔的结局》、《老阿伯的悲哀》、《女儿》、《凌迟》、《小蛙》、《约翰熊》、《手》、《毛奇》、《"呀！呀！呀！"》、《打手》、《野鹤》共13篇。

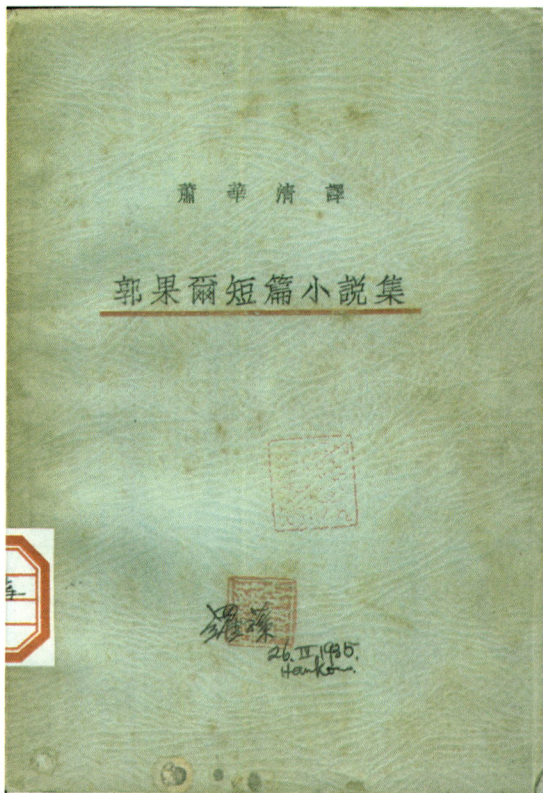

郭果尔短篇小说集
初版本封面（18.6厘米×13.1厘米）

国木田独步集
初版本封面（18.8厘米×13.3厘米）

【俄】郭果尔著。萧华清译。民国二十三年（1934）十二月十五日初版，印1500册。上海辛垦书店出版、发行。上海中和印刷公司印刷。

馆藏辛垦书店1934年12月初版，见唐弢文库、孔罗荪文库、图书大库。

初版本卷首有译者《序》。正文收《死灵》、《狂人日记》、《莱甫斯基大街》、《画像》、《马车》共5篇。

小说集。【日】国木田独步著。夏丏尊译。1927年6月付印，8月出版。文学周报社出版。上海开明书店发行。《文学周报社丛书》之一种。

馆藏文学周报社1927年8月初版、1928年4月二版，开明书店1931年10月四版，见唐弢文库、巴金文库、图书大库。

初版本卷首有译者《关于国木田独步》。正文收《牛肉与马铃薯》、《疲劳》、《夫妇》、《女难》、《第三者》共5篇。

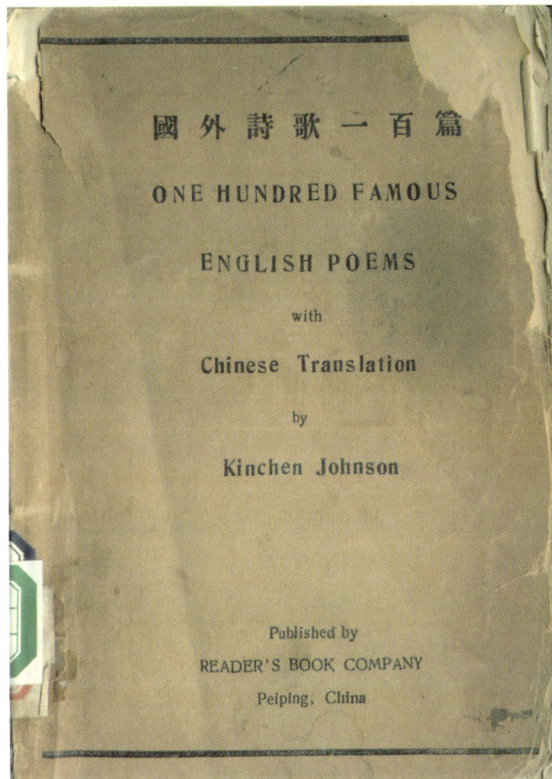

国外诗歌一百篇
初版本封面（残。20.7厘米×15厘米）

果尔德短篇杰作选
初版本封面（18.7厘米×13厘米）

　　【英】I.Watts等著。张则之译。民国二十二年（1933）五月初版。北平立达书局发行。北平和济印书局印刷。

　　馆藏立达书局1933年5月初版，见图书大库。

　　本书为中英文对照。初版本卷首有张则之《译者序》。正文收《戒懒惰与作恶》、《雨天》、《春》、《劝告女儿》、《歌》、《寂寞的割谷女》、《情歌》、《安慰》、《盲童》、《爱的哲理》、《规劝某少女》、《睡眠》、《爱的离别》、《赛妃霞的儿歌》、《一个难题》等100篇。

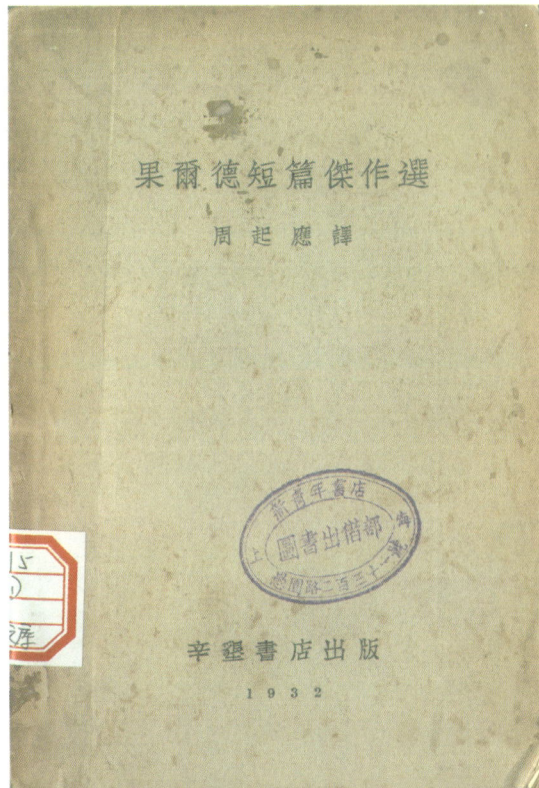

　　小说、诗歌、戏剧集。【美】果尔德著。周起应译。1932年1月15日付排，4月15日初版，印1000册。上海辛垦书店印行。

　　馆藏辛垦书店1932年4月初版，见唐弢文库、图书大库。

　　初版本卷首有《著者自传》、《原序》。《原序》云："这集普罗列塔利亚的美国生活的杂记大部分是我从十九岁到二十六岁的时候写的。各篇的排列便是按着作时的先后。"

　　初版本收《可恶的煽动家》、《黑人之死》、《释放》、《两个墨西哥》、《垃圾场上的恋爱》、《再快些，亚美利加，再快些！》、《大约尔的生日》、《罢工》、《死囚牢中的樊宰特》、《一亿二千万》共10篇。

果树园
初版本封面（19.1厘米×13.5厘米）

小说集。【俄】理亭等著。鲁迅等译。1931年10月20日初版，印1500册。上海现代书局印行。《世界短篇杰作选》之一种。

馆藏现代书局1931年10月初版、1933年3月二版，1937年版（出版者不详），见唐弢文库、图书大库。

初版本无序跋。内收《青春》、《狱囚》、《劳动者》、《果树园》、《奥格利若伏村底戏剧公演》、《美国人》共6篇。

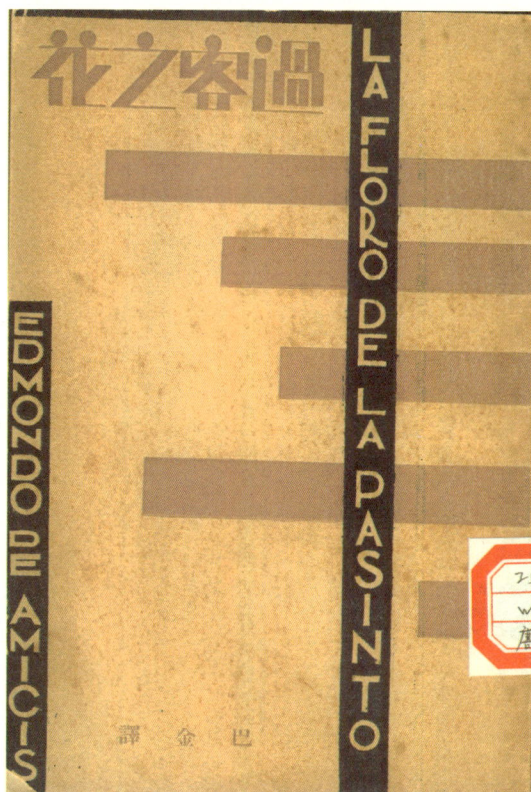

过客之花
开明书店初版本封面（18.9厘米×13.3厘米）

戏剧。【意】亚米契斯著。巴金译。1933年6月初版。开明书店经售。

馆藏开明书店1933年6月初版、文化生活出版社1940年9月初版，见唐弢文库。

初版本卷首有巴金《译者序》。作品共有14场。

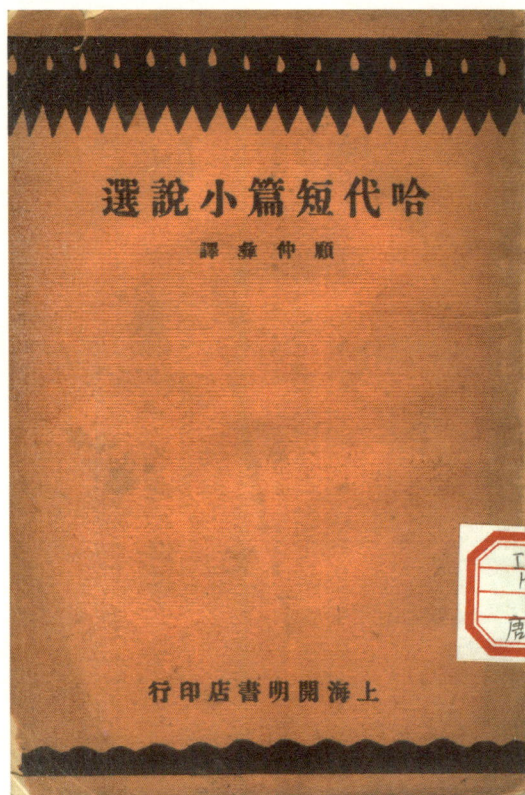

哈代短篇小说选
選説小篇短代哈
顺仲彝譯

上海開明書店印行

哈尔次山旅行记
記行旅山次爾哈
海涅 著
冯至 譯

涵趣齋
1928

哈代短篇小说选
初版本封面（18.9厘米×12.9厘米）

哈尔次山旅行记
初版本封面（19.4厘米×14.7厘米）

　　【英】哈代著。顾仲彝译。1930年11月初版。上海
开明书店出版、发行。美成印刷所印刷。

　　馆藏开明书店1930年11月初版，见唐弢文库。

　　初版本卷首有仲彝《序》。正文收《三怪客》、
《可敬爱的萝娜》、《错过了的姻缘》、《同乡朋
友》共4篇。

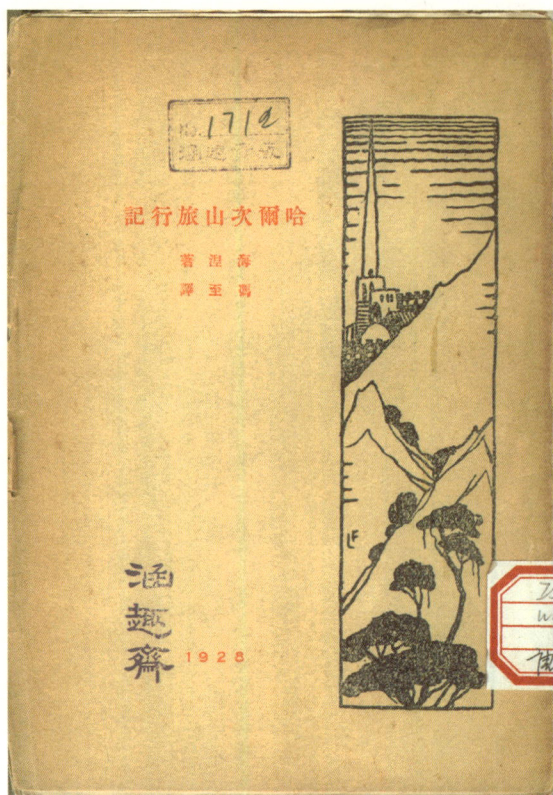

　　散文。【德】海涅著。冯至译。1928年3月初版。
上海北新书局印行。

　　馆藏北新书局1928年3月初版，见唐弢文库、图书
大库。

　　初版本无序跋。作品不标章次。

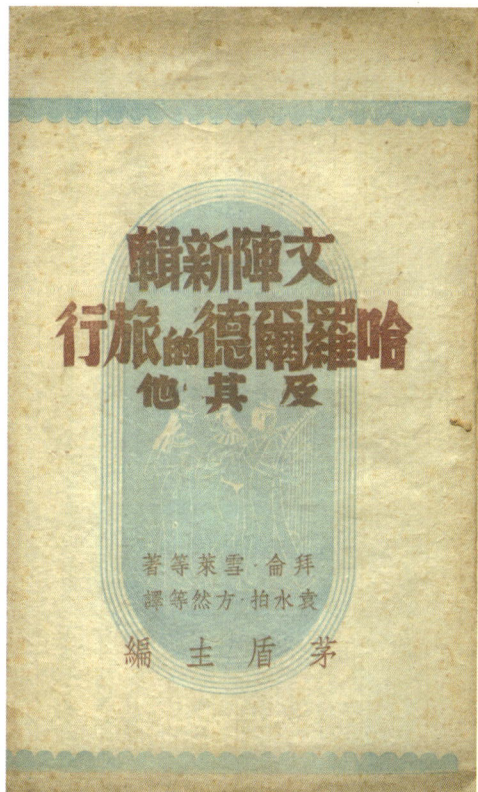

哈罗尔德的旅行及其他
初版本封面（24厘米×14.8厘米）

诗歌集。【英】拜仑等著。袁水拍等译。民国三十三年（1944）二月初版，印3000册。文阵社出版。茅盾主编《文阵新辑》之一（书脊为"之二"）。

馆藏文阵社1944年2月初版，见唐弢文库、薛汕文库、图书大库。

初版本卷末有《编者附记》。正文收《契尔德·哈罗尔德的旅行》、《阿多拉司》、《雪莱诗抄》、《哀弗立昂》、《山歌》、《海涅诗抄》、《莱蒙托夫诗抄》、《叶遂宁诗抄》、《穷人们》、《惠特曼诗抄》共10篇。

孩子们
初版本扉页（精装本封面无书名。18.5厘米×12.2厘米）

小说集。【俄】柴霍甫著。赵景深译。1930年5月31日初版。上海开明书店出版、发行。美成印刷所印刷。《柴霍甫短篇杰作集》之五。

馆藏开明书店1930年5月初版，见唐弢文库、汝龙文库、图书大库。

初版本卷首有【美】费尔普司《柴霍甫论》。正文收《孩子们》、《女厨子嫁人》、《瞌睡来了》、《逃走》、《格里夏》、《家》、《家庭教育》、《牡蛎》、《樊凯》、《小猫》、《乡间的一日》、《两个男孩子》、《四旬斋的第五周》、《谁之过》、《快乐》等29篇。

海滨渔妇
初版本封面（18.2厘米×12.9厘米）

　　戏剧集。【苏】Y.雅鲁纳尔等著。什之译。民国三十六年（1947）一月初版，印2000册。海燕书店出版。上海海燕·群益·云海联合发行所总经售。

　　馆藏海燕书店1947年1月初版，见胡风文库、图书大库。

　　本书为《苏联最新独幕剧选》。初版本卷末有译者《后记》。正文收《处女的心》、《新的SKETCH》、《海滨渔妇》、《死亡线上》、《破旧的别墅》、《形式主义者》、《在花园里》、《一个房间》、《养猪的女人》、《乔迁之喜》、《就是这样》、《人民的血》共12篇。

海　妲
初版本封面（18.9厘米×12.8厘米）

　　戏剧。【挪】易卜生著。孙煦译。民国二十八年（1939）四月初版。长沙商务印书馆印行。《世界文学名著》之一种。

　　馆藏商务印书馆1939年4月初版，见图书大库。

　　初版本无序跋。作品共有4幕。

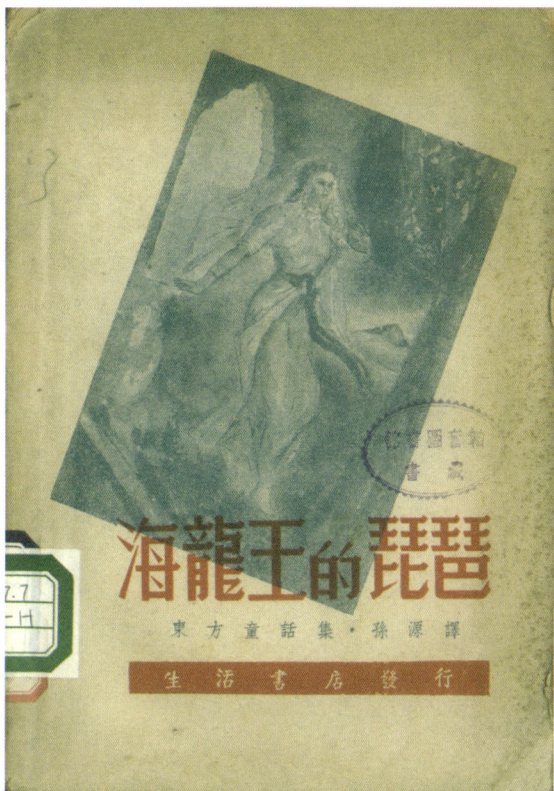

海龙王的琵琶
初版本封面（20.5厘米×14.8厘米）

海门案
初版本封面（15厘米×10.8厘米）

　　童话集。【乌拉尔】巴若夫等著。孙源译。民国三十六年（1947）九月第一版，印2000册。生活书店发行。联营书店特约经售。《少年文库》之一种。

　　馆藏生活书店1947年9月初版，见图书大库。

　　本书为《东方童话集》。初版本无序跋。内收《海龙王的琵琶》、《假隐士》、《四个傻瓜》、《金烛塔》、《从天上丢下来的钱袋》、《最美的梦》、《圣人的胡子》、《地毡》、《铜山仙女》、《山主》、《吝啬的商人》、《国王和洗衣匠》共12篇。

　　正文、版权页题《海门奇案》。小说。【英】福格斯兴著。穷汉译。光绪丁未（1907）十月初版、发行。上海小说林社印行。苏州宏林书局、常熟海虞图书馆分发行。《小本小说》第二集之七。

　　馆藏小说林社1907年（农历）10月初版，见唐弢文库。

　　初版本无序跋。作品共有10章。

海涅诗抄（上）
初版本封面（17.8厘米×12.9厘米）

海涅诗选
初版本封面（16.1厘米×11.3厘米）

　　书脊、扉页及目录页题《海涅诗钞》。【德】海
涅著。雷石榆译。民国三十二年（1943）八月出版。
文汇书店印行。桂林上海杂志公司总经售。

　　馆藏文汇书店1943年8月初版，见唐弢文库。

　　初版本卷首有雷石榆《译者序》。正文收《教
义》、《阿达姆一世》、《警告》、《给以前的歌德
崇拜家》、《秘密》、《夜警到达巴黎的时候》、
《联队鼓手长》、《颓废》、《亨利》、《人生的
航路》、《哈姆布雷的新叶斯拉尔医院》、《哥尔
克·黑尔威克》、《倾向》、《孩子》、《约》等56
篇。

　　【德】海涅著。剑波译。1929年2月付排，3月出
版，印3000册。上海亚细亚书局印行。

　　馆藏亚细亚书局1929年3月初版，见唐弢文库。

　　初版本卷首有葭哥（译者）《献词》、剑波《译
序》、剑波《序词》。上编收《夜梦》、《我梦》、
《甜蜜的五月春朝》、《暖和地穿彻了心儿》、《春
之歌》、《我常爱你》、《我勿悲诉》、《爱人何
处？》、《海的精灵》、《结句》、《宽恕》、《孤
松》、《薄暮》、《牧人》、《炮手》等22篇，另附
9篇，共31篇；下编为爱理思《海涅传略》（吕叔湘
译）、《后记》（译者）。

海涅诗选
初版本封面（17厘米×10.5厘米）

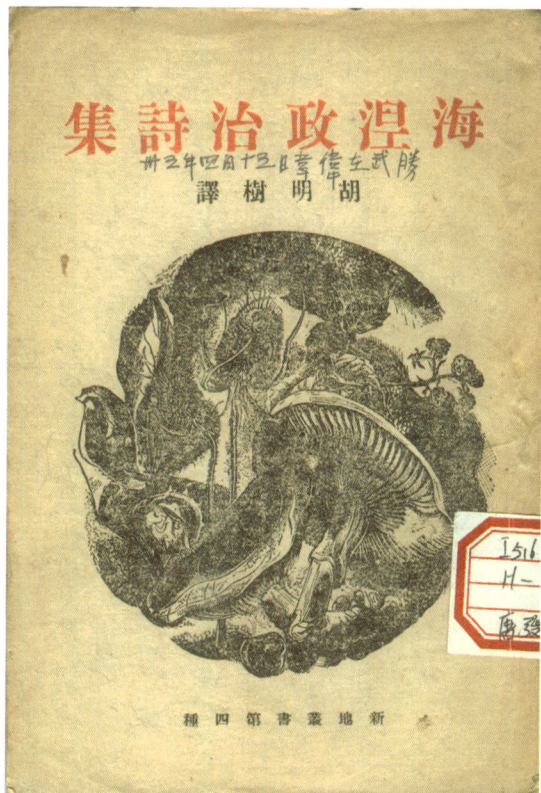

海涅政治诗集
初版本封面（18厘米×12.7厘米）

　　【德】海涅著。林林译。民国三十五年（1946）十一月初版，印1500册。橄榄社出版。

　　馆藏橄榄社1946年11月初版，见唐弢文库、薛汕文库、图书大库。

　　初版本卷末有《后记》（译者）。正文分上、下辑，收《快乐的春天》、《你的脸颊》、《我的创伤》、《耀眼》、《美丽的人间》、《无论过去和现在》、《他们》、《头·心和歌的话》、《秋之夜》、《渔家姑娘》、《月儿静静地》、《月在云间》、《暮色》、《你的家》、《在梦里》等40篇。

　　【德】海涅著。胡明树译。民国三十二年（1943）十一月一日印刷，民国三十三年（1944）一月十五日发行，印3010册。桂林新大地出版社印行。《新地丛书》之四。

　　馆藏新大地出版社1944年1月初版，见唐弢文库。

　　初版本卷首有胡明树《译者序》。正文收第一辑《初期之作》11篇、第二辑《德国·冬天的童话》5篇、第三辑《寓言诗》4篇、第四辑《后期之作》11篇，共31篇。

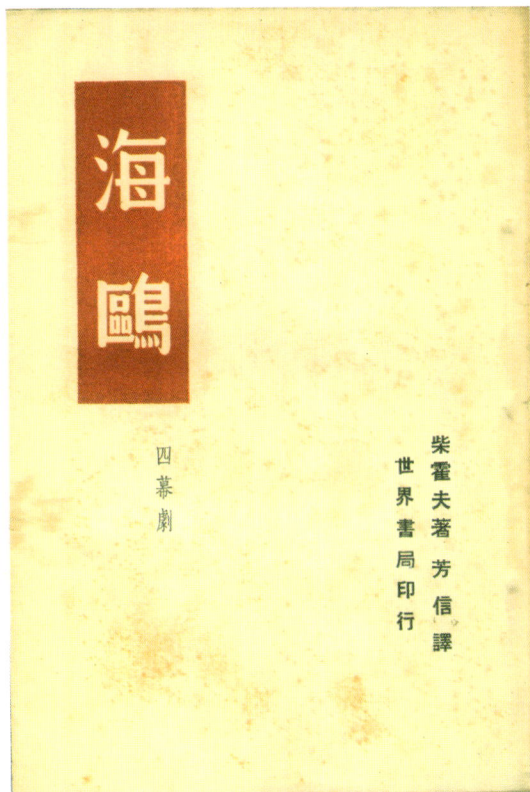

海 鸥
初版本封面（18.3厘米×12.7厘米）

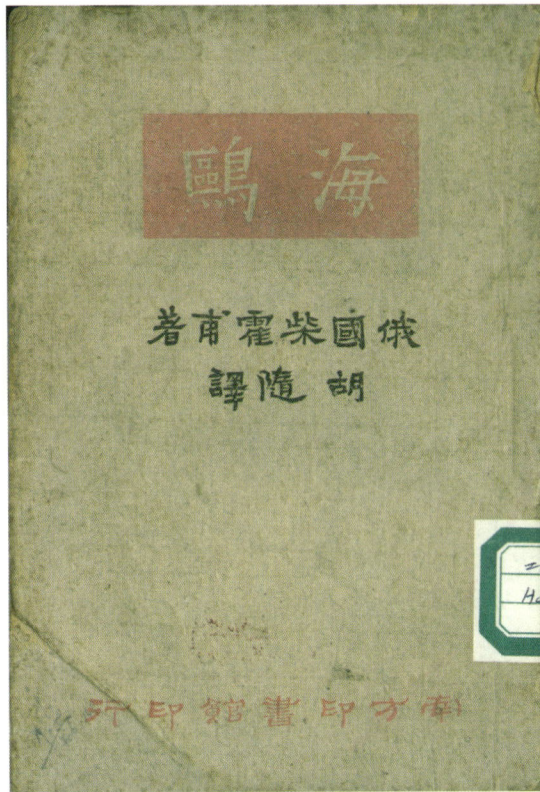

海 鸥
初版本封面（18.3厘米×12.9厘米）

　　戏剧。【俄】柴霍夫著。芳信译。民国二十九年
（1940）四月初版。世界书局印行。

　　馆藏世界书局1940年4月初版、1949年7月二版，
见唐弢文库、图书大库。

　　初版本卷首有《献辞》（译者）、【苏】聂米洛
维赤·唐庆果《柴霍夫与〈海鸥〉》（费明译）。作
品共有4幕。

　　戏剧。【俄】柴霍甫著。胡随译。民国三十三年
（1944）二月出版。重庆南方印书馆印行。《近代名
剧译丛》之一种。

　　馆藏南方印书馆1944年2月初版，见唐弢文库、图
书大库。

　　初版本卷首有《关于〈海鸥〉的几句话》。作品
共有4幕。

海 鸥
初版本封面（18.2厘米×12.9厘米）

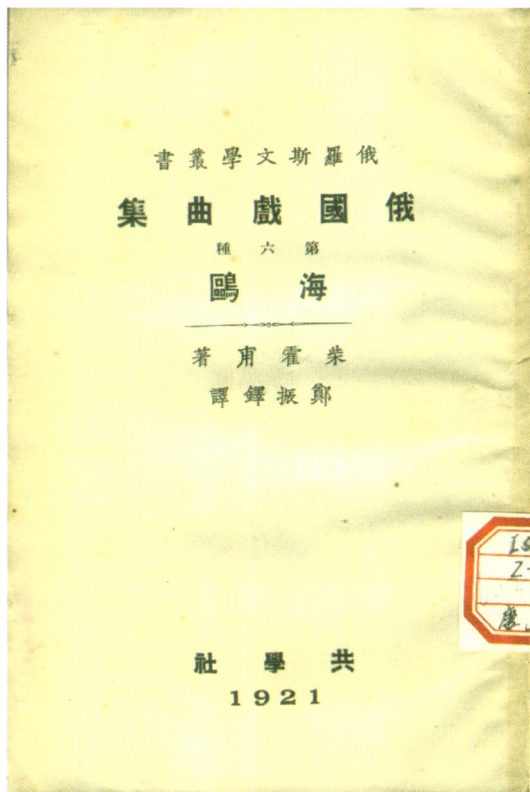

海 鸥
初版本封面（18.9厘米×13厘米）

戏剧。【俄】契诃夫著。丽尼译。民国三十五年（1946）十一月初版。文化生活出版社出版、发行。文化生活印刷所印刷。《契诃夫戏剧选集》之二，《译文丛书》之一种。

馆藏文化生活出版社1946年11月初版、1949年2月二版，见唐弢文库、巴金文库、管桦文库、刘麟文库、秦兆阳文库、姚雪垠文库、图书大库。

初版本无序跋。作品共有4幕。

戏剧。【俄】柴霍甫著。郑振铎译。民国十年（1921）四月初版。上海商务印书馆印行。《俄国戏曲集》之六，共学社《俄罗斯文学丛书》之一种。

馆藏商务印书馆1921年4月初版，见唐弢文库、孔罗荪文库。

初版本无序跋。作品共有4幕。

海上儿女
初版本封面（18.3厘米×13厘米）

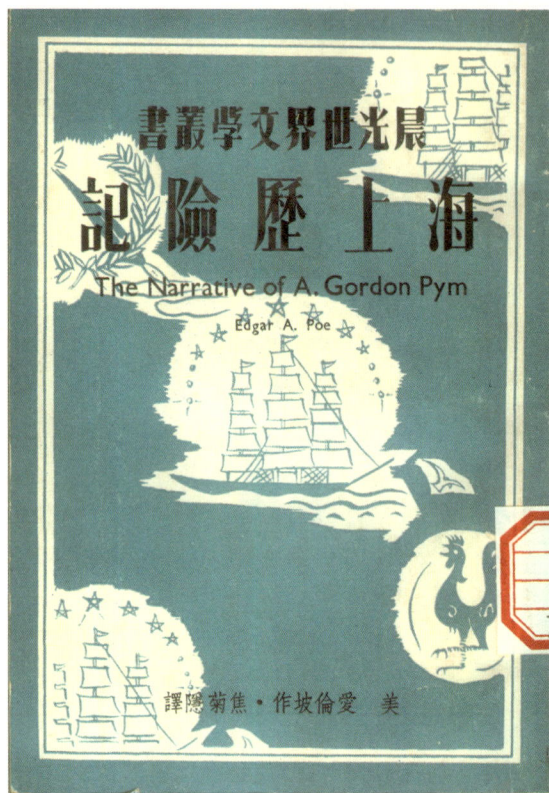

海上历险记
初版本封面（17厘米×12.1厘米）

　　副标题为《少年罗曼之奋斗》。小说。【法】艾克脱·马洛著。适夷译。民国三十五年（1946）五月上海初版，印2000册。上海燎原书屋出版。上海新光书报社发行。上海五洲书报社、上海励力出版社经售。《世界文学名著》之一种。

　　馆藏燎原书屋1946年5月初版、建文书店1947年7月初版（书名为《海国男儿》，无副标题），见唐弢文库、巴金文库、图书大库。

　　燎原书屋初版本卷末有艾克脱·马洛《关于罗曼·卡必里——原著者的后记》。作品共有17章。

　　小说。【美】爱伦坡著。焦菊隐译。1949年3月初版。上海晨光出版公司发行。中华全国文艺协会主编《晨光世界文学丛书》之二。

　　馆藏晨光出版公司1949年3月初版，见唐弢文库、巴金文库。

　　初版本卷首有赵家璧《出版者言》（丛书总序）、A.G.皮姆《序》。作品共有25章。

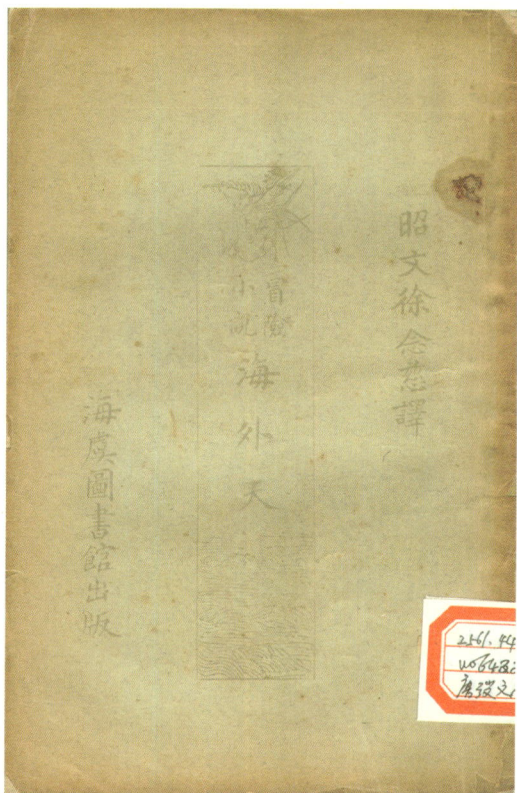

海天情孽
初版本封面（18.3厘米×12.5厘米）

海外天
初版本封面（21.9厘米×14.7厘米）

　　小说。著者不详。黄士淇编译。民国五年
（1916）四月初版。上海商务印书馆印行。四集本《说
部丛书》第三集之四。

　　馆藏商务印书馆1916年4月初版，见唐弢文库。

　　初版本无序跋。作品共有8章。

　　小说。【英】马斯他孟立特著。徐念慈（正文、
版权页署"东海觉我"）译。光绪二十九年（1903）
五月印刷，十月发行。常熟海虞图书馆出版、发行。
上海文明书局印刷。开明书店、文明书局、广智书局
经售。

　　馆藏海虞图书馆1903年（农历）10月初版、小说
林社1907年（农历）11月二版（译者署名为"东海觉
我"），见唐弢文库。

　　本书为冒险小说。初版本无序跋。作品共有16
回。

海卫侦探案
初版本封面（19.3厘米×13.3厘米）

好望号
初版本封面（18.5厘米×12.9厘米）

　　小说集。【英】模利孙著。商务印书馆编译所译。光绪三十四年（1908）三月初版。上海商务印书馆印行。十集本《说部丛书》第十集之十。

　　馆藏商务印书馆1908年（农历）3月初版，见唐弢文库。

　　初版本无序跋。内收《医生冤》、《船主毙命》、《妒妇泄机》、《少妇窃儿》、《癫人》、《秘密鱼雷图》、《雕璧》、《华德里礼堂》共8篇。

　　戏剧。【荷】海哲曼斯著。袁俊改译。民国三十三年（1944）三月初版。重庆国讯书店发行。茅盾主编《国讯文艺丛书》之一种。

　　馆藏国讯书店1944年3月初版，见唐弢文库、图书大库。

　　初版本卷首有《译者序》。作品共有4幕。

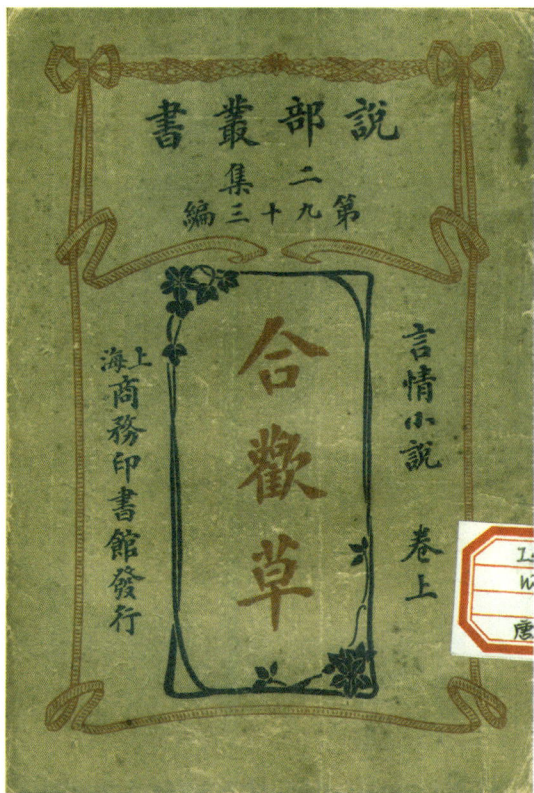

說部叢書
第九十三編
集二
言情小說 卷上

合歡草

上海商務印書館發行

合欢草（上、下）
初版本封面（18.6厘米×12.8厘米）

小说。【英】韦烈著。卫听涛、朱炳勋编译。民国四年（1915）六月二日印刷，二十日初版、发行。上海商务印书馆印行。四集本《说部丛书》第二集之九十三。

馆藏商务印书馆1915年6月初版，见唐弢文库。

本书为言情小说。初版本无序跋。作品有卷上、下各12回，共24回。

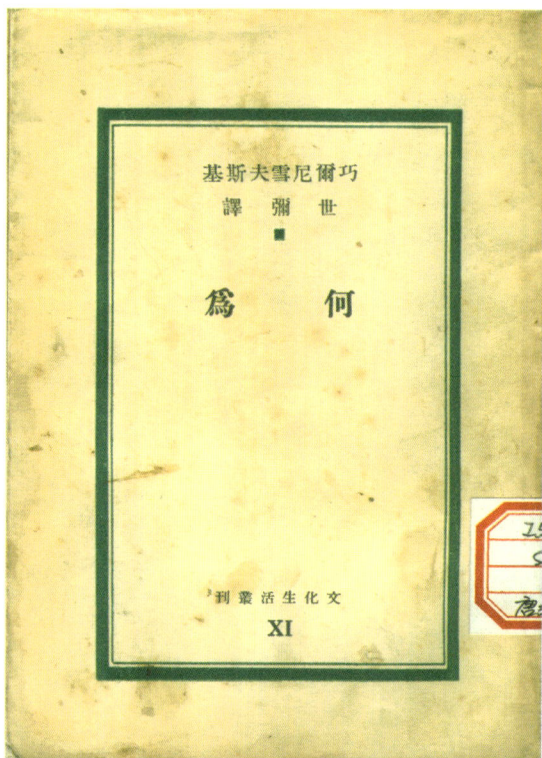

巧爾尼雪夫斯基
世彌 譯

何 為

文化生活叢刊
XI

何 为
初版本封面（17.8厘米×13.1厘米）

小说。【俄】巧尔尼雪夫斯基著。世弥译。民国二十五年（1936）四月初版。上海文化生活出版社出版、发行。上海三一印刷公司印刷。开明书店特约经售。巴金主编《文化生活丛刊》之十一。

馆藏文化生活出版社1936年4月初版、同年5月二版、1941年2月三版、1943年5月渝一版，见唐弢文库、巴金文库、图书大库。

初版本卷首有《自序》（著者），卷末有巴金《后记》。作品有第一部7章、第二部4章、第三部1章，共12章。

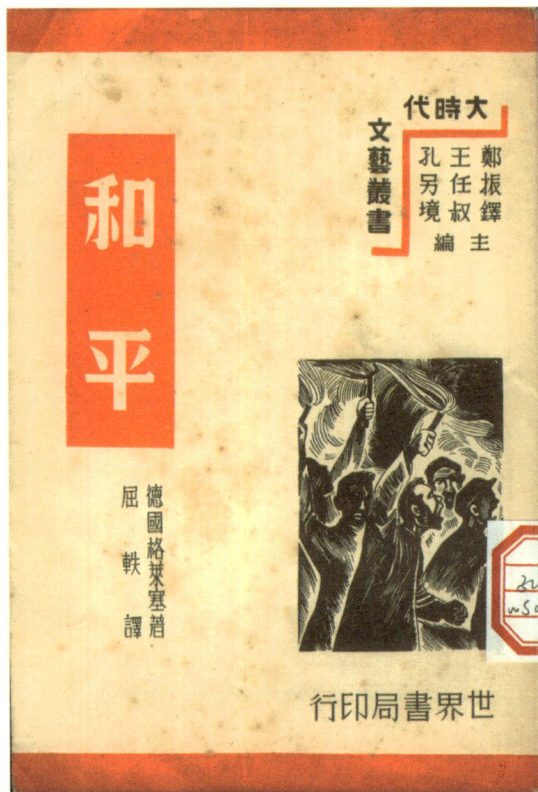

和　平
初版本封面（18.3厘米×12.9厘米）

和影子赛跑
初版本封面（18.8厘米×13.8厘米）

　　小说。【德】格莱塞著。屈轶译。民国二十八年（1939）七月初版。世界书局印行。郑振铎、王任叔、孔另境主编《大时代文艺丛书》之一种。

　　馆藏世界书局1939年7月初版，见唐弢文库、孔罗荪文库。

　　初版本卷首有主编者《〈大时代文艺丛书〉序》、《译者序》。作品共有16章。

　　戏剧。【德】苏尔池著。潘怀素译。1928年9月付排，10月初版，印1500册。上海创造社出版部出版。创造社《世界名著选》之十四。

　　馆藏创造社1928年10月初版，见唐弢文库、许杰文库。

　　初版本无序跋。作品共有3幕。

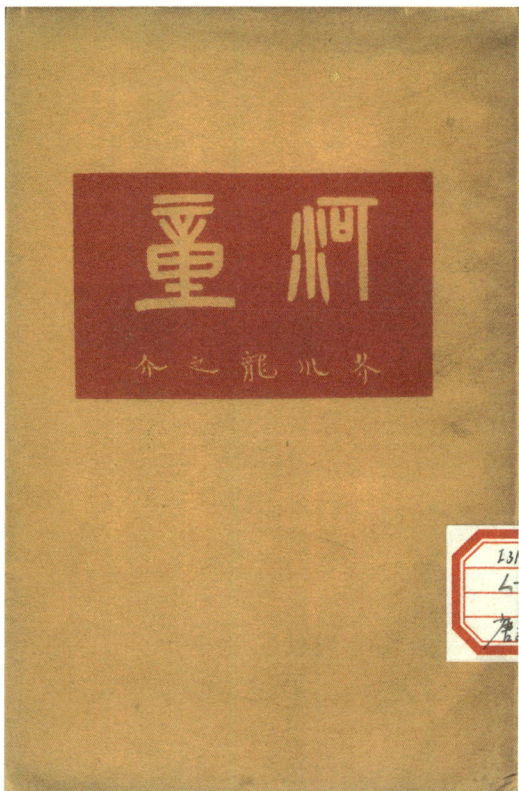

河 童
商务印书馆初版本封面（19厘米×12.7厘米）

　　小说集。【日】芥川龙之介著。黎烈文译。民国十七年（1928）十月初版。上海商务印书馆印行。《文学研究会丛书》之一种。

　　馆藏商务印书馆1928年10月初版、1930年12月二版、1934年7月国难后一版，文化生活出版社1936年9月增订初版（译者为黎烈文、鲁迅），见唐弢文库、巴金文库、图书大库。

　　商务印书馆初版本卷首有烈文《海上哀音——闻芥川龙之介之死（代序）》，卷末附有【日】永见德太郎《芥川龙之介氏与〈河童〉》。正文收《河童》、《蜘蛛之丝》共2篇。

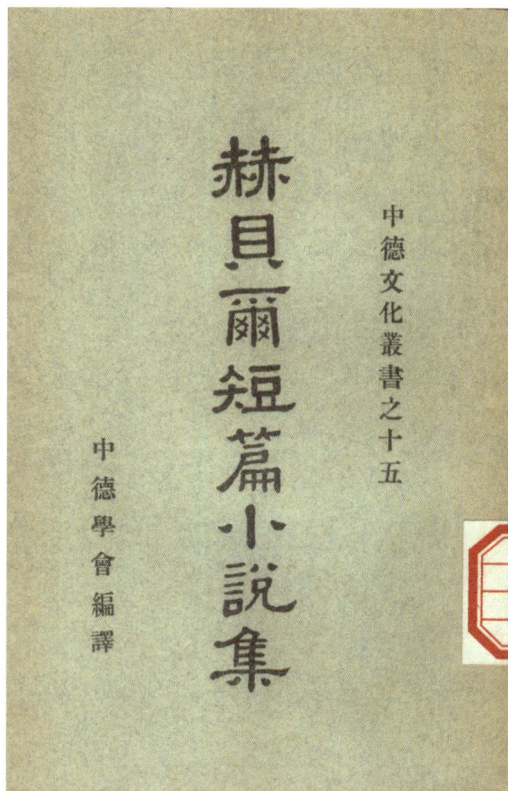

赫贝尔短篇小说集
初版本封面（17.4厘米×11.6厘米）

　　【德】赫贝尔著。杨丙辰译。民国三十年（1941）四月初版。长沙商务印书馆印行。中德学会编译《中德文化丛书》之十五。

　　馆藏商务印书馆1941年4月初版，见唐弢文库、胡风文库。

　　初版本无序跋。内收《理发师齐德兰》、《高等卫生顾问官底夫人》、《斯特拉斯堡城内的一晚》、《红宝石》、《两位浮浪人》、《施诺可》、《我们时代上的一种苦闷》、《马韬》、《荒乌先生和他的家庭》、《安娜》、《保尔最堪纪念之夜》、《牝牛》、《裁缝师傅乃剖木克·施来格尔》、《猎人家内的一宿》共14篇。

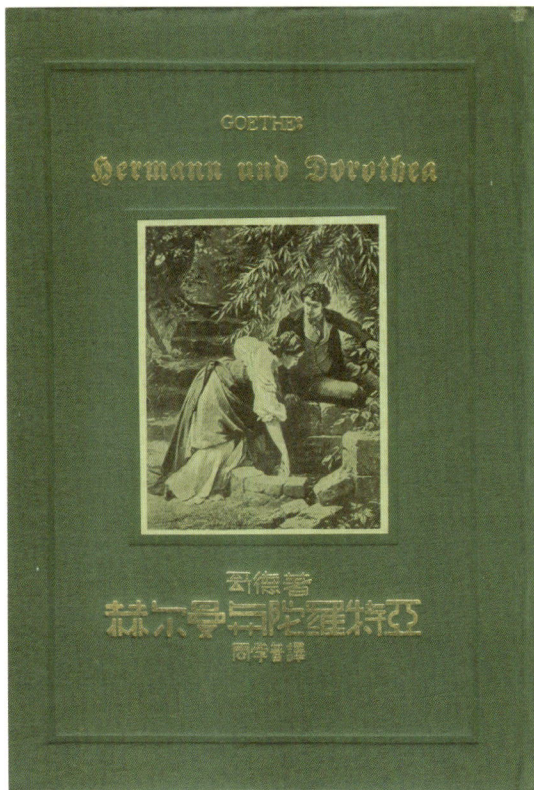

赫尔曼与陀罗特亚
初版本封面（18.9厘米×13厘米）

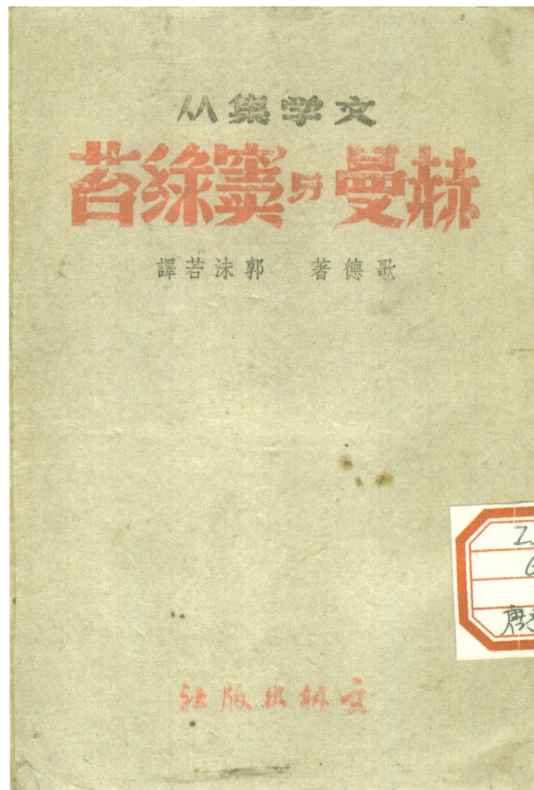

赫曼与窦绿苔
初版本封面（16.6厘米×11.4厘米）

诗歌。【德】哥德著。周学普译。民国二十六年（1937）二月初版。上海商务印书馆印行。

馆藏商务印书馆1937年2月初版、同年4月二版，见唐弢文库。

初版本卷首有《译者序》。作品除序诗《悲歌》外共有9章。

诗歌。【德】歌德著。郭沫若译。民国三十一年（1942）四月初版，印4000册。重庆文林出版社印行。罗荪编辑《文学集丛》之一种。

馆藏文林出版社1942年4月初版、群益出版社1948年1月初版，见唐弢文库、图书大库。

初版本卷末有郭沫若《书后》。作品共有9章。

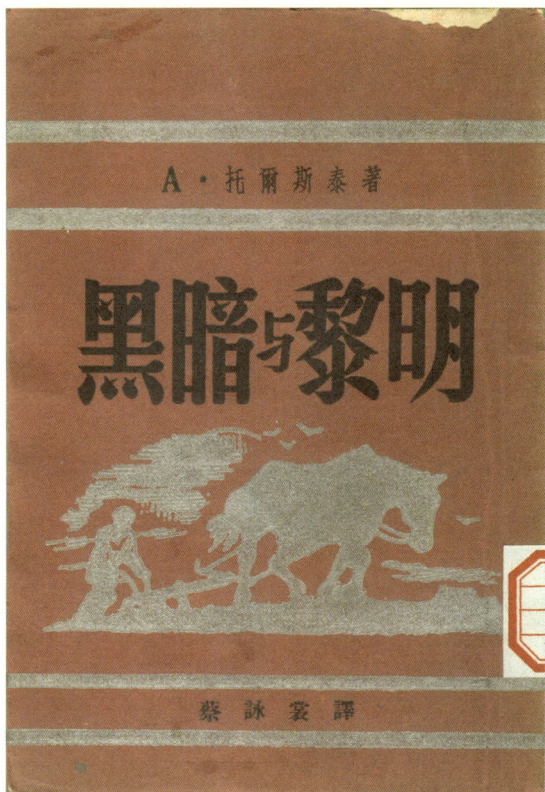

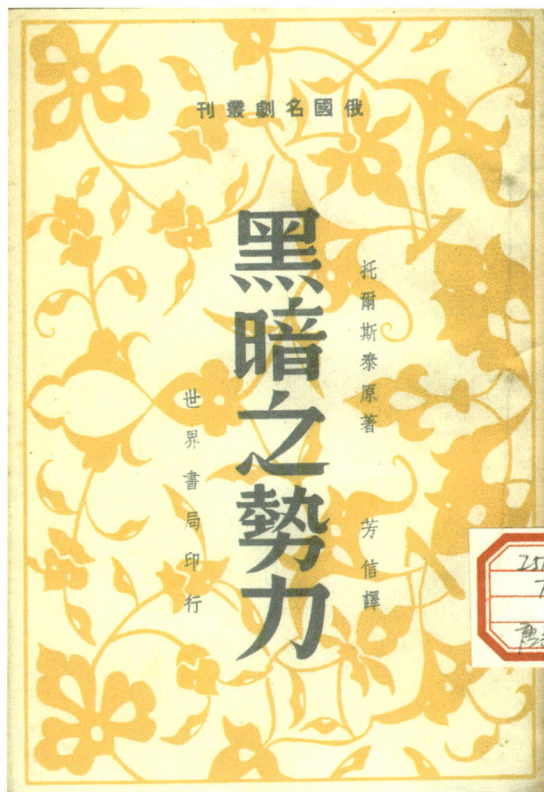

黑暗与黎明（上、下）
上卷初版本封面（19.3厘米×13.7厘米）

黑暗之势力
初版本封面（18.4厘米×13.1厘米）

　　小说。【苏】A.托尔斯泰著。蔡咏裳译。1940年7月初版。尼罗社出版。香港西南图书印刷公司承印。
　　馆藏尼罗社1940年7月初版，见唐弢文库。
　　初版本上卷卷首有伊凡·卢波尔《文化的首唱者》，下卷卷末有华《吊咏裳》。作品有第一部《两姊妹》39章、第二部《一九一八年》25章，共64章。

　　戏剧。【俄】L.托尔斯泰著。芳信译。民国三十三年（1944）六月出版。世界书局印行。《俄国名剧丛刊》之八。
　　馆藏世界书局1944年6月初版，见唐弢文库。
　　初版本卷末有【日】升曙梦《关于托尔斯泰》。作品共有5幕。

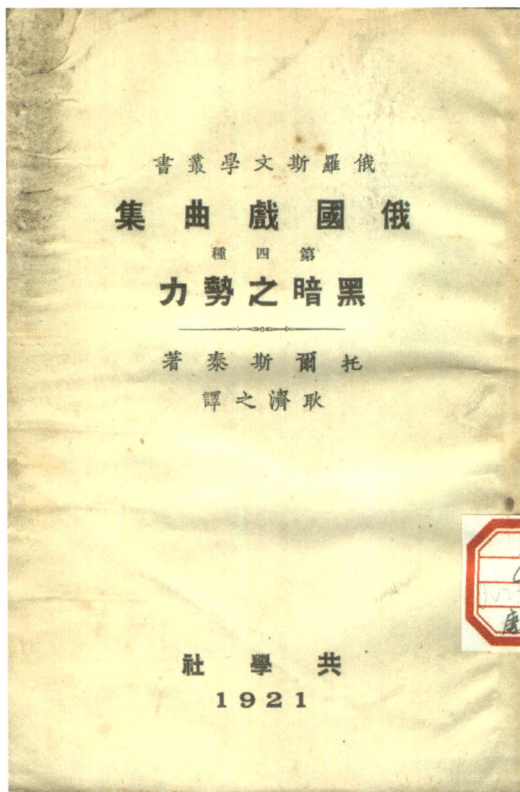

黑暗之势力
初版本封面（18.8厘米×13厘米）

黑假面人
初版本封面（20.5厘米×14厘米）

　　戏剧。【俄】托尔斯泰著。耿济之译。民国十年（1921）三月初版。上海商务印书馆印行。《俄国戏曲集》之四，共学社《俄罗斯文学丛书》之一种。

　　馆藏商务印书馆1921年3月初版，见唐弢文库。

　　初版本卷首有郑振铎《叙》，内云："这个剧本是描写乡间一个富农的家庭的事实的。叙来极为悲惨，我们读了，差不多都是要下泪的。"

　　初版本共有5幕。

　　戏剧。【俄】安特列夫著。李霁野译。1928年3月印成1500册。北京未名社发行。《未名丛刊》之十四。

　　馆藏未名社1928年3月初版，见唐弢文库、胡风文库、图书大库。

　　初版本卷首有《序》（译者）。作品共有2幕。

黑肩巾（上、下）
上册初版本封面（18.8厘米×13厘米）

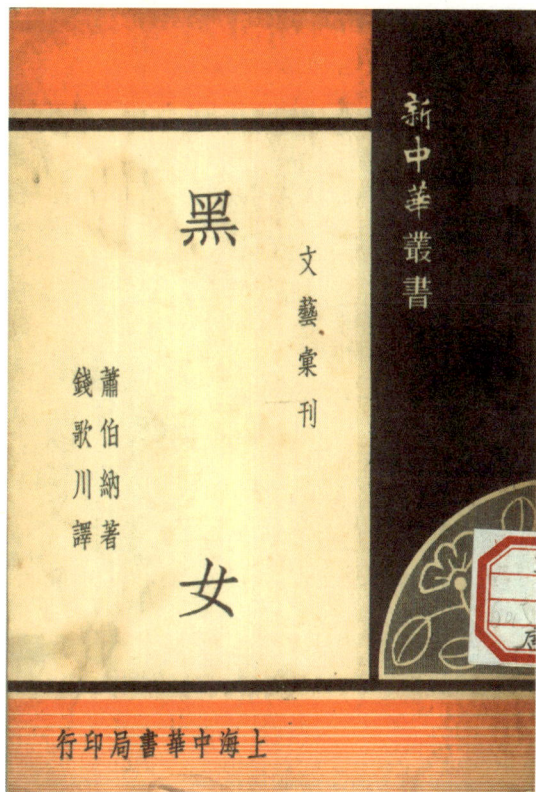

黑 女
初版本封面（18.7厘米×13.1厘米）

　　小说。著者不详。天游、半侬译。民国六年（1917）一月印刷、发行。上海中华书局印行。

　　馆藏中华书局1917年1月初版，见唐弢文库。

　　初版本无序跋。作品有上册12章、下册16章，共28章。

　　戏剧集。【爱尔兰】萧伯纳等著。钱歌川、杨维铨译。民国二十三年（1934）十二月印刷、发行。上海中华书局印行。《新中华丛书·文艺汇刊》之一种。

　　馆藏中华书局1934年12月初版，见唐弢文库、图书大库。

　　初版本卷首有编者《序》。正文收《黑女》、《败北》、《阿拉伯人的天幕》、《成名以后》、《搜索》共5篇。

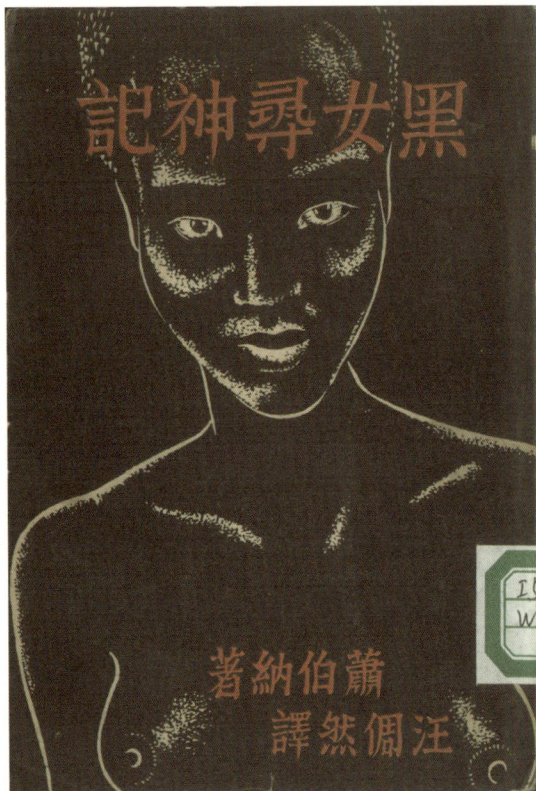

黑女寻神记
初版本封面（18.7厘米×13.1厘米）

黑人诗选
初版本封面（16.9厘米×12.4厘米）

　　小说。【爱尔兰】萧伯纳著。汪倜然译。民国二十二年（1933）十月初版，印2000册。上海读书界书店出版。上海均益·利国联合印刷公司印刷。上海大光书局总发行。现代书局、作者书社、生活书店等代售。

　　馆藏读书界书店1933年10月初版，见唐弢文库、图书大库。

　　初版本无序跋。作品不标章次。

　　【美】修士等著。杨任译。民国二十六年（1937）六月初版、发行。上海黎明书局印行。《黎明文化丛书》之一种。

　　馆藏黎明书局1937年6月初版，见唐弢文库。

　　初版本卷首有杨任《序》。正文收《我是个黑人》、《解雇》、《黑种子》、《十字架》、《种植人》、《我长大后》、《给一个黑人指导者》、《黑人地带》、《上帝》、《一个老航海者的死》、《老水手》、《黑人侍者》、《快乐》、《七十五仙Blues》、《我也是亚美利加人》等41篇。

黑色马
初版本封面（17.1厘米×10.7厘米）

小说。【俄】路卜洵著。映波译。民国二十五年
（1936）三月初版。上海商务印书馆印行。《文学研
究会世界文学名著丛书》之一种。

馆藏商务印书馆1936年3月初版、同年9月二版，
见唐弢文库、李辉英文库、姚雪垠文库、图书大库。

初版本无序跋。作品共有3章。

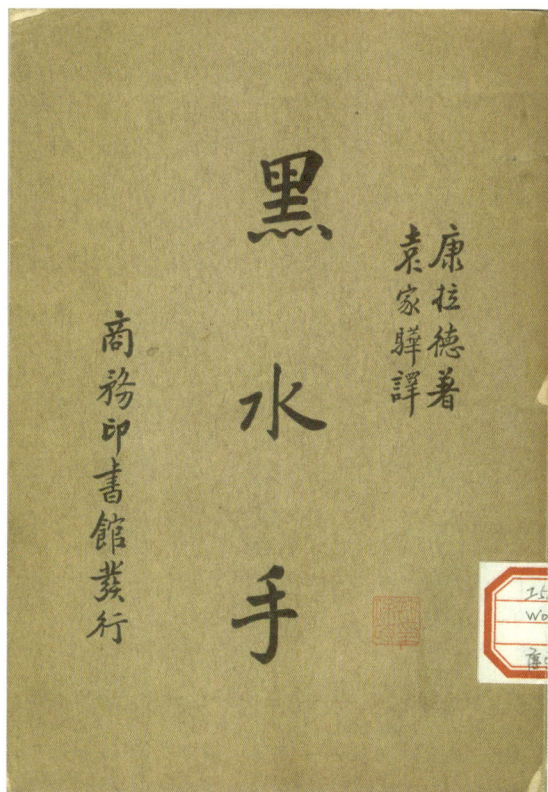

黑水手
初版本封面（21.2厘米×15.2厘米）

小说。【英】康拉德著。袁家骅译。民国二十五
年（1936）一月初版。中华教育文化基金董事会编译
委员会编辑。上海商务印书馆印行。

馆藏商务印书馆1936年1月初版，见唐弢文库、图
书大库。

初版本卷首有袁家骅《译者序》、约瑟·康拉德
《给读者》、J.C.《原序》，卷末附有《书中人名英
汉对照》、《注释》、《康拉德著作目录提要》（译
者）。作品共有5章。

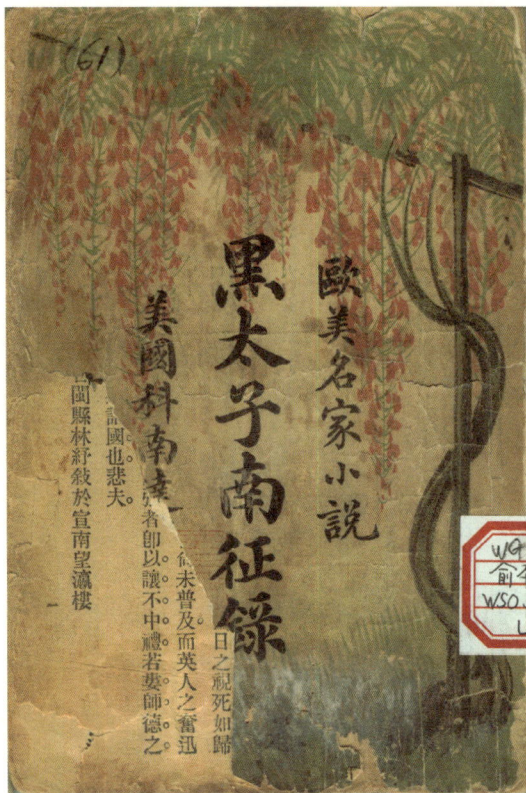

黑太子南征录（上、下）
首册1909年初版本封面（残。18.6厘米×12.8厘米）

黑行星
初版本封面（18.7厘米×13厘米）

小说。【美，正文、版权页作"英"】科南达利著。林纾、魏易译。宣统元年（1909）四月初版。上海商务印书馆印行。《欧美名家小说》之一种。

馆藏商务印书馆1909年（农历）4月初版、1913年11月初版（封面无著者国别，《小本小说》）、1914年6月初版（封面无著者国别，《林译小说丛书》）、1915年10月二版（封面无著者国别，四集本《说部丛书》第二集），见唐弢文库、王辛笛文库、俞平伯文库、图书大库。

初版本首册卷首有林纾《序》，内云："此书科南全摹司各德述英国未开化时事。"

初版本有卷上18章、卷下19章，共37章。

小说。【国别不详】西蒙纽加武著。东海觉我译。乙巳（1905）七月初版。上海小说林社发行。上海作新社印刷局印刷。

馆藏小说林社1905年（农历）7月初版，见唐弢文库。

初版本无序跋。作品共有7章。

黑衣僧
初版本扉页（精装本封面无书名。18.4厘米×11.8厘米）

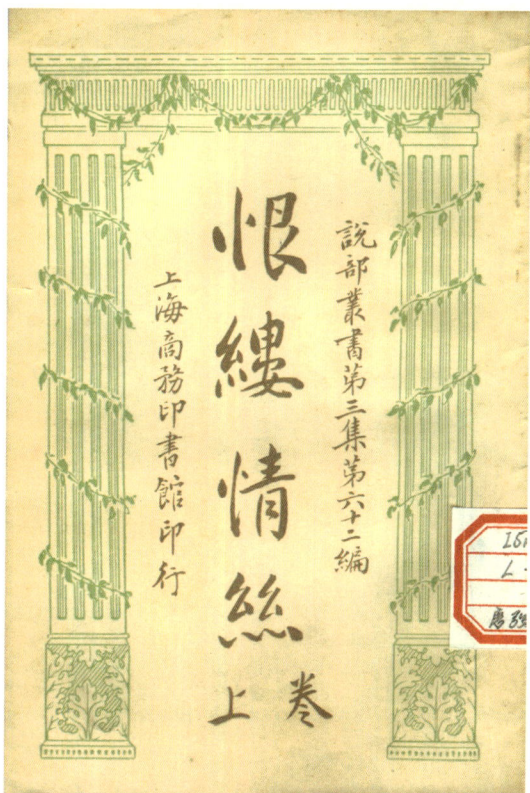

恨缕情丝（上、下）
初版本封面（18.3厘米×12.6厘米）

　　小说集。【俄】柴霍甫著。赵景深译。1930年3月31日初版。上海开明书店出版、发行。美成印刷所印刷。《柴霍甫短篇杰作集》之三。

　　馆藏开明书店1930年3月初版，见唐弢文库、汝龙文库、图书大库。

　　初版本卷首有【俄】米尔斯基《柴霍甫的生涯及其小说》。正文收《黑衣僧》、《吴乐德》、《郭锡福》、《扰乱》、《恐怖》、《过分》、《订婚》、《梦》、《新的别墅》、《办公事》、《悒郁》、《幸福》、《在黑暗里》、《四旬斋前夜》、《镇魂祭》等19篇。

　　原名《"The Kreutzer Sonata" and "Family Happiness"》。小说集。【俄】托尔斯泰著。林纾、陈家麟译。民国八年（1919）四月初版。上海商务印书馆印行。四集本《说部丛书》第三集之六十二。

　　馆藏商务印书馆1919年4月初版、某版（无版权页，《林译小说》第二集），见唐弢文库。

　　初版本无序跋。全书收《波子西佛杀妻》、《马莎自述生平》共2篇。

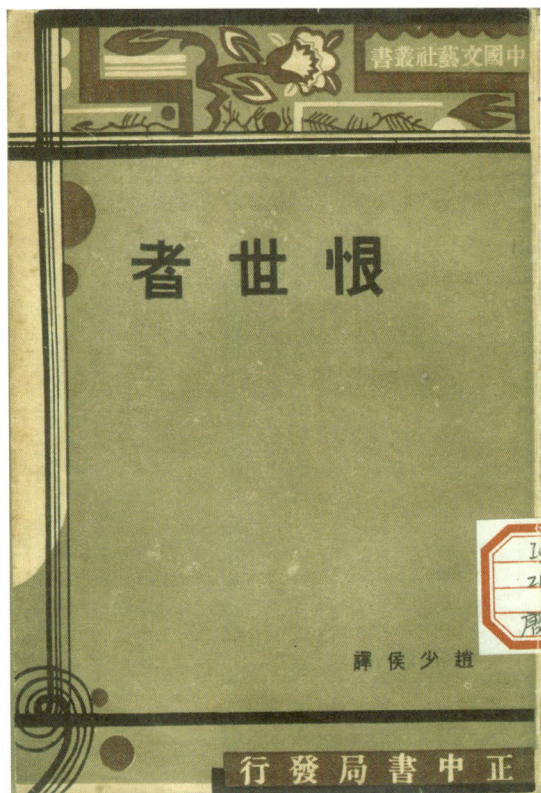

恨世者
初版本封面（18.7厘米×13.1厘米）

　　戏剧。著者不详。赵少侯译。民国二十三年（1934）六月印刷，七月初版，印2000册。正中书局印行。《中国文艺社丛书》之一种。
　　馆藏正中书局1934年7月初版，见唐弢文库。
　　初版本无序跋。作品共有5幕。

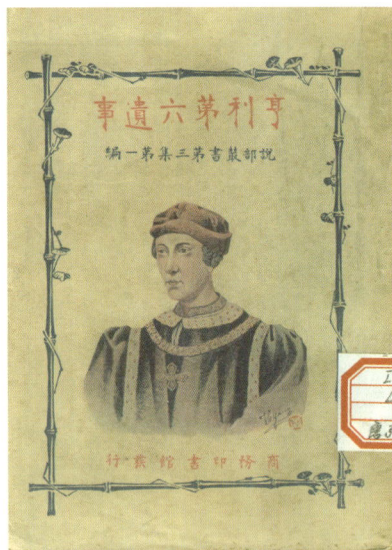

初版本封面（18.4厘米×12.6厘米）

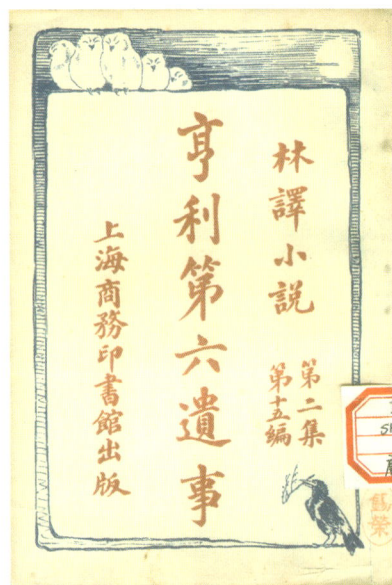

初版本封面（18.2厘米×12.5厘米）

亨利第六遗事

　　小说。【英】莎士比亚原著。林纾、陈家麟编译。民国五年（1916）四月初版。上海商务印书馆印行。四集本《说部丛书》第三集之一、《林译小说》第二集之十五。
　　馆藏商务印书馆1916年4月初版（两种），见唐弢文库、王辛笛文库、图书大库。
　　初版本无序跋。作品不分章节。

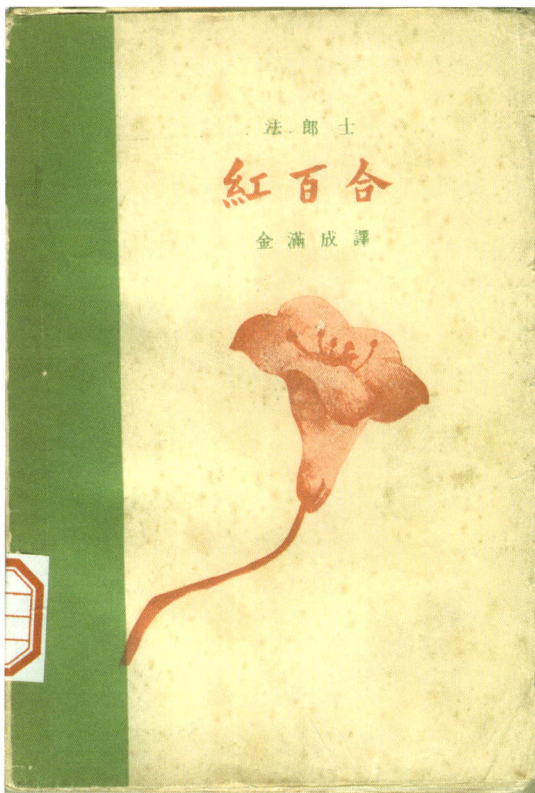

红百合
初版本封面（19.6厘米×14.1厘米）

　　小说。【法】法郎士著。金满成译。1928年7月初版，印1000册。上海现代书局印行。

　　馆藏现代书局1928年7月初版、1929年5月二版，见唐弢文库。

　　初版本卷首有金满成《译者弁言》并附《翻译例言》，卷末附有满成《我国人关于法郎士的介绍》。作品共有34章。

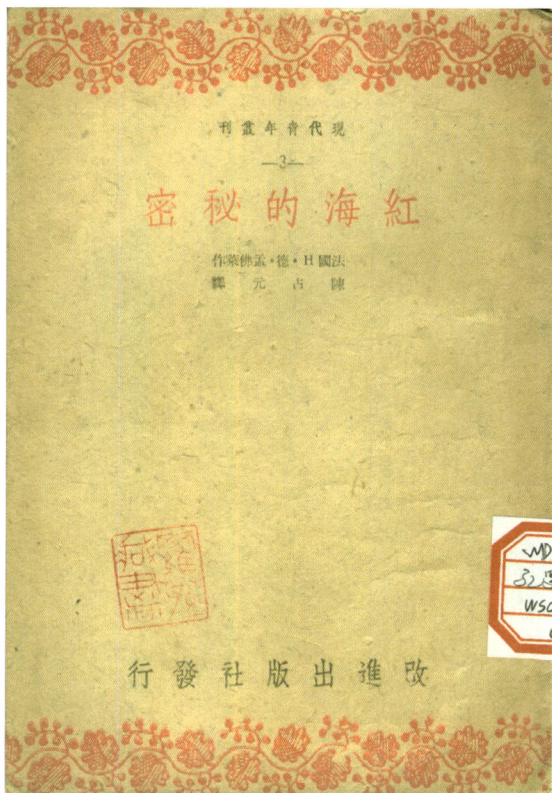

红海的秘密
初版本封面（18厘米×13厘米）

　　小说。【法】德·孟佛莱著。陈占元译。民国三十年（1941）九月初版。福建永安改进出版社印行。《现代青年丛刊》之三。

　　馆藏改进出版社1941年9月初版，见孔罗荪文库。

　　初版本无序跋。作品有第一部4章、第二部6章、第三部4章，共14章。

红萝卜须
初版本封面（18.8厘米×13厘米）

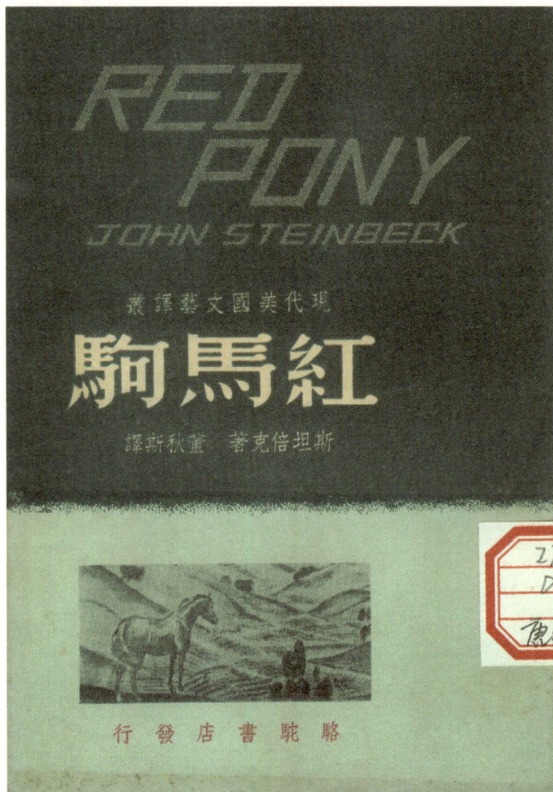

红马驹
初版本封面（17.9厘米×12.9厘米）

　　小说。【法】赖纳著。黎烈文译。民国二十三年（1934）十月初版。上海生活书店发行。生活印刷所印刷。《翻译文库》之一种。

　　馆藏生活书店1934年10月初版、1936年5月二版，见唐弢文库、巴金文库、严文井文库、图书大库。

　　初版本卷首有译者《略谈赖纳和他的〈红萝卜须〉》，卷末附有《哥尔门论赖纳》。作品共有49章。

　　小说。【美】斯坦倍克著。董秋斯译。民国三十七年（1948）四月初版，印2000册。上海骆驼书店印行。《现代美国文艺译丛》之一种。

　　馆藏骆驼书店1948年4月初版，见唐弢文库、图书大库。

　　初版本卷末有董秋斯《译后记》。作品共有4章。

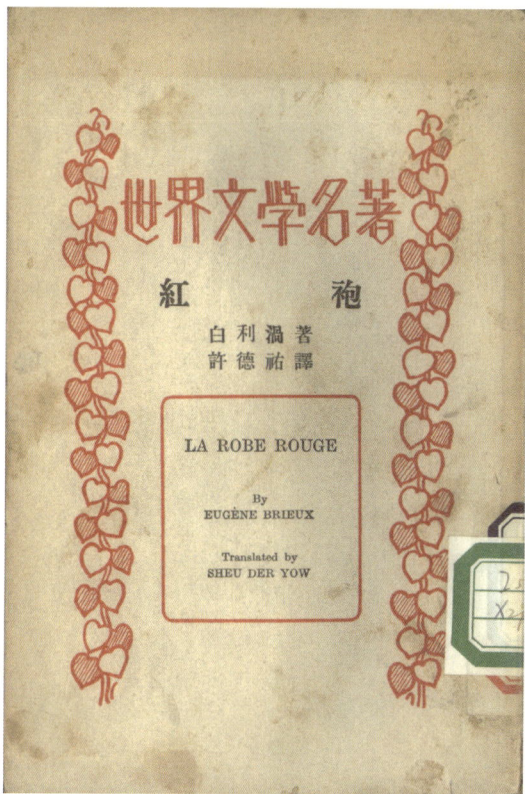

红 袍
初版本封面（18.9厘米×12.9厘米）

戏剧。【法】白利涡著。许德祐译。民国二十八年（1939）三月初版。长沙商务印书馆印行。《世界文学名著》之一种。

馆藏商务印书馆1939年3月初版，见图书大库。

初版本卷首有《前言》（译者）。作品共有4幕。

红袜子
初版本封面（18.3厘米×13厘米）

小说集。【俄】契诃夫等著。林焕平译。民国三十二年（1943）七月初版。桂林科学书店出版、发行。桂林国光印刷厂印刷。

馆藏科学书店1943年7月初版，见唐弢文库。

本书为《俄国短篇杰作选集》。初版本卷首有《译者小序》。正文收《信号》、《撞钟的老人》、《红袜子》、《幸福的圣诞树》、《幻觉》、《饿鬼》、《贫穷的人们》、《英雄崇拜》共8篇。

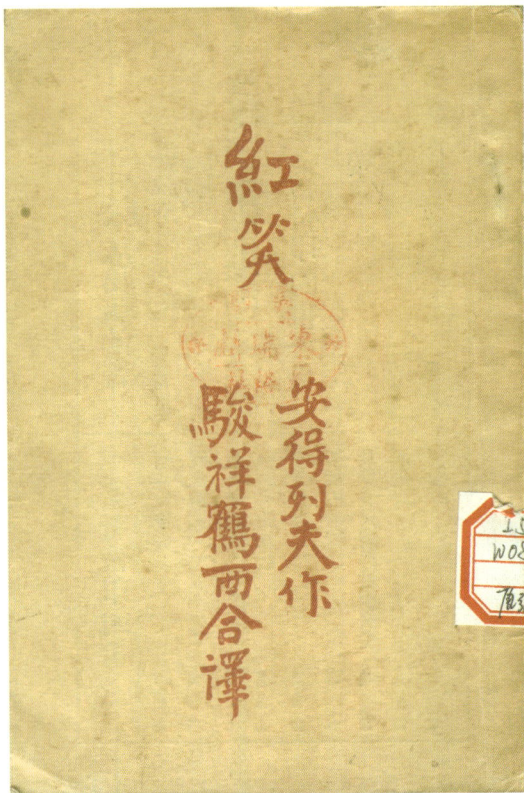

红 笑
初版本封面（18.7厘米×12.8厘米）

红 笑
初版本封面（19.8厘米×14厘米）

　　小说。【俄】安得列夫著。骏祥、鹤西（版权页排名为"鹤西、骏祥"）译。民国十八年（1929）三月出版。歧山书店印行。南京东南印刷公司代印。

　　馆藏歧山书店1929年3月初版，见唐弢文库、图书大库。

　　初版本无序跋。作品有第一部9章、第二部10章，共19章。

　　小说。著者未署。徐培仁译。1929年1月初版，印1000册。上海尚志书屋印行。

　　馆藏尚志书屋1929年1月初版，见唐弢文库。

　　初版本无序跋。作品有第一部9章、第二部10章，共19章。

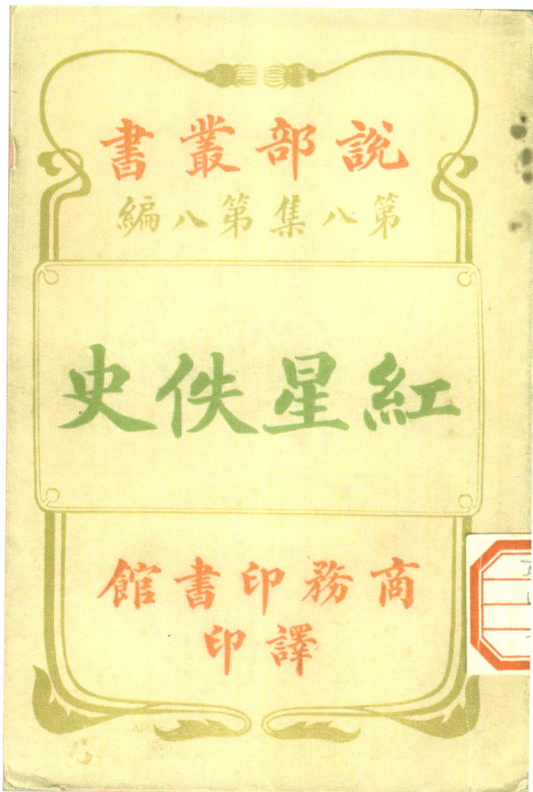

红星佚史
初版本封面（17.6厘米×12.6厘米）

红与黑（上、下）
初版本封面（18.3厘米×13厘米）

　　小说。【英】罗达哈葛得、安度阑俱合著。周逵译。光绪三十三年（1907）十月初版。上海商务印书馆印行。十集本《说部丛书》第八集之八。

　　馆藏商务印书馆1907年（农历）10月初版、1913年12月三版（四集本《说部丛书》初集）、1914年4月二版（四集本《说部丛书》初集），见唐弢文库、图书大库。

　　初版本卷首有罗达哈葛德及安度阑俱《原序》、周逵《序》。《序》云："罗达哈葛德、安度阑俱二氏，掇四千五百年前黄金海伦事，箸为佚史。"

　　初版本有第一篇8章、第二篇11章、第三篇8章，共27章。

　　小说。【法】斯坦达尔著。罗玉君译。民国三十八年（1949）三月初版。正中书局印行。

　　馆藏正中书局1949年3月初版，见田仲济文库。

　　初版本上册卷首有《译者序》，下册卷末有《中法名词对照表》。作品有上册30章、下册45章，共75章。

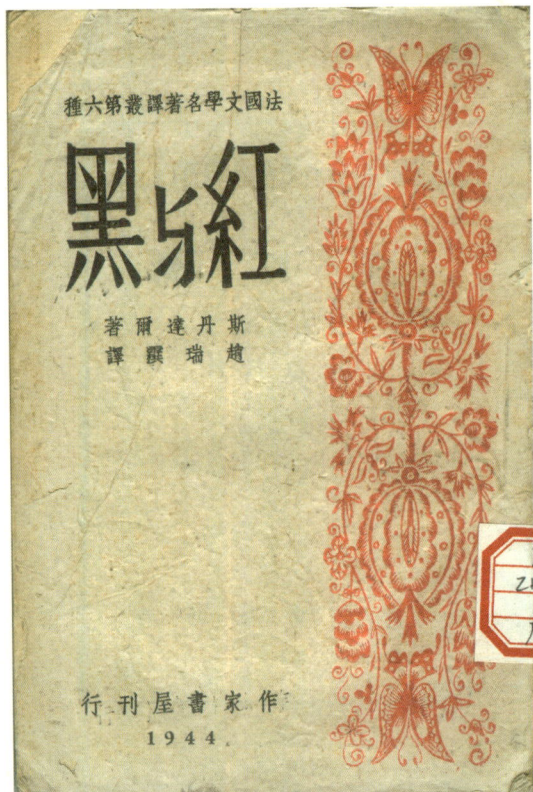

法國文學名著譯叢第六種

黑与紅

斯丹達爾 著
趙瑞龞 譯

作家書屋刊行
1944.

THE ACORN-PLANTER

紅雲

JACK LONDON 著
方土人 譯

1934

红与黑（一）
初版本封面（18.2厘米×12.6厘米）

红 云
初版本封面（18.9厘米×13厘米）

　　小说。【法】斯丹达尔著。赵瑞龞译。民国三十三年（1944）十月渝初版。重庆作家书屋印行。联营书店、重庆时与潮书店分发行。姚蓬子主编《法国文学名著译丛》之六。

　　馆藏作家书屋1944年10月初版，见唐弢文库。

　　初版本卷首有赵瑞龞《译者序》，内云："《红与黑》这部伟大的小说是一八三〇年左右法国人民生活，社会风尚以及拿破仑失败以后年青人思想转变情形的记录。……我们决不能把斯丹达尔的《红与黑》仅仅看成一个爱情的悲剧。"

　　初版本共有15章。

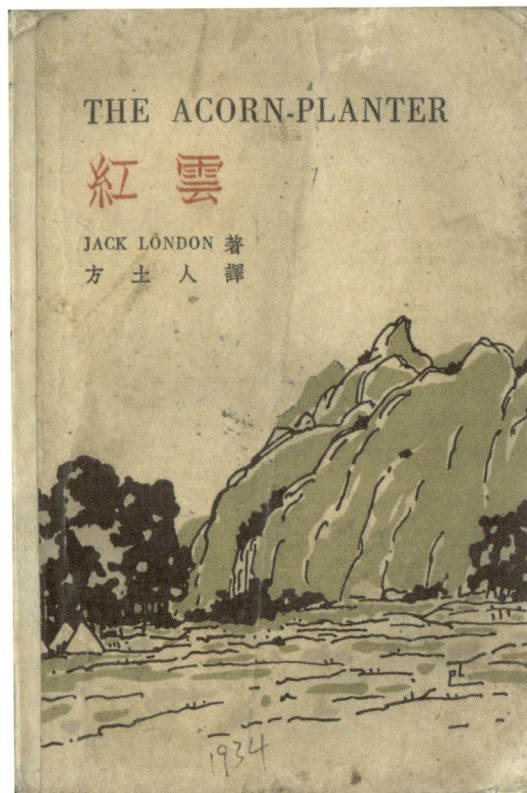

　　副标题为《种橡实者》。戏剧。【美】贾克伦敦著。方土人译。民国二十三年（1934）五月初版。上海商务印书馆印行。

　　馆藏商务印书馆1934年5月初版，见薛汕文库。

　　本书为加利福尼亚森林剧，中英文对照。初版本卷首有《本事》。作品除《开场》、《收场》外共有2幕。

红 字
初版本封面（16.8厘米×12.1厘米）

虹之尾
初版本封面（17.7厘米×12.9厘米）

　　小说。【美】霍桑著。杨启瑞译。民国三十一年（1942）初版（月份不详）。上海启明书局发行。《世界文学名著》之一种。

　　馆藏启明书局1942年初版，见图书大库。

　　初版本卷首有《小引》（译者）。作品共有24章。

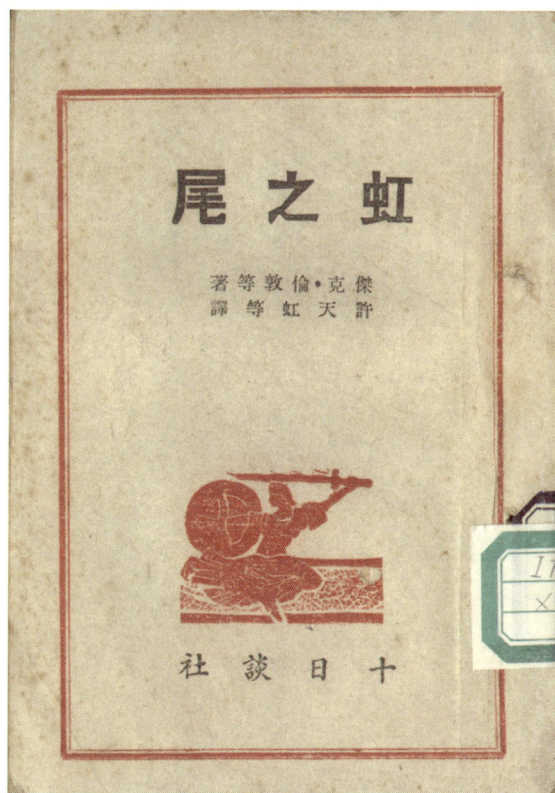

　　小说集。【美】杰克·伦敦等著。许天虹等译。民国三十四年（1945）十一月初版。十日谈社发行。海岑编辑《十日谈集丛选辑》之一种。

　　馆藏十日谈社1945年11月初版，见许杰文库、图书大库。

　　初版本卷末有编者《后记》。正文收《凯丝达》、《虹之尾》、《平常的故事》、《配拍息湖上》、《一个受骗的女孩》、《圣尼古拉被捕了》、《顽童》、《黄昏》共8篇。

蝴蝶与坦克
初版本封面（17.3厘米×11厘米）

　　小说集。【美】E.海明威著。冯亦代译。民国三十二年（1943）十月初版。重庆美学出版社发行。重庆印刷厂印刷。《海滨小集》之四。

　　馆藏美学出版社1943年10月初版、真善美图书出版公司1948年11月沪一版，见唐弢文库、冯亦代文库、图书大库。

　　初版本卷首有《哀在西班牙战死的美国人（代序）》（著者），卷末有《后记》（译者）。正文收《桥头的老人》、《告发》、《蝴蝶与坦克》、《大战前夕》共4篇。

虎皮武士
初版本封面（18.5厘米×12.6厘米）

　　诗歌。【乔治亚】萧泰·罗司泰凡里著。李霁野译。1944年7月初版，印2000册。南方印书馆印刷。《史诗译丛（扉页为"史诗丛书"）》之一，《世界文学集丛》之一种。

　　馆藏南方印书馆1944年7月初版，见唐弢文库、胡风文库、臧克家文库、图书大库。

　　本书为中世纪乔治亚民族史诗。初版本卷首有译者《引言》、苏牧《萧泰·罗司泰凡里及其诗篇〈虎皮武士〉》，卷末有编者《编后记》。作品除《楔子》、《尾声》外共有66章。

花 因
初版本封面（18.9厘米×12.9厘米）

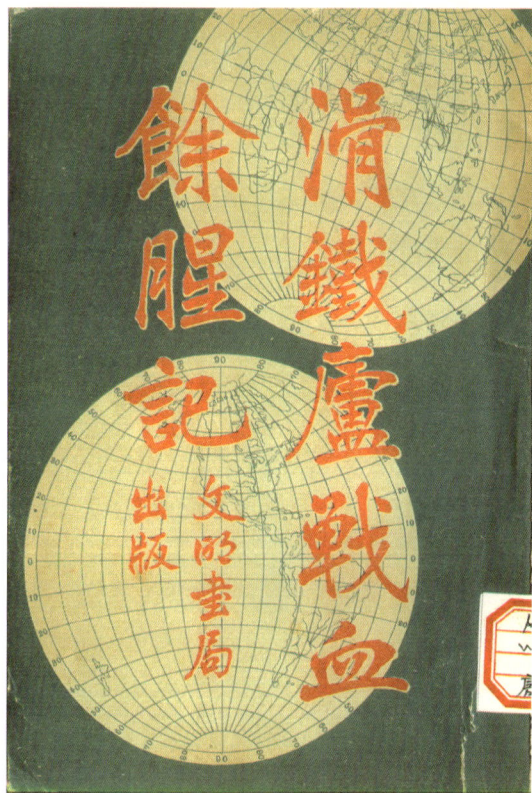

滑铁庐战血余腥记
初版本封面（22.2厘米×15厘米）

小说。【英】几拉德著。林纾、魏易译（封面、扉页署"林琴南"）。光绪三十三年岁次丁未（1907）七月初版。上海中外日报馆发行。上海商务印书馆代印。

馆藏中外日报馆1907年（农历）7月初版，见唐弢文库。

初版本卷首有畏庐居士《小引》。作品共有15章。

小说。【法】阿猛查登著。林纾、曾宗巩译。光绪三十年（1904）四月二十日印刷，五月三十日发行。文明书局印行。

馆藏文明书局1904年（农历）5月初版，见唐弢文库。

初版本卷首有林纾《序》，内云："余既译'利俾瑟'一记（参见**利俾瑟战血余腥记**——引者注），记波奈巴败状甚悉，而此卷为滑铁庐，则波奈巴之收局也。"

初版本有卷上13章、卷下9章，共22章。

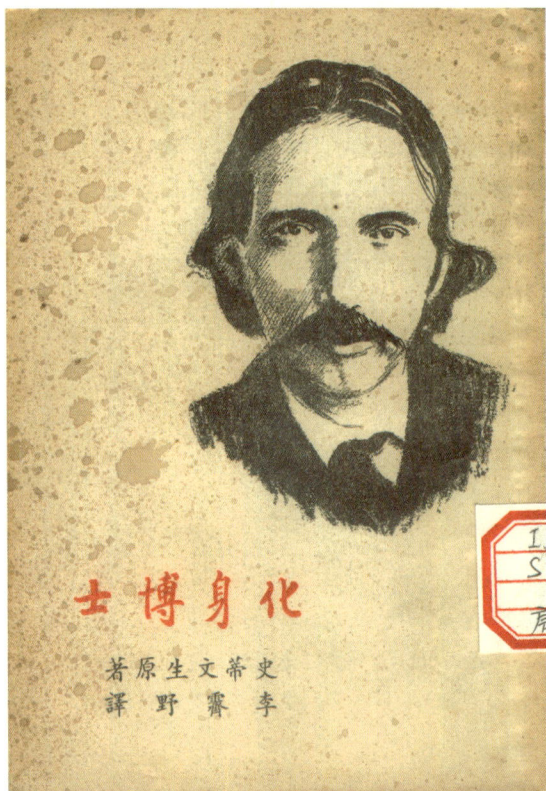

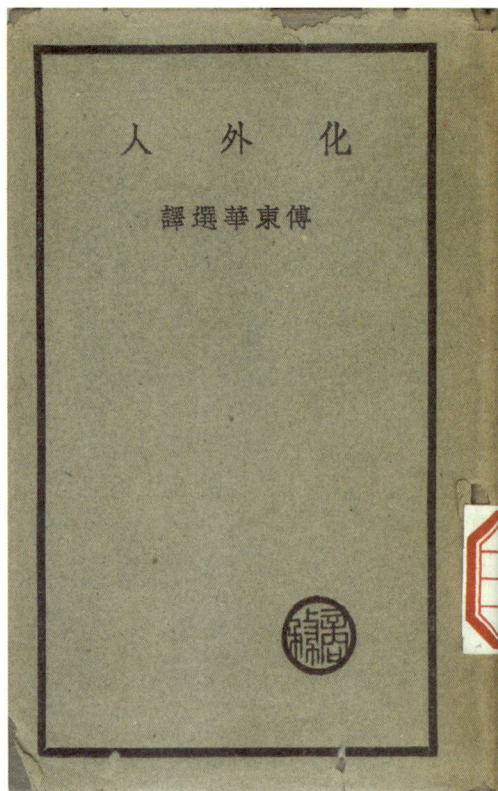

化身博士
初版本封面（17.1厘米×12.2厘米）

原名《杰克尔大夫和哈第先生》。小说。【英】史蒂文生著。李霁野译。民国三十六年（1947）三月初版。开明书店印行。

馆藏开明书店1947年3月初版、1949年3月二版，见唐弢文库。

初版本卷末有《译后记》。作品共有10章。

化外人
初版本封面（17厘米×10.7厘米）

小说集。【芬】J.哀禾等著。傅东华译。民国二十五年（1936）三月初版。上海商务印书馆印行。《文学研究会世界文学名著丛书》之一种。

馆藏商务印书馆1936年3月初版、同年9月二版，见唐弢文库、巴金文库、胡风文库、李辉英文库、图书大库。

初版本卷首有《前记》（译者），内云："现在这个短篇集，……取材并无什么计划，但注重弱小民族和现实主义的作品，也许特别适于现代的需要。"

初版本收《化外人》、《在卷筒机上》、《梦想家》、《野宴》、《逾越节的客人》、《曼加洛斯》、《琉卡狄思》、《空中足球·新游戏》、《复本》、《速》、《没有鞋子的人们》、《自由了感到怎样》、《梦的实现》共13篇。

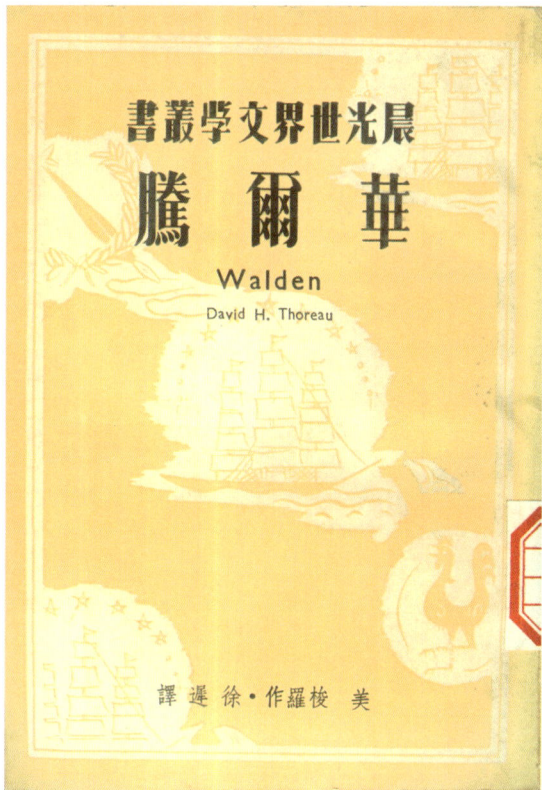

华尔腾
初版本封面（17厘米×12.1厘米）

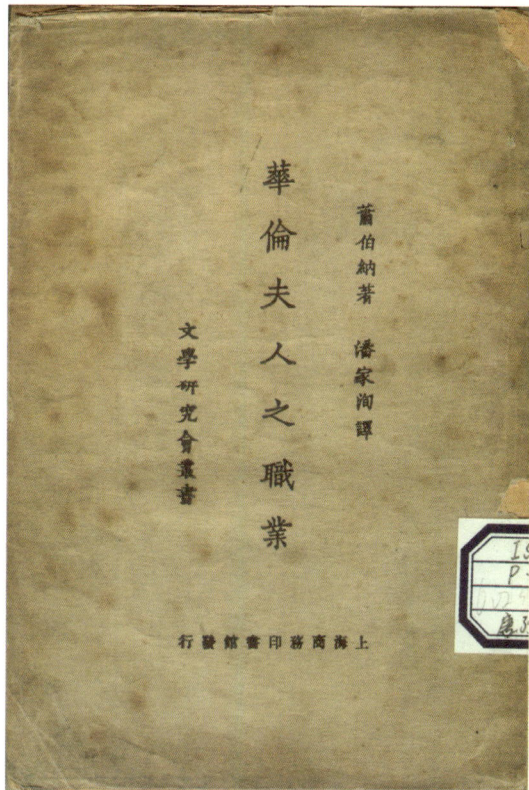

华伦夫人之职业
初版本封面（18.9厘米×13.2厘米）

　　散文集。【美】梭罗著。徐迟译。1949年3月初版。上海晨光出版公司发行。中华全国文艺协会主编《晨光世界文学丛书》之十一。

　　馆藏晨光出版公司1949年3月初版，见唐弢文库、冯亦代文库。

　　初版本卷首有赵家璧《出版者言》（丛书总序）。正文收《经济篇》、《我生活的地方；我为何生活》、《阅读》、《声》、《寂寞》、《访客》、《种荳》、《村子》、《湖》、《倍克田庄》、《更高的规律》、《禽兽为邻》、《室内的取暖》、《旧居民；冬天的访客》、《冬天的禽兽》等18篇。

　　戏剧。【爱尔兰】萧伯纳著。潘家洵译。民国十二年（1923）四月初版。上海商务印书馆印行。《文学研究会丛书》之一种。

　　馆藏商务印书馆1923年4月初版、1925年11月二版、1933年6月国难后一版、1935年版（版权页缺失），见唐弢文库、艾芜文库、孔罗荪文库、图书大库。

　　初版本卷首有《译者小序》、沈雁冰《戏剧家的萧伯讷》。作品共有4幕。

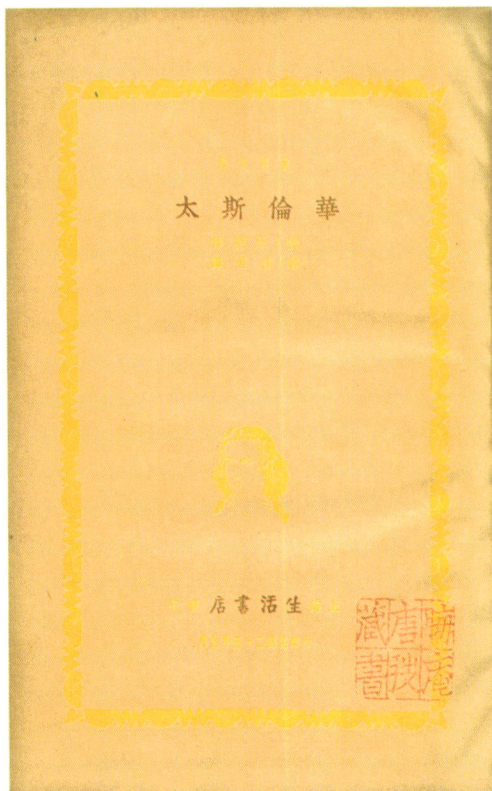

华伦斯太
初版本扉页（精装本封面无书名。21.7厘米×14.1厘米）

戏剧。【德】席勒著。郭沫若译。民国二十五年（1936）九月初版。上海生活书店发行。生活印刷所印刷。郑振铎主编《世界文库》之一种。

馆藏生活书店1936年9月初版，见唐弢文库、艾芜文库、图书大库。

初版本卷末有郭沫若《译完了〈华伦斯太〉之后》。作品共有3部（幕）。

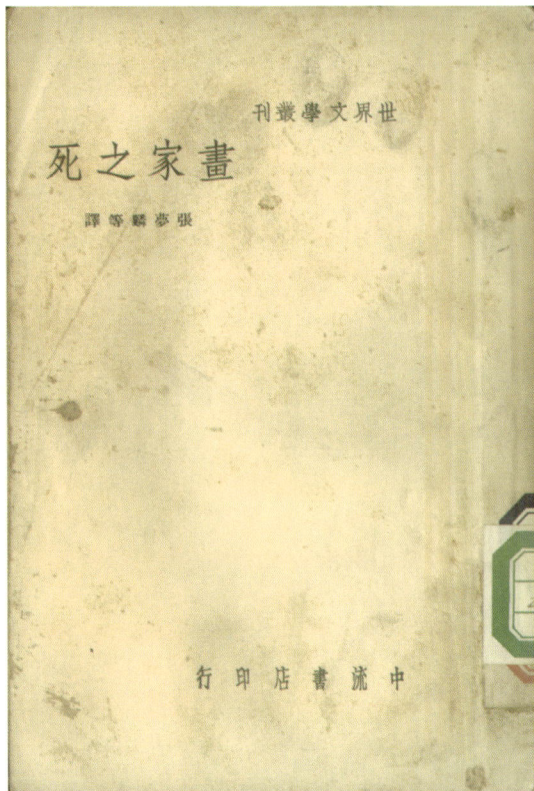

画家之死
初版本封面（18.3厘米×12.7厘米）

小说集。【美】马克吐温等著。张梦麟等译。1941年5月初版。上海中流书店印行。光明书局、五洲书报社、中国杂志公司总代售。《世界文学丛刊》之一种。

馆藏中流书店1941年5月初版，见图书大库。

初版本无序跋。内收《心声》、《妻》、《自由了感到怎样》、《米格儿》、《伊莱》、《速》、《长方箱》、《圣水》、《垃圾场上的恋爱》、《花边》、《画家之死》、《革命的女儿》、《珍异的片屑》共13篇。

画 灵
初版本封面（18.9厘米×13.1厘米）

　　小说。【英】晓公伟著。商务印书馆编译所译。光绪三十三年（1907）七月初版。上海商务印书馆印行。十集本《说部丛书》第八集之四。

　　馆藏商务印书馆1907年（农历）7月初版、1914年4月二版（四集本《说部丛书》初集），见唐弢文库、图书大库。

　　初版本无序跋。作品除卷末《比灵德卒述》外有卷上10章、卷下4章，共14章。

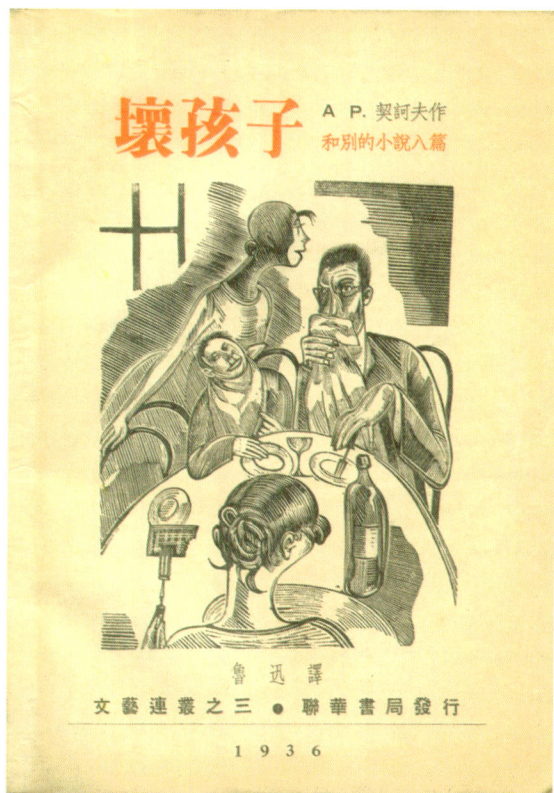

坏孩子
初版本封面（20.4厘米×14.8厘米）

　　书脊、扉页及正文题《坏孩子和别的奇闻》。小说集。【俄】安敦·契诃夫著。鲁迅译。1935年印造，1936年出版（月份不详）。联华书局发行。三闲书屋印造。《文艺连丛》之三（扉页为"之一"）。

　　馆藏联华书局1936年初版、雅典书屋1943年版（书名为《坏孩子和别的奇闻》，著者译名为"A.契珂夫"），见唐弢文库、图书大库。

　　初版本卷首有译者《前记》，卷末有《译者后记》。《前记》云："这些短篇，虽作者自以为'小笑话'，但和中国普通之所谓'趣闻'，却又截然两样的。它不是简单的只招人笑。一读自然往往会笑，不过笑后总还剩下些什么，——就是问题。生瘤的化装，蹩脚的跳舞，那模样不免使人笑，而笑时也知道：这可笑是因为他有病。"

　　初版本收《坏孩子》、《难解的性格》、《假病人》、《簿记课副手日记抄》、《那是她》、《波斯勋章》、《暴躁人》、《阴谋》共8篇。

还 乡
初版本封面（18.6厘米×13.2厘米）

还乡集
初版本封面（15.9厘米×10.8厘米）

　　小说。【英】哈第著。王实味译。民国二十六年（1937）七月印刷、发行。上海中华书局印行。《现代文学丛刊》之一种。

　　馆藏中华书局1937年7月初版、某版（版权页未记出版时间及版次，《现代文学丛刊》），见唐弢文库、图书大库。

　　初版本卷首有哈代《作者序》。作品有第一部《三个女人》11章、第二部《归来》8章、第三部《诱惑》8章、第四部《关闭的门》8章、第五部《发现》8章、第六部《结局》4章，共47章。

　　诗歌集。【德】海涅著。杜衡译。1929年1月1日初版，印1500册。上海尚志书屋发行。

　　馆藏尚志书屋1929年1月初版，见唐弢文库。

　　初版本卷首有译者《引言》，内云："本书所包含的九十首短歌，总题《还乡》，是著名的《歌底书》里的一小集，成于1823—1824。"

　　初版本共收90篇，无篇名。

还乡纪
初版本封面（19.3厘米×13厘米）

诗歌集。【德】H.海涅著。范纪美译。1943年6月
15日初版，印1000册。木简书屋出版。上海黎明书局代
售。

馆藏木简书屋1943年6月初版，见唐弢文库。

初版本无序跋。内共收90篇，无篇名。

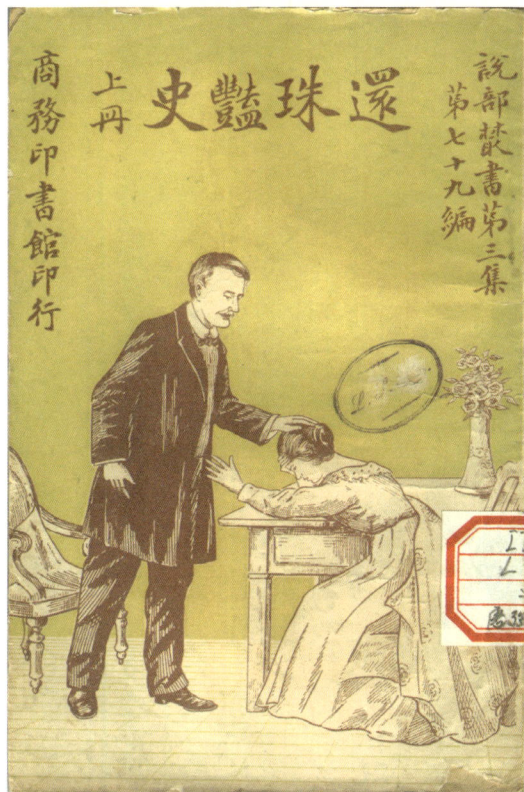

还珠艳史（上、下）
初版本封面（18.7厘米×12.7厘米）

小说。【美】堪伯路著。林纾、陈家麟译。民国
九年（1920）二月初版。上海商务印书馆印行。四集
本《说部丛书》第三集之七十九。

馆藏商务印书馆1920年2月初版、某版（无版权
页，《林译小说》第二集），见唐弢文库、图书大
库。

初版本无序跋。作品除《结论》外有卷上、下各
13章，共26章。

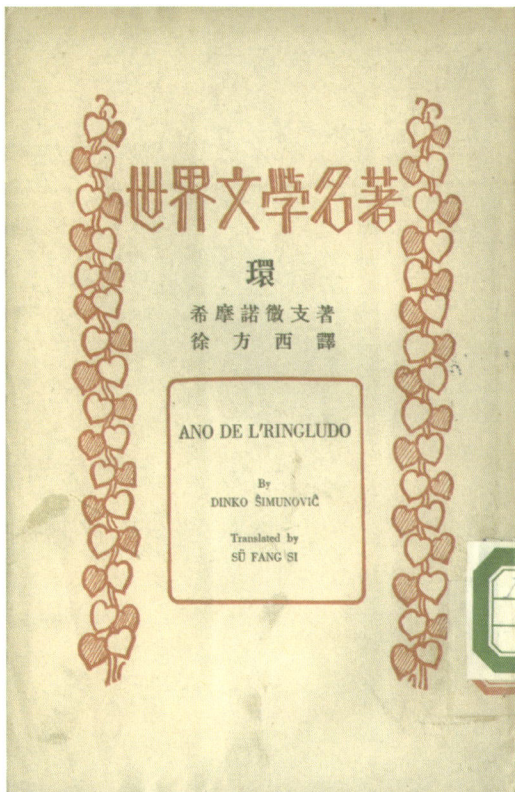

环
初版本封面（19.1厘米×13厘米）

环游月球
初版本封面（19.5厘米×13.2厘米）

　　小说。【南斯拉夫】希摩诺微支著。徐方西译。民国二十六年（1937）二月初版。上海商务印书馆印行。《世界文学名著》之一种。

　　馆藏商务印书馆1937年2月初版，见唐弢文库、胡风文库、图书大库。

　　初版本卷首有译者《首志》。作品共有7章。

　　小说。【法】焦奴士威尔士著。商务印书馆编译所译。光绪三十年（1904）七月首版。上海商务印书馆印行。十集本《说部丛书》第一集之七。

　　馆藏商务印书馆1904年（农历）7月初版，见唐弢文库。

　　初版本无序跋。作品不分章节。

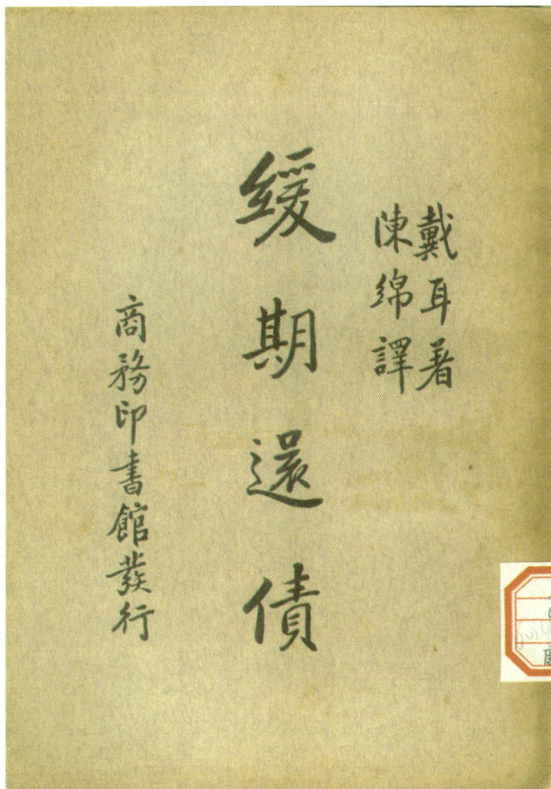

缓期还债
戴耳著
陈绵译
商务印书馆蒉行

宧海图
血花剧社戏剧丛书之一
原著者：戈果里
改译者：黄若海

行发司公志杂海上

缓期还债
初版本封面（21.2厘米×15.2厘米）

宧海图
初版本封面（残。19厘米×12.9厘米）

戏剧。【英】戴耳著。陈绵译。民国二十六年（1937）二月初版。中华教育文化基金董事会编译委员会编辑。上海商务印书馆印行。

馆藏商务印书馆1937年2月初版，见唐弢文库、图书大库。

初版本卷首有陈绵《序》。作品除《序幕》、《尾声》外共有3幕。

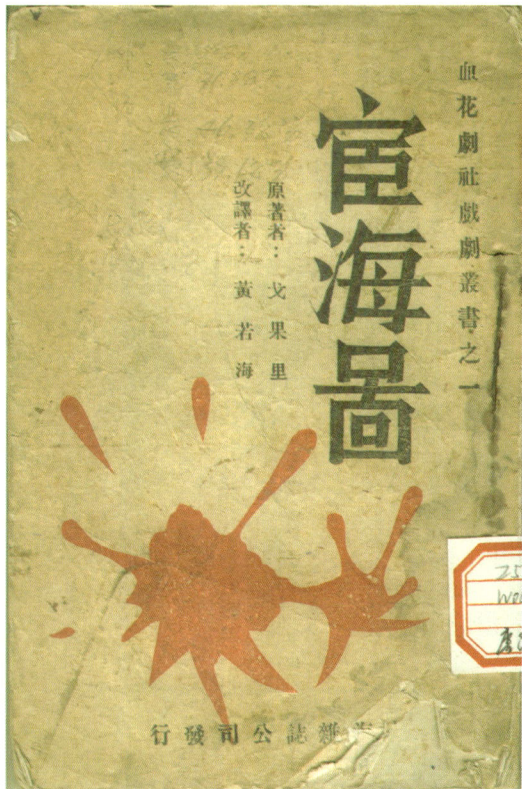

戏剧。【俄】戈果里著。黄若海改译。民国二十八年（1939）四月初版。上海杂志公司出版、发行。四川印刷局印刷。李庆华主编《血花剧社戏剧丛书》之一。

馆藏上海杂志公司1939年4月初版，见唐弢文库。

初版本无序跋。作品共有5幕。

荒村奇遇（上、下）
初版本封面（18.3厘米×12.6厘米）

小说。【美】弗老尉佗著。李澄宇译。民国八年（1919）六月初版。上海商务印书馆印行。四集本《说部丛书》第三集之六十七。

馆藏商务印书馆1919年6月初版，见唐弢文库。

初版本无序跋。作品有卷上10章、卷下9章，共19章。

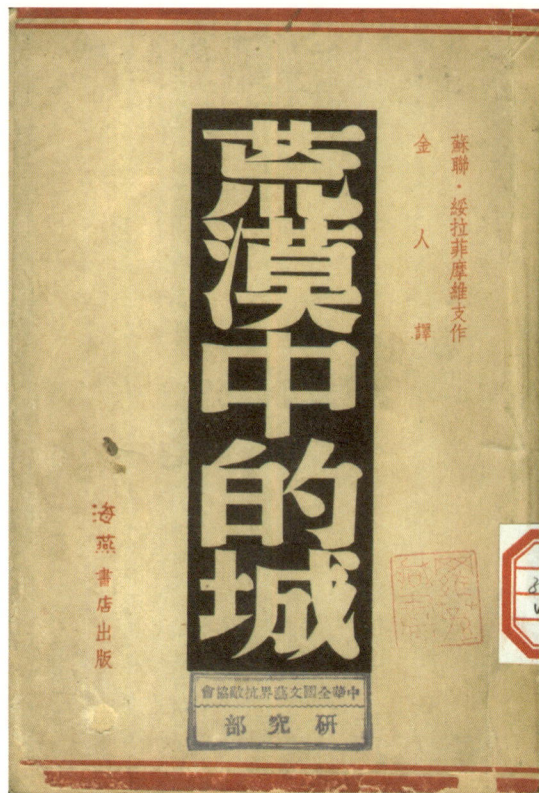

荒漠中的城
1940年初版本封面（18.3厘米×12.6厘米）

小说。【苏】绥拉菲摩维支著。金人译。民国二十九年（1940）五月出版。香港海燕书店出版。新知书店经售。

馆藏海燕书店1940年5月初版、1949年8月初版，见唐弢文库、孔罗荪文库、图书大库。

初版本卷首有《作者自传》、【苏】涅拉陀夫《作者的谈话》、涅拉陀夫《斗争的开始者》，卷末有金人《后记》。作品共有10章。

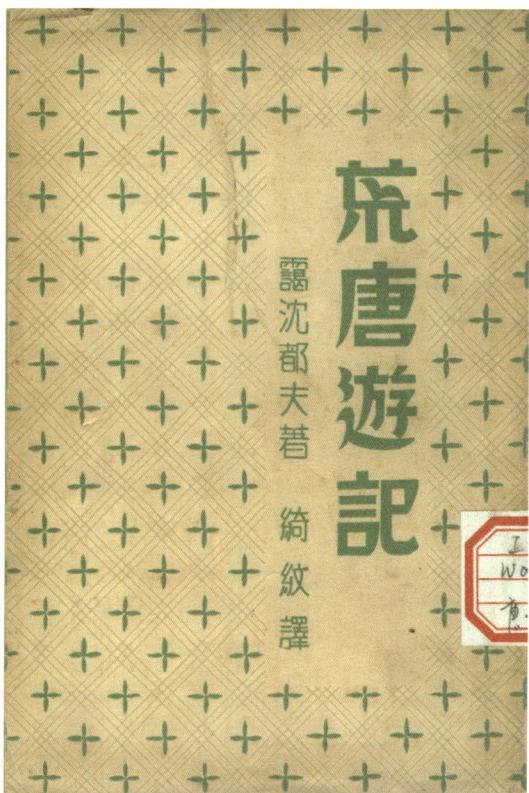

荒唐游记
初版本封面（18.9厘米×12.9厘米）

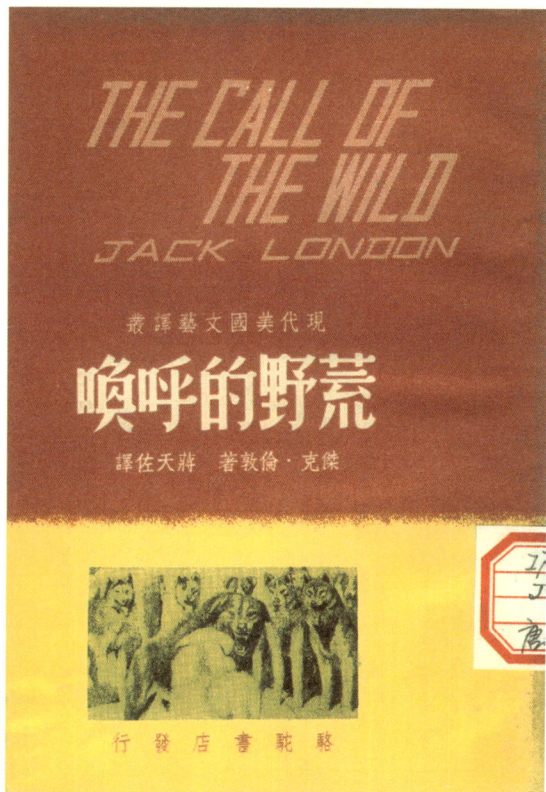

荒野的呼唤
初版本封面（18厘米×12.9厘米）

　　小说。【德】霭沈都夫著。绮纹译。民国二十三年（1934）三月出版。上海亚东图书馆印行。

　　馆藏亚东图书馆1934年3月初版，见唐弢文库、图书大库。

　　初版本无序跋。作品共有10章。

　　小说。【美】杰克·伦敦著。蒋天佐译。民国三十七年（1948）五月初版，印2000册。上海骆驼书店印行。《现代美国文艺译丛》之一种。

　　馆藏骆驼书店1948年5月初版，见唐弢文库、图书大库。

　　初版本无序跋。作品共有7章。

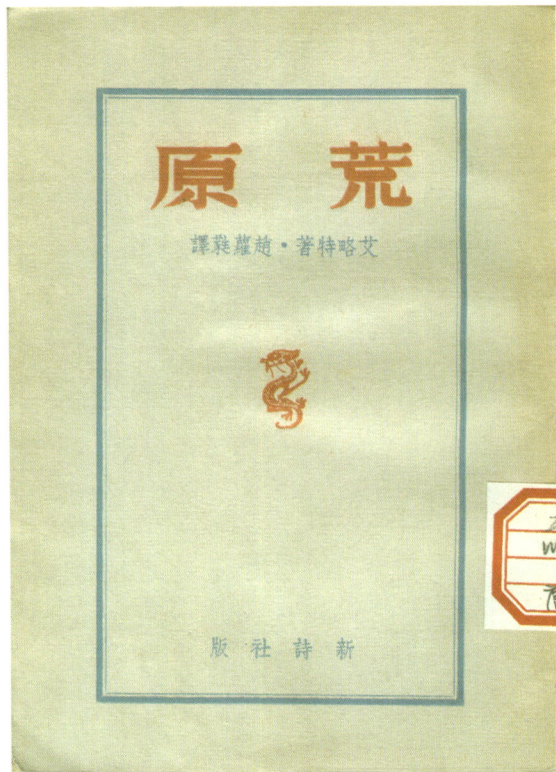

荒 原
初版本封面（16.9厘米×12.5厘米）

黄花集
初版本封面（20.2厘米×14.5厘米）

诗歌。【英】艾略特著。赵萝蕤译。1937年6月1日出版，印350册。上海新诗社出版。上海杂志公司经售。《新诗社丛书》之一。

馆藏新诗社1937年6月初版，见唐弢文库、薛汕文库、图书大库。

初版本卷首有叶公超《序》，卷末有赵萝蕤《译后记》、《附录》。作品共有5章。

诗歌散文集。【俄】契里珂夫等著。韦素园译。1929年2月初版，印1000册。北平未名社出版部发行。《未名丛刊》之十八。

馆藏未名社1929年2月初版、开明书店1933年12月二版，见唐弢文库、楚图南文库、图书大库。

初版本卷首有素园《序》。正文分"散文"、"散文诗"、"诗"三辑，收《献花的女郎》、《孤寂的海湾》、《门槛》、《玫瑰》、《玛莎》、《小小的火》、《海鹰歌》、《雕的歌》、《埃黛约丝》、《巨人》、《半神》、《冢上一朵小花》、《森林故事》、《幸福》、《鹤》等27篇。

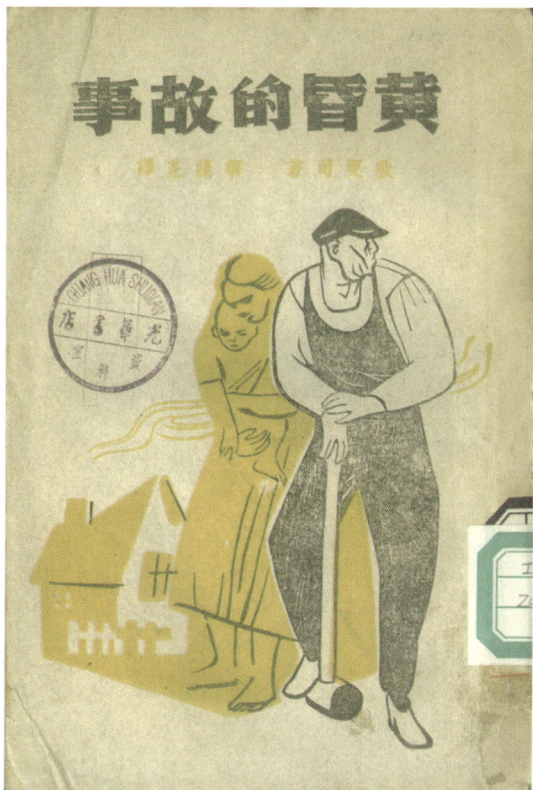

黄昏的故事
初版本封面（18.2厘米×12.6厘米）

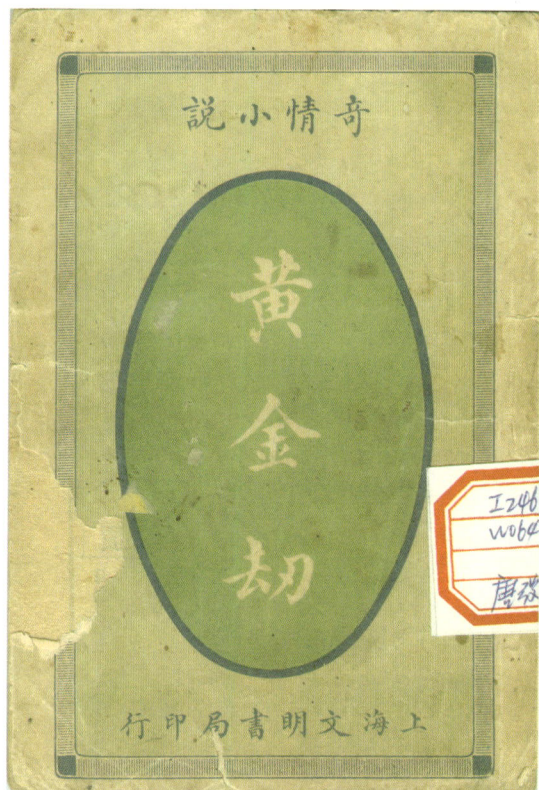

黄金劫
初版本封面（残。15.1厘米×10.6厘米）

小说集。【英】狄更司著。邹绿芷译。民国三十三年（1944）二月渝初版，印3000册。重庆自强出版社印行。

馆藏自强出版社1944年2月初版、1946年5月平三版，见田仲济文库、图书大库。

初版本卷首有《狄更司，英国伟大的讽刺家》。正文收《黑面幕》、《酒徒之死》、《街灯夫》、《黄昏的故事》、《敏斯先生及其从兄》、《和雷细奥·斯帕金斯》共6篇。

小说。著者不详。胡寄尘编译。民国四年（1915）十二月初版。进步书局出版。上海文明书局印行。上海中华书局总经售。

馆藏进步书局1915年12月初版，见唐弢文库。

本书为奇情小说。初版本无序跋。作品共有12章。

黄铅笔（上、下）
初版本封面（18.6厘米×12.7厘米）

小说。【英】斐立泼斯著。章仲谧、章季伟译。光绪三十三年（1907）八月初版、发行。上海小说林社印行。苏州宏林书局、常熟海虞图书馆分发行。

馆藏小说林社1907年（农历）8月初版，见唐弢文库。

初版本无序跋。作品有上卷20回、下卷23回，共43回。

黄蔷薇
初版本封面（19.1厘米×13厘米）

小说。【匈】育珂摩耳著。周作人译。民国十六年（1927）八月初版。上海商务印书馆印行。

馆藏商务印书馆1927年8月初版、1931年7月二版、1933年4月国难后一版、1935年6月国难后二版，见唐弢文库、巴金文库、姚雪垠文库、图书大库。

初版本卷首有译者《序》。作品共有12章。

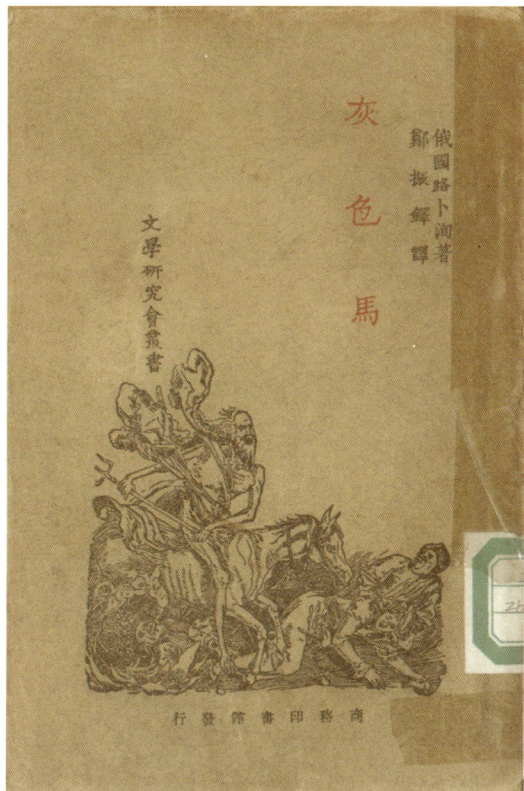

灰色马
初版本封面（19厘米×13厘米）

回忆·书简·杂记
初版本扉页（精装本封面无书名。21.8厘米×14.3厘米）

　　小说。【俄】路卜洵著。郑振铎译。民国十三年（1924）一月初版。上海商务印书馆印行。《文学研究会丛书》之一种。

　　馆藏商务印书馆1924年1月初版、1931年8月三版、1933年2月国难后一版，见唐弢文库、图书大库。

　　初版本卷首有瞿秋白《郑译〈灰色马〉序》、沈雁冰《序》、《译者引言》，卷末有俞平伯《跋〈灰色马〉译本》。作品分上、中、下卷，卷内不标章次。

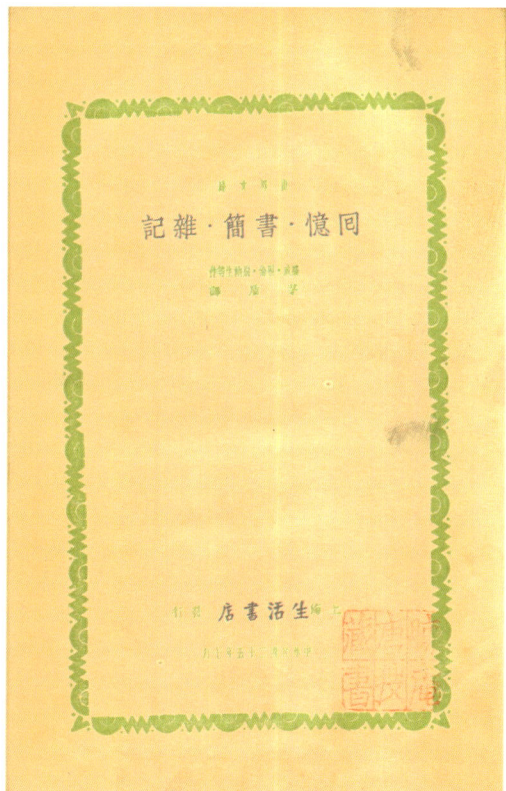

　　散文集。【挪】别伦·别尔生等著。茅盾译。民国二十五年（1936）七月初版。上海生活书店发行。生活印刷所印刷。郑振铎主编《世界文库》之一种。

　　馆藏生活书店1936年7月初版，见唐弢文库。

　　初版本无序跋。内收《我的回忆》、《游美杂记》、《英吉利断片》、《集外书简》、《〈蜜蜂的发怒〉及其他》、《忆契诃夫》、《拟情书》（3篇）共9篇。

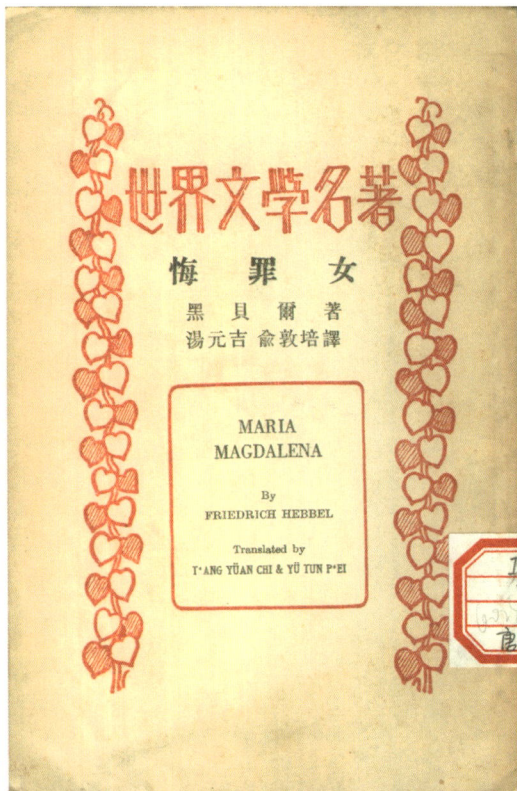

悔罪女
初版本封面（19厘米×12.9厘米）

戏剧。【德】黑贝尔著。汤元吉、俞敦培译。民国二十五年（1936）五月初版。上海商务印书馆印行。《世界文学名著》之一种。

馆藏商务印书馆1936年5月初版，见唐弢文库、胡风文库。

初版本无序跋。作品共有3幕。

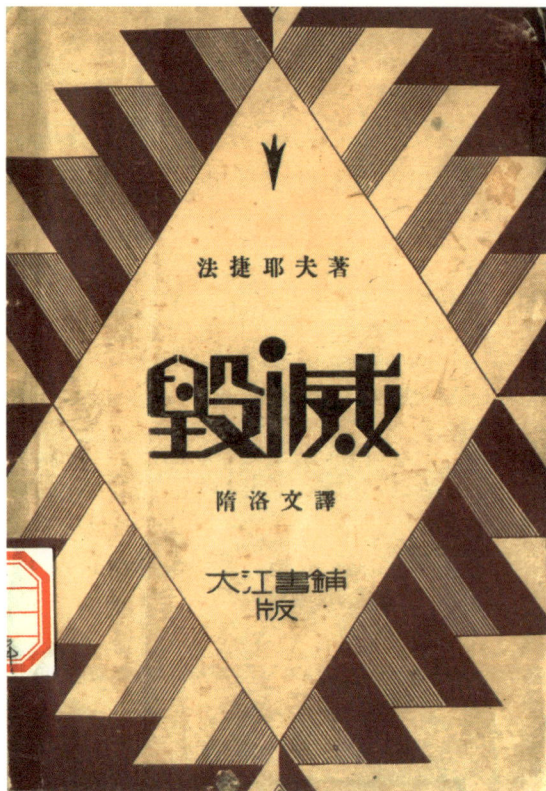

毁 灭
初版本封面（19.8厘米×13.9厘米）

小说。【苏】法捷耶夫著。隋洛文译。1931年6月1日付排，9月30日出版。上海大江书铺出版。

馆藏大江书铺1931年9月初版、1933年8月二版，三闲书屋1931年10月二版（译者署名为"鲁迅"），鲁迅全集出版社1947年3月二版（译者署名为"鲁迅"），见唐弢文库、沙汀文库、李辉英文库、图书大库。

初版本无序跋。作品有第一部9章、第二部5章、第三部4章，共18章。

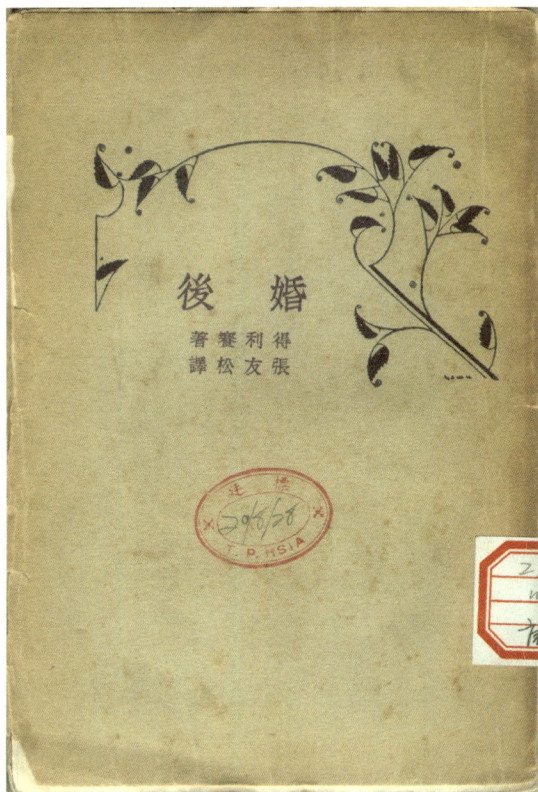

婚 后
初版本封面（19.5厘米×14.2厘米）

　　小说集。【美】得利赛著。张友松译。1928年7月
初版。上海北新书局印行。《欧美名家小说丛刊》之
一种。

　　馆藏北新书局1928年7月初版，见唐弢文库。

　　初版本无序跋。内收《婚后》、《老罗干和他的
特丽莎》、《失恋后的择偶》共3篇。

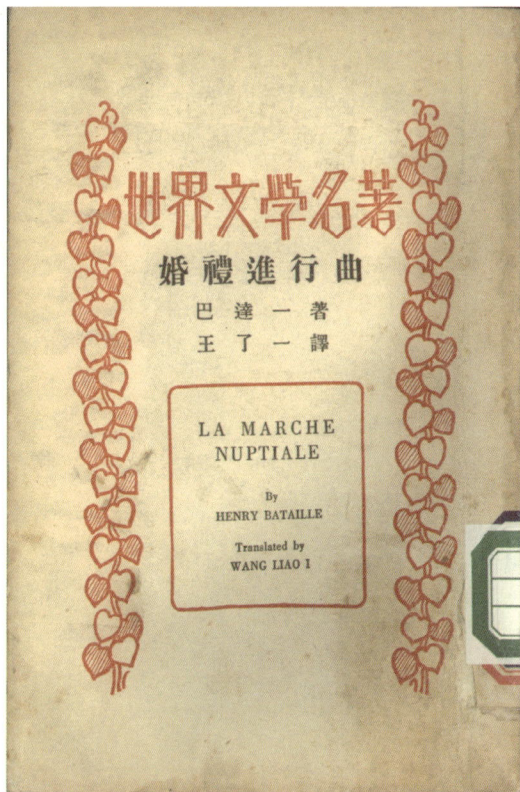

婚礼进行曲
初版本封面（18.9厘米×12.9厘米）

　　戏剧。【法】巴达一著。王了一译。民国二十三
年（1934）四月初版。上海商务印书馆印行。《世界
文学名著》之一种。

　　馆藏商务印书馆1934年4月初版，见唐弢文库、图
书大库。

　　初版本卷首有译者《著者小传与本剧略评》。作
品共有4幕。

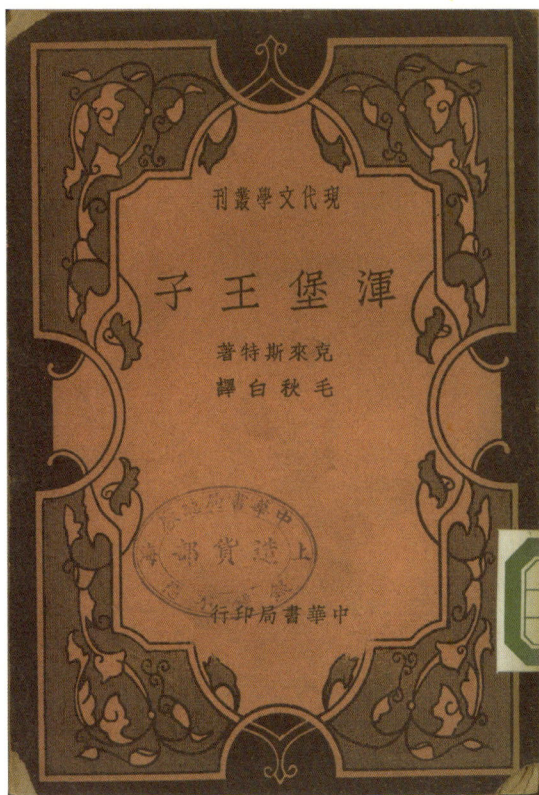

浑堡王子
初版本封面（18.6厘米×13.1厘米）

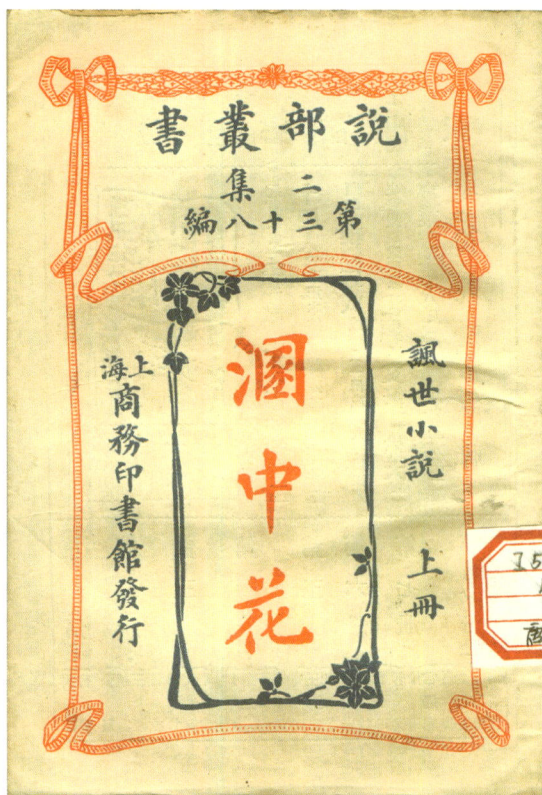

涧中花（上、下）
初版本封面（18.4厘米×12.9厘米）

戏剧。【德】克来斯特著。毛秋白译。民国二十四年（1935）九月印刷、发行。上海中华书局印行。《现代文学丛刊》之一种。

馆藏中华书局1935年9月初版、1940年11月二版，见唐弢文库、艾芜文库、胡风文库、图书大库。

初版本卷首有毛秋白《序》。作品共有5幕。

小说。【法】爽梭阿过伯著。林纾、王庆通译。民国四年（1915）九月十五日印刷，十月二日初版、发行。上海商务印书馆印行。四集本《说部丛书》第二集之三十八。

馆藏商务印书馆1915年10月初版、某版（无版权页，《林译小说》第二集），见唐弢文库、王辛笛文库、图书大库。

本书为讽世小说。初版本无序跋。作品有上册10章、下册11章，共21章。

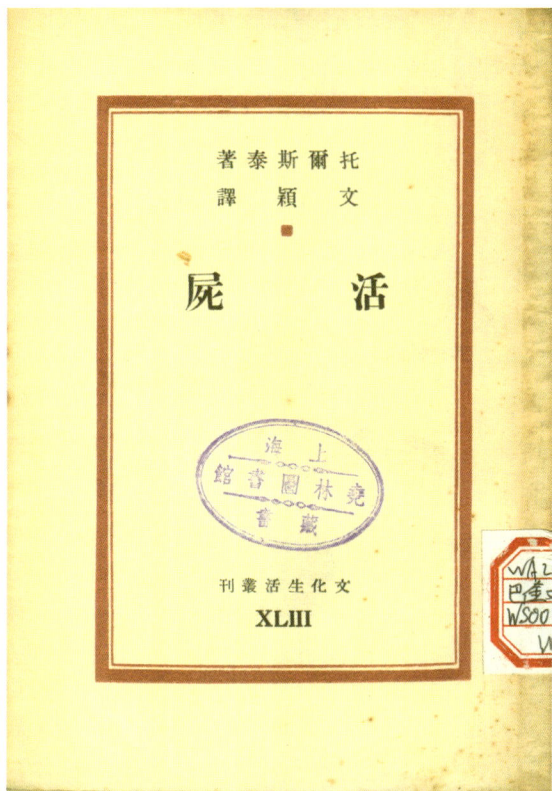

活 尸
初版本封面（18.1厘米×13厘米）

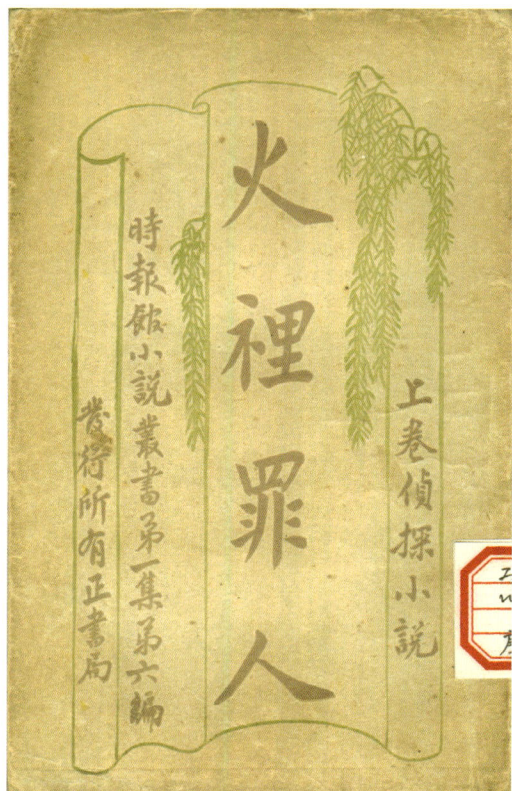

火里罪人（上、下）
初版本封面（19厘米×12.7厘米）

　　戏剧。【俄】托尔斯泰著。文颖译。民国三十七年（1948）十一月初版。文化生活出版社出版、发行。文化生活印刷所印刷。巴金主编《文化生活丛刊》之四十三。

　　馆藏文化生活出版社1948年11月初版，见唐弢文库、巴金文库、图书大库。

　　初版本卷末有文颖《译后记》，内云："《活尸》是一篇没有经过最后修正的草稿，……按照爱尔麦·莫德的批评，《活尸》在于抨击法律干涉到男女间精微困难的家庭关系时可能发生的害处。"

　　初版本共有6幕。

　　小说。著者不详。冷译。光绪三十二年（1906）三月初十日初版。上海时报馆印行。有正书局发售。时报馆《小说丛书》第一集之六。

　　馆藏时报馆1906年（农历）3月初版，见唐弢文库。

　　本书为侦探小说。初版本无序跋。作品有前、后卷，卷内不分章节。

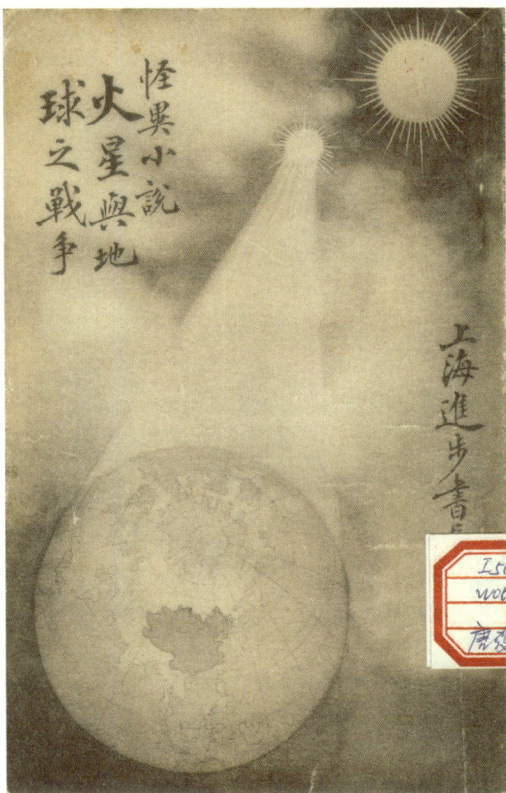

火星与地球之战争
初版本封面（18.8厘米×12.5厘米）

　　小说。【英】威尔士著。心一译。民国四年
（1915）四月初版。上海进步书局印行。上海文明书
局、中华书局经售。
　　馆藏进步书局1915年4月初版，见唐弢文库。
　　本书为怪异小说。初版本无序跋。作品不分章
节。

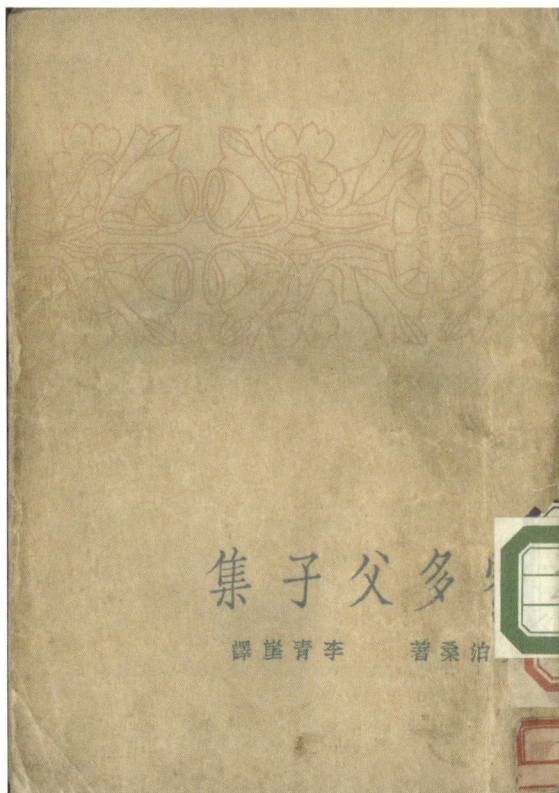

霍多父子集
初版本封面（18.3厘米×13.2厘米）

　　小说集。【法】莫泊桑著。李青崖译。1929年5月
付排，7月初版，印3000册。上海北新书局发行。《莫
泊桑全集》之五。
　　馆藏北新书局1929年7月初版，见图书大库。
　　初版本无序跋。内收《霍多父子》、《精神上的
痿痹》、《在春光里》、《负贩者》、《圣安端》、
《窗子》、《面具》、《圣米奢尔屿的传说》、《初
雪》、《情语》、《归来》、《悔悟》、《我的舒尔
叔》共13篇。

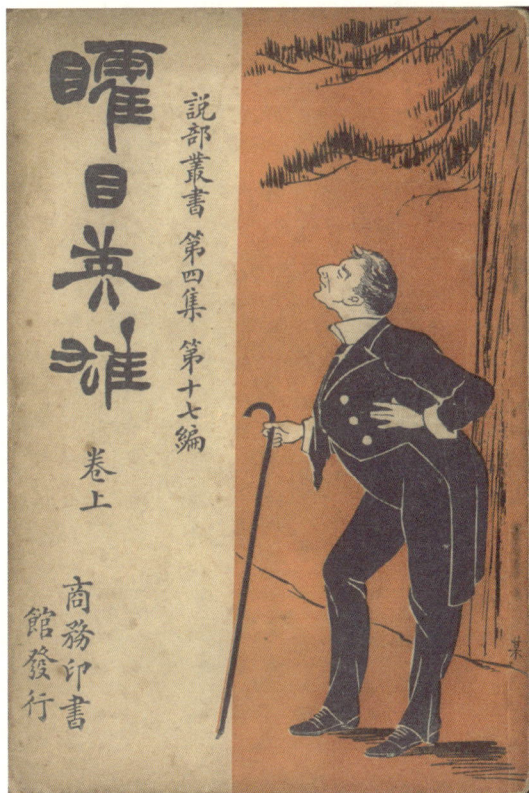

瞍目英雄（上、下）
初版本封面（18.9厘米×13厘米）

　　小说。【英】泊恩著。林纾、毛文钟译。民国
十一年（1922）三月初版。上海商务印书馆印行。四
集本《说部丛书》第四集之十七。

　　馆藏商务印书馆1922年3月初版，见王辛笛文库。

　　初版本无序跋。作品有卷上、下各16章，共32
章。

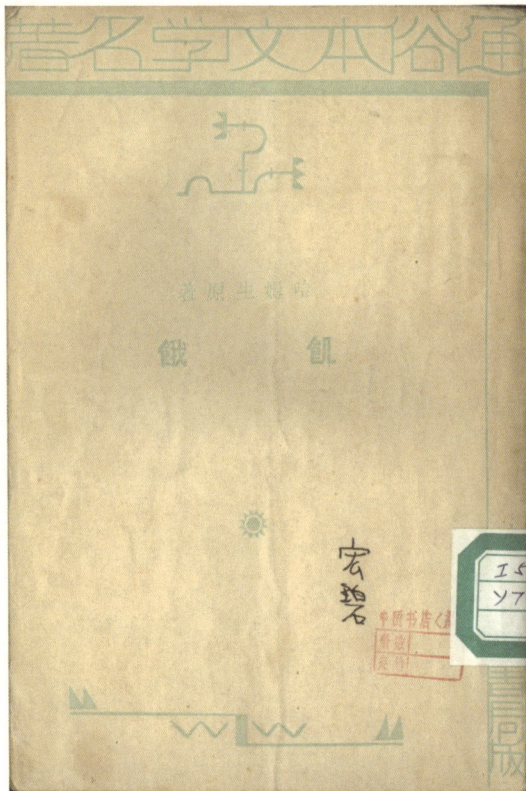

饥 饿
初版本封面（18.7厘米×12.9厘米）

饥 饿
初版本封面（19厘米×13.3厘米）

　　小说。【挪】哈姆生著。叶树芳编译。民国二十三年（1934）十月付印、出版。上海中学生书局出版、发行。上海中和印刷公司印刷。《通俗本文学名著丛刊》之一种。

　　馆藏中学生书局1934年10月初版，见图书大库。

　　初版本卷首有《前言》（译者）。作品共有4章。

　　小说。【苏】塞门诺夫著。张采真译。1928年3月初版。上海北新书局发行。《欧美名家小说丛刊》之一种。

　　馆藏北新书局1928年3月初版、1929年2月二版，见唐弢文库、田仲济文库、图书大库。

　　初版本卷末有译者《后叙》。作品不标章次。

饥饿的光芒
初版本封面（18.6厘米×13.2厘米）

饥民们的橡树
初版本封面（18.5厘米×12.9厘米）

小说集。【俄】屠格涅夫等著。蓬子译。1931年9月出版。上海湖风书局印行。《世界文学名著译丛》之一种。

馆藏湖风书局1931年9月初版，见唐弢文库。

本书为《俄国短篇小说选》。初版本卷末有蓬子《译后记》。正文收《梦》、《亚里奥雪》、《蠢人》、《接吻》、《饥饿的光芒》、《墓地》、《老妇人》、《奇迹》共8篇。

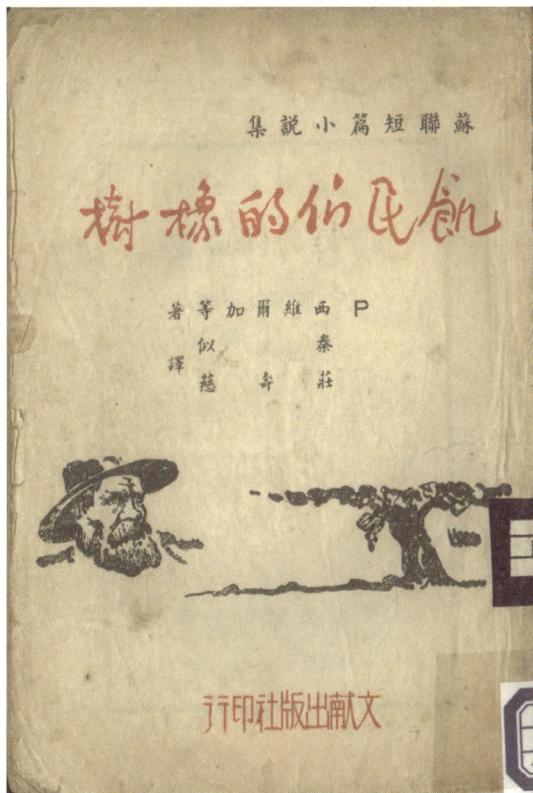

小说集。【苏】P.西维尔加等著。秦似、庄寿慈译。民国三十一年（1942）一月初版。桂林文献出版社出版、发行。国光印刷厂印刷。《翻译名著》之一种。

馆藏文献出版社1942年1月初版、同年5月二版，见唐弢文库、胡风文库、图书大库。

本书为《苏联短篇小说集》。初版本卷末有秦似《后记》并附《作者事略》。正文收《圣尼古拉被捕了》、《一个被诱骗了的姑娘》、《新闻》、《孩子的忧虑》、《长者们的审判》、《一张传单》、《大逮捕》、《疆界》、《饥民们的橡树》、《重逢》、《圣人》、《精光的年头》、《误会》、《一个不识字的女人》、《第九十六个女人》等21篇。

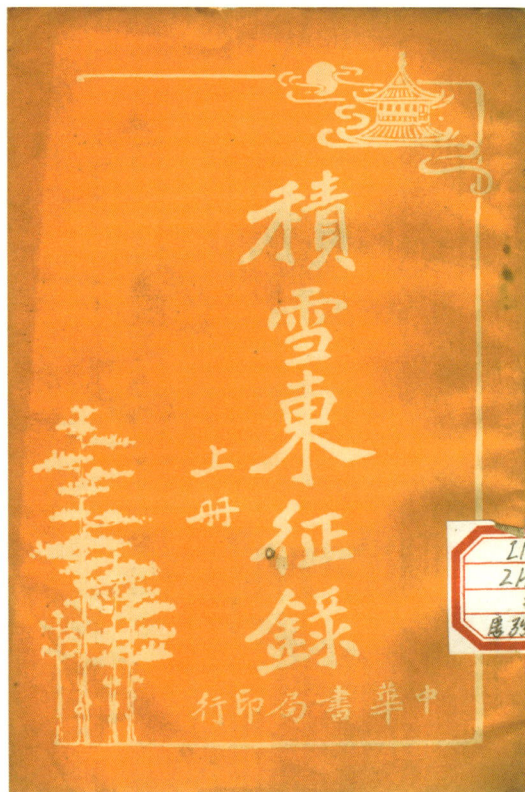

积雪东征录（上、下）
初版本封面（18.8厘米×12.9厘米）

　　小说。著者不详。朱世溱译。民国五年（1916）
十二月印刷，民国六年（1917）一月发行。上海中华书
局印行。

　　馆藏中华书局1917年1月初版，见唐弢文库。

　　初版本无序跋。作品有上、下册各8章，共16章。

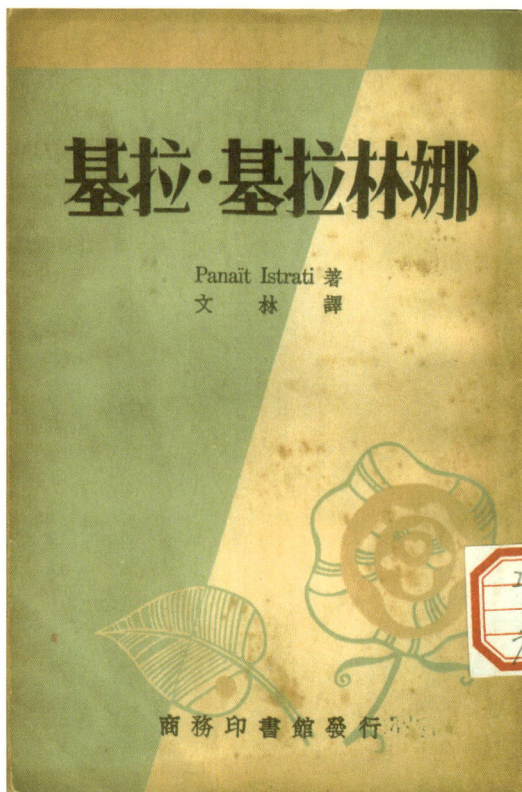

基拉·基拉林娜
初版本封面（19厘米×12.9厘米）

　　小说集。【罗】巴拉衣·依斯特拉蒂著。贺文林
译。民国二十三年（1934）五月初版。上海商务印书
馆印行。

　　馆藏商务印书馆1934年5月初版，见唐弢文库、巴
金文库、胡风文库、图书大库。

　　初版本卷首有《译者的话》、《罗曼罗兰序》、
依斯特拉蒂《著者自序》。正文收《斯达胡洛》、
《基拉·基拉林娜》、《特拉戈米》共3篇。

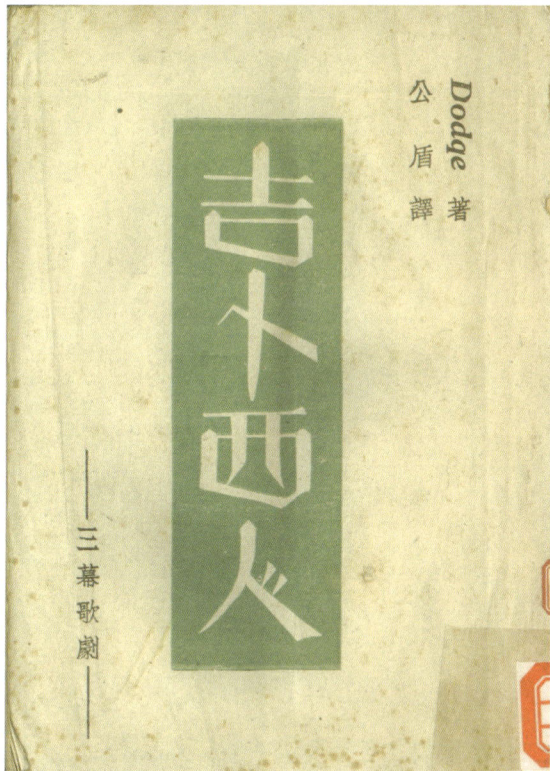

吉卜西人
初版本封面（17.8厘米×13.2厘米）

歌剧。【国别不详】Dodqe著。公盾译。民国三十五年（1946）六月出版。华南学校印行。

馆藏华南学校1946年6月初版，见薛汕文库。

初版本卷末有译者《译后记》。作品共有3幕。

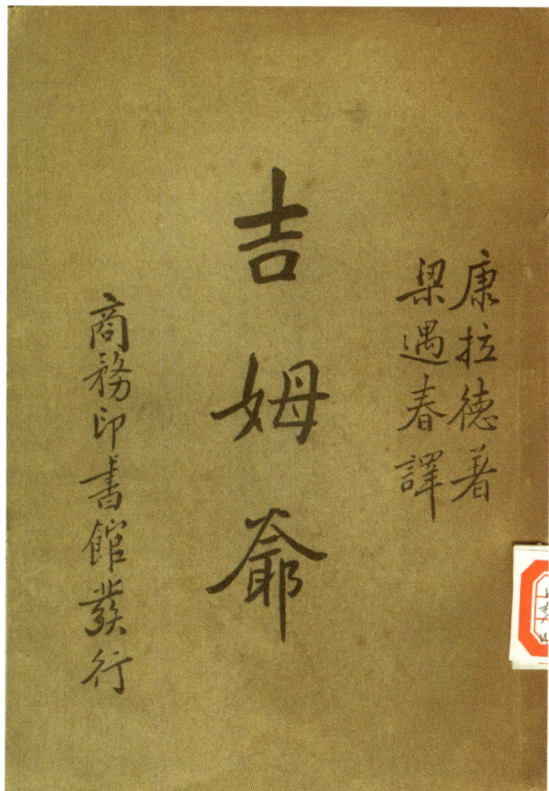

吉姆爷
初版本封面（21.1厘米×15.2厘米）

小说。【英】康拉德著。梁遇春、袁家骅译。民国二十三年（1934）三月初版。中华教育文化基金董事会编译委员会编辑。上海商务印书馆印行。

馆藏商务印书馆1934年3月初版，见唐弢文库、李辉英文库、俞平伯文库。

初版本卷首有胡适《编者附记》、《译者序言》（袁家骅）、J.C.《作者序言》。作品共有45章。

寄生草
初版本封面（18.4厘米×13.5厘米）

寂 寞
初版本封面（14.4厘米×10.4厘米）

戏剧。【英】台维司著。朱端钧改译。1929年12月付印，1930年1月发行，印2000册。上海光华书局印行。《新世纪戏剧丛书》之一种。

馆藏光华书局1930年1月初版，见唐弢文库、巴金文库。

初版本卷首有《译者序》。作品共有3幕。

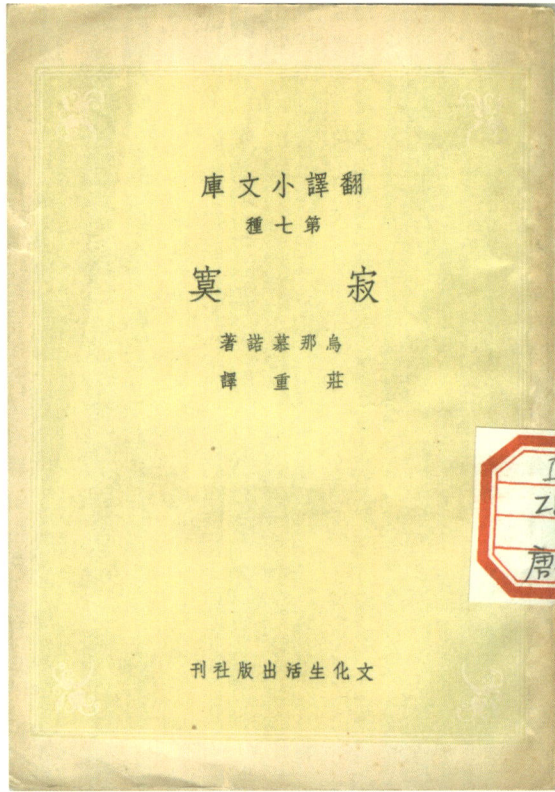

小说集。【西】乌那慕诺著。庄重译。民国三十七年（1948）六月初版。文化生活出版社印行。《翻译小文库》之七。

馆藏文化生活出版社1948年6月初版，见唐弢文库、巴金文库、图书大库。

初版本卷末有《后记》（译者）。正文收《一个体面的更正》、《寂寞》、《官费》、《华安·曼梭》共4篇。

寂寞的人们
初版本封面（20厘米×14.3厘米）

加力比斯之月
初版本封面（19.1厘米×13.1厘米）

　　戏剧。【德】霍菩提曼著。赵伯颜、周伯涵译。1929年5月初版，印2000册。上海文献书房出版。

　　馆藏文献书房1929年5月初版，见唐弢文库、巴金文库。

　　初版本卷末有伯颜《译后》。作品共有5幕。

　　戏剧集。【美】奥泥尔著。古有成译。民国十九年（1930）十二月初版。上海商务印书馆印行。

　　馆藏商务印书馆1930年12月初版、1933年9月国难后一版（著者译名为"奥尼尔"），见唐弢文库、艾芜文库、李辉英文库、图书大库。

　　初版本卷末有译者《译后》，内云："本书七篇独幕剧，都是关于海的，是他初期的顶精粹的作品，……我一面译，我一面是和西洋的水手们交游，和他们谈话，咒骂，打交，觉着痛快淋漓。听听他们从心坎下流出的痛苦的呼声，临终的绝叫，有时不免凄然下泪。此外我又看见了伦敦一间下等客栈的主人的狞恶，欧战的罪恶的一瞥，失恋者的悲哀，猜疑的幽魂的可怖，虚荣心的凶狠，金钱势力的可畏，吝啬与贪婪的鏖战等等，觉着现实的幻灭的悲哀。"

　　初版本收《加力比斯之月》（又名《月夜》）、《航路上》、《归不得》、《战线内》、《油》、《画十字处》、《一条索》共7篇。

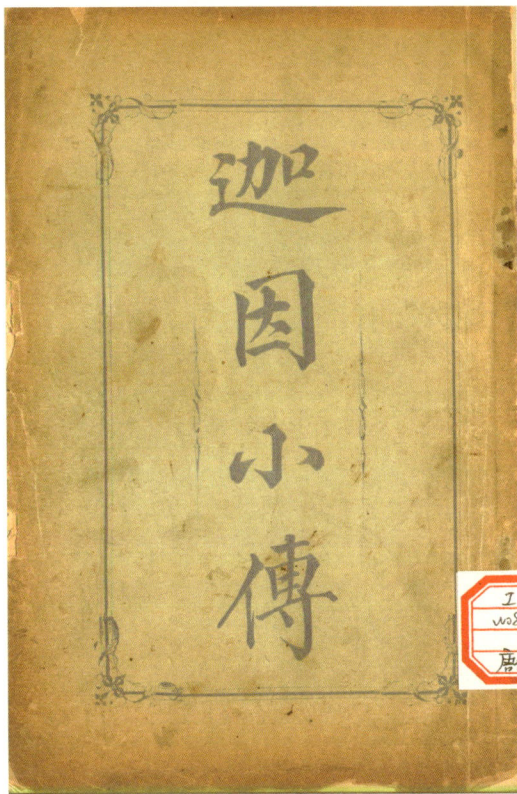

迦因小传
初版本封面（22.2厘米×14.7厘米）

小说。著者不详。蟠溪子译。光绪二十九年
（1903）四月印刷、发行。上海文明书局印行。

馆藏文明书局1903年（农历）4月初版，见唐弢文
库。

初版本卷首有译者《序》。作品不标章次。

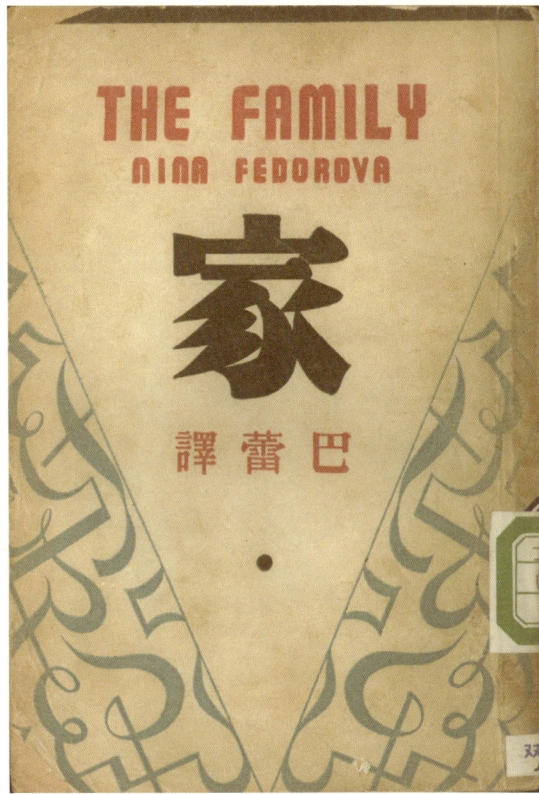

家
初版本封面（18厘米×12.6厘米）

小说。【苏】妮娜·菲桃露薇著。巴蕾（扉页、
版权页署"巴雷"）译。民国三十年（1941）十月初
版。大陆出版社出版。上海大陆书报社发行。

馆藏大陆出版社1941年10月初版，见图书大库。

初版本卷首有约翰·开慈《献辞》。作品除《尾
声》外有第一部27章、第二部26章，共53章。

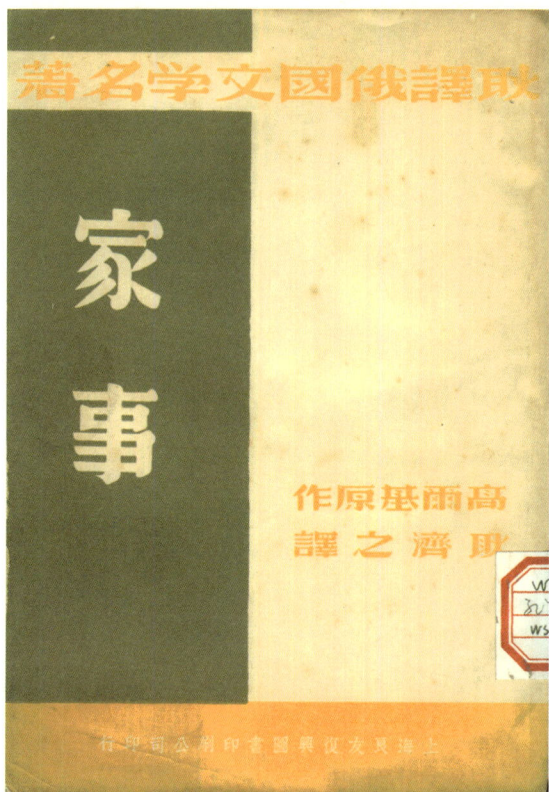

家 事
初版本封面（20.5厘米×14.7厘米）

原名《阿尔达莫诺夫家的事情》。小说。【苏】玛克辛·高尔基著。耿济之译。1940年1月付排，1941年5月初版。上海良友复兴图书印刷公司印行。《耿译俄国文学名著》之一种。

馆藏良友复兴图书印刷公司1941年5月初版，见唐弢文库、汝龙文库、孔罗苏文库、图书大库。

初版本卷首有《前记》（译者）。作品共有4章。

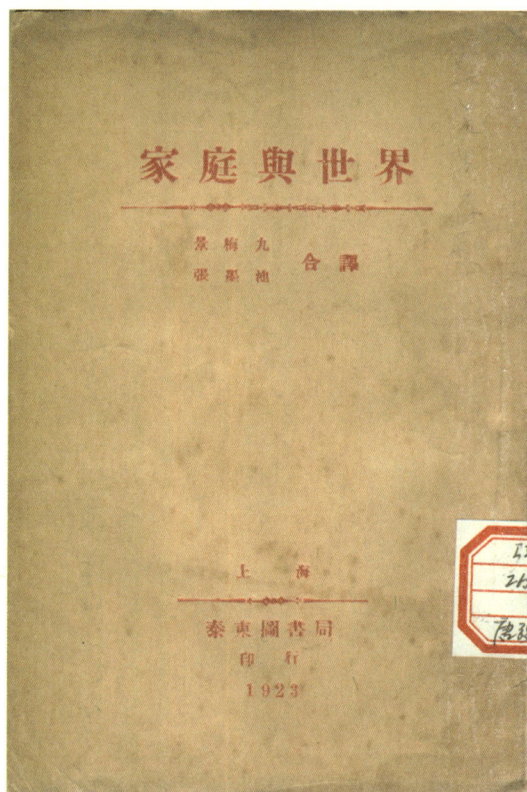

家庭与世界
初版本封面（18.5厘米×12.7厘米）

小说。【印】太戈尔（正文作"泰谷尔"）著。景梅九、张墨池（版权页排名为"张墨池、景梅九"）译。民国十二年（1923）十一月初版。上海泰东图书局印行。

馆藏泰东图书局1923年11月初版，见唐弢文库。

初版本无序跋。作品共有5章。

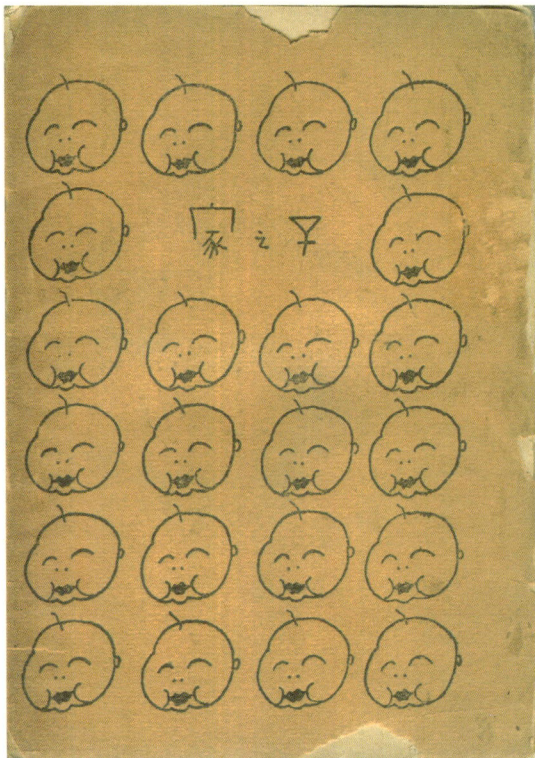

家之子
初版本封面（15.4厘米×11.3厘米）

散文。【英】W.Pater著。朱维基译。民国十八年（1929）五月初版。上海金屋书店出版。

馆藏金屋书店1929年5月初版，见唐弢文库。

初版本无序跋。作品不分章节。

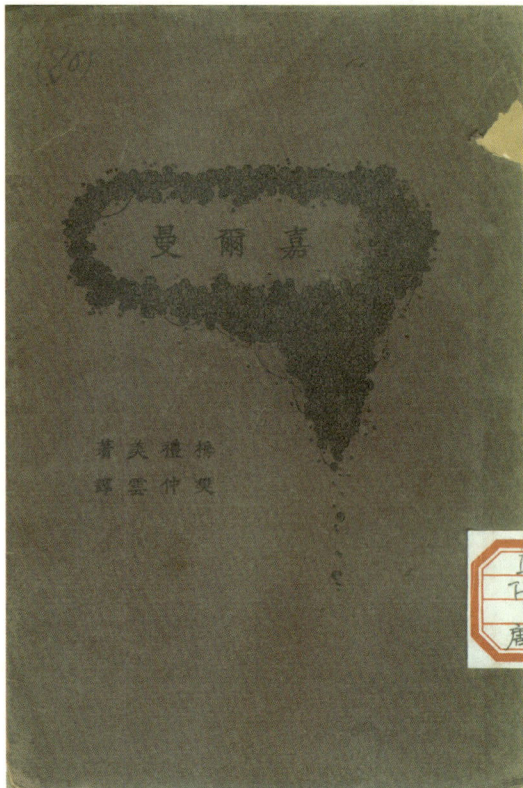

嘉尔曼
初版本封面（19.2厘米×13.2厘米）

小说。【法】梅礼美著。樊仲云译。民国十五年（1926）十一月初版。上海商务印书馆印行。《文学研究会丛书》之一种。

馆藏商务印书馆1926年11月初版，见唐弢文库。

初版本卷首有《序》（译者）。作品除卷末《附笔》外共有3章。

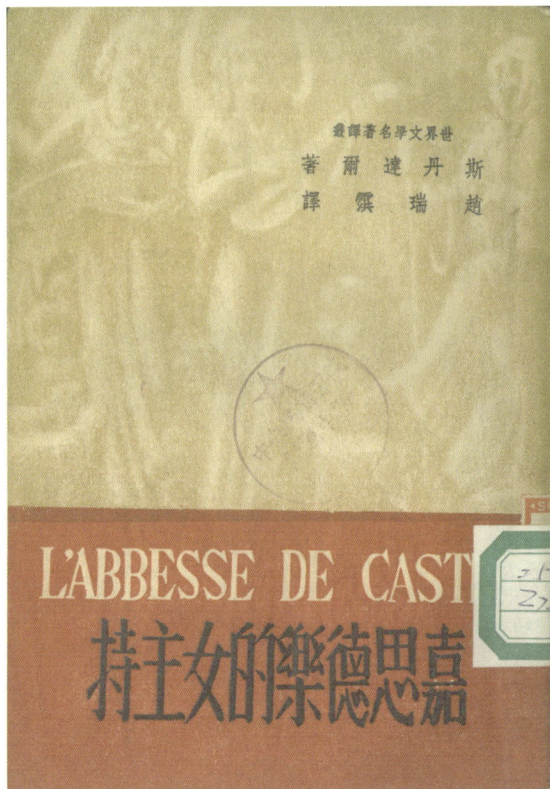

嘉思德乐的女主持
初版本封面（18厘米×12.9厘米）

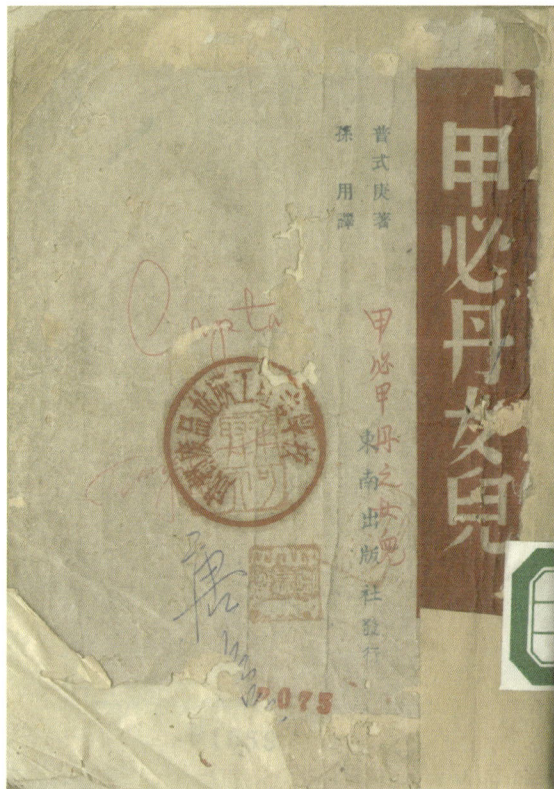

甲必丹女儿
初版本封面（残、污。17.8厘米×13.3厘米）

小说。【法】斯丹达尔著。赵瑞霱译。民国三十八年（1949）四月初版、发行，印2000册。正风出版社印行。联营书店分发行。《世界文学名著译丛》之一种。

馆藏正风出版社1949年4月初版，见图书大库。

初版本卷首有《关于斯丹达尔》、《译者前记》，卷末有赵瑞霱《后记》。作品共有2章。

小说。【俄】普式庚著。孙用译。民国三十三年（1944）一月印造，二月发行。福建永安东南出版社出版、发行。永安大道印刷所印造。《世界文学名著》之一种。

馆藏东南出版社1944年2月初版，见图书大库。

初版本卷首有转译者（孙用）《译序》，卷末附有《〈甲必丹之女〉校读记》（译者）、《〈甲必丹之女〉校读后记》（译者）。作品共有14章。

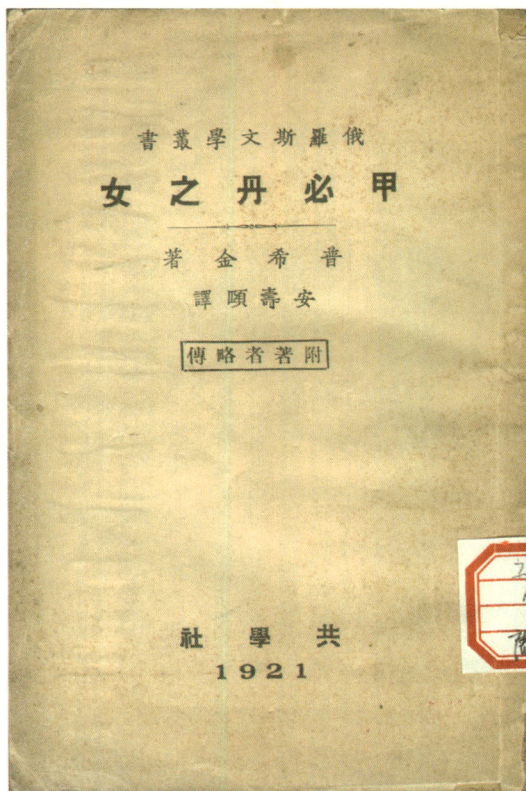

甲必丹之女
初版本封面（18.8厘米×12.9厘米）

小说。【俄】普希金著。安寿颐译。民国十年（1921）二月初版。上海商务印书馆印行。共学社《俄罗斯文学丛书》之一种。

馆藏商务印书馆1921年2月初版，见唐弢文库、图书大库。

初版本卷首有济之《叙一》、郑振铎《叙二》、济之《普希金略传》。《叙二》云："这本《甲必丹之女》是普希金著的在俄国的历史小说里算是狠有名的一篇。他所记的是一个名叫彼得·安得烈伊赤·格里奈夫的人所经历的事。一七七三年哈萨克人蒲格撤夫叛乱的事实，是书中主要的线索。"

初版本共有14章。

假利券
初版本封面（19厘米×13.1厘米）

小说。【俄】托尔斯泰著。杨明斋译。民国十一年（1922）九月初版。上海商务印书馆印行。《文艺丛刻》乙集之一种。

馆藏商务印书馆1922年9月初版、1933年11月国难后一版，见唐弢文库、图书大库。

初版本无序跋。作品有第一卷23章、第二卷19章，共42章。

假童男
初版本封面（22.1厘米×15厘米）

原名《最后五分钟》。小说。【英】夏拉特勃
雷姆著。所非译。民国二十五年（1936）四月一日出
版。上海印刷所印刷。上海作者书社总代售。生活书
店、开明书店、大公报馆、神州国光社、光明书局代
售。

馆藏上海印刷所1936年4月初版，见图书大库。

初版本卷首有所非《译者的话》。作品共有58
章。

奸 细
北新书局初版本封面（19.6厘米×13.9厘米）

小说。【苏】高尔基著。沈端先译。1930年3月付
排，5月出版。上海北新书局印行。《世界新兴文艺丛
书》之一种。

馆藏北新书局1930年5月初版，生活书店1936年7
月初版（译者署名为"秦炳著"）、1946年7月胜利后
一版（译者署名为"夏衍"），文学出版社1941年11月
三版（译者署名为"夏衍"），见唐弢文库、刘麟文
库、卜少夫文库。

初版本无序跋。作品共有22章。

简爱自传
初版本扉页（精装本封面无书名。21.8厘米×14厘米）

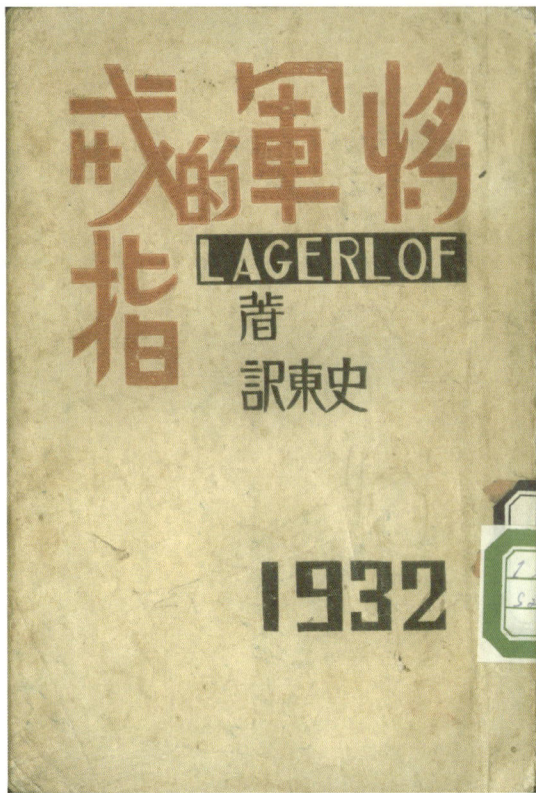

将军的戒指
初版本封面（18.2厘米×12.7厘米）

　　小说。【英】C.白朗底著。李霁野译。民国二十五年（1936）九月初版。上海生活书店发行。生活印刷所印刷。郑振铎主编《世界文库》之一种。

　　馆藏生活书店1936年9月初版，文化生活出版社（书名为《简·爱》，著者译名为"莎绿蒂·勃朗特"）1945年7月初版（下册）、1946年11月沪一版，见唐弢文库、巴金文库、汝龙文库、图书大库。

　　初版本卷首有卡锐尔白尔《〈简爱自传〉序言》、卡锐尔白尔《三版小言》。作品共有38章。

　　小说。【瑞典】拉奇洛孚著。史东译。1932年7月15日初版，印1000册。南宁民国日报社出版。《南宁〈民国日报〉丛书》之一。

　　馆藏民国日报社1932年7月初版，见图书大库。

　　初版本卷首有史东《小引》。作品共有11章。

将军死在床上
初版本封面（18.8厘米×12.9厘米）

小说。【美】哈里逊著。黄源译。民国二十二年
（1933）五月五日出版。上海新生命书局发行。《世
界新文艺丛书》之四。

馆藏新生命书局1933年5月初版，见唐弢文库、图
书大库。

初版本卷首有黄源《译者序》。作品共有12章。

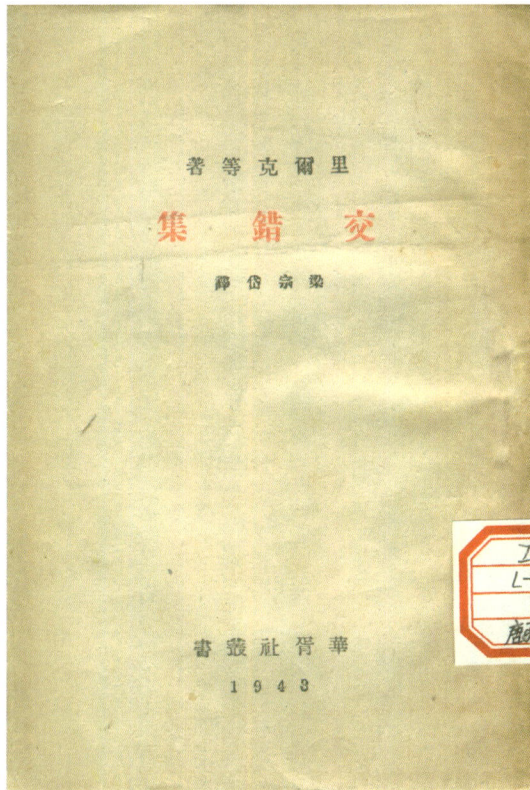

交错集
初版本封面（18厘米×12.6厘米）

小说戏剧集。【德】里尔克等著。梁宗岱译。
1943年2月印刷、初版，印3004册。华胥社出版。明日
社总经售。《华胥社丛书》之一种。

馆藏华胥社1943年2月初版，见唐弢文库。

初版本卷首有《译者题记》。正文收《老提摩
斐之死》、《正义之歌》、《欺诈怎样到了俄国》、
《听石头的人》、《女神的黄昏》、《圣史葳斯特之
夜底奇遇》、《隐士》共7篇。

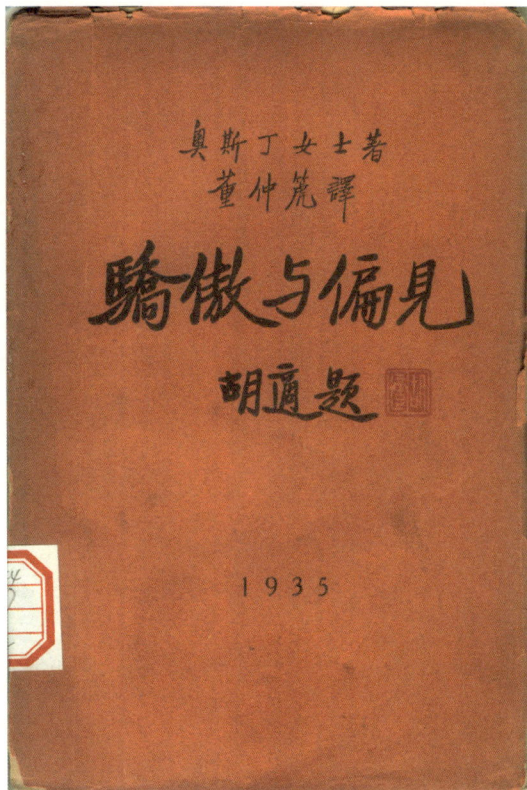

奥斯丁女士著
董仲篪譯
骄傲与偏见
胡适题 [印]
1935

骄傲与偏见
初版本封面（20.2厘米×14.2厘米）

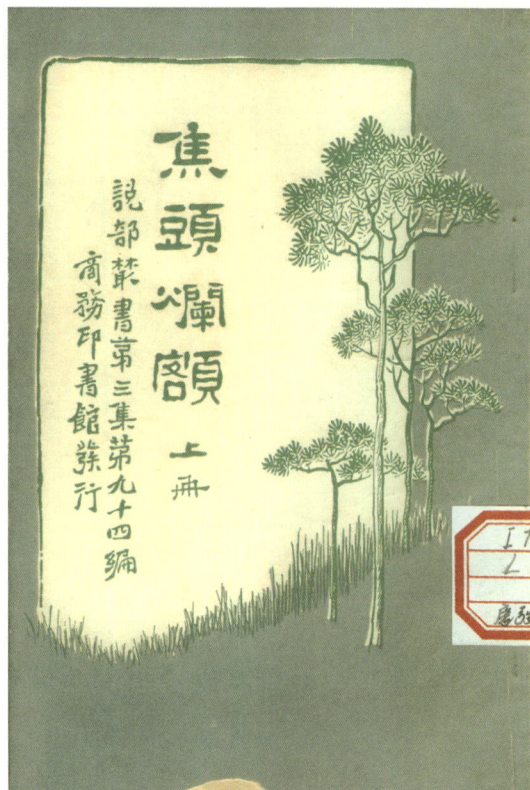

焦頭爛額 上册
說部叢書第三集第九十四編
商務印書館發行

焦头烂额（上、下）
初版本封面（18.4厘米×12.6厘米）

　　小说。【英】奥斯丁著。董仲篪译。民国二十四年（1935）六月一日出版。大学出版社印行。

　　馆藏大学出版社1935年6月初版，见唐弢文库。

　　初版本卷首有梁实秋《梁序》、《译者序言》。《译者序言》云："本书的内容，可略言之：那是描写一个富有资产，漂亮的青年，骄傲地向一个年轻小姐伊利萨伯长期的追逐求婚，到最后为爱屈服得不骄傲了，并与她结褵成为百世的良伴。"

　　初版本共有61章。

　　小说集。【美】尼可拉司著。林纾、陈家麟译。民国九年（1920）四月初版。上海商务印书馆印行。四集本《说部丛书》第三集之九十四。

　　馆藏商务印书馆1920年4月初版、某版（无版权页，《林译小说》第二集），见唐弢文库、图书大库。

　　初版本无序跋。全书收《豹伯判象》、《德鲁曼》、《火车行劫》共3篇。

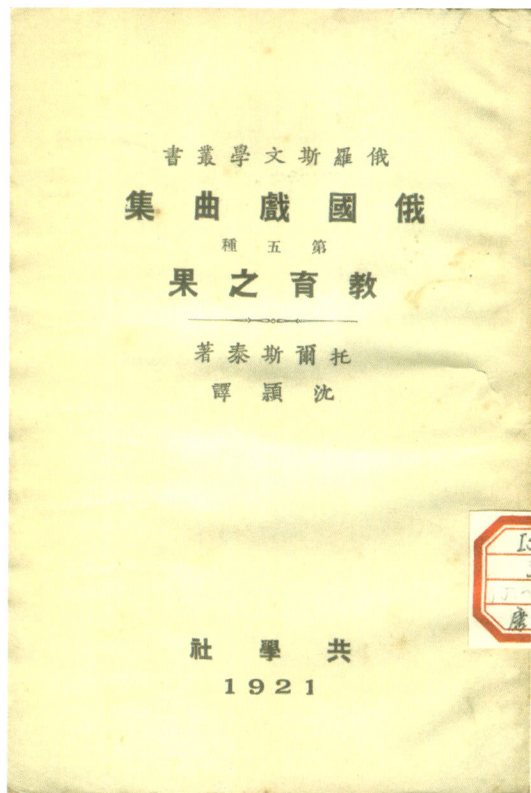

教育之果
初版本封面（18.9厘米×12.9厘米）

戏剧。【俄】托尔斯泰著。沈颖译。民国十年
（1921）四月初版。上海商务印书馆印行。《俄国戏曲
集》之五，共学社《俄罗斯文学丛书》之一种。

馆藏商务印书馆1921年4月初版，见唐弢文库。

初版本无序跋。作品共有4幕。

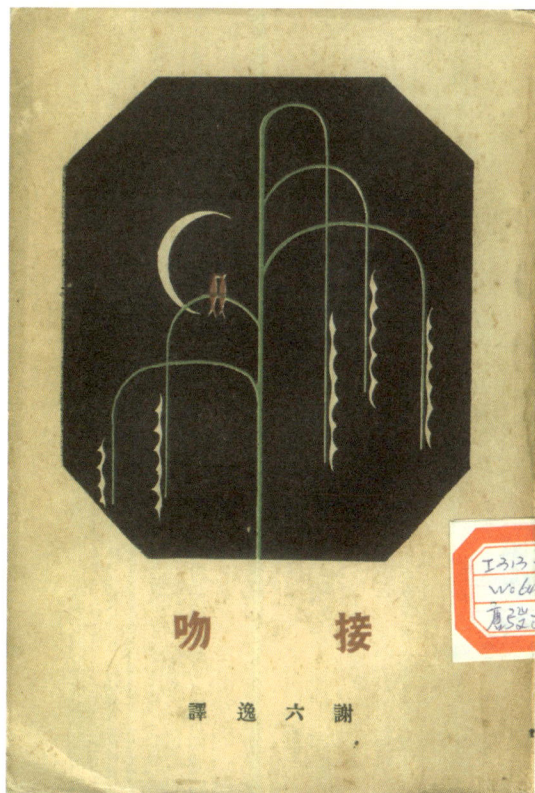

接 吻
初版本封面（18.8厘米×13.1厘米）

小说戏剧集。【日】加藤武雄等著。谢六逸译。
1929年10月20日初版。上海大江书铺发行。

馆藏大江书铺1929年10月初版，见唐弢文库、图
书大库。

初版本无序跋。内收《爱犬故事》、《接吻》、
《阿富的贞操》、《我也不知道》共4篇。

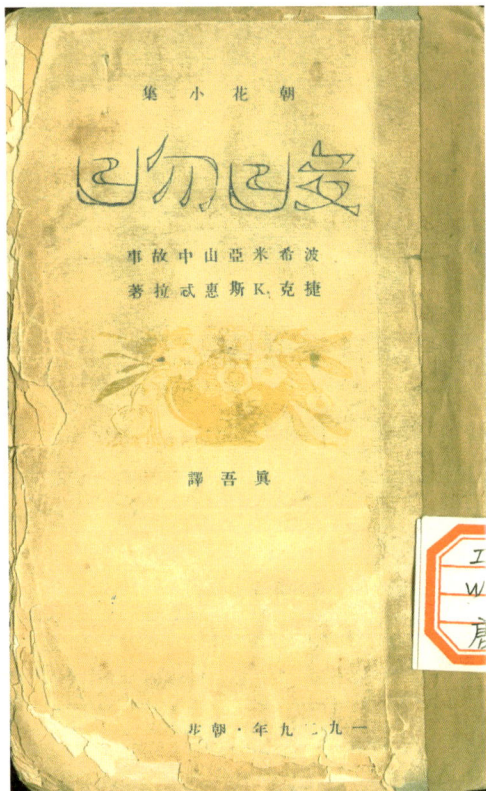

朝花小集

接吻

事故中山亞米希波
著拉忒惠斯K.克捷

譯吾眞

一九二九年·朝花

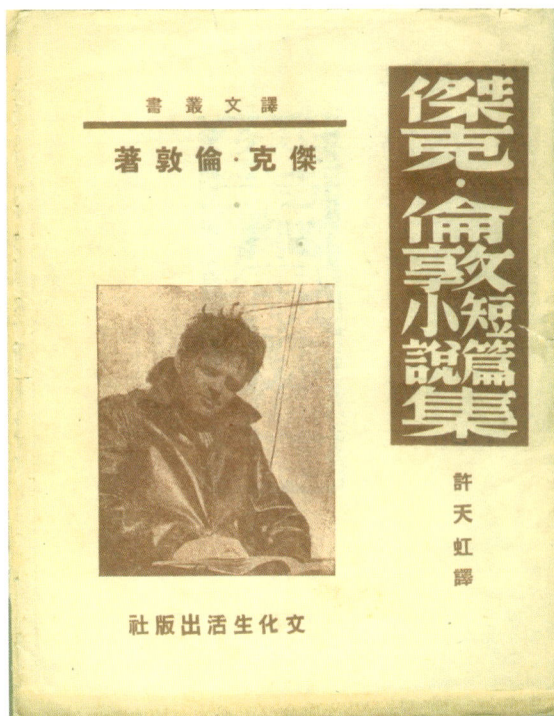

譯文叢書

著敦倫·克傑

傑克·倫敦短篇小說集

許天虹譯

文化生活出版版社

接 吻
初版本封面（16.6厘米×10.6厘米）

杰克·伦敦短篇小说集
初版本封面（18.9厘米×15厘米）

　　副标题为《波希米亚山中故事》。小说。【捷】K.斯惠忒拉著。真吾译。1929年8月初版，印1500册。朝花社出版。上海合记教育用品社发行。《朝花小集》之一。

　　馆藏朝花社1929年8月初版，见唐弢文库。

　　初版本卷首有译者《序言》。作品不标章次。

　　【美】杰克·伦敦著。许天虹译。民国二十六年（1937）一月初版。上海文化生活出版社出版、发行。文化生活印刷所印刷。黄源主编《译文丛书》之一种。

　　馆藏文化生活出版社1937年1月初版，见唐弢文库、巴金文库。

　　初版本卷末有《杰克·伦敦自述》（附录）、【美】U.辛克莱《关于杰克·伦敦》（附录）、译者《后记》。《后记》云："今年适逢伦敦的诞生六十年纪念和逝世二十年纪念。（他仅仅活了四十岁！）我前后选译了他的几篇描写帝国主义者压迫弱小民族或暗示资本主义的流毒的短篇小说，陆续发表在《译文》月刊和《国闻周报》上。最近又译了他的两篇具有前进意识的短篇，又把五六年前曾经译出来发表在《北新》半月刊上的那篇描写童工生活的《变节者》修改了一下，就凑成了这个集子。"

　　初版本收《变节者》、《但勃斯之梦》、《呀！呀！呀！》、《患癫病的郭老》、《北极圈内的酒酿》、《钟阿忠》、《一千打》、《杀人》共8篇。

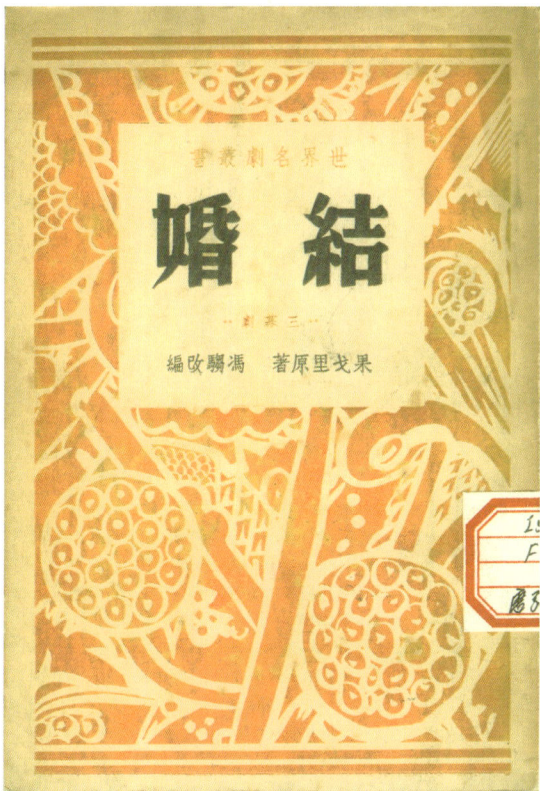

结　婚
初版本封面（18.4厘米×12.9厘米）

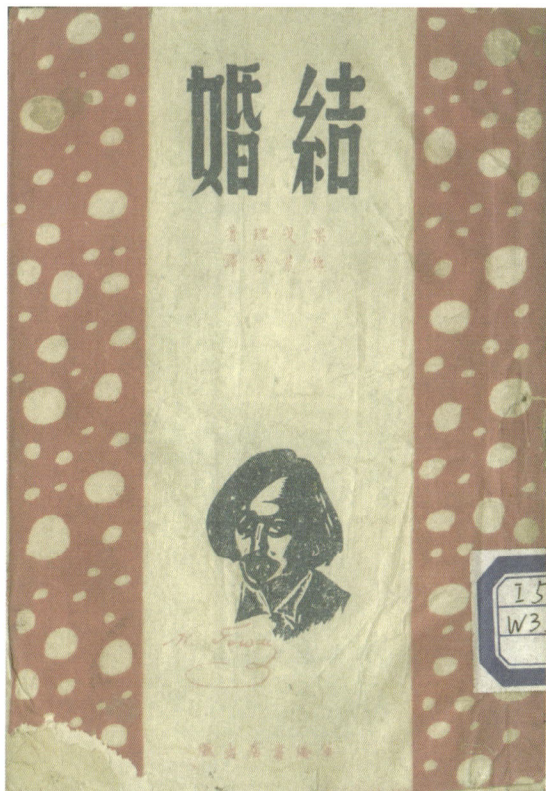

结　婚
1945年1月初版本封面（18.3厘米×13.1厘米）

戏剧。【俄】果戈里著。冯驺改译。民国二十八年（1939）十一月初版。奔流社印行。上海光明书局总经售。《世界名剧丛书》之一种。

馆藏奔流社1939年11月初版、光明书局1947年12月五版，见唐弢文库、图书大库。

初版本卷首有冯驺《改译者的话》。作品共有3幕。

副标题为《一个全属无稽事件底两幕剧》。戏剧。【俄】果戈理著。魏荒弩译。1945年1月初版，印3000册。华侨书店印行。

馆藏华侨书店1945年1月初版、同年5月渝初版，见唐弢文库、孔罗荪文库、图书大库。

初版本卷末有荒弩《后记》。作品共有2幕。

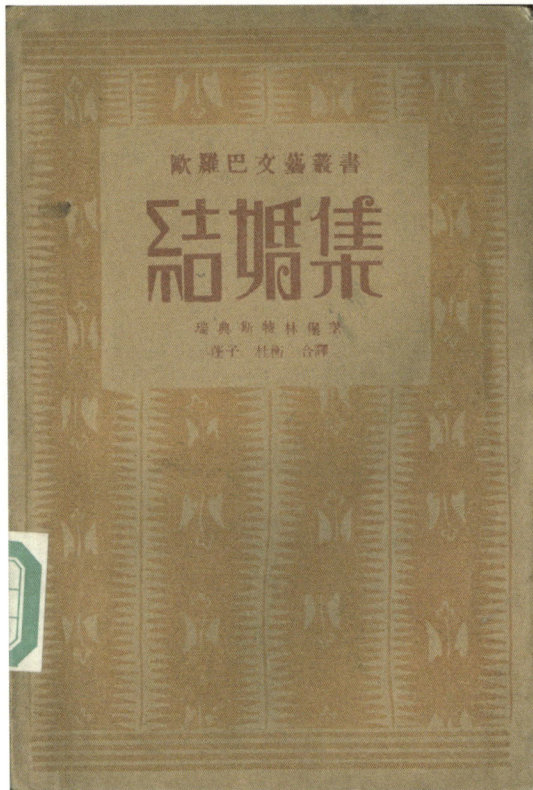

结婚集
初版本封面（18.7厘米×13.2厘米）

结婚生活之告白
初版本封面（17.1厘米×12.2厘米）

　　小说集。【瑞典】斯特林堡著。蓬子、杜衡译。1929年6月付排，8月出版，印2000册。上海光华书局印行。蓬子、徐霞村、杜衡主编《欧罗巴文艺丛书》之一种。

　　馆藏光华书局1929年8月初版，见唐弢文库。

　　初版本卷首有蓬子《关于斯特林堡》。正文收《阿斯拉》、《爱情与面包》、《强逼婚姻》、《酬报》、《阻力》、《不自然的选择》、《革新底试验》、《自然的障碍》、《玩偶家庭》、《逼不得已》、《罗梅欧和裘丽雅》、《多产》、《秋天》、《凤凰》、《柯琳娜》等19篇。

　　回忆录。【俄】托尔斯泰夫人著。索夫译。民国三十五年（1946）十一月初版。上海国际文化服务社发行。

　　馆藏国际文化服务社1946年11月初版，见图书大库。

　　初版本卷末有《译后记》。作品共有13章。

解放了的董吉诃德
联华书局初版本封面（20.8厘米×15.1厘米）

戏剧。【苏】A.V.卢那察尔斯基著。易嘉译。1934年4月印成1000册。上海联华书局发行。《文艺连丛》之一。

馆藏联华书局1934年4月初版，文学编译社1943年3月初版（译者署名为"何凝"），生活书店（译者署名为"瞿秋白"）1946年6月初版、1948年8月东北初版，华北新华书店1947年8月初版（译者署名为"瞿秋白"），海上书屋版（译者未署），见唐弢文库、胡风文库、图书大库。

联华书局初版本卷首有【日】尾濑敬止《作者传略》（鲁迅译），卷末有鲁迅《后记》。作品除《尾声》外共有9场。

解放了的普罗米修斯
初版本封面（14.3厘米×12.5厘米）

诗剧。【英】雪莱著。方然译。1944年春出版，印3000册。桂林雅典书屋出版。桂林三户图书社总经售。

馆藏雅典书屋1944年初版，见唐弢文库、薛汕文库、臧克家文库。

初版本卷首有《雪莱自序》，卷末有《雪莱小史》、《译后记》、灵珠《〈解放了的普罗米修斯〉之时代意义》、舜《出版人的几句话》。作品共有4幕。

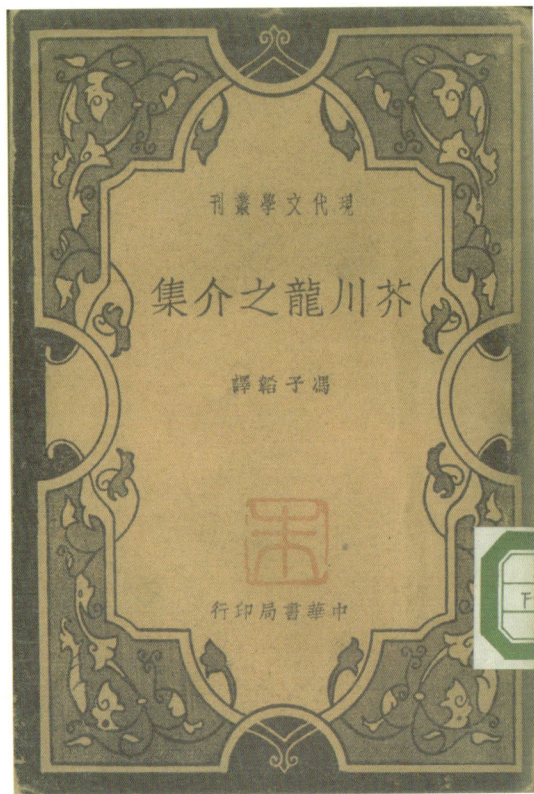

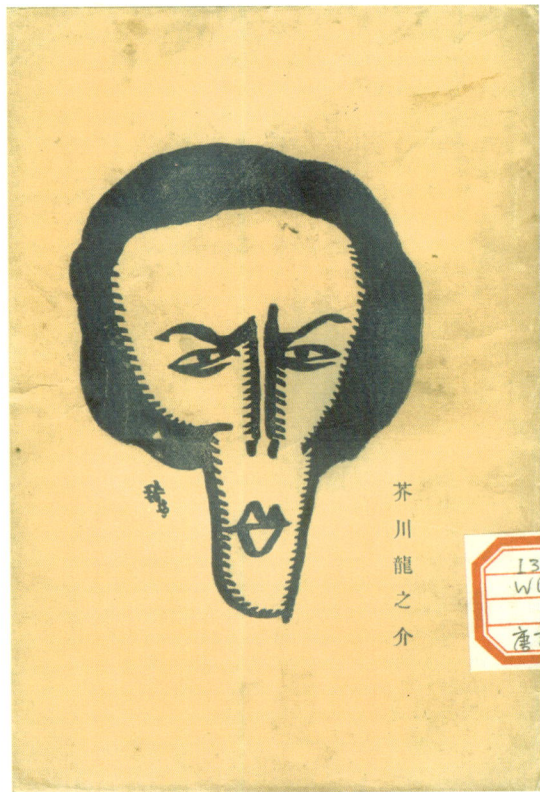

芥川龙之介集
初版本封面（18.6厘米×12.9厘米）

芥川龙之介小说集
初版本封面（18.7厘米×12.9厘米）

　　小说集。【日】芥川龙之介著。冯子韬译。民国二十三年（1934）九月印刷、发行。上海中华书局印行。《现代文学丛刊》之一种。

　　馆藏中华书局1934年9月初版、某版（版权页未记出版时间及版次，《现代文学丛刊》），见唐弢文库、邓友梅文库、图书大库。

　　初版本卷首有译者《芥川龙之介的作品作风和艺术观》。正文收《母亲》、《将军》、《河童》、《某傻子的一生》共4篇。

　　【日】芥川龙之介著。汤鹤逸译。民国十七年（1928）七月出版。北平文化学社印行。

　　馆藏文化学社1928年7月初版，见唐弢文库、图书大库。

　　初版本无序跋。内收《一块土》、《秋山图》、《南京基督》、《黑衣圣母》、《阿格尼神》、《魔术》、《山鸭》、《金将军》、《弃儿》、《女》、《蛛丝》、《芥川龙之介自杀时致某旧友的手记》共12篇。

金发大姑娘
初版本封面（17.5厘米×11.9厘米）

金梭神女再生缘（上、下）
初版本封面（18.4厘米×12.6厘米）

　　小说集。【美】史坦培克等著。亦代、水拍译。
民国三十三年（1944）九月初版。重庆美学出版社发
行。重庆印刷厂印刷。联营书店分发行。《现代英美
小说译丛》之一种。

　　馆藏美学出版社1944年9月初版，见唐弢文库。

　　初版本无序跋。内收《金发大姑娘》、《保安队
员》、《早餐》、《患难中的友人》、《那伐克一家
子》共5篇。

　　小说。【英】哈葛得著。林纾、陈家麟译。民国
九年（1920）三月初版。上海商务印书馆印行。四集
本《说部丛书》第三集之八十六。

　　馆藏商务印书馆1920年3月初版、1921年9月三版
（四集本《说部丛书》第三集）、某版（无版权页，
《林译小说》第二集），见唐弢文库、王辛笛文库。

　　初版本无序跋。作品有卷上12章、卷下15章，共
27章。

金穴树
初版本封面（18.2厘米×12.5厘米）

小说。著者不详。束凤鸣编译。民国五年（1916）九月初版。上海商务印书馆印行。四集本《说部丛书》第三集之十一。

馆藏商务印书馆1916年9月初版，见唐弢文库。

初版本无序跋。作品共有9章。

金银岛
初版本封面（19.5厘米×13厘米）

小说。【英】司的反生著。商务印书馆编译所译。光绪三十年（1904）九月首版。上海商务印书馆印行。十集本《说部丛书》第一集之八。

馆藏商务印书馆1904年（农历）9月初版、1914年4月二版（四集本《说部丛书》初集），见唐弢文库、图书大库。

初版本无序跋。作品不分章节。

近代俄国小说集（一至五）
初版本封面（14.9厘米×9.9厘米）

近代欧美独幕剧集
初版本封面（18.5厘米×13.9厘米）

布雪金等著。仲持等译。第一至四册民国十二年（1923）十一月初版，第五册同年十二月初版。上海商务印书馆印行。东方杂志社编辑《东方文库》之七十七。

馆藏商务印书馆1923年11、12月初版，1924年9月二版，见唐弢文库、图书大库。

初版本每册卷末附有《作家传略》。全书正文收《一个庄主的女儿》、《丧事承办人》、《唔唔》、《圣诞树前的贫孩子》、《三死》、《撞钟老人》、《一株棕树》、《一夜》、《一篇极短的故事》、《阴雨》、《陆士甲尔的胡琴》、《一个阔绰的朋友》、《那个可怜的办事员是怎样死去的》、《复活节的前夜》、《接吻》等31篇。

正文题《现代欧美独幕剧集》。【瑞典】A.Strindberg等著。芳信、钦榆译。1927年9月付印，10月发行，印2000册。上海光华书局印行。《水仙丛书》之六。

馆藏光华书局1927年10月初版，见唐弢文库。

初版本无序跋。内收《狂风》、《更强的女子》、《一个游历的人》、《讨厌的东西》、《死罪》、《永远地永远地》、《卖国贼》、《未成的诗》、《恶魔的黄金》共9篇。

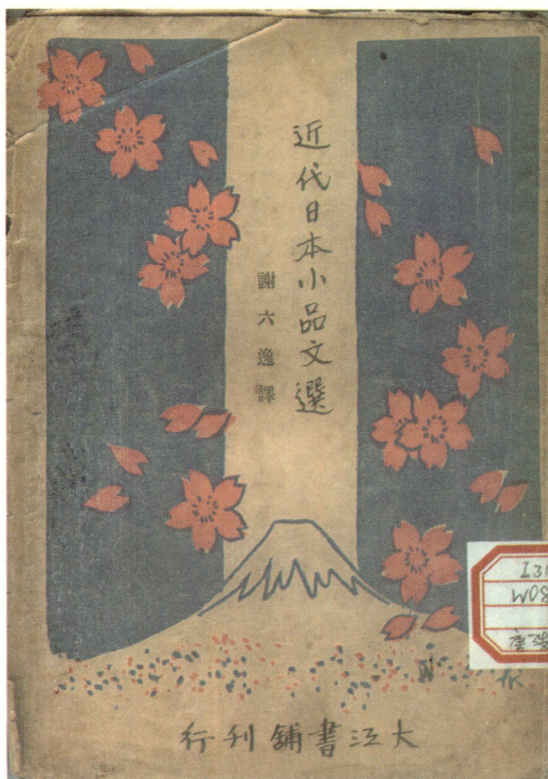

近代日本小品文选
初版本封面（19.6厘米×14.5厘米）

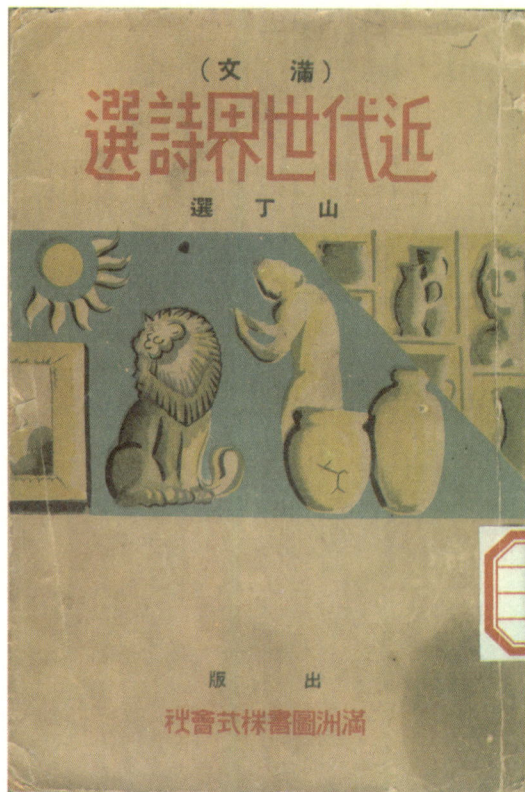

近代世界诗选
初版本封面（18.7厘米×12.7厘米）

佐藤春夫等著。谢六逸译。1929年5月1日初版。上海大江书铺印行。

馆藏大江书铺1929年5月初版、1931年3月二版，见唐弢文库、图书大库。

初版本卷首有译者《前记》。正文收《呵呵蔷薇你病了》、《某殖民地某日发生的事变》、《逝了的哈代翁》、《猫的墓》、《火钵》、《观动乱的中国》、《嗅妻房的男人》、《女体》、《尾生的信》、《英雄之器》、《黄梁〈粱〉梦》、《母性》、《巡礼者的歌》、《雪之日》、《侏儒的话》共15篇。

【德】哥德等著。开贞等译。山丁编。康德八年（1941）十月三十一日印刷，十一月五日发行。新京（长春）满洲图书株式会社印行。新京满洲书籍配给株式会社总批发。

馆藏满洲图书株式会社1941年11月初版，见唐弢文库、薛汕文库。

初版本卷首有山丁《题记》，内云："这里面所选的，泰半是十九世纪以来，活跃于世界文坛上的诗人底诗篇。日本、中国新诗的历史甚短，以致所选诸篇涉及现代，北欧方面因材料寻找不易，未能选入，只好阙如了。其实这个选集也可以称之曰《近代诗选译》，如果除掉了中国一部份诗作的时候。附录的黑人诗篇，虽非名作，想来也不会吃坏了读者的肠胃，只是换换口味而已。"

初版本除汉语创作6篇外收《献诗》、《旅人的夜歌》、《倾向》、《遗言》、《在夜半》、《新的哥伦布》、《秋》、《云雀歌》、《Childe Harold的告别》、《给伊娜丝》、《夜莺歌》、《寂寞的刈禾人》、《我底灯》、《美》、《异邦人》等48篇（含附录6篇）译作。

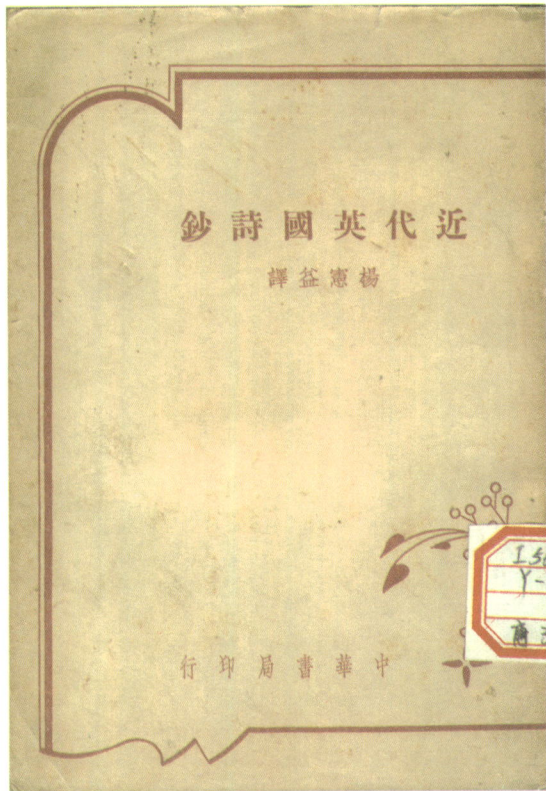

近代英国诗钞
初版本封面（18厘米×12.7厘米）

豪斯曼等著。杨宪益译。民国三十七年（1948）
九月初版、发行。上海中华书局印行。

馆藏中华书局1948年9月初版，见唐弢文库。

初版本卷首有《序》（译者）。正文收《最可
爱的树》、《栗树落下火炬似的繁英》、《在我的故
乡如我觉得无聊》、《我的心充满了忧愁》、《初
春》、《丛丛的荆棘》、《人生》、《最后的雪》、
《穷人的猪》、《墓铭》、《入睡》、《山上》、
《鱼的天堂》、《天明在战壕里》、《回营时听见天
鹨的歌声》等49篇。

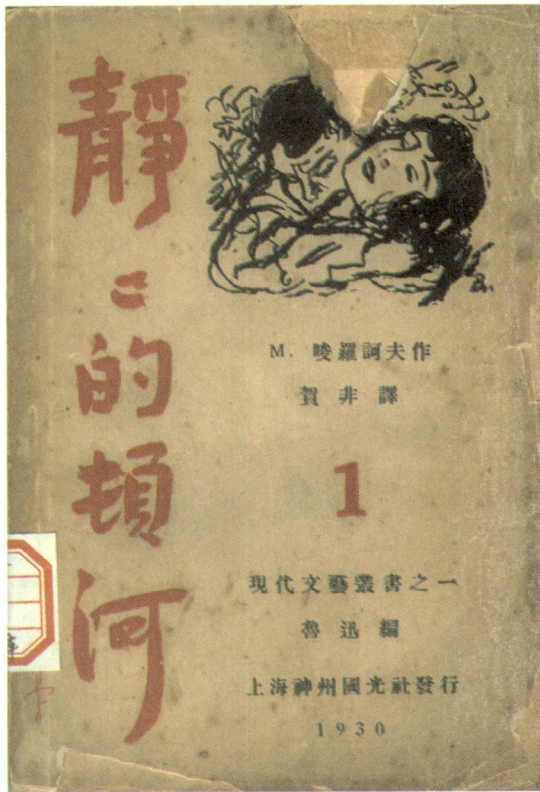

静静的顿河（一）
初版本封面（残。18.7厘米×13.2厘米）

小说。【苏】M.唆罗诃夫著。贺非译。1931（封
面误为"1930"）年10月初版。上海神州国光社发行。
鲁迅编辑《现代文艺丛书》之一种。

馆藏神州国光社1931年10月初版、1934年9月二
版，见唐弢文库。

初版本卷首有《作者小传》，卷末有鲁迅《后
记》。作品有第一部22章、第二部17章，共39章。

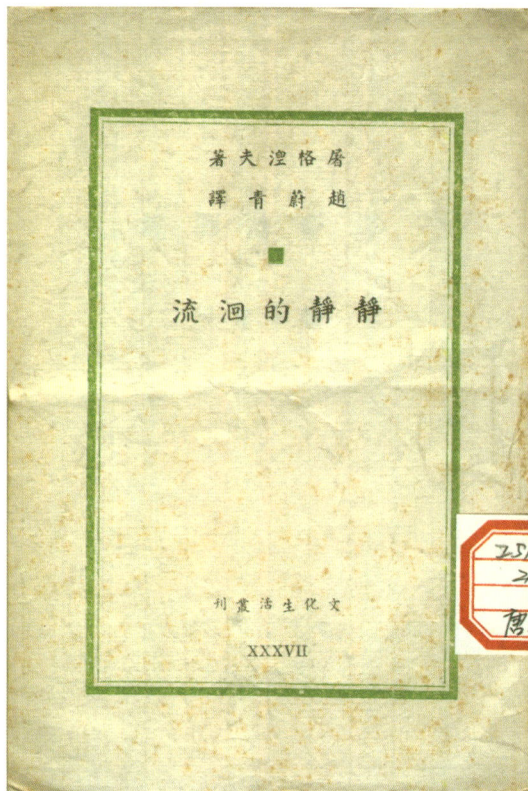

静静的洄流
初版本封面（18.2厘米×12.8厘米）

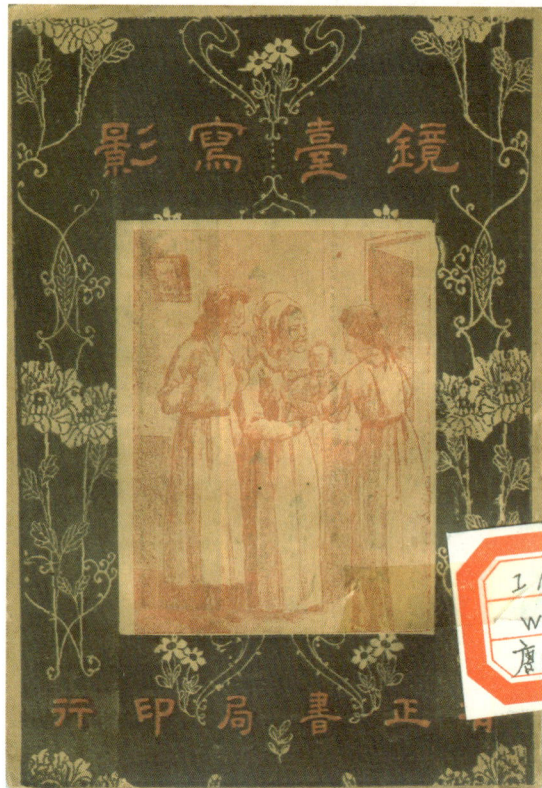

镜台写影
初版本封面（13.9厘米×9.8厘米）

　　小说。【俄】屠格涅夫著。赵蔚青译。民国三十四年（1945）七月初版。文化生活出版社印行。巴金主编《文化生活丛刊》之三十七。

　　馆藏文化生活出版社1945年7月初版、1946年2月沪一版、1947年4月二版，见唐弢文库、巴金文库、管桦文库、图书大库。

　　初版本无序跋。作品共有7章。

　　小说。著者不详。磻溪子、天笑生译。民国五年（1916）三月初版。上海有正书局印行。

　　馆藏有正书局1916年3月初版，见唐弢文库。

　　初版本无序跋。作品共有24章。

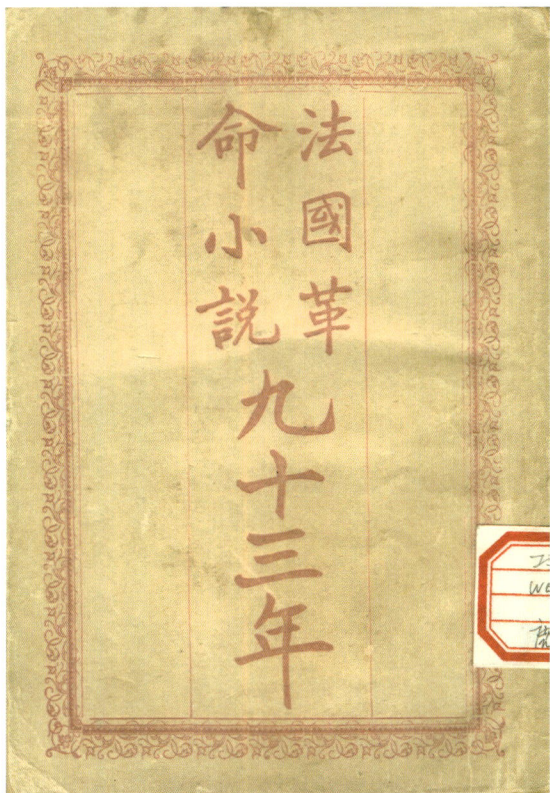

九十三年（上、下）
上册初版本封面（18.2厘米×12.9厘米）

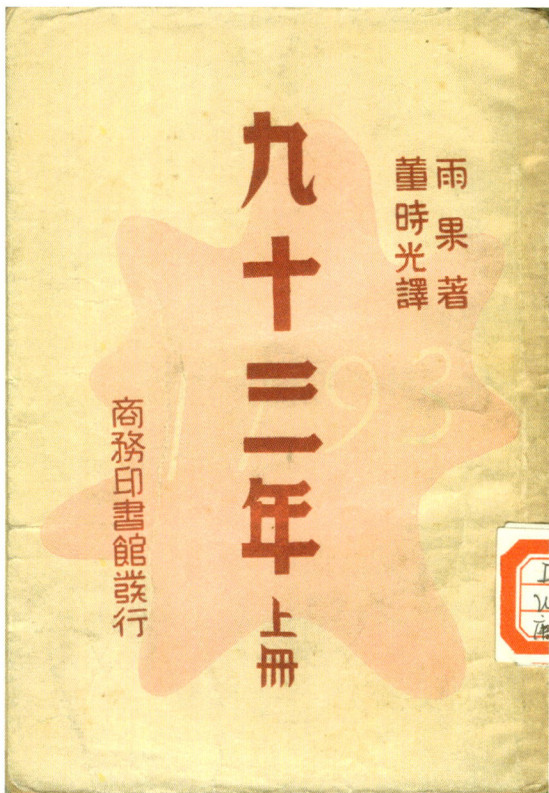

九十三年（上、下）
初版本封面（17.6厘米×12.6厘米）

　　副标题为《法国革命外史》。小说。【法】嚣俄著。东亚病夫译。民国二年（1913）十月发行。上海有正书局印行。

　　馆藏有正书局1913年10月初版，见唐弢文库。

　　初版本上册卷首有译者《〈九十三年〉评语》。作品有卷一20章、卷二7章、卷三13章、卷四20章，共60章。

　　小说。【法】雨果著。董时光译。民国三十七年（1948）四月初版。上海商务印书馆印行。

　　馆藏商务印书馆1948年4月初版，见唐弢文库。

　　初版本上册卷首有译者《序》，内云："本书是雨果的三大名著之一，是以法国大革命中一七九三年之恐怖政治为背景而写出的一幕悲壮的故事。"

　　初版本有第一部《海上》第1卷1章、第2卷10章、第3卷2章、第4卷7章，第二部《巴黎》第1卷3章、第2卷3章、第3卷13章、第4卷7章，第三部《温底》第1卷20章、第2卷1章、第3卷15章、第4卷3章、第5卷3章、第6卷6章，共14卷94章。

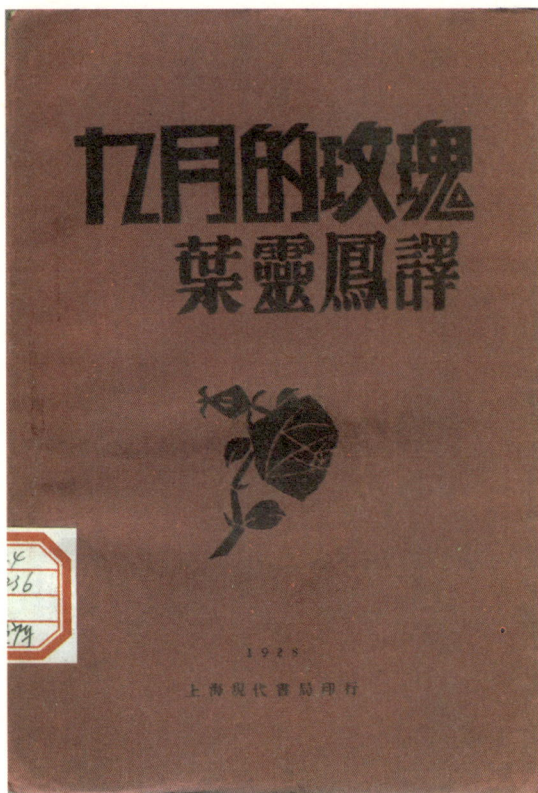

九月的玫瑰
初版本封面（18.5厘米×13.3厘米）

　　小说集。【法】戴当莱等著。叶灵凤译。1928年8月初版，印2000册。上海现代书局印行。

　　馆藏现代书局1928年8月初版，见唐弢文库、图书大库。

　　初版本无序跋。内收《九月的玫瑰》、《可怜的把戏》、《露瑞夫人》、《嫉妒》、《他们的路》、《深夜的一吻》、《死的朋那德》、《丽斯》共8篇。

玖 德
初版本封面（18.1厘米×12.6厘米）

　　小说。【英】哈代著。俞征译。民国三十七年（1948）四月初版。上海潮锋出版社印行。

　　馆藏潮锋出版社1948年4月初版，见唐弢文库、王辛笛文库、陈文发文库。

　　初版本卷首有汤麦斯·哈代《作者原序》、《译者序》。作品有第一卷《在玛理格林》11章、第二卷《在基督寺》7章、第三卷《在麦尔却斯特》9章、第四卷《在萨斯顿》6章、第五卷《在亚德伯利汉及他处》8章、第六卷《又在基督寺》11章，共52章。

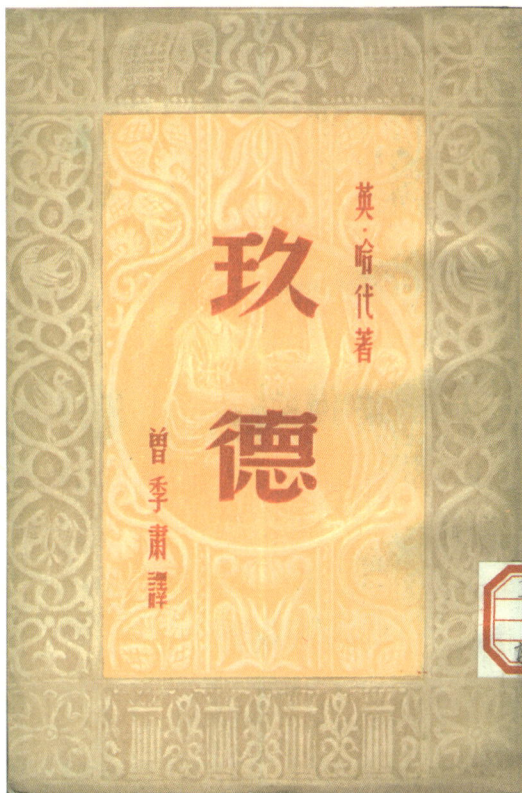

玖 德
初版本封面（21.5厘米×14.7厘米）

小说。【英】哈代著。曾季肃译。民国三十七年（1948）四月第一版，印1500册。生活书店发行。《世界文库》之一种。

馆藏生活书店1948年4月初版，见唐弢文库、田仲济文库、刘麟文库、臧克家文库。

初版本卷首有《作者小传》、汤·哈·《作者自序》。作品有第一卷《在梅蕾克灵》11章、第二卷《在克兰司德明士端》7章、第三卷《在茂却斯墩》10章、第四卷《在沙士登》6章、第五卷《在爱特白烈克汉和别处》8章、第六卷《又在克兰司德明士端》11章，共53章。

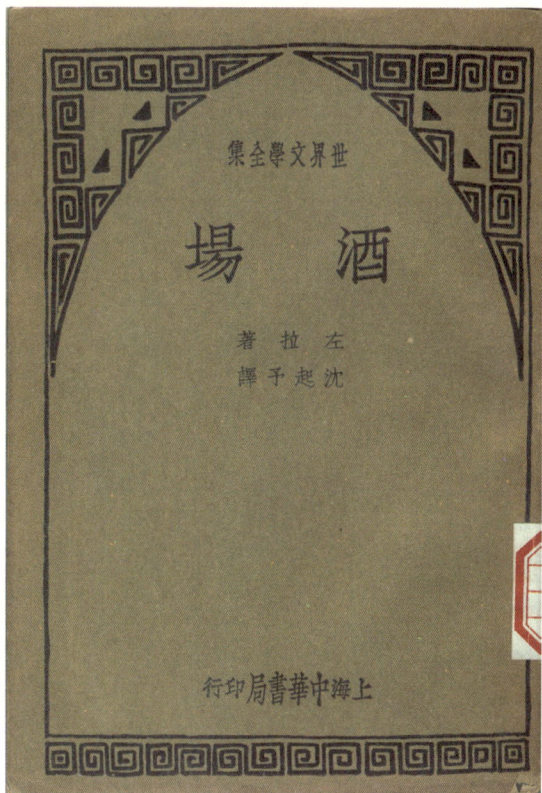

酒 场
初版本封面（18.5厘米×13.1厘米）

小说。【法】左拉著。沈起予译。民国二十五年（1936）二月印刷、发行。上海中华书局印行。《世界文学全集》之一种。

馆藏中华书局1936年2月初版，见唐弢文库。

初版本卷首有沈起予《译者序》、耶米尔·左拉《原序》。作品共有13章。

旧　欢
初版本封面（18.6厘米×13厘米）

小说集。【英】T.Hardy等著。伍光建译。民国十八年（1929）九月初版，印2000册。上海黎明书局发行。《黎明文艺丛书》之一。

馆藏黎明书局1929年9月初版，见图书大库。

初版本卷首有黄维荣《序》。正文收《旧欢》、《离婚》、《心狱》、《夺夫》、《圣水》共5篇。

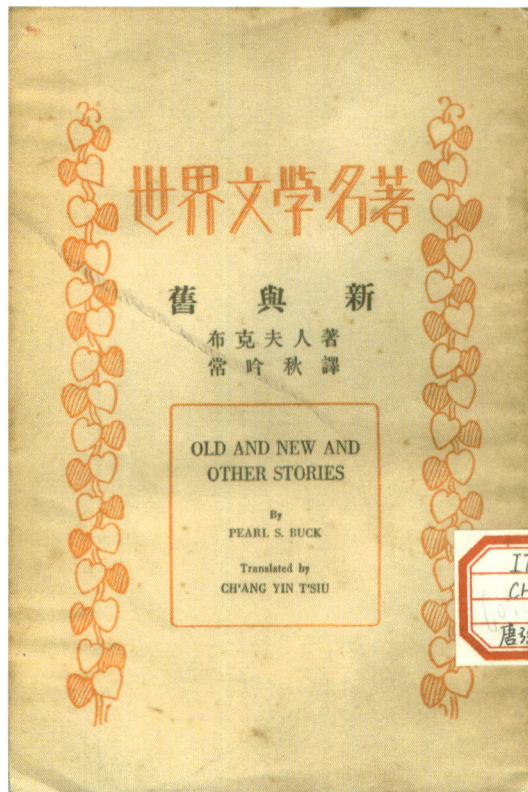

旧与新
初版本封面（19厘米×13厘米）

小说集。【美】布克著。常吟秋译。民国二十四年（1935）二月初版。上海商务印书馆印行。《世界文学名著》之一种。

馆藏商务印书馆1935年2月初版，见唐弢文库、图书大库。

初版本卷首有《译者赘言》，内云："这部翻译集子所包含的五个短篇……纯系描写中国社会旧的时代与新的时代过渡间的波澜，以及东方思想和西方思想接触上的冲突。"

初版本收《花边》、《回国》、《雨天》、《老母》、《勃溪》共5篇。

舅舅昂格尔
初版本封面（18.7厘米×13.1厘米）

菊池宽集
初版本封面（18.9厘米×13.2厘米）

小说集。【罗】依斯特拉谛著。贺文林译。民国二十一年（1932）九月印刷、发行。上海中华书局印行。《现代文学丛刊》之一种。

馆藏中华书局1932年9月初版、1940年9月二版，见唐弢文库、巴金文库、胡风文库、李辉英文库、图书大库。

初版本卷首有译者《译序》。正文收《舅舅昂格尔》、《舅舅昂格尔的死》、《戈斯玛》共3篇。

小说戏剧集。【日】菊池宽著。章克标译。1929年5月初版。上海开明书店发行。

馆藏开明书店1929年5月初版、1933年10月三版，见唐弢文库、图书大库。

初版本卷首有译者《卷头言》。正文分"小说"、"戏曲"两部分，收《藤十郎之恋》、《若杉裁判长》、《投水救助业》、《羽衣》、《岛原心中》、《公论》、《贞操》、《恋爱病患者》、《兄的场合》共9篇。

菊子夫人
初版本封面（18.9厘米×13厘米）

决 斗
初版本封面（护封缺失。18.4厘米×14.6厘米）

　　小说。【法】绿谛著。徐霞村译。民国十八年（1929）三月初版。上海商务印书馆印行。《文学研究会丛书》之一种。

　　馆藏商务印书馆1929年3月初版、1932年10月国难后一版，见唐弢文库、图书大库。

　　初版本卷首有霞村《序》。作品除《楔子》外共有56章。

　　小说。【俄】库普林著。汝龙译。民国三十八年（1949）七月初版。文化生活出版社印行。《译文丛书》之一种。

　　馆藏文化生活出版社1949年7月初版，见唐弢文库。

　　初版本无序跋。作品共有23章。

决 斗
初版本封面（19.5厘米×13.8厘米）

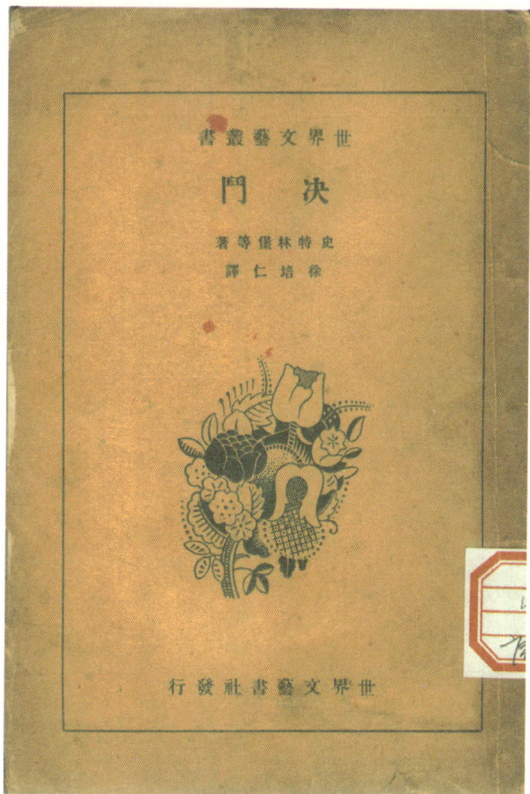

决 斗
初版本封面（19.8厘米×13.8厘米）

小说集。【俄】契诃夫著。张友松、朱溪译。1928年10月付排，1929年4月初版。上海北新书局印行。《欧美名家小说丛刊》之一种。

馆藏北新书局1929年4月初版、同年7月二版，见唐弢文库、汝龙文库。

初版本无序跋。内分上、下卷，收《猎人》、《凡卡》、《一个没有结局的故事》、《一件事情》、《活动产》、《决斗》共6篇。

小说集。【瑞典】史特林堡、【俄】塞门诺夫著。徐培仁译。1929年8月1日付排，15日出版。厦门世界文艺书社发行。《世界文艺丛书》之一种。

馆藏世界文艺书社1929年8月初版，见唐弢文库、图书大库。

初版本无序跋。内收《决斗》、《仆役》共2篇。

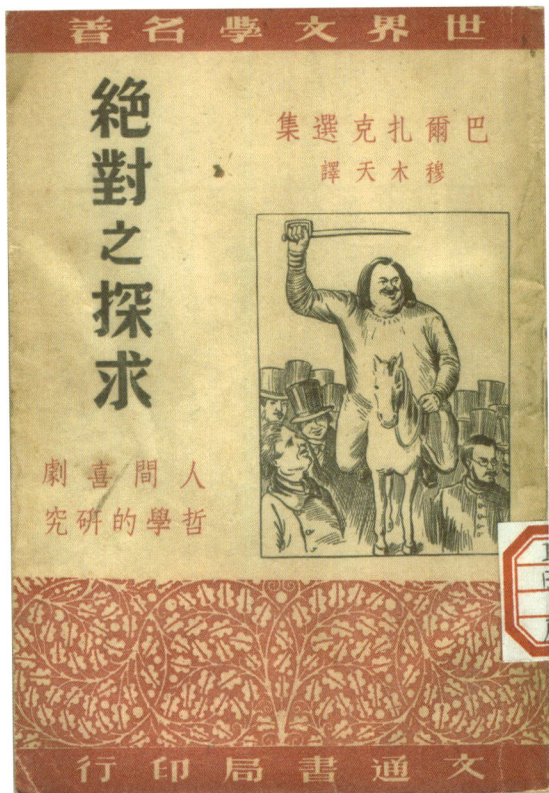

绝对之探求
初版本封面（18.1厘米×12.9厘米）

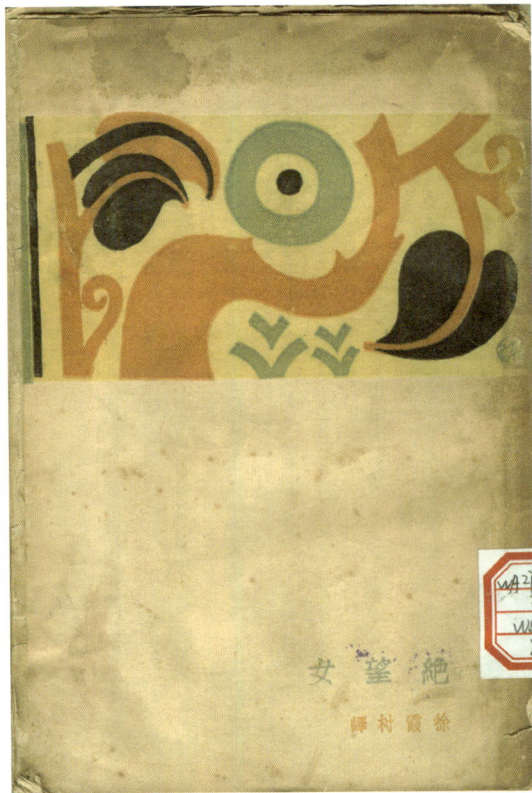

绝望女
初版本封面（19.6厘米×13.2厘米）

小说。【法】巴尔扎克著。穆木天译。民国三十八年（1949）二月上海初版。上海文通书局印行。《人间喜剧·哲学的研究》、中法文化出版委员会编辑《巴尔扎克选集》、《世界文学名著》之一种。

馆藏文通书局1949年2月初版，见唐弢文库、田仲济文库。

初版本卷首有《译者的话》、《〈绝对之探求〉书中主要人物表》、得·巴尔扎克《献给 杜美克家的姑娘，约瑟芬·德兰诺阿夫人》。作品不分章节。

小说集。【意】魏尔嘉等著。徐霞村译。1930年1月初版，印1500册。上海神州国光社印行。

馆藏神州国光社1930年1月初版、言行社1940年5月初版（书名为《乡村的武士》），见唐弢文库、巴金文库、李辉英文库、图书大库。

初版本无序跋。内收《乡村的武士》、《绝望女》、《怀托尔斯泰》、《"嘴上生着花的人"》、《一个哈叭狗的信》、《打赌》、《利各的思想》、《筏上》、《一场把戏》、《她的情人》、《正当善慈》、《圣诞节的故事》共12篇。

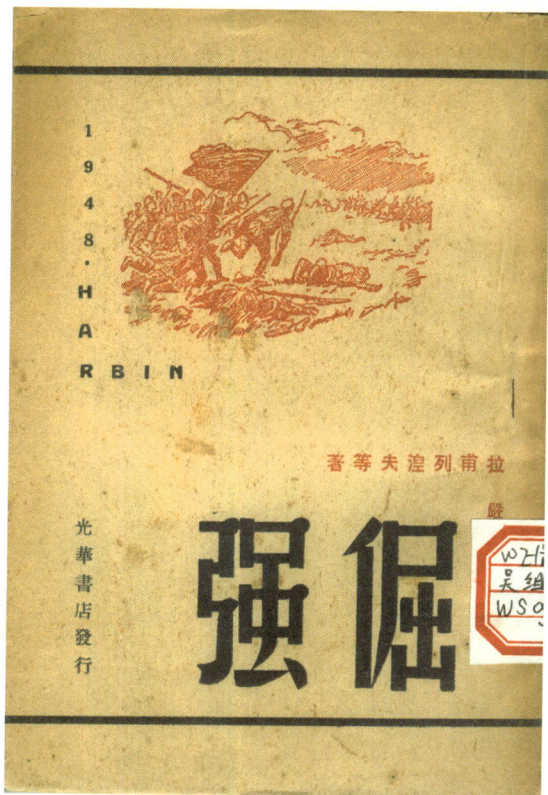

倔 强
初版本封面（18.2厘米×12.7厘米）

小说集。【苏】B.拉甫列涅夫等著。严蒙译。1948年7月印刷、初版，印5000册。哈尔滨光华书店印行。

馆藏光华书店1948年7月初版，见吴组缃文库、图书大库。

初版本卷首有《译者的话》。正文收《倔强》、《梭罗吉亚》、《生命》、《她的情人》、《后代》、《我们的手变得沉重了》、《忆德莱莎》共7篇。

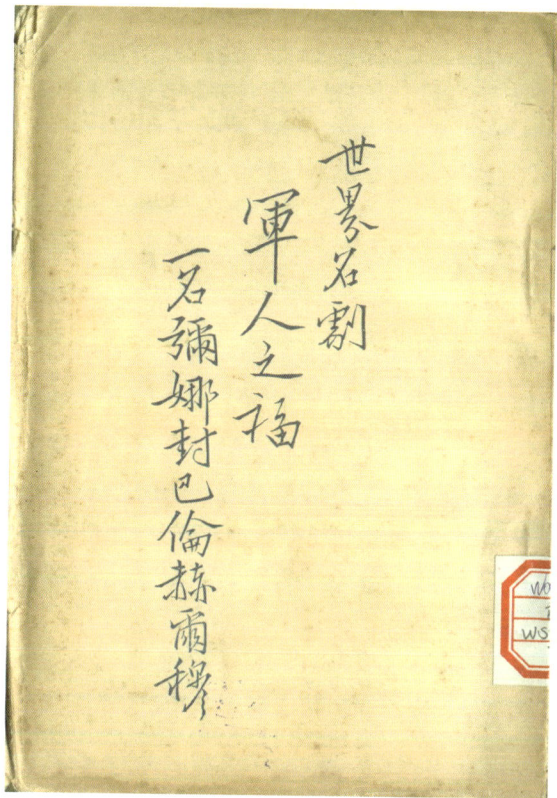

军人之福
初版本封面（20.2厘米×14.4厘米）

一名《弥娜封巴伦赫尔穆》，扉页题《弥娜封巴伦赫尔穆》一名《军人之福》。戏剧。【德】雷兴著。杨丙辰译。民国十六年（1927）九月初版，印1000册。北京朴社印行。北京景山书社总经售。

馆藏朴社1927年9月初版，见巴金文库、图书大库。

初版本卷首有杨丙辰《译者序》。作品共有5出。

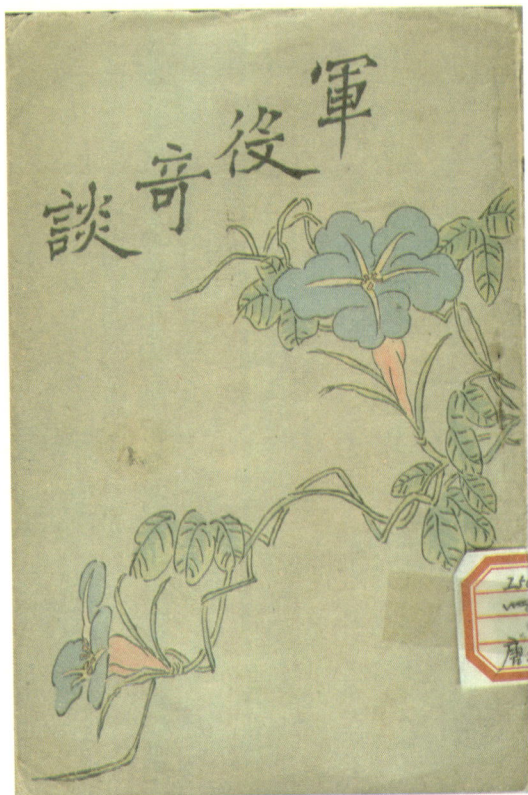

军役奇谈
初版本封面（18.8厘米×12.7厘米）

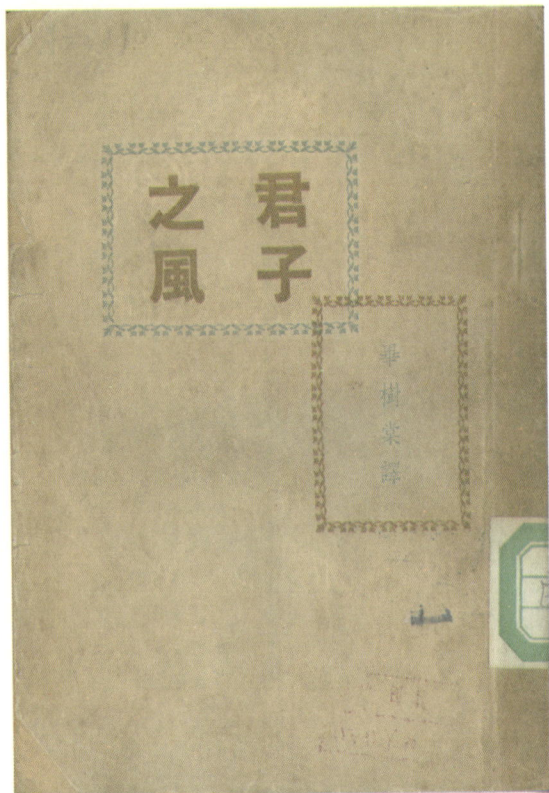

君子之风
初版本封面（17.1厘米×12.1厘米）

　　小说集。【英】脱马斯加泰著。陶器旦译。甲辰（1904）七月初版。上海小说林社发行。日本东京翔鸾社印刷。《小说林军事丛谈》之一。

　　馆藏小说林社1904年（农历）7月初版，见唐弢文库。

　　初版本无序跋。内收《野猪兵》、《血肉飞》、《象队》、《焦头烂额》、《义战》、《大节不夺》、《女丈夫》、《海上难》、《风船》、《酒井》、《军人之尺牍》、《教主之勇》、《战场作戏场》、《募兵奇法》、《潜行敌军》等23篇。

　　小说戏剧集。【意】L.Pirandello等著。毕树棠译。民国三十八年（1949）二月初版。上海大家出版社出版。《大家作品丛书》之一。

　　馆藏大家出版社1949年2月初版，见图书大库。

　　初版本卷末有译者《后记》，内云："怎么说是一包杂碎儿呢？这集里十之九是短篇小说，可是长的到一万五六千字，短的不及二千字；有一篇童话，一篇民间故事，还有一幕短剧；作者有英、美、德、俄、荷兰、义大利等国，差不多全是近代的，却只有几个人是著名的。"

　　初版本收《玉街》、《失计》、《珠还记》、《病人》、《老太婆》、《老爸爸》、《克梅女士》、《贼》、《窃贼》、《渔人之妻》、《谎语泪》、《手提箱》、《丈夫的复仇》、《吉龟》、《战争》等17篇。

俊　颜
初版本封面（19厘米×13厘米）

　　小说。【法】罗霭伊著。杨润余、索以译。民国
十九年（1930）六月初版。上海商务印书馆印行。

　　馆藏商务印书馆1930年6月初版、某版（版权页缺
失，《世界文学名著》）、1933年4月国难后一版，见
唐弢文库、图书大库。

　　初版本卷首有索以《〈血，逸乐与死〉》。作品
不分章节。

喀尔巴阡山狂想曲（一、二）
初版本封面（18厘米×12.4厘米）

开拓了的处女地（一）
初版本封面（18.3厘米×12.8厘米）

　　小说。【匈】培拉·伊诺斯著。郑伯华译。民国三十三年（1944）五、六月初版（第三部未单行出版）。桂林远方书店印行。《世界文学集丛》之一。

　　馆藏远方书店1944年5、6月初版，新知书店1947年1月沪版（全三部合订本），见唐弢文库、胡风文库、邵荃麟文库、图书大库。

　　初版本第一部卷首有译者《译序》，合订本第三部卷末有译者《后记》。《译序》云："培拉·伊诺斯这一创作，《喀尔巴阡山狂想曲》，是一部喀尔巴阡山森林区，匈牙利，当代社会变动的真实完美的画集。他用朴实无华，然而是优美灵巧的描述，告诉了我们：匈牙利的人民在奥匈帝国的统治下，怎样为了他们的自由、解放而战斗！"

　　全部作品有第一部《新的葡萄酒》25章、第二部《森林中的人们》20章、第三部《萨柯维支王国》17章，共62章。

　　小说。【苏】梭罗霍夫著。李虹霓译。民国二十五年（1936）八月十三日印刷，十六日发行。日本东京目黑社发行。上海太平洋印刷公司印刷。上海弘阳书店总经售。《目黑丛书》之一。

　　馆藏目黑社1936年8月初版，见唐弢文库。

　　初版本卷首有郭沫若《序》、译者《关于〈开拓了的处女地〉》。《关于〈开拓了的处女地〉》云："这作品的故事，是描写一个新集团农场的运动，在运动当中遭到种种的妨害，种种的波拆〈折〉，以及种种的反对的阴谋。那样便展开了各种的悲剧和喜剧。"

　　初版本共有22章。

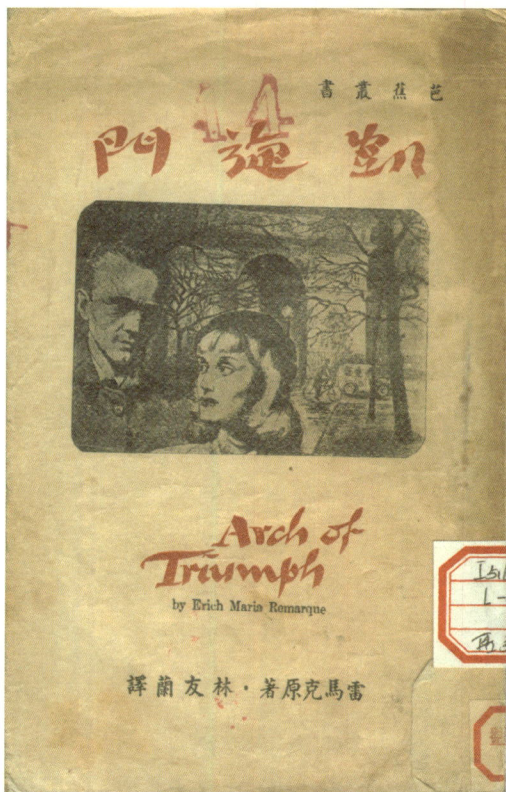

凯旋门
初版本封面（20厘米×13.1厘米）

凯旋门
初版本封面（18.4厘米×14.8厘米）

　　小说。【德】雷马克著。林友兰译。民国三十六年（1947）四月初版。芭蕉出版社出版、发行。群英印务公司印刷。《芭蕉丛书》之一种。

　　馆藏芭蕉出版社1947年4月初版，见唐弢文库。

　　初版本卷首有《译者前言》，卷末有【美】吉尔德《雷马克访问记》。《译者前言》云："这本书写两个流浪者——一个医生，一个女人——在巴黎的生活，有爱有恨，作者凭他多年飘泊异国的实际体验，写来特别深刻动人。"

　　初版本共有21章。

　　小说。【德】雷马克著。朱雯译。民国三十七年（1948）一月初版。文化生活出版社出版、发行。文化生活印刷所印刷。《雷马克全集》之五，《译文丛书》之一种。

　　馆藏文化生活出版社1948年1月初版、1949年2月二版，见唐弢文库、巴金文库、王辛笛文库、靳以文库、朱雯·罗洪文库、图书大库。

　　初版本卷末有朱雯《译后记》。作品共有33章。

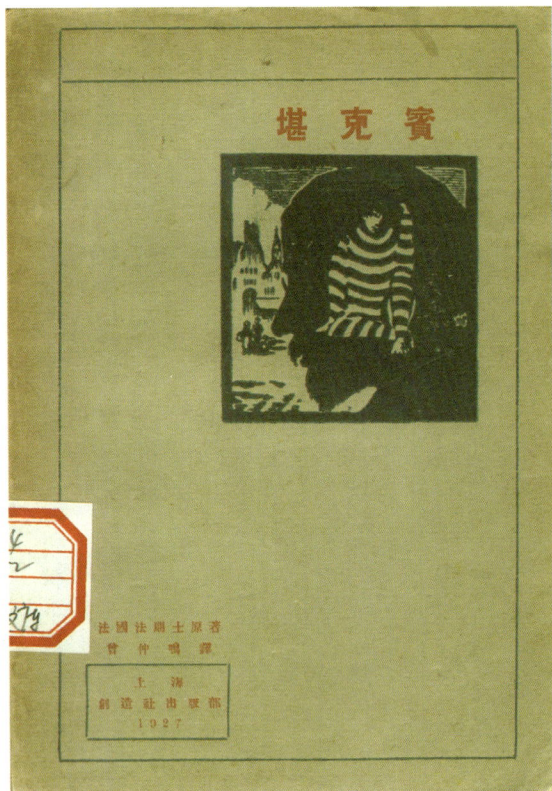

堪克宾
初版本封面（17.2厘米×12.4厘米）

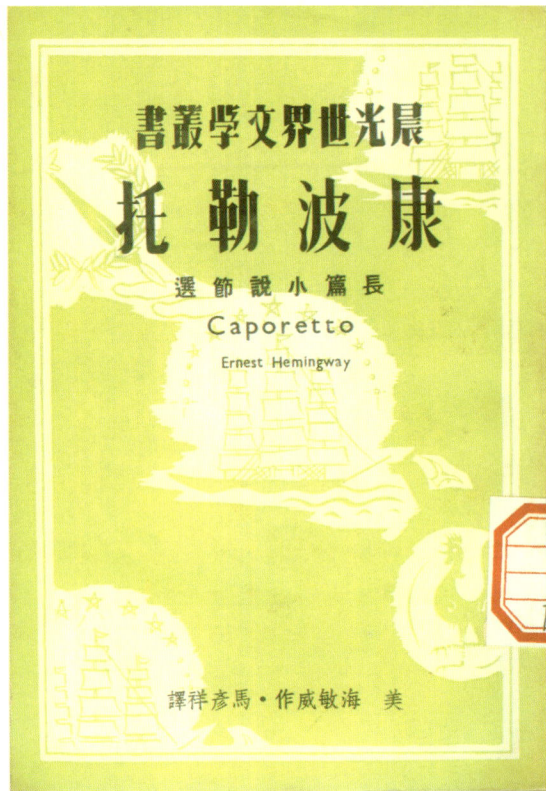

晨光世界文学丛書

康波勒托
初版本封面（17厘米×12厘米）

小说戏剧集。【法】法朗士著。曾仲鸣译。1927年8月1日付排，11月15日初版，印2000册（第二份版权页记为9月15日初版，馀同）。上海创造社出版部出版。

馆藏创造社1927年11月初版，见唐弢文库、图书大库。

初版本卷首有《法朗士略传》，卷末附有《黑克》、《黑克的思想》。正文收小说《堪克宾》、戏剧《堪克宾》共2篇。

小说集。【美】海敏威著。马彦祥译。1949年3月初版。上海晨光出版公司发行。中华全国文艺协会主编《晨光世界文学丛书》之五。

馆藏晨光出版公司1949年3月初版，见唐弢文库。

初版本卷首有赵家璧《出版者言》（丛书总序）。正文收《康波勒托》、《到古巴去的一条载重船》、《在山顶上的爱尔索多》共3篇。

康第达
初版本封面（18.5厘米×12.5厘米）

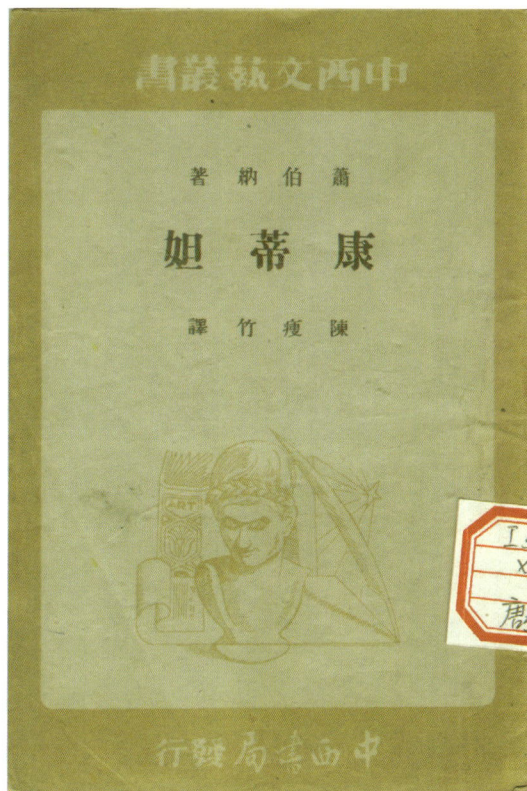

康蒂妲
初版本封面（17.5厘米×12.1厘米）

戏剧。【爱尔兰】萧伯纳（正文、版权页作"萧伯讷"）著。朱文振译。民国三十三年（1944）二月初版。青年书店发行。重庆中央青年印刷所印刷。陈铨主编《近代世界名剧百种选》之一种。

馆藏青年书店1944年2月初版，见唐弢文库。

初版本卷首有陈铨《西洋近代名剧百种序》、译者《序》。作品共有3幕。

戏剧。【爱尔兰】萧伯纳著。陈瘦竹译。民国三十二年（1943）十二月初版。成都中西书局印行。赵清阁主编《中西文艺丛书》之一种。

馆藏中西书局1943年12月初版，见唐弢文库、图书大库。

初版本卷首有《萧伯纳及其〈康蒂妲〉》。作品共有3幕。

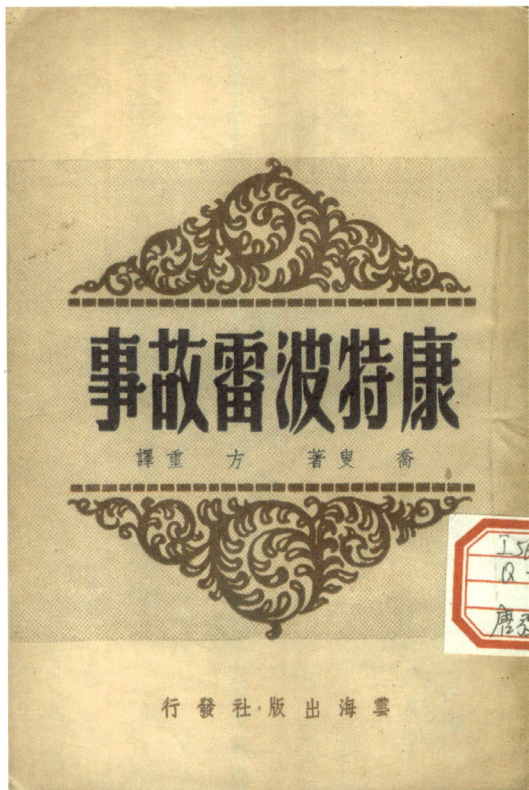

康特波雷故事
初版本封面（18.2厘米×12.6厘米）

　　小说。【英】乔叟著。方重译。民国三十五年
（1946）五月沪初版。上海云海出版社发行。

　　馆藏云海出版社1946年5月初版，见唐弢文库、王
辛笛文库、图书大库。

　　初版本卷首有方重《乔叟和他的〈康特波雷故
事〉——代序》。作品共有6章。

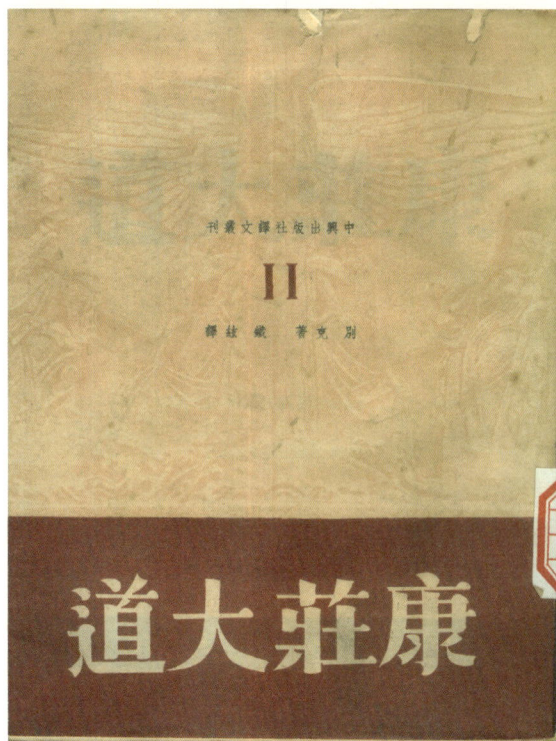

康庄大道
初版本封面（18.2厘米×14.4厘米）

　　小说。【苏】别克著。铁弦译。民国三十八年
（1949）三月沪初版，印1000册。中苏文化协会编辑
委员会编辑。上海中兴出版社印行。《中兴出版社译
文丛刊》之二，曹靖华主编《中苏文化协会文学丛
书》之一种。

　　馆藏中兴出版社1949年3月初版，见唐弢文库、巴
金文库、周扬文库。

　　初版本无序跋。作品有第一部10章、第二部14
章，共24章。

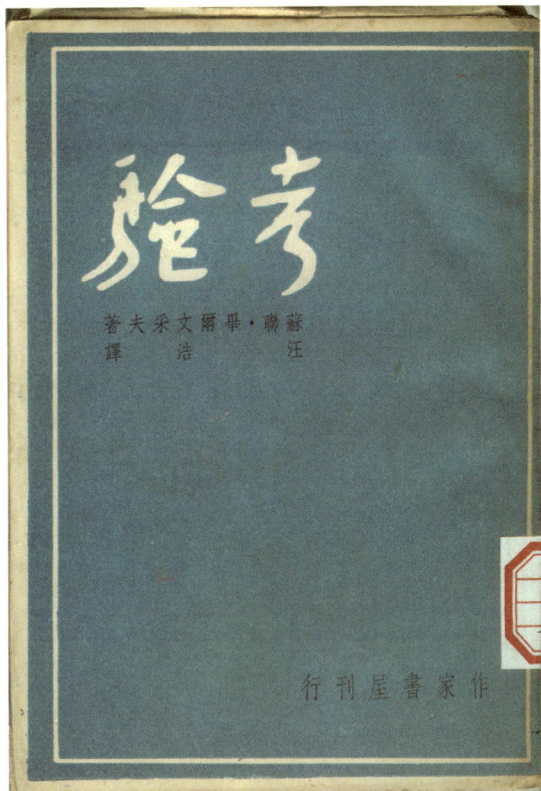

考 验
初版本封面（18.9厘米×13.5厘米）

***

小说。【苏】毕尔文采夫著。汪浩译。民国三十五年（1946）五月初版。上海作家书屋印行。联营书店经售。姚蓬子主编《现代世界文学名著》之一。

馆藏作家书屋1946年5月初版、群众书店1947年6月翻印版（上册），见唐弢文库、图书大库。

初版本无序跋。作品除《楔子》外共有40章。

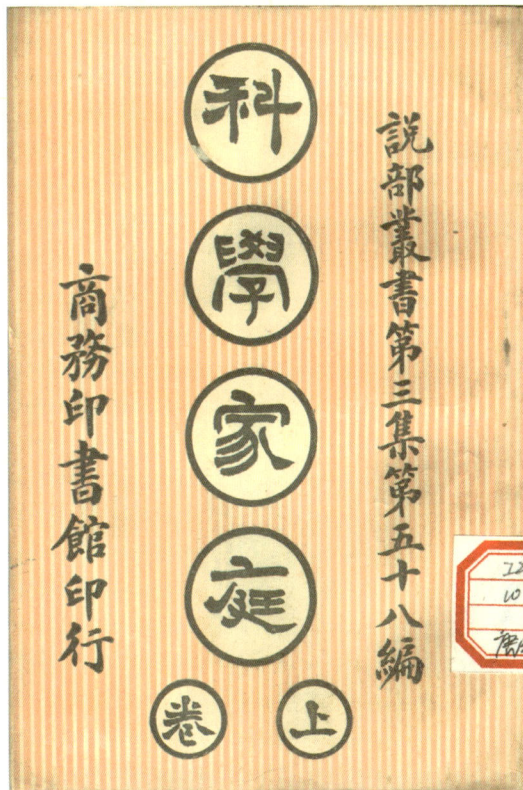

科学家庭（上、下）
初版本封面（18.4厘米×12.6厘米）

***

小说。著者不详。天笑生编译。民国八年（1919）一月初版。上海商务印书馆印行。四集本《说部丛书》第三集之五十八。

馆藏商务印书馆1919年1月初版，见唐弢文库。

初版本无序跋。作品有卷上、下各5章，共10章。

可敬的克莱登
初版本封面（19厘米×13厘米）

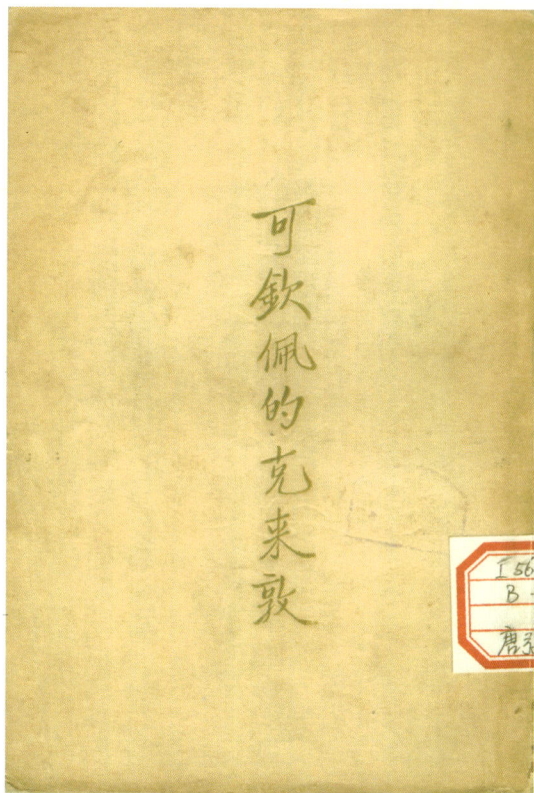

可钦佩的克来敦
初版本封面（18.6厘米×13厘米）

戏剧。【英】巴蕾著。熊适逸译。民国十九年（1930）十一月初版。上海商务印书馆印行。《文学研究会丛书》之一种。

馆藏商务印书馆1930年11月初版、1933年5月国难后一版，见唐弢文库、艾芜文库、胡风文库、李辉英文库、图书大库。

初版本卷首有熊式弌《译序》，内云："本剧的用意，在宣传民权革命，即鼓吹被压迫的平民阶级，向压迫阶级的贵族进攻。"

初版本共有4幕。

戏剧。【英】巴利著。余上沅译。1930年5月初版，印2000册。上海新月书店发行。

馆藏新月书店1930年5月初版，见唐弢文库。

初版本卷首有上沅《译者的序》。作品共有4幕。

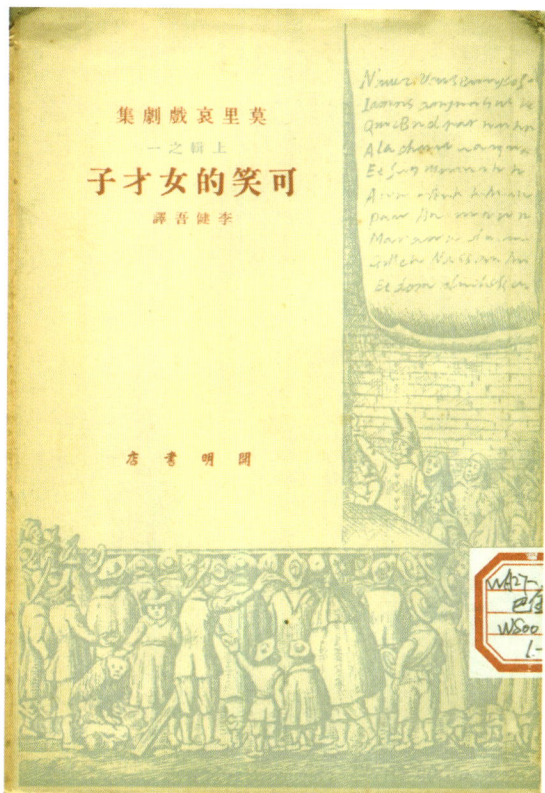

可笑的女才子
初版本封面（19.4厘米×13.5厘米）

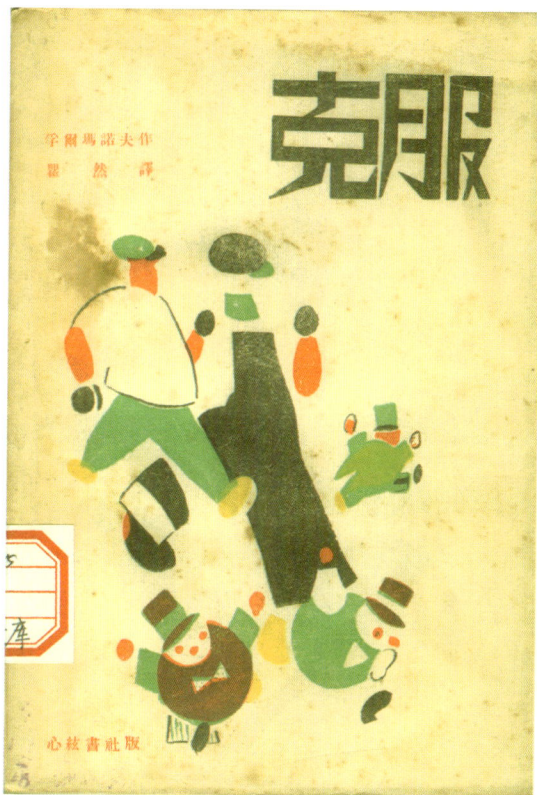

克 服
初版本封面（18.7厘米×13.2厘米）

戏剧。【法】莫里哀著。李健吾译。1949年6月初版。上海开明书店印行。《莫里哀戏剧集》上辑之一。

馆藏开明书店1949年6月初版，见唐弢文库、巴金文库、艾芜文库、图书大库。

初版本卷首有译者《总序》、译者《莫里哀剧作年表》、《序》（译者）、《原序》（著者）。《总序》云："莫里哀在中国始终没有一部比较完全的译本，可惜我这里译了长短十七出他的喜剧杰作，仍然算不得全集。他写了约模〈摸〉三十来出戏，可以确定是他的有三十一出，另外传到后世的还有一些短诗，但是我仅仅选出十七出戏介绍给我的同代的中国读者。……我分成上下两辑，并不是依照年月的先后，而是依照工具的运用，散文语言的归在一起，诗语言的又归在一起。"

初版本共有19场。

原名《叛乱》。小说。【俄】孚尔玛诺夫著。瞿然译。1930年9月15日付印，11月25日出版，印2000册。心弦书社出版。

馆藏心弦书社1930年11月初版，见唐弢文库、图书大库。

初版本卷首有瞿然《译者序》，卷末有《解题》（译者）。《解题》云："德米特利·孚尔玛诺夫的《克服》，是以土耳其斯坦自治社会主义［主义］苏维埃共和国确立过程上的谢米列欠斯克地方威尔奴伊市及邻接诸城镇的暴动为题材。"

初版本不标章次。

克兰丽蒙特
初版本封面（15.3厘米×10.6厘米）

克列采长曲
初版本封面（18.2厘米×12.8厘米）

原名《死之爱》。小说。【法】哥谛蔼著。周颂棣译。1928年10月20日付排，11月20日初版，印2000册。上海晨曦书社出版。

馆藏晨曦书社1928年11月初版，见唐弢文库。

初版本卷末附有哥谛蔼诗一首、《译者赘言》。作品不分章节。

小说。【俄】托尔斯泰著。孟克之译。民国二十九年（1940）四月初版。上海长风书店印行。

馆藏长风书店1940年4月初版、1941年4月版（书名为《杀妻的故事》）、1945年12月沪复一版（书名为《早春絮语》），江原出版社1943年3月版（书名为《波慈尼雪夫的爱》），见唐弢文库、图书大库。

初版本卷首有孟克之《译者序》。作品共有28章。

空 虚
初版本封面（15.6厘米×11.4厘米）

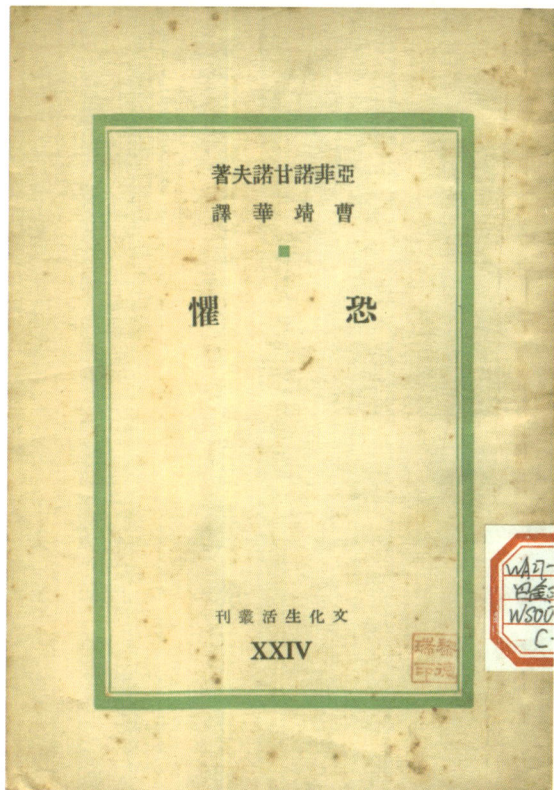

恐 惧
初版本封面（17.8厘米×12.9厘米）

小说。【日】细田源吉著。郑佐苍、张资平译。1928年7月25日付排，8月25日出版，印3000册。上海新宇宙书店印行。《文艺丛书》之二。

馆藏新宇宙书店1928年8月初版，见唐弢文库。

初版本无序跋。作品共有20章。

戏剧。【苏】亚菲诺甘诺夫著。曹靖华译。民国二十九年（1940）四月初版。上海文化生活出版社出版、发行。文化生活印刷所印刷。巴金主编《文化生活丛刊》之二十四。

馆藏文化生活出版社1940年4月初版、1947年8月二版，见唐弢文库、巴金文库、艾芜文库、图书大库。

初版本无序跋。作品共有4幕。

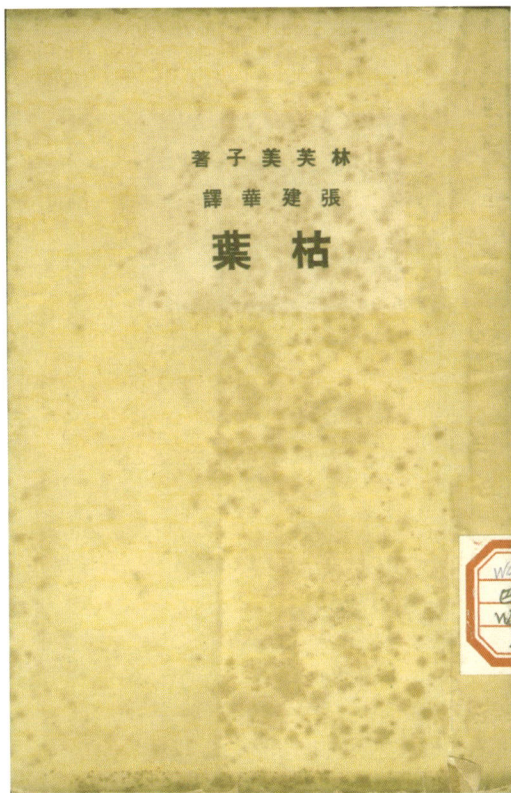

枯 叶
初版本封面（18.4厘米×12.2厘米）

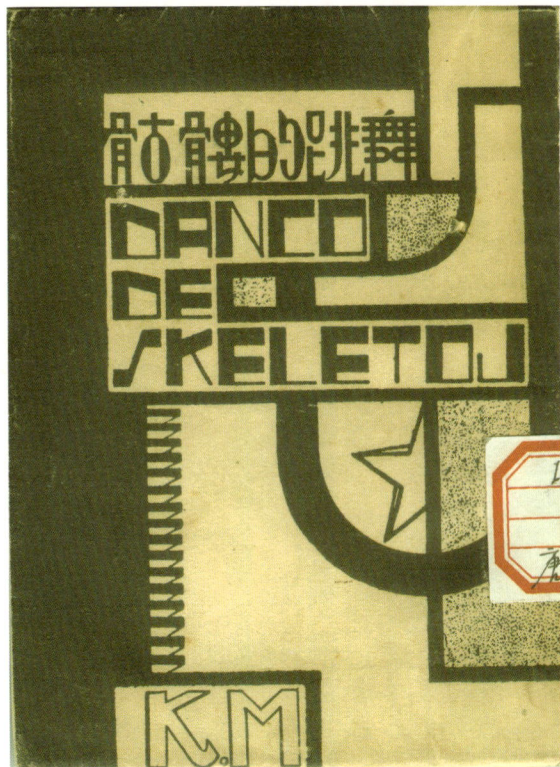

骷髅的跳舞
初版本封面（15.2厘米×11.3厘米）

　　小说集。【日】林芙美子著。张建华译。民国二十六年（1937）三月初版。上海文化生活出版社发行。陆少懿、吴朗西主编《现代日本文学丛刊》之八十。

　　馆藏文化生活出版社1937年3月初版，见唐弢文库、巴金文库、图书大库。

　　初版本卷末附有《我的履历》（著者）。正文收《爱哭的小鬼头》、《牡蛎》、《枯叶》共3篇。

　　戏剧集。【日】秋田雨雀著。一切译。1930年3月初版。上海开明书店总发行。微明学社编辑《微明丛书》之一种。

　　馆藏开明书店1930年3月初版、同年10月二版，见唐弢文库。

　　初版本卷首有《著者序》、《译者序》。正文收《国境之夜》、《骷髅的跳舞》、《首陀罗人的喷泉》共3篇。

苦 海
初版本封面（18.6厘米×13厘米）

苦海双星（上、下）
初版本封面（18.4厘米×12.6厘米）

　　小说。【波兰】先罗什伐斯基著。鲁彦译。民国
十八年（1929）六月出版。上海亚东图书馆发行。
　　馆藏亚东图书馆1929年6月初版，见唐弢文库。
　　初版本卷首有鲁彦《序》。作品共有12章。

　　小说。著者不详。蒋炳然、廖鸣韶译。民国九
年（1920）一月初版。上海商务印书馆印行。四集本
《说部丛书》第三集之八十八。
　　馆藏商务印书馆1920年1月初版，见唐弢文库。
　　初版本无序跋。作品除《结叙》外有卷上5章、卷
下2章，共7章。

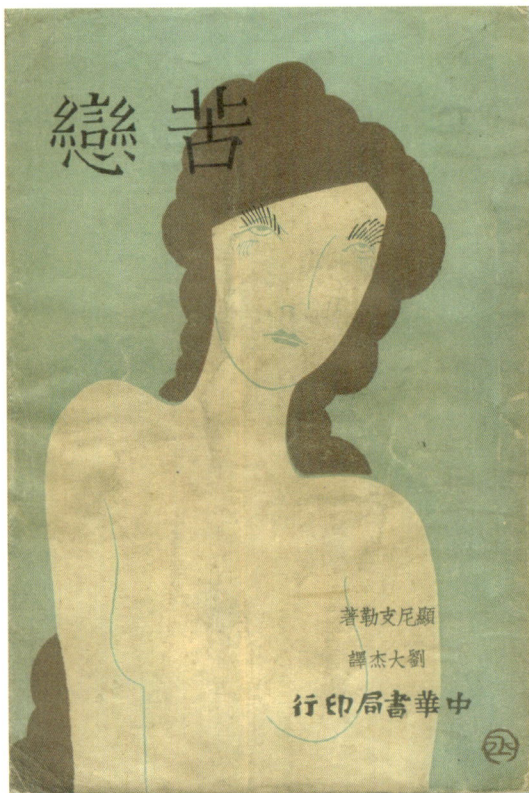

苦 恋
初版本封面（18.6厘米×12.9厘米）

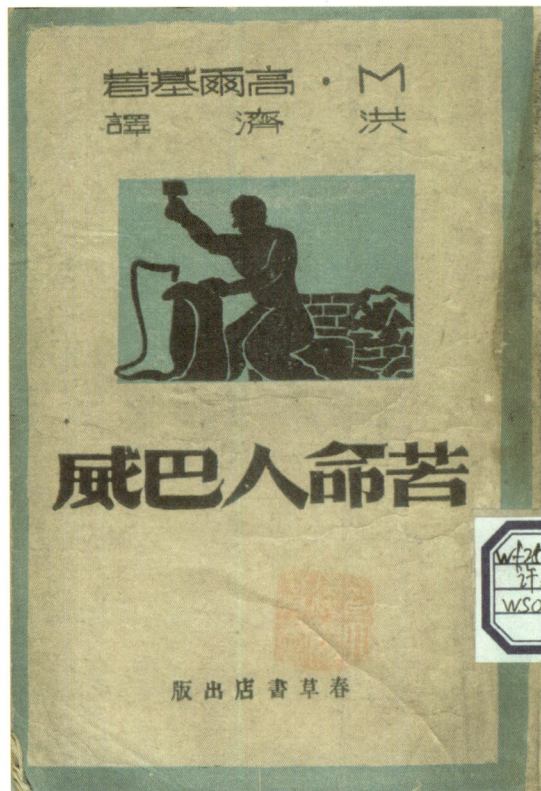

苦命人巴威
初版本封面（17.7厘米×12.3厘米）

　　小说。【奥】显尼支勒著。刘大杰译。民国二十一年（1932）七月印刷、发行。上海中华书局印行。《现代文学丛刊》之一种。

　　馆藏中华书局1932年7月初版、1940年11月三版，见唐弢文库、图书大库。

　　初版本卷首有大杰《译者的话》、《显尼支勒与维也纳文学》（译者）。作品共有11章。

　　小说。【苏】M.高尔基著。洪济译。民国三十二年（1943）六月初版，印3000册。桂林春草书店出版。

　　馆藏春草书店1943年6月初版，见唐弢文库、许杰文库。

　　初版本无序跋。作品不标章次。

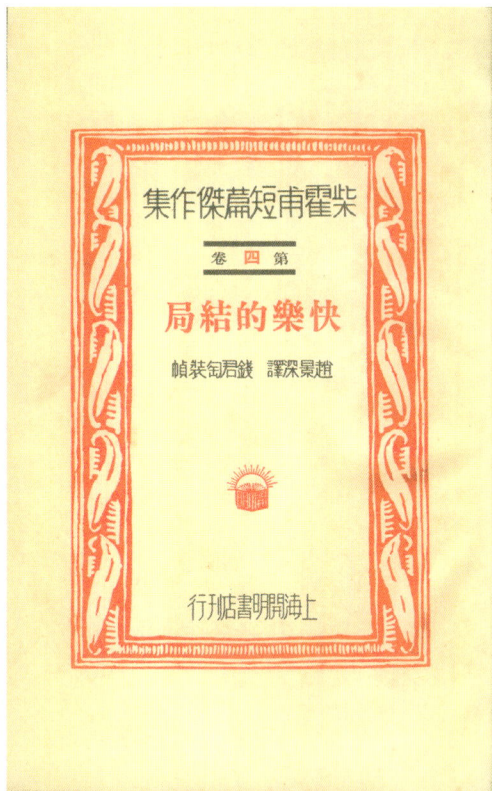

快乐的结局
初版本扉页（精装本封面无书名。18.3厘米×11.6厘米）

快乐的人们
初版本封面（18.7厘米×12.9厘米）

小说集。【俄】柴霍甫著。赵景深译。1930年3月31日初版。上海开明书店出版、发行。美成印刷所印刷。《柴霍甫短篇杰作集》之四。

馆藏开明书店1930年3月初版，见唐弢文库、汝龙文库、图书大库。

初版本卷首有【俄】M.P.Chehov《柴霍甫作品的来源》。正文收《套中人》、《可怜的妇人》、《快乐的人》、《奇特的人》、《捣乱的客人》、《本地人》、《难讲话的人》、《长舌妇》、《古怪地方》、《一本戏剧》、《激动》、《造谣》、《神秘》、《脸孔》、《照相册》等36篇。

小说集。【德】苏德曼著。周颂棣译。民国二十一年（1932）九月印刷、发行。上海中华书局印行。《现代文学丛刊》之一种。

馆藏中华书局1932年9月初版，见唐弢文库、巴金文库、图书大库。

初版本卷首有译者《序》。正文收《挽歌》、《蒂亚》、《快乐的人们》共3篇。

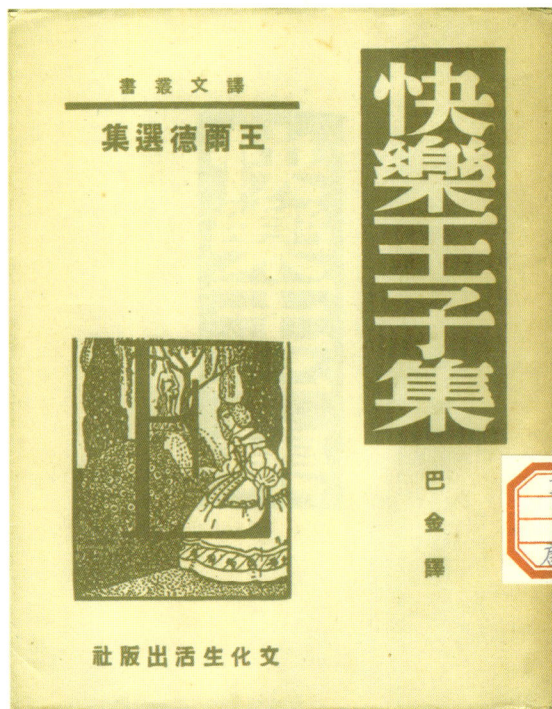

快乐王子集
初版本封面（18.2厘米×14.7厘米）

童话、散文诗集。【英】王尔德著。巴金译。民国三十七年（1948）三月初版。文化生活出版社出版、发行。文化生活印刷所印刷。《王尔德选集》、《译文丛书》之一种。

馆藏文化生活出版社1948年3月初版、同年11月二版，见唐弢文库、巴金文库、图书大库。

初版本卷末有巴金《后记》。正文分"童话"、"散文诗"两部分，收《少年国王》、《西班牙公主的生日》、《渔人和他的灵魂》、《星孩》、《快乐王子》、《夜莺和蔷薇》、《自私的巨人》、《忠实的朋友》、《了不起的火箭》、《艺术家》、《行善者》、《弟子》、《先生》、《裁判所》、《智慧的教师》等16篇。

狂欢之夜
初版本封面（18厘米×13厘米）

原名《巡按》。戏剧。【俄】果戈理著。吴曲苑改译。民国三十一年（1942）九月一日初版，印2000册。歌林出版社出版。福建永安大道印刷所印刷。永安立达书店发行。

馆藏歌林出版社1942年9月初版，见唐弢文库。

初版本卷首有吴曲苑《小启》、曲苑《代序》、张贞淑《初次公演后的批评——评〈狂欢之夜〉》。作品共有5幕。

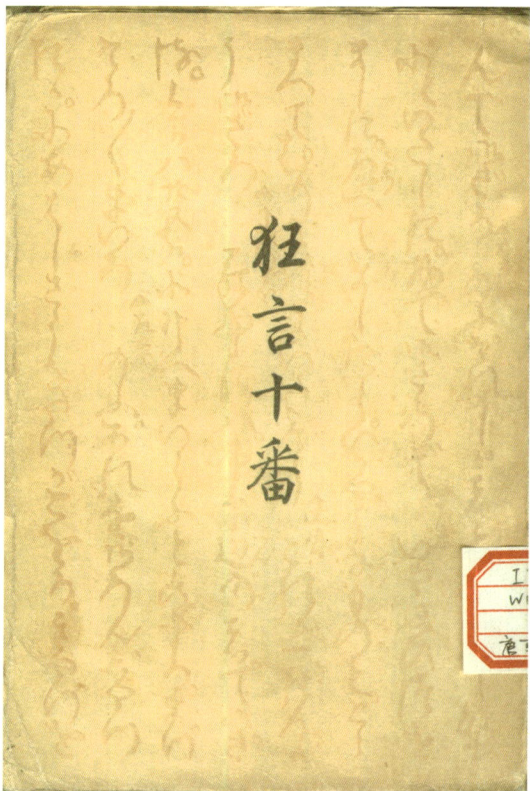

狂言十番
初版本封面（19.8厘米×14.1厘米）

戏剧集。【日】佚名著。周作人译。1926年9月北京出版。北新书局发行。

馆藏北新书局1926年9月初版、同年11月沪二版，见唐弢文库、巴金文库、艾芜文库。

本书为《日本古代小喜剧集》。初版本卷首有周作人《序》。正文收《骨皮》、《伯母酒》、《立春》、《发迹》、《花姑娘》、《偷孩贼》、《柿头陀》、《雷公》、《工东当》、《金刚》共10篇。

傀儡家庭
初版本封面（18.4厘米×12.6厘米）

戏剧。【挪】Ibsen著。陈嘏编译。民国七年（1918）十月初版。上海商务印书馆印行。四集本《说部丛书》第三集之五十一。

馆藏商务印书馆1918年10月初版，见唐弢文库。初版本无序跋。作品共有3幕。

傀儡师保尔
初版本封面（18.7厘米×13.2厘米）

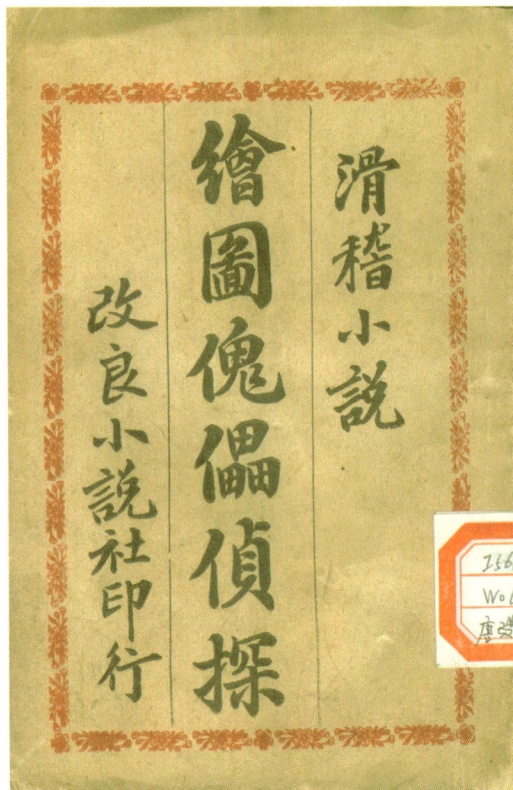

傀儡侦探
初版本封面（17厘米×11.5厘米）

小说。【德】施笃谟著。罗念生、陈林率（扉页排名为"陈林率、罗念生"）译。民国二十年（1931）一月印刷、发行。上海中华书局印行。徐志摩主编《新文艺丛书》之一种。

馆藏中华书局1931年1月初版，见唐弢文库、许杰文库。

初版本卷首有罗念生《译者序》、普斯《编者序》。作品不分章节。

小说。著者不详。天醉译。宣统元年（1909）闰二月初版。上海改良小说社印行。《说部丛书》之一种。

馆藏改良小说社1909年（农历）闰2月初版，见唐弢文库。

本书为滑稽小说。初版本无序跋。作品共有7章。

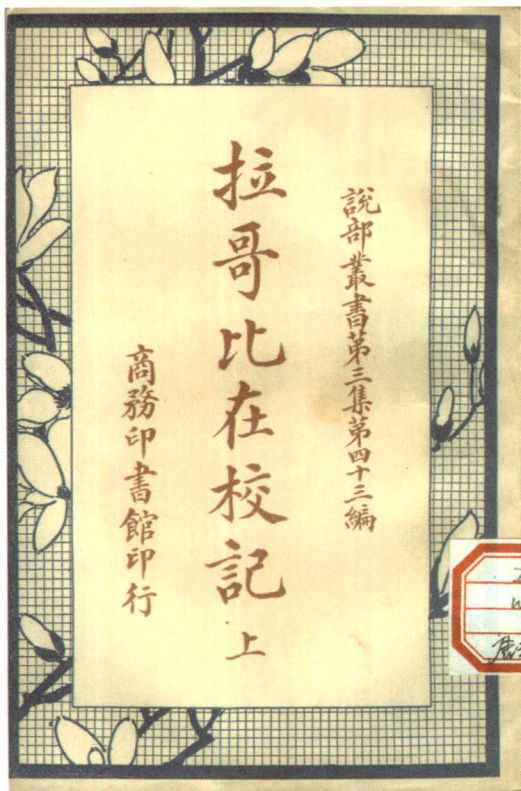

拉哥比在校记（上、下）
初版本封面（18.3厘米×12.5厘米）

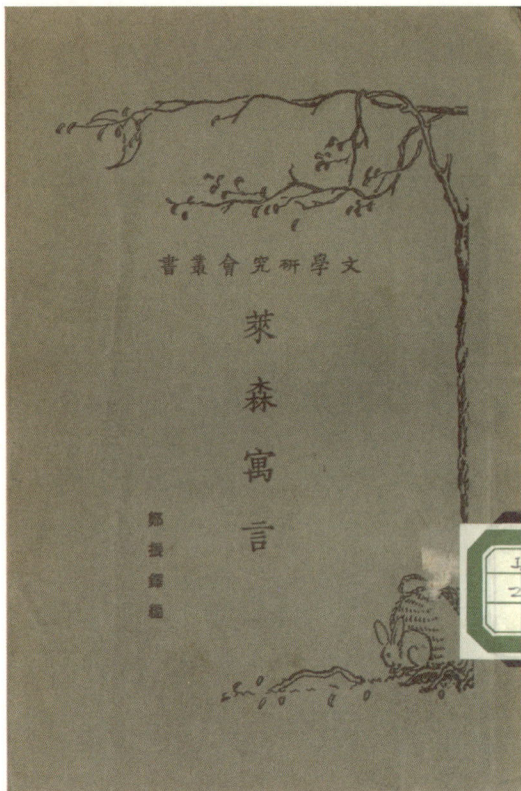

莱森寓言
初版本封面（18.8厘米×12.9厘米）

　　小说。著者不详。商务印书馆编译所编译。民国七年（1918）四月初版。上海商务印书馆印行。四集本《说部丛书》第三集之四十三。

　　馆藏商务印书馆1918年4月初版，见唐弢文库。

　　初版本无序跋。作品有卷上、下各5章，共10章。

　　【德】莱森著。郑振铎译。民国十四年（1925）八月初版。上海商务印书馆印行。《文学研究会丛书》之一种。

　　馆藏商务印书馆1925年8月初版、1927年1月二版，见唐弢文库、薛汕文库、图书大库。

　　初版本卷首有郑振铎《序》。正文收《驴与赛跑的马》、《夜莺与孔雀》、《狼在死榻上》、《狮与驴》、《二狗与羊》、《狐》、《荆棘》、《夜莺与百灵鸟》、《梭罗门的鬼魂》、《伊索与驴》、《弓手》、《有益的东西》、《象棋中的武士》、《盲鸡》、《铜像》等32篇。

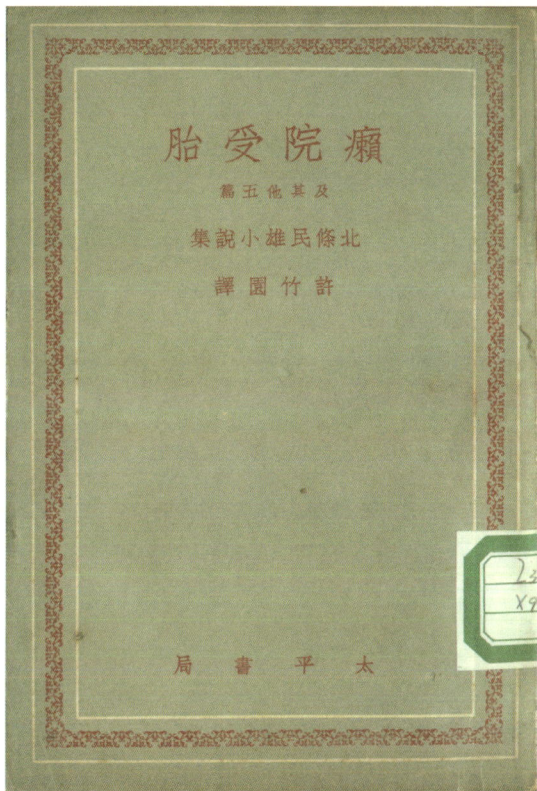

癞院受胎及其他五篇
初版本封面（18.4厘米×12.7厘米）

版权页题《癞院受胎及其他五篇小说集》。【日】北条民雄著。许竹园译。民国三十一年（1942）十一月初版。上海太平书局发行。上海太平出版印刷公司印刷。

馆藏太平书局1942年11月初版，见胡风文库、图书大库。

初版本卷末有【日】川端康成《后记》、【日】光冈良二《北条民雄的人及生活》、【日】东条耿一《临终记》、【日】于泉信夫《整理遗稿》。正文收《生命的初夜》、《间木老人》、《癞院受胎》、《癞家族》、《癞院杂记》、《续癞院杂记》共6篇。

蓝　花
初版本封面（18.8厘米×13.2厘米）

小说集。【国别不详】Coppee等著。赵景深、洪北平译。1928年9月10日付排，10月20日初版，印1500册。上海新宇宙书店印行。

馆藏新宇宙书店1928年10月初版，见唐弢文库、图书大库。

初版本无序跋。内收《一片面包》、《镜子》、《被弃的儿子》、《小酒桶》、《石人》、《驰名的起花》、《丽丝白》、《狂风》、《不快乐的身体》、《一生的五个赠品》、《蓝花》、《天然的障碍》共12篇。

蓝围巾
初版本封面（16.8厘米×12厘米）

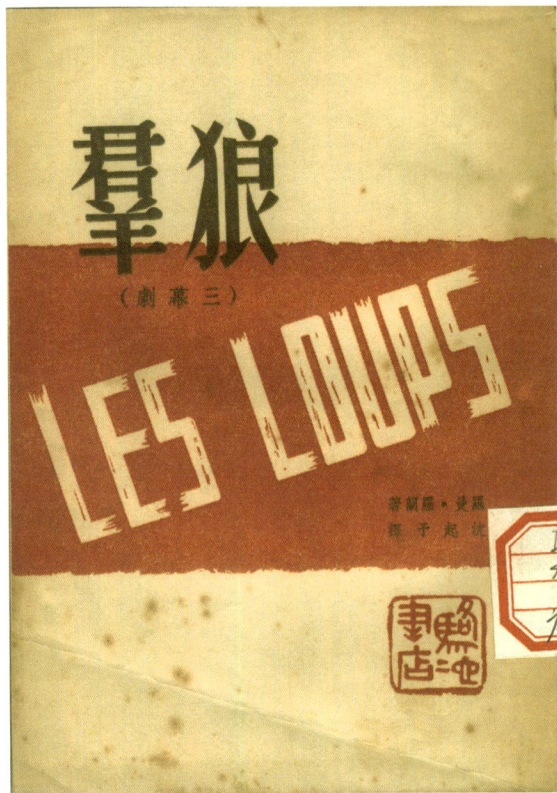

狼 群
初版本封面（16.9厘米×12.1厘米）

　　小说集。【苏】L.索勃列夫等著。茅盾等译。民国三十四年（1945）一月渝初版，印2000册。中苏文化协会编译委员会编辑、发行。重庆文光书店总经售。曹靖华主编《苏联文学丛书》（小型本）之一。

　　馆藏文光书店1945年1月初版、1946年9月沪二版，见唐弢文库、图书大库。

　　初版本无序跋。内收《蓝围巾》、《狙击兵》、《红星》、《南下》、《意志》、《老夫子》、《妻子》共7篇。

　　戏剧。【法】罗曼·罗兰著。沈起予译。民国三十六年（1947）八月初版，印2000册。上海骆驼书店印行。

　　馆藏骆驼书店1947年8月初版，见唐弢文库、巴金文库。

　　初版本卷首有《译者前记》、译者《补记》。作品共有3幕。

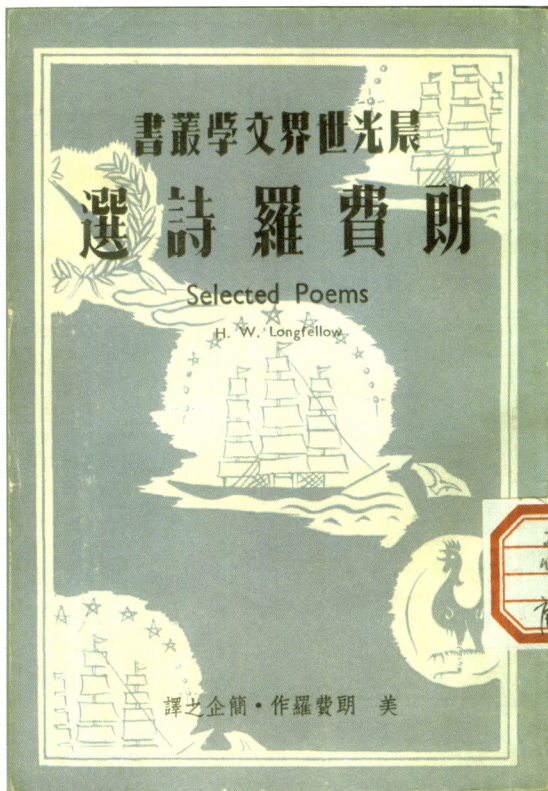

朗费罗诗选
初版本封面（17厘米×12.1厘米）

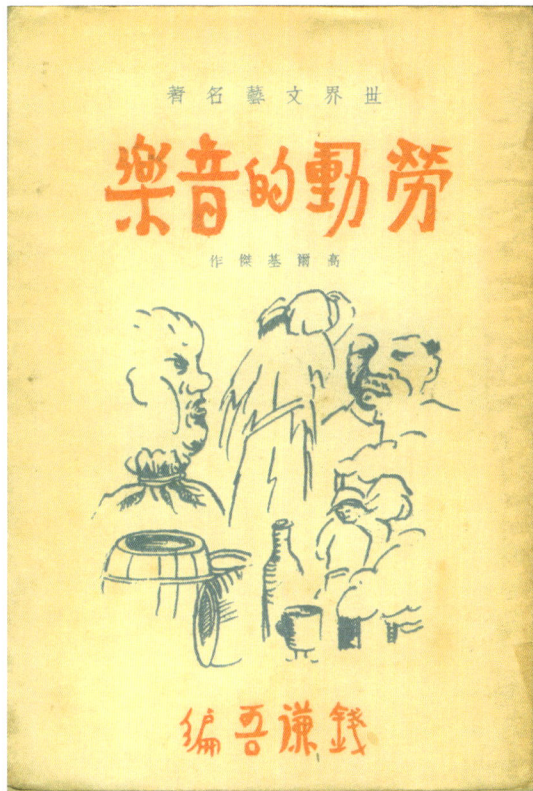

劳动的音乐
初版本封面（18.5厘米×13厘米）

【美】朗费罗著。简企之译。1949年3月初版。上海晨光出版公司发行。中华全国文艺协会主编《晨光世界文学丛书》之十四。

馆藏晨光出版公司1949年3月初版，见唐弢文库、王辛笛文库、薛汕文库。

初版本卷首有赵家璧《出版者言》（丛书总序）。正文收《迈尔士斯丹迪斯的求婚》、《金星号的沉没》、《农村的锻工》、《二月的一个下午》、《混血女》、《春田兵工厂》、《献给丁尼生》、《诗人及其诗歌》、《在海港里》、《赫米斯》、《诗人日历》、《狂河》、《再见》、《城与海》、《日落》等33篇。

小说散文集。【苏】高尔基著。译者不详。钱谦吾编。民国二十一年（1932）十月付印，十一月出版。上海合众书店出版、发行。合众印刷所印刷。《世界文艺名著》之一种。

馆藏合众书店1932年11月初版、龙虎书店1937年3月五版（书名为《母亲的结婚》，正文仍题《劳动的音乐》），见唐弢文库、图书大库。

初版本无序跋。内收《劳动的音乐》、《巴士金》、《棕色马》、《可笑得很》、《读书班》、《地狱城》、《伏尔加河上》、《秋天的深夜》、《那个迷路的人》、《我的教育》、《老人》、《倦怠》、《格拉得科夫》、《乡村小景》、《伊凡的喜剧》等26篇。

七之辑一第書叢小社潮新藝文

老闆

刊社潮新藝文·譯夷適·著基爾高

老 板
初版本封面（16.7厘米×12.3厘米）

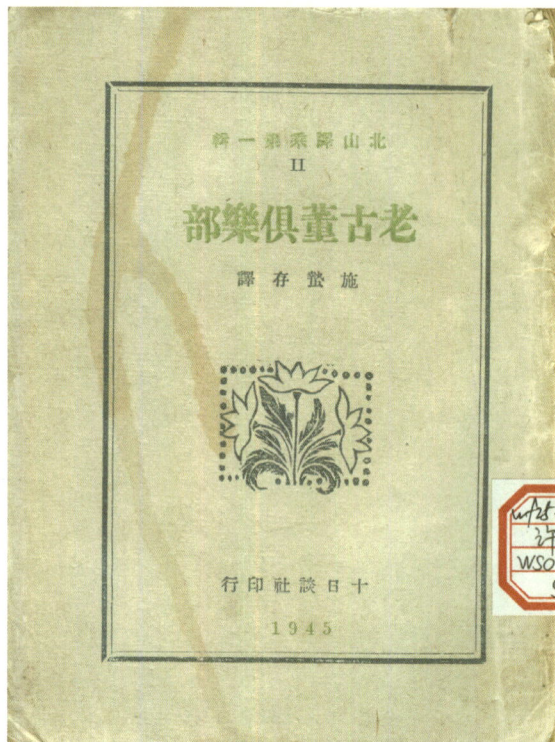

北山譯乘第一輯

II

老古董俱樂部

施蟄存 譯

十日談社印行

1945

老古董俱乐部
初版本封面（17.5厘米×13.5厘米）

　　小说。【苏】高尔基著。适夷译。民国二十九年（1940）七月一日印刷，九月十五日初版。文艺新潮社印行。上海万叶书店总经售。锡金、钱君匋主编《文艺新潮社小丛书》第一辑之七（扉页为"文艺新潮社小丛书十一"）。

　　馆藏文艺新潮社1940年9月初版、万叶书店1946年2月初版、上海杂志公司1948年4月一版（书名为《面包房里》），见唐弢文库、汝龙文库、图书大库。

　　本书为自传之一节。初版本无序跋。作品不标章次。

　　小说集。【保】A.卡拉列舍夫等著。施蟄存译。民国三十四年（1945）十月初版。福建永安十日谈社印行。《北山译乘》第一辑之二。

　　馆藏十日谈社1945年10月初版、正言出版社1948年9月初版（书名为《称心如意》），见唐弢文库、巴金文库、许杰文库、图书大库。

　　十日谈社初版本卷首有施蟄存《引言》，内云："这十个短篇是我所最心赏的。我怀念着巴尔干半岛上的那些忠厚而贫苦的农民，我怀念着斯干狄那维亚的那些生活在神秘的传统（正言出版社初版本为'传说'）与凛冽的北风中的小市民及渔人。我觉得距离虽远，而人情却宛然如一。"

　　初版本收《罗西察河上的石桥》、《圣史壁列侗的眼睛》、《客》、《两孤儿》、《称心如意》、《婚礼进行曲》、《缄默者彭齐》、《贼》、《老古董俱乐部》、《建筑家》共10篇。

柴霍甫短篇杰作集

第八卷

老 年

赵景深 译 钱君匋 装帧

上海开明书店刊行

老 年
初版本扉页（精装本封面无书名。18.5厘米×12厘米）

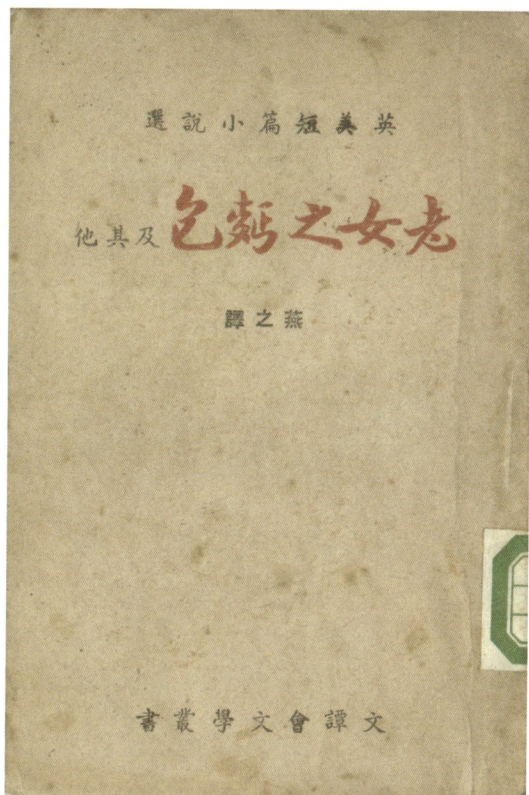

英美短篇小说选

及其他 老女之面包

燕之 译

文谭会文学丛书

老女之面包及其他
初版本封面（18.3厘米×12.7厘米）

小说集。【俄】柴霍甫著。赵景深译。1930年5月31日初版。上海开明书店出版、发行。美成印刷所印刷。《柴霍甫短篇杰作集》之八。

馆藏开明书店1930年5月初版，见唐弢文库、汝龙文库、图书大库。

初版本卷首有《自传》（著者）。正文收《主教》、《信》、《梦魇》、《谋杀者》、《漂泊者》、《学生》、《老年》、《醉酒》、《唱诗班》、《乞丐》、《校长》、《热病》、《父亲》、《六号室》共14篇。

正文题《老女之面包》。小说集。【美】奥亨利等著。燕之译。民国三十七年（1948）四月十日出版。北平文谭会出版。天津商务日报馆印刷。天津知识书店总经售。《文谭会文学丛书》之一种。

馆藏文谭会1948年4月初版，见图书大库。

本书为《英美短篇小说选》。初版本卷首有《译者的话》。正文收《老女之面包》、《古国道德小故事》、《他的堂兄》、《驼鸟交易》、《老魔鬼》、《一日之待》、《我忘记身在何处》、《二十年后》、《勒立之死》、《胜人的性格》、《叶妃玲》、《大班》共12篇。

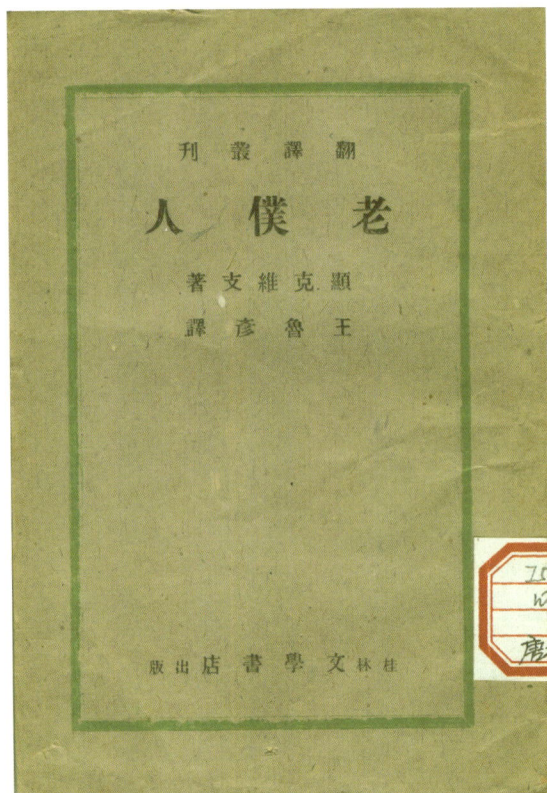

老仆人
初版本封面（17.9厘米×12.5厘米）

小说集。【波兰】显克维支著。王鲁彦译。民国三十二年（1943）九月初版，印3000册。桂林文学书店印行。姜凤笙编辑《翻译丛刊》之一种。

馆藏文学书店1943年9月初版，见唐弢文库。

初版本卷末有鲁彦《显克微支及其著作》。正文收《老仆人》、《乐人杨珂》、《天使》、《泉边》、《宙斯的裁判》、《光照在黑暗里》、《提奥克肟》共7篇。

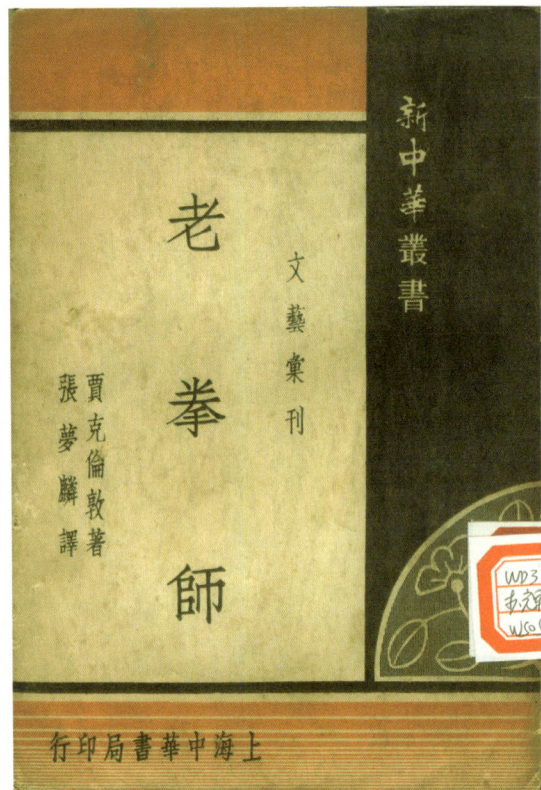

老拳师
初版本封面（18.7厘米×13厘米）

小说集。【美】贾克伦敦著。张梦麟译。民国二十四年（1935）一月印刷、发行。上海中华书局印行。《新中华丛书·文艺汇刊》之一种。

馆藏中华书局1935年1月初版，见唐弢文库、李辉英文库、图书大库。

初版本卷首有译者《序》。正文收《老拳师》、《鼻子》、《叛徒》、《两个强盗》共4篇。

老 屋
初版本封面（17.1厘米×10.8厘米）

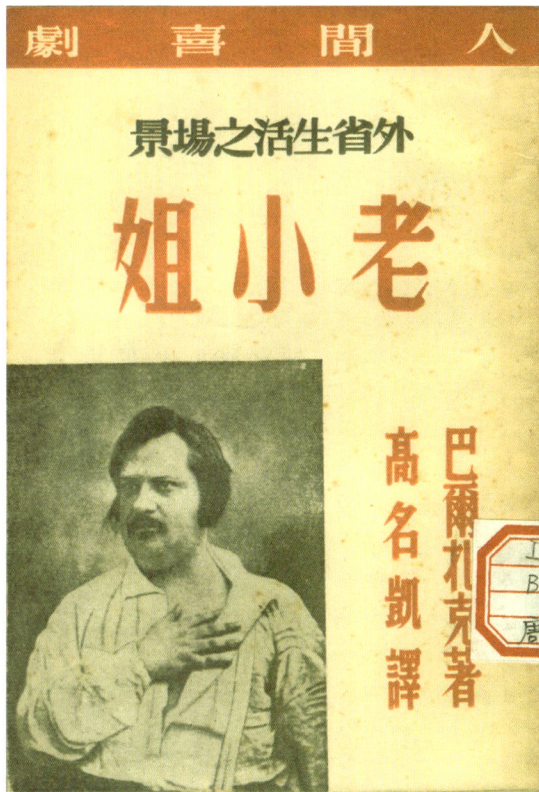

老小姐
初版本封面（18厘米×12.7厘米）

　　小说。【俄】梭罗古勃著。陈炜谟译。民国二十五年（1936）三月初版。上海商务印书馆印行。《文学研究会世界文学名著丛书》之一种。

　　馆藏商务印书馆1936年3月初版、同年9月二版，见唐弢文库、孔罗荪文库、姚雪垠文库、图书大库。

　　初版本无序跋。作品共有54章。

　　小说。【法】巴尔扎克著。高名凯译。民国三十六年（1947）七月初版，印1500册。海燕书店出版。上海群海联合发行所总经售。《人间喜剧·外省生活之场景》之一种。

　　馆藏海燕书店1947年7月初版，见唐弢文库、图书大库。

　　本书为《竞争》二部曲之一。初版本无序跋。作品共有3章。

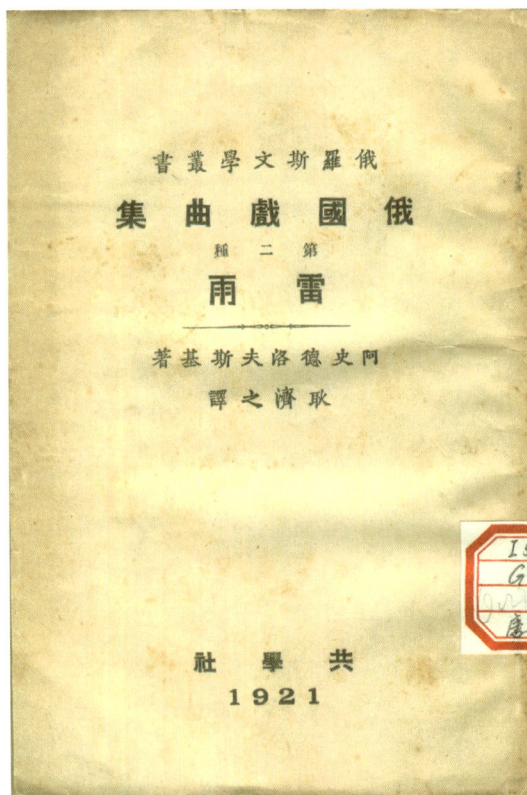

雷 雨
初版本封面（18.9厘米×13厘米）

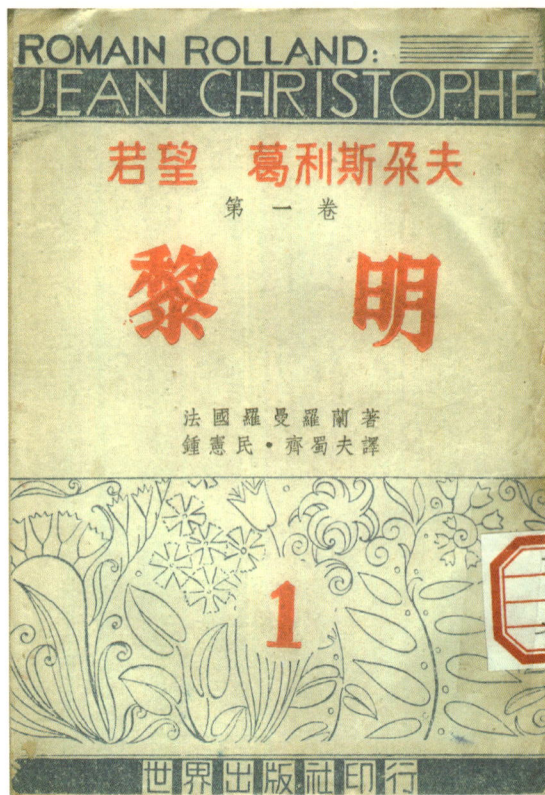

黎 明
初版本封面（18.5厘米×13.1厘米）

　　戏剧。【俄】阿史德洛夫斯基著。耿济之译。民国十年（1921）二月初版。上海商务印书馆印行。《俄国戏曲集》之二，共学社《俄罗斯文学丛书》之一种。

　　馆藏商务印书馆1921年2月初版、某版（版权页缺失，著者译名为"阿斯德洛夫斯基"，《世界文学名著》），见唐弢文库。

　　初版本无序跋。作品共有5幕。

　　小说。【法】罗曼罗兰著。钟宪民、齐蜀夫译。民国三十三年（1944）十二月初版。重庆世界出版社出版、发行。润华印书馆印刷。

　　馆藏世界出版社1944年12月初版，见唐弢文库。

　　本书为《若望·葛利斯朵夫》第一卷。初版本卷首有《罗曼罗兰——关于〈若望·葛利斯朵夫〉作者的话》、吉尔勃·卡纳《英译者序言》。《英译者序言》云："《若望·葛利斯朵夫》是一个天才音乐家的生命发展的历史。"

　　初版本共有3章。

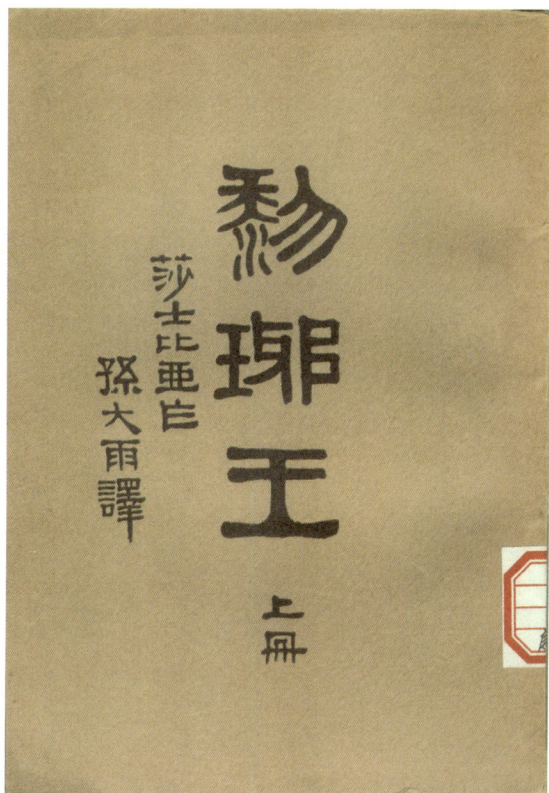

黎琊王（上、下）
初版本封面（21厘米×15厘米）

戏剧。【英】莎士比亚著。孙大雨译。民国三十七年（1948）十一月初版。上海商务印书馆印行。

馆藏商务印书馆1948年11月初版，见唐弢文库、艾芜文库、王辛笛文库、臧克家文库。

初版本上册卷首有孙大雨《序言》，下册卷末附有《最初版本》、《写作年代》、《故事来源》。上册为剧本，共有5幕，下册为注解。

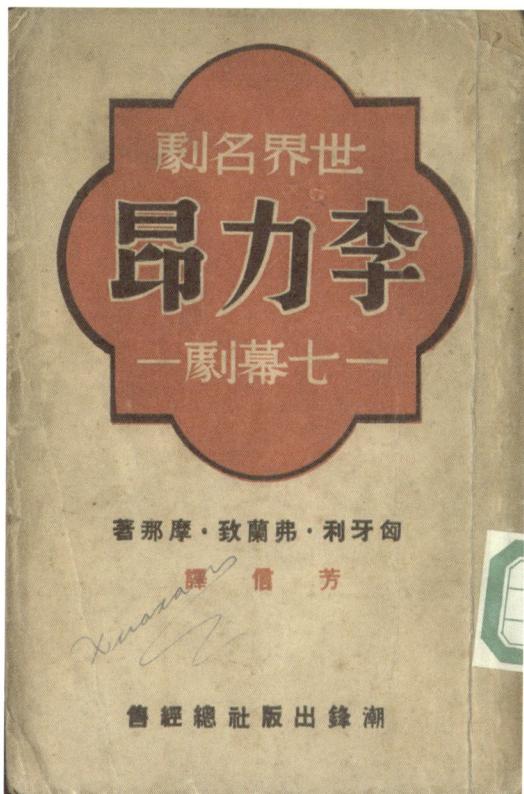

李力昂
初版本封面（18.5厘米×12.9厘米）

戏剧。【匈】弗兰致·摩那著。芳信译。民国二十九年（1940）一月初版。剧艺出版社出版。上海潮锋出版社总经售。

馆藏剧艺出版社1940年1月初版，见图书大库。

初版本卷首有【美】斑嘉敏·葛勒塞《〈李力昂〉的英译本序言》、《序幕》（译者）。作品共有7景（幕）。

李柳丽
初版本封面（18.1厘米×12.7厘米）

戏剧。【法】罗曼罗兰著。贺之才译。民国三十三年（1944）十一月出版。世界书局印行。《罗曼罗兰戏剧丛刊》之一种。

馆藏世界书局1944年11月初版，见唐弢文库、图书大库。

初版本卷首有贺之才《〈罗曼罗兰戏剧丛刊〉弁言》、贺德新《〈罗曼罗兰戏剧丛刊〉序》。作品为独幕剧。

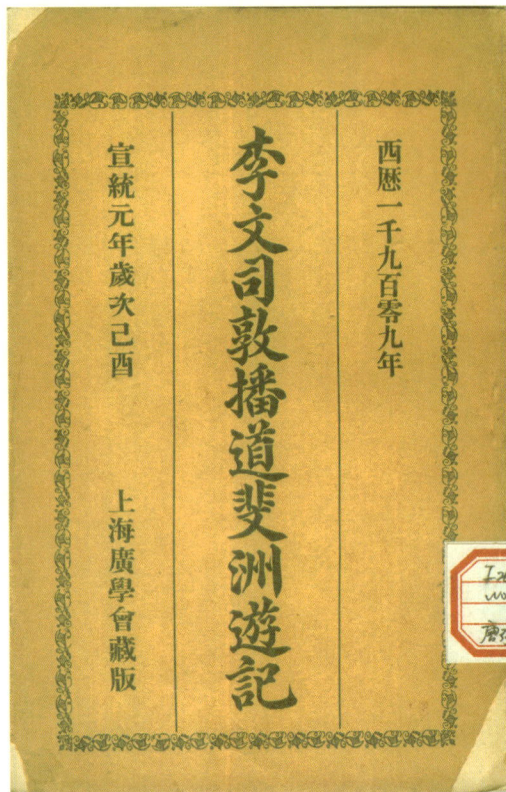

李文司敦播道斐洲游记
初版本封面（21.9厘米×14.4厘米）

小说。【英】霍伟氏著。任保罗译。西历千九百零九年十月、宣统元年九月出版。上海广学会编辑、出版、发行。上海商务印书馆代印。

馆藏广学会1909年10月初版，见唐弢文库。

初版本卷首有霍伟氏《〈李文司敦播道斐洲游记〉原序》，内云："本书所纪，自第一章至第六章，为李氏三次游历斐洲之事，第七第八章，为《纽约传信报》所派史丹理寻访李氏之事，第九章为李氏六十岁在中斐洲病故之事。"

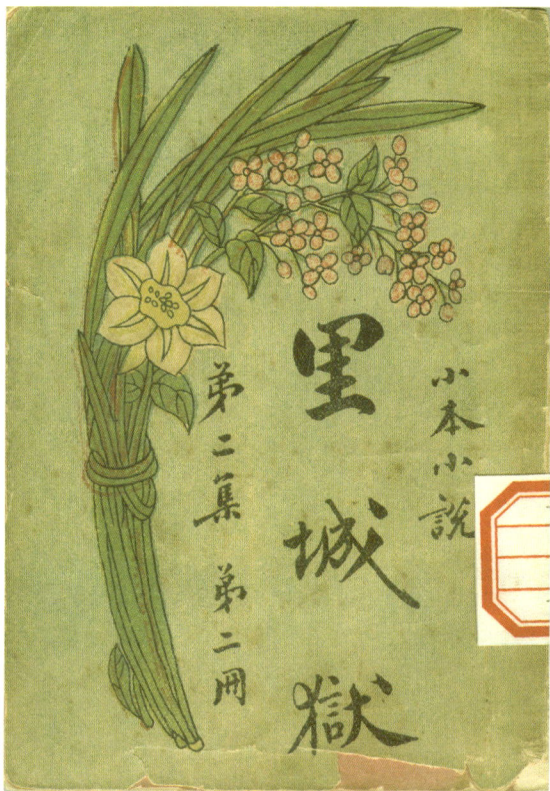

里城狱
初版本封面（15厘米×10.7厘米）

　　扉页、正文及版权页题《里城案》。小说。【国别不详】罗蕊著。译者不详。光绪丁未（1907）九月初版、发行。上海小说林社印行。苏州宏林书局、常熟海虞图书馆分发行。《小本小说》第二集之二。

　　馆藏小说林社1907年（农历）9月初版，见唐弢文库。

　　初版本无序跋。作品共有18章。

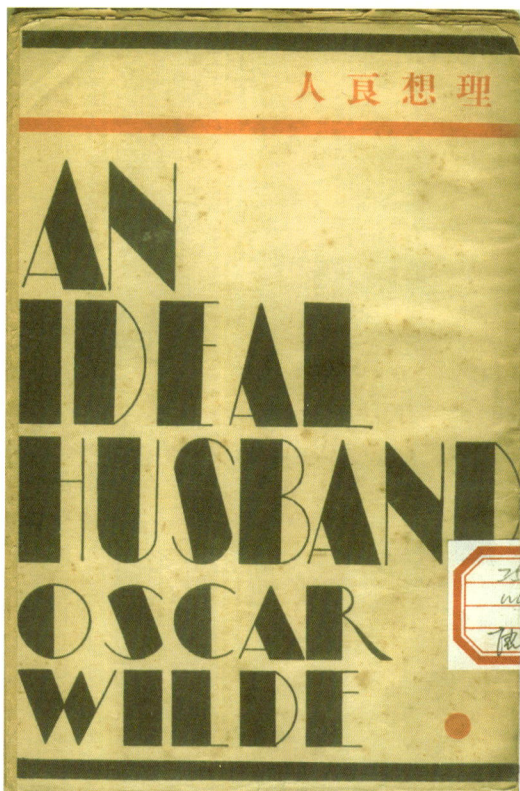

理想良人
初版本封面（19.6厘米×13.3厘米）

　　戏剧。【英】王尔德著。林超真译。民国二十一年（1932）六月初版、发行。上海神州国光社印行。

　　馆藏神州国光社1932年6月初版，见唐弢文库。

　　初版本卷首有《译者叙言》。作品共有4幕。

理想丈夫
初版本封面（17.2厘米×12.4厘米）

理智之胜利
初版本封面（18.1厘米×12.8厘米）

　　戏剧。【英】王尔德（扉页作"淮尔特"）著。怀云译。民国二十九年（1940）五月初版。上海启明书局印行。《世界戏剧名著》之一种。

　　馆藏启明书局1940年5月初版，见图书大库。

　　初版本卷首有译者《小引》。作品共有4幕。

　　戏剧。【法】罗曼罗兰著。贺之才译。民国三十三年（1944）十一月出版。世界书局印行。《罗曼罗兰戏剧丛刊》之一种。

　　馆藏世界书局1944年11月初版，见唐弢文库。

　　初版本卷首有贺之才《〈罗曼罗兰戏剧丛刊〉弁言》、贺德新《〈罗曼罗兰戏剧丛刊〉序》。作品共有3幕。

历劫恩仇（上、下）
初版本封面（18.2厘米×12.6厘米）

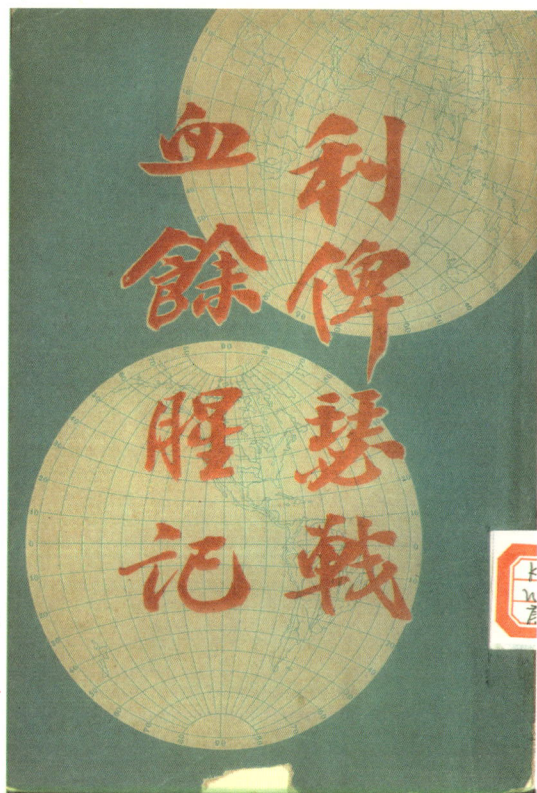

利俾瑟战血余腥记
初版本封面（22.1厘米×15.1厘米）

　　小说。【英】华特生著。王汝荃、胡君复译。民国六年（1917）八月初版。上海商务印书馆印行。四集本《说部丛书》第三集之三十一。

　　馆藏商务印书馆1917年8月初版，见唐弢文库。

　　初版本无序跋。作品有卷上、下各7章，共14章。

　　小说。【法】阿猛查登著。林纾、曾宗巩译。光绪三十年（1904）正月初吉印刷。文明书局出版、发行。日本东京并木活版所印刷。

　　馆藏文明书局1904年（农历）1月初版，见唐弢文库。

　　初版本卷首有林纾《〈利俾瑟战血余腥记〉序》，内云："是书为法人阿猛查登述一步卒约瑟之言成书，……详叙拿破仑自墨斯科败后，募兵苦战利俾瑟逮于滑铁庐，中间以老鳖约瑟为纲，参以其妻格西林之恋别，俄普奥瑞之合兵，法军之死战，兵间尺寸之事，无不周悉。"

　　初版本有卷上12章、卷下10章，共22章。

栗子树下
初版本封面（18.2厘米×12.8厘米）

戏剧。【苏】西蒙诺夫著。荒芜译。1949年5月北平第一版。天下图书公司印行。《苏联名剧译丛》之一种。

馆藏天下图书公司1949年5月初版、同年9月北平二版，见阮章竞文库、图书大库。

初版本无序跋。作品共有4幕。

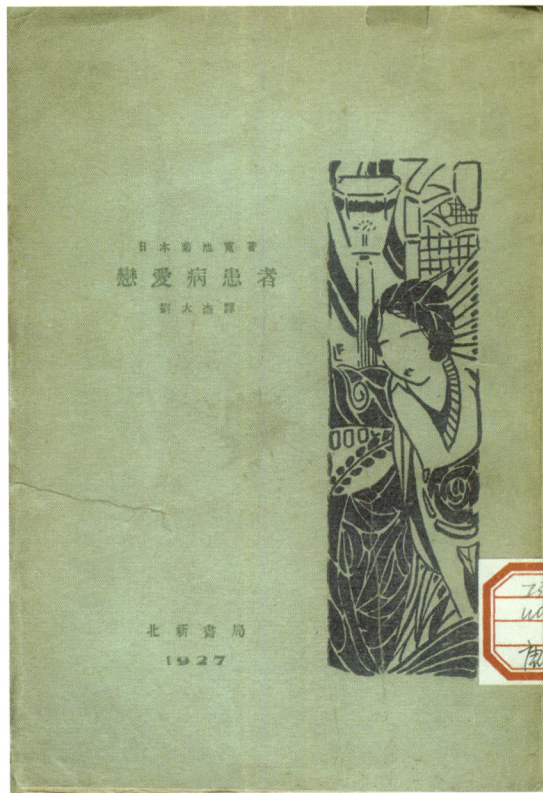

恋爱病患者
初版本封面（19.8厘米×14厘米）

扉页题《恋爱患病者》。戏剧集。【日】菊池宽著。刘大杰译。1927年9月出版。北新书局印行。

馆藏北新书局1927年9月初版、1929年7月二版，见唐弢文库、图书大库。

初版本卷首有《序》（译者）。正文收《恋爱病患者》、《舆论》、《妻》、《时间与恋爱》、《模仿》共5篇。

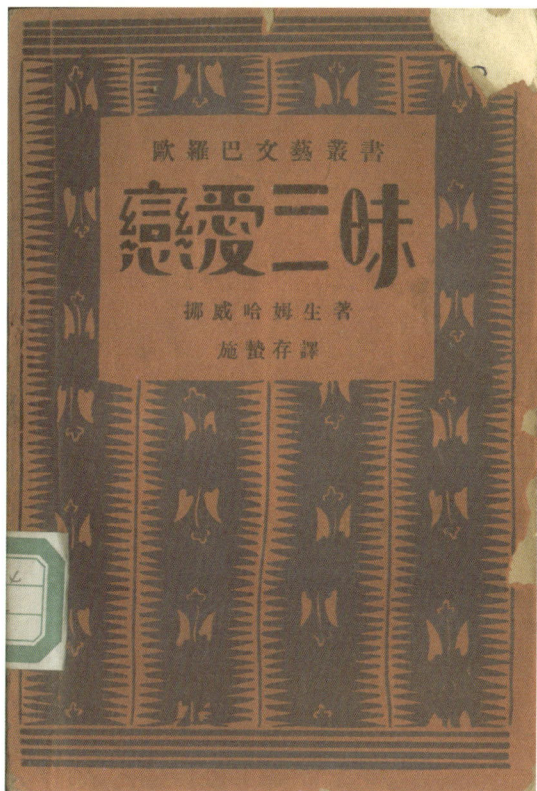

恋爱三昧
初版本封面（18.6厘米×13厘米）

恋爱与牢狱
初版本封面（19.5厘米×14厘米）

　　小说。【挪】哈姆生著。施蛰存译。1933年5月付印，7月出版，印2000册。上海光华书局印行。《欧罗巴文艺丛书》之一种。

　　馆藏光华书局1933年7月初版、大光书局1937年5月三版，见图书大库。

　　初版本卷首有译者《译序》。作品有36章及卷末《格兰之死》5章，共41章。

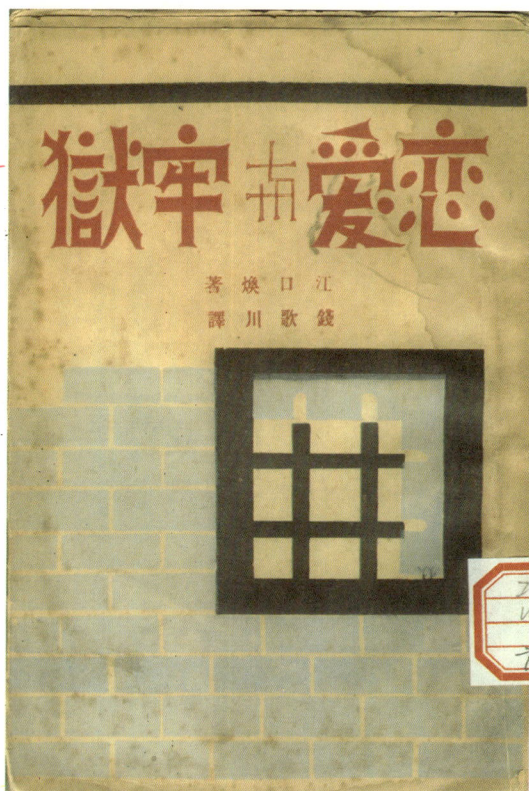

　　小说。【日】江口涣（封面作"江口焕"）著。钱歌川译。1930年4月付排，6月出版。上海北新书局印行。

　　馆藏北新书局1930年6月初版，见唐弢文库、巴金文库。

　　初版本卷首有歌川《序》。作品共有7章。

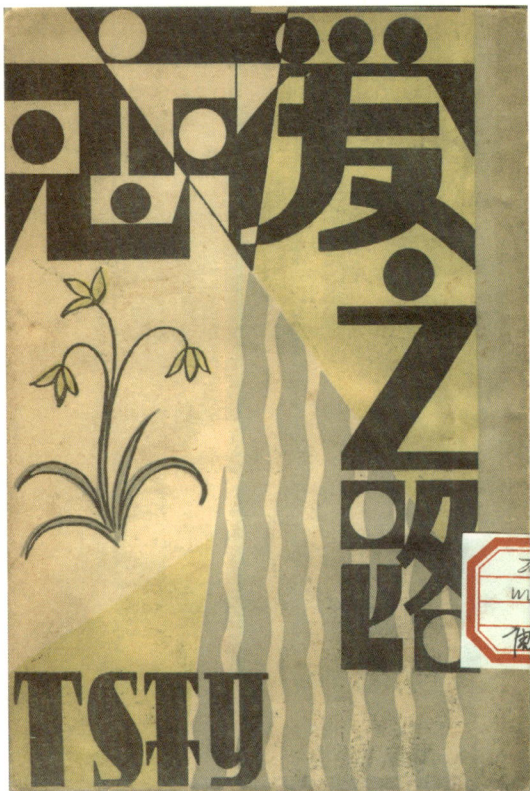

恋爱之路
初版本封面（18.8厘米×13.1厘米）

恋 歌
初版本封面（17.2厘米×11.8厘米）

　　小说集。【苏】柯伦泰著。沈端先译。1928年10月初版。作新书社发行。上海开明书店代售。

　　馆藏作新书社1928年10月初版、1929年10月二版，见唐弢文库、图书大库。

　　初版本卷首有《译者赘言》，卷末附有【日】林房雄《新"恋爱道"——柯伦泰夫人的恋爱观》（默之译）。正文收《三代的恋爱》、《姊妹》共2篇。

　　诗歌集。【俄】普式庚著。魏晋等译。曹辛编。1942年5月初版。现实出版社出版。良友图书社经售。《普式庚诗选》之一。

　　馆藏现实出版社1942年5月初版，见唐弢文库。

　　初版本卷末有曹辛《普式庚，俄罗斯诗歌的太阳》。正文收《我是孤独的自由播种者》、《纪念碑》、《自由》、《致西伯利亚》、《亚利昂》、《毒树》、《乡村》、《先知》、《囚徒》、《献给查达爱夫》、《给普斯真》、《为着辽远的故国底岸边》、《抒情诗一首》、《恋歌》、《夜莺》等29篇。

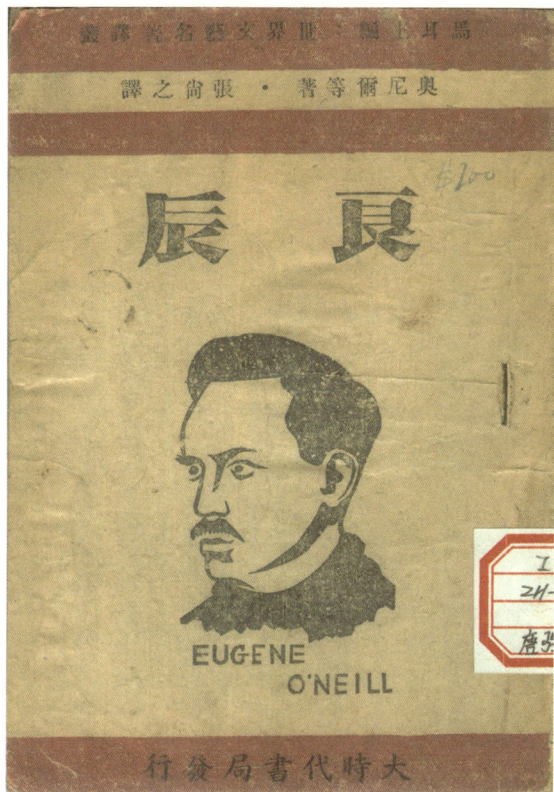

良　辰
初版本封面（17.7厘米×12.7厘米）

良夜幽情曲
初版本封面（18.5厘米×13.4厘米）小说集。

戏剧集。【美】奥尼尔等著。张尚之译。民国三十三年（1944）一月初版。大时代书局发行。大时代印刷所印刷。马耳主编《世界文艺名著译丛》之三。

馆藏大时代书局1944年1月初版，见唐弢文库。

本书为《世界独幕名剧选》。初版本卷末有《译者后记》。正文收《良辰》、《别墅出让》、《枯木》、《划了十字的地方》、《母性的爱》、《海上骑士》共6篇。

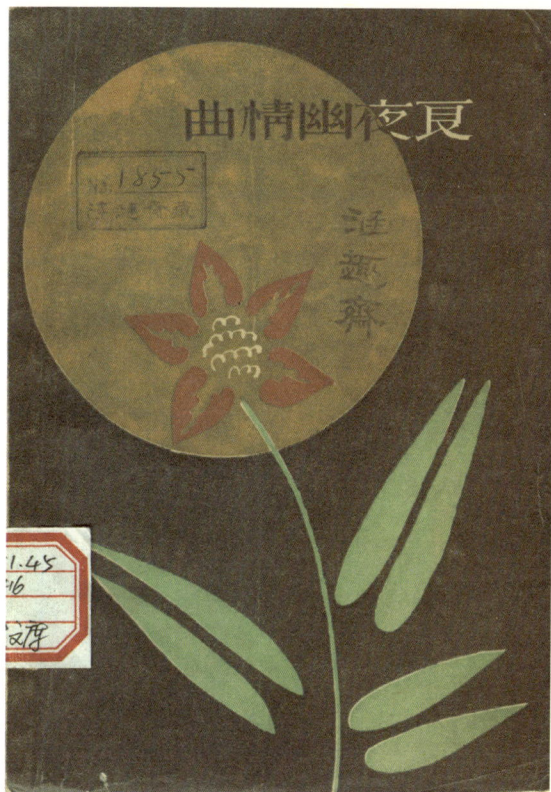

小说集。【西】伊巴涅思著。戴望舒译。1928年9月1日初版，印1500册。上海光华书局印行。《伊巴涅思短篇小说集》之上，《世界名著选》之一种。

馆藏光华书局1928年9月初版，见唐弢文库。

初版本卷首有戴望舒《译者题记》，内云："西班牙的伊巴涅思（Vicente Blasco-Ibanez 1867－1928）是我许多欢喜读的作家中的一个。他的木炭画似的风格和麦纽艾（menuet）似的情调是我所十分爱好的。在闲空的时候，我随便将他的短篇译了些；这完全是由于我对于他的过分的爱好的本能的冲动。"

初版本收《愁春》、《天堂门边》、《良夜幽情曲》、《最后的狮子》、《蛊妇的女儿》、《墙》、《夏娃的四个儿子》共7篇。

两个青年的悲剧
初版本封面（18.7厘米×13.1厘米）

小说集。【英】哈代等著。傅东华译。1929年10月20日初版。上海大江书铺发行。

馆藏大江书铺1929年10月初版，见唐弢文库。

初版本无序跋。内收《两个青年的悲剧》、《迁士录》、《南风》、《革命的女儿》、《资本家》、《恫吓》、《桃源过客》、《奇事的天使》、《珍异的片屑》共9篇。

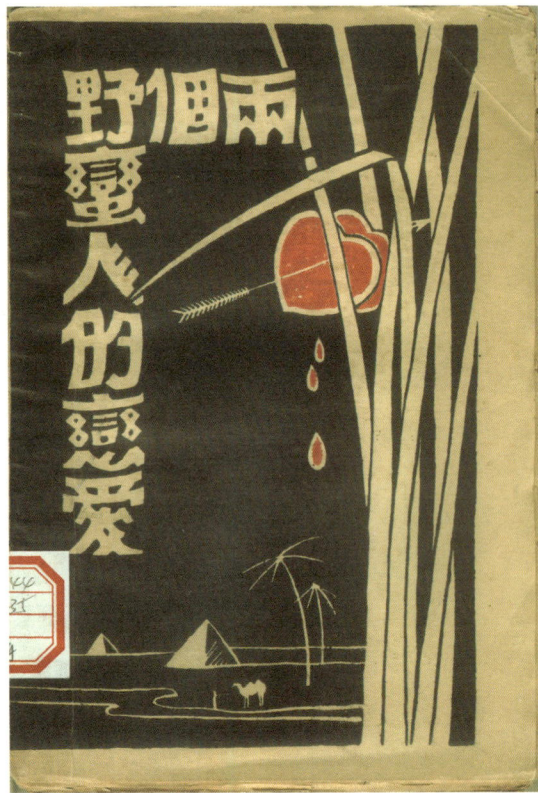

两个野蛮人的恋爱
初版本封面（19.8厘米×13.8厘米）

原名《亚达娜》。小说。【法】沙沱布里昂著。沈起予译。1930年9月付印，10月出版。上海红叶书店印行。

馆藏红叶书店1930年10月初版，见唐弢文库、图书大库。

初版本卷首有沈起予《序》。作品除《序曲》外共有6章。

两个伊凡的吵架
初版本封面（16.9厘米×12厘米）

戏剧。【俄】果戈里著。夏衍译。民国二十九年
（1940）四月初版。旦社出版。上海兄弟图书杂志公
司经售。《旦旦戏剧丛刊》之一。

馆藏旦社1940年4月初版，见唐弢文库、图书大
库。

初版本卷首有《小言》（译者），卷末有【苏】
倍列维尔则夫《果戈理和戏剧》。作品共有6幕。

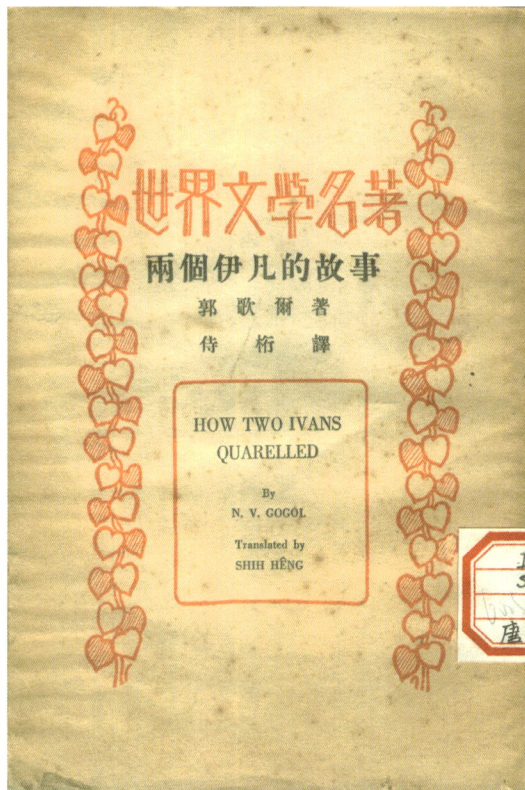

两个伊凡的故事
初版本封面（19厘米×13.1厘米）

小说。【俄】郭歌尔著。侍桁译。民国二十三年
（1934）四月初版。上海商务印书馆印行。《世界文
学名著》之一种。

馆藏商务印书馆1934年4月初版，见唐弢文库、图
书大库。

初版本无序跋。作品共有7章。

两个真诚的求爱者
初版本封面（18.7厘米×13.4厘米）

两朋友
初版本封面（18.8厘米×13.3厘米）

　　小说。【波兰】阿尔塞斯基著。钟心见、杨昌溪译。1930年4月出版，印1000册。支那书店发行。

　　馆藏支那书店1930年4月初版，见唐弢文库。

　　初版本卷首有杨昌溪《小序》。作品共有5章。

　　小说。【俄】屠格涅夫著。刘大杰译。民国十九年（1930）四月出版。上海亚东图书馆印行。

　　馆藏亚东图书馆1930年4月初版、1931年7月二版，见唐弢文库、图书大库。

　　初版本卷首有大杰《译者序》。作品除"引子"外共有4章。

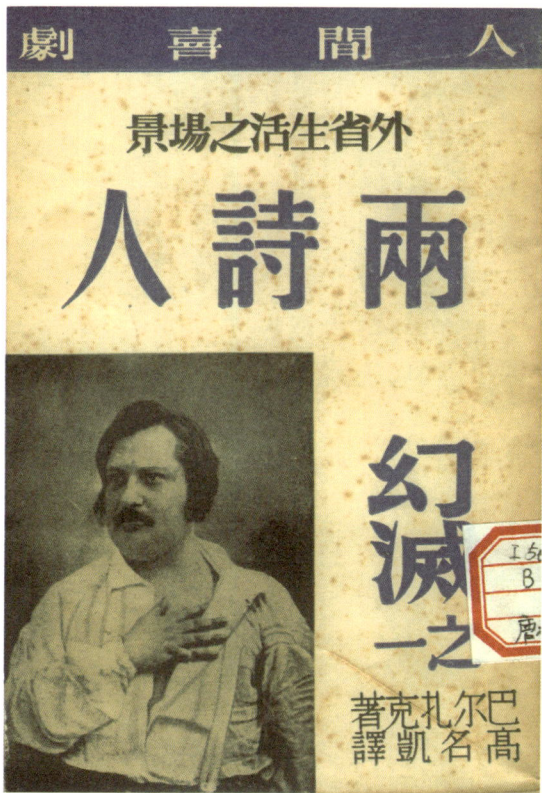

两诗人
初版本封面（18厘米×12.7厘米）

两诗人
初版本封面（15.8厘米×11.5厘米）

小说。【法】巴尔扎克著。高名凯译。民国三十六年（1947）三月初版，印2000册。海燕书店出版。上海群海联合发行所总经售。《人间喜剧·外省生活之场景》之一种。

馆藏海燕书店1947年3月初版，见唐弢文库、臧克家文库。

本书为《幻灭》三部曲之一。初版本卷首有巴尔扎克《献给 V.雨果先生》。作品不分章节。

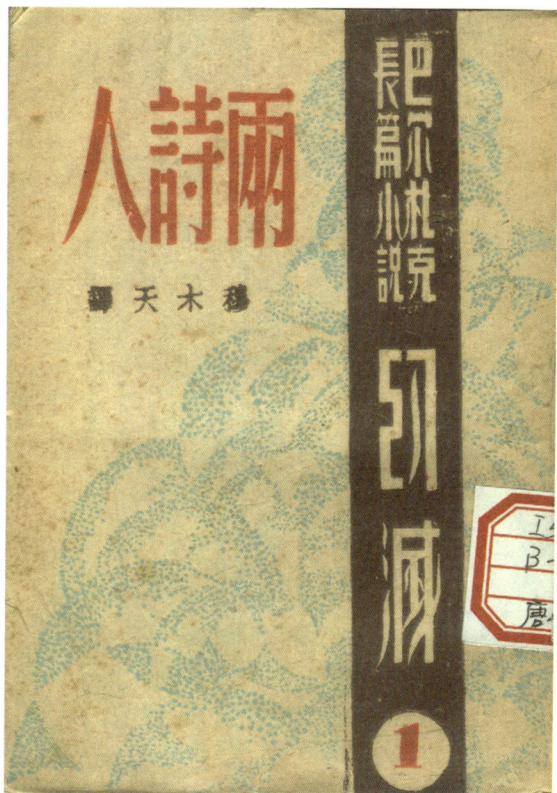

扉页、正文及版权页题《二诗人》。小说。【法】巴尔扎克（封面作"巴尔札克"）著。穆木天译。1944年2月初版。桂林耕耘出版社出版、发行。三户印刷社印刷。《耕耘文丛》之六。

馆藏耕耘出版社1944年2月初版，见唐弢文库、许杰文库。

本书为《幻灭》三部曲之一。初版本卷首有德·巴尔扎克《呈维克多·雨果老爷》。作品不标章次。

两条腿
初版本封面（19.9厘米×13.4厘米）

　　童话。【丹】爱华耳特著。李小峰译。1925年3月付印，5月初版。北京北新书局发行。北大印刷课印刷。周作人编辑《新潮社文艺丛书》之一种。

　　馆藏北新书局1925年5月初版、1929年7月五版、1933年10月七版，见唐弢文库、图书大库。

　　初版本卷首有周作人《序》、小峰《译者叙》。《序》云："《两条腿》是讲人类生活变迁的童话。"

　　初版本除《小引》外共有11章。

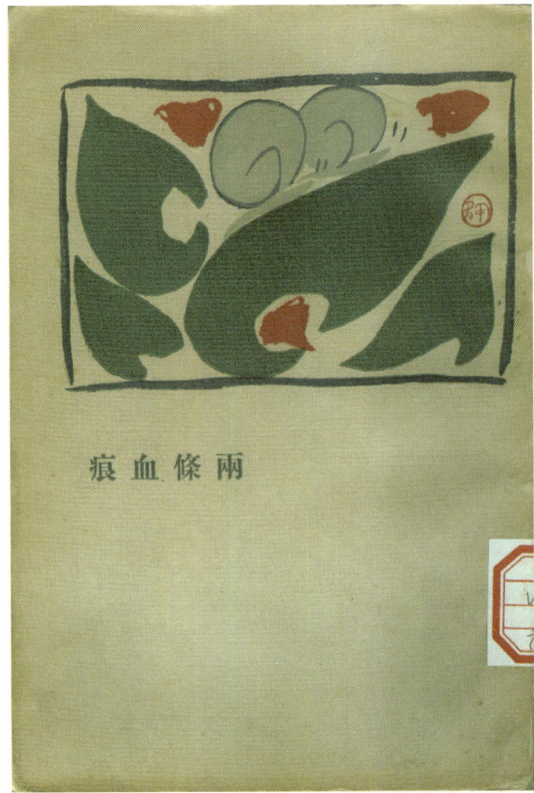

两条血痕
初版本封面（20厘米×13.8厘米）

　　正文题《两条血痕及其他》。小说戏剧集。【日】石川啄木等著。周作人译。1927年10月初版、发行。上海开明书店发行。

　　馆藏开明书店1927年10月初版、1928年4月二版，见唐弢文库、图书大库。

　　初版本卷末有周作人《后记》。正文收《两条血痕》、《一日里的一休和尚》、《婴儿屠杀中的一小事件》、《某夫妇》、《潮雾》、《西行法师》共6篇。

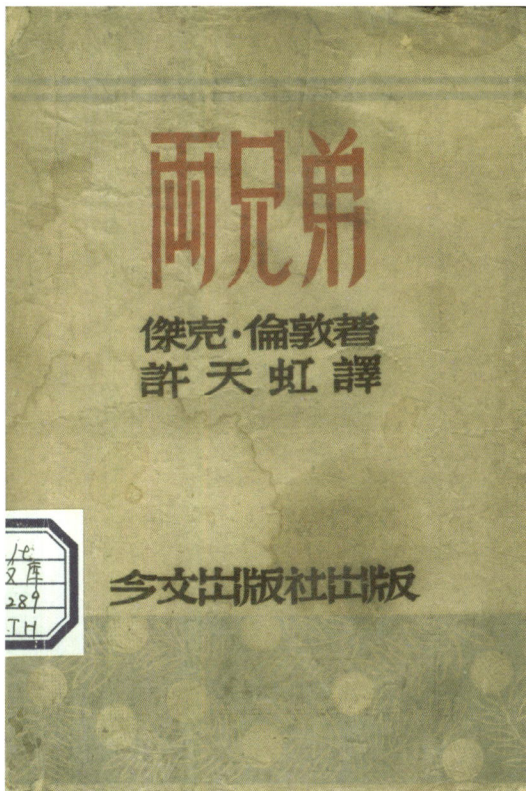

两兄弟
初版本封面（18.1厘米×12.6厘米）

小说集。【美】杰克·伦敦著。许天虹译。民国三十四年（1945）七月一日初版。今文出版社出版。宁波印刷厂印刷。浙江宁海今文书店总经售。《文艺丛刊》之一。

馆藏今文出版社1945年7月初版，见许杰文库。

初版本卷首有许天虹《译者的话：关于杰克·伦敦》。正文收《华工泪》、《两兄弟》、《珍闻一则》、《现世报》、《不可避免的白人》、《可怖的所罗门》、《老拳师》、《生火》、《牺牲》共9篇。

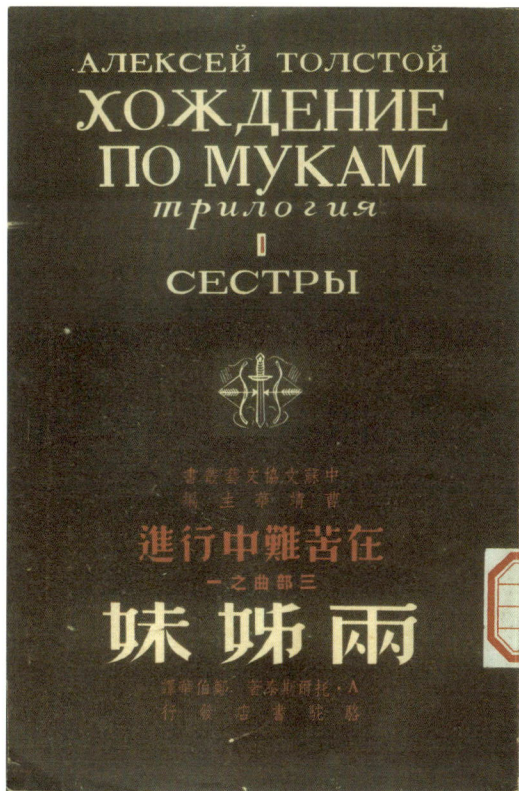

两姊妹
初版本封面（21.3厘米×14.5厘米）

小说。【苏】A.托尔斯泰著。郑伯华译。民国三十七年（1948）九月初版，印1000册。中苏文化协会编译委员会编辑。上海骆驼书店印行。曹靖华主编《中苏文协文艺丛书》（大型本）之三十一。

馆藏骆驼书店1948年9月初版，见唐弢文库。

本书为《在苦难中行进》三部曲之一。初版本卷首有靖华《前记》、《译者序》。作品共有43章。

燎 原
初版本扉页（精装本封面无书名。21.8厘米×14厘米）

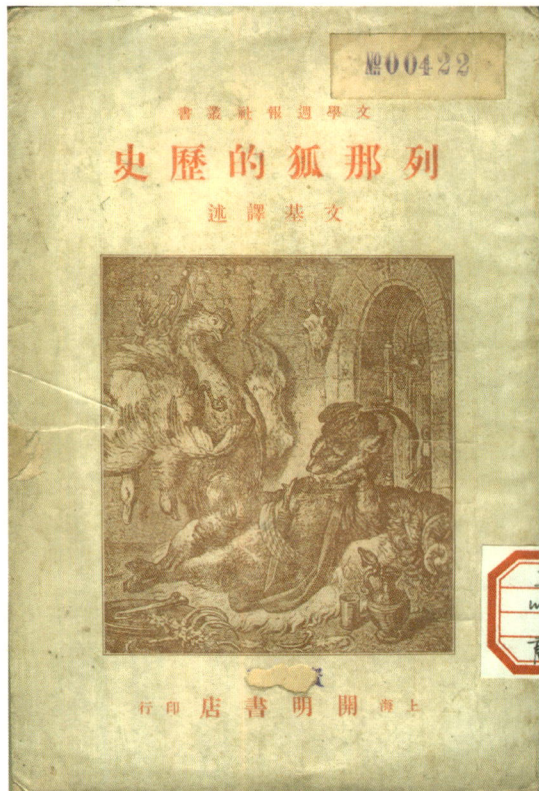

列那狐的历史
初版本封面（19厘米×13.3厘米）

小说。【苏】高尔基著。罗稷南译。民国二十五年（1936）七月初版。上海生活书店发行。生活印刷所印刷。郑振铎主编《世界文库》之一种。

馆藏生活书店1936年7月初版，见唐弢文库、孔罗荪文库、图书大库。

本书为《四十年间》四部曲之三。初版本无序跋。作品共有17章。

传说。著者不详。文基译。1926年5月付印，6月发行，印2000册。文学周报社出版。上海开明书店印行。《文学周报社丛书》之一种。

馆藏文学周报社1926年6月初版、开明书店1934年4月三版（书名为《列那狐》，译者署名为"郑振铎"），见唐弢文库。

初版本卷首有译者《译序》。作品共有44章。

列宁是我们的太阳
初版本封面（18.4厘米×12.7厘米）

诗歌集。【苏】玛耶可夫斯基等著。之分译。民国三十五年（1946）四月五日初版。海燕书店出版。大连中国印刷厂印刷。大连大众书店发行。大连新文化书店总经售。

馆藏海燕书店1946年4月初版、1949年7月新一版，见胡风文库、薛汕文库、图书大库。

初版本卷末有《后记》（译者）。正文分"苏联诗选"、"莱蒙托夫诗选"两辑，收《老人》、《母与子》、《列宁是我们的太阳》、《献给斯大林》、《一九三九年在英国》、《好啊！》、《家！》、《玛耶可夫斯基出现了》、《生命的杯子》、《孤帆》、《当田野间黄色的麦苗……》、《魔鬼》、《被俘的战士》、《一曲歌》共14篇。

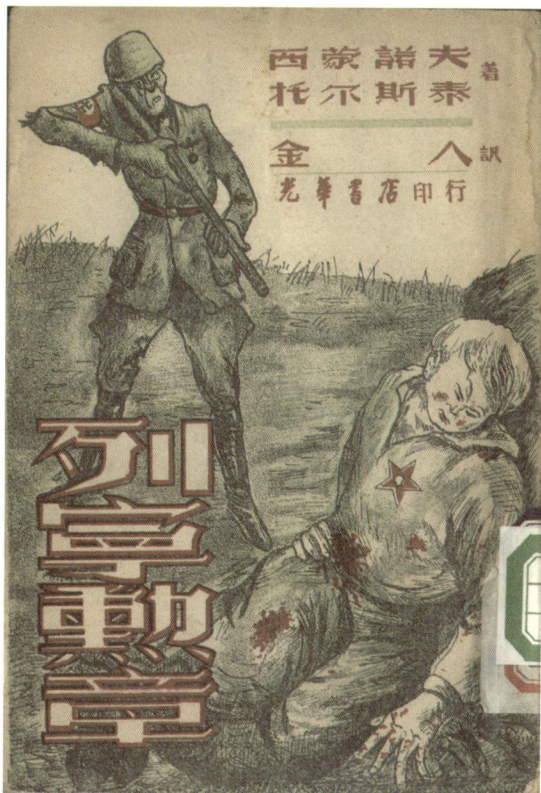

列宁勋章
初版本封面（18.4厘米×13.1厘米）

小说集。【苏】K.西蒙诺夫等著。金人译。民国三十七年（1948）一月初版，印3500册。光华书店印行。

馆藏光华书店1948年1月初版，见图书大库。

本书为《苏联短篇小说集》。初版本卷末有译者《后记》。正文收《列宁勋章》、《冲锋以前》、《奇怪的故事》、《难事》、《妲莎》、《骄傲的柯仙妮亚》共6篇。

列宁在十月
初版本封面（18厘米×12.7厘米）

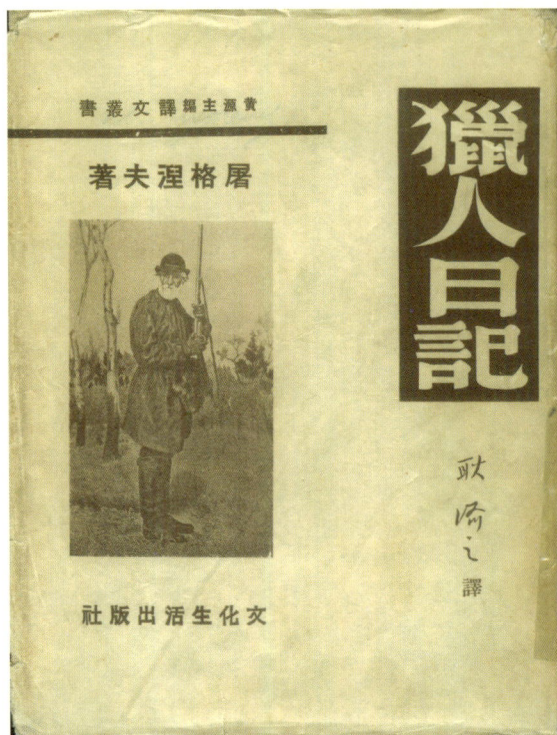

猎人日记
初版本封面（19.3厘米×15厘米）

电影剧本。【苏】卡普勒著。什之译。民国三十七年（1948）十月初版。新兴出版社印行。

馆藏新兴出版社1948年10月初版、海燕书店1949年8月新一版，见胡风文库、图书大库。

初版本无序跋。作品不标场次。

小说。【俄】屠格涅夫著。耿济之译。民国二十五年（1936）五月初版。上海文化生活出版社出版、发行。上海三一印刷公司印刷。开明书店特约经售。黄源主编《译文丛书》之一种。

馆藏文化生活出版社1936年5月初版、1937年5月三版、1941年1月四版、1947年3月五版、1948年6月六版，见唐弢文库、巴金文库、管桦文库、田仲济文库、陈文发文库、秦兆阳文库、孔罗荪文库、阳翰笙文库、图书大库。

初版本卷首有《译者序》、B.艾恒邦《引言》，卷末附有耿济之《〈猎人日记〉研究》。作品共有25章。

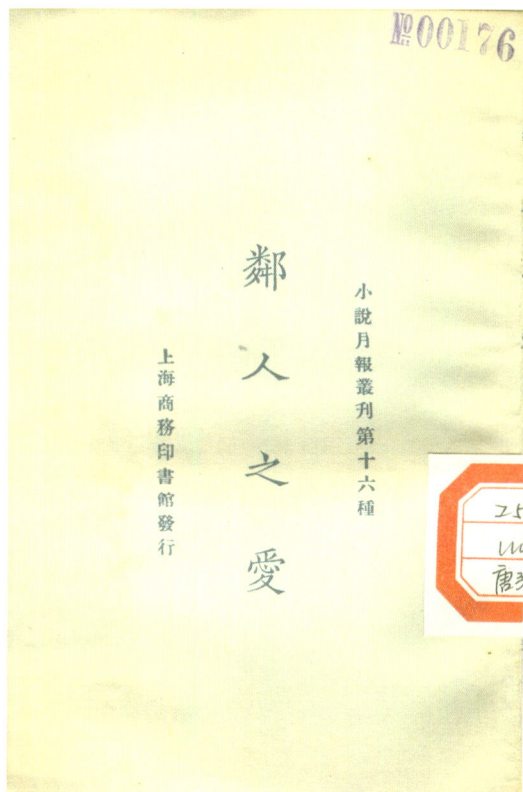

邻人之爱
初版本封面（14.9厘米×10.1厘米）

林房雄集
初版本封面（18.9厘米×13.3厘米）

　　戏剧。【俄】安特列夫著。沈泽民译。民国十四年（1925）一月初版。上海商务印书馆印行。小说月报社编辑《小说月报丛刊》之十六。

　　馆藏商务印书馆1925年1月初版，见唐弢文库、图书大库。

　　初版本卷末附有沈雁冰《安特列夫略传》。作品为独幕剧。

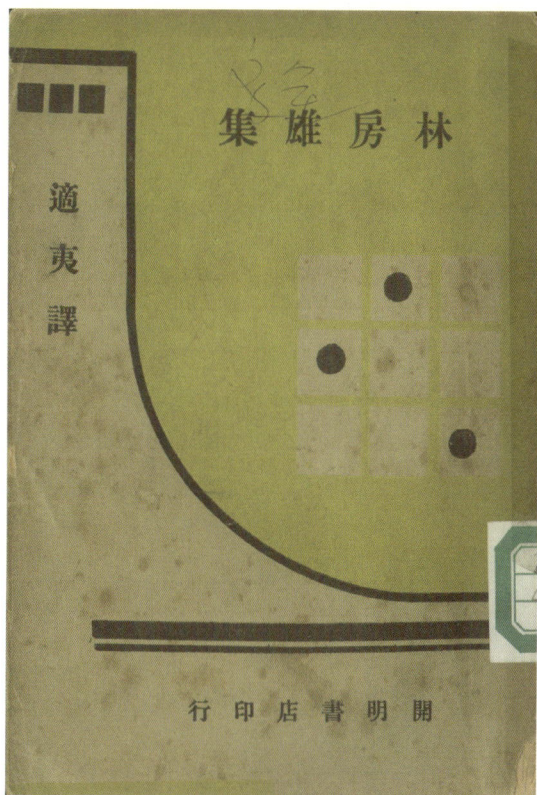

　　小说集。【日】林房雄著。适夷译。民国二十二年（1933）十月初版、发行。上海开明书店出版、发行。上海美成印刷公司印刷。

　　馆藏开明书店1933年10月初版，见图书大库。

　　初版本卷首有译者《前记》。正文收《百合子的幸运》、《茧》、《凯府大剧场暗杀案》、《自由射手之歌》、《s半岛的舆论》、《剪发的社会学》共6篇。

林肯在依利诺州
初版本封面（17.1厘米×12.2厘米）

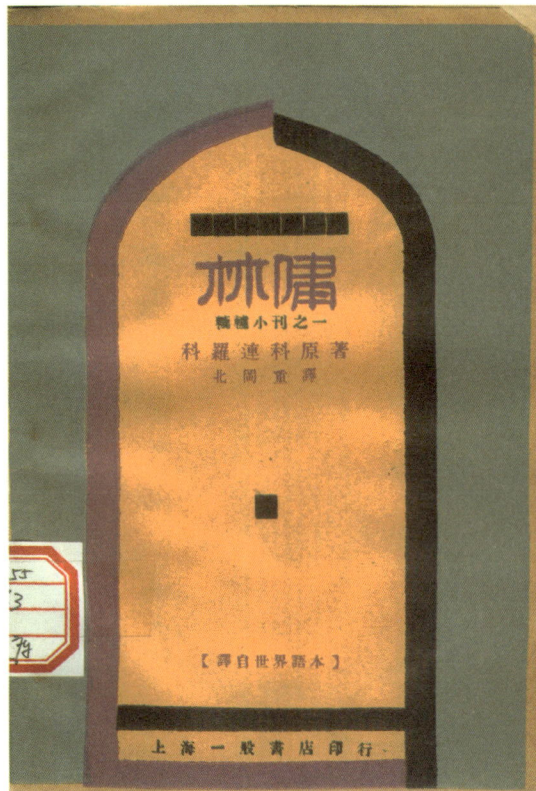

林 啸
初版本封面（18.6厘米×13厘米）

　　正文题《林肯在伊利诺州》。戏剧。【美】夏尔乌特著。袁俊译。1949年3月初版。上海晨光出版公司发行。中华全国文艺协会主编《晨光世界文学丛书》之十七。

　　馆藏晨光出版公司1949年3月初版，见唐弢文库、图书大库。

　　初版本卷首有赵家璧《出版者言》（丛书总序），卷末有译者《后记》。作品共有3幕。

　　小说集。【俄】科罗连科著。北冈译。民国十八年（1929）七月出版，印2000册。上海一般书店印行。《辘轳小刊》之一。

　　馆藏一般书店1929年7月初版，见唐弢文库。

　　初版本无序跋。内收《林啸》、《老钟手》、《伏尔加河上》共3篇。

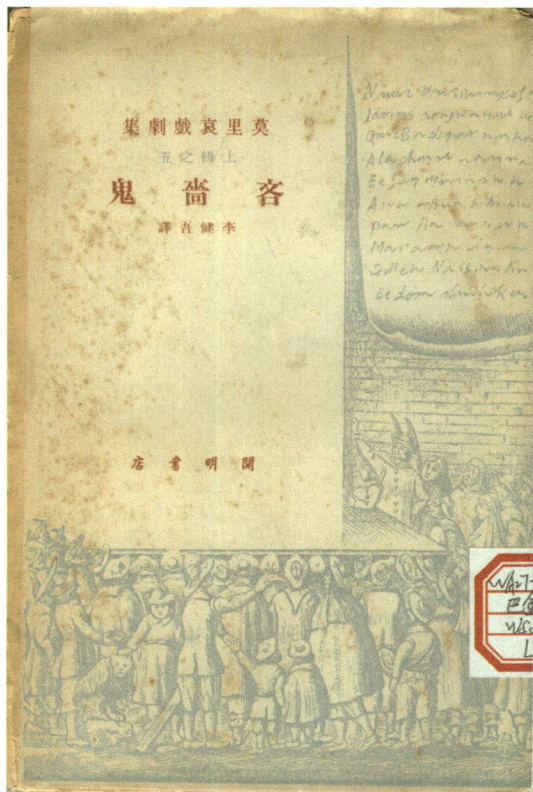

吝啬鬼
初版本封面（19.9厘米×13.3厘米）

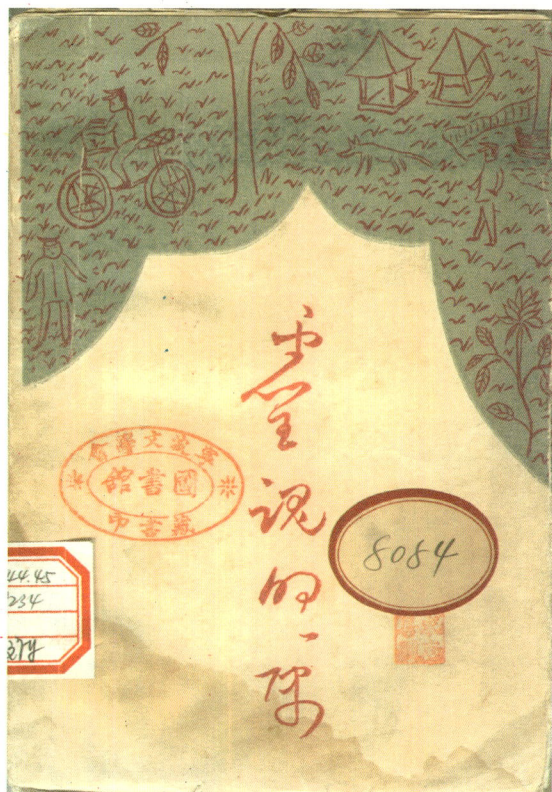

灵魂的一隅
初版本封面（18.6厘米×13.5厘米）

戏剧。【法】莫里哀著。李健吾译。1949年6月初版。上海开明书店印行。《莫里哀戏剧集》上辑之五。

馆藏开明书店1949年6月初版，见唐弢文库、巴金文库。

初版本卷首有《序》（译者）。作品共有5幕。

正文题《灵魂的一隅及其他》。小说集。【保】斯泰马托夫著。钟宪民译。1928年12月付排，1929年1月出版，印2000册。上海光华书局印行。《世界名著选》之一种。

馆藏光华书局1929年1月初版，见唐弢文库。

初版本卷首有译者《小序》。正文收《海滨别墅》、《在坟墓里》、《灵魂的一隅》、《过去》共4篇。

菱镜秋痕（上、下）
初版本封面（18.4厘米×12.6厘米）

小说。著者不详。廖鸣韶编译。民国九年
（1920）二月初版。上海商务印书馆印行。四集本
《说部丛书》第三集之八十五。

馆藏商务印书馆1920年2月初版，见唐弢文库。

初版本无序跋。作品除《结叙》外有卷上14章、
卷下20章，共34章。

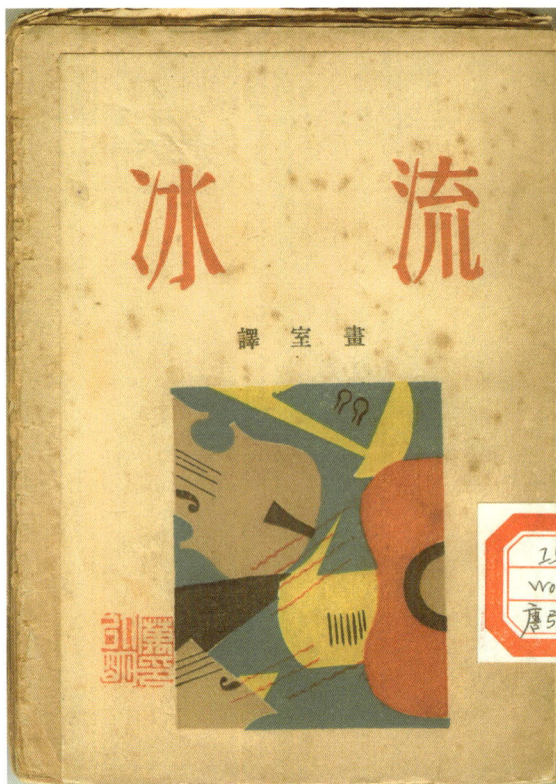

流　冰
初版本封面（15.3厘米×10.7厘米）

诗歌集。【苏】查洛夫等著。画室等译。1929年
2月初版，印2000册。上海水沫书店出版。《今日文
库》之一种。

馆藏水沫书店1929年2月初版，见唐弢文库、图书
大库。

本书为《新俄诗选》。初版本无序跋。内收《流
冰》、《送给美丽的姑娘》、《党员证》、《列宁之
日》、《村野和工厂》、《我们将从铁生长起来》、
《汽笛》、《血与雪》、《暴动》、《我是元素》、
《谁底心脏》、《我们》、《竖坑》、《旧俄罗
斯》、《我》等25篇。

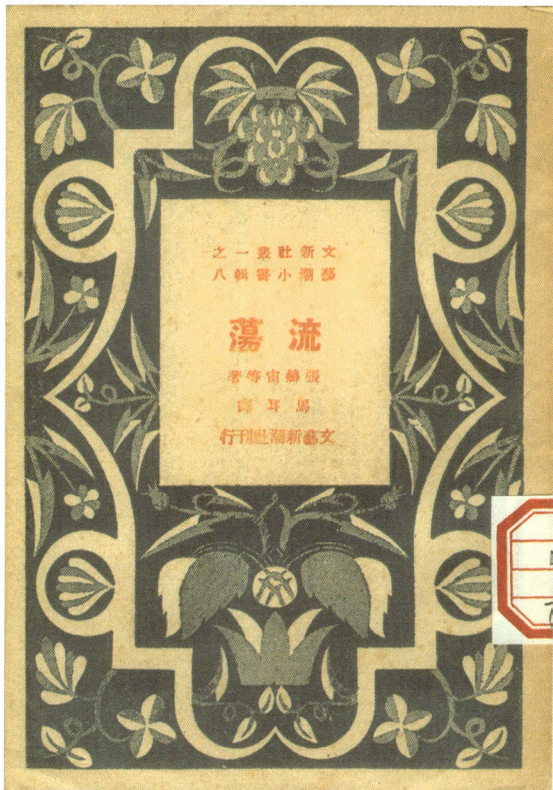

流 荡
初版本封面（16.9厘米×12.1厘米）

流犯余生记
初版本封面（18.2厘米×13.1厘米）

　　小说集。【朝】张赫宙等著。马耳译、著。民国二十九年（1940）十二月二十日印刷，民国三十年（1941）四月二十五日初版。文学新潮社印行。上海万叶书店总经售。钱君匋、锡金主编《文艺新潮社小丛书》第一辑之八（扉页为"文艺新潮社小丛书第十"）。

　　馆藏文学新潮社1941年4月初版，见唐弢文库。

　　初版本卷首有《译序》。正文除汉语创作1篇外收《曼歌》、《还乡》、《雪夜》、《陌路人》、《没有加水的牛乳》、《故国的城》、《贝列诃及其他》、《一天》、《酸葡萄》、《流荡》共10篇译作。

　　回忆录。【法】贝朋诺著。黄嘉音译。民国三十七年（1948）一月初版。上海西风社印行。

　　馆藏西风社1948年1月初版、同年6月二版，见唐弢文库、巴金文库。

　　初版本卷首有黄嘉音《〈流犯余生记〉前言》，内云："《流犯余生记》是一个法国犯人在南美洲北部流犯殖民地几安那受十五年苦刑的自供状与血泪话。在这十五年的非人生活中，他曾逃亡五次，最后才达到了恢复自由的目的，但是差不多成为废人了。"

　　初版本除《序》外共有19章。

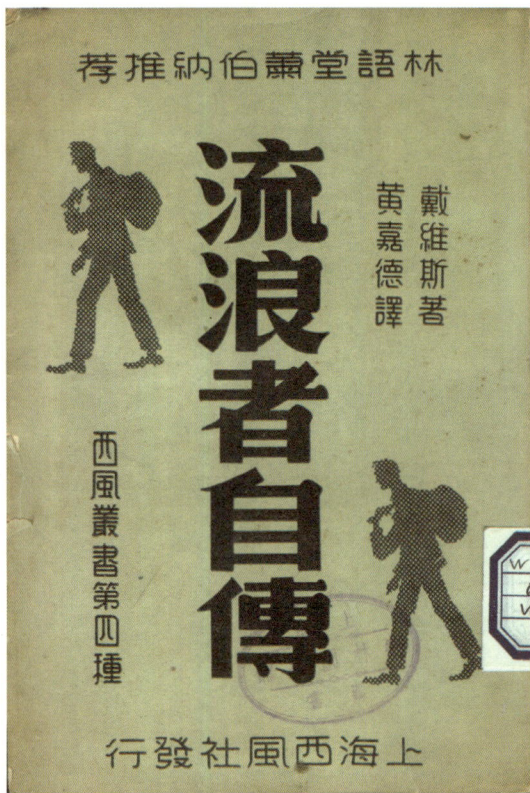

流浪者自传
初版本封面（18.4厘米×12.8厘米）

流亡曲
初版本封面（18.1厘米×14.6厘米）

　　小说。【英】戴维斯著。黄嘉德译。民国二十八年（1939）十一月初版。上海西风社发行。《西风丛书》之四。

　　馆藏西风社1939年11月初版，见巴金文库、图书大库。

　　初版本卷首有《林语堂序》、《萧伯纳序》、戴维斯《著者五版自序》、《著者新版绪言》。《林语堂序》云："《流浪者自传》一书，英国戴维斯所著，述作者所过叫化子及流氓的生活，半乞半偷，浪游英美，直至在偷乘火车时跌断一腿才算了局。"

　　初版本共有34章。

　　一名《浮荷》。小说。【德】雷马克著。朱雯译。民国三十七年（1948）十二月初版。文化生活出版社出版、发行。文化生活印刷所印刷。《雷马克全集》之四，《译文丛书》之一种。

　　馆藏文化生活出版社1948年12月初版，见唐弢文库、朱雯·罗洪文库、图书大库。

　　初版本无序跋。作品有第一部9章、第二部11章，共20章。

六 人
初版本封面（18.3厘米×14.7厘米）

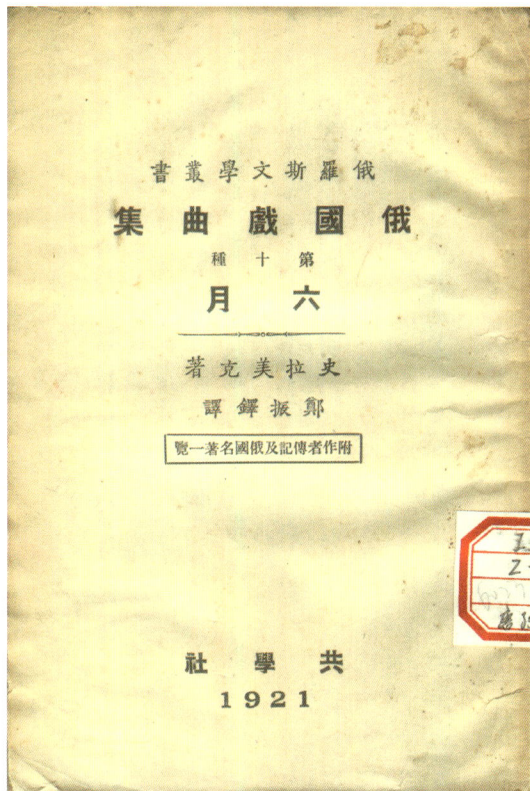

六 月
初版本封面（18.8厘米×13.1厘米）

　　小说。【德】鲁多夫·洛克尔著。巴金译。民国三十八年（1949）九月初版。文化生活出版社印行。《译文丛书》之一种。

　　馆藏文化生活出版社1949年9月初版，见唐弢文库、图书大库。

　　初版本卷末有译者《后记》。作品除卷首《楔子》、卷末《觉醒》外共有6章。

　　戏剧。【俄】史拉美克著。郑振铎译。民国十年（1921）四月初版。上海商务印书馆印行。《俄国戏曲集》之十，共学社《俄罗斯文学丛书》之一种。

　　馆藏商务印书馆1921年4月初版，见唐弢文库。

　　初版本卷末有《〈俄国戏曲集〉附录一——作者传记》、郑振铎《〈俄国戏曲集〉附录二——俄国名剧一览》。作品为独幕剧。

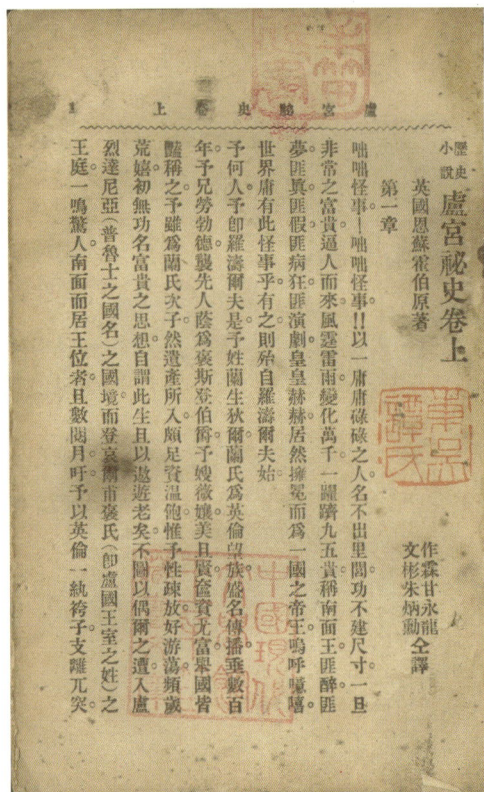

卢宫秘史（上、下）
初版本正文首页（封面、扉页缺失。15厘米×9.5厘米）

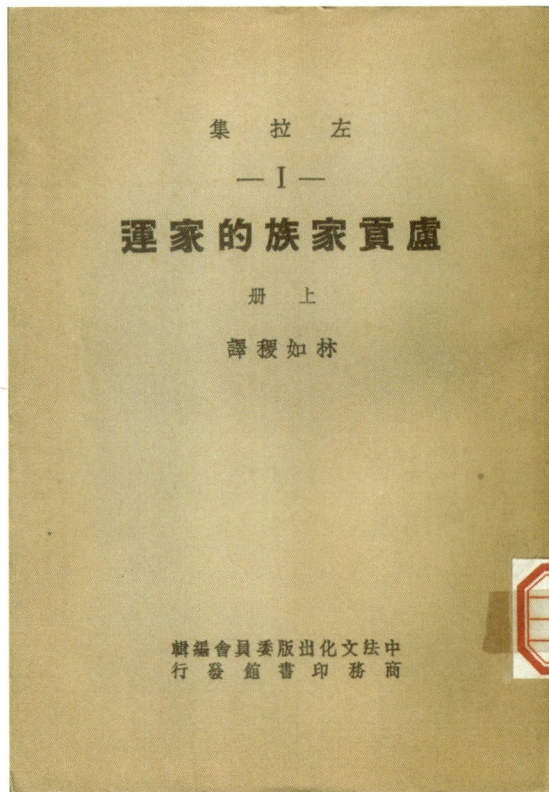

卢贡家族的家运（上、下）
初版本封面（21.2厘米×15.2厘米）

　　小说。【英】恩苏霍伯著。甘永龙、朱炳勋译。民国三年（1914）六月初版。上海商务印书馆印行。《小本小说》之一种。

　　馆藏商务印书馆1914年6月初版、1915年10月二版（四集本《说部丛书》第二集），见唐弢文库、王辛笛文库。

　　初版本无序跋。作品有卷上10章、卷下12章，共22章。

　　小说。【法】左拉著。林如稷译。民国二十五年（1936）十二月初版。中法文化出版委员会编辑。上海商务印书馆印行。《卢贡·马加尔家传——第二帝政时代一个家族之自然史及社会史》、《左拉集》之一。

　　馆藏商务印书馆1936年12月初版，见唐弢文库、图书大库。

　　初版本上册卷首有林如稷《译者序言》、【法】德妮丝·莱·布龙·左拉《爱米尔·左拉略传》、爱米尔·左拉《原序——〈卢贡·马加尔家传〉全书的总序》，下册卷末附有《〈卢贡·马加尔家传〉之孕育概观》、《〈卢贡家族的家运〉著作的产生及历史》、《〈卢贡家族的家运〉与批评界》、《卢贡·马加尔家族的世系分枝图表译文（附略图）》。作品有上册4章、下册3章，共7章。

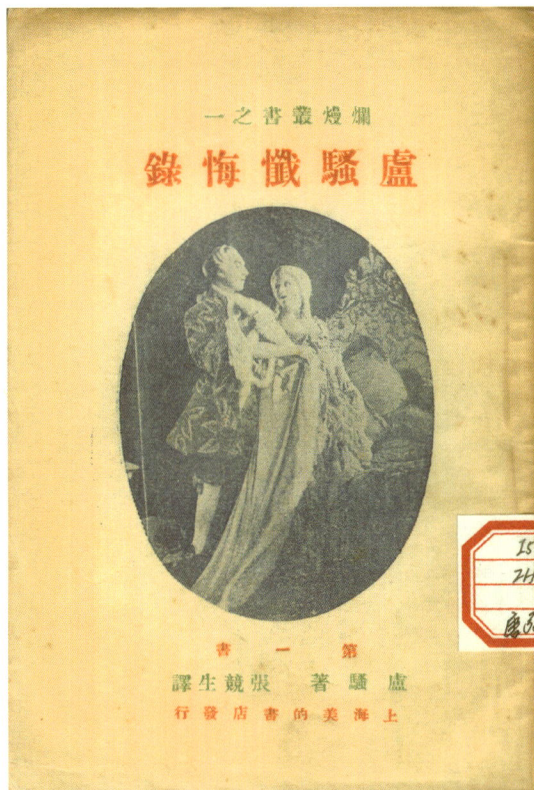

卢骚忏悔录（一、二）
初版本封面（18.8厘米×13.1厘米）

回忆录。【法】卢骚著。张竞生译。第一书民国十七年（1928）五月初版，印1500册；第二书同年七月初版，印1000册。上海美的书店发行。《烂熳丛书》之一种。

馆藏美的书店1928年5、7月初版，见唐弢文库。

初版本第一书卷首有译者《〈卢骚忏悔录〉序》，卷末有《编者后记》。《编者后记》云："卢骚《忏悔录》共十二书，为氏晚年所作，其间琳琅满目美不胜收。我们先将此第一书印行外，当即陆续出版；但仍然是一书一书单行出版，较有兴趣与较为经济。"

初版本为作品前两书（章）。

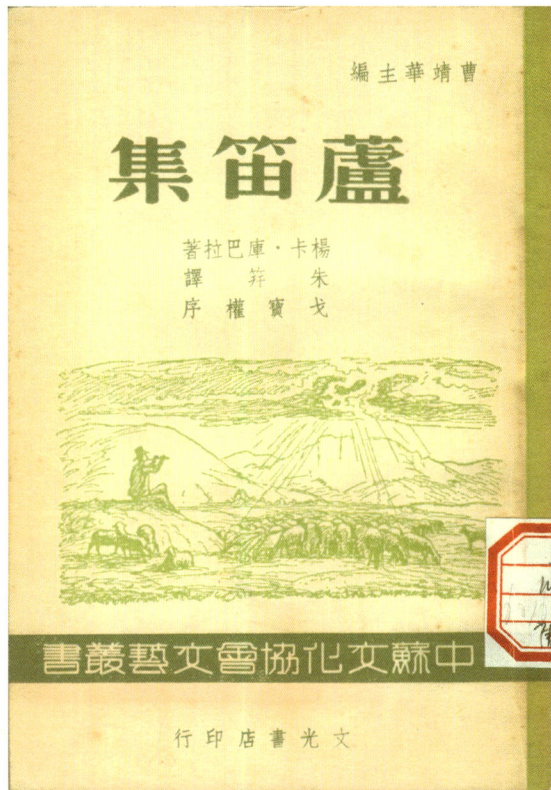

芦笛集
初版本封面（17.2厘米×12.3厘米）

诗歌集。【苏】杨卡·库巴拉著。朱笄译。民国三十五年（1946）六月沪初版。中苏文化协会编译委员会编辑、发行。上海文光书店印刷、总经售。曹靖华主编《苏联文学丛书》（小型本）之四、《中苏文化协会文艺丛书》之一种。

馆藏文光书店1946年6月初版、1947年10月沪二版，见唐弢文库、薛汕文库。

初版本卷首有《杨卡·库巴拉自传》（戈宝权译）、戈宝权《白俄罗斯人民诗人杨卡·库巴拉的生活与创造之路》。正文收《是谁在那儿走着？……》、《庄稼汉》、《我不是诗人》、《我们的乡村》、《给兄弟》、《我是白俄罗斯的农夫》、《就这样活下去》、《我们的太阳，你要上升吗？》、《蒙雾的林子喧闹着》、《我们要去到那些地方》、《去吧！》、《当我沿着田野步行》、《为真理》、《当我们从茅屋中走出》、《太阳颂》等44篇。

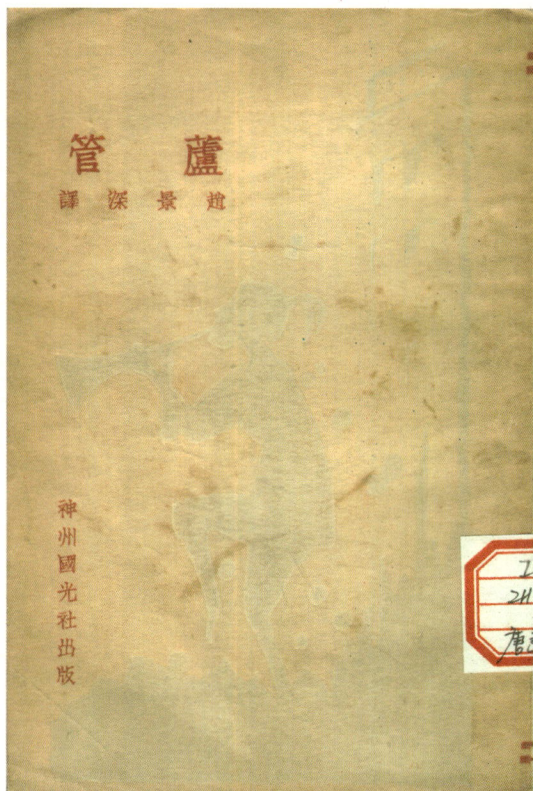

芦 管
初版本封面（18.7厘米×13.1厘米）

小说集。【俄】卜里西文等著。赵景深译。1930
年6月初版。神州国光社出版。

馆藏神州国光社1930年6月初版，见唐弢文库。

初版本无序跋。内收《芦管》、《三架织布
机》、《两个男人和一个女人》、《小酒桶》、《石
人》、《驰名的起花》、《狂风》、《不快乐的身
体》、《蓝花》、《天然的障碍》共10篇。

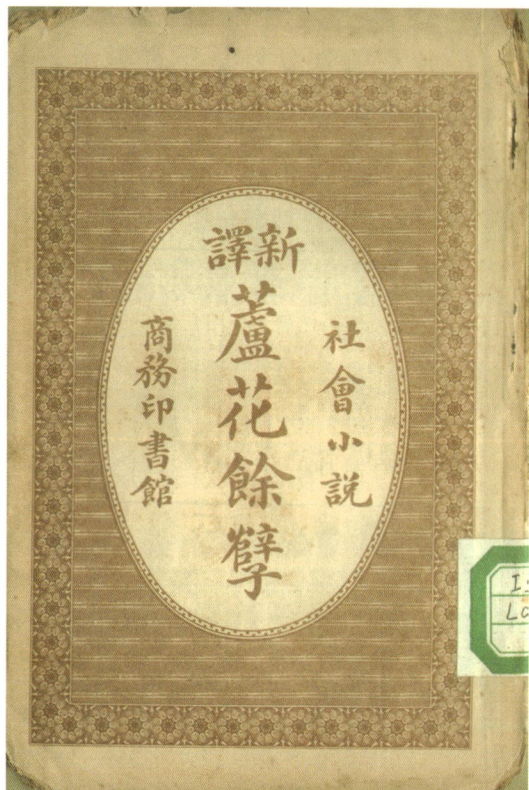

芦花余孽
1909年初版本封面（18.7厘米×12.7厘米）

小说。【英】色东麦里曼著。林纾、魏易译。宣
统元年（1909）十月初版。上海商务印书馆印行。

馆藏商务印书馆1909年（农历）10月初版、1914年
6月初版（《林译小说丛书》）、同年同月二版（《小
本小说》）、1915年10月二版（四集本《说部丛书》第
二集），见唐弢文库、王辛笛文库、图书大库。

本书为社会小说。初版本无序跋。作品共有18
章。

炉边蟋蟀
初版本封面（17.9厘米×12.4厘米）

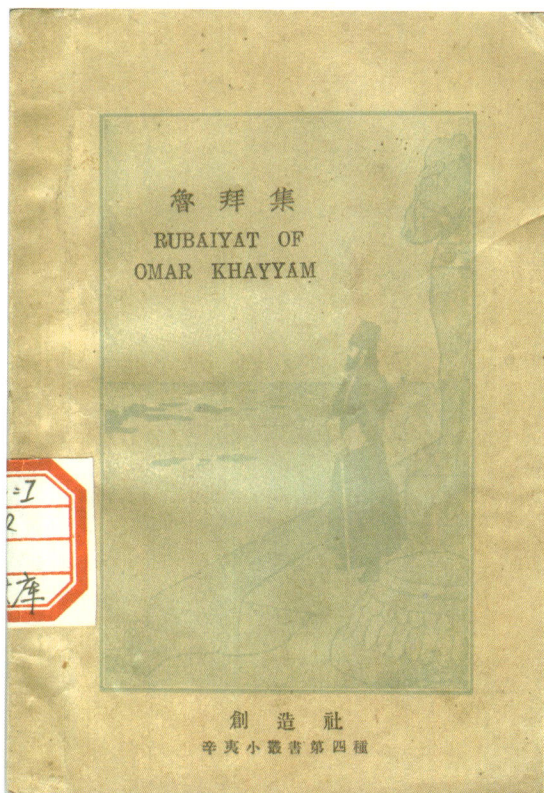

鲁拜集
泰东图书局初版本封面（14.6厘米×10.4厘米）

　　小说。【英】迭更司著。邹绿芷译。民国三十六年（1947）十一月初版。通惠印书馆发行。上海利群书报联合发行所特约经销。

　　馆藏通惠印书馆1947年11月初版，见图书大库。

　　初版本无序跋。作品共有3章。

　　诗歌集。【波斯】莪默伽亚谟著。郭沫若译。民国十三年（1924）一月一日出版。上海泰东图书局印行。创造社《辛夷小丛书》之四。

　　馆藏泰东图书局1924年1月初版，创造社1927年11月初版、1930年12月二版，光华书局1930年12月二版，见唐弢文库、薛汕文库、图书大库。

　　本书为中英文对照。泰东图书局初版本分上、下篇，上篇为《导言》（译者），下篇为正文，共收101篇，无篇名。

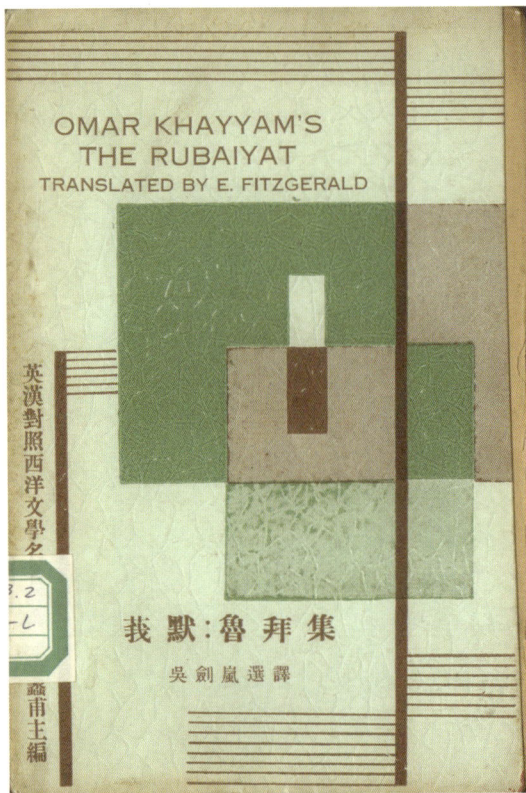

鲁拜集
初版本封面（19.9厘米×13.4厘米）

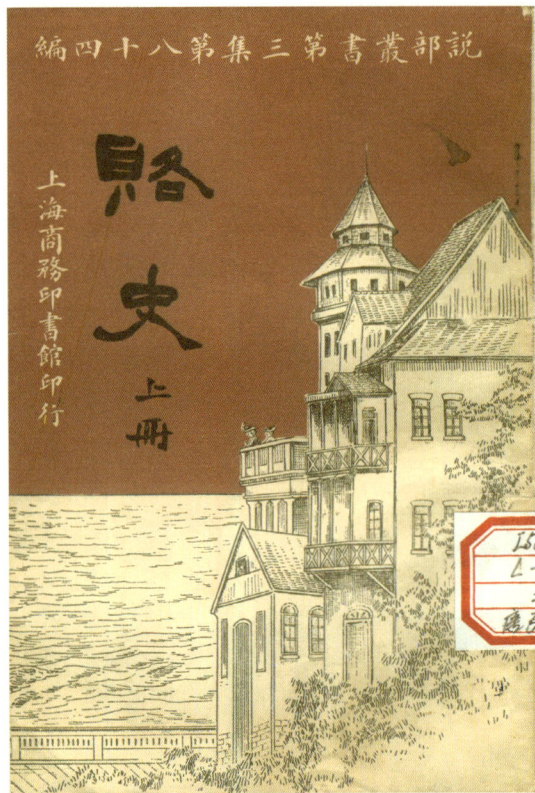

赂　史（上、下）
初版本封面（18.3厘米×12.6厘米）

　　正文、版权页题《鲁拜集选》。诗歌集。【波斯】莪默著。吴剑岚译。1934年5月初版。上海黎明书局印行。伍蠡甫《英汉对照西洋文学名著译丛》之七。

　　馆藏黎明书局1934年5月初版，见艾芜文库、薛汕文库、图书大库。

　　初版本卷首有伍蠡甫《序吴译〈鲁拜集〉》、剑岚《自序（附诗四首）》。正文共收39篇，无篇名。

　　小说。【法】亚波倭得著。林纾、陈家麟译。民国九年（1920）二月初版。上海商务印书馆印行。四集本《说部丛书》第三集之八十四。

　　馆藏商务印书馆1920年2月初版、某版（无版权页，《林译小说》第二集），见唐弢文库、图书大库。

　　初版本无序跋。作品除《小引》外有卷上15章、卷下19章，共34章。

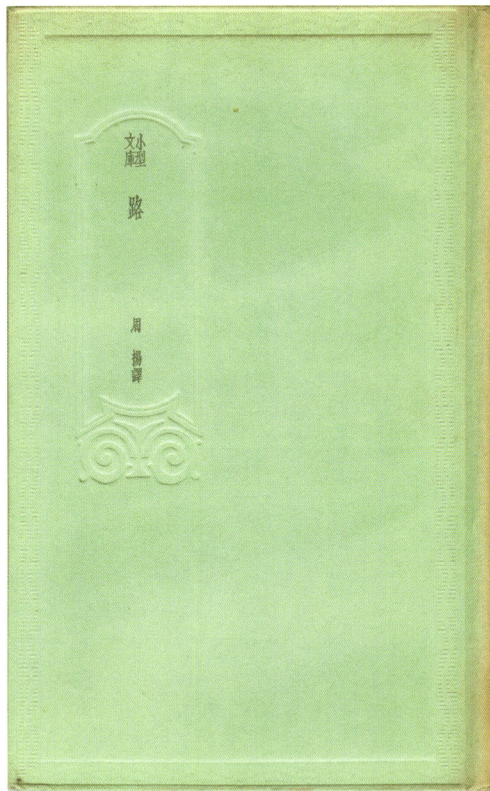

路
初版本封面（17.1厘米×10.6厘米）

小说集。【苏】莱奥诺夫等著。周扬译。民国二十五年（1936）八月出版。文学出版社出版。上海生活书店总经售。《小型文库》之八。

馆藏文学出版社1936年8月初版、1941年1月二版，生活书店1948年4月胜利后一版，见唐弢文库、孔罗荪文库、图书大库。

初版本卷末有译者《后记》。正文收《伊凡的不幸》、《路》、《爱情》、《樱核》、《结晶》、《焦炭，人们和火砖》、《启耳基兹人的归来》、《我们在铸着刀子》共8篇。

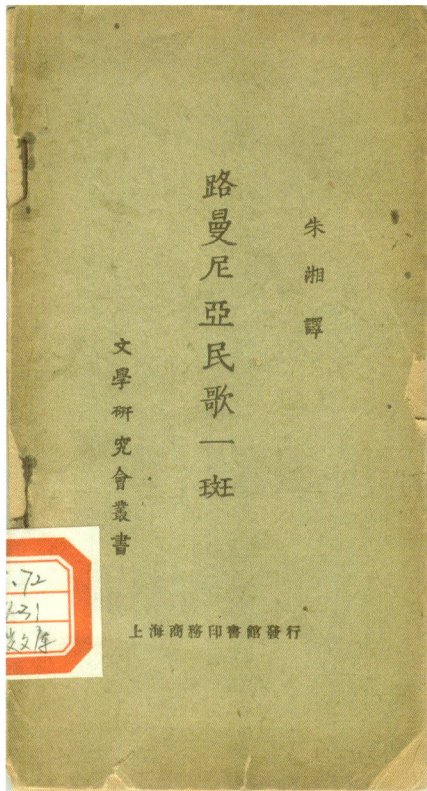

路曼尼亚民歌一斑
初版本封面（17.5厘米×9.7厘米）

诗歌集。【罗】佚名著。朱湘译。民国十三年（1924）三月初版。上海商务印书馆印行。《文学研究会丛书》之一种。

馆藏商务印书馆1924年3月初版，见唐弢文库。

初版本卷首有《序》（译者）、《采集人小传》，卷末有《重译人跋》。《序》云："后面的十几首路曼尼亚国的民歌是从哀阑拿·伐佳列司珂女士的《丹波危查的歌者》里选出的。伊费了几年心血，在丹波危查县里，从农人口中，采集民歌，结果成了这部书。"

初版本收《无儿》、《母亲悼子歌》、《花孩儿》、《孤女》、《咒语》、《干姊妹相和歌》、《纺纱歌》、《月亮》、《吉卜西的歌》、《军人的歌》、《疯》、《独居》、《被诅咒的歌》、《未亡人》共14篇。

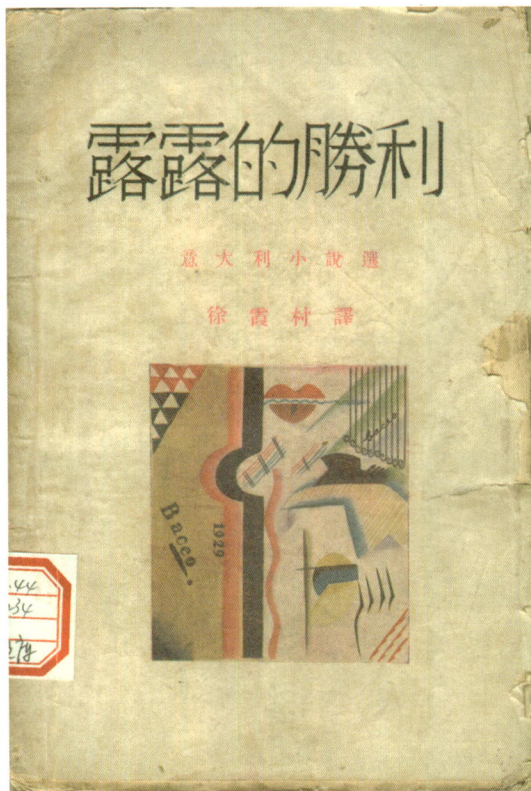

露露的胜利
初版本封面（19.6厘米×14.1厘米）

露漱格兰小传
1902年初版本封面（19厘米×12.8厘米）

小说集。【意】塞梨奥等著。徐霞村译。1929年2月20日付排，3月20日初版。上海春潮书局发行。

馆藏春潮书局1929年3月初版、立达书局1932年10月初版（书名为《意大利小说选》，扉页、版权页题《近代意大利小说选》），见唐弢文库、图书大库。

春潮书局初版本卷首有《前记》（译者）。正文收《露露的胜利》、《英雄》、《紧礼服》、《幻》共4篇。

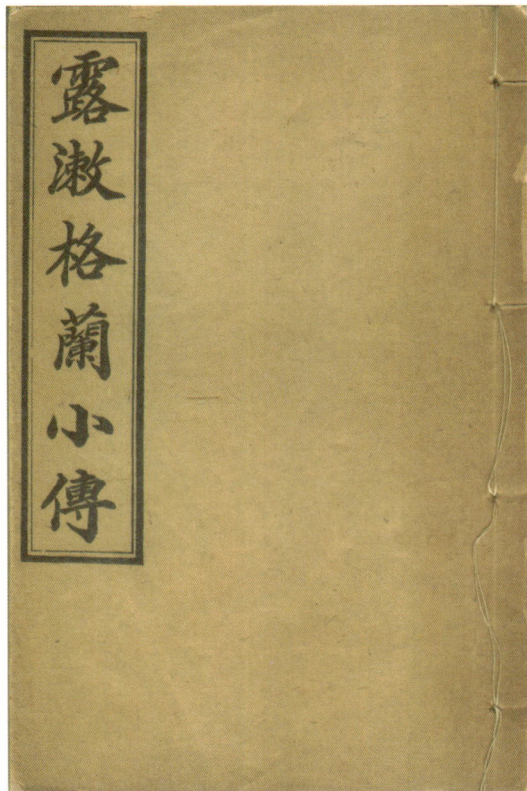

小说。著者不详。普通学书室译。光绪二十八年（1902）三月三日印刷，四月一日出书。译者自刊。商务印书馆印刷。

馆藏1902年（农历）4月初版、支那新书局1903年（农历）4月初版（译者署名为"信陵骑客"），见唐弢文库、姚雪垠文库。

初版本卷首有冷红生《序》、译者《自序》。作品不分章节。

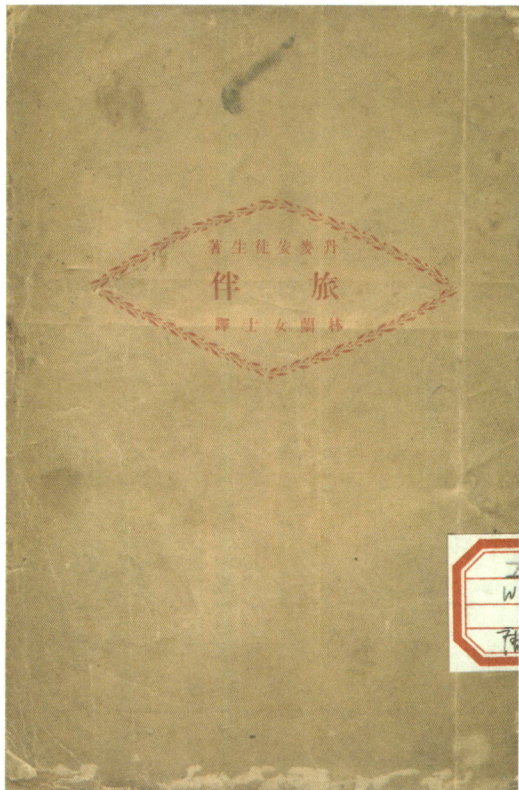

旅　伴
初版本封面（18.6厘米×12.5厘米）

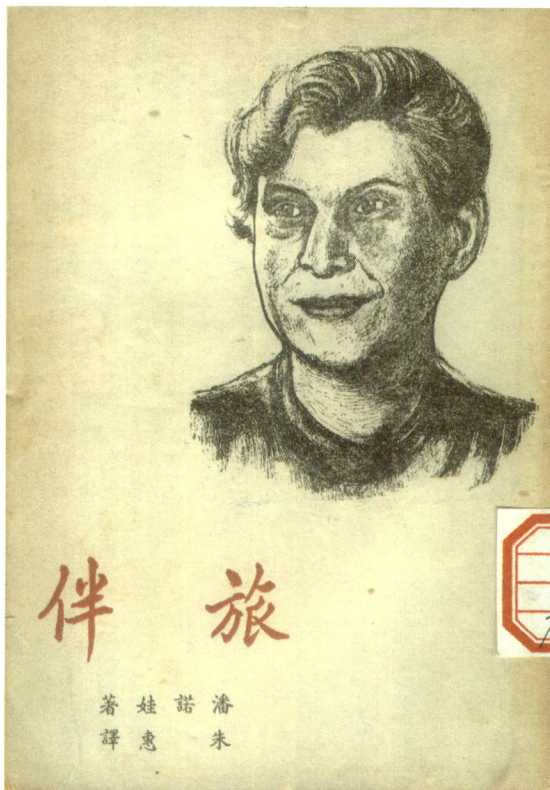

旅　伴
初版本封面（17厘米×12.4厘米）

　　童话集。【丹】安徒生著。林兰、CF译。1924年8月付印，10月初版。新潮社发行。北大印刷课印刷。

　　馆藏新潮社1924年10月初版，见唐弢文库、图书大库。

　　初版本无序跋。内分上、下卷，收《旅伴》、《丑小鸭》、《牧豕郎》、《小人鱼》、《打火匣》、《幸福家庭》、《缝针》、《小尼雪》、《雏菊花》、《拇指林娜》、《真公主》共11篇。

　　小说。【苏】潘诺娃著。朱惠译。1949年9月初版。上海开明书店印行。《开明文艺译丛》之一种。

　　馆藏开明书店1949年9月初版，见唐弢文库。

　　初版本卷末有《译者附识》。作品有第一部《夜》4章、第二部《晨》4章、第三部《白天》5章，共13章。

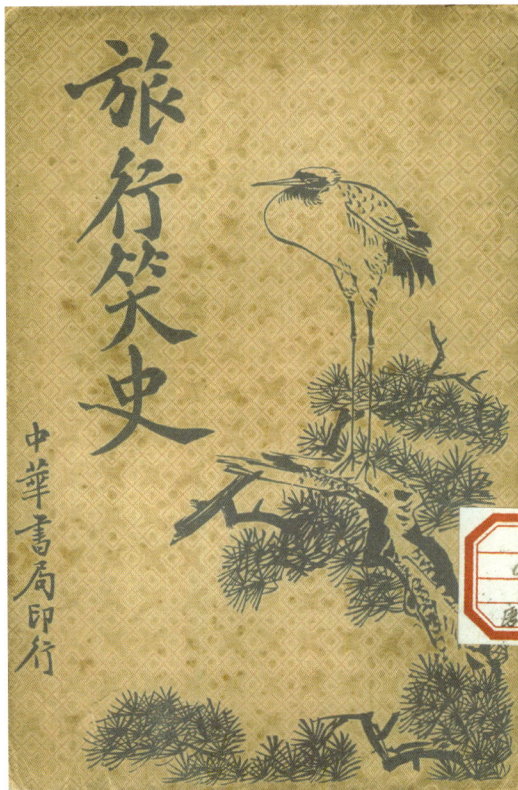

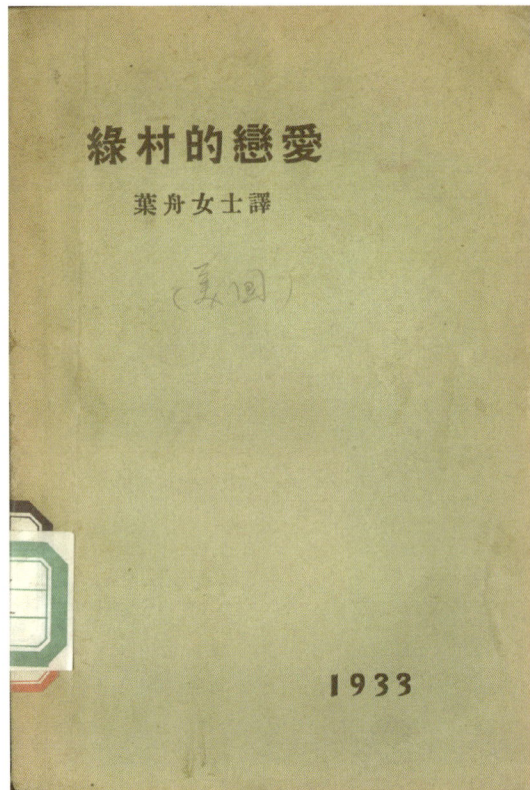

旅行笑史（上、下）
上册初版本封面（18.8厘米×12.9厘米）

　　小说。【英】却而司迭更斯著。常觉、小蝶译。民国七年（1918）一月印刷、发行。上海中华书局印行。

　　馆藏中华书局1918年1月初版，见唐弢文库。

　　初版本无序跋。作品有上册8章、下册11章，共19章。

绿村的恋爱
初版本封面（18.7厘米×12.9厘米）

　　原名《格林维基村的恋爱》。小说集。【美】戴尔著。叶舟译。1933年1月付印，5月出版。上海光明书局印行。

　　馆藏光明书局1933年5月初版，见图书大库。

　　初版本卷首有叶舟《题记》、赵景深《现代美国小说家戴尔》。正文收《幻想的奇遇》、《我是流浪人》、《矿渣》共3篇。

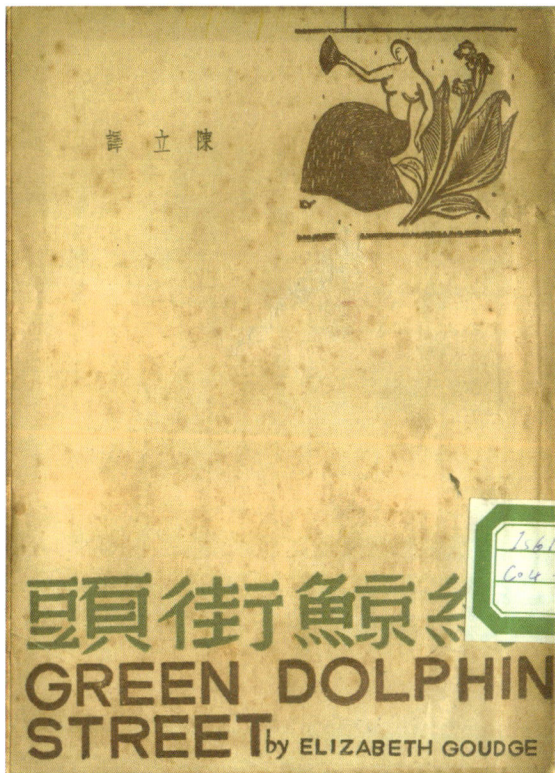

绿鲸街头
初版本封面（17.6厘米×12.8厘米）

小说。【英】伊丽莎伯顾芝著。陈立译。民国三十四年（1945）十一月初版。上海复兴出版社发行。上海新生书报社总经售。

馆藏复兴出版社1945年11月初版，见图书大库。

初版本无序跋。作品共有9章。

乱婚裁判
初版本封面（19.9厘米×14.2厘米）

戏剧。【苏】台米陀伊基著。沈端先译。1930年2月初版、发行，印1500册。上海水沫书店印行。

馆藏水沫书店1930年2月初版，见唐弢文库、巴金文库。

初版本无序跋。作品为独幕剧。

羅嗦家

蘇·S.馬莎克作

江華譯

新詩歌叢書

漢賓羅

美國·G特里斯著 孫琪譯

生活書店發行

啰嗦家
初版本封面（15.4厘米×10.6厘米）

罗宾汉
初版本封面（18.6厘米×13.1厘米）

诗歌。【苏】S.马莎克著。江华译。1948年11月初版，印500册。新诗歌社出版。香港中原印刷厂承印。香港南国书店分经售。《新诗歌丛书》之一种。

馆藏新诗歌社1948年11月初版，见薛汕文库、图书大库。

初版本无序跋。作品不标章次。

小说。【美】G.特里斯著。孙琪译。民国二十六年（1937）五月初版。上海生活书店发行。生活印刷所印刷。

馆藏生活书店1937年5月初版、国讯书店1943年8月渝二版（扉页、版权页题名为《罗宾汉的故事》，著者国别为"英"），见图书大库。

初版本卷末有译者《后记》，内云："这……是一篇以罗宾汉的传说为题材的新的童话。作者是一个英国作家。（胡风先生曾在一篇关于儿童文学的文章里，说他是美国作家，不知何所根据？！）"

初版本共有20章。

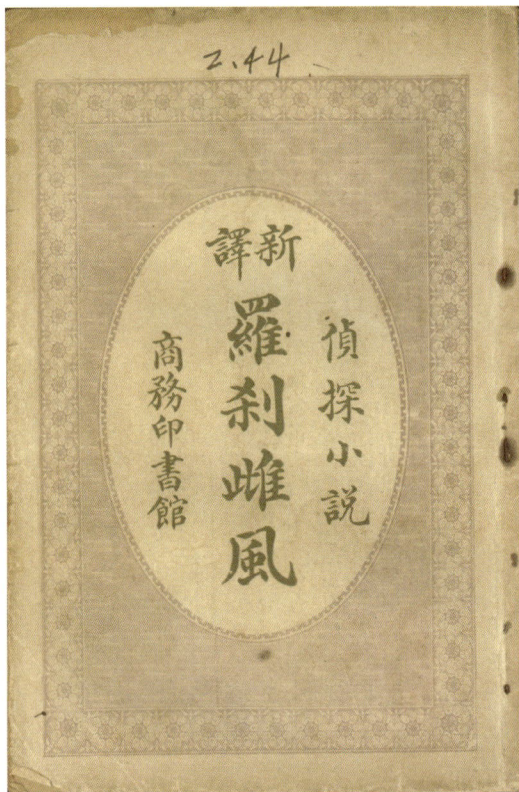

罗刹雌风
初版本封面（18.8厘米×12.7厘米）

罗马哀歌
初版本封面（18.3厘米×13厘米）

小说。【英】希洛著。林纾、力树萱译。民国三年（1914）十二月十四日印刷，民国四年（1915）一月九日初版、发行。上海商务印书馆印行。

馆藏商务印书馆1915年1月初版、同年8月二版（四集本《说部丛书》第二集）、某版（无版权页，《林译小说》第二集），见唐弢文库、王辛笛文库、图书大库。

本书为侦探小说。初版本无序跋。作品共有12章。

诗歌集。【德】歌德等著。方闻等译。马云、庞德身编。民国三十三年（1944）三月初版。福建永安点滴出版社出版、发行。永安中国文化服务社印刷。永安立达书店总经售。《世界文学名诗选》之一种。

馆藏点滴出版社1944年3月初版，见唐弢文库、薛汕文库。

初版本卷首有庞德身《序》。正文分两辑，收《罗马哀歌》、《日记》、《小玫瑰》、《大鸦》、《钟》、《阿那贝尔·李》、《天使的足音》、《桥》、《生之礼赞》、《雪的十字架》、《箭和歌》、《一切都将死去》、《一切都将永生》、《莱特旅团的冲锋》、《鹰》等41篇。

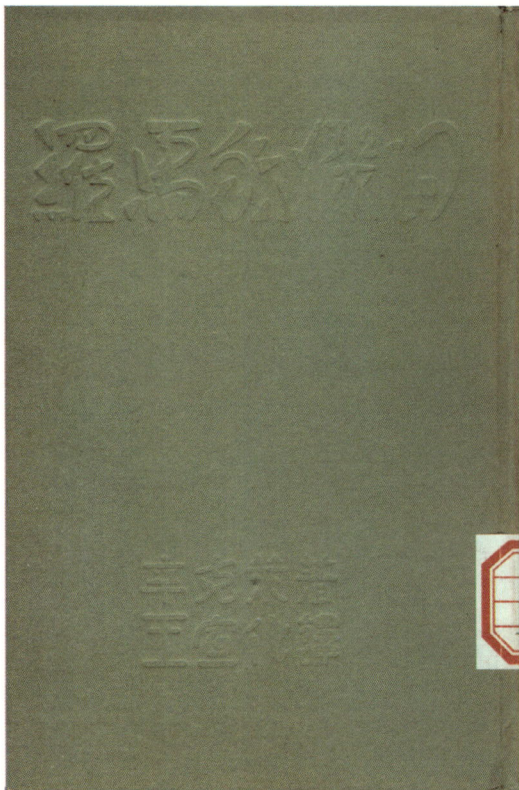

罗马的假日
初版本封面（19厘米×12.8厘米）

小说。【美】辛克莱著。王宣化译。民国二十一年（1932）十月初版。上海实现社出版。

馆藏实现社1932年10月初版，见唐弢文库、图书大库。

初版本卷首有《译者附志》。作品除"引子"外共有83章。

罗马尼亚短篇小说集
1934年初版本封面（19厘米×13.1厘米）

沙垛维纽等著。杨彦劬译。民国二十三年（1934）三月初版。上海商务印书馆印行。

馆藏商务印书馆1934年3月初版、1935年4月二版、1937年3月初版，见唐弢文库、巴金文库、胡风文库、李辉英文库、图书大库。

初版本卷首有彦劬《译者记》、玛丽《罗马尼亚后序》、《梅黑廷茨教授序》。正文收《湖上仙子》、《曼约罗底旅舍》、《哥士玛·拉加埃》、《漂泊的人们》、《初生之雏》、《伊丽耐》共6篇。

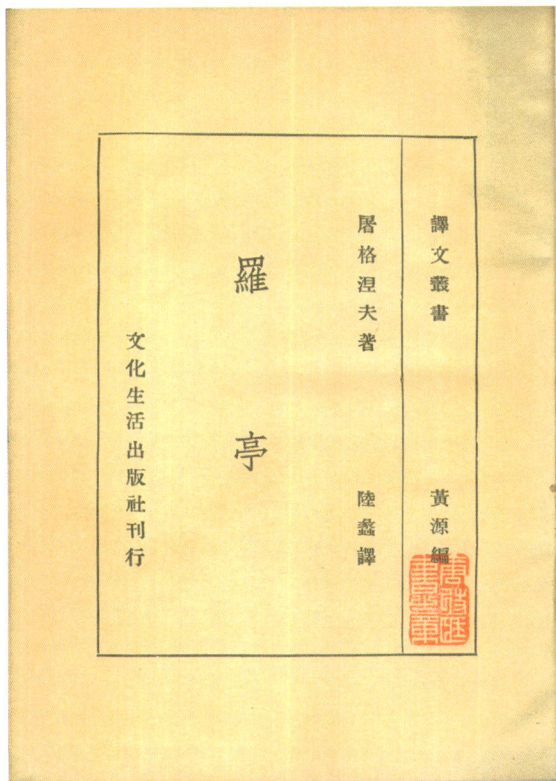

罗 亭
初版本扉页（精装本封面无书名。18.8厘米×13.7厘米）

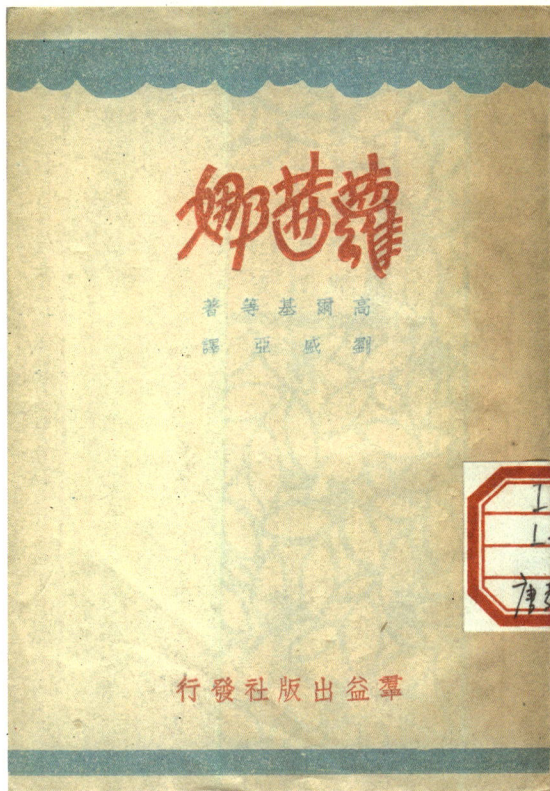

萝茜娜
初版本封面（14.9厘米×10.7厘米）

　　小说。【俄】屠格涅夫著。陆蠡译。民国二十五年（1936）十二月初版。上海文化生活出版社出版、发行。文化生活印刷所印刷。《屠格涅夫选集》之一，黄源主编《译文丛书》之一种。

　　馆藏文化生活出版社1936年12月初版、1939年4月三版、1946年7月六版、1948年4月八版、同年11月九版，见唐弢文库、图书大库。

　　初版本卷首有【俄】斯特普尼亚克《英译本序》，卷末有陆蠡《后记》。《英译本序》云："《罗亭》是屠格涅夫社会小说的第一部，是继后诸部的艺术的导言，因为这是述及现在的社会政治运动开始之前的时期。这时期会迅速地被遗忘，假如没有他的小说，我们很难明了它的真相，这是值得研究的，因为在其中我们可以找到未来的成长的萌蘖。"

　　初版本除《尾声》外共有12章。

　　小说集。【苏】高尔基等著。刘盛亚译。民国三十三年（1944）二月发行，印3000册。重庆群益出版社发行。《群益文艺小丛书》之二。

　　馆藏群益出版社1944年2月初版、云海出版社1946年6月沪二版（译者署名为"S.Y."），见唐弢文库、图书大库。

　　初版本卷末有S.Y.《译者附记》。正文收《萝西娜》、《美阿萨》、《马拉加》、《瓦斯加》共4篇。

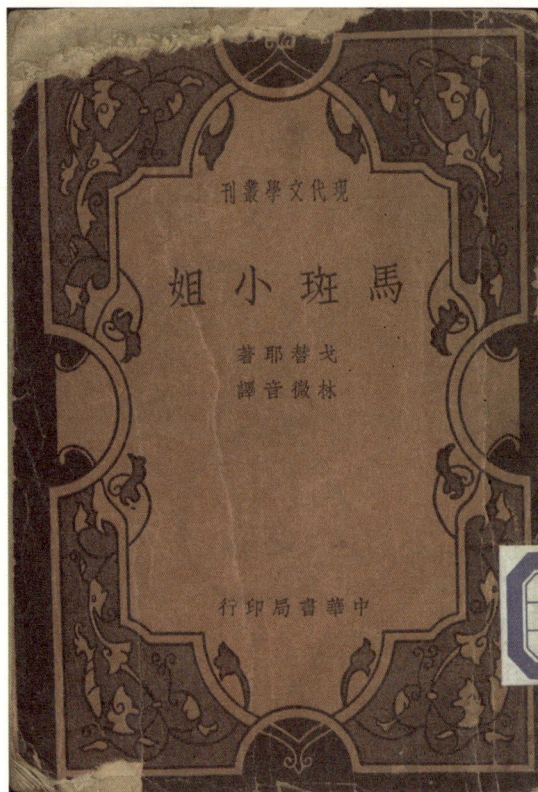

马斑小姐
初版本封面（残。18.5厘米×13.1厘米）

马丁休脱侦探案（一至三）
第一册初版本封面（18.5厘米×12.5厘米）

　　小说。【法】戈替耶著。林微音译。民国二十四年（1935）二月印刷、发行。上海中华书局印行。《现代文学丛刊》之一种。

　　馆藏中华书局1935年2月初版，见图书大库。

　　初版本卷首有A.Symons《戈替耶》、戈替耶《序》。作品共有17章。

　　扉页题《马丁休脱侦探》。小说集。【英】玛利孙著。奚若译。乙巳（1905）十二月、丙午年（1906）二月、丙午年三月初版、发行。上海小说林社编辑、印行。

　　馆藏小说林社1905年（农历）12月—1906年（农历）3月初版，见唐弢文库。

　　初版本无序跋。全书收《克落夫脱邸第失窃案》、《枪毙福瓣脱命案》、《黑人被杀失尸案》、《查失鱼雷艇图案》、《以维考旦其之秘密案》、《思旦惠之宝石疑案》、《烧手案》、《疯人奇案》、《聂可勃之银箱案》、《银行失窃案》、《哈尔富特之遗嘱案》共11篇。

马 妒
初版本封面（19厘米×13厘米）

小说。【英】高尔兹著。林纾、毛文钟译。民国
十年（1921）七月初版。上海商务印书馆印行。四集本
《说部丛书》第四集之十一。

馆藏商务印书馆1921年7月初版，见王辛笛文库。

初版本无序跋。作品共有21章。

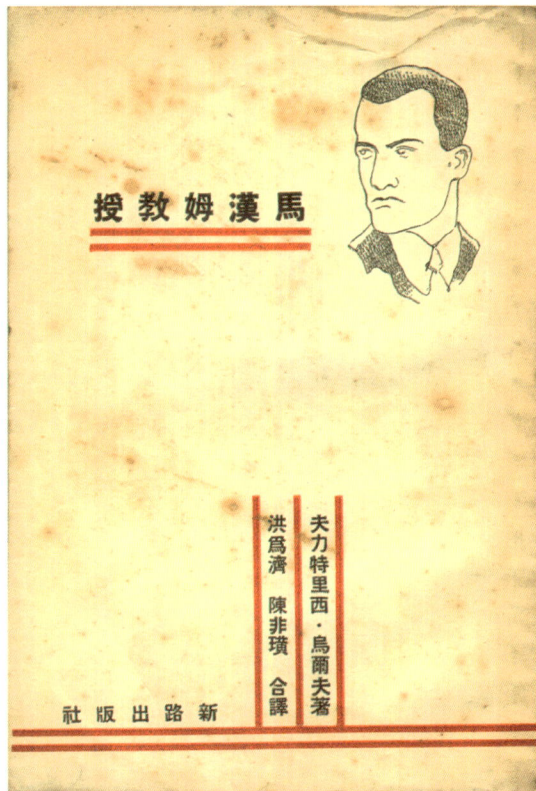

马汉姆教授
初版本封面（18.4厘米×12.9厘米）

副标题为《西欧德模克拉西的悲剧》。戏剧。
【德】夫力特里西·乌尔夫著。洪为济、陈非璜译。
1936年7月30日初版，印1000册。上海新路出版社发
行。

馆藏新路出版社1936年7月初版，见巴金文库。

初版本卷末有译者《跋》。作品共有4幕。

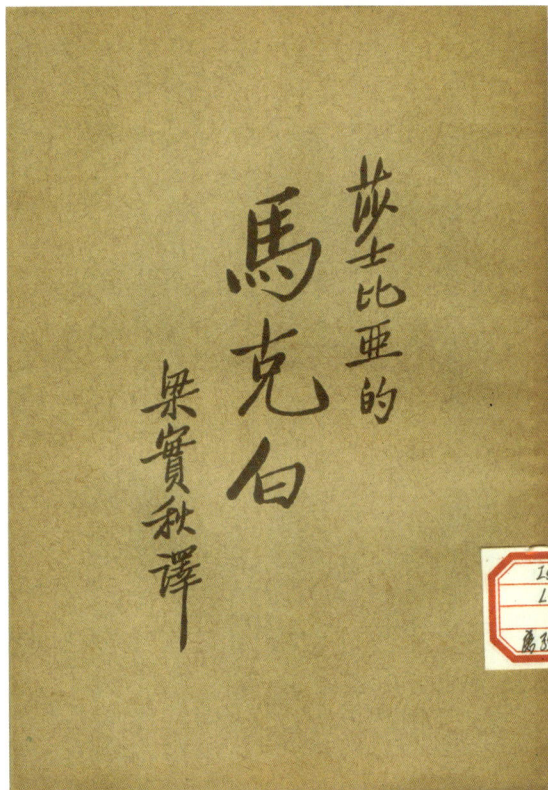

马克白
初版本封面（21.2厘米×15.1厘米）

戏剧。【英】莎士比亚著。梁实秋译。民国二十五年（1936）六月初版。中华教育文化基金董事会编译委员会编辑。上海商务印书馆印行。

馆藏商务印书馆1936年6月初版，见唐弢文库、图书大库。

初版本卷首有《序》（译者）、《例言》（译者）。作品共有5幕。

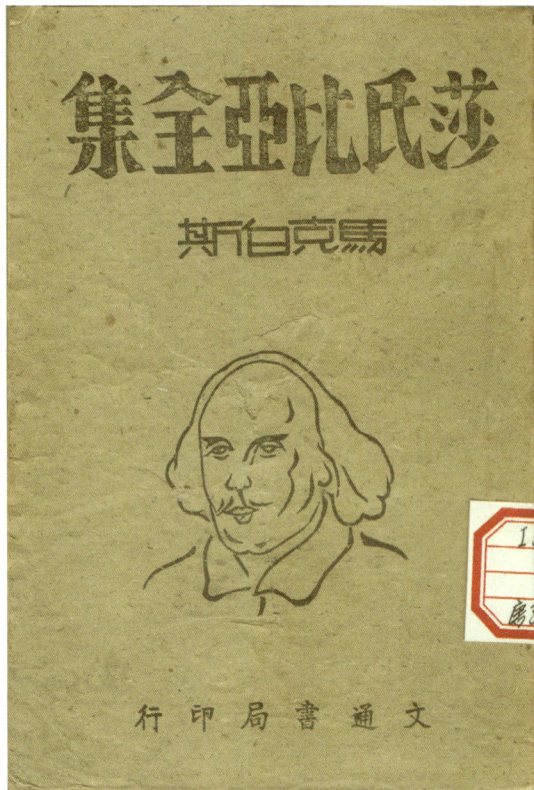

马克白斯
初版本封面（18.2厘米×12.5厘米）

戏剧。【英】莎氏比亚著。曹未风译。民国三十三年（1944）三月初版。贵阳文通书局印行。《莎氏比亚全集》之一种。

馆藏文通书局1944年3月初版、文化合作股份有限公司1946年6月普及版（著者译名为"莎士比亚"），见唐弢文库、靳以文库。

初版本无序跋。作品共有5出。

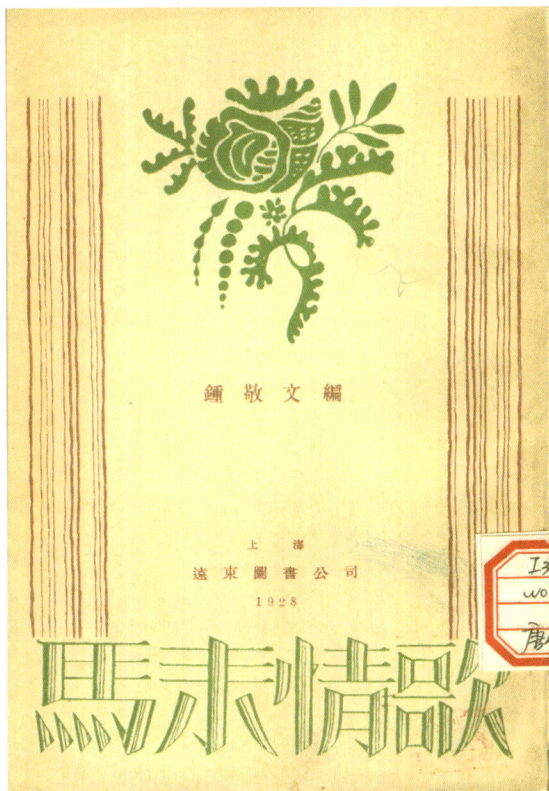

马来情歌
初版本封面（18.7厘米×13.1厘米）

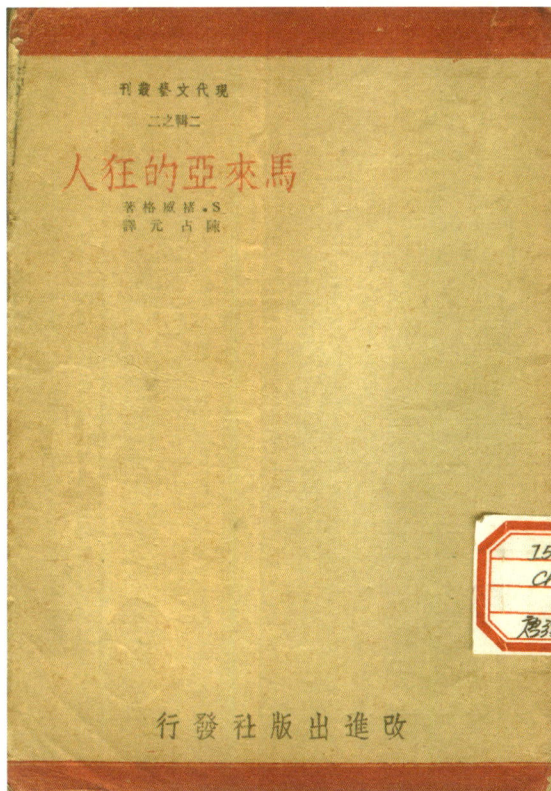

马来亚的狂人
初版本封面（18.2厘米×13.2厘米）

　　扉页、正文题《马来情歌集》。民歌集。著者不详。警民等译。钟敬文编。1928年11月15日付印，12月15日出版，印1500册。上海远东图书公司发行。

　　馆藏远东图书公司1928年12月初版，见唐弢文库、盛成文库。

　　初版本卷首有《献给》（编者）、警民《论马来诗歌》、钟敬文《马来民歌研究》，卷末附有革尘《马来民歌一脔》。正文共收76篇，无篇名。

　　小说。【奥】S.褚威格著。陈占元译。民国三十年（1941）七月初版。福建永安改进出版社印行。《现代文艺丛刊》第二辑之二。

　　馆藏改进出版社1941年7月初版、明日社1942年11月版（著者译名为"士提芬·支维格"），见唐弢文库、巴金文库、图书大库。

　　初版本卷首有【法】罗曼罗兰《褚威格及其作品（代序）》。作品不标章次。

马门教授
初版本封面（18.4厘米×12.4厘米）

戏剧。【德】F.Wolf著。萧三译。民国三十一年（1942）四月初版，印5000册。重庆文林出版社出版。

馆藏文林出版社1942年4月初版，见唐弢文库。

初版本无序跋。作品共有4幕。

玛德兰·费拉
初版本封面（17.9厘米×12.9厘米）

小说。【法】左拉著。毕修勺译。民国三十七年（1948）七月初版。世界书局印行。《左拉小说选集》之一种。

馆藏世界书局1948年7月初版，见唐弢文库、巴金文库、图书大库。

初版本无序跋。作品共有13章。

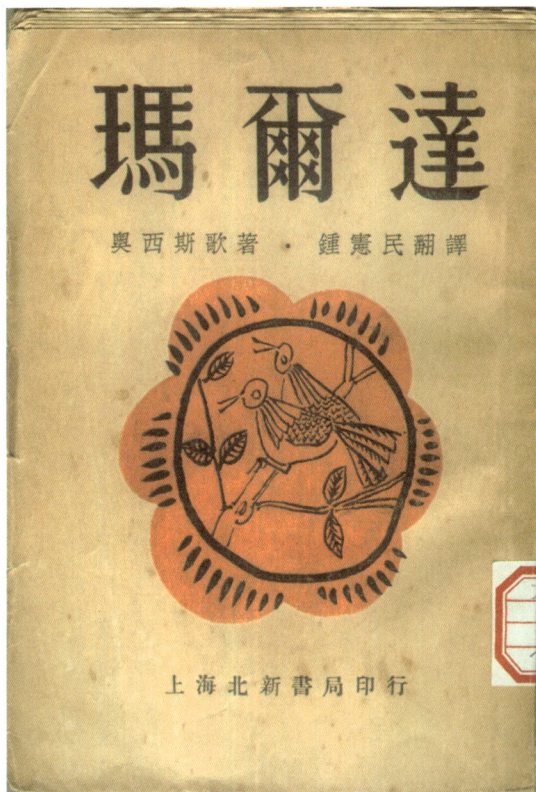

瑪爾達

奧西斯歌著 · 鍾憲民翻譯

上海北新書局印行

瑪爾伐

髙尔基著孫昆泉訳

玛尔达
初版本封面（19.5厘米×14.2厘米）

小说。【波兰】奥西斯歌著。钟宪民译。1929年7月初版，印2000册。上海北新书局印行。《欧美名家小说丛刊》之一种。

馆藏北新书局1929年7月初版、国际文化服务社1948年9月二版（书名为《孤雁泪》并附注原名《玛尔妲》），见唐弢文库、田仲济文库。

初版本无序跋。作品共有7章。

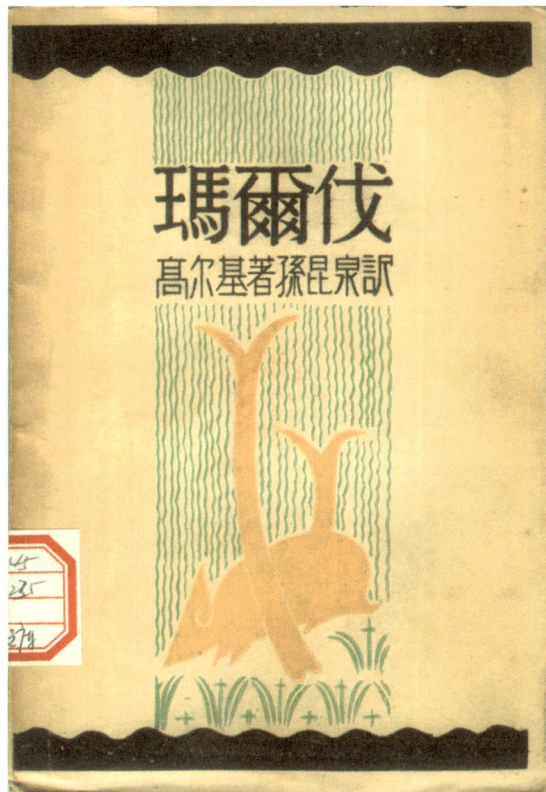

玛尔伐
初版本封面（18.8厘米×13.5厘米）

小说。【苏】高尔基著。孙昆泉译。1929年2月付印，4月发行，印2000册。上海光华书局印行。《萤火丛书》之一种。

馆藏光华书局1929年4月初版，见唐弢文库、巴金文库、图书大库。

初版本无序跋。作品共有6章。

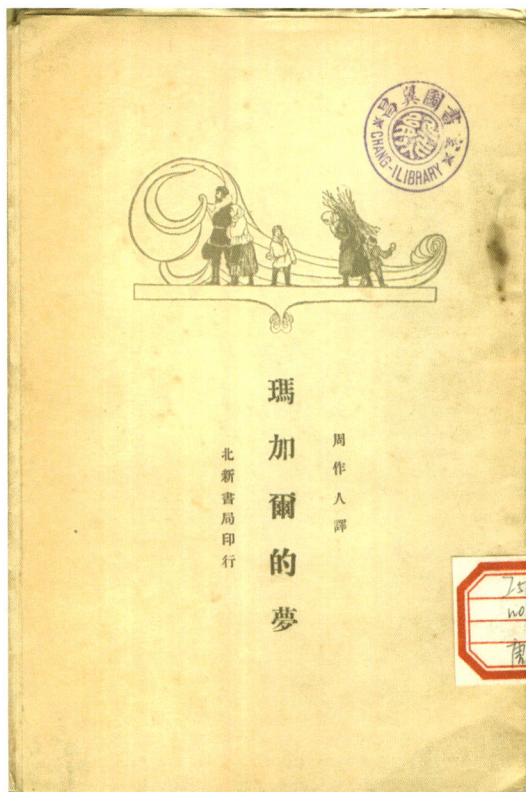

玛加尔的梦
初版本封面（19.9厘米×13.5厘米）

副标题为《基督降生节的故事》。小说。【俄】科罗连珂著。周作人译。1927年3月初版。北新书局印行。《苦雨斋小书》之二。

馆藏北新书局1927年3月初版、同年6月二版，见唐弢文库、巴金文库、图书大库。

初版本卷首有《〈苦雨斋小书〉序》（译者），卷末有"跋语"（译者）。作品不标章次。

玛丽玛丽
初版本封面（19.3厘米×13.4厘米）

小说。【爱尔兰】司帝芬士著。徐志摩、沈性仁译。1927年8月初版。上海新月书店印行。

馆藏新月书店1927年8月初版、1931年7月三版，见唐弢文库、巴金文库、图书大库。

初版本卷首有志摩《序》。作品共有32章。

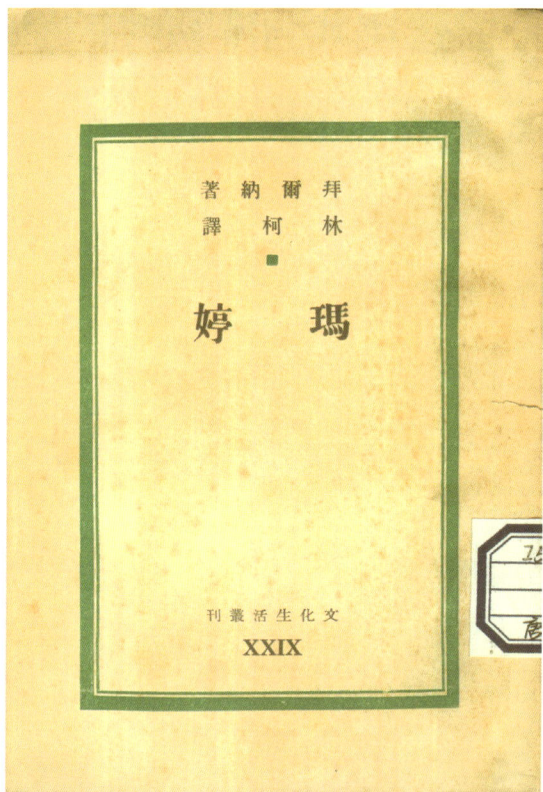

玛 婷
初版本封面（18.3厘米×12.9厘米）

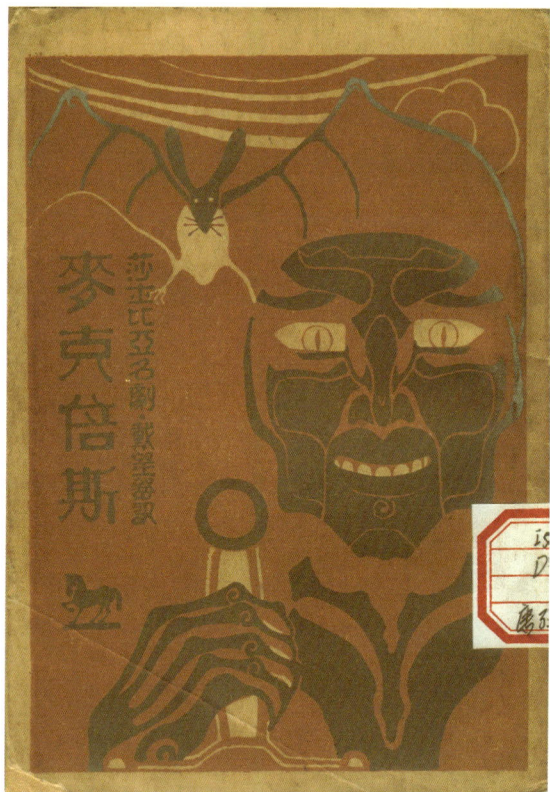

麦克倍斯
初版本封面（17.6厘米×12.6厘米）

　　戏剧。【法】拜尔纳著。林柯译。民国三十四年（1945）十一月初版。文化生活出版社发行。文化生活印刷所印刷。巴金主编《文化生活丛刊》之二十九。

　　馆藏文化生活出版社1945年11月初版、1947年4月二版，见唐弢文库、巴金文库、孔罗荪文库、图书大库。

　　初版本卷首有《译者序》，内云："这里所写的是一个农家少女因恋情而受苦的事，也就是一个微末灵魂的简单经历。"

　　初版本共有5幕。

　　戏剧。【英】莎士比亚著。戴望舒译。民国十九年（1930）十月初版。上海金马书堂发行。上海中西印书局印刷。

　　馆藏金马书堂1930年10月初版，见唐弢文库。

　　初版本无序跋。作品共有5幕。

卖淫妇
初版本封面（19.7厘米×14.1厘米）

　　小说集。【日】叶山嘉树著。张我军译。1930年7月初版，印2000册。上海北新书局印行。

　　馆藏北新书局1930年7月初版，见唐弢文库。

　　初版本卷首有译者《作者小传》。正文收《卖淫妇》、《离别》、《洋灰桶里的一封信》、《没有劳动者的船》、《山崩》、《跟踪》、《樱花时节》、《浚渫船》、《天的怒声》、《火夫的脸和水手的脚》、《捕凫》共11篇。

曼　侬
春潮书局初版本封面（19.6厘米×14.2厘米）

　　小说。【法】安多尼·卜赫佛著。石民、张友松译。1929年4月1日付排，30日初版。上海春潮书局印行。林语堂主编《现代读者丛书》之四。

　　馆藏春潮书局1929年4月初版，中华书局（著者译名为"卜莱佛"）1935年4月初版、1940年11月二版，见唐弢文库、李辉英文库、图书大库。

　　春潮书局初版本卷首有《作者传略》、《译者的话》、《作者附记》。作品共有13章。

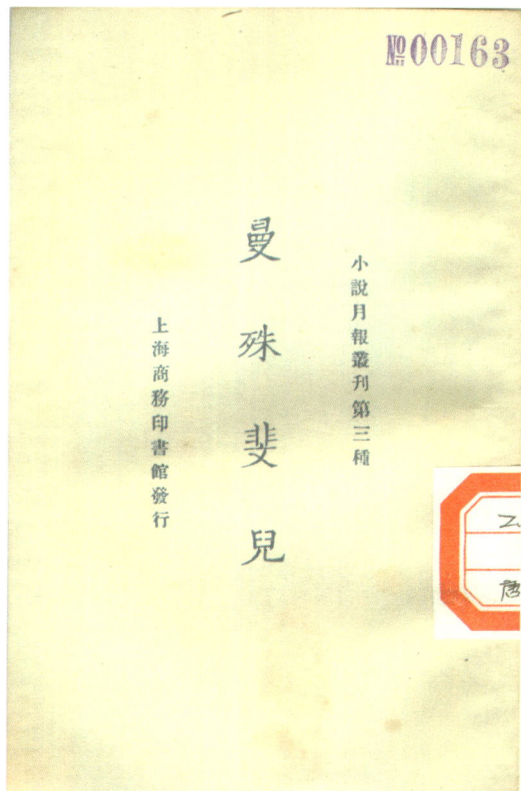

曼殊斐儿
初版本封面（15厘米×10.1厘米）

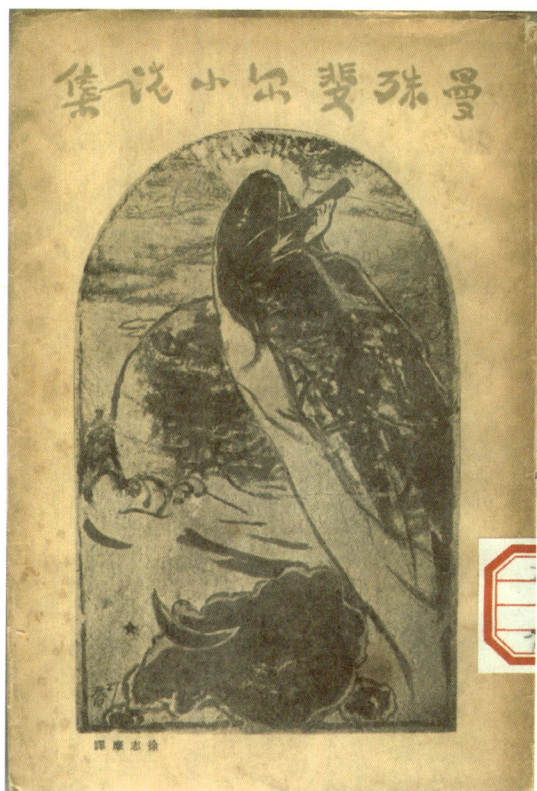

曼殊斐尔小说集
初版本封面（19.5厘米×13.7厘米）

小说集。【英】曼殊斐儿著。徐志摩、西滢译。民国十三年（1924）十一月初版。上海商务印书馆印行。小说月报社编辑《小说月报丛刊》之三。

馆藏商务印书馆1924年11月初版，见唐弢文库、图书大库。

初版本卷首有徐志摩《曼殊斐儿》，卷末附有沈雁冰《曼殊斐儿略传》。正文收《一个理想的家庭》、《太阳与月亮》共2篇。

【英】曼殊斐尔著。徐志摩译。1927年4月初版，印1000册。北新书局发行。《欧美名家小说丛刊》之一种。

馆藏北新书局1927年4月初版、同年7月二版，见唐弢文库、图书大库。

初版本卷末有《曼殊斐尔》（译者）。正文收《园会》、《毒药》、《巴克妈妈的行状》、《一杯茶》、《夜深时》、《幸福》、《一个理想的家庭》、《刮风》共8篇。

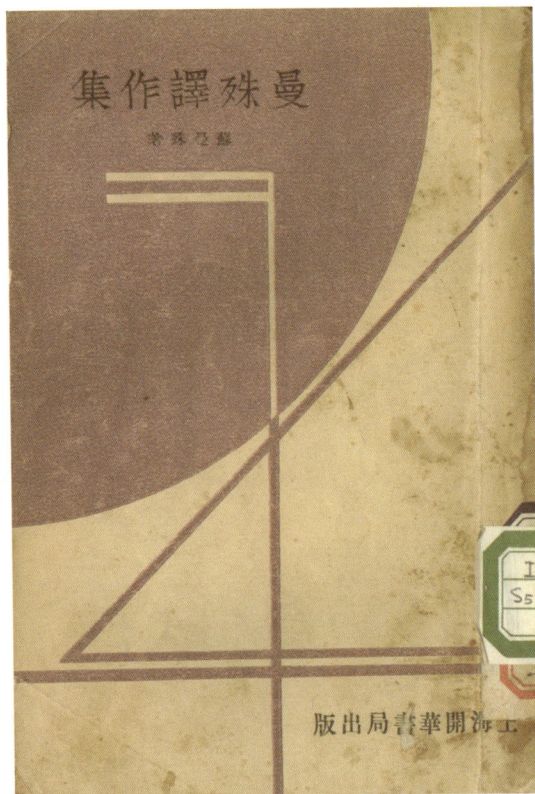

曼殊译作集
初版本封面（18.4厘米×12.9厘米）

　　扉页、版权页题《苏曼殊译作集》。小说集。【法】嚣俄、【印】佚名著。民国二十二年（1933）四月付印，五月出版。上海开华书局出版、发行。上海中和印刷公司印刷。上海中学生书局总经售。

　　馆藏开华书局1933年5月初版，见图书大库。

　　初版本无序跋。内收《悲惨世界》、《娑罗海滨遁迹记》共2篇。

漫郎摄实戈
初版本封面（19.6厘米×13.7厘米）

　　小说。【法】卜赫服著。成绍宗译。1929年4月付印，7月发行，印2000册。上海光华书局印行。《世界名著选》之一种。

　　馆藏光华书局1929年7月初版，见唐弢文库。

　　初版本卷首有G.Ferrières《卜赫服》、J.Lemoinne《〈漫郎摄实戈〉研究》、《作者序》。作品共有2部，部内不分章节。

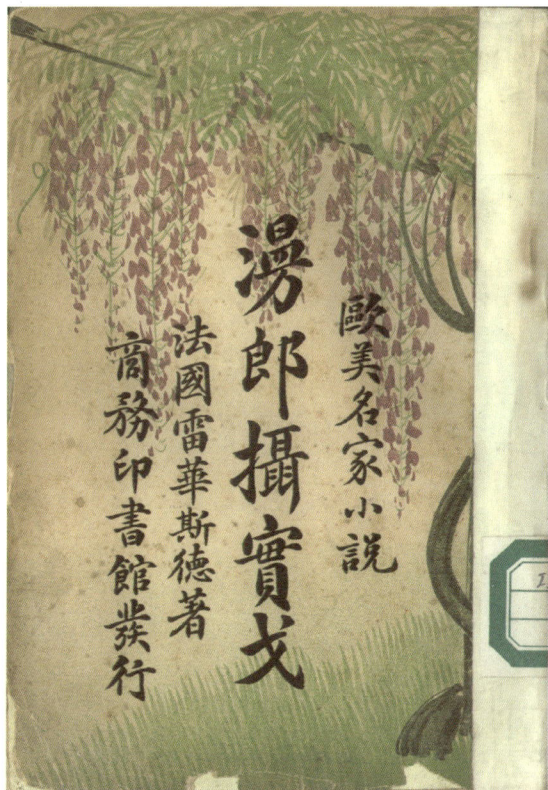

漫郎摄实戈
初版本封面（18.6厘米×13.3厘米）

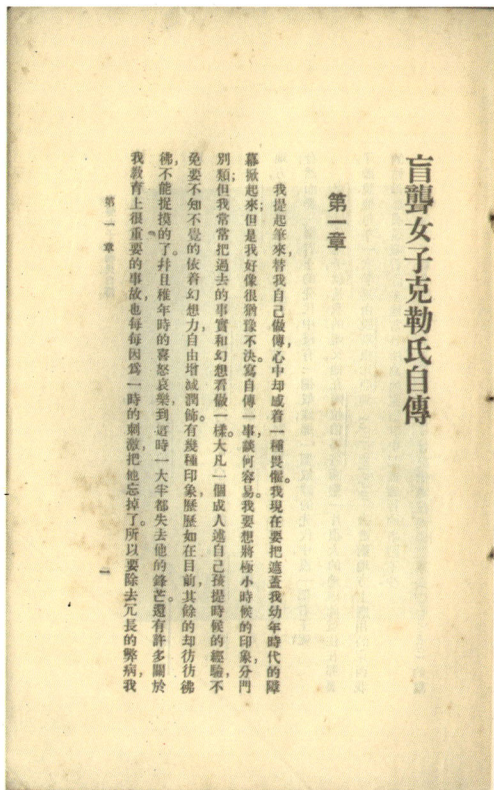

盲聋女子克勒氏自传
初版本正文首页（封面、扉页缺失。19.1厘米×12.3厘米）

　　小说。【法】伯雷华斯德（封面作"雷华斯德"）著。商务印书馆编译所译。光绪三十三年（1907）五月初版。上海商务印书馆印行。《欧美名家小说》之一种。

　　馆藏商务印书馆1907年（农历）5月初版、1915年9月三版（著者未署，四集本《说部丛书》第二集），见唐弢文库、图书大库。

　　初版本无序跋。作品共有15章。

　　回忆录。【美】海伦克勒著。高君韦译。民国十九年（1930）三月初版。上海商务印书馆印行。

　　馆藏商务印书馆1930年3月初版，见康瀣文库。

　　初版本卷首有译者《序》。作品共有23章。

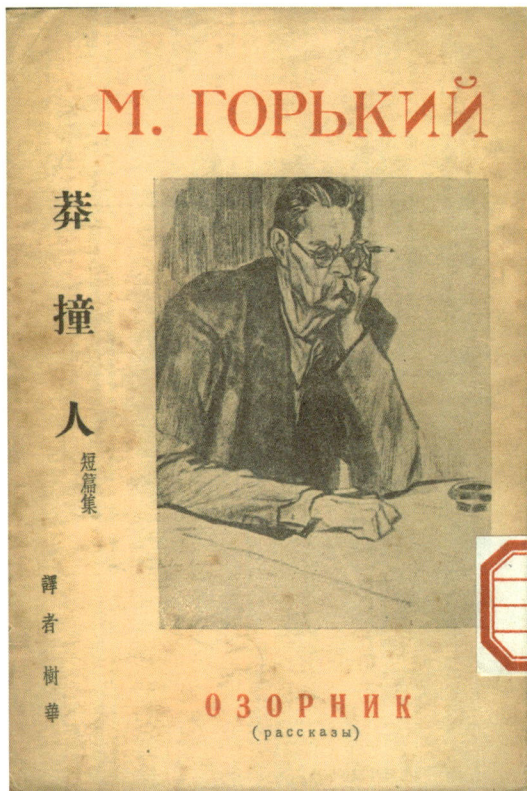

莽撞人
初版本封面（18.2厘米×12.6厘米）

小说集。【苏】M.高尔基著。树华译。1937年5月出版。天津生活知识出版社印行。天津书局、天津大东书局、上海生活书店经售。《M.高尔基小说全集》之三。

馆藏生活知识出版社1937年5月初版，见唐弢文库、图书大库。

初版本卷末有《后记》（译者）。正文收《在筏子上》、《书夹子的事情》、《莽撞人》、《其利尔加》、《浪漫者》、《毛路德温的姑娘》、《人的诞生》、《耶拉拉士》、《怎样编歌儿》、《关于甲虫儿们》共10篇。

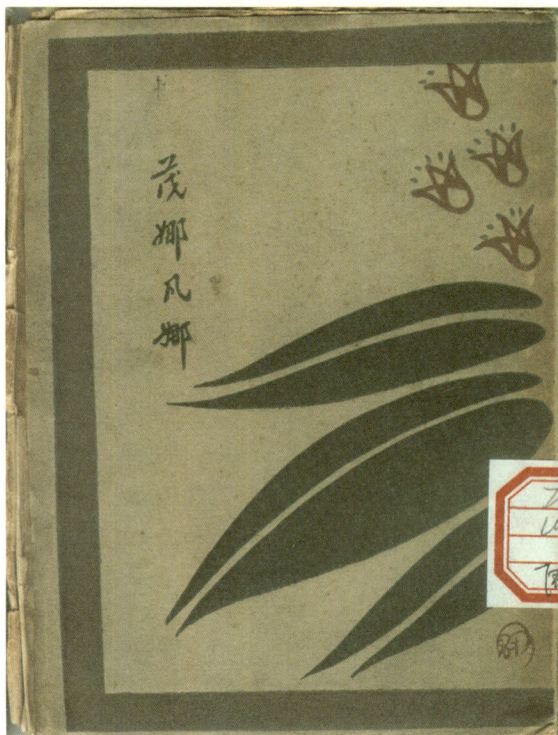

茂娜凡娜
初版本封面（16厘米×12.1厘米）

戏剧。【比】梅特林克著。徐蔚南译。1928年1月初版。上海开明书店发行。

馆藏开明书店1928年1月初版、1930年4月二版，见唐弢文库、图书大库。

初版本卷末有《附言》（译者）。作品共有3幕。

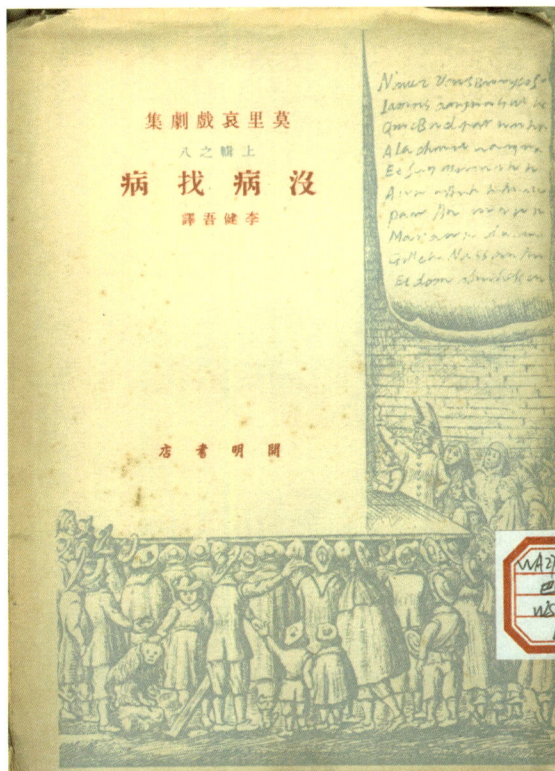

没病找病
初版本封面（19.6厘米×14.5厘米）

没有女人的男人
初版本封面（17厘米×12.1厘米）

　　戏剧。【法】莫里哀著。李健吾译。1949年6月初版。上海开明书店印行。《莫里哀戏剧集》上辑之八。

　　馆藏开明书店1949年6月初版，见唐弢文库、巴金文库、周扬文库、图书大库。

　　初版本卷首有《序》（译者）。作品除《序曲》2幕外共有3幕，每幕之后又各有《插曲》1幕。

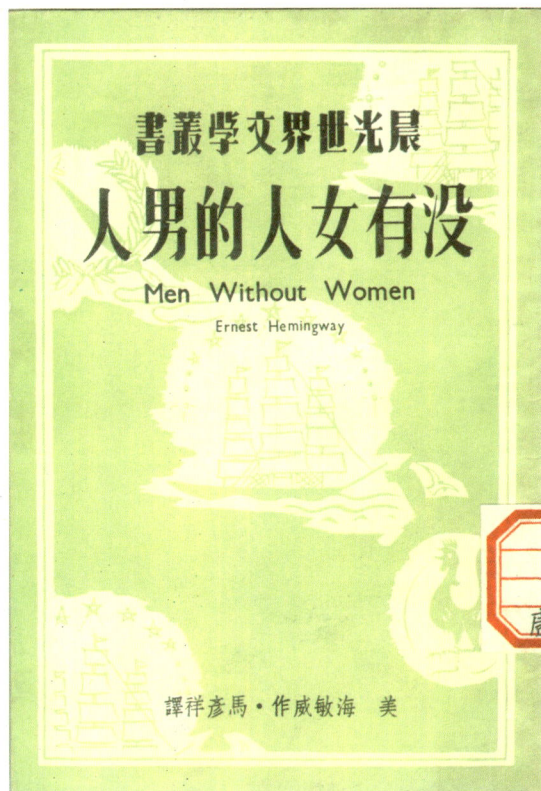

　　小说集。【美】海敏威著。马彦祥译。1949年3月初版。上海晨光出版公司发行。中华全国文艺协会主编《晨光世界文学丛书》之十。

　　馆藏晨光出版公司1949年3月初版，见唐弢文库。

　　初版本卷首有赵家璧《出版者言》（丛书总序）。正文收《没有女人的男人》4篇、《毫无所得的胜利者》3篇、《第五纵队》1篇、《下午的死》1篇，共9篇。

玫瑰花（上、下）
初版本封面（18.3厘米×12.7厘米）

玫瑰花下
初版本封面（15厘米×10.9厘米）

　　小说。【英】巴克雷著。林纾、陈家麟译。民国七年（1918）十一月初版。上海商务印书馆印行。四集本《说部丛书》第三集之五十九。

　　馆藏商务印书馆1918年11月初版、1920年8月二版（四集本《说部丛书》第三集）、某版（无版权页，《林译小说》第二集），见唐弢文库、王辛笛文库。

　　初版本无序跋。作品有卷上9章、卷下11章，共20章。

　　小说。【国别不详】尼楷忒星期报社著。商务印书馆编译所译。光绪三十三年（1907）五月初版。上海商务印书馆印行。《袖珍小说》之一种。

　　馆藏商务印书馆1907年（农历）5月初版，见唐弢文库。

　　初版本无序跋。作品共有10章。

梅立克小说集
初版本封面（19厘米×13.1厘米）

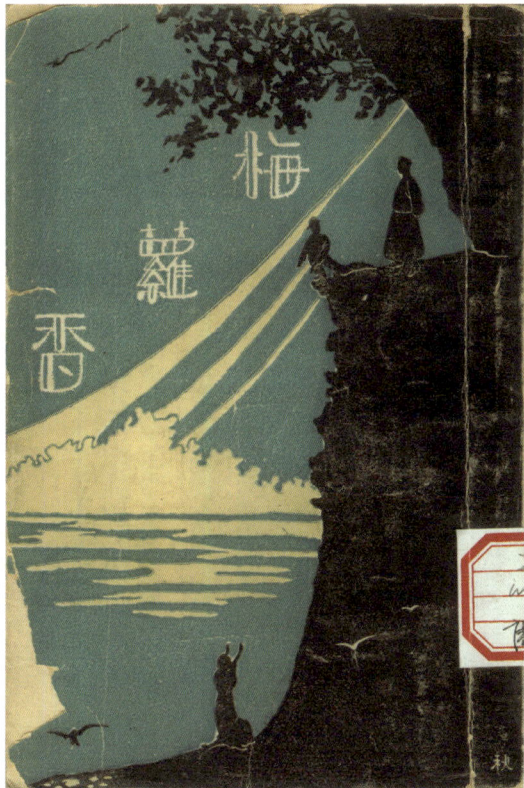

梅萝香
初版本封面（18.5厘米×12.7厘米）

　　【英】梅立克著。陈西滢译。民国十九年（1930）一月初版。上海商务印书馆印行。《现代文艺丛书》之一种。

　　馆藏商务印书馆1930年1月初版，见唐弢文库、胡风文库、图书大库。

　　初版本卷首有《译者序》。正文收《粉红衣服的洋娃娃》、《一个懂得女子心理的人》、《神话里的王子》、《时间同人开的玩笑》、《巴黎的判决》、《这个故事可不成》、《元旦日的晚餐》、《拿龙先生的外遇》共8篇。

　　戏剧。【美】华尔寇著。顾德隆译。1927年7月出版。上海开明书店发行。《文学周报社丛书》之一种。

　　馆藏开明书店1927年7月初版，见唐弢文库。

　　初版本卷首有洪深《引言》，内云："原作者Eugene Walker美国中部人。……他的戏都带着闹剧的色彩，很富于激刺性。这本戏却是描写繁华场中堕落女子种种生活的社会剧。"

　　初版本共有4幕。

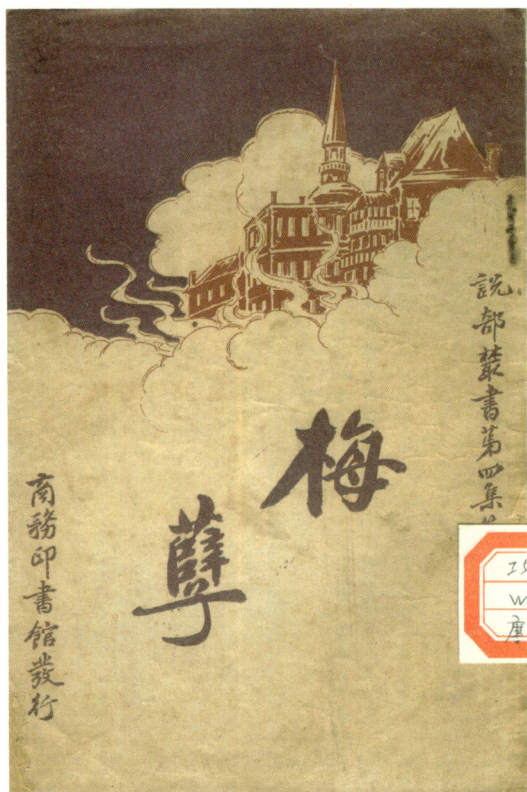

梅　孽
初版本封面（18.9厘米×13厘米）

　　小说。【德】伊卜森著。林纾、毛文钟译。民国十年（1921）十一月初版。上海商务印书馆印行。四集本《说部丛书》第四集之十三。

　　馆藏商务印书馆1921年11月初版，见唐弢文库。

　　初版本卷首有畏庐老人《发明》。作品共有17章。

梅农世家
初版本封面（18.4厘米×12.8厘米）

　　戏剧。【美】奥尼尔著。朱梅隽译。民国三十七年（1948）六月初版。正中书局印行。

　　馆藏正中书局1948年6月初版，见唐弢文库。

　　初版本卷首有J.W.Krutch《介绍奥尼尔》。作品为三部曲，有《归》、《追》、《鬼》共三部。

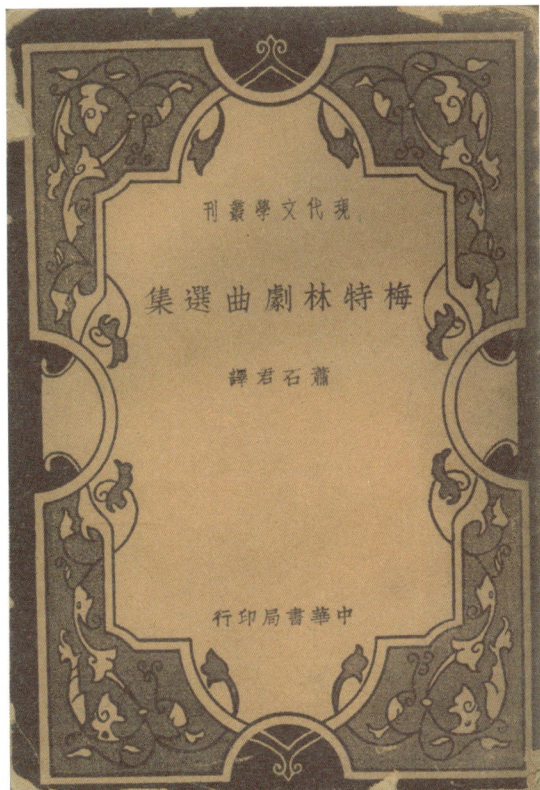

梅特林剧曲选集
初版本封面（18.5厘米×12.9厘米）

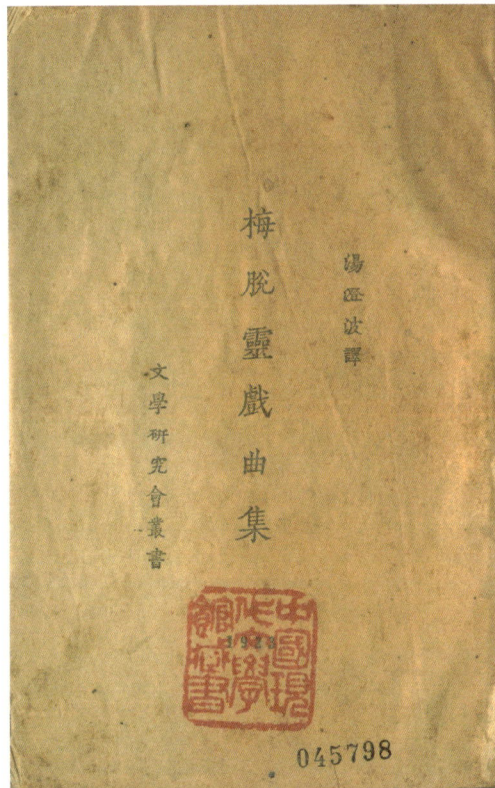

梅脱灵戏曲集
初版本扉页（封面缺失。19厘米×12.2厘米）

【比】梅特林著。萧石君、陈楚淮译。民国二十三年（1934）九月印刷、发行。上海中华书局印行。《现代文学丛刊》之一种。

馆藏中华书局1934年9月初版，见端木蕻良文库。

初版本卷首有《译者序》。正文收《旦达几尔的死》、《群盲》、《阿格娜嬛与绥莉柔特》、《裴列哀和梅丽莎》共4篇。

【比】梅脱灵著。汤澄波译。民国十二年（1923）十二月初版。上海商务印书馆印行。《文学研究会丛书》之一种。

馆藏商务印书馆1923年12月初版、1933年版（版权页缺失），见唐弢文库、图书大库。

初版本卷首有汤澄波《译者导言》。正文收《闯入者》、《群盲》、《七公主》、《丁泰琪之死》共4篇。

煤　油（上、下）
光华书局上册初版本封面（18.8厘米×13.3厘米）

　　小说。【美】辛克莱著。易坎人译。1930年4月付排，6月出版，印3000部。上海光华书局印行。

　　馆藏光华书局1930年6月初版（有上下册与合订本共两种）、国民书店1939年6月初版（译者署名为"郭沫若"），见唐弢文库、图书大库。

　　初版本上册卷首有译者《写在〈煤油〉前面》。作品有上册11章、下册10章，共21章。

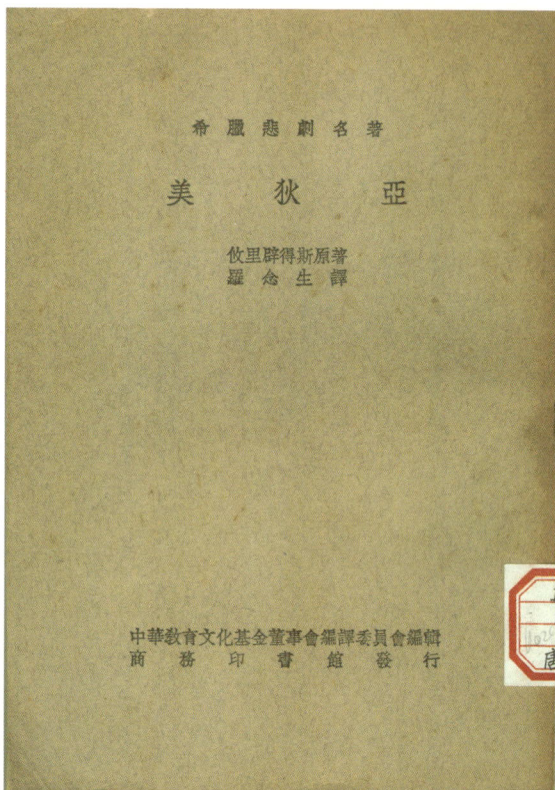

美狄亚
初版本封面（21.2厘米×15.2厘米）

　　戏剧。【古希腊】攸里辟得斯著，【美】厄尔编。罗念生译。民国二十九年（1940）三月初版。长沙商务印书馆印行。中华教育文化基金董事会编译委员会编辑《希腊悲剧名著》之一种。

　　馆藏商务印书馆1940年3月初版，见唐弢文库。

　　初版本卷首有罗念生《译者序》、《插图表》、厄尔《编者的引言》（节译），卷末附有罗斯《金羊毛故事》、《希腊文译音表》、《译剧内的专名词表》、《抄本版本与译本》（译者）。作品有5场，另有《开场白》、《进场歌》、《歌》5支、《退场》，共13幕。

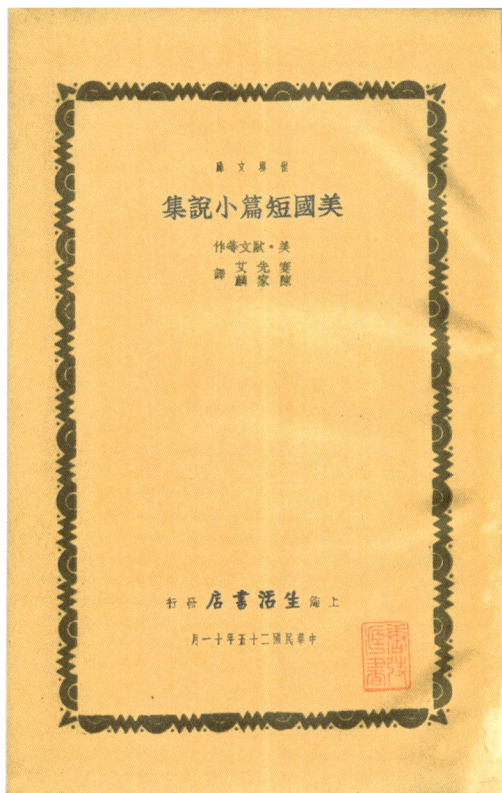

美国短篇小说集
初版本扉页（精装本封面无书名。21.7厘米×14厘米）

华盛顿·欧文等著。塞先艾、陈家麟译。民国
二十五年（1936）十一月初版。上海生活书店发行。
生活印刷所印刷。郑振铎主编《世界文库》之一种。

馆藏生活书店1936年11月初版，见唐弢文库。

初版本无序跋。内收《鬼新郎》、《妻》、《步
福罗格太太》、《牧师的黑面纱》、《亚西尔之家的
衰亡》、《发人隐私的心》、《败坏了海德来堡的
人》、《田纳西的伙伴》、《红谷牧歌》、《人与
蛇》、《空中的骑兵》、《四次会晤》、《东方博士
的礼物》、《一位忙经纪人的情史》共14篇。

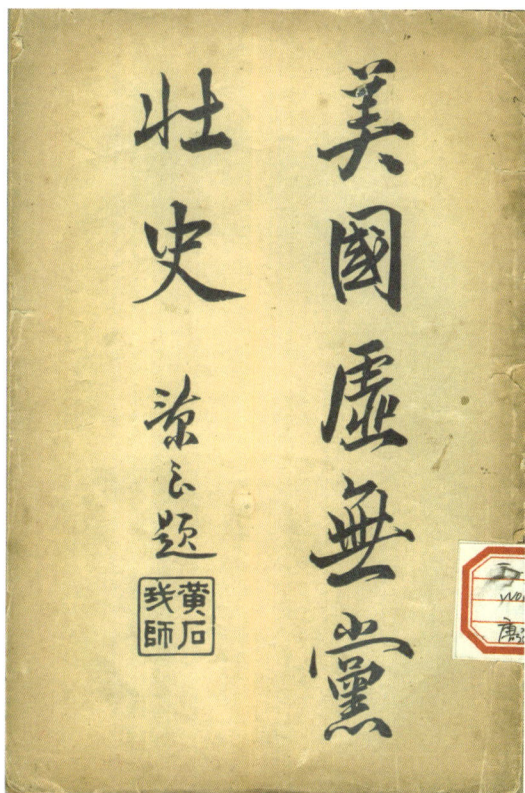

美国虚无党壮史
初版本封面（21.8厘米×14.9厘米）

版权页题《美国虚无党壮盛史》。一名《文明未
来之浩劫》。小说。著者不详。沈东讷编译。民国七
年（1918）五月二十日初版。上海清华书局总发行。上
海中国图书公司和记印刷所印刷。

馆藏清华书局1918年5月初版，见唐弢文库。

初版本卷首有孙观澜《序一》（仅此一篇序
文）。作品共有31章。

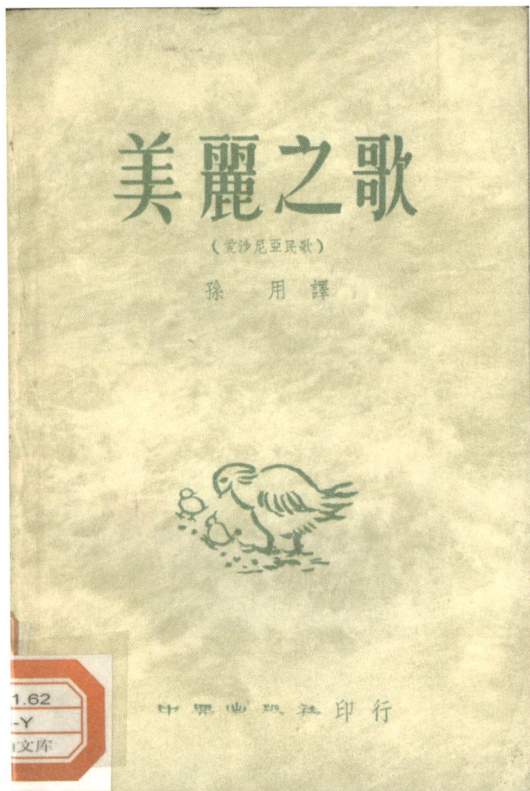

美丽之歌
初版本封面（17.2厘米×12.1厘米）

美人妆
初版本封面（18.6厘米×12.7厘米）

　　诗歌集。【爱沙尼亚】贝德尔生等著。孙用译。民国三十八年（1949）三月沪初版。上海中兴出版社印行。《中兴诗丛》之六。

　　馆藏中兴出版社1949年3月初版，见薛汕文库、图书大库。

　　初版本卷首有N.安兑尔森等《爱沙尼亚诗人及其诗》，卷末有《后记》（译者）。正文收《美丽之歌》、《歌人的儿时》、《歌的力量》、《歌的胜利》、《嘴唱着，心碎了》、《唱吧，小小的嘴》、《母亲的辛苦》、《奴隶一定要汹水》、《离开的她似乎更美丽》、《你不要相信情人的谄媚》、《谁明白男子的心》、《怪事！》、《歌者》、《月》、《自由颂》等31篇。

　　小说。著者不详。东海觉我编译。甲辰（1904）十月初版。女子世界社发行。日本东京翔鸾社印刷。上海小说林社总经售。

　　馆藏女子世界社1904年（农历）10月初版、小说林社1906年（农历）2月三版，见唐弢文库。

　　初版本无序跋。作品共有8章。

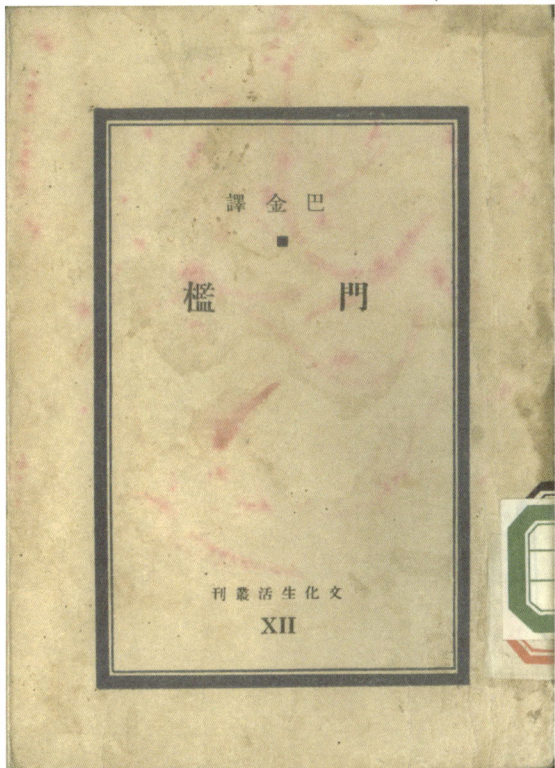

门 槛
初版本封面（17.8厘米×13.1厘米）

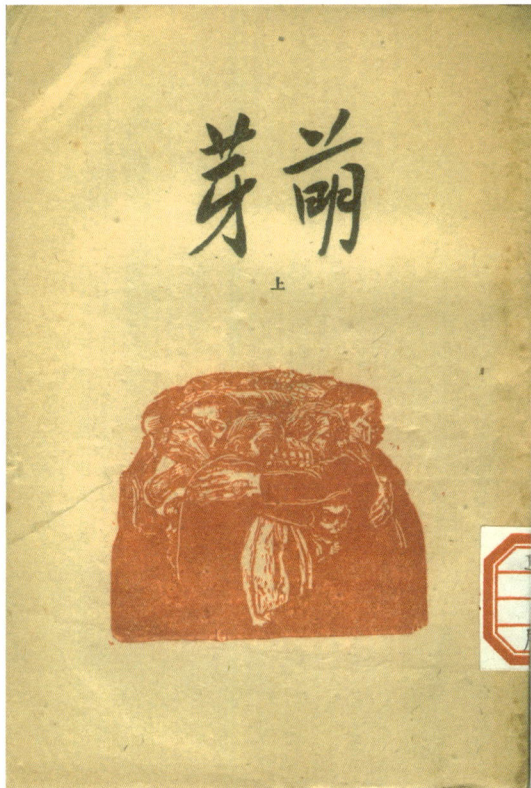

萌 芽（上、下）
初版本封面（18厘米×12.6厘米）

　　小说集。【俄】屠格涅夫等著。巴金译。民国二十五年（1936）五月初版。上海文化生活出版社出版、发行。上海三一印刷公司印刷。开明书店特约经售。巴金主编《文化生活丛刊》之十二。

　　馆藏文化生活出版社1936年5月初版、1939年5月改订三版、1947年8月五版，见唐弢文库、图书大库。

　　初版本卷末有巴金《后记》。正文收《门槛》、《为了知识与自由的缘故》、《三十九号》、《薇娜》共4篇。

　　小说。【法】左拉著。倪明译。1944年4月出版。桂林新光书店发行。国光印刷厂承印。

　　馆藏新光书店1944年4月初版，读书出版社（合订本）1947年1月二版、1948年1月初版，见唐弢文库、图书大库。

　　初版本下册卷末有倪明《后记》。作品有第一部6章、第二部5章、第三部5章、第四部7章、第五部6章、第六部5章、第七部6章，共40章。

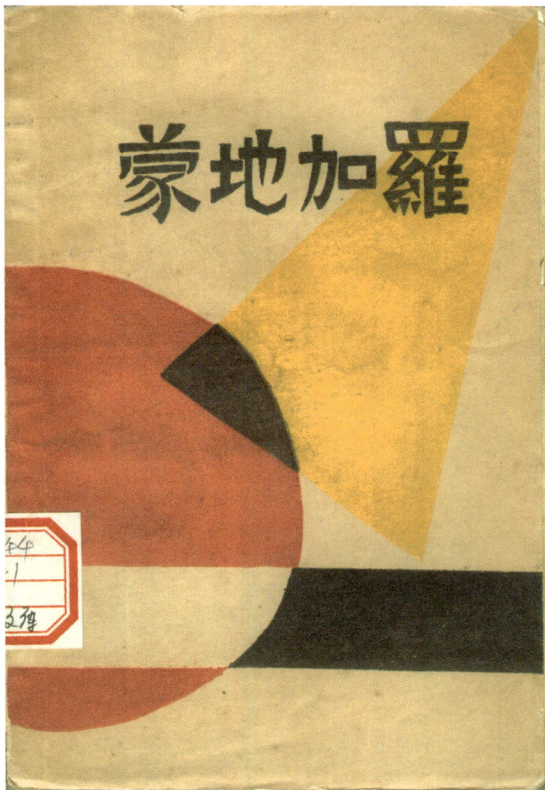

蒙地加罗
初版本封面（18.5厘米×13.2厘米）

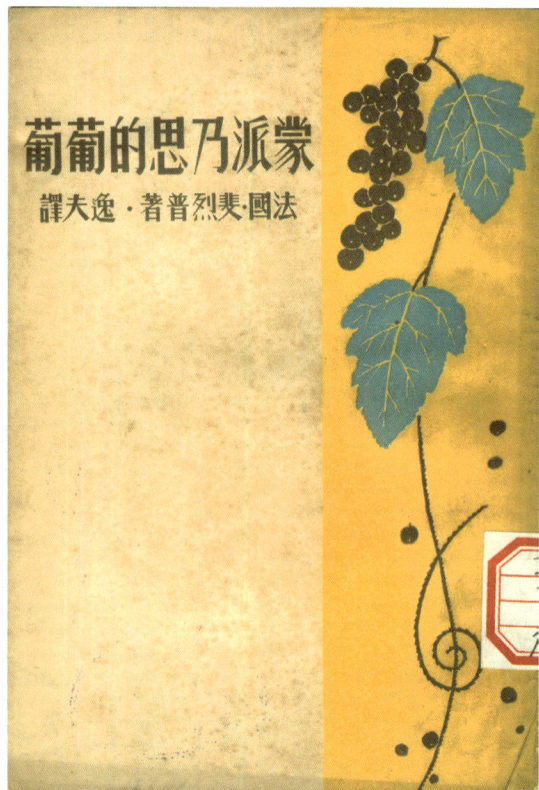

蒙派乃思的葡葡
初版本封面（18.6厘米×13厘米）

小说。【波兰】显克微支著。叶灵凤译。1928年10月初版，印1500册。上海光华书局印行。

馆藏光华书局1928年10月初版、大光书局版（版权页缺失，《欧罗巴文艺丛书》），见唐弢文库、图书大库。

初版本卷首有《显克微支》（译者），内云："这本《蒙地加罗》是写爱情幻变的中篇小说。蒙地加罗（Monte Carlo）是在法国附近属于摩洛哥的一个小城，是世界著名的一个赌博场。"

初版本共有10章。

小说。【法】斐烈普著。逸夫译。民国二十五年（1936）八月初版。上海生活书店发行。生活印刷所印刷。

馆藏生活书店1936年8月初版，见唐弢文库。

初版本卷首有《记斐烈普》（译者），内云："《蒙派乃思的葡葡》是斐烈普的成名作。……书中的内容写大都市街头的流氓，一个卖淫妇和一个孤独的青年事务员的悲剧，处处充满着博大的爱与怜悯，对人生之勇敢而坚苦的信心。"

初版本共有10章。

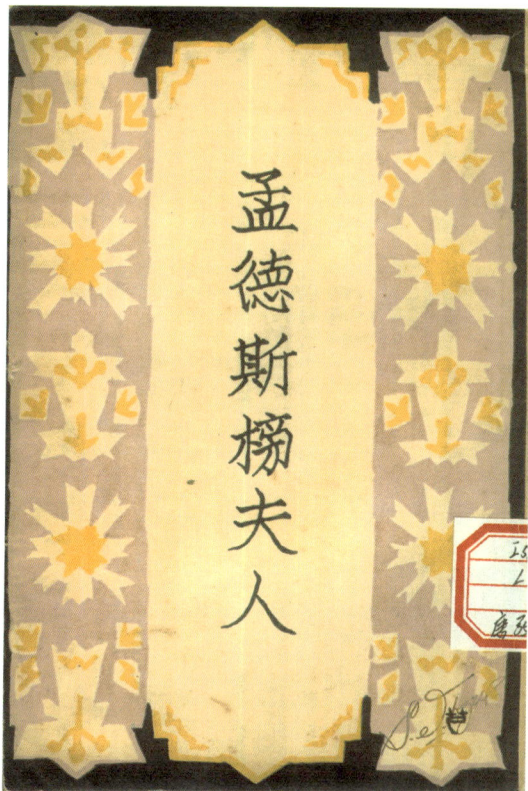

孟德斯榜夫人
初版本封面（19厘米×13厘米）

梦
初版本封面（18.1厘米×12.9厘米）

戏剧。【法】罗曼罗兰著。李璪、辛质译。民国十九年（1930）十一月初版。上海商务印书馆印行。

馆藏商务印书馆1930年11月初版、某版（版权页缺失，《世界文学名著》），见唐弢文库。

初版本卷首有李璪《序言》。作品共有3幕。

小说集。【苏】卡达耶夫等著。曹靖华译。民国三十一年（1942）十一月初版，印3000册。中苏文化协会编译委员会编辑、发行。重庆文林出版社总经售。曹靖华主编《苏联文学丛书》之三。

馆藏文林出版社1942年11月初版、新丰出版公司1947年9月沪版，见唐弢文库、孔罗荪文库。

初版本卷末有《后记》（译者）。正文收《梦》、《小花儿——七瓣小花儿》、《小笛和水罐》、《两座堡垒》、《他们两个人》、《"小鸟"》、《英雄故事》、《在顿河流域》、《负伤者的故事》、《穿过火网》、《自由的摇篮》、《北极圈外》、《党证》、《一个德国兵士的日记》、《游击队的女儿》等23篇。

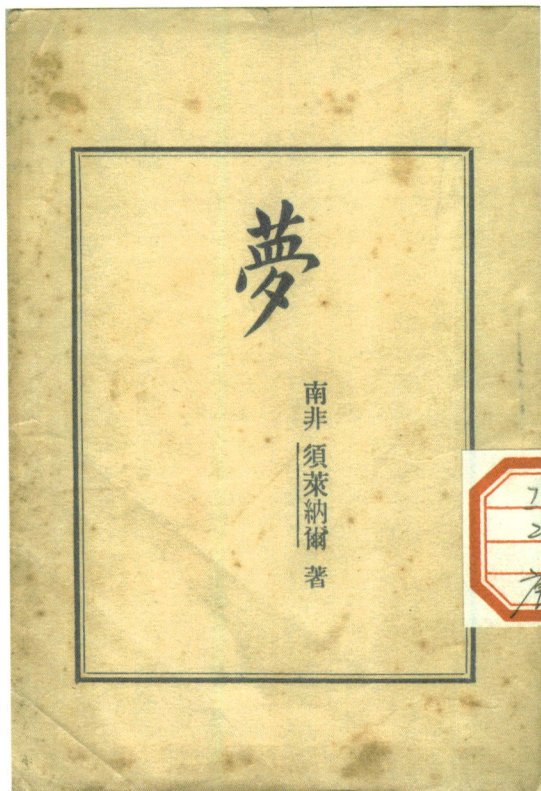

梦
初版本封面（14.4厘米×10.3厘米）

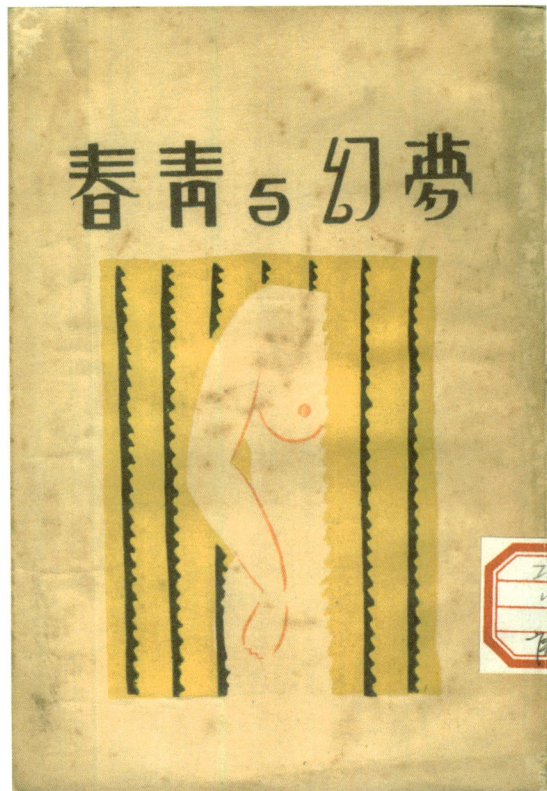

梦幻与青春
初版本封面（18.8厘米×13.2厘米）

　　小说集。【南非】须莱纳尔著。张近芬（扉页署"CF"）译。1923年7月出版。阳光社发行。北大印刷课印刷。北大新潮社代售。李小峰编辑《阳光社文艺小丛书》之三。

　　馆藏阳光社1923年7月初版，见唐弢文库。

　　初版本卷首有周作人《〈梦〉——CF女士译须莱纳尔小说集序》、CF《译者自序》。正文收《失却的快乐》、《猎夫》、《欢乐的花园》、《飘渺的世界》、《沙漠间的三个梦》、《野蜂的梦》、《在一圮寺中》、《生命底赠品》、《艺术家的秘密》、《"我觉得我立……"》、《阳光射过我的床——》共11篇。

　　原名《洛蒂加》。小说。【德】Heyse著。程鹤西译。民国十八年（1929）六月十五日付排，七月十五日初版。上海春潮书局印行。

　　馆藏春潮书局1929年7月初版，见唐弢文库。

　　初版本无序跋。作品不标章次。

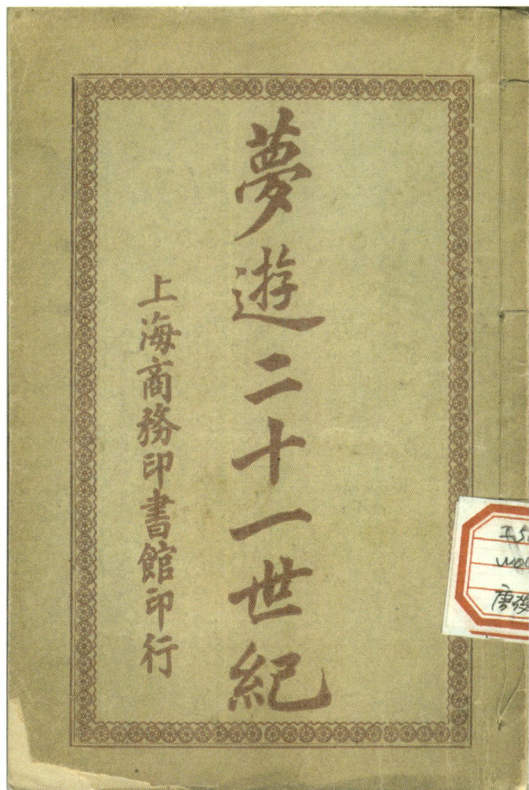

梦游二十一世纪
初版本封面（19.1厘米×13.1厘米）

梦与放逐
初版本封面（16.7厘米×12.8厘米）

小说。【荷】达爱斯克洛提斯著。杨德森译。光绪二十九年（1903）四月首版。上海商务印书馆印行。十集本《说部丛书》第一集之三。

馆藏商务印书馆1903年（农历）4月初版，见唐弢文库。

初版本卷首有译者《序》。作品不分章节。

小说集。【法】卢骚、【法】嚣俄著。张竞生译。民国十八年（1929）九月印刷、初版。上海世界书局印行。

馆藏世界书局1929年9月初版，见唐弢文库。

初版本无序跋。内分上、下编，收《闲散老人之梦》、《放逐》共2篇。

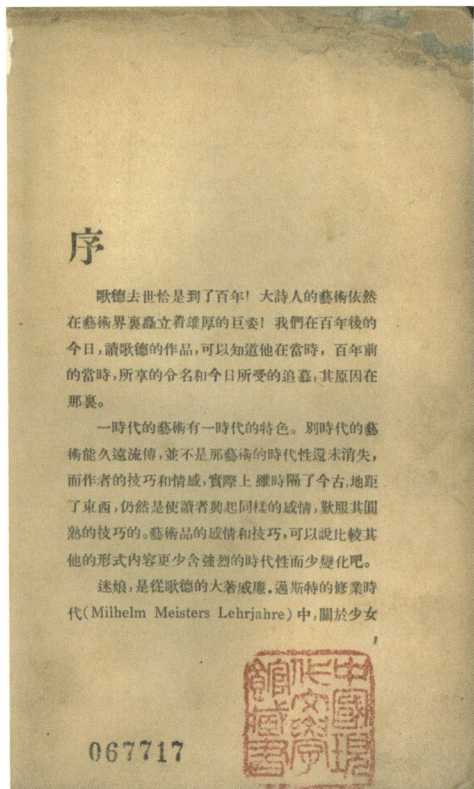

现代文学丛刊

迷 途

刘大杰 译

中华书局印行

迷 娘
初版本序文首页（封面、扉页缺失。18.7厘米×11.6厘米）

迷 途
初版本封面（18.8厘米×12.9厘米）

小说。【德】歌德著。余文炳译。1932年9月1日
出版，印3000册。上海现代书局出版、总发行。现代
印刷公司印刷。

馆藏现代书局1932年9月初版，见图书大库。

初版本卷首有译者《序》，内云："《迷娘》，
是从歌德的大著《威廉·迈斯特的修业时代（Milhelm
Meisters Lehrjahre）》中，关于少女迷娘的故事选集而
成的。"

初版本不标章次。

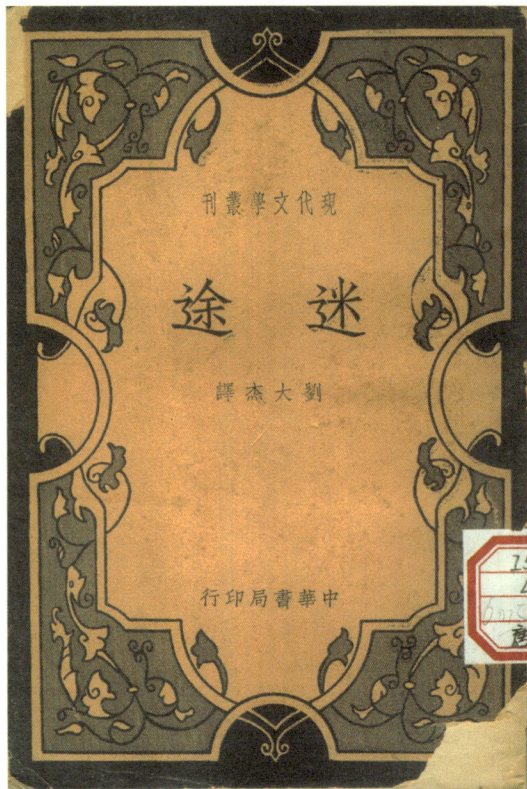

小说集。【俄】托尔斯泰等著。刘大杰译。民国
二十三年（1934）九月印刷、发行。上海中华书局印
行。《现代文学丛刊》之一种。

馆藏中华书局1934年9月初版、某版（版权页未
记出版时间及版次，《现代文学丛刊》），见唐弢文
库、图书大库。

初版本卷首有《小序》（译者）。正文收《迷
途》、《柘榴石的手钏》、《五月之夜》共3篇。

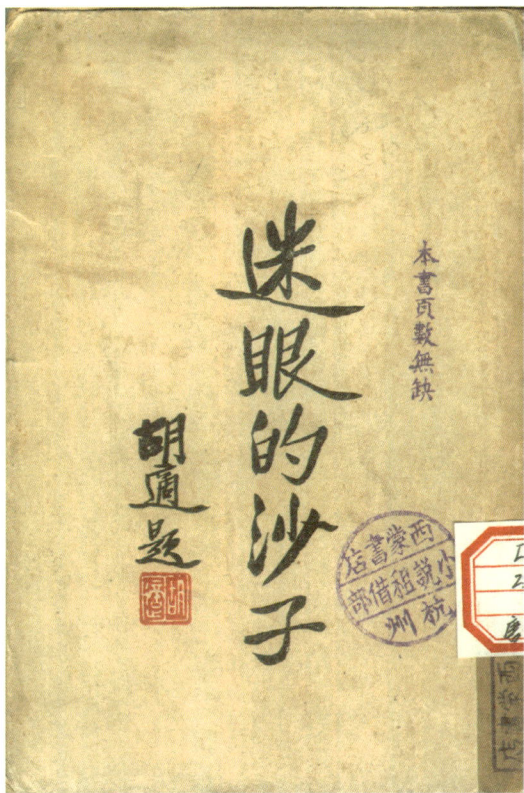

迷眼的沙子
初版本封面（护封缺失。18.7厘米×12.8厘米）

戏剧。【法】腊皮虚著。赵少侯译。1929年12月初版，印2000册。上海新月书店发行。

馆藏新月书店1929年12月初版，见唐弢文库、巴金文库。

初版本卷首有宋春舫《序》。作品共有2幕。

谜样的性情
初版本封面（20.2厘米×13.8厘米）

小说集。【俄】安东·柴霍甫著。效洵译。1929年8月出版。上海出版合作社印行。

馆藏上海出版合作社1929年8月初版，见唐弢文库。

初版本无序跋。内收《一篇没有题目的故事》、《邮差》、《粉红长袜》、《谜样的性情》、《尸体》、《乞丐》、《盗马者》共7篇。

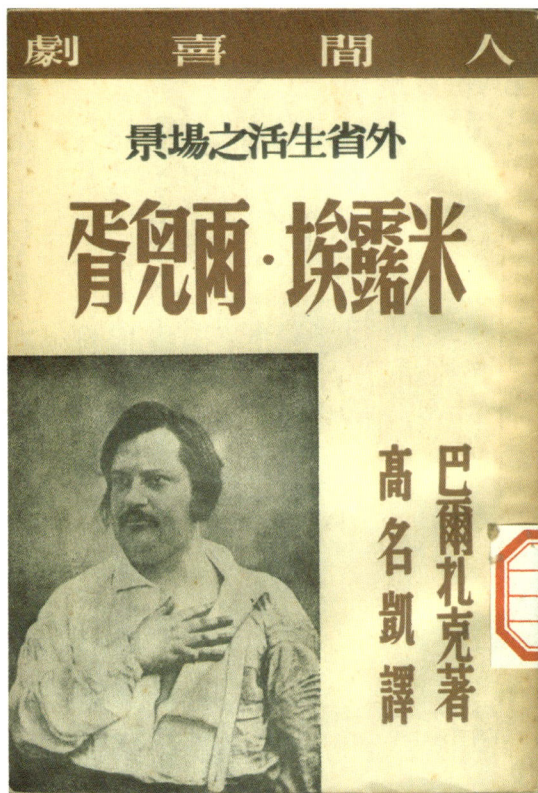

人間喜劇

外省生活之场景

米露埃・雨儿胥

巴爾扎克著

高名凱譯

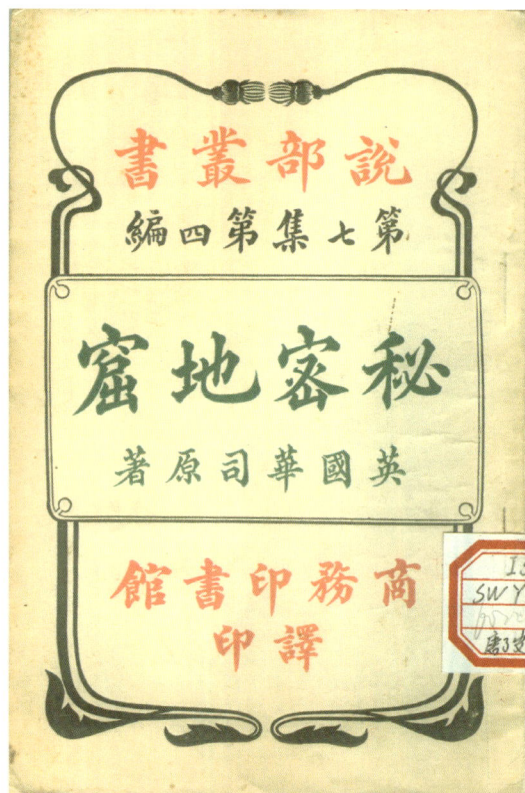

說部叢書

第七集第四編

秘密地窟

英國華司原著

商務印書館譯印

米露埃・雨儿胥
初版本封面（18厘米×12.8厘米）

秘密地窟
初版本封面（18.8厘米×12.7厘米）

小说。【法】巴尔扎克著。高名凯译。1949年8月初版，印2000册。上海海燕书店出版。上海光艺印刷厂印刷。《人间喜剧・外省生活之场景》之一种。

馆藏海燕书店1949年8月初版，见唐弢文库。

初版本卷首有奥脑利《献给 苏维尔・苏菲小姐》。作品共有21章。

小说。【英】华司著。商务印书馆编译所译。光绪三十三年（1907）三月初版。上海商务印书馆印行。十集本《说部丛书》第七集之四。

馆藏商务印书馆1907年（农历）3月初版，见唐弢文库。

初版本无序跋。作品共有20章。

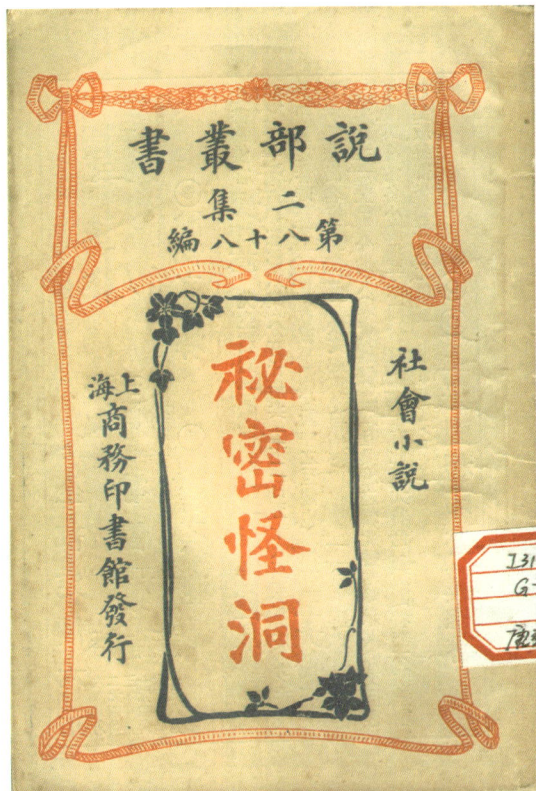

秘密怪洞
初版本封面（18.6厘米×12.8厘米）

秘密海岛（一至三）
第一卷初版本封面（18.6厘米×12.6厘米）

　　小说。【日】晓风山人著。郭家声、孟文翰译。民国四年（1915）七月十日印刷，二十三日初版、发行。上海商务印书馆印行。四集本《说部丛书》第二集之八十八。

　　馆藏商务印书馆1915年7月初版，见唐弢文库。

　　本书为社会小说。初版本卷首有《原序》。作品共有32章。

　　小说。【法】焦士威奴著。奚若译。第一、二卷乙巳（1905）四、五月初版，日本东京翔鸾社印刷；第三卷乙巳十一月初版、发行，上海澄衷学堂代印。上海小说林社发行。

　　馆藏小说林社1905年（农历）4、5、11月初版，见唐弢文库。

　　初版本无序跋。作品有一卷20章、二卷22章、三卷20章，共62章。

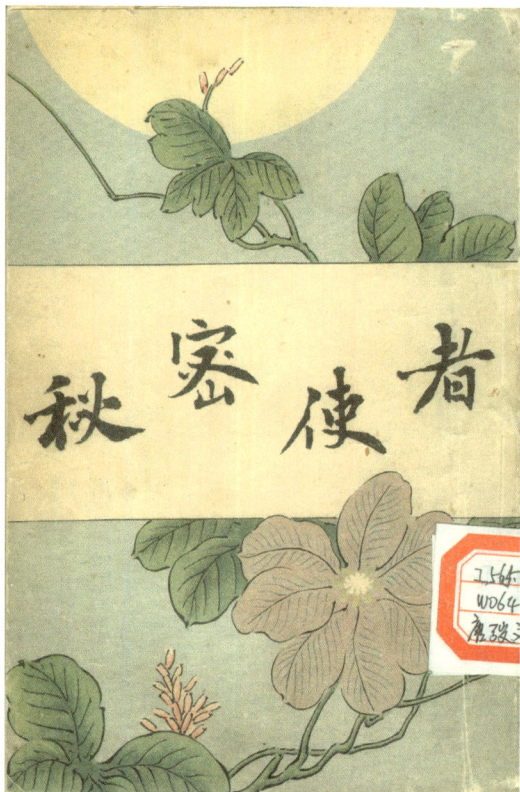

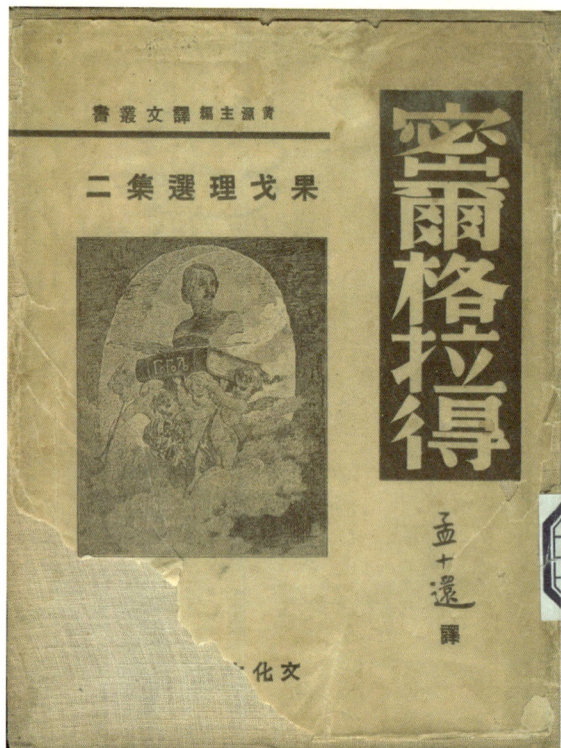

秘密使者（上、下）
上卷初版本封面（18.6厘米×12.6厘米）

　　原名《瞽使者》。小说。【法】迦尔威尼著。天笑生译。上卷甲辰（1904）六月初版，日本东京东阳堂印刷；下卷甲辰八月初版，日本东京翔鸾社印刷。上海小说林社发行。

　　馆藏小说林社1904年（农历）6、8月初版，见唐弢文库。

　　初版本下卷卷首有译者《译余赘言》。作品有上卷14章、下卷13章，共27章。

密尔格拉得
初版本封面（残。19.4厘米×14.7厘米）

　　小说集。【俄】果戈理著。孟十还译。民国二十五年（1936）四月初版。上海文化生活出版社出版、发行。上海三一印刷公司印刷。开明书店特约经售。《果戈理选集》之二，黄源主编《译文丛书》之一种。

　　馆藏文化生活出版社1936年4月初版、同年5月二版、1948年6月五版，见唐弢文库、巴金文库、沙汀文库、图书大库。

　　初版本无序跋。内收《旧式的地主》、《塔拉斯·布尔巴》、《魏》、《伊万·伊万诺未奇同伊万·尼基佛洛未奇怎么争吵的》共4篇。

密斯脱特威斯脱
初版本封面（20.2厘米×14.8厘米）

诗歌。【苏】马尔夏克著。任溶溶译。1949年9月初版，印4000册。上海时代出版社总经售。

馆藏时代出版社1949年9月初版，见薛汕文库、图书大库。

初版本无序跋。作品不标章次。

密 探
初版本封面（19.6厘米×14.1厘米）

小说。【美】辛克莱著。陶晶孙译。1930年9月付排，10月初版。上海北新书局印行。《世界新兴文艺丛书》之一种。

馆藏北新书局1930年10月初版，见唐弢文库、图书大库。

初版本无序跋。作品共有86章。

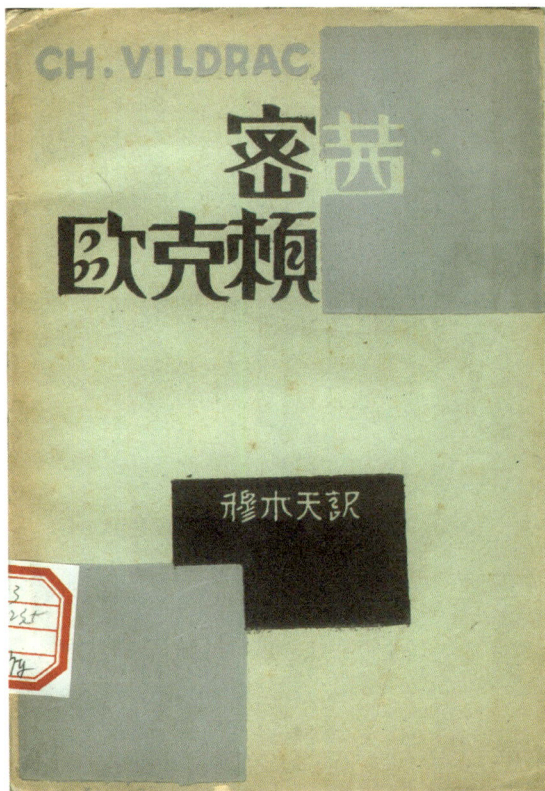

密茜·欧克赖
初版本封面（19.1厘米×13.7厘米）

　　戏剧。【法】维勒特拉克著。穆木天译。1929年5月1日付排，6月1日初版，印1500册。上海文献书房出版。

　　馆藏文献书房1929年6月初版，见唐弢文库、巴金文库、图书大库。

　　初版本无序跋。作品共有3幕。

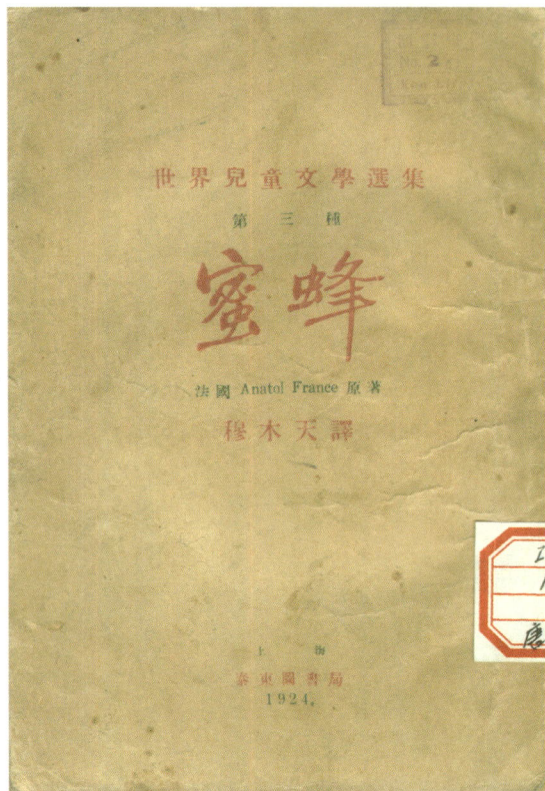

蜜　蜂
初版本封面（18.3厘米×12.9厘米）

　　童话。【法】A.France著。穆木天译。民国十三年（1924）六月初版。上海泰东图书局印行。创造社编辑《世界儿童文学选集》之三。

　　馆藏泰东图书局1924年6月初版、1927年10月三版、1930年4月四版，见唐弢文库。

　　初版本卷首有滕固《蜜蜂的赞歌——赠木天及其新人》。作品共有22章。

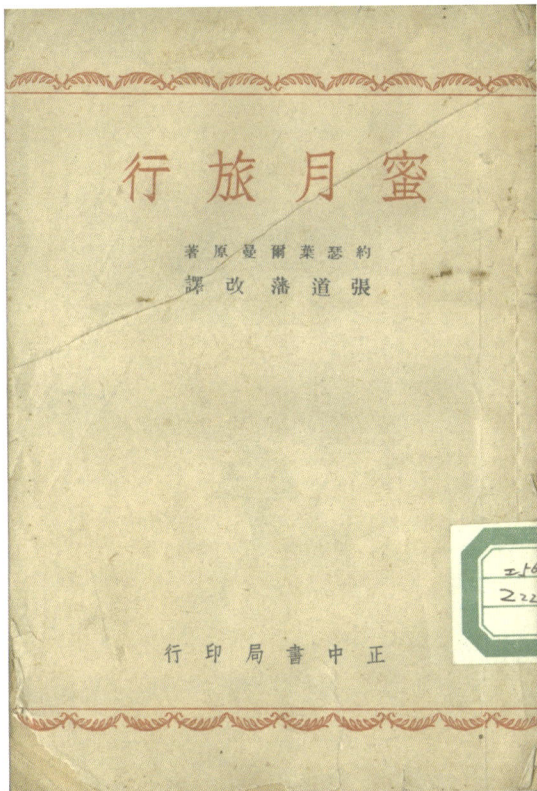

蜜月旅行
初版本封面（18.2厘米×12.7厘米）

绵 被
初版本封面（19.8厘米×13.8厘米）

原名《第一次的云雾》。戏剧。【法】约瑟叶尔曼著。张道藩改译。民国三十四年（1945）十二月付印、沪初版。正中书局印行。

馆藏正中书局1945年12月初版，见图书大库。

初版本卷首有张道藩《〈蜜月旅行〉改译的经过》。作品为独幕剧。

小说。【日】田山花袋著。夏丏尊译。民国十六年（1927）一月初版。上海商务印书馆印行。《文学研究会丛书》之一种。

馆藏商务印书馆1927年1月初版、1929年4月二版，见唐弢文库、图书大库。

初版本卷首有方光焘《爱欲（代序）》。作品共有11章。

棉　花
初版本封面（17.1厘米×12.3厘米）

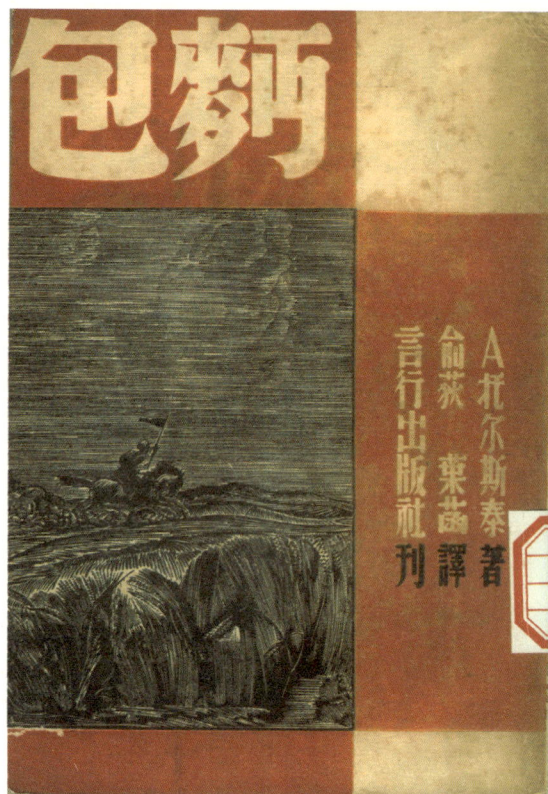

面　包
1940年初版本封面（17.8厘米×12.5厘米）

　　小说。【日】须井一著。胡风译。民国三十五年（1946）五月初版。上海新新出版社发行。

　　馆藏新新出版社1946年5月初版，见图书大库。

　　初版本卷首有《序》（译者）。作品共有5章。

　　小说。【苏】A.托尔斯泰著。俞荻、叶菡译。民国二十九年（1940）六月出版。上海言行社印行。《世界文学译丛》之一种。

　　馆藏言行社1940年6月初版、1946年5月初（？）版、1949年5月六版，见唐弢文库、图书大库。

　　初版本卷首有译者《写在卷头》，卷末有叶菡《译后的话》。作品共有12章。

名优遇盗记
初版本封面（18.3厘米×12.5厘米）

　　小说。著者不详。郭演公编译。民国五年（1916）四月初版。上海商务印书馆印行。四集本《说部丛书》第三集之六。

　　馆藏商务印书馆1916年4月初版，见唐弢文库。

　　初版本无序跋。作品共有17章。

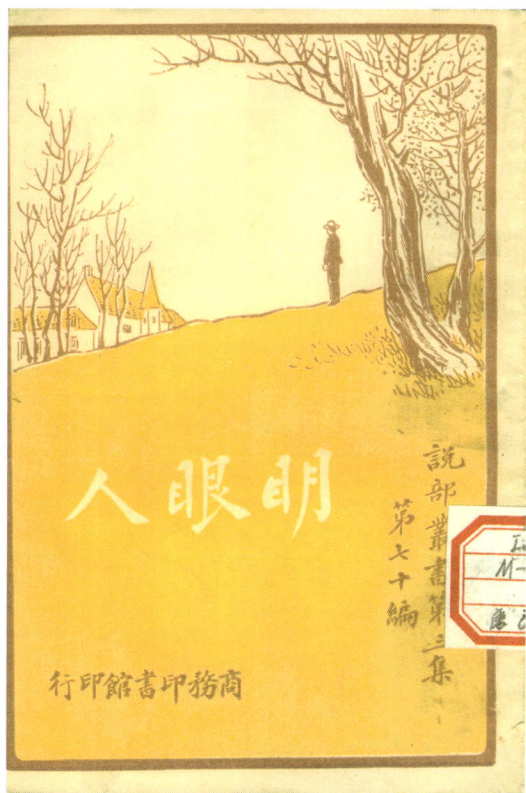

明眼人
初版本封面（18.2厘米×12.5厘米）

　　原名《Mr.Britling Sees It Through》。小说。【英】H.G.Wells著。孟宪承编译。民国八年（1919）七月初版。上海商务印书馆印行。四集本《说部丛书》第三集之七十。

　　馆藏商务印书馆1919年7月初版，见唐弢文库。

　　初版本无序跋。作品共有3章。

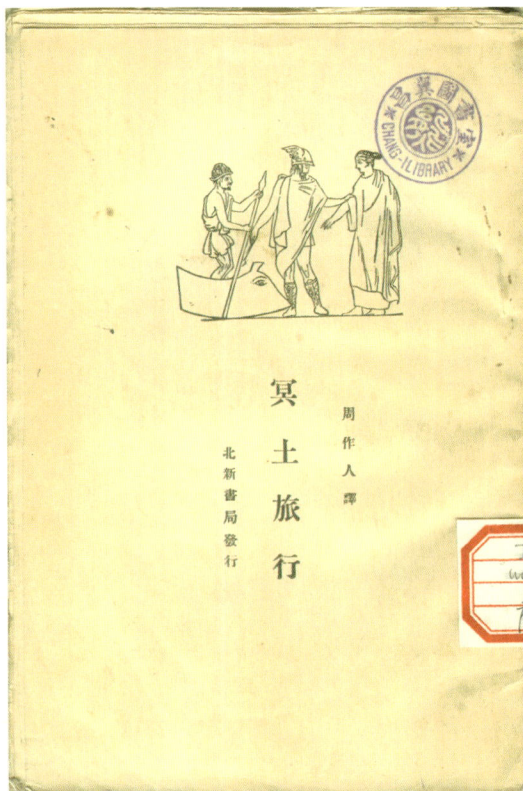

冥土旅行
初版本封面（19.6厘米×13.3厘米）

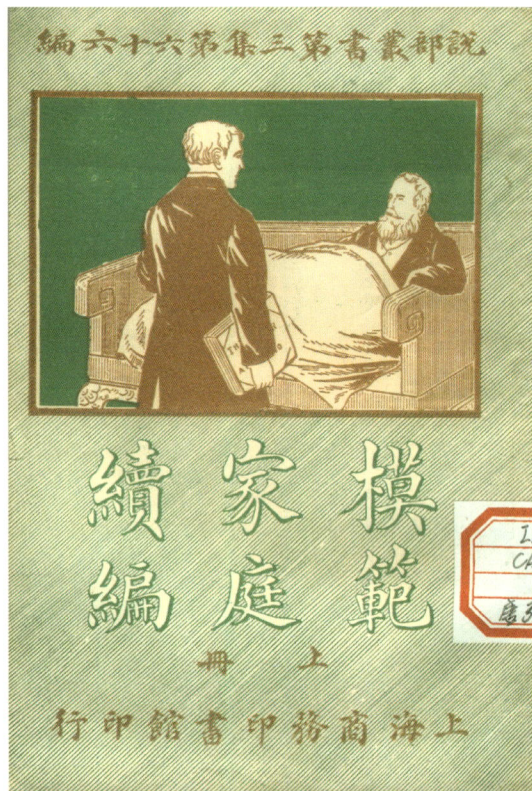

模范家庭续编（上、下）
初版本封面（18.3厘米×12.6厘米）

　　扉页题《冥土旅行及其他》。戏剧散文集。【古希腊】路吉亚诺思等著。周作人译。1927年2月初版。北新书局印行。《苦雨斋小书》之一。

　　馆藏北新书局1927年2月初版、同年同月二版（扉页亦题《冥土旅行》），见唐弢文库、巴金文库、端木蕻良文库。

　　初版本卷首有《〈苦雨斋小书〉序》（译者）。正文收《冥土旅行》、《爱昆虫的小孩》、《育婴刍议》、《〈婢仆须知〉抄》、《〈徒然草〉抄》共5篇。

　　小说。【英】亨利瓦特著。陈观奕译。民国八年（1919）七月初版。上海商务印书馆印行。四集本《说部丛书》第三集之六十六。

　　馆藏商务印书馆1919年7月初版，见唐弢文库。

　　初版本无序跋。作品有卷上、下各10章，共20章。

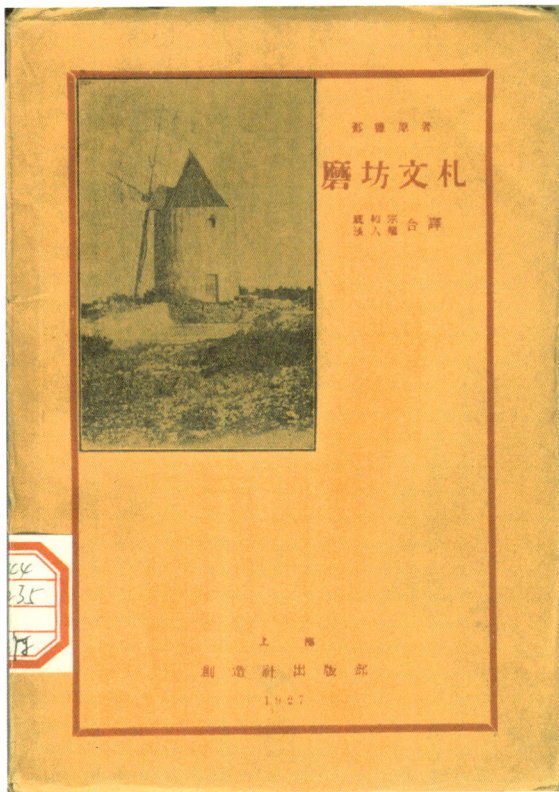

磨坊文札
初版本封面（18.5厘米×13.5厘米）

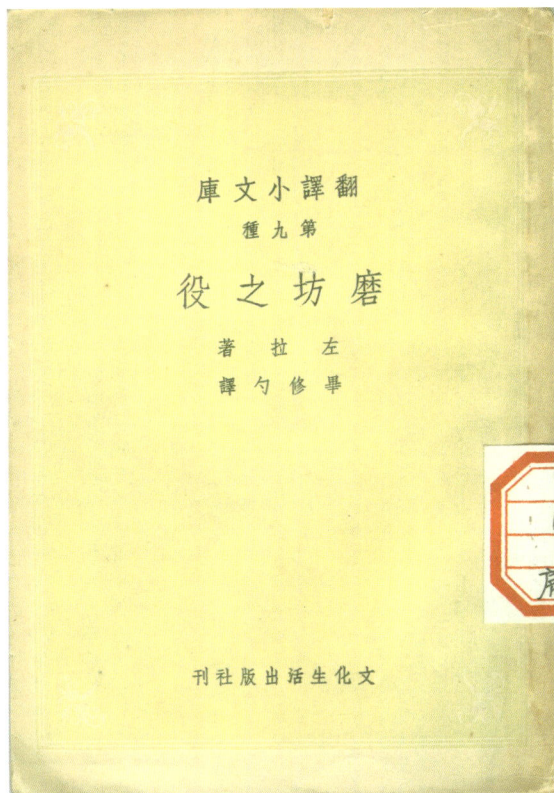

磨坊之役
初版本封面（14.4厘米×10.4厘米）

　　小说散文集。【法】都德著。成绍宗、张人权译。1927年1月1日付排，3月1日初版，印2000册。上海创造社出版部出版。《创造社丛书》之一种。

　　馆藏创造社1927年3月初版、同年8月二版，大光书局1935年12月重版，见唐弢文库、图书大库。

　　初版本卷首有《序文》（著者）。正文收《安顿》、《在濮垓耳的驿车中》、《高尼叶师傅的秘密》、《晒甘先生的山羊》、《星星的故事》、《亚雷女子》、《教皇的骡子》、《沙吉莱尔的灯塔》、《"水蜜洋"的遇险》、《关卒》、《古古壤的牧师》、《老夫妻》、《散文诗两章》、《毕格秋的护书》、《金脑子人的传说》等24篇。

　　小说集。【法】E.左拉著。毕修勺译。民国三十七年（1948）六月初版。文化生活出版社印行。《翻译小文库》之九。

　　馆藏文化生活出版社1948年6月初版，见唐弢文库、图书大库。

　　初版本卷首有译者《关于〈磨坊之役〉》。正文收《磨坊之役》、《奥里维埃·柏格伊的死》共2篇。

魔鬼的门徒
初版本封面（19.2厘米×15.2厘米）

戏剧。【爱尔兰】萧伯讷著。姚克译。民国二十五年（1936）八月初版。上海文化生活出版社出版、发行。文化生活印刷所印刷。黄源主编《译文丛书》之一种。

馆藏文化生活出版社1936年8月初版、1937年3月二版，见唐弢文库、巴金文库。

初版本卷首有姚克《译序》、萧伯讷《论魔鬼主义的伦理》。作品共有3幕。

魔　影（上、下）
上册初版本封面（18.7厘米×13.1厘米）

小说。【苏】高尔基著。罗稷南译。民国三十四年（1945）三月初版。大时代书局出版、发行。大时代印刷所印刷。

馆藏大时代书局1945年3月初版，见唐弢文库。

本书为《四十年间》四部曲之四。初版本下册卷末有《结局节略》、《俄文版编校后记》、《英译者后记》。作品有上册15章、下册14章，共29章。

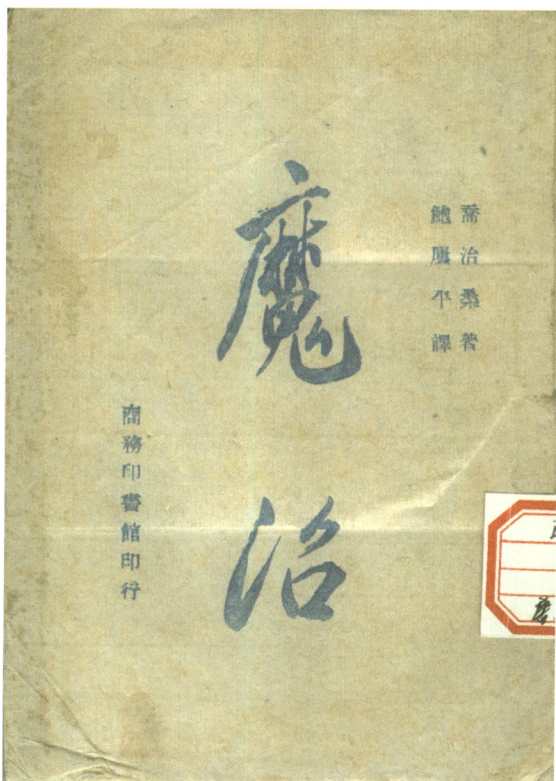

魔 沼
初版本封面（17.2厘米×12.7厘米）

小说。【法】乔治桑著。鲍屡平译。民国三十三年（1944）九月初版。重庆商务印书馆印行。

馆藏商务印书馆1944年9月初版，见唐弢文库。

初版本卷首有译者《引言》、乔治·桑《序》、《致读者》（著者）。作品有16章，附录4章（结局），共20章。

没 落
初版本封面（18.6厘米×13.1厘米）

小说。【苏】高尔基著。陈小航译。民国二十一年（1932）八月出版、发行。上海神州国光社印行。

馆藏神州国光社1932年8月初版，见唐弢文库、图书大库。

初版本无序跋。作品共有四部，部内不标章次。

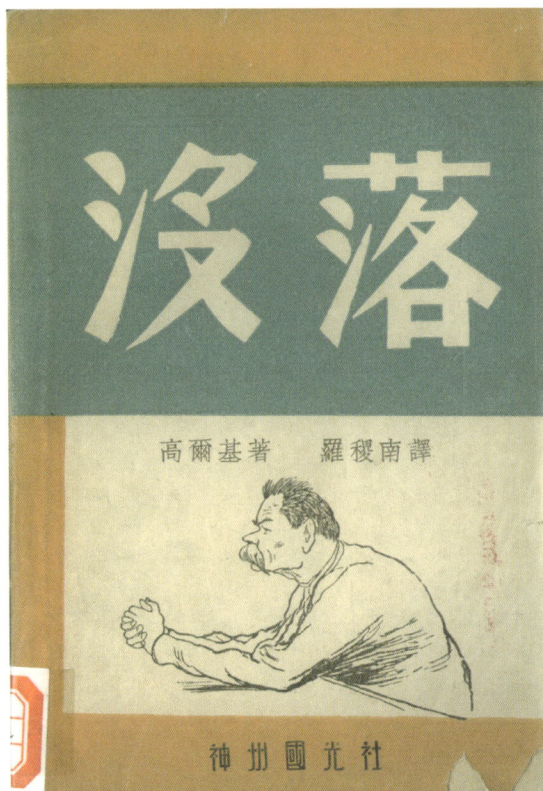

没 落
初版本封面（18.2厘米×12.9厘米）

沫若译诗集
创造社初版本封面（18.3厘米×13.5厘米）

　　小说。【苏】高尔基著。罗稷南译。民国三十六年（1947）二月出版。上海神州国光社印行。《世界文学名著译丛》之一种。

　　馆藏神州国光社1947年2月初版，见藏克家文库。初版本无序跋。作品共有四部，部内不标章次。

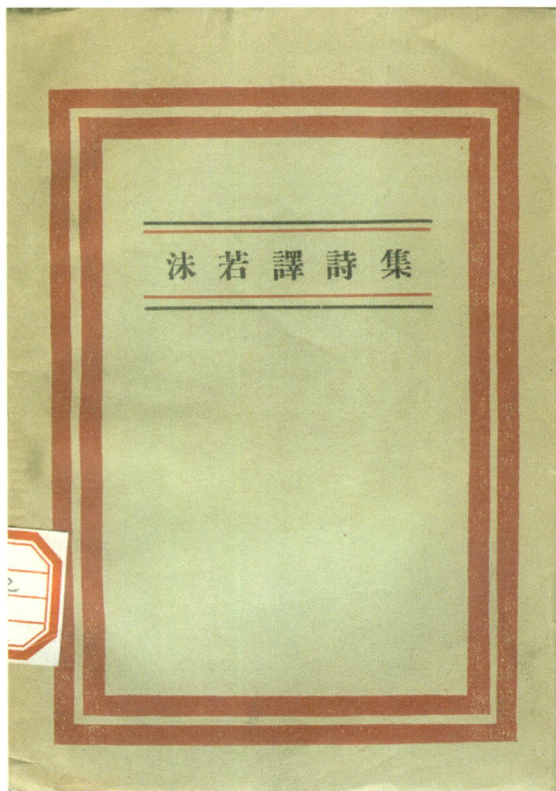

　　【印】伽里达若等著。郭沫若译。1928年4月1日付排，5月25日初版，印2000册。上海创造社出版部出版。创造社《世界名著选》之十。

　　馆藏创造社1928年5月初版、乐华图书公司1929年11月二版、文艺书局1931年4月初版、建文书店1947年9月增订初版（系原《沫若译诗集》、《雪莱诗选》、《鲁拜集》、《新俄诗选》之合编），见唐弢文库、胡风文库、图书大库。

　　创造社、文艺书局初版本无序跋。内收《秋》、《春祭颂歌》、《湖上》、《五月歌》、《牧羊者的哀歌》、《放浪者的夜歌》（2篇）、《对月》、《艺术家的夕暮之歌》、《迷娘歌》、《渔夫》、《掘宝者》、《暮色》、《维特与绿蒂》、《渔歌》、《悄静的海滨》等33篇。

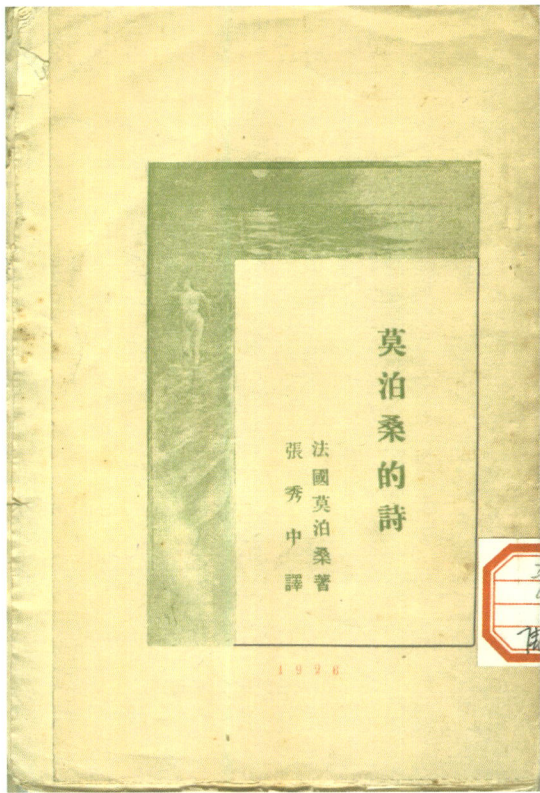

莫泊桑的詩

法國莫泊桑著
張秀中譯

1926

莫泊桑短篇小說集（一）

李青崖譯

文學研究會叢書

上海商務印書館發行

莫泊桑的诗
初版本封面（19.5厘米×12.7厘米）

诗歌集。【法】莫泊桑著。张秀中译。民国十五年（1926）六月付印，九月初版。北京海音书局发行。京兆第一工厂代印。《海音社文艺丛书》之三。

馆藏海音书局1926年9月初版，见唐弢文库。

初版本卷首有秀中《译者的话》、《福罗贝尔致莫泊桑的信》。正文收《墙》、《日光的一射》、《恐怖》、《一个护得物》、《雪夜》、《爱情的邮件》、《水边》、《野鹅》、《发现》、《捕鸟者》、《祖父》、《欲望》、《最后的逃亡》、《散步》、《劝告》等19篇。

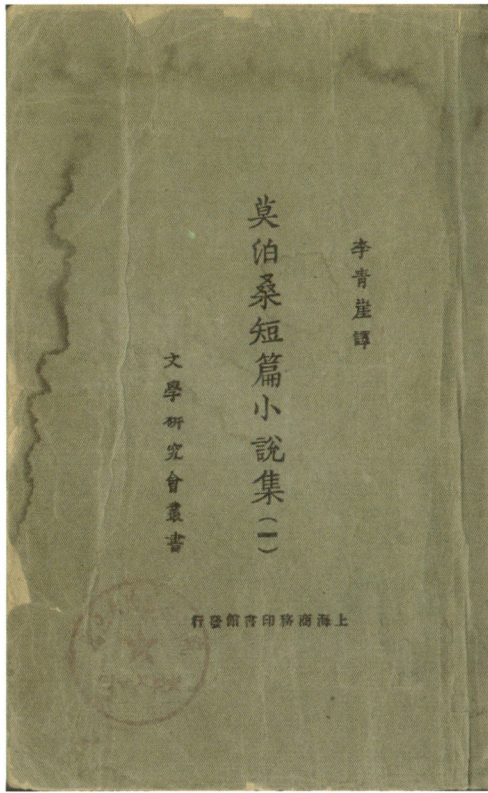

莫泊桑短篇小说集（一至三）
初版本封面（19厘米×12.3厘米）

【法】莫泊桑著。李青崖译。第一册民国十二年（1923）十二月初版，第二、三册初版时间不详。上海商务印书馆印行。《文学研究会丛书》之一种。

馆藏商务印书馆第一册1923年12月初版、1924年4月二版、1929年11月五版、1932年12月国难后一版，第二三册某版（版权页缺失，《文学研究会丛书》），见唐弢文库、图书大库。

初版本第一册卷首有杨树达《杨序》。全书正文收《一个疯子》、《我的舒尔叔父》、《写荐信的人》、《散步》、《拔荔士夫人》、《雨伞》、《隐者》、《旅行》、《孤儿》、《勋章到手了》、《杀人者》、《押发长针》、《疯婆子》、《父亲》、《饮者》等46篇。

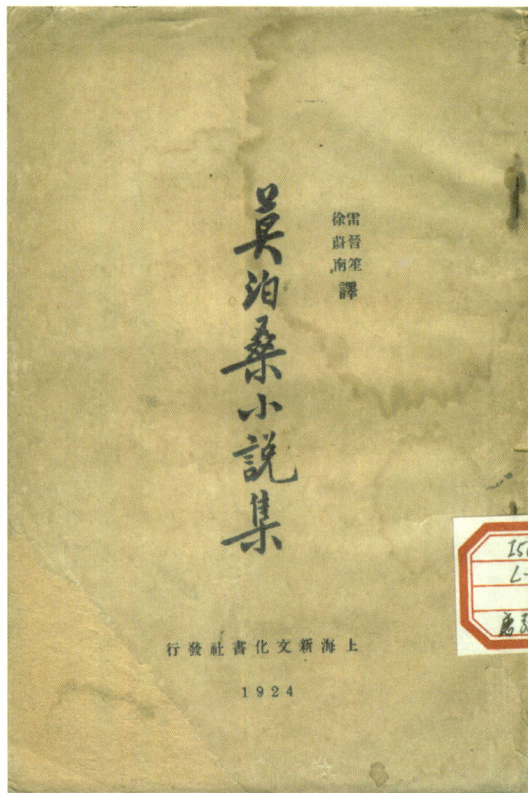

莫泊桑小说集
初版本封面（18.6厘米×12.9厘米）

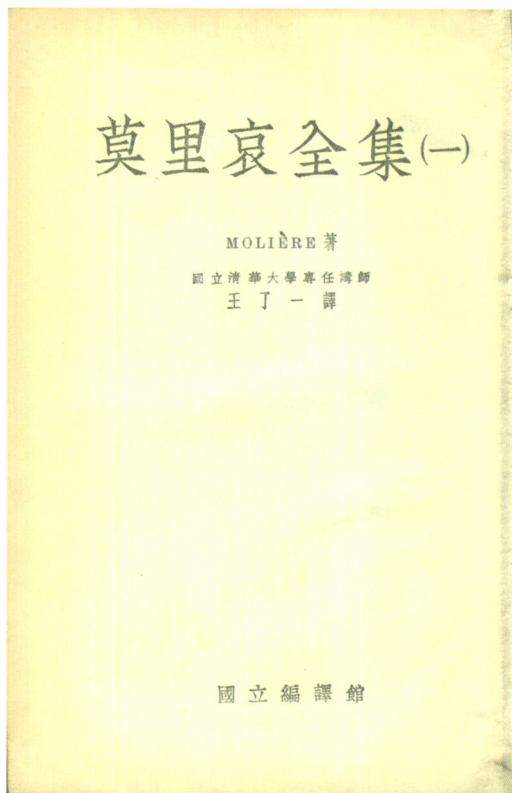

莫里哀全集（一）
初版本扉页（精装本封面无书名。22厘米×14.5厘米）

　　【法】莫泊桑著。雷晋笙、徐蔚南译。民国十三年（1924）一月出版。上海新文化书社发行。

　　馆藏新文化书社1924年1月初版、1933年10月四版，见唐弢文库。

　　初版本无序跋。内收《可可特小姐》、《书信》、《传令兵》、《圣诞前夜》、《奥岛父子》、《重逢》、《商埠》、《水上》、《莫阿农》、《完了》、《父》、《狼》共12篇。

　　戏剧集。【法】莫里哀著。王了一译。民国二十四年（1935）八月初版。国立编译馆出版。上海商务印书馆印行。

　　馆藏国立编译馆1935年8月初版、同年11月二版，见唐弢文库、李健吾文库、图书大库。

　　初版本卷首有《例言》（译者）、《莫里哀传》。正文收《糊涂的人》、《情仇》、《装腔作势的女子》、《斯加拿尔》、《嘉尔西爵士》、《丈夫学校》共6篇。

莫洛博士岛
初版本封面（19.4厘米×15.1厘米）

　　原名《无名岛》。小说。【英】威尔斯著。李林、黄裳译。民国三十七年（1948）八月初版。文化生活出版社出版、发行。文化生活印刷所印刷。《译文丛书》之一种。

　　馆藏文化生活出版社1948年8月初版，见唐弢文库、陈文发文库、刘麟文库、图书大库。

　　初版本卷末有H.G.威尔斯《故艾尔费先老人》（附录）、黄裳《后记》。作品共有22章。

莫扎特
初版本封面（18.1厘米×12.8厘米）

　　戏剧。【德】B.拔拉希著。沙蒙译。民国三十一年（1942）八月初版。桂林集美书店出版、发行。桂林秦记西南印刷厂印刷。戏剧春秋月刊社编辑《〈戏剧春秋〉翻译丛书》之一。

　　馆藏集美书店1942年8月初版，见唐弢文库。

　　初版本无序跋。作品共有3幕。

墨克白丝与墨夫人
初版本封面（19.7厘米×13.4厘米）

戏剧。【英】莎士比亚著。张文亮译。民国十九年（1930）三月十五日付印，五月一日出版，印2000册。广州青野书店出版、发行。广州培英印务公司印刷。《青野文艺丛书》之一。

馆藏青野书店1930年5月初版，见唐弢文库、图书大库。

初版本卷首有三辛《序一》、绰云《序二》、《译者序》。作品共有5幕。

某女人的犯罪
初版本封面（15.7厘米×11.9厘米）

小说集。【日】江口涣等著。张资平译。1928年12月20日付排，1929年1月10日出版，印2000册。上海乐群书店出版。

馆藏乐群书店1929年1月初版，见唐弢文库。

初版本无序跋。内收《某女人的犯罪》、《士敏土坛里的一封信》、《地主》共3篇。

某傻子的一生
初版本封面（14.7厘米×10.2厘米）

小说集。【日】芥川龙之介著。冯子韬、丘晓沧译。民国二十九年（1940）十一月十日印刷，十五日发行。上海三通书局印行。三通书局编辑部编辑《三通小丛书》之一种。

馆藏三通书局1940年11月初版，见图书大库。

初版本无序跋。内收《某傻子的一生》、《将军》、《猴子》共3篇。

母爱与妻爱
初版本封面（17.3厘米×12.2厘米）

正文题《婆媳之间》（原名）。戏剧。【法】保罗聂芳著。丁小曾改译。民国三十三年（1944）十二月初版。重庆联益出版社印行。联营书店分发行。

馆藏联益出版社1944年12月初版，见唐弢文库。

初版本卷首有丁小曾《〈婆媳之间〉改编前记》。作品共有3幕。

母 亲
初版本封面（18.9厘米×13.2厘米）

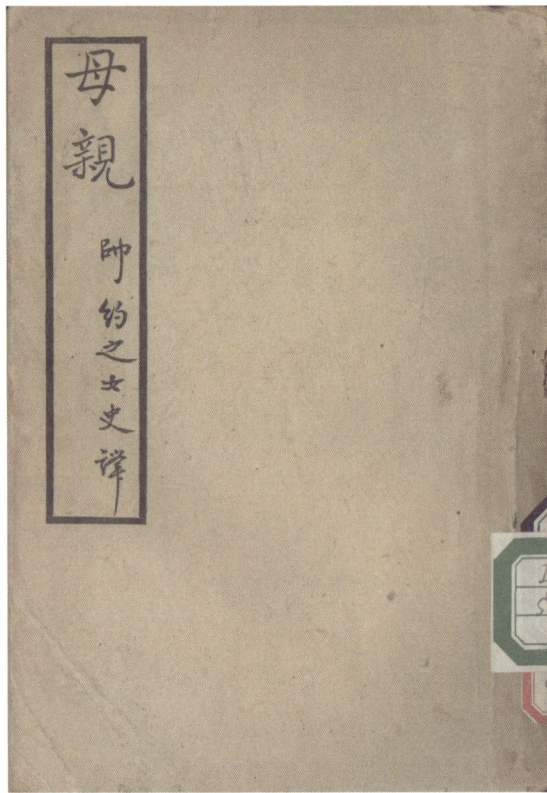

母 亲
初版本封面（18.5厘米×13厘米）

　　小说。【美】布克著。邵宗汉译。民国二十三年（1934）十一月初版。上海（时事新报馆、大陆报馆、大晚报馆、申时电讯社合组）四社出版部发行。馀不详（版权页缺失）。《四社文库》乙部之十三。
　　馆藏四社1934年11月初版，见图书大库。
　　初版本无序跋。作品共有19章。

　　原名《Mothers Cry》。小说。【美】H.G.Carlisle著。帅约之译。民国二十四年（1935）十月初版。译者自刊。寿记印书馆代印。武昌中国书局代售。
　　馆藏1935年10月初版、中华书局版（版权页未记出版时间及版次，书名为《母心》，《现代文学丛刊》），见图书大库。
　　初版本卷首有约之《译者序》、西滢《陈序》。作品共有35章。

母 亲（一、二）
第一部初版本封面（18.8厘米×13厘米）

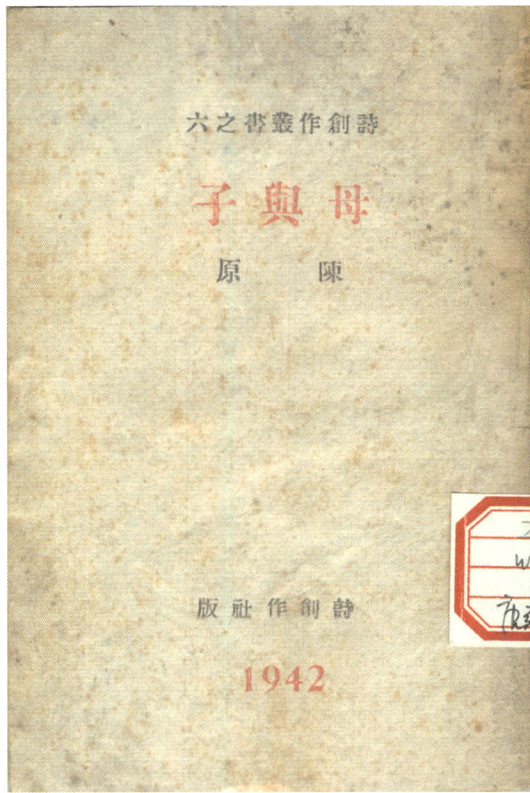

母与子
初版本封面（16.5厘米×11.4厘米）

　　小说。【苏】高尔基著。沈端先译。第一部1929年10月15日初版，印2000册；第二部1930年11月10日初版。上海大江书铺出版。

　　馆藏大江书铺第一部1929年10月初版、1930年6月二版、1933年8月四版，第二部1930年11月初版、1933年8月三版；开明书店（书名为《母》，译者署名为"孙光瑞"）1936年9月初版（上下册）、1937年6月三版（上下册）、1946年3月十一版（合订本）：见唐弢文库、巴金文库、图书大库。

　　初版本无序跋。作品有第一、二部各29章，共58章。

　　诗歌集。【苏】D.江布尔等著。陈原译、著。1942年9月出版。桂林诗创作社印行。三户图书社总经售。胡危舟主编《诗创作丛书》之六。

　　馆藏诗创作社1942年9月初版，见唐弢文库。

　　初版本卷末有陈原《后记》。正文上辑《翻译之什》收《赞歌》、《遗嘱》、《在茅棚旁边》、《我在异国人中间生长》、《快活的日子呵！》、《如果你知道》、《我不感伤》、《梦》、《高加索》、《约翰·赫斯》、《母与子》、《伊里奇》、《董·裘安》共13篇，下辑《创作之什》收10篇。

姆采里
初版本封面（16.6厘米×12厘米）

木乃伊恋史
初版本封面（18.5厘米×13.5厘米）

　　诗歌。【俄】M.Y.莱蒙托夫著。路阳译。民国三十一年（1942）四月二十日出版。星火诗歌社印行。《诗歌翻译丛书》之一。

　　馆藏星火诗歌社1942年4月初版，见唐弢文库。

　　初版本卷末有戈宝权《诗人的一生》、路阳《后记》。作品共有26章。

　　小说。【法】戈恬著。昙华译。1930年4月1日付排，5月1日出版，印1500册。上海现代书局印行。

　　馆藏现代书局1930年5月初版，见唐弢文库、图书大库。

　　初版本无序跋。作品除《导言》外共有17章。

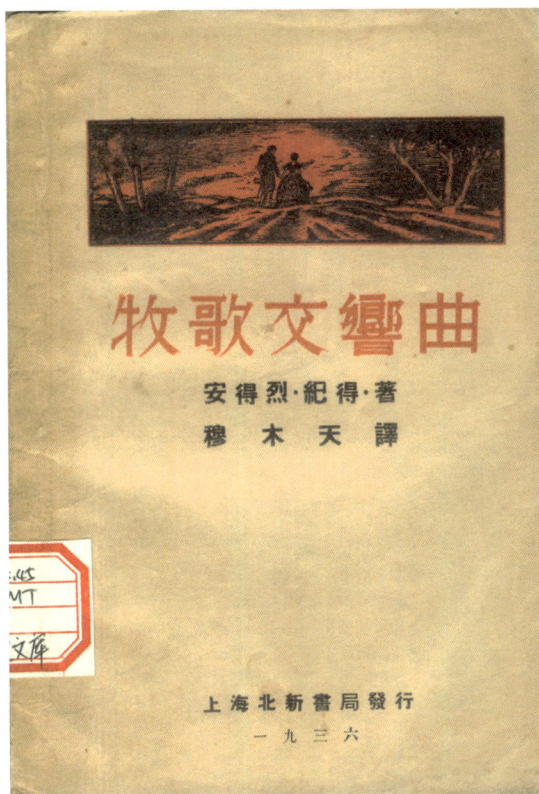

牧歌交响曲
初版本封面（18.5厘米×12.9厘米）

小说。【法】安得烈·纪得（扉页作"纪德"）著。穆木天译。1936年2月付排，3月出版，印1000册。上海北新书局印行。

馆藏北新书局1936年3月初版，见唐弢文库、图书大库。

初版本无序跋。作品共有两卷，卷内不分章节。

牧师与魔鬼
初版本封面（19.2厘米×13.6厘米）

小说集。【俄】杜斯托爱斯基等著。袁振英译。1927年2月1日付印，5月1日出版，印2000册。香港受匡出版部出版。香港商务印书馆代印。

馆藏受匡出版部1927年5月初版，见唐弢文库、图书大库。

初版本卷首有震瀛《自序》，卷末附有《俄国小说与布尔塞维克主义》、《莫白霜传略》、《短篇小说论》。正文收《牧师与魔鬼》、《病里佳人》、《她的意中人》、《孤儿》、《青年胜利》、《乞丐》、《月光》、《自由恋爱》、《鸡既鸣矣》、《没用的美》、《父》共11篇。

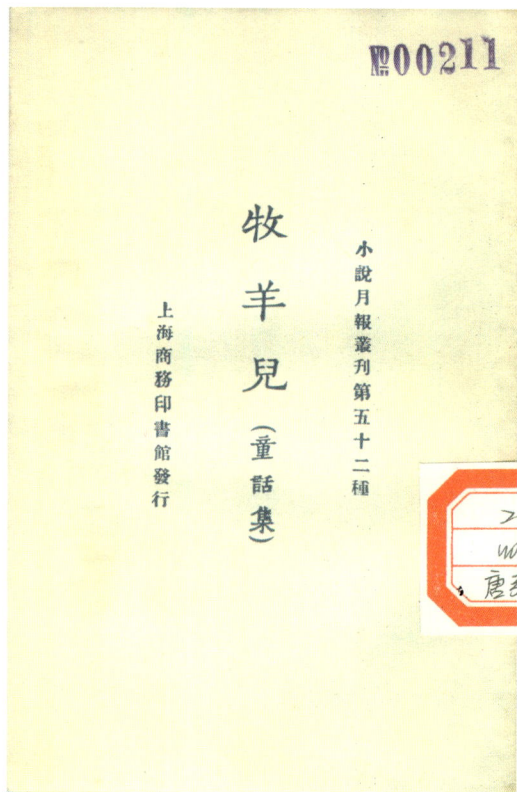

№00211

牧羊兒（童話集）

上海商務印書館發行

小說月報叢刊第五十二種

牧羊儿
初版本封面（14.9厘米×10.1厘米）

童话集。【日】小川未明、【丹】安徒生等著。晓天等译。民国十四年（1925）四月初版。上海商务印书馆印行。小说月报社编辑《小说月报丛刊》之五十二。

馆藏商务印书馆1925年4月初版，见唐弢文库、图书大库。

初版本无序跋。除汉语创作4篇外，内收《蜘蛛与草花》、《种种的花》、《懒惰老人的来世》、《凶恶的国王》、《拇指林娜》、《蝴蝶》共6篇译作。

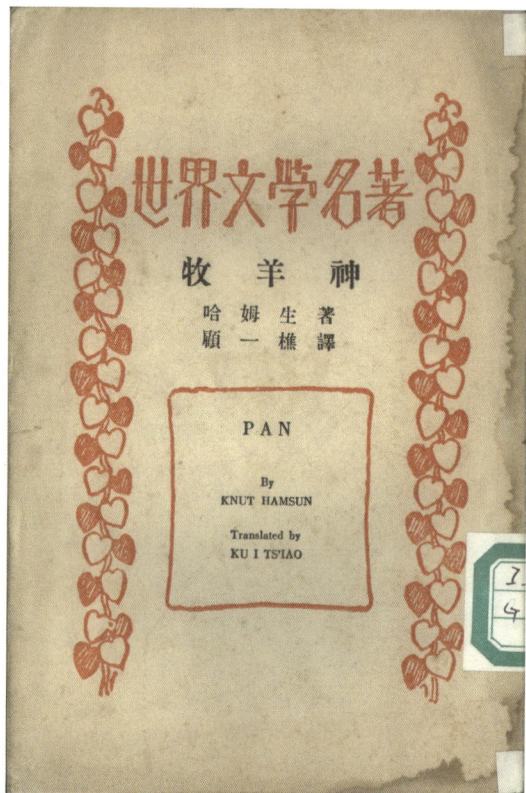

世界文学名著

牧羊神

哈姆生 著
顾一樵 譯

PAN

By
KNUT HAMSUN

Translated by
KU I TS'IAO

牧羊神
初版本封面（19厘米×12.9厘米）

小说。【挪】哈姆生著。顾一樵译。民国二十三年（1934）三月初版。上海商务印书馆印行。《世界文学名著》之一种。

馆藏商务印书馆1934年3月初版、1947年3月二版，见图书大库。

初版本无序跋。作品共有36章。

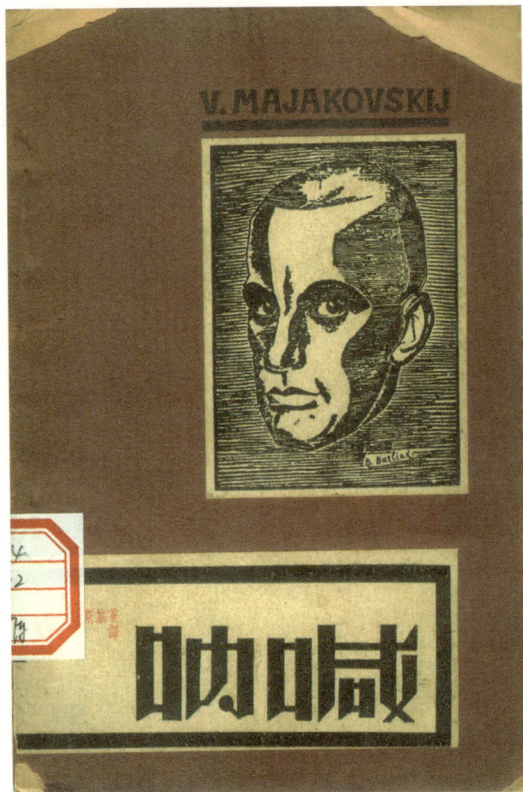

呐　喊
初版本封面（17.4厘米×11.9厘米）

　　诗歌集。【苏】玛耶阔夫斯基著。万湜思译。
1937年1月初版。上海motor出版社发行。

　　馆藏motor出版社1937年1月初版，见唐弢文库、
薛汕文库。

　　初版本卷首有王任叔《序言》、《玛耶柯夫斯
基》、【苏】E.米哈尔斯基《忆玛耶阔夫斯基》、
【苏】V.苏忒考夫依《玛耶柯夫斯基之死》，卷末有
《后记》（译者）。正文收《呐喊》、《诗人劳动
者》、《给艺术军的命令》、《来了，十六年》、
《蓝宁》、《向左进行曲》、《我们底进行曲》、
《通行证》、《建筑美术礼赞篇》、《脑脱丹》、
《维尔赛》、《异国情调》、《巴黎女人》、《记
牢!》、《西线·宁静无事》等20篇。

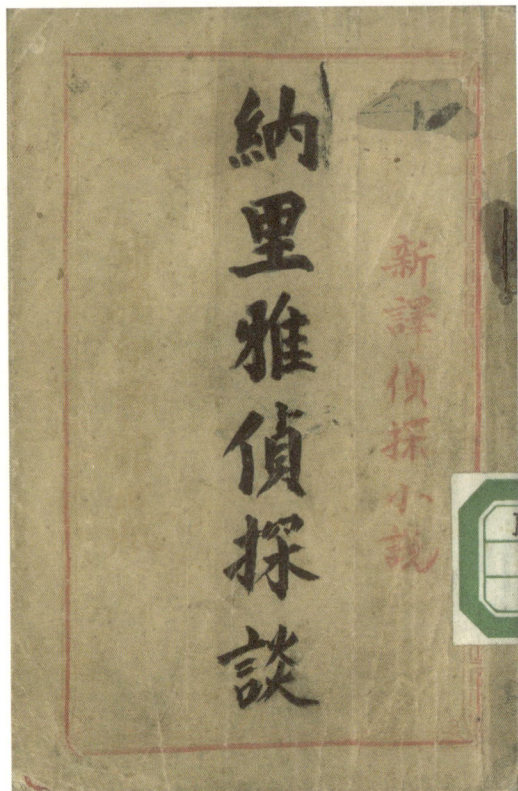

纳里雅侦探谈
初版本封面（封面文字被涂描。15厘米×10厘米）

　　小说集。【法】哈伦史著。商务印书馆编译所
译。光绪三十四年（1908）四月初版。上海商务印书
馆印行。

　　馆藏商务印书馆1908年（农历）4月初版，见图书
大库。

　　初版本无序跋。内收《七粒珠》、《三水手》、
《鼓琴图》、《寄电匣》共4篇。

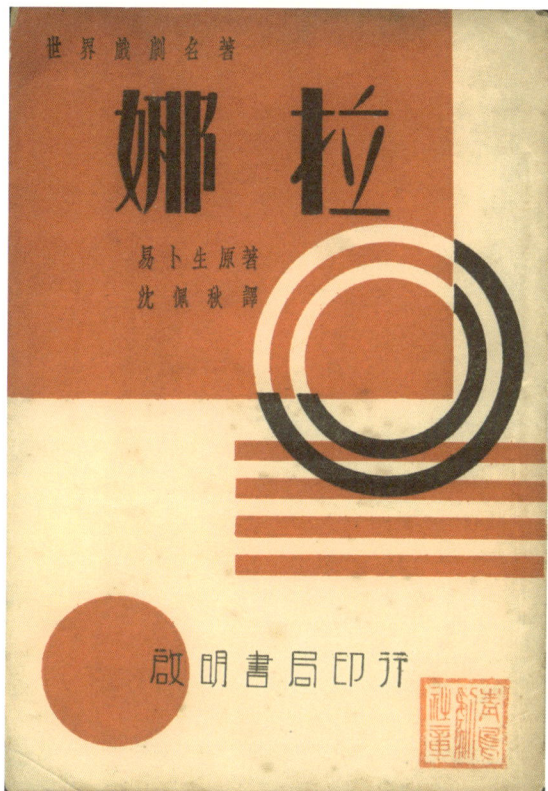

娜 拉
初版本封面（18.7厘米×13.1厘米）

原名《傀儡家庭》。戏剧。【挪】易卜生著。沈
佩秋译。民国二十六年（1937）四月初版。上海启明
书局印行。《世界戏剧名著》之一种。

馆藏启明书局1937年4月初版，见巴金文库。

初版本卷首有钱公侠等《前言》、沈佩秋《小
引》。作品共有3幕。

娜 娜
初版本封面（18.4厘米×14.9厘米）

小说。【法】左拉著。焦菊隐译。民国三十六年
（1947）六月初版。文化生活出版社出版、发行。文
化生活印刷所印刷。《左拉选集》、《译文丛书》之
一种。

馆藏文化生活出版社1947年6月初版、1948年9月
二版，见唐弢文库、图书大库。

初版本无序跋。作品共有14章。

娜薏·米枯伦
初版本封面（17.9厘米×12.9厘米）

小说集。【法】左拉著。毕修勺译。民国三十七年（1948）七月初版。世界书局印行。《左拉小说选集》之一种。

馆藏世界书局1948年7月初版，见唐弢文库、巴金文库、图书大库。

初版本无序跋。内收《娜薏·米枯伦》、《南丹》、《南松夫人》、《卓卜尔先生的贝肉》、《贾克·戴慕尔》共5篇。

南丹及奈侬夫人
初版本封面（18.1厘米×12.8厘米）

小说集。【法】佐拉著。东亚病夫译。民国十七年（1928）三月十日付印，四月二十五日出版，印2000册。上海真美善书店发行。上海大华印刷公司承印。

馆藏真美善书店1928年4月初版，见唐弢文库。

初版本无序跋。内收《南丹》、《奈侬夫人》（作品内文作"乃雄夫人"）共2篇。

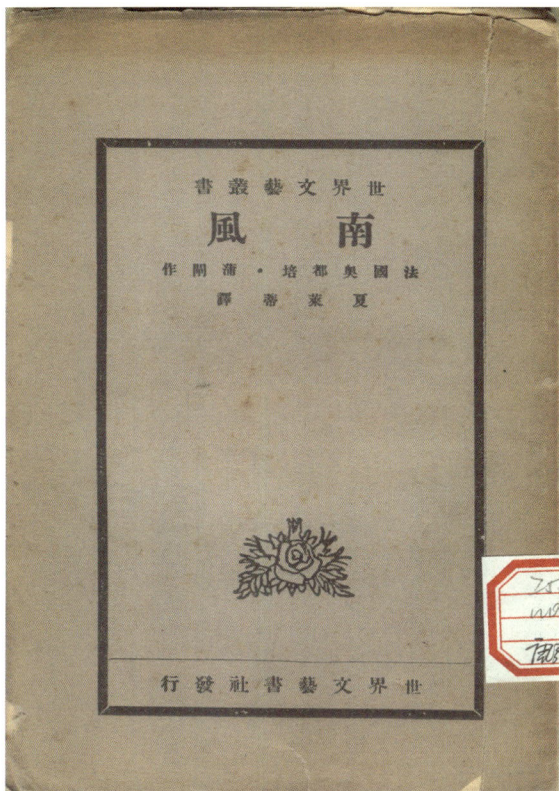

南 风
初版本封面（20厘米×13.6厘米）

小说。【法】奥都培·蒲闸著。夏莱蒂译。1929年6月10日付排，30日初版，印1000册。厦门世界文艺书社发行。《世界文艺丛书》之一种。

馆藏世界文艺书社1929年6月初版，见唐弢文库、图书大库。

初版本无序跋。作品不分章节。

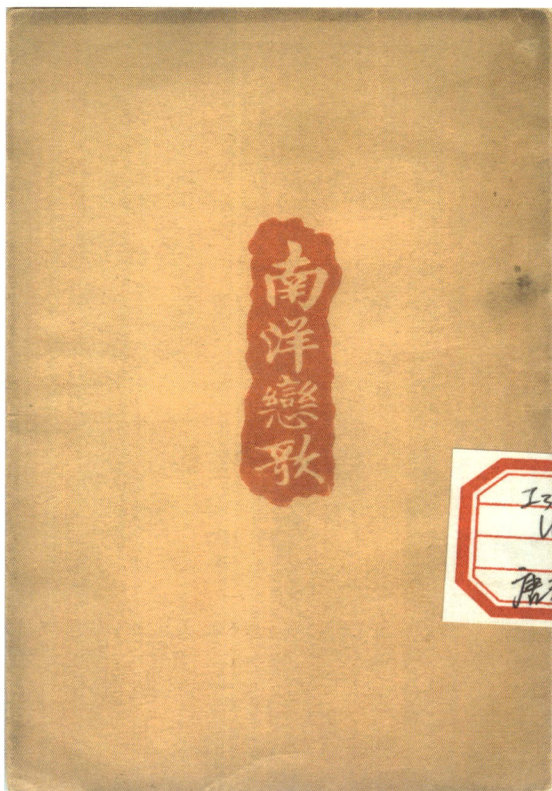

南洋恋歌
初版本封面（14.8厘米×9.2厘米）

诗歌集。【泰】玉苓等著。温梓川、陈毓泰译。民国十九年（1930）三月初版。华通书局印行。《春草丛书》之一种。

馆藏华通书局1930年3月初版，见唐弢文库。

初版本卷首有《卷头语》、温梓川《译者序》。正文收《序曲》1篇、《马来恋歌选译》48篇、《暹罗情诗选译》11篇，共60篇。

难忘的爱侣
初版本封面（19.6厘米×14.8厘米）

　　小说集。【俄】屠介涅夫（扉页、版权页作"屠格涅夫"）著。袁家骅（扉页、版权页署"袁嘉华"）译。1930年6月付排，7月出版。上海北新书局印行。

　　馆藏北新书局1930年7月初版，见唐弢文库、图书大库。

　　初版本无序跋。内收《咯，咯，咯》、《难忘的爱侣》、《客店》共3篇。

泥淖上的烈焰
初版本封面（17.7厘米×12.1厘米）

　　小说。【波兰】W.瓦西柳斯卡著。苏桥译。民国三十一年（1942）十一月初版。桂林建文书店出版、发行。广西日报社印刷。

　　馆藏建文书店1942年11月初版，见图书大库。

　　初版本卷首有《关于作者》、A.Wixley《英译序》，卷末有译者《后记》。作品共有15章。

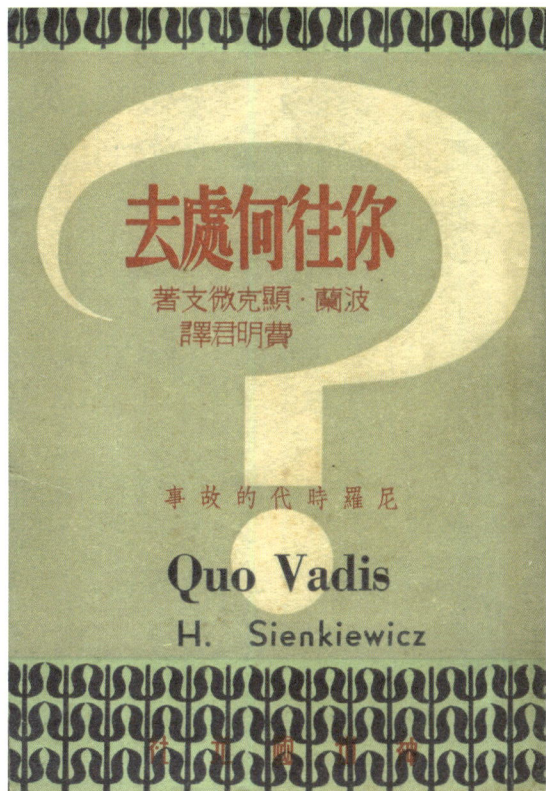

你往何处去?
初版本封面（18.1厘米×12.9厘米）

小说。【波兰】显克微支著。费明君译。民国三十七年（1948）十一月初版。上海神州国光社出版。

馆藏神州国光社1948年11月初版，见唐弢文库、巴金文库、图书大库。

初版本卷首有费明君《译序》，内云："《你往何处去》，是罗马暴君尼罗时代的初期，基督教徒殉教的故事。"

初版本除《终结》外有第一编22章、第二编21章、第三编31章，共74章。

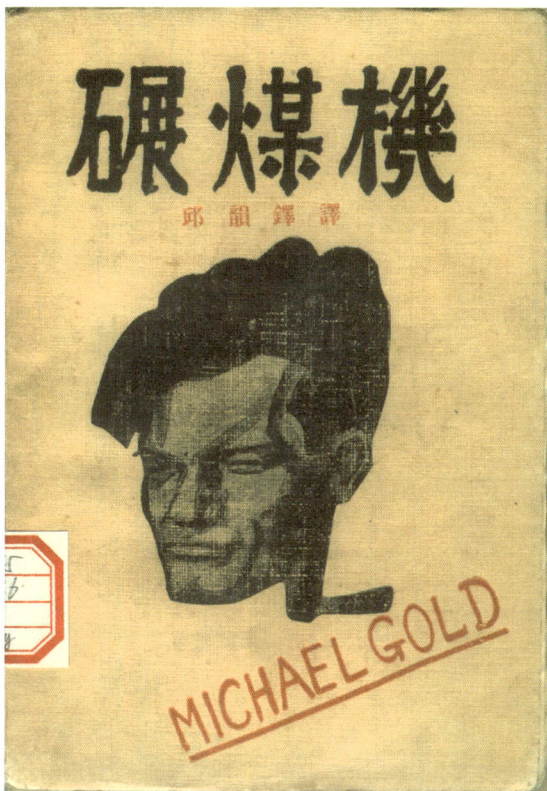

碾煤机
初版本封面（18.3厘米×13.1厘米）

小说、诗歌、戏剧集。【美】高尔德著。邱韵铎译。1930年3月付印，9月初版。上海乐华图书公司出版。

馆藏乐华图书公司1930年9月初版，见唐弢文库。

初版本卷首有《引言》（著者），卷末有《译后随笔》。《引言》云："本书中的美国的劳动生活的素描大都写在我十九岁到廿六岁之间，而依照着著作年月的程序编排的。"

初版本收《碾煤机》、《通到思想和文化之路的秘诀》、《一个黑人之死》、《两个墨西哥人》、《垃圾堆上的恋爱》、《快一点呀，美国，快一点！》、《白榄渡口的怪葬礼》、《大郁底生日》、《私刑》、《河畔的女子》、《伟大的行动是需要了》、《罢工》、《死刑室中的樊赛蒂》、《一亿二千万》共14篇。

聂格卡脱探案（一至十六）
第一册初版本封面（18.5厘米×12.6厘米）

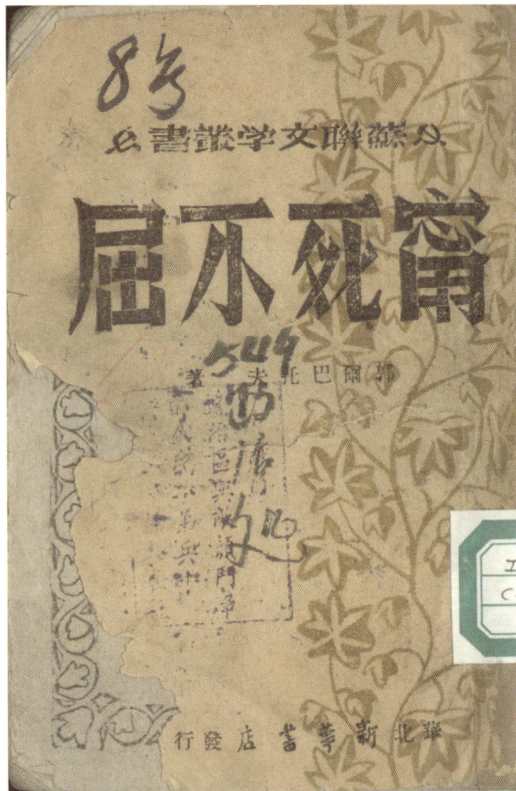

宁死不屈
初版本封面（残。21.1厘米×15.1厘米）

　　小说集。【美】讫克林著。华子才、渔郎译。第一册丙午年（1906）十二月初版、发行，第二册初版发行时间不详，第三册光绪三十三年（1907）四月初版、发行，第四册光绪三十三年五月初版、发行，第五、六册丁未年（1907）五月初版、发行，第七册光绪三十三年六月初版、发行，第八册丁未年六月初版、发行，第九册丁未年九月初版、发行，第十册丁未年十月初版、发行，第十一、十二册光绪三十三年十月初版、发行，第十三册丁未年十一月初版、发行，第十四册光绪三十四年（1908）正月初版、发行，第十五册光绪三十四年二月初版、发行，第十六册光绪三十三年十二月初版、发行。上海小说林社印行。

　　馆藏小说林社1906年（农历）12月—1908年（农历）2月初版（第二册封皮及版权页缺失），见唐弢文库。

　　初版本无序跋。全书收《银行主人被杀案》、《猎犬拒捕案》、《双生案》、《觊产案》、《车尸案》、《蓄音案》、《复仇案》、《宝刀影前案》、《宝刀影后案》、《奇窟记前案》、《奇窟记后案》、《大里斯案》、《戕姊案》、《盗女案》、《假面女子案》等29篇。

　　小说。【苏】郭尔巴托夫著。苍木译。1947年1月出版。华北新华书店出版、发行。协成印刷厂承印。《苏联文学丛书》之一种。

　　馆藏华北新华书店1947年1月初版，见图书大库。

　　初版本无序跋。作品有第一、二部各11章，共22章。

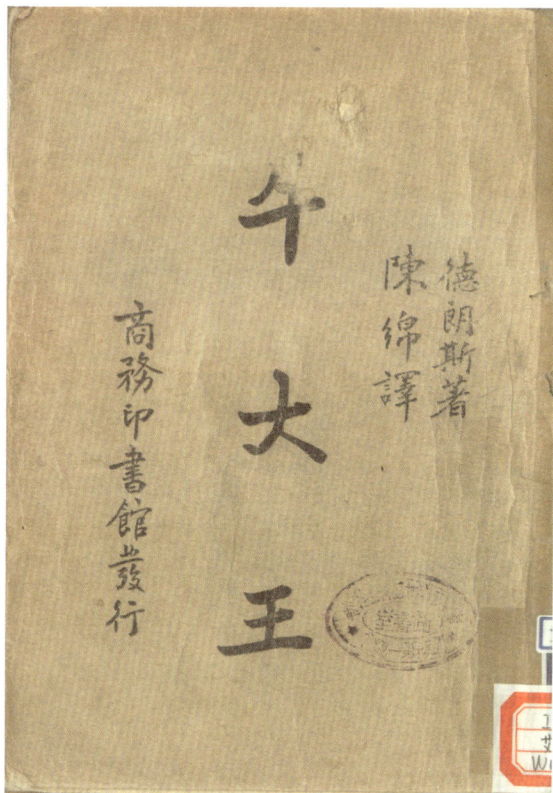

牛大王
初版本封面（17.5厘米×11.9厘米）

牛郎忆语
初版本封面（18.3厘米×13.2厘米）

戏剧。【法】德朗斯著。陈绵译。民国二十六年（1937）二月初版。中华教育文化基金董事会编译委员会编辑。上海商务印书馆印行。

馆藏商务印书馆1937年2月初版，见唐弢文库、艾芜文库。

初版本卷首有陈绵《序》。作品共有3幕。

回忆录。【美】F.哈里斯著。郑安娜译。民国三十二年（1943）八月初版。重庆古今出版社发行。古今印刷所印刷。

馆藏古今出版社1943年8月初版，见巴金文库。

初版本卷首有H.W.凯伦《序》。作品共有16章。

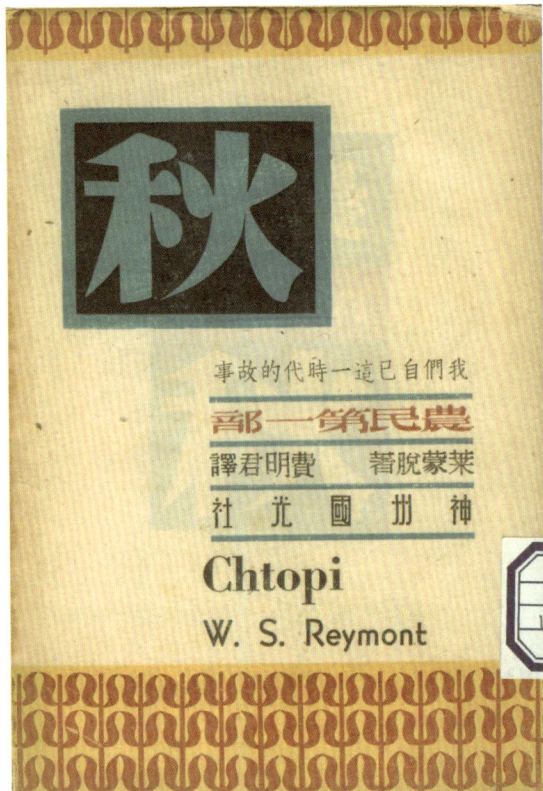

农民（一至四）
第一卷初版本封面（18.1厘米×13厘米）

农民小说集
初版本封面（18.7厘米×13.1厘米）

　　小说。【波兰】莱蒙脱著。费明君译。民国三十七年（1948）十一月初版。上海神州国光社出版。

　　馆藏神州国光社1948年11月初版，见唐弢文库、巴金文库、丁玲文库。

　　初版本第一卷卷首有费明君《译者序》，内云："《农民》是他在一九〇四——〇九年时期的著作，全书共分《秋》、《冬》、《春》、《夏》四卷，所描写的年代是本世纪的第二年，也就是波兰农民还在帝俄铁蹄之下的生活缩图，农事的艰苦和愉快，农村的习惯，恋爱与妒嫉，个人的欲望和社会矛盾。"

　　初版本有第一卷《秋》12章、第二卷《冬》13章、第三卷《春》11章、第四卷《夏》13章，共49章。

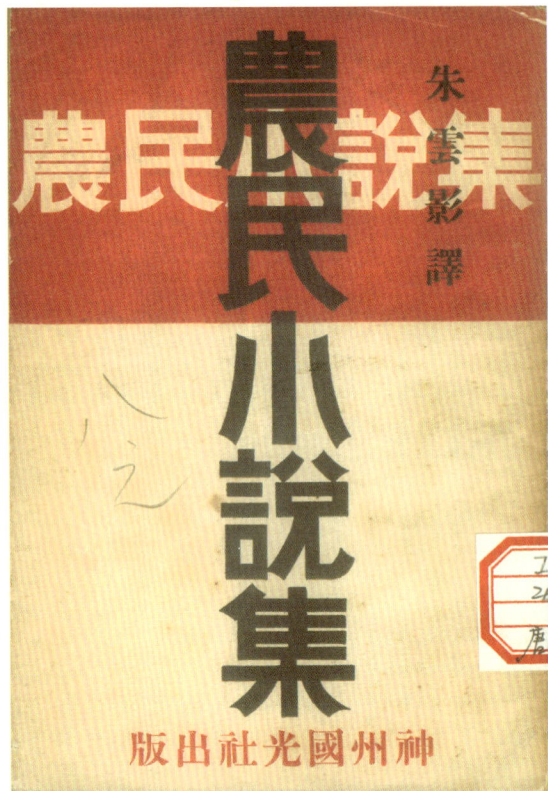

　　【苏】塞甫琳娜等著。朱云影译。民国二十一年（1932）七月初版、发行。上海神州国光社印行。

　　馆藏神州国光社1932年7月初版，见唐弢文库、许杰文库、图书大库。

　　初版本卷首有云影《译者序》。正文分上、下卷，收《刚强的女性》、《茶店老板》、《新生活》、《电报》、《沟血》、《战》共6篇。

农奴的故事
初版本封面（17.3厘米×11.6厘米）

原名《波里古西加》。小说。【俄】L.托尔斯泰著。马耳译。民国三十三年（1944）三月初版。重庆美学出版社发行。重庆印刷厂印刷。《海滨小集》之十。

馆藏美学出版社1944年3月初版，见唐弢文库、图书大库。

初版本卷首有《译者前记》，内云："这书是描写关于沙皇时代的农奴生活，和那时乡村的风物人情的。"

初版本共有15章。

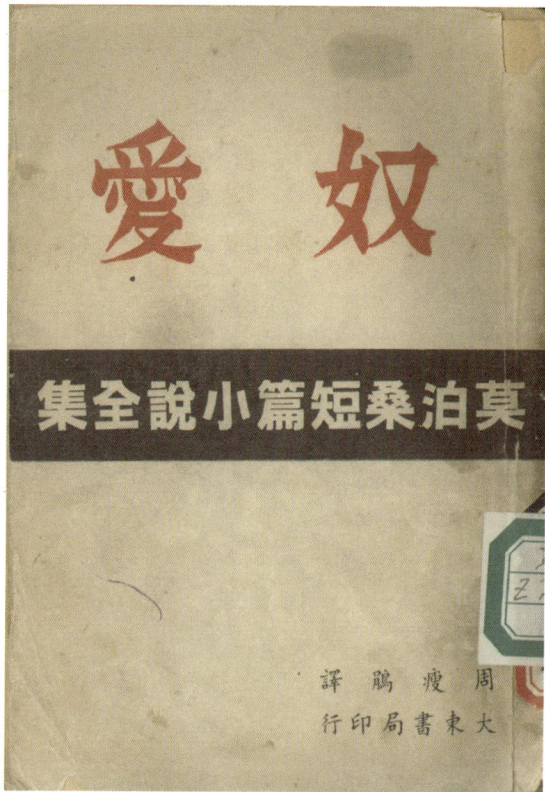

奴爱
初版本封面（17厘米×12.2厘米）

小说集。【法】莫泊桑著。周瘦鹃译。民国三十六年（1947）二月初版。上海大东书局印行。《莫泊桑短篇小说全集》之一种。

馆藏大东书局1947年2月初版，见图书大库。

初版本无序跋。内收《云发》、《芳冢》、《难问题》、《猫妒》、《莲花山土记》、《幸福》、《奴爱》、《心照》、《墓志铭》、《情之所钟》、《海上》、《手》、《林中》、《鹦鹉》、《自杀者》等24篇。

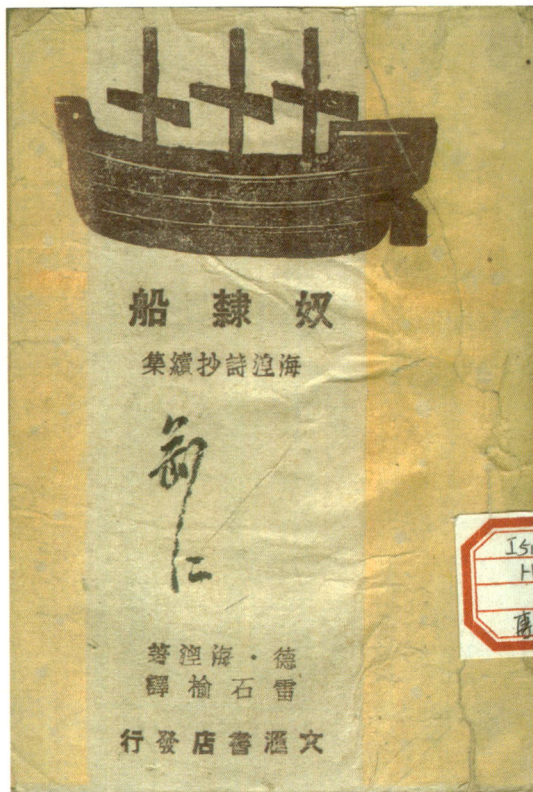

奴隶船
初版本封面（17.8厘米×12.6厘米）

怒吼吧中国！
初版本封面（15.2厘米×10.5厘米）

诗歌集。【德】海涅著。雷石榆译。1943年8月初版。文汇书店印行。昆明上海杂志公司经售。

馆藏文汇书店1943年8月初版，见唐弢文库。

本书为《海涅诗抄续集》。初版本无序跋。内收《故事诗》9篇、《诗集补遗》24篇、《史诗》3篇、《哀歌》7篇、《最后的诗集》7篇，共50篇。

戏剧。【苏】特来却可夫著。潘子农译。1935年5月付排，11月初版，印2000册。上海良友图书印刷公司印行。《良友文库》之十一。

馆藏良友图书印刷公司1935年11月初版，见唐弢文库。

初版本卷首有《欧阳予倩序》、特里查可夫《作者原序》，卷末有潘子农《译后记》。《译后记》云："本剧取材于一九二六年发生在四川省的万县事变，作者特里查可夫氏以纯粹第三者的立场，忠实地纪载了这一幕弱小民族的反帝斗争。"

初版本共有9景。

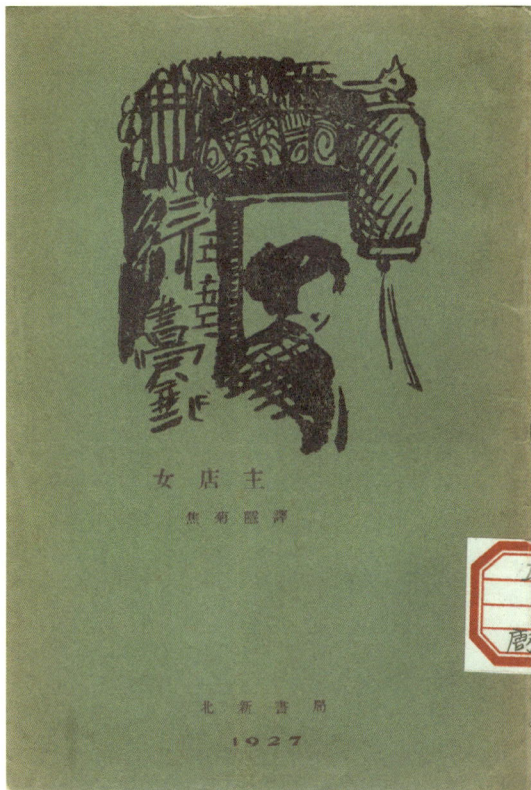

女店主
初版本封面（19.1厘米×13.2厘米）

戏剧。【意】哥尔独尼著，【爱尔兰】闺阁丽改编。焦菊隐译。1927年9月出版。北新书局发行。

馆藏北新书局1927年9月初版、1929年3月二版（著者译名为"戈尔杜尼"），见唐弢文库。

初版本卷首有菊隐《小引》、译者《女店主》。作品共有3幕。

女儿国
初版本封面（18.8厘米×12.9厘米）

小说。【英】Gaskell著。林家枢译。民国十年（1921）七月十日初版。上海泰东图书局印刷、代发行。

馆藏泰东图书局1921年7月初版，见唐弢文库。

初版本无序跋。作品共有16章。

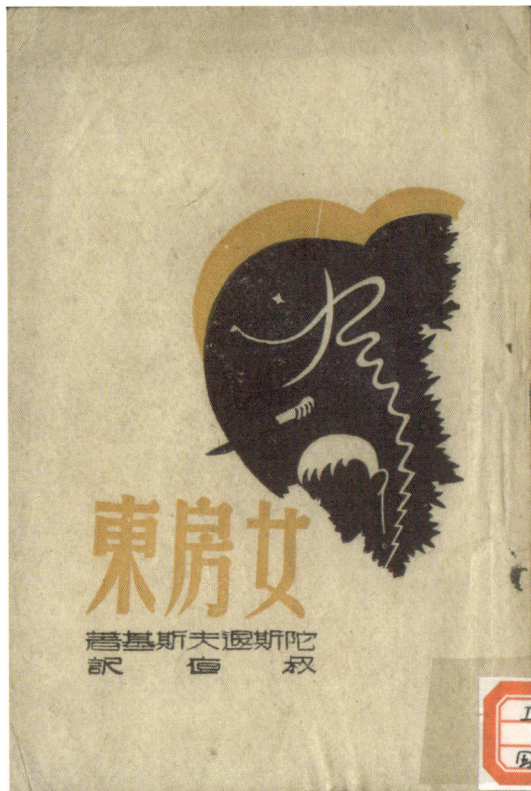

女房东
联益出版社初版本封面（18.2厘米×12.8厘米）

　　小说。【俄】陀斯退夫斯基（扉页、版权页
作"陀思退夫斯基"）著。叔夜译。民国三十四年
（1945）一月渝初版。联益出版社出版。重庆文光书
店、联营书店经售。《世界文学名著译丛》之一种。

　　馆藏联益出版社1945年1月初版、文光书店1948年
6月初版，见唐弢文库、田仲济文库、图书大库。

　　初版本无序跋。作品有第一、二部各3章，共6
章。

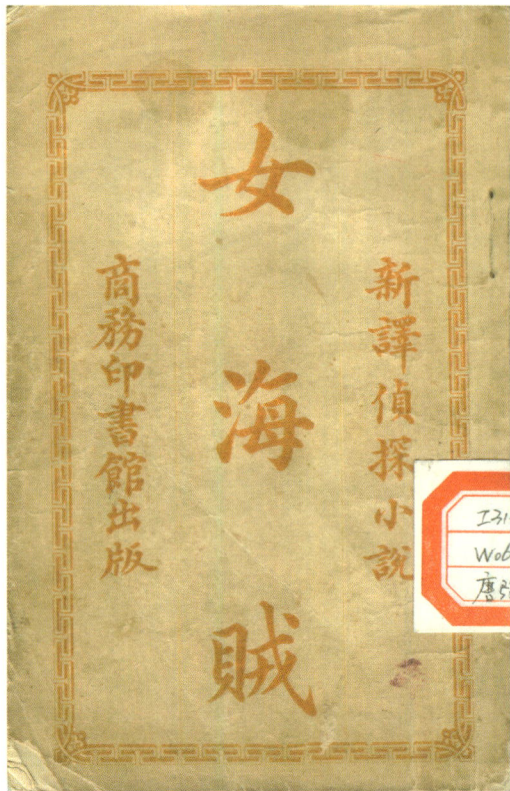

女海贼
初版本封面（15.3厘米×10.2厘米）

　　小说。【日】江见水荫著。商务印书馆编译所
译。光绪三十四年（1908）七月初版。上海商务印书
馆印行。

　　馆藏商务印书馆1908年（农历）7月初版，见唐弢
文库。

　　本书为侦探小说。初版本无序跋。作品共有50
章。

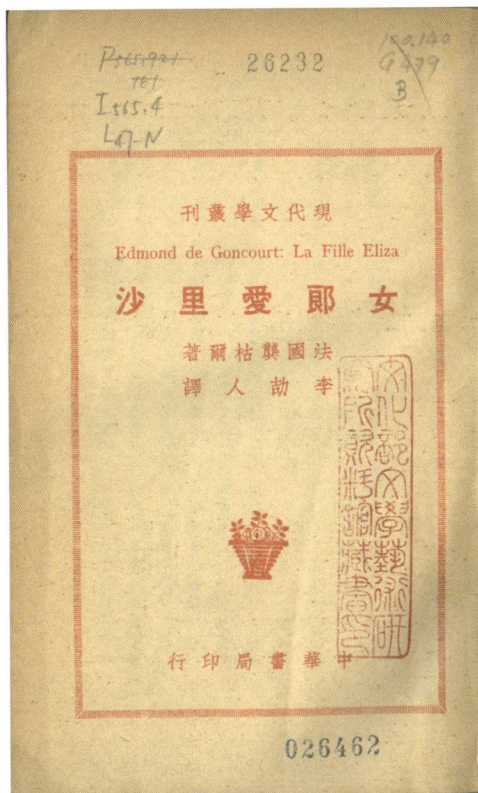

女郎爱里沙
初版本扉页（封面缺失。18.9厘米×11.7厘米）

小说。【法】龚枯尔著。李劼人译。民国二十三年（1934）九月印刷、发行。上海中华书局印行。《现代文学丛刊》之一种。

馆藏中华书局1934年9月初版，见图书大库。

初版本卷首有《原序》（著者）。作品除"引子"外有第一部34章、第二部31章，共65章。

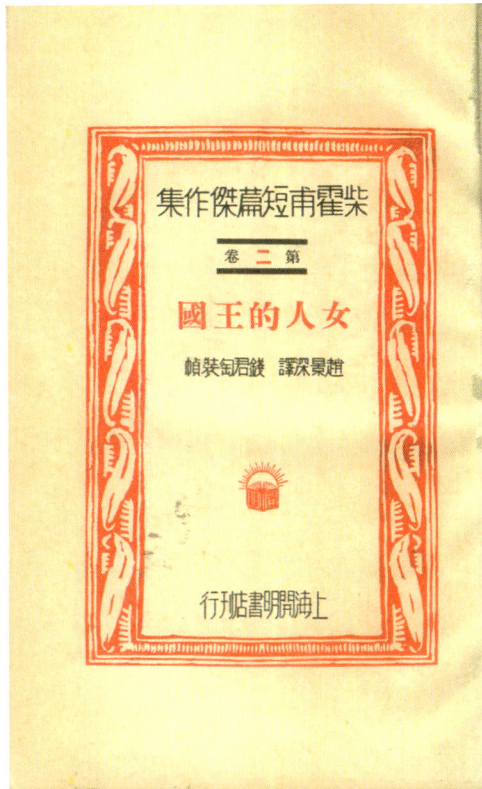

女人的王国
初版本扉页（精装本封面无书名。18.4厘米×11.5厘米）

小说集。【俄】柴霍甫著。赵景深译。1930年3月31日初版。上海开明书店出版、发行。美成印刷所印刷。《柴霍甫短篇杰作集》之二。

馆藏开明书店1930年3月初版，见唐弢文库、汝龙文库、图书大库。

初版本卷首有【俄】蒲宁《柴霍甫》。正文收《妻》、《宴会》、《"安娜套在颈子上"》、《牵狗的太太》、《女人的王国》、《燥性人日记抄》、《午餐》、《镜》、《殉教者》、《恋爱》共10篇。

女首领（上、下）
上卷初版本封面（18.4厘米×12.7厘米）

小说。【英】媚姿著。井蛙译。丙午年（1906）五、六月初版、发行。上海小说林社编辑、印行。

馆藏小说林社1906年（农历）5、6月初版，见唐弢文库。

初版本无序跋。作品有上卷5章、下卷4章，共9章。

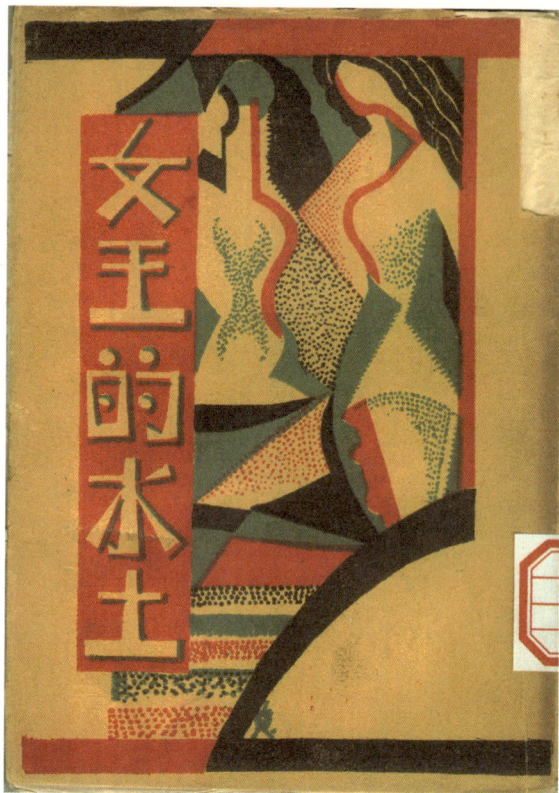

女王的水土
初版本封面（18.6厘米×13.5厘米）

小说。【法】莫鲁华著。王了一译。民国十八年（1929）十月初版。上海启智书局出版、发行。上海启智印务公司印刷。

馆藏启智书局1929年10月初版，见唐弢文库。

初版本卷首有《代序——法国文学家查露对于本书之批评》。作品有上篇20章、下篇24章，共44章。

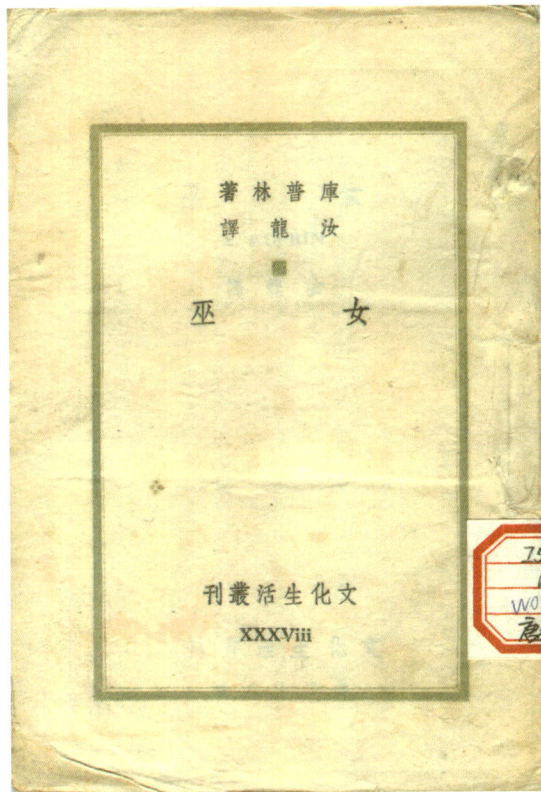

女 巫
初版本封面（18.3厘米×12.8厘米）

小说。【俄】库普林著。汝龙译。民国三十四年（1945）七月初版。文化生活出版社出版、发行。军事委员会政治部印刷厂印刷。巴金主编《文化生活丛刊》之三十八。

馆藏文化生活出版社1945年7月初版，见唐弢文库、巴金文库、刘麟文库。

初版本卷末有《译后记》。作品共有14章。

女性的风格
初版本封面（18.2厘米×12.8厘米）

原名《一所学校》。小说。【法】安特列·纪德著。金满成译。民国三十三年（1944）十一月渝初版。重庆作家书屋印行。联营书店、重庆时与潮书店分发行。姚蓬子主编《法国文学名著译丛》之七。

馆藏作家书屋1944年11月初版、1947年7月沪一版，见唐弢文库、图书大库。

初版本卷首有《译者几句话》、D.日来未夫"致著者"。"致著者"云："先生，迟疑了很久以后，我终于决定把一卷东西送给你；这是用打字机抄录下来的，我母亲遗留给我的她的日记。……假如你以为这一些东西，对于一般青年妇女不至于毫无益处的话，你可以自由地发表了它。"

初版本除《尾声》外共有两部。

女学生旅行（上、下）
卷上初版本封面（18.6厘米×12.6厘米）

除卷上封面、扉页外皆题《女学生旅行记》。小说。【日】五峰仙史著。曼陀编译。卷上光绪三十三年（1907）五月初十日出版，上海时报馆活版部印刷；卷下宣统元年（1909）六月下旬出版，有正书局活版部印刷。有正书局发行。

馆藏有正书局卷上1907年（农历）5月初版、1909年（农历）6月（下旬）二版（封面、扉页亦题《女学生旅行记》），卷下1909年（农历）6月初版，见唐弢文库。

本书为滑稽小说。初版本卷上卷首有《例言》（编译者），卷下卷首有五峰仙史《原序》。作品有前、后编各11章，共22章。

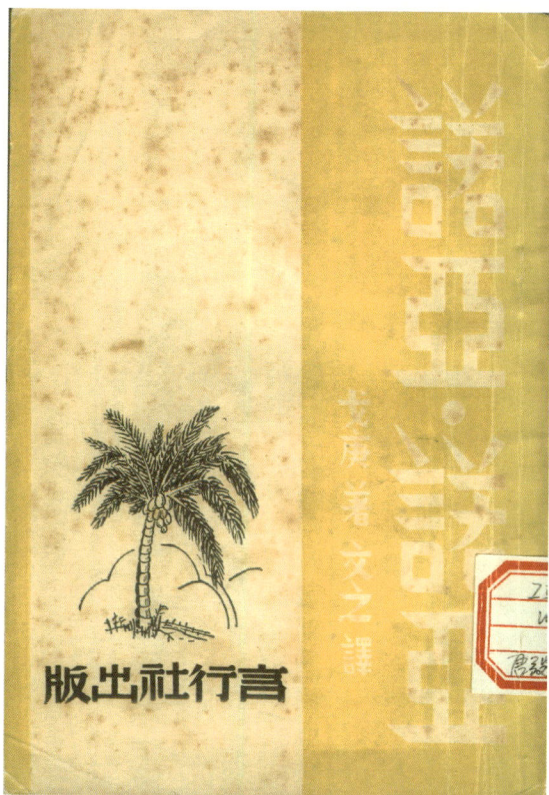

诺亚·诺亚
初版本封面（18.3厘米×13厘米）

副标题为《泰息蒂纪行》。游记。【法】戈庚著。文之译。民国二十九年（1940）七月出版。上海言行社印行。《文学译丛》之一种。

馆藏言行社1940年7月初版，见唐弢文库。

初版本卷首有文之《译序》。作品共有6章。

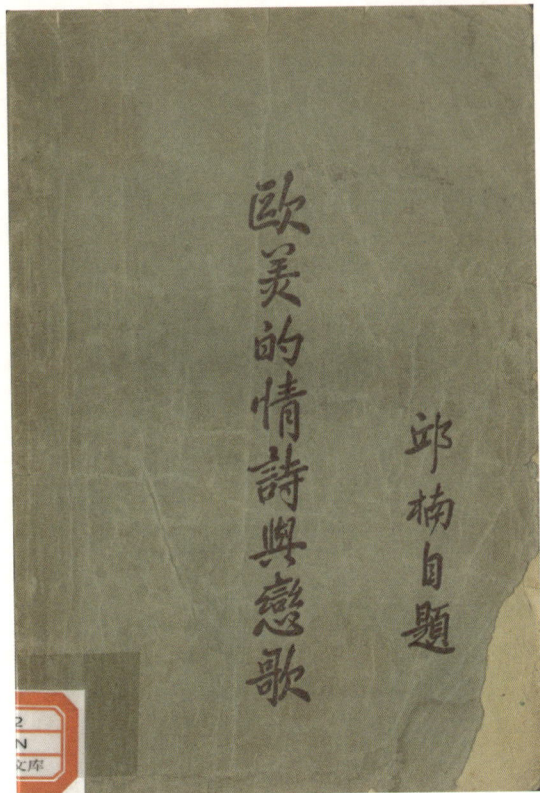

欧美的情诗与恋歌
初版本封面（18.7厘米×13厘米）

欧美名家小说集（上、下）
上册初版本封面（18.9厘米×13.2厘米）

版权页题《欧美情诗与恋歌》。【英】拜伦等著。邱楠译。民国二十三年（1934）八月三十日初版。北平立达书局发行。北平和济印书局印刷。

馆藏立达书局1934年8月初版，见薛汕文库。

本书为中英文对照。初版本卷首有邱楠《短短的写在前面》。正文分"情诗之部"、"恋歌之部"两辑，收《加底兹的姑娘》、《当我的妹莱穿着绸衣走路的时候》、《白玫瑰》、《画像》、《我怕你的接吻，温柔的姑娘》、《给台宁》、《服了吧，恋爱的先生们》、《给一个顾影自怜的姑娘》、《一朵紫罗兰在她的鬓边》、《罗莎兰》、《给希伦》、《她走路的美》、《在一本薄册里的诗歌》、《失恋归来》、《一个幻想中的美人》等45篇。

【法】巴比塞等著。周瘦鹃译。民国十五年（1926）六月出版、发行。上海大东书局印行。

馆藏大东书局1926年6月初版，见唐弢文库。

初版本无序跋。全书收《石人》、《术士》、《新年的礼物》、《新婚第一夜》、《莲花出土记》、《亡妻的遗爱》、《恋人之尸》、《魔鬼》、《寡妻》、《杀子之母》、《疯人院》、《马喜菊》、《杀》、《末一叶》、《梦尽时》等21篇。

欧美十人集
初版本封面（18.8厘米×13.2厘米）

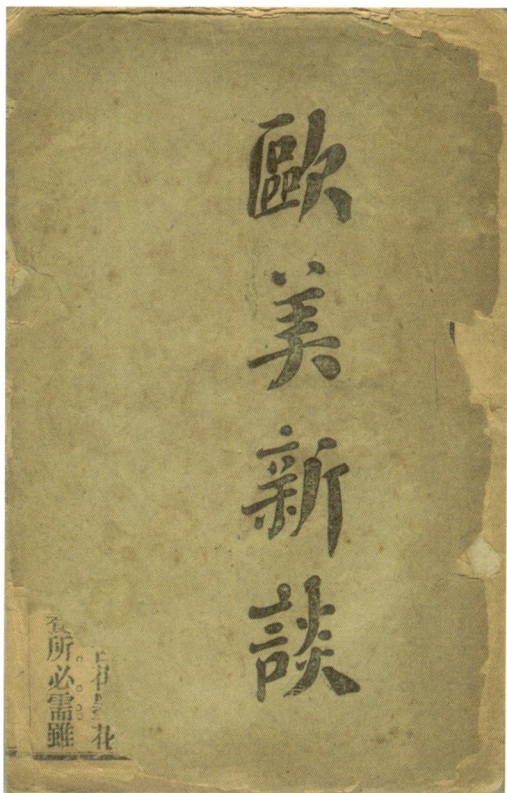

欧美新谈
初版本封面（20.3厘米×13.5厘米）

　　小说集。【意】班德路等著。包三易译。1933年5月1日付印，6月1日初版，印2000册。东方文艺社出版。《东方文艺社丛书》之一。

　　馆藏东方文艺社1933年6月初版，见唐弢文库。

　　初版本无序跋。内收《罗密欧与朱丽叶》、《长期的充军者》、《李凡温》、《丧家狗》、《柳柳的胜利》、《重做一个人》、《秋夜》、《孤岛》、《他来了吗》、《在战事之冬》共10篇。

　　小说集。著者不详。周文治编译。光绪二十九年（1903）午月（5月）印行，荷月（6月）发行。上海一新书局印行。

　　馆藏一新书局1903年（农历）6月初版，见唐弢文库。

　　初版本卷首有蓉湖侠民《〈欧美新谈〉序》、涉猎外史子《序》、百候逸民《序》。正文收《火山奇迹》、《失驼笑言》、《奇案一则》、《猴冠琐记》、《明哲保身》、《醉中笑谈》、《游戏谰言》、《丐儿笑柄》、《好色孽报》、《死于安乐》、《古义常昭》、《奇尸不腐》、《侦探奇险》、《孩悬井中》、《俄王始末》等32篇。

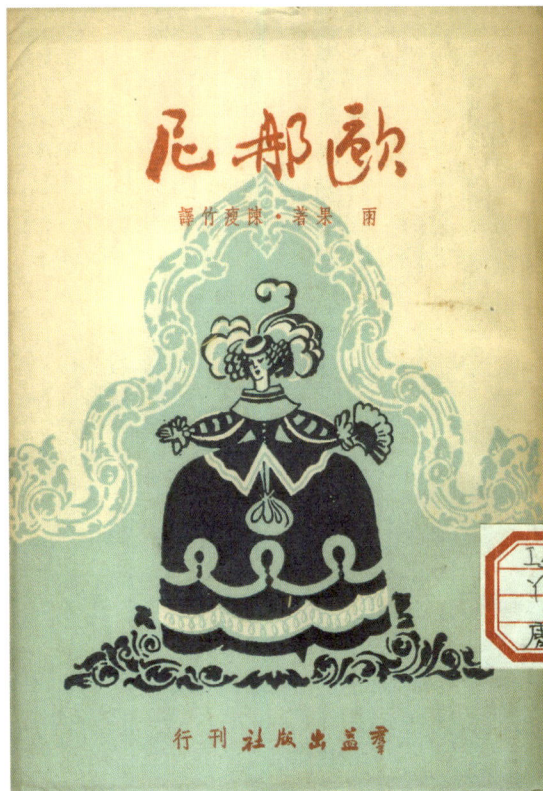

欧那尼
初版本封面（17.9厘米×12.7厘米）

戏剧。【法】雨果著。陈瘦竹译。民国三十六年（1947）三月出版，印1500册。群益出版社印行。《群益翻译剧丛》之三。

馆藏群益出版社1947年3月初版，见唐弢文库、图书大库。

初版本卷首有《法国浪漫运动与雨果（代序）》（译者），卷末有译者《译后记》。作品共有5幕。

欧那尼
初版本封面（18.6厘米×13.1厘米）

戏剧。【法】嚣俄著。东亚病夫译。民国十六年（1927）九月出版。上海真美善书店发行。《嚣俄戏剧全集》之三。

馆藏真美善书店1927年9月初版，见唐弢文库。

初版本卷首有《原序》，卷末有《美国霍丕京大学教授马兹基批评》、虚白《〈欧那尼〉初次出演纪事》。作品共有5折。

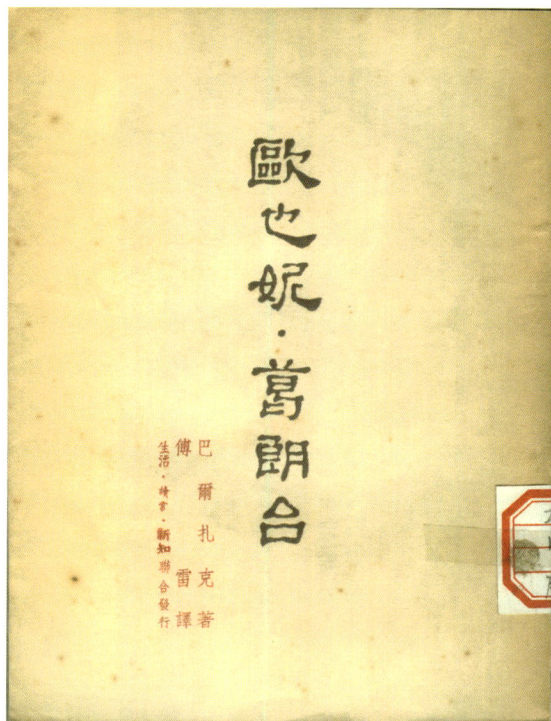

欧也妮·葛朗台
初版本封面（18.2厘米×14.3厘米）

小说。【法】巴尔扎克著。傅雷译。1949年6月沪初版，印2000册。生活·读书·新知上海联合发行所发行。上海国光印书局印刷。

馆藏生活·读书·新知联合发行所1949年6月初版，见唐弢文库、姚雪垠文库。

初版本无序跋。作品不标章次。

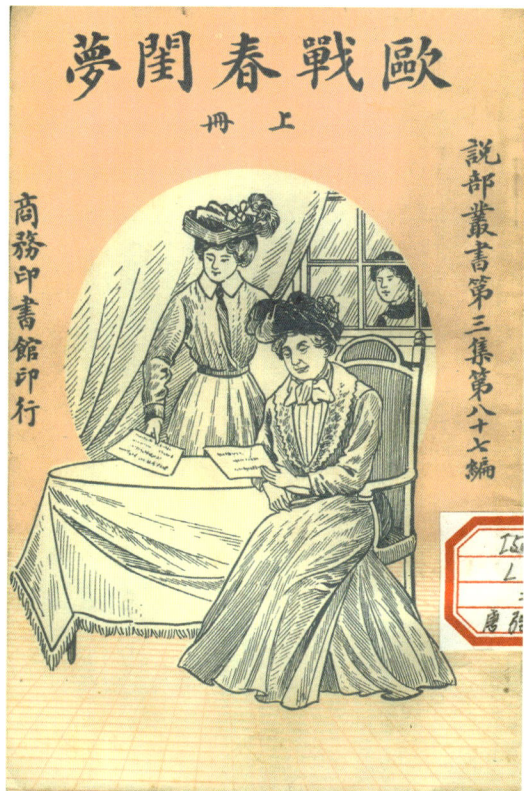

欧战春闺梦（上、下）
初版本封面（18.4厘米×12.6厘米）

小说。【英】高桑斯著。林纾、陈家麟译。民国九年（1920）三月初版。上海商务印书馆印行。四集本《说部丛书》第三集之八十七。

馆藏商务印书馆1920年3月初版、某版（无版权页，《林译小说》第二集），见唐弢文库、图书大库。

初版本无序跋。作品有卷上、下各8章，共16章。

欧战春闺梦续编（上、下）
初版本封面（18.4厘米×12.6厘米）

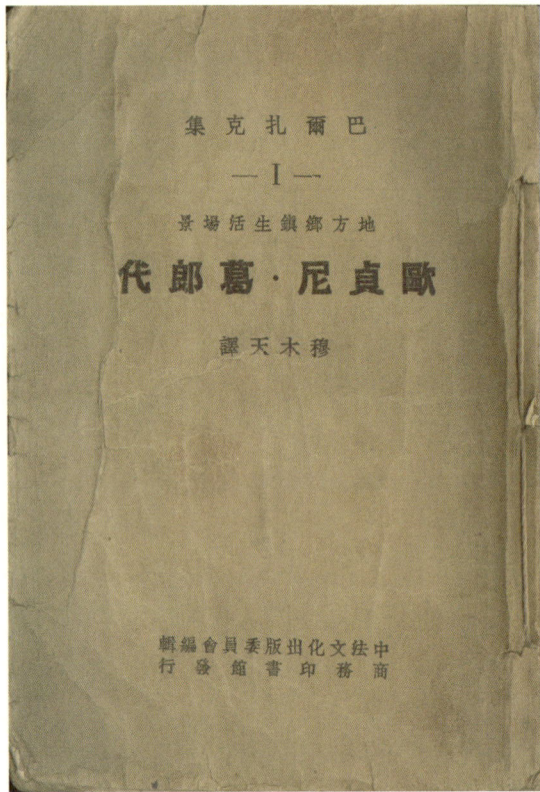

欧贞尼·葛郎代
初版本封面（21.1厘米×15厘米）

　　小说。【英】高桑斯著。林纾、陈家麟译。民国九年（1920）五月初版。上海商务印书馆印行。四集本《说部丛书》第三集之九十七。

　　馆藏商务印书馆1920年5月初版，见唐弢文库。

　　初版本无序跋。作品有卷上9章、卷下10章，共19章（章次接续《欧战春闺梦》）。

　　小说。【法】巴尔扎克著。穆木天译。民国二十五年（1936）十月初版。上海商务印书馆印行。《地方乡镇生活场景》之一种，中法文化出版委员会编辑《巴尔扎克集》之一。

　　馆藏商务印书馆1936年10月初版、1937年3月二版，见唐弢文库、侯金镜文库、图书大库。

　　初版本卷首有《译者之言》、《巴尔扎克年表》、《〈人间喜剧〉总序》（著者）、得·巴尔扎克《献给 玛丽亚》。作品不分章节。

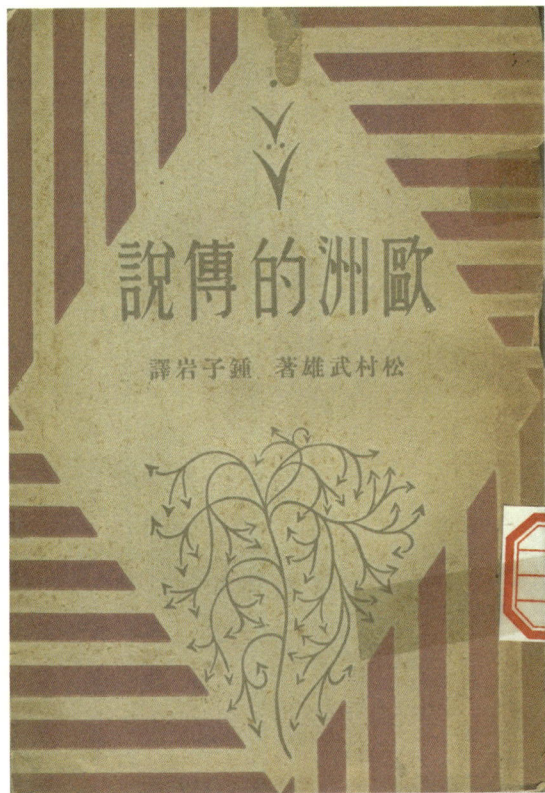

欧洲的传说
初版本封面（18.7厘米×13.1厘米）

欧洲童话集
初版本封面（19.7厘米×14厘米）

故事集。【日】松村武雄著。钟子岩译。1931年3月初版。上海开明书店出版、发行。美成印刷所排印。

馆藏开明书店1931年3月初版，见唐弢文库、图书大库。

初版本卷首有著者《原序》。正文收《无双的猛将》、《怪马》、《磁石岛》、《一握髯与四粒齿》、《会脱皮的男子》、《贝奥武尔夫故事》、《闭居林中的魔术师》、《百世长春的乐国》、《王乎妃乎》、《圣杯》、《幽魂草》、《琴与豫言》、《泥柏隆根故事》、《谷德纶故事》、《幻女》等18篇。

扉页、正文及版权页题《欧洲童话》。【德】Grimm等著。张昭民译。1928年5月付印，6月初版，印2000册。上海北新书局发行。

馆藏北新书局1928年6月初版，见唐弢文库。

初版本无序跋。内收《小人国的赠品》、《纺锤梭和针》、《熊和鹪鹩》、《小兔和刺猬》、《骁勇的小裁缝》、《小哥哥和小妹妹》、《大拇指》、《大鼻太子》、《蓝鸟》、《善良的小鼠》、《穿鞋的猫》、《林中睡美人》、《蓝胡须》、《唱歌的树，说话的鸟和金水》、《奇怪的四弦提琴》等19篇。

帕尔玛宫闱秘史
初版本封面（20.4厘米×14.4厘米）

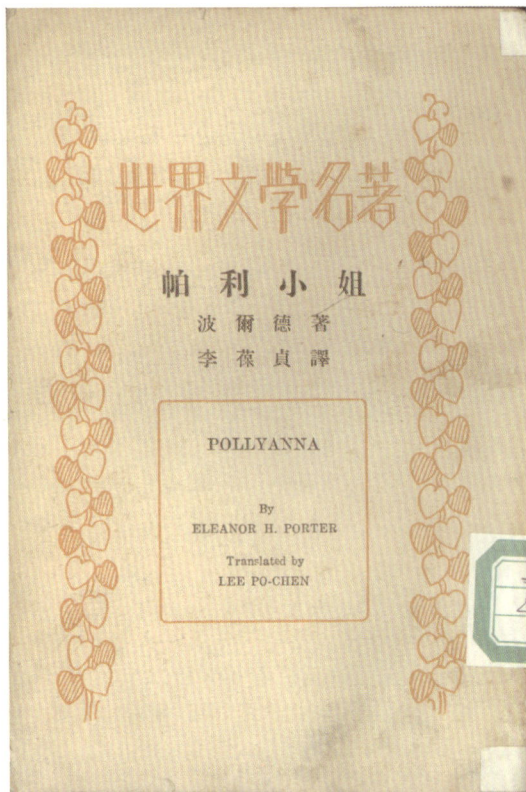

帕利小姐
初版本封面（19厘米×13厘米）

小说。【法】司汤达著。徐迟译。民国三十七年（1948）五月沪初版，印2000册。上海书报杂志联合发行所印行。

馆藏上海书报杂志联合发行所1948年5月初版，见唐弢文库、刘麟文库、徐迟文库、图书大库。

初版本卷首有《致读者》（著者）、《译者跋语》、《巴尔札克序言》。作品共有28章。

小说。【美】波尔德著。李葆贞译。民国二十四年（1935）四月初版。上海商务印书馆印行。《世界文学名著》之一种。

馆藏商务印书馆1935年4月初版，见唐弢文库、图书大库。

初版本无序跋。作品共有32章。

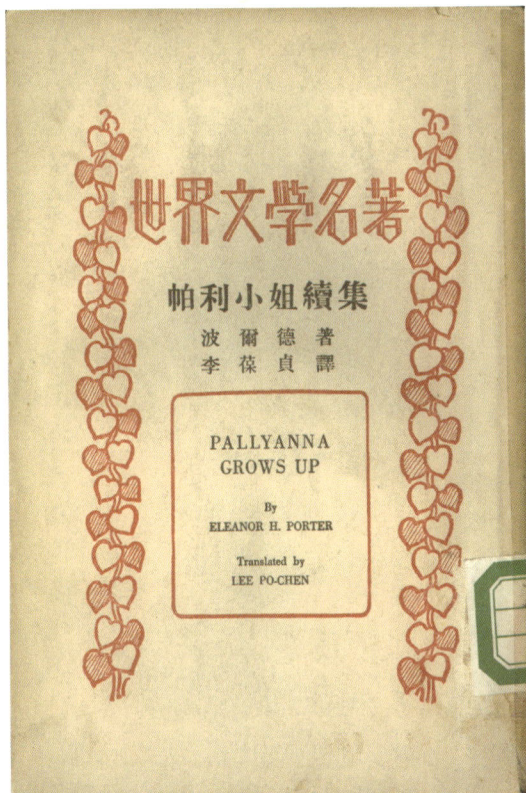

帕利小姐续集
初版本封面（19厘米×13厘米）

小说。【美】波尔德著。李葆贞译。民国二十六年（1937）三月初版。上海商务印书馆印行。《世界文学名著》之一种。

馆藏商务印书馆1937年3月初版，见唐弢文库、图书大库。

初版本无序跋。作品共有32章。

潘彼得
初版本封面（护封缺失。18.7厘米×13.4厘米）

原名《彼得与文黛》。小说。【英】巴利著。梁实秋译。1929年10月初版，印2000册。上海新月书店发行。

馆藏新月书店1929年10月初版，见唐弢文库。

初版本卷首有叶公超《序》。作品共有17章。

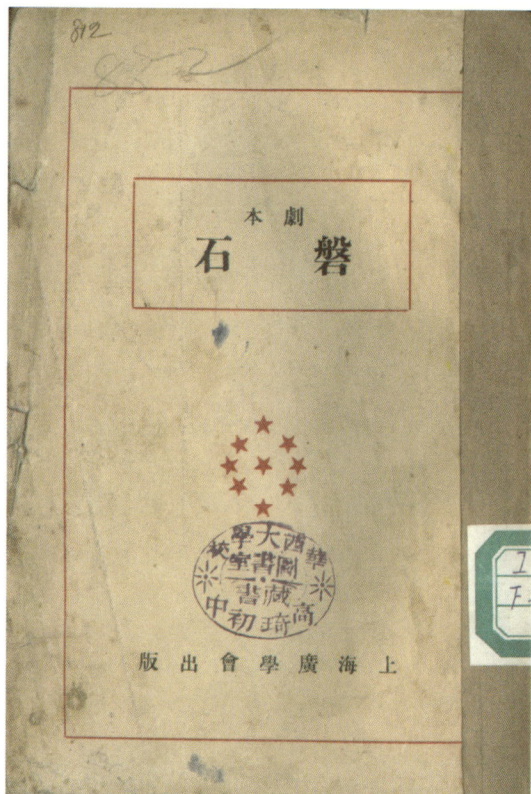

磐 石
初版本封面（18.3厘米×12.8厘米）

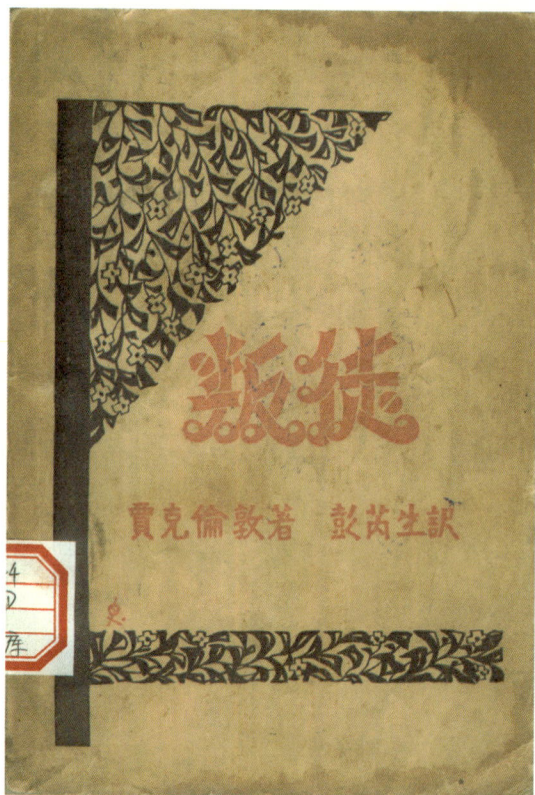

叛 徒
初版本封面（18.6厘米×12.9厘米）

　　戏剧。【美】M.P.Hamlin著。费尔朴编译。民国
十六年（1927）一月初版。上海广学会印行。

　　馆藏广学会1927年1月初版，见图书大库。

　　初版本卷首有《剧情简说》，卷末有《服式指
南》。作品共有3幕。

　　小说集。【美】贾克伦敦著。彭芮生译。1929年9
月1日付印，10月1日初版，印2000册。上海前夜书店发
行。

　　馆藏前夜书店1929年10月初版，见唐弢文库。

　　初版本卷末有《Jack London》（译者）。正文收
《德布士的幻梦》、《叛徒》共2篇。

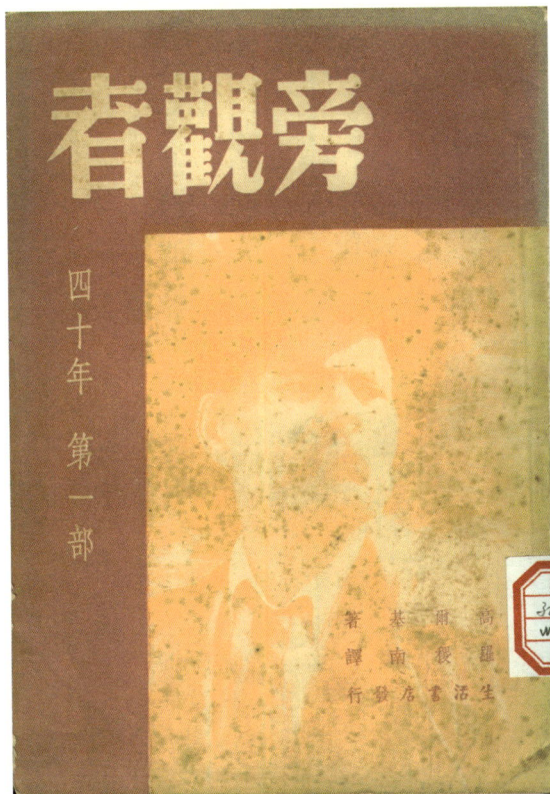

旁观者
初版本封面（20.7厘米×14.7厘米）

沛生斯的海盗
初版本封面（20厘米×13.5厘米）

　　小说。【苏】高尔基著。罗稷南译。民国三十七年（1948）四月初版，印2000册。生活书店发行。嘉华印刷公司印刷。

　　馆藏生活书店1948年4月初版，见唐弢文库、孔罗荪文库、图书大库。

　　本书为《四十年间》四部曲之一。初版本无序跋。作品共有13章。

　　或名《义务之仆》。歌剧。【英】基葡特著。徐培仁译。1928年10月付印，11月初版。厦门国际学术书社发行。

　　馆藏国际学术书社1928年11月初版，见唐弢文库、图书大库。

　　初版本无序跋。作品共有2幕。

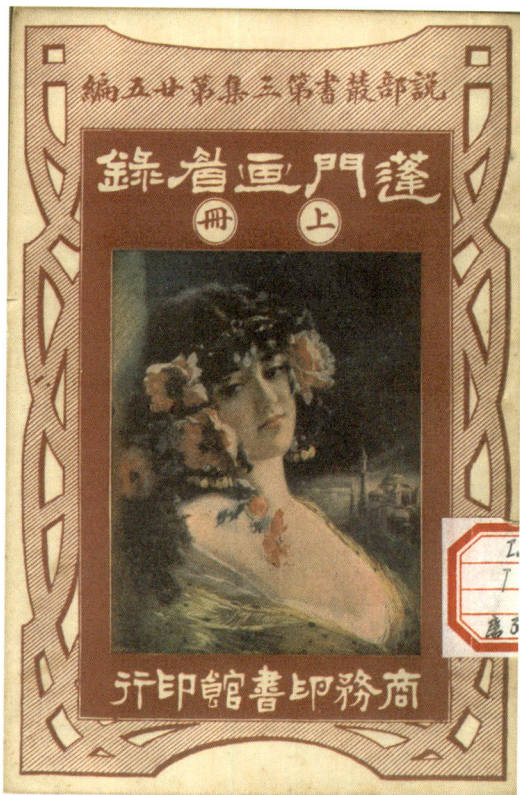

蓬门画眉录（上、下）
初版本封面（18.3厘米×12.5厘米）

　　原名《Park Water》。小说。【英】亨利瓦特著。恽铁樵译。民国六年（1917）六月初版。上海商务印书馆印行。四集本《说部丛书》第三集之二十五。

　　馆藏商务印书馆1917年6月初版，见唐弢文库。

　　初版本上册卷首有泠风《题词》。作品有上册10章、下册11章，共21章。

披着太阳的少女
初版本封面（17.7厘米×12.8厘米）

　　诗歌集。【苏】A.托尔斯泰等著。邹荻帆译。民国三十三年（1944）九月初版。福建永安点滴出版社出版。艺声印刷所印刷。

　　馆藏点滴出版社1944年9月初版，见图书大库。

　　本书为《俄罗斯诗选》。初版本卷末有《后记》（译者）。正文收《前夜》13篇、《披着太阳的少女》9篇，共22篇。

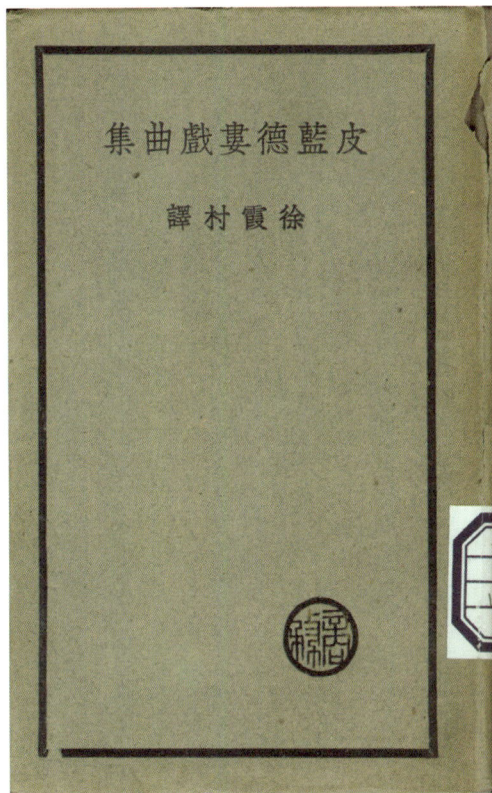

皮蓝德娄戏曲集
初版本封面（17厘米×10.8厘米）

　　【意】皮蓝德娄著。徐霞村译。民国二十五年
（1936）三月初版。上海商务印书馆印行。《文学研
究会世界文学名著丛书》之一种。
　　馆藏商务印书馆1936年3月初版，见唐弢文库、巴
金文库、胡风文库、图书大库。
　　初版本卷首有《皮蓝德娄》（摘自《现代南欧文
学概观》）。正文收《六个寻找作家的剧中人物》、
《亨利第四》共2篇。

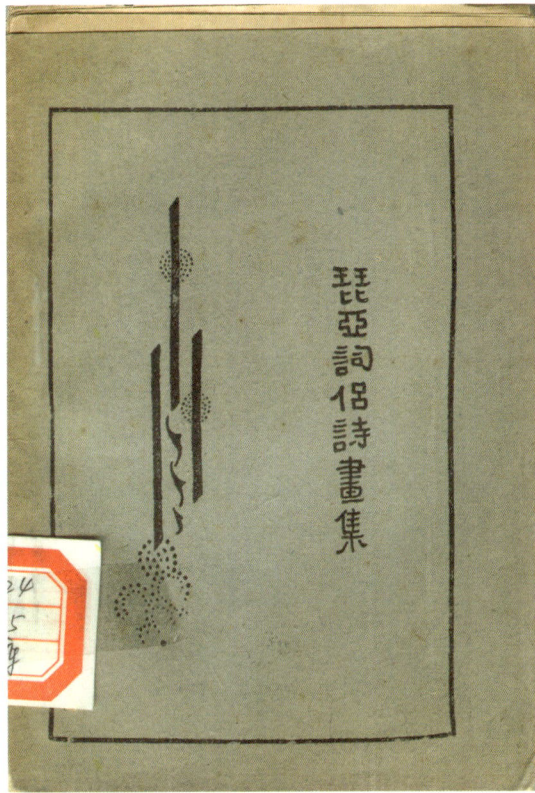

琵亚词侣诗画集
初版本封面（15.1厘米×10.9厘米）

　　【英】琵亚词侣著。浩文译。民国十八年
（1929）六月出版。上海金屋书店出版。
　　馆藏金屋书店1929年6月初版，见唐弢文库。
　　初版本卷首有浩文《序》。正文收《三个音乐
师》、《理发师》共2篇，另有著者画作4幅。

匹克威克外传（上、下）
上册初版本封面（21.5厘米×14.9厘米）

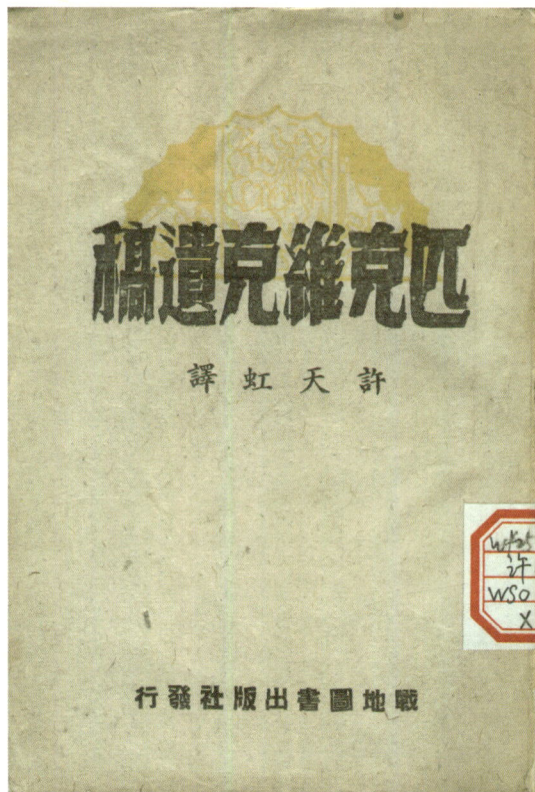

匹克维克遗稿（一）
初版本封面（17.6厘米×12.2厘米）

小说。【英】迭更司著。蒋天佐译。上册民国三十六年（1947）二月初版，印1500册；下册民国三十七年（1948）三月初版。上海骆驼书店印行。《迭更司选集》之一种。

馆藏骆驼书店上册1947年2月初版、1948年8月二版，下册1948年3月初版，见唐弢文库、臧克家文库、图书大库。

初版本上册卷首有《作者序》，下册卷末有《译后记》。作品有上册28章、下册29章，共57章。

小说。【英】C.迭更司著。许天虹译。民国三十四年（1945）十一月初版。战地图书出版社出版、发行。前线日报印刷厂印刷。

馆藏战地图书出版社1945年11月初版，见唐弢文库、许杰文库。

初版本卷首有天虹《关于迭更司和〈匹克维克遗稿〉》，内云："《匹克维克遗稿》的全名是《匹克维克俱乐部的遗稿》，因为作者伪称其中的资料皆得自一位中年的绅士'匹克维克先生'所创立的俱乐部遗留下来的记录。……俱乐部里举行了一次会议，议决请匹克维克先生和他的三个朋友出发到伦敦四周的各地方去作实地考察，而随时把他们的见闻和遭遇记录下来报告俱乐部。"

初版本共有4章。

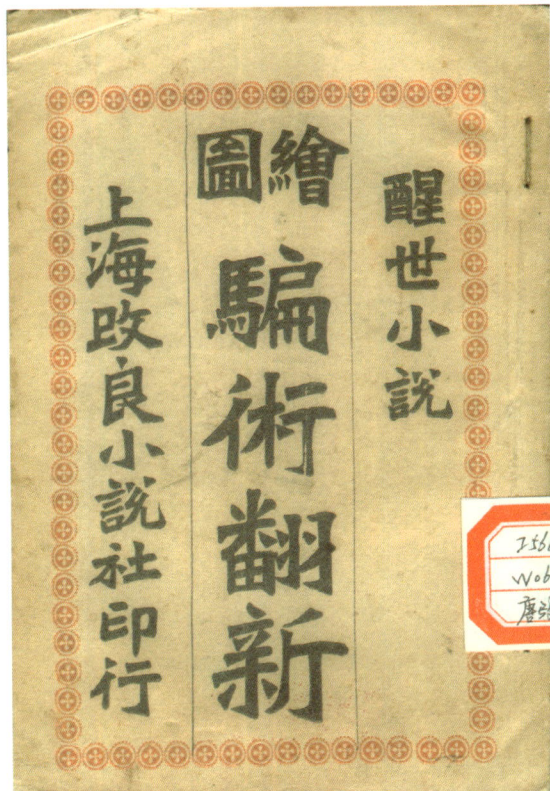

骗术翻新
初版本封面（17.1厘米×12.2厘米）

小说。【英】毛茂笛克著。轶群译。宣统元年（1909）十一月初版、发行。上海改良小说社印行。汇通小说社代印。《说部丛书》之一种。

馆藏改良小说社1909年（农历）11月初版，见唐弢文库。

本书为醒世小说。初版本卷末有陆士谔《〈骗术翻新〉附则》。作品共有10章。

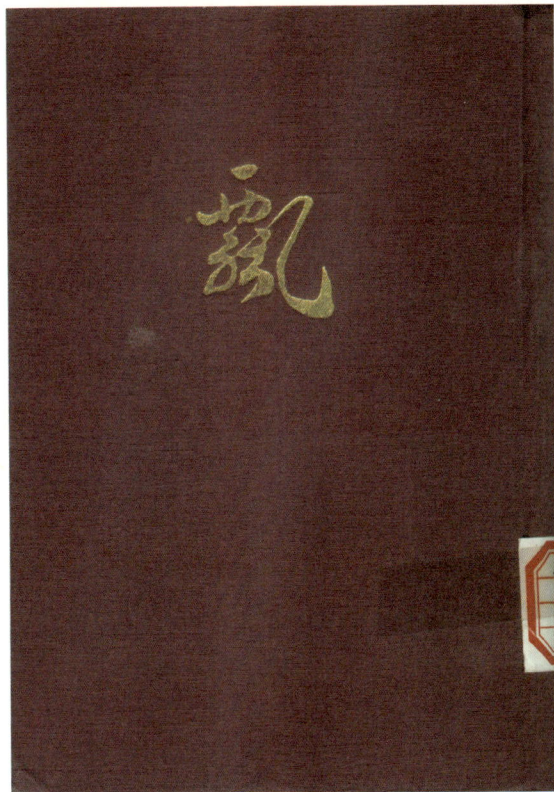

飘（上、下）
上册初版本封面（19厘米×13厘米）

小说。【美】宓西尔著。傅东华译。民国二十九年（1940）十二月、民国三十年（1941）四月初版。上海国华编译社印行。上海龙门联合书局、上海中国图书服务社经售。

馆藏国华编译社1940年12月、1941年4月初版，见唐弢文库。

初版本上册卷首有傅东华《译序》、《关于本书的作者》（译者）。作品有上册27章、下册36章，共63章。

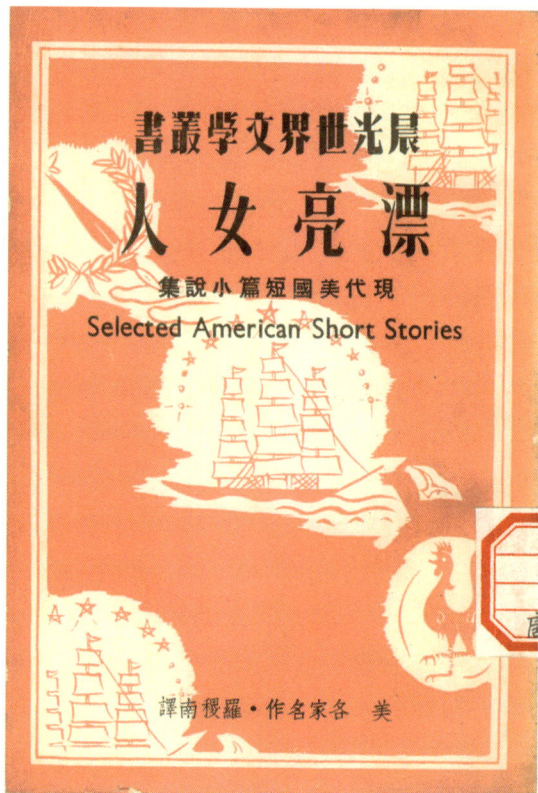

晨光世界文学丛书

漂亮女人

集说小篇短国美代现

Selected American Short Stories

美　各家名作·罗稷南译

説部叢書
二　集
第八十一編

義俠小説

上海商務印書館發行

驃騎父子

漂亮女人
初版本封面（17厘米×12.1厘米）

　　小说集。【美】派克等著。罗稷南译。1949年3月初版。上海晨光出版公司发行。中华全国文艺协会主编《晨光世界文学丛书》之六。

　　馆藏晨光出版公司1949年3月初版，见唐弢文库。

　　本书为《现代美国短篇小说集》。初版本卷首有赵家璧《出版者言》（丛书总序）。正文收《漂亮女人》、《鼠与人》、《克里门加洛之雪》、《种子》共4篇。

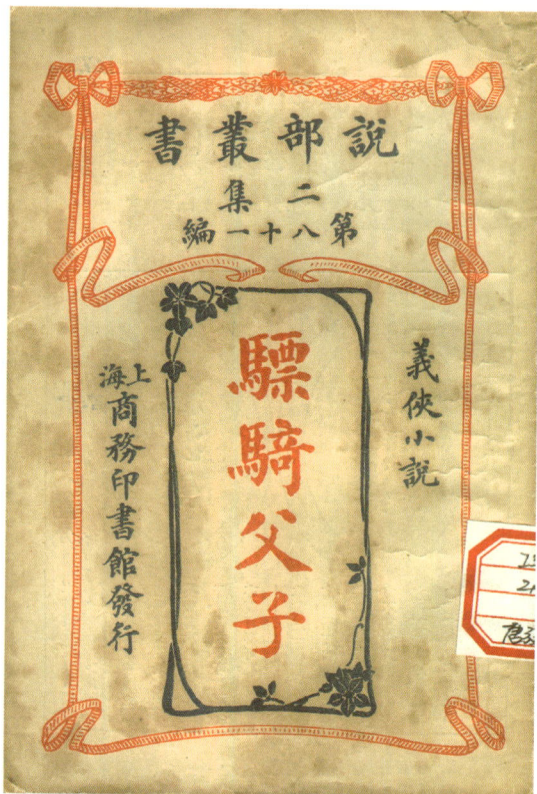

骠骑父子
初版本封面（18.5厘米×12.9厘米）

　　小说。【俄】托尔斯泰著。朱东润译。民国四年（1915）九月二十五日印刷，十月九日初版、发行。上海商务印书馆印行。四集本《说部丛书》第二集之八十一。

　　馆藏商务印书馆1915年10月初版，见唐弢文库。

　　本书为义侠小说。初版本无序跋。作品共有16章。

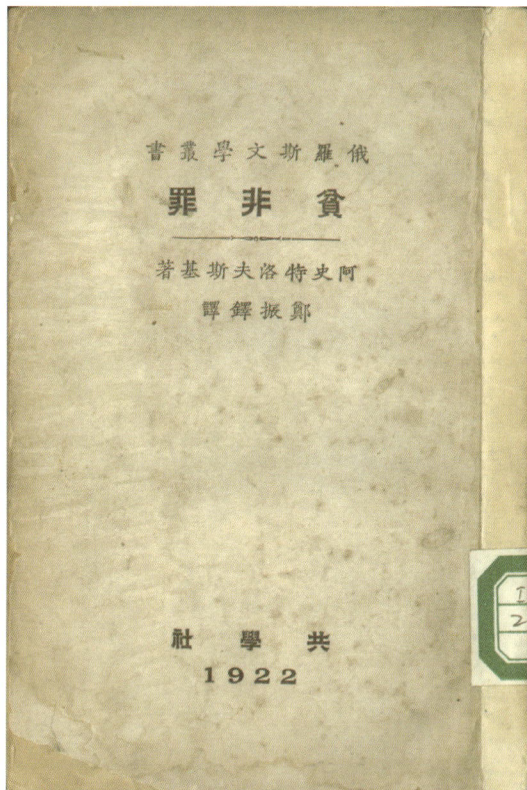

俄羅斯文學叢書
貧非罪
阿史特洛夫斯基著
鄭振鐸譯

共 學 社
1922

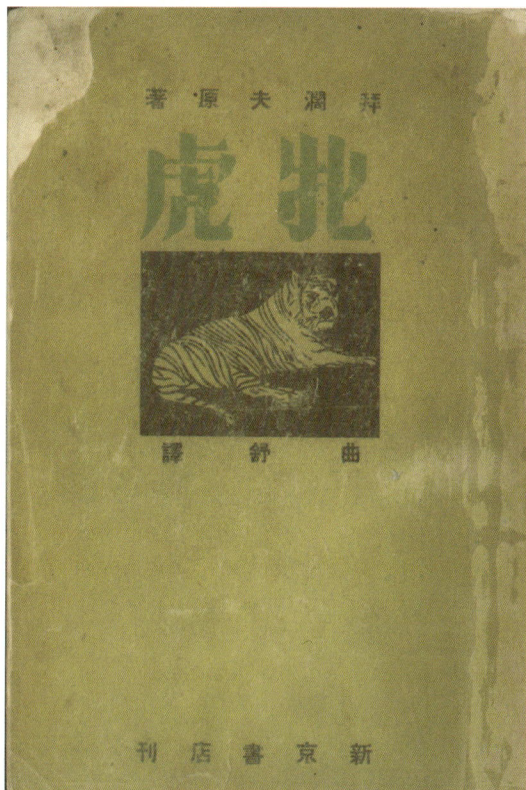

拜澗夫原·著
牝虎

曲舒譯

新京書店刊

贫非罪
初版本封面（19厘米×13厘米）

戏剧。【俄】阿史特洛夫斯基著。郑振铎译。民国十一年（1922）三月初版。上海商务印书馆印行。共学社《俄罗斯文学丛书》之一种。

馆藏商务印书馆1922年3月初版、1933年1月国难后一版，见唐弢文库、图书大库。

初版本卷首有郑振铎《叙》，卷末附有《阿史特洛夫斯基传》。作品共有3幕。

牝 虎
初版本封面（18.7厘米×12.8厘米）

小说集。【俄】拜阔夫著。曲舒译。康德十年（1943）十月十日印刷，十一月二十日发行。长春新京书店出版、发行。新京协隆印刷所印刷。

馆藏新京书店1943年11月初版，见图书大库。

初版本卷首有【日】大内隆雄《序》、《拜阔夫略历》。正文收《密林中的人们》、《山舍之女》、《两只猛虎》、《爱情与牺牲》、《携仔的牝虎》、《牝虎》、《野兽之夜》共7篇。

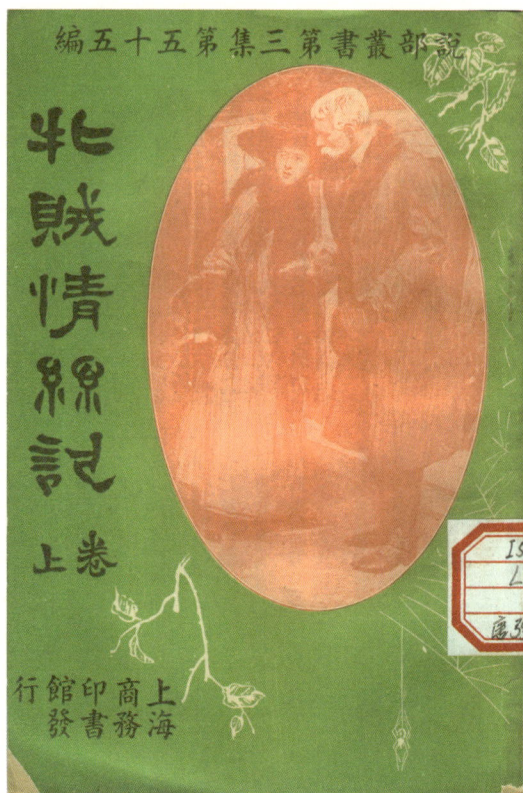

牝贼情丝记（上、下）
初版本封面（18.3厘米×12.5厘米）

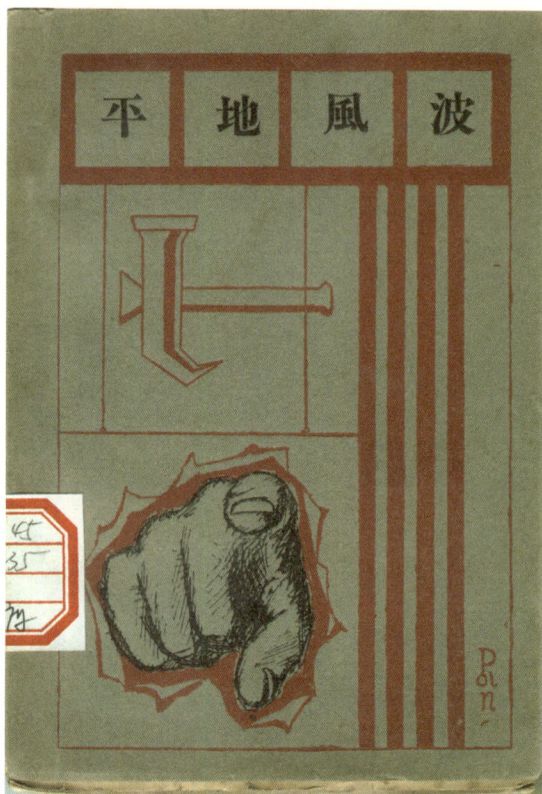

平地风波
初版本封面（15.8厘米×11.4厘米）

　　小说。【英】陈施利著。林纾、陈家麟译。民国七年（1918）十月初版。上海商务印书馆印行。四集本《说部丛书》第三集之五十五。

　　馆藏商务印书馆1918年10月初版、某版（无版权页，《林译小说》第二集），见唐弢文库、图书大库。

　　初版本无序跋。作品有卷上9章、卷下13章，共22章。

　　小说。【日】小岛勖著。郑佐苍、张资平译。1928年8月22日付排，9月10日初版，印3000册。上海乐群书店出版。

　　馆藏乐群书店1928年9月初版，见唐弢文库、图书大库。

　　初版本无序跋。作品不分章节。

苹果树
初版本封面（18.9厘米×12.8厘米）

　　小说。【英】高尔斯华绥著。林栖译。民国三十年（1941）九月二十日出版。北平艺术与生活社印行。袁笑星编辑《艺生文艺丛书》之四。

　　馆藏艺术与生活社1941年9月初版，见图书大库。

　　初版本卷首有林栖《谈〈苹果树〉》。作品共有8章。

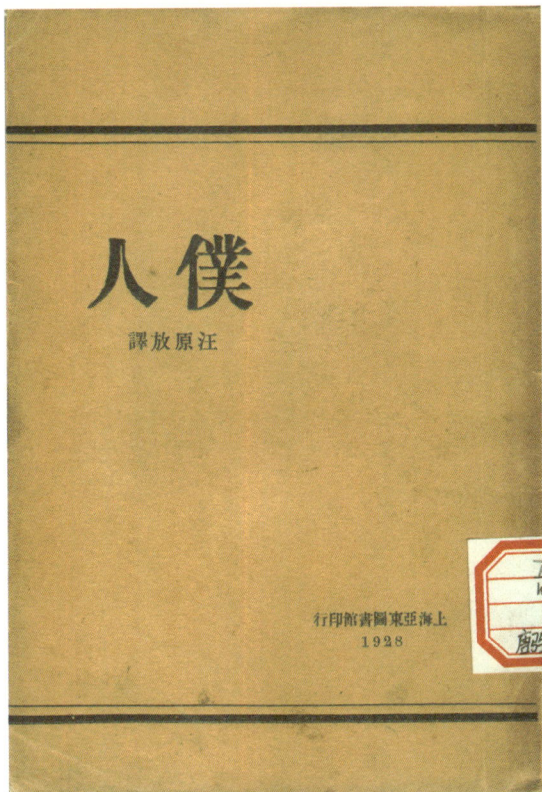

仆 人
初版本封面（18.6厘米×13.2厘米）

　　小说集。【俄】西梅亚乐甫等著。汪原放译。民国十七年（1928）十一月出版。上海亚东图书馆印行。

　　馆藏亚东图书馆1928年11月初版，见唐弢文库、图书大库。

　　初版本卷首有汪原放《译者的话》。正文收《仆人》、《只有上帝知道！》、《赌东道》、《过继》、《一个女疯子》、《捉迷藏》共6篇。

蒲尔上尉
初版本封面（17.8厘米×12.9厘米）

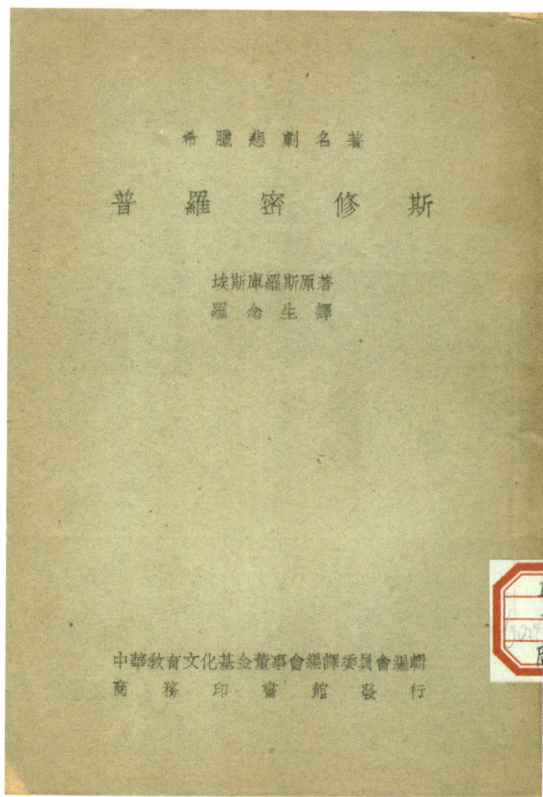

普罗密修斯
初版本封面（20.8厘米×14.7厘米）

　　小说集。【法】左拉著。毕修勺译。民国三十七年（1948）七月初版。世界书局印行。《左拉小说选集》之一种。

　　馆藏世界书局1948年7月初版，见唐弢文库、图书大库。

　　初版本无序跋。内收《蒲尔上尉》、《人们是怎样死的》、《为一夜的爱……》、《到乡间去》、《高克维尔的狂欢节》、《水灾》共6篇。

　　戏剧。【古希腊】埃斯库罗斯著，【美】哈利编。罗念生译。民国三十六年（1947）八月初版。上海商务印书馆印行。中华教育文化基金董事会编译委员会编辑《希腊悲剧名著》之一种。

　　馆藏商务印书馆1947年8月初版，见唐弢文库、艾芜文库。

　　初版本卷首有罗念生《译者序》、《原编者的引言》（节译）并附《赛克斯的引言》（节译），卷末附有赛克斯《伊俄的行程》、《希腊文译音表》、《专名词表》、《抄本版本与译本》（译者）。作品有3场，另有《开场》、《进场歌》、《歌》3支、《退场》，共9幕。

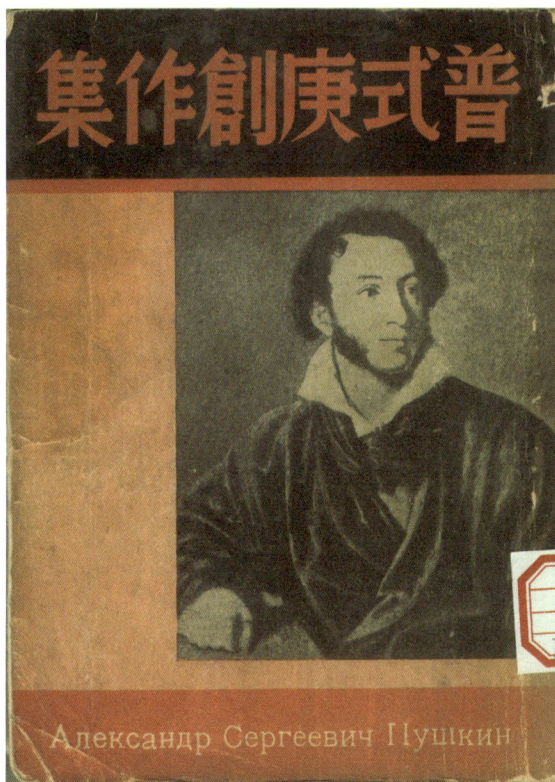

普式庚创作集
初版本封面（20.5厘米×15.1厘米）

普式庚短篇小说集
初版本扉页（精装本封面无书名。18.9厘米×13.8厘米）

小说诗歌集。【俄】普式庚著。孟十还等译。瞿洛夫编。民国二十六年（1937）三月二十五日初版。文化学会印行。上海光明书局总经售。

馆藏文化学会1937年3月初版，见唐弢文库。

初版本卷首有式采尔巴柯夫《普式庚评传》、瞿洛夫《普式庚年谱——他的生活和著作的全景》。正文收第一编《金鸡的故事及其他韵文创作》36篇、第二编《射击及其他散文创作》11篇，共47篇。

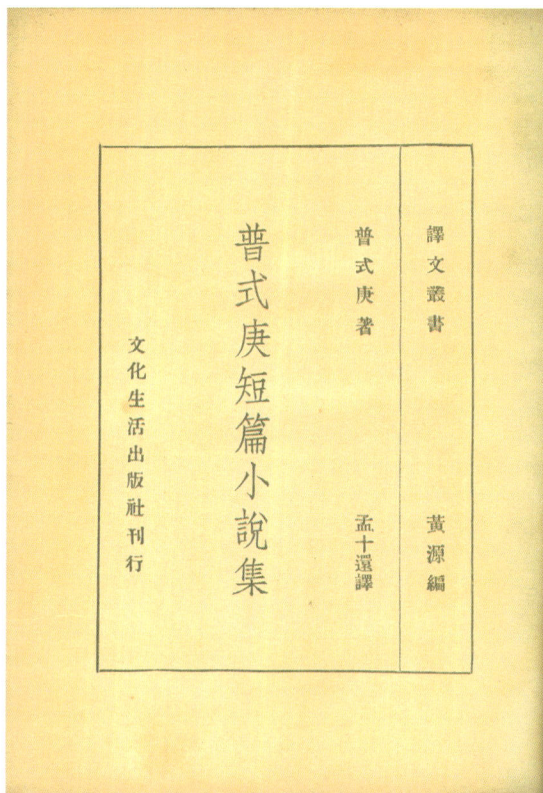

【俄】普式庚著。孟十还译。民国二十六年（1937）五月初版。上海文化生活出版社出版、发行。文化生活印刷所印刷。黄源主编《译文丛书》之一种。

馆藏文化生活出版社1937年5月初版、同年7月二版、1946年11月三版，见唐弢文库、巴金文库、图书大库。

初版本卷末有孟十还《后记》。正文收《射击》、《风雪》、《棺材匠》、《站长》、《小姐——农家姑娘》、《郭洛亨诺村底历史》、《杜勃洛夫斯基》、《铲形的皇后》、《基尔德沙里》共9篇。

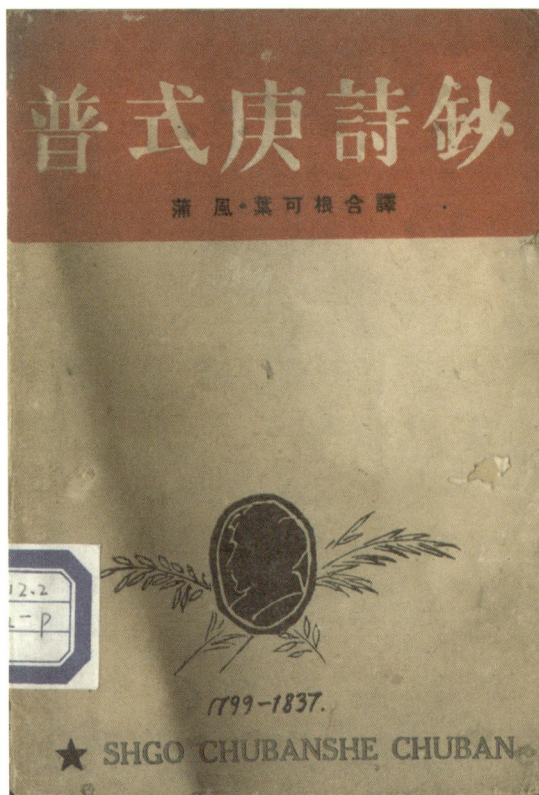

普式庚诗钞
初版本封面（17.7厘米×12.6厘米）

普式庚逝世百周年纪念集
初版本封面（18.9厘米×13厘米）

【俄】A.C.普式庚著。蒲风、叶可根译。1938年1月20日初版、发行。诗歌出版社印行。

馆藏诗歌出版社1938年1月初版，见图书大库。

初版本卷末有蒲风《普式庚在歌唱着》（附录）、蒲风《后记》。正文收《歌者》、《再会吧，多情的橡树林哟》、《致大主教赠送过果实的奥瓦廖华夫人》、《自由》、《给嗟阿挞夫》、《农村》、《白天的日光消失了》、《云峰崩溃了》、《在空恋的梦中过去了》、《给伯爵辣格滞爱夫》、《希望消逝了》、《给柯琳卡》、《小鸟》、《我是孤独的自由播种者》、《恶魔》等52篇。

综合作品、评论集。【俄】普式庚等著。中苏文化协会上海分会主编，韦悫编辑。孟十还等译。民国二十六年（1937）二月初版。上海商务印书馆印行。

馆藏商务印书馆1937年2月初版，见唐弢文库、图书大库。

初版本卷首有韦悫《序》。正文收第一编"总论"4篇、第二编"诗集"16篇、第三编"戏剧与小说集"4篇，共24篇。其中第二、三编收《恋歌》、《哀歌》、《北风》、《冬季的早晨》、《冬季的黄昏》、《赴西比利亚》、《写给海》、《苏格兰的小曲》、《哥萨克》、《水妖》、《渔夫和鱼的故事》、《金鸡的故事》、《强盗弟兄》、《高加索的俘虏》、《酒神祭歌》等20篇。

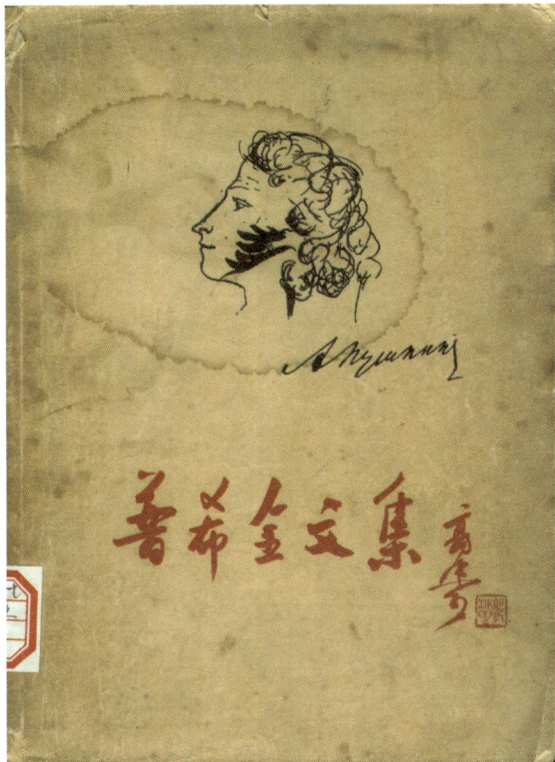

普希金文集
初版本封面（23.2厘米×17.4厘米）

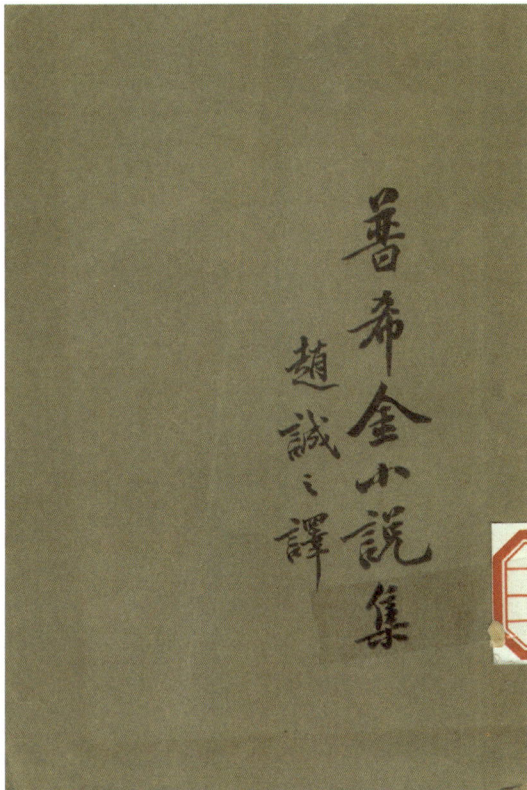

普希金小说集
初版本封面（18.5厘米×12.8厘米）

　　综合作品、评论集。【俄】普希金等著。【苏】罗果夫主编。戈宝权等译。1947年12月初版，印1800册。时代书报出版社出版。

　　馆藏时代书报出版社1947年12月初版、1948年3月二版、1949年8月四版，见唐弢文库、孔罗荪文库、图书大库。

　　初版本卷首有罗果夫《〈普希金文集〉序》、【苏】魏列萨耶夫《普希金略传》。正文收第一部分"普希金作品的中译"48篇、第二部分"论普希金"34篇、第三部分"普希金在中国"4篇，共86篇。其中第一部分收《我的墓志铭》、《给娜泰霞》、《玫瑰》、《给黛丽亚》、《再见吧，真诚的槲树林！》、《致察尔达耶夫》、《哀歌》、《缪斯》、《囚徒》、《只剩下我孤独的一个人》、《真诚的希腊女郎呀！》、《小岛》、《荒原中的自由底播种者》、《蝗虫飞呀飞》、《致大海》等48篇诗歌、戏剧、小说译作。

　　【俄】普希金著。赵诚之译。民国十三年（1924）十二月出版。上海亚东图书馆印行。

　　馆藏亚东图书馆1924年12月初版，见唐弢文库、图书大库。

　　初版本卷首有《普希金传略》（译者），卷末有《〈别尔金小说集〉跋》（著者）。《〈别尔金小说集〉跋》译者附志云："这九篇小说是普希金托名别尔金发表的。他把它们收集起来，刊一专集，名为《别尔金小说集》。——自己在集后作了一篇《〈别尔金小说集〉跋》，描写别尔金的人品。他所以要托假名发表的缘故，是因为当〈时〉文网深严，想避开当时人的批评。"

　　初版本收《一个驿站的站长》、《假农女》、《射击》、《风雪》、《郭留兴罗村的历史》、《奚勒得沙里》、《棺材匠》、《情盗》、《铲形的王后纸牌》共9篇。

国家社会科学基金重大项目
10&ZD099资助课题
《中国现代文学馆藏珍品的发掘、
整理、研究与出版》

「十二五」国家重点
图书出版规划项目

中国现代文学馆
馆藏珍品大系

中国现代翻译文学初版本图典·下卷

主　编　陈建功　吴义勤

执行主编　许建辉　徐　俊

副主编　张元珂　崔庆蕾

百花洲文艺出版社
BAIHUAZHOU LITERATURE AND ART PRESS

中国现代文学馆馆藏珍品大系

中国现代翻译文学初版本图典

主　　编	陈建功　吴义勤
执行主编	许建辉　徐俊
副 主 编	张元珂　崔庆蕾
正　　文	徐俊　张元珂　崔庆蕾
图　　片	徐俊
附表索引	徐俊
资料管理	张元珂　王清辉　李立云

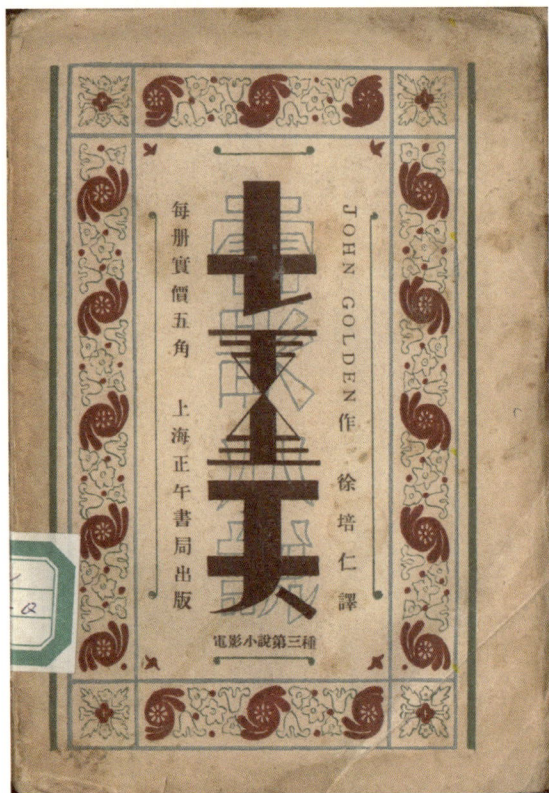

七重天
初版本封面（18.9厘米×13.6厘米）

七重天
初版本封面（残。18.5厘米×13厘米）

　　小说。【美】庄·哥尔登著。徐培仁译。1931年7月初版，印1000册。上海正午书局出版。《电影小说丛书》之三。

　　馆藏正午书局1931年7月初版，见图书大库。

　　初版本卷首有译者《序》，内云："这是现代小说中最美丽的一篇爱情故事：写一个少女被她的亲姊虐待，后给一个扫阴沟者救出，经过种种磨折，才达到完美的结果，所谓'哀感顽艳'，用在此地，始算适当。"

　　初版本共有21章。

　　小说。【美】A.史特朗著。白禾译。民国三十四年（1945）一月初版。重庆文摘出版社发行。重庆南方印书馆印刷。昆明新民书店昆明总经售。《文学名著》之一种。

　　馆藏文摘出版社1945年1月初版、同年5月二版，见刘麟文库、图书大库。

　　初版本无序跋。作品共有21章。

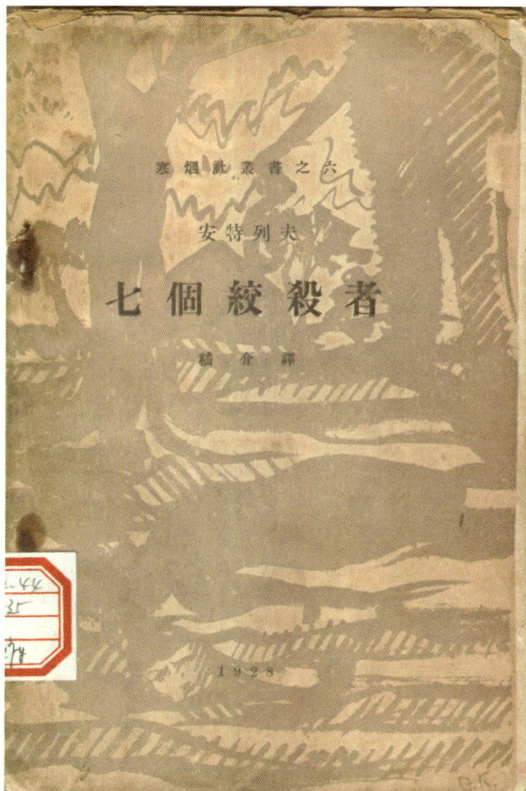

寒烟社丛书之六

安特列夫

七個絞殺者

稽介 译

1928

七個絞死的人

安特列夫著

夏莱蒂译

金屋书店

七个绞杀者
初版本封面（19.6厘米×13.3厘米）

七个绞死的人
初版本封面（18.5厘米×12.7厘米）

　　小说。【俄】安特列夫著。稽介译。1928年4月初版，印1000册。上海南华书店出版部、南京花牌楼书店出版部（扉页排名为"南京花牌楼书店、上海南华书店"）印行。《寒烟社丛书》之六。

　　馆藏南华书店暨花牌楼书店1928年4月初版，见唐弢文库、图书大库。

　　初版本无序跋。作品共有12章。

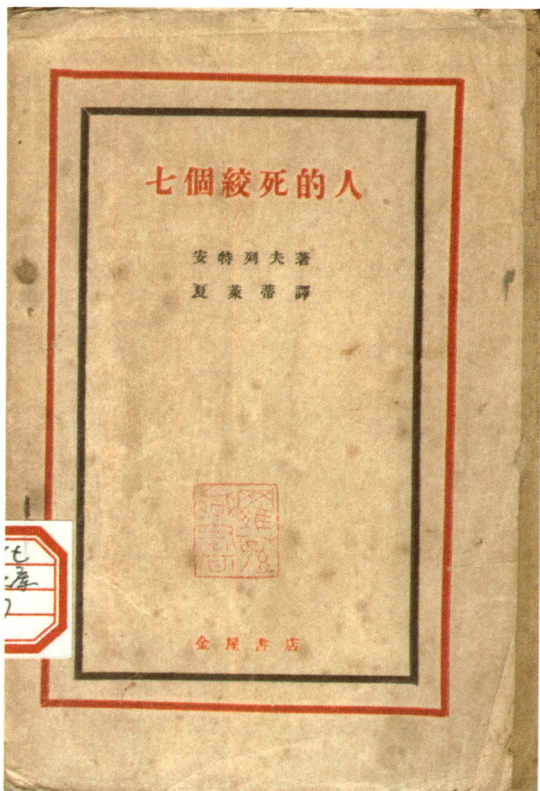

　　小说。【俄】安特列夫著。夏莱蒂译。民国十七年（1928）十一月三十日出版。上海金屋书店出版。

　　馆藏金屋书店1928年11月初版，见唐弢文库、孔罗荪文库。

　　初版本无序跋。作品共有12章。

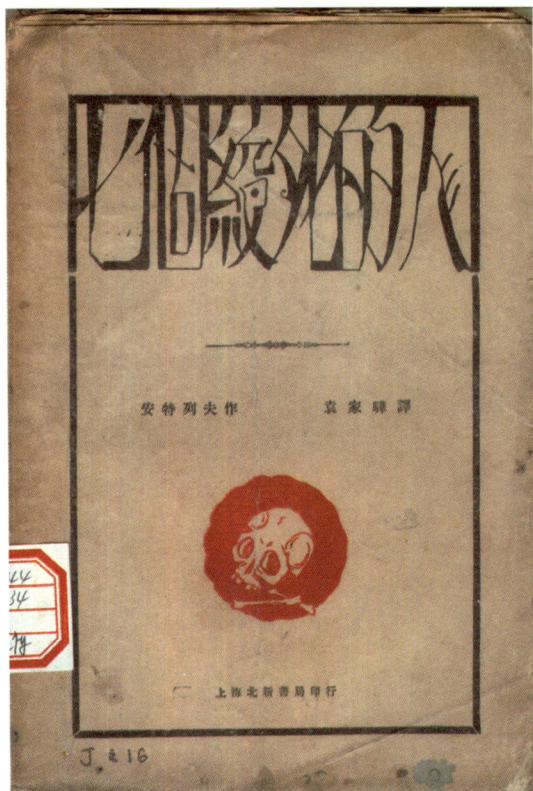

七个绞死的人
初版本封面（19.5厘米×13.9厘米）

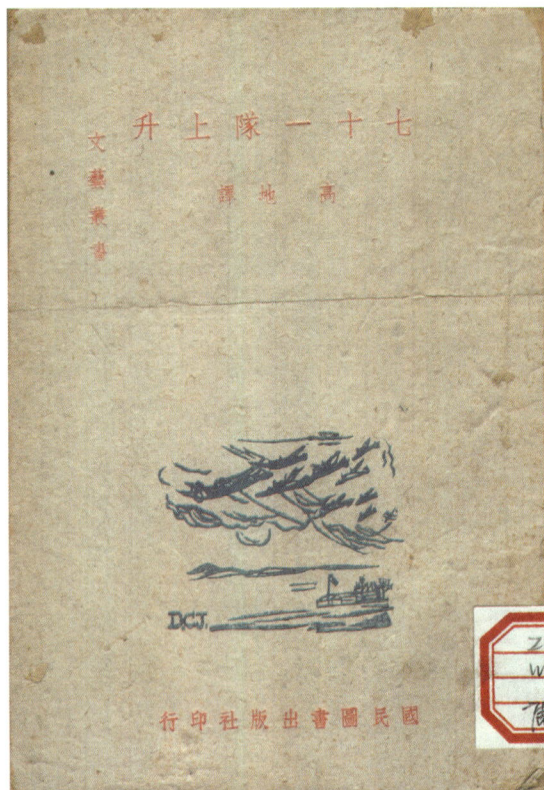

七十一队上升
初版本封面（18.2厘米×12.7厘米）

小说。【俄】安特列夫著。袁家骅（扉页署"袁嘉骅"）译。1929年2月1日付排，6月10日初版，印2000册。上海北新书局印行。

馆藏北新书局1929年6月初版，见唐弢文库、巴金文库、图书大库。

初版本卷首有译者《序》、里渥涅德·安特列夫《导言》。《序》云："《七个绞死的人》是安特列夫最重要的写实作品。在这里面我们可以发见几乎比托尔斯泰更强烈的人道思想。以深刻的心理的洞澈和操纵自如的笔致的朴素，透入并描写七个受绞刑的人们的每出悲剧……使全世界的眼睛睁开来认识俄国当反抗专制的革命时代的恐怖和黑暗。"

初版本共有12章。

正文题《七十一队，上升！》。小说集。【美】爱生保等著。高地译。民国三十三年（1944）六月初版。重庆国民图书出版社印行。《文艺丛书》之一种。

馆藏国民图书出版社1944年6月初版，见唐弢文库。

初版本卷末有《附记》（译者）。正文收《七十一队，上升！》、《坐屋顶者》、《富人们》、《安得鲁》、《流浪者之死》、《长老会唱诗班的唱歌员》共6篇。

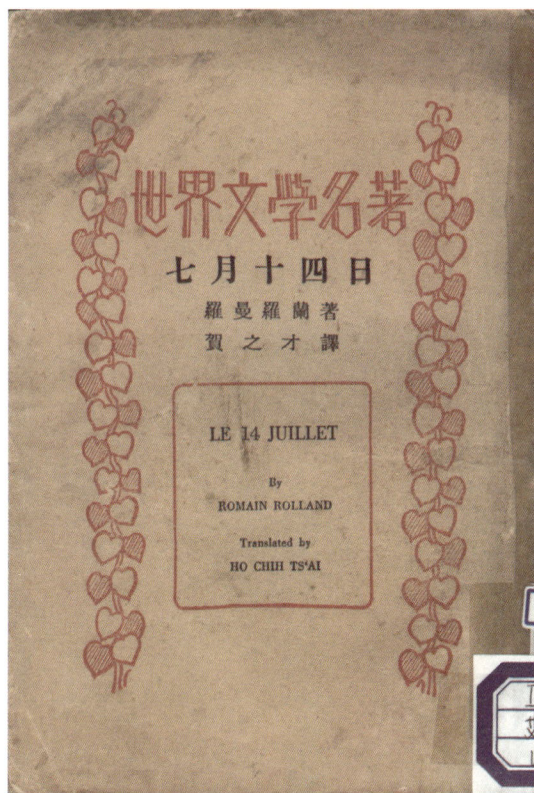

七月十四日
初版本封面（19厘米×13.1厘米）

奇婚记
初版本封面（18.3厘米×12.5厘米）

　　戏剧。【法】罗曼罗兰著。贺之才译。民国二十三年（1934）四月初版。上海商务印书馆印行。《世界文学名著》之一种。

　　馆藏商务印书馆1934年4月初版，见唐弢文库、艾芜文库、图书大库。

　　初版本卷首有译者《弁言》、罗曼罗兰《著者自序》，卷末附有《第三幕之异文》。作品共有3幕。

　　小说。著者不详。刘幼新编译。民国六年（1917）七月初版。上海商务印书馆印行。四集本《说部丛书》第三集之二十八。

　　馆藏商务印书馆1917年7月初版，见唐弢文库。

　　初版本无序跋。作品共有20章。

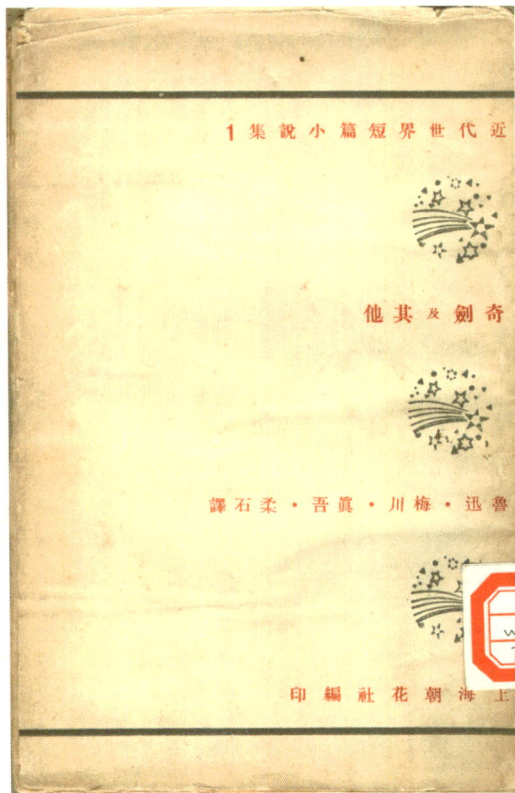

奇剑及其他
初版本封面（21.3厘米×14.1厘米）

小说集。【法】腓立普等著。鲁迅等译。1929年4月初版，印1500册。上海朝花社编印。上海合记教育用品社发行。《近代世界短篇小说集》之一。

馆藏朝花社1929年4月初版，见唐弢文库。

初版本卷首有朝花社同人《小引》。正文收《维埃之魂》、《吸血鬼》、《有生命的火焰》、《捕狮》、《食人人种的话》、《兄弟》、《奇剑》、《一篇很短的传奇》、《一个人的诞生》、《一个秋夜》、《贵家妇女》、《波兰姑娘》、《被弃者》共13篇。

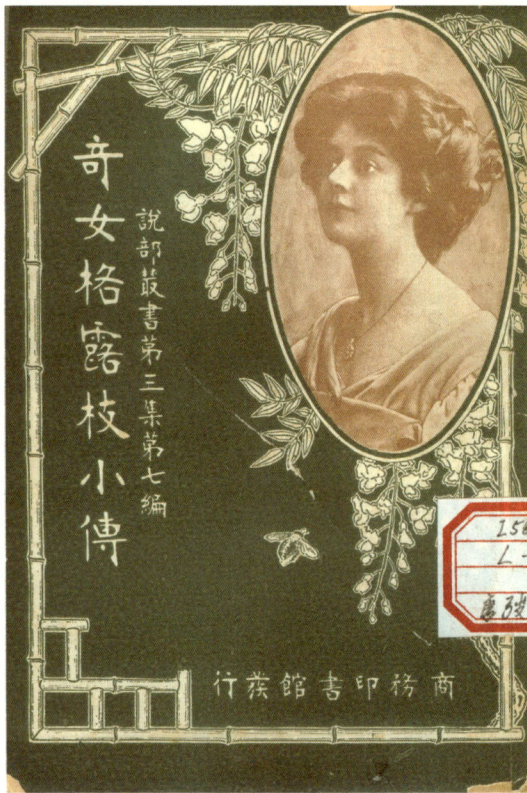

奇女格露枝小传
初版本封面（18.3厘米×12.5厘米）

小说。【英】克拉克著。林纾、陈家麟（正文署"陈嘉麟"）译。民国五年（1916）五月初版。上海商务印书馆印行。四集本《说部丛书》第三集之七。

馆藏商务印书馆1916年5月初版、某版（无版权页，《林译小说》第二集），见唐弢文库、图书大库。

初版本无序跋。作品不分章节。

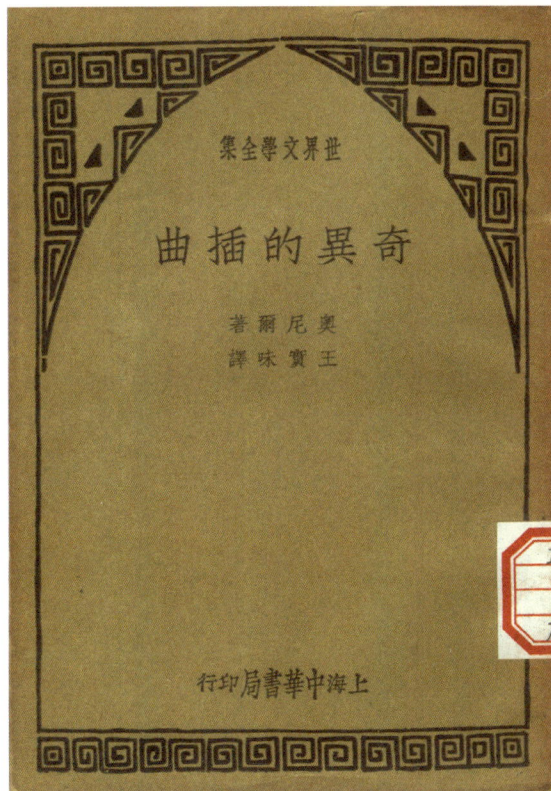

奇异的插曲
初版本封面（18.6厘米×13.3厘米）

戏剧。【美】奥尼尔著。王实味译。民国二十五年（1936）十一月印刷、发行。上海中华书局印行。《世界文学全集》之一种。

馆藏中华书局1936年11月初版、1940年8月二版，见唐弢文库、图书大库。

初版本卷首有张梦麟《张序》，内云："剧中是以一个女性——宁娜——为中心，把她的少女时代，妻子时代，母亲时代——作者所谓的《奇异的插曲》，也即是我们所谓的人生，一一给展开出来。"

初版本有第一部5幕、第二部4幕，共9幕。

奇　狱（一）
初版本封面（18.6厘米×12.7厘米）

原名《欧美探侦史》。小说集。【美】麦枯滑特尔著。林盖天译。甲辰（1904）十一月初版。上海小说林社发行。日本东京翔鸾社印刷。

馆藏小说林社1904年（农历）11月初版（第一册以后无藏），见唐弢文库。

初版本卷首有译者《例言》。正文收《假死伪葬》、《邮书之奇祸》、《金刚石之颈链》、《签票》、《金网》、《万金之革袋》共6章（篇）。

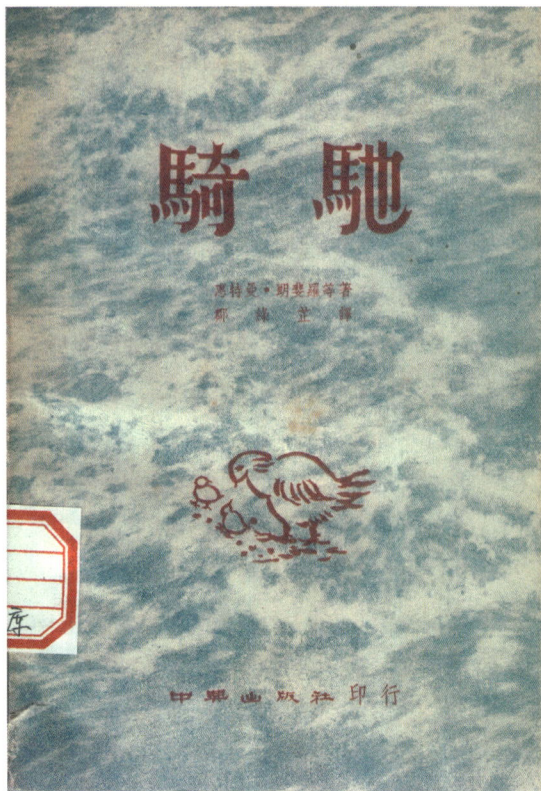

骑 驰
初版本封面（17.1厘米×12.1厘米）

诗歌集。【美】W.惠特曼等著。邹绿芷译。民国三十七年（1948）九月沪初版。上海中兴出版社印行。《中兴诗丛》之三。

馆藏中兴出版社1948年9月初版，见唐弢文库、图书大库。

初版本无序跋。内收《我听见亚美利加在歌唱》、《一八六一年》、《敲吧！敲吧！鼓啊！》、《爱西乌碧雅向旗帜致敬》、《没有节省劳动的机器》、《当我浏览着》、《致异邦》、《颤抖和摇动的年代》、《看啊，这黧黑的脸》、《致某歌女》、《为了你，啊，民主》、《哈谟林的花衣吹笛人》、《保罗勒威尔底骑驰》、《白天过去了》、《孩子的时光》等23篇。

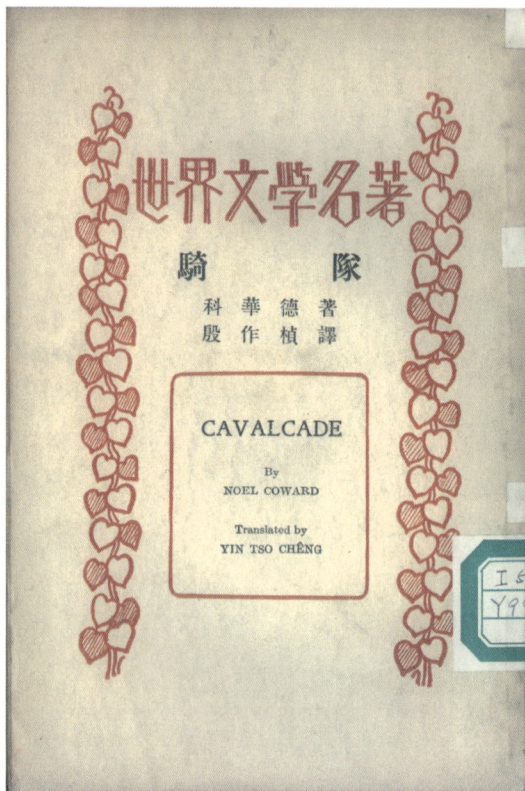

骑 队
初版本封面（19厘米×12.9厘米）

戏剧。【英】科华德著。殷作桢译。民国二十五年（1936）六月初版。上海商务印书馆印行。《世界文学名著》之一种。

馆藏商务印书馆1936年6月初版，见唐弢文库、图书大库。

初版本无序跋。作品共有3部（幕）。

骑马而去的妇人
初版本封面（18.6厘米×12.1厘米）

小说集。【英】劳伦斯著。唐锡如译。1936年10月20日初版，印1500册。上海良友图书印刷公司印行。

馆藏良友图书印刷公司1936年10月初版，见唐弢文库。

初版本无序跋。内收《女店主》、《樱草的路》、《芳妮与安妮》、《微笑》、《太阳》、《冬天的孔雀》、《骑马而去的妇人》共7篇。

琪珴康陶
初版本封面（18.8厘米×13.2厘米）

戏剧。【意】唐努道著。张闻天译。民国十三年（1924）十月印刷、发行。上海中华书局印行。《少年中国学会丛书》之一种。

馆藏中华书局1924年10月初版，见唐弢文库。

初版本卷首有《译者序言》。作品共有4幕。

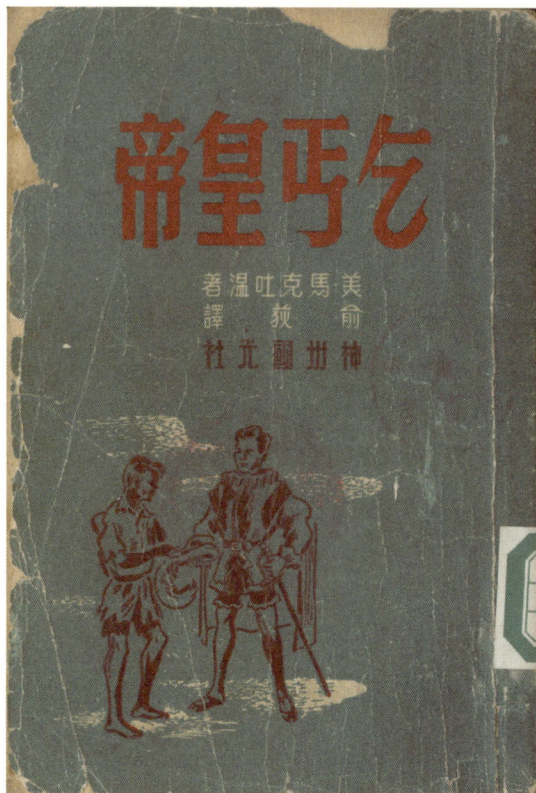

乞丐皇帝
初版本封面（18.3厘米×12.8厘米）

　　小说。【美】马克吐温著。俞荻译。民国三十七年（1948）十一月初版。上海神州国光社出版。
　　馆藏神州国光社1948年11月初版，见图书大库。
　　初版本无序跋。作品共有34章。

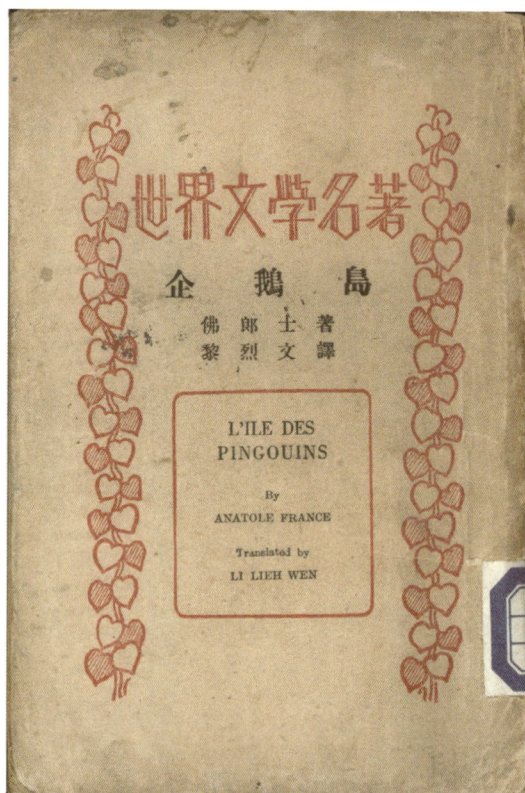

企鹅岛
初版本封面（19.1厘米×13厘米）

　　小说。【法】佛郎士著。黎烈文译。民国二十四年（1935）十一月初版。上海商务印书馆印行。《世界文学名著》之一种。
　　馆藏商务印书馆1935年11月初版，见唐弢文库、巴金文库、孔罗荪文库、图书大库。
　　初版本卷首有《序》（著者）。作品有第一篇《起源》8章、第二篇《古代》13章、第三篇《中世及文艺复兴》7章、第四篇《近代　特兰哥》3章、第五篇《近代　摄梯融》7章、第六篇《近代　八万束千草的事件》11章、第七篇《近代塞莱斯夫人》9章、第八篇《未来　永远的历史》4章，共62章。

弃儿奇冤
初版本封面（18.3厘米×12.9厘米）

契诃夫独幕剧集
初版本封面（18厘米×12.9厘米）

小说。【美】老斯路斯著。渔郎、伯子译。丁未年（1907）五月初版、发行。上海小说林社印行。

馆藏小说林社1907年（农历）5月初版，见唐弢文库。

初版本无序跋。作品共有10章。

【俄】契诃夫著。李健吾译。民国三十七年（1948）八月初版。文化生活出版社出版、发行。文化生活印刷所印刷。《契诃夫戏剧选集》之六，《译文丛书》之一种。

馆藏文化生活出版社1948年8月初版、1949年4月二版，见唐弢文库、巴金文库、曹禺文库、管桦文库、臧克家文库、图书大库。

初版本卷首有《序》（译者），卷末附有《契诃夫自传》。《序》云："这里是九出独幕剧，契诃夫的独幕剧全部包括在内。每出都是一个小小杰作，正如他的短篇小说在世界文学之中称雄一般。"

初版本收《大路上》、《论烟草有害》、《天鹅之歌》、《熊》、《求婚》、《塔杰雅娜·雷宾娜》、《一位做不了主的悲剧人物》、《结婚》、《周年纪念》共9篇。

契诃夫短篇小说集（上）
初版本封面（18.4厘米×12.9厘米）

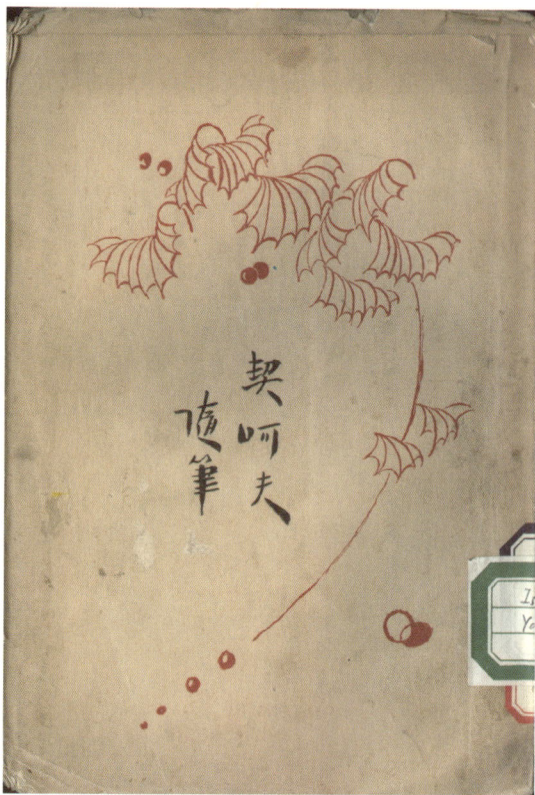

契诃夫随笔
初版本封面（19.4厘米×14厘米）

　　【俄】契诃夫著。张友松译。1927年4月出版。北新书局发行。《欧美名家小说丛刊》之一种。

　　馆藏北新书局1927年4月初版、同年6月二版，见唐弢文库、图书大库。

　　初版本卷首有《译者的序》。正文收《两出悲剧》、《阿丽雅登尼》、《哥萨克兵》、《蚱蜢》共4篇。

　　封面题《契呵夫随笔》。札记集。【俄】契诃夫著。章衣萍、朱溪译。1929年6月初版，印3000册。上海北新书局印行。

　　馆藏北新书局1929年6月初版，见唐弢文库、图书大库。

　　初版本卷首有衣萍《译者前记》，内云："这些契诃夫随笔，是契诃夫在一八九二年至一九零四年的时候零碎记的。这些随笔都是契诃夫著作里的材料（Material），我们可以在契诃夫的戏剧小说里看出这些材料的影子。后面附录的一篇：《短文·思想·杂记·断片》是契诃夫死后才从他的著作的纸堆中找出来的，是一堆特别包着的手稿，上面写着这样的题目。里面所记的似乎比随笔还精彩而有趣味。"

　　初版本正文无标题。

千金之子
美学出版社初版本封面（17.5厘米×11.6厘米）

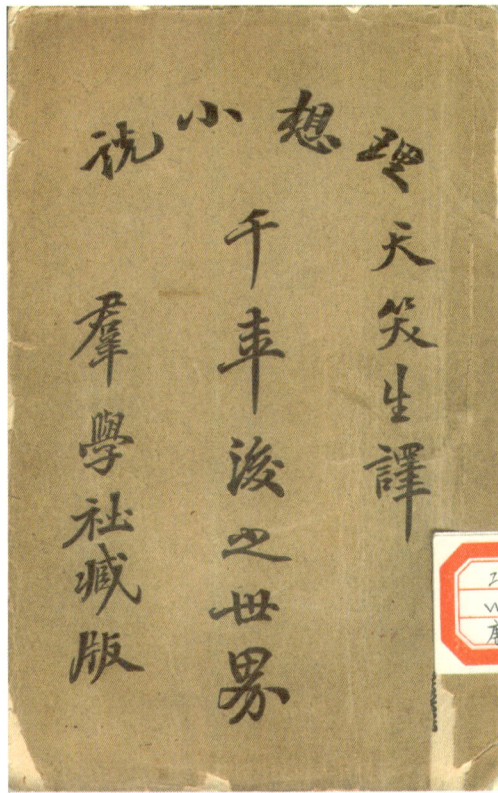

千年后之世界
初版本封面（19.2厘米×12.6厘米）

    一名《天之骄子》。戏剧。【美】克利福·奥达茨著。冯亦代译。民国三十三年（1944）一月初版。重庆美学出版社发行。重庆印刷厂印刷。《海滨小集》之六。

    馆藏美学出版社1944年1月初版、太平洋出版社1948年9月沪初版，见唐弢文库、冯亦代文库。

    初版本卷末有哈劳特·克鲁曼《论〈千金之子〉》。作品共有3幕。

    小说。【日】押川春浪著。天笑生编译。光绪甲辰年（1904）十二月初版。群学社编辑、印行。中新书局代印。上海镜今书局总经售。

    馆藏群学社1904年（农历）12月初版，见唐弢文库。

    本书为理想小说。初版本卷首有东雷《弁言》。作品共有26章。

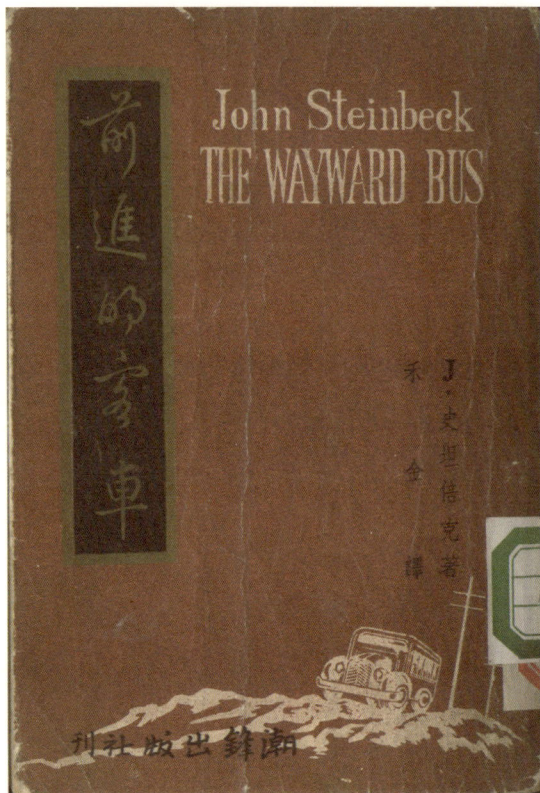

前进的客车
初版本封面（18厘米×12.7厘米）

前进呀，时间！
初版本封面（18.2厘米×12.9厘米）

　　小说。【美】约翰·史坦倍克著。禾金译。民国三十七年（1948）四月初版。上海潮锋出版社印行。

　　馆藏潮锋出版社1948年4月初版、1949年1月二版，见图书大库。

　　初版本无序跋。作品共有22章。

　　小说。【苏】卡泰耶夫著。林淡秋译。民国三十年（1941）九月出版，印1500册。远方书店出版。香港大陆印务公司印刷。香港南洋图书公司、上海泰风公司经售。《苏联文学选集》之一种。

　　馆藏远方书店1941年9月初版、新知书店1943年5月版（书名为《时间，前进呀！》）、1947年12月连一版（书名为《时间呀，前进！》），见唐弢文库、孔罗荪文库、图书大库。

　　初版本无序跋。作品共有69章。

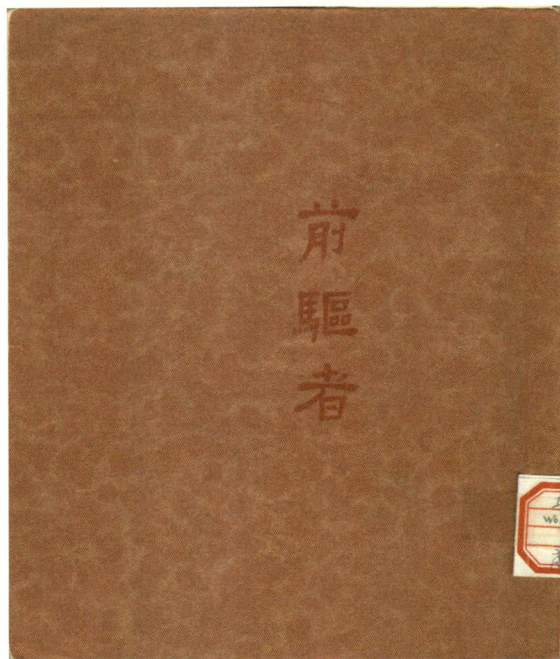

前驱者
初版本封面（21.3厘米×18.6厘米）

副标题为《他的寓言与诗歌》。【叙】纪伯伦著。刘廷芳译。1933年4月29日第一版，印100册。译者自刊。《风满楼丛书》之六。

馆藏1933年4月初版、同年6月二版，见唐弢文库。

初版本卷首有风满楼主人《卷头言》。正文收《前驱》、《神傻》、《爱》、《隐王》、《狮女》、《暴虐》、《圣人》、《财阀》、《大我》、《战争与小邦》、《批评家》、《诗人与酒》、《风信鸡》、《醉君》、《从我更深的心中出来》等25篇。

前 线
初版本封面（19厘米×12.7厘米）

戏剧。【苏】考纳丘克著。聊伊译。1944年11月7日出版，印3000册。重庆新知书店印行。联营书店分发行。《世界文学集丛》之一种。

馆藏新知书店1944年11月初版、某版（版权页未记出版时间及版次，《世界文学集丛》）、1947年2月沪二版，见唐弢文库、臧克家文库、图书大库。

初版本卷首有戈宝权《考纳丘克及其得奖的剧本〈前线〉》、《论考纳丘克的剧本〈前线〉》，卷末有《校者后记》（戈宝权）。作品共有3幕。

前　线
初版本封面（17厘米×12.2厘米）

前线十万
初版本封面（18.7厘米×12.8厘米）

小说。【美】辛克莱著。柯夫译。民国三十四年（1945）十月初版。草原出版社印行。《时代译文丛刊》之一种。

　　馆藏草原出版社1945年10月初版，见唐弢文库。

　　初版本无序跋。作品共有15章。

小说。【英】约翰赫比著。唐演译。民国二十一年（1932）八月初版。上海大东书局印行。《新文学丛书》之一种。

　　馆藏大东书局1932年8月初版，见巴金文库、图书大库。

　　初版本卷首有孟寿椿《序》。作品有第一卷《内国篇》22章、第二卷《外征篇》23章、第三卷《续外篇》11章，共56章。

前 夜
初版本封面（18.5厘米×13.2厘米）

前 夜
初版本封面（18.8厘米×14.9厘米）

　　戏剧。【波兰】廖抗夫著。巴金译。1930年3月付印，4月出版。上海启智书局出版、发行。上海启智印务公司印刷。

　　馆藏启智书局1930年4月初版，文化生活出版社（书名为《夜未央》）1937年3月初版、同年7月三版、1941年2月四版、1944年2月桂一版、1947年4月沪五版，见唐弢文库、巴金文库、孔罗荪文库、图书大库。

　　启智书局初版本卷首有《译者序》、《廖抗夫略传》。作品共有3幕。

　　小说。【俄】屠格涅夫著。丽尼译。民国二十八年（1939）九月初版。上海文化生活出版社出版、发行。文化生活印刷所印刷。《屠格涅夫选集》之三，黄源主编《译文丛书》之一种。

　　馆藏文化生活出版社1939年9月初版、1948年4月五版、1949年3月六版，见唐弢文库、姚雪垠文库、图书大库。

　　初版本无序跋。作品共有35章。

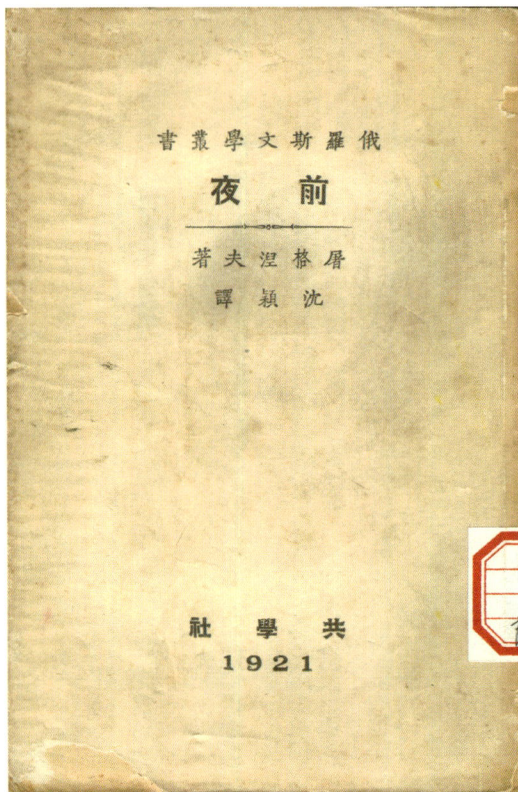

俄羅斯文學叢書

前 夜

屠格涅夫 著

沈 穎 譯

共 學 社
1921

德國
名劇

强 盗

北 新 書 局
1926

前 夜
初版本封面（18.9厘米×13厘米）

小说。【俄】屠格涅夫著。沈颖译。民国十年（1921）八月初版。上海商务印书馆印行。共学社《俄罗斯文学丛书》之一种。

馆藏商务印书馆1921年8月初版、1930年11月四版，见唐弢文库、图书大库。

初版本卷首有耿济之《屠格涅甫〈前夜〉序》。作品共有35章。

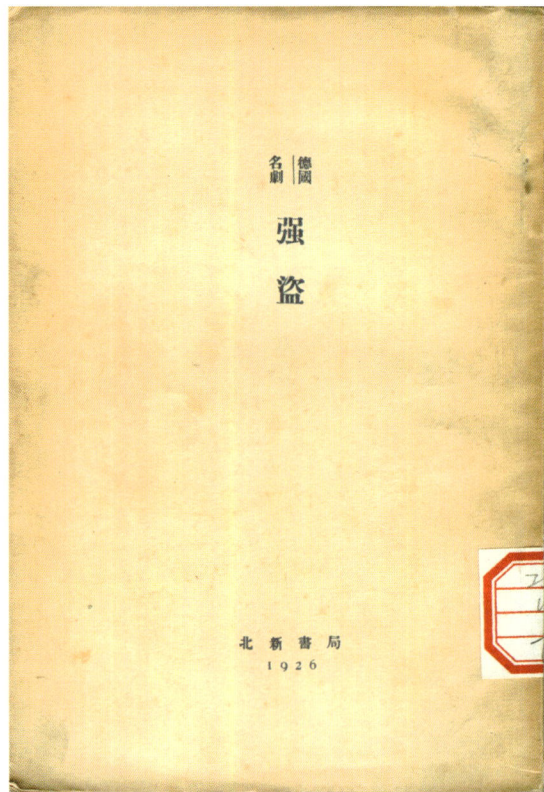

强 盗
初版本封面（19.5厘米×13.8厘米）

戏剧。【德】释勒著。杨丙辰译。民国十五年（1926）二月付印，四月出版。北新书局发行。中国印书馆印刷。

馆藏北新书局1926年4月初版，见唐弢文库。

初版本卷首有杨丙辰《译者自序》。作品共有5出。

强者的力量
初版本封面（17.8厘米×12.9厘米）

乔加斯突
初版本封面（19.1厘米×13厘米）

　　小说集。【美】杰克伦敦著。许天虹译。民国三十四年（1945）十二月初版，印2000册。福建永安立达书店出版、发行。永安长风社印刷部印刷。海岑主编《立达文艺丛书》第一辑之三。

　　馆藏立达书店1945年12月初版，见许杰文库。

　　初版本卷末有《译后记》。正文收《世界公敌》、《强者的力量》、《他祖宗的上帝》、《南洋购珠记》、《上帝笑啦》、《生火》、《国王要这鼻子》共7篇。

　　小说。【法】法朗士著。顾维熊、华堂译。民国十九年（1930）十一月初版。上海商务印书馆印行。

　　馆藏商务印书馆1930年11月初版、1933年9月国难后一版，见唐弢文库、图书大库。

　　初版本卷首有译者"序"。作品共有14章。

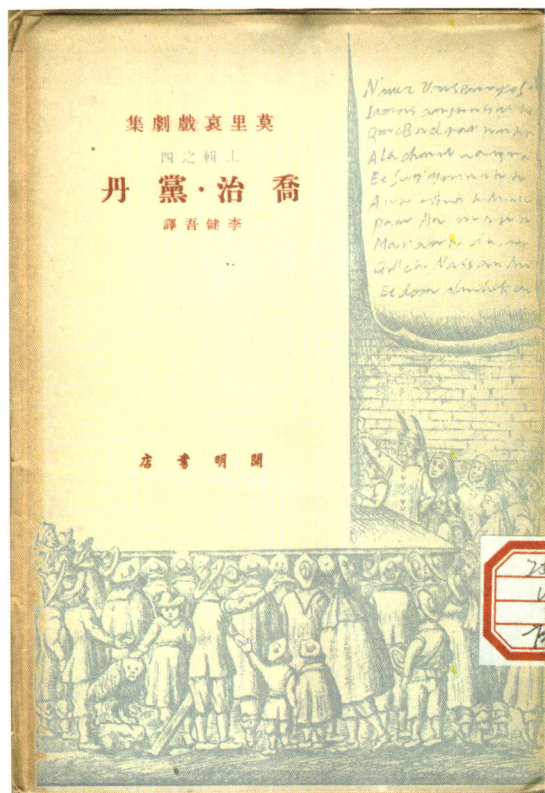

乔治·党丹
初版本封面（19.5厘米×13.5厘米）

巧克力
初版本封面（18.1厘米×12.5厘米）

　　一名《受气丈夫》。戏剧。【法】莫里哀著。李健吾译。1949年6月初版。上海开明书店印行。《莫里哀戏剧集》上辑之四。

　　馆藏开明书店1949年6月初版，见唐弢文库、艾芜文库。

　　初版本卷首有《序》（译者）。作品共有3幕。

　　小说。【苏】罗蒂洛夫著。林淡秋译。1933年12月1日付排，1934年1月1日出版。上海熔炉书屋印行。

　　馆藏熔炉书屋1934年1月初版，见唐弢文库。

　　初版本卷首有译者《译序》。作品有第一部8章、第二部8章、第三部4章、第四部2章、第五部4章，共26章。

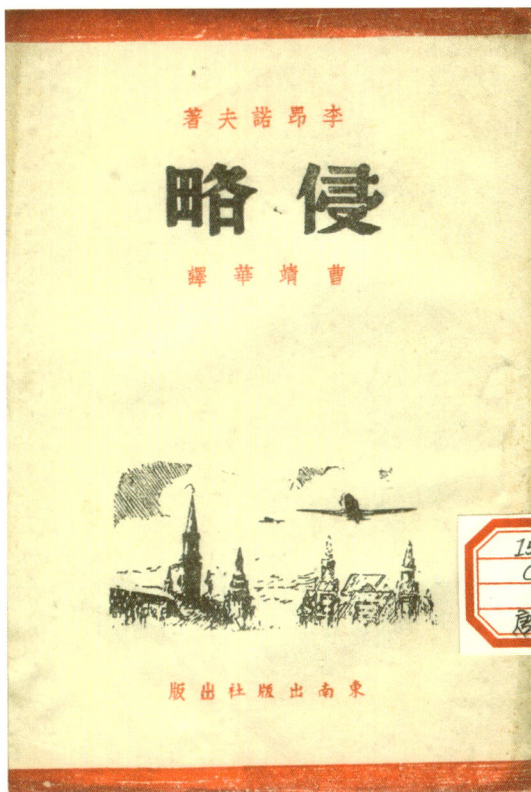

侵 略
初版本封面（18.5厘米×12.8厘米）

戏剧。【苏】李昂诺夫著。曹靖华译。民国三十三年（1944）八月初版，印2500册。中苏文化协会编译委员会编辑、发行。福建永安东南出版社出版、总经售。曹靖华主编《苏联文学丛书》之十二。

馆藏东南出版社1944年8月初版、生活书店1946年5月初版，见唐弢文库、臧克家文库、图书大库。

初版本卷首有《序》（译者）。作品共有4幕。

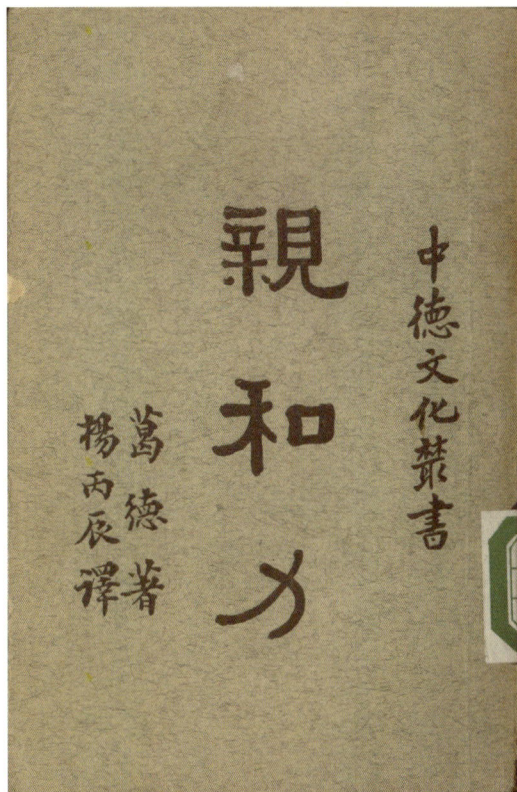

亲和力
初版本封面（17.3厘米×11.7厘米）

小说。【德】葛德著。杨丙辰译。民国三十年（1941）九月初版。长沙商务印书馆印行。中德学会编辑《中德文化丛书》之十六。

馆藏商务印书馆1941年9月初版，见唐弢文库、图书大库。

初版本无序跋。作品有第一、二部分各18章，共36章。

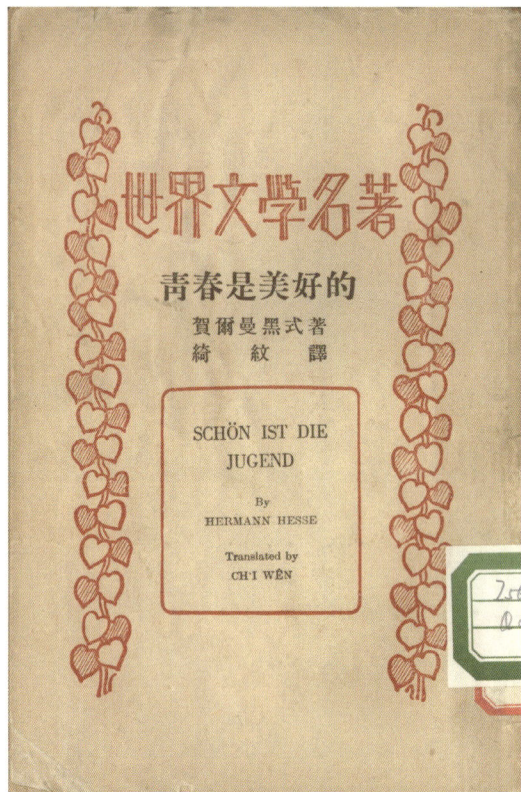

青　春
初版本封面（19.3厘米×13.5厘米）

　　小说。【英】康拉特著。蒋学楷译。1929年初版
（月份不详），印2000册。南华图书局出版。

　　馆藏南华图书局1929年初版，见唐弢文库。

　　初版本卷末有T.B.Priestley《康拉特评传（1857–
1924）》。作品不标章次。

青春是美好的
初版本封面（19厘米×12.9厘米）

　　小说集。【德】贺尔曼黑式著。绮纹译。民国
二十五年（1936）十月初版。上海商务印书馆印行。
《世界文学名著》之一种。

　　馆藏商务印书馆1936年10月初版，见唐弢文库、
图书大库。

　　初版本无序跋。内收《青春是美好的》、《大旋
风》共2篇。

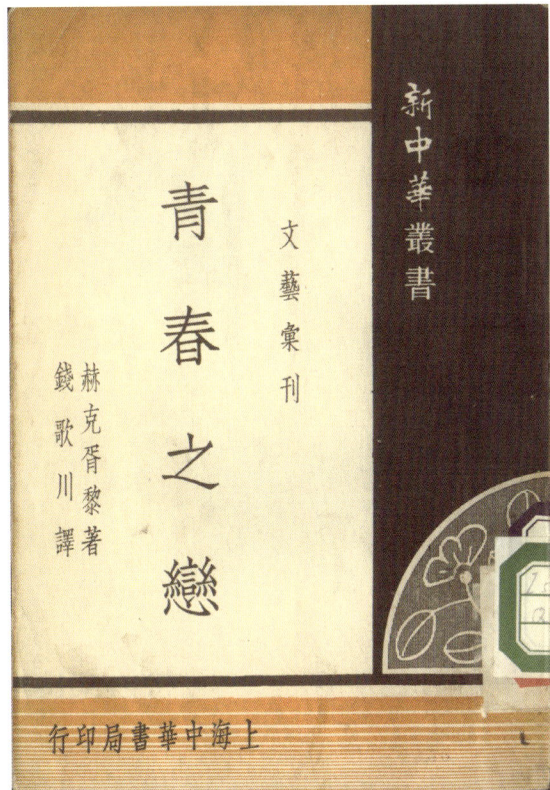

青春之恋
初版本封面（18.6厘米×13.1厘米）

小说集。【英】赫克胥黎等著。钱歌川译。民国二十四年（1935）二月印刷、发行。上海中华书局印行。《新中华丛书·文艺汇刊》之一种。

馆藏中华书局1935年2月初版，见图书大库。

初版本卷首有歌川《序》。正文收《青春之恋》、《重游》、《除夕的告白》、《单身汉》、《穷光蛋》、《金环》、《神力》、《黑猫》共8篇。

青年近卫军
初版本封面（19.9厘米×14.5厘米）

小说。【苏】法捷耶夫著。水夫译。1947年12月初版。上海时代书报出版社总经售。

馆藏时代书报出版社1947年12月初版、1948年6月二版，见唐弢文库、孔罗苏文库。

初版本卷末附有【苏】索菲雅·聂尔斯《法捷耶夫和他的新作〈青年近卫军〉》。作品共有54章。

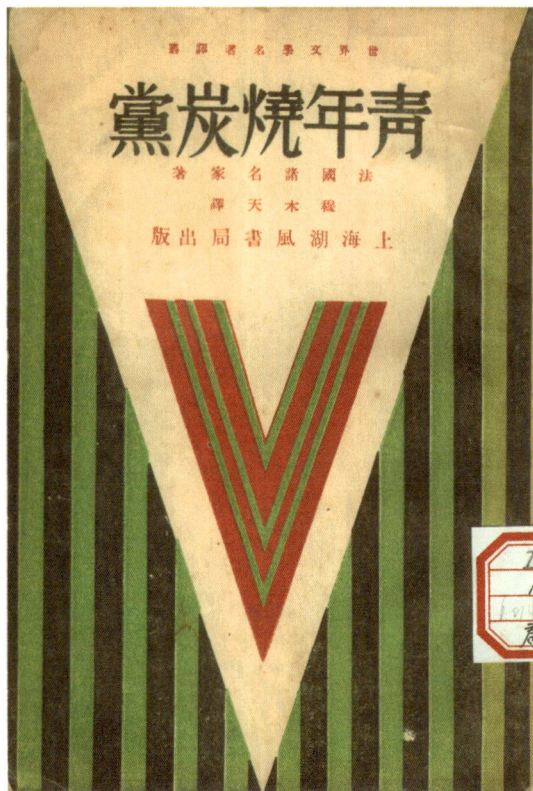

青年烧炭党
初版本封面（18.8厘米×13.1厘米）

　　小说集。【法】斯丹达尔等著。穆木天译。1931年12月付印，1932年1月初版。上海湖风书局出版。《世界文学名著译丛》之一种。

　　馆藏湖风书局1932年1月初版，见唐弢文库、图书大库。

　　初版本无序跋。内收《青年烧炭党》、《玛提欧·法勒功芮》、《不要弄错了》、《毛郎那个公猪》、《博物志抄》、《倔强的女孩子》、《阿谟斯特旦的水手》、《犯罪的列车》、《葬式》共9篇。

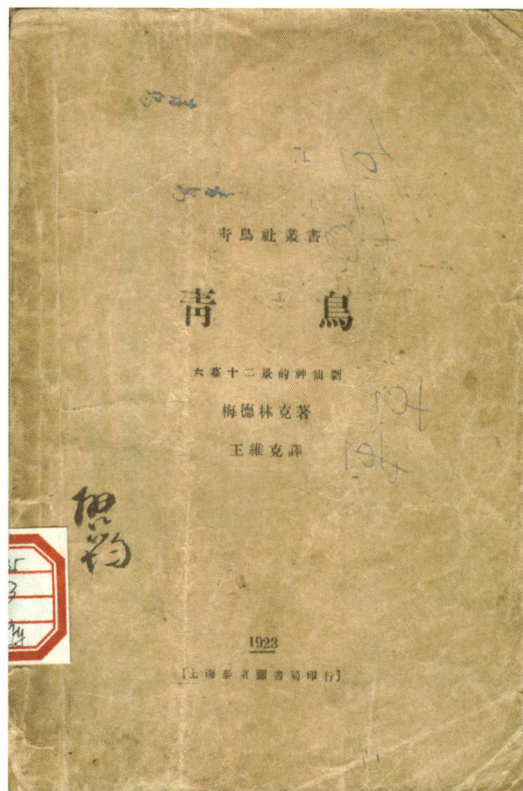

青　鸟
初版本封面（18.8厘米×12.8厘米）

　　戏剧。【比】梅德林克著。王维克译。民国十二年（1923）九月五日付印，十日出版。上海泰东图书局印行。《青鸟社丛书》之一。

　　馆藏泰东图书局1923年9月初版，见唐弢文库、图书大库。

　　初版本卷首有《译者的话》。作品共有6幕。

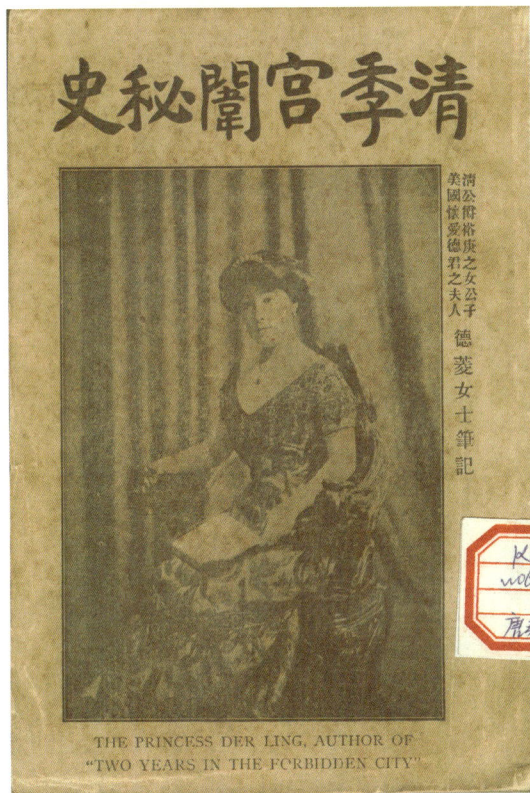

清季宫闱秘史
初版本封面（18.6厘米×12.7厘米）

　　原名《Two Years in the Forbidden City》。回忆录。【美】德菱著。则民译。民国二年（1913）十二月出版。惜余社发行。上海中华图书馆印刷、代发行。

　　馆藏惜余社1913年12月初版，见唐弢文库。

　　初版本卷首有郭惜黔《序一》、王晦《序二》、《自序》（译者）。作品共有20章。

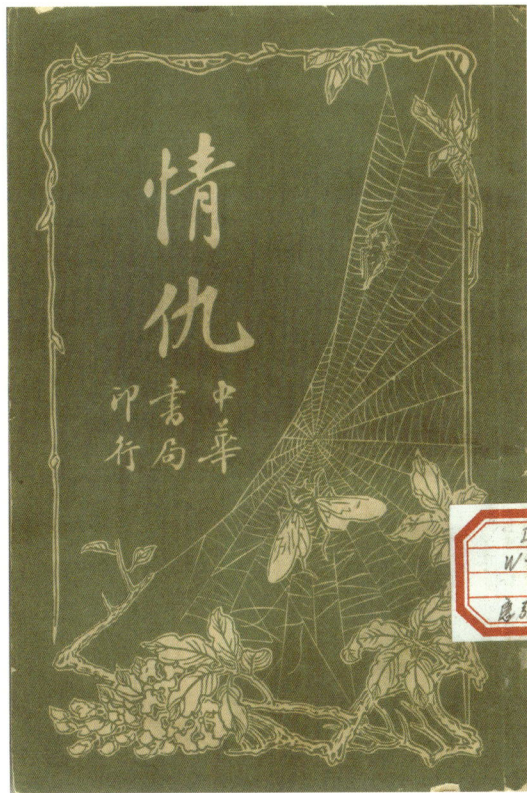

情 仇
初版本封面（18.7厘米×12.8厘米）

　　小说。著者不详。吴雄倡译。民国五年（1916）十二月印刷，民国六年（1917）一月发行。上海中华书局印行。

　　馆藏中华书局1917年1月初版，见唐弢文库。

　　初版本无序跋。作品共有9章。

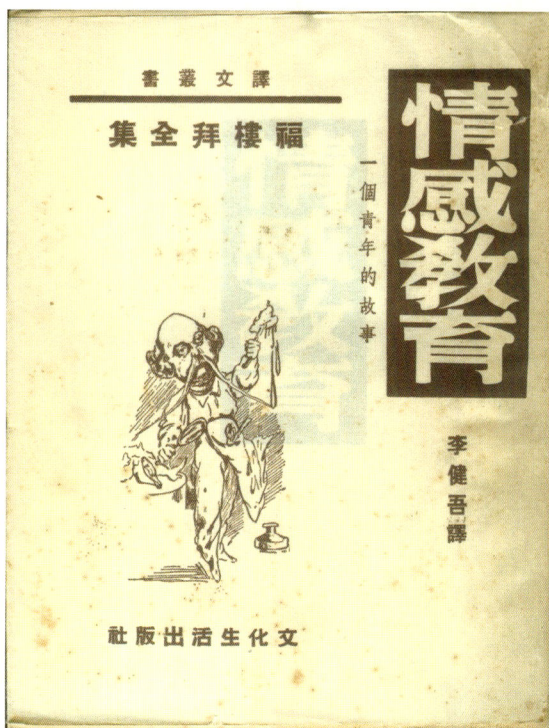

情感教育
初版本封面（18.4厘米×14.7厘米）

情海波澜记
初版本封面（19厘米×13厘米）

　　副标题为《一个青年的故事》。小说。【法】福楼拜著。李健吾译。民国三十七年（1948）四月初版。文化生活出版社出版、发行。文化生活印刷所印刷。《福楼拜全集》、《译文丛书》之一种。

　　馆藏文化生活出版社1948年4月初版、同年12月二版，见唐弢文库、巴金文库、王辛笛文库、刘麟文库、臧克家文库、图书大库。

　　初版本卷首有《译者序》。作品有上卷6章、中卷6章、下卷7章，共19章。

　　小说。【英】倍根著。张春帆译。光绪三十四年（1908）三月出版。申报馆发行。上海集成图书公司印刷、总经售。

　　馆藏申报馆1908年（农历）3月初版，见唐弢文库。

　　初版本无序跋。作品共有6章。

情　秘
初版本封面（18.7厘米×12.8厘米）

　　小说。著者不详。祝龄、耀华编译。民国四年（1915）五月初版。上海进步书局印行。上海文明书局、中华书局经售。

　　馆藏进步书局1915年5月初版，见唐弢文库。

　　本书为言情小说。初版本卷首有《〈情秘〉提要》，内云："一意大利伯爵之女与某公子私订婚约，誓死不二。伯爵又有一情人之女与其表侄私逃，始乱终弃，病革回家，遗言误听，李代桃僵，某公子致受嫌疑，往来顿绝。其女因借橡树传书，旋于树中得该女奔逃时之别书，冤始大白，卒谐好合。"

　　初版本共有8章。

情天异彩
初版本封面（18.2厘米×12.5厘米）

　　小说。【法】周鲁倭著。林纾、陈家麟译。民国八年（1919）九月初版。上海商务印书馆印行。四集本《说部丛书》第三集之七十五。

　　馆藏商务印书馆1919年9月初版、某版（无版权页，《林译小说》第二集），见唐弢文库、图书大库。

　　初版本无序跋。作品共有20章。

情　网（上、下）
卷上初版本封面（18.6厘米×12.9厘米）

小说。著者不详。天笑生编译。宣统元年（1909）四月中旬出版。有正书局印行。小说林社发售。

馆藏有正书局1909年（农历）4月初版、1913年8月二版，见唐弢文库、巴金文库。

初版本卷上卷首有天笑《〈情网〉叙》。作品有卷上16章、卷下14章，共30章。

情　窝（上、下）
初版本封面（18.4厘米×12.5厘米）

小说。【英】威利孙著。林纾、力树萱译。民国五年（1916）五月初版。上海商务印书馆印行。四集本《说部丛书》第三集之三。

馆藏商务印书馆1916年5月初版、某版（无版权页，《林译小说》第二集），见唐弢文库。

初版本无序跋。作品有上册21章、下册18章，共39章。

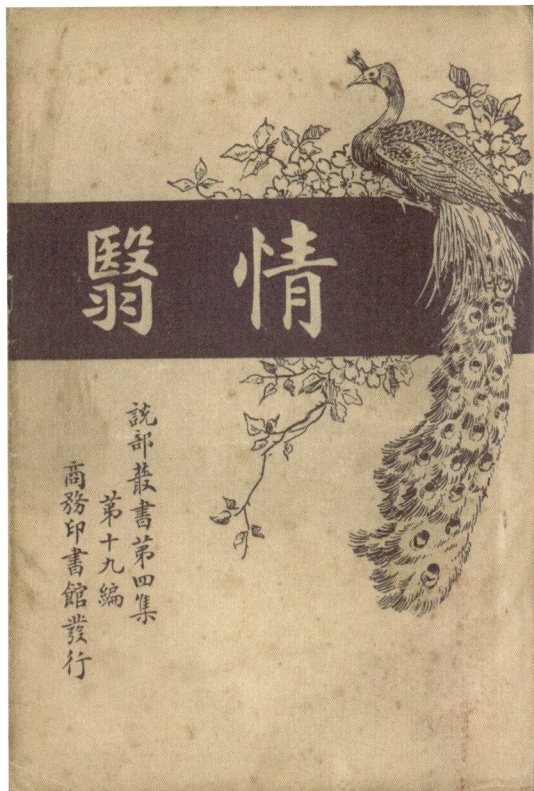

情 翳
初版本封面（18.9厘米×13.1厘米）

穷 人
未名社初版本封面（20.2厘米×15.1厘米）

小说。【美】鲁兰司著。林纾、毛文钟译。民国十一年（1922）五月初版。上海商务印书馆印行。四集本《说部丛书》第四集之十九。

馆藏商务印书馆1922年5月初版，见王辛笛文库。

初版本无序跋。作品共有32章。

小说。【俄】陀思妥夫斯基著。韦丛芜译。1926年6月初版，印1500册。北京未名社刊物经售处发行。《未名丛刊》之五。

馆藏未名社1926年6月初版、1928年8月二版、1930年3月三版，开明书店1934年4月四版，文光书店（著者译名为"陀思退夫斯基"）1945年8月初版、1947年8月沪初版，正中书局1948年11月增订初版（书名为《穷人及其他》，小说集），见唐弢文库、巴金文库、李辉英文库、图书大库。

未名社初版本卷首有鲁迅《小引》、T.Seltzer《英文译本引言》。作品不标章次。

穷 人
初版本封面（18.4厘米×14.7厘米）

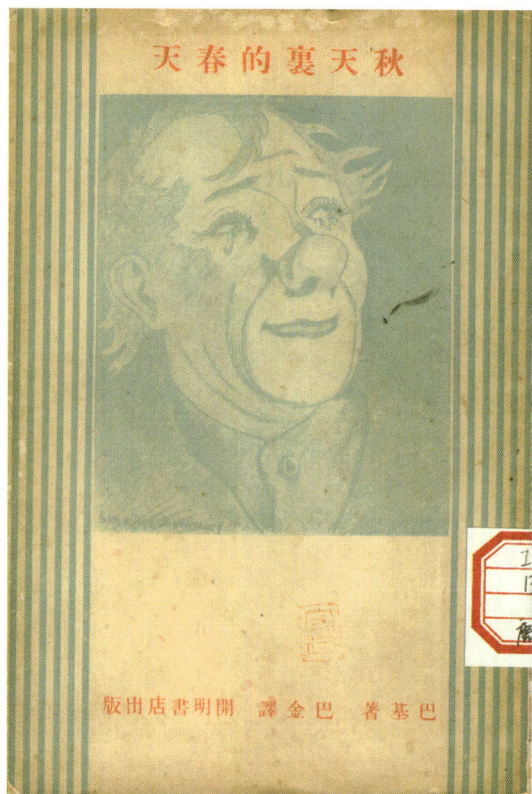

秋天里的春天
初版本封面（19.1厘米×13.2厘米）

　　小说。【俄】朵思托也夫斯基著。文颖译。民国三十七年（1948）五月初版。文化生活出版社出版、发行。文化生活印刷所印刷。《朵思托也夫斯基选集》、《译文丛书》之一种。

　　馆藏文化生活出版社1948年5月初版、1949年6月三版，见唐弢文库、王辛笛文库、图书大库。

　　初版本卷末附有A.雅莫林斯基《这就是名声》（汝龙译）。作品不标章次。

　　小说。【匈】巴基著。巴金译。民国二十一年（1932）十月初版、发行。上海开明书店出版、发行。上海美成印刷公司印刷。

　　馆藏开明书店1932年10月初版、1936年10月三版、1940年5月七版、1948年3月十三版，见唐弢文库、巴金文库、图书大库。

　　初版本卷首有《译者序》、《著者序》。作品共有6章。

秋 夜
初版本封面（17.1厘米×12.4厘米）

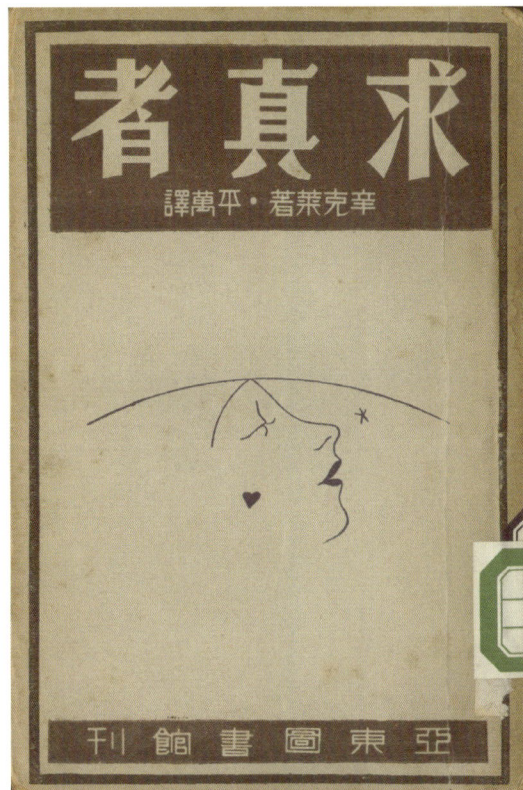

求真者
初版本封面（18.9厘米×12.9厘米）

　　正文题《新俄小说集》。【苏】高尔基等著。徐懋庸等译。施落英编。民国三十年（1941）七月出版。上海启明书局印行。

　　馆藏启明书局1941年7月初版、1949年6月初版（书名为《苏联短篇小说选》，正文仍题《新俄小说集》，版权页题《苏联小说名著》），见图书大库。

　　初版本卷首有《小引》（编者）。正文收《马加尔周达》、《秋夜》、《临谷》、《大家庭》、《列宁和俄皇的故事》、《穷苦的人们》、《拉拉的利益》、《斯拉汉的夜》、《不过一点儿小事》、《工场的一天》、《镣铐手》、《小雄鸡》共12篇。

　　全名《求真者沙米尔》。小说。【美】辛克莱著。平万译。民国二十二年（1933）四月初版。上海亚东图书馆印行。

　　馆藏亚东图书馆1933年4月初版，见图书大库。

　　初版本卷首有《书前》（译者）。作品共有31章（末2章未译）。

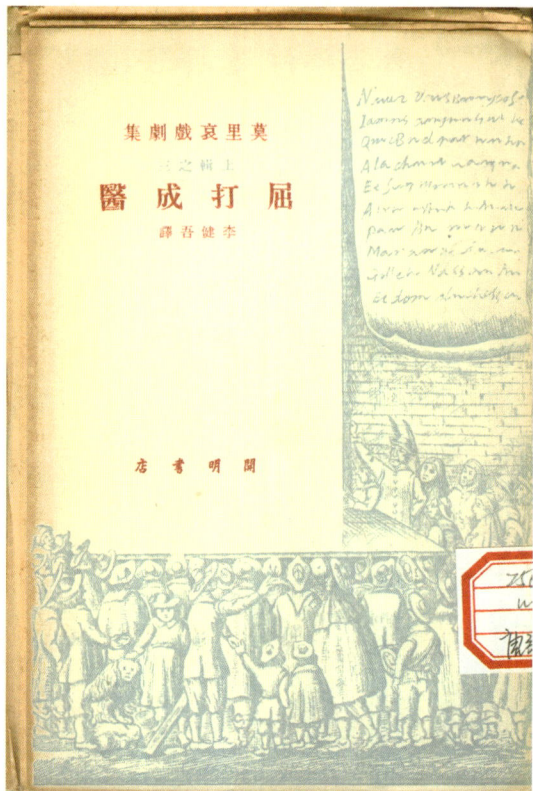

屈打成医
初版本封面（19.4厘米×13.4厘米）

戏剧。【法】莫里哀著。李健吾译。1949年6月初版。上海开明书店印行。《莫里哀戏剧集》上辑之三。

馆藏开明书店1949年6月初版，见唐弢文库、巴金文库、周扬文库。

初版本卷首有《序》（译者）。作品共有3幕。

屈罗勒斯与克丽西德
初版本封面（18.8厘米×12.7厘米）

小说。【英】乔叟著。方重译。民国三十二年（1943）六月初版。重庆古今出版社发行。古今印刷所印刷。马耳主编《古今文艺名著译丛》之一种。

馆藏古今出版社1943年6月初版，见唐弢文库、图书大库。

初版本卷首有"序"（译者）、《〈屈罗勒斯与克丽西德〉引言》（译者），卷末有《专名译音表》。作品共有五卷，卷内不分章节。

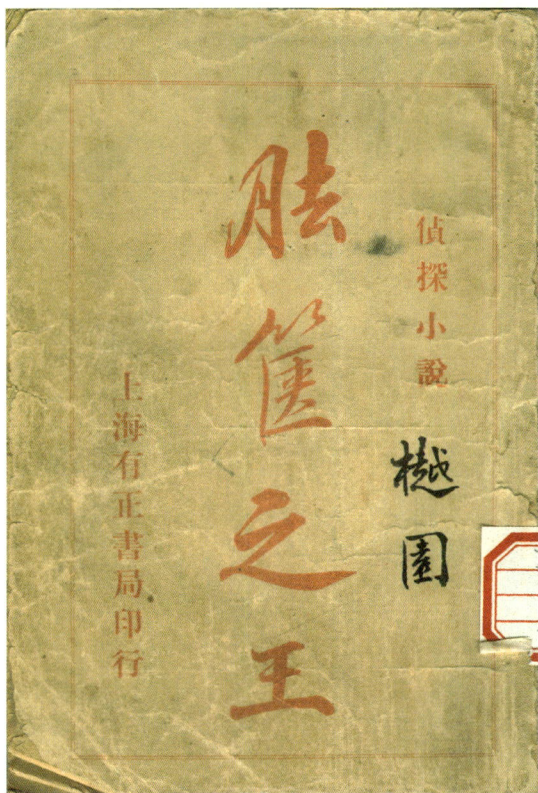

肱箧之王
初版本封面（18.4厘米×12.8厘米）

小说。【法】玛黎瑟勒勃朗著。瘦鹃译。民国三年（1914）十月印刷，十一月出版。上海有正书局印行。

馆藏有正书局1914年11月初版，见唐弢文库。

本书为侦探小说。初版本无序跋。作品除《弁言》外共有23章。

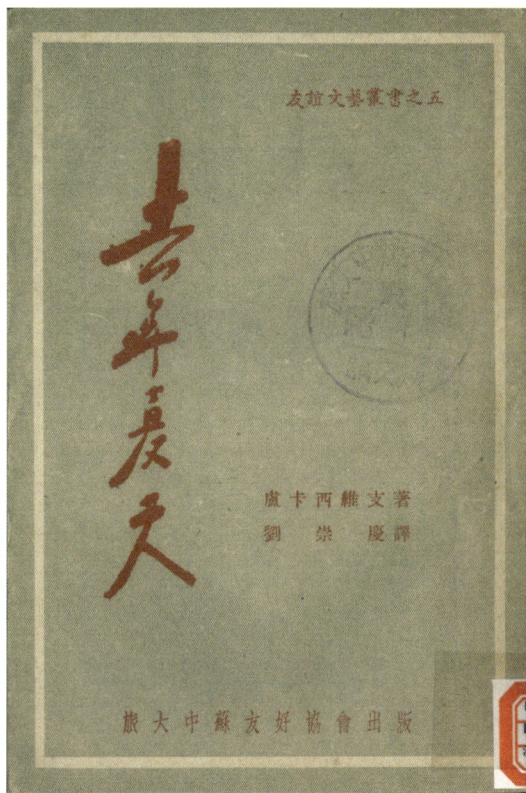

去年夏天
初版本封面（18.3厘米×12.6厘米）

小说集。【苏】卢卡西维支等著。刘崇庆译。民国三十八年（1949）七月初版。旅大中苏友好协会出版。友谊印刷厂印刷。大连旅大友谊书店总经售。《友谊文艺丛书》之五。

馆藏中苏友好协会1949年7月初版，见汝龙文库、图书大库。

初版本无序跋。内收《去年夏天》、《等待着天明》、《我们在天上的父》、《史维托夫》、《归来》、《安娜·芭拉芭什娜底婚礼》共6篇。

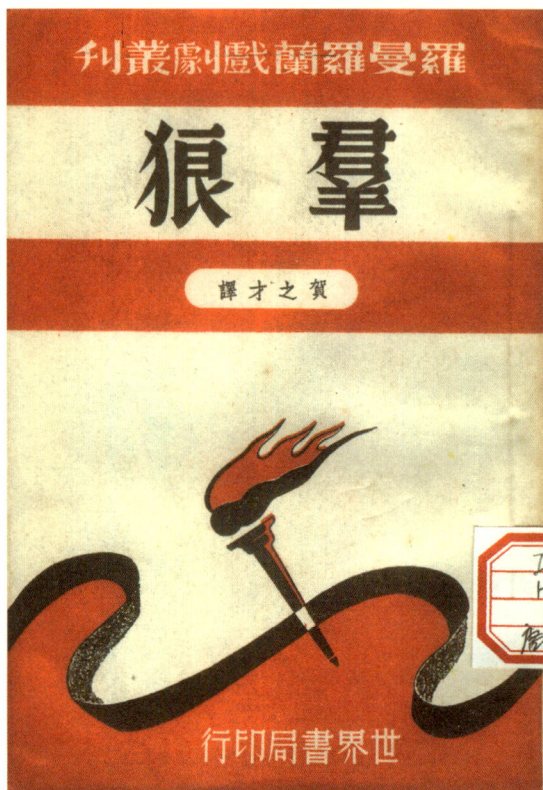

群　狼
初版本封面（18厘米×12.9厘米）

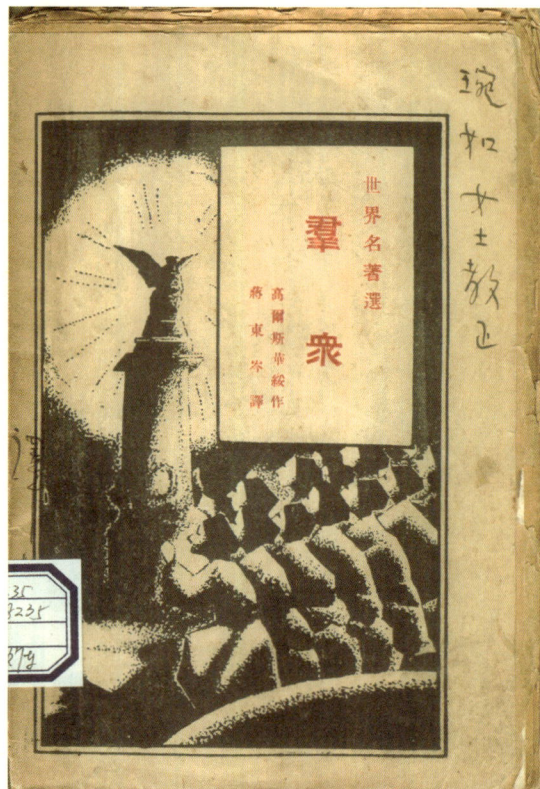

群　众
初版本封面（19.3厘米×13.2厘米）

戏剧。【法】罗曼罗兰著。贺之才译。民国三十三年（1944）四月出版。世界书局印行。《罗曼罗兰戏剧丛刊》之一种。

馆藏世界书局1944年4月初版，见唐弢文库。

初版本卷首有贺之才《〈罗曼罗兰戏剧丛刊〉弁言》、贺德新《〈罗曼罗兰戏剧丛刊〉序》。作品共有3幕。

戏剧。【英】高尔斯华绥著。蒋东岑译。1932年12月20日初版，印1500册。南京线路社印行。《世界名著选》、《南京线路社丛书》之一种。

馆藏线路社1932年12月初版，见唐弢文库。

初版本卷首有东岑《译者序》。作品共有4幕。

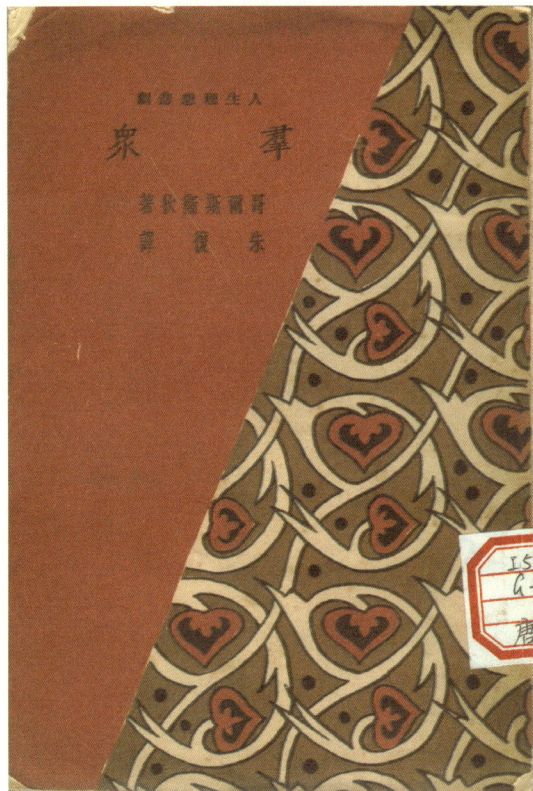

人生悲感剧

群

译者斯尔哥著

朱复东

群 众
初版本封面（19.1厘米×13.1厘米）

戏剧。【英】哥尔斯卫狄著。朱复译。民国十九年（1930）十二月初版。上海商务印书馆印行。

馆藏商务印书馆1930年12月初版、某版（版权页缺失，著者译名为"高尔斯华绥"，《世界文学名著》），见唐弢文库。

初版本卷首有《剧旨概说》（译者），内云："这篇剧本，是描写人生理想的悲剧。表演一个主义高尚信仰坚决的人，觉得被尘世诸种势力所反对所威迫，并要驱他到那种妥协降服的境地，因此这个人就与这诸种势力奋斗。"

初版本除《结幕》外共有4幕。

热 恋
初版本封面（18.2厘米×12.8厘米）

热 恋
初版本封面（18.6厘米×13.1厘米）

　　小说。【法】都德（封面作"都得"）著。紫英译。民国三十四年（1945）四月初版、发行。重庆万光书局印行。重庆联营书店分发行。《万光译丛》之四。

　　馆藏万光书局1945年4月初版，见唐弢文库、田仲济文库。

　　初版本无序跋。作品共有15章。

　　小说集。【英】罗稜斯等著。钱歌川译。民国二十四年（1935）十二月印刷、发行。上海中华书局印行。《现代文学丛刊》之一种。

　　馆藏中华书局1935年12月初版、1940年11月二版，见唐弢文库、图书大库。

　　初版本卷首有《译者的话》。正文收《航空捐》、《失业者》、《败北》、《热恋》、《马车夫》、《吃人会议》、《跳蛙》、《御夫术》、《养鸡的老人》、《金环》、《苹果》、《母亲》、《青春之恋》、《苍蝇》共14篇。

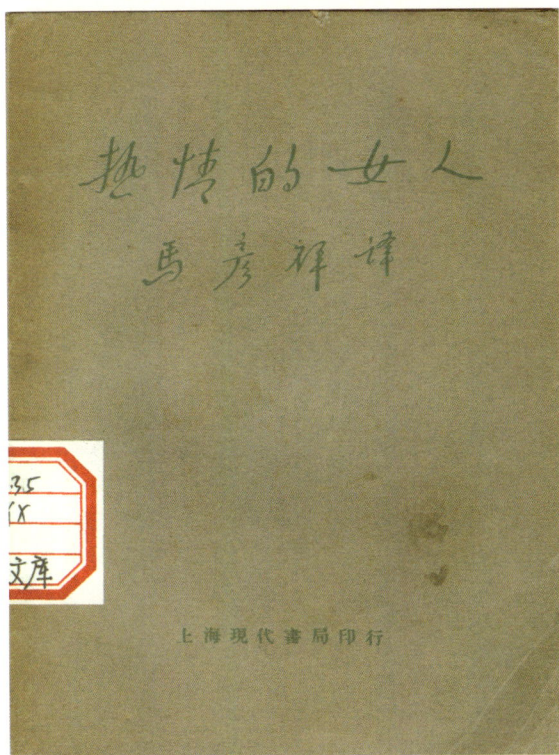

热情的女人
初版本封面（14.7厘米×11.2厘米）

　　戏剧。【西】倍奈文德著。马彦祥译。1931年4月15日初版，印1500册。上海现代书局印行。《现代戏剧丛书》之一种。

　　馆藏现代书局1931年4月初版，见唐弢文库、图书大库。

　　初版本卷首有彦祥《写在前面》。作品共有3幕。

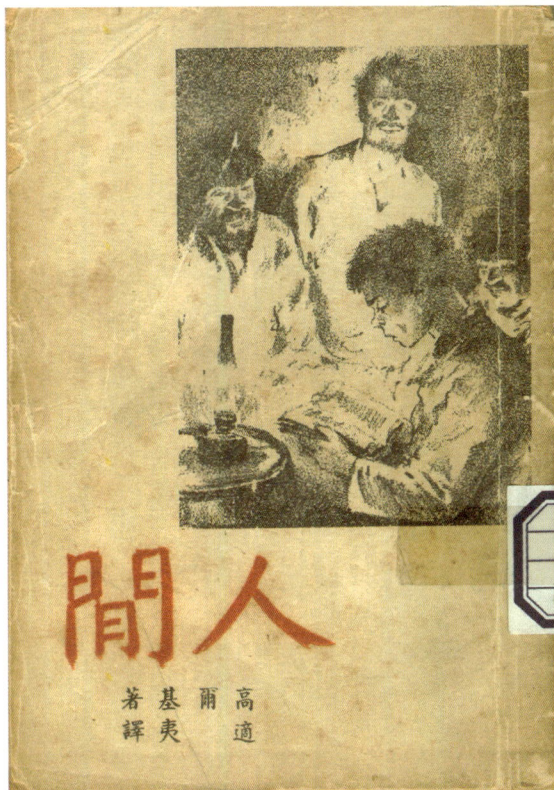

人　间
初版本封面（17厘米×12.3厘米）

　　小说。【苏】高尔基著。适夷译。民国三十年（1941）六月初版、发行。上海开明书店印行。

　　馆藏开明书店1941年6月初版、1948年2月六版、1949年3月八版，见唐弢文库、图书大库。

　　初版本无序跋。作品共有20章。

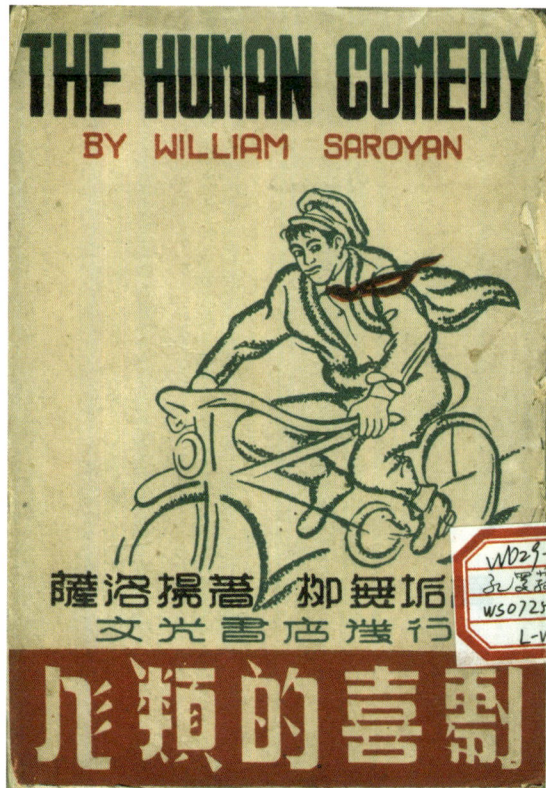

人类的喜剧
初版本封面（18.1厘米×12.8厘米）

　　小说。【美】萨洛扬著。柳无垢译。民国三十三年（1944）十一月初版，印3000册。重庆文光书店出版、发行。军事委员会政治部印刷所印刷。《世界文学名著译丛》之一种。

　　馆藏文光书店1944年11月初版、1948年6月沪一版，见唐弢文库、孔罗苏文库、图书大库。

　　初版本卷首有威廉·萨洛扬《献给塔郭基·萨洛扬》，卷末有《后记》（译者）。《后记》云："这是一本以战争为背景的小说。……《人类的喜剧》描写美国的一个和平平凡的小城中底一个和平平凡的家庭，全家人怎样的在战争，贫困和不幸中尊严愉快地生活着。"

　　初版本共有20章。

人民是不朽的
初版本封面（18.2厘米×12.6厘米）

　　小说。【苏】格罗斯曼著。茅盾译。民国三十四年（1945）六月渝初版。中苏文化协会编译委员会编辑、发行。重庆文光书店出版、总经售。曹靖华主编《苏联文学丛书》之九。

　　馆藏文光书店1945年6月初版、同年11月上海二版、1949年5月沪三版，见唐弢文库、臧克家文库、图书大库。

　　初版本卷首有茅盾《关于〈人民是不朽的〉》。作品不标章次。

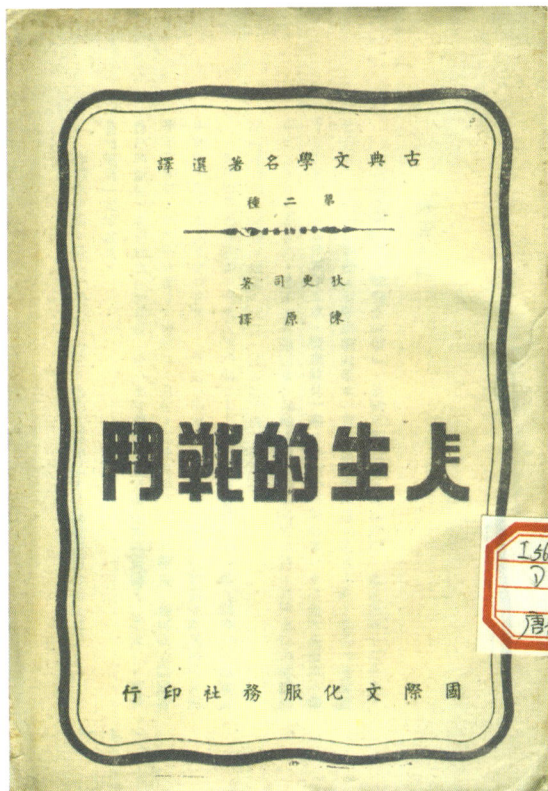

人生的战斗
初版本封面（18.5厘米×13.1厘米）

人生小讽刺
初版本封面（18.4厘米×12.7厘米）

副标题为《一篇恋爱故事》。小说。【英】狄更司著。陈原译。民国三十四年（1945）九月初版。重庆国际文化服务社印行。《古典文学名著选译》之二。

馆藏国际文化服务社1945年9月初版、1947年1月上海二版、1948年9月三版，见唐弢文库、田仲济文库、邹荻帆文库、图书大库。

初版本卷首有陈原《译者小记》。作品共有三部，部内不分章节。

小说集。【英】哈代著。虚白、仲彝译。民国十七年（1928）八月二十日付印，九月三十日出版，印1500册。上海真美善书店发行。上海国光印书局承印。

馆藏真美善书店1928年9月初版，见唐弢文库。

初版本无序跋。内收《儿子的否决权》、《为良心故》、《两个野心家的悲剧》、《西路巡审》、《取媚他的妻子》、《德国队里一个郁闷的骑兵》、《舞乐师》、《理想的妇人》共8篇。

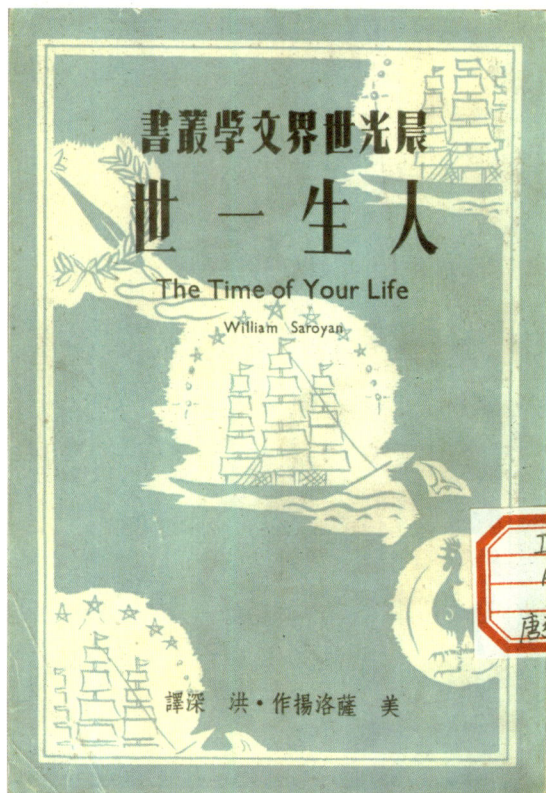

人生一世
初版本封面（17厘米×12.1厘米）

　　戏剧。【美】萨洛扬著。洪深译。1949年3月初版。上海晨光出版公司发行。中华全国文艺协会主编《晨光世界文学丛书》之十八。

　　馆藏晨光出版公司1949年3月初版，见唐弢文库。

　　初版本卷首有赵家璧《出版者言》（丛书总序）、《人生一世》（著者）。作品共有5幕。

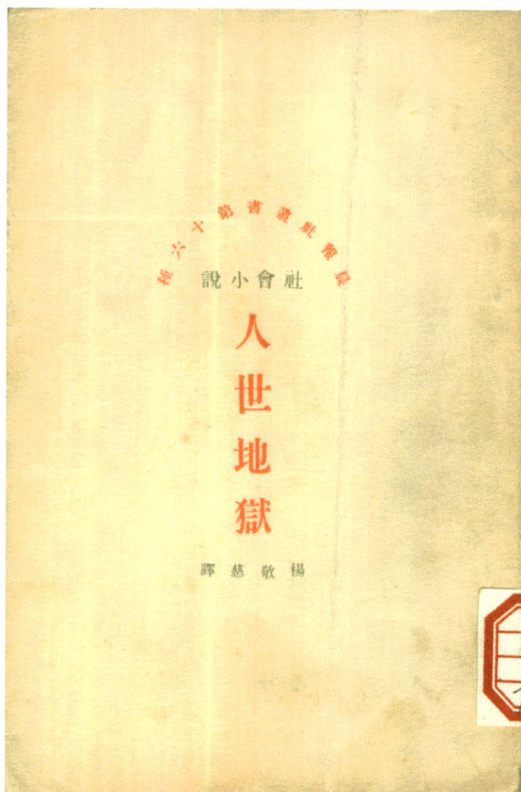

人世地狱
初版本封面（18.7厘米×12.7厘米）

　　原名《白奴隶》。小说。【德】施园著。杨敬慈译。民国十三年（1924）四月三十日印刷，五月二十日发行。北京晨报社发行。北京明明印刷局印刷。《晨报社丛书》之十六。

　　馆藏晨报社1924年5月初版，见唐弢文库。

　　本书为社会小说。初版本卷首有晨报编辑处《序言》，内云："这本书……描写欧洲社会卖买女子的黑幕，备极悲惨。文笔巧妙，处处令人扼腕叹息。"

　　初版本共有14章。

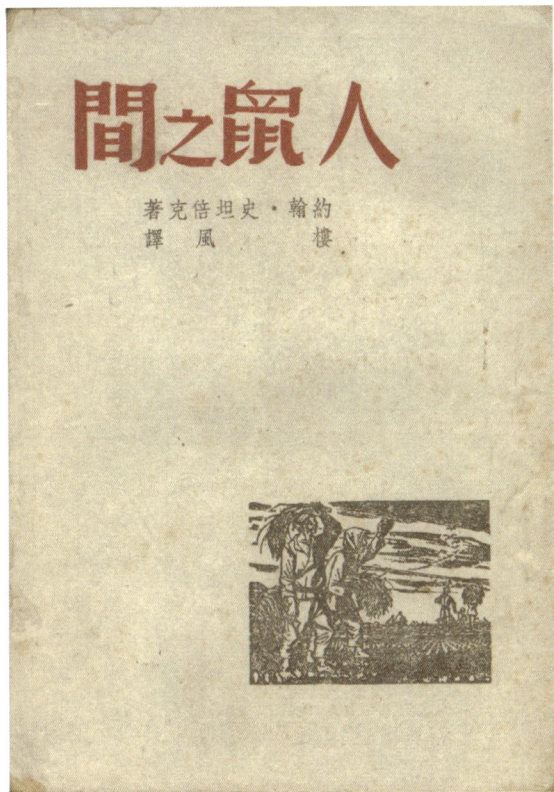

人鼠之间
初版本封面（17.9厘米×12.8厘米）

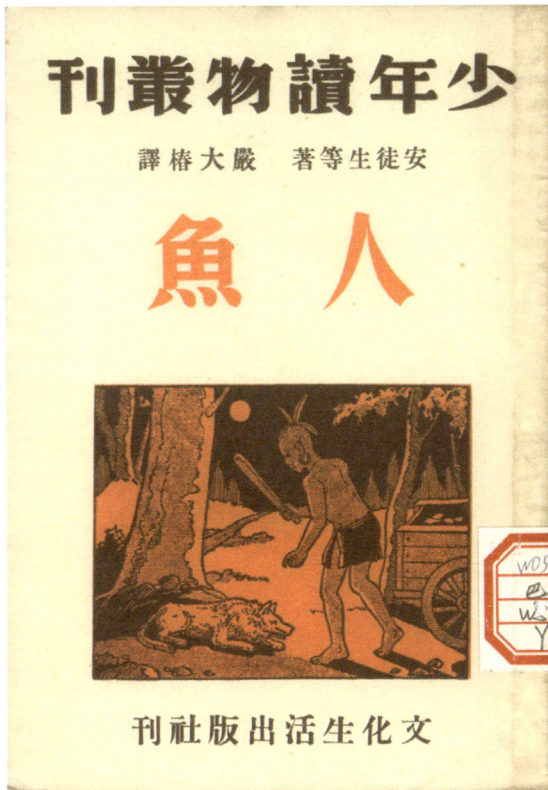

人　鱼
初版本封面（18厘米×13厘米）

戏剧。【美】约翰·史坦倍克著。楼风译。民国三十二年（1943）三月渝初版。东方书社发行。东方印刷所印刷。叶以群、臧克家、田仲济编辑《东方文艺丛书》之三。

馆藏东方书社1943年3月初版，见冯亦代文库、孔罗荪文库。

初版本卷末有译者《译后记》，内云："'《人鼠之间》是部描写两个加里福尼亚农业工人，两个无家可归的流浪汉乔其和莱尼间友谊的小说。……'……这小说由原作者改编为剧本，……内容未改，只是对话上略有增删。"

初版本共有3幕。

童话集。【丹】安徒生等著。严大椿译。民国三十七年（1948）十二月初版。文化生活出版社印行。《少年读物丛刊》之一种。

馆藏文化生活出版社1948年12月初版，见巴金文库。

初版本无序跋。内收《懒惰的孩子》、《人鱼》、《滑稽朋友》、《哈莱的财富》、《疏懒的蚱蜢》、《骡蛋》、《大拇指旅行记》、《猎狗的奇遇》、《一个好教训》、《观察细到》、《维南格的奇遇》共11篇。

人与超人
初版本封面（19厘米×13厘米）

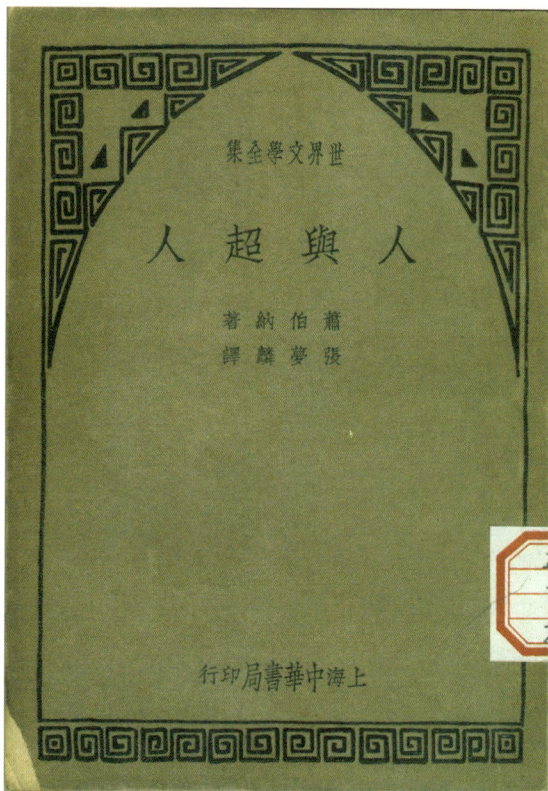

人与超人
初版本封面（18.7厘米×13.4厘米）

戏剧。【爱尔兰】萧伯纳著。罗牧译。民国二十二年（1933）二月初版。上海商务印书馆印行。《世界文学名著》之一种。

馆藏商务印书馆1933年2月初版，见唐弢文库、图书大库。

初版本卷首有《译者琐言》，卷末有《萧氏的著作》。作品共有4幕。

戏剧。【爱尔兰】萧伯纳著。张梦麟译。民国二十三年（1934）十月印刷、发行。上海中华书局印行。《世界文学全集》之一种。

馆藏中华书局1934年10月初版，见唐弢文库。

初版本卷首有译者《萧伯纳评传》、《萧伯纳的著作年表》、《代序——献给华克雷君》。作品共有4幕。

日本剑（上、下）
卷上初版本封面（18.6厘米×12.6厘米）

　　小说。【英】屈来珊鲁意著。沈伯甫译。卷上乙巳（1905）五月初版，日本东京翔鸾社印刷；卷下丙午年（1906）二月初版、发行，上海小说林活版部印刷。小说林社发行。

　　馆藏小说林社1905年（农历）5月、1906年（农历）2月初版，见唐弢文库。

　　本书为侦探小说。初版本无序跋。作品有卷上16章、卷下17章，共33章。

日本民间传说
初版本封面（17.3厘米×9.5厘米）

　　故事集。秋田雨雀等著。查士元译。民国二十年（1931）六月初版。上海商务印书馆印行。《〈小说世界〉丛刊》之一种。

　　馆藏商务印书馆1931年6月初版，见图书大库。

　　初版本卷末附有吕伯攸《民间文学琐谈》。正文收《桃太郎》、《切舌鸟》、《猴蟹之战》、《开花老祖》、《嚊啪山》、《鼠之嫁女》、《雄鹿占梦》、《春山秋山》、《一寸法师》、《佛陀与战争》共10篇。

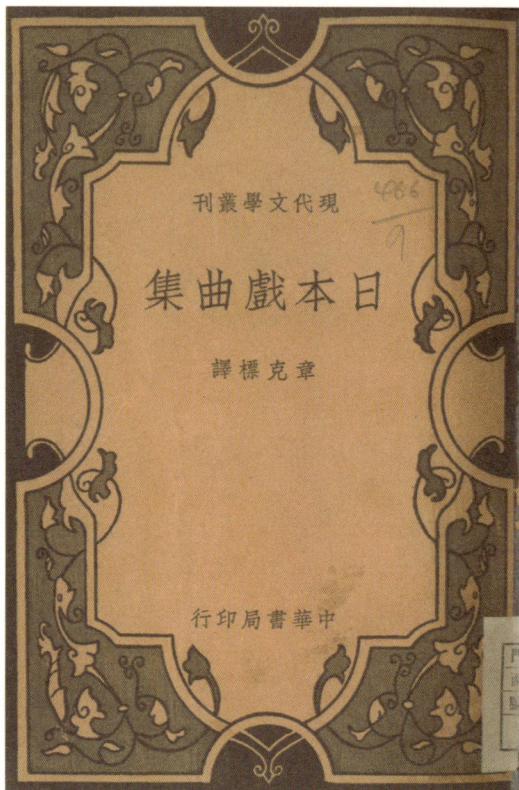

刊叢學文代現

日本戲曲集

譯標克章

行印局書華中

日本戏曲集
初版本封面（18.2厘米×12.5厘米）

山本有三等著。章克标译。民国二十三年（1934）九月印刷、发行。上海中华书局印行。《现代文学丛刊》之一种。

馆藏中华书局1934年9月初版，见阳翰笙文库、图书大库。

初版本无序跋。内收《同志》、《星亨》、《阿武隈心中》、《短夜》、《修禅寺物语》、《第一的世界》共6篇。

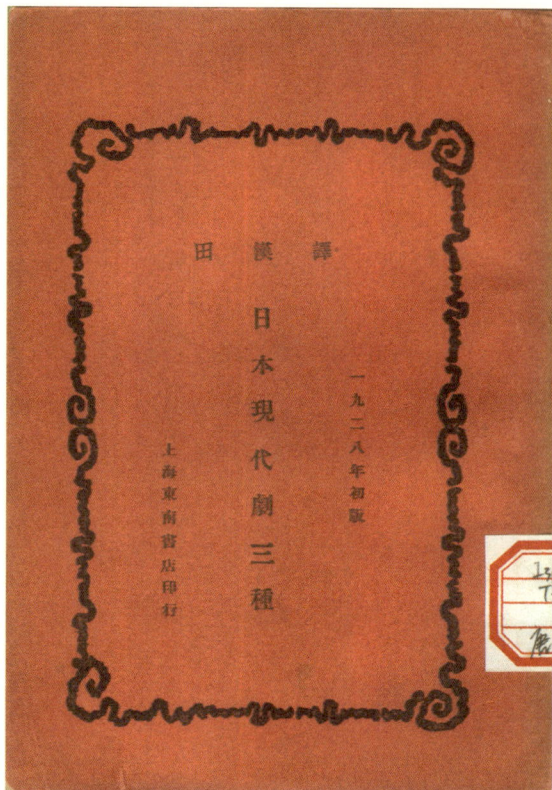

譯 漢田

日本現代劇三種

一九二八年初版

上海東南書店印行

日本现代剧三种
初版本封面（18.7厘米×13.4厘米）

山本有三等著。田汉译。民国十七年（1928）八月印刷，九月初版，印2000册。上海东南书店印行。上海启智书局总代售。

馆藏东南书店1928年9月初版，见唐弢文库、图书大库。

初版本无序跋。内收《婴儿杀戮》、《无籍者》、《男人》共3篇。

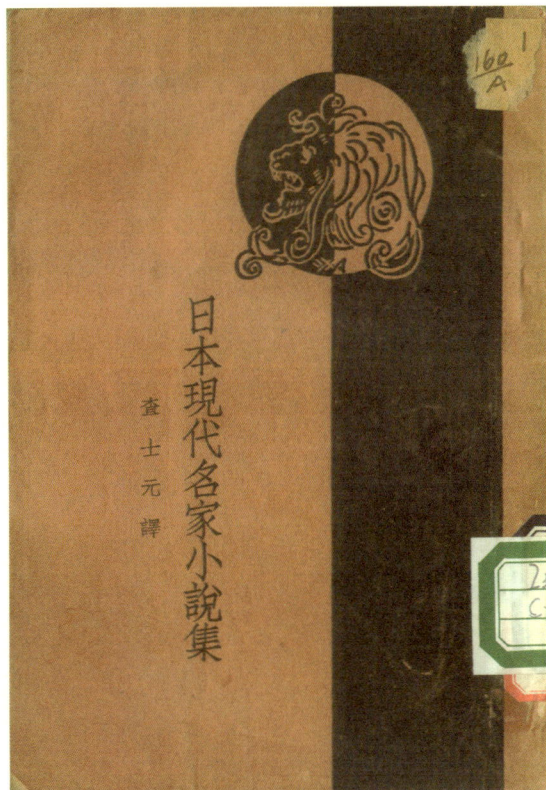

日本现代名家小说集（一、二）
第一辑初版本封面（18.6厘米×13.1厘米）

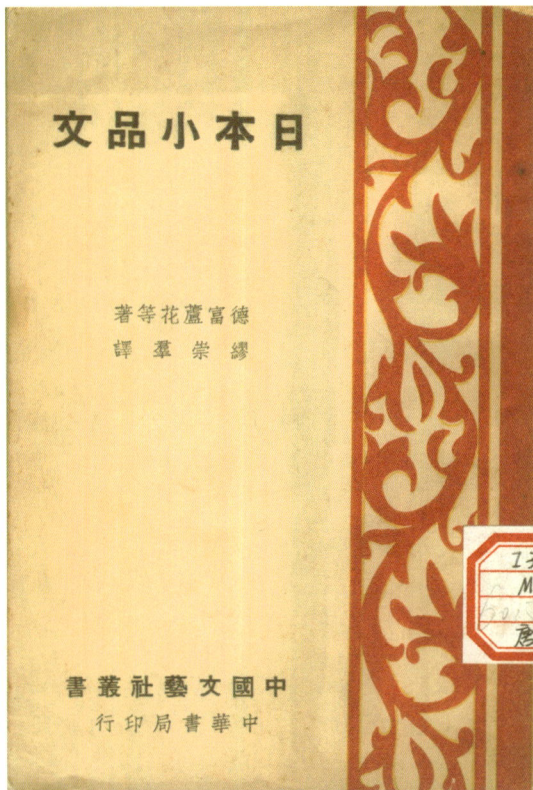

日本小品文
初版本封面（18.6厘米×13厘米）

　　佐藤春夫等著。查士元译。民国十九年（1930）一、十一月印刷、发行。上海中华书局印行。徐志摩主编《新文艺丛书》之一种。

　　馆藏中华书局第一辑1930年1月初版、1940年12月二版，第二辑1934年8月二版、1940年12月三版，见唐弢文库、图书大库。

　　初版本第一辑卷首有士元《序》，第二辑卷首有《译者序》。全书正文收《某女之幻想》、《一个少年的恐怖》、《魔术》、《范某之犯罪》、《厌世家的诞生日》、《美少年》、《男清姬》、《无名作家的日记》共8篇。

　　德富芦花等著。缪崇群译。民国二十六年（1937）七月印刷、发行。上海中华书局印行。《中国文艺社丛书》之一种。

　　馆藏中华书局1937年7月初版，见唐弢文库、图书大库。

　　初版本卷首有《译者小序》。正文收《耶路撒冷之燕》、《风》、《苍茫之夕》、《花月之夜》、《春之悲哀》、《朝霜》、《檐沥》、《暮秋》、《羊》、《朝之庭院》、《心之影》、《啄木鸟》、《春之赞美》、《牧场之春》、《落花时节》等21篇。

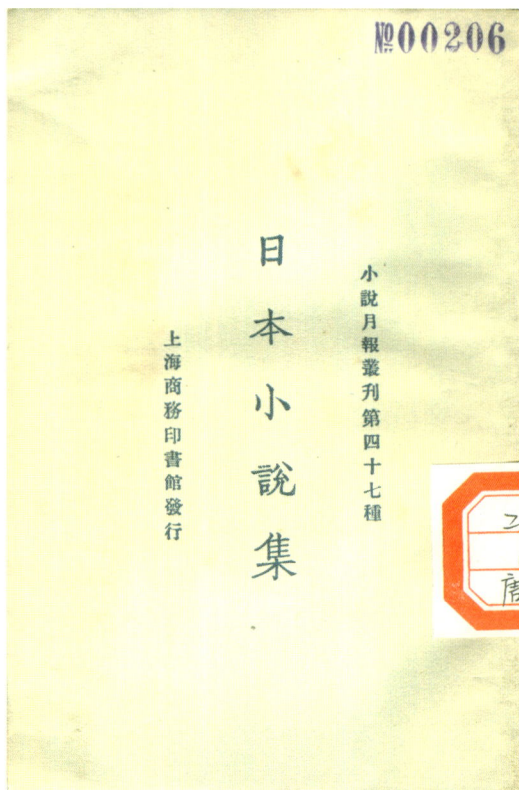

№00206

日本小説集

小説月報叢刊第四十七種

上海商務印書館發行

日本小说集
初版本封面（14.9厘米×10.1厘米）

加藤武雄等著。周作人等译。民国十四年（1925）
四月初版。上海商务印书馆印行。小说月报社编辑
《小说月报丛刊》之四十七。

馆藏商务印书馆1925年4月初版，见唐弢文库、图
书大库。

初版本无序跋。内收《乡愁》、《到网走去》、
《女难》、《汤原通信》共4篇。

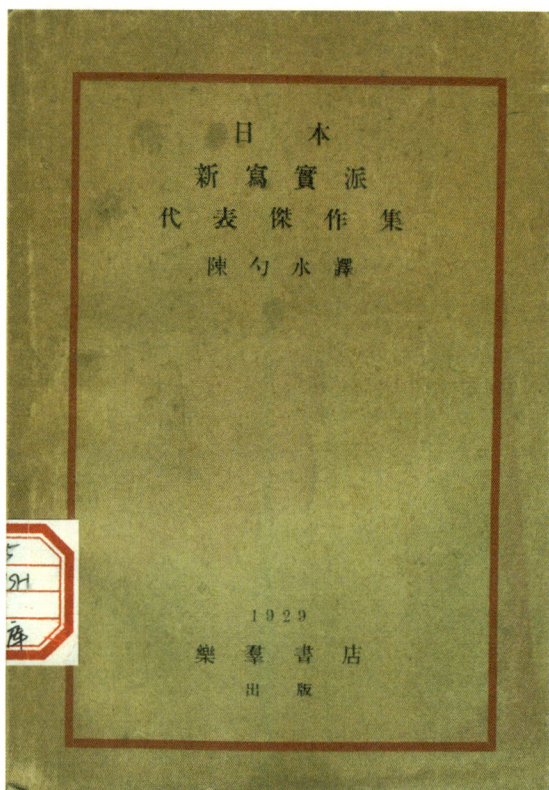

日 本
新寫實派
代表傑作集
陳勺水譯

1929
樂羣書店
出版

日本新写实派代表杰作集
初版本封面（17.4厘米×12.5厘米）

小说戏剧集。平林泰子等著。陈勺水译。1929年5
月1日付印，6月5日出版，印2000册。上海乐群书店出
版。

馆藏乐群书店1929年6月初版，见唐弢文库、图书
大库。

初版本卷首有《序》（译者）。正文收《殴
打》、《泛滥》、《船狗"迦茵"》、《豪雨》、
《发端》、《跨过死尸》、《佃户的狗和地主的
狗》、《第一声》共8篇。

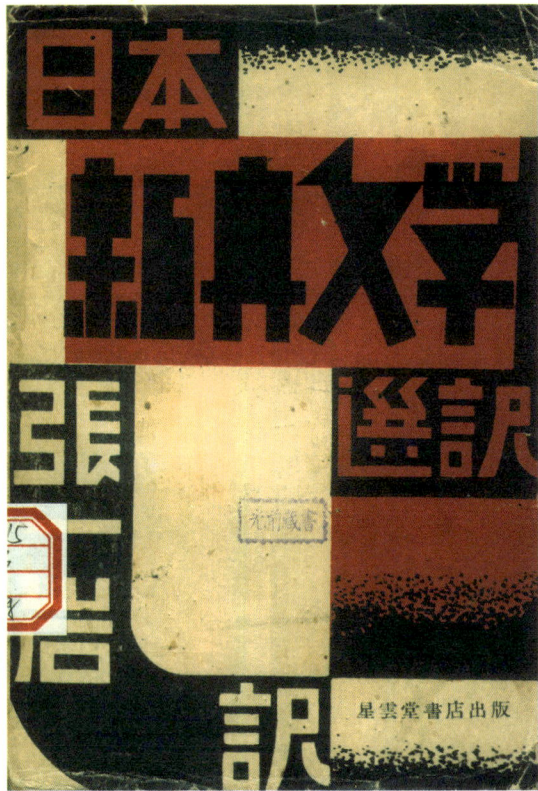

日本新兴文学选译
初版本封面（19.2厘米×13.4厘米）

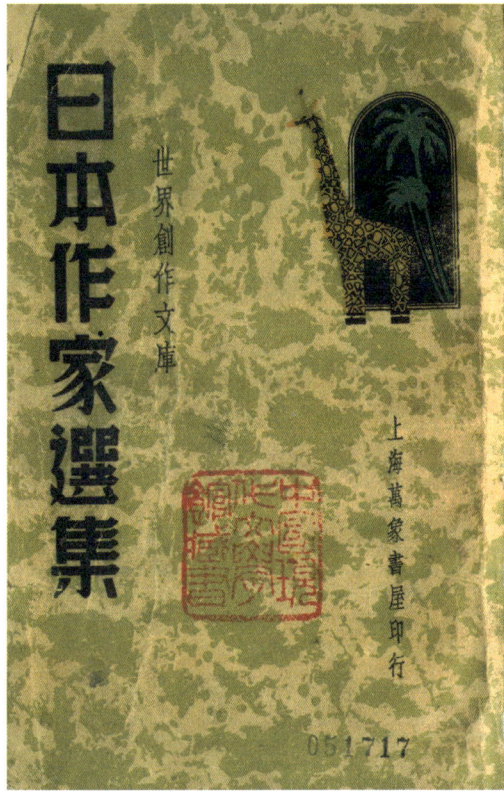

日本作家选集
初版本封面（17.8厘米×11.4厘米）

　　小说戏剧集。前田河广一郎等著。张一岩译。1933年4月25日初版，印1500册。北平星云堂书店出版。

　　馆藏星云堂书店1933年4月初版，见唐弢文库。

　　初版本卷首有《总序》（译者）、前田河广一郎《到四十二岁的现在》、叶山嘉树《叶山嘉树略传》、《片冈铁兵年谱》、《岸田国士年谱》、《横光利一年谱》。正文收《败军》、《苦斗》、《大岛争议君》、《纸的轻气船》、《蝇》共5篇。

　　小说集。夏目漱石等著。鲁迅等译。民国二十八年（1939）四月初版。上海万象书屋（版权页为"上海中央书店"）印行。《世界创作文库》之七。

　　馆藏万象书屋1939年4月初版，见图书大库。

　　初版本无序跋。内收《克莱喀先生》、《两条血痕》、《女难》、《潮雾》、《秋》、《某夫人》、《三浦右卫门的最后》、《刺青》、《雉鸡的烧烤》、《妻》、《土堤大会》、《战》、《在施疗室》、《士敏土坛里的一封信》、《老铁的话》等17篇。

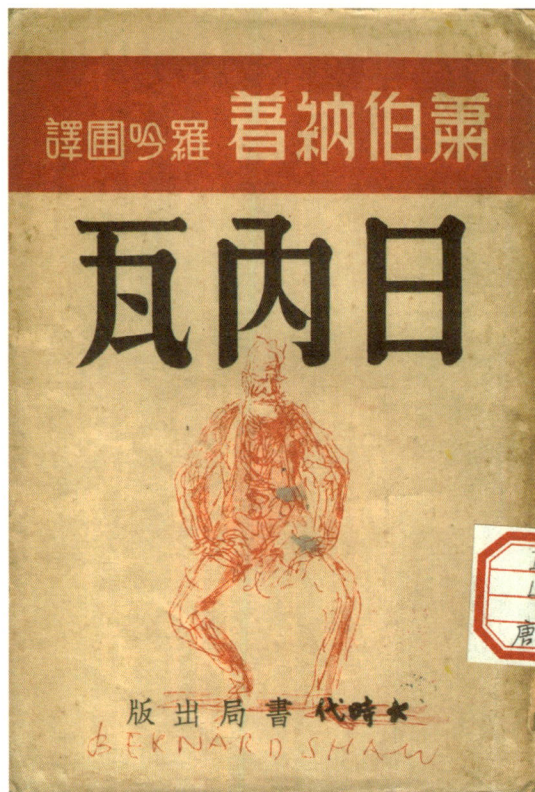

日内瓦
初版本封面（18.4厘米×12.8厘米）

戏剧。【爱尔兰】萧伯纳著。罗吟圃译。民国二十九年（1940）三月初版。大时代书局出版、发行。大时代印刷所印刷。

馆藏大时代书局1940年3月初版，见唐弢文库、毕朔望文库。

初版本无序跋。作品共有3幕。

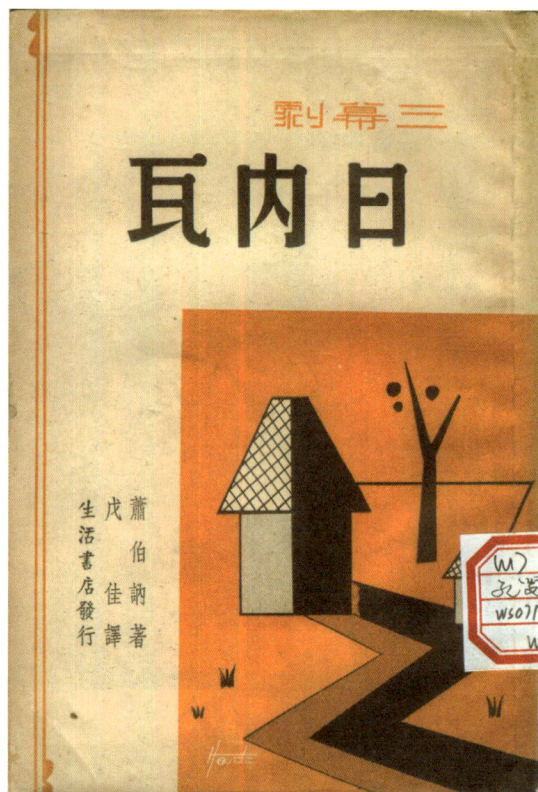

日内瓦
初版本封面（18.3厘米×12.7厘米）

副标题为《一页幻想的历史》。戏剧。【爱尔兰】萧伯讷著。戊佳译。民国二十九年（1940）三月初版，印3000册。生活书店发行。生活印刷所印刷。

馆藏生活书店1940年3月初版，见唐弢文库、孔罗荪文库。

初版本无序跋。作品共有3幕。

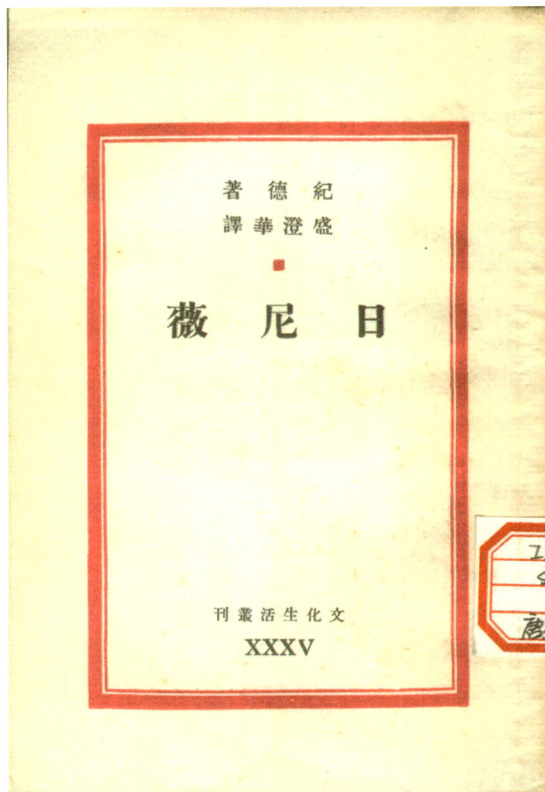

日尼薇
初版本封面（18.3厘米×12.9厘米）

小说。【法】A.纪德著。盛澄华译。民国三十五年（1946）六月初版。文化生活出版社出版、发行。文化生活印刷所印刷。巴金主编《文化生活丛刊》之三十五。

馆藏文化生活出版社1946年6月初版、1948年4月二版，见唐弢文库、巴金文库、王辛笛文库、李辉英文库、图书大库。

初版本卷首有A.纪德《作者前记》。作品除"绪言"外共有2章。

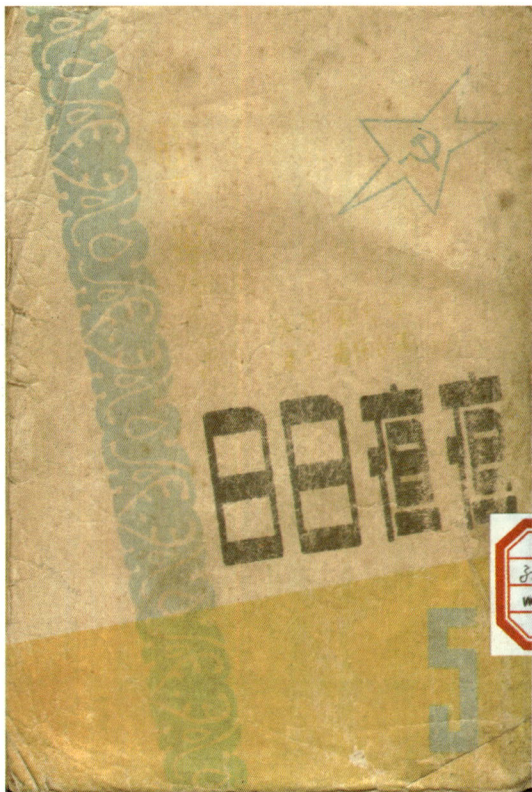

日日夜夜
东北书店初版本封面（18厘米×12.4厘米）

小说。【苏】西蒙诺夫著。苍木、继纯译。1948年5月初版，印5000册。哈尔滨东北书店印行。

馆藏东北书店1948年5月初版、新华书店1949年7月初版，见周扬文库、孔罗荪文库。

初版本无序跋。作品共有26章。

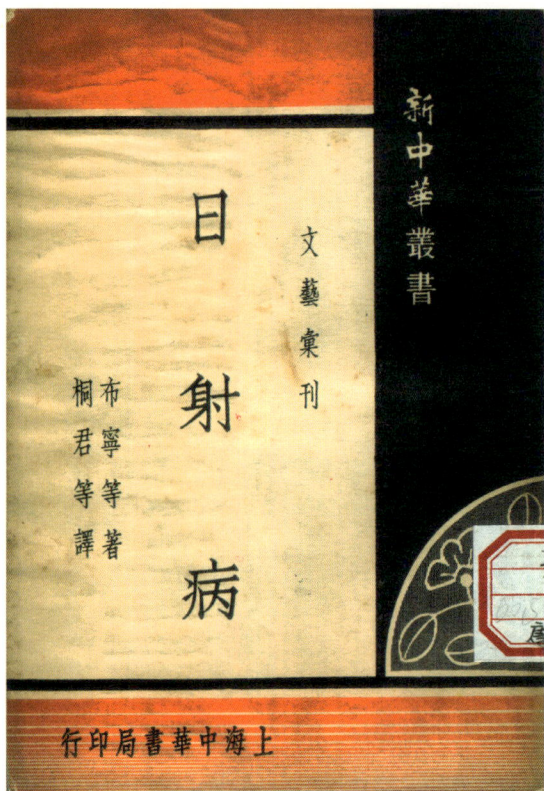

日射病
初版本封面（18.6厘米×13.3厘米）

戎马书生
初版本封面（18.4厘米×12.6厘米）

小说集。【俄】布宁等著。桐君等译。民国二十四年（1935）二月印刷、发行。上海中华书局印行。《新中华丛书·文艺汇刊》之一种。

馆藏中华书局1935年2月初版，见唐弢文库、康濯文库、图书大库。

初版本卷首有编者《序》。正文收《日射病》、《运命》、《恋》、《圣女的真相》、《石人》、《生命的呼声》、《沉默的议员》、《挪威的大漩涡》共8篇。

小说。【英】杨支著。林纾、陈家麟译。民国九年（1920）四月初版。上海商务印书馆印行。四集本《说部丛书》第三集之八十九。

馆藏商务印书馆1920年4月初版、某版（无版权页，《林译小说》第二集），见唐弢文库。

初版本无序跋。作品共有14章。

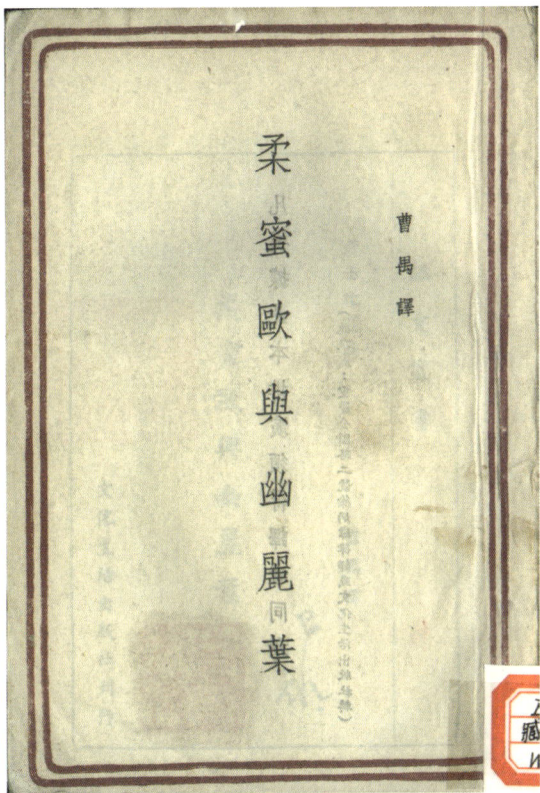

柔蜜欧与幽丽叶
初版本封面（18.5厘米×12.6厘米）

戏剧。【英】莎士比亚著。曹禺译。民国三十三年（1944）三月渝一版。文化生活出版社印行。《译文丛书》之一种。

馆藏文化生活出版社1944年3月初版、1945年12月沪一版、1947年3月沪二版、1948年11月沪三版，见唐弢文库、巴金文库、臧克家文库、图书大库。

初版本无序跋。作品共有5幕。

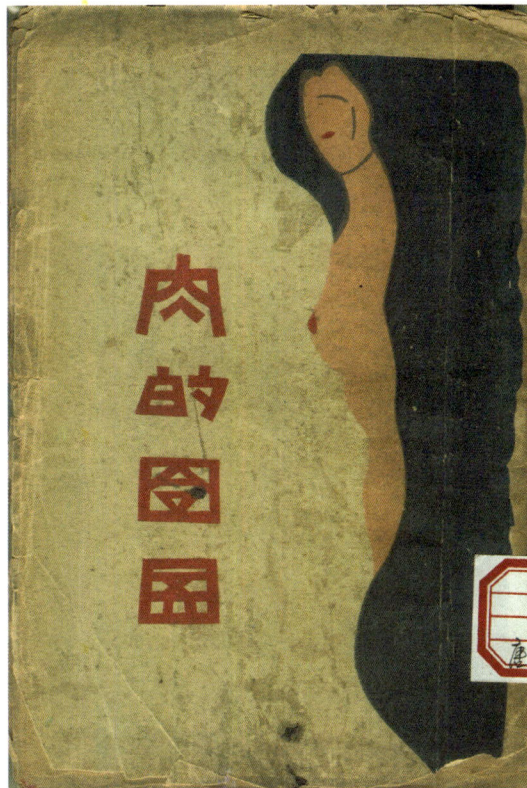

肉的图圃
初版本封面（19.9厘米×13.8厘米）

小说。【法】Segur著。金炉译。民国十九年（1930）十一月出版。大光书店发行。上海印刷所承印。

馆藏大光书店1930年11月初版，见唐弢文库。

初版本无序跋。作品共有51章。

肉与死
初版本封面（21.2厘米×12.2厘米）

如此如此
初版本封面（19厘米×13.2厘米）

　　原名《阿弗洛狄德》。小说。【法】边勒路意著。病夫、虚白译。1929年6月10日出版，印2020册。上海真美善书店发行。

　　馆藏真美善书店1929年6月初版，见唐弢文库。

　　初版本卷首有病夫《代序》，卷末有病夫《阿弗洛狄德（娭娱丝）的考索》、《葛尔孟的批评》、病夫《后记》。作品有第一卷7章、第二卷7章、第三卷6章、第四卷5章、第五卷5章，共30章。

　　童话集。【英】吉卜林著。张友松译。1929年11月初版，印2000册。上海开明书店出版。《世界少年文学丛刊·童话》之六。

　　馆藏开明书店1929年11月初版，见严文井文库。

　　初版本卷首有世界少年文学丛刊编者《付印题记》。正文收《鲸鱼的喉咙是怎么长成的》、《骆驼的驼背是怎么长成的》、《犀牛的皮是怎么长成的》、《豹子皮上的斑纹是怎么来的》、《象儿子》、《犰狳是什么东西变成的》、《最初的一封信是怎么写的》、《拿海作游戏的盘蟹》、《独自行走的猫》、《蝴蝶顿脚的故事》共10篇。

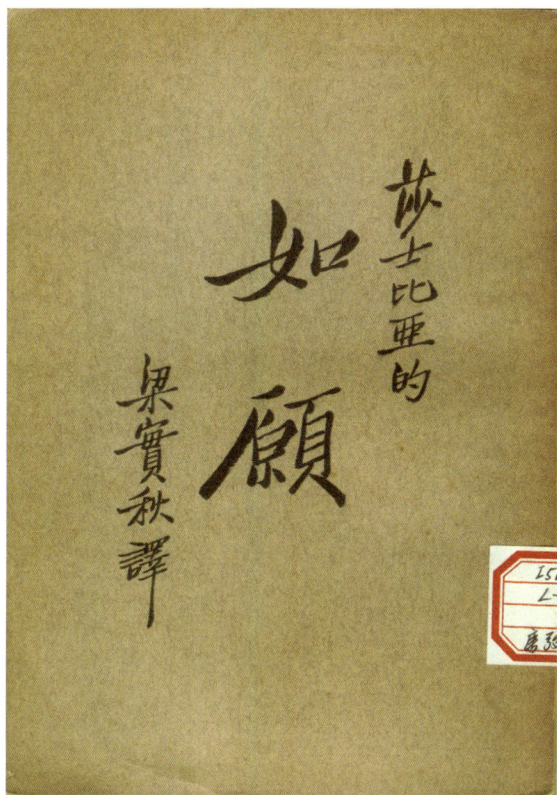

如 愿
初版本封面（21.1厘米×15.3厘米）

　　戏剧。【英】莎士比亚著。梁实秋译。民国
二十五年（1936）七月初版。中华教育文化基金董事
会编译委员会编辑。上海商务印书馆印行。

　　馆藏商务印书馆1936年7月初版，见唐弢文库、王
辛笛文库、图书大库。

　　初版本卷首有《序》（译者）、《例言》（译
者）。作品共有5幕。

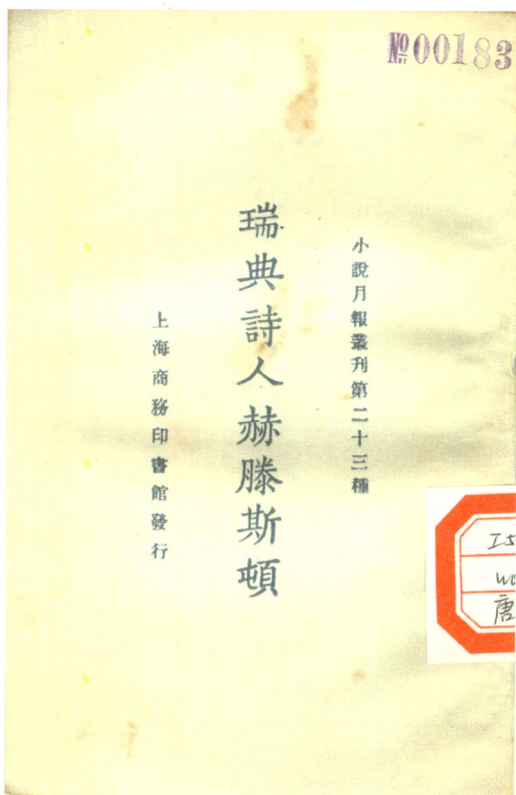

瑞典诗人赫滕斯顿
初版本封面（14.9厘米×10.1厘米）

　　诗歌集。赫滕斯顿著。沈泽民译。民国十四年
（1925）一月初版。上海商务印书馆印行。小说月报
社编辑《小说月报丛刊》之二十三。

　　馆藏商务印书馆1925年1月初版，见唐弢文库、图
书大库。

　　初版本卷首有泽民《瑞典现代大诗人赫滕斯
顿》。正文收《没有恒心的人》、《记事二则》、
《无名与不朽》、《孤寂时的思想》、《一个男子的
临终语》、《睡着的姊姊》、《最难行的路》、《孤
独地在湖边》、《月光》、《我的生命》、《翻船
遇难的人》、《在火的围绕中祷告》、《珍宝》共13
篇。

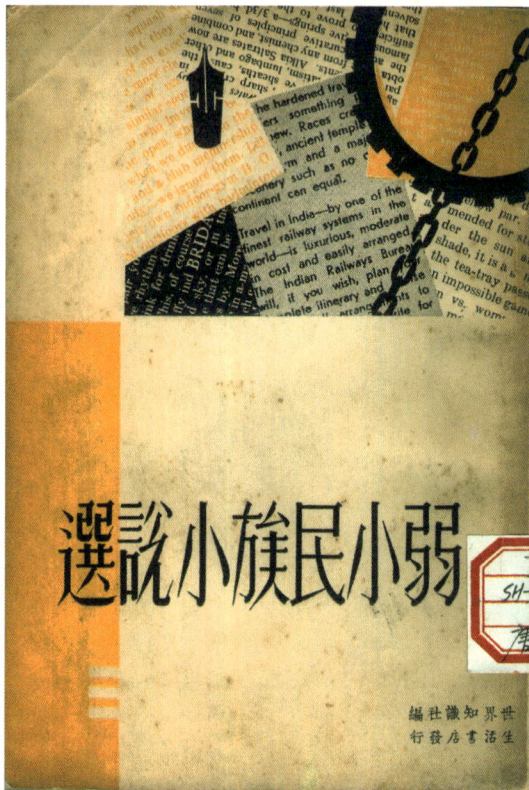

弱小民族小说选
初版本封面（18.7厘米×13.1厘米）

【捷】加伯克等著。黎烈文等译。民国二十五年
（1936）五月初版。上海生活书店发行。生活印刷所
印刷。世界知识社编辑《世界知识丛书》之二。

馆藏生活书店1936年5月初版、1948年5月胜利后
一版（书名为《期待之岛》），见唐弢文库、胡风文
库、图书大库。

初版本无序跋。内收《耍蛇人的女儿》、《凯
尔凯勃》、《耶奴郎斯之死》、《送报伕》、《山
灵》、《一撮盐》、《水牛》、《大赦》、《期待之
岛》、《一个希腊兵士的日记》、《成年》、《盎塔
拉的死》共12篇。

撒旦的悲哀
初版本封面（18.5厘米×12.7厘米）

萨尔蒂可夫寓言
初版本封面（18厘米×12.7厘米）

　　戏剧。【匈】柯曼地著。朱梅隽译。民国三十三年（1944）五月初版。重庆独立出版社印行。重庆正中书局、重庆中国文化服务社经售。

　　馆藏独立出版社1944年5月初版，见唐弢文库。

　　初版本卷首有李长之《序》。作品共有3幕。

　　小说寓言集。【俄】萨尔蒂可夫·锡且特林著。蒋天佐译。民国三十六年（1947）五月初版，印1500册。海燕书店出版。上海群海联合发行所总经售。

　　馆藏海燕书店1947年5月初版，见唐弢文库、郭小川文库、胡风文库。

　　初版本卷末附有V.伏罗霍夫斯基《关于锡且特林·萨尔蒂可夫》、天佐《译者附言》。正文收《喜欢推理的野兔》、《非常聪明的鲹鱼》、《良心丢了》、《一场无聊的对话》、《说谎的大主笔和忠厚的读者》、《老马》、《一个农奴怎样喂养两位官老爷》、《理想主义者的鲫鱼》、《一个村子的火灾》共9篇。

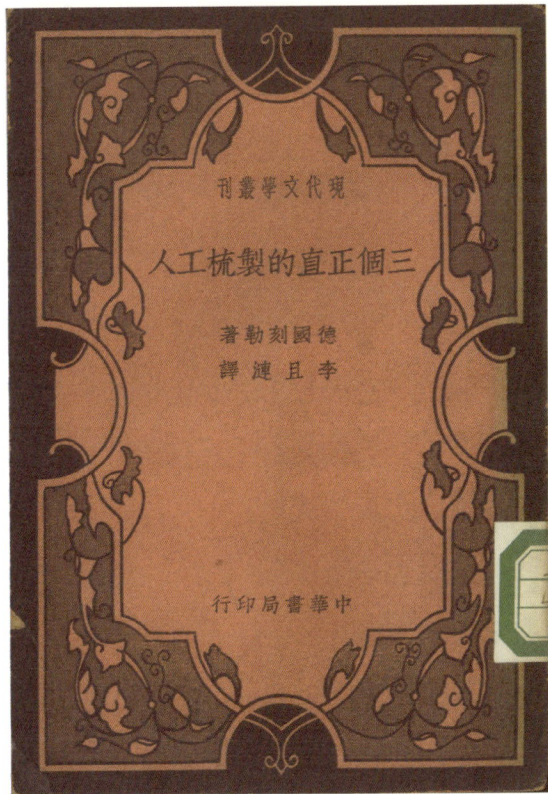

三个正直的制梳工人
初版本封面（18.6厘米×13.1厘米）

小说集。【德】刻勒、李尔著。李且涟译。民国二十四年（1935）八月印刷、发行。上海中华书局印行。《现代文学丛刊》之一种。

馆藏中华书局1935年8月初版、1940年11月二版，见艾芜文库、图书大库。

初版本卷首有秋白《序》。正文收《三个正直的制梳工人》、《沉默的议员》共2篇。

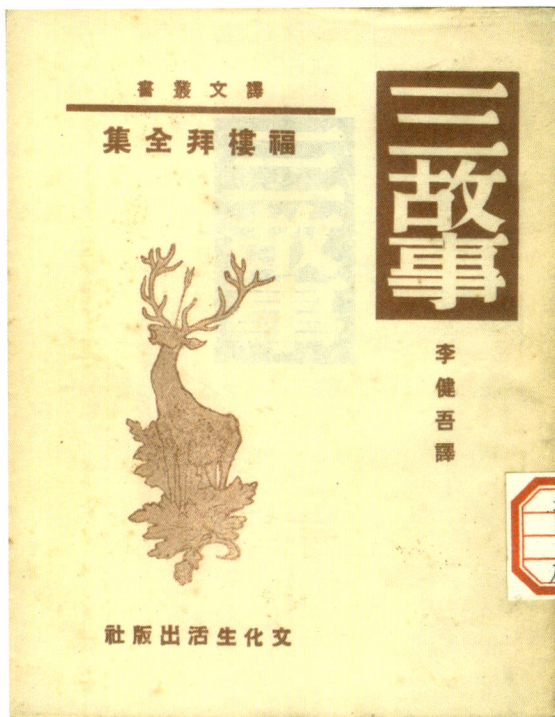

三故事
初版本封面（18.3厘米×14.8厘米）

小说集。【法】福楼拜著。李健吾译。民国三十八年（1949）七月初版。文化生活出版社印行。《福楼拜全集》、《译文丛书》之一种。

馆藏文化生活出版社1949年7月初版，见唐弢文库、图书大库。

初版本卷首有《福楼拜小说集译序》、【法】喀罗丽娜·高蒙维勒《亲密的回忆》、《译者序》，卷末附有福楼拜《路易·布耶〈遗诗〉序》。正文收《慈悲·圣·朱莲的传说》、《一颗简单的心》、《希罗底》共3篇。

三名刺
初版本封面（15厘米×11.1厘米）

　　小说。【英】葛威廉著。商务印书馆编译所译。光绪三十三年（1907）六月初版。上海商务印书馆印行。《袖珍小说》之一种。

　　馆藏商务印书馆1907年（农历）6月初版，见唐弢文库。

　　初版本无序跋。作品共有8章。

三　人
初版本封面（18.7厘米×12.8厘米）

　　小说。【苏】高尔基著。黄源译。民国二十七年（1938）八月初版。生活书店发行。生活印刷所印刷。

　　馆藏生活书店1938年8月初版、1946年12月胜利后一版，文学出版社1943年7月桂初版，见唐弢文库、孔罗荪文库、图书大库。

　　初版本无序跋。作品共有31章。

三四郎
初版本封面（18.5厘米×13.1厘米）

小说。【日】夏目漱石著。崔万秋译。民国二十四年（1935）二月印刷、发行。上海中华书局印行。《现代文学丛刊》之一种。

馆藏中华书局1935年2月初版，见图书大库。

初版本卷首有崔万秋《译者序》。作品共有13章。

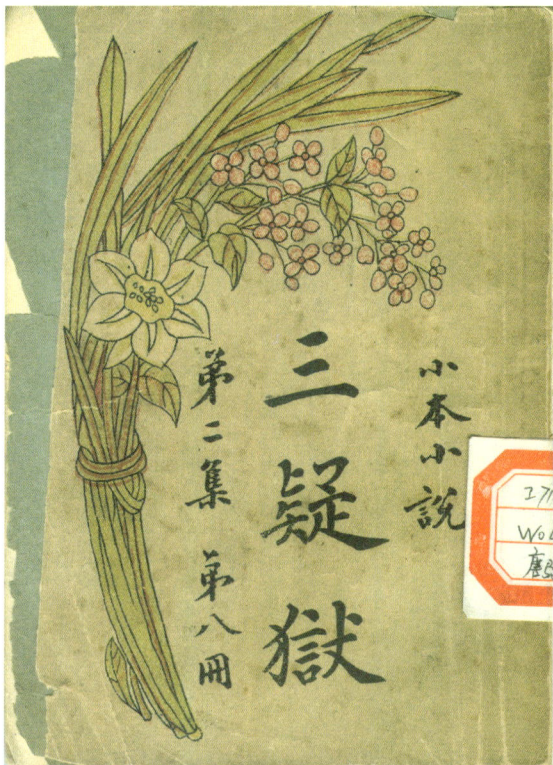

三疑狱
初版本封面（14.7厘米×11厘米）

小说。著者不详。童子、少年译。光绪丁未（1907）十一月初版、发行。上海小说林社印行。苏州宏林书局、常熟海虞图书馆分发行。小说林社编辑《小本小说》第二集之八。

馆藏小说林社1907年（农历）11月初版，见唐弢文库。

初版本无序跋。作品共有15章。

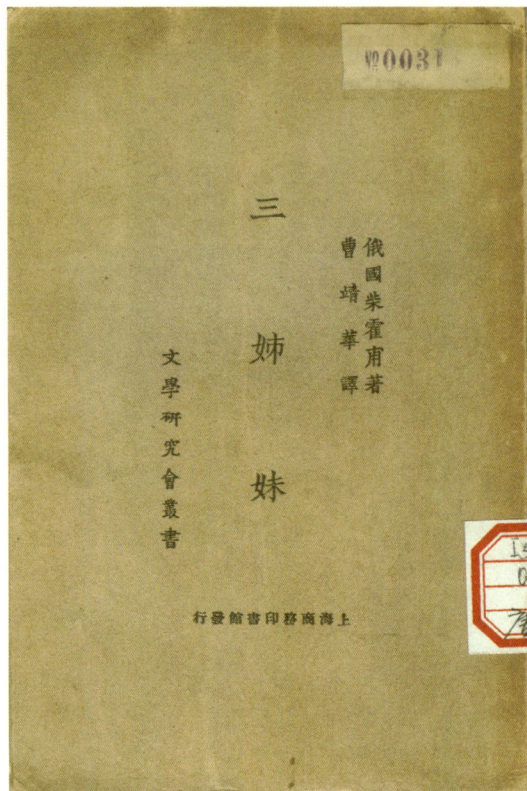

三姊妹
初版本封面（19厘米×13厘米）

三姊妹
初版本封面（18.1厘米×12.9厘米）

　　戏剧。【俄】柴霍甫著。曹靖华译。民国十四年（1925）八月初版。上海商务印书馆印行。《文学研究会丛书》之一种。

　　馆藏商务印书馆1925年8月初版、同年某月版（版权页缺失）、1932年11月国难后一版，文化生活出版社（著者译名为"契诃夫"）1945年3月渝初版、1946年11月初版、1949年2月二版，见唐弢文库、巴金文库、管桦文库、刘麟文库、藏克家文库、阳翰笙文库。

　　商务印书馆初版本卷末附有靖华《柴霍甫评传》。作品共有4幕。

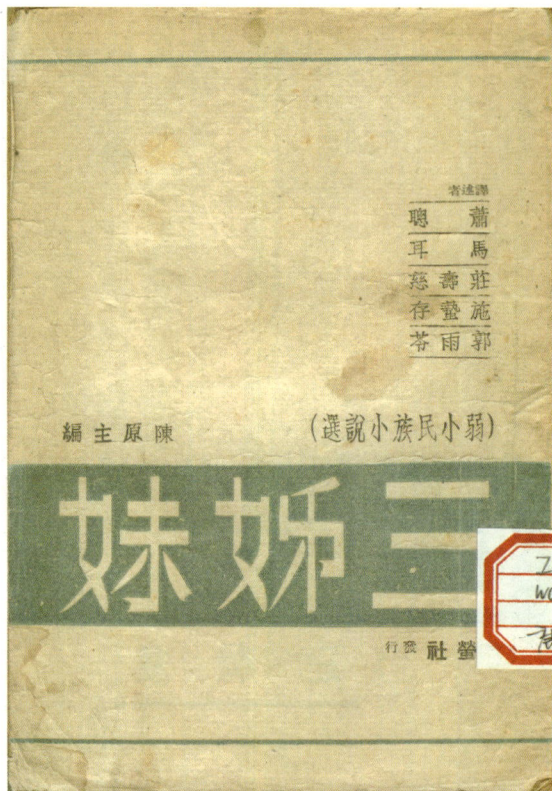

　　小说集。【匈】J.海尔泰等著。萧聪等译。民国三十一年（1942）十一月十五日初版。桂林萤社发行。桂林标准活版纸型所印刷。陈原主编《弱小民族小说选》之一种。

　　馆藏萤社1942年11月初版，见唐弢文库。

　　初版本卷末有陈原《后记》。正文收《三姊妹》、《杜塔拉树》、《圣诞节前夜在荷密加·罗卡》、《牧师刘易士先生》、《缄默者彭齐》、《强盗西比尔》、《离婚》共7篇。

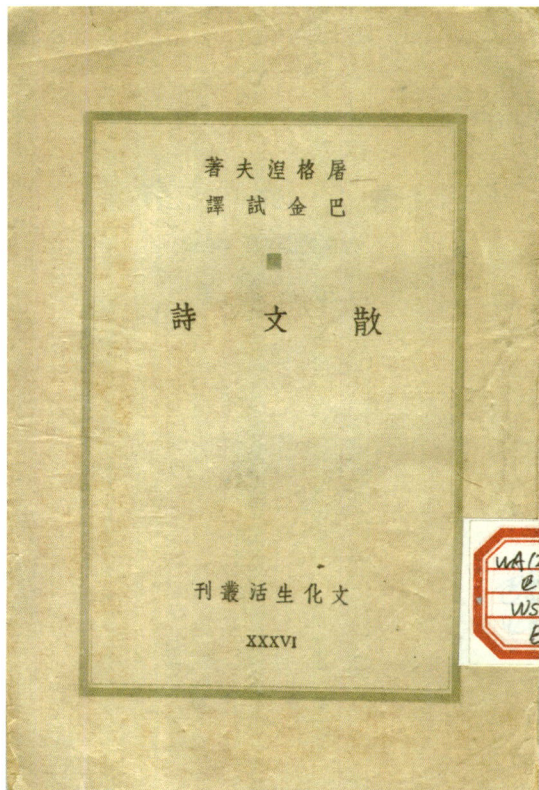

散文诗
初版本封面（18.2厘米×12.6厘米）

散文诗选（上、下）
上册初版本封面（19厘米×10.7厘米）

　　【俄】屠格涅夫著。巴金译。民国三十四年（1945）五月初版。文化生活出版社发行。军事委员会政治部印刷厂印刷。巴金主编《文化生活丛刊》之三十六。

　　馆藏文化生活出版社1945年5月初版、同年12月上海二版、1946年9月上海二版、1947年6月上海三版、1949年1月上海四版，见唐弢文库、巴金文库、薛汕文库、图书大库。

　　初版本卷末有巴金《后记》，内云："屠格涅夫的散文诗最初在《欧洲的使者》上发表时共五十首。总名原是Sanilia一字，是拉丁文'衰老'的意思。后来《欧洲的使者》的编辑Stasulivitch得到作者的同意改用了《散文诗》的题名，沿用至今，本名反为人忘却了。"

　　初版本收《田野》、《对话》、《老妇》、《狗》、《我的敌人》、《乞丐》、《愚人的裁判》、《得意的人》、《处世的方法》、《世界的末日》、《马霞》、《愚人》、《一个东方的传说》、《两节诗》、《麻雀》等51篇。

　　【法】波德莱尔著。石民译。1931年3月初版，印3000部。上海北新书局印行。《英文小丛书》之一种。

　　馆藏北新书局1931年3月初版，见薛汕文库。

　　本书为中英文对照。初版本上册卷首有《小引》（译者）。全书正文收《外方人》、《老妇人之失望》、《戏谑者》、《疯人与维娜丝》、《狗与瓶》、《倒霉的玻璃匠》、《早上一点钟》、《老浪人》、《糕》、《时计》、《穷孩子的玩具》、《仙女们的礼物》、《伪币》、《宿缘》、《醉》等22篇。

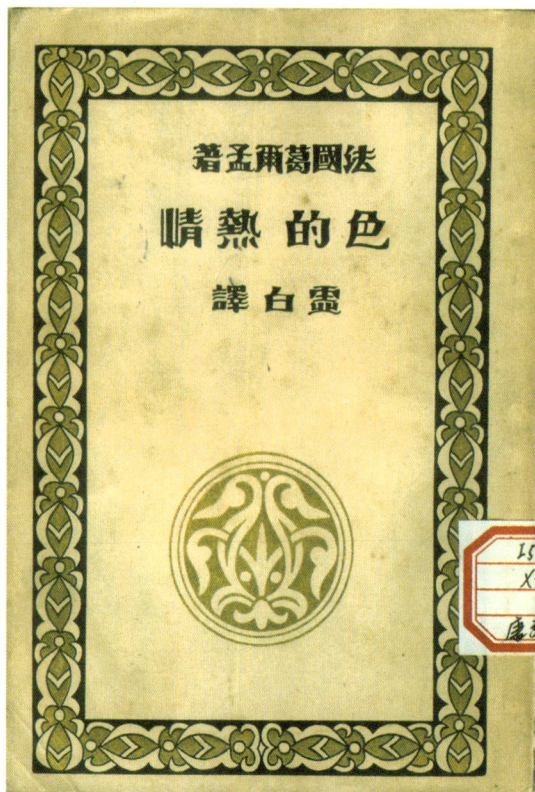

色的热情
初版本封面（18.5厘米×13厘米）

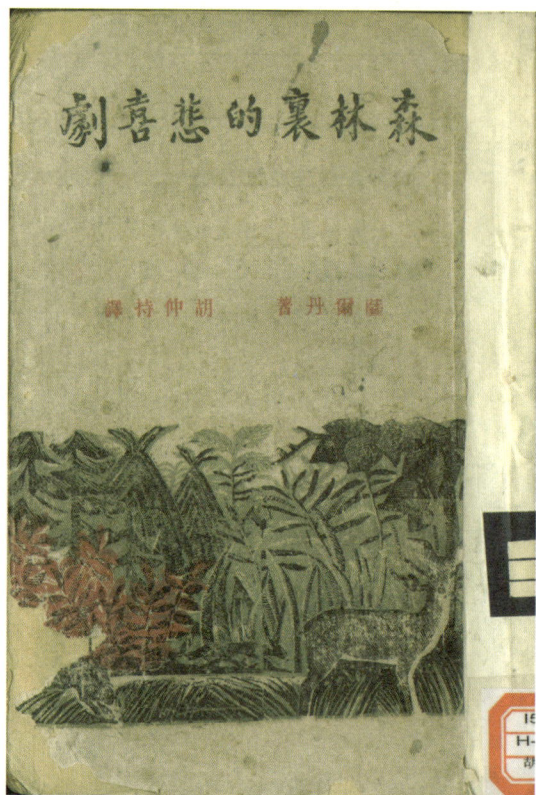

森林里的悲喜剧
初版本封面（18.2厘米×12.8厘米）

　　小说戏剧集。【法】葛尔孟著。虚白译。民国十七年（1928）八月二十日付印，九月三十日出版，印1500册。上海真美善书店发行。上海国光印书局承印。

　　馆藏真美善书店1928年9月初版，见唐弢文库。

　　初版本卷首有葛尔孟《原叙》、《小序》（译者）。正文收《黄》、《黑》、《白》、《蓝》、《紫罗兰》、《红》、《赤紫》、《玫瑰》、《紫》、《血牙》、《丁香》、《橙黄》共12篇。

　　原名《宝麒》。童话。【英】萨尔丹著。胡仲持译。民国三十一年（1942）十月初版。重庆大时代书局发行。大时代印刷所印刷。《大时代儿童丛书》之一种。

　　馆藏大时代书局1942年10月初版，见胡风文库。

　　初版本卷首有胡仲持《代序——忆爱罗先珂》、【英】约翰·高尔斯华绥《前记》，卷末有胡仲持《编校后记》。作品共有25章。

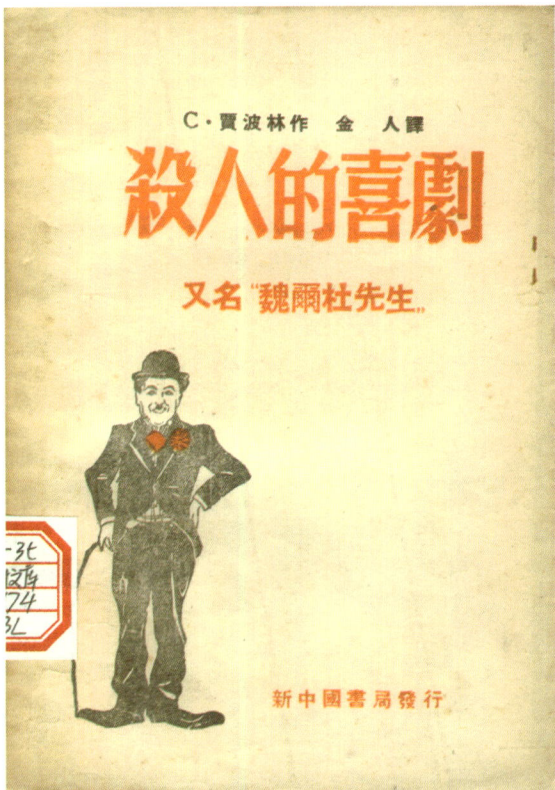

杀人的喜剧
初版本封面（18.1厘米×13厘米）

杀 艳
初版本封面（17.4厘米×12.5厘米）

又名《魏尔杜先生》。电影剧本。【美】却利·贾波林著。金人译。1949年4月长春印造、初版、发行，印10000册。新中国书局印行。

馆藏新中国书局1949年4月初版，见唐弢文库、苗培时文库。

初版本卷末有O.库尔冈诺夫《却利·贾波林的〈魏尔杜先生〉（代后记）》。作品不分场次。

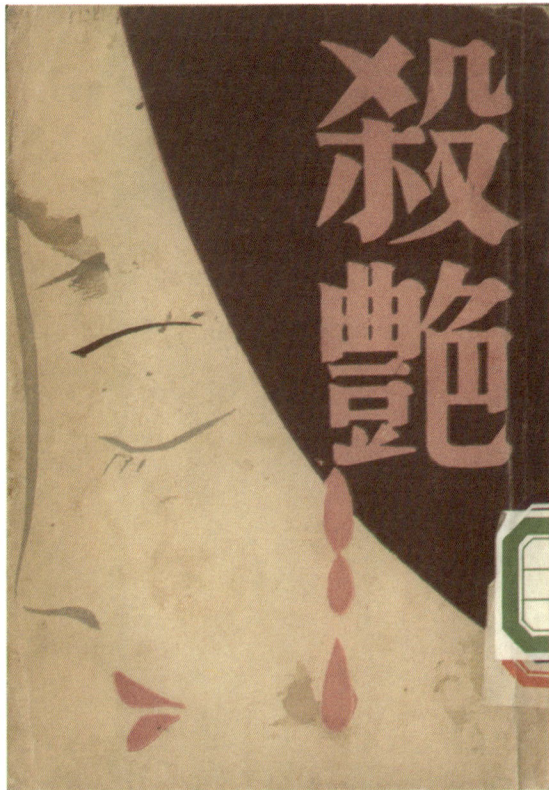

小说集。【日】谷崎润一郎著。章克标译。1930年3月初版，印1500册。上海水沫书店印行。

馆藏水沫书店1930年3月初版，见唐弢文库、图书大库。

初版本无序跋。内收《杀艳》、《萝洞先生》共2篇。

沙多霞
初版本封面（15厘米×10.4厘米）

沙弗
初版本封面（18.7厘米×13厘米）

诗歌集。【苏】江布尔等著。黄药眠译。民国三十三年（1944）六月初版。峨嵋出版社印行。

馆藏峨嵋出版社1944年6月初版，见唐弢文库。

本书为《苏联抗战诗歌选》。初版本卷末有译者《译后记》。正文收《给莫斯科》、《告别》、《誓》、《沙多霞》、《十二月》、《苏维埃的轰炸机》、《我们都到海上去》、《血》、《我们回来了！》、《游击队爹爹》、《司机》、《德明之歌》、《子弹打向敌人》共13篇，另附旧俄时代诗歌译作4篇。

小说。【法】都德著。王了一译。1931年4月初版。上海开明书店出版、发行。美成印刷所印刷。

馆藏开明书店1931年4月初版、1947年4月二版，见唐弢文库、李辉英文库、图书大库。

初版本卷首有《都德小传》。作品共有15章。

沙恭达罗
初版本封面（18.6厘米×13厘米）

沙利沙女王小纪（上、下）
初版本封面（19厘米×13.1厘米）

戏剧。【印】迦梨陀娑著。王维克译。民国二十二年（1933）四月印刷、出版。上海世界书局印行。

馆藏世界书局1933年4月初版，见唐弢文库。

初版本卷首有柳亚子《读王维克〈沙恭达罗〉译本》、苏曼殊《代序》、【德】Goethe《Sakontala》（苏曼殊译），卷末有王维克《译后杂记》。《代序》云："沙恭达罗（Sakountalâ）者，印度先圣毗舍密多罗（Visvamitra）女，庄艳绝伦。后此诗圣迦梨陀娑（Kalidasa）作《沙恭达罗》剧曲，纪无能胜王（Douchmanta）与沙恭达罗恋慕事，百灵光怪。"

初版本共有7幕。

小说。【英】伯明罕著。林纾、毛文钟译。民国十年（1921）十一月初版。上海商务印书馆印行。四集本《说部丛书》第四集之十六。

馆藏商务印书馆1921年11月初版，见王辛笛文库。

初版本无序跋。作品有卷上、下各13章，共26章。

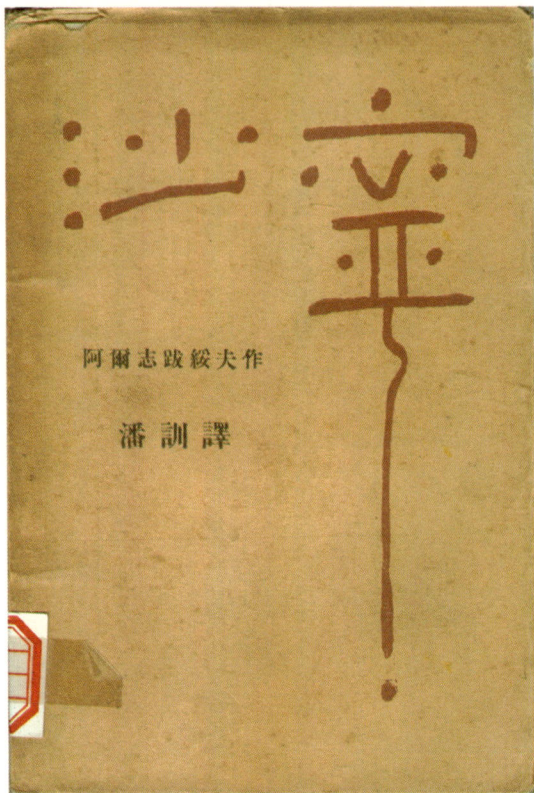

沙 宁
初版本封面（20.1厘米×14.1厘米）

小说。【俄】阿尔志跋绥夫著。潘训译。1930年1月付排，2月出版，印2000册。上海光华书局印行。蓬子、徐霞村、杜衡主编《欧罗巴文艺丛书》之一种。

馆藏光华书局1930年2月初版、大光书局1937年1月四版，见唐弢文库、巴金文库、图书大库。

初版本卷首有译者《序》。作品共有44章。

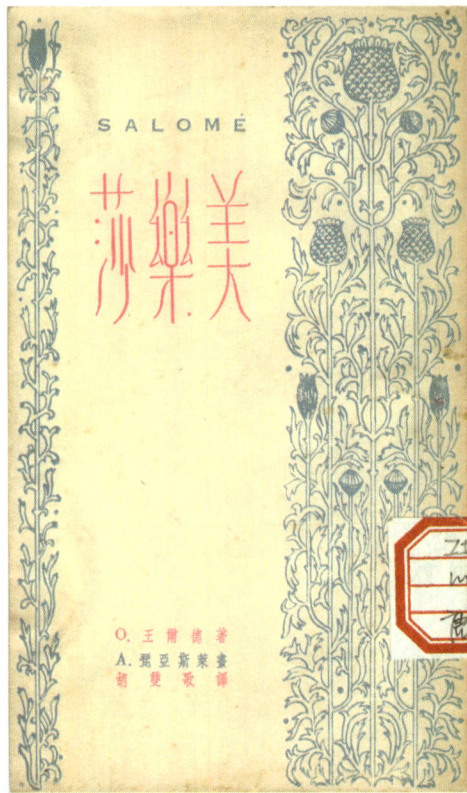

莎乐美
初版本封面（17.3厘米×10.4厘米）

戏剧。【英】O.王尔德著。胡双歌译。1946年6月初版，印2000册。上海星群出版公司印行。

馆藏星群出版公司1946年6月初版，见唐弢文库。

初版本卷末有译者《译后记》。作品为独幕剧。

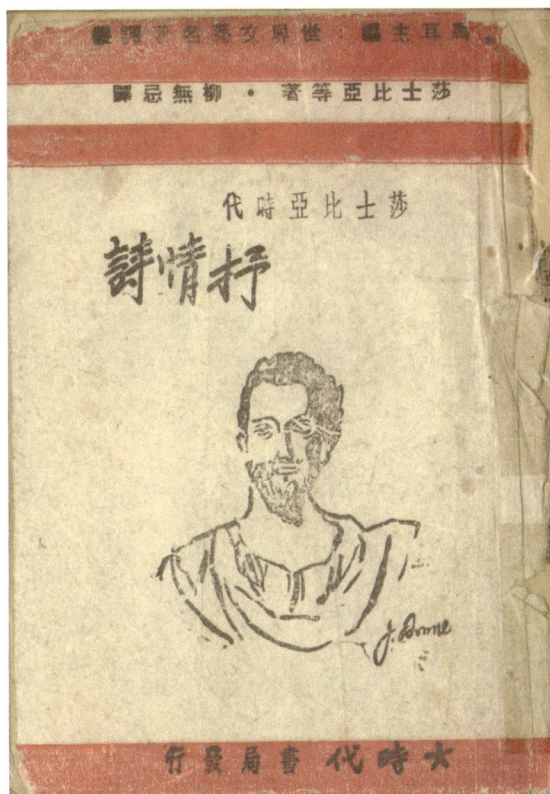

莎士比亚时代抒情诗
初版本封面（18.1厘米×12.9厘米）

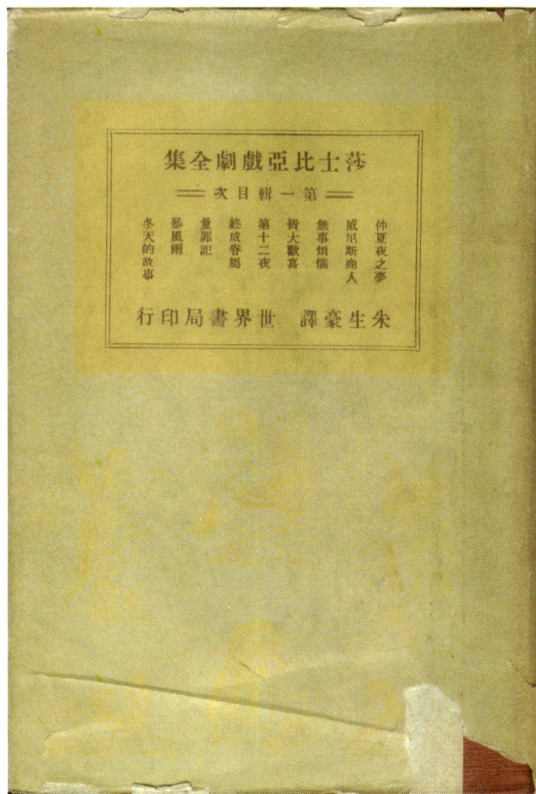

莎士比亚戏剧全集（一至三）
初版本封面（19.1厘米×13.1厘米）

　　【英】莎士比亚等著。柳无忌译。民国三十一年（1942）八月初版。大时代书局出版、发行。大时代印刷所印刷。马耳主编《世界文艺（扉页为"文学"）名著译丛》之一。

　　馆藏大时代书局1942年8月初版、1947年5月沪一版，见王辛笛文库、薛汕文库。

　　初版本卷首有《绪言》（译者），卷末有《作者索引》。正文收《热情的牧童赠爱人歌》、《爱神和我的女郎》、《歌——把两心相换》、《他的情人的残忍》、《黄金的发结》、《在绿荫的树底》、《号鸣，朔风呀号鸣》、《这是情郎伴着情女》、《为欢当及时》、《爱情的丧歌》、《取去呀，取去那对唇樱》、《爱情》、《当失宠于人类与幸福的眼中》、《我可否将你比作灿烂的长夏》、《赠茜丽亚》等47篇。

　　【英】莎士比亚著。朱生豪译。民国三十六年（1947）四月出版。世界书局印行。

　　馆藏世界书局1947年4月初版、1949年4月二版，见唐弢文库、侯金镜文库、罗烽·白朗文库、秦兆阳文库、周扬文库、阳翰笙文库。

　　初版本第一（二、三）辑卷首有生豪《译者自序》、清如《译者介绍》、《莎翁年谱》、生豪《第一（二、三）辑提要》。全书正文收《仲夏夜之梦》、《威尼斯商人》、《无事烦恼》、《皆大欢喜》、《第十二夜》、《终成眷属》、《量罪记》、《暴风雨》、《冬天的故事》、《罗密欧与朱丽叶》、《汉姆莱脱》、《奥瑟罗》、《李尔王》、《麦克佩斯》、《英雄叛国记》等27篇。

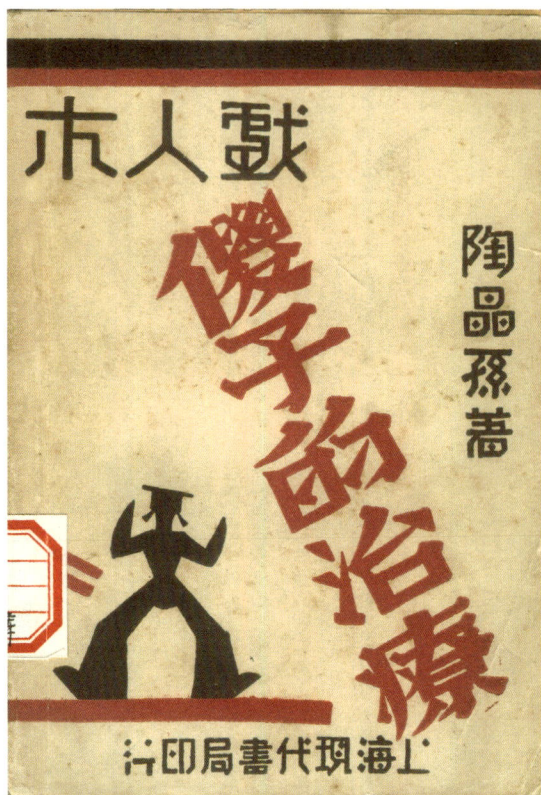

傻子的治疗
初版本封面（17.9厘米×12.7厘米）

戏剧集。【日】村山知义等著。陶晶孙著、译。1930年7月1日付排，8月1日出版，印1500册。上海现代书局印行。

馆藏现代书局1930年8月初版，见唐弢文库、图书大库。

初版本卷首有郑伯奇《武器的"木人戏"》、《木人戏》（著译者）。正文除汉语创作2篇外收《运货便车》、《傻子的治疗》、《毕竟是奴隶罢了》、《动物革命》、《梅资杂来姆》、《谁最蠢》共6篇译作。

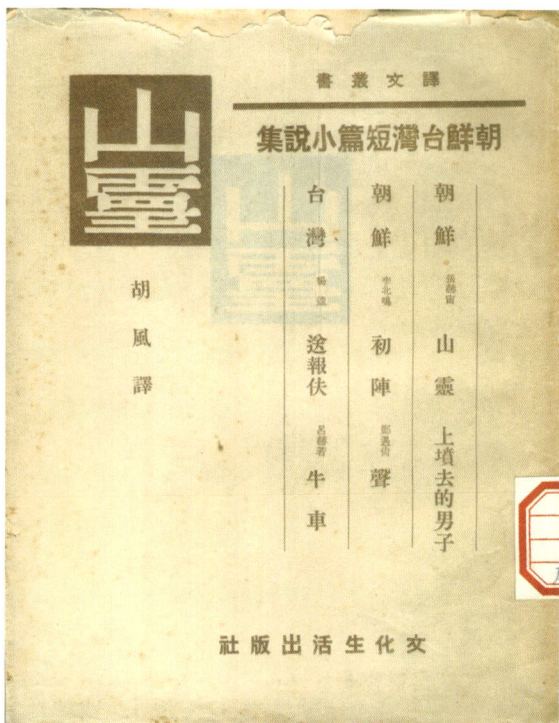

山 灵
初版本封面（19厘米×15.2厘米）

小说集。【朝】张赫宙等著。胡风译。民国二十五年（1936）四月初版。上海文化生活出版社出版、发行。上海三一印刷公司印刷。开明书店特约经售。黄源主编《译文丛书》之一种。

馆藏文化生活出版社1936年4月初版、同年5月二版、1945年5月渝一版、1948年10月沪三版，见唐弢文库、巴金文库、康濯文库、图书大库。

本书为《朝鲜台湾短篇小说集》。初版本卷首有胡风《序》，内云："朝鲜底新文学运动比中国底要早十年，不但产出了许多新旧的作家，而且还形成了几种不同的流派，台湾底文学运动虽然较弱而且后起，但在日报文艺栏和期刊上用中国白话文和日文写作的作家也不在少数。但可惜我既不懂朝鲜文，台湾方面底材料又不能够得到，只有留心从日本出版物里面搜集，那结果是这么几篇的收获。"

初版本收《山灵》、《上坟去的男子》、《初阵》、《声》、《送报佚》、《牛车》6篇，附《薄命》1篇，共7篇。

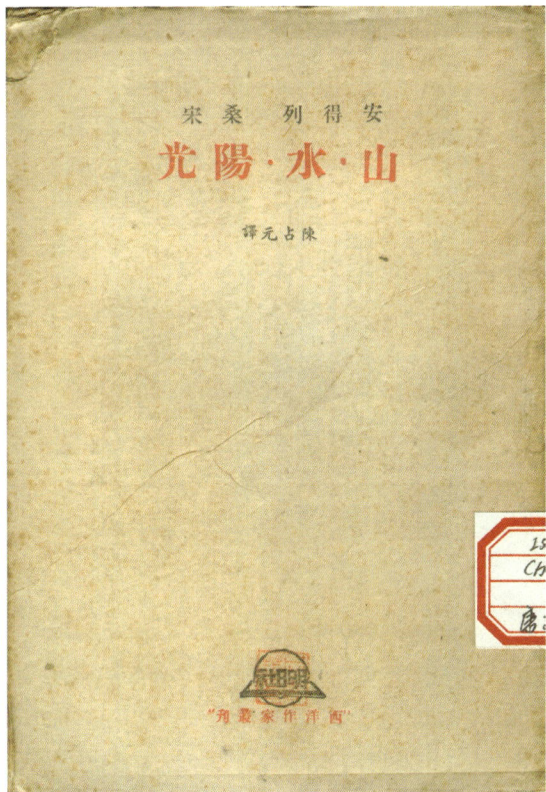

山·水·阳光
初版本封面（18.5厘米×13.1厘米）

小说集。【法】安得列·桑宋著。陈占元译。民国三十一年（1942）三月发行，印3000册。明日社出版、发行。桂林绍荣印刷厂承印。《西洋作家丛刊》之一种。

馆藏明日社1942年3月初版，见唐弢文库。

初版本卷首有《艾谷亚儿》（著者）。正文收《字的力量》、《敌人》、《白的兽物》、《陌生女人》共4篇。

珊拿的邪教徒
初版本封面（18.7厘米×13.2厘米）

小说。【德】霍布门著。王实味译。民国十九年（1930）四月印刷、发行。上海中华书局印行。徐志摩主编《新文艺丛书》之一种。

馆藏中华书局1930年4月初版，见唐弢文库、许杰文库。

初版本卷首有《译者序》。作品不标章次。

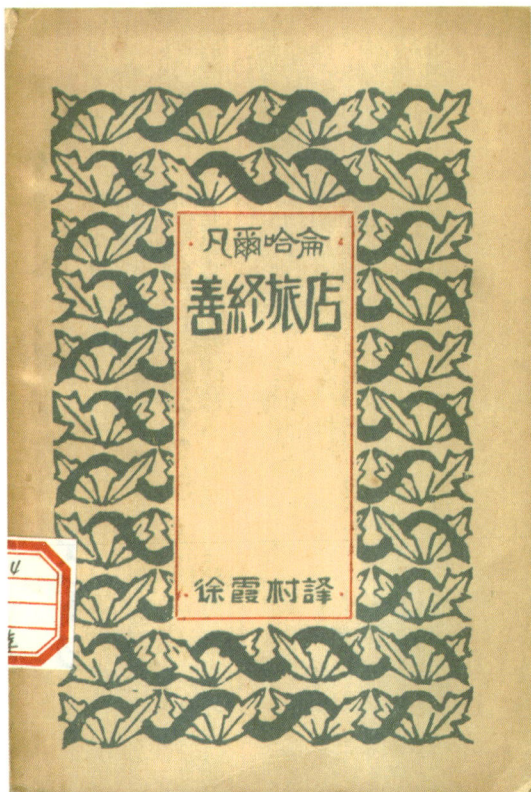

善终旅店
初版本封面（18.9厘米×13.2厘米）

商船"坚决号"
初版本封面（17.6厘米×12.7厘米）

　　小说集。【比】爱米尔·凡尔哈仑著。徐霞村译。1929年7月初版，印1500册。上海水沫书店发行。

　　馆藏水沫书店1929年7月初版，见唐弢文库、图书大库。

　　初版本卷首有《关于爱米尔·凡尔哈仑》（译者）。正文收《善终旅店》、《村中》、《奥普多普的马市》、《三朋友》、《一夜》共5篇。

　　戏剧。【法】维勒特拉克（扉页作"维勒得拉克"）著。穆木天译。1928年7月1日付印，10月15日初版，印1500册。上海创造社出版部印行。创造社《世界名著选》之十二。

　　馆藏创造社1928年10月初版，见唐弢文库、田仲济文库、图书大库。

　　初版本无序跋。作品共有3幕。

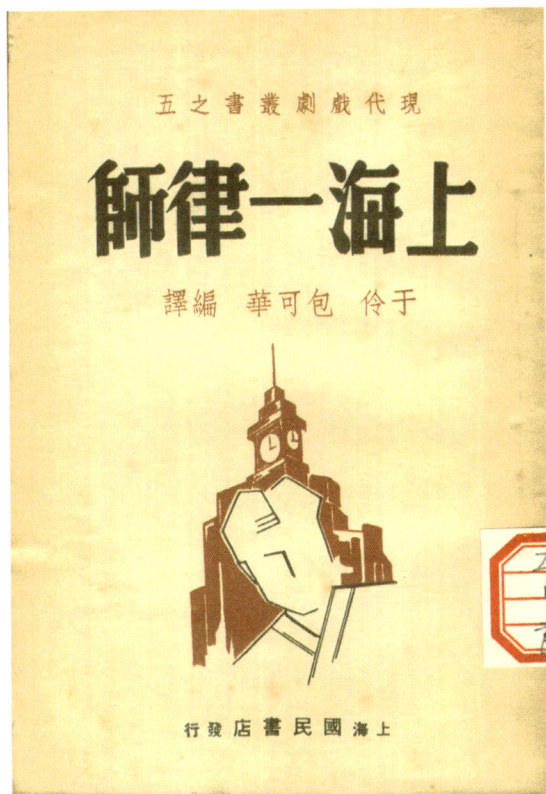

上海一律师
初版本封面（18.4厘米×12.9厘米）

上尉的女儿
初版本封面（18.4厘米×14.7厘米）

戏剧。【美】E.L.Rice著。于伶、包可华编译。民国二十八年（1939）十月出版。现代戏剧出版社出版。上海国民书店发行。《现代戏剧丛书》之五。

馆藏现代戏剧出版社1939年10月初版，见唐弢文库。

初版本卷末有于伶《〈上海一律师〉后记》。作品共有3幕。

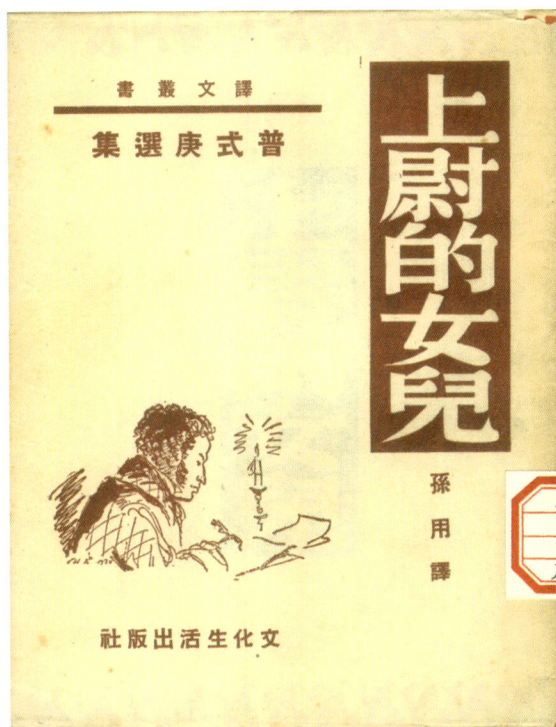

小说。【俄】普式庚著。孙用译。民国三十六年（1947）四月初版。文化生活出版社出版、发行。文化生活印刷所印刷。《普式庚选集》之三，《译文丛书》之一种。

馆藏文化生活出版社1947年4月初版，见唐弢文库、巴金文库、图书大库。

初版本卷首有M.希特洛芙斯加亚《世界语译本序》，卷末有转译者（孙用）《后记》。作品除《附录》外共有14章。

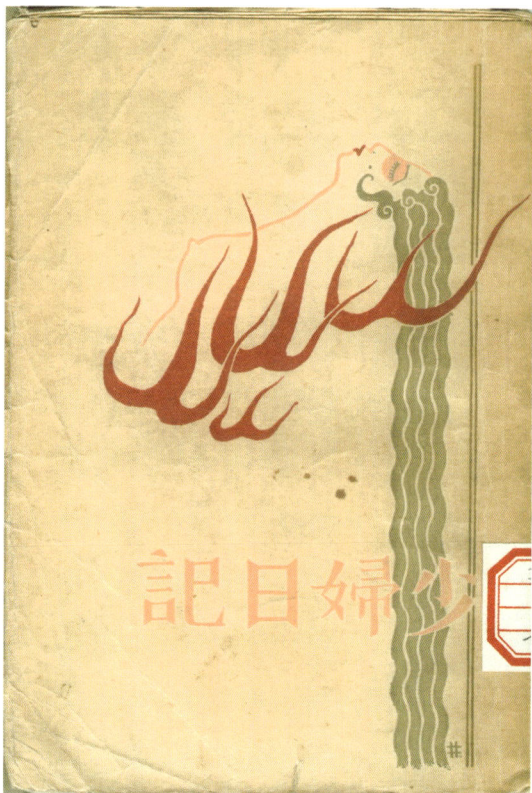

少妇日记
初版本封面（19.6厘米×14.2厘米）

　　原名《一个时髦的少妇从一七六四年到一七六五年的日记》。小说。【爱尔兰】娜克丝著。章铁民译。民国十八年（1929）二月付排，五月初版，印4000册。上海北新书局印行。

　　馆藏北新书局1929年5月初版，见唐弢文库、图书大库。

　　初版本卷首有铁民《译者序》、亚力山大·白雷客·客尔《原序》，卷末有《附记》。作品共有8章。

少　年（上、下）
初版本封面（17.1厘米×12.5厘米）

　　小说。【俄】陀司妥也夫斯基著。耿济之译。民国三十七年（1948）四月初版。上海开明书店印行。

　　馆藏开明书店1948年4月初版，见唐弢文库、汝龙文库、图书大库。

　　初版本无序跋。作品有第一卷10章、第二卷9章、第三卷13章，共32章。

少年时代
初版本封面（17.4厘米×11.6厘米）

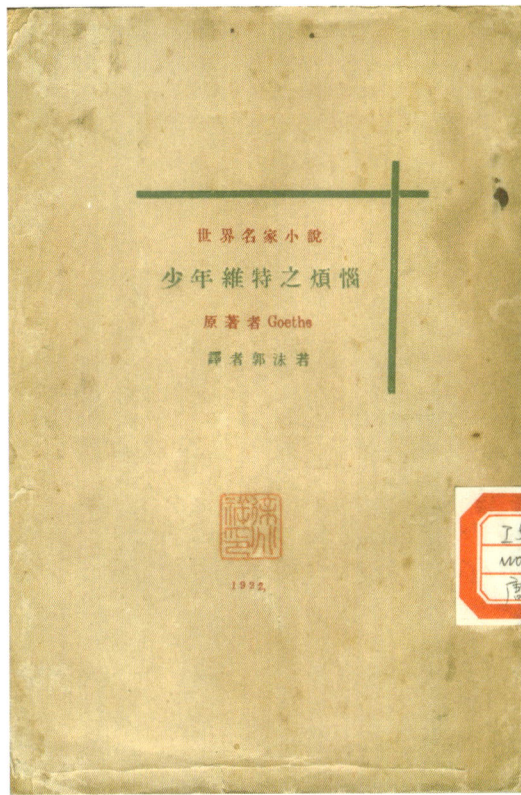

少年维特之烦恼
泰东图书局初版本封面（18.7厘米×12.9厘米）

回忆录。【俄】L.托尔斯泰著。蒋路译。民国三十八年（1949）三月初版。文化供应社印行。《少年文库》之一种。

馆藏文化供应社1949年3月初版，见图书大库。

初版本卷末有蒋路《后记》。作品共有27章。

小说。【德】歌德著。郭沫若译。民国十一年（1922）四月十日初版。上海泰东图书局印行。重庆唯一书局特约代售。创造社编辑《世界名家小说》之二。

馆藏泰东图书局1922年4月初版、1928年3月改订十版、同年9月十一版，创造社1926年6月增订初版、1927年5月三版、同年10月四版、1928年5月六版、联合书店1930年5月七版、同年8月八版、现代书局1932年10月十版、1934年8月十二版，同化印书馆1942年8月初版，群益出版社1947年3月沪初版，见唐弢文库、端木蕻良文库、图书大库。

泰东图书局初版本卷首有郭沫若《序》。作品共有2篇（章）。

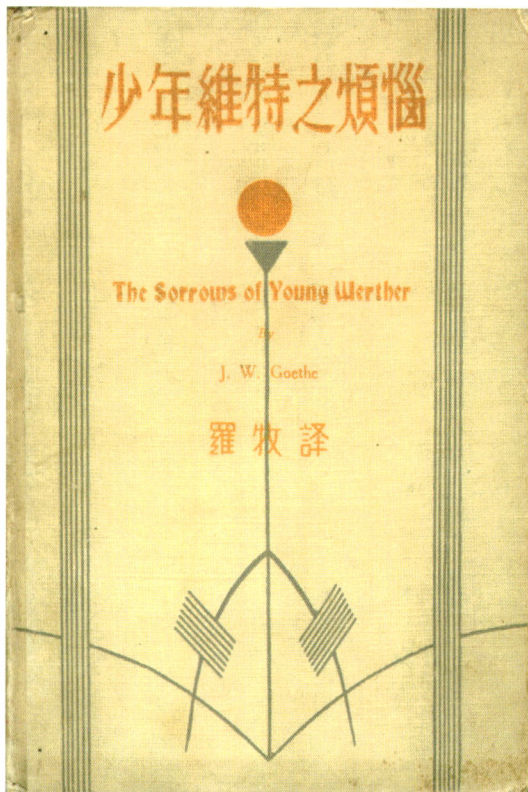

少年维特之烦恼
初版本封面（19.1厘米×13.3厘米）

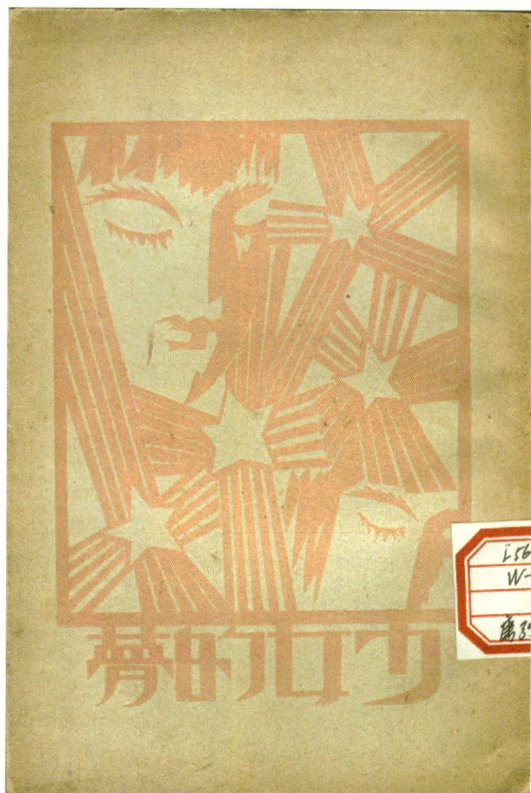

少女的梦
初版本封面（18.8厘米×13厘米）

小说。【德】哥德著。罗牧译。1931年7月付排，9月初版，印3000册。上海北新书局印行。《世界文学名著丛书》之一种。

馆藏北新书局1931年9月初版、1932年9月二版，见唐弢文库、王辛笛文库、图书大库。

本书为中英文对照。初版本卷首有《译者琐言》。作品共有2篇（章）。

小说。【法】畸德著。王了一译。民国二十年（1931）二月初版。上海开明书店出版、发行。美成印刷所印刷。

馆藏开明书店1931年2月初版、1933年10月二版，见唐弢文库、图书大库。

初版本卷首有译者《序》、《佚丽维耶佛女士来信》。《佚丽维耶佛女士来信》云："畸德先生：我经过了许久的迟疑，终于决定把这几本小册子寄给你。这是我母亲遗下来的日记，我用打字机转录寄呈。……如果你以为这几页文字对于青年妇女不无小补，你尽可以拿去出版。"

初版本除《收场语》外有上、下卷。

少女与死神
初版本封面（18.1厘米×12.7厘米）

少女之誓
初版本封面（18.7厘米×13厘米）

　　诗歌集。【苏】高尔基等著。秦似译。民国三十三年（1944）一月出版，印3000册。上海杂志公司印行。

　　馆藏上海杂志公司1944年1月初版、1945年9月二版、1949年1月一版，见唐弢文库、图书大库。

　　初版本卷末有译者《后记》。正文收《姆采里》、《少女与死神》、《俄罗斯》、《一切已经被劫夺》、《你和我》、《马》、《无题》、《愤怒的话语》共8篇。

　　小说集。【法】沙多勃易盎著。戴望舒译。1928年9月初版，印1500册。上海开明书店印行。

　　馆藏开明书店1928年9月初版，见唐弢文库。

　　初版本卷首有戴望舒《译者题记》。正文收《阿达拉》、《核耐》共2篇。

少校夫人
初版本封面（18.2厘米×12.9厘米）

戏剧。【俄】斯华金斯基著。芳信译。民国三十三年（1944）十一月出版。世界书局印行。《俄国名剧丛刊》之七。

馆藏世界书局1944年11月初版，见唐弢文库。

初版本卷末有【美】F.H.斯诺等《关于I.斯华金斯基》。作品共有5幕。

哨 兵
初版本封面（19.9厘米×13.9厘米）

小说。【波兰】波来斯拉甫·普鲁士著。杜衡译。1930年8月付印，9月出版，印2000册。上海光华书局印行。蓬子、徐霞村、杜衡主编《欧罗巴文艺丛书》之一种。

馆藏光华书局1930年9月初版，见唐弢文库、巴金文库。

初版本卷首有《〈哨兵〉译叙》。作品共有11章。

蛇 首
初版本封面（18.8厘米×12.9厘米）

小说。【美】亚塞李芙著。丁宗一、陈坚译。民国六年（1917）七月印刷、发行。上海中华书局印行。

馆藏中华书局1917年7月初版，见唐弢文库。

初版本无序跋。作品共有10章。

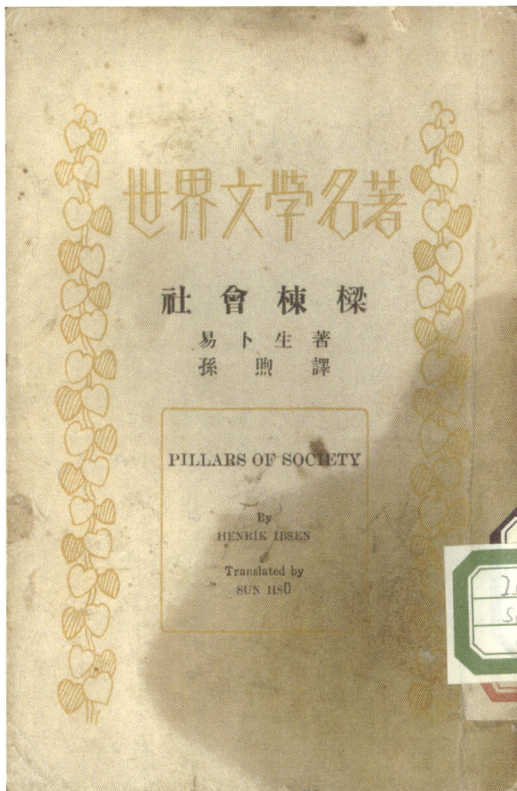

社会栋梁
初版本封面（18.9厘米×13厘米）

戏剧。【挪】易卜生著。孙煦译。民国二十七年（1938）四月初版。长沙商务印书馆印行。《世界文学名著》之一种。

馆藏商务印书馆1938年4月初版，见图书大库。

初版本无序跋。作品共有4幕。

社会声影录
初版本封面（18.4厘米×12.5厘米）

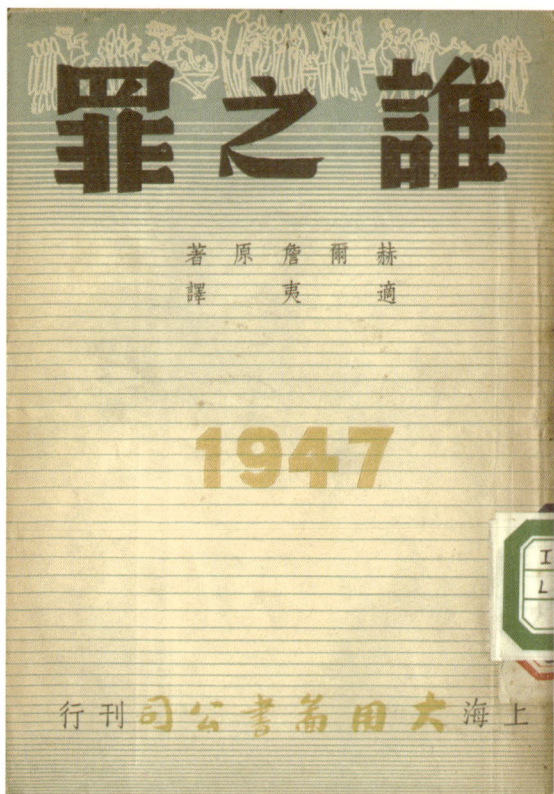

谁之罪
初版本封面（18.2厘米×12.8厘米）

　　小说集。【俄】托尔司泰著。林纾、陈家麟译。民国六年（1917）五月初版。上海商务印书馆印行。四集本《说部丛书》第三集之二十二。

　　馆藏商务印书馆1917年5月初版、某版（无版权页，《林译小说》第二集），见唐弢文库、王辛笛文库、图书大库。

　　初版本无序跋。内收《尼里多福亲王重农务》、《刁冰伯爵》共2篇。

　　小说。【俄】赫尔詹著。适夷译。民国三十六年（1947）一月初版。上海大用图书公司印行。上海世界知识社总经售。

　　馆藏大用图书公司1947年1月初版，见唐弢文库。

　　初版本卷首有《译记》。作品有前篇7章、后篇6章，共13章。

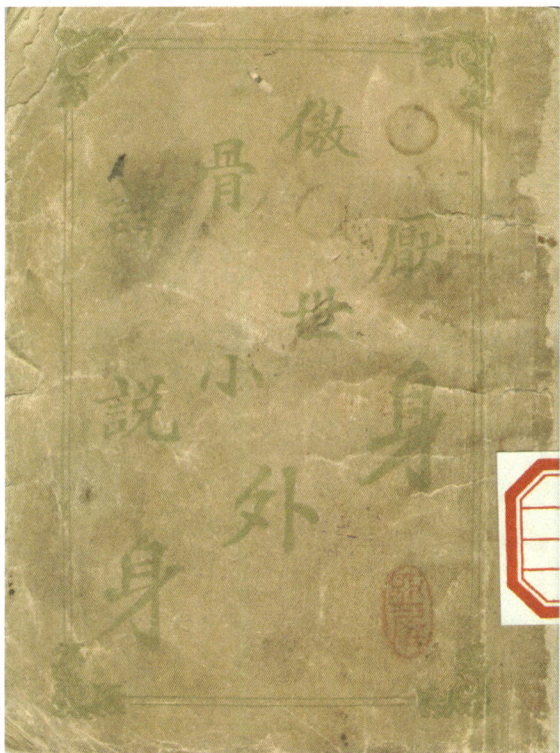

身外身
初版本封面（14.3厘米×10.9厘米）

深　渊
初版本封面（18.5厘米×13.3厘米）

　　小说。【意】格恩梅著。傲骨译。宣统元年（1909）正月初版。译者自刊。上海中国图书公司、上海时中书局分售。

　　馆藏1909年（农历）1月初版，见唐弢文库。

　　本书为厌世小说。初版本卷首有潘葛孤《序》、傲骨《自序》，卷末有苏民《跋》。作品不分章节。

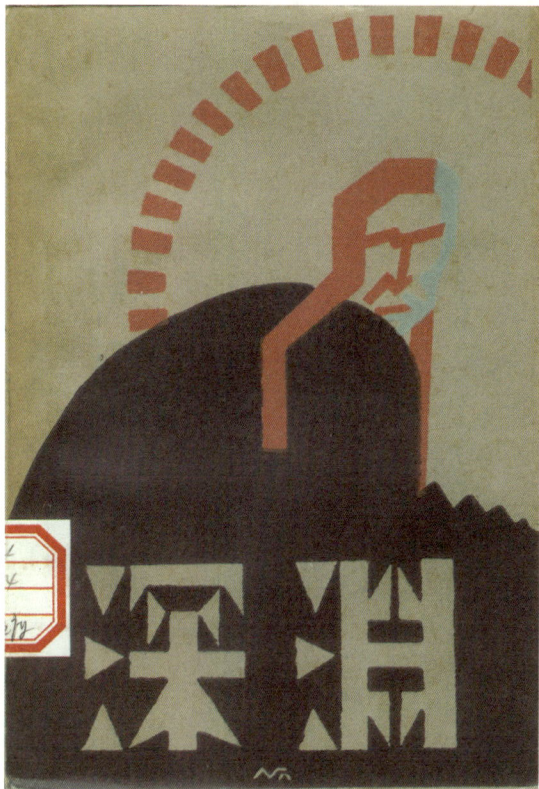

　　小说。【德】T.Forge著。钟宪民译。1928年9月20日付印，10月20日出版，印2000册。上海现代书局印行。

　　馆藏现代书局1928年10月初版，见唐弢文库、图书大库。

　　初版本无序跋。作品共有15章。

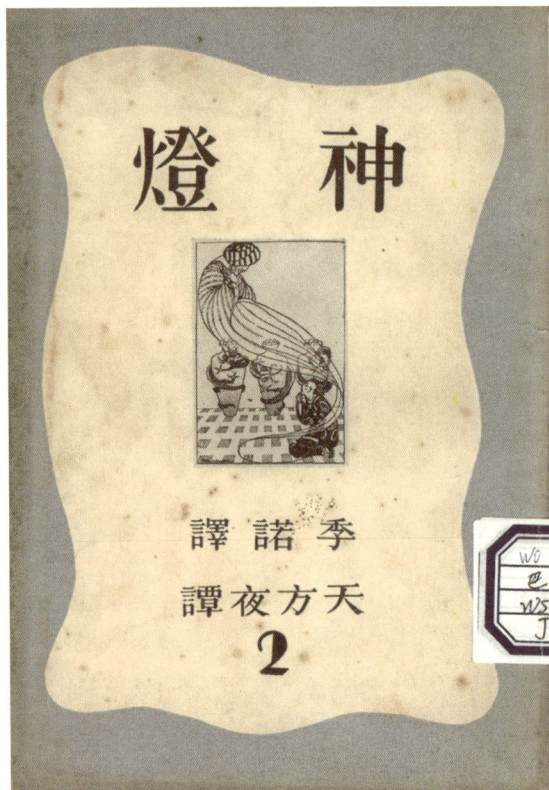

神 灯
初版本封面（18厘米×12.8厘米）

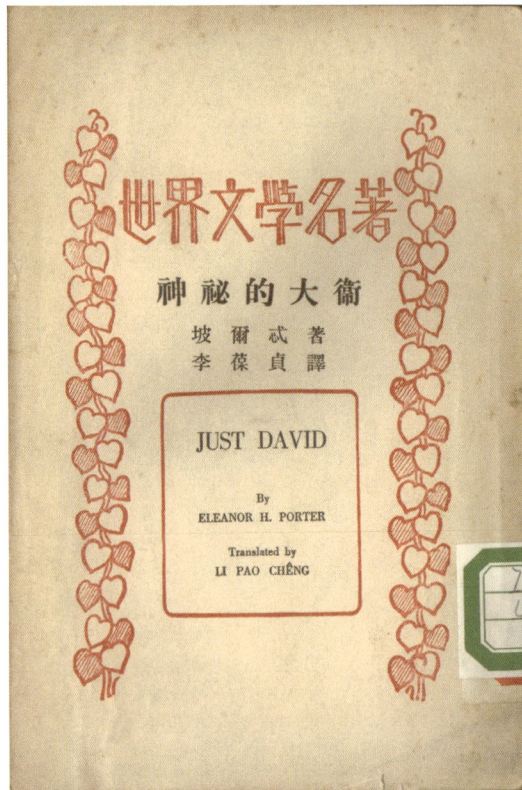

神秘的大卫
初版本封面（19厘米×13厘米）

　　故事。著者不详。季诺编译。民国三十七年（1948）十一月一日初版。上海新潮出版社出版。上海国光印书局印刷。联合书报社总经售。《天方夜谭》第一辑之二。

　　馆藏新潮出版社1948年11月初版，见巴金文库。

　　初版本卷首有季诺《译记》，内云："这是一篇有名的童话，……故事很简单：一个名叫阿拉亭的裁缝底儿子，是个顽皮得不可收拾的恶童，从狠毒的巫师那儿获得具有魔力的神灯以后，做出各种不可思议的事情，再配上奸恶的宰相及其儿子，使故事发生起伏的变化，终于和公主结婚，度过幸福的生活。"

　　初版本共有10章。

　　小说。【美】坡尔忒著。李葆贞译。民国二十六年（1937）一月初版。上海商务印书馆印行。《世界文学名著》之一种。

　　馆藏商务印书馆1937年1月初版、同年5月二版，见图书大库。

　　初版本无序跋。作品共有25章。

神秘的恋神
初版本封面（18.7厘米×12.7厘米）

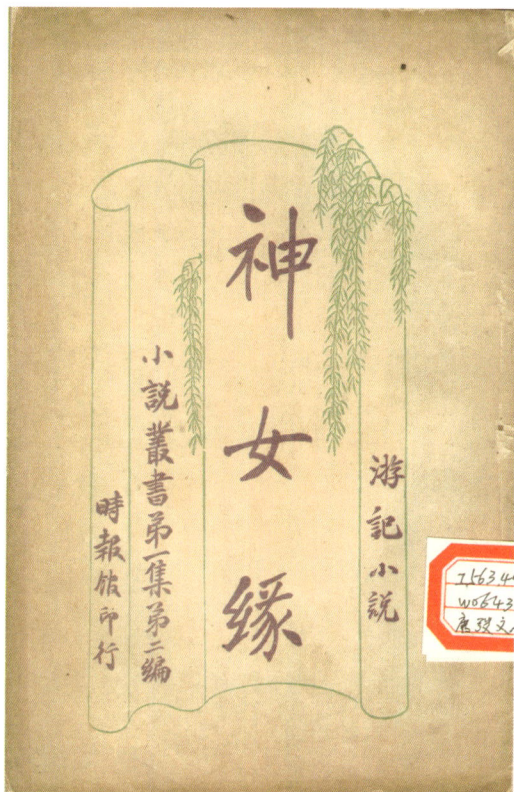

神女缘
初版本封面（22.2厘米×14.9厘米）

　　小说集。【法】梅丽曼著。虚白译。民国十七年
（1928）三月二十日付印，五月三十日出版，印3000
册。上海真美善书店发行。上海国光印书局承印。
　　馆藏真美善书店1928年5月初版，见唐弢文库。
　　初版本卷首有《序文》（译者）。正文收《神秘
的恋神》、《炼狱魂》共2篇。

　　小说。【荷】麦巴士著。吴竟、洪光译。光绪
三十一年（1905）十月二十日初版。上海时报馆印
行。有正书局发售。《小说丛书》第一集之二。
　　馆藏时报馆1905年（农历）10月初版，见唐弢文
库。
　　本书为游记小说。初版本卷首有译者《译语》，
内云："此书乃摘译麦巴士游记中之一篇。"
　　初版本不分章节。

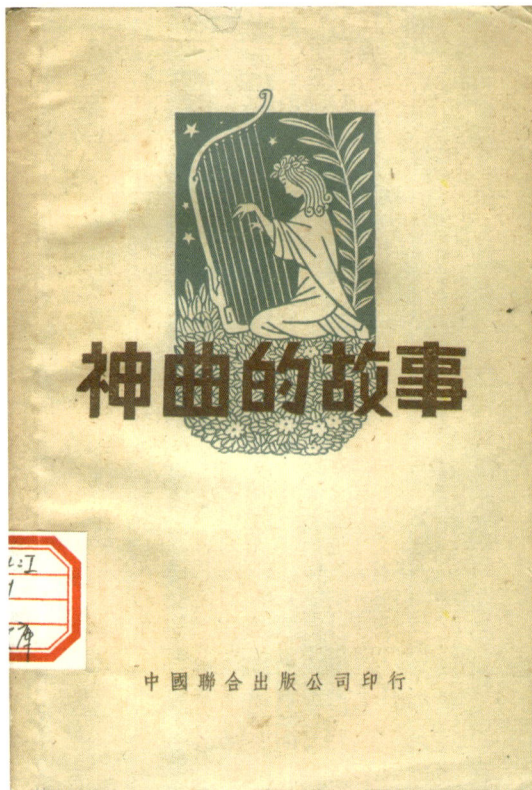

神曲的故事
初版本封面（18.7厘米×13厘米）

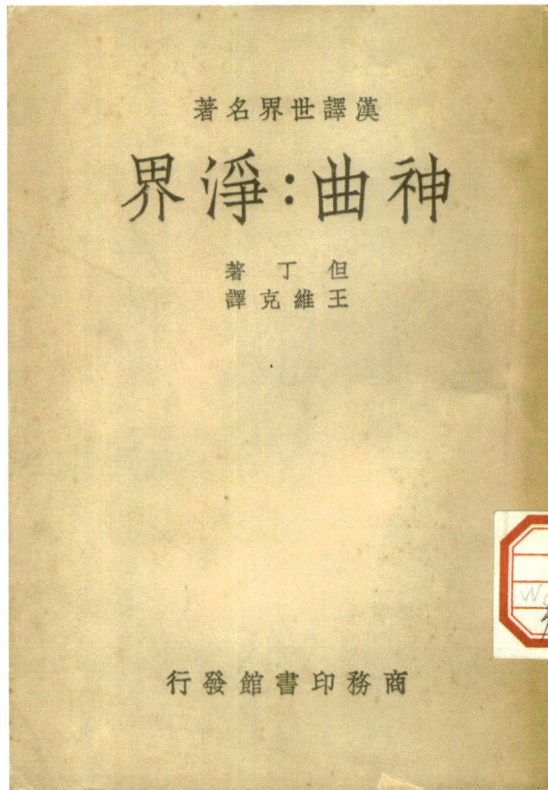

神曲：净界
初版本封面（17.7厘米×12.6厘米）

　　【国别不详】M.Macpherson著。傅东华译。民国三十三年（1944）三月初版。中国联合出版公司印行。

　　馆藏中国联合出版公司1944年3月初版，见唐弢文库。

　　本书为中英文对照。初版本卷首有译者《引言》。作品共有13章。

　　小说。【意】但丁著。王维克译。民国三十七年（1948）八月初版。上海商务印书馆印行。《汉译世界名著》之一种。

　　馆藏商务印书馆1948年8月初版，见唐弢文库、薛汕文库。

　　初版本无序跋。作品共有33篇（章）。

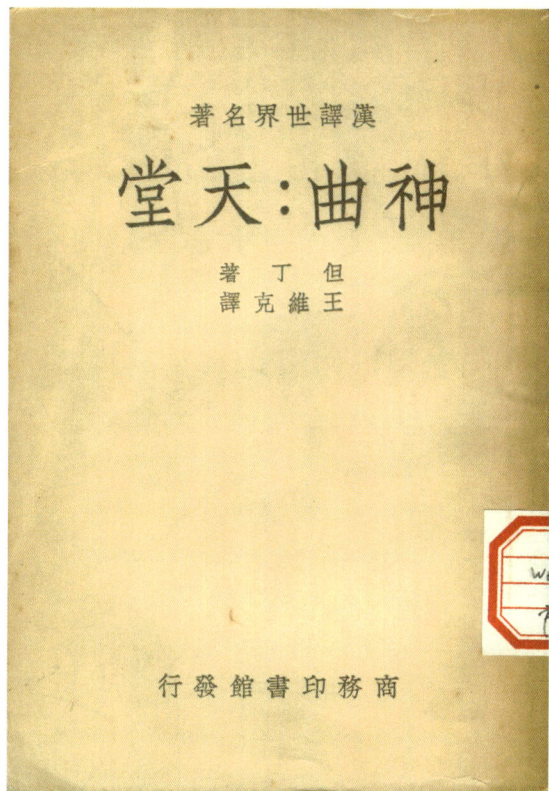

漢譯世界名著
神曲：天堂
但丁 著
王維克 譯

商務印書館發行

No 00170

小說月報叢刊第十種

神曲一臠

上海商務印書館發行

神曲：天堂
初版本封面（17.7厘米×12.6厘米）

　　小说。【意】但丁著。王维克译。民国三十七年（1948）八月初版。上海商务印书馆印行。《汉译世界名著》之一种。

　　馆藏商务印书馆1948年8月初版，见唐弢文库。

　　初版本无序跋。作品共有33篇（章）。

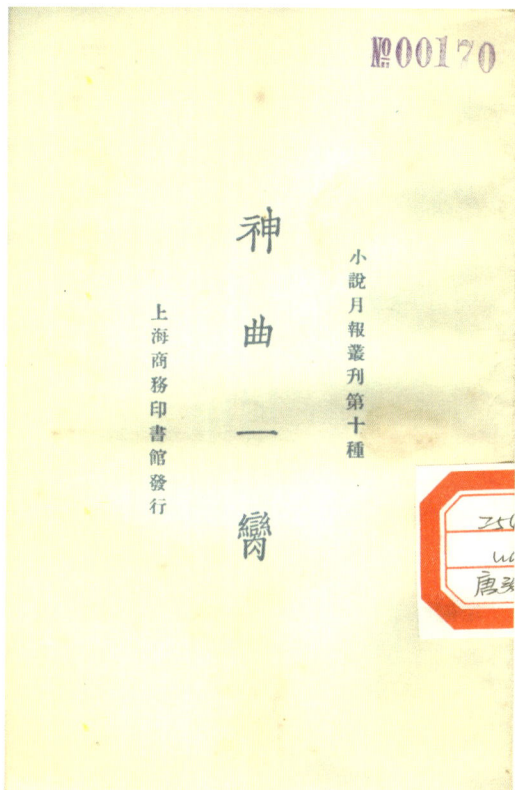

神曲一臠
初版本封面（14.9厘米×10厘米）

　　诗歌。【意】檀德著。钱稻孙译注。民国十三年（1924）十二月初版。上海商务印书馆印行。小说月报社编辑《小说月报丛刊》之十。

　　馆藏商务印书馆1924年12月初版，见唐弢文库、图书大库。

　　初版本无序跋。作品为《神曲》地狱篇前3章。

神圣的童年
初版本封面（19厘米×13.3厘米）

戏剧集。【法】美尔博著。曾仲鸣译。1930年5月初版。上海开明书店出版、发行。美成印刷所印刷。

馆藏开明书店1930年5月初版，见唐弢文库、图书大库。

初版本卷首有《美尔博略传》、《关于美尔博的文献》。正文收《银包》、《恋人》、《廉耻心》、《文学》、《神圣的童年》共5篇。

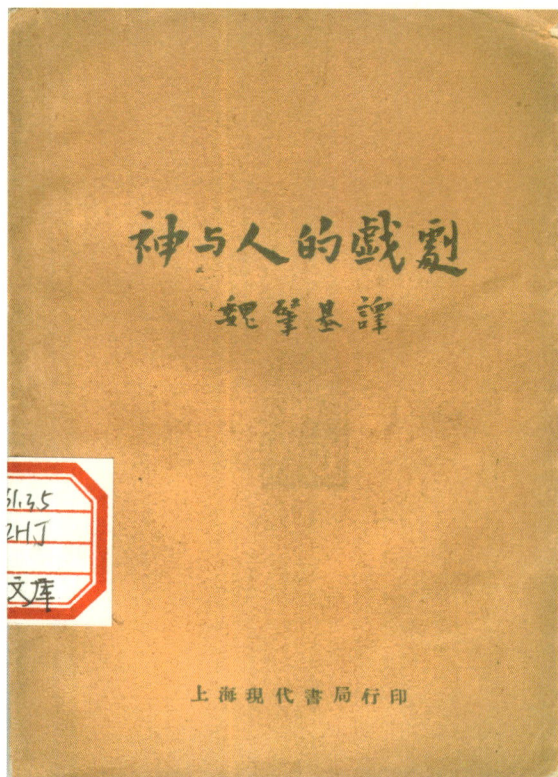

神与人的戏剧
初版本封面（15.1厘米×10.9厘米）

戏剧集。【英】唐绥尼卿著。魏肇基译。1929年9月1日出版，印2000册。上海现代书局印行。《世界戏剧译丛》之一种。

馆藏现代书局1929年9月初版，见唐弢文库。

初版本卷首有译者《唐绥尼卿》。正文收《山神》、《光辉的门》、《宿店底一夜》共3篇。

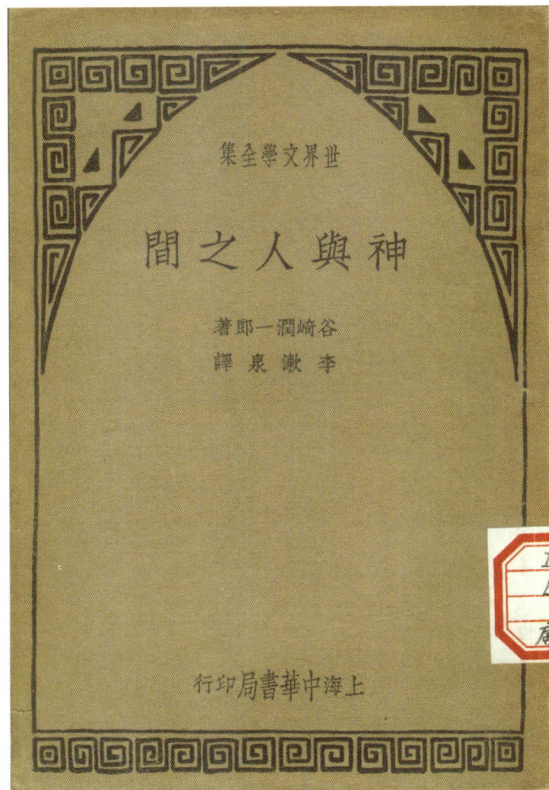

神与人之间
初版本封面（18.6厘米×13.1厘米）

小说戏剧集。【日】谷崎润一郎著。李漱泉译。民国二十三年（1934）十月印刷、发行。上海中华书局印行。《世界文学全集》之一种。

馆藏中华书局1934年10月初版，见唐弢文库。

初版本卷首有漱泉《译者叙》、译者《谷崎润一郎评传——他的三个作品底研究》、《谷崎润一郎年谱》。正文收《神与人之间》、《前科犯》、《麒麟》、《人面疮》、《御国与五平》共5篇。

审 判
初版本扉页（精装本封面无书名。18.5厘米×12.1厘米）

小说集。【俄】柴霍甫著。赵景深译。1930年5月31日初版。上海开明书店出版、发行。美成印刷所印刷。《柴霍甫短篇杰作集》之七。

馆藏开明书店1930年5月初版，见唐弢文库、汝龙文库、图书大库。

初版本卷首有【波兰】白鲁克纳《写实主义者柴霍甫》。正文收《农夫》、《邮差》、《笛》、《伊葛花》、《圣诞节》、《猎人》、《园丁头的故事》、《太早了》、《村舍》、《靴子》、《在理发店里》、《审判》、《枢密顾问官》、《牛贩》、《强烈的印象》等24篇。

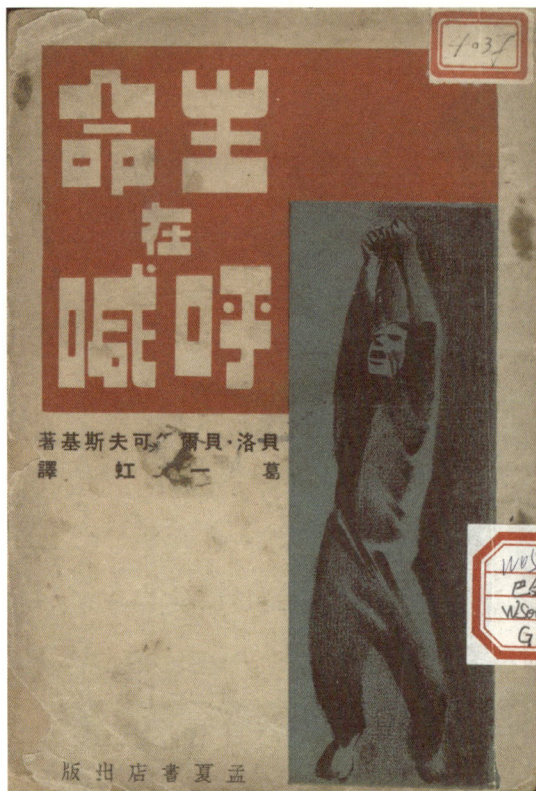

生命在呼喊
初版本封面（18.5厘米×12.9厘米）

戏剧。【苏】贝洛·贝尔采可夫斯基著。葛一虹译。民国三十年（1941）八月初版。孟夏书店出版。国际商业印刷公司印刷。香港时代书店总经售。

馆藏孟夏书店1941年8月初版、天下图书公司1946年4月沪初版，见唐弢文库、巴金文库、图书大库。

孟夏书店初版本卷首有译者《前记》，卷末附有《苏联电影与苏联戏剧给予了我们什么》。作品共有4幕。

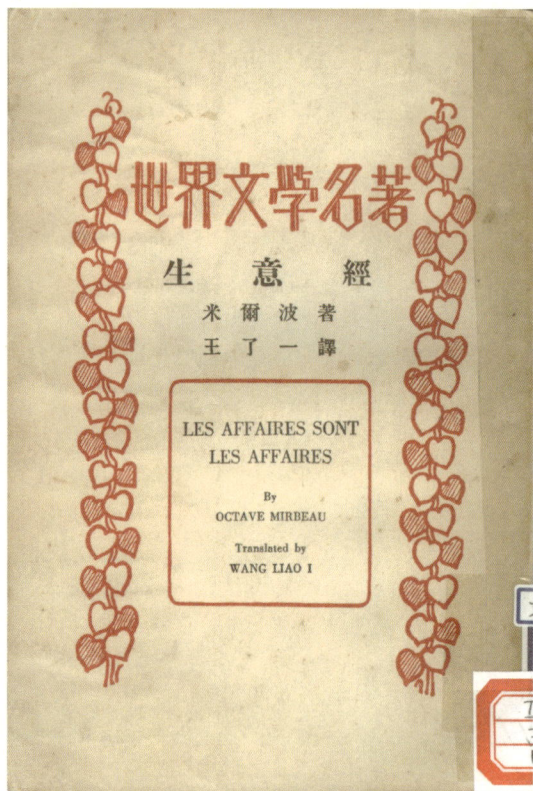

生意经
初版本封面（19厘米×13厘米）

戏剧。【法】米尔波著。王了一译。民国二十三年（1934）九月初版。上海商务印书馆印行。《世界文学名著》之一种。

馆藏商务印书馆1934年9月初版、1947年3月二版，见唐弢文库、艾芜文库、图书大库。

初版本卷首有译者《著者小传与本剧略评》、《米尔波致法兰西戏院经理克辣梯的信》。作品共有3幕。

圣安东的诱惑
初版本扉页（精装本封面无书名。21.8厘米×14厘米）

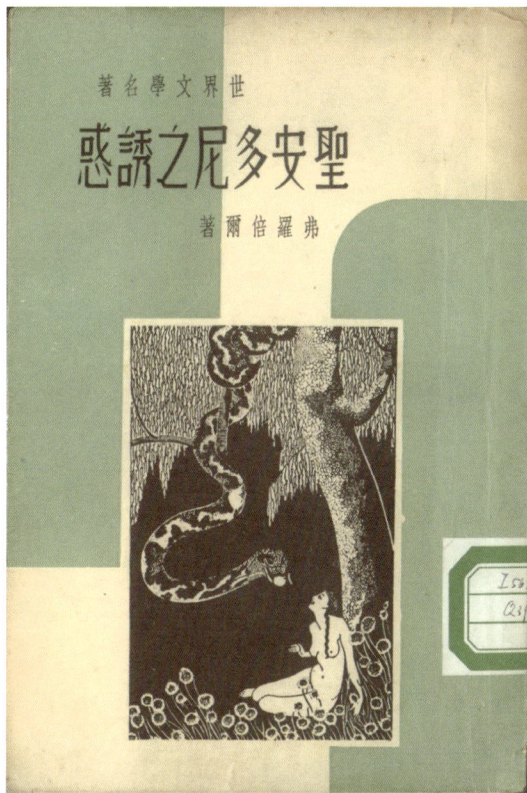

圣安多尼之诱惑
初版本封面（18.8厘米×13厘米）

　　小说。【法】福楼拜著。李健吾译。民国二十六年（1937）一月初版。上海生活书店发行。生活印刷所印刷。郑振铎主编《世界文库》之一种。

　　馆藏生活书店1937年1月初版、不明版本（封面、扉页及版权页缺失），见唐弢文库、巴金文库、图书大库。

　　初版本卷首有译者《〈圣安东的诱惑〉提要》，卷末有译者《跋》。作品共有7章。

　　正文、版权页题《圣安东尼之诱惑》。小说。【法】弗罗倍尔著。钱公侠译。民国二十五年（1936）五月初版。上海启明书局印行。《世界文学名著》之一种。

　　馆藏启明书局1936年5月初版，见图书大库。

　　初版本卷首有《小引》（译者）、《译者琐言》、【日】小泉八云《撮要》。作品共有7章。

圣城末日
初版本封面（18.6厘米×12.6厘米）

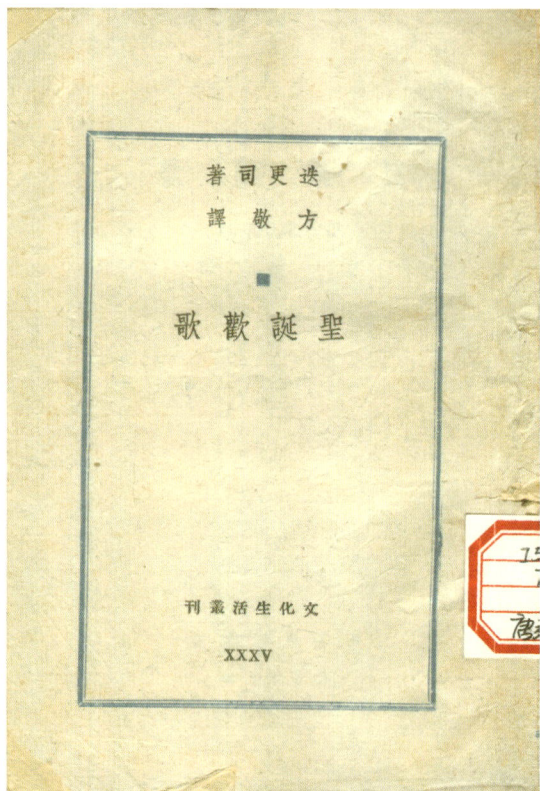

圣诞欢歌
初版本封面（18厘米×12.6厘米）

　　小说。【德】史贝曼著。丁山译。民国三十七年（1948）十一月出版。澳门慈幼印书馆印行。梁丞夏主编《新青年小说丛书》第四辑之六（扉页为"新青年小说丛书之廿四"）。

　　馆藏慈幼印书馆1948年11月初版，见图书大库。

　　初版本无序跋。作品共有8章。

　　小说。【英】迭更司著。方敬译。民国三十四年（1945）二月初版。文化生活出版社印行。巴金主编《文化生活丛刊》之三十五。

　　馆藏文化生活出版社1945年2月初版，见唐弢文库。

　　初版本卷首有《原序》（著者），卷末有方敬《后记》。作品共有5章。

圣路易
初版本封面（18厘米×12.7厘米）

戏剧。【法】罗曼罗兰著。贺之才译。民国三十三年（1944）十一月出版。世界书局印行。《罗曼罗兰戏剧丛刊》之一种。

馆藏世界书局1944年11月初版，见唐弢文库。

初版本卷首有贺之才《〈罗曼罗兰戏剧丛刊〉弁言》、贺德新《〈罗曼罗兰戏剧丛刊〉序》。作品除《先声》外共有5幕。

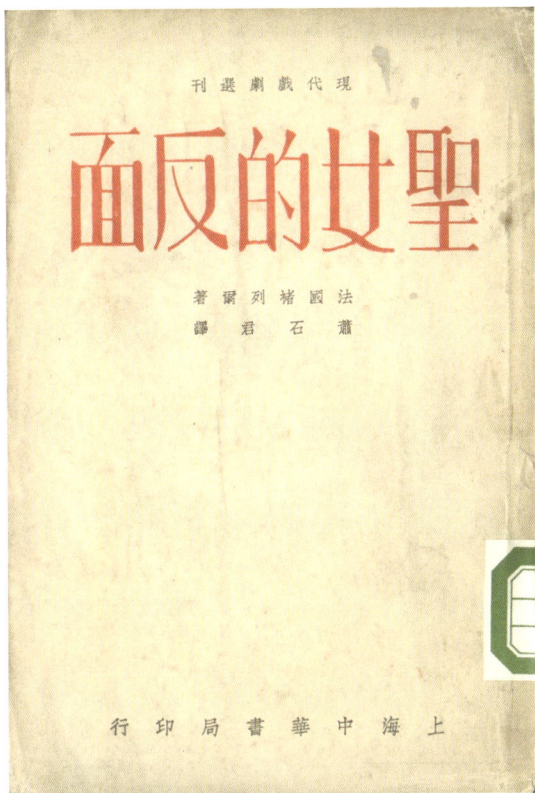

圣女的反面
初版本封面（18.9厘米×13.3厘米）

戏剧。【法】褚列尔著。萧石君译。民国十九年（1930）一月印刷、发行。上海中华书局印行。《现代戏剧选刊》之一种。

馆藏中华书局1930年1月初版，见图书大库。

初版本无序跋。作品共有3幕。

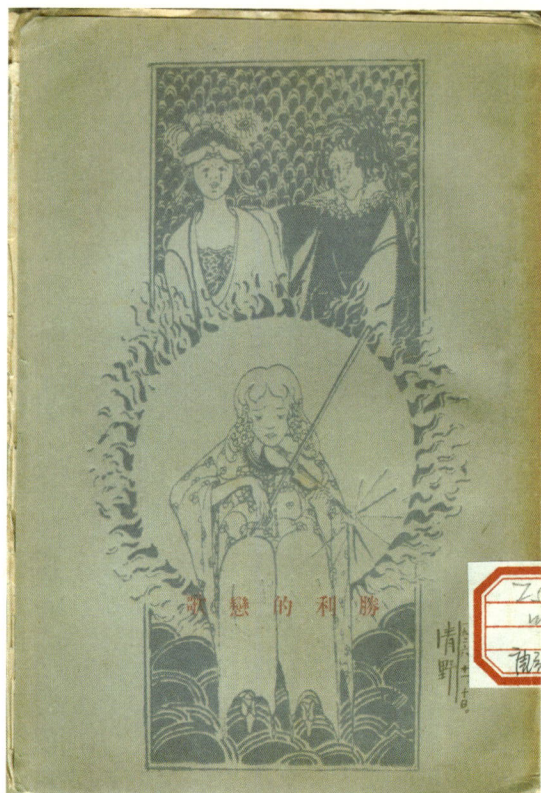

胜利的恋歌
初版本封面（19.5厘米×13.8厘米）

小说集。【俄】屠格涅夫著。李杰三译。民国十五年（1926）八月付印，九月出版。上海光华书局印行。

馆藏光华书局1926年9月初版、1927年10月二版，见唐弢文库、图书大库。

初版本无序跋。内收《胜利的恋歌》、《梦》共2篇。

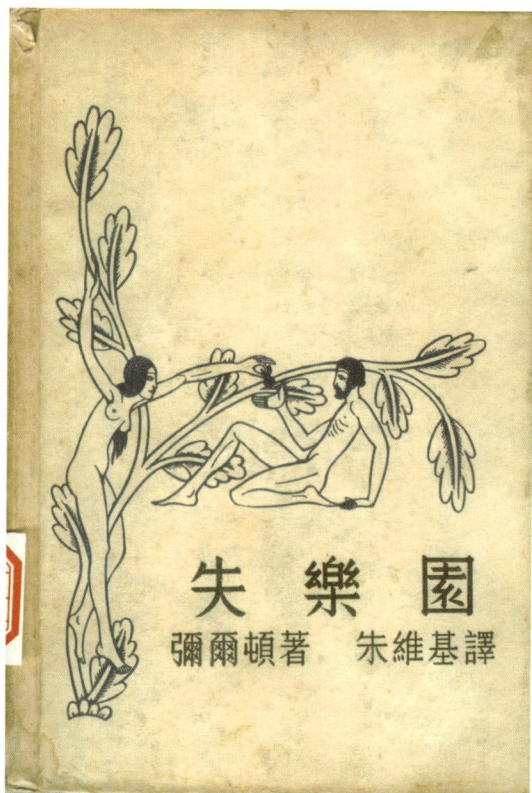

失乐园
初版本封面（19.3厘米×13.3厘米）

诗歌。【英】弥尔顿著。朱维基译。民国二十三年（1934）六月二十五日初版。上海第一出版社发行。

馆藏第一出版社1934年6月初版，见唐弢文库。

初版本卷首有《弥尔敦关于格律的话》。作品共有十二卷，卷内不分章节。

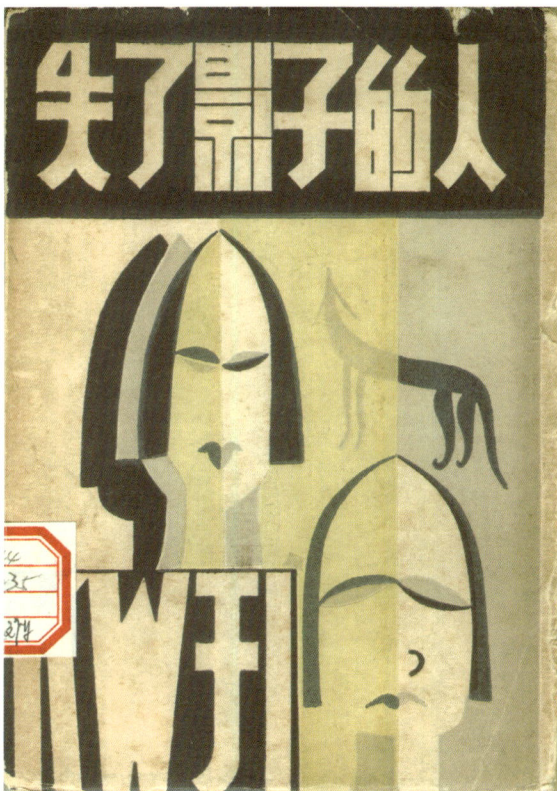

失了影子的人
初版本封面（18.4厘米×13.4厘米）

小说。【德】嘉米琐著。鲁彦译。1928年12月1日付排，1929年1月15日出版，印2000册。上海光华书局印行。《世界名著选》之一种。

馆藏光华书局1929年1月初版、大光书局1936年3月二版（著者国别及译名为"法国嘉末琐"），见唐弢文库。

初版本无序跋。作品共有11章。

诗人柏兰若
初版本封面（18.6厘米×13.1厘米）

戏剧。【法】义特里著。李万居译。民国二十年（1931）四月印刷、发行。上海中华书局印行。徐志摩主编《新文艺丛书》之一种。

馆藏中华书局1931年4月初版，见李辉英文库。

初版本卷首有译者《序言》，内云："本剧以法国大革命时期反抗帝制或专制政府非常激烈的著名歌者柏兰若做主人翁。……这是一编史剧，可以说是柏兰若的生涯。"

初版本除《序剧》外共有3幕。

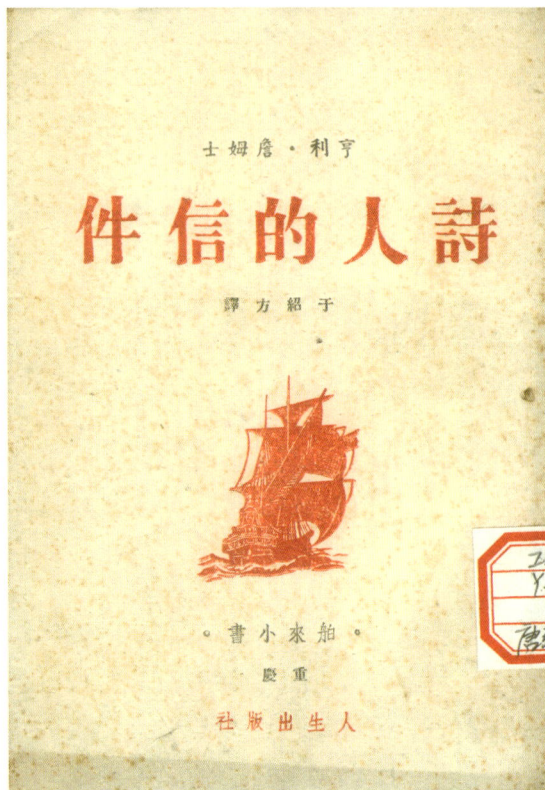

诗人的信件
初版本封面（18厘米×12.9厘米）

诗人之恋
初版本封面（17.6厘米×12.5厘米）

　　小说。【英】亨利·詹姆士著。于绍方译。民国三十四年（1945）七月渝初版。重庆人生出版社出版、发行。润华印书馆印刷。《舶来小书》之一种。

　　馆藏人生出版社1945年7月初版，见唐弢文库。

　　初版本卷首有卞之琳《序》。作品共有9章。

　　小说。【德】汤麦斯·曼著。张尚之译。民国三十五年（1946）十一月初版。现代书局印行。重庆万有书局总经售。

　　馆藏现代书局1946年11月初版，见唐弢文库。

　　初版本卷末有《译者后言》。作品共有9章。

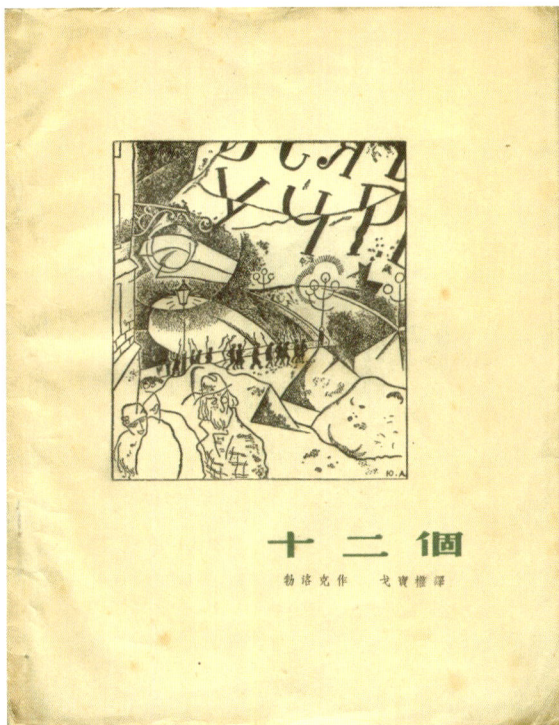

十二个
初版本封面（19.5厘米×15.3厘米）

十二个
初版本封面（19.4厘米×13.4厘米）

　　诗歌。【俄】勃洛克著。戈宝权译。1948年5月初版，印1500册。上海时代书报出版社出版。

　　馆藏时代书报出版社1948年5月初版、同年7月二版，见唐弢文库、巴金文库、胡风文库、穆木天文库、薛汕文库、孔罗荪文库。

　　初版本卷首有温格罗夫《俄国文学的巨匠亚历山大·勃洛克》，卷末有《作者关于〈十二个〉的几句话》、季莫菲耶夫《论勃洛克的长诗〈十二个〉》（附录）、奥尔洛夫《〈十二个〉是怎样写成的》（附录）、拜凯托娃《关于〈十二个〉的回忆》（附录）、译者《后记》。作品共有12章。

　　诗歌。【俄】亚历山大·勃洛克著。胡斆译。1926年8月印成1500册。北京北新书局发行。《未名丛刊》之六。

　　馆藏北新书局1926年8月初版，见唐弢文库、胡风文库、图书大库。

　　初版本卷首有托罗兹基《亚历山大·勃洛克》，卷末有鲁迅《后记》。作品共有12章。

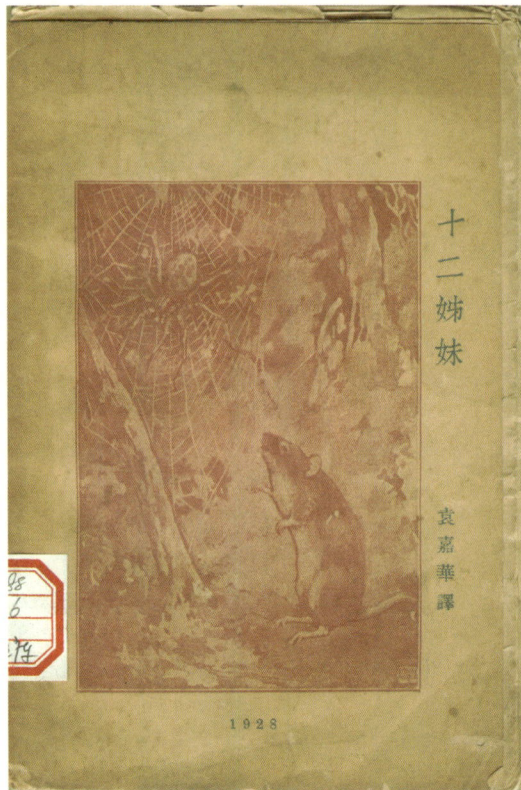

十二姊妹
初版本封面（19.7厘米×13.2厘米）

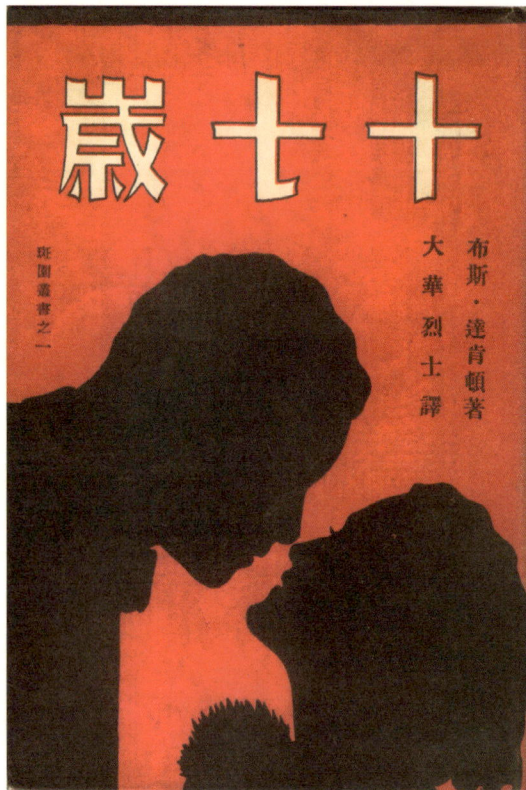

十七岁
初版本封面（19.2厘米×13厘米）

扉页题《十二姊妹及其他》。童话集。【国别不详】爱华耳特著。袁嘉华译。1928年1月1日付排，2月10日初版，印2000册。上海北新书局出版。

馆藏北新书局1928年2月初版，见唐弢文库。

初版本卷首有《译者序》，内云："《十二姊妹》是爱华尔特的一本科学童话集，包含八个独立的短篇，……是讲述昆虫生活的童话。爱华尔特用一种特独的艺术手腕，将昆虫生活——昆虫的习惯与机能——编织成新鲜的故事；又用一种奇妙的幽默（humor）使这些故事更加饶有风趣。"

初版本收《十二姊妹》、《空屋》、《蝗虫》、《蜂王》、《尺蠖》、《蜘蛛》、《木虱》、《蚁蛏》共8篇。

小说。【美】布斯·达肯顿著。大华烈士译。1934年10月5日付排，1935年1月5日初版，印2000册。上海良友图书印刷公司印行。《斑园丛书》之一。

馆藏良友图书印刷公司1935年1月初版，见唐弢文库。

初版本卷首有赵家璧《达肯顿》、林语堂《序》、译者《引言》。《引言》云："达氏佳作，余最所酷爱。《十七岁》一书，主题为一年方十七岁的少年之爱恋史，刻画入神，趣味特甚，尤为余所欣赏者。"

初版本共有30章。

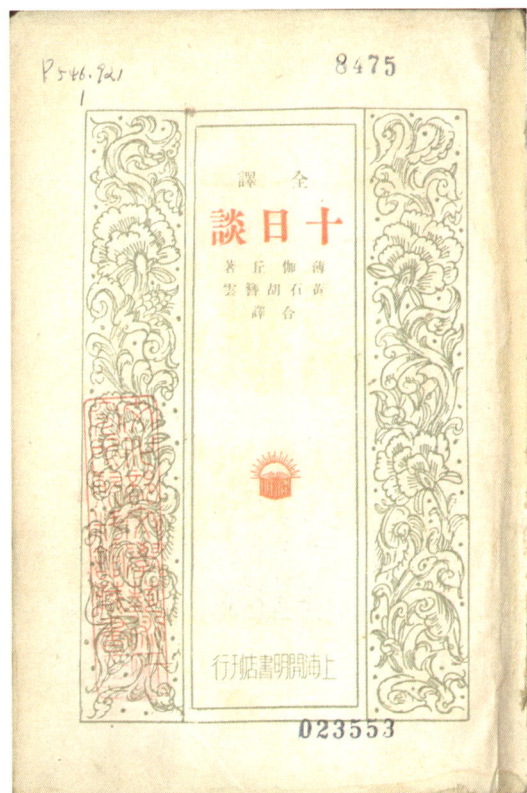

十日谈
初版本扉页（封面缺失。18.9厘米×13厘米）

十 月
初版本封面（19.5厘米×14厘米）

　　小说集。【意】薄伽丘著。黄石、胡簪云译。民国十九年（1930）十二月初版。上海开明书店出版、发行。美成印刷所排印。

　　馆藏开明书店1930年12月初版，见侯金镜文库、图书大库。

　　初版本卷首有《译者序话》，卷末附有《略论薄伽丘及其作品》。正文收第一日（无总题）、第二日《命运的摆布》、第三日《命运的无常》、第四日《恋爱的悲剧》、第五日《恋爱的喜剧》、第六日《巧妙的辞令》、第七日《妇人欺骗丈夫的诡计》、第八日《男女彼此欺骗的诡计》、第九日（无总题）、第十日《豪侠与慷慨》各10篇，共100篇。

　　小说。【苏】雅科列夫著。杨骚译。1930年3月5日付排，31日出版，印2000册。上海南强书局出版。

　　馆藏南强书局1930年3月初版，见唐弢文库。

　　初版本无序跋。作品共有28章。

石炭王
乐群书店初版本封面（18.8厘米×13厘米）

时代的智慧
初版本封面（18.1厘米×13.2厘米）

小说。【美】U.Sinclair著。易坎人译。1928年10月1日付排，11月30日出版，印1500册。上海乐群书店出版。

馆藏乐群书店1928年11月初版、现代书局1932年4月五版、群益出版社1947年8月初版（著者译名为"辛克莱"，译者署名为"郭沫若"），见唐弢文库、巴金文库、李季文库、图书大库。

初版本无序跋。作品有第一编《石炭王的领土》29章、第二编《石炭王的家奴》34章、第三编《石炭王的臣仆》25章、第四编《石炭王的意志》31章，共119章。

小说集。【法】法郎士等著。徐蔚南译。1944年6月初版，印3000册。生生出版社出版。

馆藏生生出版社1944年6月初版，见唐弢文库、图书大库。

初版本无序跋。内收《时代的智慧》、《圣母的卖解人》、《妓女与商人》、《镜子》、《昂贵的功课》、《歌舞班女优与其情人的太太》、《六尺之地》、《星孩》、《浪子》、《隐伤》共10篇。

时 谐（上、下）
初版本封面（18.6厘米×12.9厘米）

小说集。著者不详。商务印书馆编译。民国四年（1915）六月十四日印刷，二十八日初版、发行。上海商务印书馆印行。四集本《说部丛书》第二集之九十二。

馆藏商务印书馆1915年6月初版，见唐弢文库。

初版本无序跋。全书收《韩斯侥幸》、《伶部》、《狐》、《渔家夫妇》、《鹊与熊战》、《十二舞姬》、《玫瑰花萼》、《汤拇》、《感恩之兽》、《赵灵德及赵灵台》、《奇伶》、《三公主》、《雀复仇》、《佛雷段律及葛达琳》、《有福儿郎》等56篇。

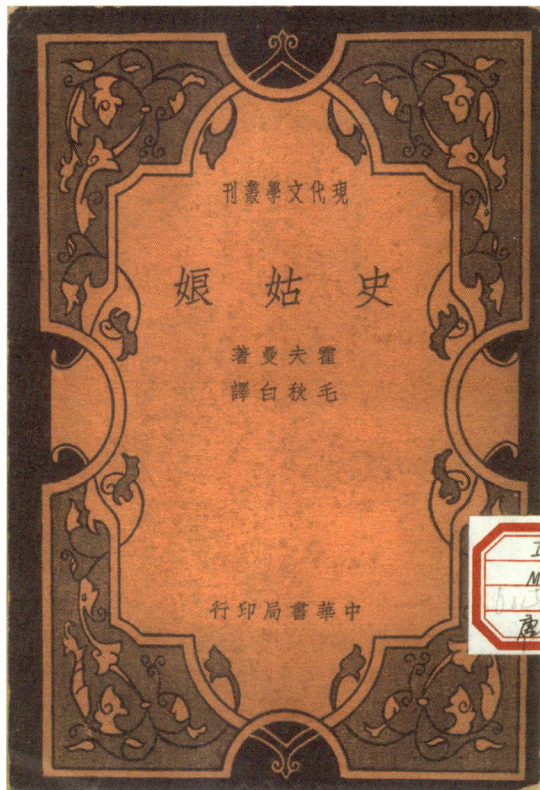

史姑娘
初版本封面（18.5厘米×13.1厘米）

小说。【德】霍夫曼著。毛秋白译。民国二十四年（1935）三月印刷、发行。上海中华书局印行。《现代文学丛刊》之一种。

馆藏中华书局1935年3月初版、1940年11月二版，见唐弢文库、图书大库。

初版本卷首有《霍夫曼小传》。作品不标章次。

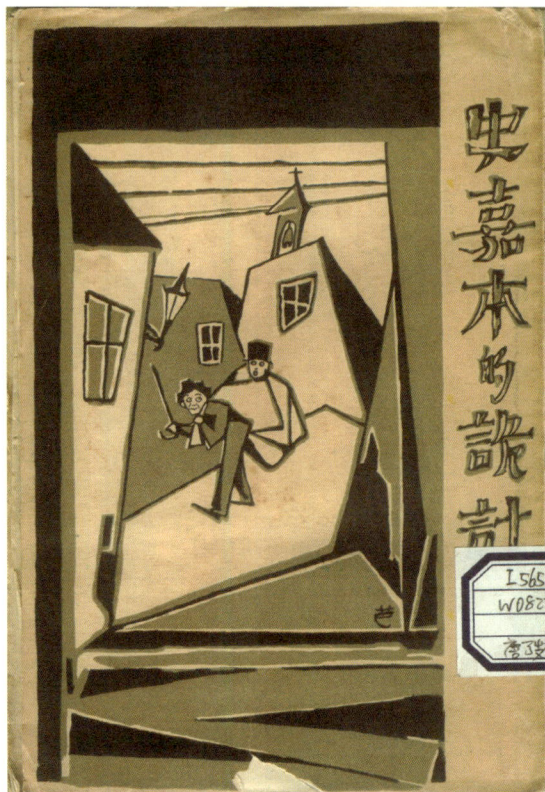

史嘉本的诡计
初版本封面（19.9厘米×13.7厘米）

戏剧。【法】马里哀著。唐鸣时译。民国十九年（1930）八月初版。上海商务印书馆印行。

馆藏商务印书馆1930年8月初版，见唐弢文库。

初版本卷末有鸣时《校后记》。作品共有3幕。

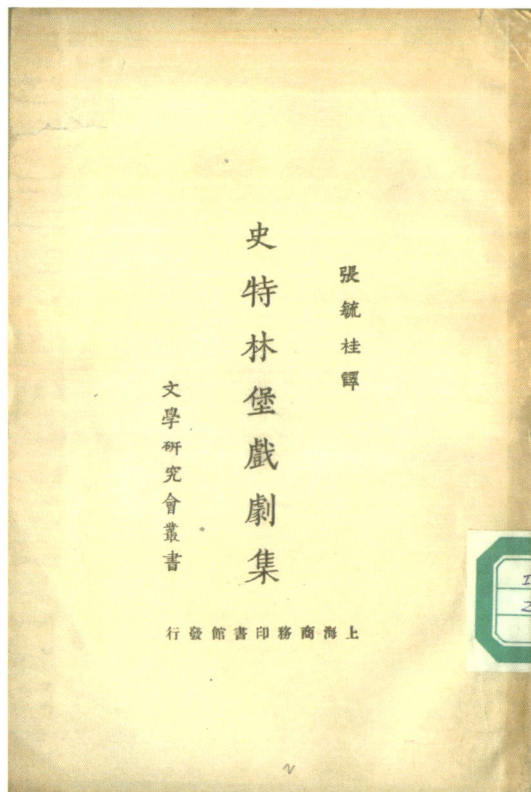

史特林堡戏剧集
初版本封面（19.1厘米×13厘米）

扉页、版权页题《史特林堡戏剧》，目录页、正文题《史特林堡戏剧三种》。【瑞典】史特林堡著。张毓桂（版权页署"张毓桂"）译。民国十一年（1922）六月初版。上海商务印书馆印行。《文学研究会丛书》之一种。

馆藏商务印书馆1922年6月初版，见图书大库。

初版本卷首有译者《弁言》。正文收《母亲的爱》、《幽丽女士》、《债主》共3篇。

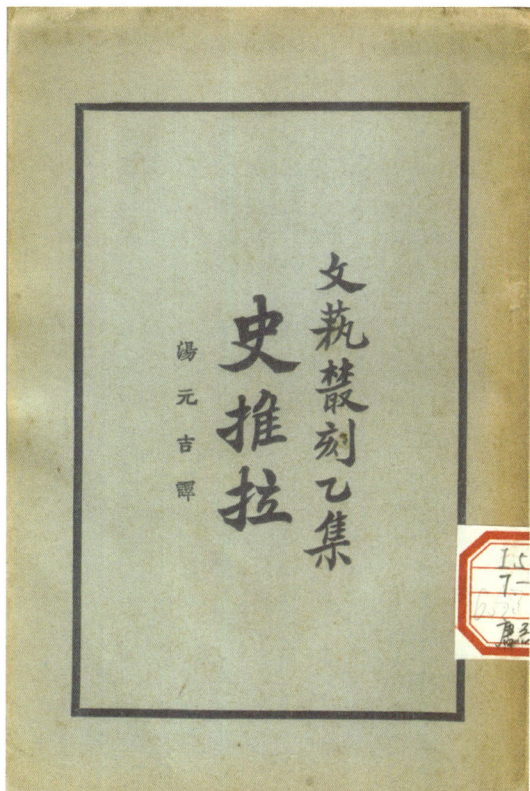

史推拉
初版本封面（19.1厘米×13厘米）

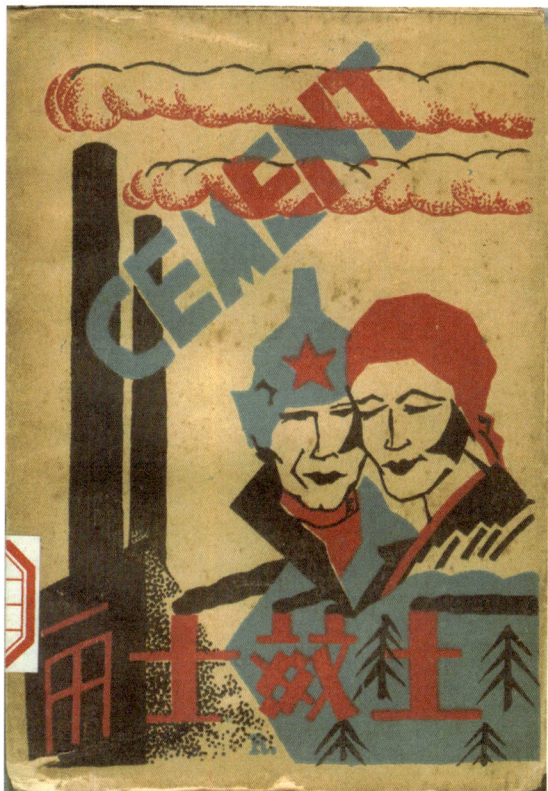

士敏土
启智书局初版本封面（18.3厘米×13.4厘米）

　　戏剧。【德】歌德著。汤元吉译。民国十四年（1925）八月初版。上海商务印书馆印行。《文艺丛刻》乙集之一种。

　　馆藏商务印书馆1925年8月初版、某版（版权页缺失，《世界文学名著》），见唐弢文库。

　　初版本卷首有元吉《译者的几句话》。作品共有5幕。

　　小说。【苏】格来考夫著。蔡咏裳、董绍明译。1929年8月15日付印，11月10日出版，印2000册。上海启智书局印行。

　　馆藏启智书局1929年11月初版、新生命书局1932年7月初版（著者译名为"革拉特珂夫"）、尼罗社1941年5月初版（著者译名为"革拉特珂夫"，译者署名为"董与蔡"），见唐弢文库、图书大库。

　　启智书局初版本卷首有格来考夫《作者自传》，卷末有董绍明《译后》。《译后》云："本书取材于由军事共产主义到新经济政策的过渡时期。"

　　初版本共有17章。

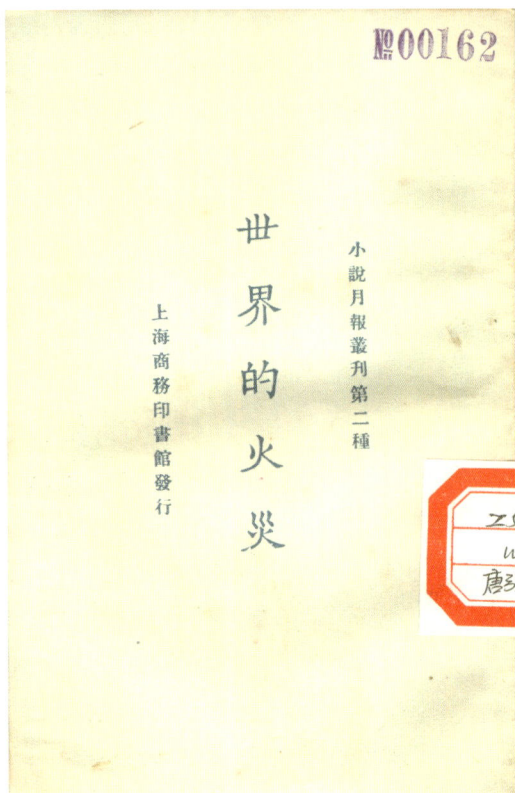

№00162

小説月報叢刊第二種

世界的火災

上海商務印書館發行

世界的火灾
初版本封面（15厘米×10.1厘米）

小说散文集。【俄】爱罗先珂著。鲁迅译。民国十三年（1924）十二月初版。上海商务印书馆印行。小说月报社编辑《小说月报丛刊》之二。

馆藏商务印书馆1924年12月初版，见唐弢文库、图书大库。

初版本无序跋。内收《世界的火灾》、《"爱"字的疮》、《红的花》、《时光老人》共4篇。

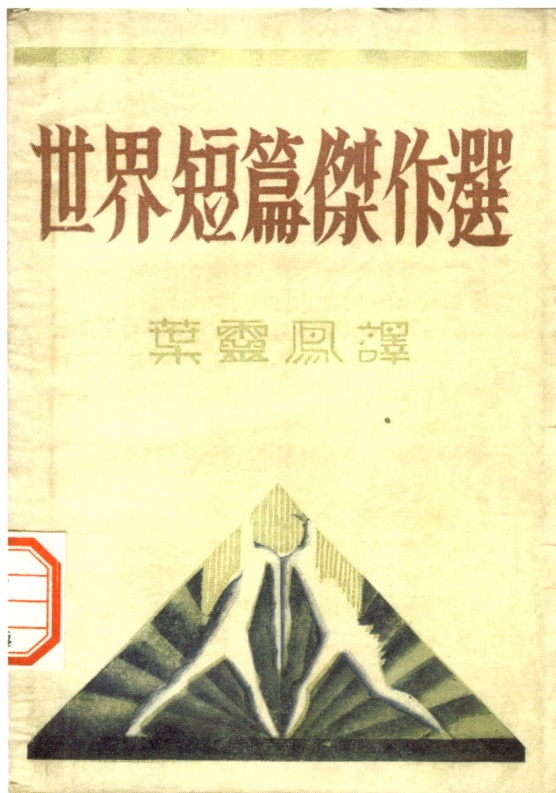

世界短篇傑作選

葉靈鳳譯

世界短篇杰作选
初版本封面（18.5厘米×13.4厘米）

小说集。【俄】宾斯奇等著。叶灵凤译。1930年4月付印，5月出版，印2000册。上海光华书局印行。

馆藏光华书局1930年5月初版，见唐弢文库。

初版本无序跋。内收《黑猫》、《花》、《塞比安的夜》、《兽》、《得救了》、《坟》、《跋佐夫的哲学》、《温雅的呼吸》、《反覆》、《象》、《春节》共11篇。

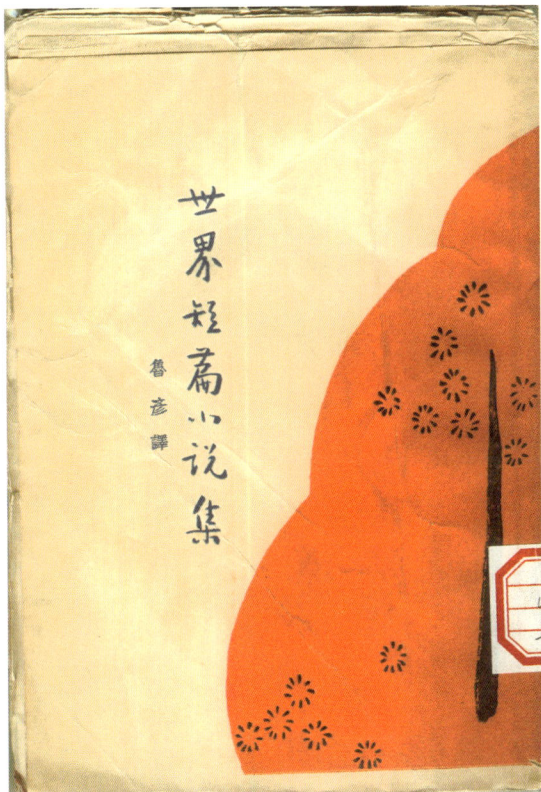

世界短篇小说集
初版本封面（19.1厘米×13.9厘米）

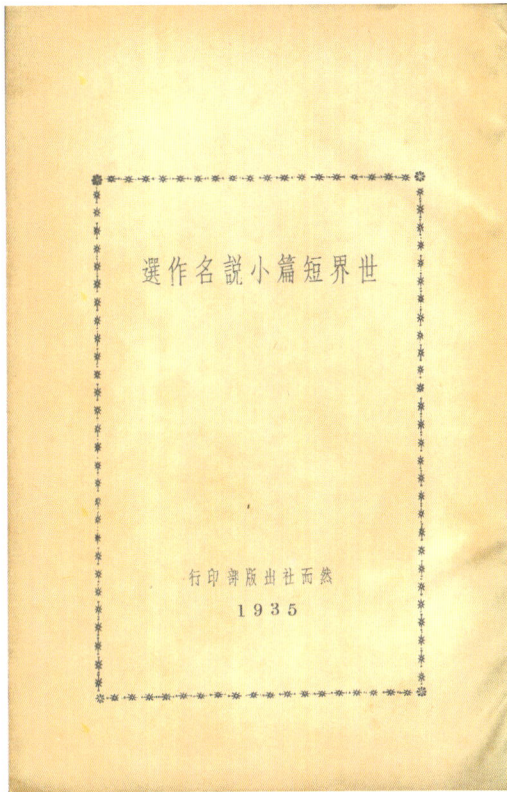

選作名説小篇短界世

行印兼版出社而然
1935

世界短篇小说名作选
初版本扉页（精装本封面无书名。18.6厘米×12.3厘米）

　　【俄】库卜林等著。鲁彦译。民国十七年（1928）八月出版。上海亚东图书馆印行。

　　馆藏亚东图书馆1928年8月初版、某版（版权页缺失），见唐弢文库、图书大库。

　　初版本卷首有鲁彦《序》，内云："这一册内所收集的小说计十六篇，除俄国的以外，都是版图很小的国家，或弱小而受压迫的民族的作品。"

　　初版本收《月桂》、《汉蒂额夷的天鹅》、《仅有的不如意》、《古尔达》、《对神的牺牲》、《小鹿》、《二金虫》、《丽西·爱尔彩·爱丽沙白》、《访教父去》、《学生》、《海滨别墅》、《墓地》、《小人物和大人物》、《雏鸟》、《荒田》等16篇。

　　【法】莫泊桑等著。王曰可等译。民国二十四年（1935）二月初版。上海然而社编辑、印行。上海新国民印书馆承印。

　　馆藏然而社1935年2月初版，见唐弢文库。

　　初版本卷首有编者《前记》、【日】木村毅《短篇小说的构成》、宋文翰《小说阅读法》。正文除汉语创作2篇外收《颈练》、《柏林之围》、《失业》、《上帝知道的，但是在等着》、《在消夏别墅》、《二十六男和一女》、《理想中的佳人》、《平原故事》、《马克汉》、《回春法底实验》、《马奇的礼物》、《老拳师》、《大除夕的忏悔》、《神童》、《女难》等28篇译作。

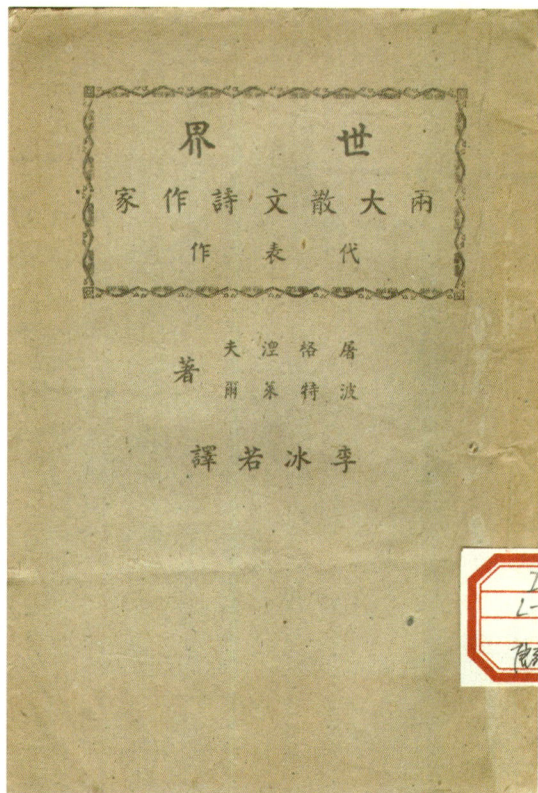

世界两大散文诗作家代表作
初版本封面（18.4厘米×12.8厘米）

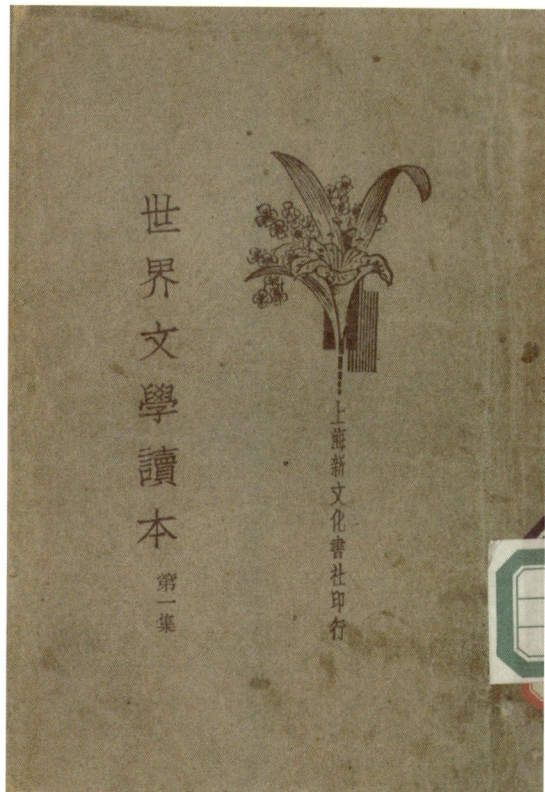

世界文学读本（一至四）
初版本封面（18.4厘米×12.9厘米）

　　【俄】屠格涅夫、【法】波特莱尔著。李冰若译。民国三十三年（1944）十月三十一日初版。重庆渝友书店总经售。重庆良华印刷所印刷。

　　馆藏渝友书店1944年10月初版，见唐弢文库、图书大库。

　　初版本卷首有冰若《卷头语》。正文收《门槛》、《两位富翁》、《白菜汤》、《马莎》、《神的宴会》、《自然》、《狗》、《老婆子》、《乞丐》、《满足的人》、《布施》、《最后的会晤》、《我们还在战斗中》、《明天啊！明天！》、《吊死他》等37篇。

　　小说集。【英】哈代等著。瘦鹃等译。梅花馆主编辑。民国二十一年（1932）九月出版。上海松江梅花书馆发行。上海新文化书社印刷。新文化书社、上海中学生书店、上海南方书店代发行。

　　馆藏梅花书馆1932年9月初版，见胡风文库、图书大库。

　　初版本无序跋。全书收《儿子的禁令》、《求妻的欢心》、《格兰莫尔的火》、《圣安东馆主》、《忍心》、《潮水涨落的地方》、《浮浪者》、《妇德》、《晚间的来客》、《祈祷》、《燎原》、《赌采》、《寒蝉》、《夫人》、《谁没有孩子呢》等94篇。

手与心
初版本封面（18.8厘米×13.2厘米）

守望莱茵河
初版本封面（17.3厘米×11.8厘米）

　　小说集。【英】恩盖尔等著。胡仲持译。1929年7月20日出版，印3000册。上海现代书局印行。

　　馆藏现代书局1929年7月初版，见唐弢文库。

　　初版本无序跋。内收《手与心》、《一套美丽的衣服》、《圣母的卖艺者》、《文学教员》、《残花》、《礼拜六的太阳光》、《上帝的声音》、《妖术》、《坎地亚的沈冤》、《她不是好人》、《审判》、《错投了胎》、《第一畦沟》、《圣诞节的新食品》、《百分之十》共15篇。

　　戏剧。【美】L.Hellman著。冯亦代译。民国三十四年（1945）五月初版。重庆美学出版社发行。中央印制厂重庆厂印刷。联营书店分发行。《海滨小集》之十四。

　　馆藏美学出版社1945年5月初版、新群出版社1947年申二版，见唐弢文库、冯亦代文库、图书大库。

　　初版本无序跋。作品共有3幕。

书的故事
初版本封面（18.3厘米×12.8厘米）

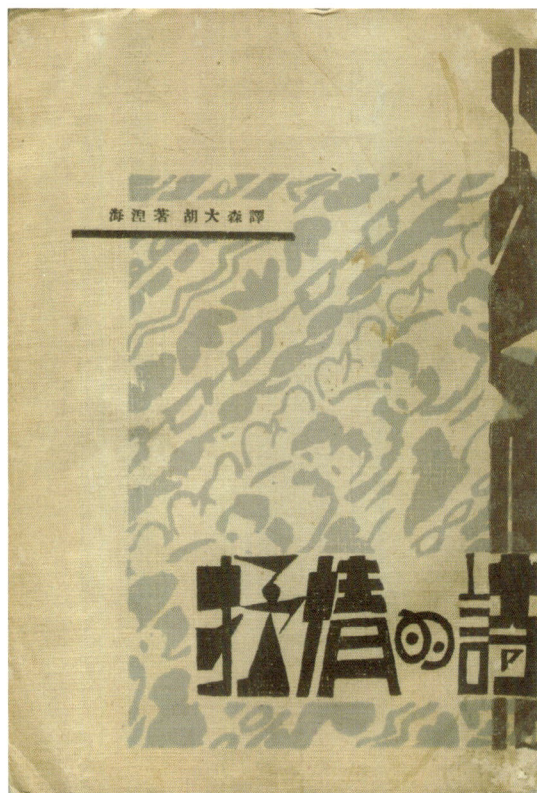

抒情的诗
初版本封面（18.9厘米×13.1厘米）

小说集。【苏】高尔基著。白澄译。民国三十年（1941）十月初版。重庆五十年代出版社印行。《五十年代翻译文库》之十一。

馆藏五十年代出版社1941年10月初版，见唐弢文库、图书大库。

初版本卷末有《译后记》。正文收《孤恋》、《他们怎样捉到塞马加》、《诗人》、《冤狱》、《魔鬼》、《圣人》、《书的故事》、《晨》、《费多尔·狄亚丁》共9篇。

诗歌集。【德】海涅著。胡大森译。民国十八年（1929）十月二十日初版。心弦书社出版。上海昆仑书店代发行。

馆藏心弦书社1929年10月初版，见唐弢文库。

初版本卷末有胡大森《写在后面》，内云："这六十几首情诗是海涅《歌集》（Buch der Lieder）里边的一小部份。"

初版本除《序诗》外共收65篇，无篇名。

淑 女
初版本封面（18.9厘米×12.9厘米）

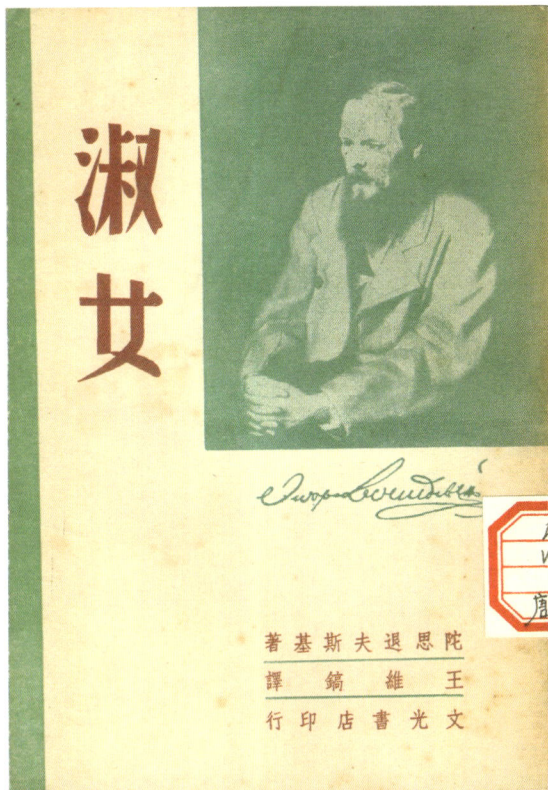

淑 女
初版本封面（18.1厘米×12.9厘米）

小说。【俄】杜思妥亦夫斯基著。何道生译。民国二十年（1931）六月初版。上海商务印书馆印行。

馆藏商务印书馆1931年6月初版、某版（版权页缺失，《世界文学名著》）、1935年2月国难后二版、1936年9月初版，见唐弢文库、图书大库。

初版本卷首有《原著者序》、《译者赘言》。作品共有10章。

小说集。【俄】陀思退夫斯基著。王维镐译。民国三十六年（1947）四月沪初版，印2000册。上海文光书店印行。联营书店、上海利群书报联合发行所分发行。《陀思退夫斯基选集》之一种。

馆藏文光书店1947年4月初版，见唐弢文库、图书大库。

初版本卷首有《原序》（著者）。正文收《淑女》、《女房东》共2篇。

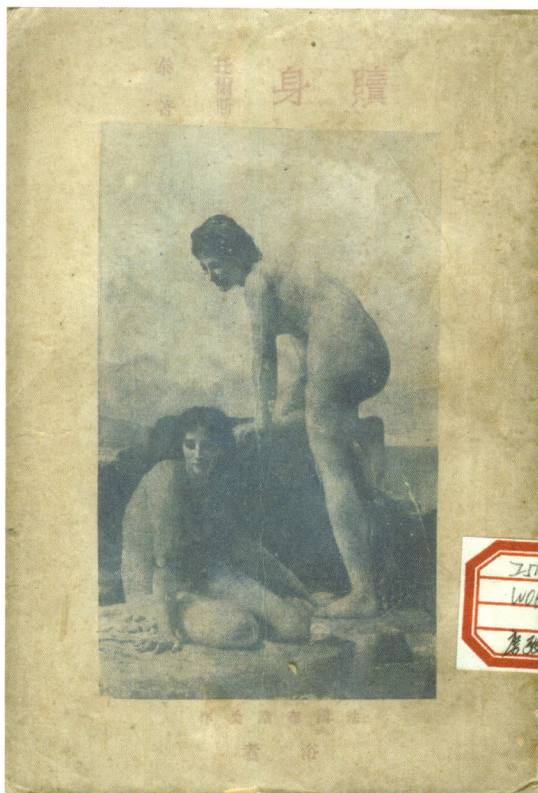

赎 身
初版本封面（18.6厘米×13.2厘米）

竖 琴
初版本封面（17.7厘米×12.4厘米）

戏剧。【俄】托尔斯泰著。凌汾译。民国十九年（1930）七月出版。译者自刊。上海美美公司寄售。

馆藏1930年7月初版，见唐弢文库。

初版本无序跋。作品共有2折。

小说集。【苏】E.札弥亚丁等著。鲁迅等译。1932年10月20日付排，1933年1月1日初版，印2000册。上海良友图书印刷公司印行。赵家璧编辑《良友文学丛书》之一。

馆藏良友图书印刷公司1933年1月初版、同年6月二版、同年11月三版、1935年12月四版，见唐弢文库、巴金文库、侯金镜文库、汝龙文库、吴组缃文库、图书大库。

初版本卷首有鲁迅《前记》，卷末有编者（鲁迅）《后记》。正文收《洞窟》、《老耗子》、《在沙漠上》、《果树园》、《穷苦的人们》、《竖琴》、《亚克与人性》、《星花》、《拉拉的利益》、《"物事"》共10篇。

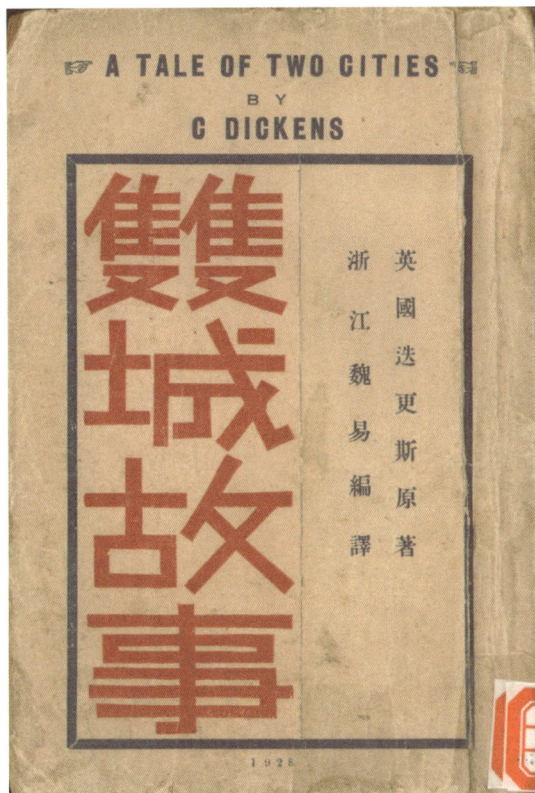

双城故事
1928年初版本封面（18.7厘米×13厘米）

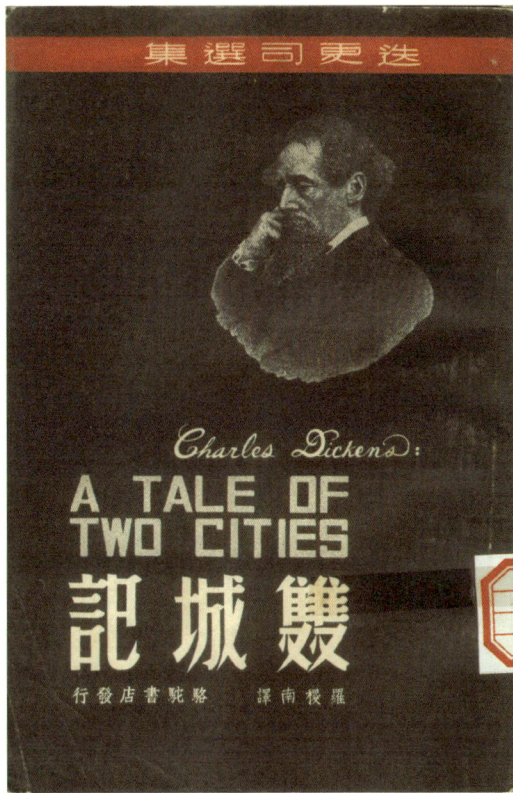

双城记
初版本封面（21.6厘米×14.6厘米）

　　小说。【英】迭更斯（正文作"迭更司"）著。魏易编译。民国十七年（1928）十月初版。译者自刊。

　　馆藏1928年10月初版、1933年3月初版（封面著者译名为"狄更斯"），见汝龙文库、图书大库。

　　初版本无序跋。作品有第一卷5章、第二卷24章、第三卷13章，共42章。

　　小说。【英】迭更司著。罗稷南译。民国三十六年（1947）五月初版，印2000册。上海骆驼书店印行。《迭更司选集》之一种。

　　馆藏骆驼书店1947年5月初版，见唐弢文库。

　　初版本无序跋。作品有第一部《复活》6章、第二部《金线》24章、第三部《暴风雨的踪迹》15章，共45章。

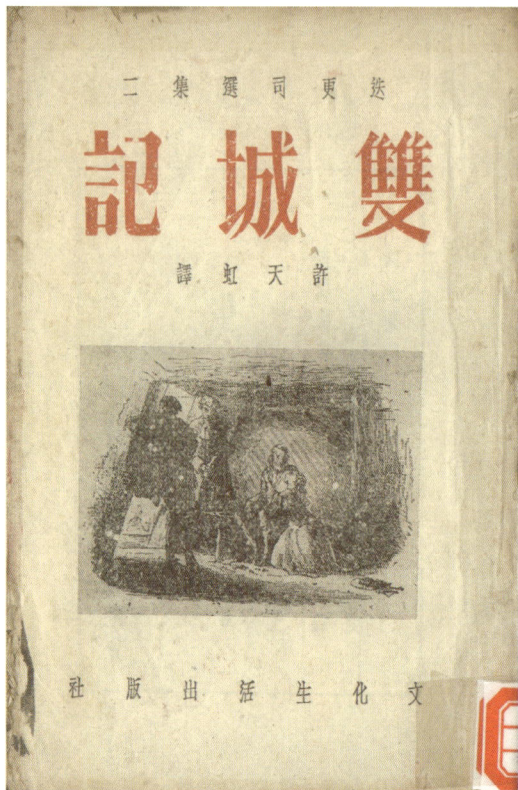

双城记（上）
初版本封面（18.6厘米×12.2厘米）

小说。【英】迭更司著。许天虹译。民国三十四年（1945）一月初版。文化生活出版社印行。《迭更司选集》之二，《译文丛书》之一种。

馆藏文化生活出版社1945年1月初版（中下册无藏），见汝龙文库。

初版本上册无序跋。上册作品有第一卷《复活》6章、第二卷《黄金的线》10章，共16章。

双雏泪
初版本封面（18.2厘米×12.6厘米）

小说。著者不详。包天笑编译。民国八年（1919）六月初版。上海商务印书馆印行。四集本《说部丛书》第三集之六十八。

馆藏商务印书馆1919年6月初版，见唐弢文库。

初版本无序跋。作品共有8章。

双冒丝
初版本封面（18.6厘米×12.8厘米）

小说。【英】爱迭斯著。南梦译。光绪三十四年（1908）四月望日初版。有正书局发行。时报馆印刷。

馆藏有正书局1908年（农历）4月初版，见唐弢文库。

本书为写情小说。初版本无序跋。作品共有10章。

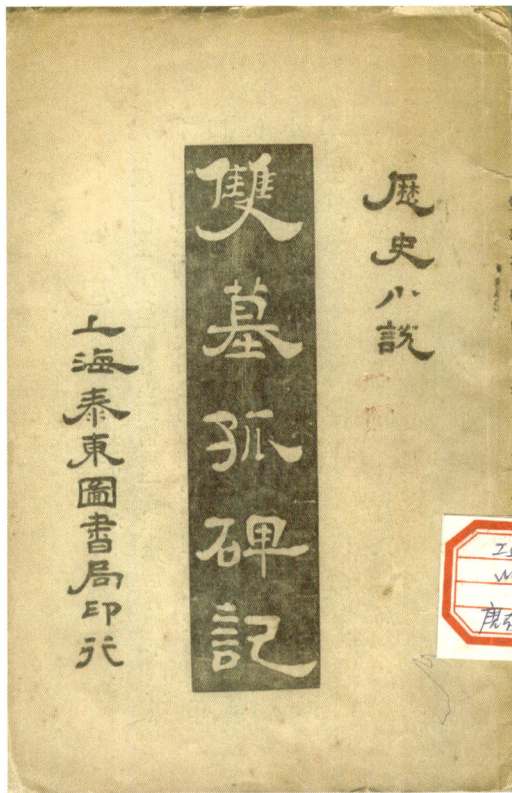

双墓孤碑记
初版本封面（18.9厘米×12.7厘米）

又名《两遗书》。小说。著者不详。沧海生译。民国六年（1917）五月二十日出版。上海泰东图书局印行。

馆藏泰东图书局1917年5月初版，见唐弢文库。

本书为历史小说。初版本无序跋。作品不分章节。

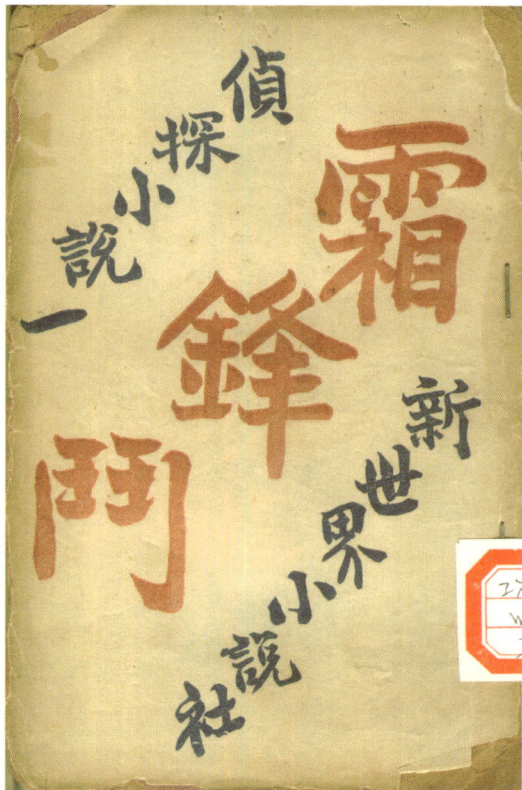

霜锋斗（一）
初版本封面（18.9厘米×12.9厘米）

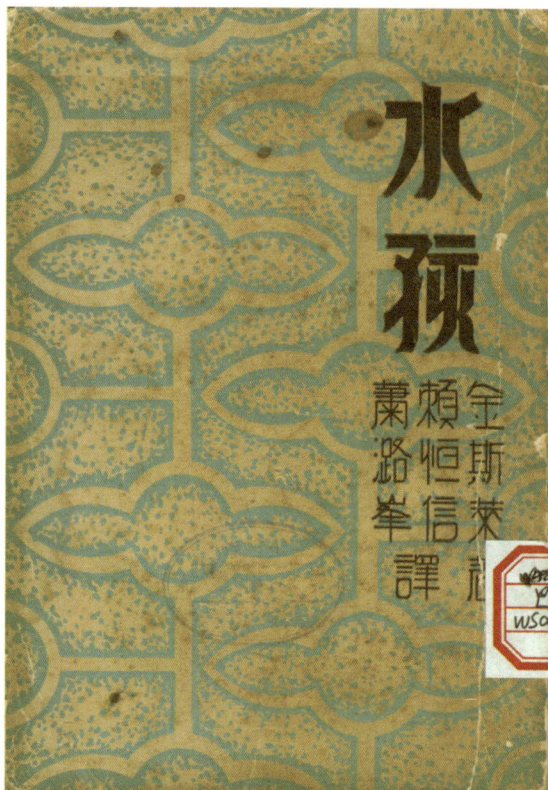

水 孩
初版本封面（18.8厘米×13.3厘米）

小说。【美】林拉伦著。步青译。光绪三十三年（1907）八月十五日印刷，二十五日发行。上海新世界小说社印行。

馆藏新世界小说社1907年（农历）8月初版，见唐弢文库。

本书为侦探小说。初版本无序跋。作品共有16章。

童话。【英】金斯莱著。赖恒信、萧潞峰译。民国二十一年（1932）一月初版。上海开明书店出版、总发行。上海美成印刷公司印刷。《世界少年文学丛刊·童话》之十八。

馆藏开明书店1932年1月初版，见巴金文库。

初版本卷首有顾均正《付印题记》，内云："《水孩》原书共八章，惟每章篇幅过长，不适于儿童阅读，本书特依据一个节略本重述，改短不重要的篇幅，增加段落，分为二十七章。"

水 仙
初版本封面（17.1厘米×12.9厘米）

水灾集
初版本封面（17.3厘米×11.8厘米）

诗歌、散文、戏剧集。【英】王尔德等著。朱维基、芳信译。1928年9月1日初版，印1500册。上海光华书局印行。

馆藏光华书局1928年9月初版，见唐弢文库。

初版本无序跋。内收《谎语的颓败》、《英国诗选》、《一瞬间的吟游歌人》、《印度情诗选》、《波特莱尔散文诗选》、《一个明媚的早晨》、《幽会》、《印笃拉神的判断》共8篇。

小说集。【法】左拉著。方稚周译。民国二十九年（1940）十月初版。长沙商务印书馆印行。

馆藏商务印书馆1940年10月初版、某版（版权页缺失），见唐弢文库。

初版本无序跋。内收《水灾集》、《衬托者》共2篇。

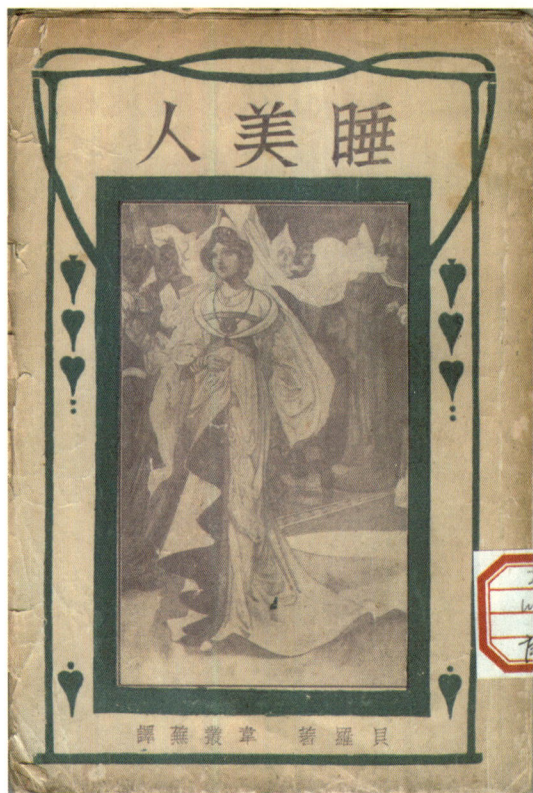

睡美人
初版本封面（19.6厘米×14厘米）

说部腋（一）
初版本封面（18.9厘米×12.9厘米）

童话集。【法】贝罗著。韦丛芜译。1929年7月出版。上海北新书局发行。

馆藏北新书局1929年7月初版，见唐弢文库。

初版本卷首有《故事——新的和旧的》。正文收《睡美人》、《蓝胡子》、《拇指汤姆》、《灰妞儿》、《女仙》、《着靴猫》、《里克特一撮毛》共7篇。

小说集。著者不详。饮冰子等译。新民丛报社社员编。光绪三十一年（1905）十月二十五日初版。新小说社印行。新民社活版部代印。

馆藏新小说社1905年（农历）10月初版，见唐弢文库。

初版本卷首有辑者《叙》。正文收《世界末日记》、《俄皇宫中之人鬼》、《白丝线》、《俾斯麦之狼狈》、《窃皇》、《百合花》、《窃贼俱乐部》共7篇。

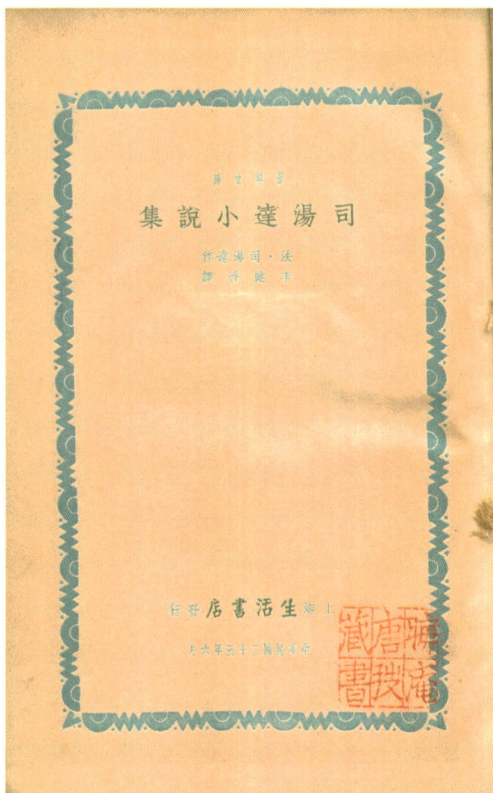

司汤达小说集
初版本扉页（精装本封面无书名。21.9厘米×14.2厘米）

　　【法】司汤达著。李健吾译。民国二十五年（1936）六月初版。上海生活书店发行。生活印刷所印刷。郑振铎主编《世界文库》之一种。

　　馆藏生活书店1936年6月初版，见唐弢文库、图书大库。

　　初版本卷首有李健吾《司汤达》。正文收《迷药》、《箱中人》、《费理拜·赖嘉勒》、《圣福朗且斯考教堂》、《法妮娜·法尼尼》、《贾司陶的女住持》共6篇。

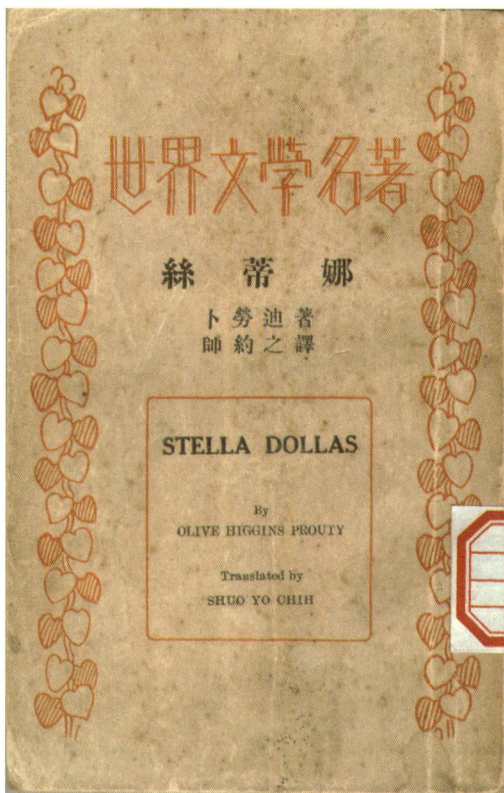

丝蒂娜
初版本封面（17.4厘米×11.6厘米）

　　小说。【美】卜劳迪著。帅约之译。民国三十年（1941）四月初版。长沙商务印书馆印行。《世界文学名著》之一种。

　　馆藏商务印书馆1941年4月初版，见唐弢文库。

　　初版本卷首有一樵《顾序》、约之《译者序》。作品共有24章。

斯达林格勒
初版本封面（17.8厘米×12.8厘米）

小说。【苏】V.涅克拉索夫著。李霁野译。民国三十七年（1948）九月沪初版。中苏文化协会编辑、发行。上海中兴出版社经售。《苏联长篇小说选》、曹靖华主编《中苏文化协会文学丛书》之一种。

馆藏中兴出版社1948年9月初版，见唐弢文库。

初版本无序跋。作品有第一部19章、第二部28章，共47章。

斯芬克斯之美人（上、中、下）
卷上初版本封面（18.5厘米×12.7厘米）

小说。【英】甘糜伦著。无闷居士译。光绪三十四年（1908）十月印行、初版。上海广智书局发行。

馆藏广智书局1908年（农历）10月初版，见唐弢文库。

初版本无序跋。作品除《楔子》外有卷上9章、卷中10章、卷下10章，共29章。

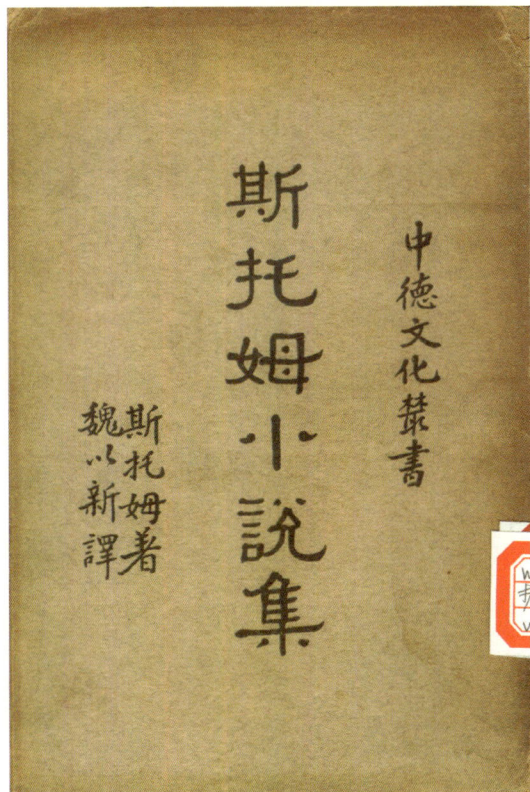

斯托姆小说集
初版本封面（19厘米×12.9厘米）

　　【德】斯托姆著。魏以新译。民国二十八年（1939）九月初版。长沙商务印书馆印行。中德学会编辑《中德文化丛书》之九。

　　馆藏商务印书馆1939年9月初版，见李辉英文库。

　　初版本卷首有《译者引言》。正文收《淹死的人》、《格利斯胡斯志》、《哈得斯雷本胡斯的婚礼》、《忏悔》共4篇。

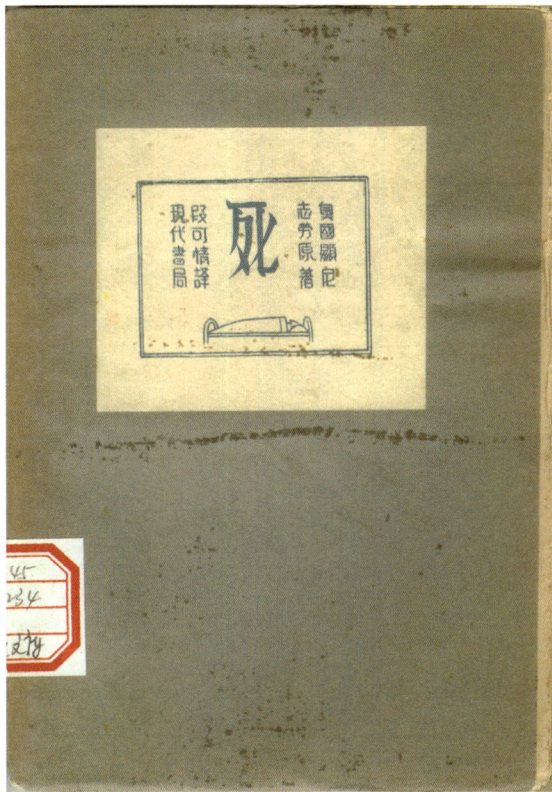

死
初版本封面（18.4厘米×13厘米）

　　小说。【奥】显尼志劳著。段可情译。1930年11月1日出版，印1000册。上海现代书局印行。

　　馆藏现代书局1930年11月初版、1933年4月二版，见唐弢文库、图书大库。

　　初版本卷末有可情《译后》。作品不标章次。

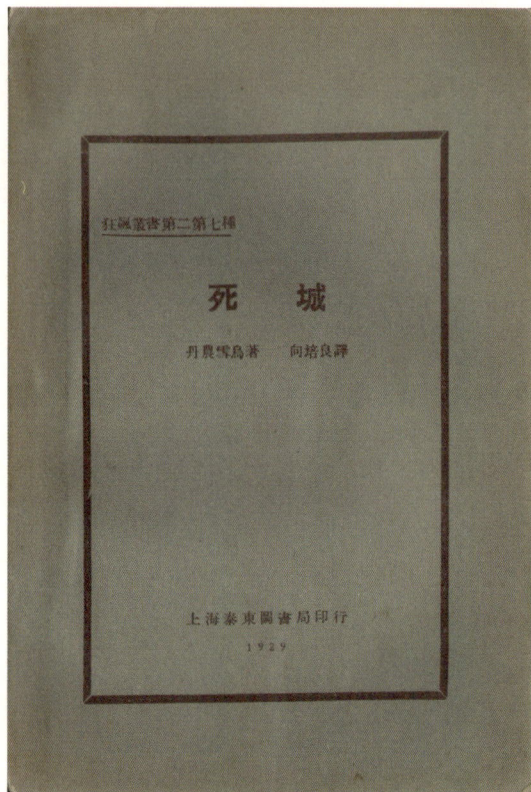

死 城
初版本封面（18.7厘米×13厘米）

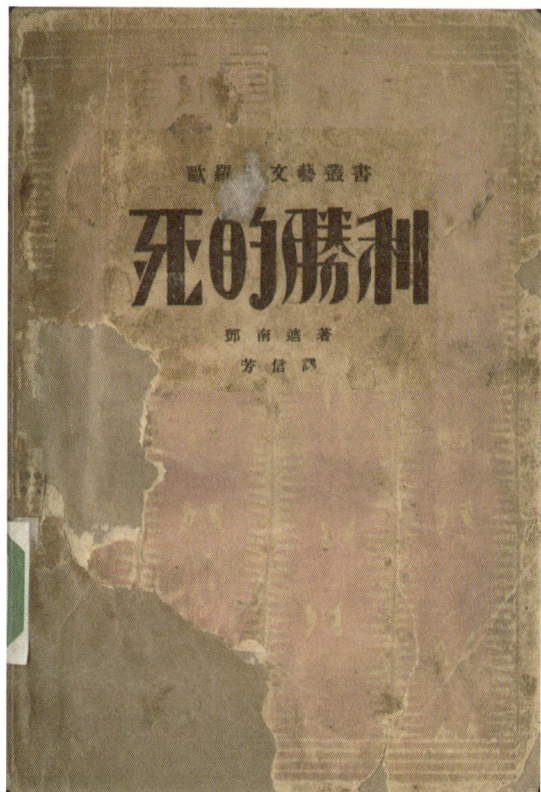

死的胜利
初版本封面（残。18.5厘米×13厘米）

戏剧。【意】丹农雪乌著。向培良译。民国十八年（1929）三月初版，印2000册。上海泰东图书局出版、总发行。泰东印刷所印刷。《狂飙丛书》第二辑之七。

馆藏泰东图书局1929年3月初版，见唐弢文库、巴金文库、图书大库。

初版本卷首有译者《引言》，卷末附有《安梯刚娜》、译者《杜斯的艺术》。作品共有5幕。

小说。【意】邓南遮著。芳信译。1932年9月付印，10月出版，印1500册。上海光华书局印行。《欧罗巴文艺丛书》之一种。

馆藏光华书局1932年10月初版，见图书大库。

初版本无序跋。作品有第一部《过去》7章、第二部《父家》10章、第三部《隐居》9章、第四部《新生》7章、第五部《破灭》9章、第六部《冥力》2章，共44章。

死的胜利
初版本封面（18.8厘米×13厘米）

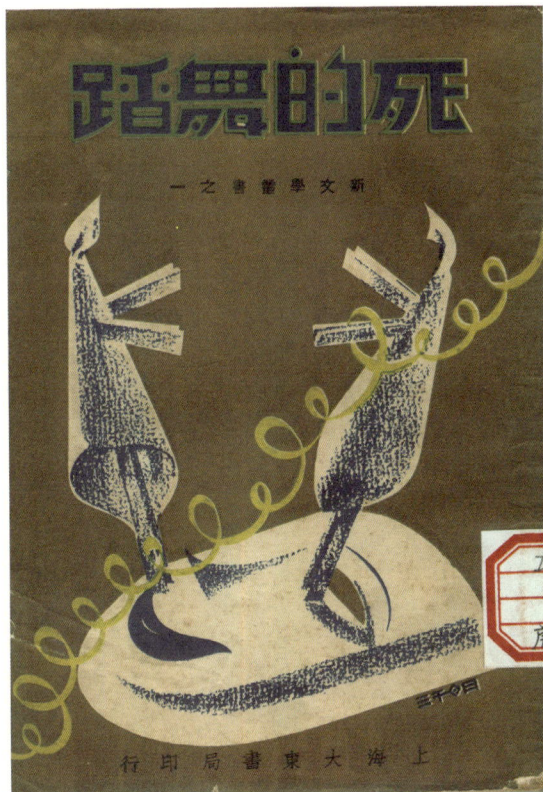

死的舞蹈
初版本封面（18.4厘米×13.1厘米）

　　小说。【意】丹农雪乌著。伍纯武译。民国二十年（1931）二月印刷、发行。上海中华书局印行。徐志摩主编《新文艺丛书》之一种。

　　馆藏中华书局1931年2月初版，见唐弢文库。

　　初版本无序跋。作品有第一部7章、第二部10章、第三部9章、第四部7章、第五部9章、第六部2章，共44章。

　　戏剧。【瑞典】史特林堡著。吴伴云译。民国二十三年（1934）四月初版。上海大东书局印行。《新文学丛书》之一种。

　　馆藏大东书局1934年4月初版，见唐弢文库。

　　初版本卷首有译者《史特林堡评传——代序》。作品有第一部4幕、第二部3幕，共7幕。

死的影
初版本封面（16.9厘米×12.2厘米）

小说。【亚美尼亚】A.Aharonian著。陈杏容译。1929年12月初版。上海远东图书公司印行。

馆藏远东图书公司1929年12月初版，见唐弢文库。

初版本卷首有《译者小言》。作品共有9章。

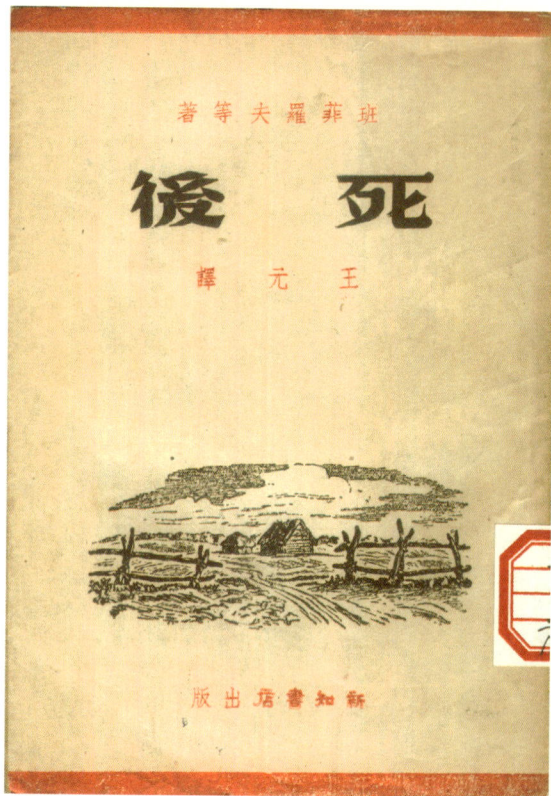

死 后
初版本封面（18.2厘米×12.9厘米）

小说集。【苏】F.班菲罗夫等著。王元译。民国三十三年（1944）三月初版，印2000册。中苏文化协会编译委员会编辑、发行。重庆新知书店出版、总经售。曹靖华主编《苏联文学丛书》之十一。

馆藏新知书店1944年3月初版，见唐弢文库。

初版本无序跋。内收《目睹记》、《乌克兰木屋里发生的事》、《母亲》、《战争的前夜》、《死后》、《西纽恒中尉》、《查佛龙科夫上校》共7篇。

死魂灵残稿
初版本封面（18.1厘米×12.7厘米）

死囚之末日
初版本封面（18.5厘米×13.3厘米）

小说。【俄】果戈理著。鲍群译。民国三十七年（1948）一月初版。上海东南图书公司印行。

馆藏东南图书公司1948年1月初版，见唐弢文库。

初版本卷末有《译后记》，内云："死魂灵第二部，比之第一部的写作，诚如鲁迅先生所说，在笔力上已经差得太远。因为果戈理一反先前写没落地主的作风，立志在第二部里，创造几个理想人物；然而写出来的形象，竟无生气，近于做作，也就无怪作者加以焚毁，其内心之懊丧，是可以想见的。"

初版本有残稿3章。

小说。【法】嚣俄著。邱韵铎译。1929年3月1日付排，5月15日初版，印2000册。上海现代书局印行。《展望丛书》之五。

馆藏现代书局1929年5月初版，见唐弢文库、图书大库。

初版本卷末有《译后——致读者诸君》。作品共有46章。

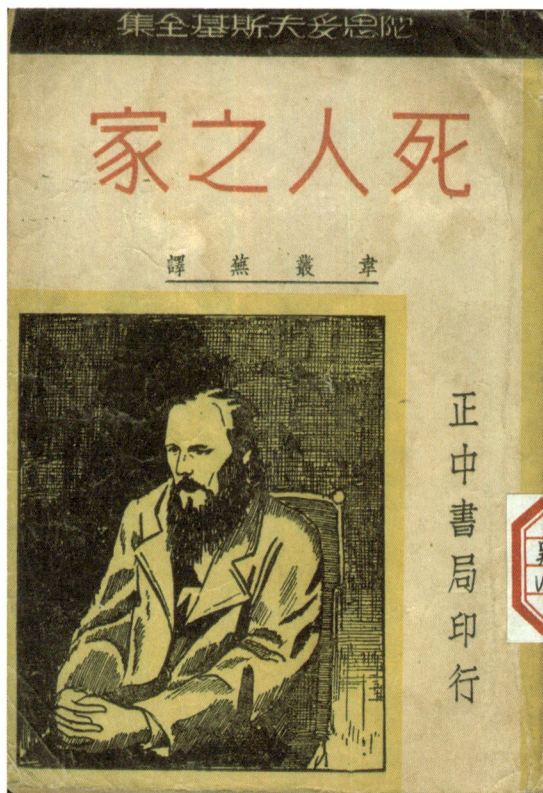

死人之家
初版本封面（17厘米×12.2厘米）

死人之屋（一）
初版本封面（18.4厘米×11.7厘米）

　　小说。【俄】陀思妥夫斯基著。韦丛芜译。民国三十六年（1947）十二月初版。正中书局印行。《陀思妥夫斯基全集》之一种。

　　馆藏正中书局1947年12月初版，见吴组缃文库。

　　初版本无序跋。作品除《引言》外有第一部11章、第二部10章，共21章。

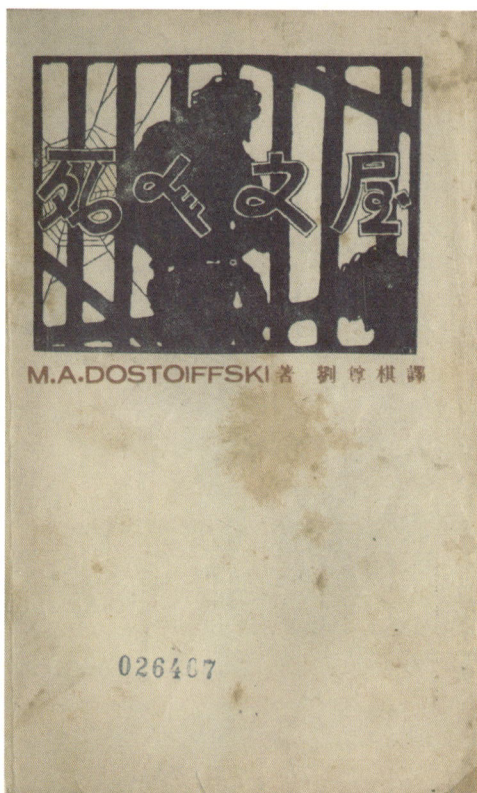

　　小说。【俄】杜斯朵逸夫斯基著。刘尊棋译。1931年3月1日出版，印1000册。译者自刊。北平世界日报印刷部代印。

　　馆藏1931年3月初版，见图书大库。

　　初版本卷首有《译者底话》。作品共有12章。

死虱党
初版本封面（18.8厘米×12.6厘米）

死屋手记
初版本封面（17.2厘米×12.5厘米）

　　小说。著者不详。李新甫、吴匡予译。民国五年（1916）十二月印刷，民国六年（1917）一月发行。上海中华书局印行。

　　馆藏中华书局1917年1月初版，见唐弢文库。

　　初版本无序跋。作品共有11章。

　　小说。【俄】陀司妥也夫斯基著。耿济之译。民国三十六年（1947）九月初版。开明书店印行。

　　馆藏开明书店1947年9月初版、1949年3月三版，见唐弢文库、管桦文库、汝龙文库、图书大库。

　　初版本无序跋。作品除第一卷《引言》外有第一卷11章、第二卷10章，共21章。

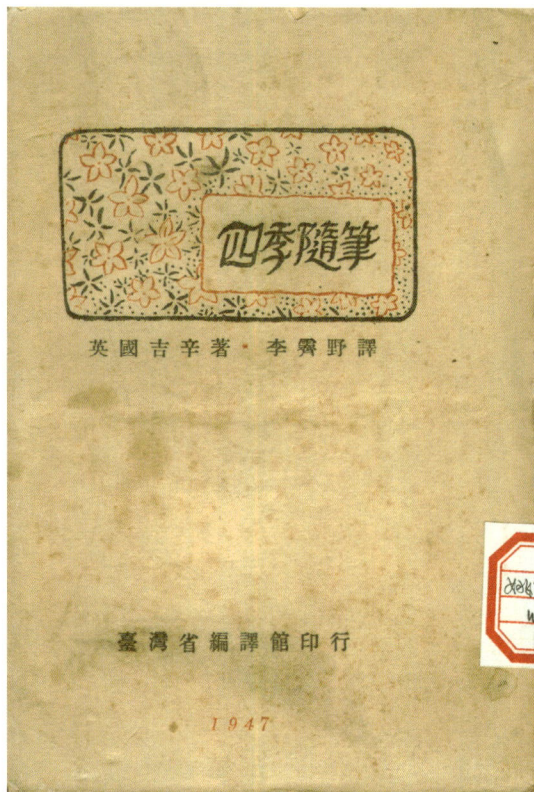

四季随笔
初版本封面（18.1厘米×12.7厘米）

散文。【英】吉辛著。李霁野译。1947年1月初版，印2050册。台湾省编译馆印行。精华印书馆代印。台湾书店总经售。《名著译丛》之一。

馆藏台湾编译馆1947年1月初版，见唐弢文库、姚雪垠文库、图书大库。

初版本卷首有G.G.《序》，卷末有译者《后记》。作品共有4章。

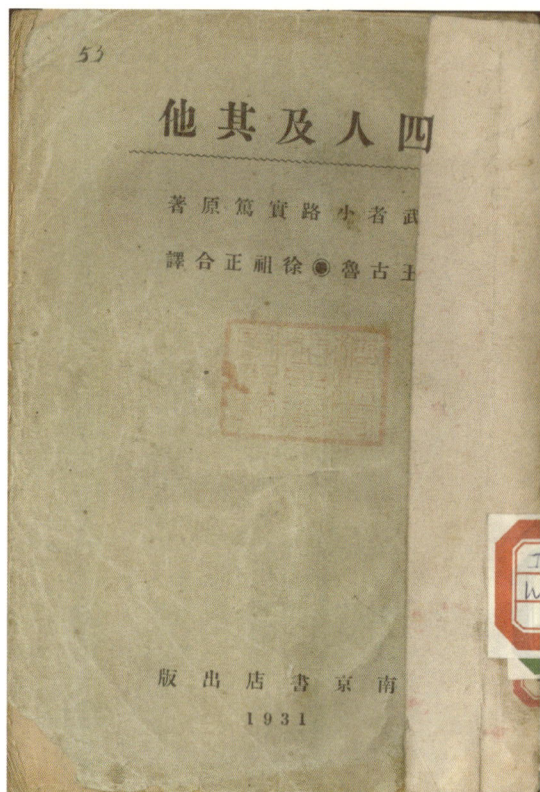

四人及其他
初版本封面（18.5厘米×13.1厘米）

戏剧集。【日】武者小路实笃著。王古鲁、徐祖正译。民国二十年（1931）八月出版。南京书店印行。

馆藏南京书店1931年8月初版，见图书大库。

初版本无序跋。内收《四人》、《张男的末日》、《一个家庭》、《婴儿杀戮中一小事件》、《养父》共5篇。

四十年代（上）
初版本封面（18.7厘米×13.3厘米）

小说。【苏】高尔基著。麦耶夫译。1931年1月10日初版，印1500册。上海联合书店出版。

馆藏联合书店1931年1月初版、1937年版（出版者不详），见唐弢文库、田仲济文库、图书大库。

初版本无序跋。作品共有9章。

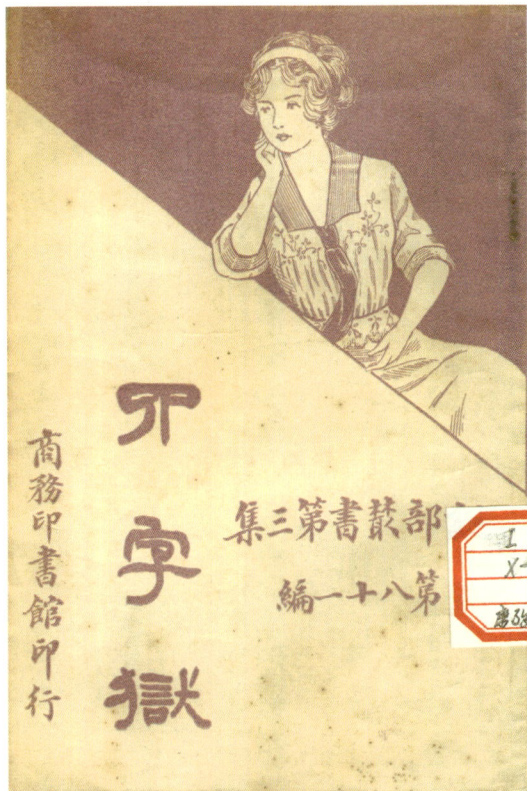

四字狱
初版本封面（18.2厘米×12.6厘米）

小说。著者不详。徐慧公编译。民国八年（1919）十月初版。上海商务印书馆印行。四集本《说部丛书》第三集之八十一。

馆藏商务印书馆1919年10月初版，见唐弢文库。

初版本无序跋。作品共有11章。

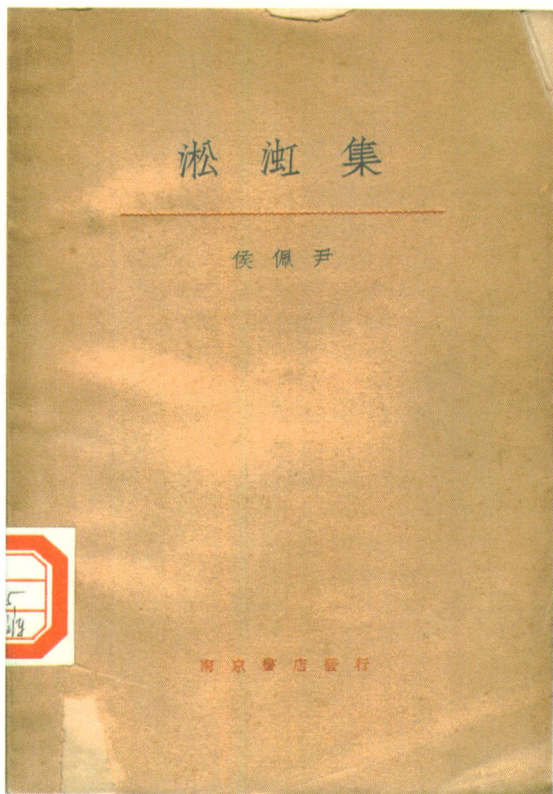

淞沤集
初版本封面（18.7厘米×13厘米）

苏俄民间故事
初版本封面（19.3厘米×14.4厘米）

诗歌集。【法】龙沙等著。侯佩尹译、著。民国二十年（1931）十月初版。南京书店发行。

馆藏南京书店1931年10月初版，见唐弢文库、图书大库。

初版本卷首有佩尹《序》，卷末有佩尹《后记》。正文分上、下卷，上卷收《寄人》、《伤逝》、《送花》、《君曾作何事》、《晚钟》、《玫瑰》、《真诚》、《湖》、《雄狼之死》、《有寄》、《邻帷》、《恋歌》、《愁》、《露西》、《口占答人问诗》等59篇译作，下卷收汉语创作29篇。

扉页、目录页、正文及版权页题《苏俄民间故事集》。童话集。【俄】阿发诺雪夫著。尼史本编。徐培仁译。民国十八年（1929）五月付刊，六月出版。上海三民公司印行。

馆藏三民公司1929年6月初版，见唐弢文库。

初版本卷首有R.尼史本·潘《小引》。正文收《金山》、《摩罗萨珂》、《飞船》、《一个大如你的拇指，髭须有二万四千五百英呎长的妖怪》、《皇子亚凡与一只不用教授的竖琴底故事》、《高高麟史孤的故事》、《去我所不知道去的地方，取我所不知道取的东西》、《喀斯马·克罗波盖梯》、《长生不老的美丽公主》、《范狸卡》、《田鸡公主》、《亚凡军官的两个儿子》、《原告的妇人》、《汤姆斯·彭尼珂夫》、《白鸭》等24篇。

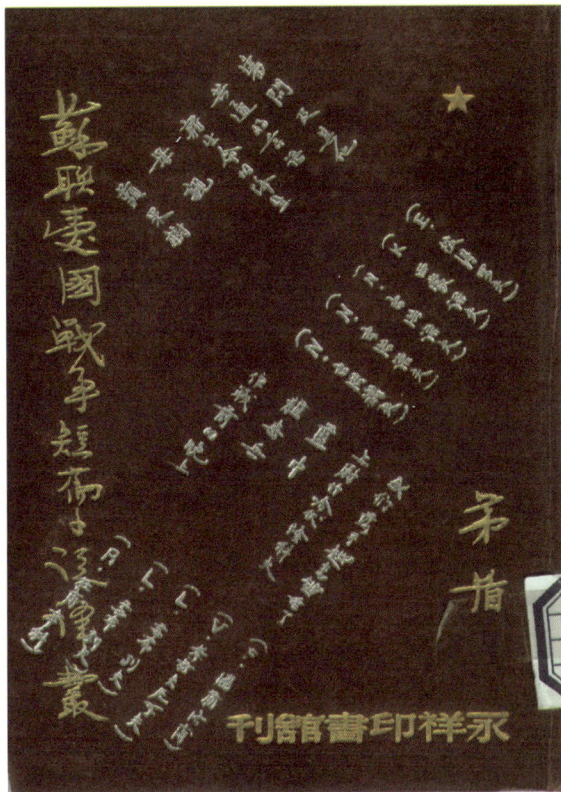

苏联卫国战争短篇小说译丛
初版本封面（18.8厘米×12.1厘米）

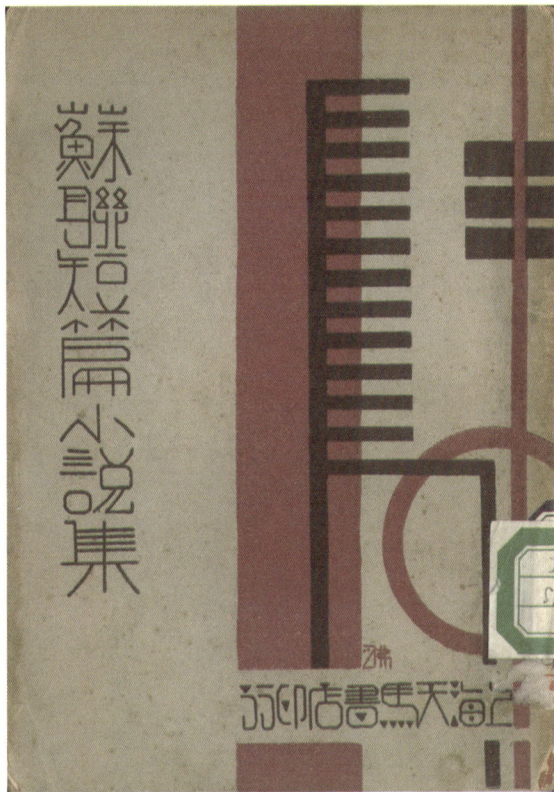

苏联短篇小说集
初版本封面（18.5厘米×13厘米）

　　E.彼得罗夫等著。茅盾译。民国三十五年（1946）十月初版。上海永祥印书馆印行。范泉主编《文学新刊》之一种。

　　馆藏永祥印书馆1946年10月初版，见唐弢文库。

　　初版本卷末有《后记》（译者）。正文收《审问及其他》、《共通的言语》、《新生命的降生》、《母亲》、《苹果树》、《我们落手越来越重了》、《上尉什哈伏隆科夫》、《蓝巾》、《狙击兵》、《作战前的晚上》共10篇。

　　高尔基等著。适夷译。民国二十二年（1933）五月初版、发行。上海天马书店印行。《国际文学丛刊》之一种。

　　馆藏天马书店1933年5月初版、1937年5月三版，见唐弢文库、图书大库。

　　初版本卷首有《译者前记》。正文收《一个人的出生》、《强果尔河畔》、《农夫》、《克罗波摩尔》、《信》、《光》、《斯拉汉的夜》、《工场的一天》、《尼基契娜的报告》共9篇。

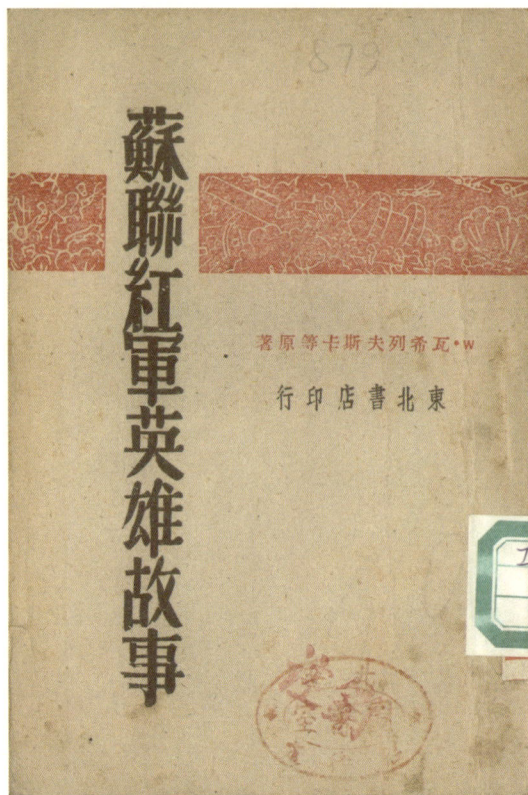

苏联红军英雄故事
初版本封面（18.2厘米×12.7厘米）

小说集。【苏】W.瓦希列夫斯卡等著。译者不详。民国三十六年（1947）五月东安出版，印5000册。东北书店出版、发行。东北印刷厂印刷。

馆藏东北书店1947年5月初版，见图书大库。

初版本无序跋。内收《党证》、《在敌人后方》、《十一小时》、《战斗的步兵团》、《第三个副官》、《勇士》、《侦探队长》、《一个女射击手》、《水下面的桥》、《海战》、《大海上的三昼夜》、《当他还是战斗员的时候》、《依里亚·库仁》、《敌后党的一个会议》、《丹娘》等21篇。

苏联女英雄
初版本封面（18.8厘米×12.9厘米）

小说集。【苏】B.拉甫纶由夫等著。中苏文化协会妇女委员会编译。民国三十六年（1947）五月初版，印2000册。生活书店发行。联营书店特约经售。

馆藏生活书店1947年5月初版、1948年8月东北初版（书名为《不屈的心》），见图书大库。

初版本无序跋。内收《不屈的心》、《她变成军官了》、《沙碧耶娃少校》、《队长之妻》、《从塔曼来的姑娘》、《左亚的真实生活》、《我的手册》、《不朽》、《玛丽亚·苏巴之死》、《她保卫列宁格勒》、《林中女战士》、《部队之女》共12篇。

苏联童话集
初版本封面（19.9厘米×18.5厘米）

童话。著者未署。适夷译。1932年12月20日初版，印2000册。上海良友图书印刷公司印行。

馆藏良友图书印刷公司1932年12月初版、惠民书店1949年9月初版（书名为《苏联著名童话集》，正文仍题《苏联童话集》，著者为邱孟先珂），见杨沫文库、图书大库。

初版本无序跋。作品共有8章。

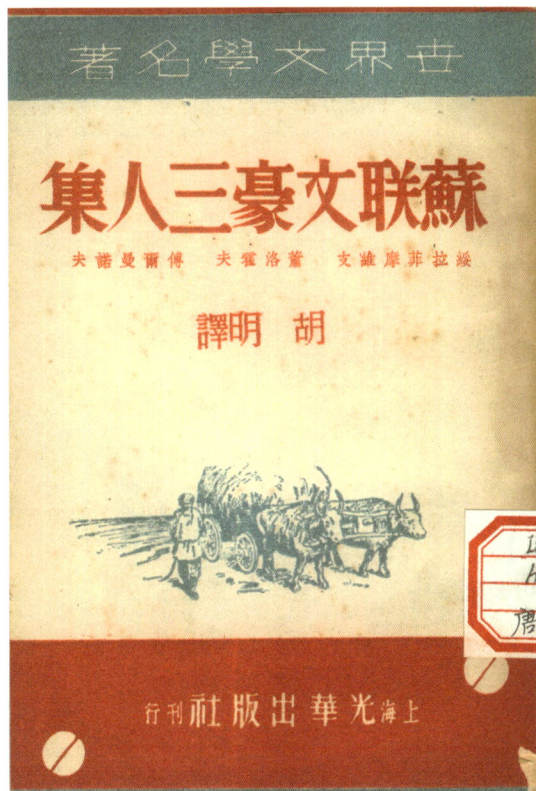

苏联文豪三人集
初版本封面（17.3厘米×12.2厘米）

小说集。绥拉菲摩维支等著。胡明译。民国三十五年（1946）二月初版。上海光华出版社印行。上海生活书店、上海光明书局总经售。《世界文学名著》之一种。

馆藏光华出版社1946年2月初版、同年6月增订初版（书名为《轨声》，译者为胡明、钱亮之）、1948年8月初版（书名为《三人集》）、1949年版（书名为《三人集》），见唐弢文库、图书大库。

"三人集"初版本无序跋。内收《铁路转辙手》、《果树的虫眼》、《海军陆战队》共3篇。

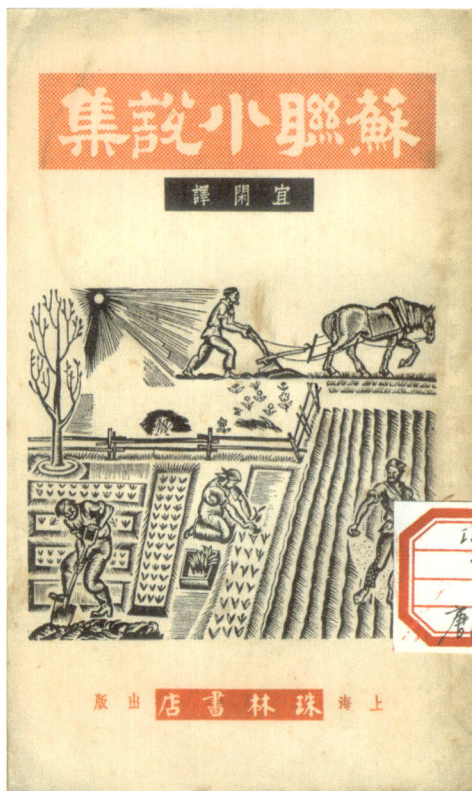

苏联小说集
初版本封面（16.9厘米×10.5厘米）

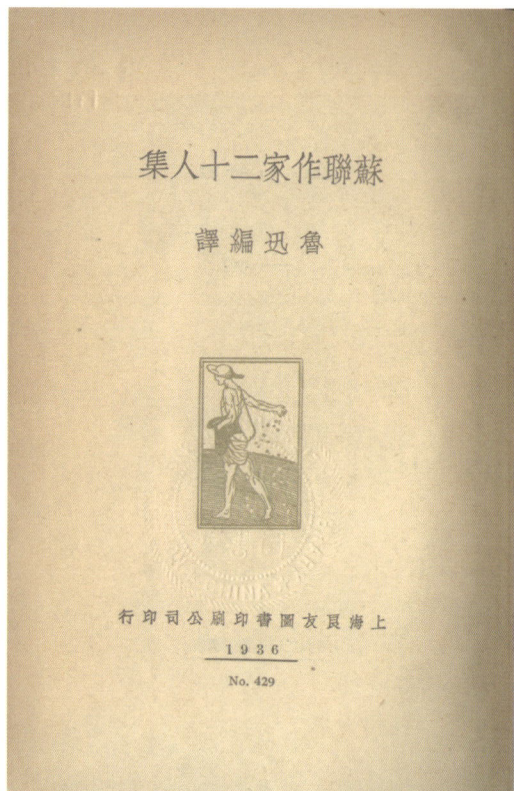

苏联作家二十人集
初版本扉页（精装本封面书名模糊。18.6厘米×12.3厘米）

　　M.高尔基等著。宜闲译。民国二十七年（1938）八月初版。上海珠林书店印行。

　　馆藏珠林书店1938年8月初版，见唐弢文库。

　　初版本无序跋。内收《鹰的歌》、《雾》、《一九三八年的鬼》、《侮辱》、《他要做英雄》、《左手》、《玛莎姑妈的家属》、《女儿》共8篇。

　　小说集。M.札弥亚丁等著。鲁迅等译。1936年7月30日初版，印1000册。上海良友图书印刷公司印行。《良友文学丛书》（特大本）之一种。

　　馆藏良友图书印刷公司1936年7月初版、1937年3月二版，见唐弢文库、李辉英文库、图书大库。

　　初版本卷首有鲁迅《前记》，卷末有《后记（一）》、编者（鲁迅）《后记（二）》。正文收《洞窟》、《老耗子》、《在沙漠上》、《果树园》、《穷苦的人们》、《竖琴》、《亚克与人性》、《星花》、《拉拉的利益》、《"物事"》、《苦蓬》、《肥料》、《铁的静寂》、《我要活》、《工人》等20篇。

苏联作家七人集
初版本封面（18.3厘米×12.2厘米）

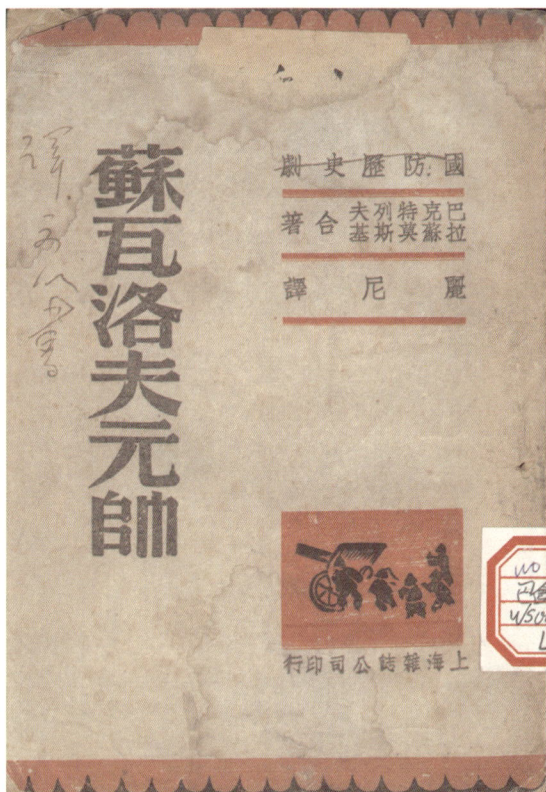

苏瓦洛夫元帅
初版本封面（18.1厘米×12.9厘米）

　　小说集。拉甫列涅夫等著。曹靖华译。1936年11月15日初版，印1500册。上海良友图书印刷公司印行。

　　馆藏良友图书印刷公司1936年11月初版、1937年4月二版，生活书店1939年8月改订初版、1947年10月胜利后二版，见唐弢文库、胡风文库、图书大库。

　　良友图书印刷公司初版本卷首有《鲁迅序》、靖华《序》，卷末附有《著者略历》。《序》云："《七人集》是从前未名社出版的《烟袋》与《第四十一》的合集。"

　　初版本收《第四十一》、《平常东西的故事》、《两个朋友》、《犯人》、《乡下老关于列宁的故事》、《黄金似的童年》、《幼儿》、《猪与柏琪嘉》、《和平，面包与政权》、《哑爱》、《贵妇人》、《澡堂》、《平常的事》、《带羽毛的帽子》、《委员会》共15篇。

　　戏剧。【苏】巴克特列夫、拉苏莫斯基合著。丽尼译。民国三十一年（1942）九月三十日出版，十月一日发行，印3000册。上海杂志公司印行。

　　馆藏上海杂志公司1942年9月初版、1949年7月一版，见巴金文库、图书大库。

　　本书为国防历史剧。初版本卷末有丽尼《后记》。作品除《序幕》外共有9幕。

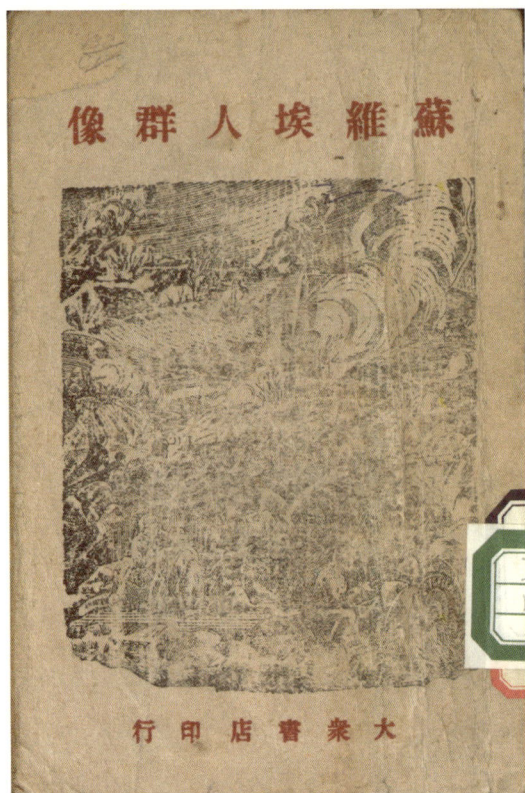

苏维埃人群像
初版本封面（17.9厘米×12.2厘米）

速 度
初版本封面（18.4厘米×13厘米）

小说集。【苏】铁霍诺夫等著。林陵等译。民国三十五年（1946）六月初版。大连大众书店出版、发行。大连共同印局印刷。大连新文化书店总经售。

馆藏大众书店1946年6月初版，见图书大库。

初版本无序跋。内收《伊凡·苏达廖夫的故事》、《苏维埃人群像》、《西伐斯托波尔人》、《海魂》共4篇。

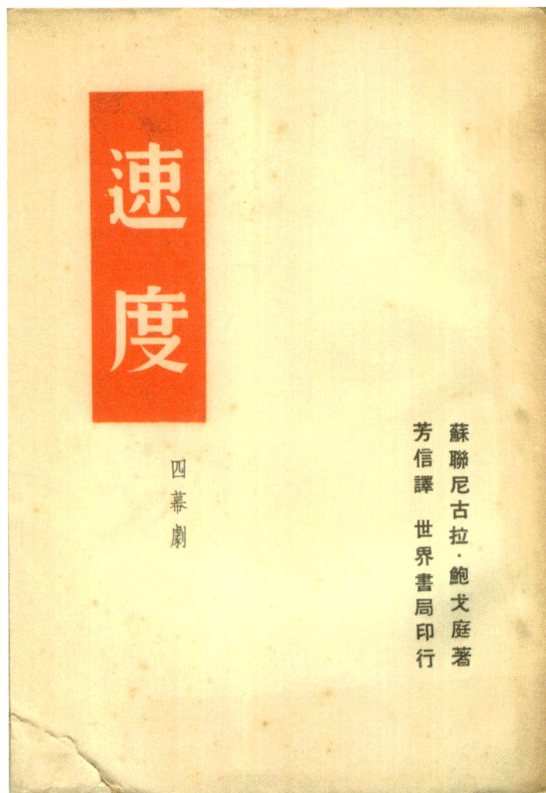

戏剧。【苏】尼古拉·鲍戈庭著。芳信译。民国二十八年（1939）九月初版。上海世界书局印行。

馆藏世界书局1939年9月初版，见唐弢文库。

初版本卷首有爱尔文·太尔玛基《〈速度〉英文本序言》。作品共有4幕。

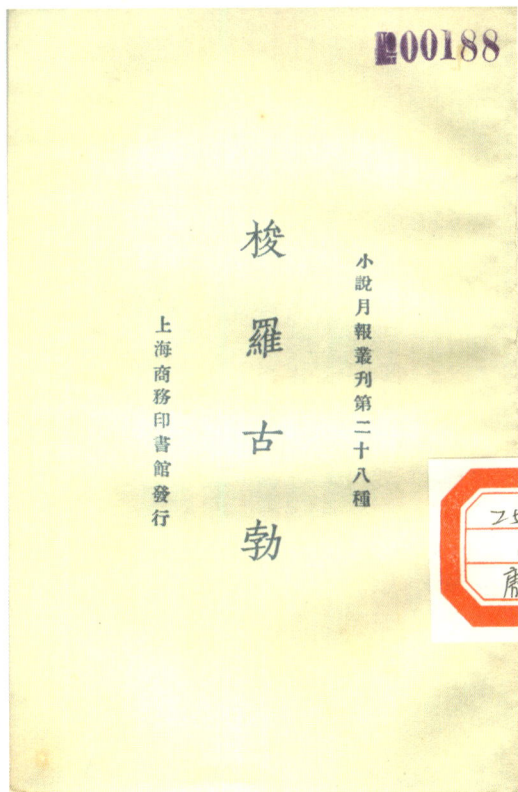

梭罗古勃
初版本封面（14.9厘米×10厘米）

小说集。【俄】梭罗古勃著。郑振铎、周建人译。民国十四年（1925）三月初版。上海商务印书馆印行。小说月报社编辑《小说月报丛刊》之二十八。

馆藏商务印书馆1925年3月初版，见唐弢文库、图书大库。

初版本卷首有【英】约翰科尔诺斯《菲陀尔梭罗古勃》。正文收《你是谁》、《微笑》、《白母亲》共3篇。

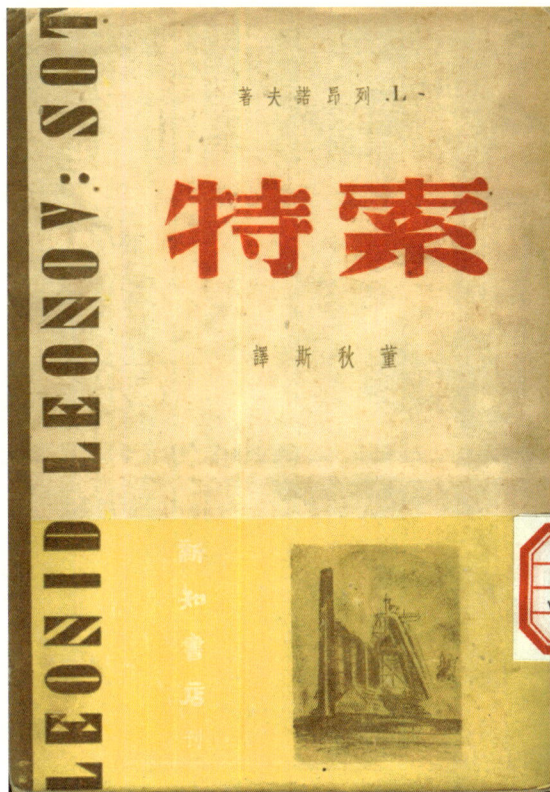

索 特
初版本封面（18厘米×13厘米）

小说。【苏】L.列昂诺夫著。董秋斯译。民国三十五年（1946）十月沪初版，印2000册。新知书店印行。联营书店经售。《新世纪文学译丛》之一种。

馆藏新知书店1946年10月初版，见唐弢文库、胡风文库、汝龙文库、邵荃麟文库、丁玲文库、图书大库。

初版本卷首有马克西木·高尔基《叙》，卷末有董秋斯《译后记》、《书中人物索引》。《译后记》云："《索特》是五年计画的小说，这是说，这一类的小说，不仅描写五年计画，也是为五年计画服务的。……以造纸厂的建设为背景，藉了心理分析的方法，绘出新与旧、城市与乡村的尖锐矛盾。"

初版本共有6章。

他人的酒杯
初版本封面（17.7厘米×12.5厘米）

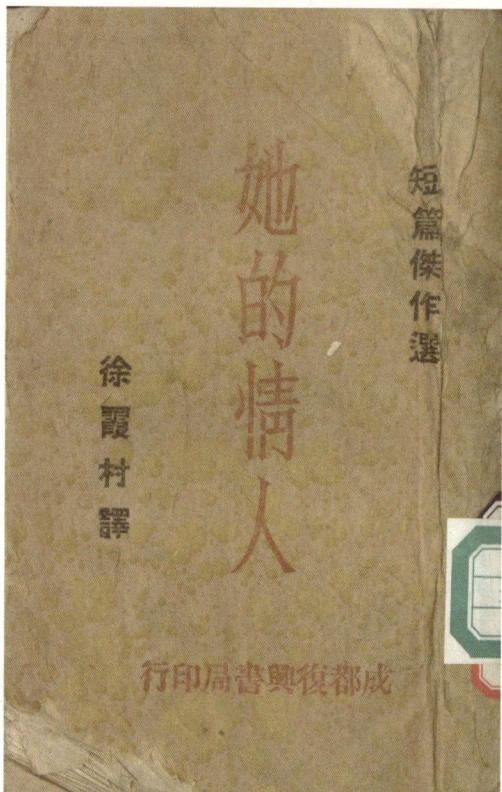

她的情人
初版本封面（17.7厘米×11.7厘米）

诗歌集。【英】W.Blake等著。石民译。1933年8月付排，10月初版。上海北新书局出版、发行。协记印局排印。《黄皮丛书》之六。

馆藏北新书局1933年10月初版，见唐弢文库。

初版本卷首有《序言》（译者）。正文收《野花之歌》、《爱之秘》、《病蔷薇》、《浑噩之占卜》、《从阴霾里，从阴霾里》、《囚人》、《歌》、《看上帝的面子呵……》、《阴雨天》、《箭与歌》、《登临》、《秋情诗》、《愉快的死者》、《将何言》、《回魂》等36篇。

小说集。【苏】高尔基等著。徐霞村译。民国三十一年（1942）十二月初版。成都复兴书局印行。成都北新书局总经售。

馆藏复兴书局1942年12月初版，见图书大库。

本书为《世界短篇杰作选》。初版本无序跋。内收《她的情人》、《筏上》、《一个哈叭狗的信》、《圣诞节的故事》、《打赌》、《洗澡》、《正当善慈》、《狗的哲学》、《无神者之弥撒》、《绝望女》、《乡村的武士》、《"嘴上生着花的人"》、《一场把戏》、《唐人街的故事》、《怀托尔斯泰》共15篇。

她的肖像
初版本封面（19厘米×13厘米）

原名《久远之像》。小说。【日】加藤武雄著。叶作舟译。民国二十年（1931）一月出版。上海开华书局印行。《新时代文艺丛书》之一。

馆藏开华书局1931年1月初版，见巴金文库。

初版本卷首有《张资平先生序》、《译者序》。作品共有36章。

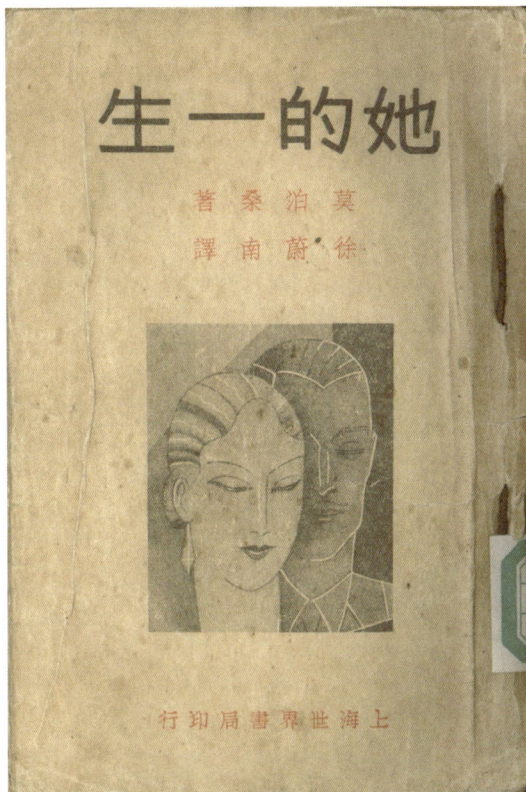

她的一生
初版本封面（18.8厘米×12.9厘米）

小说。【法】莫泊桑著。徐蔚南译。民国二十年（1931）五月印刷、出版。上海世界书局印行。

馆藏世界书局1931年5月初版、1946年12月新一版，见图书大库。

初版本无序跋。作品共有14章。

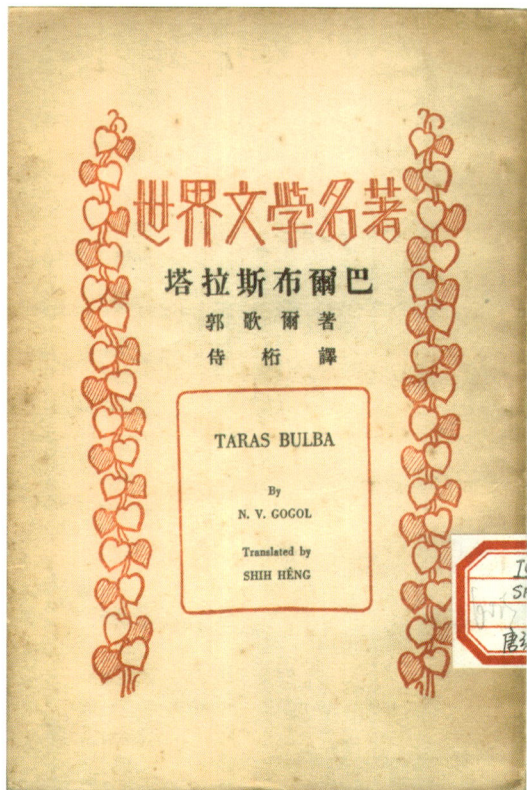

塔拉斯布尔巴
初版本封面（19.1厘米×13.2厘米）

　　小说。【俄】郭歌尔著。侍桁译。民国二十三年（1934）四月初版。上海商务印书馆印行。《世界文学名著》之一种。

　　馆藏商务印书馆1934年4月初版，见唐弢文库、图书大库。

　　初版本卷首有《译者小引》。作品共有12章。

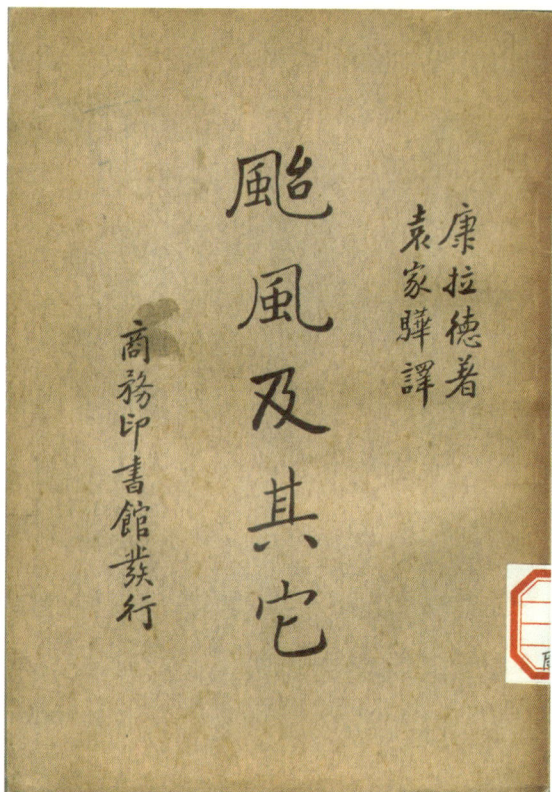

台风及其它
初版本封面（21.3厘米×15.2厘米）

　　小说集。【英】康拉德著。袁家骅译。民国二十六年（1937）一月初版。中华教育文化基金董事会编译委员会编辑。上海商务印书馆印行。

　　馆藏商务印书馆1937年1月初版，见唐弢文库、图书大库。

　　初版本卷首有《译者附记》、J.C.《作者序言》，卷末附有康拉德《再过一天》（根据《明朝》故事改编之独幕剧）、《〈康拉德全集〉分类目录》、《康拉德评传书目》。正文收《台风》、《阿媚·福丝特》、《福克：一个回忆》、《明朝》共4篇。

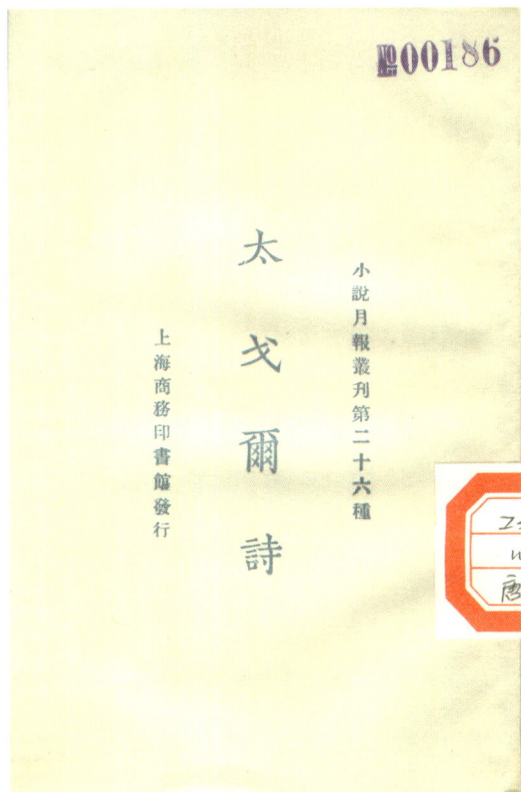

太戈尔诗
初版本封面（14.9厘米×10厘米）

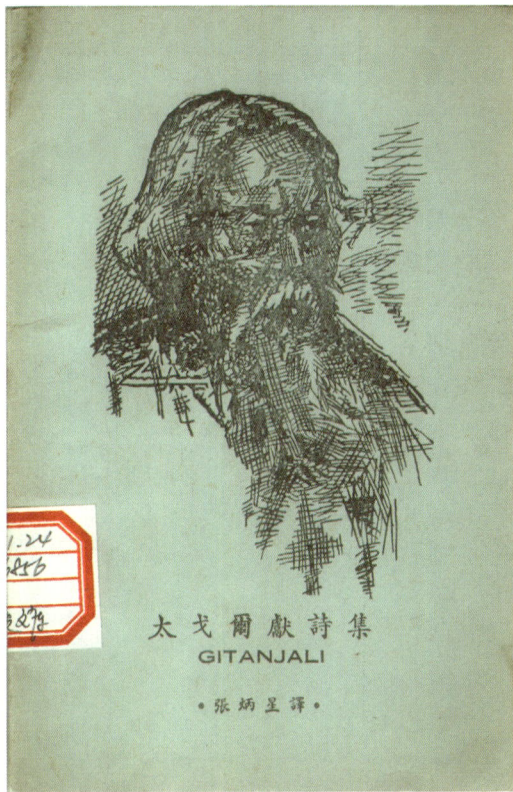

太戈尔献诗集
初版本封面（17.6厘米×11.9厘米）

诗歌集。【印】太戈尔著。郑振铎等译。民国十四年（1925）三月初版。上海商务印书馆印行。小说月报社编辑《小说月报丛刊》之二十六。

馆藏商务印书馆1925年3月初版，见唐弢文库、图书大库。

初版本无序跋。内收《园丁集》15篇、《爱者之贻》20篇、《歧路》20篇、《迦檀吉利》11篇、《采果集》19篇、《世纪末日》5篇，共90篇。

【印】太戈尔著。张炳星译。民国三十四年（1945）八月初版。译者自刊。中国日报社承印。

馆藏1945年8月初版，见唐弢文库。

初版本卷首有张炳星《译者序——谈〈太戈尔献诗集〉》，内云："这些诗是在太戈尔丧妻丧子，最悲痛的时候写来安慰他的心的，全书无异一本灵魂呼吁录，情真语挚，如泣如诉，极为沈痛动人。"

初版本共收103篇，无篇名。

太阳的孩子们
初版本封面（18.8厘米×13.2厘米）

戏剧。【苏】高尔基著。贺知远译。1936年11月20日初版，印3000册。高尔基书店出版。《高尔基戏曲集》之一。

馆藏高尔基书店1936年11月初版，见唐弢文库、图书大库。

初版本卷首有贺知远《一个伟大的精神的纪念品——写在〈太阳的孩子们〉中译本的前面》。作品共有4幕。

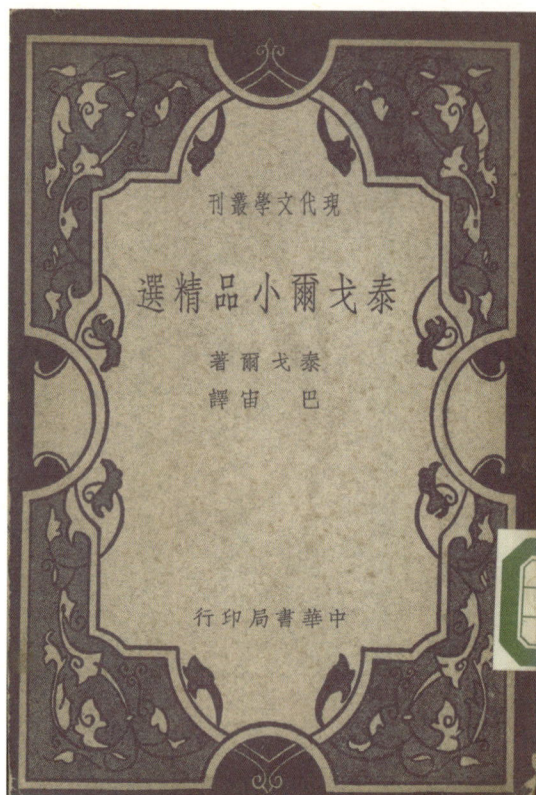

泰戈尔小品精选
初版本封面（18.2厘米×12.7厘米）

小说集。【印】泰戈尔著。巴宙译。民国三十五年（1946）十月初版、发行。上海中华书局印行。《现代文学丛刊》之一种。

馆藏中华书局1946年10月初版，见图书大库。

初版本卷首有巴宙《译者序》。正文收《归去》、《卖果人》、《拉羊觉尔的老爷们》、《信徒》、《编辑》、《夜》、《邮政局长》、《舅母》、《自由》、《碎缨》共10篇。

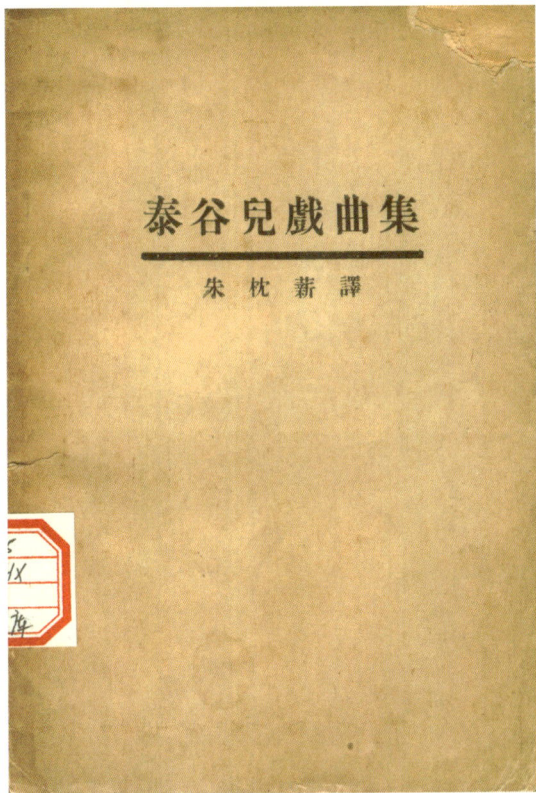

泰谷儿戏曲集（一）
初版本封面（18.8厘米×13.1厘米）

　　【印】泰谷儿著。朱枕薪译。1923年7月初版，印2000册。译者自刊。《新中国丛书》之一种。

　　馆藏1923年7月初版，见唐弢文库、图书大库。

　　初版本无序跋。内收《隐士》、《国王与王后》共2篇。

泰赖波尔巴
初版本封面（18.6厘米×13厘米）

　　小说。【俄】尼古拉·华赛里维奇·戈果里著。顾民元、杨汁译。民国二十二年（1933）五月初版。南京书店发行。

　　馆藏南京书店1933年5月初版，见唐弢文库。

　　初版本卷末有民元《译后记》。作品共有12章。

泰西古剧（上、中、下）
初版本封面（18.5厘米×12.6厘米）

泰西说苑
初版本封面（18.8厘米×12.7厘米）

　　故事集。剧著者不详，【英】达威生编。林纾、陈家麟译。民国九年（1920）五月初版。上海商务印书馆印行。四集本《说部丛书》第三集之九十一。

　　馆藏商务印书馆1920年5月初版、某版（无版权页，《林译小说》第二集），见唐弢文库、图书大库。

　　初版本无序跋。全书收《椟盗》、《鹿缘》、《狱圆》、《梦魇》、《风婚》、《湖灯》、《刺蛊》、《鸩儿》、《危婚》、《鬼弄》、《佣误》、《烹情》、《剧杀》、《情哄》、《情謇》等31篇。

　　原名《五十名史》。小说集。【美】乾姆斯著。镜乙译。光绪三十年（1904）七月印刷、发行。上海通社、启文社联合发行。上海中新活版部印刷。

　　馆藏通社暨启文社1904年（农历）7月初版，见唐弢文库。

　　初版本无序跋。内收《海盗寇英伦》（2篇）、《英王游海滨》、《惠林姆三子》、《白舟之厄》、《约翰与老僧》、《六屏火特小史》、《勃勒斯与蜘蛛》、《黑将军》、《咖失姆之羊》、《独屏之奇计》、《堤河磨谷者》、《腓立》、《瑞典与台五斯之战》、《亨翻来乾而勃脱》、《赖雷》等50篇。

贪夫殉财记（上、下）
上册初版本封面（19厘米×13.2厘米）

小说。【英】培诺德著。沈步洲译。民国二十年
（1931）五、九月初版。北平文化学社印行。

馆藏文化学社1931年5、9月初版，见图书大库。

初版本无序跋。作品有第一卷14章、第二卷6章、
第三卷6章、第四卷10章、第五卷13章，共49章。

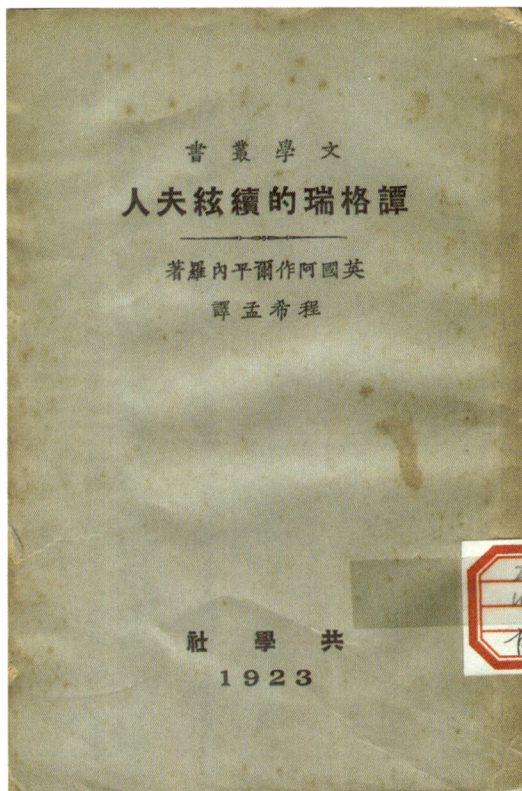

谭格瑞的续弦夫人
初版本封面（18.9厘米×13厘米）

戏剧。【英】阿作尔·平内罗著。程希孟译。民
国十二年（1923）一月初版。上海商务印书馆印行。
共学社《文学丛书》之一种。

馆藏商务印书馆1923年1月初版、某版（版权页缺
失，《世界文学名著》），见唐弢文库。

初版本卷首有希孟《序》，内云："《谭格瑞的
续弦夫人》是近代一篇有名的悲剧。这剧共分四幕，
剧中的主要人物是谭格瑞·陂拉，背景是英国的社会
情形，焦点在婚姻问题，又因这问题不是单纯的，所
以关于爱恋家庭宗教社会各方面都有深切有味的描
写。"

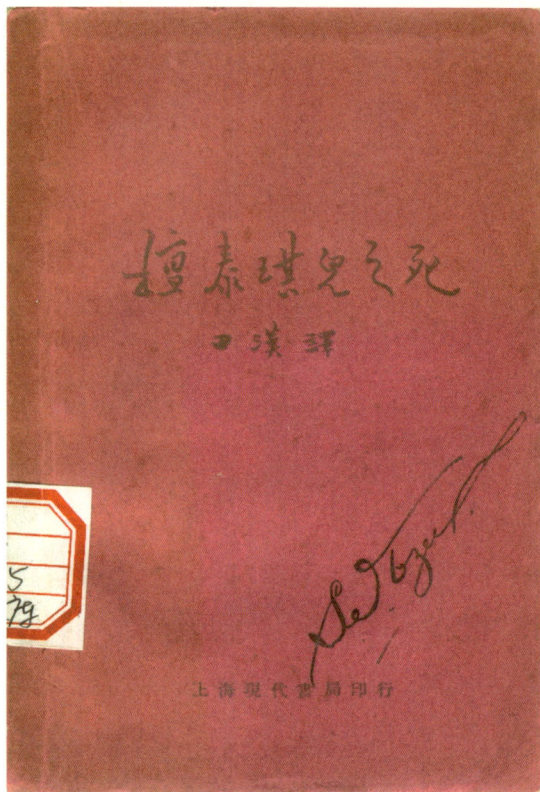

檀泰琪儿之死
初版本封面（15.8厘米×11.2厘米）

　　戏剧集。【比】梅特林等著。田汉译。1929年6月1日出版，印2000册。上海现代书局印行。

　　馆藏现代书局1929年6月初版，见唐弢文库。

　　初版本卷首有田汉《序》。正文收《檀泰琪儿之死》、《骑马下海的人们》、《最后的假面》共3篇。

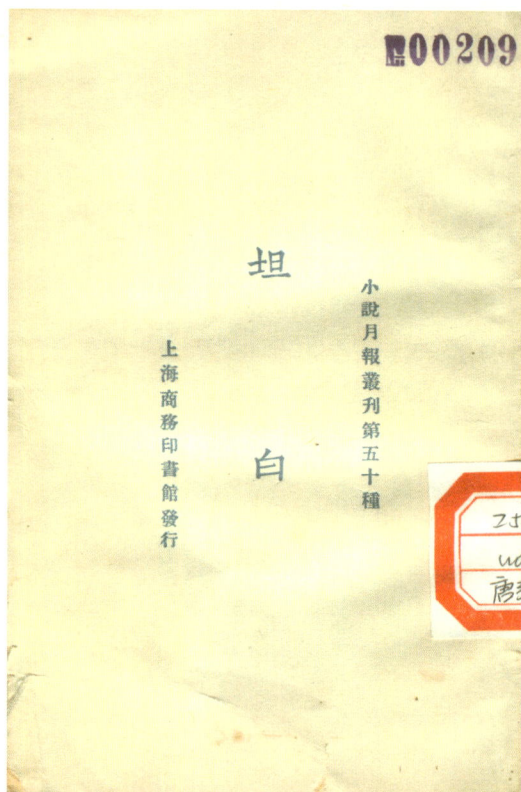

坦　白
初版本封面（14.9厘米×10.1厘米）

　　小说。【法】佛罗贝尔著。沈泽民译。民国十四年（1925）四月初版。上海商务印书馆印行。小说月报社编辑《小说月报丛刊》之五十。

　　馆藏商务印书馆1925年4月初版，见唐弢文库、图书大库。

　　初版本卷末附有沈雁冰《佛罗贝尔》。作品共有5章。

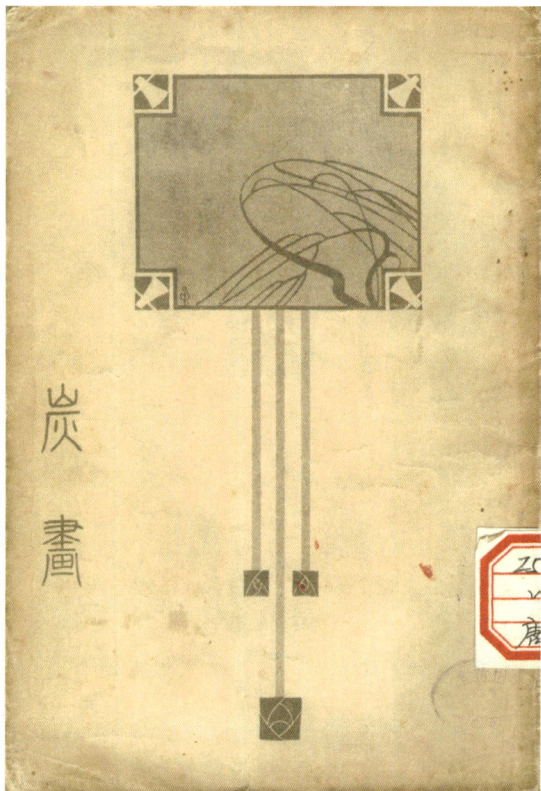

炭　画
文明书局初版本封面（18.9厘米×13.2厘米）

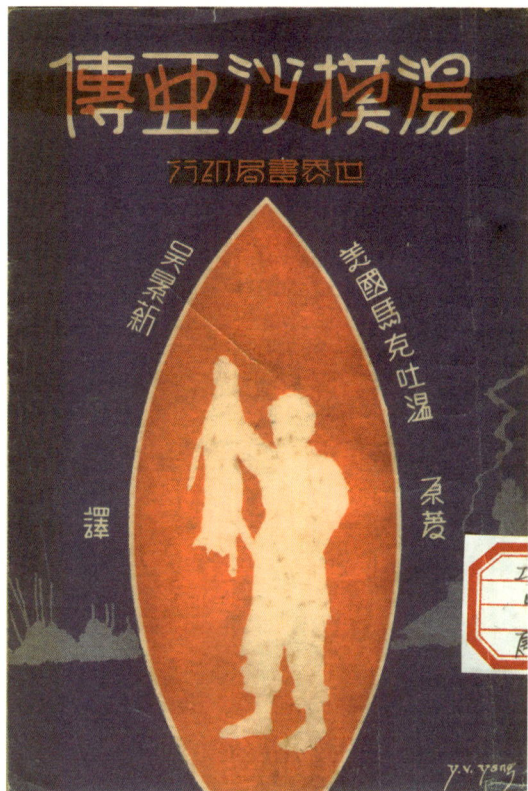

汤模沙亚传（上、下）
上册初版本封面（18.6厘米×12.8厘米）

　　小说。【波兰】显克微支著。周作人译。民国三年（1914）四月初版。上海文明书局印行。

　　馆藏文明书局1914年4月初版，北新书局1926年8月初版、同年11月二版，见唐弢文库、巴金文库、艾芜文库、许杰文库、姚雪垠文库。

　　文明书局初版本卷首有译者《小引》。作品除《结末》外共有11章。

　　小说。【美】马克吐温著。吴景新译。民国二十二年（1933）三月印刷、出版。上海世界书局印行。《世界少年文库》之二十九。

　　馆藏世界书局1933年3月初版，见唐弢文库。

　　初版本无序跋。作品除《结论》外有上册19节、下册16节，共35节。

汤姆莎耶
初版本封面（19厘米×13.4厘米）

小说。【美】马克吐温著。月祺译。民国二十一年（1932）四月初版、发行。上海开明书店出版、总发行。上海美成印刷公司印刷。《世界少年文学丛刊》之一种。

馆藏开明书店1932年4月初版、1946年11月三版，见唐弢文库、巴金文库、姚雪垠文库。

初版本卷首有赵景深《马克吐温》、马克·吐温《原序》。作品除《尾声》外共有36章。

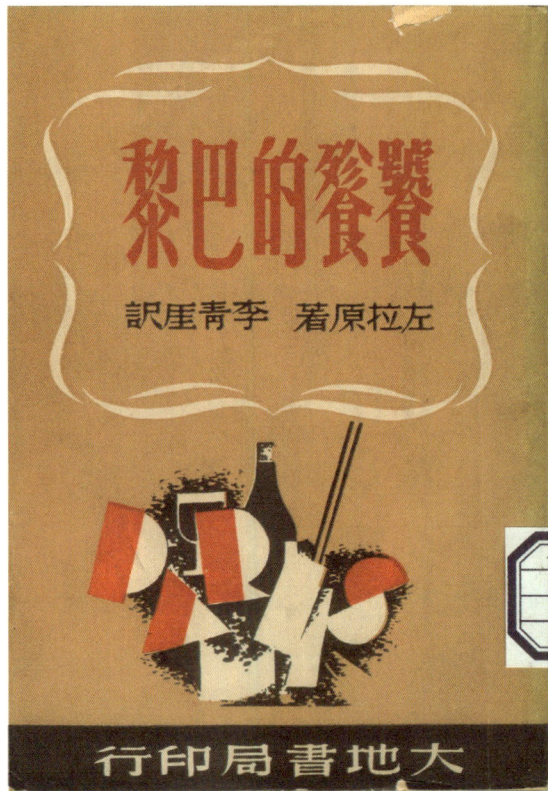

饕餮的巴黎
初版本封面（18.2厘米×13厘米）

小说。【法】左拉著。李青崖译。民国三十六年（1947）十一月初版。上海大地书局印行。《世界文学名著》之一种。

馆藏大地书局1947年11月初版，见唐弢文库。

初版本卷首有青崖《题记在译文之前》。作品共有6章。

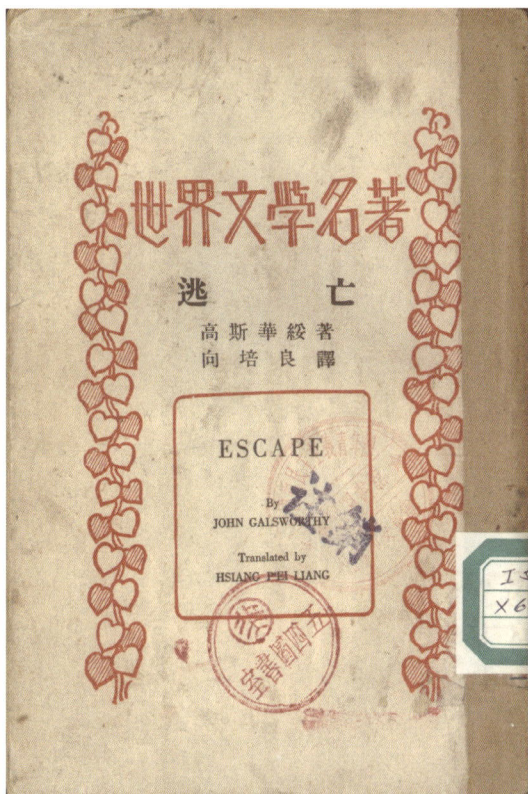

逃 亡
初版本封面（19厘米×13厘米）

戏剧。【英】高斯华绥著。向培良译。民国二十六年（1937）二月初版。上海商务印书馆印行。《世界文学名著》之一种。

馆藏商务印书馆1937年2月初版，见唐弢文库、图书大库。

初版本卷首有向培良《译序》。作品除《序幕》外共有2部（幕）。

桃大王因果录（上、下）
初版本封面（18.5厘米×12.6厘米）

小说。【英】参恩著。林纾、陈家麟译。民国七年（1918）十一月初版。上海商务印书馆印行。四集本《说部丛书》第三集之五十七。

馆藏商务印书馆1918年11月初版、1921年10月三版（四集本《说部丛书》第三集）、某版（无版权页，《林译小说》第二集），见唐弢文库、王辛笛文库、图书大库。

初版本无序跋。作品有卷上、下各6章，共12章。

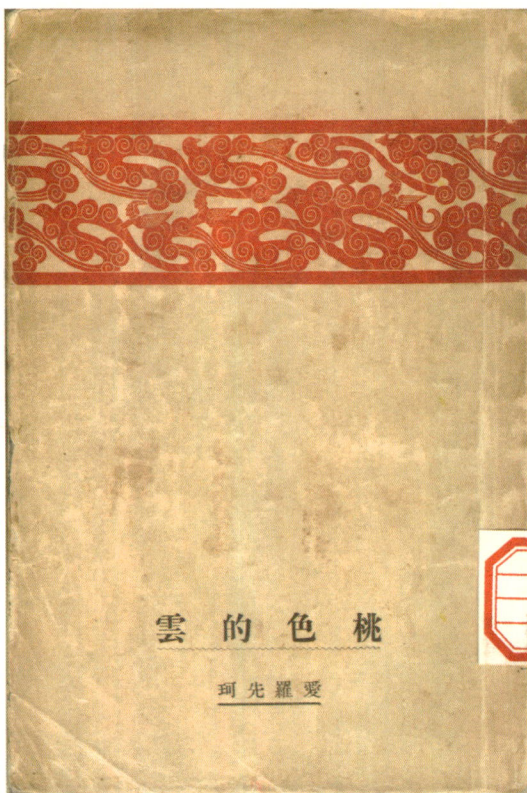

桃色的云
新潮社初版本封面（19.2厘米×13.2厘米）

戏剧。【俄】爱罗先珂著。鲁迅译。1923年5月付印，7月出版。新潮社出版、发行。京华印书局印刷。周作人编辑《新潮社文艺丛书》之二。

馆藏新潮社1923年7月初版，北新书局1926年二版、1927年5月三版，生活书店1934年10月初版、1935年4月二版，见唐弢文库、侯金镜文库、图书大库。

初版本卷首有鲁迅《〈桃色的云〉序》、【日】秋田雨雀《读了童话剧〈桃色的云〉》，卷末有鲁迅《记剧中人物的译名》。作品共有3幕。

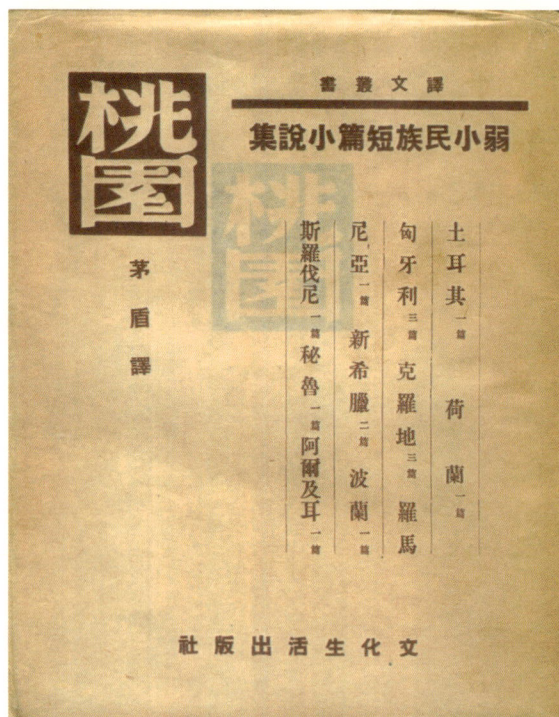

桃园
初版本封面（19.3厘米×15.3厘米）

小说集。【土】奈西克·哈理德等著。茅盾译。民国二十四年（1935）十一月初版。上海文化生活出版社出版、发行。上海三一印刷公司印刷。开明书店特约经售。《弱小民族短篇集》之一，黄源主编《译文丛书》之一种。

馆藏文化生活出版社1935年11月初版、1936年2月二版、同年5月三版、1941年2月二版，见唐弢文库、巴金文库、胡风文库、图书大库。

初版本卷首有茅盾《前记》。正文收《桃园》、《改变》、《皇帝的衣服》、《旅行到别一世界》、《马额的羽饰》、《娜耶》、《两个教堂》、《在公安局》、《春》、《教父》、《安琪吕珈》、《耶稣和强盗》、《门的内哥罗之寡妇》、《催命太岁》、《凯尔凯勃》共15篇。

陶立德博士
初版本封面（18.7厘米×13.1厘米）

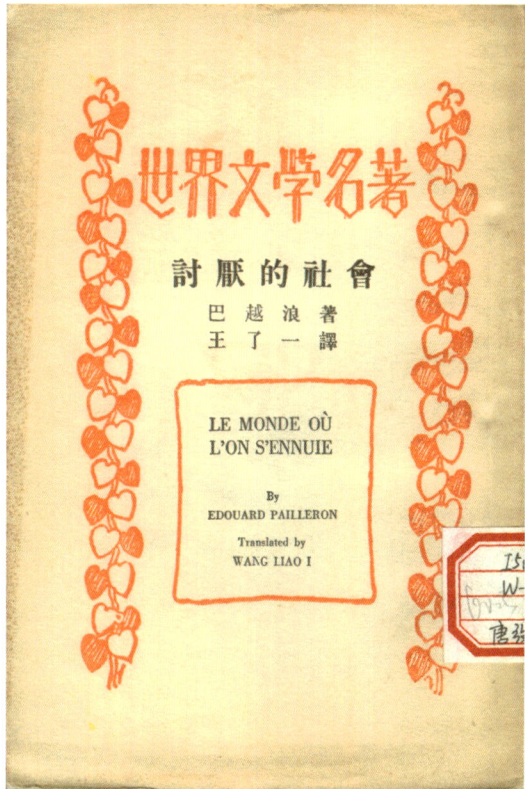

讨厌的社会
初版本封面（19厘米×13厘米）

　　童话。【英】罗夫丁著。蒋学楷译。民国二十年（1931）十月初版。上海开明书店出版、总发行。上海美成印刷公司印刷。《世界少年文学丛刊》之十五。

　　馆藏开明书店1931年10月初版，见唐弢文库。

　　初版本卷首有顾均正《付印题记》。作品共有21章。

　　戏剧。【法】巴越浪著。王了一译。民国二十三年（1934）三月初版。上海商务印书馆印行。《世界文学名著》之一种。

　　馆藏商务印书馆1934年3月初版，见唐弢文库、艾芜文库、图书大库。

　　初版本卷首有《著者自序》、译者《著者小传与本剧略评》。《著者小传与本剧略评》云："这是一本描写法国上流社会的戏剧。"

　　初版本共有3幕。

特罗亚妇女
初版本封面（19.9厘米×15厘米）

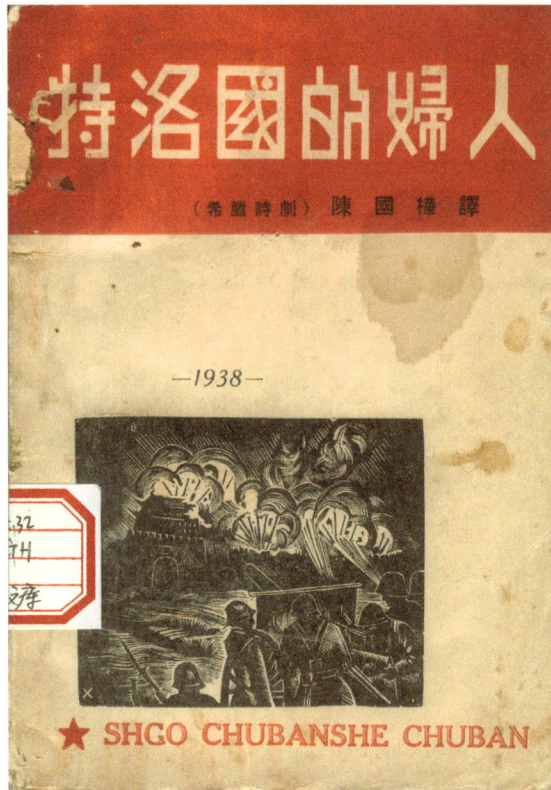

特洛国的妇人
初版本封面（17.3厘米×12.4厘米）

　　戏剧。【古希腊】攸里辟得斯著，【英】提累尔编。罗念生译。民国三十三年（1944）十月初版。重庆商务印书馆印行。中华教育文化基金董事会编译委员会编辑《希腊悲剧名著》之一种。

　　馆藏商务印书馆1944年10月初版、1945年10月三版，见唐弢文库、艾芜文库、图书大库。

　　初版本卷首有罗念生《译者序》、《引言》，卷末附有《译剧里的专名词表》、《抄本版本与译本》（译者）。作品有3场，另有《开场》、《进场歌》、《歌》3支、《退场》，共9幕。

　　诗剧。【古希腊】优力彼德斯著。陈国桦译。1938年3月15日初版、发行。诗歌出版社印行。

　　馆藏诗歌出版社1938年3月初版，见唐弢文库。

　　初版本卷首有译者《献词》、译者《小引》，卷末有蒲风《读〈特洛国的妇人〉》。《小引》云："这篇剧描写特洛国灭亡后妇女所遭受种种亡国的痛苦，是三部曲中的末一部曲。"

　　初版本不分幕场。

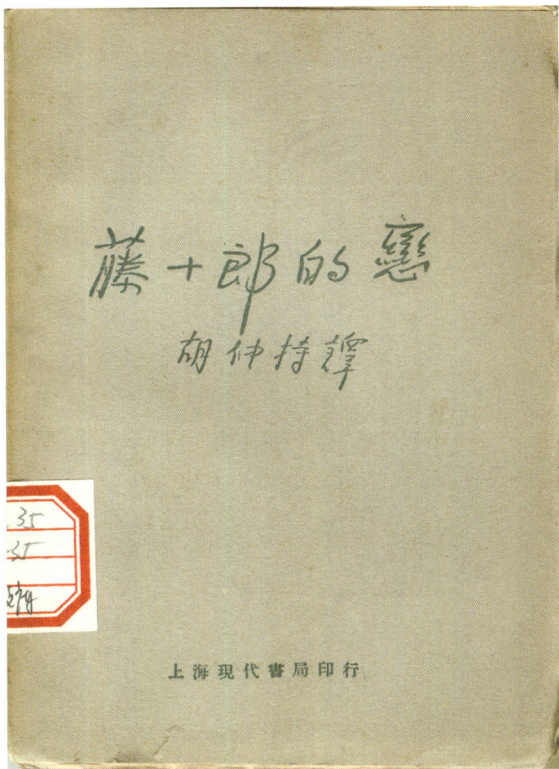

藤十郎的恋
初版本封面（15.8厘米×12.2厘米）

戏剧集。【日】菊池宽著。胡仲持译。1929年12月15日出版，印1500册。上海现代书局印行。《世界戏剧译丛》之一种。

馆藏现代书局1929年12月初版，见唐弢文库。

初版本无序跋。内收《藤十郎的恋》、《复仇以上》共2篇。

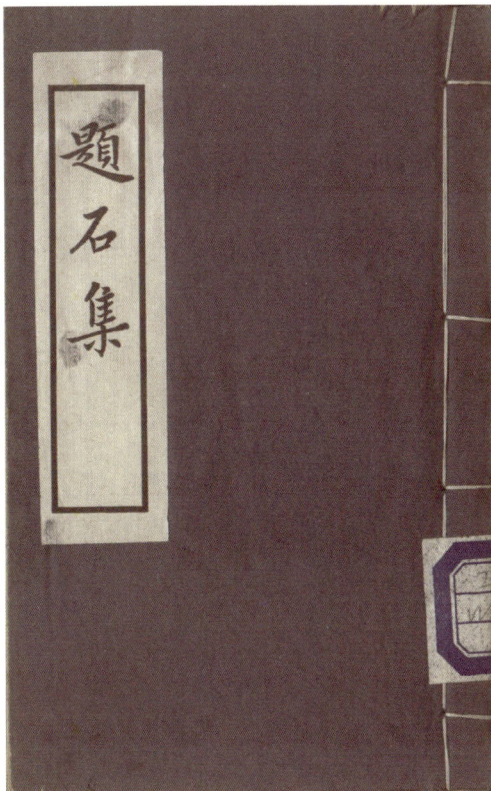

题石集
初版本封面（17.7厘米×11.5厘米）

诗歌集。【爱尔兰】汤姆司摩耳等著。王统照译。民国三十年（1941）三月印行。译者自刊。

馆藏1941年3月初版，见唐弢文库、王统照文库、图书大库。

初版本卷末有译者《后记》，内云："此集乃集合数年间偶译的英美诗歌，装印成册，俾免散失，原非有计画的译述。"

初版本收《三叶草歌》、《收回斯页，未浣贞洁》、《本许之悲号兮何频频！》、《爱伦！你眼中有微笑也有泪点》、《噫，莫呼吸他的生名》、《战前》、《战后》、《吁嗟乎爱伦》、《往光荣等候你的地方》、《来前，且把美酒巡斝》、《长别了！但无论何时……》、《在求爱里失掉良时》、《奥弯克之歌》、《还没有飞翔》、《水的聚流》等33篇。

天边外
初版本封面（18.9厘米×12.8厘米）

天才梦
初版本封面（18.1厘米×13厘米）

戏剧集。【美】翁赖尔著。顾仲彝译。民国二十八年（1939）二月初版。长沙商务印书馆印行。《世界文学名著》之一种。

馆藏商务印书馆1939年2月初版、1947年3月三版，见胡风文库、图书大库。

初版本卷末附有《戏剧家奥尼尔评传》。正文收《天边外》、《琼斯皇》共2篇。

又名《欲·情·智》。小说。【美】德莱塞著。钟宪民译。民国三十六年（1947）十月沪初版。上海教育书店印行。联营书店分发行。《世界文学名著》之一种。

馆藏教育书店1947年10月初版、1948年6月沪二版，见图书大库。

初版本卷首有《译序》，内云："《天才梦》写一个天才艺术家，如何由贫苦中奋斗成功，如何因爱好美色而常为情欲所激荡，同时因为他不忘求真，又如何于思想百般矛盾中试探人生之谜。"

初版本除《尾声》外有第一部《青春的欲望》、第二部《爱情的争斗》、第三部《灵智的反正》各20章，共60章。

天 鹅
初版本封面（18.2厘米×12.3厘米）

童话集。【丹】安徒生著。陈敬容译。民国三十七年（1948）七月初版，印2000册。上海骆驼书店印行。《安徒生童话选集》之三。

馆藏骆驼书店1948年7月初版，见图书大库。

初版本无序跋。内收《天鹅》、《丹麦人何尔吉》、《皇帝的新衣》、《坚定的洋铁兵》、《接骨树妈妈》、《公主和豌豆》、《夜莺》共7篇。

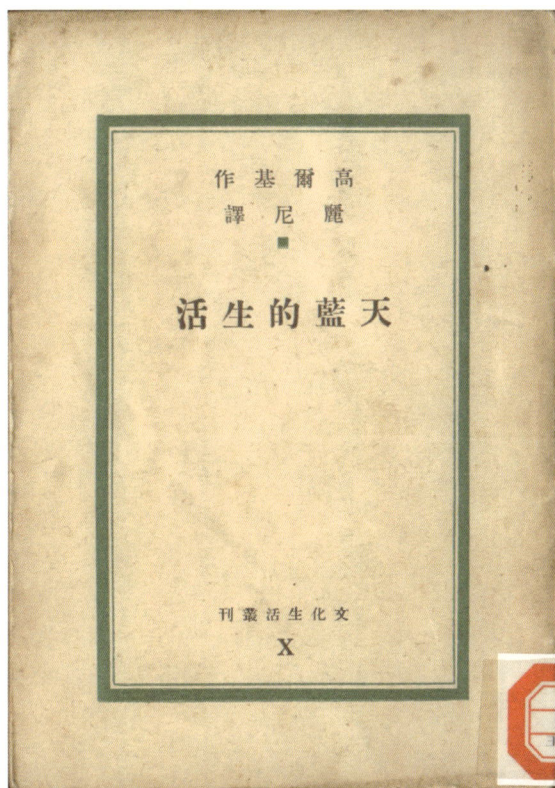

天蓝的生活
初版本封面（17.8厘米×13.1厘米）

小说。【苏】高尔基著。丽尼译。民国二十五年（1936）四月初版。上海文化生活出版社出版、发行。上海三一印刷公司印刷。开明书店特约经售。巴金主编《文化生活丛刊》之十。

馆藏文化生活出版社1936年4月初版、同年5月二版、1937年7月三版，上海杂志公司1946年7月复兴一版，见唐弢文库、巴金文库、王辛笛文库、图书大库。

初版本卷末有译者《后记》，内云："高尔基在这一作品里以精彩的画笔出色地描写了每个留心帝俄末期底文学的人所熟知的，也就是那特色了自契诃夫以来所有伟大作家底大部分作品的主题——智识阶级底苦恼。"

初版本不标章次。

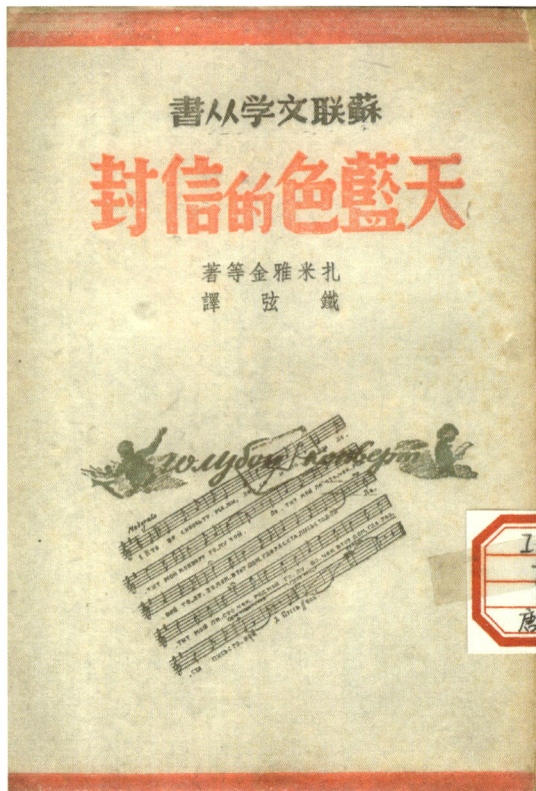

天蓝色的信封
初版本封面（18厘米×12.7厘米）

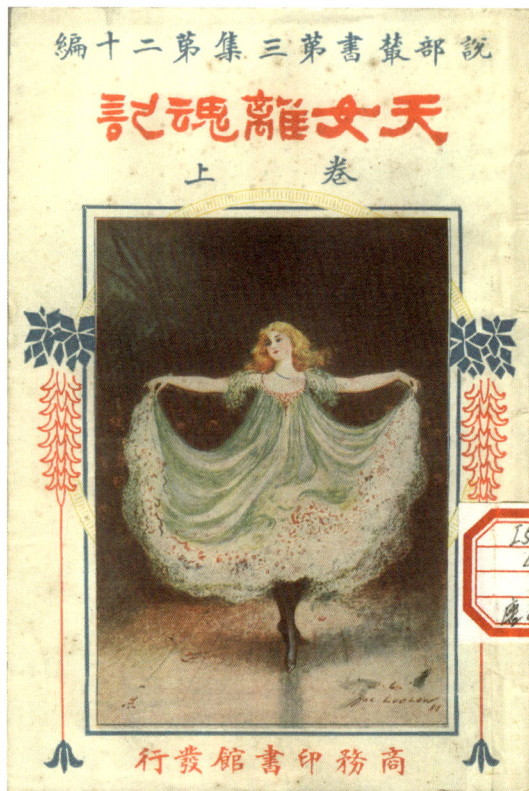

天女离魂记（上、中、下）
初版本封面（18.3厘米×12.6厘米）

　　诗歌集。【苏】V.扎米雅金等著。铁弦译。民国三十一年（1942）十一月初版，印3000册。中苏文化协会编译委员会编辑、发行。重庆文林出版社总经售。曹靖华主编《苏联文学丛书》之四。

　　馆藏文林出版社1942年11月初版，见唐弢文库、胡风文库、图书大库。

　　本书为《苏联爱国战争诗集》。初版本卷末有弦《译后记》。正文收《给德国兵士们》、《十字军的出征》、《奥丽霞》、《乌里曼的故事》、《我们的海燕》、《致莫斯科》、《飞机从东方翻翔》、《书信》、《天蓝色的信封》、《七月的新生》、《一切为着保卫》、《功绩》、《弟兄们，拿起武器！》、《慰劳品》、《那些帮助胜利的人们》等37篇。

　　小说。【英】哈葛得著。林纾、陈家麟译。民国六年（1917）四月初版。上海商务印书馆印行。四集本《说部丛书》第三集之二十。

　　馆藏商务印书馆1917年4月初版、某版（无版权页，《林译小说》第二集），见唐弢文库、图书大库。

　　初版本无序跋。作品有卷上9章、卷中7章、卷下8章，共24章。

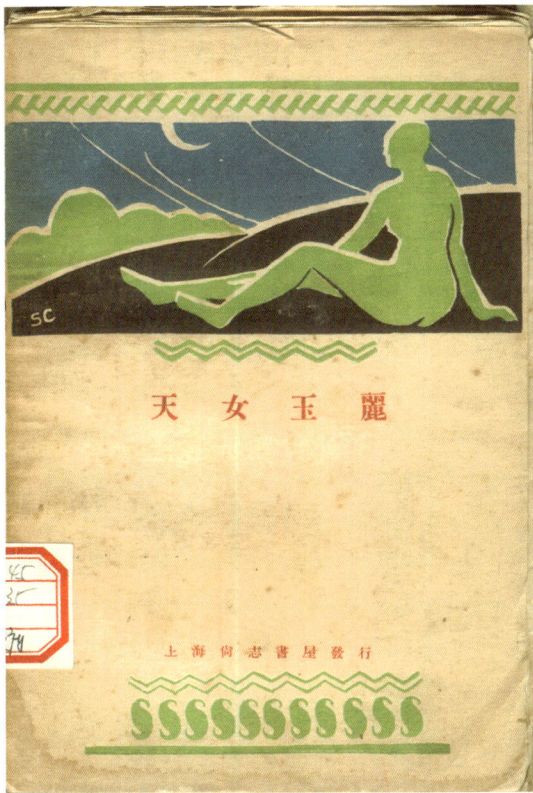

天女玉丽
初版本封面（19.6厘米×13.8厘米）

天　外
初版本封面（19.1厘米×13厘米）

　　小说集。【法】保尔穆杭著。戴望舒译。1929年1月1日初版，印1500册。上海尚志书屋发行。

　　馆藏尚志书屋1929年1月初版，见唐弢文库、巴金文库、图书大库。

　　初版本卷首有B.Crémieux《保尔·穆杭论》（刘呐鸥译）。正文收《新朋友们》、《天女玉丽》、《洛迦特金博物馆》、《六日竞走之夜》、《懒惰底波浪》、《莤莱达夫人》、《匈牙利之夜》共7篇。

　　戏剧。【美】奥泥尔著。古有成译。民国二十年（1931）一月初版。上海商务印书馆印行。

　　馆藏商务印书馆1931年1月初版、1933年9月国难后一版（著者译名为"奥尼尔"），见唐弢文库、胡风文库、图书大库。

　　初版本卷末有有成《译后》。作品共有3幕。

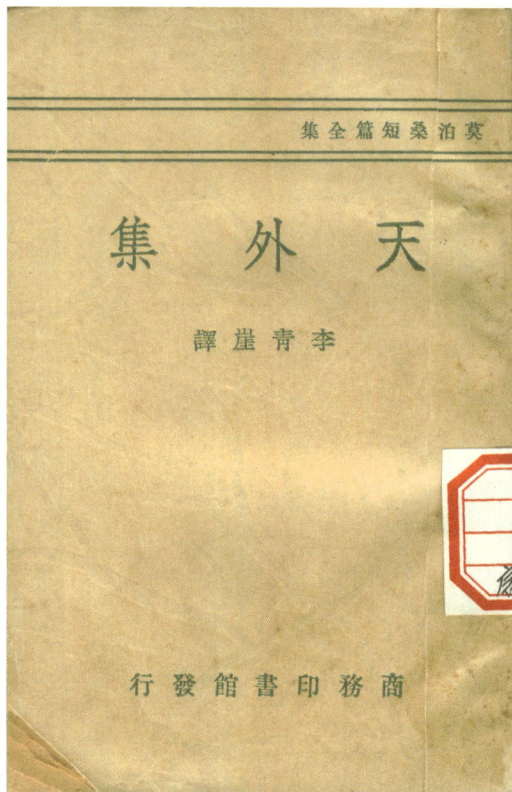

天外集
初版本封面（15.2厘米×10.2厘米）

　　小说集。【法】莫泊桑著。李青崖译。民国三十年（1941）八月初版。长沙商务印书馆印行。《莫泊桑短篇全集》之一种。

　　馆藏商务印书馆1941年8月初版，见唐弢文库、图书大库。

　　初版本无序跋。内收《天外》、《老翁》、《诺尔曼第式的恶剧》、《约瑟》、《痴妇人》、《贼》、《狡猾手段》、《点心》、《恐惧》、《在旅途上》、《一个疯人》、《那只兔子》共12篇。

天下太平
初版本封面（18厘米×12.9厘米）

　　原名《Some Time Never》。小说。【英】陶赢德著。傅东华译。民国三十八年（1949）一月初版。上海龙门联合书局发行。

　　馆藏龙门联合书局1949年1月初版，见图书大库。

　　初版本卷首有"古雅典演说家哀索克拉提斯语"、译者《译序》、陶赢德《前言》。作品有前、后部各9章，共18章。

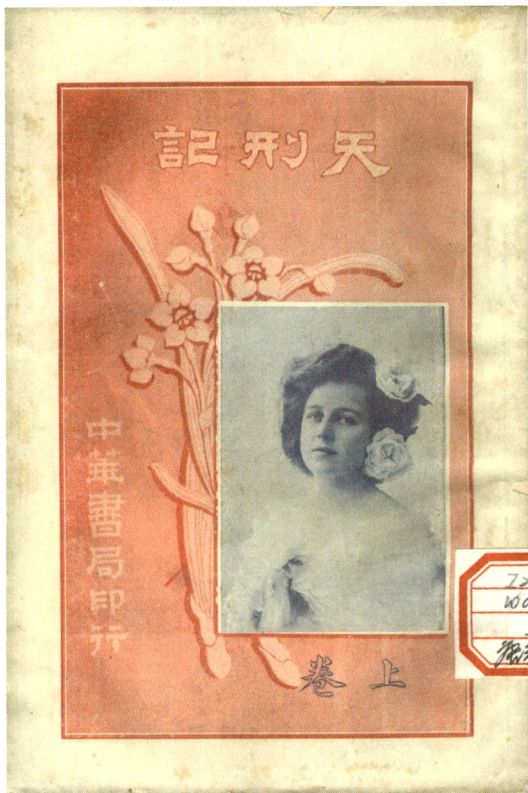

天刑记（上、下）
初版本封面（19.1厘米×13.1厘米）

小说。著者不详。陈家麟、陈大镫译。民国四年（1915）十二月印刷、发行。上海中华书局印行。

馆藏中华书局1915年12月初版，见唐弢文库。

初版本无序跋。作品有上册10章、下册11章，共21章。

田家女
初版本封面（18.9厘米×13.2厘米）

小说集。【法】莫泊三著。顾希圣译。1928年7月1日初版，印1500册。上海光华书局印行。《世界名著选》之一种。

馆藏光华书局1928年7月初版、1929年9月二版，见唐弢文库、图书大库。

初版本无序跋。内收《田家女》、《牺牲》、《伯伦先生》共3篇。

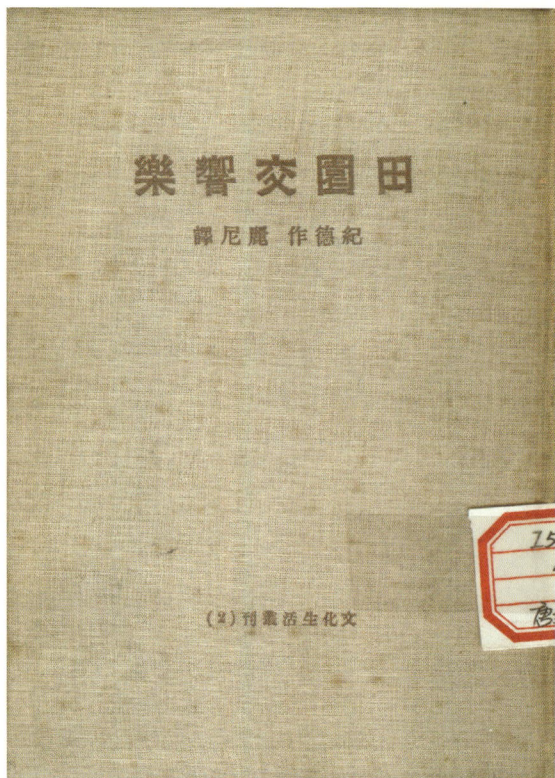

田园交响乐
初版本封面（17.8厘米×13厘米）

田园之忧郁
初版本封面（18.6厘米×13.2厘米）

小说。【法】A.纪德著。丽尼译。民国二十四年（1935）六月初版。上海美术生活社印行。开明书店特约经售。巴金主编《文化生活丛刊》之二。

馆藏美术生活社1935年6月初版，文化生活出版社1936年2月二版、1946年11月六版、1948年4月七版、1949年1月八版，见唐弢文库、巴金文库、王辛笛文库、图书大库。

初版本卷末有译者《后记》。作品共有两部，部内不分章节。

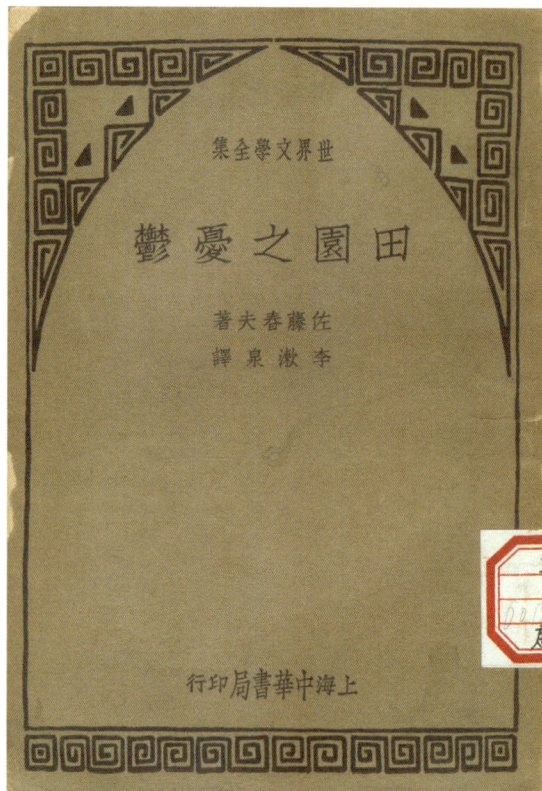

小说诗歌集。【日】佐藤春夫著。李漱泉译。民国二十三年（1934）七月印刷、发行。上海中华书局印行。《世界文学全集》之一种。

馆藏中华书局1934年7月初版，见唐弢文库、图书大库。

初版本卷首有漱泉《佐藤春夫评传》。正文收《田园之忧郁》、《阿绢和她的兄弟》、《殉情诗集》共3篇。

铁
初版本封面（18.4厘米×12.9厘米）

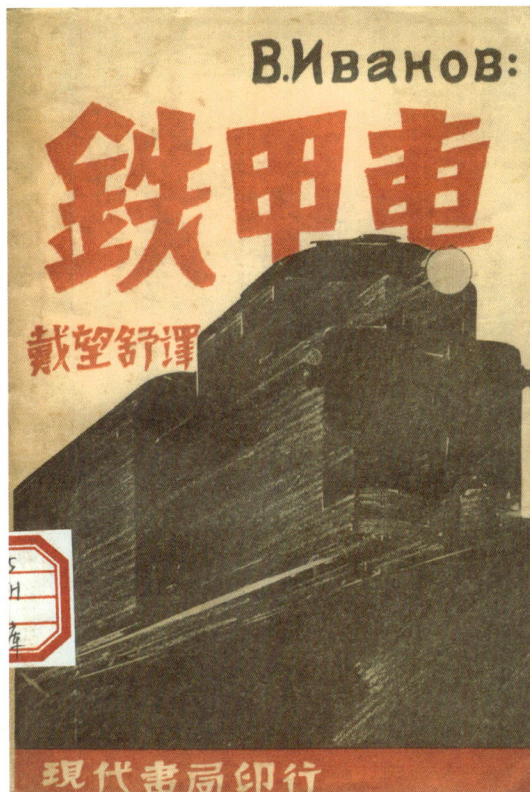

铁甲车
初版本封面（18.7厘米×13厘米）

小说。【日】岩滕雪夫著。巴人译。民国二十八年（1939）八月出版。人民书店发行。

馆藏人民书店1939年8月初版，见唐弢文库、巴金文库。

初版本卷首有巴人《译者序》。作品共有10章。

小说。【俄】伊凡诺夫著。戴望舒译。1932年11月20日初版，印2000册。上海现代书局出版、总发行。现代印刷公司印刷。

馆藏现代书局1932年11月初版、复兴书局1936年11月二版，见唐弢文库、图书大库。

初版本卷首有译者《译序》。作品有第一部《铁路上的游击队》4章、第二部《异邦之人》5章、第三部《在城中》3章、第四部《中国人沈方吾》4章、第五部《奥巴勃少尉》5章、第六部《铁轨》3章、第七部《奈赛拉索夫上尉之死》3章、第八部《泡沫》2章，共29章。

铁甲列车
初版本封面（18.4厘米×12.9厘米）

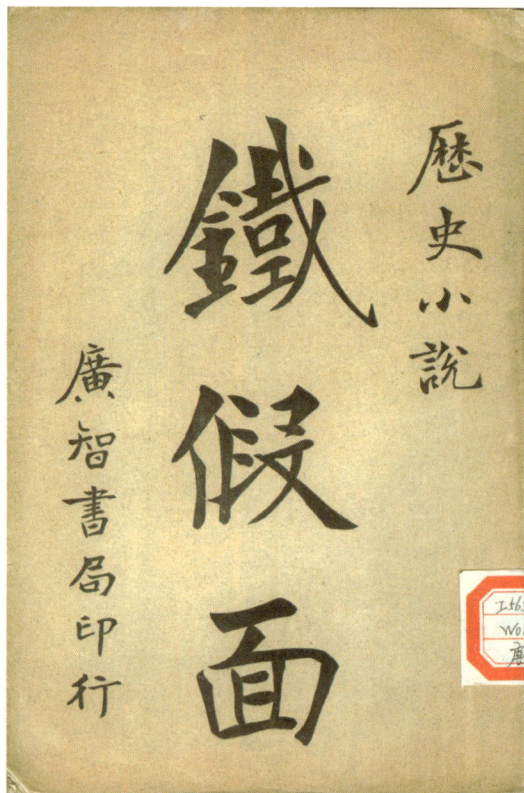

铁假面（上、中、下）
上卷初版本封面（22.4厘米×15.2厘米）

戏剧。【苏】伊凡诺夫著。罗稷南译。1937年6月初版。上海读书生活出版社印行。

馆藏读书生活出版社1937年6月初版，见唐弢文库、孔罗荪文库、图书大库。

初版本卷首有吉卜生·科宛《英译者序言》、伊凡诺夫《作者自传》。作品共有8幕。

小说。【法】波殊古碧著。听荷译。上卷光绪三十二年（1906）八月二十二日初版，九月二十八日发行；中卷光绪三十三年（1907）四月初版，五月发行；下卷光绪三十三年五月初版（据再版本版权信息），发行时间不详。上海广智书局印行。

馆藏广智书局上卷1906年（农历）8月初版、中卷1907年（农历）4月初版、下卷同年（农历）10月二版，见唐弢文库。

本书为历史小说。初版本无序跋。作品有卷上14回、卷中10回、卷下8回（据再版本），共32回。

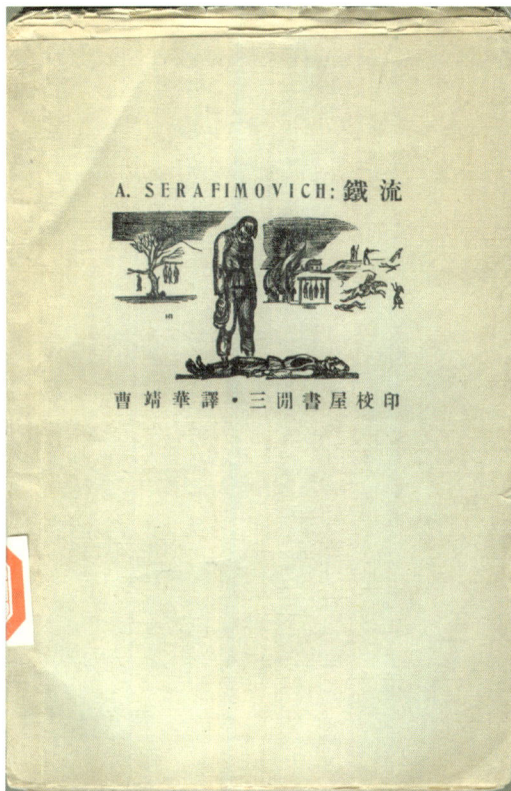

铁　流
初版本封面（22.7厘米×15.9厘米）

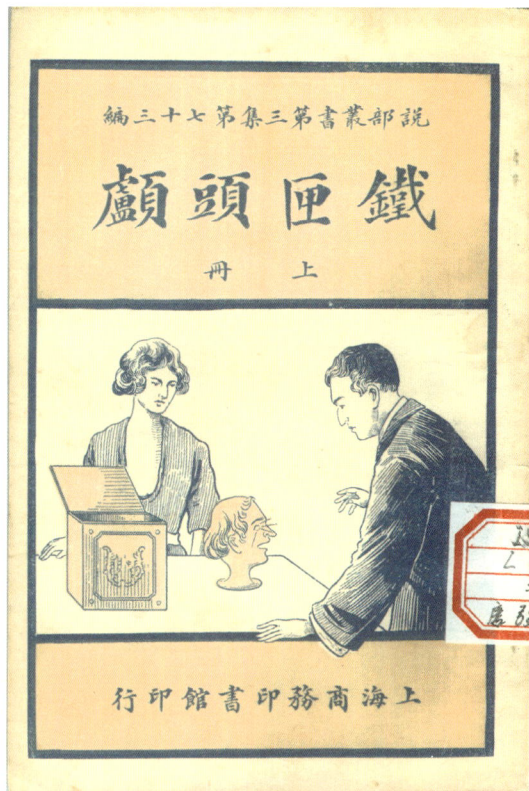

铁匣头颅（上、下）
初版本封面（18.3厘米×12.6厘米）

　　小说。【苏】A.绥拉菲摩维支著。曹靖华译。
1931年11月出版，印1000册。三闲书屋校印。

　　馆藏三闲书屋1931年11月初版，光华书局1932年
8月初版，生活书店1938年7月初版、1946年2月胜利
后一版、1947年7月东北版、学艺出版社1945年4月初
版，见唐弢文库、臧克家文库、图书大库。

　　三闲书屋、光华书局初版本卷首有绥拉菲摩维
支《作者自传》、绥拉菲摩维支《作者序五版的〈铁
流〉》、绥拉菲摩维支《作者序六版的〈铁流〉》、
【苏】G.涅拉陀夫《序言》（史铁儿译），卷末有
A.绥拉菲摩维支《我怎么写〈铁流〉的？》、鲁迅
《编校后记》。作品共有40章。

　　小说。【英】哈葛得著。林纾、陈家麟译。民国
八年（1919）八月初版。上海商务印书馆印行。四集本
《说部丛书》第三集之七十三。

　　馆藏商务印书馆1919年8月初版、1920年10月二版
（四集本《说部丛书》第三集）、某版（无版权页，
《林译小说》第二集），见唐弢文库、王辛笛文库、
图书大库。

　　初版本无序跋。作品有"第一段"16章、"第二
段"7章，共23章。

铁匣头颅续编（上、下）
初版本封面（18.3厘米×12.6厘米）

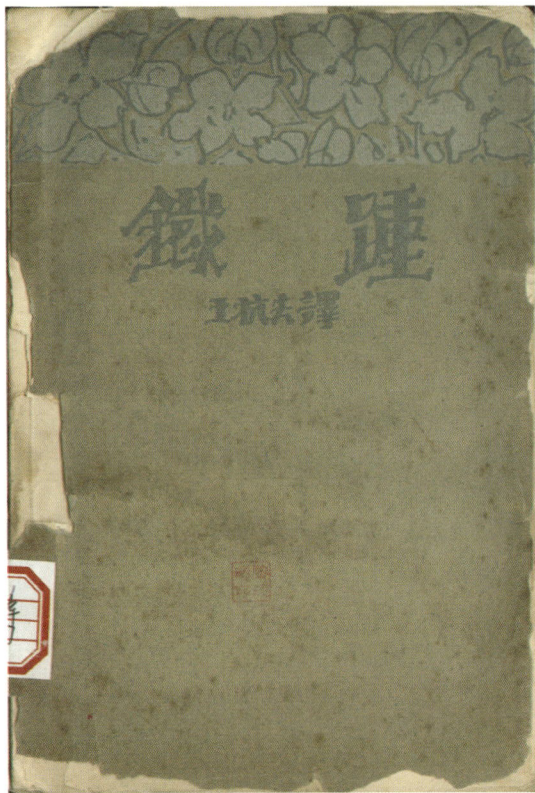

铁 踵
初版本封面（21.8厘米×15.1厘米）

小说。【英，正文作"美"】哈葛得著。林纾、陈家麟译。民国八年（1919）十月初版。上海商务印书馆印行。四集本《说部丛书》第三集之八十二。

馆藏商务印书馆1919年10月初版、某版（无版权页，《林译小说》第二集），见唐弢文库、图书大库。

初版本无序跋。作品有"续第二段"13章、"第三段"10章，共23章。

小说。【美】J.London著。王抗夫译。民国十八年（1929）五月初版，印2000册。上海泰东图书局出版、总发行。泰东印刷所印刷。《世界文学丛书》之一种。

馆藏泰东图书局1929年5月初版、1930年9月二版，见唐弢文库、巴金文库。

初版本无序跋。作品共有25章。

同路人
初版本封面（18.8厘米×13.1厘米）

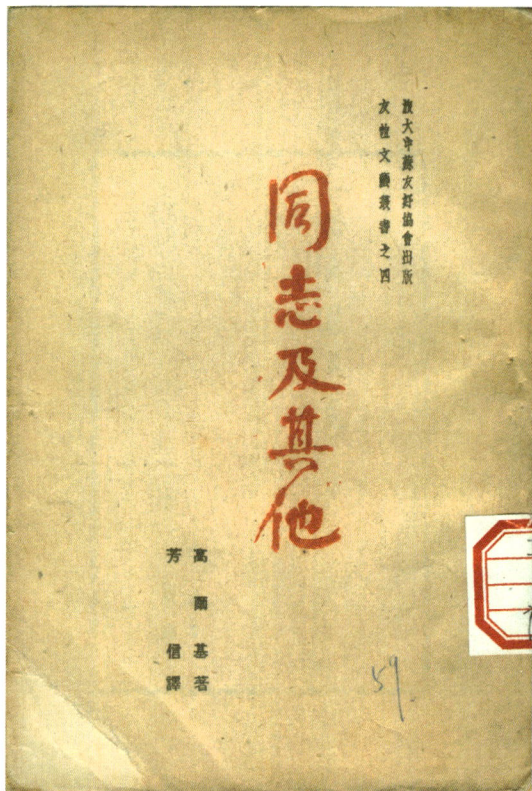

同志及其他
初版本封面（18.2厘米×12.7厘米）

　　小说集。【捷】波生那·肯美特卡等著。彭成慧译。民国二十三年（1934）一月初版。上海民智书局总发行。上海民智印刷所印刷。彭成慧主编《民智文学丛书》之一。

　　馆藏民智书局1934年1月初版，见唐弢文库。

　　初版本卷首有《顾仲彝序》、《何家槐序》、彭成慧《自序》。正文收《鹅》、《死前的自白》、《旧梦》、《我是一个傻瓜》、《克里斯托费孙》、《重逢》、《快乐之道》、《同路人》、《失去的星》、《小青纱绒》、《在战争的冬天里》、《自作多情》、《革命者》共13篇。

　　小说散文集。【苏】高尔基著。芳信译。民国三十八年（1949）六月初版。旅大中苏友好协会出版。旅大友谊印刷厂印刷。大连旅大友谊书店总经售。《友谊文艺丛书》之四。

　　馆藏中苏友好协会1949年6月初版，见唐弢文库、图书大库。

　　初版本卷首有【苏】V.玛克沁摩娃《可爱的作家和朋友》。正文收《海燕之歌》、《一个歌是怎样制作出来的》、《同志》、《玛尔娃》、《正月九号》、《轻骨头》、《一个人诞生了》共7篇。

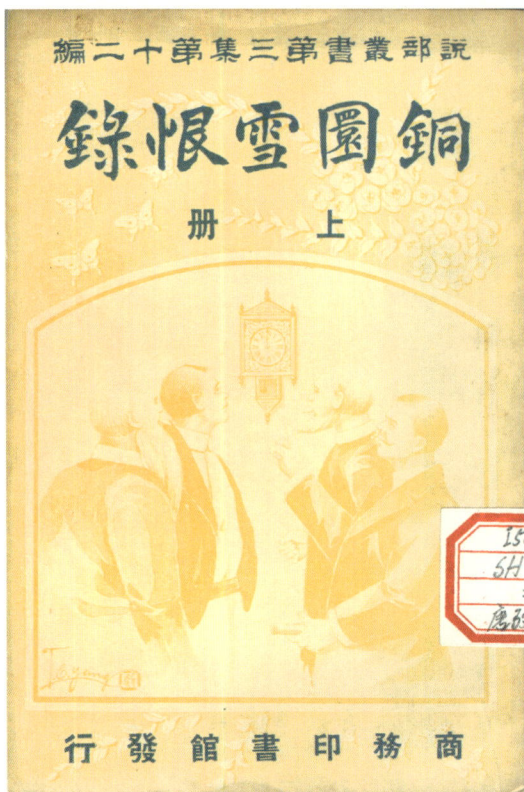

铜圜雪恨录（上、下）
初版本封面（18.2厘米×12.5厘米）

童话集（一）
初版本封面（18.4厘米×12.6厘米）

　　小说。【法】余增史著。双石轩译。民国五年（1916）十月初版。上海商务印书馆印行。四集本《说部丛书》第三集之十二。

　　馆藏商务印书馆1916年10月初版，见唐弢文库。

　　初版本无序跋。作品有上册9章、下册7章，共16章。

　　著者不详。黄洁如译。1921年出版（月份不详）。上海群益书社印行。《儿童文学》之一。

　　馆藏群益书社1921年初版，见图书大库。

　　初版本卷首有黄洁如《绪言》。正文收《补鞋匠和侏儒》、《西雪里魔术的奏琴童子》、《仙人和驼子》、《魔指环》、《迪克和他的猫》、《兔和狮》、《水手辛跋德》、《妖城中的三夜》、《红雏菊国》、《辛头拉和玻璃鞋》、《空中的妖城》、《童子和巨人》、《十二个跳舞的公主》、《小克劳司和大克劳司》、《大拇指汤姆》等21篇。

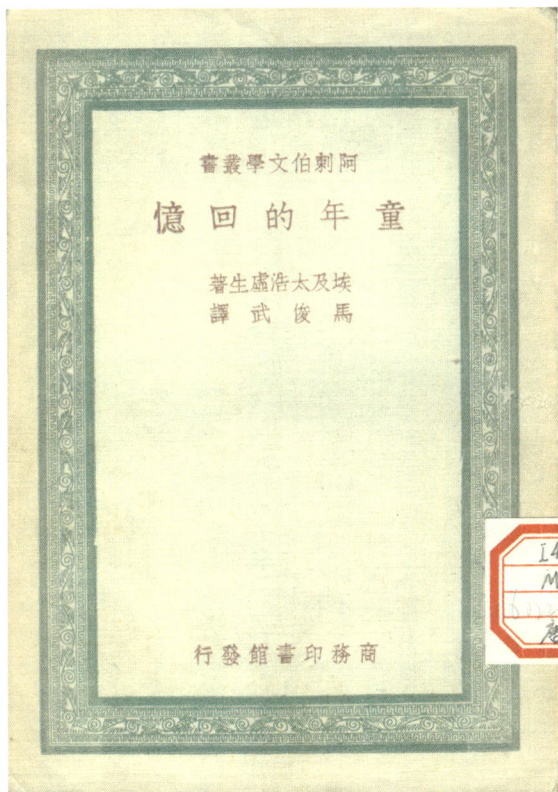

童年的回忆
初版本封面（17.7厘米×12.7厘米）

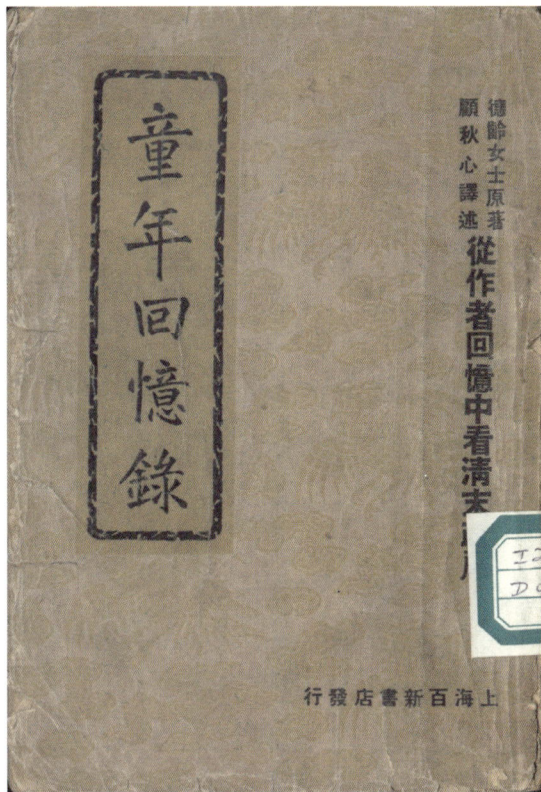

童年回忆录
初版本封面（18.1厘米×12.8厘米）

　　原名《日子》。【埃及】太浩虚生著。马俊武译。民国三十六年（1947）八月初版。上海商务印书馆印行。《阿剌伯文学丛书》之一种。

　　馆藏商务印书馆1947年8月初版，见唐弢文库、图书大库。

　　初版本卷首有邱祖铭《序》、《叙语》、《尾声》（译者）。作品共有20章。

　　副标题为《从作者回忆中看清末政局》。【美】德龄著。顾秋心译。民国三十七年（1948）三月第一版。上海百新书店发行。广州国光新记书局华南特约经售。

　　馆藏百新书店1948年3月初版、同年7月二版，见图书大库。

　　初版本卷首有萨都斯《序》。作品共有35章。

童子侦探队（上、下）
初版本封面（18.4厘米×12.6厘米）

　　小说。著者不详。包天笑编译。民国九年（1920）三月初版。上海商务印书馆印行。四集本《说部丛书》第三集之九十。

　　馆藏商务印书馆1920年3月初版，见唐弢文库。

　　初版本无序跋。作品有上、下册各6章，共12章。

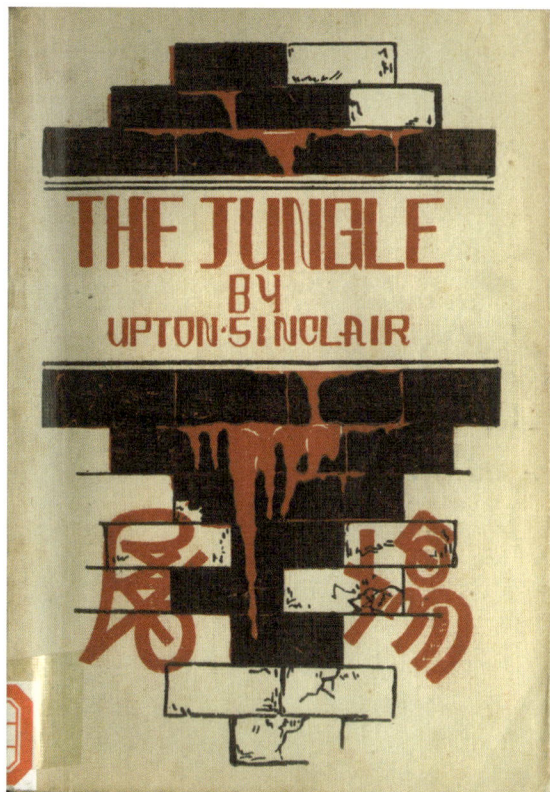

屠　场
初版本封面（18.8厘米×13.5厘米）

　　原名《Jungle》。小说。【美】莘克莱著。易坎人译。1929年6月25日付排，8月30日出版，印3000册。上海南强书局出版。

　　馆藏南强书局1929年8月初版、1930年2月二版、同年5月三版、1932年2月版（书名为《血路》，译者署名为"郭沫若"），见唐弢文库、田仲济文库、图书大库。

　　初版本卷末有译者《译后》。作品共有29章。

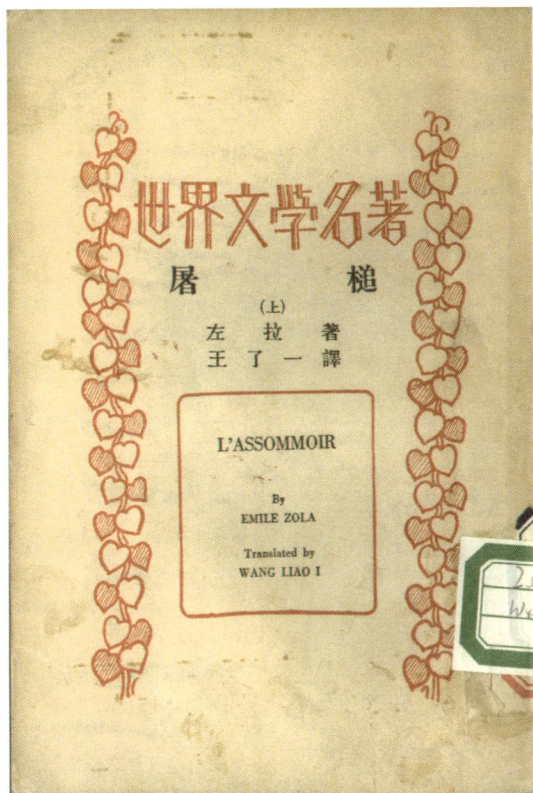

屠　槌（上、下）
初版本封面（19厘米×13.1厘米）

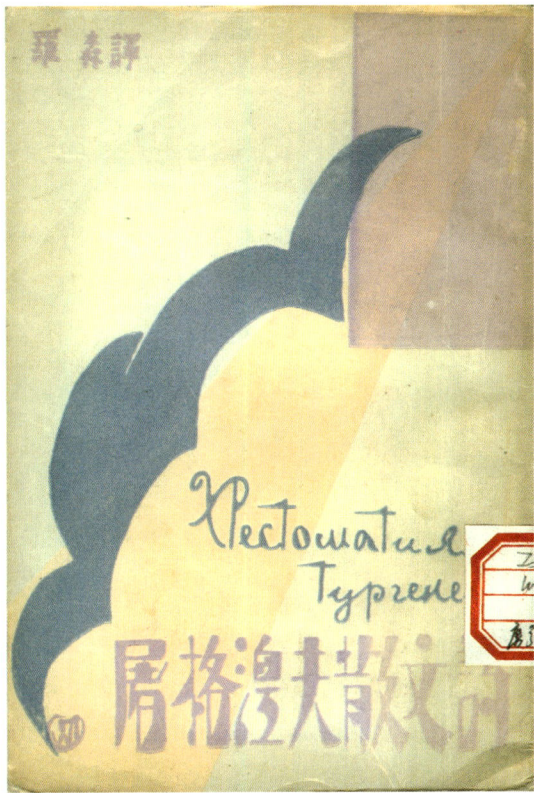

屠格涅夫散文诗
初版本封面（18.6厘米×13厘米）

　　小说。【法】左拉著。王了一译。民国二十三年（1934）三月初版。上海商务印书馆印行。《世界文学名著》之一种。

　　馆藏商务印书馆1934年3月初版，见图书大库。

　　初版本上册卷首有左拉《原序》，下册卷末有译者《译后赘语》。作品有上册7章、下册6章，共13章。

　　【俄】屠格涅夫著。罗森译。1930年7月1日付排，30日出版，印1000册。厦门世界文艺书社印行。

　　馆藏世界文艺书社1930年7月初版，见唐弢文库。

　　初版本卷首有罗森《绪言》。正文收《乡村》、《交谈》、《老妇》、《狗》、《我的仇敌》、《乞丐》、《"您们应该听听愚者们的裁判……"》、《一个自足的人》、《处世法》、《世界的末日——一个梦》、《马亚社》、《愚人》、《东方的传说》、《两节诗》、《麻雀》等51篇。

屠格涅夫散文诗集
初版本封面（17厘米×12.2厘米）

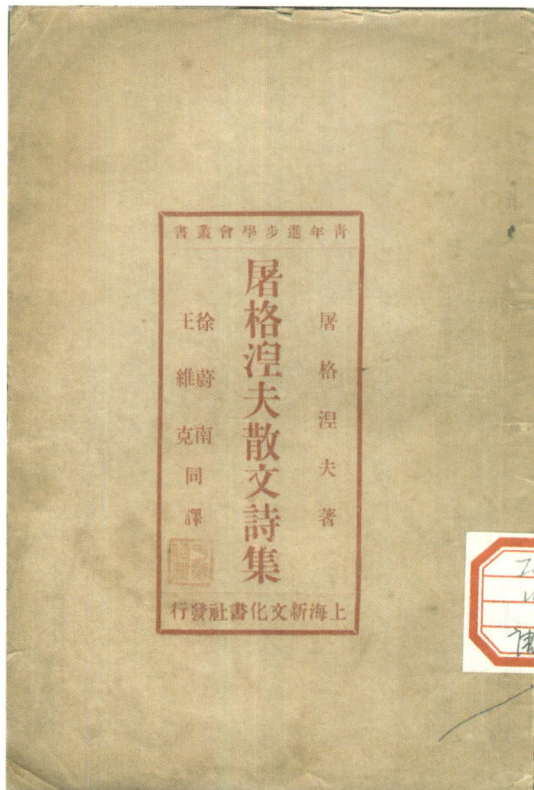

屠格涅夫散文诗集
初版本封面（18.5厘米×12.7厘米）

　　【俄】屠格涅夫著。李岳南译。民国三十四年（1945）六月初版、发行。重庆正风出版社印行。联营书店分发行。

　　馆藏正风出版社1945年6月初版、1947年5月二版（书名为《散文诗》）、1948年12月三版（书名为《散文诗》），见唐弢文库、施蛰存文库、薛汕文库、图书大库。

　　初版本卷首有李岳南《小序》。正文收《碧空的王国》、《我们仍然要战斗下去》、《玛莎》、《在海上》、《鸽子》、《玫瑰》、《对于一个乌拉斯基女郎的回忆》、《布施》、《自然》、《对话》、《绞死他》、《菜羹》、《世界的末日》、《利己主义者》、《狗》等39篇。

　　【俄】屠格涅夫著。徐蔚南、王维克译。1923年6月发行。青年进步学会出版。上海新文化书社总发行。《青年进步学会丛书》之一种。

　　馆藏青年进步学会1923年6月初版，新文化书社1934年4月二版、同年6月六（？）版，见唐弢文库、薛汕文库。

　　初版本卷首有王维克《序》、《屠格涅夫的生平及其在俄国和欧洲文学界的位置》。正文收《田舍》、《会话》、《老妇人》、《狗》、《我底敌人》、《乞丐》、《满足的人》、《世界之末期》、《马夏》、《愚人》、《东方的传说》、《雀》、《骷髅》、《蔷薇》、《最后的会面》等40篇。

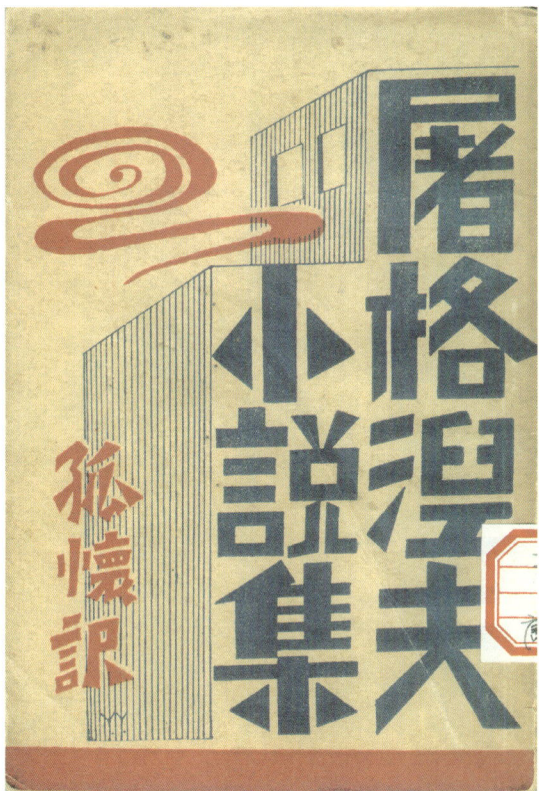

屠格涅夫小说集
初版本封面（18.6厘米×13厘米）

团的儿子
初版本封面（18.1厘米×13.2厘米）

　　【俄】屠格涅夫著。赵孤怀译。1933年1月10日初版。上海大江书铺印行。

　　馆藏大江书铺1933年1月初版，见唐弢文库。

　　初版本无序跋。内收《静的旋流》、《相逢三度》共2篇。

　　小说。【苏】卡泰耶夫著。茅盾译。民国三十五年（1946）十月十日印刷，二十日初版。重庆中苏文化协会编辑。上海万叶书店印行。曹靖华主编《中苏文化协会文学丛书》（小型本）之十五。

　　馆藏万叶书店1946年10月初版、东北书店1948年7月哈初版（书名为《团队之子》，著者译名为"卡达耶夫"），见唐弢文库、图书大库。

　　初版本卷末有茅盾《译后记》。作品共有25章。

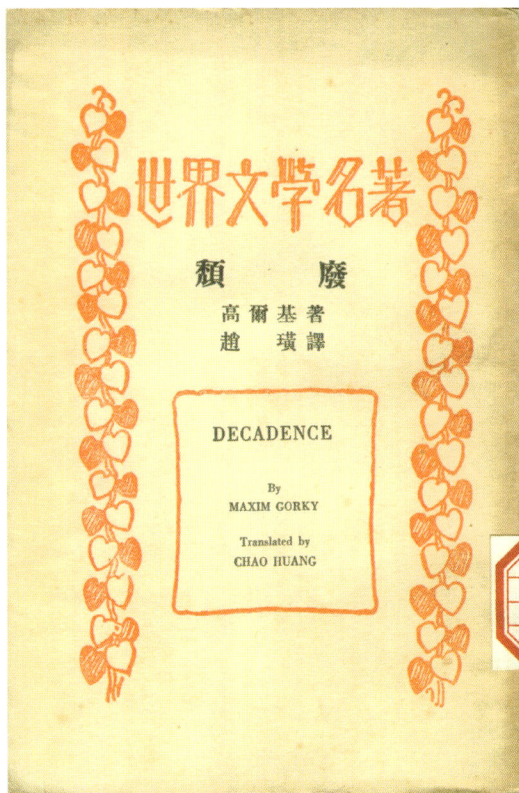

颓 废
初版本封面（18.8厘米×13厘米）

小说。【苏】高尔基著。赵璜译。民国二十三年（1934）三月初版。上海商务印书馆印行。《世界文学名著》之一种。

馆藏商务印书馆1934年3月初版、1947年3月二版，见唐弢文库、图书大库。

初版本无序跋。作品共有4章。

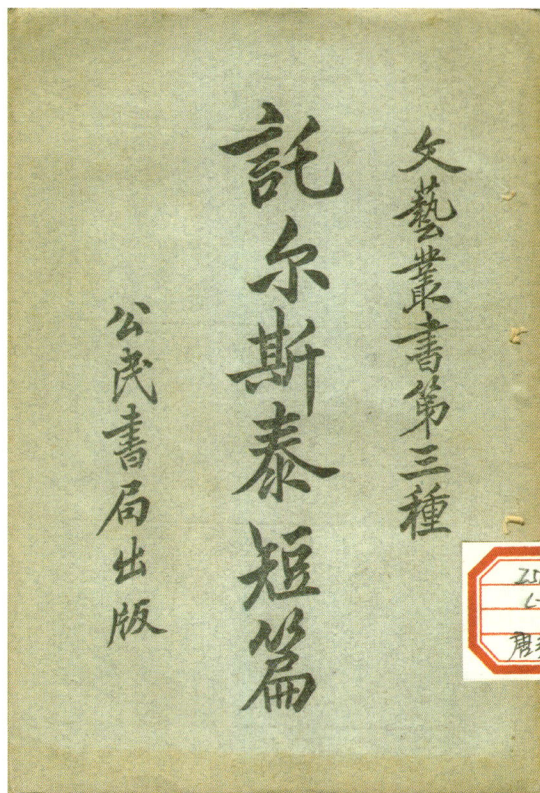

托尔斯泰短篇
初版本封面（18.7厘米×13厘米）

小说集。【俄】托尔斯泰著。刘灵华（正文署"刘仁航"）译。民国十年（1921）七月初版。上海公民书局印行。《文艺丛书》之三。

馆藏公民书局1921年7月初版，见唐弢文库。

初版本卷首有《〈托尔斯泰短篇〉译序》。正文收第一编《寓言》14篇、第二编《印度寓言》29篇、第三编《杂记》18篇，共61篇。

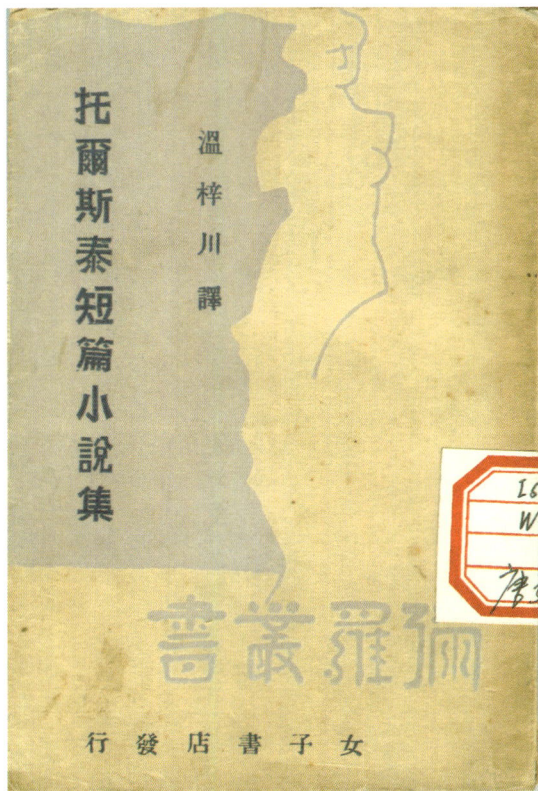

托尔斯泰短篇小说集
初版本封面（14.6厘米×10.1厘米）

托尔斯泰散文集（一）
初版本封面（17.3厘米×11.9厘米）

　　【俄】托尔斯泰著。温梓川译。民国二十二年（1933）六月初版。上海女子书店发行。上海中国纺织印务公司印刷。姚名达主编《弥罗丛书》之一种。

　　馆藏女子书店1933年6月初版，见唐弢文库。

　　初版本卷首有《译者序》。正文收《鸡蛋般大的谷子》、《小女孩们比人们还要聪明》、《悔悟的罪人》、《小妖精和面包》、《伊莱耶士》、《三隐士》、《爱在那里上帝便在那里》、《神鉴真理》共8篇。

　　【俄】L.托尔斯泰著。徐迟译。民国三十三年（1944）七月初版。重庆美学出版社发行。重庆印刷厂印刷。

　　馆藏美学出版社1944年7月初版，见唐弢文库。

　　初版本卷首有《译序》。正文收《为什么人要把自己弄得昏迷不醒》、《〈克劳艾采奏鸣曲〉后记》、《过一个良好的生活的第一步》共3篇。

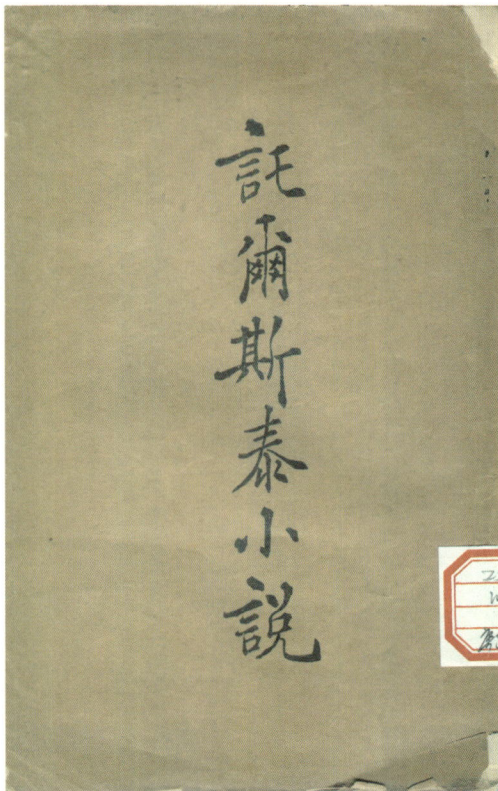

托尔斯泰小说
初版本封面（21.1厘米×13.8厘米）

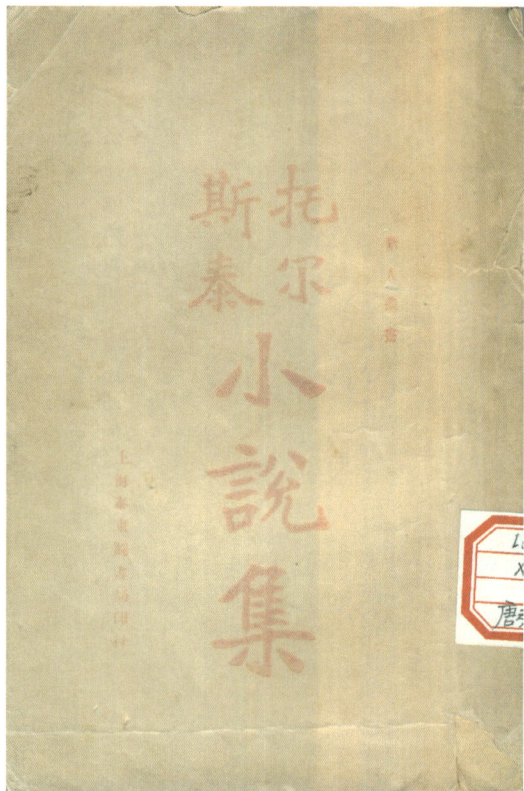

托尔斯泰小说集（一、二）
第一集初版本封面（18.9厘米×12.9厘米）

【俄】托尔斯泰著。侯述先、郭大中译。一九二二年民国十一年八月初版。广州美华浸会印书局印行。广州南中国基督教图书馆分售。

馆藏美华浸会1922年8月初版，见唐弢文库。

初版本卷首有《托尔斯泰传略》。正文收《糊涂虫》、《忍为高》、《大人不如孩子》、《伊来亚》、《三隐士》、《干饼》、《良田万顷身眠七尺》、《麦粒大如鸡子》、《悔罪之人》、《空鼓》、《太贵了》、《苏拉咖啡馆》、《亚述王以撒哈顿》、《共同生活》、《三问题》共15篇。

【俄】托尔斯泰著。孙锡麒等译。民国十年（1921）三月十五日、民国十一年（1922）六月十五日初版。上海泰东图书局印行。新人社编辑《新人丛书》之一种。

馆藏泰东图书局第一集1921年3月初版、同年8月二版、1929年6月五版，第二集1922年6月初版，见唐弢文库、图书大库。

初版本第一集卷末附有王靖《托尔斯泰传略》、王靖《托尔斯泰主义》。全书正文收《一粒鸡蛋那么大的谷》、《什么是幸福？》、《一个忏悔的罪人》、《天真烂漫》、《三个逸士》、《误火焚屋》、《雪夜》、《斯开加》、《猎熊记》、《义子》、《一个人要多少土地》、《奴》、《太贵》、《儿智》、《三个问题》共15篇。

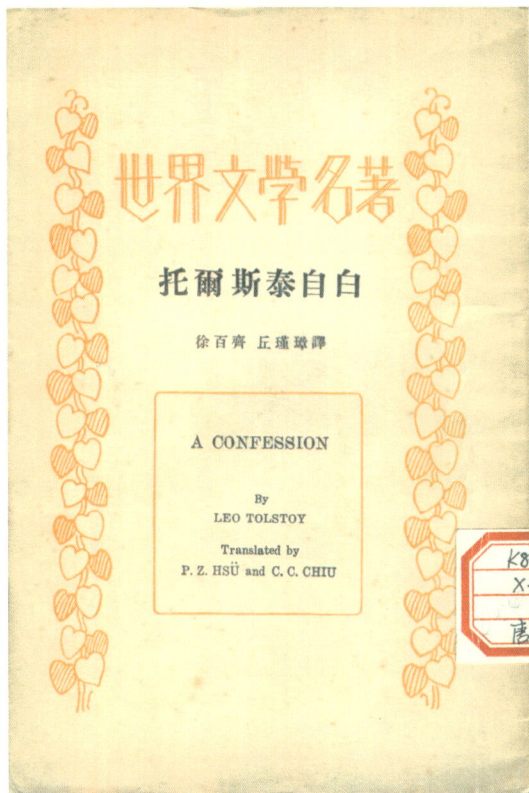

托尔斯泰自白
初版本封面（19厘米×13厘米）

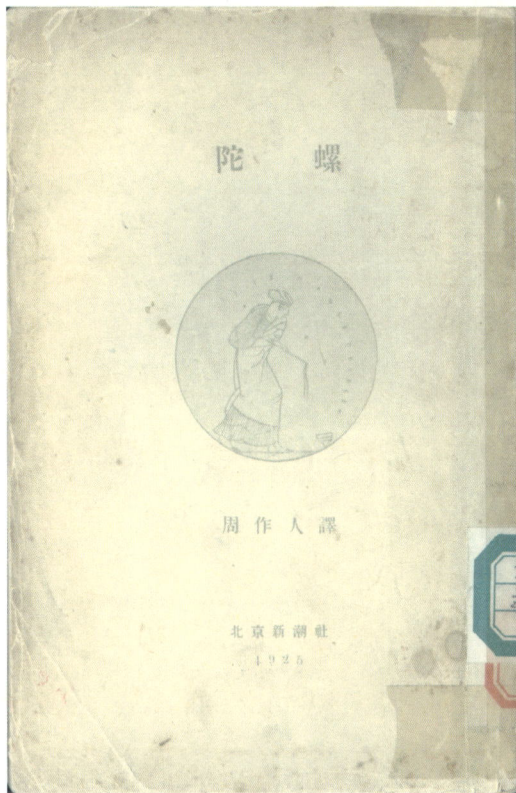

陀 螺
初版本封面（19.5厘米×13.2厘米）

回忆录。【俄】托尔斯泰著。徐百齐、丘瑾璋译。民国二十四年（1935）三月初版。上海商务印书馆印行。《世界文学名著》之一种。

馆藏商务印书馆1935年3月初版，见唐弢文库、图书大库。

初版本卷首有译者《小引》。作品共有16章。

诗歌小品集。【古希腊】谛阿克列多思等著。周作人译。1925年6月付印，9月初版。北京新潮社发行。京华印书局印刷。《新潮社文艺丛书》之七。

馆藏新潮社1925年9月初版，见唐弢文库、巴金文库、胡风文库、薛汕文库、姚雪垠文库、图书大库。

初版本卷首有《〈陀螺〉序》（译者），内云："集内所收译文共二百七十八篇，计希腊三十四，日本百六十二，其他各国八十二。"

初版本收《希腊小篇》（包括《牧歌三篇》、《拟曲二篇》、《对话三篇》、《小说五节》、《古诗二十一首》）、《法兰西小篇》（包括《散文小诗八首》、《田园诗六首》、《俳谐诗二十七首》）、《杂译诗二十九首》、《日本小篇》（包括《古事记中的恋爱故事》、《一茶的俳句》、《啄木的短歌二十一首》、《诗三十首》、《俗歌六十首》）共四大类作品。

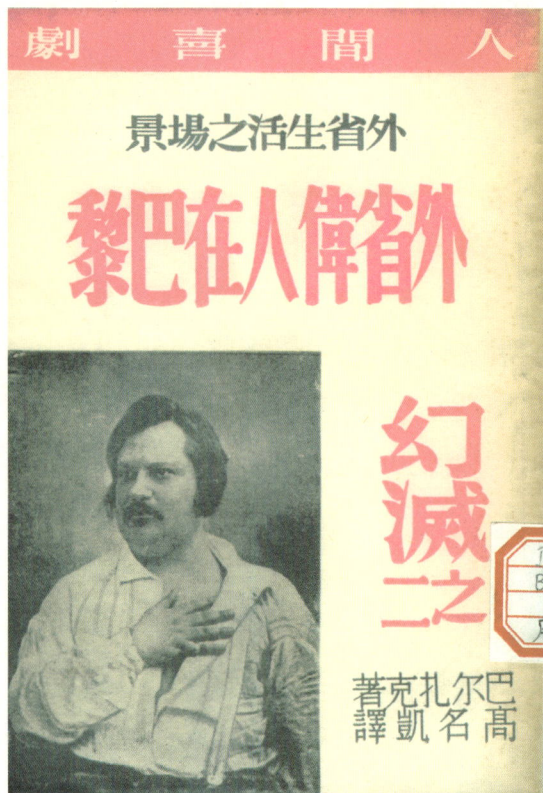

外省伟人在巴黎
初版本封面（18.3厘米×13厘米）

外 套
初版本封面（19.4厘米×14.3厘米）

　　小说。【法】巴尔扎克著。高名凯译。民国
三十六年（1947）四月初版，印2000册。海燕书店出
版。上海群海联合发行所总经售。《人间喜剧·外省
生活之场景》之一种。

　　馆藏海燕书店1947年4月初版，见唐弢文库、阳翰
笙文库。

　　本书为《幻灭》三部曲之二。初版本无序跋。作
品不标章次。

　　小说。【俄】果戈理著。韦漱园译。1926年9月
初版，印1500册。北京未名社发行。《未名丛刊》之
七。

　　馆藏未名社1926年9月初版、1929年4月二版，开
明书店1947年4月六版，见唐弢文库、侯金镜文库、图
书大库。

　　初版本卷首有素园《序》。作品不分章节。

顽童小传
初版本封面（18厘米×11.9厘米）

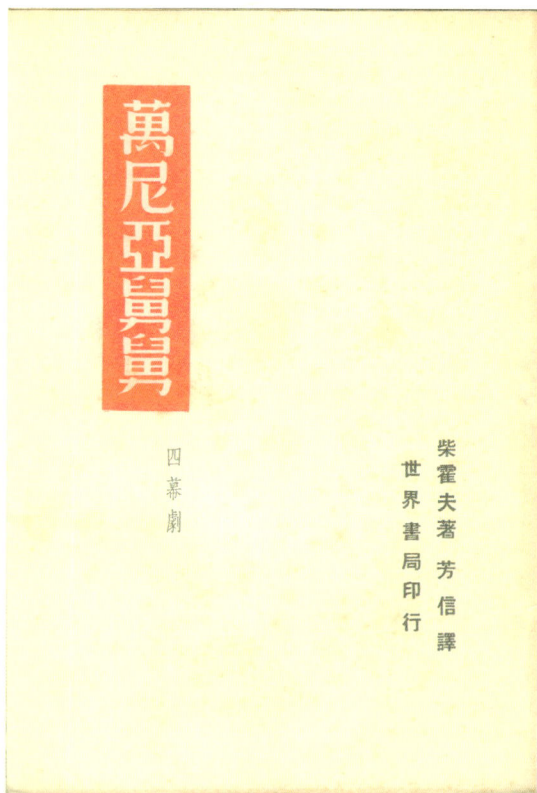

万尼亚舅舅
初版本封面（18.4厘米×13厘米）

　　小说。【美】爱迪李奇著。顾润卿译。民国二十二年（1933）三月印刷、出版。上海世界书局印行。《世界少年文库》之四十。
　　馆藏世界书局1933年3月初版，见图书大库。
　　初版本无序跋。作品共有22章。

　　戏剧。【俄】柴霍夫著。芳信译。民国二十九年（1940）七月初版。上海世界书局印行。
　　馆藏世界书局1940年7月初版，见唐弢文库。
　　初版本无序跋。作品共有4幕。

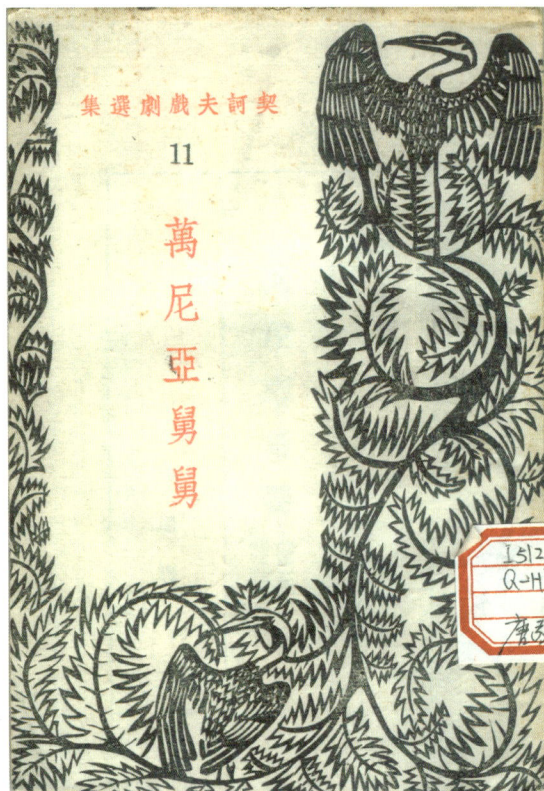

契诃夫戏剧选集
11
萬尼亞舅舅

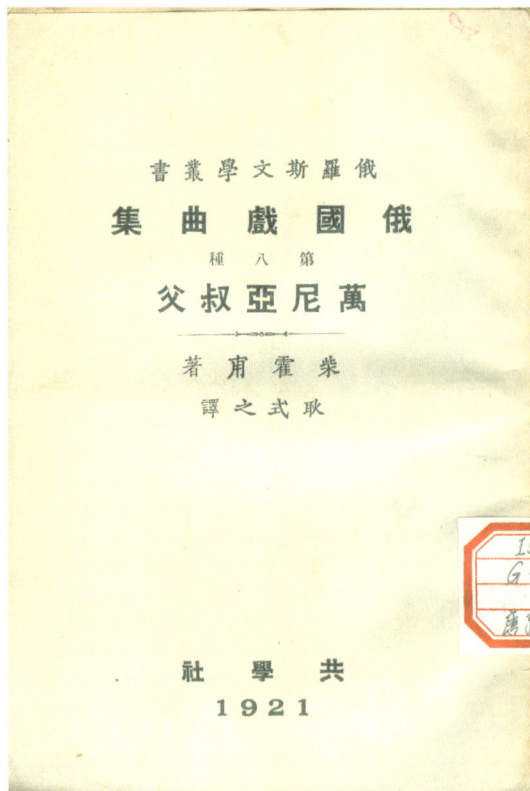

俄羅斯文學叢書
俄國戲曲集
第 八 種
萬尼亞叔父
柒霍甫 著
耿式之 譯

共 學 社
1921

万尼亚舅舅
1944年初版本封面（18.4厘米×13厘米）

戏剧。【俄】契诃夫著。丽尼译。民国三十三年（1944）九月渝初版。文化生活出版社发行。重庆军事委员会政治部印刷所印刷。《契诃夫戏剧选集》之二，《译文丛书》之一种。

馆藏文化生活出版社1944年9月初版、1946年11月初版、1949年2月二版，见唐弢文库、巴金文库、管桦文库、刘麟文库、秦兆阳文库、臧克家文库、图书大库。

初版本无序跋。作品共有4幕。

万尼亚叔父
初版本封面（18.8厘米×12.9厘米）

戏剧。【俄】柴霍甫著。耿式之译。民国十年（1921）四月初版。上海商务印书馆印行。《俄国戏曲集》之八，共学社《俄罗斯文学丛书》之一种。

馆藏商务印书馆1921年4月初版，见唐弢文库、孔罗荪文库。

初版本无序跋。作品共有4幕。

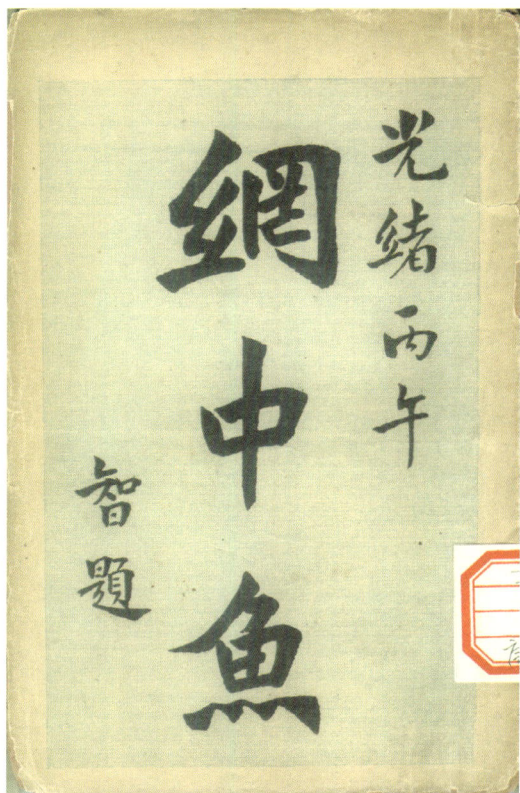

网中鱼（上、下）
上册初版本封面（18.9厘米×12.7厘米）

　　一名《巴黎之奴隶》。小说。【法】贾爱密著。少刚译。光绪三十二年（1906）十二月中旬印刷，下旬发行。上海新世界小说社印行。上海鸿文书局活版部代印。

　　馆藏新世界小说社1906年（农历）12月初版，见唐弢文库。

　　初版本无序跋。作品有上、下册各8回，共16回。

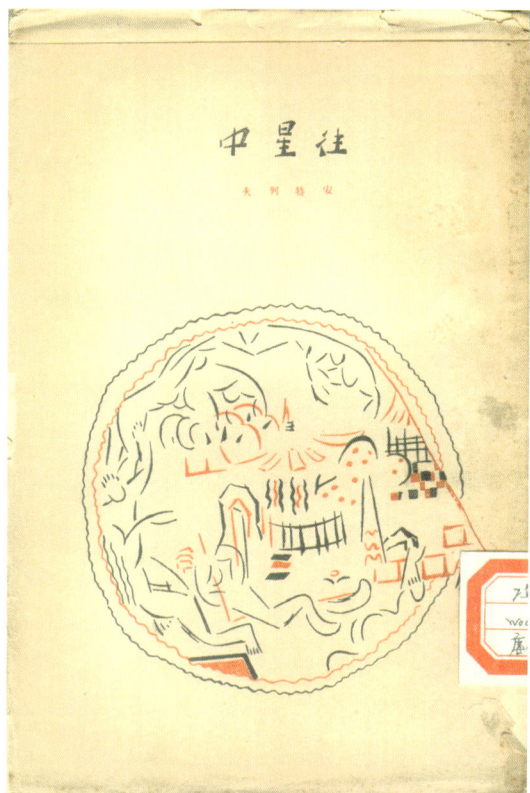

往星中
初版本封面（19.5厘米×14.3厘米）

　　戏剧。【俄】安特列夫著。李霁野译。1926年5月初版，印1500册。北京未名社刊物经售处发行。《未名丛刊》之四。

　　馆藏未名社1926年5月初版，见唐弢文库。

　　初版本卷首有韦素园《序》，卷末有译者《后记》。作品共有4幕。

妄 想
初版本封面（19.6厘米×13.8厘米）

妄言妄听（上、下）
初版本封面（18.4厘米×12.6厘米）

　　小说集。【日】森鸥外著。画室译。1928年5月付印，6月出版。上海人间书店印行。

　　馆藏人间书店1928年6月初版，见唐弢文库。

　　初版本无序跋。内收《花子》、《拉·巴尔纳斯·阿姆菩兰》、《妄想》、《高濑舟》共4篇。

　　小说集。【英】美森著。林纾、陈家麟译。民国九年（1920）四月初版。上海商务印书馆印行。四集本《说部丛书》第三集之九十三。

　　馆藏商务印书馆1920年4月初版、某版（无版权页，《林译小说》第二集），见唐弢文库、图书大库。

　　初版本无序跋。全书收《妒人曜目》、《屋顶取肉》、《野迷利野迷司交谊》、《鸟语警富》、《康司登尚主》、《马衣劝孝》、《阿卡西》、《落薄忒赌妻》、《威廉爱马得妻》、《亚生纳司改教嫁人》、《圣母灵迹》、《教士馋吻》、《神女度人》、《沙拉定释囚》、《艺人羽化》共15篇。

威尼斯商人
初版本封面（18.5厘米×13.1厘米）

戏剧。【英】莎士比亚著。顾仲彝译。1930年5月初版，印2000册。上海新月书店发行。

馆藏新月书店1930年5月初版、商务印书馆版（版权页缺失），见唐弢文库、图书大库。

初版本卷首有顾仲彝《序》。作品共有5幕。

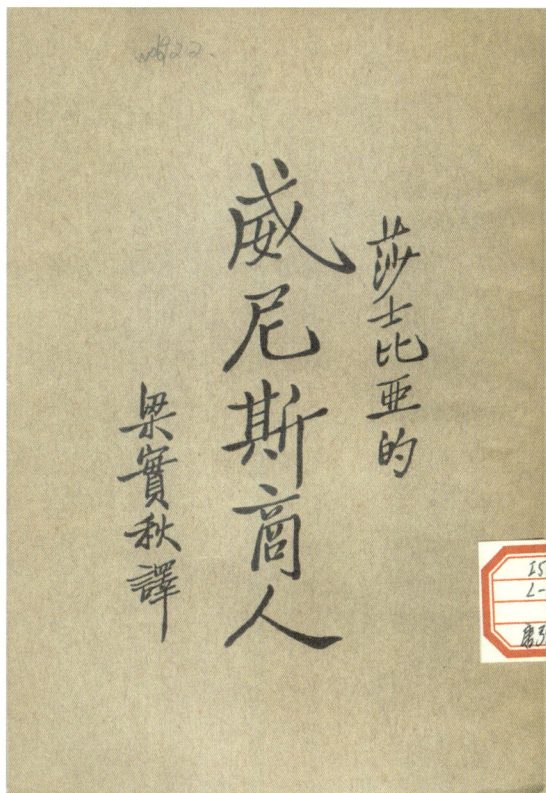

威尼斯商人
初版本封面（21.3厘米×15.1厘米）

戏剧。【英】莎士比亚著。梁实秋译。民国二十五年（1936）六月初版。中华教育文化基金董事会编译委员会编辑。上海商务印书馆印行。

馆藏商务印书馆1936年6月初版、1947年3月三版、1948年8月四版，见唐弢文库、图书大库。

初版本卷首有《序》（译者）、《例言》（译者）。作品共有5幕。

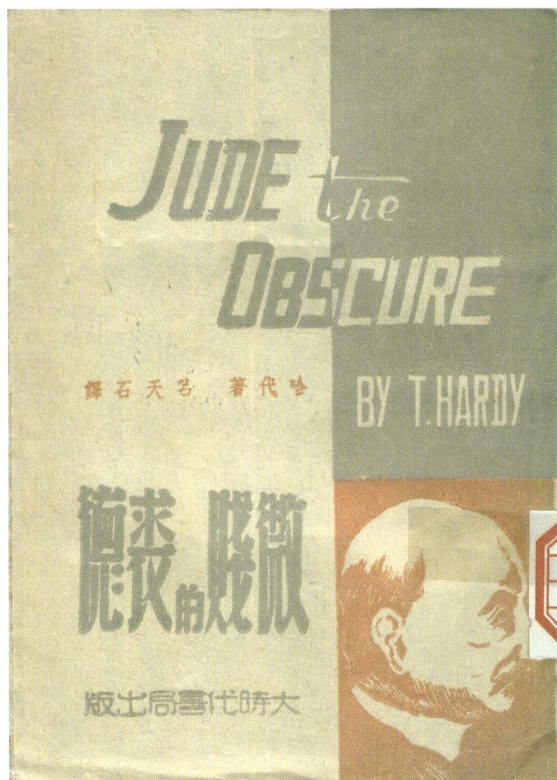

微贱的裘德
初版本封面（17.8厘米×13.2厘米）

小说。【英】哈代著。吕天石译。民国三十四年（1945）六月初版。大时代书局出版、发行。大时代印刷所印刷。

馆藏大时代书局1945年6月初版，见唐弢文库、孔罗荪文库。

初版本卷首有译者《弁言》。作品有第一部《在马理格林》11章、第二部《在基督寺》7章、第三部《在麦尔恰斯特》10章、第四部《在沙士顿》6章、第五部《在亚德百利汉和在别处》8章、第六部《又在基督寺》11章，共53章。

微尼斯商人
初版本封面（18.5厘米×12.6厘米）

戏剧。【英】莎氏比亚著。曹未风译。民国三十一年（1942）六月初版。贵阳文通书局印行。《莎氏比亚全集》之一种。

馆藏文通书局1942年6月初版、文化合作股份有限公司1946年6月普及版（著者译名为"莎士比亚"），见唐弢文库、靳以文库。

初版本无序跋。作品共有5出。

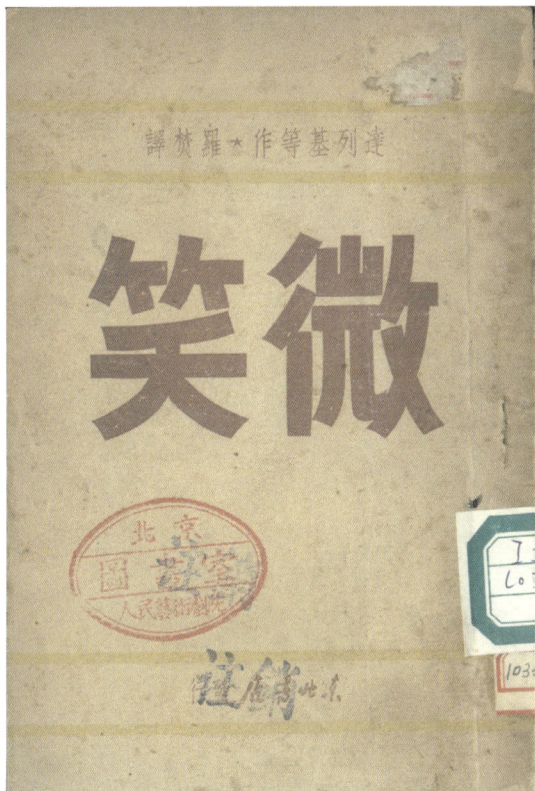

微 笑
初版本封面（18.2厘米×12.6厘米）

小说集。【苏】N.达列基等著。罗焚译。民国三十六年（1947）十一月初版，印5000册。哈尔滨东北书店出版、发行。东北日报二厂印刷。

馆藏东北书店1947年11月初版，见图书大库。

初版本无序跋。内收《死人复活了》、《微笑》、《弟兄》、《小孩子》共4篇。

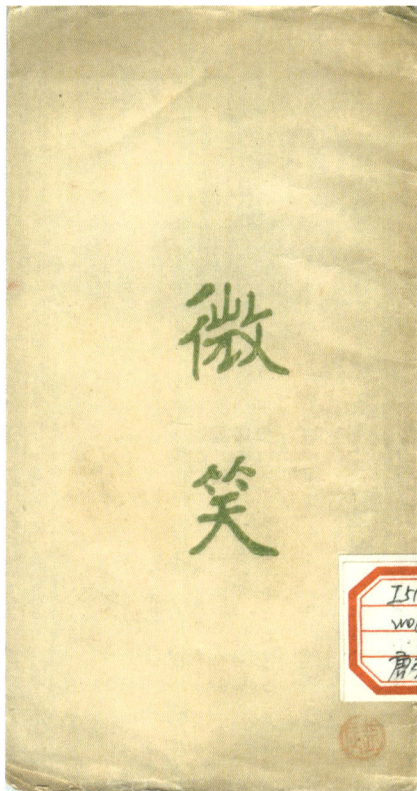

微 笑
初版本封面（18.5厘米×10厘米）

戏剧。【俄】托尔斯泰著。译者不详。民国十年（1921）七月二十日发行。上海泰东图书局发行。

馆藏泰东图书局1921年7月初版，见唐弢文库。

初版本无序跋。作品共有5幕。

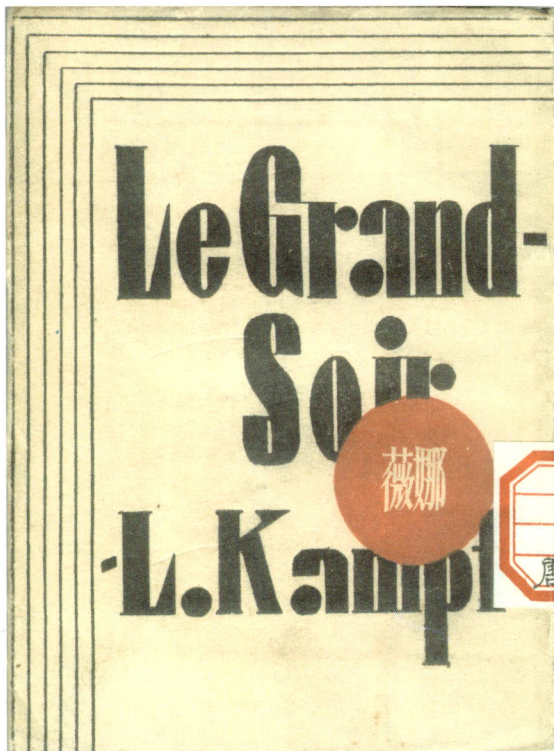

薇 娜
初版本封面（14.9厘米×11.4厘米）

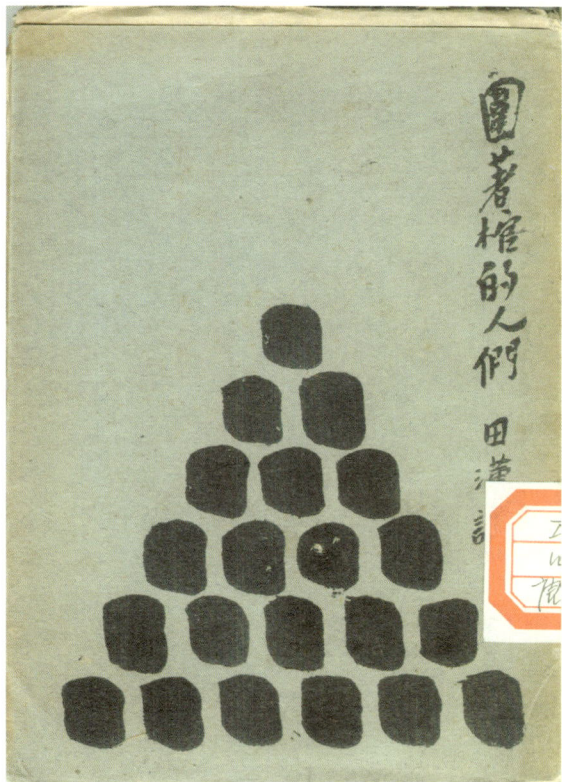

围着棺的人们
初版本封面（15.8厘米×11.9厘米）

　　小说戏剧集。【波兰】L.Kampf著。石曾、苹甘（扉页排名为"苹甘、石曾"）译。1928年6月初版。上海开明书店总发行。微明学社编辑《微明丛书》之一种。

　　馆藏开明书店1928年6月初版、1933年12月三版，见唐弢文库、巴金文库、图书大库。

　　初版本无序跋。内收《薇娜》、《夜未央》共2篇。

　　封面题《围著棺的人们》。戏剧集。【日】秋田雨雀、【日】金子洋文著。田汉译。民国十八年（1929）八月初版。上海金屋书店出版。

　　馆藏金屋书店1929年8月初版，见唐弢文库。

　　初版本卷首有金屋编辑部《关于本书稿件的几句话》。正文收《围着棺的人们》、《理发师》共2篇。

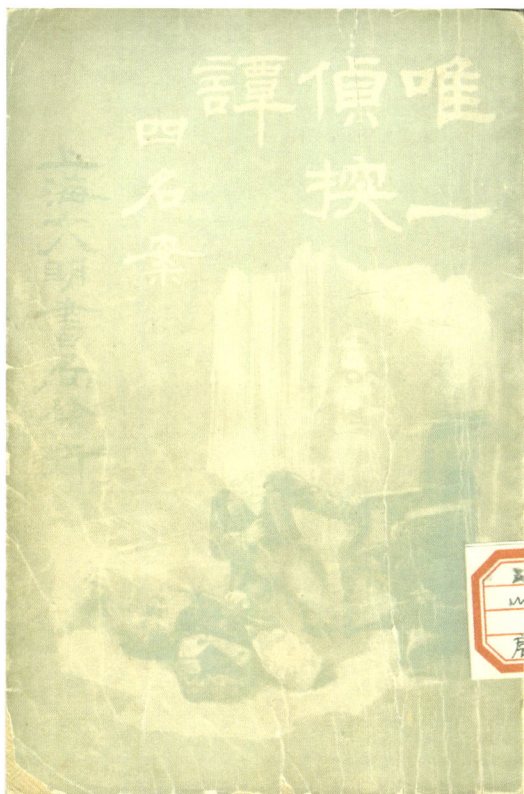

唯一侦探谭：四名案
初版本封面（19.1厘米×13厘米）

　　副标题为《医士华生笔记》。小说。【英】爱考难陶列著。嵇长康、吴荣鬯（正文排名为"吴荣鬯、嵇长康"）译。癸卯（1903）十月十五日印刷、出版。上海文明书局发行。日本东京并木活版所印刷。

　　馆藏文明书局1903年（农历）10月初版，见唐弢文库。

　　本书为休洛克呵姆斯辑案。初版本卷首有嵇长康《绪言》、吴荣鬯《引言》。作品共有12章。

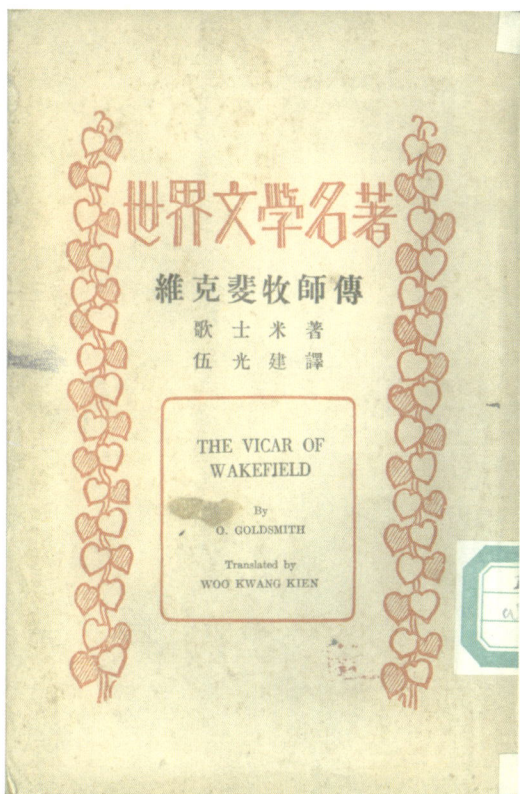

维克斐牧师传
初版本封面（19厘米×13厘米）

　　小说。【爱尔兰】歌士米著。伍光建译。民国二十四年（1935）七月初版。上海商务印书馆印行。《世界文学名著》之一种。

　　馆藏商务印书馆1935年7月初版、1947年3月二版，见图书大库。

　　初版本卷首有歌士米《自序》、伍光建《译者序》。作品共有32回。

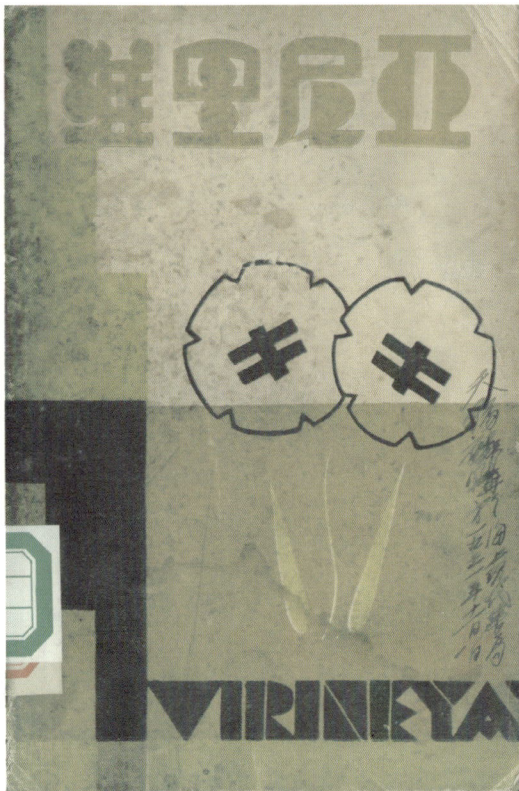

维里尼亚
初版本封面（18.8厘米×12.9厘米）

小说。著者不详。穆木天译。1931年5月1日付排，6月1日初版，印3000册。上海现代书局印行。

馆藏现代书局1931年6月初版，见图书大库。

初版本无序跋。作品共有12章。

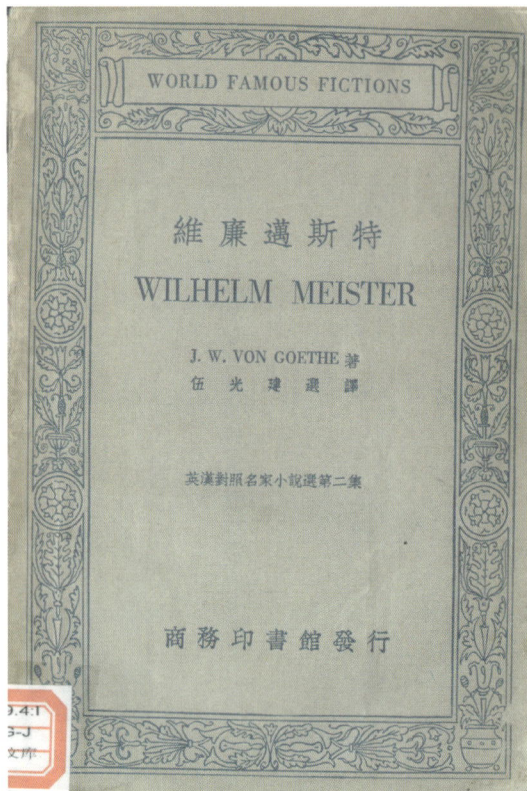

维廉迈斯特
初版本封面（19厘米×13.1厘米）

小说。【德】哥德著。伍光建译。民国二十五年（1936）一月初版。上海商务印书馆印行。《英汉对照名家小说选》之二。

馆藏商务印书馆1936年1月初版、同年2月二版，见艾芜文库、冯至文库。

初版本卷首有伍光建《作者传略》。作品为第六卷《一个女圣贤的自状》，不分章节。

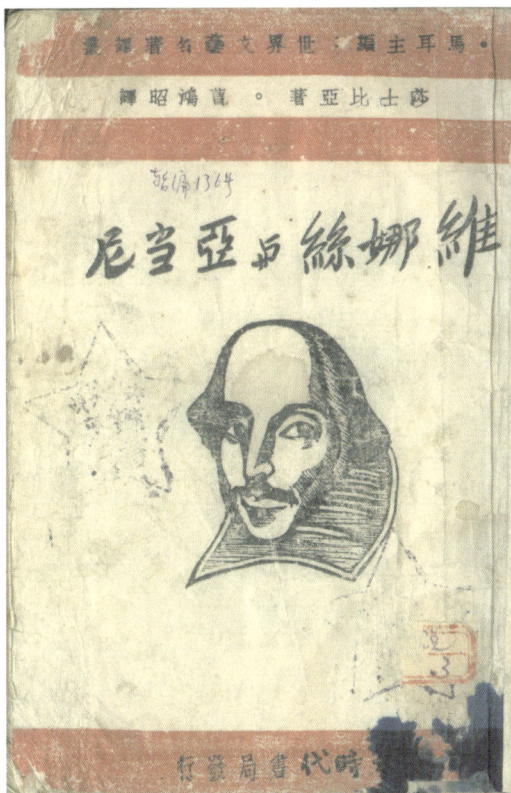

维娜丝与亚当尼
初版本封面（18.2厘米×12厘米）

诗歌。【英】W.莎士比亚著。曹鸿昭译。民国三十二年（1943）三月初版。大时代书局发行。大时代印刷所印刷。马耳主编《世界文艺名著译丛》之五。

馆藏大时代书局1943年3月初版，见图书大库。

初版本卷首有译者《绪言》、莎士比亚"献辞"。作品不标章次。

伟大的命运
初版本封面（18厘米×13厘米）

小说集。【苏】F.克洛勒等著。黎烈文译。民国三十四年（1945）三月初版。福建永安改进出版社印行。《现代文艺丛刊》第三辑之三。

馆藏改进出版社1945年3月初版，见唐弢文库、图书大库。

初版本卷末有译者《后记》。正文收《伟大的命运》、《第九十六个女人》、《萨莉莎》、《走在前面的人》、《一个英勇的少女》共5篇。

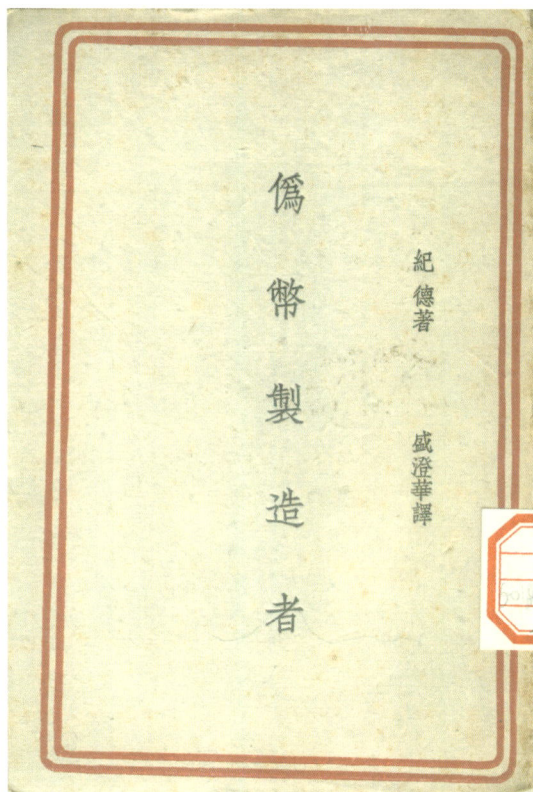

伪币制造者（上、下）
上册初版本封面（18.2厘米×12.8厘米）

小说。【法】A.纪德著。盛澄华译。民国三十四年（1945）二月初版。文化生活出版社出版、发行。军事委员会政治部印刷所印刷。《纪德选集》之二，《译文丛书》之一种。

馆藏文化生活出版社1945年2月初版，见唐弢文库、巴金文库。

初版本上册卷首有盛澄华《译者序》，下册卷末附有《人物对照表》。作品有第一部《巴黎》18章、第二部《沙费》7章、第三部《巴黎》18章，共43章。

伪善者
初版本封面（19厘米×13厘米）

戏剧。【法】莫里哀著。陈古夫译。民国二十五年（1936）四月初版。上海商务印书馆印行。《世界文学名著》之一种。

馆藏商务印书馆1936年4月初版，见唐弢文库、艾芜文库。

初版本无序跋。作品共有5幕。

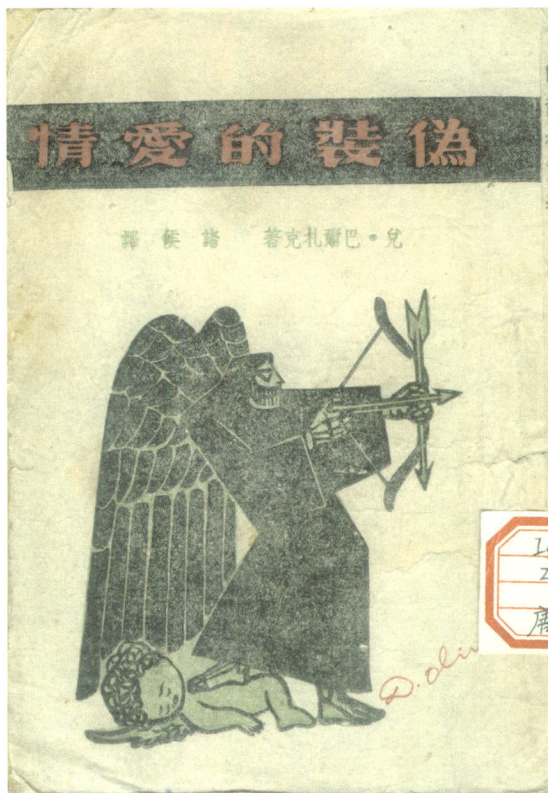

伪装的爱情
初版本封面（18.1厘米×12.9厘米）

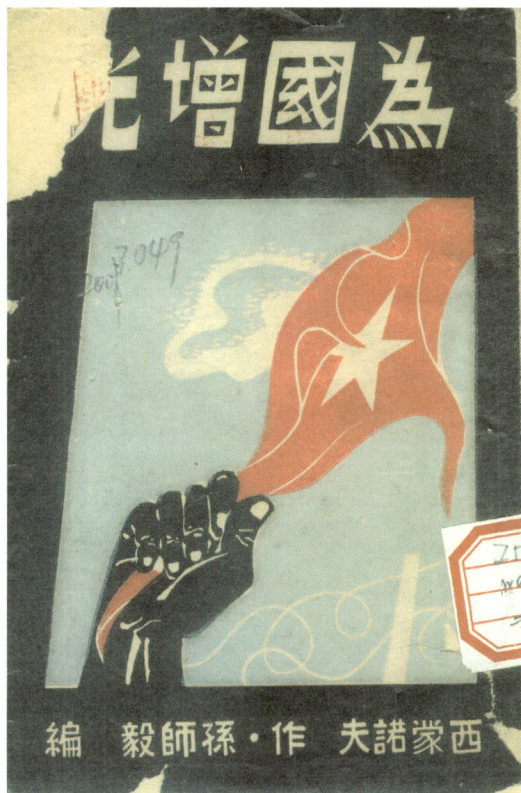

为国增光
初版本封面（残。17.2厘米×11.8厘米）

　　副标题为《轻率和幸福》。小说。【法】兑·巴尔札克著。诸候译。民国三十二年（1943）十月初版，印3000册。重庆自强出版社印行。

　　馆藏自强出版社1943年10月初版、1946年1月沪二版（封面译者署名为"储侯"），见唐弢文库。

　　初版木卷末有诸候《巴尔札克的生平》（附录）、《后记》（译者）。作品共有12章。

　　书脊、扉页、正文及版权页题《为国争光》。一名《俄国人》。戏剧。【苏】K.西蒙诺夫著。孙师毅改译。民国三十三年（1944）六月初版。重庆美学出版社发行。重庆印刷厂印刷。

　　馆藏美学出版社1944年6月初版，见唐弢文库。

　　初版本无序跋。作品共有8场。

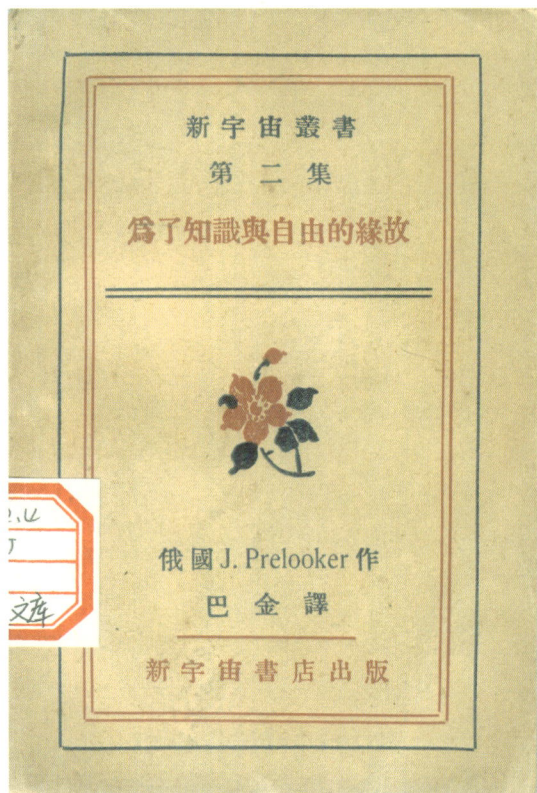

新宇宙叢書
第二集
爲了知識與自由的緣故

俄國 J. Prelooker 作
巴金譯
新宇宙書店出版

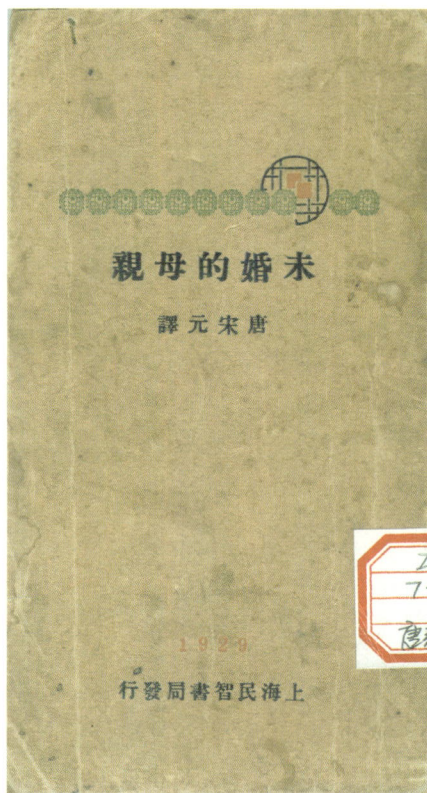

未婚母親
唐宋元譯

1929

上海民智書局發行

为了知识与自由的缘故
初版本封面（15厘米×10.6厘米）

　　小说集。【俄】普利洛克、【俄】司特普尼克著。巴金译。1929年9月1日付印，10月13日出版，印1500册。上海新宇宙书店出版。《新宇宙丛书》之二。

　　馆藏新宇宙书店1929年10月初版，见唐弢文库。

　　初版本无序跋。内收《为了知识与自由》、《三十九号》共2篇。

未婚的母亲
初版本封面（18.3厘米×10.1厘米）

　　原名《父道》。戏剧。【瑞士】M.Wolf著。唐宋元译。民国十八年（1929）五月初版。上海民智书局发行。上海民智印刷所印刷。

　　馆藏民智书局1929年5月初版，见唐弢文库。

　　初版本卷首有唐宋元《译者序》、M.Wolf《我何以要写和排演〈未婚的母亲〉》。作品共有4幕。

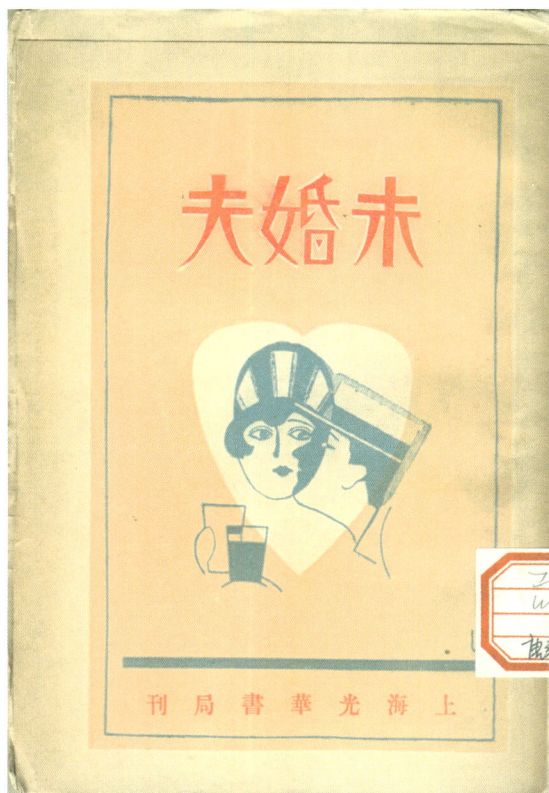

未婚夫
初版本封面（19厘米×13.9厘米）

小说集。【亚美尼亚】Av.Aharonian等著。余影译。1930年7月付印，8月出版，印1500册。上海光华书局印行。

馆藏光华书局1930年8月初版，见唐弢文库。

初版本无序跋。内收《父亲》、《未婚夫》、《卡尔》共3篇。

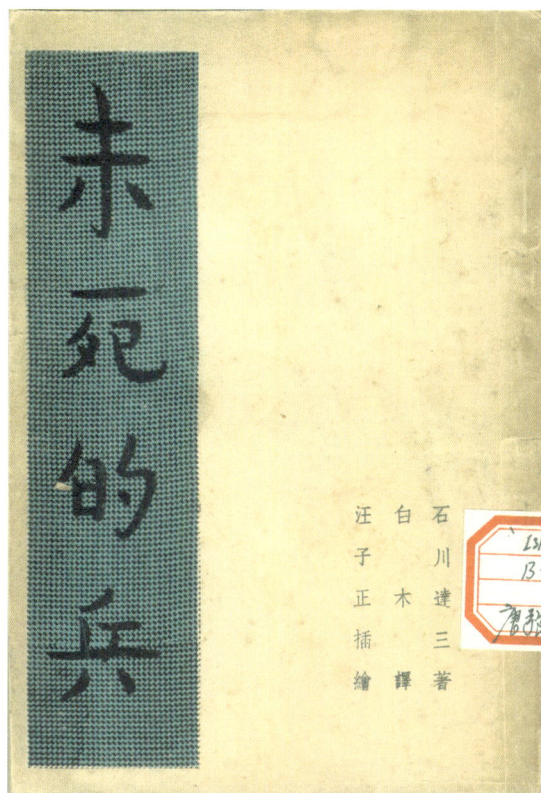

未死的兵
初版本封面（18.4厘米×12.9厘米）

小说。【日】石川达三著。白木译。民国二十七年（1938）八月初版。杂志社发行。上海五洲书报社总经售。

馆藏杂志社1938年8月初版、同年10月二版，见唐弢文库、图书大库。

初版本卷首有《译者序》。作品共有13章。

未死的兵
初版本封面（残。18.3厘米×13.1厘米）

蔚蓝的城
远东图书公司初版本封面（18.5厘米×13.1厘米）

　　小说。【日】石川达三著。夏衍译。1938年7月初版。南方出版社印行。广州救亡日报社总经售。

　　馆藏南方出版社1938年7月初版，见唐弢文库。

　　初版本卷首有【日】鹿地亘《序》。作品共有10章。

　　小说集。【苏】阿历赛·托尔斯泰等著。刘穆、薛绩辉（书脊排名为"薛绩辉、刘穆"）译。1929年8月初版。上海远东图书公司印行。《新俄小说集》之一种。

　　馆藏远东图书公司1929年8月初版、神州国光社1934年10月初版，见唐弢文库、巴金文库、图书大库。

　　初版本卷首有J.Vunitz《英译者序》，卷末有《本集作者传略》、刘穆《译后记》。正文收《蔚蓝的城》、《婴儿》、《鹤》、《狼的律法》、《金齿》、《老太婆》、《黑豆饼》共7篇。

魏都丽姑娘
初版本封面（19.8厘米×14.3厘米）

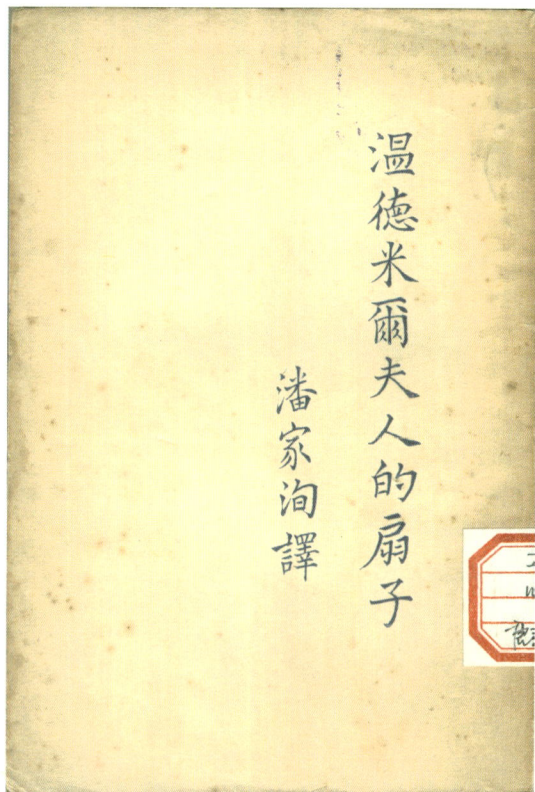

温德米尔夫人的扇子
初版本封面（18.4厘米×12.9厘米）

　　小说。【挪】纳突韩生著。邱韵铎译。1929年3月10日付排，4月20日初版，印2000册。上海现代书局印行。《展望丛书》之七。

　　馆藏现代书局1929年4月初版，见唐弢文库、图书大库。

　　初版本卷末有译者《Knut Hamsun》。作品共有13章。

　　戏剧。【英】Wilde著。潘家洵译。民国十五年（1926）六月初版。北京朴社出版、总发行。北京志成印书馆印刷。北京景山书社总代售。

　　馆藏朴社1926年6月初版，见唐弢文库、巴金文库。

　　初版本卷首有《译者小序》。作品共有4幕。

温静的灵魂
初版本封面（18.5厘米×13厘米）

　　小说集。著者不详。邱韵铎译。1933年8月1日初版，印1500册。上海现代书局出版、总发行。现代印刷公司印刷。《世界短篇杰作选》之一种。

　　馆藏现代书局1933年8月初版，见唐弢文库、巴金文库。

　　初版本卷首有《序语》（著者）。正文收《温静的灵魂》、《初恋样的故事》、《母亲》、《亚克的失踪》共4篇。

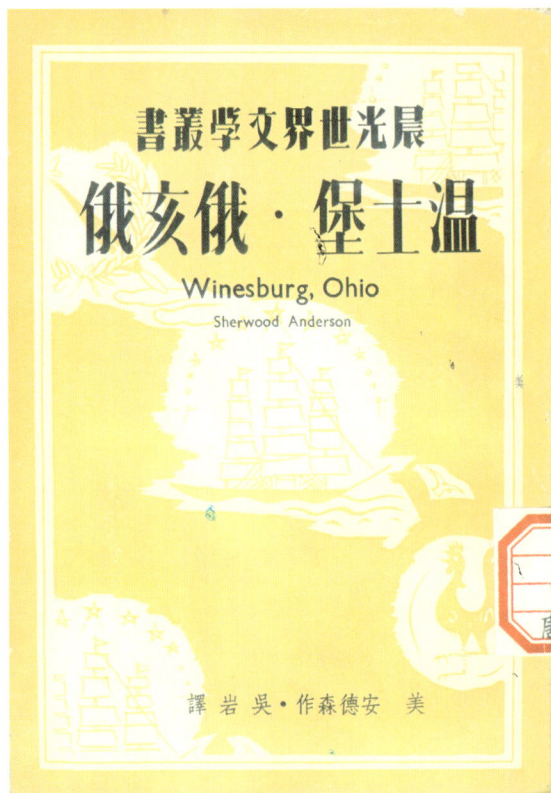

温士堡·俄亥俄
初版本封面（17.1厘米×12.1厘米）

　　小说集。【美】休伍·安德森著。吴岩译。1949年3月初版。上海晨光出版公司发行。中华全国文艺协会主编《晨光世界文学丛书》之八。

　　馆藏晨光出版公司1949年3月初版，见唐弢文库、巴金文库、冯亦代文库。

　　初版本卷首有赵家璧《出版者言》（丛书总序），卷末有《后记》（译者）。《后记》云："这本书阐明了小城镇生活底心理。几乎每篇小说都是人物的灵魂的探究，充满了精神经验的细节，触及肉体上的行动时，也是为了完成精神背景的说明。"

　　初版本收《畸人志》、《手》、《纸团》、《母亲》、《哲学家》、《没有人知道》、《虔诚》、《屈服》、《恐怖》、《异想天开的人》、《曾经沧海》、《可敬的品格》、《思想者》、《坦黛》、《上帝的力量》等24篇。

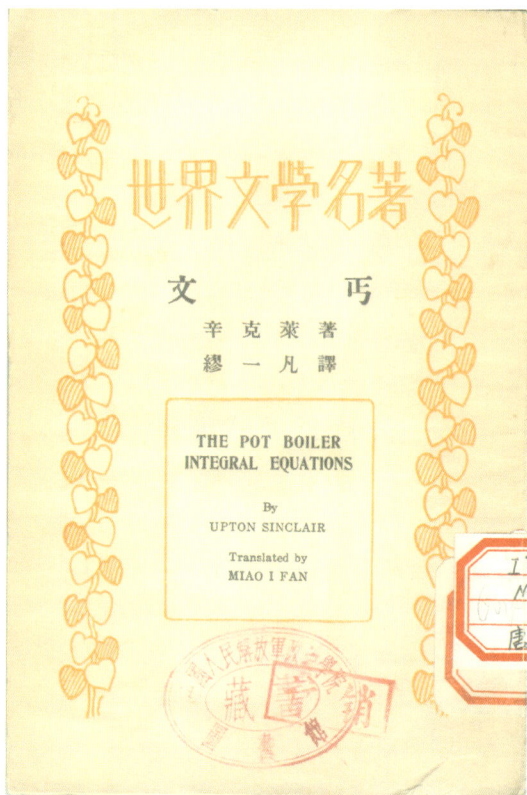

文 丐
初版本封面（19.1厘米×13厘米）

文 明
初版本封面（18.4厘米×13.3厘米）

　　戏剧。【美】辛克莱著。缪一凡译。民国二十四年（1935）五月初版。上海商务印书馆印行。《世界文学名著》之一种。

　　馆藏商务印书馆1935年5月初版，见唐弢文库、图书大库。

　　初版本卷首有一凡《译者序》，内云："本书……大胆地把社会的黑暗暴露出来，还带着许多深刻的讽刺，颇能引起读者同情心的共鸣。"

　　初版本共有4幕。

　　小说集。【法】乔治·杜哈曼著。傅雷译。民国三十六年（1947）五月初版，印2000册。上海南国出版社印行。上海学林书店经售。

　　馆藏南国出版社1947年5月初版，见胡风文库、图书大库。

　　初版本卷首有《译者弁言》、《作者略传》。正文收《面貌》、《勒沃的病房》、《索末河上》、《雷旭沙的圣诞节》、《杜希中尉》、《歌尚的计划》、《绿衣太太》、《葡萄田》、《调节兵站》、《马贩子》、《邦梭的爱情》、《葬礼》、《数字》、《纪律》、《装甲骑兵居佛里哀》等16篇。

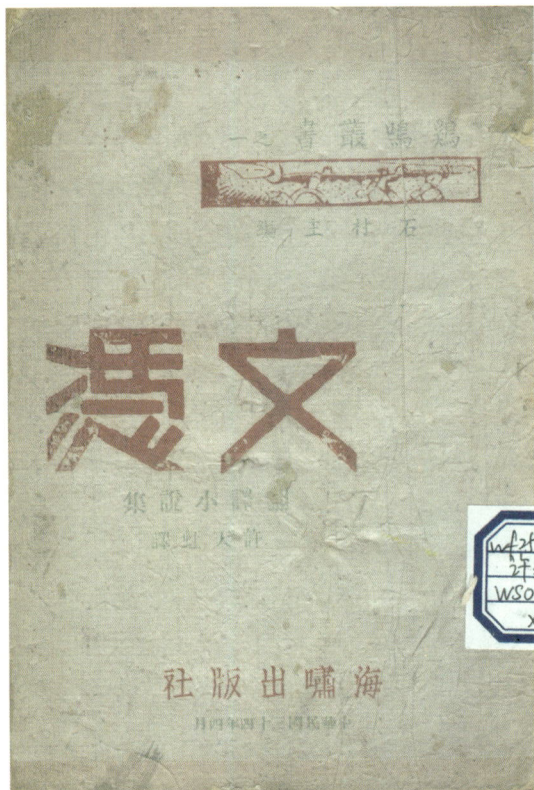

文 凭
初版本封面（17.8厘米×12.4厘米）

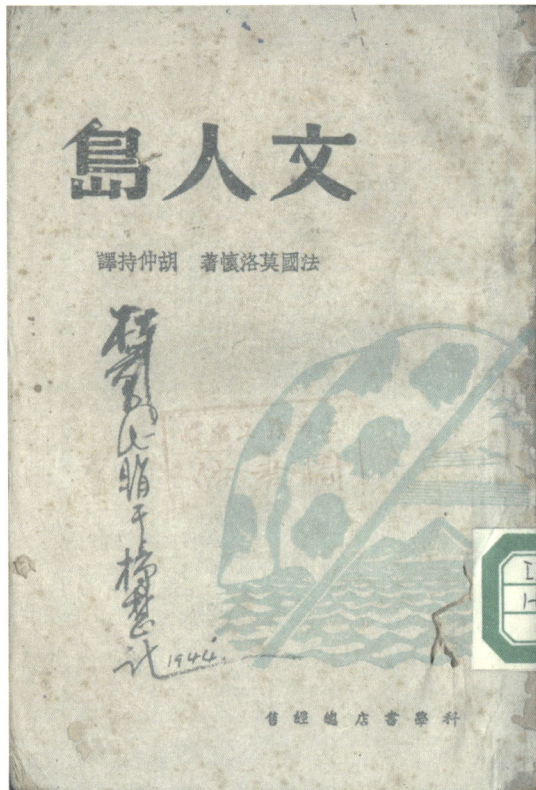

文人岛
初版本封面（18.3厘米×12.8厘米）

小说集。【意】L.皮蓝得娄等著。许天虹译。民国三十四年（1945）四月十五日出版。浙江天台海啸出版社出版、发行。天台力文印刷厂印刷。天台力文商店总经售。石村主编《鸡鸣丛书》之一。

馆藏海啸出版社1945年4月初版，见许杰文库。

初版本卷首有石村《〈鸡鸣丛书〉总序》、天虹《译者的话》，卷末附有天虹《关于迭更司和〈匹克维克遗稿〉》、天虹《关于杰克·伦敦》。正文收《文凭》、《撤退》、《最后的信》、《白丽儿小姐》、《城里的老爷》、《罪犯还乡》、《古怪的当事人》、《杀人》、《国王要这鼻子》共9篇。

小说。【法】莫洛怀著。胡仲持译。民国三十一年（1942）八月出版。珠林书店出版。三户印刷社印刷。桂林科学书店总经售。

馆藏珠林书店1942年8月初版，见图书大库。

初版本卷首有胡仲持《译者序》。作品共有9章。

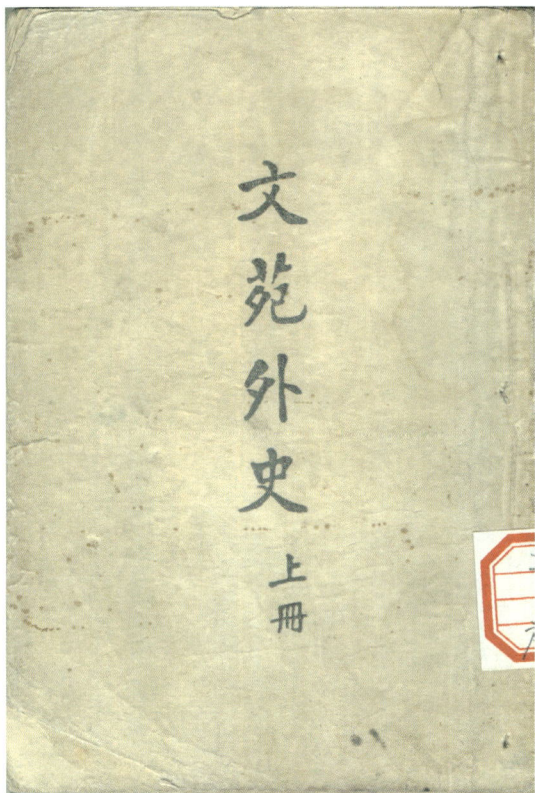

文苑外史（上、中、下）
初版本封面（18.3厘米×12.7厘米）

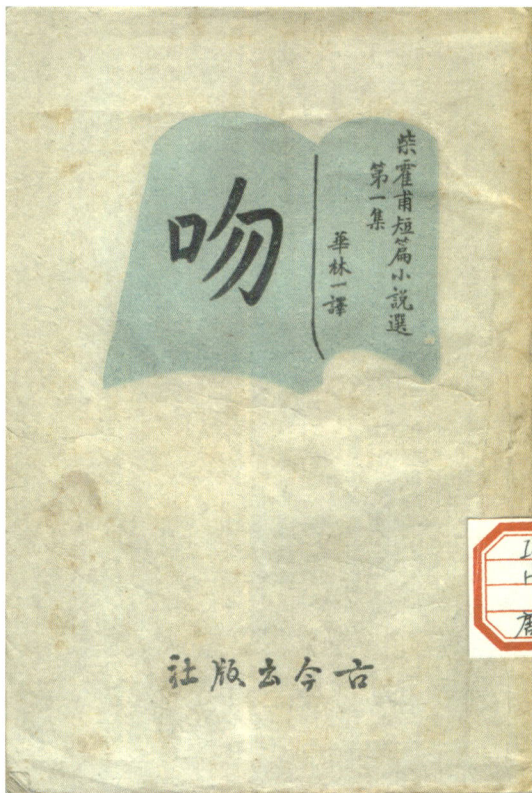

吻
初版本封面（18.5厘米×12.8厘米）

　　小说。【英】乔治·吉辛著。朱厚锟译。民国三十五年（1946）十月、民国三十六年（1947）三月、同年六月贵阳初版。贵阳文通书局印行。《世界文学名著》之一种。

　　馆藏文通书局1946年10月—1947年6月初版，见唐弢文库、图书大库。

　　初版本上册卷首有【美】哈里·罕孙《序》、《译者赘言》。作品有上册12章、中册12章、下册13章，共37章。

　　小说集。【俄】柴霍甫著。华林一译。民国三十二年（1943）九月初版。重庆古今出版社发行。古今印刷所印刷。《柴霍甫短篇小说选（扉页为"柴霍甫选集"）》之一。

　　馆藏古今出版社1943年9月初版，见唐弢文库。

　　初版本卷首有《柴霍甫略传》。正文收《洛斯采特的琴》、《顽皮的孩子》、《昂贵的教课》、《吻》、《一件小事》、《老年》、《维罗基加》、《老人日记》共8篇。

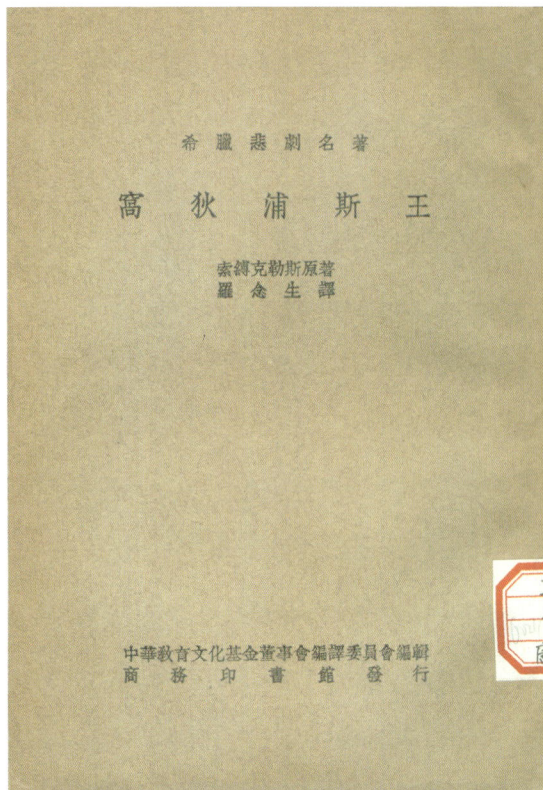

窝狄浦斯王
初版本封面（21.2厘米×15.1厘米）

我 爱
初版本封面（18.5厘米×12.9厘米）

　　戏剧。【古希腊】索缚克勒斯著，【英】哲布编。罗念生译。民国二十五年（1936）五月初版。上海商务印书馆印行。中华教育文化基金董事会编译委员会编辑《希腊悲剧名著》之一种。

　　馆藏商务印书馆1936年5月初版，见唐弢文库、艾芜文库、图书大库。

　　初版本卷首有罗念生《译者序》、《插图表》、《索缚克勒斯小传》、哲布《引言》（节译），卷末附有编者《哈佛表演本剧记》（节译）、《希腊译音表》、《专名词表》、《抄本版本与英译本》。作品有4场，另有《开场白》、《道白》、《歌》4支、《退场》，共11幕。

　　小说。【苏】亚弗勤哥著。春雷、殊令畸译。民国二十六年（1937）八月初版。上海生活书店发行。生活印刷所印刷。

　　馆藏生活书店1937年8月初版，见唐弢文库、孔罗荪文库。

　　初版本卷末有译者《译后记》，内云："一九三〇年《我爱》的作者亚历克山大·亚弗勤哥是马格宜斯托洛衣制铁综合工厂的火车头司机师，《我爱》是他一九三二——三三年间写成的第一本取材于他自己的传记的长篇小说。……那时候他忽就立下要把他的家族的历史，他父亲的身世和劳动阶级的生活写成小说的愿心，他决定要把两种不同的劳动阶级的生活加以对照的描写。"

　　初版本共有44章。

我的爸爸
初版本封面（18.4厘米×12.9厘米）

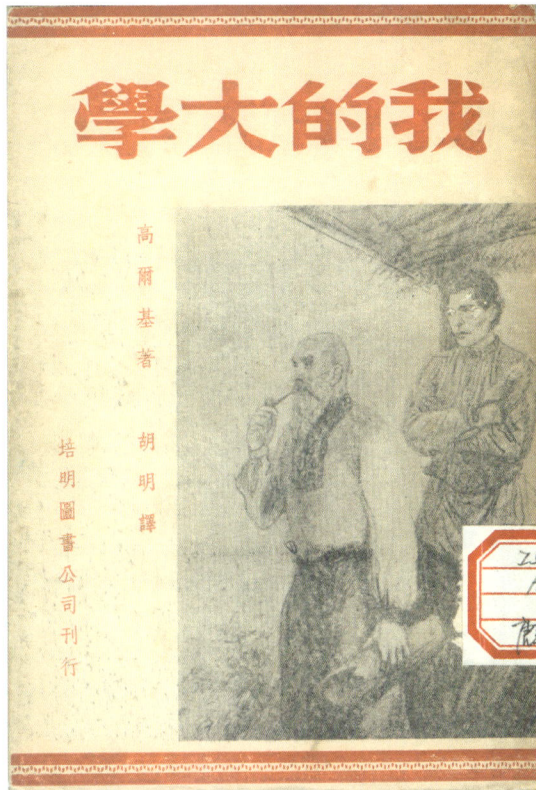

我的大学
初版本封面（18.4厘米×12.9厘米）

　　回忆录。【美】克拉伦斯·戴著。杨潮译。民国三十五年（1946）九月初版，印1000册。生活书店发行。

　　馆藏生活书店1946年9月初版、同年11月二版，见唐弢文库、图书大库。

　　初版本卷首有夏衍《前记》。作品共有30章。

　　小说。【苏】高尔基著。胡明译。民国三十一年（1942）一月初版。上海培明图书公司印行。《世界文学名著选》之一种。

　　馆藏培明图书公司1942年1月初版，光华出版社（附《自杀》）1948年2月七版、1949年版，见唐弢文库、王辛笛文库、图书大库。

　　初版本无序跋。作品不标章次。

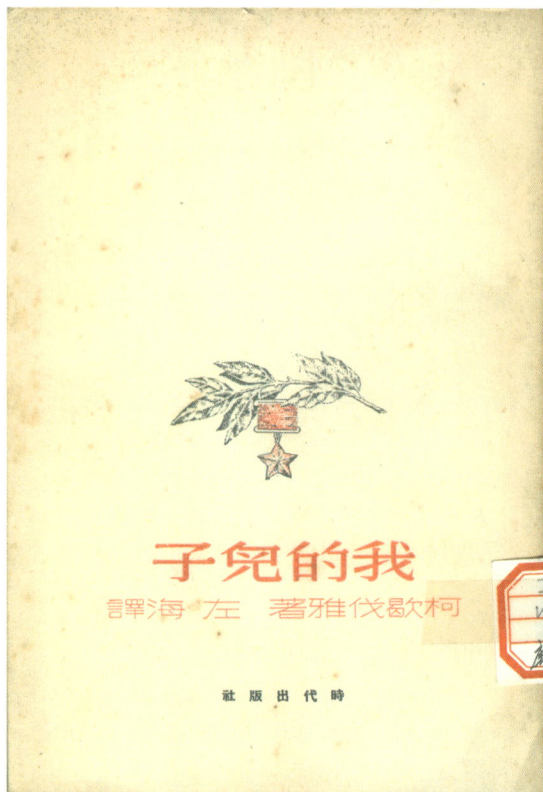

我的儿子
初版本封面（20.4厘米×14.5厘米）

回忆录。【苏】柯歇伐雅著。左海译。1949年3月
初版，印4000册。上海时代书报出版社总经售。

馆藏时代书报出版社1949年3月初版，见唐弢文
库。

初版本无序跋。作品共有58章。

我的旅伴
初版本封面（17.4厘米×12.3厘米）

小说集。【苏】高尔基著。程之译。民国三十一
年（1942）十二月初版。桂林育文出版社出版、发
行。三户印刷社印刷。《高尔基短篇小说集》之一
种。

馆藏育文出版社1942年12月初版，见唐弢文库。

初版本无序跋。内收《我的旅伴》、《强果尔
河畔》、《一个人的诞生》、《她的情人》、《秋
夜》、《可汗和他的儿子》、《筏夫——一段复活节
的故事》共7篇。

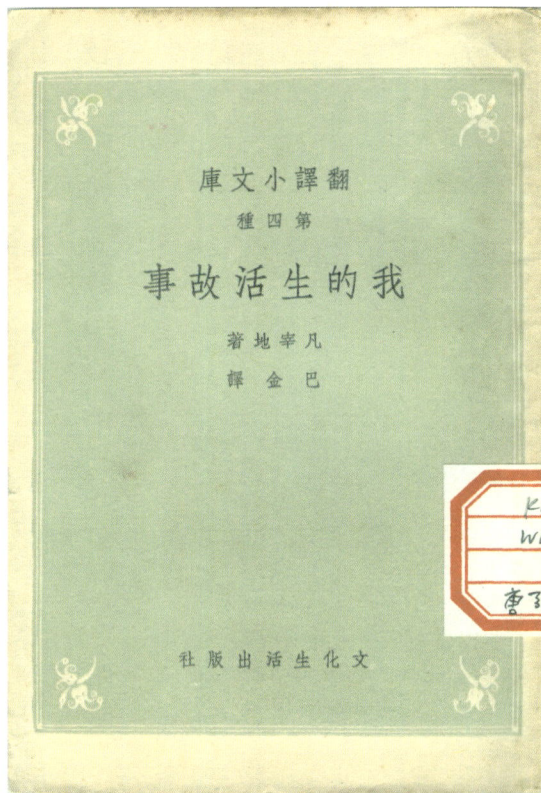

我的生活故事
初版本封面（14.6厘米×10.3厘米）

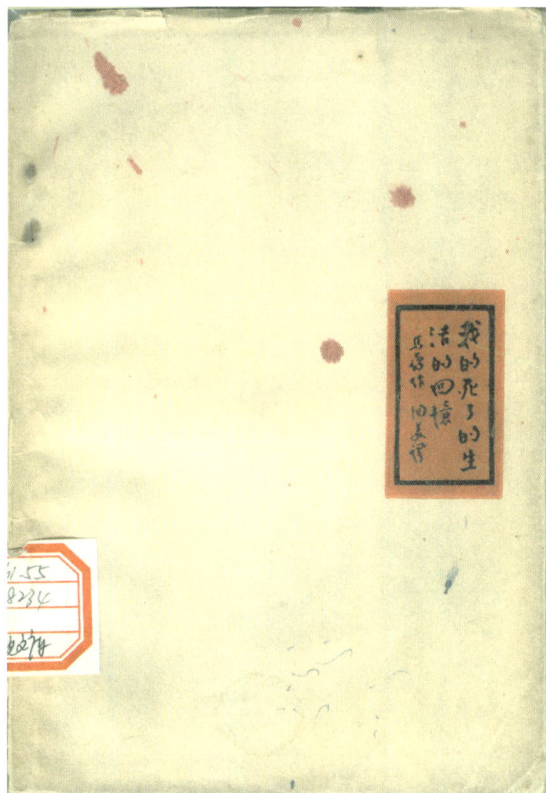

我的死了的生活的回忆
初版本封面（18.5厘米×13.1厘米）

　　回忆录。【意】凡宰地著。巴金译。民国三十年（1941）八月初版。上海文化生活出版社出版、发行。文化印刷所印刷。《翻译小文库》之四。

　　馆藏文化生活出版社1941年8月初版、1947年10月二版，见唐弢文库、图书大库。

　　初版本卷首有巴金《前记》、阿丽思·斯东·布拉克尔威《小引》、阿普顿·辛克莱《代序》，卷末附有《沙珂给他的六岁女儿茵乃斯的告别信》、《沙珂给他的十一岁的儿子但丁的告别信》。作品共有4章。

　　正文题《回忆》。【英】马霭著。邵洵美译。民国十八年（1929）五月十五日出版，印1050册。上海金屋书店出版。

　　馆藏金屋书店1929年5月初版，见唐弢文库。

　　初版本卷首有洵美《小记》。作品不分章节。

我的童年
初版本封面（18.8厘米×13厘米）

　　小说。【苏】高尔基著。林曼青译。民国十九年
（1930）十二月出版。上海亚东图书馆印行。

　　馆藏亚东图书馆1930年12月初版、1941年3月九
版，见唐弢文库、图书大库。

　　初版本卷首有蒋光慈《高尔基的〈我的童年〉的
书前》。作品共有13章。

我的童年
初版本封面（18.6厘米×13.3厘米）

　　小说。【苏】高尔基著。姚蓬子译。1930年10月
付印，11月出版，印2000册。上海光华书局印行。蓬
子、徐霞村、杜衡主编《欧罗巴文艺丛书》之一种。

　　馆藏光华书局1930年11月初版，上海杂志公司1944
年12月复兴渝一版、1946年6月一版，见唐弢文库、臧
克家文库。

　　初版本卷首有《高尔基自传》（亦还译）。作品
共有13章。

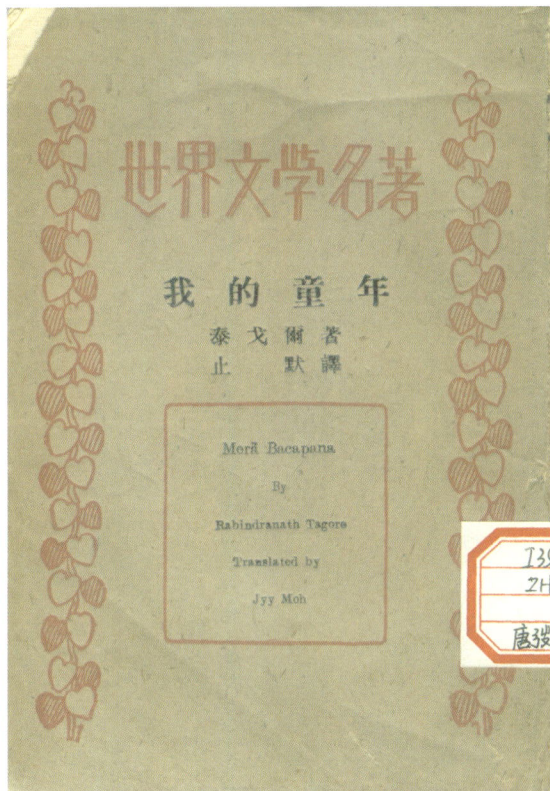

世界文学名著

我 的 童 年

泰戈尔著
止 默 译

Merā Bacapana

By

Rabindranath Tagore

Translated by

Jyy Moh

我的童年
初版本封面（17.5厘米×12.4厘米）

回忆录。【印】泰戈尔著。止默译。民国三十四年（1945）七月初版。重庆商务印书馆印行。《世界文学名著》之一种。

馆藏商务印书馆1945年7月初版，见唐弢文库。

初版本卷首有R.Tagore《原序》，卷末有止默《译后记》。作品共有14章。

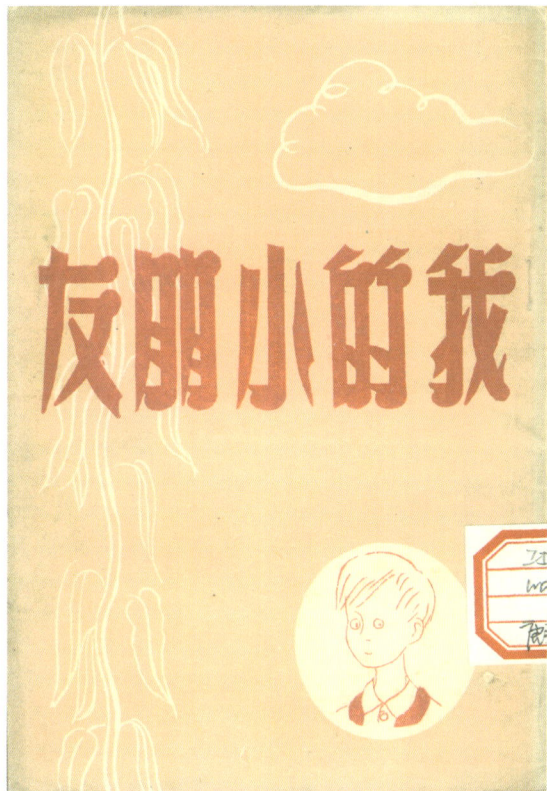

我的小朋友
初版本封面（18.2厘米×13厘米）

小说集。【苏】华西连柯著。逸尘译。民国三十五年（1946）十月初版，印1500册。天下图书公司印行。生活书店、作家书屋经售。

馆藏天下图书公司1946年10月初版，见唐弢文库。

本书为儿童少年读物。初版本无序跋。内收《生活计划》、《盖拉希克的错误》、《自来水笔》、《指挥官的命令》、《西瓜》共5篇。

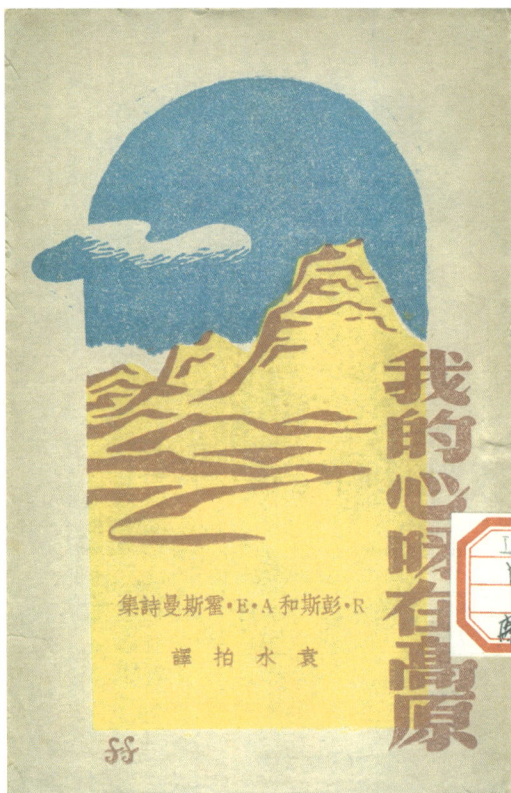

我的心呀在高原
初版本封面（17.5厘米×11.6厘米）

诗歌集。【英】R.彭斯、【英】A.E.霍斯曼著。袁水拍译。民国三十三年（1944）三月初版。重庆美学出版社出版、发行。重庆印刷厂印刷。《海滨小集》之九。

馆藏美学出版社1944年3月初版、新群出版社1947年申二版，见唐弢文库、薛汕文库。

初版本卷首有《译者前记》，卷末有徐迟《一本已出版的译诗集跋》。正文收《我的心呀，在高原》、《亲热的一吻》、《阿富顿河》、《安娜的金黄发鬢》、《从裸麦田里走来》、《我到过克鲁格顿》、《约格吻了离别的吻》、《好看的蓝丝丽》、《蒂比顿芭》、《吻颂》、《虱颂》、《贝格·尼古尔生的挽诗》、《悲哀断章》、《断章》、《勃鲁斯在朋诺克本向他的军队致辞》等48篇。

我弟伊凡
初版本封面（18.8厘米×13.3厘米）

小说。【法】绿蒂著。张人权译。1930年11月15日出版，印1000册。上海现代书局发行。

馆藏现代书局1930年11月初版、1933年4月二版，见唐弢文库、图书大库。

初版本卷首有比挨绿蒂《献亚尔封史都德》。作品共有102章。

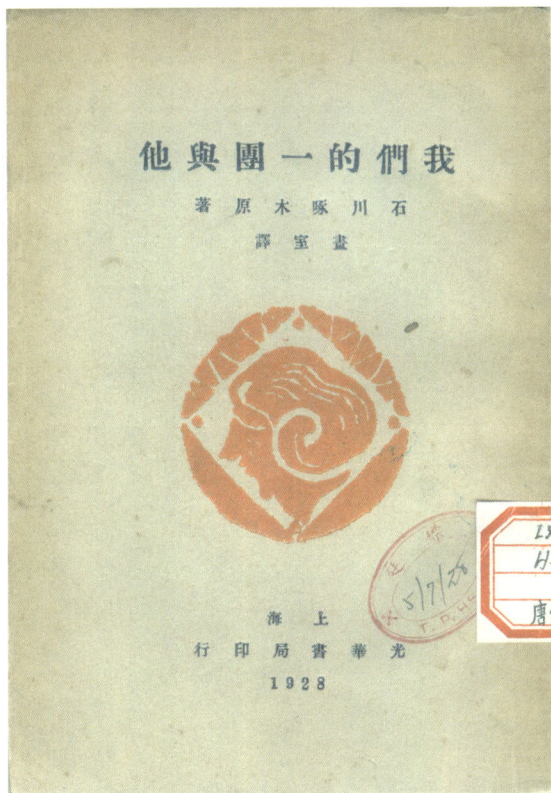

他與團一的們我

石川啄木原著
畫室譯

上海
光華書局印行
1928

我们的一团与他
初版本封面（17.9厘米×12.8厘米）

小说。【日】石川啄木著。画室译。1928年4月1日付印，5月1日出版，印1500册。上海光华书局印行。

馆藏光华书局1928年5月初版，见唐弢文库、巴金文库、图书大库。

初版本无序跋。作品共有6章。

星雲小叢書第二種
我們上太太
們那兒去嗎？
英國巴蕾作
熊式弍譯

星雲
小叢書

我们上太太们那儿去吗？
初版本封面（15.5厘米×12厘米）

戏剧。【英】巴蕾著。熊式弌译。1932年7月1日初版，印1000册。北平星云堂书店出版。《星云小丛书》之二。

馆藏星云堂书店1932年7月初版，见唐弢文库。

初版本卷首有托马斯哈代《赠巴蕾》、熊适逸《巴蕾及其著作》。作品为独幕剧。

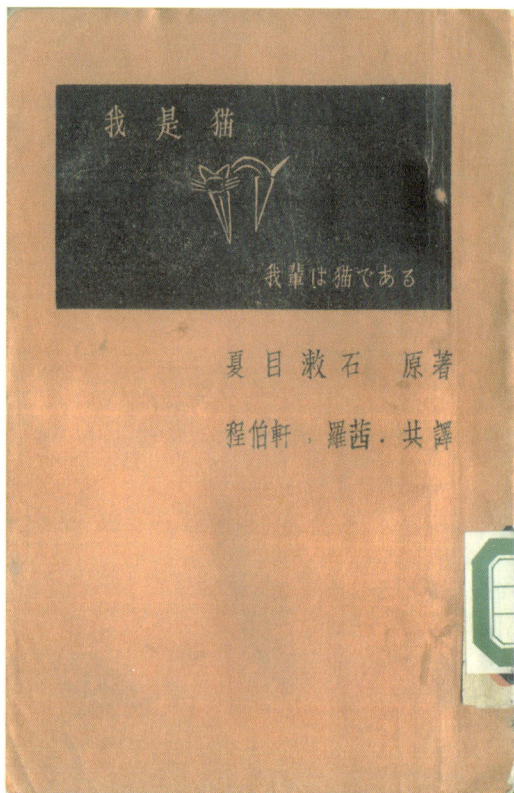

我是劳动人民的儿子
初版本封面（18.2厘米×12.8厘米）

我是猫
初版本封面（18.7厘米×12.5厘米）

　　小说。【苏】卡达耶夫著。曹靖华译。民国二十九年（1940）八月初版，印1000册。生活书店发行。生活印刷所印刷。

　　馆藏生活书店1940年8月初版、印工合作社1944年3月版，见唐弢文库、图书大库。

　　初版本卷首有靖华《译者序》。作品除《结局》外共有31章。

　　小说。【日】夏目漱石著。程伯轩、罗茜译。1936年9月25日印刷，10月1日发行。凤文书院发行。日本东京安田邦文堂、东京伯轩日语学院总发卖。上海生活书局、南京鸡鸣书屋国内代售。

　　馆藏凤文书院1936年10月初版，见图书大库。初版本无序跋。作品共有5章。

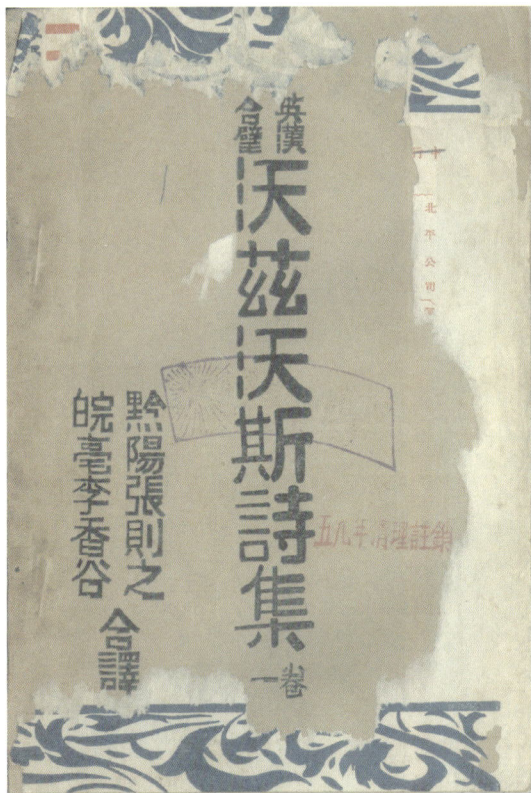

沃兹沃斯诗集（一）
初版本封面（被粘贴。18.3厘米×12.6厘米）

屋卡珊和尼各莱特
初版本封面（18.5厘米×13.4厘米）

【英】沃兹沃斯著。张则之、李香谷译。民国二十一年（1932）五月初版。北平建设图书馆印行。

馆藏建设图书馆1932年5月初版，见薛汕文库。

本书为中英文对照。初版本卷末有《沃兹沃斯传略》、张则之及李香谷之《译者跋》。本卷为《关于幼时之部》，正文收《弁词》、《致蝴蝶》、《先见》、《某三岁女之特性》、《冬夜狂风致某童》、《母归》、《绿缌格莱》、《爱俪丝费尔孤女》、《吾辈现有七》、《告为父者》、《乡村建筑》、《钟爱之羔》、《偷闲之牧童》、《赠H.C.》、《自然界万物之影响》等16篇。

弹词。【法】佚名著。戴望舒译。1929年7月付印，8月发行，印2000册。上海光华书局印行。《萤火丛书》之一种。

馆藏光华书局1929年8月初版，见唐弢文库、图书大库。

初版本卷首有施蛰存《序》，内云："《屋卜〈卡〉珊和尼各莱特》，很显著地，是法兰西的南方传奇。据文学的学者的搜寻人的研究，如迦思东巴利，说它是产生在十二世纪末，而须喜亥却断定为十三世纪前半期的产物。这里，我想我们是不必讨论这项纠纷的。至于它的作者，因为是行吟诗人随口唱出，当然是不可知的了。……它的体裁是一节散文的说白间着一节歌词。因此，望舒君译作弹词是很确切的，因为它简直和我国的弹词，不仅在体裁这方面，便是性质也完全一样的。"

初版本共有41节。

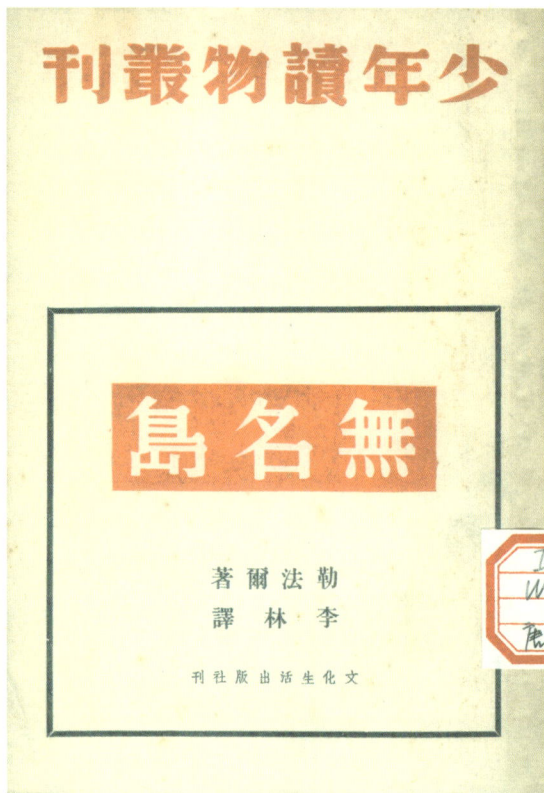

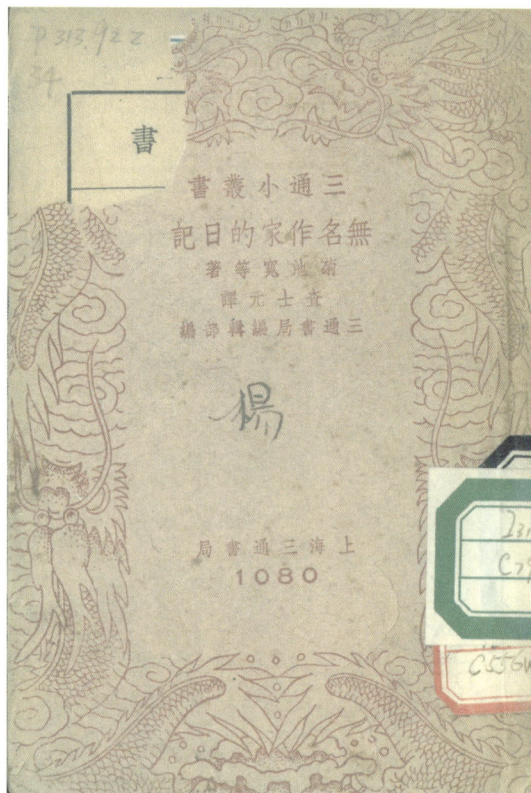

无名岛
初版本封面（18.2厘米×12.9厘米）

无名作家的日记
初版本封面（残。14.6厘米×10.1厘米）

　　小说。【法】勒法尔著。李林译。民国三十五年（1946）二月初版。文化生活出版社印行。少年读物编辑社编辑《少年读物丛刊》之一种。

　　馆藏文化生活出版社1946年2月初版，见唐弢文库、巴金文库、图书大库。

　　初版本无序跋。作品除《楔子》外有上、下卷各5章，共10章。

　　小说集。【日】菊池宽等著。查士元译。民国三十年（1941）一月十日印刷，二十日发行。上海三通书局印行。三通书局编辑部编辑《三通小丛书》之一种。

　　馆藏三通书局1941年1月初版，见图书大库。

　　初版本无序跋。内收《无名作家的日记》、《范某之犯罪》、《厌世家的诞生日》共3篇。

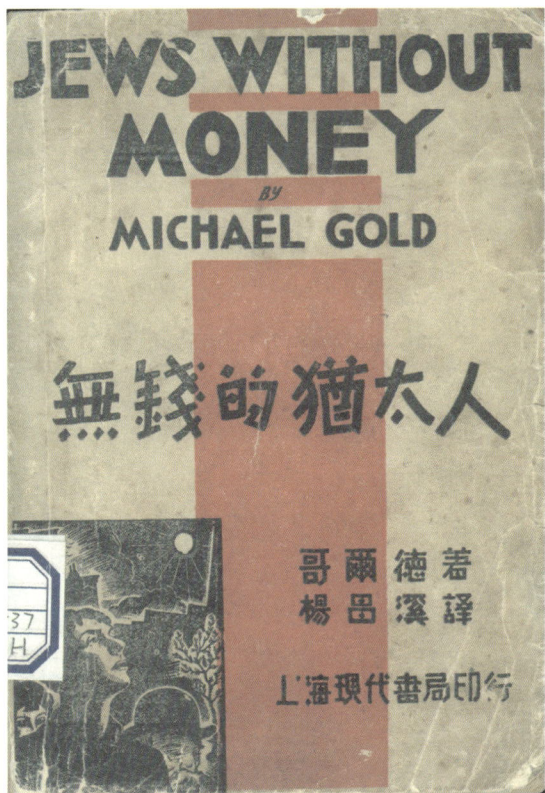

无钱的犹太人
初版本封面（18.7厘米×13.2厘米）

小说。【美】哥尔德著。杨昌溪译。1931年1月1日付排，2月1日初版，印2000册。上海现代书局印行。

馆藏现代书局1931年2月初版，见巴金文库。

初版本无序跋。作品共有22章。

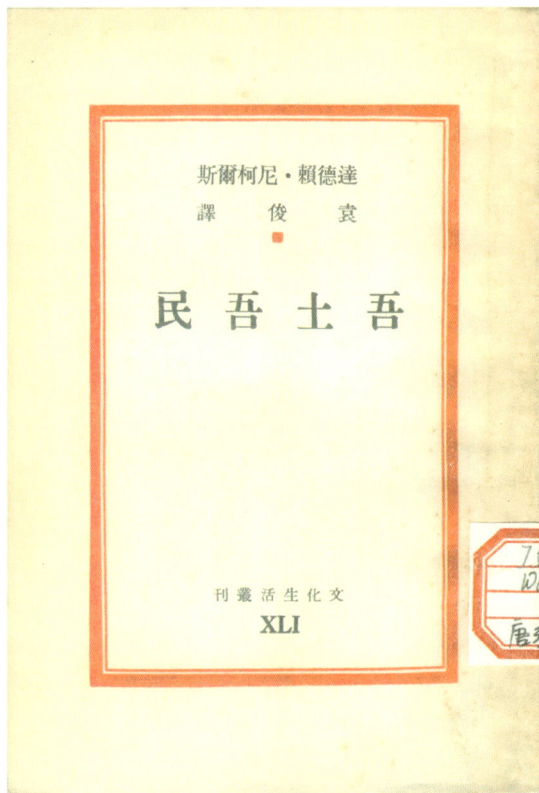

吾土吾民
初版本封面（18.2厘米×12.8厘米）

戏剧。【美】达德赖·尼柯尔斯著。袁俊译。民国三十六年（1947）五月初版。文化生活出版社出版、发行。文化生活印刷所印刷。巴金主编《文化生活丛刊》之四十一。

馆藏文化生活出版社1947年5月初版，见唐弢文库、冯亦代文库、郭小川文库、胡风文库、康濯义库、图书大库。

初版本无序跋。作品共有8部（幕）。

五月的夜
初版本封面（17厘米×12.2厘米）

武器与武士
初版本封面（19.5厘米×14.3厘米）

　　小说集。【俄】N.果戈理等著。孟十还译。民国
二十六年（1937）六月初版。上海北雁出版社出版、
发行。中国科学公司印刷。杨朔、孙陵编辑《翻译丛
书》之一。

　　馆藏北雁出版社1937年6月初版，见唐弢文库。

　　初版本无序跋。内收《五月的夜》、《魔地》、
《马车》、《祈祷》、《头等车乘客》、《观剧
后》、《片刻》、《杜娅》、《守墓人》、《刽
子手》、《革命与战争》、《叩娜》、《第三号包
厢》、《戚那秦娜底跳舞》共14篇。

　　戏剧。【爱尔兰】萧伯纳著。席涤尘、吴鸿绥
译。1928年9月1日初版，印1500册。上海光华书局印
行。《世界名著选》之一种。

　　馆藏光华书局1928年9月初版，见唐弢文库、图书
大库。

　　初版本无序跋。作品共有3幕。

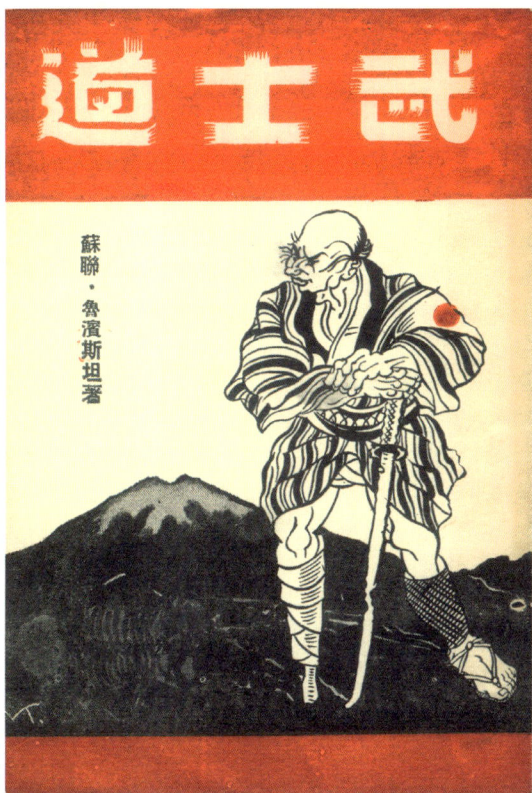

武士道
初版本封面（18.2厘米×12.7厘米）

小说。【苏】鲁滨斯坦著。未明译。民国二十六年（1937）十月初版。上海中心出版社印行。

馆藏中心出版社1937年10月初版，见唐弢文库。

初版本无序跋。作品共有12章。

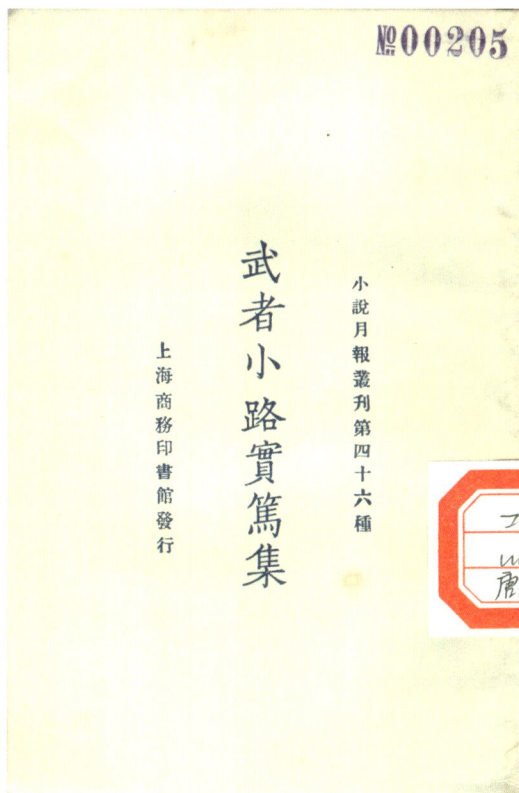

武者小路实笃集
初版本封面（14.9厘米×10.1厘米）

小说戏剧集。【日】武者小路实笃著。周作人、樊仲云译。民国十四年（1925）三月初版。上海商务印书馆印行。小说月报社编辑《小说月报丛刊》之四十六。

馆藏商务印书馆1925年3月初版，见唐弢文库、图书大库。

初版本无序跋。内收《一日里的一休和尚》、《桃色女郎》、《某夫妇》共3篇。

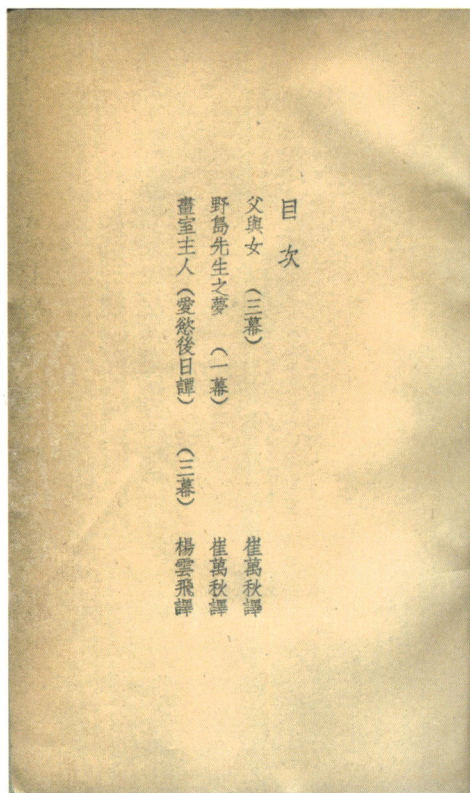

武者小路实笃戏曲集
初版本目录页（封面、扉页缺失。18.8厘米×11.6厘米）

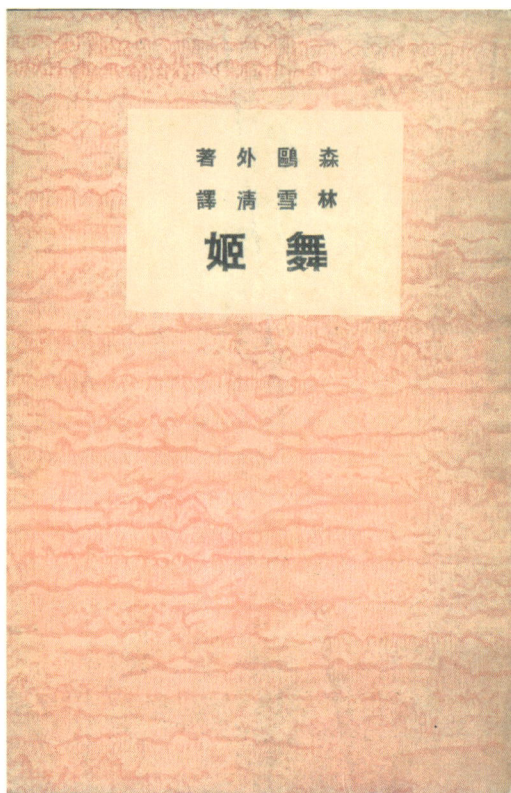

舞　姬
初版本封面（18.2厘米×12.1厘米）

　　【日】武者小路实笃著。崔万秋、杨云飞译。民国十八年（1929）四月印刷、发行。上海中华书局印行。《现代戏剧选刊》之一种。

　　馆藏中华书局1929年4月初版、1931年6月二版，见图书大库。

　　初版本卷首有万秋《卷头言》、武者小路实笃《代序——著者答译者书》。正文收《父与女》、《野岛先生之梦》、《画室主人》共3篇。

　　小说集。【日】森鸥外著。林雪清译。民国二十六年（1937）五月初版，印1500册。上海文化生活出版社发行。陆少懿、吴朗西主编《现代日本文学丛刊》之二。

　　馆藏文化生活出版社1937年5月初版，见唐弢文库、图书大库。

　　初版本无序跋。内收《舞姬》、《性生活》共2篇。

误 杀
初版本封面（残。18.6厘米×12.9厘米）

　　小说。【英】柯南道尔著。醒梦居士译。民国
十八年（1929）三月出版。上海大同书店印行。《福
尔摩斯侦探名著》之一种。

　　馆藏大同书店1929年3月初版，见图书大库。

　　初版本无序跋。作品不分章节。

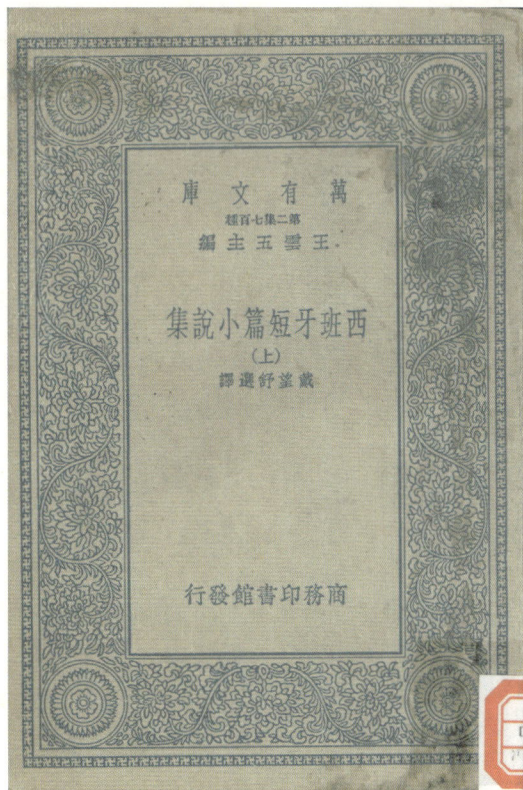

萬有文庫
第二集七百種
王雲五主編

西班牙短篇小說集
(上)
戴望舒選譯

商務印書館發行

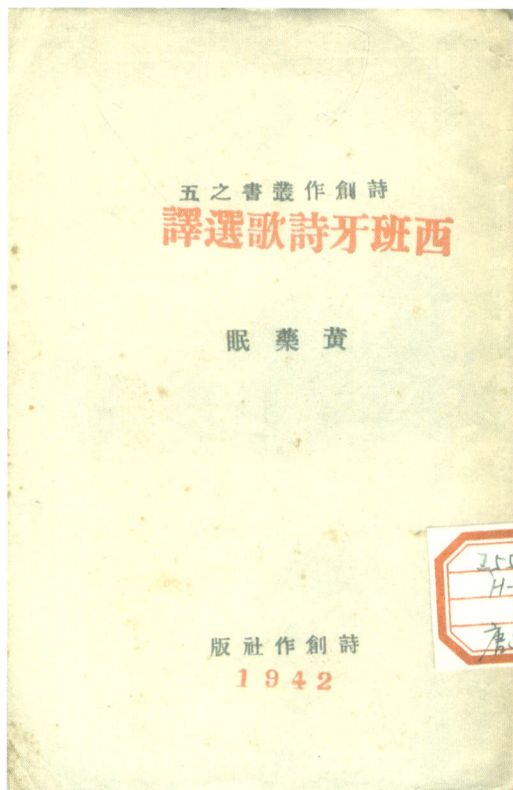

詩創作叢書之五
西班牙詩歌選譯
黃藥眠

詩創作社版
1942

西班牙短篇小说集（上、下）
初版本封面（17.4厘米×11.7厘米）

西班牙诗歌选译
初版本封面（17.6厘米×11.8厘米）

加巴立罗等著。戴望舒译。民国二十五年（1936）九月初版。上海商务印书馆印行。《汉译世界名著》、王云五主编《万有文库》第二集之一种。

馆藏商务印书馆1936年9月初版、1937年1月初版（合订本）、同年3月二版（合订本），见唐弢文库、巴金文库、冯亦代文库、图书大库。

初版本下册卷末有《作者生卒年表》。全书正文收《丽花公主》、《长妇人》、《存根簿》、《风琴手马爱赛·贝雷思》、《永别了科尔德拉》、《十足的男子》、《沉默的窟》、《货箱》、《提莫尼》、《沙里奥》、《一个农人的生活》、《小学教员》、《黎蒙家的没落》、《他的脚边的阿非利加》、《寒夜》共15篇。

R.阿尔培特等著。黄药眠译。1942年4月出版。桂林诗创作社印行。胡危舟主编《诗创作丛书》之五。

馆藏诗创作社1942年4月初版，见唐弢文库。

初版本卷末有《译者的话》。正文收《给国际纵队》、《莲娜峨登娜》、《看，那些士兵！》、《约萨哥仑，人民的队长》、《给费塔里科》、《你没有死》、《西班牙是不能够被奴役的》、《威拉佛兰加的民警》、《谁曾在这儿经过？》、《被放逐者》、《卡尔庇峨塔》共11篇。

西班牙万岁
初版本封面（17.2厘米×12.5厘米）

西伯利亚的囚徒
初版本封面（18.8厘米×13.4厘米）

　　戏剧。【苏】A.亚非诺干诺夫著。尤兢译。民国二十六年（1937）八月初版。上海生活书店发行。生活印刷所印刷。

　　馆藏生活书店1937年8月初版，见唐弢文库、图书大库。

　　初版本卷首有《译叙》，内云："这个剧本……写的是去年七月西班牙叛军作乱中，拥护民主政府的人民第五军与民众的战斗情形。"

　　初版本除《尾声》外共有2部。

　　又名《死刑室》。小说。【俄】陀思妥夫斯基著。刘曼译。1931年7月付排，8月初版，印3000册。上海现代书局印行。

　　馆藏现代书局1931年8月初版，见唐弢文库。

　　初版本无序跋。作品有上篇12章、下篇10章，共22章。

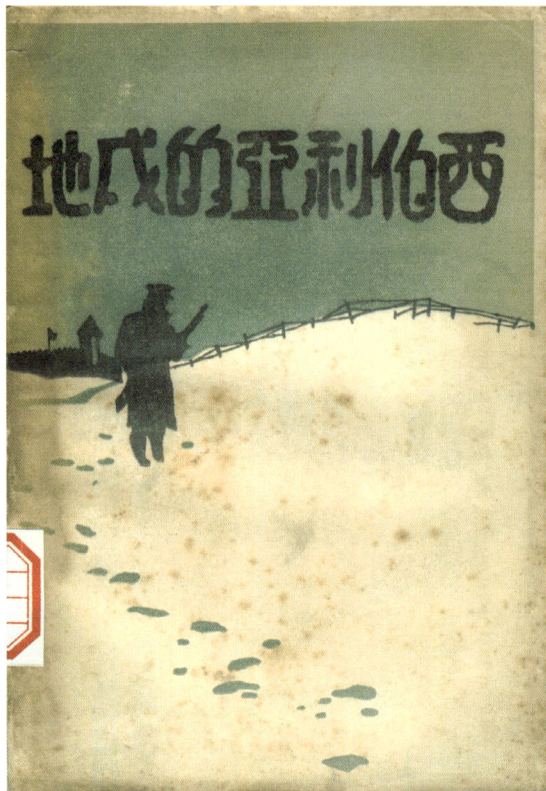

西伯利亚的戍地
初版本封面（18.7厘米×13.4厘米）

西部前线平静无事
初版本封面（18.8厘米×13.4厘米）

　　小说。【匈】R.Markovits著。林疑今译。1930年10月1日初版。神州国光社出版。

　　馆藏神州国光社1930年10月初版，见唐弢文库、巴金文库。

　　初版本无序跋。作品共有78章。

　　小说。【德】雷马克著。林疑今译。1929年10月初版，印1500册。上海水沫书店发行。

　　馆藏水沫书店1929年10月初版、1930年5月四版，见唐弢文库、图书大库。

　　初版本卷首有林语堂《序》。作品共有12章。

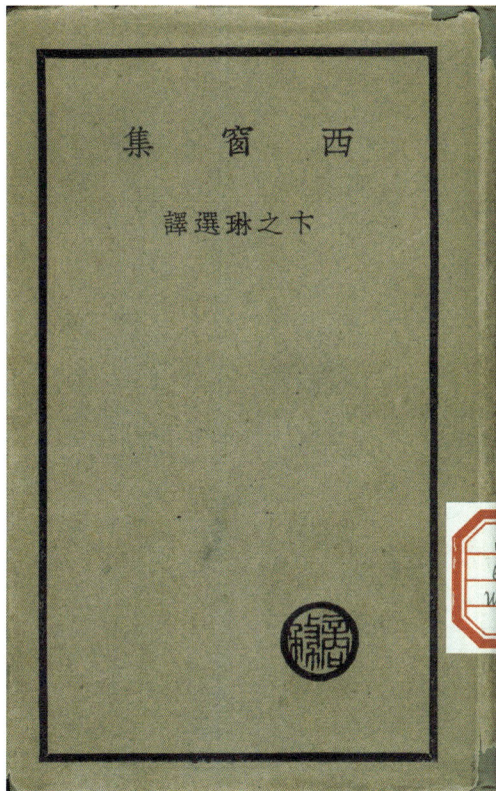

西窗集
初版本封面（17.1厘米×10.8厘米）

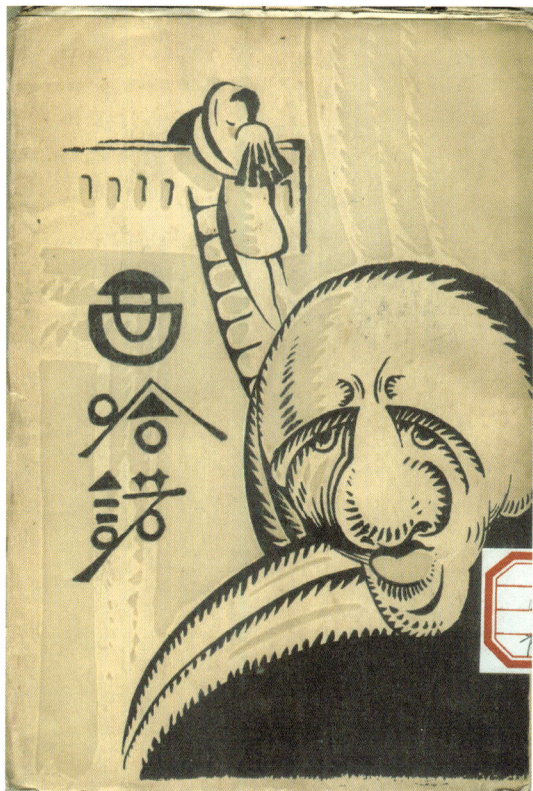

西哈诺
初版本封面（19.8厘米×14.1厘米）

诗歌小品集。【法】波特莱等著。卞之琳译。民国二十五年（1936）三月初版。上海商务印书馆印行。《文学研究会世界文学名著丛书》之一种。

馆藏商务印书馆1936年3月初版、同年9月二版，见唐弢文库、巴金文库、冯至文库、王辛笛文库、薛汕文库、图书大库。

初版本卷首有卞之琳《题记》，内云："这里译的是从十九世纪后半期到当代西洋诗文的鳞爪，虽是杂拌儿，读起来也许还可以感觉到一个共通的特色：一点诗的情调。"

初版本分六辑，收《音乐》、《波希米人》、《喷泉》、《太息》、《海风》、《死叶》、《友爱的林子》、《歌》（2篇）、《倦旅》、《秋天的哀怨》、《冬天的颤抖》、《年轻的母亲》、《亨利第三》、《军旗手的爱与死》、《小品》等37篇。

戏剧。【法】曷斯当著。方叔远、方于译。民国十七年（1928）十二月一日付排，民国十八年（1929）一月五日初版。上海春潮书局印行。

馆藏春潮书局1929年1月初版、商务印书馆版（版权页缺失，译者署名为"方于"，《世界文学名著》），见唐弢文库。

初版本卷首有夏康农《方译〈西哈诺〉序》。作品共有5幕。

西万提斯的未婚妻
初版本封面（18.8厘米×13.1厘米）

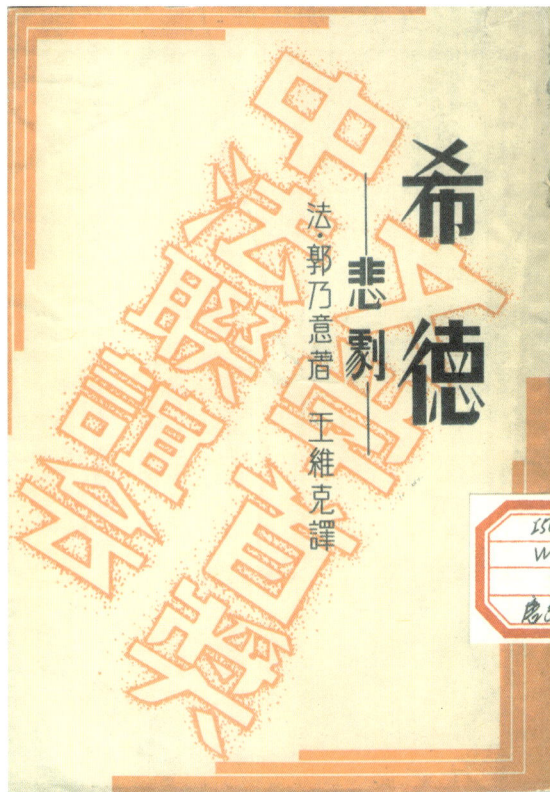

希 德
初版本封面（17.1厘米×12.2厘米）

　　小说集。【西】阿左林著。戴望舒、徐霞村译。1930年3月初版，印1500册。上海神州国光社印行。

　　馆藏神州国光社1930年3月初版，见唐弢文库、图书大库。

　　初版本卷首有《译者小引》。正文收《一个西班牙的城》、《一个劳动者的生活》、《修伞匠》、《员外约根先生》、《卖饼人》、《约翰贝特罗的儿子约翰》、《安命》、《节日》、《夜行者》、《斗牛》、《沙里奥》、《哀歌》、《孟戴涅的理想》、《黄昏》、《西万提斯的未婚妻》等26篇。

　　戏剧。【法】郭乃意著。王维克译。民国二十五年（1936）十二月初版。上海生活书店发行。生活印刷所印刷。

　　馆藏生活书店1936年12月初版、1937年4月二版，见唐弢文库、图书大库。

　　初版本卷首有王维克《译者的话》、《郭乃意和他的〈希德〉》（译者）。作品共有5幕。

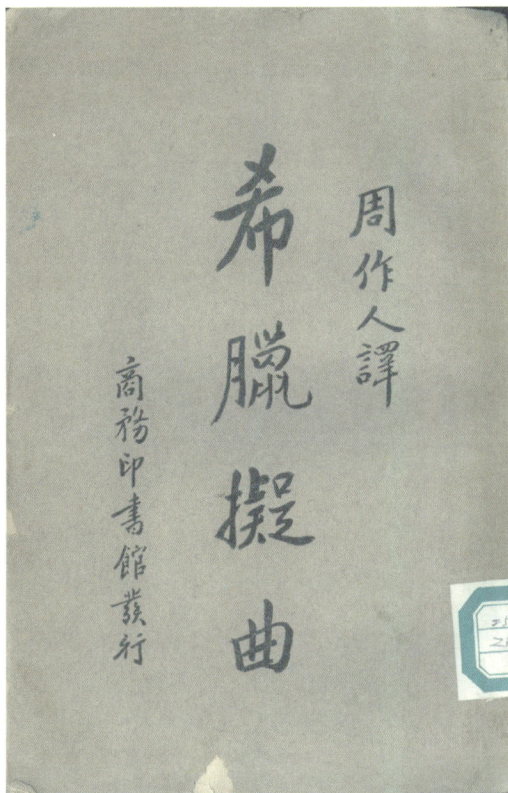

希腊拟曲
初版本封面（22.7厘米×15厘米）

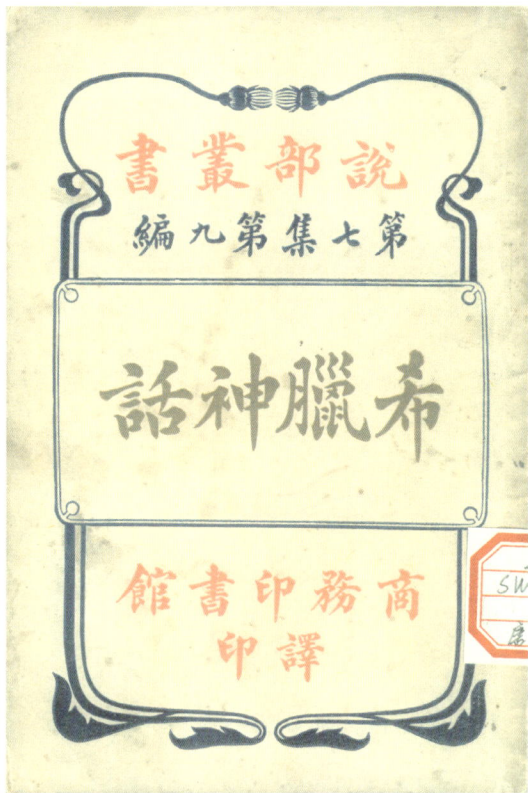

希腊神话
初版本封面（18.9厘米×13厘米）

　　戏曲集。【古希腊】海罗达思、【古希腊】谛阿克列多思著。周作人译。民国二十三年（1934）一月初版。中华教育文化基金董事会编译委员会编辑。上海商务印书馆印行。

　　馆藏商务印书馆1934年1月初版，见唐弢文库、巴金文库、艾芜文库、许杰文库、图书大库。

　　初版本卷首有周作人《序》、《例言》（译者）。正文收《媒婆》、《乐户》、《塾师》、《上庙》（2篇）、《妒妇》、《昵谈》、《皮匠》、《法术》、《农夫》、《相思》、《私语》共12篇。

　　故事集。【国别不详】巴德文著。商务印书馆编译所译。光绪三十三年（1907）六月初版。上海商务印书馆印行。十集本《说部丛书》第七集之九。

　　馆藏商务印书馆1907年（农历）6月初版、1914年4月二版（四集本《说部丛书》初集），见唐弢文库、图书大库。

　　初版本无序跋。内收《开端》、《金世》、《原火》、《祸世》、《致罚》、《鸿水》、《变牛》、《竞织》、《孪生》、《中央》、《化树》、《谎报》、《复仇》、《牧奴》、《驾车》等48篇。

希腊英雄传
初版本封面（18.8厘米×13.1厘米）

希　望
初版本封面（13.3厘米×10.3厘米）

　　故事集。【英】金斯莱著。陈天达译。民国二十三年（1934）七月初版。上海开明书店出版、总发行。上海美成印刷公司印刷。《世界少年文学丛刊·神话》之一。

　　馆藏开明书店1934年7月初版，见图书大库。

　　初版本无序跋。内收《贝尔修斯》、《取金羊毛者》、《德修斯》共3篇。

　　诗歌集。【俄】普式庚等著。魏荒弩译。1944年9月初版，印500册。昆明百合出版社发行。昆明协新印刷所印刷。《百合文艺丛书》之二。

　　馆藏百合出版社1944年9月初版，见薛汕文库、图书大库。

　　初版本卷末有荒弩《后记》。正文分三辑，收《囚徒》（2篇）、《又寂寞又悲伤》、《破坏者与杀人屠夫》、《希望》、《最后的飞舞》、《睡眠与诗》、《云雀》、《美丽的山岭》、《出征》共10篇。

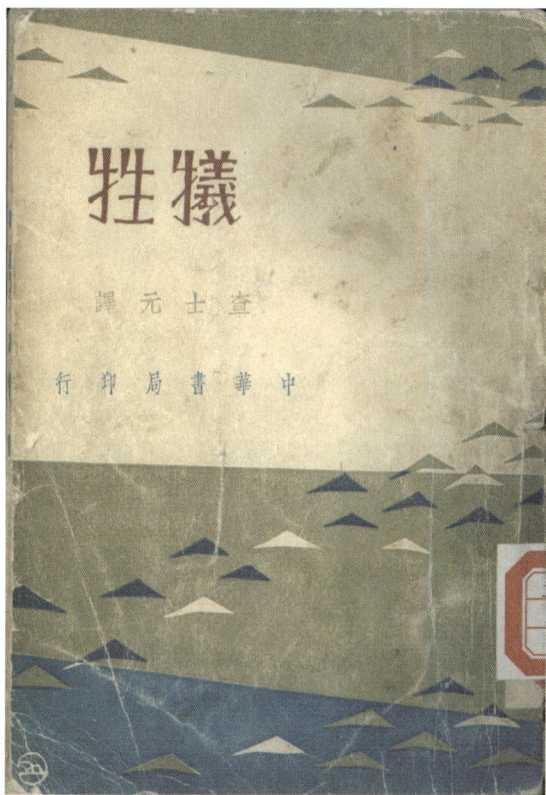

牺 牲
初版本封面（18.7厘米×13厘米）

牺 牲
初版本封面（19.5厘米×14.2厘米）

　　小说。【意】丹农雪乌著。查士元译。民国二十年（1931）一月印刷、发行。上海中华书局印行。徐志摩主编《新文艺丛书》之一种。

　　馆藏中华书局1931年1月初版，见图书大库。

　　初版本卷首有士元《译者序》。作品除"引子"外共有52章。

　　戏剧集。【日】藤森成吉著。沈端先译。1929年6月付排，7月出版。上海北新书局印行。

　　馆藏北新书局1929年7月初版，见唐弢文库。

　　初版本卷首有藤森成吉《序》、译者《作者自传》。正文收《牺牲》、《光明与黑暗》共2篇。

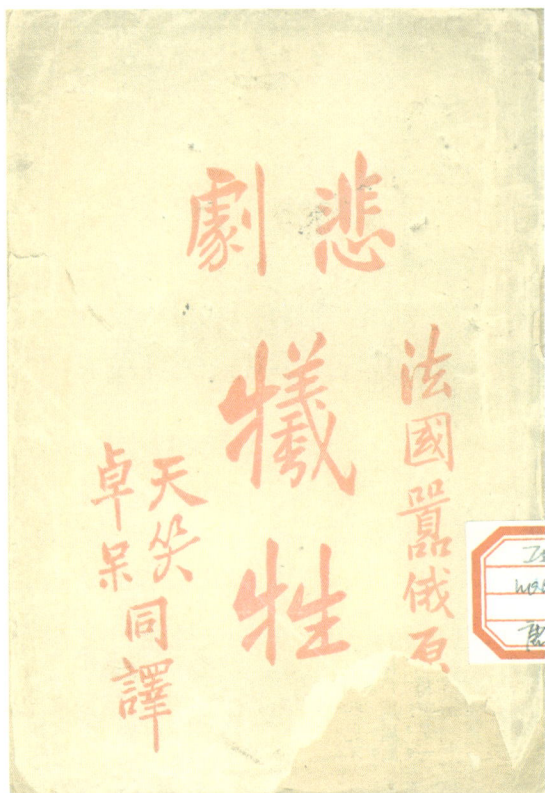

牺　牲
初版本封面（残。17.8厘米×12.6厘米）

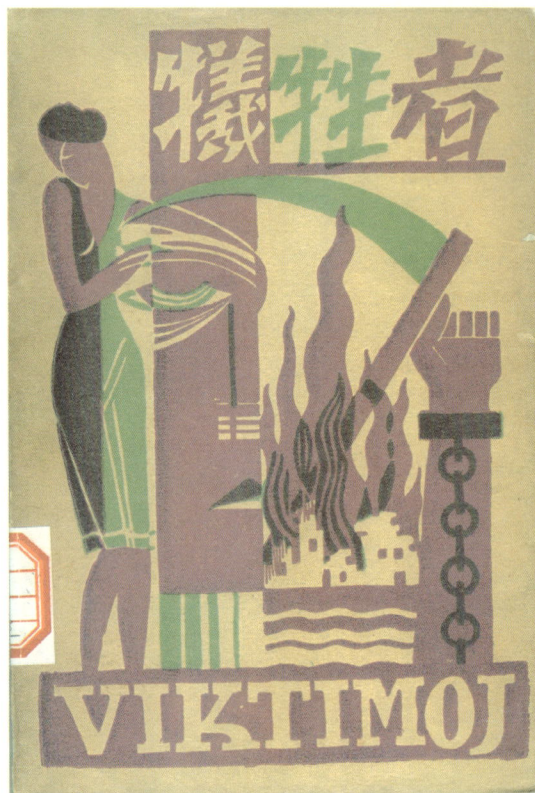

牺牲者
初版本封面（18.9厘米×13.1厘米）

　　戏剧。【法】嚣俄著。天笑生、卓呆译。宣统二年（1910）十二月初版。上海秋星社发行。上海时中书局印刷。

　　馆藏秋星社1910年（农历）12月初版，见唐弢文库。

　　初版本无序跋。作品共有5幕。

　　小说。【匈】尤利·巴基著。钟宪民译。1934年4月10日初版，印2000册。上海现代书局出版、总发行。现代印刷公司印刷。

　　馆藏现代书局1934年4月初版、正中书局1947年10月沪一版，见唐弢文库、巴金文库。

　　初版本卷首有《译者序言》。作品共有12章。

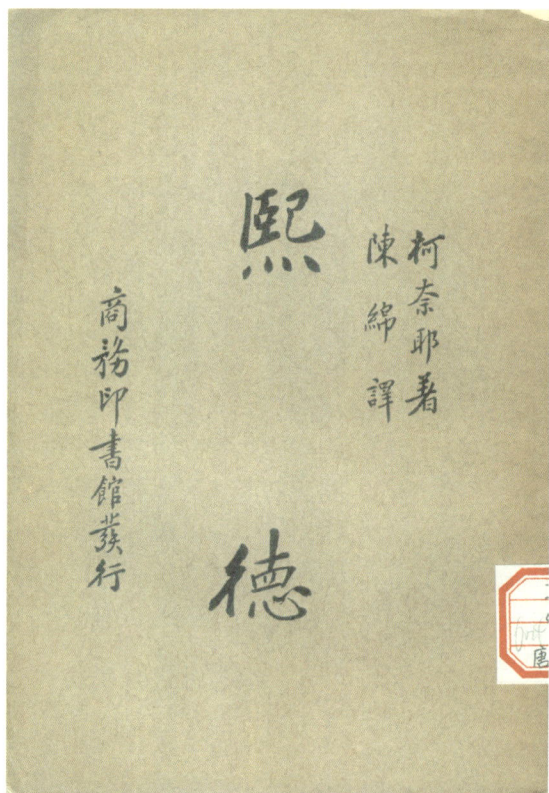

熙　德
初版本封面（21.3厘米×15.2厘米）

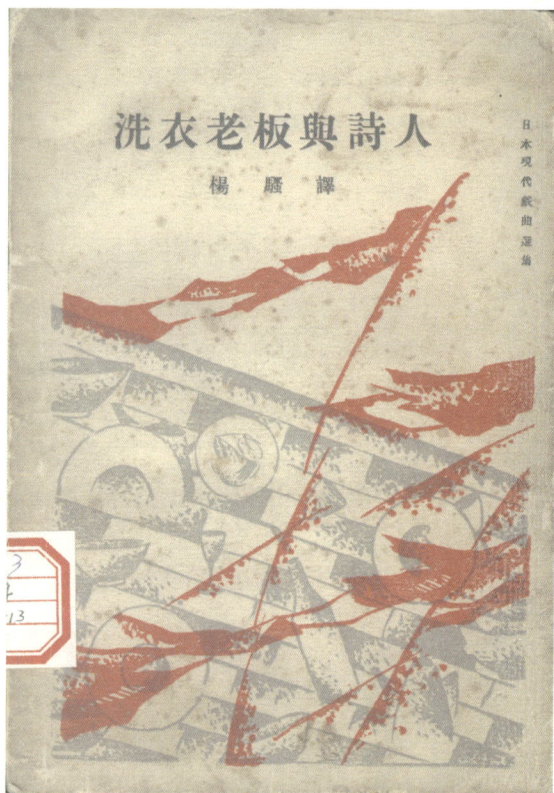

洗衣老板与诗人
初版本封面（18.5厘米×13.3厘米）

戏剧。【法】柯奈耶著。陈绵译。民国二十五年（1936）四月初版。中华教育文化基金董事会编译委员会编辑。上海商务印书馆印行。

馆藏商务印书馆1936年4月初版，见唐弢文库、艾芜文库、图书大库。

初版本无序跋。作品共有5幕。

戏剧集。【日】长田秀雄等著。杨骚译。1929年4月12日付排，5月22日出版，印2000册。上海南强书局印行。

馆藏南强书局1929年5月初版，见巴金文库。

本书为《日本现代戏曲选集》。初版本无序跋。内收《死骸的哄笑》、《槛之中》、《接生院》、《Taxicab的悲哀》、《洗衣老板与诗人》共5篇。

戏剧资本论
初版本封面（18.2厘米×12.9厘米）

【德】马克斯著，【日】阪本胜编。费明君译。民国三十八年（1949）四月出版。社会科学研究社出版。上海神州国光社发行。

馆藏社会科学研究社1949年4月初版，见巴金文库、图书大库。

初版本卷首有费明君《译序》。作品有第一部8场、第二部7场、第三部8场、第四部6场、第五部8场，共37场。

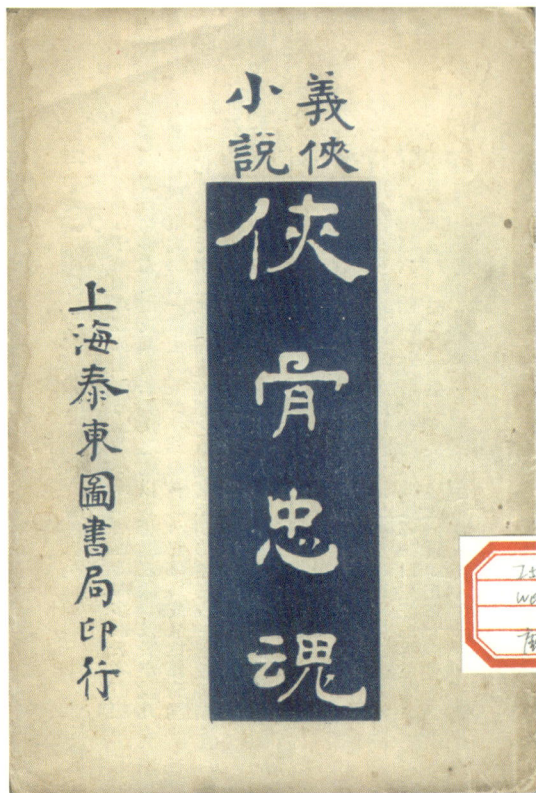

侠骨忠魂
初版本封面（18.8厘米×12.9厘米）

原名《Les Trois Mousguetaires》。小说。【法】大仲马著。无我译。民国六年（1917）五月二十日出版。上海泰东图书局印行。

馆藏泰东图书局1917年5月初版，见唐弢文库。

本书为义侠小说。初版本无序跋。作品共有19章。

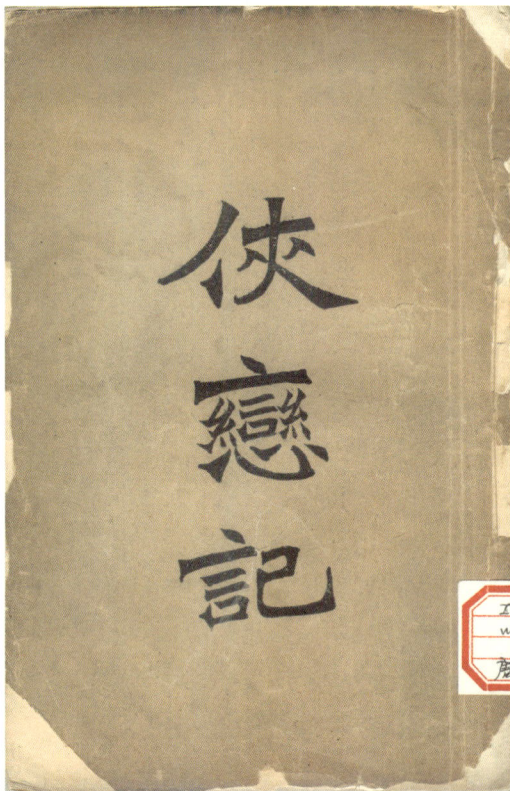

侠恋记
初版本封面（22.3厘米×14.9厘米）

侠女奴
初版本封面（残。18.8厘米×13厘米）

　　小说。著者不详。上海时报馆记者译。光绪三十年（1904）十一月十八日初版。上海时报馆印行。上海广智书局等发售。

　　馆藏时报馆1904年（农历）11月初版，见唐弢文库。

　　初版本无序跋。作品共有46回。

　　小说。著者不详。萍云译。乙巳（1905）五月初版。上海女子世界社发行。日本东京并木活版所印刷。上海小说林社经售。

　　馆藏女子世界社1905年（农历）5月初版，见唐弢文库。

　　初版本无序跋。作品不分章节。

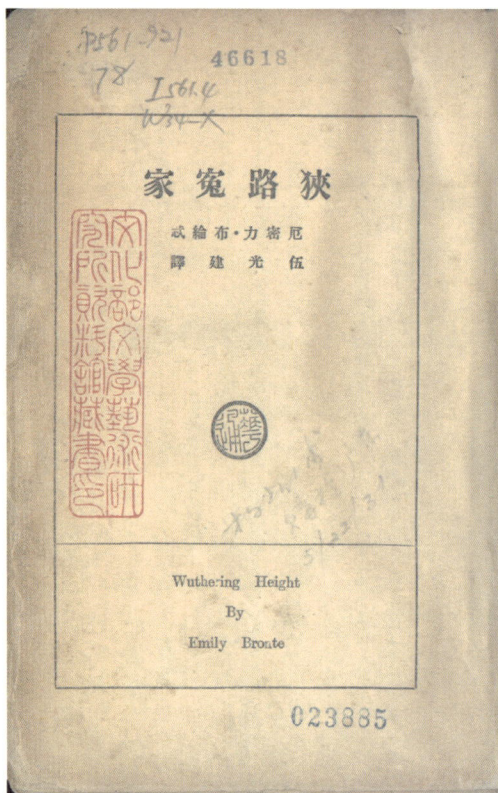

狭路冤家
初版本扉页（精装本封面无书名。18.3厘米×12.2厘米）

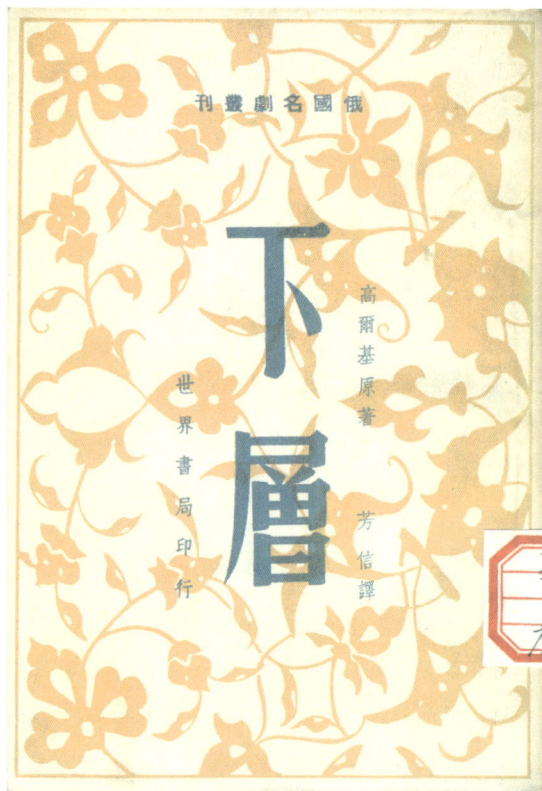

下　层
初版本封面（18.5厘米×13厘米）

小说。【英】厄密力·布纶忒著。伍光建译。民国十九年（1930）十月初版。上海华通书局印行。

馆藏华通书局1930年10月初版，见图书大库。

初版本卷首有伍光建《译序》，内云："她这本小说描写一个残忍而阴险的男人恋爱一个美艳而猛烈的女子，描写他们两个人的狂爱，后来这两个人都殉情，自甘挨饿而死；读者有时觉得纸上阴风惨惨，毛发皆竖，有时读到忍心害理之处，读者屡次想抛丢不读，却又不能不读下去，只要读过一次，是绝不能忘记的，这就是这本小说诸多特色之一。"

初版本共有34章。

戏剧。【苏】高尔基著。芳信译。民国三十三年（1944）二月出版。世界书局印行。《俄国名剧丛刊》之九。

馆藏世界书局1944年2月初版，见唐弢文库。

初版本卷末有【日】升曙梦《关于高尔基和他的戏曲》。作品共有4幕。

下 层
初版本封面（18.5厘米×12.9厘米）

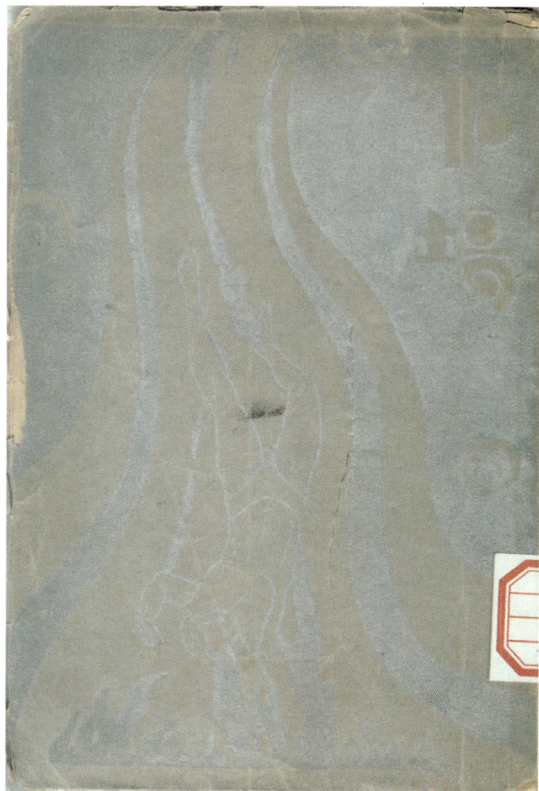

下 场
初版本封面（20.2厘米×14.5厘米）

　　戏剧。【苏】高尔基著。塞克译。民国二十六年（1937）七月一日付印，八月一日初版。上海燎原书店发行。太平洋印刷公司印刷。《世界文学丛书》之一。

　　馆藏燎原书店1937年8月初版、跋涉书店1938年11月二版，见唐弢文库、图书大库。

　　初版本无序跋。作品共有4幕。

　　小说。【美】馥特著。梦中译。民国二十年（1931）十一月初版，印1000册。上海中华国民拒毒会发行。

　　馆藏中华国民拒毒会1931年11月初版，见唐弢文库。

　　初版本卷首有《小言》（著者）、约翰何姆士《原序》、马寅初《序一》、梦中《序二（译者序）》、吴清《序三》，卷末有《附录一》、《附录二》。《小言》云："在这部小说里我尝试着要显示人类的典型：用个人去代表几种不同的人生观，在行为上描写相反和对照的见解。"

　　初版本有前部《英格兰》17章、后部《中国》15章，共32章。

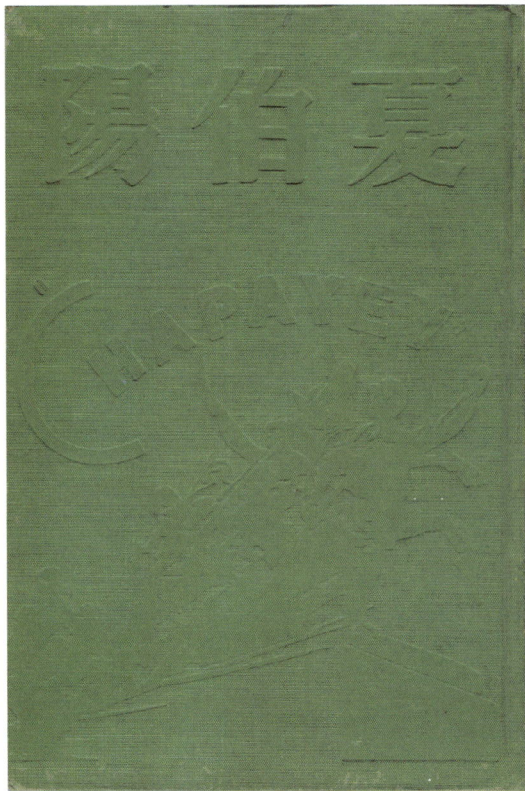

夏伯阳
初版本封面（19厘米×13厘米）

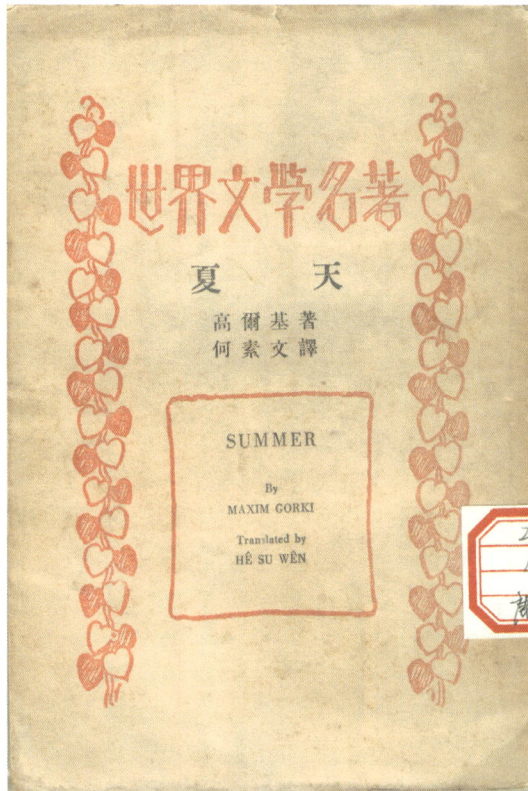

夏　天
初版本封面（18.9厘米×13厘米）

　　小说。【苏】富曼诺夫著。郭定一译。民国二十五年（1936）十一月初版。出版者不详。

　　馆藏1936年11月初版、1938年3月三版，见唐弢文库、李辉英文库、孔罗荪文库。

　　初版本卷末有《译后记》。作品共有15章。

　　小说。【苏】高尔基著。何素文译。民国二十二年（1933）九月初版。上海商务印书馆印行。《世界文学名著》之一种。

　　馆藏商务印书馆1933年9月初版、上海杂志公司1946年7月改订一版（译者署名为"雪峰"），见唐弢文库、图书大库。

　　初版本无序跋。作品不分章节。

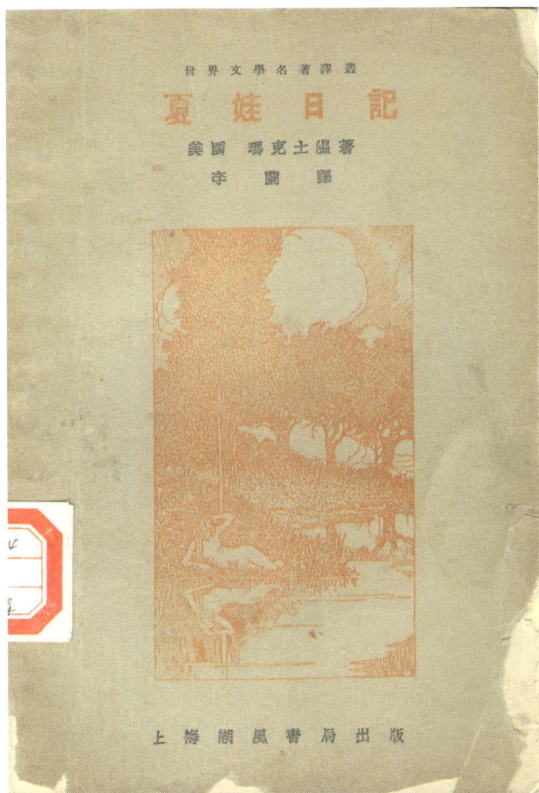

夏娃日记
初版本封面（18.7厘米×13.1厘米）

先　知
初版本封面（18.5厘米×12.5厘米）

　　小说。【美】玛克·土温著。李兰译。1931年10月初版，印1000册。上海湖风书局印行。《世界文学名著译丛》之一种。

　　馆藏湖风书局1931年10月初版，见唐弢文库。

　　初版本卷首有唐丰瑜《小引》。作品不标章次。

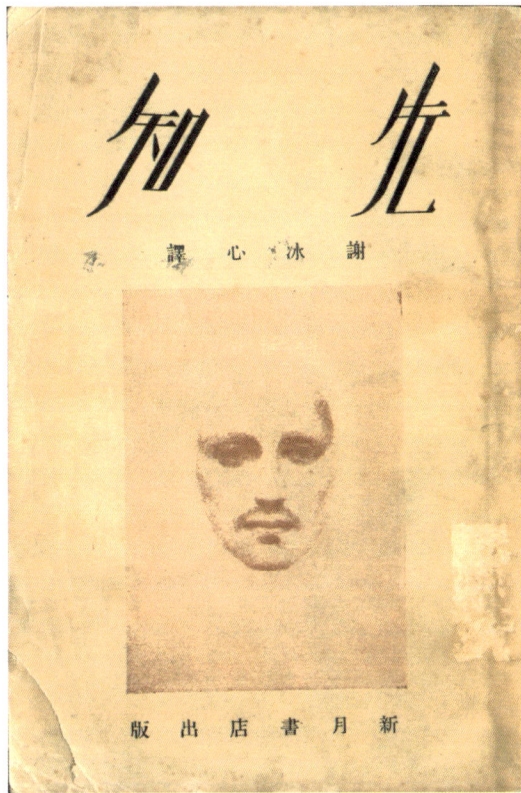

　　散文诗集。【叙】凯罗纪伯伦著。谢冰心译。1931年9月初版。上海新月书店印行。

　　馆藏新月书店1931年9月初版、开明书店1948年5月二版，见唐弢文库、巴金文库、艾芜文库、薛汕文库。

　　初版本卷首有冰心《序》。正文收《船的来临》、《论爱》、《论婚姻》、《论孩子》、《论施与》、《论饮食》、《论工作》、《论哀乐》、《论居室》、《论衣服》、《论买卖》、《论罪与罚》、《论法律》、《论自由》、《论理性与热情》等28篇。

纤手秘密
初版本封面（18.6厘米×12.6厘米）

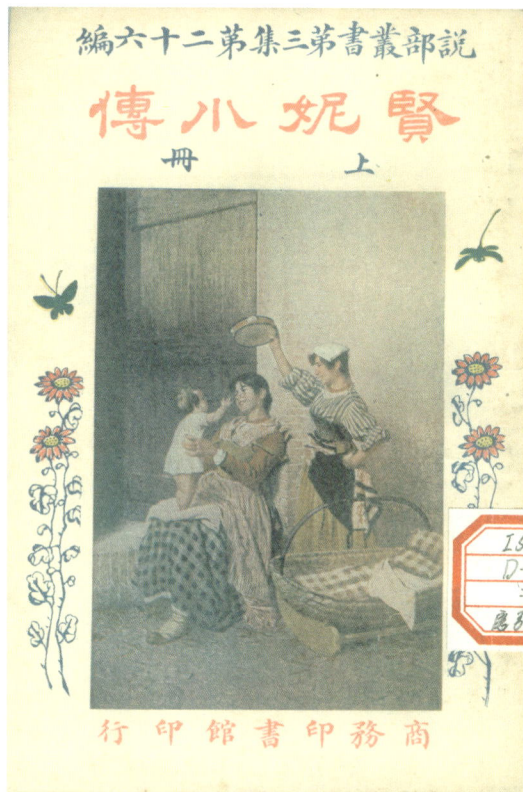

贤妮小传（上、下）
初版本封面（18.3厘米×12.5厘米）

小说。著者不详。铁冰译。丙午年（1906）六月初版、发行。上海小说林社编辑、印行。

馆藏小说林社1906年（农历）6月初版，见唐弢文库。

初版本无序跋。作品不分章节。

小说。【英】亨利瓦特著。丁宗一、陈坚译。民国六年（1917）六月初版。上海商务印书馆印行。四集本《说部丛书》第三集之二十六。

馆藏商务印书馆1917年6月初版，见唐弢文库。

初版本上册卷首有陈坚《序》，内云："是书叙一牧师之女曰贤妮者一生之历史。"

初版本有卷上13章、卷下14章，共27章。

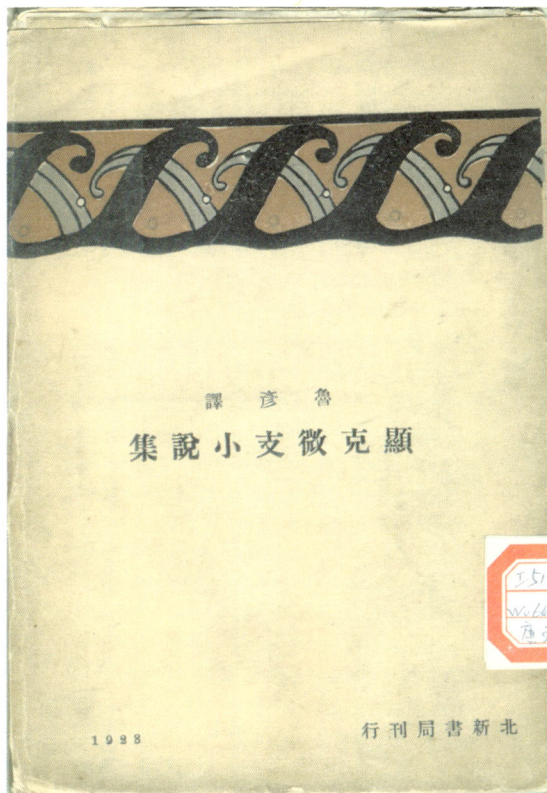

显克微支小说集
初版本封面（19.5厘米×14.5厘米）

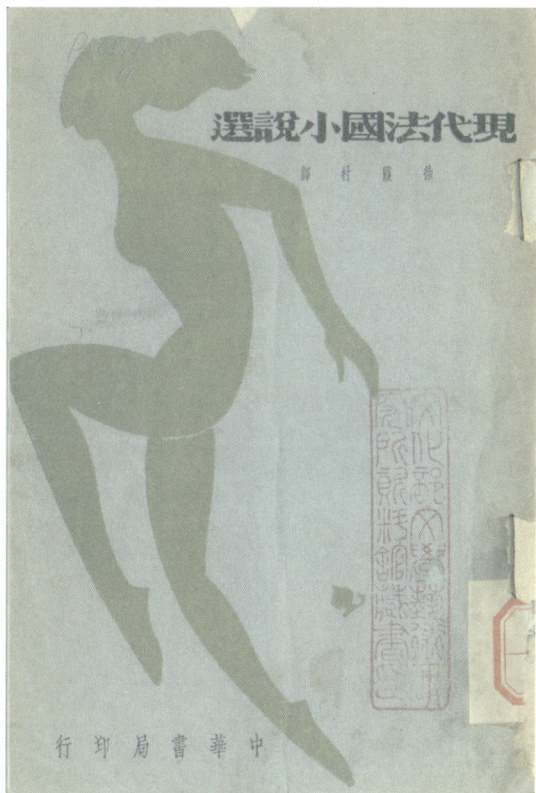

现代法国小说选
初版本封面（17.9厘米×12.5厘米）

　　【波兰】显克微支著。王鲁彦译。1928年3月初版。上海北新书局印行。（初版本有两份扉页，第一份题为《显克微支短篇小说集》，第二份记为1928年1月初版，印1000册。）

　　馆藏北新书局1928年3月初版，见唐弢文库、巴金文库、图书大库。

　　初版本卷首有鲁彦《序》。正文收《泉边》、《宙斯的裁判》、《乐人扬珂》、《天使》、《光照在黑暗里》、《提奥克房》、《老仆人》共7篇。

　　苏保等著。徐霞村译。民国二十年（1931）一月印刷、发行。上海中华书局印行。徐志摩主编《新文艺丛书》之一种。

　　馆藏中华书局1931年1月初版、1933年2月二版，见唐弢文库、图书大库。

　　初版本无序跋。内收《尼克·加特的死》、《可怜的衬衣匠》、《北欧之夜》、《爱丝苔尔》、《克拉拉》、《求婚》、《吸力》、《麦西耶的死》、《一个匠师的产生》共9篇。

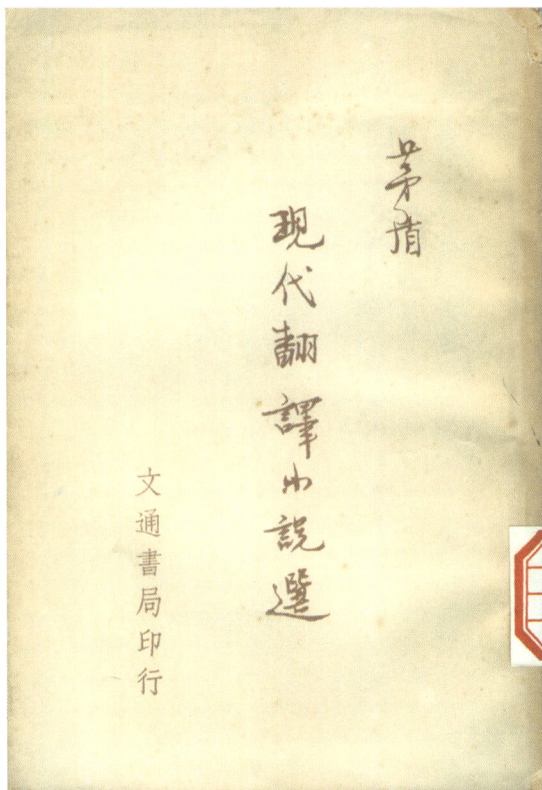

现代翻译小说选
初版本封面（18.2厘米×13厘米）

现代美国诗歌
初版本封面（17厘米×12厘米）

　　【英】选更司等著。邹绿芷等译。茅盾编。民国三十五年（1946）十月上海初版。上海文通书局印行。

　　馆藏文通书局1946年10月初版、同年12月上海二版，见唐弢文库、李辉英文库、图书大库。

　　初版本卷首有茅盾《绪言——近年来介绍的外国文学》，内云："这里所选的三十篇，代表十个民族，三十位作家。计英国五家五篇，美国六家六篇，苏联八家八篇，法国三家三篇，德国亦三家三篇，日本、意大利、捷克、塞尔维亚、西班牙各一家一篇。"

　　初版本分八部，除《绪言》外，其余七部收《和雷细奥·斯帕金斯》、《一杯茶》、《攸莱丽的房子》、《患难中的友人》、《目睹者》、《患癫病的郭老》、《小兵与将军》、《保安队员》、《唱歌班的歌童们》、《隧道里的人》、《魔术》、《二十六个和一个》、《学恨》、《旗》、《一个哥萨克女人的儿子》等30篇。

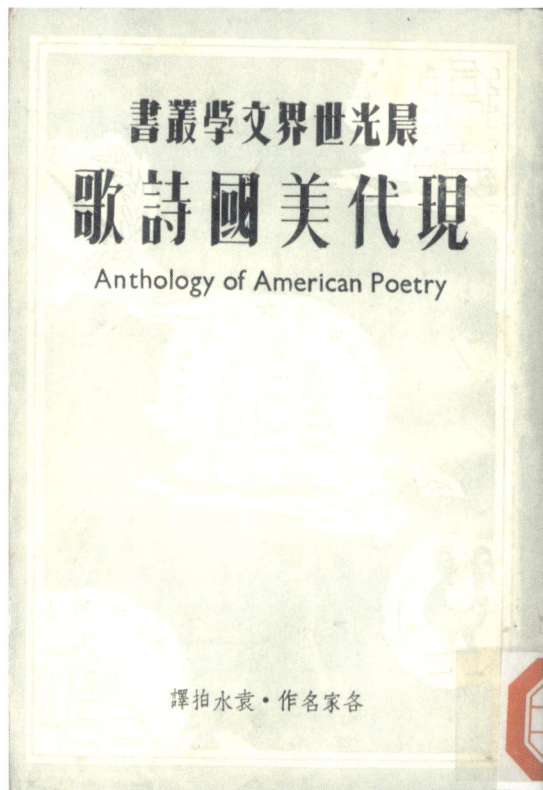

　　康瑞·蔼根等著。袁水拍译。1949年3月初版。上海晨光出版公司发行。中华全国文艺协会主编《晨光世界文学丛书》之十二。

　　馆藏晨光出版公司1949年3月初版，见唐弢文库、冯亦代文库、薛汕文库。

　　初版本卷首有赵家璧《出版者言》（丛书总序）。正文收《面包和音乐》、《奇迹》、《"沈林"中的晨歌》、《汤麦斯·杰弗逊》、《亚伯拉罕·林肯》、《杰西·杰姆斯》、《流浪人之歌》、《延命菊》、《圣巴托洛茂节前夕作》、《远航》、《我看见一个人》、《旅人》、《草叶》、《心》、《战争是仁慈的》等92篇。

现代名家小说代表作
初版本封面（18.6厘米×13.1厘米）

现代日本短篇杰作集
初版本封面（18.6厘米×13.1厘米）

【英】高尔斯华绥等著。傅东华译。民国二十三年（1934）三月初版。上海大东书局印行。《新文学丛书》之一种。

馆藏大东书局1934年3月初版，见唐弢文库。

初版本卷首有编者《绪言》，内云："这里选读的八篇小说，作者和国别虽然不同，却能代表现代短篇小说作风的共同倾向——就是新写实主义。"

初版本收《迁士录》、《两个青年的悲剧》、《南风》、《村戏》、《飞腿儿奥西普》、《革命的女儿》、《恫吓》、《蚁梦》共8篇。

小说集。夏目漱石等著。丘晓沧译。民国二十三年（1934）四月初版。上海大东书局印行。《新文学丛书》之一种。

馆藏大东书局1934年4月初版，见唐弢文库、图书大库。

初版本无序跋。内收《文鸟》、《老人》、《克拉拉的出家》、《伸展准备》、《猴子》、《三个窗》、《一个怀疑主义者的告白》、《没有画的画本》、《女人的背影》、《艺术的贫穷》、《马赛的太阳》、《河蛙》共12篇。

现代日本童话集
初版本封面（18.5厘米×12.9厘米）

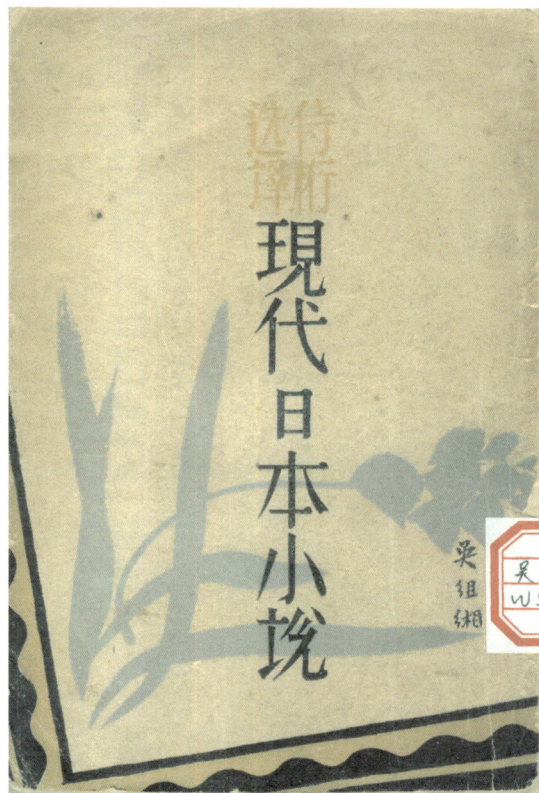

现代日本小说
初版本封面（18.7厘米×13厘米）

　　小川未明等著。许亦非译。1933年11月1日初版，印2000册。上海现代书局出版、总发行。现代印刷公司印刷。

　　馆藏现代书局1933年11月初版，见图书大库。

　　初版本无序跋。内收《往光明的世界去》、《水仙与太阳》、《风》、《某一夜群星的谈话》、《下雪前高原上的故事》、《小石块的故事》、《伯劳与炸弹》、《佛陀的战争》、《三个孩子》、《先生的坟》、《被遗弃了的本家》、《放假日的算术数字》、《公共渡船》、《长生太子》、《敌人》等22篇。

　　森鸥外等著。侍桁译。民国十八年（1929）五月二十日付排，六月二十日初版。上海春潮书局印行。

　　馆藏春潮书局1929年6月初版、开明书店1931年10月二版，见唐弢文库、吴组缃文库、图书大库。

　　初版本卷首有侍桁《现代日本文学杂感（代序）》。正文收《码头桥》、《成年之先》、《两个幼儿》、《流行感冒》、《土地》、《实验室》、《魔术》、《定评》、《童贞》、《谣言的发生》共10篇。

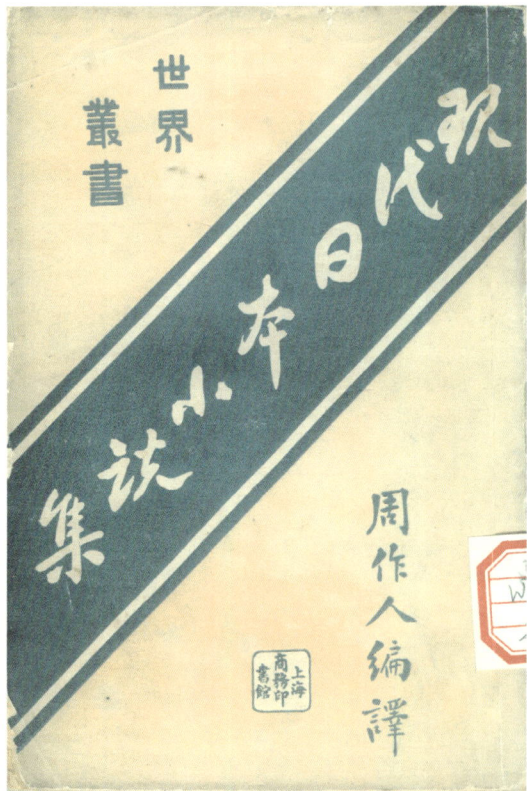

现代日本小说集
初版本封面（19厘米×13厘米）

现代日本小说选集（一）
初版本封面（18.3厘米×13厘米）

　　国木田独步等著。周作人译。民国十二年（1923）六月初版。上海商务印书馆印行。《世界丛书》之一种。

　　馆藏商务印书馆1923年6月初版、1933年3月国难后一版、1934年9月国难后二版，见唐弢文库、胡风文库、王辛笛文库。

　　初版本卷首有周作人《序》，卷末有《附录》（著者介绍）。正文收《少年的悲哀》、《巡查》、《挂幅》、《克莱喀先生》、《游戏》、《沈默之塔》、《金鱼》、《黄昏》、《照相》、《第二的母亲》、《久米仙人》、《与幼小者》、《阿末的死》、《亡姊》、《山上的观音》等30篇。

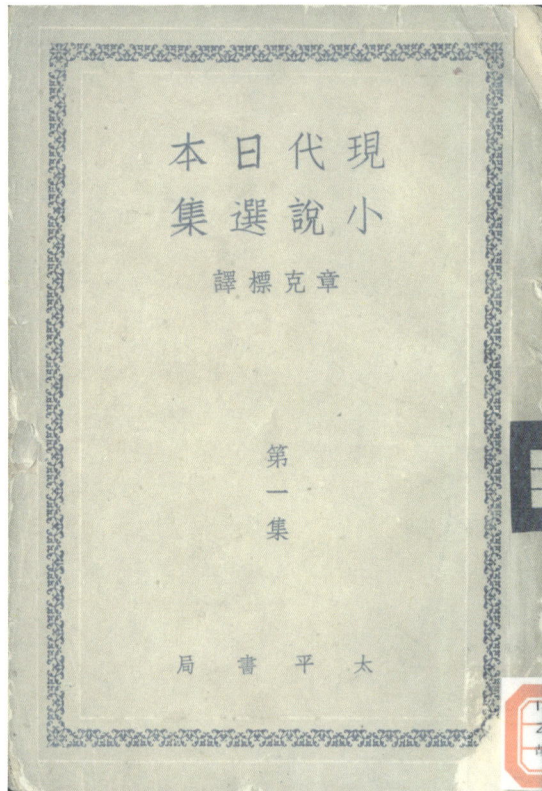

　　横光利一等著。章克标译。民国三十二年（1943）八月初版。上海太平书局发行。上海太平出版印刷公司印刷。

　　馆藏太平书局1943年8月初版，见胡风文库。

　　初版本无序跋。内收《秘色》、《不开的门》、《往海洋去》、《山师》、《大学生》、《在山峡里》、《枯木》、《解冰期》、《风车》、《幸运儿》、《鸽》、《蟋蟀》、《冬初》、《日丽天和》、《冬街》共15篇。

现代日本小说译丛
初版本封面（17.1厘米×10.7厘米）

现代世界小说选
初版本封面（18.6厘米×13厘米）

　　横光利一等著。黄源译。民国二十五年（1936）三月初版。上海商务印书馆印行。《文学研究会世界文学名著丛书》之一种。

　　馆藏商务印书馆1936年3月初版、同年9月二版，见唐弢文库、巴金文库、邓友梅文库、胡风文库、康濯文库、王辛笛文库、李辉英文库、图书大库。

　　初版本无序跋。内收《拿破仑与轮癣》、《合唱》、《饲鸽姑娘》、《北国之冬》、《达凯爱尔路》5篇，另附《姓权的那个家伙》1篇，共6篇。

　　【俄】托尔斯泰等著。瞿秋白等译。周缦云编。民国二十一年（1932）一月十日出版。上海江南文艺社发行。《中等学校文艺参考书》之一种。

　　馆藏江南文艺社1932年1月初版、百新书店1947年1月一版，见李辉英文库、图书大库。

　　初版本卷首有编者《序》。正文收《风雪》、《红的笑》、《校长》、《接吻》、《消极抵抗》、《唔唔》、《一个疯子》、《克洛特格欧》、《二年花月的故事》、《知事下乡》、《失业》、《床边的协定》、《莺和蔷薇》、《自杀俱乐部》、《巴克妈妈的行状》等20篇。

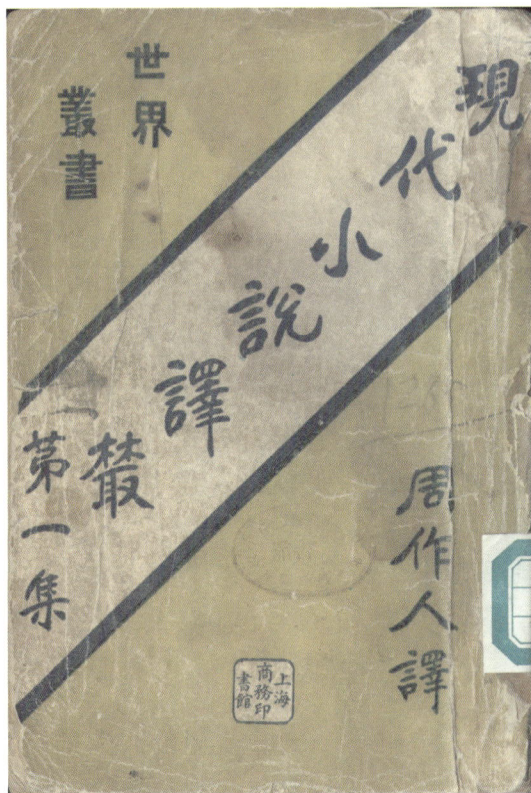

现代小说译丛（一）
初版本封面（18.4厘米×12.7厘米）

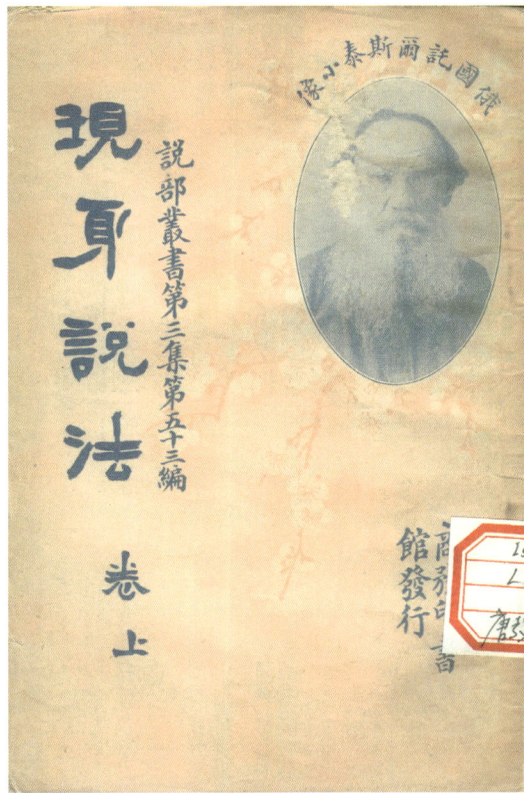

现身说法（上、中、下）
初版本封面（18.7厘米×12.7厘米）

　　【俄】安特来夫等著。周作人译。民国十一年（1922）五月初版。上海商务印书馆印行。《世界丛书》之一种。

　　馆藏商务印书馆1922年5月初版、1932年9月国难后一版，见唐弢文库、胡风文库、姚雪垠文库、图书大库。

　　初版本卷首有周作人《序言》。正文收《黯澹的烟霭里》、《书籍》、《连翘》、《省会》、《微笑》、《白母亲》、《幸福》、《医生》、《老乳母》、《波尼克拉的琴师》、《二草原》、《愿你有福了》、《世界之霉》、《影》、《燕子与胡蝶》等30篇。

　　小说。【俄】托尔斯泰（正文、版权页作"托尔司泰"）著。林纾、陈家麟译。民国七年（1918）十一月初版。上海商务印书馆印行。四集本《说部丛书》第三集之五十三。

　　馆藏商务印书馆1918年11月初版、1920年8月二版（四集本《说部丛书》第三集）、某版（无版权页，《林译小说》第二集）、1933年12月初版（上下册，译者署名为"林纾、魏易"）、1937年3月国难后一版（全一册，译者署名为"林纾、魏易"），见唐弢文库。

　　初版本无序跋。作品有卷上28章、卷中27章、卷下45章，共100章。

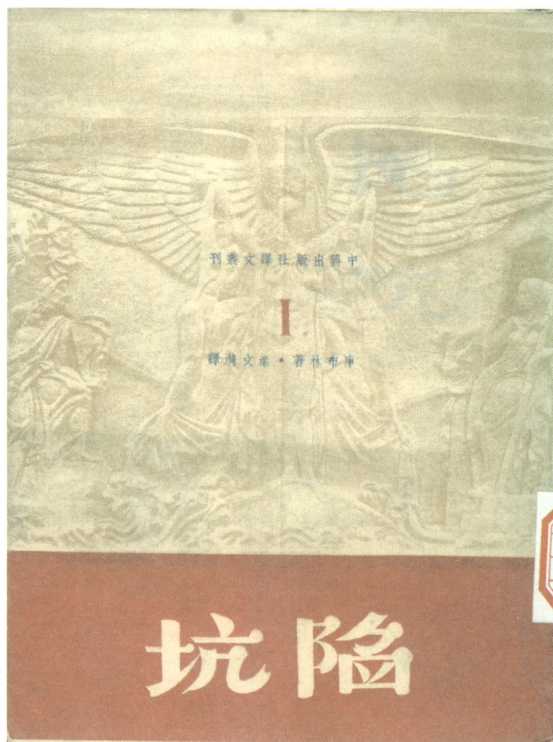

陷 坑
初版本封面（18.3厘米×14.4厘米）

小说。【俄】库布林著。秦文漪译。民国三十七年（1948）十月沪初版。上海中兴出版社印行。《中兴出版社译文丛刊》之一。

馆藏中兴出版社1948年10月初版，见唐弢文库、田仲济文库、李辉英文库、图书大库。

初版本卷首有秦文漪《译者的话》、《著者前言》。《译者的话》云："本书所描述的故事，是帝俄时代一个叫做'雅玛'地方的娼妓生活实况。"

初版本有第一部13章、第二部16章、第三部9章，共38章。

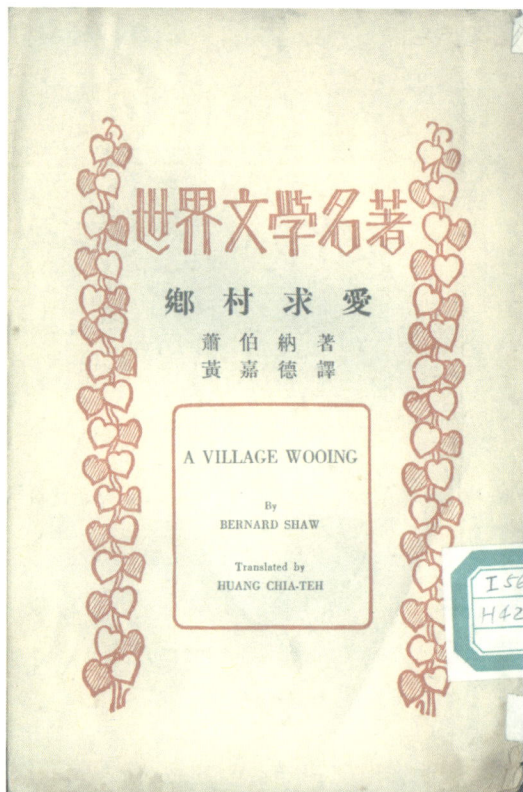

乡村求爱
初版本封面（19厘米×13.1厘米）

副标题为《一出两人合演的小喜剧》。戏剧。【爱尔兰】萧伯纳著。黄嘉德译。民国二十四年（1935）五月初版。上海商务印书馆印行。《世界文学名著》之一种。

馆藏商务印书馆1935年5月初版，见图书大库。

初版本无序跋。作品共有3幕。

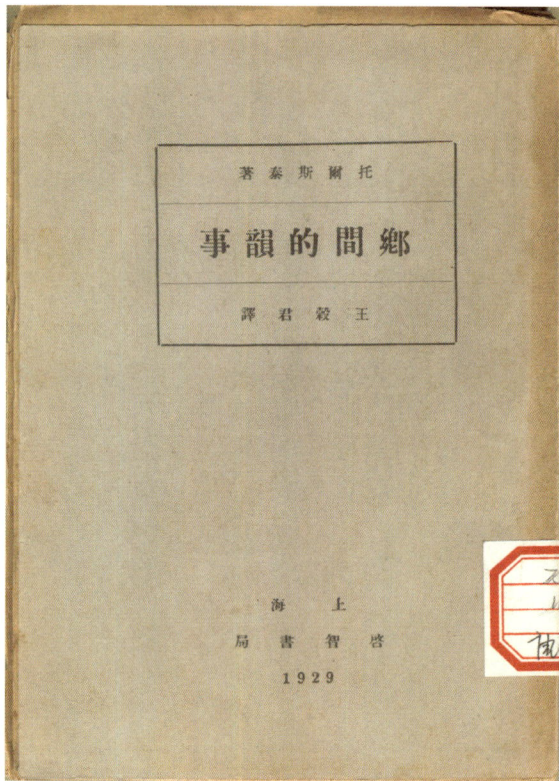

乡间的韵事
初版本封面（18厘米×13.2厘米）

乡里善人（上、下）
初版本封面（18.3厘米×12.5厘米）

　　小说集。【俄】托尔斯泰著。王谷君译。民国十八年（1929）七月出版。上海启智书局出版、发行。上海启智印务公司印刷。

　　馆藏启智书局1929年7月初版，见唐弢文库、图书大库。

　　初版本卷首有《译者的话》。正文收《一段风流》、《重归故里》、《父与女儿》共3篇。

　　小说。【美】伊凡羌宁著。胡君复、恽铁樵译。民国六年（1917）七月初版。上海商务印书馆印行。四集本《说部丛书》第三集之二十七。

　　馆藏商务印书馆1917年7月初版，见唐弢文库。

　　初版本无序跋。作品有上册16章、下册21章，共37章。

乡下姑娘
初版本封面（17.1厘米×10.7厘米）

相 持
初版本封面（18.3厘米×12.9厘米）

　　小说集。【日】藤森成吉等著。卢任钧译。民国二十七年（1938）二月初版。长沙商务印书馆印行。《文学研究会世界文学名著丛书》之一种。

　　馆藏商务印书馆1938年2月初版，见唐弢文库。

　　初版本无序跋。内收《云雀》、《一个体操教员之死》、《名誉老婆婆》、《战争杂记》、《乡下姑娘》、《决心》、《水沟老鼠》、《嘲》、《凯旋》共9篇。

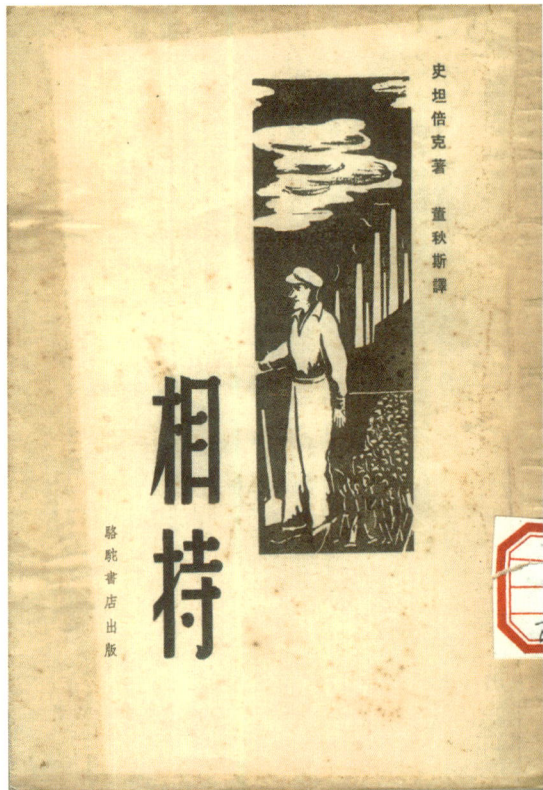

　　小说。【美】史坦倍克著。董秋斯译。民国三十五年（1946）三月出版。上海骆驼书店出版。

　　馆藏骆驼书店1946年3月初版、1948年4月二版（著者译名为"斯坦倍克"），见唐弢文库、巴金文库、图书大库。

　　初版本卷末有J.H.杰克生《记斯坦倍克》、《译后记》。作品共有15章。

香槟酒
初版本扉页（精装本封面无书名。18.4厘米×11.8厘米）

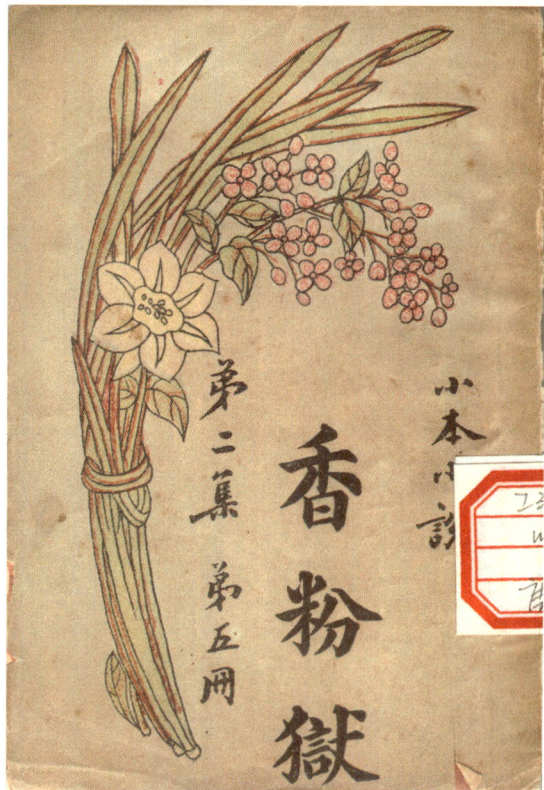

香粉狱
初版本封面（15厘米×10.6厘米）

　　小说集。【俄】柴霍甫著。赵景深译。1930年3月31日初版。上海开明书店出版、发行。美成印刷所印刷。《柴霍甫短篇杰作集》之一。

　　馆藏开明书店1930年3月初版、同年12月二版、1933年10月三版，见唐弢文库、汝龙文库、图书大库。

　　初版本卷首有【俄】科布林《怀柴霍甫》。正文收《文学教师》、《洪礼齐》、《白菱迦》、《安玉黛》、《一个艺术家的故事》、《蚱蜢》、《一个姑娘的故事》、《不需要》、《不幸》、《活财产》、《污泥》、《香槟酒》共12篇。

　　小说。【印】田温斯著。病狂译。光绪丁未（1907）九月初版、发行。上海小说林社印行。苏州宏林书局分发行。《小本小说》第二集之五。

　　馆藏小说林社1907年（农历）9月初版，见唐弢文库。

　　初版本无序跋。作品共有6章。

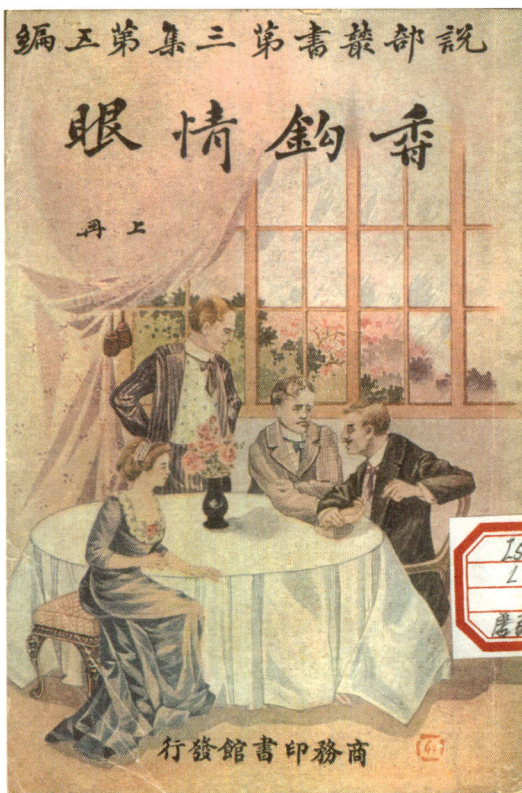

香钩情眼（上、下）
初版本封面（18.3厘米×12.5厘米）

小说。【法】小仲马著。林纾、王庆通译。民国五年（1916）五月初版。上海商务印书馆印行。四集本《说部丛书》第三集之五。

馆藏商务印书馆1916年5月初版、1924年11月四版（四集本《说部丛书》第三集）、某版（无版权页，《林译小说》第二集），见唐弢文库、王辛笛文库、图书大库。

初版本无序跋。作品除《结论》外有上册18章、下册9章，共27章。

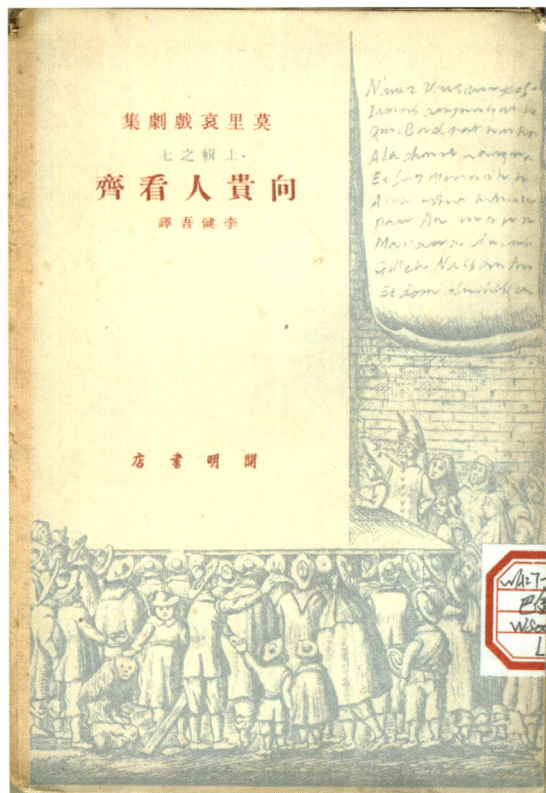

向贵人看齐
初版本封面（19.6厘米×13.2厘米）

戏剧。【法】莫里哀著。李健吾译。1949年6月初版。上海开明书店印行。《莫里哀戏剧集》上辑之七。

馆藏开明书店1949年6月初版，见唐弢文库、巴金文库、周扬文库、图书大库。

初版本卷首有《序》（译者）。作品共有5幕。

项日乐
初版本封面（18.7厘米×13.2厘米）

戏剧。【法】嚣俄著。东亚病夫译。1930年4月15日出版，印1000册。上海真美善书店发行。《嚣俄戏剧全集》之八。

馆藏真美善书店1930年4月初版，见唐弢文库。

初版本无序跋。作品共有5日（折）。

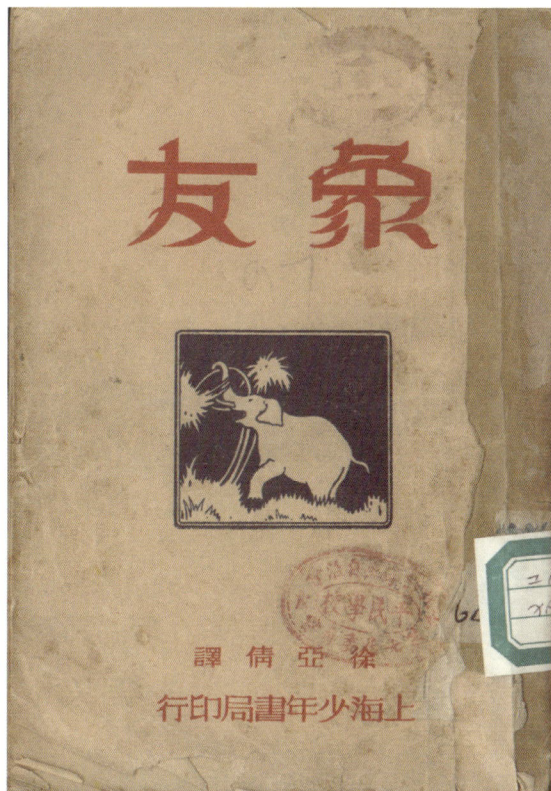

象 友
初版本封面（18.4厘米×13.2厘米）

小说。著者不详。徐亚倩译。民国二十二年（1933）十二月初版。上海少年书局出版、总发行。大华印局排印。

馆藏少年书局1933年12月初版，见图书大库。

初版本无序跋。作品共有9章。

枭 欤
初版本封面（18.1厘米×12.2厘米）

戏剧。【法】嚣俄著。东亚病夫编译。民国五年（1916）八月初版，九月发行。上海有正书局印行。

馆藏有正书局1916年8月初版，见唐弢文库。

初版本无序跋。作品共有3折。

消逝的憧憬
初版本封面（18.5厘米×12.9厘米）

小说。【法】戴丽黛著。董家溁译。民国二十年（1931）九月初版。上海华通书局发行。中行印刷所印刷。

馆藏华通书局1931年9月初版，见图书大库。

初版本无序跋。作品有第一、二部各11章，共22章。

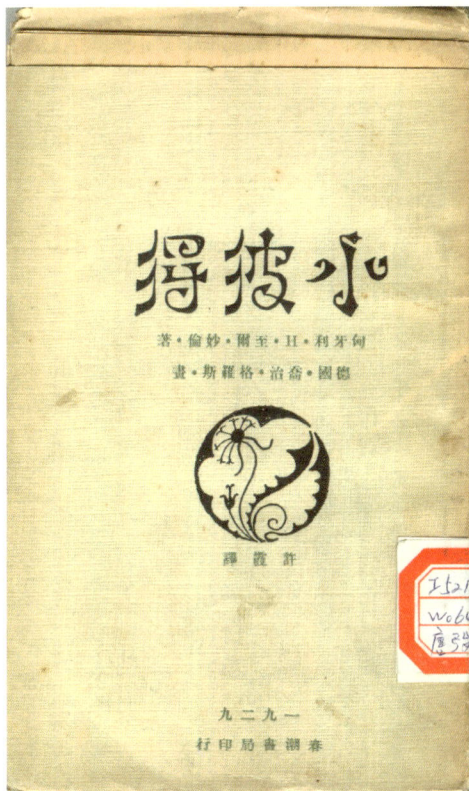

小彼得
初版本封面（17.4厘米×11.9厘米）

童话。【匈】海尔密尼亚·至尔·妙伦著。许霞译。1929年11月1日初版，印1500册。上海春潮书局印行。

馆藏春潮书局1929年11月初版，见唐弢文库。

初版本卷首有鲁迅《序言》。作品共有6章。

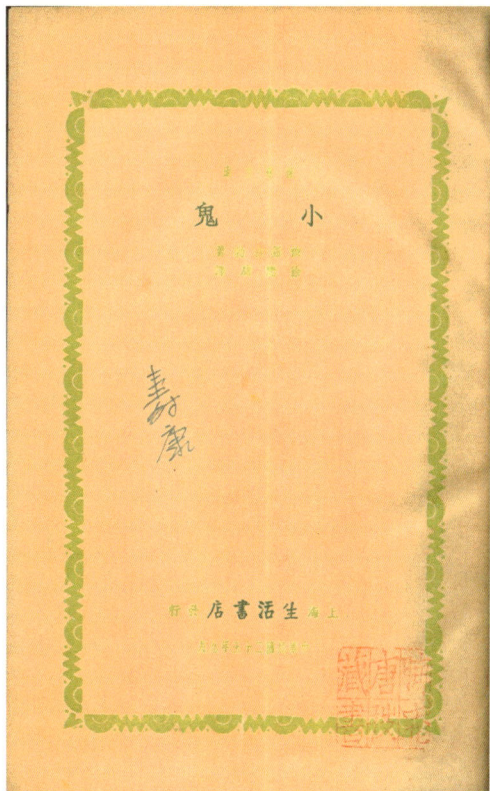

小 鬼
初版本扉页（精装本封面无书名。21.8厘米×14.2厘米）

小说。【俄】梭罗古勃著。徐懋庸译。民国二十五年（1936）九月初版。上海生活书店发行。生活印刷所印刷。郑振铎主编《世界文库》之一种。

馆藏生活书店1936年9月初版，见唐弢文库。

初版本无序跋。作品共有32章。

小黑人
初版本封面（17.1厘米×12.2厘米）

小说。【美】赖特著。余怀澄译。民国三十六年（1947）七月初版。上海大东书局印行。

馆藏大东书局1947年7月初版，见图书大库。

初版本无序跋。作品共有25章。

小家之伍
初版本封面（19.5厘米×13.8厘米）

小说集。【德】F.盖斯戴客等著。郁达夫译。1930年3月1日付排，4月1日初版，印3000册。上海北新书局印行。

馆藏北新书局1930年4月初版，见唐弢文库、图书大库。

初版本卷末有达夫《译者后叙》。正文收《废墟的一夜》、《幸福的摆》、《一个败残的废人》、《一位纽英格兰的尼姑》、《浮浪者》共5篇。

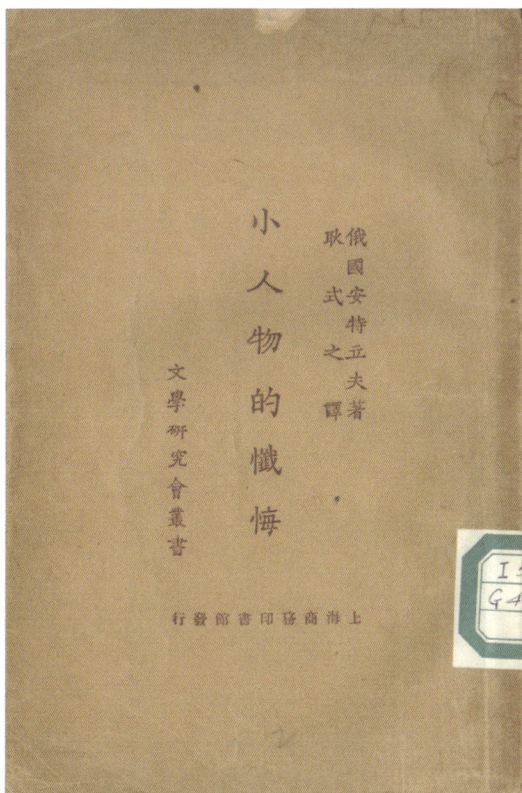

小人物的忏悔
初版本封面（19厘米×12.9厘米）

小天使
初版本封面（18.4厘米×13.2厘米）

正文题《大时代中小人物的忏悔》。小说。【俄】安特立夫著。耿式之译。民国十一年（1922）七月初版。上海商务印书馆印行。《文学研究会丛书》之一种。

馆藏商务印书馆1922年7月初版、1934年1月国难后一版，见唐弢文库、图书大库。

初版本卷首有瞿世英《序》。作品有上、中、下卷，卷内不分章节。

小说集。【俄】安特列夫著。蓬子译。1928年7月10日初版，印1500册。上海光华书局印行。《世界名著选》之一种。

馆藏光华书局1928年7月初版、1929年9月二版，见唐弢文库、图书大库。

初版本无序跋。内收《朋友》、《小天使》、《叩头虫》、《在地下室》共4篇。

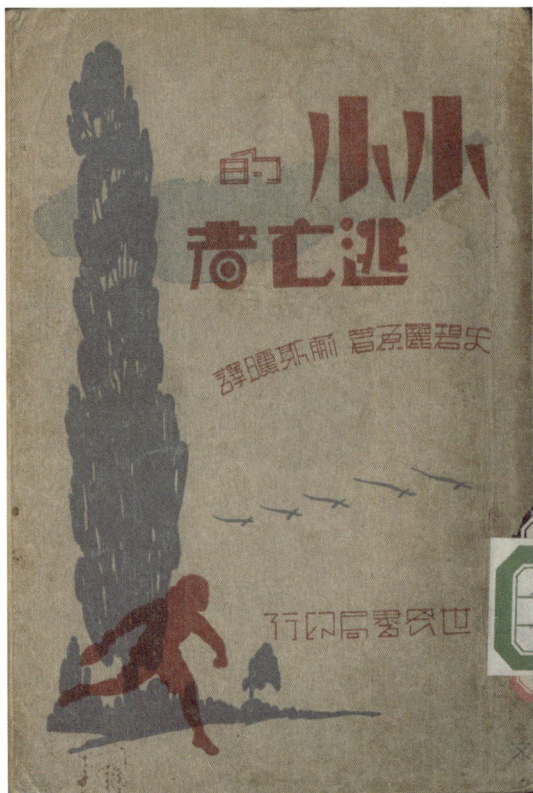

小小的逃亡者
初版本封面（18.7厘米×13厘米）

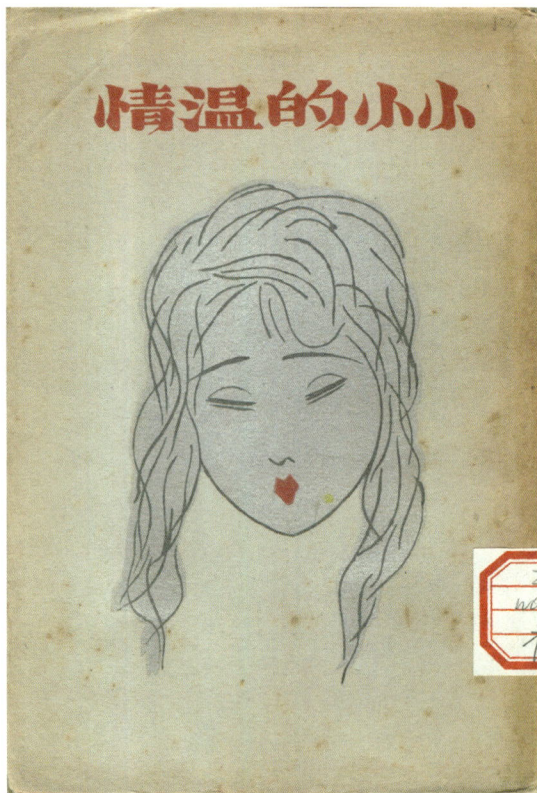

小小的温情
初版本封面（19.9厘米×14.1厘米）

　　小说集。【瑞士】史碧丽著。蒯斯曛译。民国二十二年（1933）五月印刷、出版。上海世界书局印行。《世界少年文库》之四十三。

　　馆藏世界书局1933年5月初版，见图书大库。

　　初版本卷首有《序》。正文收《牧羊童子模尼》、《没有朋友》、《小小的逃亡者》共3篇。

　　散文诗集。【日】国木田独步等著。徐蔚南译、著。1928年12月初版。上海新亚书店印行。

　　馆藏新亚书店1928年12月初版，见唐弢文库。

　　初版本卷首有著译者《弁言》，内云："数年以来，著译的小品文字，像散文诗，短文之类，不下数十百篇了。……这本书中所录的，计有日本、法国、英国、俄国、丹麦各名家作品而并附以拙作，共四十二篇。"

　　初版本除汉语创作8篇外，收《诗思》、《蛛丝》、《初秋》、《法国鲍特来尔散文诗二首》、《毕利底之歌》、《仙牛》、《俄国屠格涅夫散文诗二十四首》、《"哥萨克之母"》共8篇译作。

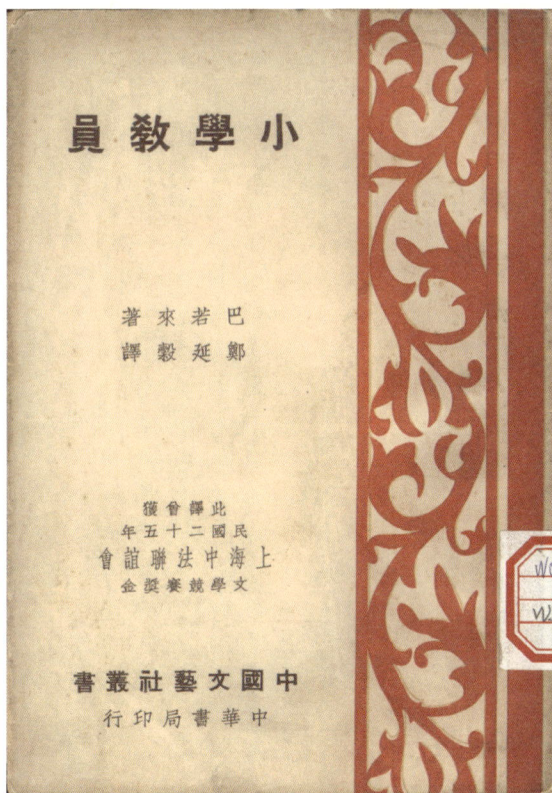

小学教员
初版本封面（18.6厘米×13.2厘米）

小英雄
初版本封面（18.9厘米×13厘米）

原名《屠伯斯》。戏剧。【法】巴若来著。郑延谷译。民国二十六年（1937）一月印刷、发行。上海中华书局印行。《中国文艺社丛书》之一种。

馆藏中华书局1937年1月初版，见巴金文库、图书大库。

初版本卷首有陈苡民《陈序》、徐仲年《序》、郑延谷《译者序》。作品共有4幕。

小说集。【俄】朵斯退也夫斯基著。绮纹译。民国二十三年（1934）十一月出版。上海亚东图书馆印行。

馆藏亚东图书馆1934年11月初版，见唐弢文库、图书大库。

初版本无序跋。内收《小英雄》、《乞儿》、《圣诞节与结婚礼》共3篇。

小约翰
初版本封面（19.9厘米×14厘米）

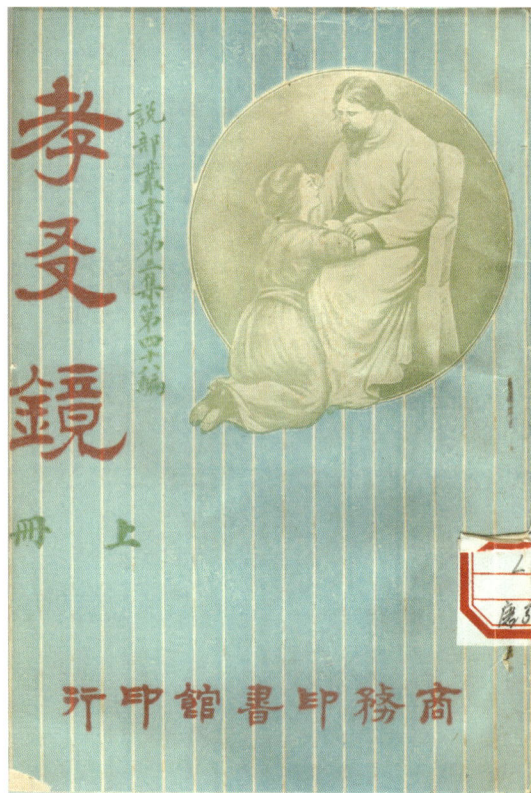

孝友镜（上、下）
初版本封面（18.2厘米×12.4厘米）

小说。【荷】望·蔼覃著。鲁迅译。1928年1月印行1000册。北京未名社发行。《未名丛刊》之十二。

馆藏未名社1928年1月初版、1929年5月二版，生活书店1935年4月二版、1937年5月三版，鲁迅全集出版社1947年6月二版，见唐弢文库、侯金镜文库、林林文库、图书大库。

初版本卷首有鲁迅《引言》、【德】保罗·赉赫《原序》，卷末有【荷】波勒·兑·蒙德《拂来特力克·望·蔼覃》、鲁迅《动植物译名小记》。作品共有14章。

小说。【比】恩海贡斯翁士著。林纾、王庆通译。民国七年（1918）八月初版。上海商务印书馆印行。四集本《说部丛书》第三集之四十八。

馆藏商务印书馆1918年8月初版、1920年10月二版（四集本《说部丛书》第三集）、某版（无版权页，《林译小说》第二集），见唐弢文库、王辛笛文库。

初版本上册卷首有林纾《译余小识》，内云："此书为比国贵族，急其兄弟之难，倾家以救，至于破产无依，而其女能食贫居贱，曲意承顺其父，视听皆出于微渺中，孝之至也。父以友传，女以孝传，足为人伦之鉴矣。"

初版本有上册5章、下册6章，共11章。

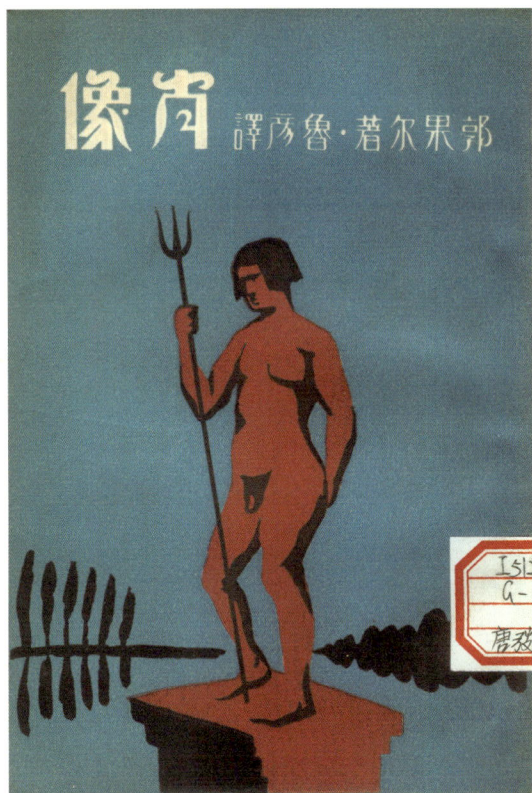

肖　像

初版本封面（18.9厘米×13厘米）

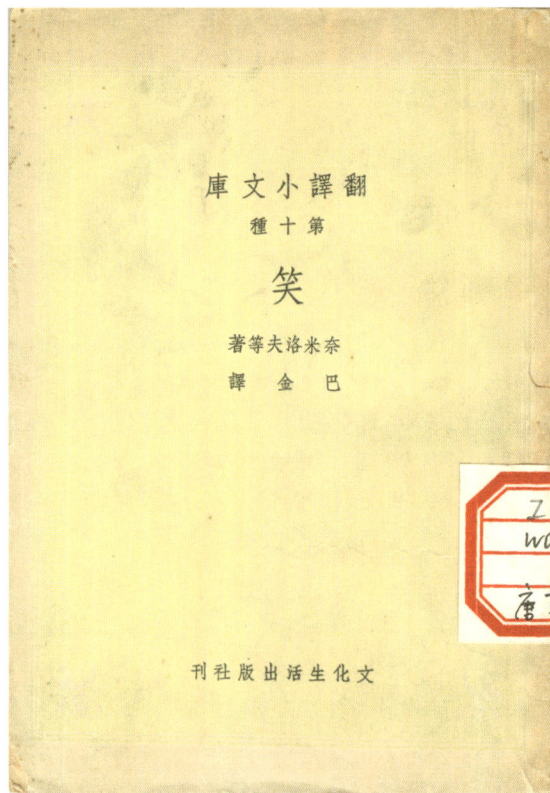

笑

初版本封面（14.3厘米×10.3厘米）

　　小说。【俄】郭果尔著。鲁彦译。民国二十二年（1933）四月出版。上海亚东图书馆印行。

　　馆藏亚东图书馆1933年4月初版，见唐弢文库、图书大库。

　　初版本无序跋。作品有上、下部，部内不分章节。

　　小说集。【保】D.奈米洛夫等著。巴金译。民国三十七年（1948）六月初版。文化生活出版社印行。《翻译小文库》之十。

　　馆藏文化生活出版社1948年6月初版，见唐弢文库。

　　初版本卷首有巴金《前记》，卷末附有巴金《关于爱罗先珂》。正文收《笑》、《白痴》、《加斯多尔的死》、《木星的人神》共4篇。

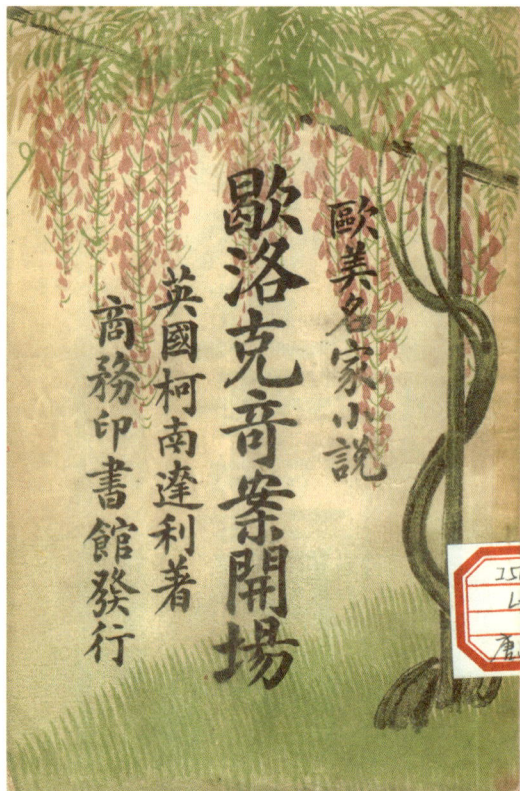

歇洛克奇案开场
1908年初版本封面（19.1厘米×12.9厘米）

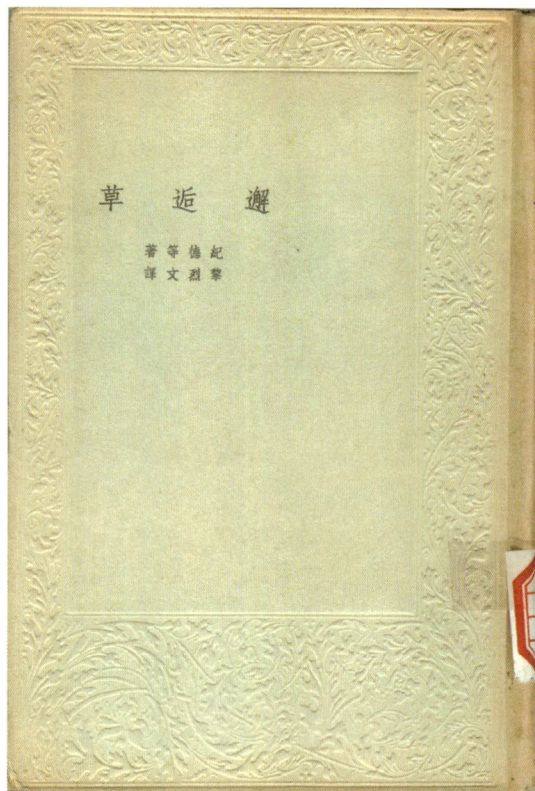

邂逅草
初版本封面（19.3厘米×13.2厘米）

小说。【英】柯南达利著。林纾、魏易译。光绪三十四年（1908）三月初版。上海商务印书馆印行。《欧美名家小说》之一种。

馆藏商务印书馆1908年（农历）3月初版、1914年6月初版（《林译小说丛书》）、1915年10月三版（四集本《说部丛书》第二集），见唐弢文库、图书大库。

初版本卷首有陈熙绩《序》、林纾《序》。作品共有7章。

小说、戏剧、评论集。【法】纪德等著。黎烈文译。民国二十六年（1937）五月初版。上海生活书店发行。生活印刷所印刷。

馆藏生活书店1937年5月初版，见唐弢文库、巴金文库、图书大库。

初版本卷首有《前记》（译者）。正文收"论文"9篇、"小说"11篇、"戏曲"3篇、"印象·书简·杂文"5篇，共28篇。其中"小说"、"戏曲"部分收《波希米人》、《一篇中世纪的小说》、《两个短篇》、《"邂逅"草》、《美貌奖品》、《客人》、《西班牙的爱国者》、《像》、《期待之岛》、《甘酒》、《祭夜的意外》、《亚尔维的秘密》、《一个现代孩子的梦》、《酒杯》共14篇。

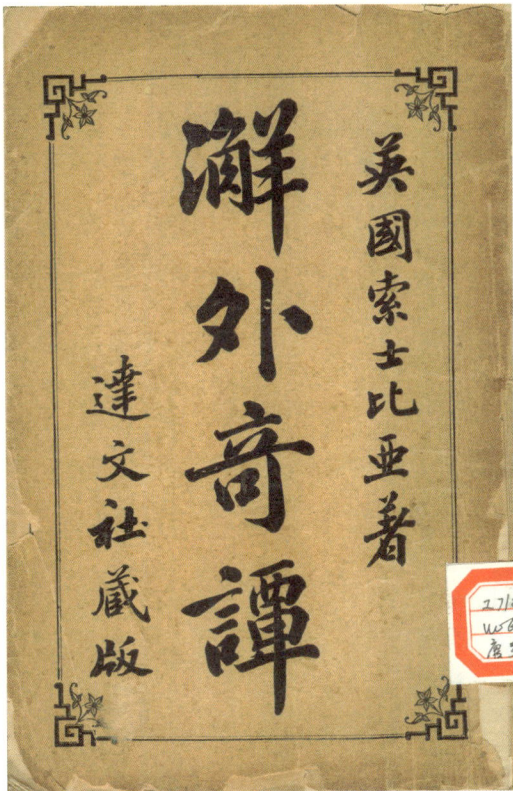

澥外奇谭
初版本封面（22厘米×14.6厘米）

蟹工船
初版本封面（18.8厘米×13厘米）

目录页、正文及版权页题《海外奇谭》。故事集。【英】索士比亚著，【英】兰卜编。上海达文社译。光绪二十九年（1903）十一月付印、出版。达文社出版、发行。上海广智书局印刷。

馆藏达文社1903年（农历）11月初版，见唐弢文库。

初版本卷首有译者《〈海外奇谭〉叙例》。正文收《蒲鲁萨贪色背良朋》、《燕敦里借债约割肉》、《武历维错爱孪生女》、《毕楚里驯服恶癖娘》、《错中错埃国出奇闻》、《计上计情妻偷戒指》、《冒险寻夫终谐伉俪》、《苦心救弟坚守贞操》、《怀妒心李安德弃妻》、《报大仇韩利德杀叔》共10章（篇）。

小说。【日】小林多喜二著。潘念之译。1930年4月15日初版。上海大江书铺发行。

馆藏大江书铺1930年4月初版，见唐弢文库。

初版本卷首有小林多喜二《序文》。作品除卷末《附记》外共有10章。

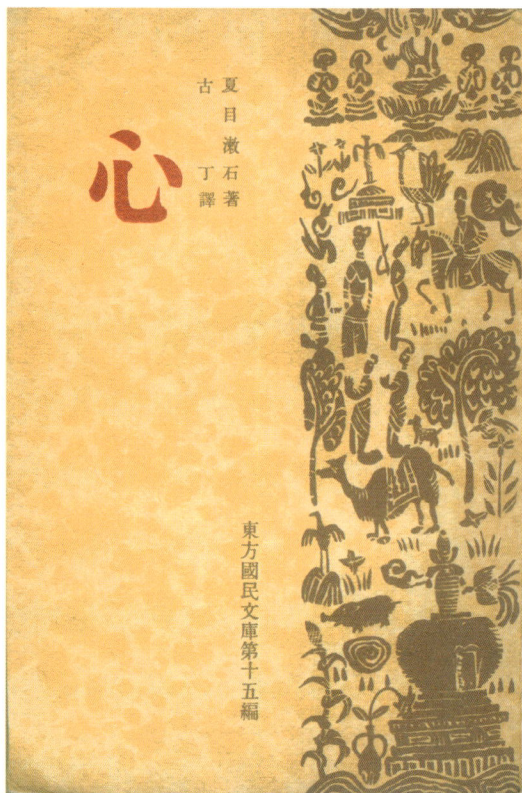

夏目漱石 著
古丁 译

心

東方國民文庫第十五編

現代文學叢刊

心

小泉八雲 著
楊維銓 譯

中華書局印行

心
初版本封面（18.8厘米×12.9厘米）

小说。【日】夏目漱石著。古丁译。康德六年
（1939）十月五日印刷，十日发行。新京（长春）满
日文化协会发行。新京满洲图书株式会社印刷、经
售。《东方国民文库》之十五。

馆藏满日文化协会1939年10月初版，见唐弢文
库。

初版本卷末有【日】小宫丰隆《解说》、译者
《夏目漱石传略》、古丁《译后小记》。作品有上
部《先生和我》36章、中部《双亲和我》18章、下部
《先生和遗书》56章，共110章。

心
初版本封面（18.6厘米×13.2厘米）

散文集。【日】小泉八云著。杨维铨译。民国
二十四年（1935）二月印刷、发行。上海中华书局印
行。《现代文学丛刊》之一种。

馆藏中华书局1935年2月初版，见图书大库。

初版本卷首有《序》（著者），卷末附有《三
个俗谣》（著者）。正文收《在火车站》、《日本文
化的特质》、《街头卖唱者》、《节录旅行日记》、
《阿弥陀寺的尼姑》、《战后》、《阿春》、《趋势
的一瞥》、《因果的力》、《一个守旧者》、《在
神佛的微光中》、《前世的观念》、《虎列剌流行
时》、《关于祖先崇拜的感想》、《君子》共15篇。

心病者
初版本封面（19厘米×13厘米）

　　戏剧。【法】莫里哀著。邓琳译。民国二十二年
（1933）一月初版。上海商务印书馆印行。《世界文
学名著》之一种。

　　馆藏商务印书馆1933年1月初版，见艾芜文库。

　　初版本卷首有邓琳《序》。作品共有3幕。

心　狱
初版本封面（18.4厘米×12.8厘米）

　　小说集。【英】哈代等著。伍光建等译。1946年
1月初版。铁流书店印行。国际书报社、五洲书报社、
中国杂志公司、励力出版社等代售。《联合国文学名
著》之一种。

　　馆藏铁流书店1946年1月初版，见图书大库。

　　初版本无序跋。内收《心狱》、《病了的煤矿
夫》、《楼梯上》、《复本》、《迁士录》、《手与
心》共6篇。

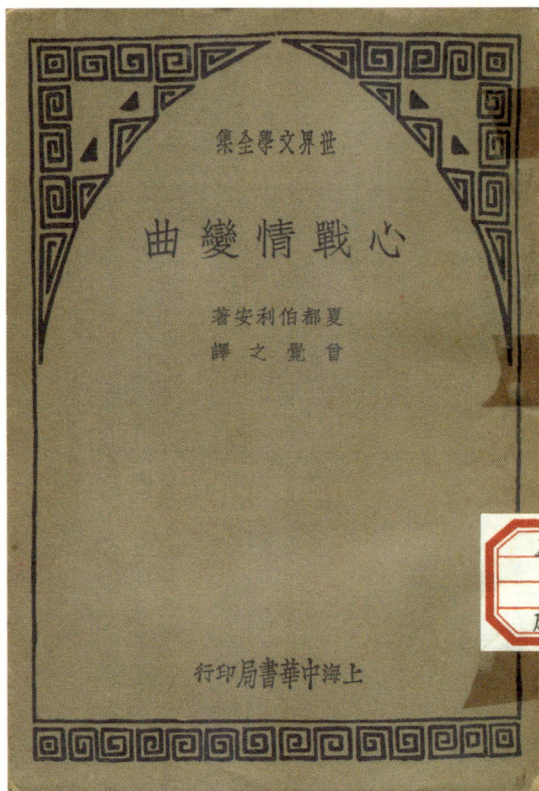

心战情变曲
初版本封面（18.7厘米×13.2厘米）

小说集。【法】夏都伯利安著。曾觉之译。民国二十四年（1935）二月印刷、发行。上海中华书局印行。《世界文学全集》之一种。

馆藏中华书局1935年2月初版、某版（版权页未记出版时间及版次，《世界文学全集》），见唐弢文库、图书大库。

初版本卷首有《译者弁言》、《夏都伯利安传》。《译者弁言》云："我们在法国十九世纪的浪漫文学作家中，以夏都伯利安为代表，在夏都伯利安的作品中，我们以《阿达拉》、《雷仪》、《阿邦色拉基末代王孙的艳遇》三种为代表。而这三种又各代表浪漫主义文学的一特色：《阿达拉》是爱自然与外向之情的歌唱，《雷仪》为时代病的解剖与描写，《阿邦色拉基末代王孙的艳遇》则是回向中世与眷恋过去的抒发。浪漫主义文学的特色，可以说，重要的全在其中了。"

初版本收上述3篇。

昕夕闲谈（上、下）
上卷初版本封面（19.4厘米×12.9厘米）

小说。【英】佚名著。【英】约纳约翰重译，【英】李约瑟笔述。光绪三十年（1904）七月二十二日出版、发行。上海文宝书局发行。上海日商同文社印刷。

馆藏文宝书局1904年（农历）7月初版，见唐弢文库。

初版本上卷卷首有藜床卧读生《译校重订外国小说序言》。作品有上卷31回、下卷24回，共55回。

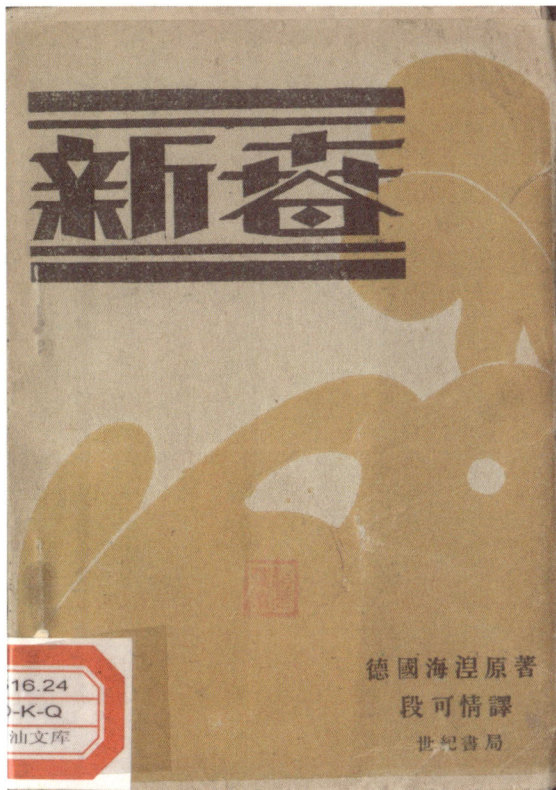

新 春
初版本封面（15.3厘米×11.4厘米）

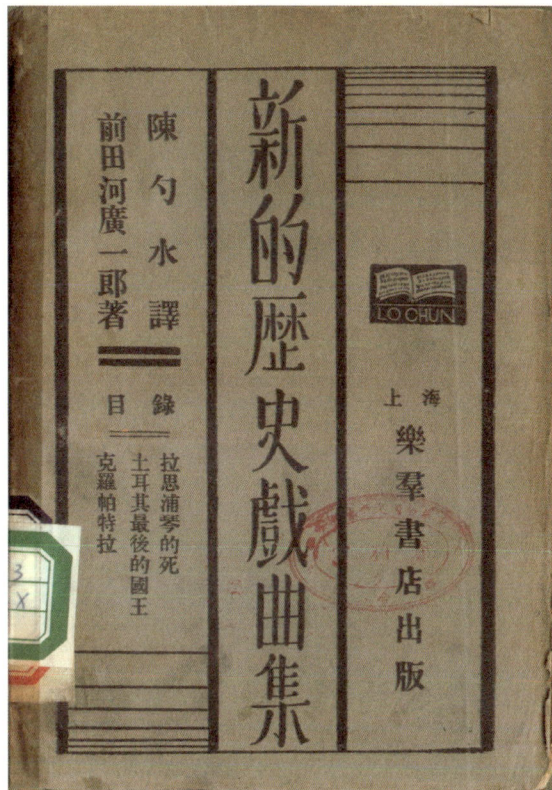

新的历史戏曲集
初版本封面（18.5厘米×13.2厘米）

　　诗歌集。【德】海涅著。段可情译。1928年6月付排，7月初版，印2000册。上海世纪书局出版。

　　馆藏世纪书局1928年7月初版，见唐弢文库、薛汕文库。

　　初版本卷首有《序诗》（著者），卷末有《译后》。正文共收44篇，无篇名。

　　【日】前田河广一郎著。陈勺水译。1928年10月12日付排，11月13日出版，印2000册。上海乐群书店出版。

　　馆藏乐群书店1928年11月初版，见图书大库。

　　初版本卷首有陈勺水《序》。正文收《克罗帕特拉》、《土耳其最后的国王》、《拉思浦琴的死》共3篇。

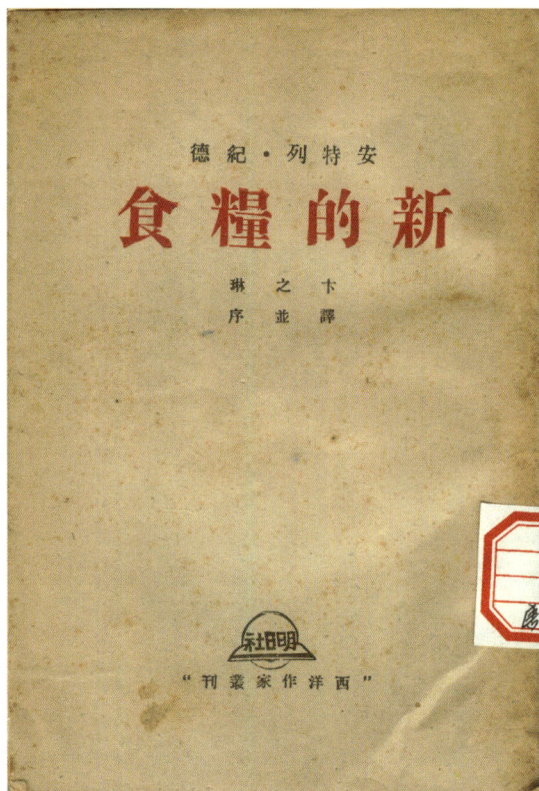

新的粮食
初版本封面（18.2厘米×12.8厘米）

诗歌散文集。【法】安特列·纪德著。卞之琳译。民国三十二年（1943）十月发行，印3010册。明日社发行。桂林国光印刷厂承印。《西洋作家丛刊》之一种。

馆藏明日社1943年10月初版，见唐弢文库、巴金文库。

初版本卷首有《译者序》。正文共分四卷。

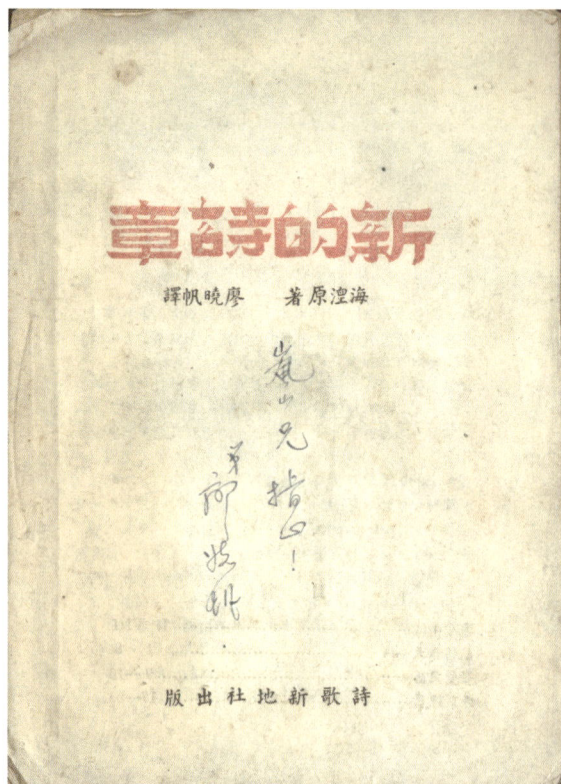

新的诗章
初版本封面（17.5厘米×12.9厘米）

诗歌集。【德】海涅著。廖晓帆译。民国三十五年（1946）十一月初版。诗歌新地社出版、发行。重庆人文印刷所印刷。

馆藏诗歌新地社1946年11月初版，见薛汕文库。

初版本卷首有《海涅小传》。正文收《新的春天》12篇、《罗曼采曲》9篇、《时事诗篇》6篇，共27篇。

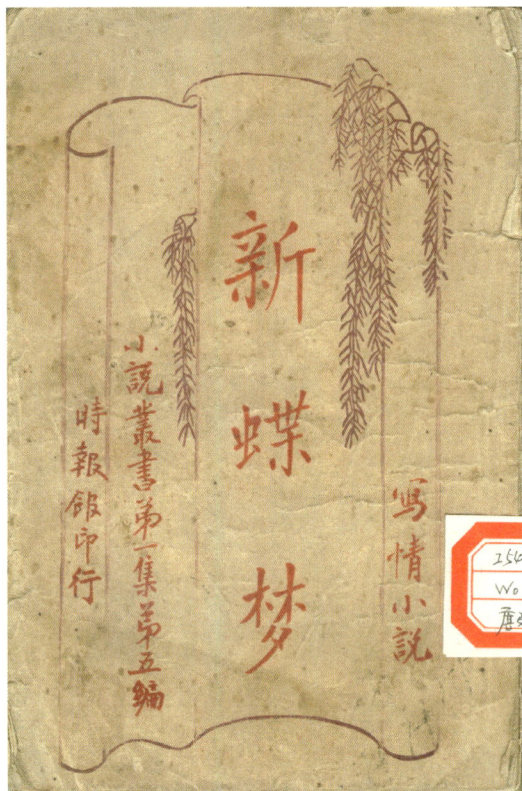

新蝶梦
初版本封面（18.8厘米×12.7厘米）

新俄大学生日记
初版本封面（20厘米×14.4厘米）

小说。【意】波仑著。冷译。光绪三十二年（1906）二月初六日出版。上海时报馆印行。有正书局经售。《小说丛书》第一集之五。

馆藏时报馆1906年（农历）2月初版，见唐弢文库。

本书为写情小说。初版本卷首有译者《〈新蝶梦〉弁言》。作品不分章节。

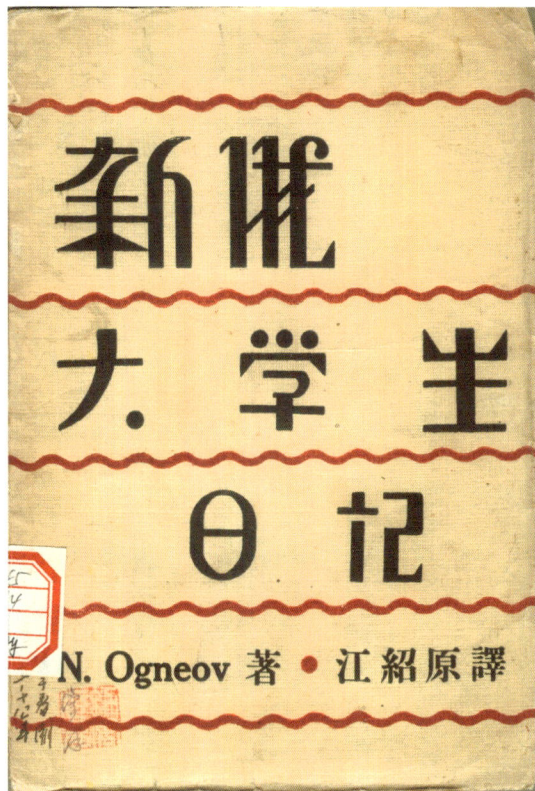

小说。【苏】欧格涅夫著。江绍原译。1929年7月20日付排，8月20日出版，印2000册。上海春潮书局印行。《世界名著丛书》之一。

馆藏春潮书局1929年8月初版，见唐弢文库、图书大库。

本书为《新俄学生日记》之续篇。初版本卷首有亚力山大·渥斯《英译者的引言》、《重译者序》（江绍原）。作品有上、中、下卷。

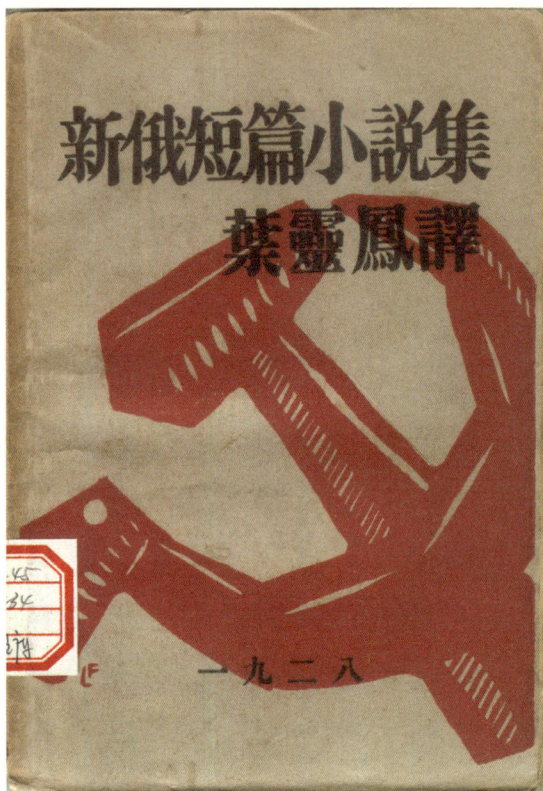

新俄短篇小说集
初版本封面（18.6厘米×13.1厘米）

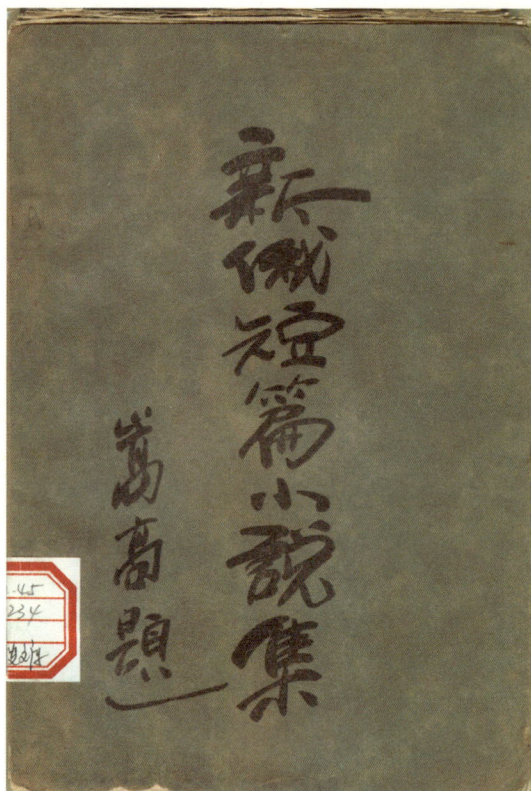

新俄短篇小说集
初版本封面（19.7厘米×14厘米）

　　【苏】迦撒洵等著。叶灵凤译。1928年6月1日初版，印2000册。上海光华书局印行。

　　馆藏光华书局1928年6月初版，见唐弢文库。

　　初版本卷首有灵凤《新俄的短篇小说》。正文收《飞将军》、《领袖》、《皮的短衫》、《轨道上》、《犯法的人》共5篇。

　　【苏】L.Seifoullina等著。成绍宗译。1930年3月出版，印1000册。上海支那书店发行。《研新社丛书》之一种。

　　馆藏支那书店1930年3月初版，见唐弢文库。

　　初版本无序跋。内收《两朋友》、《海面掠夺》、《火》、《浮华盗》共4篇。

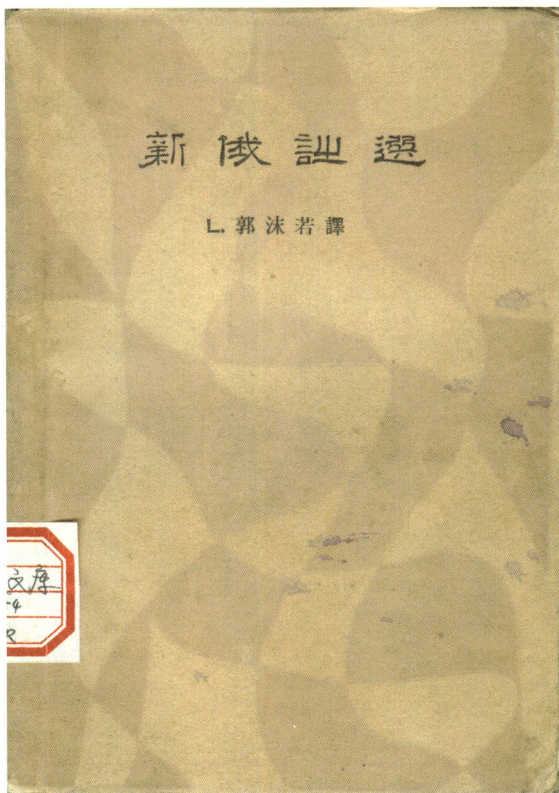

新俄诗选
初版本封面（18.5厘米×13.3厘米）

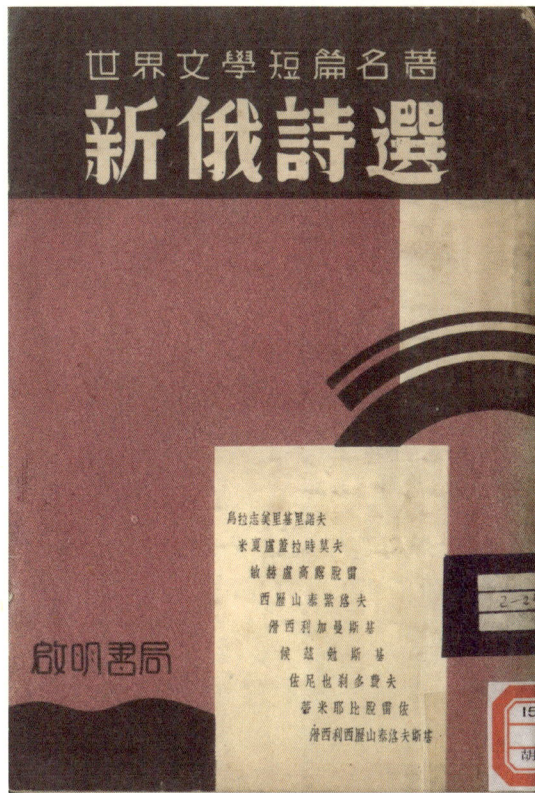

新俄诗选
初版本封面（18.7厘米×13.2厘米）

【苏】布洛克等著。L、郭沫若译。1929年8月付印，10月发行，印2000册。上海光华书局印行。《新俄丛书》之一种。

馆藏光华书局1929年10月初版、1930年4月二版、某版（出版时间不详，书名为《我们的进行曲》），见唐弢文库、薛汕文库、姚雪垠文库、图书大库。

初版本卷首有沫若《小序》，卷末附有《作者评传略》（译者）。《小序》云："这儿所选的诗只是革命后四五年间初期的作品，严格的说来，这些诗都不足以代表新俄的精神。……不过我们从这儿总可以看出一个时代的大潮流和这潮流所推动着前进的方向。"

初版本收《西叙亚人》、《基督起来了：23》、《变形》、《"强暴的游牧人"》、《十月》、《"我们的子孙之子孙"》、《航行》、《"完全卖了，完全失了"》、《"而且他是正直的……"》、《冬曲》、《不是由手创造的》、《缝衣人》、《我们长自铁中》、《工厂汽笛》、《第一球的转动》等24篇。

【苏】基里诺夫等著。杨任译。民国二十六年（1937）六月初版。上海启明书局印行。《世界文学短篇名著丛刊》之一种。

馆藏启明书局1937年6月初版、同年7月二版，见胡风文库、薛汕文库。

初版本卷首有《引言》（丛刊）、《序》（译者）。正文分第一、二部，收《五月一日》、《无题》（2篇）、《春》、《苏维埃》、《自亚细亚人》、《十月》、《失题》、《我》、《二种样》、《诗中的诗》、《葬》、《我的诗》、《诗》、《露西亚》、《给诗人》等18篇。

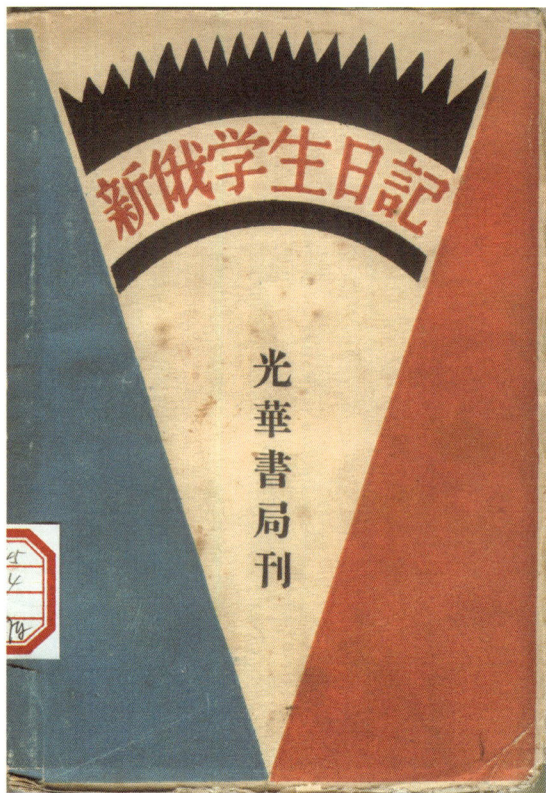

新俄学生日记
初版本封面（18.7厘米×13.6厘米）

新俄学生日记
初版本封面（19.5厘米×14.1厘米）

　　小说。【苏】N.Ognyov著。丹苓译。1929年3月付印，5月发行，印2000册。上海光华书局印行。《新俄丛书》之一种。

　　馆藏光华书局1929年5月初版，见唐弢文库。

　　初版本卷首有丹苓《译者弁言》。作品有《第一学期》、《第二学期》、《夏季学期》共3部。

　　小说。【苏】N.Ognyov著。林语堂、张友松译。1929年5月25日付排，6月25日初版，印2000册。上海春潮书局印行。林语堂主编《现代读者丛书》之三。

　　馆藏春潮书局1929年6月初版，见唐弢文库、图书大库。

　　初版本卷首有《本书作者N.Ognyov略历——他的自述》、林语堂《序》。作品有《第一学期》、《第二学期》、《第三学期（暑季）》共3部。

新法螺
初版本封面（18.6厘米×12.7厘米）

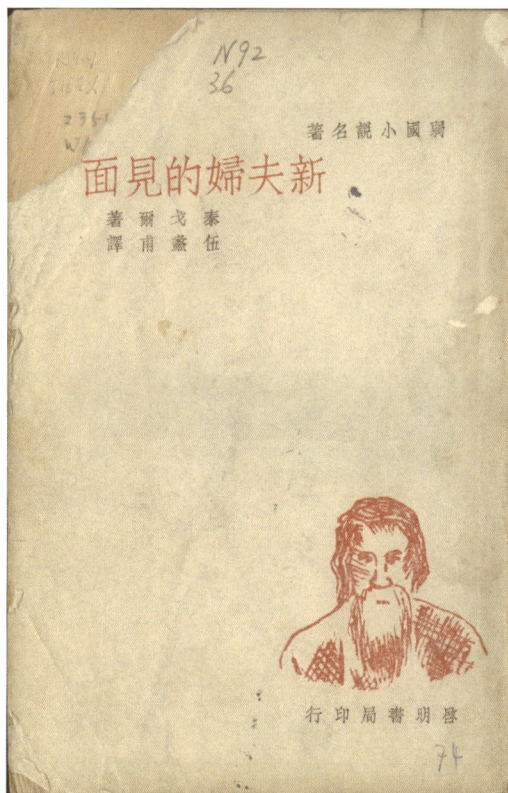

新夫妇的见面
初版本封面（残。17.2厘米×11.4厘米）

扉页、版权页题《新法螺先生谭》。小说集。【日】岩谷小波、【中】东海觉我著。天笑生译。乙巳（1905）六月初版、发行。上海小说林社发行。上海东亚改良印书馆印刷。

馆藏小说林社1905年（农历）6月初版，见唐弢文库。

初版本无序跋。内收《法螺先生谭》、《法螺先生续谭》共2篇，另有东海觉我《新法螺先生谭》汉语创作1篇。

正文题《弱国小说集》。【印】泰戈尔等著。伍蠡甫等译。施落英编。民国三十年（1941）七月出版。上海启明书局印行。

馆藏启明书局1941年7月初版，见图书大库。

本书为弱国小说名著。初版本卷首有《引言》。正文收《甲突斯台》、《灵魂》、《黑猫》、《华蒂曼怎样杀死她的母亲》、《阿莱廷的故事》、《姓权的那个家伙》、《新夫妇的见面》、《求妇》、《辛弟的礼物》、《邪气好记性》、《红头巾》、《沙漠间的三个梦》、《两个教堂》共13篇。

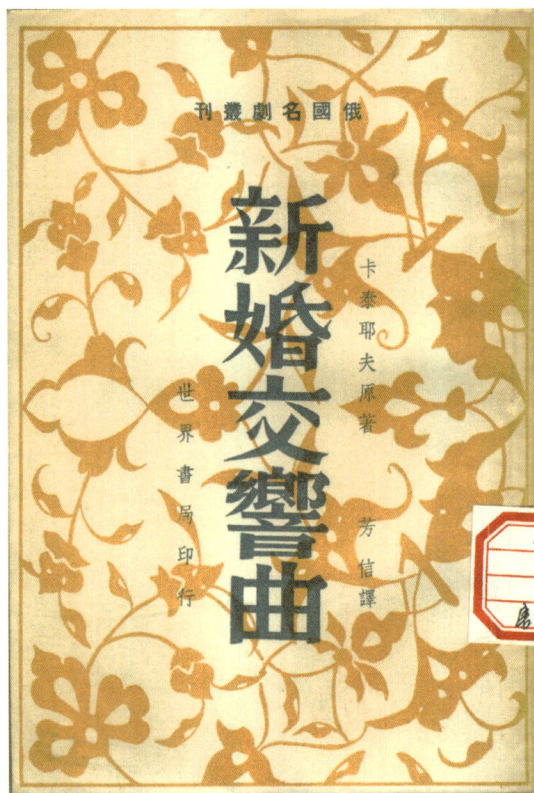

新婚交响曲
初版本封面（18.5厘米×12.9厘米）

新纪元
初版本封面（18.4厘米×12.5厘米）

原名《改圆为方》。戏剧。【苏】华兰庭·卡泰耶夫著。芳信译。民国三十三年（1944）二月出版。世界书局印行。《俄国名剧丛刊》之十二。

馆藏世界书局1944年2月初版，见唐弢文库。

初版本卷末有犹金尼·李央斯《关于卡泰耶夫》。作品共有3幕。

小说。著者不详。碧荷馆主人编译。光绪三十四年（1908）二月初版、发行。上海小说林社印行。

馆藏小说林社1908年（农历）2月初版，见唐弢文库。

初版本无序跋。作品共有20回。

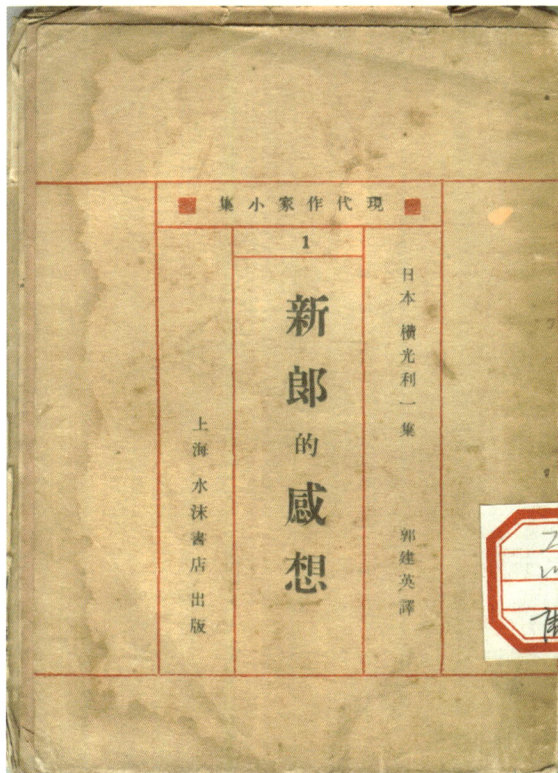

新郎的感想
初版本封面（15.6厘米×11.3厘米）

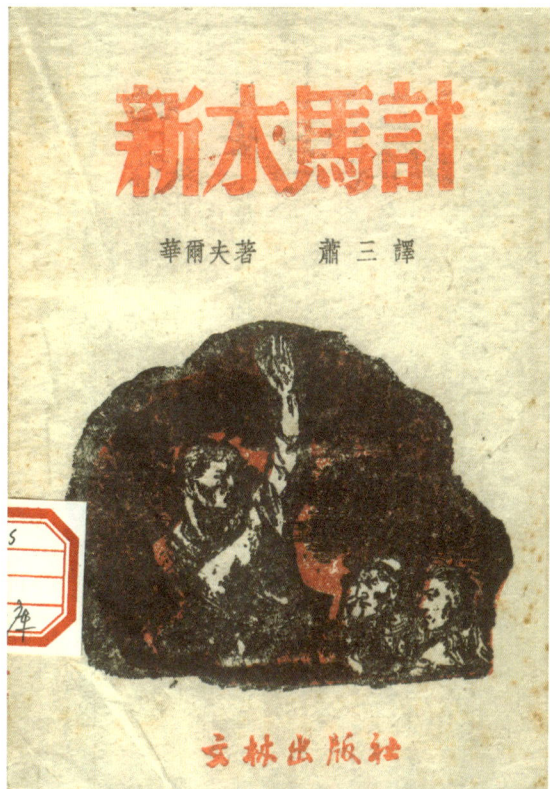

新木马计
初版本封面（17.2厘米×12.2厘米）

　　小说集。【日】横光利一著。郭建英译。1929年5月初版，印1500册。上海水沫书店印行。《现代作家小集》之一。

　　馆藏水沫书店1929年5月初版，见唐弢文库。

　　初版本卷首有呐鸥《序》。正文收《新郎的感想》、《点了火的纸烟》、《妻》、《园》共4篇。

　　戏剧。【德】华尔夫著。萧三译。民国三十一年（1942）七月初版，印4000册。重庆文林出版社出版。

　　馆藏文林出版社1942年7月初版，见唐弢文库。

　　初版本无序跋。作品共有4幕。

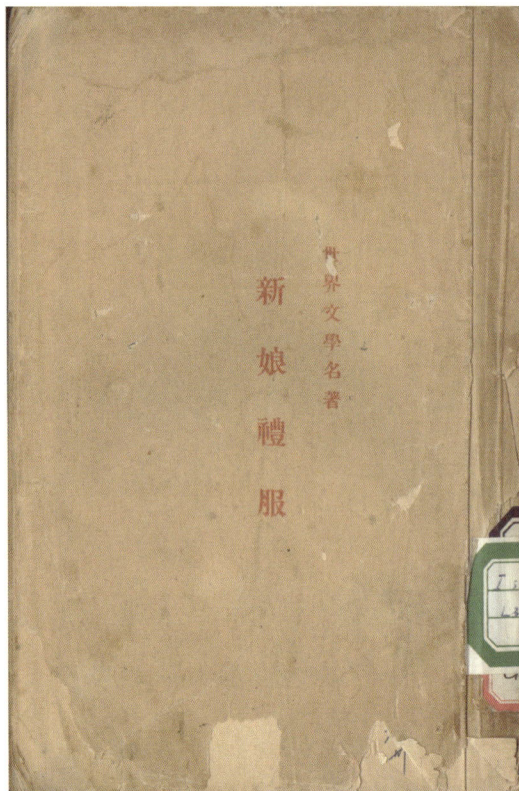

新娘礼服
初版本扉页（封面缺失。19厘米×13厘米）

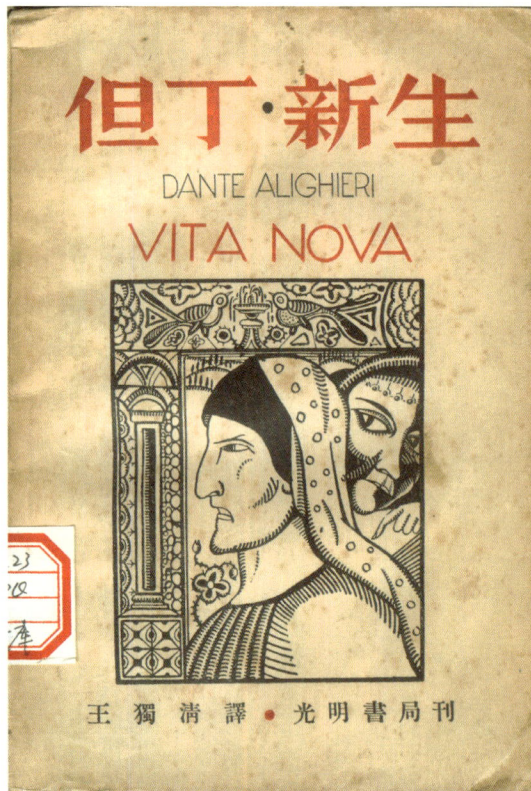

新　生
初版本封面（18.7厘米×13厘米）

　　小说。【冰】古德孟孙著。唐旭之译。民国二十五年（1936）六月初版。上海商务印书馆印行。《世界文学名著》之一种。

　　馆藏商务印书馆1936年6月初版、1937年2月二版，见唐弢文库、胡风文库、图书大库。

　　初版本卷首有克礼斯曼·古德孟孙《原著者为中译本所作序》（刘季伯译）、《孙贵定夫人对于本书的介绍》（刘季伯译），卷末有唐旭之《译后记》。作品有第一部8章、第二部6章、第三部11章，共25章。

　　小说。【意】但丁著。王独清译。民国二十三年（1934）十一月初版、发行。上海光明书局出版、发行。上海蔚文印刷局印刷。

　　馆藏光明书局1934年11月初版，见唐弢文库、图书大库。

　　初版本卷首有王独清《题记》。作品共有43章。

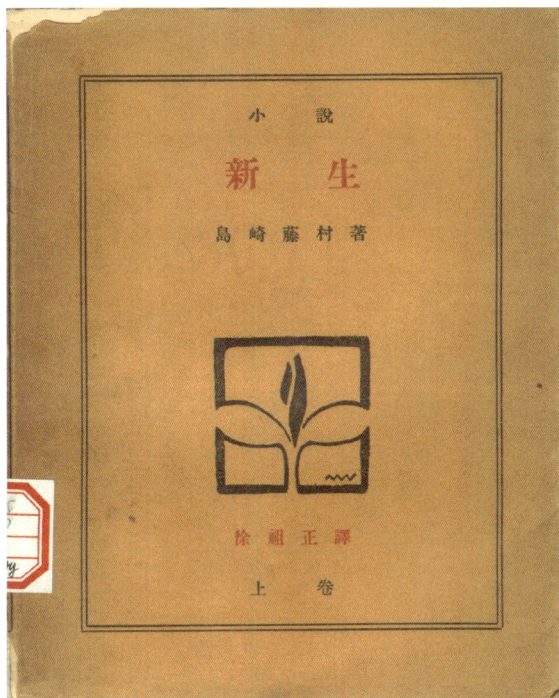

新　生（上、下）
初版本封面（19.4厘米×16.1厘米）

小说。【日】岛崎藤村著。徐祖正译。民国十六年（1927）十二月初版、发行，印1000部。北新书局出版。《骆驼丛书》之二、三。

馆藏北新书局1927年12月初版，见唐弢文库、图书大库。

初版本上卷卷首有《〈新生〉解说》（译者）、《藤村年谱》（译者）。作品除《序之章》5节外有上卷130节、下卷140节，共270节。

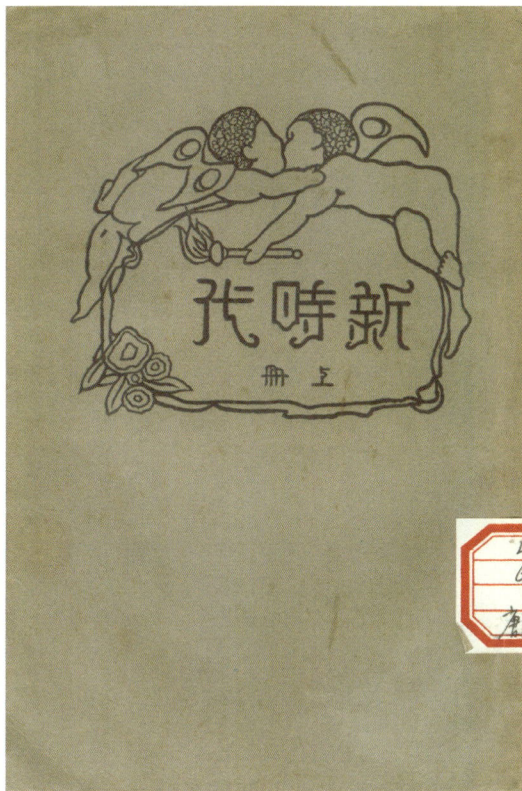

新时代（上、下）
初版本封面（19.1厘米×13厘米）

原名《少女地》。小说。【俄】屠格涅甫著。郭沫若译。民国十四年（1925）六月初版。上海商务印书馆印行。

馆藏商务印书馆1925年6月初版、1927年5月二版（合订本）、1934年10月国难后一版（译者署名为"郭鼎堂"），见唐弢文库、李辉英文库、许杰文库、图书大库。

初版本上册卷首有《序》（译者）、《解题》（译者）。作品有上册20章、下册18章，共38章。

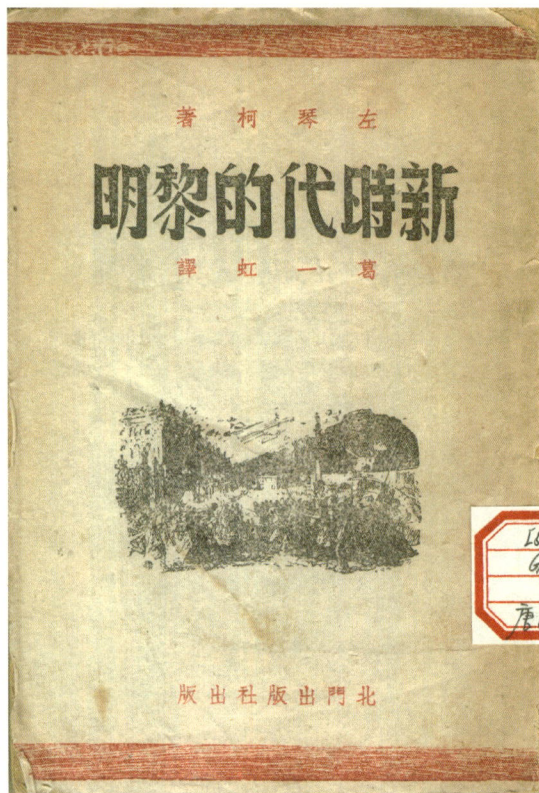

新时代的黎明
初版本封面（18.4厘米×12.9厘米）

　　小说。【苏】左琴柯著。葛一虹译。民国三十三年（1944）十一月初版。中苏文化协会编译委员会编辑、发行。北门出版社出版、总经售。曹靖华主编《苏联文学丛书》之十四。

　　馆藏北门出版社1944年11月初版，见唐弢文库。

　　初版本卷末有译者《后记》。作品共有32章。

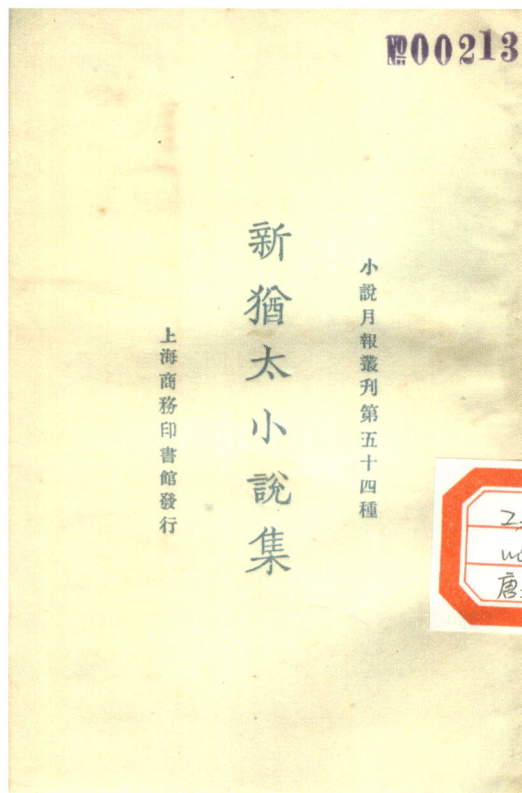

新犹太小说集
初版本封面（14.9厘米×10.1厘米）

　　小说戏剧集。【国别不详】潘莱士等著。沈雁冰、沈泽民译。民国十四年（1925）四月初版。上海商务印书馆印行。小说月报社编辑《小说月报丛刊》之五十四。

　　馆藏商务印书馆1925年4月初版，见唐弢文库、图书大库。

　　初版本无序跋。内收《禁食节》、《贝诺思亥尔思来的人》、《冬》、《淑拉克和波拉尼》共4篇。

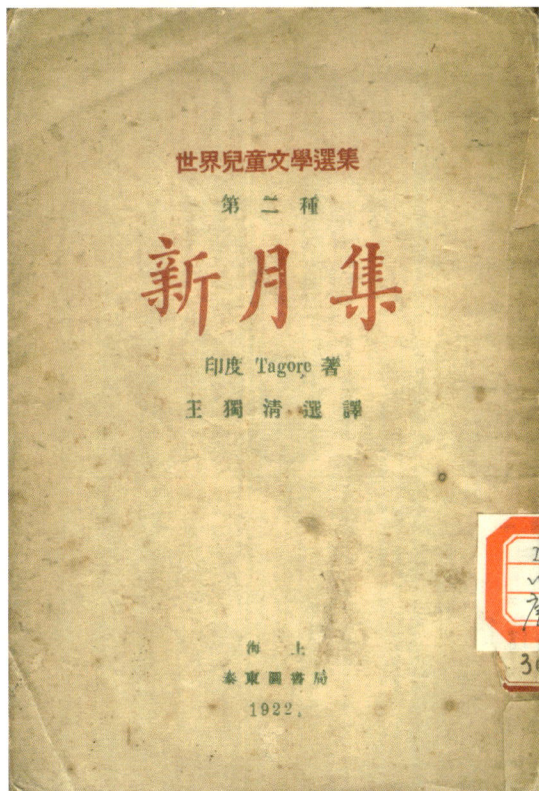

新月集
初版本封面（18.7厘米×13厘米）

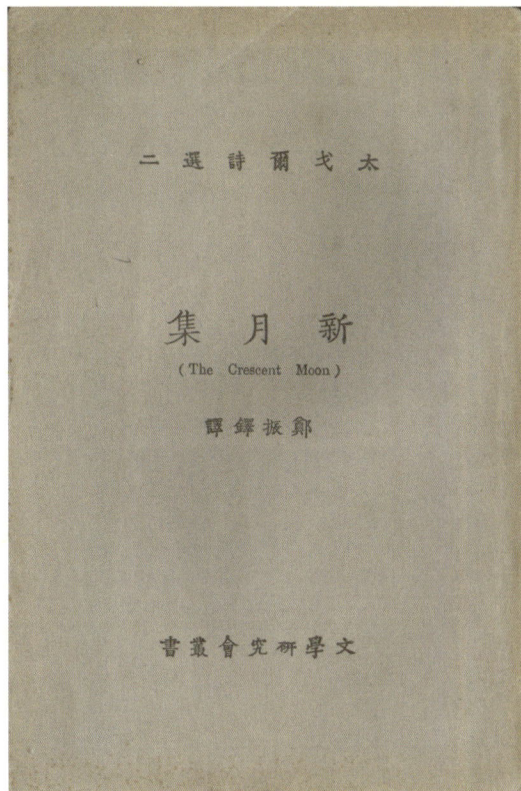

新月集
1923年初版本封面（19.1厘米×13厘米）

　　诗歌集。【印】太戈尔著。王独清译。民国十一年（1922）二月三十（？）日初版。上海泰东图书局印行。重庆唯一书局特约代售。创造社编辑《世界儿童文学选集》之二。

　　馆藏泰东图书局1922年2月初版、1935年4月五版（封面、版权页译者署名为"王独青"），见唐弢文库、图书大库。

　　初版本卷首有曾琦《序》、王独清《译者叙言》。正文收《家》、《在海滨上》、《根源》、《宝宝底法门》、《平淡的美观》、《偷瞌睡的》、《开始》、《宝宝底世界》、《"当其"与"何以"》、《毁骂》、《审判官》、《顽意儿》、《天文家》、《云与波》、《香芭花》等40篇。

　　诗歌集。【印】太戈尔著。郑振铎译。民国十二年（1923）九月初版。上海商务印书馆印行。《太戈尔诗选》之二，《文学研究会丛书》之一种。

　　馆藏商务印书馆1923年9月初版、1924年4月二版、1931年4月初版、1933年版（版权页缺失）、1935年5月国难后二版、1948年5月三版，见唐弢文库、薛汕文库、图书大库。

　　1923年初版本卷首有郑振铎《译者自序》。正文收《海边》、《来源》、《孩童之道》、《孩童的世界》、《偷睡眠者》、《责备》、《审判官》、《玩具》、《天文家》、《云与波》、《金色花》、《雨天》、《纸船》、《对岸》、《花的学校》等31篇。

星
初版本封面（19.8厘米×14.7厘米）

小说。【苏】卡扎凯维奇著。蒋路译。1949年1月初版，印4000册。上海时代书报出版社总经售。

馆藏时代书报出版社1949年1月初版，见唐弢文库。

初版本卷首有《关于作者》（译者）。作品除《尾声》外共有11章。

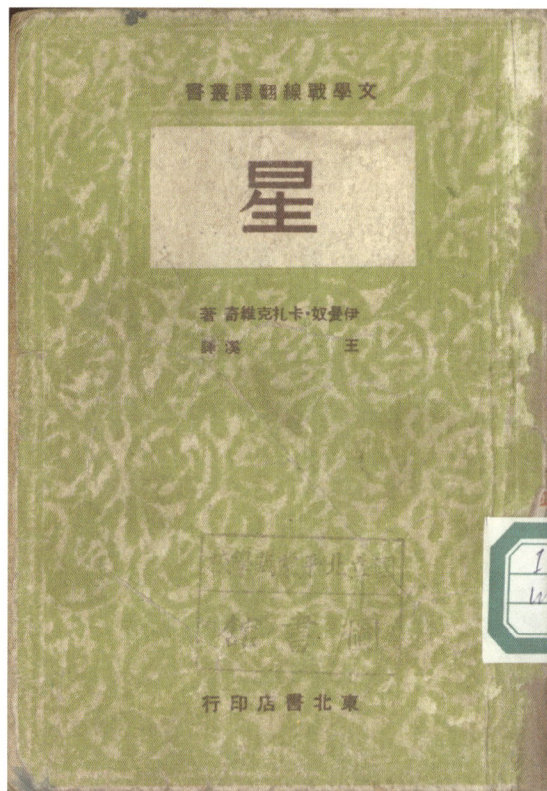

星
初版本封面（17.8厘米×12.7厘米）

小说。【苏】伊曼奴·卡扎克维奇著。王溪译。1949年4月初版，印5000册。沈阳东北书店印行。《文学战线翻译丛书》之一种。

馆藏东北书店1949年4月初版，见图书大库。

初版本卷末有《译后附记》。作品除《尾声》外共有11章。

星 花
初版本封面（17.5厘米×12.6厘米）

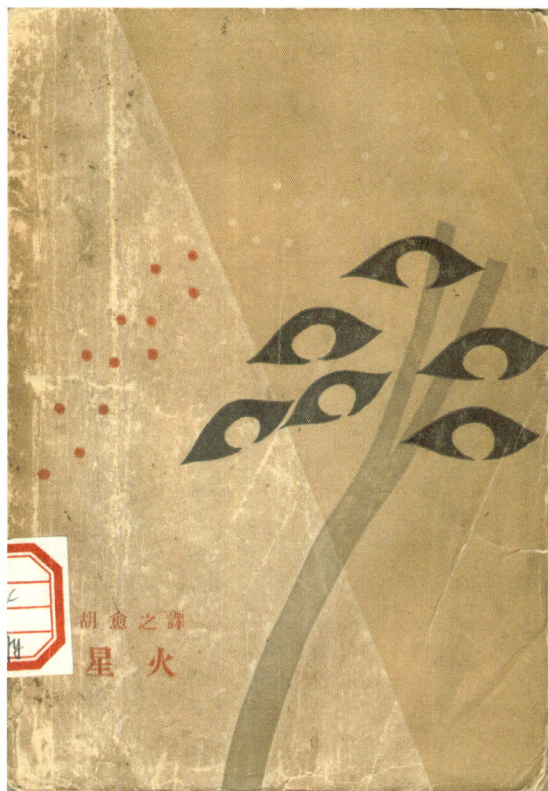

星 火
初版本封面（18.6厘米×13.4厘米）

　　小说集。【苏】拉甫列涅夫等著。曹靖华、尚佩秋译。民国三十二年（1943）九月初版。东方书社印行。

　　馆藏东方书社1943年9月初版，见唐弢文库、图书大库。

　　初版本卷末有《后记》（译者）。正文收《星花》、《女布尔雪维克——玛丽亚》、《床》、《让全世界都知道吧》、《女贼》共5篇。

　　小说散文集。【保】跋佐夫等著。胡愈之译。1928年6月20日出版，印2000册。上海现代书局发行。

　　馆藏现代书局1928年6月初版、1931年7月二版、1933年5月三版，见唐弢文库、图书大库。

　　初版本卷末有愈之《后记》，内云："以上杂文二十篇，……前半部所包含的，是几篇短篇小说，但后半部却只是些讽刺文，寓言，杂感，小品而已。本书所选的二十个作家，有一部分是不甚知名的，大多数却全是'弱小民族'的作品。总之，只是一些杂凑而不甚重要的东西罢了。"

　　初版本收《失去的晚间》、《邮局长的信》、《钟》、《海上》、《海的坟墓》、《在别一世界里》、《践踏在面包上的女孩子》、《亚谷和人类的故事》、《他们又用那绞桩了》、《幸福》、《列宁和俄皇的故事》、《消极抵抗》、《出了一册诗集的人》、《"她爱我吗？"》、《甲突斯台》等20篇。

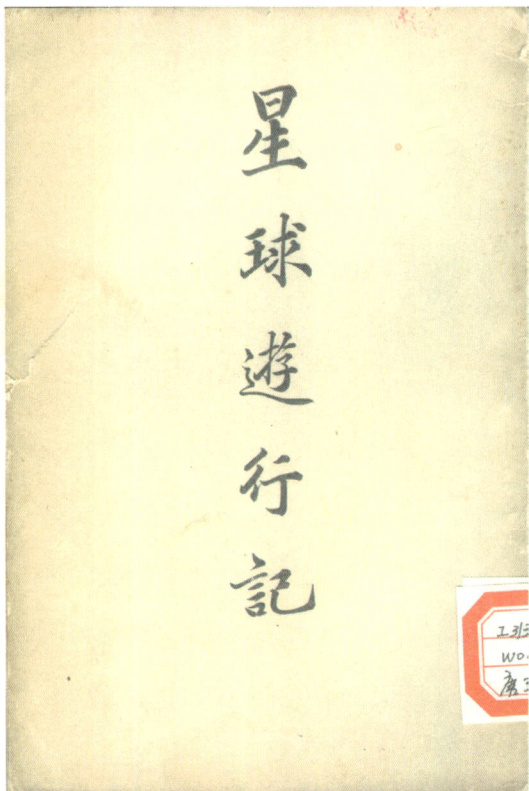

星球游行记
初版本封面（18.9厘米×13.1厘米）

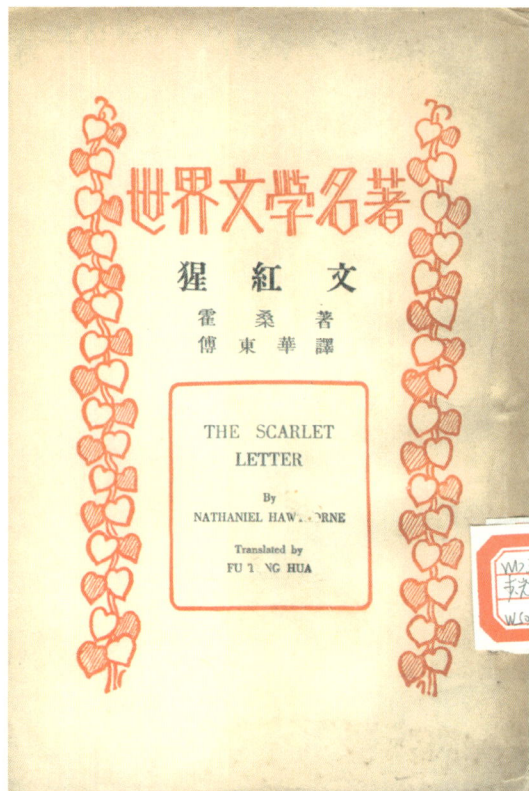

猩红文
初版本封面（19厘米×13厘米）

小说。【日】井上圆了著。戴赞译。光绪二十九年（1903）十月十日印刷，二十五日发行。彪蒙译书局发行。日本东京三田印刷所印刷。文明书局、南京启新书局代售。

馆藏彪蒙译书局1903年（农历）10月初版，见唐弢文库。

初版本卷首有杜之堂"序"。作品共有6章。

小说。【美】霍桑著。傅东华译。民国二十六年（1937）六月初版。上海商务印书馆印行。《世界文学名著》之一种。

馆藏商务印书馆1937年6月初版、1947年2月三版，见李辉英文库、图书大库。

初版本卷首有威廉·来温·费尔泼斯《导言》、《再版自序》（著者）。作品除"引子"外共有24章。

幸福的船
初版本封面（18.8厘米×12.9厘米）

幸福的梦
初版本封面（17.4厘米×12.5厘米）

寓言童话集。【俄】爱罗先珂著。丏尊等译。1931年3月初版。上海开明书店出版、发行。美成印刷所排印。

馆藏开明书店1931年3月初版、1932年3月二版，见唐弢文库、图书大库。

初版本卷首有巴金《序》。正文收《幸福的船》、《恩宠的滥费》、《爱字的疮》、《小鸡的悲剧》、《红的花》、《时光老人》、《学者的头》、《金丝鸟之死》、《一棵梨树》、《无宗教者的殉死》、《松孩》、《海公主与渔人》、《木星的神》、《枯叶杂记》、《世界和平日》等16篇。

小说散文集。【苏】高尔恰克等著。周姚译。民国三十五年（1946）二月十日印刷，二十日初版。上海万叶书店印行。索非主编《万叶译文新辑》之一种。

馆藏万叶书店1946年2月初版，见唐弢文库、巴金义库。

初版本卷首有《编者献辞》、《前记》（译者）。正文收《家》、《遗产》、《四个音乐家》、《小弟妹》、《小红帽》、《红帽女郎与狼》、《一朵超自然的玫瑰花》、《逃亡》、《不贞之花》、《幸福的梦》、《小国王》、《茶房也是一个人》、《论嫉妒》共13篇。

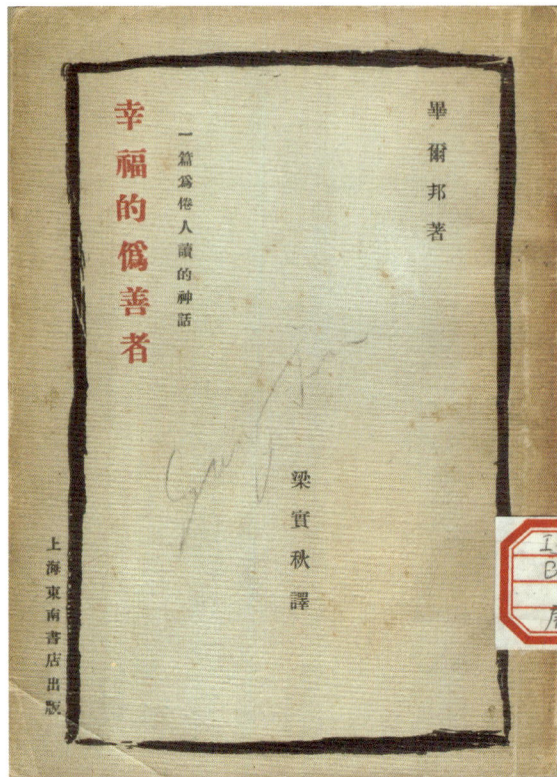

幸福的伪善者
初版本封面（18.4厘米×13.6厘米）

副标题为《一篇为倦人读的神话（扉页为"为倦人读的一篇神话"）》。小说。【英】毕尔邦著。梁实秋译。民国十七年（1928）六月印刷，七月发行，印2000册。上海东南书店印行。

馆藏东南书店1928年7月初版，见唐弢文库。

初版本卷末有《译后记》。作品共有5章。

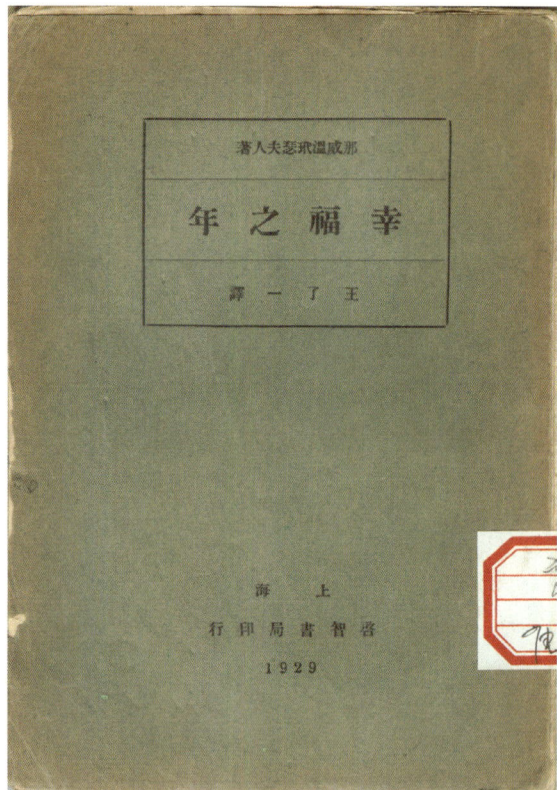

幸福之年
初版本封面（18.2厘米×13.2厘米）

小说。【挪】温玳瑟著。王了一译。民国十八年（1929）八月初版。上海启智书局出版、发行。上海启智印务公司印刷。

馆藏启智书局1929年8月初版、1933年10月三版、1934年4月四版，见唐弢文库、萧军文库、许杰文库、图书大库。

初版本无序跋。作品共有5章。

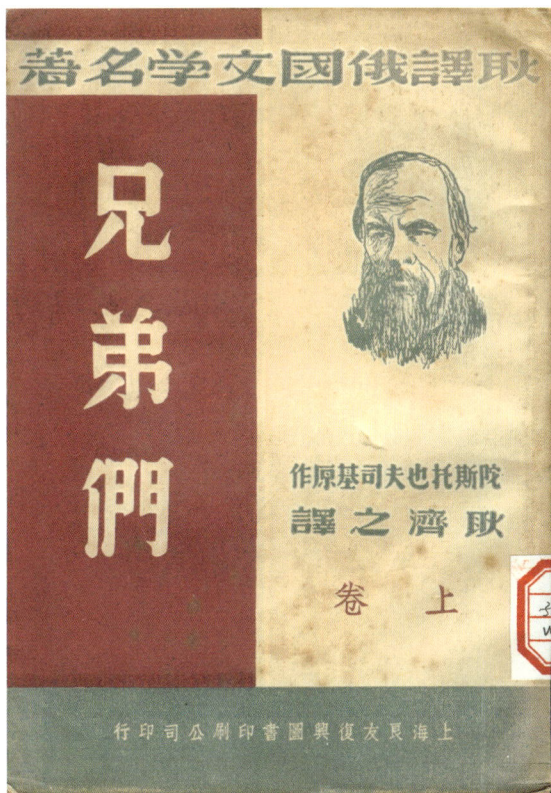

兄弟们（上）
初版本封面（20.5厘米×14.7厘米）

匈奴奇士录
初版本封面（18.6厘米×12.6厘米）

　　小说。【俄】陀斯托也夫司基著。耿济之译。1940年4月付排，8月初版（下卷暂未出版）。上海良友复兴图书印刷公司印行。《耿译俄国文学名著》之一种。

　　馆藏良友复兴图书印刷公司1940年8月初版（作品前两部）、1943年1月桂林初版（第一部，实际内容仅作品前两册），晨光出版公司1947年8、10月初版（全本，书名为《卡拉马助大兄弟们》，第一二部8月初版，第三四部10月初版），见唐弢文库、汝龙文库、李辉英文库、孔罗荪文库、图书大库。

　　良友复兴图书印刷公司初版本卷首有《译者前记》、《〈兄弟们〉主要人物表》、《作者的话》。全部作品（共四部）除《尾声》3章外有第一册《一个家庭的历史》5章、第二册《不适当的聚会》8章、第三册《好色之徒》11章、第四册《裂创》7章、第五册《赞成与反对》7章、第六册《俄罗斯的僧侣》3章、第七册《阿莱莎》4章、第八册《米卡》8章、第九册《预审》9章、第十册《男孩们》7章、第十一册《伊凡·费道洛维奇》10章、第十二册《司法的错误》14章，共93章。

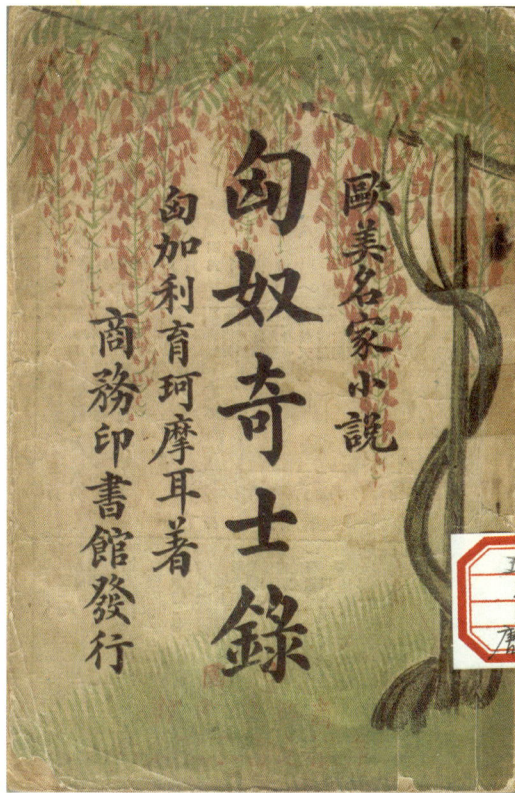

　　小说。【匈】育珂摩耳著。周逴译。光绪三十四年（1908）九月初版。上海商务印书馆印行。《欧美名家小说》之一种。

　　馆藏商务印书馆1908年（农历）9月初版、1915年10月二版（四集本《说部丛书》第二集）、1933年9月国难后一版（译者署名为"周作人"），见唐弢文库、图书大库。

　　初版本卷首有周逴《小引》。作品共有28章。

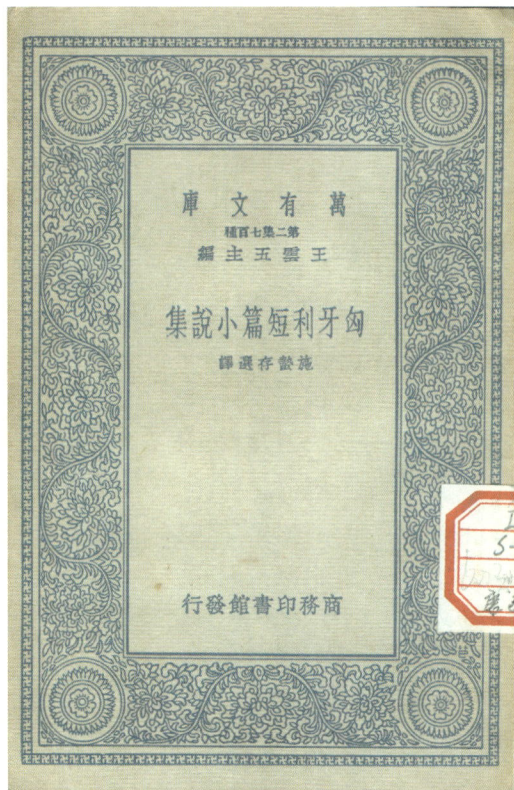

匈牙利短篇小说集
初版本封面（17.4厘米×11.8厘米）

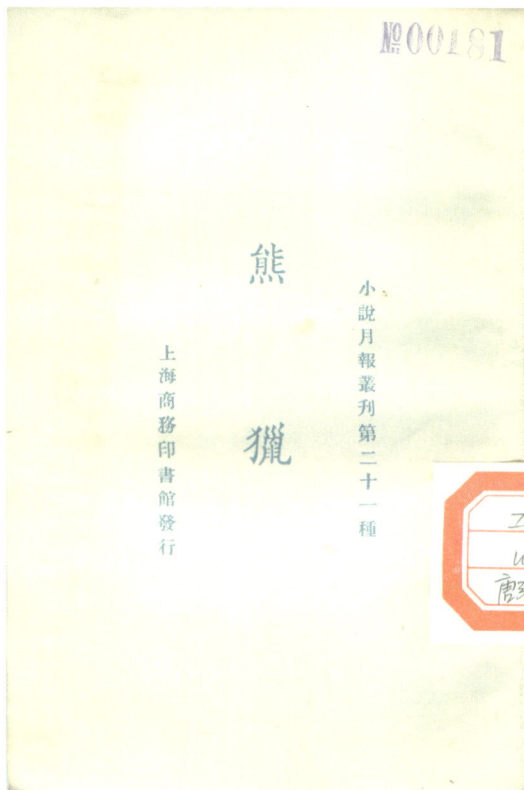

熊　猎
初版本封面（14.8厘米×10.1厘米）

克思法路提等著。施蛰存译。民国二十五年（1936）九月初版。上海商务印书馆印行。《汉译世界名著》、王云五主编《万有文库》第二集之一种。

馆藏商务印书馆1936年9月初版、1939年12月简编版，见唐弢文库、施蛰存文库、李辉英文库。

初版本卷末有《作者生卒年表》。正文收《看不见的伤创》、《跳舞会》、《洛希那草》、《舞熊》、《轻骑兵》、《黄昏》、《永久的阿孔》、《银剑柄》、《丝彩带》、《暗影》、《淡墨画》共11篇。

小说集。【俄】托尔斯泰、【俄】杜思退益夫斯基著。孙伏园等译。民国十四年（1925）一月初版。上海商务印书馆印行。小说月报社编辑《小说月报丛刊》之二十一。

馆藏商务印书馆1925年1月初版，见唐弢文库、图书大库。

初版本无序跋。内收《熊猎》、《祈祷》、《贼》共3篇。

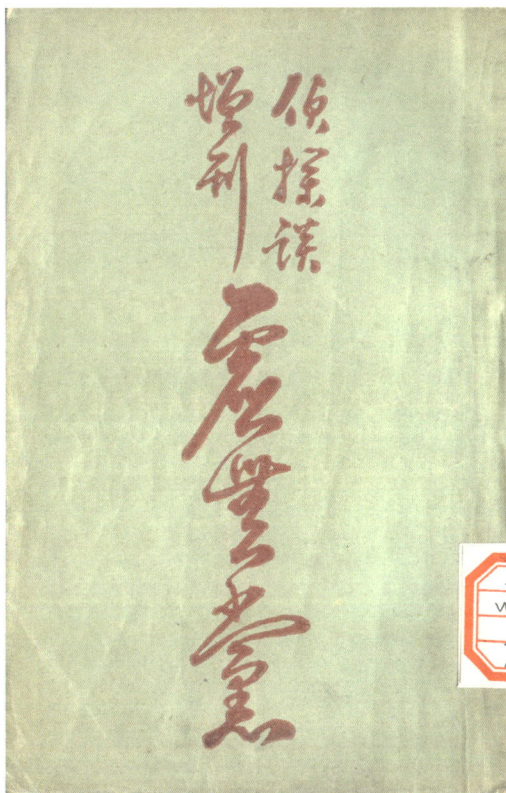

虚无党
初版本封面（18.6厘米×12.5厘米）

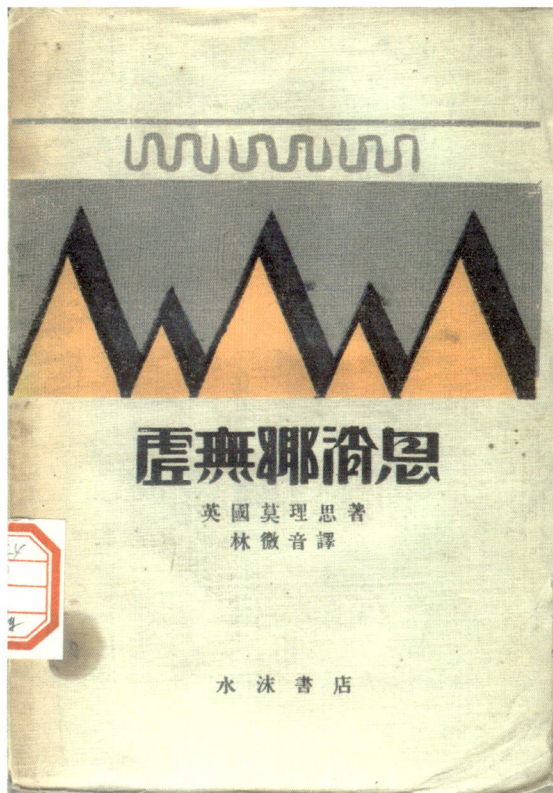

虚无乡消息
初版本封面（18.6厘米×13.3厘米）

　　小说集。【国别不详】杜衣儿等著。冷血译。光绪三十年（1904）二月初版。上海开明书店发行。上海开明印刷部印刷。

　　馆藏开明书店1904年（农历）2月初版，见唐弢文库。

　　初版本卷首有冷血《译〈虚无党〉感言》。正文收《白格》、《绮罗沙夫人》、《加须克夫》共3篇。

　　小说。【英】莫理思著。林微音译。1930年2月初版，印1500册。上海水沫书店发行。

　　馆藏水沫书店1930年2月初版，见唐弢文库、图书大库。

　　初版本无序跋。作品共有32章。

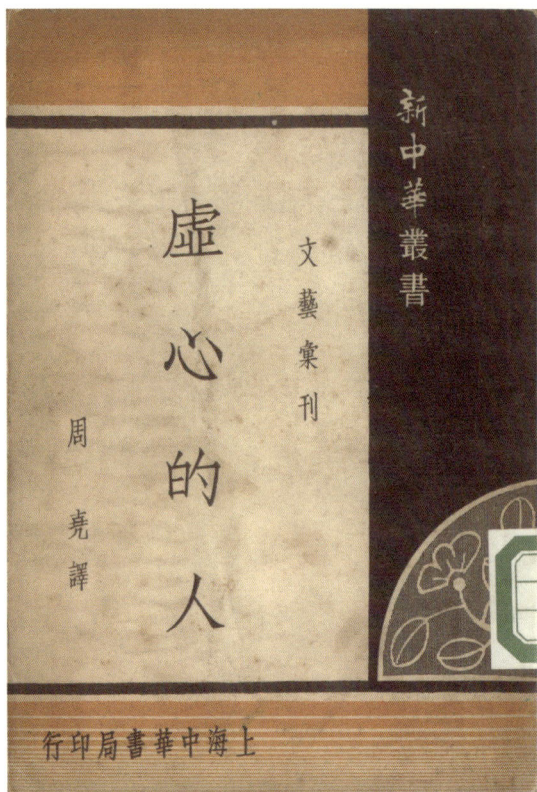

虚心的人
初版本封面（18.5厘米×13厘米）

　　戏剧。【荷】布尔修士著。周尧译。民国二十四年（1935）十一月印刷、发行。上海中华书局印行。《新中华丛书·文艺汇刊》之一种。

　　馆藏中华书局1935年11月初版，见图书大库。

　　初版本卷首有《译者序言》。作品共有3幕。

续关里刀（上、下）
初版本封面（18.6厘米×12.8厘米）

　　正文、版权页题《续笑里刀》。小说。著者不详。枕流译。民国四年（1915）九月二十五日印刷，十月十九日初版、发行。上海商务印书馆印行。四集本《说部丛书》第二集之五十七。

　　馆藏商务印书馆1915年10月初版，见唐弢文库、图书大库。

　　本书为社会小说。初版本无序跋。作品有卷上15章、卷下16章，共31章。

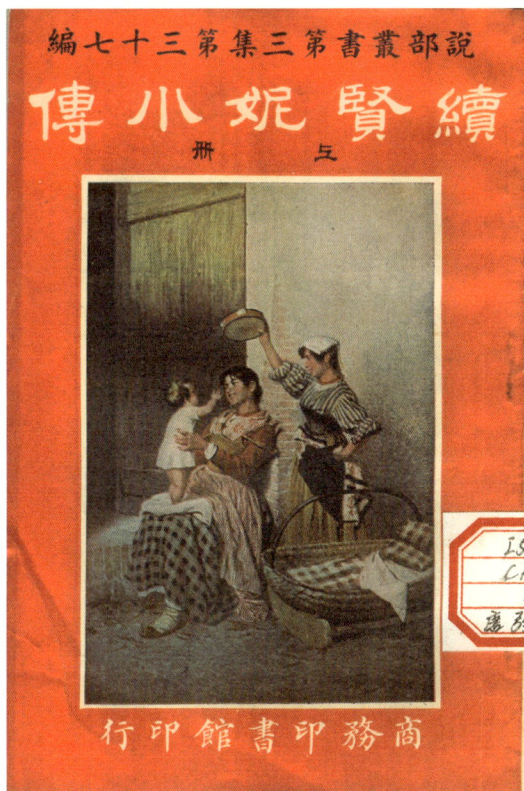

续贤妮小传（上、下）
初版本封面（18.4厘米×12.5厘米）

小说。【英】亨利瓦特著。丁宗一、陈坚译。民国六年（1917）十二月初版。上海商务印书馆印行。四集本《说部丛书》第三集之三十七。

馆藏商务印书馆1917年12月初版，见唐弢文库。

初版本无序跋。作品有卷上14章、卷下13章，共27章。

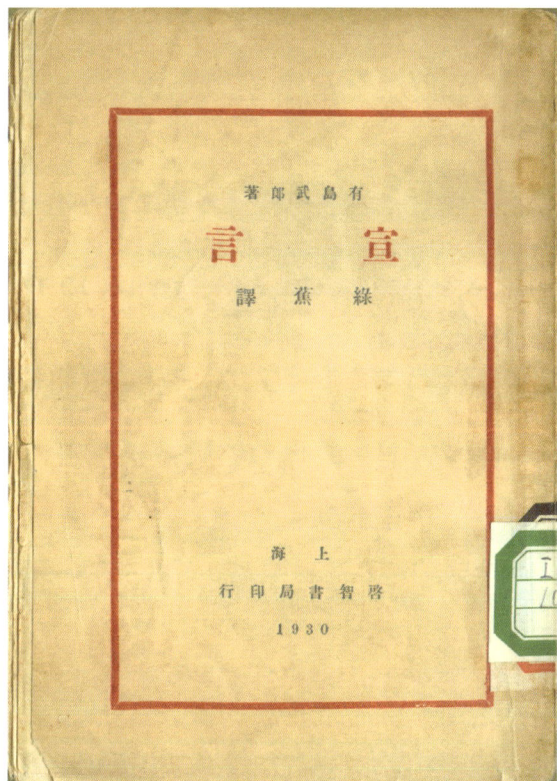

宣 言
初版本封面（18.5厘米×12.7厘米）

小说。【日】有岛武郎著。绿蕉译。民国十八年（1929，封面为"1930"）十二月出版。上海启智书局出版、发行。上海启智印务公司印刷。

馆藏启智书局1929年12月初版，见图书大库。

初版本卷首有姜华《序——谈有岛武郎》。作品不标章次。

悬崖
初版本封面（18.5厘米×14.7厘米）

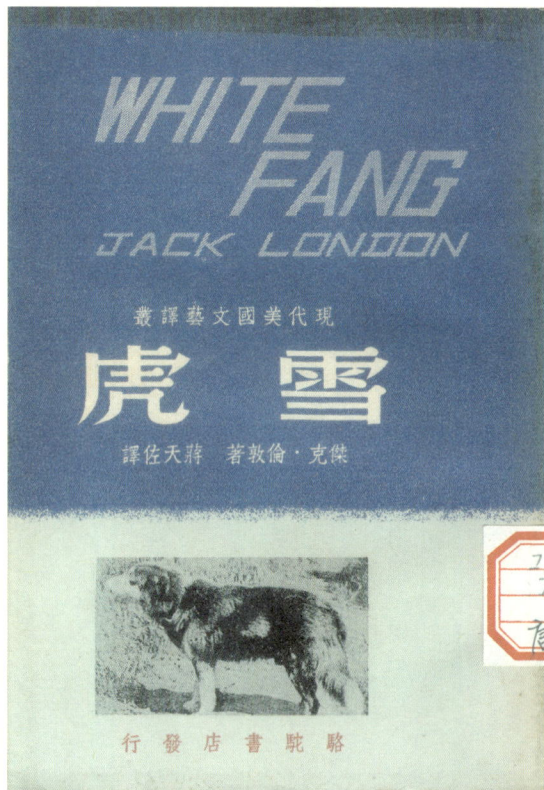

雪 虎
初版本封面（18.1厘米×12.8厘米）

小说。【俄】冈察洛夫著。李林译。民国二十九年（1940）十二月初版。上海文化生活出版社出版、发行。文化生活印刷所印刷。《冈察洛夫选集》之一，黄源主编《译文丛书》之一种。

馆藏文化生活出版社1940年12月初版、1946年10月二版、1947年6月三版、1949年1月四版，见唐弢文库、汝龙文库、刘麟文库、图书大库。

初版本卷末有译者《后记》。作品共有37章。

小说。【美】杰克·伦敦著。蒋天佐译。民国三十七年（1948）六月初版，印2000册。上海骆驼书店印行。《现代美国文艺译丛》之一种。

馆藏骆驼书店1948年6月初版，见唐弢文库。

初版本无序跋。作品有第一部《雪白的虎牙》3章、第二部《生于荒野》5章、第三部《荒野之神》6章、第四部《高等的神》6章、第五部《驯服》5章，共25章。

雪花围
初版本封面（18.6厘米×12.9厘米）

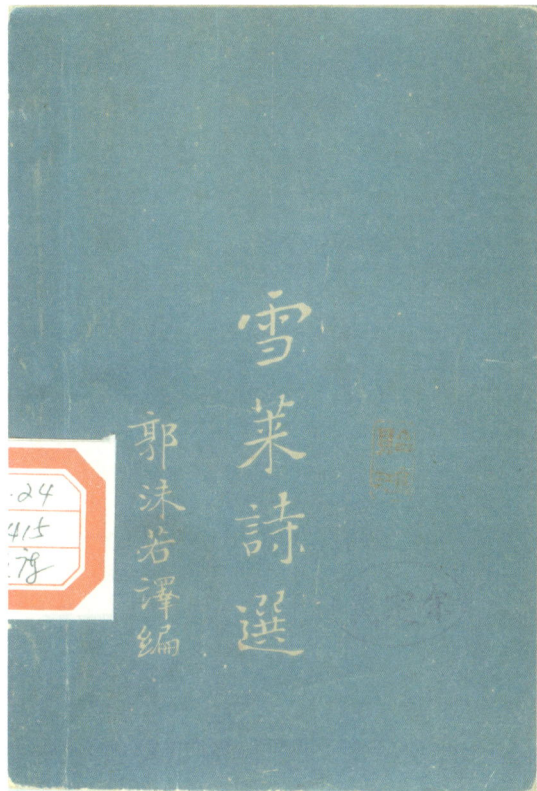

雪莱诗选
初版本封面（14.5厘米×10.2厘米）

小说。【俄】托尔斯泰著。雪生译。民国四年（1915）九月十九日印刷，十月一日初版、发行。上海商务印书馆印行。四集本《说部丛书》第二集之六十三。

馆藏商务印书馆1915年10月初版，见唐弢文库。

本书为醒世小说。初版本无序跋。作品共有10章。

【英】雪莱著。郭沫若、成仿吾译。民国十五年（1926）三月出版。上海泰东图书局印行。

馆藏泰东图书局1926年3月初版、1928年3月三版，创造社1928年10月删订初版（书名为《雪莱选集》，译者为郭沫若），见唐弢文库、图书大库。

泰东图书局初版本卷首有郭沫若《小序》，卷末有《雪莱年谱》。正文收《西风歌》、《欢乐的精灵》、《拿波里湾畔书怀》、《招"不幸"辞》、《转徙》、《死》、《云鸟曲》、《哀歌》共8篇。

雪 人
初版本封面（18.8厘米×12.9厘米）

雪 人
初版本封面（18.8厘米×13.3厘米）

　　童话集。【丹】安徒生著。过昆源译。民国二十二年（1933）六月印刷、出版。上海世界书局印行。《世界少年文库》之四十七。

　　馆藏世界书局1933年6月初版，见图书大库。

　　初版本无序跋。内收《雏菊》、《豌豆花》、《鹳》、《葡萄牙鸭》、《雪人》、《农场鸡和风信鸡》、《荞麦》、《茶壶》、《旧路灯》、《铜猪》、《妖怪和小贩》共11篇。

　　小说集。【匈】莫尔纳等著。沈雁冰译。1928年2月付印，5月初版。上海开明书店印行。《文学周报社丛书》之一种。

　　馆藏开明书店1928年5月初版、1929年7月二版、1931年2月三版，见唐弢文库、姚雪垠文库、图书大库。

　　初版本卷首有雁冰《自序》，卷末附有《作家小传》（译者）。《自序》云："三四年来，为介绍世界被压迫民族的文学之热心所驱迫，专找欧洲的小民族的近代作家的短篇小说来翻译。……这些热心地忙着的结果，便是这个短篇小说集。"

　　初版本收《雪人》、《偷煤贼》、《复归故乡》、《他来了么？》、《老牛》、《卡利奥森在天上》、《罗本舅舅》、《茜佳》、《我的旅伴》、《拉比阿契巴的诱惑》、《禁食节》、《贝诺思亥尔思来的人》、《却绮》、《祈祷者》、《少妇的梦》等22篇。

雪市孤踪
初版本封面（18.5厘米×12.9厘米）

小说。著者不详。天行译。民国四年（1915）十月一日印刷，十四日初版、发行。上海商务印书馆印行。四集本《说部丛书》第二集之七十六。

馆藏商务印书馆1915年10月初版，见唐弢文库、图书大库。

本书为言情小说。初版本无序跋。作品共有14章。

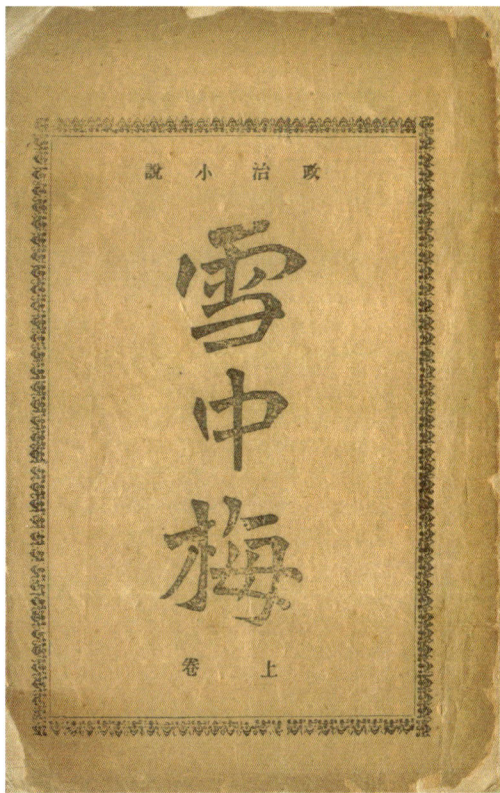

雪中梅（上、下）
初版本封面（19.9厘米×12.9厘米）

小说。【日】广末铁肠著。熊垓译。光绪二十九年（1903）八月初一日印刷，九月二十日发行。江西尊业书馆印行。

馆藏尊业书馆1903年（农历）9月初版，见唐弢文库。

本书为政治小说。初版本无序跋。作品除《发端》外有上卷7回、下卷8回，共15回。

血 痕
初版本封面（18.9厘米×13厘米）

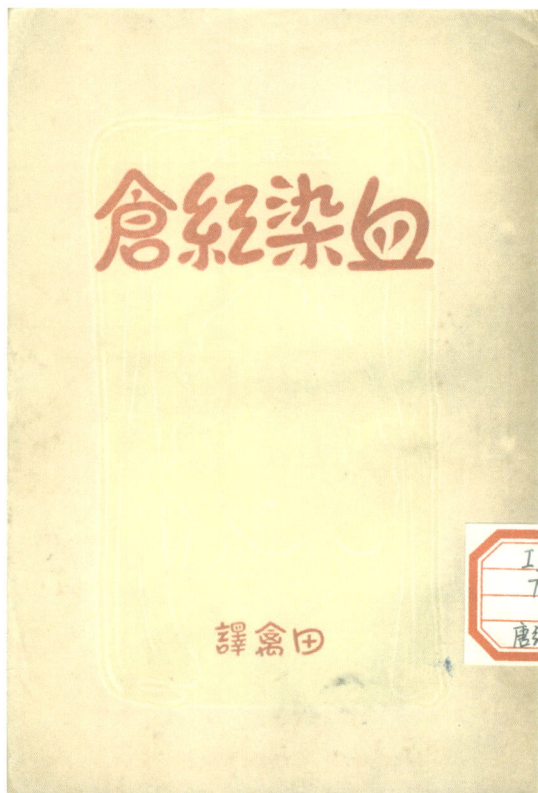

血染红仓
初版本封面（18.1厘米×12.6厘米）

　　小说集。【俄】阿志巴绥夫著。郑振铎等译。1926年12月付印，1927年3月出版。上海开明书店发行。《文学周报社丛书》之一种。

　　馆藏开明书店1927年3月初版、同年11月二版、1928年10月三版，见唐弢文库、图书大库。

　　初版本卷首有西谛《序》。正文收《血痕》、《朝影》、《革命党》、《医生》、《巴莎杜麦诺夫》、《宁娜》共6篇。

　　又名《玛瑞亚马亭》。戏剧。著者不详。田禽译。民国三十六年（1947）五月初版。上海商务印书馆印行。

　　馆藏商务印书馆1947年5月初版，见唐弢文库。

　　初版本卷首有《〈血染红仓〉前记》（译者）。作品共有5幕。

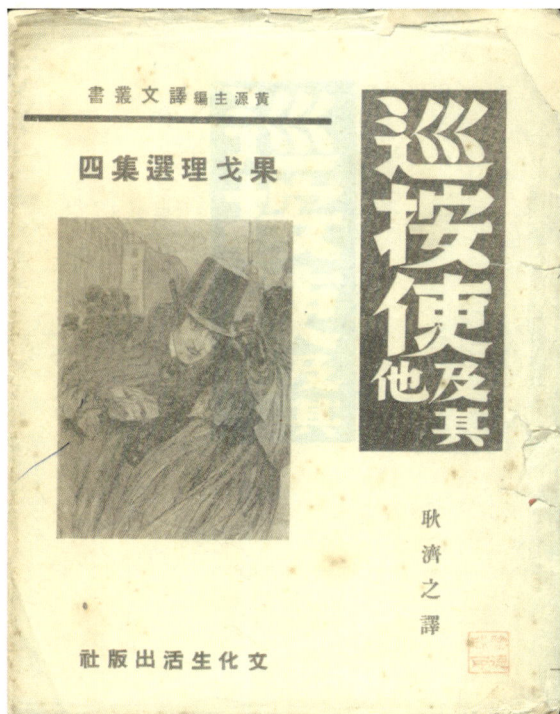

巡按使及其他
初版本封面（18.4厘米×14.8厘米）

循环舞
初版本封面（17.9厘米×13.1厘米）

戏剧集。【俄】果戈理著。耿济之译。民国三十年（1941）十二月初版。上海文化生活出版社出版、发行。文化生活印刷所印刷。《果戈理选集》之四，黄源主编《译文丛书》之一种。

馆藏文化生活出版社1941年12月初版、1947年4月二版、1949年3月三版，见唐弢文库、巴金文库、管桦文库、侯金镜文库、刘麟文库、李辉英文库、图书大库。

初版本卷首有《译者前记》，内云："果戈理的戏剧本来不多，除去著名的《巡按使》以外，只有些短篇的戏剧，有些甚至是未完稿的断片。在这个集子里，除有两篇以外，其余的剧作都已被采入。这两篇是《戏院门前》和《阿里佛莱脱》。"

初版本收《巡按使》、《婚事》、《赌徒》、《官员的早晨》、《打官司》、《仆室》、《断片》共7篇。

戏剧。【奥】显尼志勒著。赵伯颜译。1930年5月初版、发行，印1500册。上海水沫书店印行。

馆藏水沫书店1930年5月初版，见唐弢文库、巴金文库。

初版本卷首有《译序》，内云："这里我译的一篇《循环舞》是显尼志劳在一八九六年作的，由十篇很轻妙的对话剧组成。描写社会各个阶级的性爱心理。"

初版本共有10篇（幕）。

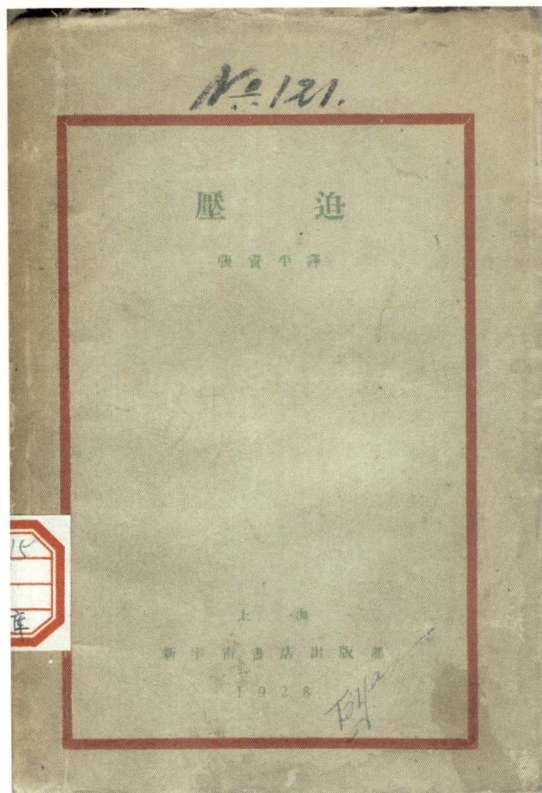

压 迫
初版本封面（18.8厘米×13.2厘米）

　　小说戏剧集。【日】田村俊子等著。张资平译。1928年6月25日初版，印2000册。上海新宇宙书店出版部印行。

　　馆藏新宇宙书店1928年6月初版、中华新教育社1933年2月四版，见唐弢文库、图书大库。

　　初版本无序跋。内收《压迫》、《不幸的男子》、《街路里》、《别宴》、《梦醒了》共5篇。

哑旅行（上、下）
上卷初版本封面（18.8厘米×12.7厘米）

　　小说。【日】末广铁肠著。黄人译。上卷甲辰（1904）六月初版，日本东京东阳堂印刷；下卷丙午年（1906）五月初版、发行，上海小说林活版部印刷。小说林社编辑、发行。

　　馆藏小说林社上卷1904年（农历）6月初版、1906年（农历）闰4月二版，下卷1906年（农历）5月初版，见唐弢文库。

　　初版本无序跋。作品有上卷5章、下卷7章，共12章。

TIMON OF ATHENS

滿台人典雅

譯晦楊　著亞比士莎

社版出地新

雅典人台滿
初版本封面（18.2厘米×12.6厘米）

戏剧。【英】莎士比亚著。杨晦译。民国三十三年（1944）十月初版。重庆新地出版社印行。重庆联营书店特约经销。

馆藏新地出版社1944年10月初版，见唐弢文库。

初版本卷首有《译序》、《说明》，卷末有《译后记》。作品共有5幕。

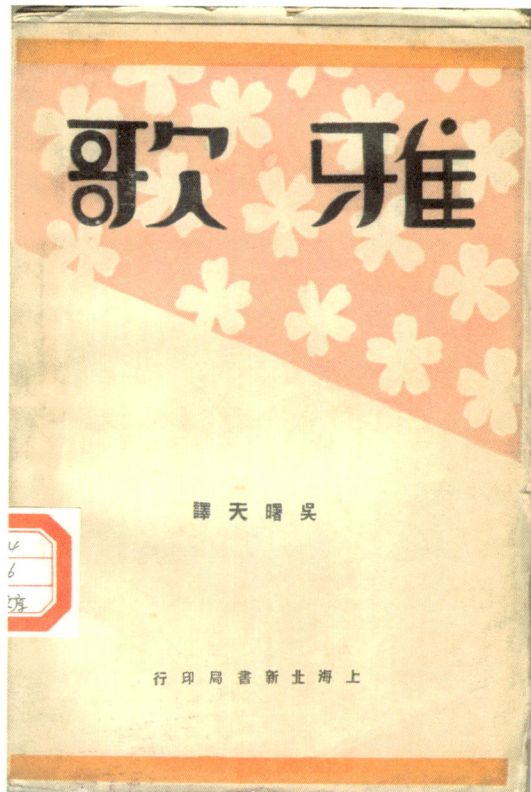

雅歌

歌雅

譯天曙吳

行印局書新北海上

雅 歌
初版本封面（19.5厘米×13.9厘米）

诗歌。著者不详。吴曙天译。1930年4月10日付排，7月10日出版，印2000册。上海北新书局印行。

馆藏北新书局1930年7月初版，见唐弢文库、薛汕文库、图书大库。

本书为中英文对照，作品选自《圣经》。初版本卷末有周作人《〈圣书〉与中国文学》、H.Ellis《论〈雅歌〉与传道书》（周作人译）、冯三昧《论〈雅歌〉》、薛冰《〈雅歌〉之文学研究》。作品共有5章。

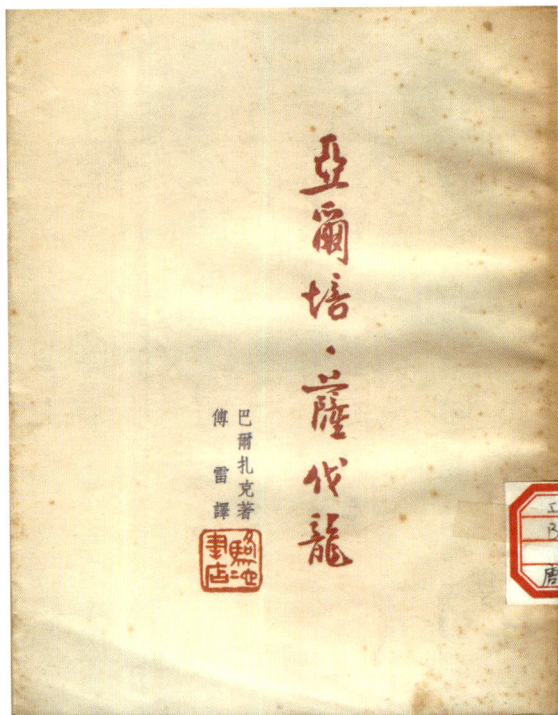

亚尔培·萨伐龙
初版本封面（18.6厘米×14.9厘米）

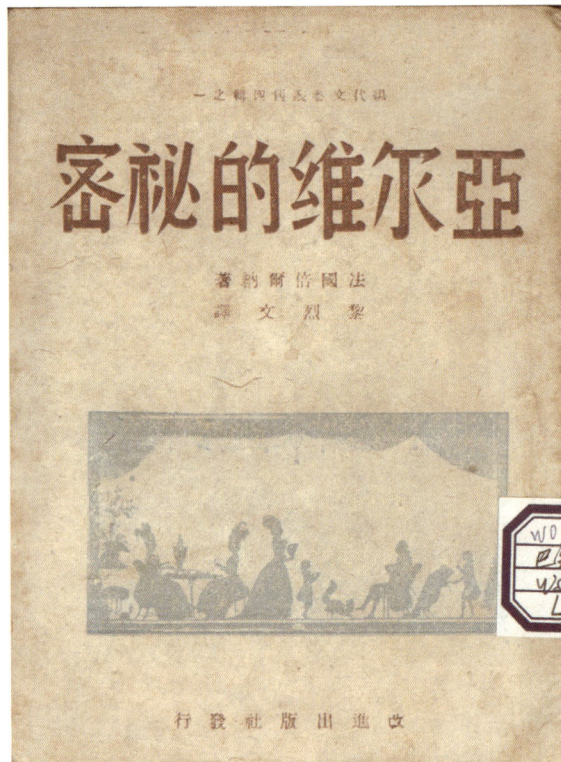

亚尔维的秘密
初版本封面（17.7厘米×13.3厘米）

　　小说。【法】巴尔扎克著。傅雷译。民国三十五年（1946）五月初版，印3000册。上海骆驼书店出版。

　　馆藏骆驼书店1946年5月初版、1949年3月二版，见唐弢文库、刘麟文库、臧克家文库、阳翰笙文库、姚雪垠文库、图书大库。

　　初版本无序跋。作品不标章次。

　　戏剧集。【法】培尔纳著。黎烈文译。民国三十四年（1945）八月初版。福建永安改进出版社印行。《现代文艺丛刊》第四辑之一。

　　馆藏改进出版社1945年8月初版，见巴金文库。

　　初版本卷首有译者《前记》。正文收《亚尔维的秘密》、《妒误》、《一个现代孩子的梦》共3篇。

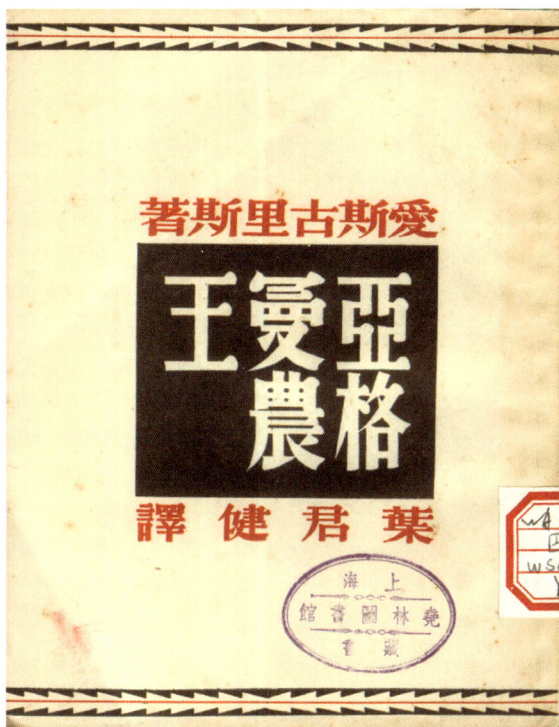

亚格曼农王
初版本封面（18.1厘米×14.3厘米）

诗剧。【古希腊】爱斯古里斯著。叶君健译。民国三十五年（1946）九月初版。文化生活出版社出版、发行。文化生活印刷所印刷。《译文丛书》之一种。

馆藏文化生活出版社1946年9月初版，见唐弢文库、巴金文库、王辛笛文库、刘麟文库、图书大库。

初版本卷首有《希腊悲剧与爱斯古里斯》，卷末有《译者后记》。作品为独幕剧。

亚 玛
初版本封面（19.2厘米×14.4厘米）

小说。【俄】库普林著。汝龙译。民国三十七年（1948）八月初版。文化生活出版社出版、发行。文化生活印刷所印刷。《译文丛书》之一种。

馆藏文化生活出版社1948年8月初版、1949年2月二版，见唐弢文库、巴金文库。

初版本卷首有A.库普林《作者题辞》、亚历山大·库普林《作者序》、A.G.海司《英译本序》、B.G.葛尔奈《英译者序》、B.G.葛尔奈《英译者附言》。《英译本序》云："这本书叙述俄国妓院的生活。这小说是现实的，悲惨的。库普林把它献给'母亲们和青年们'，实在很恰当。"

初版本有第一部13章、第二部17章、第三部9章，共39章。

烟
初版本正文首页（封面、扉页缺失。19厘米×12.1厘米）

烟
初版本封面（18.5厘米×13.2厘米）

　　小说。【俄】屠格涅甫著。樊仲云译。民国十八年（1929）十一月初版。上海商务印书馆印行。《文学研究会丛书》之一种。

　　馆藏商务印书馆1929年11月初版、1933年版（版权页缺失），见唐弢文库、许杰文库、图书大库。

　　初版本卷首有《译序》。作品共有28章。

　　小说。【俄】屠格涅夫著。黄药眠译。1928年7月1日付印，10月15日初版，印1500册。上海世纪书局印行。

　　馆藏世纪书局1928年10月初版，见唐弢文库。

　　初版本卷末有《后记》（译者）。作品共有28章。

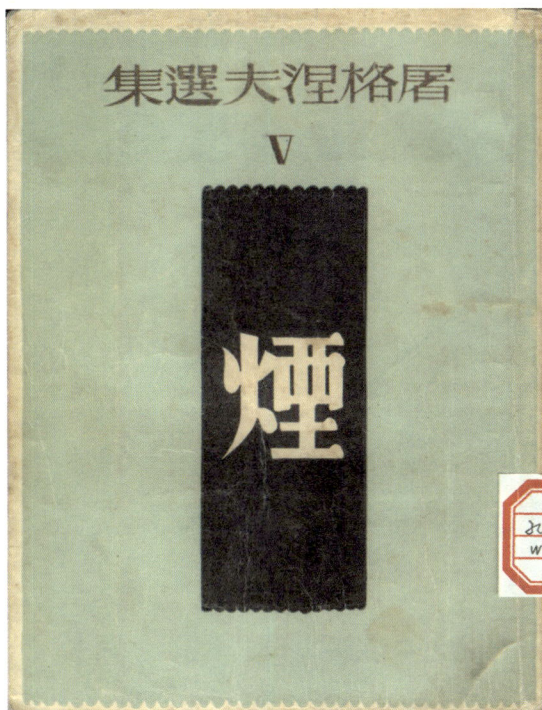

烟
初版本封面（护封缺失。18.8厘米×14.6厘米）

烟草路
初版本封面（18.4厘米×12.9厘米）

　　小说。【俄】屠格涅夫著。陆蠡译。民国二十九年（1940）七月初版。上海文化生活出版社出版、发行。文化生活印刷所印刷。《屠格涅夫选集》之五，黄源主编《译文丛书》之一种。

　　馆藏文化生活出版社1940年7月初版、1943年10月二版、1947年3月四版、1948年6月五版，见唐弢文库、李辉英文库、孔罗荪文库、图书大库。

　　初版本卷首有爱华德·加尔纳《英译本序》，卷末有译者《后记》。作品共有28章。

　　小说。【美】加德维尔著。董秋斯译。民国三十五年（1946）四月出版。上海骆驼书店出版。

　　馆藏骆驼书店1946年4月初版，见唐弢文库、图书大库。

　　初版本卷末有《译后记》。作品共有19章。

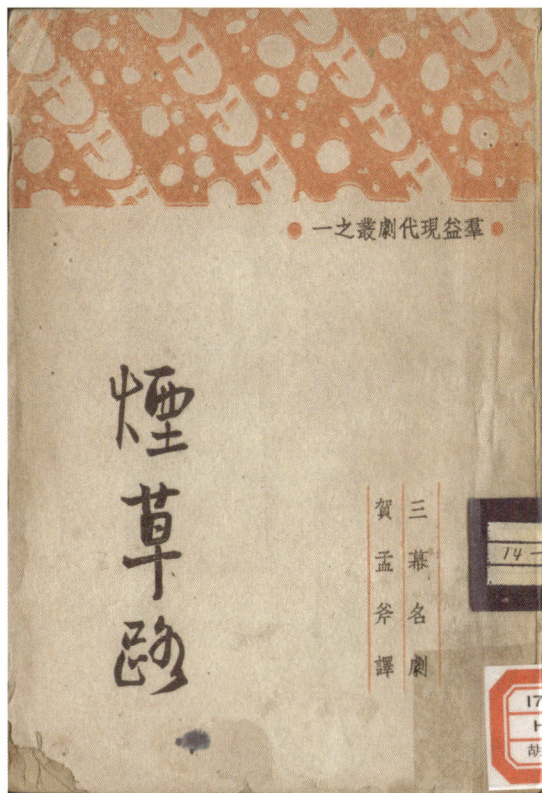

一之丛剧代现益群

煙草路

三幕名剧

贺孟斧译

烟草路
初版本封面（16.6厘米×11.6厘米）

戏剧。【美】E.科尔德威尔著，【国别不详】J.考克兰德编。贺孟斧译。民国三十三年（1944）七月初版。重庆群益出版社发行。重庆联营书店分发行。《群益现代剧丛》之一。

馆藏群益出版社1944年7月初版、1946年4月二版，见唐弢文库、胡风文库、刘麟文库、阳翰笙文库。

初版本无序跋。作品共有3幕。

袋煙

苏联短篇小说集

曹靖华译

ТРУБКА
КОММУНАРА

烟袋
初版本封面（20厘米×14.1厘米）

小说集。【苏】爱伦堡等著。曹靖华译。1928年12月初版，印1000册。北平未名社出版部发行。《未名丛刊》之十六。

馆藏未名社1928年12月初版、文艺书店版（版权页缺失，书名为《黄金似的童年》，译者署名为"郭沫若"），见唐弢文库、图书大库。

本书为《苏联短篇小说集》。初版本卷首有《译者：》一篇，卷末附有《著者略历》。正文收《烟袋》、《哑爱》、《贵妇人》、《两个朋友》、《犯人》、《乡下老关于列宁的故事》、《黄金似的童年》、《幼儿》、《猪与柏琪嘉》、《和平，面包与政权》、《女布尔雪维克——玛丽亚》共11篇。

烟火马（上、中、下）
初版本封面（18.3厘米×12.5厘米）

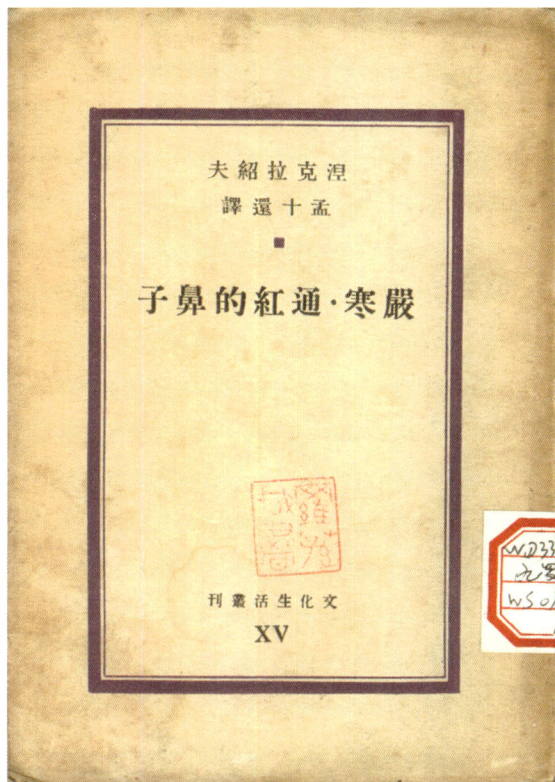

严寒·通红的鼻子
初版本封面（17.9厘米×13.1厘米）

　　小说。【英】哈葛得著。林纾、陈家麟译。民国六年（1917）五月初版。上海商务印书馆印行。四集本《说部丛书》第三集之二十三。

　　馆藏商务印书馆1917年5月初版、某版（无版权页，《林译小说》第二集），见唐弢文库、王辛笛文库、图书大库。

　　初版本无序跋。作品除《小引》外有卷上9章、卷中8章、卷下7章，共24章。

　　诗歌。【俄】涅克拉绍夫著。孟十还译。民国二十五年（1936）九月初版。上海文化生活出版社出版、发行。文化生活印刷所印刷。巴金主编《文化生活丛刊》之十五。

　　馆藏文化生活出版社1936年9月初版、1948年10月三版，见唐弢文库、巴金文库、薛汕文库、孔罗荪文库、图书大库。

　　初版本卷末有《后记》（译者）。作品除"序诗"外有第一部《农人底死》15章、第二部《严寒，通红的鼻子》21章，共36章。

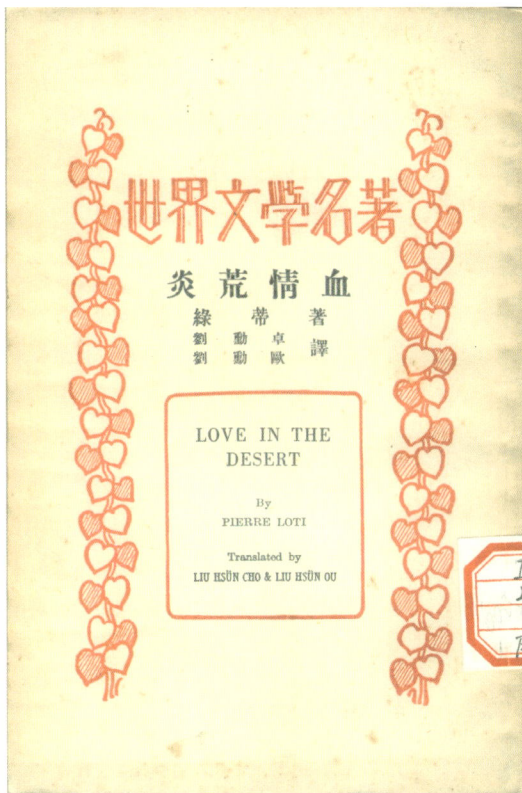

炎荒情血
初版本封面（19厘米×13厘米）

盐场上
初版本封面（16.8厘米×10.9厘米）

　　小说。【法】绿蒂著。刘勋卓、刘勋欧译。民国二十五年（1936）一月初版。上海商务印书馆印行。《世界文学名著》之一种。

　　馆藏商务印书馆1936年1月初版，见唐弢文库。

　　初版本有译者《卷首语》，内云："这里叙述的，是一个法国驻菲骑兵的事迹。……内容即系杰因同一土著黑女妃塔的恋爱始末，因种族不同，杰因就起了两种互相矛盾的心理，永远冲突着，直到死而后已。"

　　初版本除《绪言》外有第一部36章、第二部35章、第三部30章，共101章。

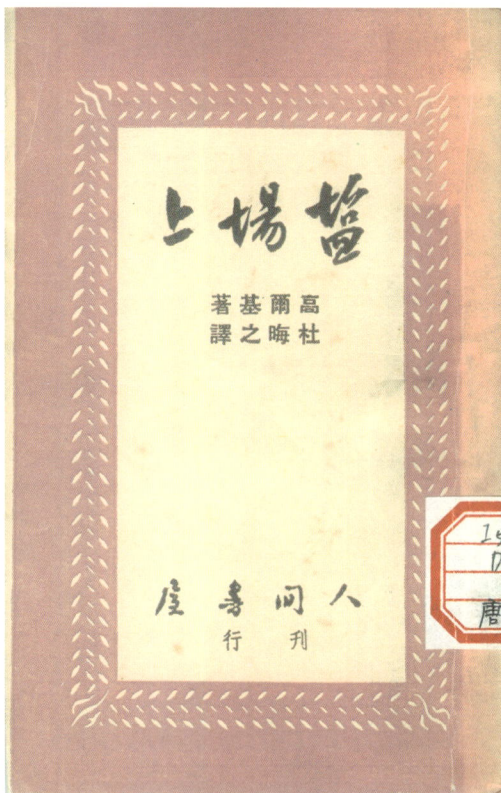

　　小说集。【苏】高尔基著。杜晦之译。民国三十七年（1948）九月初版。香港人间书屋出版、发行。香港印刷工业合作社印刷。香港生活书店总经售。《人间小译丛》之一种。

　　馆藏人间书屋1948年9月初版，见唐弢文库。

　　初版本卷末有《后记》（译者）。正文收《盐场上》、《约会》、《音乐》共3篇。

厌倦的故事
初版本封面（18.8厘米×12.8厘米）

副标题为《录自一老者的日记》。小说。【俄】契霍夫（扉页作"契可夫"）著。徐培仁译。1930年8月15日付排，30日出版，印2000册。上海红叶书店印行。

馆藏红叶书店1930年8月初版，见唐弢文库、图书大库。

初版本无序跋。作品共有6章。

燕 语
初版本封面（15.2厘米×10.9厘米）

小说。【德】施托谟著。朱契译。1929年3月初版。上海开明书店印行。

馆藏开明书店1929年3月初版，见唐弢文库、田仲济文库、图书大库。

初版本卷首有译者《序》，卷末附有《施托谟之背景及其年表》（译者）。作品不标章次。

赝爵案（上、下）
初版本封面（18.3厘米×12.6厘米）

　　原名《The Bride of Dutton Market》。小说。
【英】柯南李登著。张舍我译。民国八年（1919）二月
初版。上海商务印书馆印行。四集本《说部丛书》第
三集之六十三。
　　馆藏商务印书馆1919年2月初版，见唐弢文库。
　　初版本无序跋。作品有卷上7章、卷下8章，共15
章。

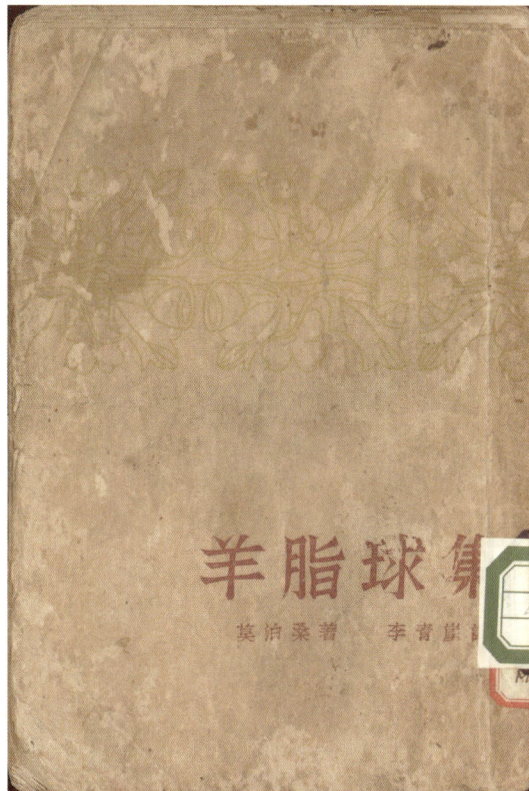

羊脂球集
初版本封面（19.4厘米×13.7厘米）

　　小说集。【法】莫泊桑著。李青崖译。1929年2月
付排，6月初版，印3000册。上海北新书局发行。《莫
泊桑全集》之四。
　　馆藏北新书局1929年6月初版，见图书大库。
　　初版本无序跋。内收《羊脂球》、《那只破
船》、《发现》、《密约》、《庞拔尔》、《恶面
包》、《木鞋》、《那块柴》、《磁感作用》、《离
婚》、《一个弑父母者》共11篇。

洋 鬼
初版本封面（18.6厘米×12.8厘米）

全名《彼得格勒的洋鬼》。小说。【美】吉母朵耳著。谷非译。1930年10月付排，12月初版，印2000册。心弦书社出版。

馆藏心弦书社1930年12月初版，见唐弢文库、胡风文库。

初版本卷首有译者《解题》、叶奴·门希怯寥柯夫《序》、叶母·希厄《吉母·朵耳底来历》，卷末有【法】普印开莱等《各国政治家暨日本文学家对于〈洋鬼〉的批评》、译者《跋》。《解题》云："'洋鬼'乃外国人称呼美国人的绰号——Yankee底音译。书里的故事是美国工人组合与法西司蒂间的斗争，重要舞台面在彼得格勒，故名《彼得格勒的洋鬼》，简名《洋鬼》。"

作品除《序曲》、《尾声》外有第一卷《复仇的假面具》7章、第二卷《记号底秘密》7章、第三卷《战斗准备》7章、第四卷《船中的尸体》7章、第五卷《无线电的都会》6章、第六卷《舞台回转》6章、第七卷《敌人底阵营》5章、第八卷《天才的侦探》5章、第九卷《洋鬼来了》4章、第十卷《苏维埃底炸裂》5章，共59章。

妖 妇
初版本扉页（精装本封面无书名。18.4厘米×12厘米）

小说集。【俄】柴霍甫著。赵景深译。1930年5月31日初版。上海开明书店出版、发行。美成印刷所印刷。《柴霍甫短篇杰作集》之六。

馆藏开明书店1930年5月初版，见唐弢文库、汝龙文库、图书大库。

初版本卷首有【美】皮雷《柴霍甫小说的分析》。正文收《妖妇》、《光》、《杨梅》、《平常的事情》、《悲剧伶人》、《马礼德》、《女教师》、《法官的寡妇》、《闹翻了天》、《倚赖者》、《谈到恋爱》、《内助》、《检察官》、《医生》、《乡人之妻》等18篇。

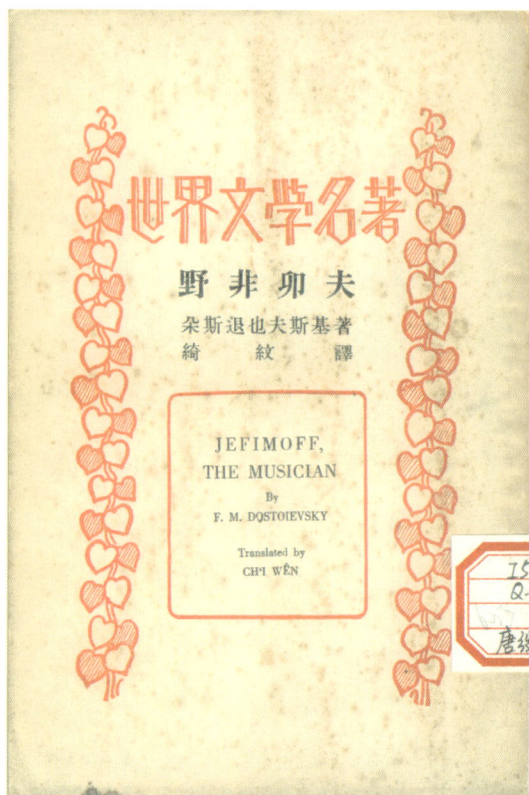

野非卯夫
初版本封面（19厘米×13厘米）

小说。【俄】朵斯退也夫斯基著。绮纹译。民国二十六年（1937）五月初版。上海商务印书馆印行。《世界文学名著》之一种。

馆藏商务印书馆1937年5月初版，见唐弢文库、图书大库。

初版本无序跋。作品共有3章。

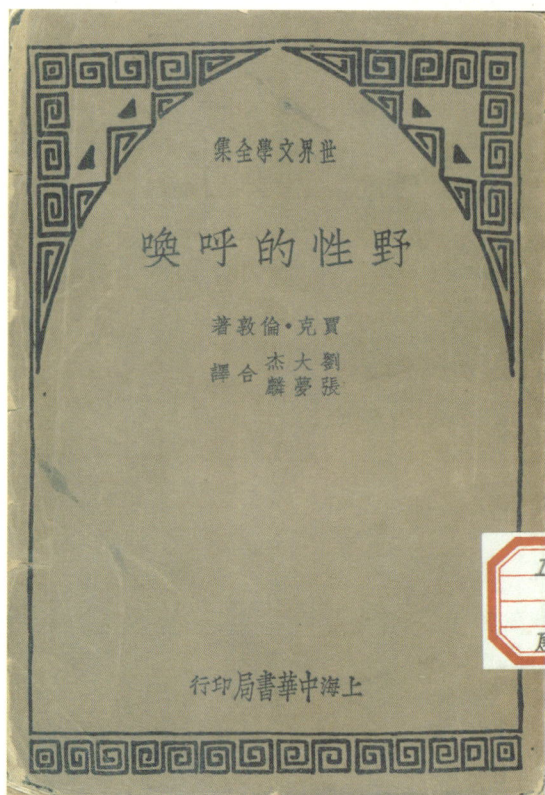

野性的呼唤
初版本封面（18.6厘米×13.1厘米）

小说集。【美】贾克·伦敦著。刘大杰、张梦麟译。民国二十四年（1935）二月印刷、发行。上海中华书局印行。《世界文学全集》之一种。

馆藏中华书局1935年2月初版，见唐弢文库。

初版本卷首有刘大杰《关于〈野性的呼唤〉》、【日】厨川白村《贾克·伦敦的小说》。《关于〈野性的呼唤〉》云："《野性的呼唤》，是一本七万字不到的中篇小说，但是，在这里面，包含了社会演变的种种原则，给了我们许许多多残酷的教训。"

初版本收《野性的呼唤》、《猪仔》、《老拳师》共3篇。

野　鸭
初版本封面（18.7厘米×13厘米）

叶山嘉树选集
初版本封面（18.5厘米×13.3厘米）

　　戏剧。【挪】易卜生著。徐鸰荻译。民国十六年（1927）十二月付印，民国十七年（1928）一月出版。上海现代书局发行。
　　馆藏现代书局1928年1月初版，见唐弢文库。
　　初版本无序跋。作品共有5幕。

　　小说集。【日】叶山嘉树著。冯宪章译。1930年4月1日付排，5月1日出版，印2000册。上海现代书局印行。《拓荒丛书》之一种。
　　馆藏现代书局1930年5月初版、1933年11月初版（书名为《叶山嘉树集》），见唐弢文库、图书大库。
　　初版本卷首有译者《写在译稿的前面》。正文收《没有劳动者的船》、《卖淫妇》、《印度鞋》、《坑夫的儿子》、《士敏土桶中的信》、《港街的女人》、《苦斗》共7篇。

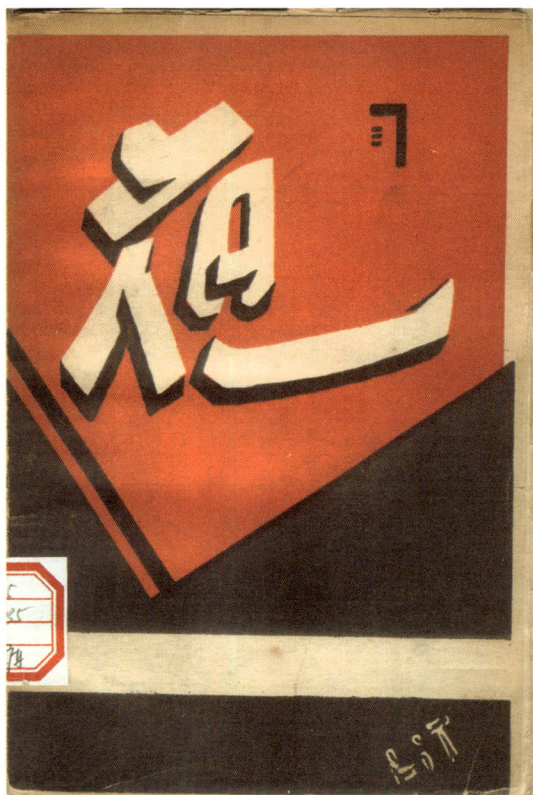

夜
初版本封面（19.6厘米×13.7厘米）

诗剧。【法】马丁奈著。成绍宗译。1930年3月25日付排，4月15日出版，印2000册。上海沪滨书局出版。

馆藏沪滨书局1930年4月初版，见唐弢文库、图书大库。

初版本卷首有王独清《序》。作品共有5幕。

夜 店
初版本封面（17.2厘米×12厘米）

又名《下层》。戏剧。【苏】高尔基著。胡明译。民国三十四年（1945）十二月二十日初版。上海光华出版社印行。上海光明书局、生活书店总经售。《世界文学名著》之一种。

馆藏光华出版社1945年12月初版、1948年2月三版，见唐弢文库。

初版本无序跋。作品共有4幕。

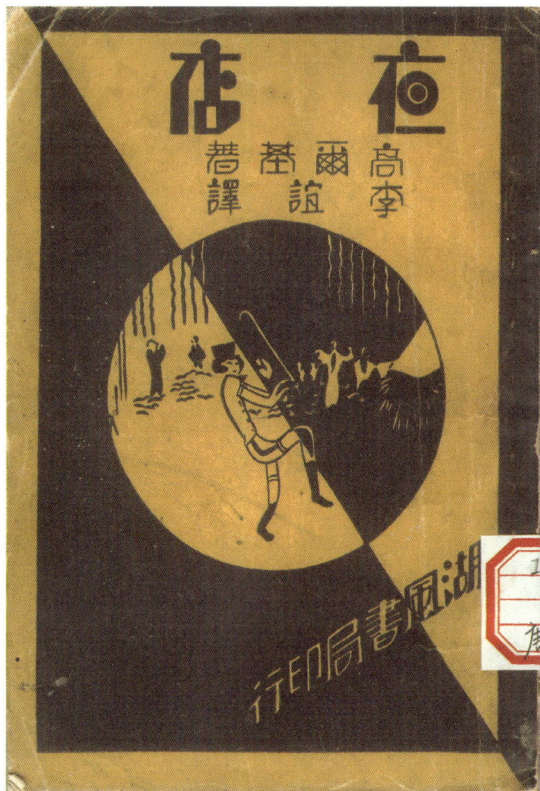

夜 店
初版本封面（18.7厘米×13.1厘米）

戏剧。【苏】高尔基著。李谊译。1931年9月初版。上海湖风书局印行。《世界文学名著译丛》之一种。

馆藏湖风书局1931年9月初版、春光书店1935年10月三版，见唐弢文库、图书大库。

初版本卷首有【日】升曙梦《〈夜店〉的艺术与社会价值》。作品共有4幕。

夜 店
初版本封面（16.9厘米×12.1厘米）

戏剧。【苏】高尔基著。许德佑译。民国三十六年（1947）四月初版。上海大东书局印行。

馆藏大东书局1947年4月初版，见唐弢文库、图书大库。

初版本无序跋。作品共有4幕。

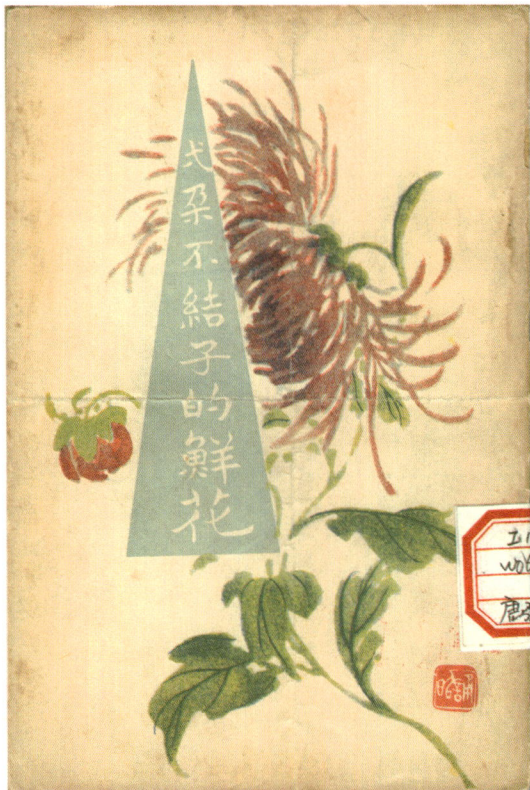

一朵不结子的鲜花
初版本封面（18.6厘米×12.8厘米）

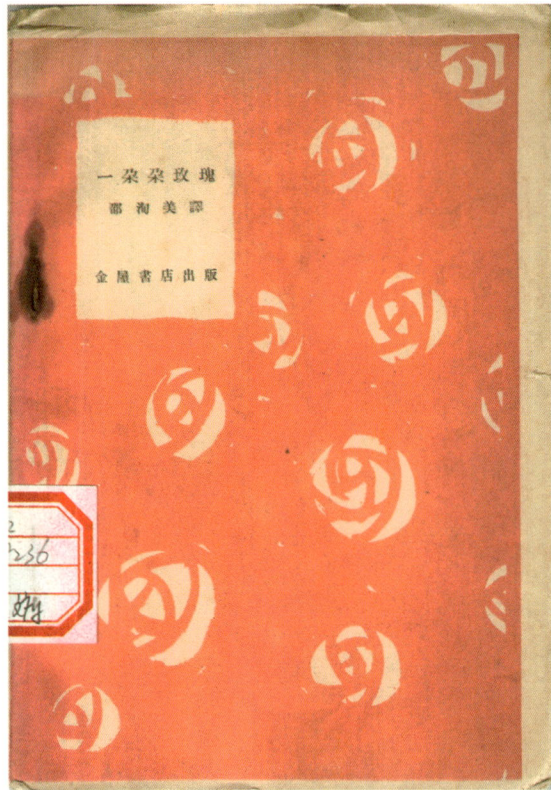

一朵朵玫瑰
初版本封面（16.4厘米×11.8厘米）

小说集。【俄】柴霍甫等著。清籁等译。1930年8月出版。译者自刊。北平中华书局总代售。《译本短篇小说集》之一种。

馆藏1930年8月初版，见唐弢文库、图书大库。

初版本卷首有陈赣一《序言》、清籁及墨芒《译者自序》。正文收《一朵不结子的鲜花》、《墙上的破口》、《一段残绳》、《忸怩》、《血旗》、《查理的姨》、《小温克》、《别后的余哀》、《懦夫》、《良心》共10篇。

诗歌集。【古希腊】莎茀等著。邵洵美译。民国十七年（1928）三月初版。上海金屋书店出版。

馆藏金屋书店1928年3月初版，见唐弢文库。

初版本卷首有《自记》（译者），卷末有《略传》（译者）、《小注》（译者）。正文收《莎茀诗四首》、《迦多罗斯诗二首》、《万蕾诗三首》、《高谛蔼诗一首》、《罗捷梯（兄）诗三首》、《罗捷梯（妹）诗二首》、《史文朋诗四首》、《哈代诗一首》、《蒂爱斯黛儿诗四首》共9篇。

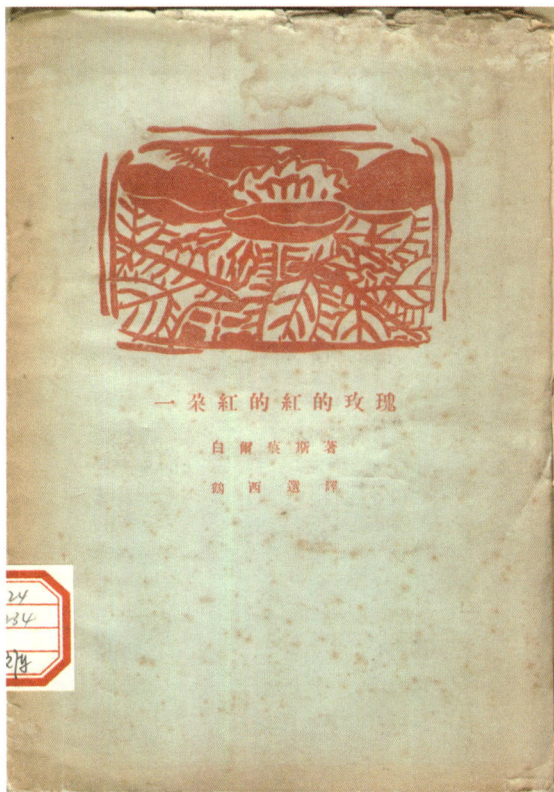

一朵红的红的玫瑰
初版本封面（20.1厘米×14.4厘米）

诗歌集。【英】白尔痕斯著。程鹤西译。民国十七年（1928）九月印刷、初版，十月发行。北平文化学社印行。

馆藏文化学社1928年9月初版，见唐弢文库、薛汕文库、图书大库。

本书为中英文对照。初版本卷首有《序》（译者）、《传略》。正文收《一朵红红的玫瑰》、《玛丽莫丽孙》、《兰妮已远去异乡》、《约翰安得孙，我底心》、《是谁在我底卧房的门前》、《山地的玛丽》、《美丽的依丽萨》、《埃菲顿河》、《与天国的玛丽》、《寄语林云雀》、《一瓶酒和一个朋友》、《哦，要我爱是那棵美丽的丁香》、《落干河岸》、《我爱我底吉安》、《都恩河底河岸》等25篇。

一个爱和平的人
初版本封面（18厘米×13厘米）

正文题《一个爱好和平的人》。小说。【苏】安娜·莎克赛著。孙源译。民国三十五年（1946）二月沪初版。重庆中苏文化协会编辑。重庆新地出版社发行。曹靖华主编《中苏文化协会文艺（扉页、版权页为"文学"）丛书》（小型本）之二。

馆藏新地出版社1946年2月初版，见唐弢文库。

初版本卷首有戈宝权《略谈拉脱维亚的文学和安娜·莎克塞的作品》。作品共有4章。

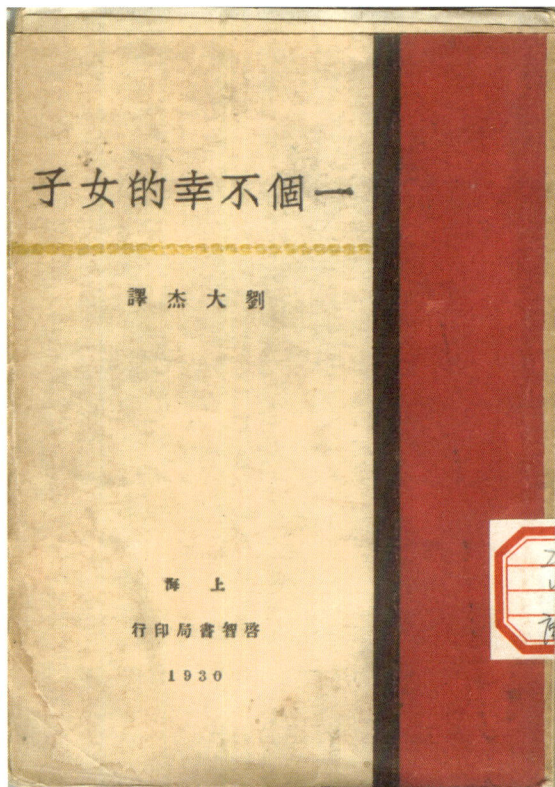

一个不幸的女子
初版本封面（17.7厘米×13.5厘米）

小说。【俄】屠克涅夫著。刘大杰译。1930年1月付印，2月初版。上海启智书局出版、发行。上海启智印务公司印刷。

馆藏启智书局1930年2月初版、1935年4月三版，见唐弢文库。

初版本无序跋。作品共有28章。

一个诚实的贼及其他
初版本封面（19.9厘米×14.1厘米）

小说集。【俄】佗斯托以夫斯基著。王古鲁译。民国十八年（1929）六月一日出版。上海现代书局印行。

馆藏现代书局1929年6月初版，见唐弢文库、图书大库。

初版本卷末有译者《译后附记》。正文收《一个诚实的贼》、《农夫马莱》、《鳄鱼》、《九封信里的小说》、《天堂的圣诞树》、《一个惹人笑的人的梦》共6篇。

一个妇人的情书
初版本封面（18.8厘米×13厘米）

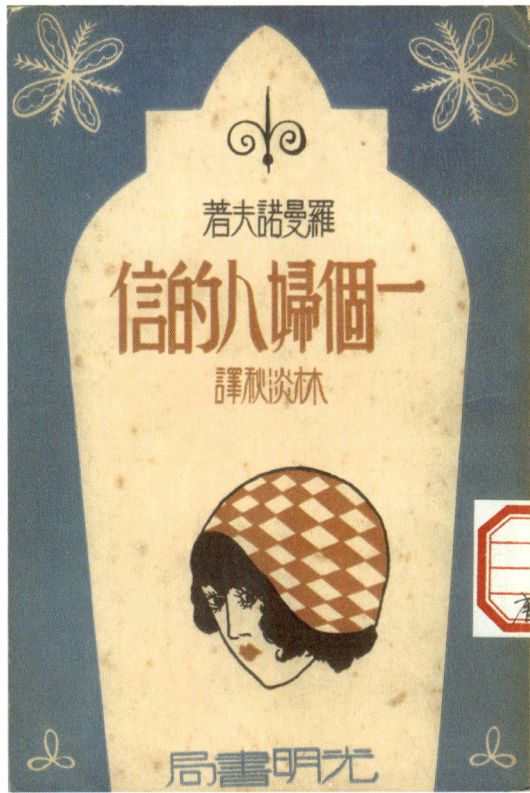

一个妇人的信
初版本封面（18.7厘米×12.9厘米）

全名《一个不相识妇人的情书》。小说。【奥】斯奇凡·蔡格著。章衣萍译。民国二十二年（1933）十一月初版。上海华通书局总发行。中行印刷所印刷。《文艺春秋社丛书》之一种。

馆藏华通书局1933年11月初版，见唐弢文库。

初版本卷首有章衣萍《序》，内云："书中情节极为动人，令人读了可以流泪。一个女子爱了一个男人，在无意中同他发生了关系，生了一个孩子，而那个男人还不知道这个女子的姓名，一直等到孩子死了，才写这封动人的信给他，信写好，那女子也要死了。这是一个动人的故事。"

初版本不分章节。

小说。【苏】罗曼诺夫著。林淡秋译。民国二十三年（1934）三月初版、发行。上海光明书局发行。上海蔚文印刷局印刷。

馆藏光明书局1934年3月初版，见唐弢文库、图书大库。

初版本无序跋。作品不标章次。

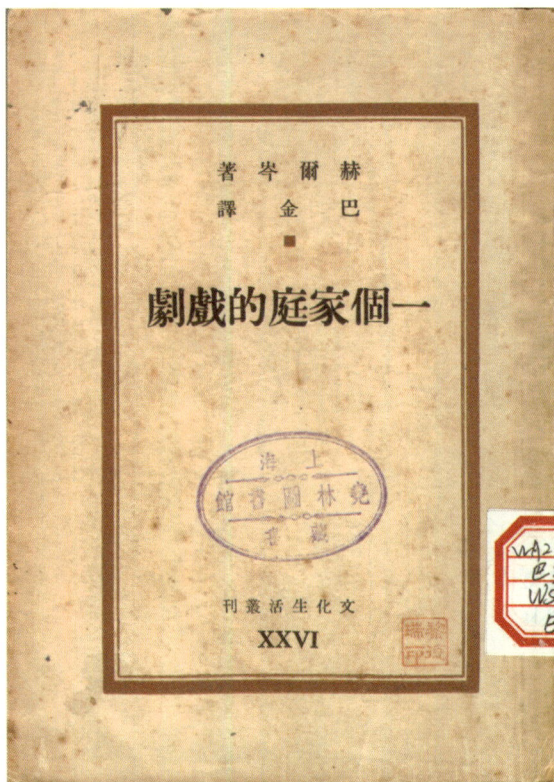

一个家庭的戏剧
初版本封面（17.7厘米×13厘米）

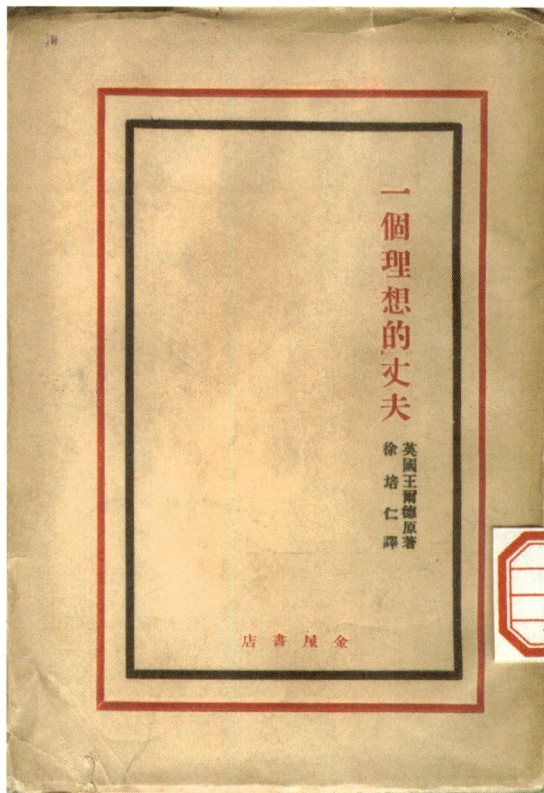

一个理想的丈夫
初版本封面（19厘米×13.5厘米）

回忆录。【俄】赫尔岑著。巴金译。民国二十九年（1940）八月初版。上海文化生活出版社出版、发行。文化生活印刷所印刷。巴金主编《文化生活丛刊》之二十六。

馆藏文化生活出版社1940年8月初版、1943年1月桂一版、1947年4月二版，见唐弢文库、巴金文库、秦兆阳文库、王辛笛文库、叶水夫文库、图书大库。

初版本卷首有巴金《前记》、《关于作者和这本小书》。《关于作者和这本小书》云："这一篇《一个家庭的戏剧》是在作者死后经过很长久的时间才发表的。屠格涅夫说这一篇'是用血和泪写成的'。克鲁泡特金说它是'有着最高的美'的作品。"

初版本共有4章。

戏剧。【英】王尔德著。徐培仁译。民国十七年（1928）十月初版。金屋书店出版。

馆藏金屋书店1928年10月初版，见唐弢文库。

初版本卷首有王尔德《献给法郎克巴里斯》。作品共有4幕。

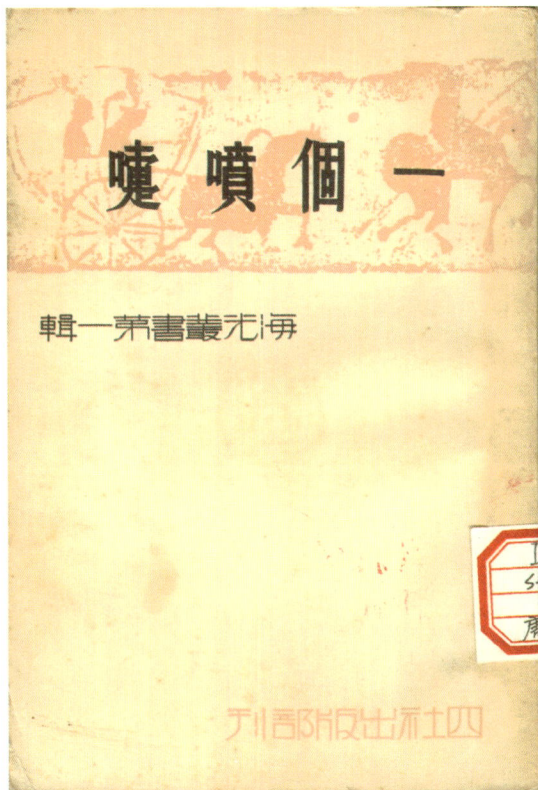

一个喷嚏
初版本封面（19厘米×13.2厘米）

一个平凡的故事
初版本封面（18.3厘米×14.5厘米）

小说集。【俄】柴霍甫等著。宋春舫译、著。民国二十三年（1934）十一月初版。上海（时事新报馆、大陆报馆、大晚报馆、申时电讯社合组）四社出版部出版、发行。国光印书局印刷。时事新报馆总经售。宋春舫、蔡南桥主编《海光丛书》第一辑。

馆藏四社1934年11月初版，见唐弢文库、图书大库。

初版本卷首有宋春舫《〈海光丛书〉序》、宋春舫《序》。正文除汉语创作3篇外收《一个喷嚏》、《苏维埃式的鲁滨孙飘流记》、《"十"字》、《混世魔王下凡》、《夜》、《油画》、《一个人可以有两个灵魂么？》、《无罪而杀人》、《别离》、《小太子》、《烟管》、《坛儿》、《第十三年》共13篇译作。

小说。【俄】冈察洛夫著。黄裳译。民国三十八年（1949）九月初版。文化生活出版社印行。《冈察洛夫选集》之二，《译文丛书》之一种。

馆藏文化生活出版社1949年9月初版，见唐弢文库、巴金文库、图书大库。

初版本无序跋。作品除《尾声》外有第一、二部各6章，共12章。

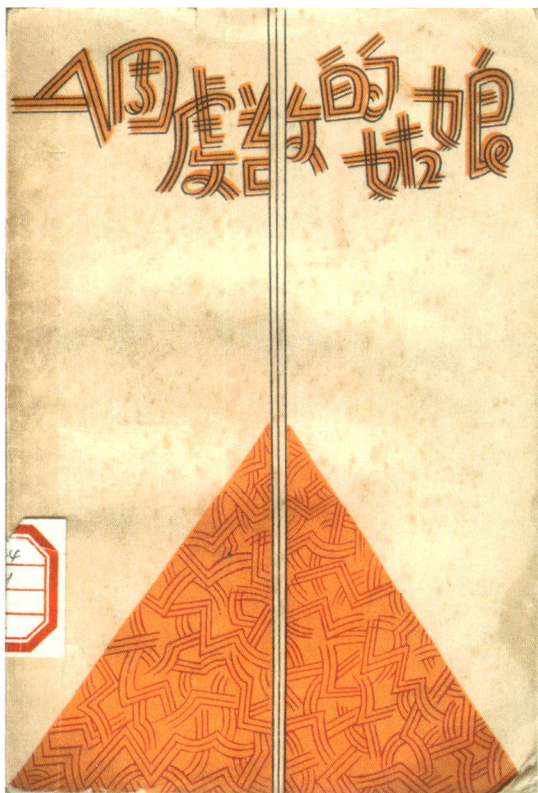

一个虔敬的姑娘
初版本封面（18.4厘米×13.1厘米）

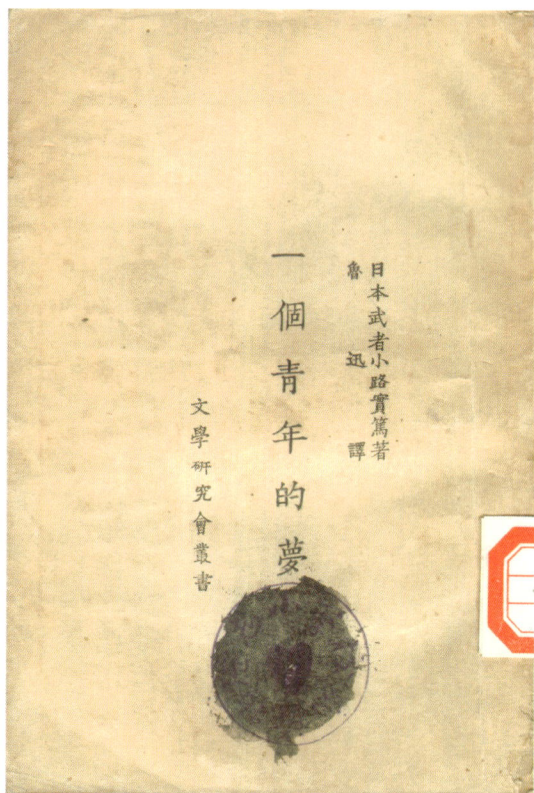

一个青年的梦
初版本封面（18.9厘米×13.1厘米）

　　小说。【俄】屠格涅夫著。席涤尘译。1931年4月1日付排，5月1日出版，印1500册。上海现代书局印行。

　　馆藏现代书局1931年5月初版，见唐弢文库。

　　初版本无序跋。作品除《Epilogue》外共有43章。

　　戏剧。【日】武者小路实笃著。鲁迅译。民国十一年（1922）七月初版。上海商务印书馆印行。《文学研究会丛书》之一种。

　　馆藏商务印书馆1922年7月初版、1923年10月二版、1924年7月三版、1926年3月四版，北新书局1927年9月二版、1929年3月三版，见唐弢文库、侯金镜文库、林林文库、图书大库。

　　初版本卷首有武者小路实笃《与支那未知的友人》、武者小路实笃《自序》，卷末有鲁迅《后记》。作品共有4幕。

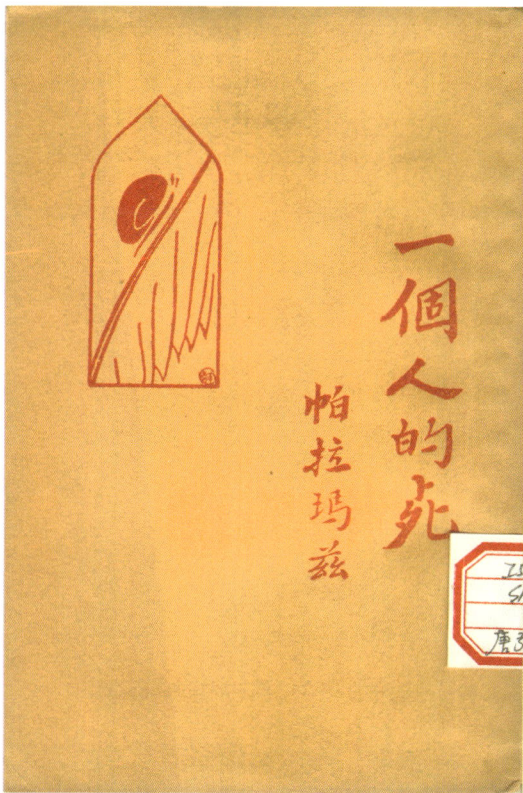

一个人的死
初版本封面（19.1厘米×13厘米）

一个伟大的队长
初版本封面（18厘米×12.6厘米）

小说。【希】帕拉玛兹著。沈余译。民国十七年（1928）十一月初版。上海商务印书馆印行。《文学研究会丛书》之一种。

馆藏商务印书馆1928年11月初版、1933年3月国难后一版，见唐弢文库、图书大库。

初版本卷首有《帕拉玛兹评传》、帕拉玛兹《题辞》。作品共有4章。

戏剧。【苏】C.特楞约夫著。芳信译。民国三十七年（1948）十月初版。关东中苏友好协会出版。关东友谊印刷厂印刷。大连关东友谊书店总经售。《友谊文艺丛书》之一。

馆藏中苏友好协会1948年10月初版，见图书大库。

初版本卷首有刘汝醴《序》、《关于C.特楞约夫》。作品除《尾声》外共有4幕。

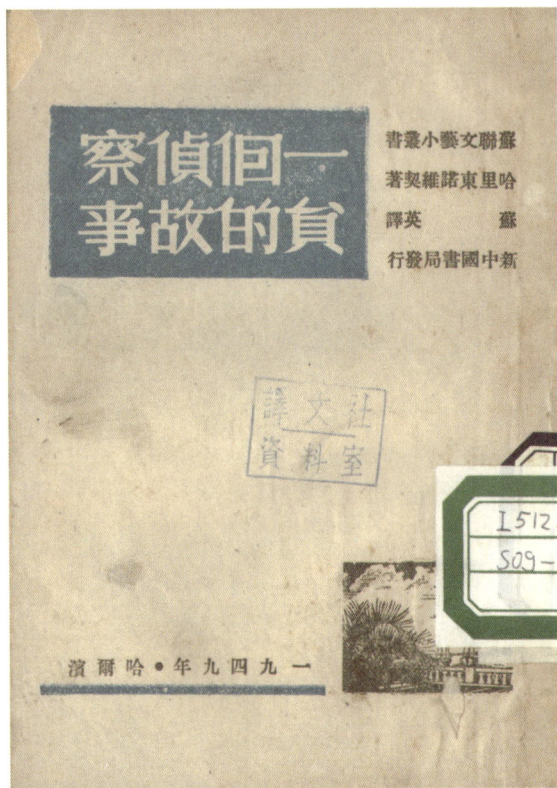

一苏文艺小丛书
哈里东诺维契著
苏英译
新中国书局发行

察侦個一
事故的員

濱爾哈·年九四九一

一个侦察员的故事
初版本封面（14.9厘米×11厘米）

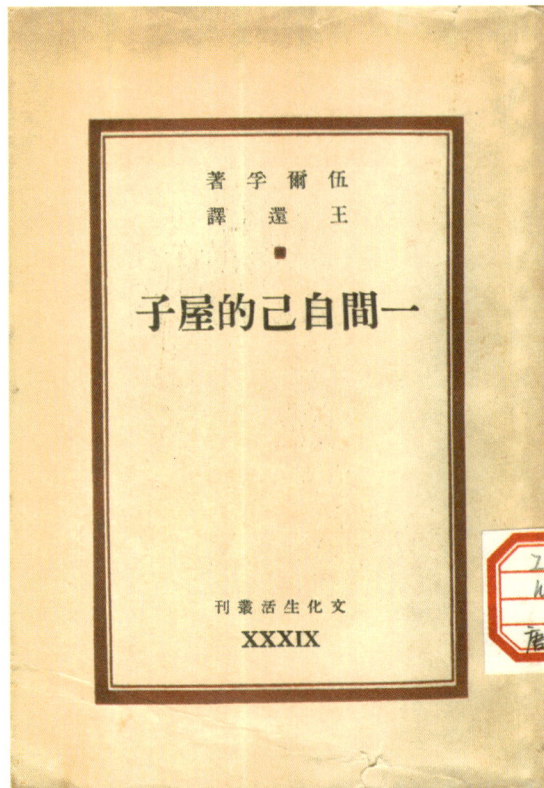

伍爾孚著
王還譯

子屋的己自間一

文化生活叢刊
XXXIX

一间自己的屋子
初版本封面（18.2厘米×12.9厘米）

小说。【苏】哈里东诺维契著。苏英译。1949年3月哈尔滨初版，印10000册。新中国书局印行。《苏联文艺小丛书》之一种。

馆藏新中国书局1949年3月初版，见图书大库。

初版本无序跋。作品共有10章。

小说。【英】伍尔孚著。王还译。民国三十六年（1947）六月初版。文化生活出版社出版、发行。文化生活印刷所印刷。巴金主编《文化生活丛刊》之三十九。

馆藏文化生活出版社1947年6月初版，见唐弢文库、冯至文库、图书大库。

初版本无序跋。作品共有6章。

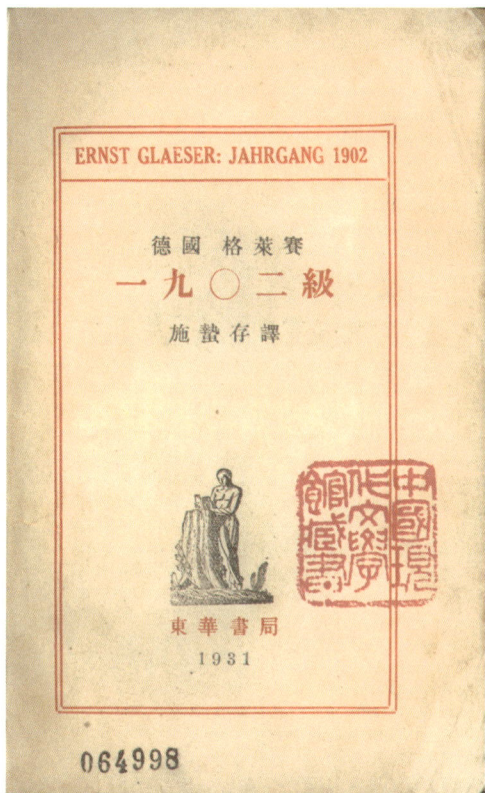

一九〇二级
初版本扉页（封面缺失。18.1厘米×11.5厘米）

小说。【德】格莱赛著。施蛰存译。1931年5月初版，印1000册。上海东华书局印行。

馆藏东华书局1931年5月初版，见图书大库。

初版本卷首有施蛰存《译者致语》。作品有第一部《前进》10章、第二部《战争》5章，共15章。

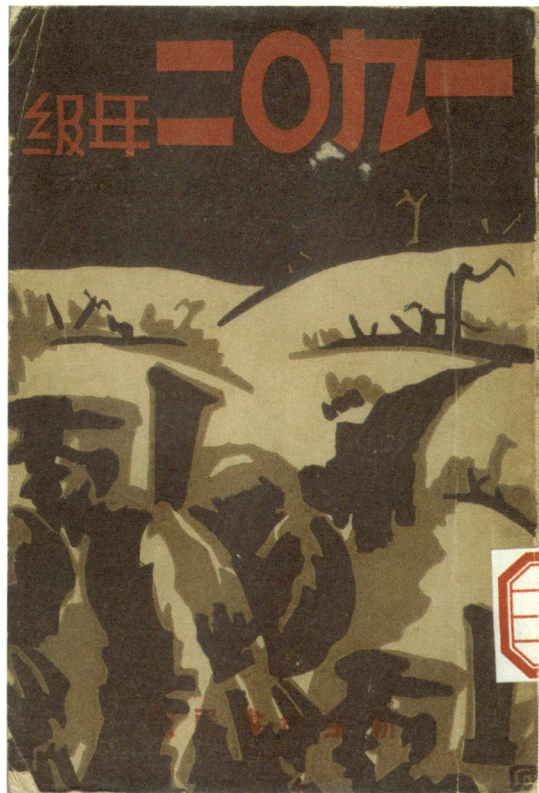

一九〇二年级
初版本封面（18.7厘米×13.1厘米）

小说。【德】格莱塞著。黄源译。民国二十一年（1932）七月出版。上海新生命书局印行。《世界新文艺名著译丛》之一种。

馆藏新生命书局1932年7月初版，见唐弢文库。

初版本无序跋。作品有上篇《暴风雨》10章、下篇《战争》5章，共15章。

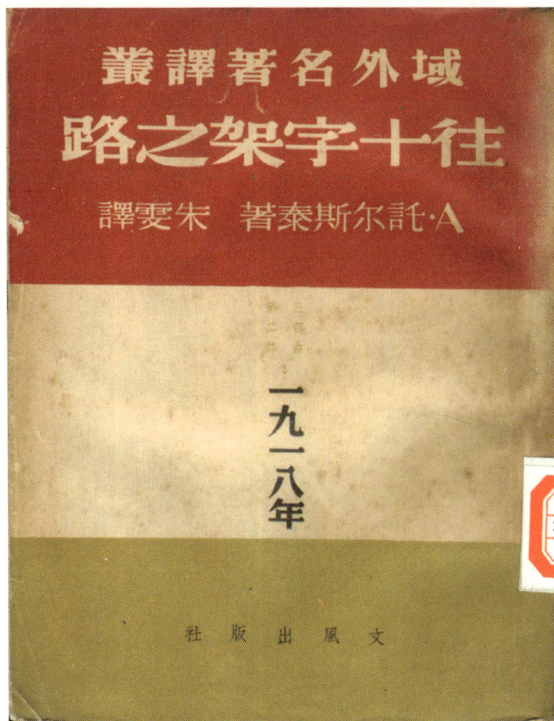

一九一八年
初版本封面（18.2厘米×14.5厘米）

小说。【苏】A.托尔斯泰著。朱雯译。民国三十八年（1949）四月初版。上海文风出版社发行。上海中和印刷厂印刷。《域外名著译丛》之一种。

馆藏文风出版社1949年4月初版，见唐弢文库、巴金文库、李辉英文库。

本书为《往十字架之路》三部曲之二。初版本无序跋。作品共有12章。

一九一八年的列宁
初版本封面（17.2厘米×12.2厘米）

封面题《1918年的列宁》。电影剧本。【苏】T.兹拉托戈洛瓦、A.卡普勒合著。陈原译。1949年8月出版。上海神州国光社出版。

馆藏神州国光社1949年8月初版，见胡风文库。

初版本卷首有【苏】K.克尔逊斯基《论苏联电影界的新成就：〈一九一八年的列宁〉》、亚力舍·卡普勒《作者自白》、《关于列宁典型的创造》、《一九一八年的形势》，卷末有陈原《译后记》。作品不标场次。

一捻红
初版本封面（18.3厘米×12.4厘米）

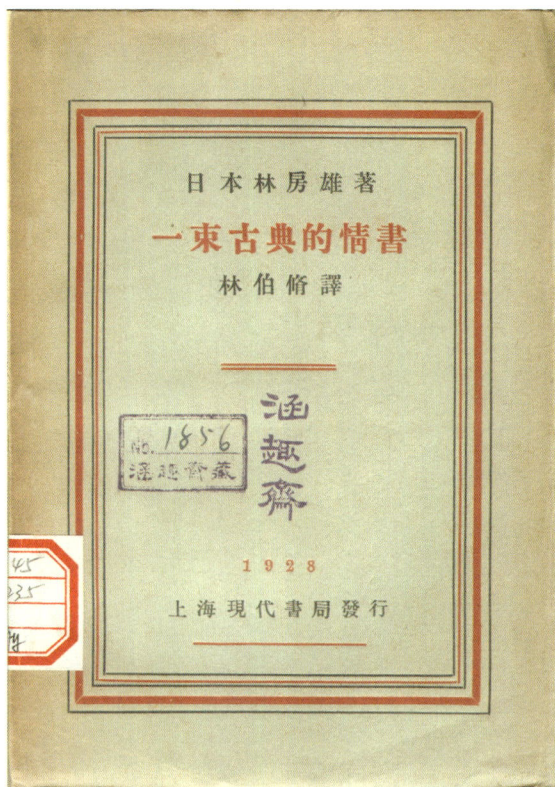

一束古典的情书
初版本封面（18.7厘米×13.6厘米）

小说。著者不详。天笑生译。丙午年（1906）正月初版、发行。上海小说林社编辑、印行。

馆藏小说林社1906年（农历）1月初版，见唐弢文库。

初版本无序跋。作品共有37回。

小说集。【日】林房雄著。林伯修译。1928年7月初版，印2000册。上海现代书局印行。

馆藏现代书局1928年7月初版、1930年1月二版、1931年5月三版、1933年10月增订初版（书名为《林房雄集》），见唐弢文库、巴金文库、图书大库。

1928年初版本卷首有林房雄《原序》，卷末有林伯修《译后》。正文收《牢狱的五月祭》、《一束古典的情书》、《茧》、《公园的密会》、《N监狱署惩罚日记》、《没有画的画册》、《爱的开脱》共7篇。

一天的工作
初版本封面（17.7厘米×12.5厘米）

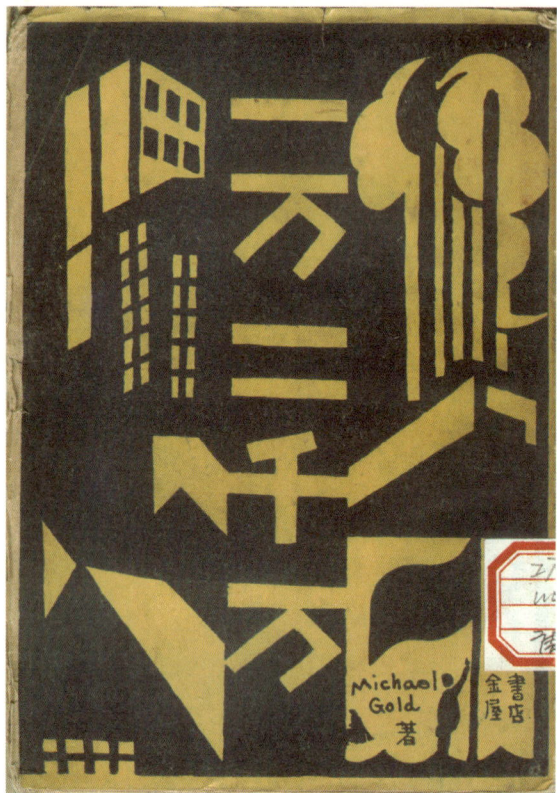

一万二千万
初版本封面（18.7厘米×13.1厘米）

小说集。【苏】B.毕力涅克等著。鲁迅、文尹译。1932年10月20日付排，1933年3月1日初版，印2000册。上海良友图书印刷公司印行。赵家璧编辑《良友文学丛书》之四。

馆藏良友图书印刷公司1933年3月初版、同年6月二版、同年12月三版、1936年3月四版，见唐弢文库、侯金镜文库、图书大库。

初版本卷首有鲁迅《前记》，卷末有编者（鲁迅）《后记》。正文收《苦蓬》、《肥料》、《铁的静寂》、《我要活》、《工人》、《一天的工作》、《岔道夫》、《革命的英雄们》、《父亲》、《枯煤，人们和耐火砖》共10篇。

小说、诗歌、戏剧集。【美】M.Gold著。凌黛译。民国十八年（1929）八月三十日初版。上海金屋书店出版。

馆藏金屋书店1929年8月初版，见唐弢文库、巴金文库。

初版本卷首有《序——无产者的素描》（著者），内云："这本书里关于美国无产阶级生活的描述大多是在我十九岁到廿六岁的时候写的，它们依着次序的先后而排列。"

初版本收《快点，美国，快点》、《上帝是爱》、《美国荒年》、《自由》、《垃圾堆上的爱》、《河边的女郎》、《罢工！》、《在死室中的范寿蒂》、《120百万》共9篇。

一　吻
初版本封面（18.6厘米×12.7厘米）

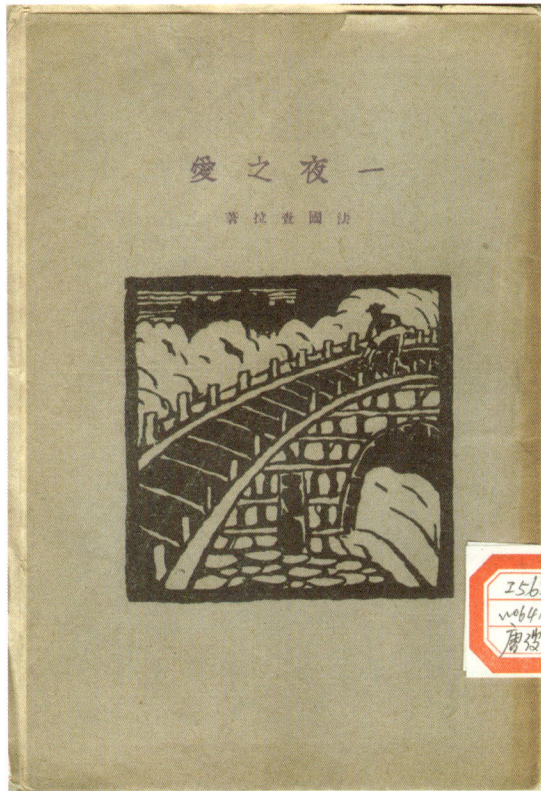

一夜之爱
初版本封面（19.6厘米×13.6厘米）

　　小说。【捷】史万德孩著。杜衡译。1929年8月30日出版，印1500册。上海真美善书店发行。

　　馆藏真美善书店1929年8月初版，见唐弢文库。

　　初版本无序跋。作品不标章次。

　　小说。【法】查拉著。毕树棠译。1927年11月付印，12月出版。上海北新书局发行。《名家小说》之一。

　　馆藏北新书局1927年12月初版，见唐弢文库。

　　初版本无序跋。作品共有5章。

一周间
初版本封面（19.5厘米×13.6厘米）

小说。【苏】里别进思基著。江思、苏汶译。1930年3月初版，印1500册。水沫书店出版。《新俄文学丛书》之一。

馆藏水沫书店1930年3月初版、同年5月二版，见唐弢文库、田仲济文库。

初版本无序跋。作品共有13章。

一周间
初版本封面（18.7厘米×13.6厘米）

小说。【苏】李别金斯基著。蒋光慈译。1930年1月初版。上海北新书局印行。

馆藏北新书局1930年1月初版、同年3月三版、同年4月四版、同年9月七版，见唐弢文库、图书大库。

初版本卷末有《译者后记》。作品共有13章。

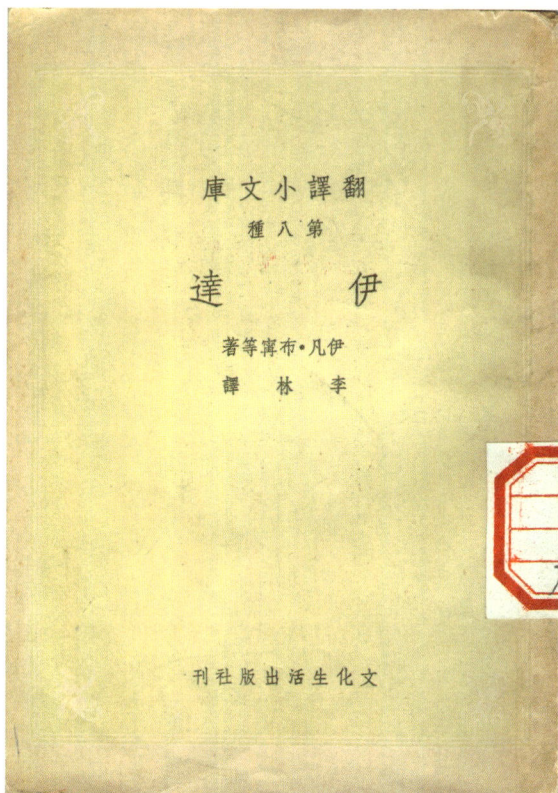

伊 达
初版本封面（14.3厘米×10.4厘米）

伊尔的美神
初版本封面（护封缺失。18.1厘米×14.7厘米）

　　小说集。【俄】伊凡·布宁等著。李林译。民国三十七年（1948）六月初版。文化生活出版社印行。《翻译小文库》之八。

　　馆藏文化生活出版社1948年6月初版，见唐弢文库、图书大库。

　　初版本卷末有巴金《后记》。正文收《伊达》、《中饭》、《伊芙小姐》、《订婚》共4篇。

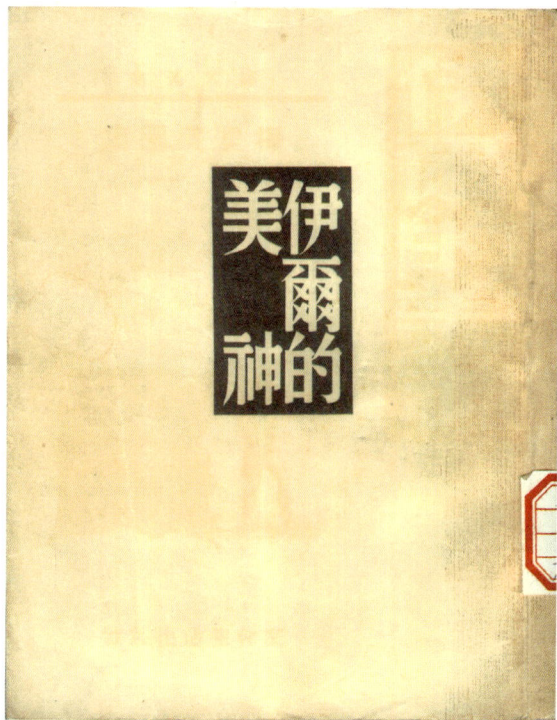

　　小说、散文、戏剧集。【法】梅里美著。黎烈文译。民国三十七年（1948）二月初版。文化生活出版社出版、发行。文化生活印刷所印刷。《梅里美选集》、《译文丛书》之一种。

　　馆藏文化生活出版社1948年2月初版、同年11月二版，见唐弢文库、图书大库。

　　初版本卷首有黎烈文《梅里美评传》，卷末有【苏】A.卢那察尔斯基《一个停滞时期的天才——梅里美（附录）》、译者《后记》。正文分"小说"、"书简"、"戏剧"三部分，收《玛特渥·法尔哥勒》、《查理十一的幻觉》、《方形堡的攻克》、《塔莽戈》、《托勒得的珍珠》、《掷骰戏》、《埃特律利花瓶》、《伊尔的美神》、《西班牙书简》、《献车记》共10篇。

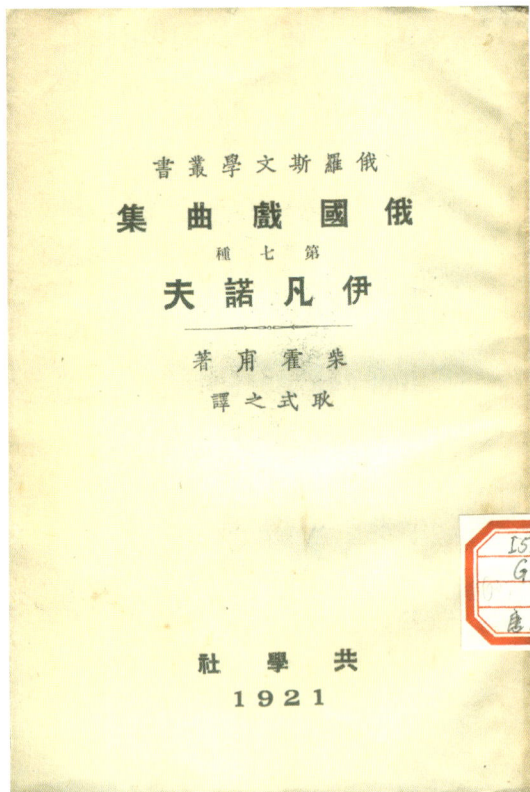

俄羅斯文學叢書

俄國戲曲集

第 七 種

伊凡諾夫

柴霍甫 著

耿式之 譯

共 學 社

1921

伊凡诺夫
初版本封面（18.9厘米×13厘米）

　　戏剧。【俄】柴霍甫著。耿式之译。民国十年（1921）四月初版。上海商务印书馆印行。《俄国戏曲集》之七，共学社《俄罗斯文学丛书》之一种。

　　馆藏商务印书馆1921年4月初版、1937年6月国难后一版，见唐弢文库、孔罗苏文库。

　　初版本无序跋。作品共有4幕。

集劇夫契
一選戲訶

伊凡諾夫

文化生活出版社刊

伊凡诺夫
初版本封面（18.2厘米×12.9厘米）

　　戏剧。【俄】契诃夫著。丽尼译。民国三十五年（1946）十一月初版。文化生活出版社出版、发行。文化生活印刷所印刷。《契诃夫戏剧选集》之一，《译文丛书》之一种。

　　馆藏文化生活出版社1946年11月初版、1949年2月二版，见唐弢文库、巴金文库、管桦文库、刘麟文库、李辉英文库、图书大库。

　　初版本无序跋。作品共有4幕。

伊凡之死
初版本封面（19.5厘米×14.2厘米）

扉页题《伊凡伊列乙奇之死》。小说。【俄】托尔斯泰著。顾绶昌译。1930年6月付排，7月初版。上海北新书局印行。

馆藏北新书局1930年7月初版，见唐弢文库。

初版本卷首有译者《序》。作品共有12章。

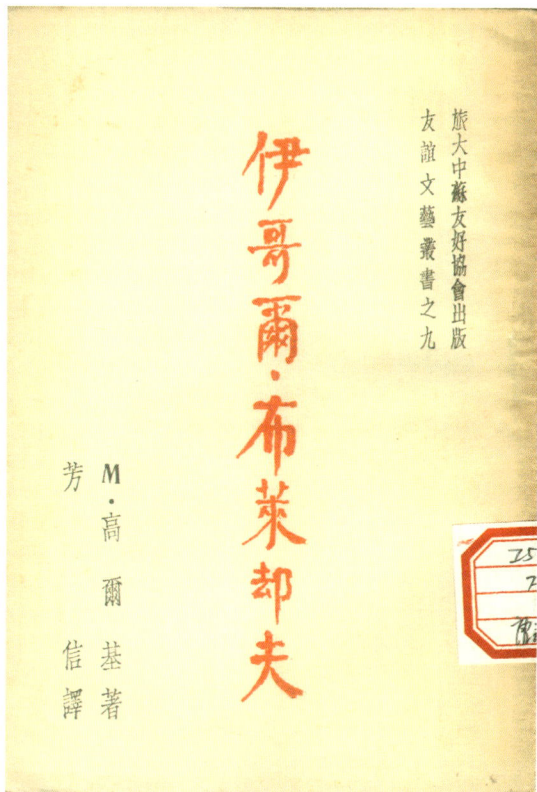

伊哥尔·布莱却夫
初版本封面（18.1厘米×12.6厘米）

戏剧。【苏】M.高尔基著。芳信译。民国三十八年（1949）九月初版。旅大中苏友好协会出版。友谊印刷厂印刷。大连旅大友谊书店发行。《友谊文艺丛书》之九。

馆藏中苏友好协会1949年9月初版，见唐弢文库、图书大库。

初版本无序跋。作品共有3幕。

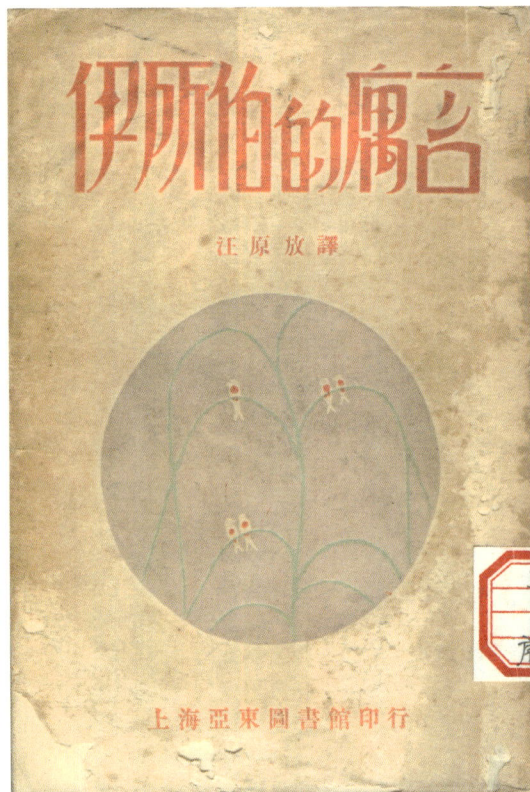

伊所伯的寓言
初版本封面（18.8厘米×12.9厘米）

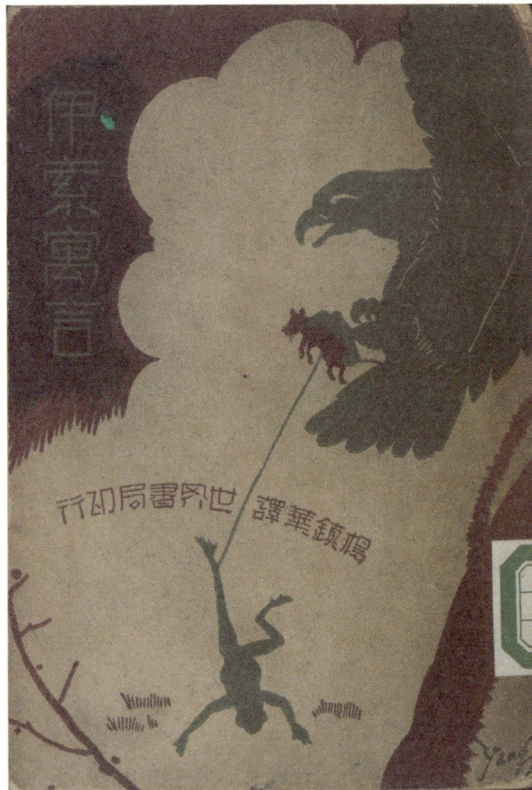

伊索寓言
初版本封面（18.6厘米×12.9厘米）

　　【古希腊】伊所伯著。汪原放译。民国十八年（1929）一月出版。上海亚东图书馆印行。

　　馆藏亚东图书馆1929年1月初版，见唐弢文库。

　　初版本卷首有汪原放《译者的话》、《原序节译》、《伊所伯传》、《音译专名释义》。正文收《狮子和老鼠》、《父亲和他的儿子们》、《狼和小绵羊》、《蝙蝠和鼠狼》、《驴子和蚱蜢》、《狼和鹳雀》、《烧炭的和漂布的》、《捉蝗虫的孩子》、《蚂蚁们和蚱蜢》、《雄鸡和宝石》、《狮子国》、《吹笛的渔夫》、《兔子和乌龟》、《旅行人和他的狗》、《汉克纳斯和车夫》等313篇。

　　【古希腊】伊索著。杨镇华译。民国二十二年（1933）九月印刷、出版。上海世界书局印行。《世界少年文库》之四十八。

　　馆藏世界书局1933年9月初版，见图书大库。

　　初版本卷首有《原序》、《伊索传略》。正文收《狮子和老鼠》、《父亲和他的儿子们》、《蝙蝠和鼠狼》、《狼和羔羊》、《狼和鹳雀》、《烧炭的人和漂布的人》、《捉蝗虫的小孩》、《吹笛的渔夫》、《蚂蚁和蚱蜢》、《驴子和蚱蜢》、《雄鸡和宝石》、《旅行人和他的狗》、《狮子的王国》、《兔子和乌龟》、《狗和影子》等313篇。

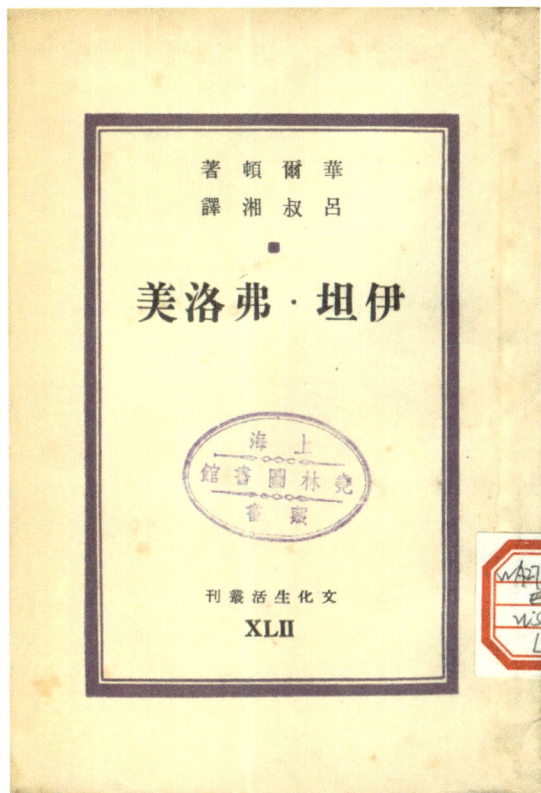

伊坦·弗洛美
初版本封面（18.3厘米×12.8厘米）

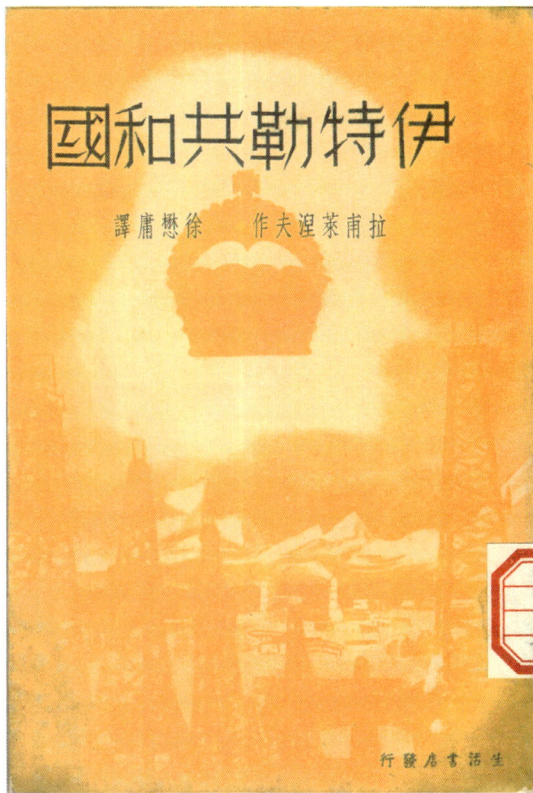

伊特勒共和国
初版本封面（18.8厘米×13.1厘米）

　　小说。【美】华尔顿著。吕叔湘译。民国三十六年（1947）六月初版。文化生活出版社出版、发行。文化生活印刷所印刷。巴金主编《文化生活丛刊》之四十二。

　　馆藏文化生活出版社1947年6月初版，见唐弢文库、巴金文库、胡风文库、图书大库。

　　初版本无序跋。作品除"引子"外共有9章。

　　小说。【苏】拉甫莱涅夫著。徐懋庸译。民国二十四年（1935）八月初版。上海生活书店发行。生活印刷所印刷。

　　馆藏生活书店1935年8月初版，见唐弢文库、图书大库。

　　初版本卷首有徐懋庸《译者前记》。作品共有21章。

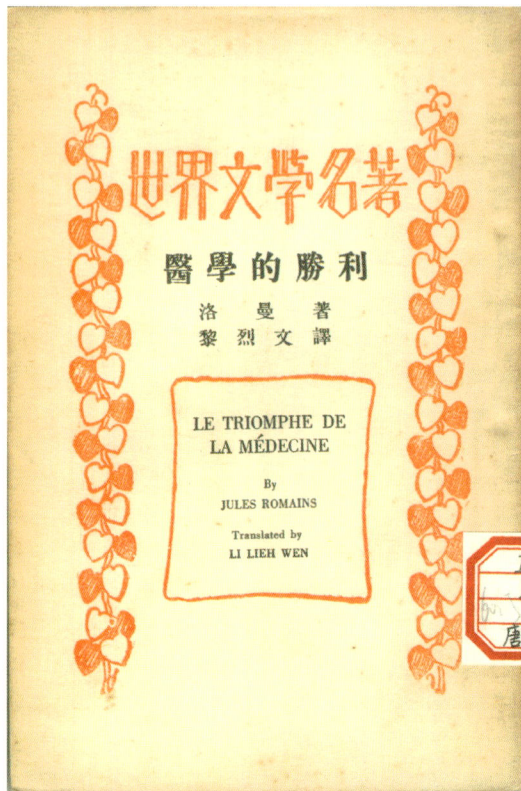

医学的胜利
初版本封面（19.1厘米×13厘米）

戏剧。【法】洛曼著。黎烈文译。民国二十二年（1933）十一月初版。上海商务印书馆印行。《世界文学名著》之一种。

馆藏商务印书馆1933年11月初版，见唐弢文库、艾芜文库、图书大库。

初版本卷首有《写在〈医学的胜利〉译本前面》（译者），内云："《医学的胜利》的内容很简单。描写一个不懂医学，但却懂得群众心理的医生，怎样拿着科学的招牌，威吓群众，获得成功。一句话，这是一出和现代医学开顽笑的讽刺剧。"

初版本共有3幕。

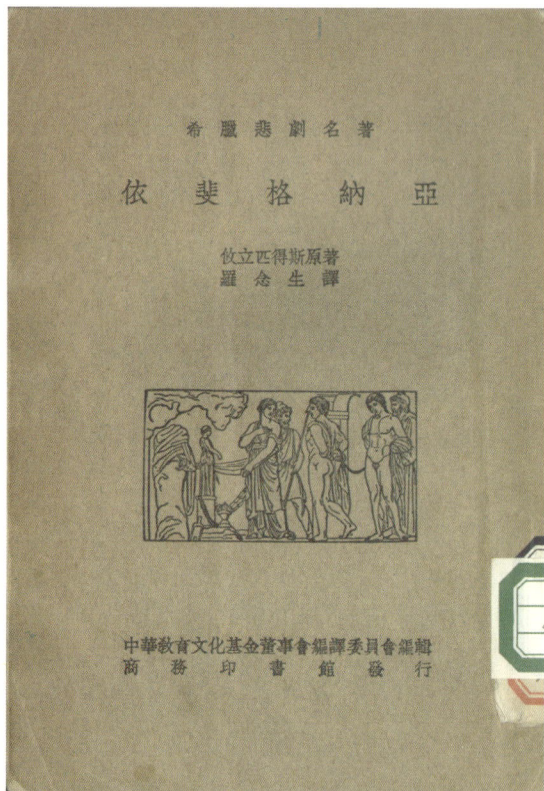

依斐格纳亚
初版本封面（21.1厘米×15厘米）

扉页、目录页及正文题《在陶拯人里的依斐格纳亚》。戏剧。【古希腊】攸立匹得斯著，【美】贝次编。罗念生译。民国二十五年（1936）三月初版。上海商务印书馆印行。中华教育文化基金董事会编译委员会编辑《希腊悲剧名著》之一种。

馆藏商务印书馆1936年3月初版、1937年3月二版、1947年5月三版，见唐弢文库、艾芜文库、图书大库。

初版本卷首有罗念生《译者序》、《插图表》、贝次《原编者的引言》，卷末有《译剧里的专名词表》、《附录》。作品有4段，另有《道白》、《歌》3支、《退场》，共9幕。

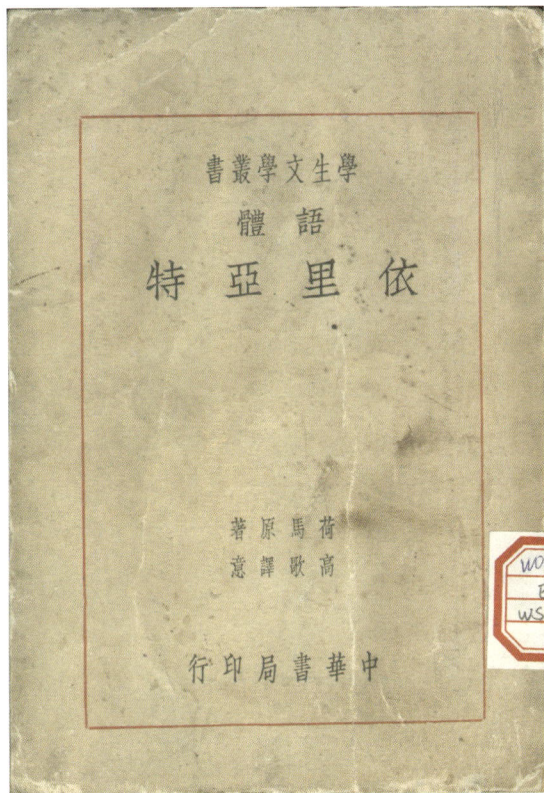

依里亚特
初版本封面（18.8厘米×13.2厘米）

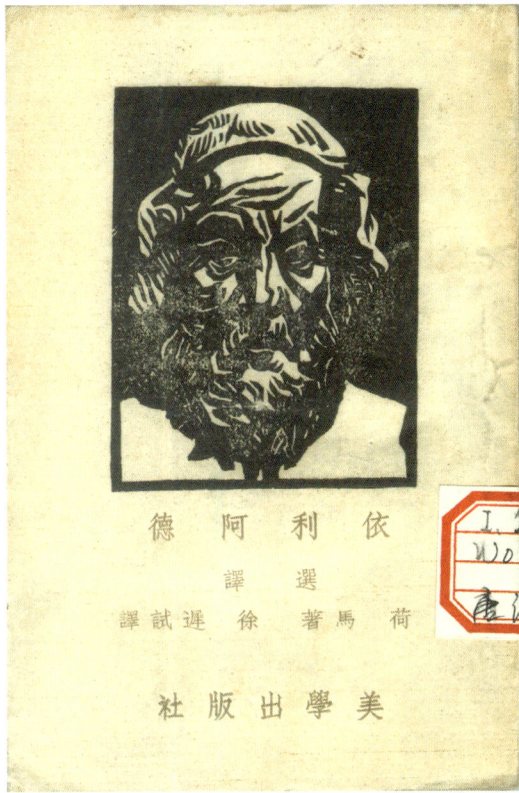

依利阿德选译
初版本封面（16.7厘米×11.3厘米）

　　故事。【古希腊】荷马著。高歌改译。民国十八年（1929）四月印刷、发行。上海中华书局印行。《学生文学丛书》之一种。

　　馆藏中华书局1929年4月初版，见巴金文库。

　　初版本卷首有高歌《引子》。作品共有26章。

　　扉页题《依利阿德》。诗歌集。【古希腊】荷马著。徐迟译。民国三十二年（1943）七月初版。美学出版社发行。重庆印刷厂印刷。《海滨小集》之三。

　　馆藏美学出版社1943年7月初版、群益出版社1947年6月初版，见唐弢文库、徐迟文库、图书大库。

　　初版本无序跋。内收《光火的起因》、《台尔锡蒂斯》、《特洛亚军和希腊军》、《倾国倾城的海伦》、《赫克脱和安陀萝曼齐》、《宙斯的天秤》、《阿基勒斯和柏脱洛克罗斯》、《阿基勒斯的祈祷》、《柏脱洛克罗斯之死》、《阿基勒斯的天马》、《阿基勒斯的盾牌》、《斯卡曼特河伯》、《阿基勒斯和赫克脱》、《泼利姆与阿基勒斯》、《特洛亚的哀歌》共15篇。

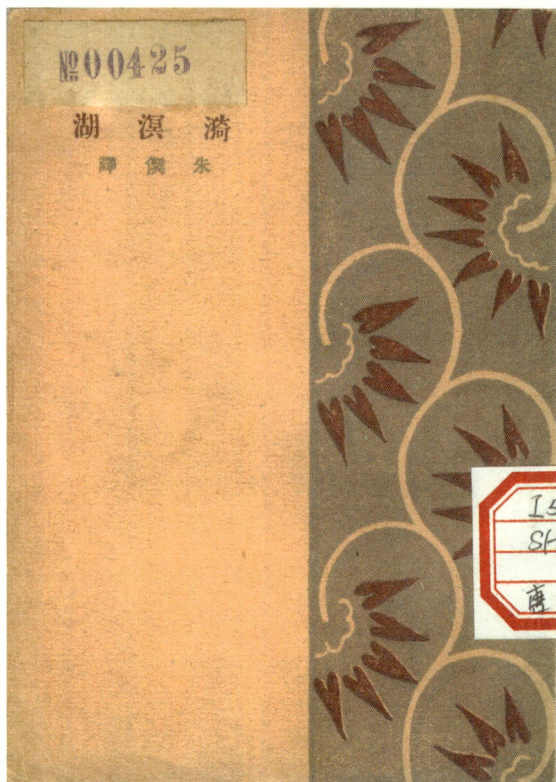

漪溟湖
初版本封面（14.8厘米×10.9厘米）

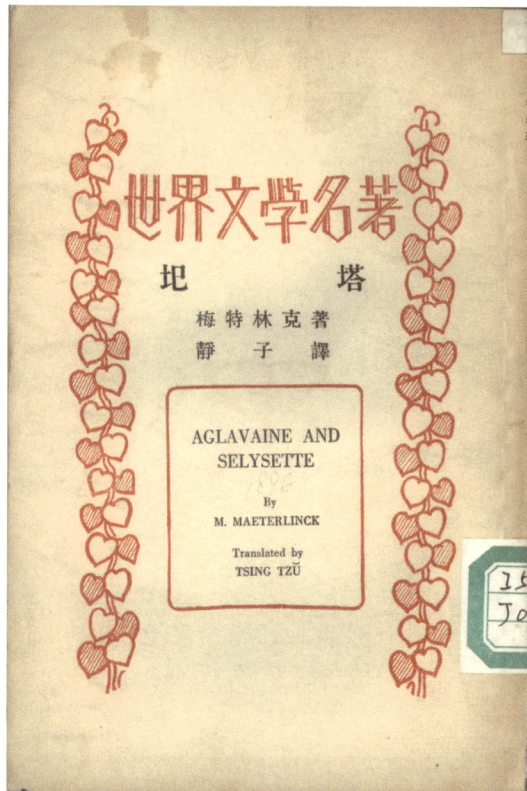

圮塔
初版本封面（19厘米×13厘米）

　　小说。【德】施托谟著。朱偰译。1927年11月初版。上海开明书店发行。

　　馆藏开明书店1927年11月初版、1930年4月四版，见唐弢文库、图书大库。

　　初版本卷首有朱偰《序》、朱偰《作者事略》。作品共有10章。

　　戏剧。【比】梅特林克著。静子译。民国二十三年（1934）三月初版。上海商务印书馆印行。《世界文学名著》之一种。

　　馆藏商务印书馆1934年3月初版、1935年5月二版，见艾芜文库、图书大库。

　　初版本无序跋。作品共有5幕。

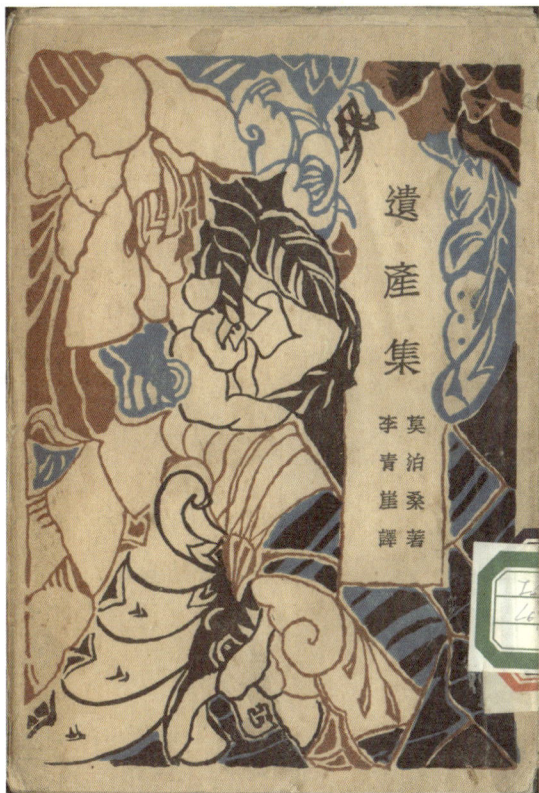

遗产集
初版本封面（19.4厘米×13.9厘米）

遗失街风习
初版本封面（20.2厘米×14.7厘米）

小说集。【法】莫泊桑著。李青崖译。1929年5月付排，9月初版，印3000册。上海北新书局发行。《莫泊桑全集》之六。

馆藏北新书局1929年9月初版，见图书大库。

初版本无序跋。内收《遗产》、《小花脸》、《萨波的忏悔》、《姹荔》、《上校的意思》、《骑马》共6篇。

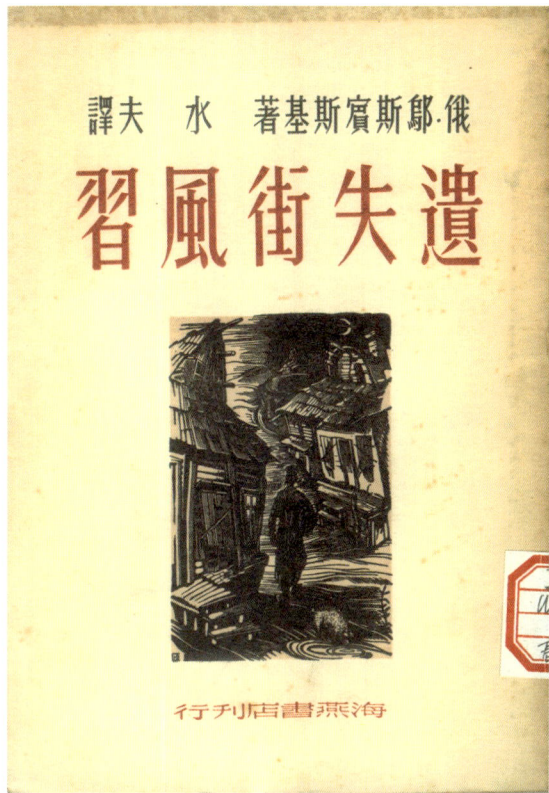

小说。【俄】邬斯宾斯基著。水夫译。1949年8月初版，印2000册。上海海燕书店出版、发行。上海光艺印刷厂印刷。

馆藏海燕书店1949年8月初版，见唐弢文库、图书大库。

初版本卷末有《译后记——介绍邬斯宾斯基的创作与生平》。作品共有16章。

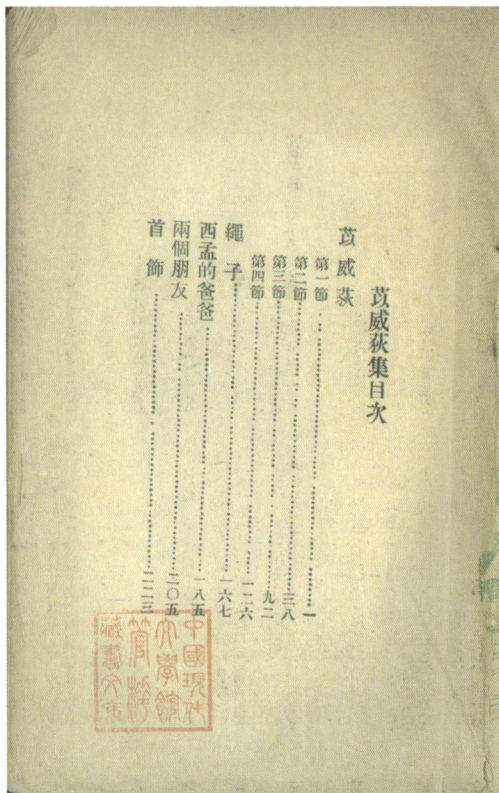

苢威荻集
初版本目录页（封面、扉页缺失。18.9厘米×12.2厘米）

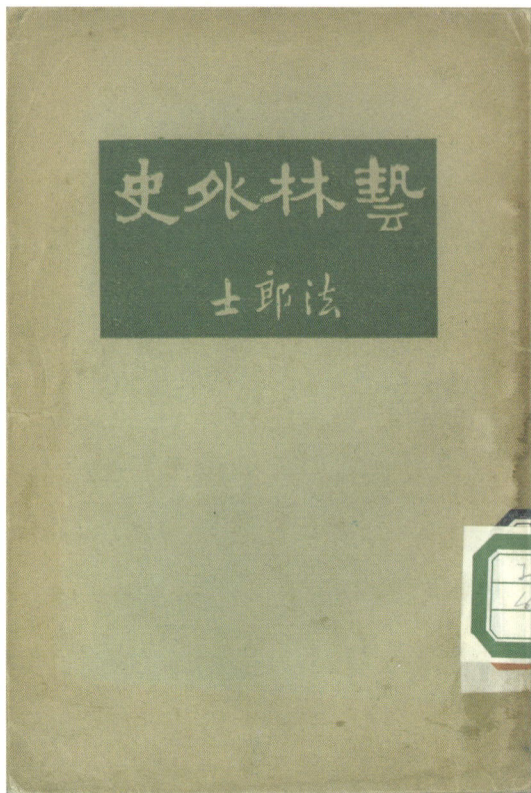

艺林外史
初版本封面（19厘米×13.2厘米）

　　小说集。【法】莫泊桑著。李青崖译。1928年12月付排，1929年4月初版，印3000册。上海北新书局发行。《莫泊桑全集》之二。

　　馆藏北新书局1929年4月初版、1930年8月二版（封面题《苢威狄集》），见巴金文库、管桦文库。

　　初版本无序跋。内收《苢威荻》、《绳子》、《西孟的爸爸》、《两个朋友》、《首饰》共5篇。

　　原名《瘦猫馆》。小说。【法】法郎士著。李青崖译。民国十九年（1930）三月初版。上海商务印书馆印行。《文学研究会丛书》之一种。

　　馆藏商务印书馆1930年3月初版、1933年3月国难后一版（原名题为《瘦貌馆》），见唐弢文库、胡风文库、李辉英文库、图书大库。

　　初版本无序跋。作品共有14章。

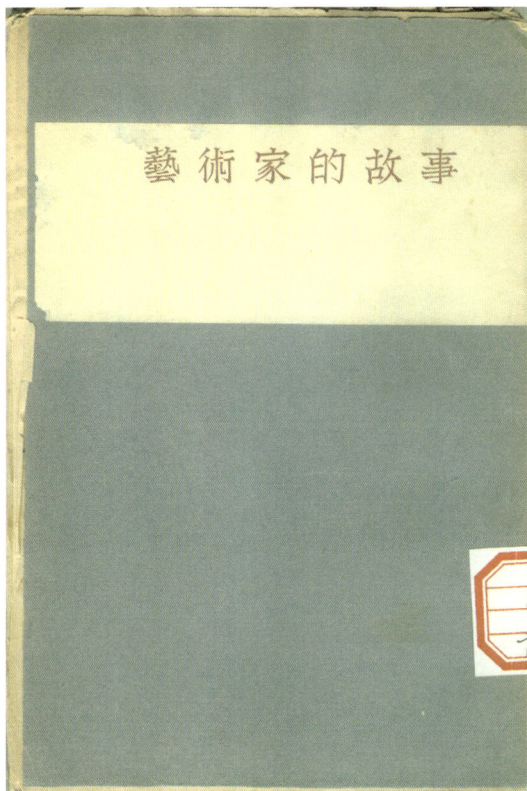

艺术家的故事
初版本封面（19.6厘米×13.3厘米）

小说集。【俄】契诃甫著。谢子敦译。1929年3月初版。上海人间书店印行。

馆藏人间书店1929年3月初版，见唐弢文库、图书大库。

初版本卷首有谢子敦《序》。正文收《嫁裳》、《大伏娄狄亚和小伏娄狄亚》、《农人妻》、《艺术家的故事》、《黑僧》共5篇。

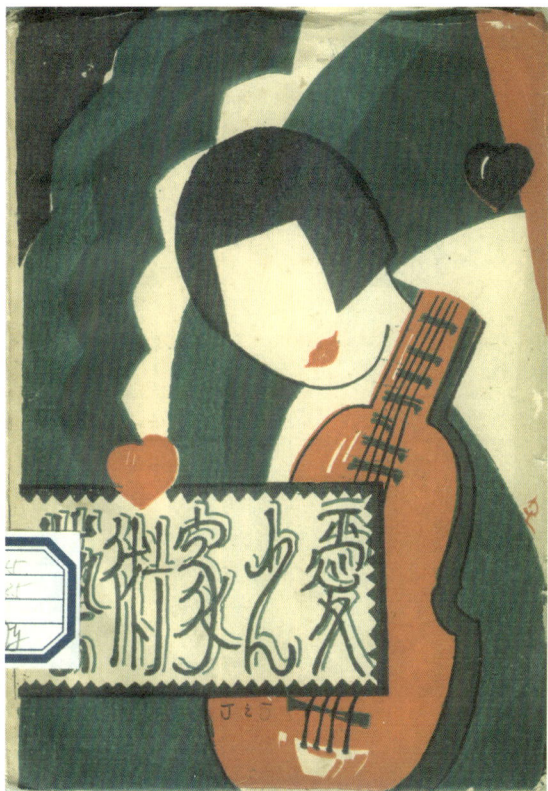

艺术家之爱
初版本封面（18.7厘米×13.6厘米）

小说。【法】巴尔扎克著。钟宪民译。1929年9月1日付印，10月1日初版，印2000册。上海前夜书店印行。

馆藏前夜书店1929年10月初版，见唐弢文库。

初版本卷首有《译者序言》。作品共有7章。

异 端
初版本封面（19.1厘米×13厘米）

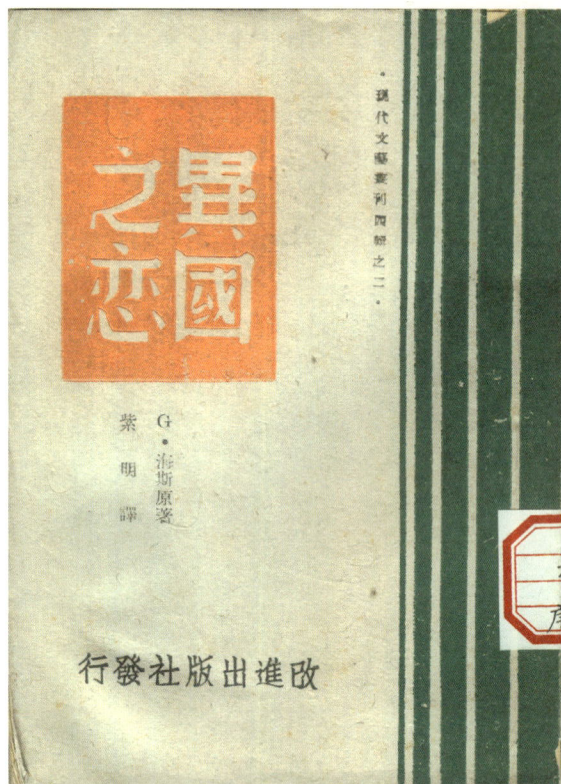

异国之恋
初版本封面（17.9厘米×13.1厘米）

　　小说。【德】霍普特曼著。郭沫若译。民国十五年（1926）五月初版。上海商务印书馆印行。

　　馆藏商务印书馆1926年5月初版、某版（版权页缺失，译者署名为"郭鼎堂"，《世界文学名著》），见唐弢文库、胡风文库。

　　初版本卷首有郭沫若《译者序》。作品不标章次。

　　原名《Brief Flower of Youth》。小说。【德】G.海斯著。紫明译。民国三十五年（1946）三月初版。福州改进出版社印行。《现代文艺丛刊》第四辑之二。

　　馆藏改进出版社1946年3月初版，见唐弢文库、图书大库。

　　初版本卷首有紫明《译者小言》，内云："这是一册以一对异国的男女底恋爱故事为经，而以第一次大战后德国底内幕为纬的小说，充分暴露出那时候德国国内的情形……。"

　　初版本共有9章。

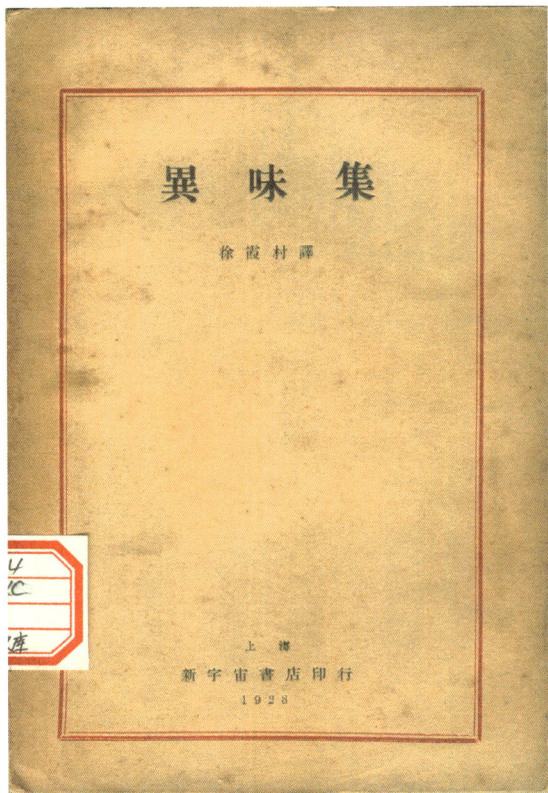

異 味 集

徐霞村譯

上 海
新宇宙書店印行
1928

異樣的戀

恋的樣異

新俄馬拉西金作

楊騷譯

异味集
初版本封面（18.8厘米×13.4厘米）

小说集。【俄】郭高里等著。徐霞村译。1928年9月10日付排，10月10日初版，印1500册。上海新宇宙书店印行。

馆藏新宇宙书店1928年10月初版，见唐弢文库。

初版本无序跋。内收《一个哈叭狗的信》、《打赌》、《筏上》、《她的情人》、《正当善慈》、《利各的思想》、《绝望女》、《米古斯》、《泡克佛莱镇的败类》、《一场把戏》共10篇。

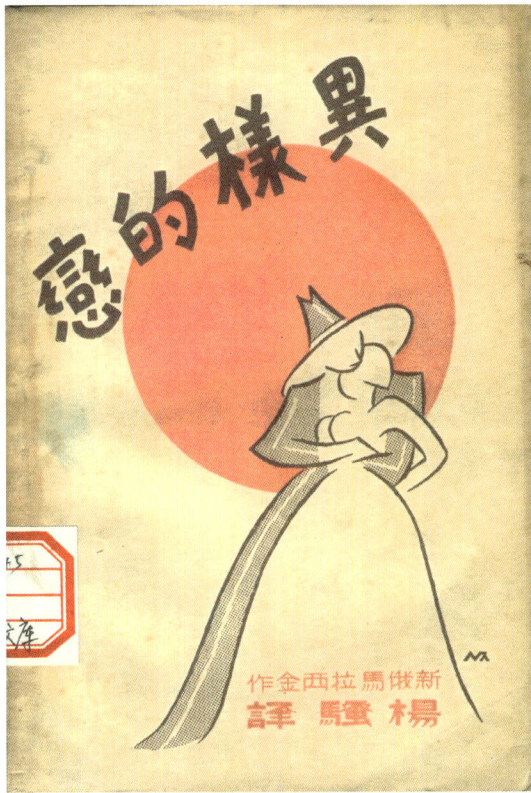

异样的恋
初版本封面（18.6厘米×13厘米）

小说。【苏】马拉西金著。杨骚译。1936年1月15日付排，3月20日出版。上海北新书局印行。

馆藏北新书局1936年3月初版，见唐弢文库。

初版本卷末有译者《译后》。作品共有12章。

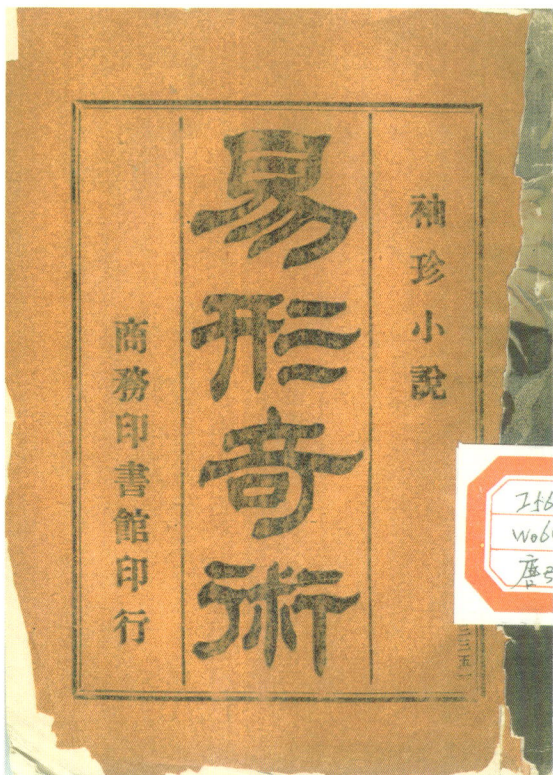

易形奇术
初版本扉页（封面缺失。14.9厘米×11厘米）

小说。【英】斯底芬荪著。商务印书馆编译所译。光绪三十四年（1908）四月初版。上海商务印书馆印行。《袖珍小说》之一种。

馆藏商务印书馆1908年（农历）4月初版，见唐弢文库。

初版本无序跋。作品共有10章。

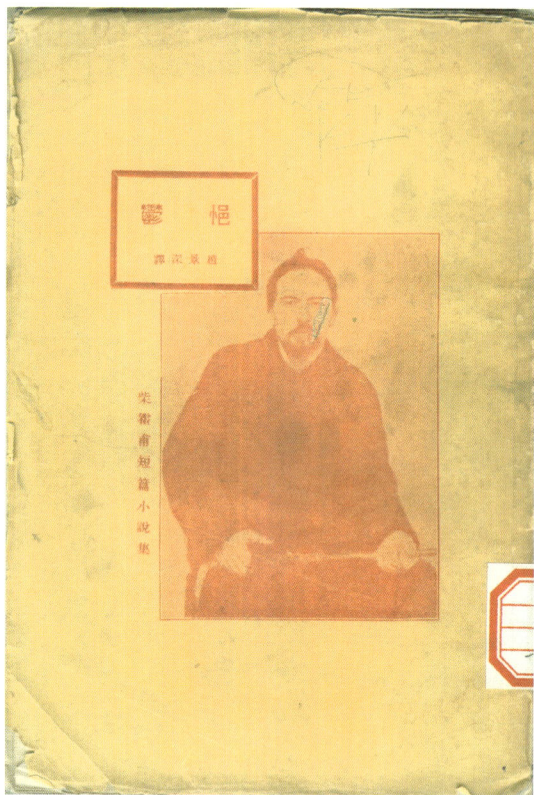

悒郁
初版本封面（20厘米×14.2厘米）

小说集。【俄】柴霍甫著。赵景深译。1927年5月付印，6月出版，印2000册。文学周报社出版。上海开明书店印行。

馆藏文学周报社1927年6月初版，见唐弢文库、图书大库。

初版本卷首有赵景深《序》。正文收《在消夏别墅》、《顽童》、《复仇者》、《头等搭客》、《询问》、《村舍》、《悒郁》、《樊凯》、《寒蝉》、《太早了》、《错误》、《活财产》、《罪恶》、《香槟酒》、《一件小事》共15篇。

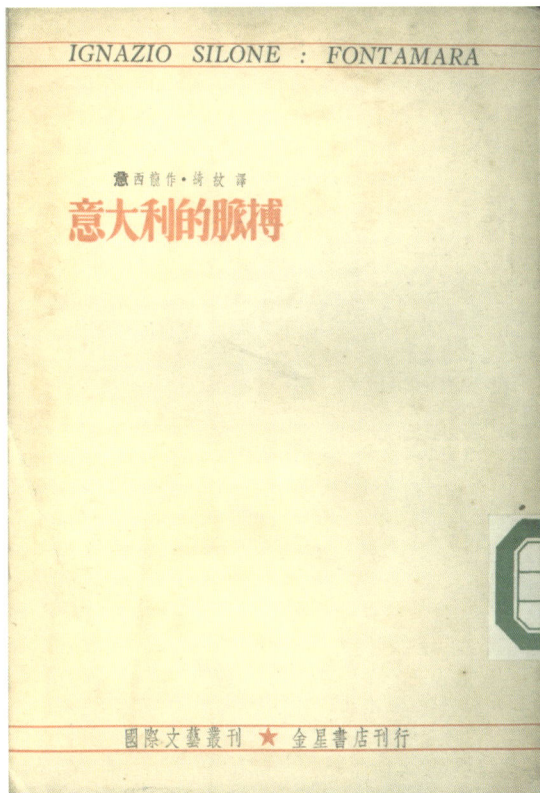

意大利的脉搏
初版本封面（18.2厘米×12.8厘米）

　　原名《丰塔马辣》。小说。【意】西龙著。绮纹译。1939年5月15日初版。上海金星书店印行。《国际文艺丛刊》之一种。

　　馆藏金星书店1939年5月初版，见唐弢文库、图书大库。

　　初版本无序跋。作品除《楔子·》外共有10章。

意大利故事
初版本封面（17厘米×12.3厘米）

　　小说。【苏】高尔基著。适夷译。民国三十五年（1946）五月初版。开明书店印行。

　　馆藏开明书店1946年5月初版，见唐弢文库、李辉英文库。

　　初版本卷末有《译后记》，内云："《意大利故事》，是二十七个各自独立的短篇的总题，写的都是意大利的自然，人物，从古代传说，乡土风情，一直到里巷琐事。"

　　初版本共有27章。

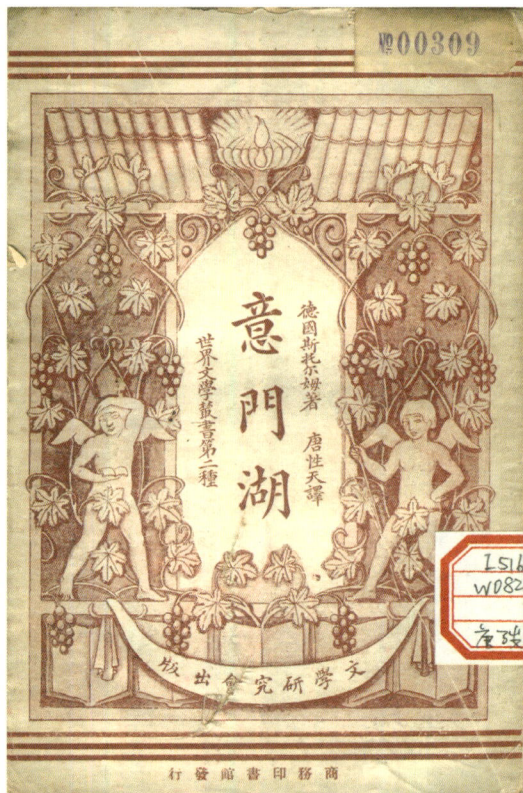

意门湖
初版本封面（19厘米×13厘米）

小说。【德】斯托尔姆著。唐性天译。民国十一年（1922）二月初版。文学研究会出版。上海商务印书馆印行。《世界文学丛书》之二。

馆藏文学研究会1922年2月初版，见唐弢文库、图书大库。

初版本卷首有译者《序》，卷末有唐性天《斯托尔姆（德国北部的小说家兼诗家传）》。作品共有10章。

意志的胜利
初版本封面（18.7厘米×13.4厘米）

小说集。【德】汤谟斯曼著。章明生译。1928年12月1日出版，印2000册。上海启智书局印行。

馆藏启智书局1928年12月初版，见唐弢文库。

初版本卷首有《说明》（译者）。正文收《一个畸形人的惨败》、《滑稽的天才》、《意志的胜利》、《失望》共4篇。

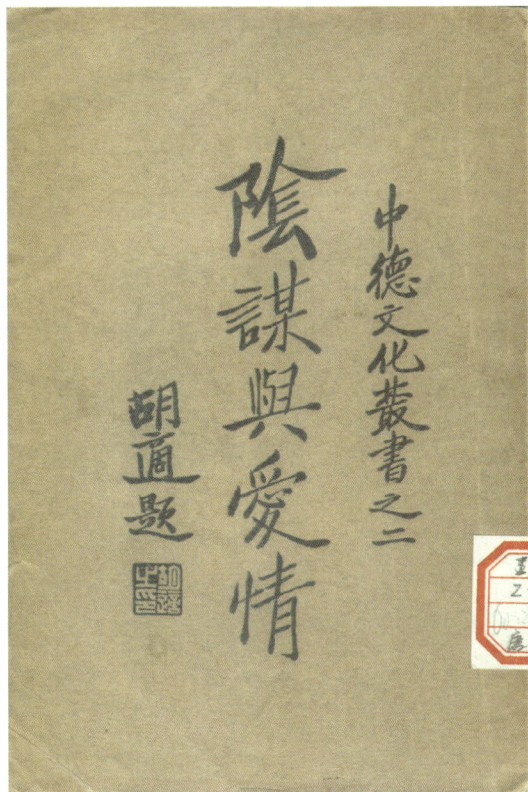

阴谋与爱情
初版本封面（19.1厘米×13.1厘米）

戏剧。【德】希勒尔著。张富岁译。民国二十三年（1934）十一月初版。上海商务印书馆印行。《中德文化丛书》之二。

馆藏商务印书馆1934年11月初版，见唐弢文库。

初版本卷首有杨丙辰《杨序》、《译者序言》。作品共有5幕。

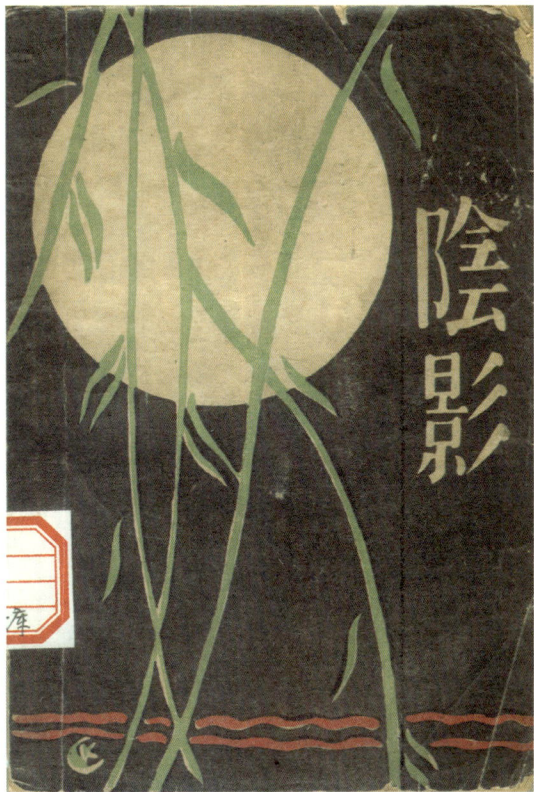

阴　影
初版本封面（18.5厘米×13厘米）

小说集。【俄】科罗涟珂等著。丽尼译。1931年9月15日出版，印2000册。上海新时代书局印行。《新时代文艺丛书》之一种。

馆藏新时代书局1931年9月初版，见唐弢文库、图书大库。

本书为《露西亚短篇集》。初版本卷末有《后记》（译者）。正文收《阴影》、《信号》、《忍耐着罢，上帝有眼睛的》、《捉迷藏》、《拉撒路》、《秋夜》共6篇。

阴影与曙光
初版本封面（17.1厘米×12.3厘米）

吟边燕语
初版本封面（残。19.1厘米×13厘米）

小说。【苏】欧根·雷斯著。荃麟译。民国三十六年（1947）二月初版。开明书店印行。

馆藏开明书店1947年2月初版，见唐弢文库、图书大库。

初版本卷首有《译记》、《关于作者》。作品有第一部18章、第二部14章，共32章。

故事集。【英】莎士比原著。林纾、魏易译。光绪三十年（1904）七月首版。上海商务印书馆印行。十集本《说部丛书》第一集之八。

馆藏商务印书馆1904年（农历）7月初版、1905年（农历）3月二版（十集本《说部丛书》第一集）、1914年4月二版（四集本《说部丛书》初集）、1934年9月国难后一版（附注原名《Tales from Shakespeare》及改编者【英】Charles Lamb），见唐弢文库、图书大库。

初版本卷首有林纾《序》。正文收《肉券》、《驯悍》、《李误》、《铸情》、《仇金》、《神合》、《蛊征》、《医谐》、《狱配》、《鬼诏》、《环证》、《女变》、《林集》、《礼哄》、《仙狯》等20篇。

银行之贼
初版本封面（18.6厘米×12.7厘米）

小说。【美】佚名著。谢慎冰译。乙巳（1905）三月初版。上海小说林社编辑、发行。日本东京翔鸾社印刷。

馆藏小说林社1905年（农历）3月初版，见唐弢文库。

本书为侦探小说。初版本无序跋。作品共有16章。

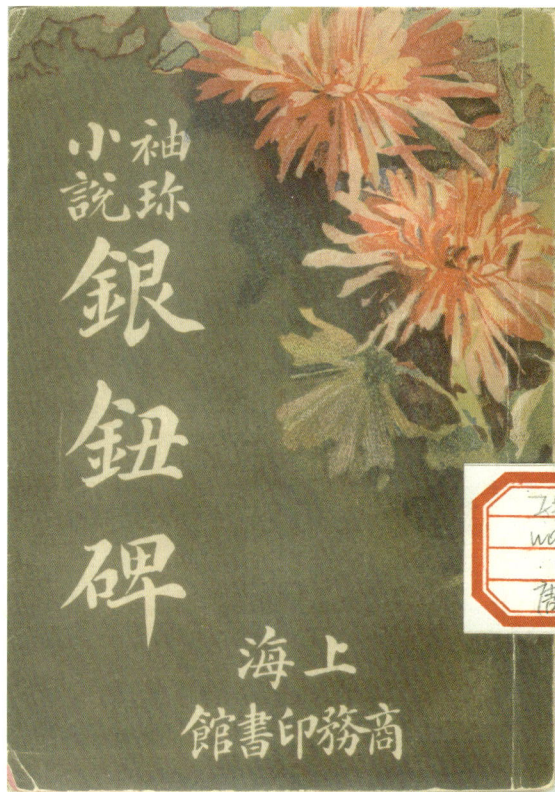

银钮碑
初版本封面（15.1厘米×11厘米）

小说。【俄】莱门忒甫著。吴梼译。光绪三十三年（1907）六月初版。上海商务印书馆印行。《袖珍小说》之一种。

馆藏商务印书馆1907年（农历）6月初版，见唐弢文库。

初版本无序跋。作品不分章节。

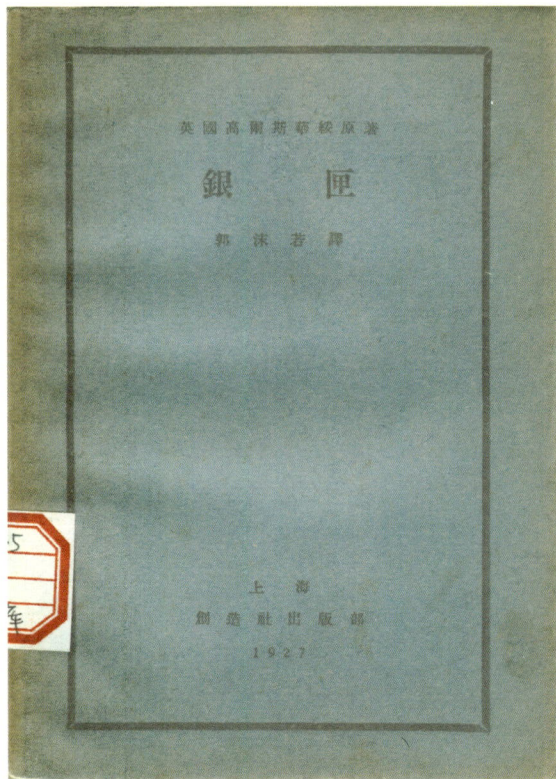

银 匣
初版本封面（18.2厘米×13.2厘米）

隐秘的爱
初版本封面（18.6厘米×12.9厘米）

戏剧。【英】高尔斯华绥著。郭沫若译。1926年4月1日付排，1927年7月1日初版，印3000册。上海创造社出版部出版。创造社《世界名著选》之三。

馆藏创造社1927年7月初版、现代书局1931年10月三版，见唐弢文库。

初版本无序跋。作品共有3幕。

小说集。【苏】高尔基著。森堡、华蒂（扉页排名为"华蒂、森堡"）译。1932年1月1日付印，20日初版。上海湖风书局出版。《世界文学名著译丛》之一种。

馆藏湖风书局1932年1月初版、复兴书局版（版权页缺失，书名为《英雄的故事》），见唐弢文库、图书大库。

初版本卷首有华蒂、森堡《译序》。正文收《隐秘的爱》、《英雄的故事》、《嘉拉莫拉》、《逸话》共4篇。

印典娜
初版本封面（18.6厘米×12.8厘米）

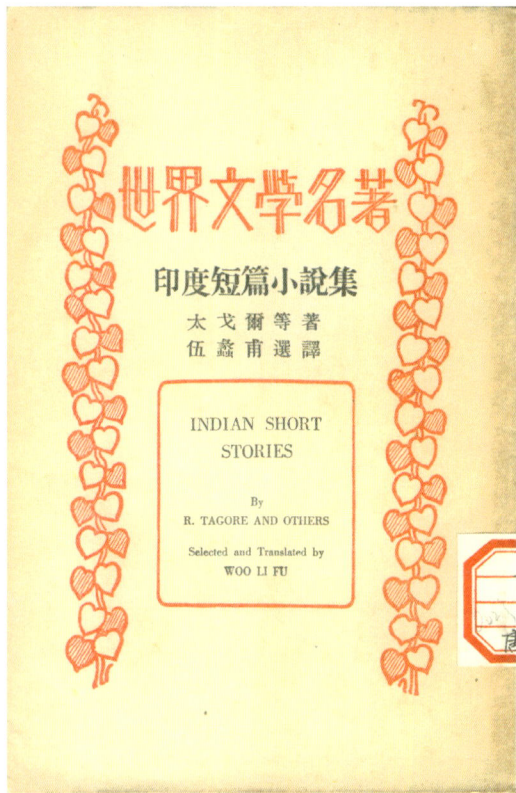

印度短篇小说集
初版本封面（19厘米×12.8厘米）

小说。【法】惹事珊著。张竞生译。民国十八年（1929）十月印刷、初版。上海世界书局印行。

馆藏世界书局1929年10月初版，见图书大库。

初版本卷首有张竞生《序》。作品共有5章。

太戈尔等著。伍蠡甫译。民国二十六年（1937）一月初版。上海商务印书馆印行。《世界文学名著》之一种。

馆藏商务印书馆1937年1月初版，见唐弢文库、图书大库。

初版本卷首有伍蠡甫《译者序》。正文收《寓言小说》、《在加尔各答路上》、《新夫妇的见面》、《无上的一夜》、《求妇》共5篇。

印度女子诗选
1934年初版本封面（17.2厘米×12.4厘米）

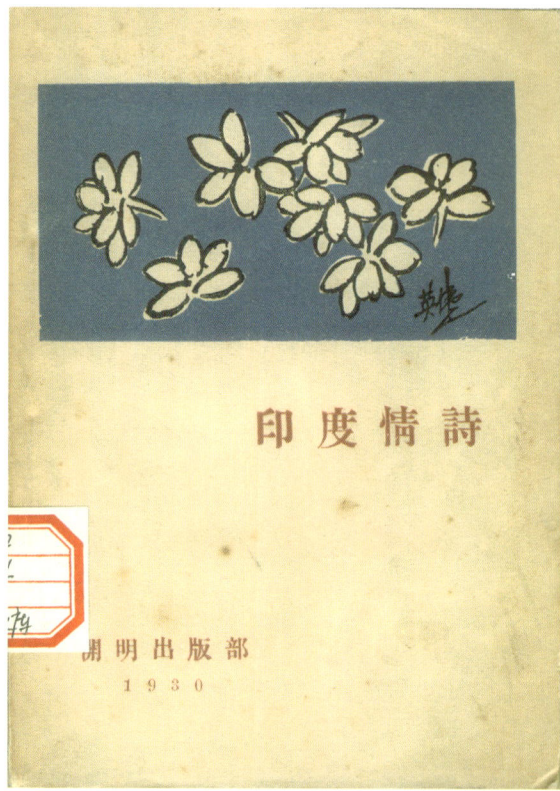

印度情诗
初版本封面（17.6厘米×12.9厘米）

揭莎等著。辜怀译。1934年1月1日初版，印1000册。女子书店印行。《女子文学丛书》、《女子文库》之一种。

馆藏女子书店1934年1月初版、1935年2月初版，见唐弢文库、薛汕文库。

初版本卷首有辜怀《〈印度女子诗选〉序》、麦克涅珂尔《导言》，卷末附有《原书分类编制存目》（译者）、《各种语言中之作家及其作品目录》、《各种语言作品之译者及其所译诗目》。《〈印度女子诗选〉序》云："这本小册，是依照牛津大学出版的《印度遗产丛书》中麦克涅珂尔夫人所编的《印度女子诗选》译出的。"

初版本分"吠陀时代"、"早期的佛教时代"、"中世纪"、"现代"四部分，收《阿悉文什颂》、《佛陀的引导》、《我心安了》、《莫求再生》、《不要悲啼》、《自在的争取》、《我现在清宁》、《自在》、《我已宽怀》、《自由的呼吸》、《善的价值》、《我们的残暴的肉体》、《无结果的勤劳》、《贤妻颂》、《我们要赞颂他的光荣》等111篇。

洛能斯何卜著。丘玉麟译。民国十九年（1930）九月初版，印1000册。开明出版部印行。汕头中华书局总经售。

馆藏开明出版部1930年9月初版，见唐弢文库、薛汕文库。

初版本卷首有玉麟《供状》。正文收《寄所思》、《被摈弃的Gypsy的歌》、《艇船歌》、《Valgovind的船歌》、《结婚思》、《珈玛的花园》、《Song by Gulbaze》、《姝娜在幽囚中》、《优黛宝之故事》、《侬若能苏醒》、《他的红宝石》、《饥荒之歌》、《马来歌》、《Lilavanti的故事》、《可人无踪》等23篇。

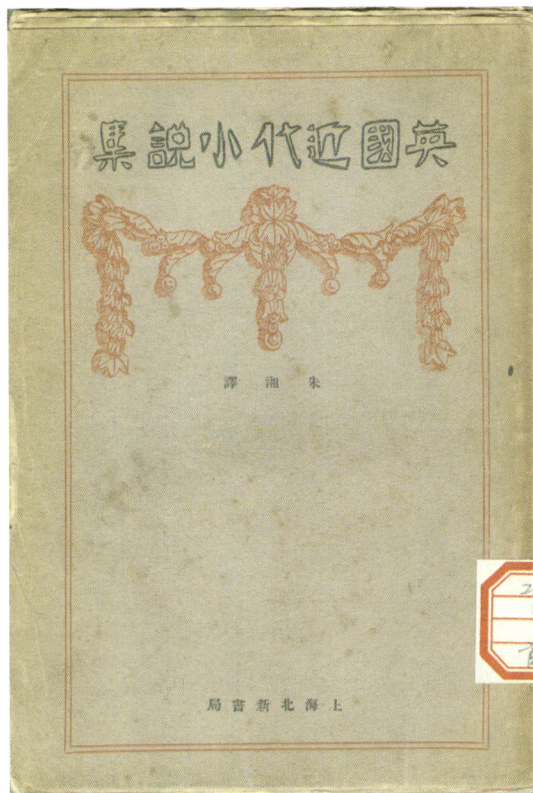

英国近代小说集
初版本封面（19.3厘米×14厘米）

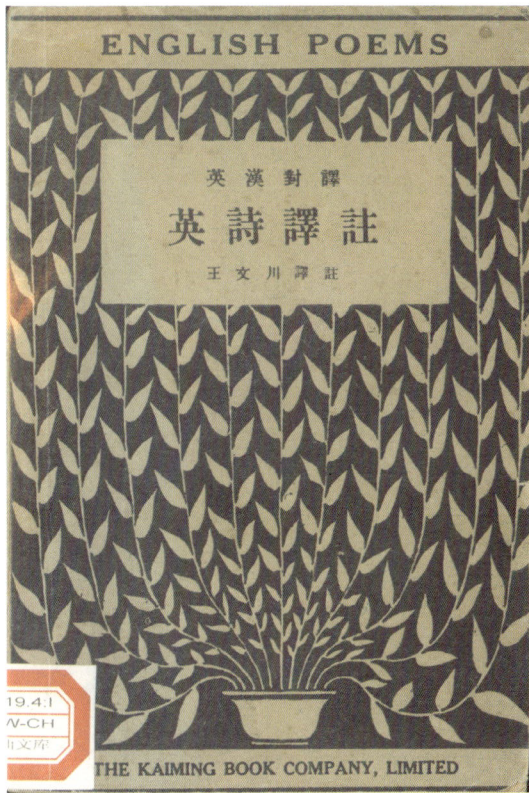

英诗译注
初版本封面（18.9厘米×13.1厘米）

扉页、目录页及正文题《英国近代短篇小说集》。怀特等著。朱湘译。1929年初版（月份不详）。上海北新书局印行。

馆藏北新书局1929年初版，见唐弢文库、图书大库。

初版本卷首有译者《序》。正文收《卫推克君的退股》、《哑的神判》、《马克汉》、《一个穷的绅士》、《猴爪》、《楼梯上》、《圣诞节的礼物》、《大班》、《孙衡的磨炼》、《稳当》共10篇。

海立克等著。王文川译注。民国二十年（1931）九月初版、发行。上海开明书店总发行。上海美成印刷公司印刷。

馆藏开明书店1931年9月初版，见王辛笛文库、薛汕文库。

本书为中英文对照。初版本无序跋。内收《"花开堪折直须折"》、《水仙》（2篇）、《我们弄里的萨莱》、《玛利莫利苏》、《不论何方》、《我的恋人像红色的蔷薇》、《我的奈尼已不在此地》、《阿富登河》、《孤独的刈者》、《卢西》（3篇）、《寄郭公》、《我的心跳跃起来》、《诗人的想像》、《悲叹》、《寄月》等46篇。

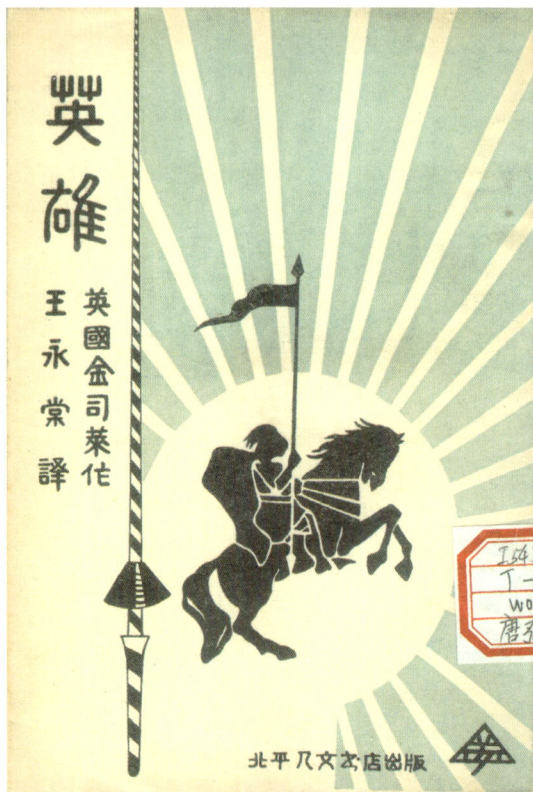

英 雄
初版本封面（18.6厘米×12.9厘米）

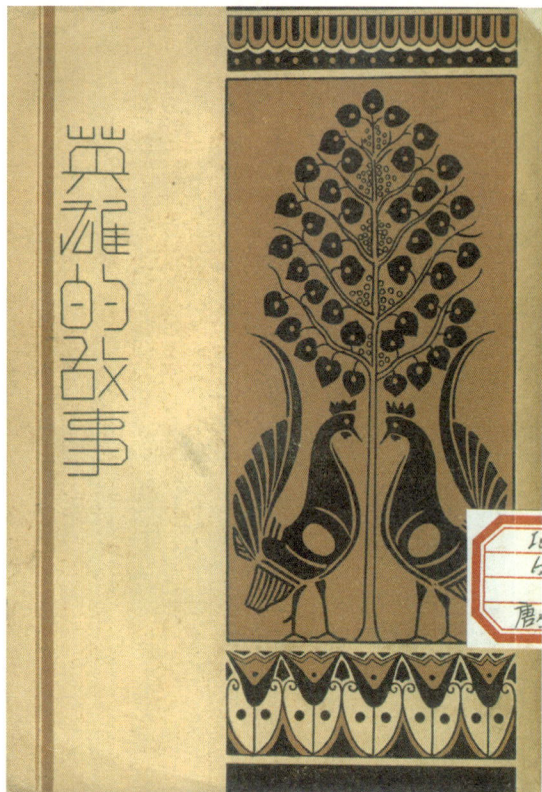

英雄的故事
初版本封面（18.5厘米×13厘米）

　　小说。【英】金司莱（扉页、版权页作"金斯莱"）著。王永棠译。民国二十一年（1932）八月出版，印1500册。北平人文书店印行。佩文斋分发行。

　　馆藏人文书店1932年8月初版，见唐弢文库、图书大库。

　　初版本卷末有王正己《读后》。作品共有6章。

　　小说集。【苏】高尔基著。华蒂译。民国二十二年（1933）十一月付印、初版。上海天马书店印行。《国际文学丛刊》之一种。

　　馆藏天马书店1933年11月初版，上海杂志公司（译者署名为"以群"）1946年6月一版、1948年7月二版、1949年8月三版，见唐弢文库、图书大库。

　　初版本卷首有译者《译序》。正文收《英雄的故事》、《嘉拉莫拉》共2篇。

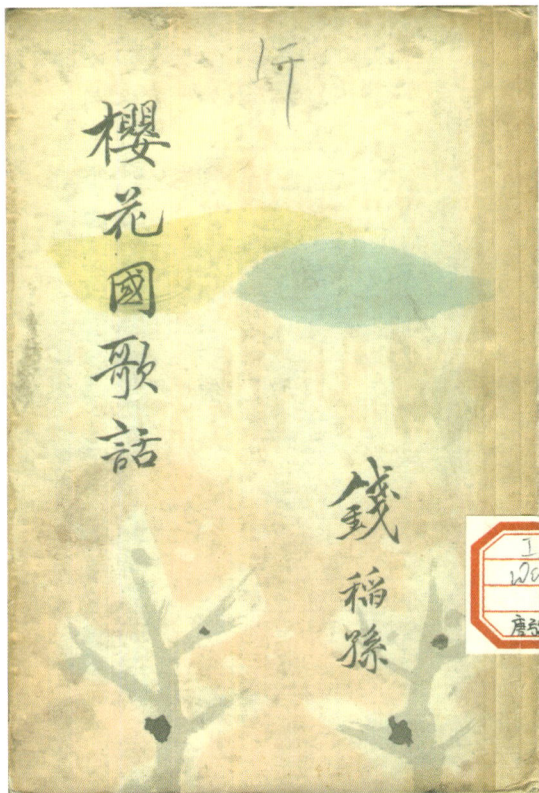

樱花国歌话
初版本封面（18.7厘米×13厘米）

樱桃园
初版本封面（18.3厘米×13.1厘米）

　　诗歌集。【日】柿本人麻吕等著。钱稻孙译注。民国三十二年（1943）三月十日印刷，十五日发行。北平中国留日同学会发行。北平新民印书馆印刷。《中国留日同学会丛书》之一种。

　　馆藏中国留日同学会1943年3月初版，见唐弢文库。

　　初版本卷首有周作人《小序》、钱稻孙《〈樱花国歌话〉引》，卷末有《跋》（译注者）。正文共收100篇，无篇名。

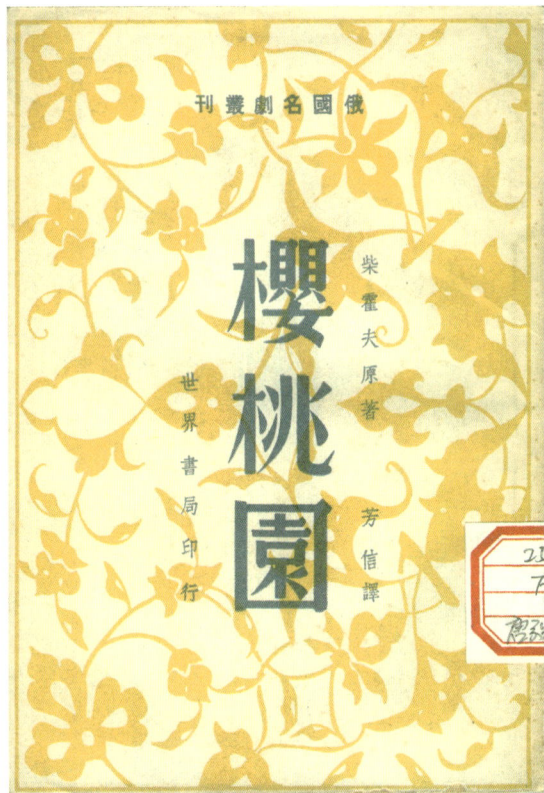

　　戏剧。【俄】柴霍夫著。芳信译。民国三十三年（1944）十一月出版。世界书局印行。《俄国名剧丛刊》之十。

　　馆藏世界书局1944年11月初版，见唐弢文库、图书大库。

　　初版本卷末有【日】米川正夫《关于柴霍夫的戏剧》。作品共有4幕。

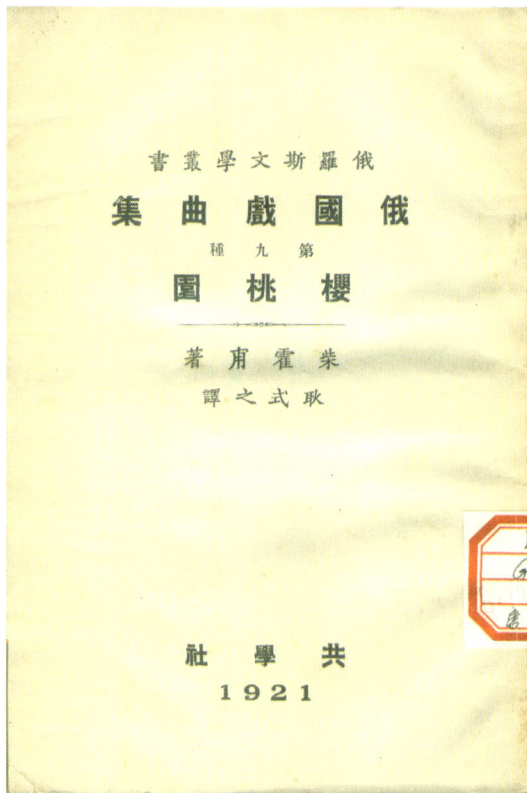

樱桃园
初版本封面（18.8厘米×13厘米）

樱桃园
初版本封面（17.9厘米×13厘米）

　　戏剧。【俄】柴霍甫著。耿式之译。民国十年（1921）四月初版。上海商务印书馆印行。《俄国戏曲集》之九，共学社《俄罗斯文学丛书》之一种。

　　馆藏商务印书馆1921年4月初版，见唐弢文库。

　　初版本无序跋。作品共有4幕。

　　戏剧。【俄】柴霍甫著。满涛译。民国二十九年（1940）七月初版。上海文化生活出版社出版、发行。文化生活印刷所印刷。巴金主编《文化生活丛刊》之二十五。

　　馆藏文化生活出版社1940年7月初版、1946年11月二版（著者译名为"契诃夫"）、1949年2月三版（著者译名为"契诃夫"），见唐弢文库、巴金文库、管桦文库、刘麟文库、秦兆阳文库、李辉英文库、图书大库。

　　初版本卷末附有【苏】K.S.史丹尼斯拉夫斯基《关于〈樱桃园〉》、《译后记》。作品共有4幕。

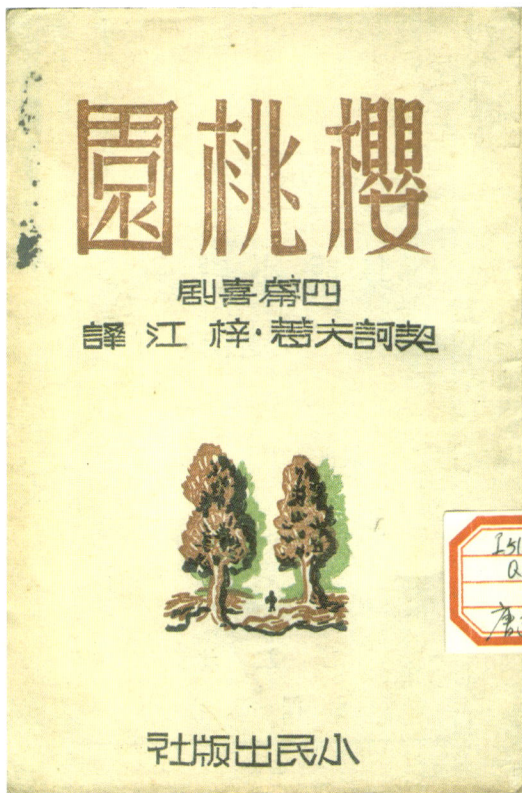

樱桃园
初版本封面（18.1厘米×12.3厘米）

鹦鹉缘三编（上、下）
初版本封面（18.3厘米×12.4厘米）

　　戏剧。【俄】契诃夫著。梓江译。民国三十五年（1946）七月十五日昆明初版，印1000册。小民出版社出版。崇文印书馆印刷。

　　馆藏小民出版社1946年7月初版，见唐弢文库、图书大库。

　　初版本卷末有安·拍·契诃夫《关于〈樱桃园〉》、【俄】克·斯·斯丹尼斯拉夫斯基《〈樱桃园〉》、梓江《译后记》及《续记》。作品共有4幕。

　　小说。【法】小仲马著。林纾、王庆通译。民国七年（1918）五月初版。上海商务印书馆印行。四集本《说部丛书》第三集之四十四。

　　馆藏商务印书馆1918年5月初版、某版（无版权页，《林译小说》第二集），见唐弢文库、王辛笛文库、图书大库。

　　初版本无序跋。作品有上册11章、下册12章，共23章。

鹰革尔夫人
初版本封面（18.8厘米×13.1厘米）

萤火集
初版本封面（19.3厘米×12.9厘米）

　　戏剧。【挪】H.易卜生著。石灵（版权页署"芳信"）译。1941年8月初版。上海金星书店印行。《易卜生剧曲（版权页为"戏曲"）全集》之一种。

　　馆藏金星书店1941年8月初版，见唐弢文库。

　　初版本卷首有威廉·阿奇《序言》。作品共有5幕。

　　诗歌集。【印】太戈尔著。余世鹏译。1929年9月9日初版。海角社出版。上海北新书局总经售。《海角社丛书》之一种。

　　馆藏海角社1929年9月初版，见唐弢文库。

　　初版本卷首有《译者小言》。正文共收253篇，无篇名。

蝇子姑娘
初版本封面（19.6厘米×13.7厘米）

永别了爱人
初版本封面（19.9厘米×13.8厘米）

书脊、扉页、目录页及版权页题《蝇子姑娘集》。小说集。【法】莫泊桑著。李青崖译。1931年8月付排，9月初版，印2000册。上海北新书局发行。《莫泊桑全集》之九。

馆藏北新书局1931年9月初版，见图书大库。

初版本无序跋。内收《蝇子姑娘》、《梦》、《那一场洗礼》、《短小的兵士》、《菘先生》、《幸福》、《野鸡小姐》、《月色》、《一个女子的漂流史》、《一场报复》、《米龙老丈》、《弃儿》、《真的故事》、《床》、《模特儿》等16篇。

小说。【意】M.Serao著。周颂棣译。1928年9月付排，11月出版，印1500册。上海光华书局印行。《世界名著选》之一种。

馆藏光华书局1928年11月初版、1929年4月二版，见唐弢文库、图书大库。

初版本卷首有《译者小序》，内云："婀娜，书里的主人翁，把她自己生活在爱的幻想里，她希望爱，找求爱，渴望着爱与被爱，但……她的爱终于没有被认识，她被他们卖了。她不得不自杀，与充塞着骗子们的世间作别，与爱永别！"

初版本有上部7章、下部5章，共12章。

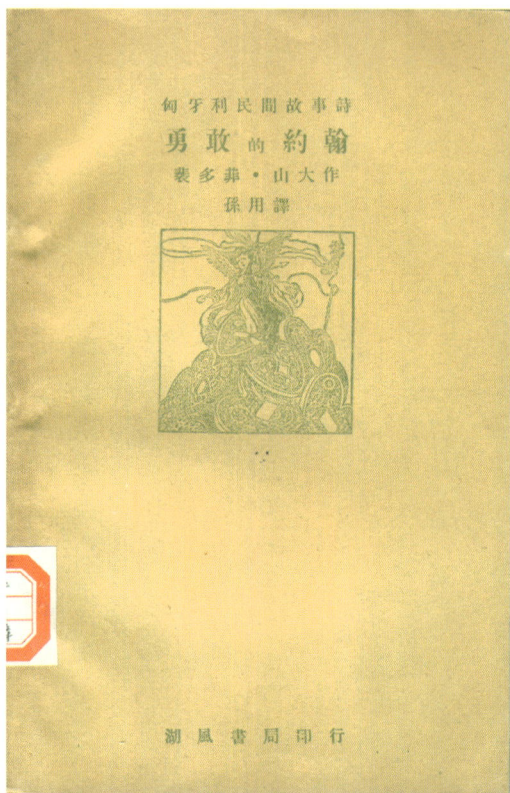

勇敢的约翰
初版本封面（22.2厘米×14.8厘米）

忧愁夫人
初版本封面（18厘米×12.6厘米）

　　诗歌。【匈】裴多菲·山大著。孙用译。1931年10月初版，印1000册。上海湖风书局印行。

　　馆藏湖风书局1931年10月初版、东南出版社1945年4月改订初版，见唐弢文库、巴金文库、薛汕文库、刘麟文库。

　　本书为匈牙利民间故事诗。湖风书局初版本卷首有【英】R.N.Bain《裴多菲·山大》，卷末有K.De Kalocsay《原译者后记》、《译后记》（孙用）、鲁迅《校后记》。作品共有27章。

　　小说。【德】H.苏德曼著。北芒译。民国三十七年（1948）十一月初版。上海国际文化服务社印行。《古典文学名著选译》之九。

　　馆藏国际文化服务社1948年11月初版，见田仲济文库。

　　初版本卷首有《献诗——给我的父母》。作品共有23章。

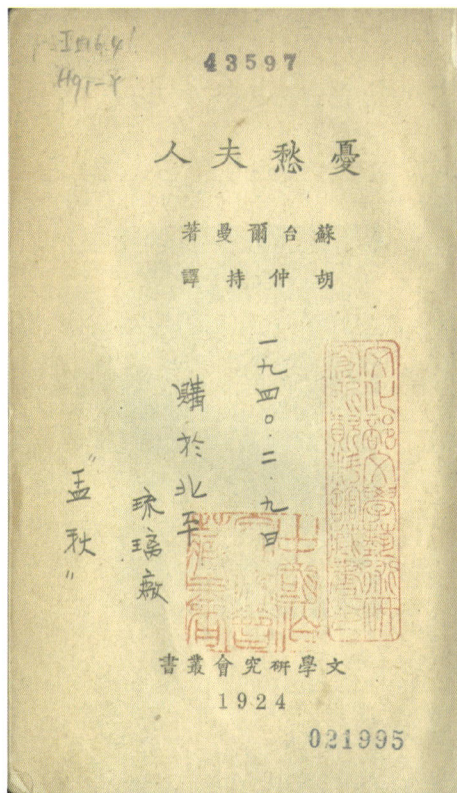

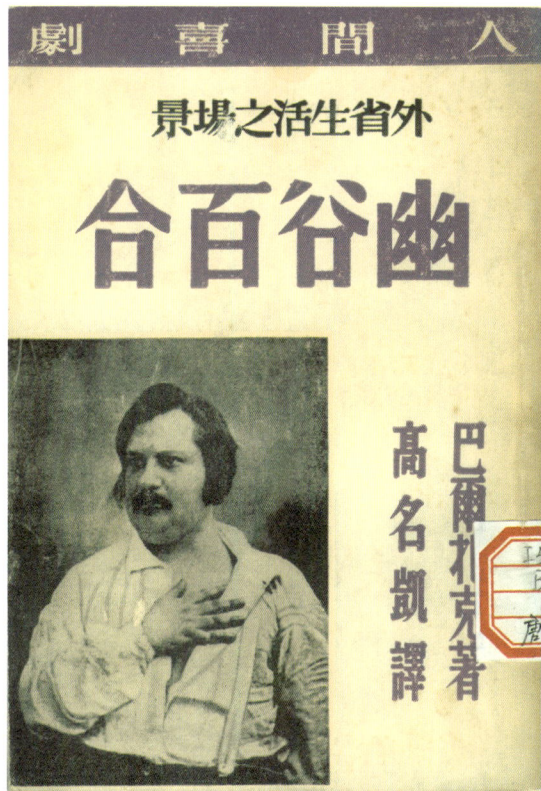

忧愁夫人
初版本扉页（封面缺失。19厘米×11.2厘米）

幽谷百合
初版本封面（18.2厘米×12.9厘米）

　　小说。【德】苏台尔曼著。胡仲持译。民国十三年（1924）十一月初版。上海商务印书馆印行。《文学研究会丛书》之一种。

　　馆藏商务印书馆1924年11月初版、某版（版权页缺失，《文学研究会丛书》）、1933年6月国难后一版，见李辉英文库、图书大库。

　　初版本卷首有《译序》、《致两亲》（著者）。作品共有23章。

　　小说。【法】巴尔扎克著。高名凯译。民国三十六年（1947）一月初版，印2000册。海燕书店出版。上海海燕·群益·云海联合发行所总经售。《人间喜剧·外省生活之场景》之一种。

　　馆藏海燕书店1947年1月初版，见唐弢文库。

　　初版本卷首有得·巴尔扎克《献给　王家医学研究院评议员拿克加尔先生》。作品除"引子"外共有4章。

幽会及其他
初版本封面（18.1厘米×12.4厘米）

小说集。【俄】契诃夫等著。黎璱等译。民国
三十二年（1943）五月初版，印2500册。桂林远东书
局印行。桂林三户图书社总经售。

馆藏远东书局1943年5月初版，见巴金文库、图书
大库。

初版本无序跋。内收《盒里的人》、《幽会》、
《舞会之后》、《驿长》、《塔曼》、《圣诞树和婚
礼》、《迷药》、《血》、《掷骰戏》共9篇。

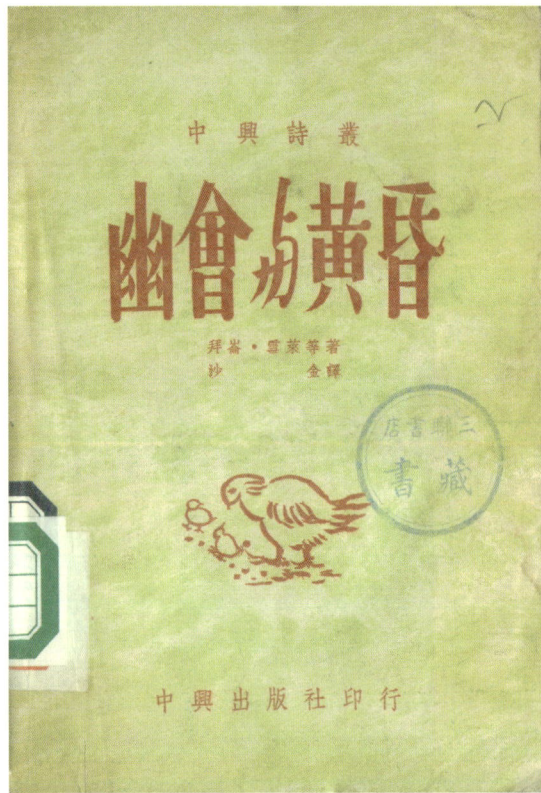

幽会与黄昏
初版本封面（17.3厘米×12.1厘米）

诗歌集。【英】W.渥滋渥斯等著。沙金译。民
国三十七年（1948）六月沪初版。上海中兴出版社印
行。《中兴诗丛》之二。

馆藏中兴出版社1948年6月初版，见图书大库。

初版本卷末有《译后记》。正文收《路茜格
蕾》、《黑女曲》、《内泊斯的少女》、《给拿破仑
一世》、《黄昏》、《麦兹快乐呀》、《母亲，我不
能照顾我底车轮》、《船主》、《幽会》、《天鹅底
窠巢的传奇》、《"快乐"》、《诗的庄严》、《三
个影子》、《风》、《可耻的死》等16篇。

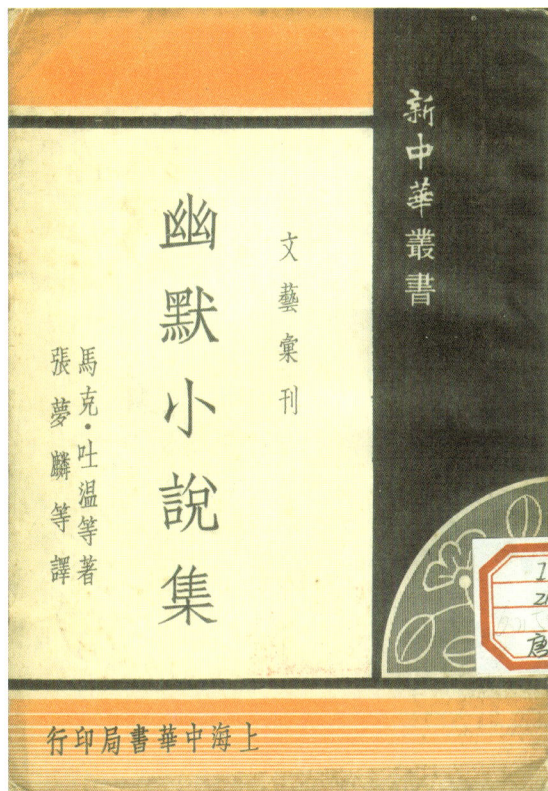

幽默小说集
初版本封面（18.7厘米×13.2厘米）

犹金妮
初版本封面（18.3厘米×12.4厘米）

　　【美】马克·吐温等著。张梦麟等译。民国
二十三年（1934）十一月印刷、发行。上海中华书局
印行。《新中华丛书·文艺汇刊》之一种。

　　馆藏中华书局1934年11月初版，见唐弢文库、图书
大库。

　　初版本卷首有钱歌川《序》。正文收《画家
之死》、《避寒地》、《航空捐》、《拿破仑的朋
友》、《失恋救济》共5篇。

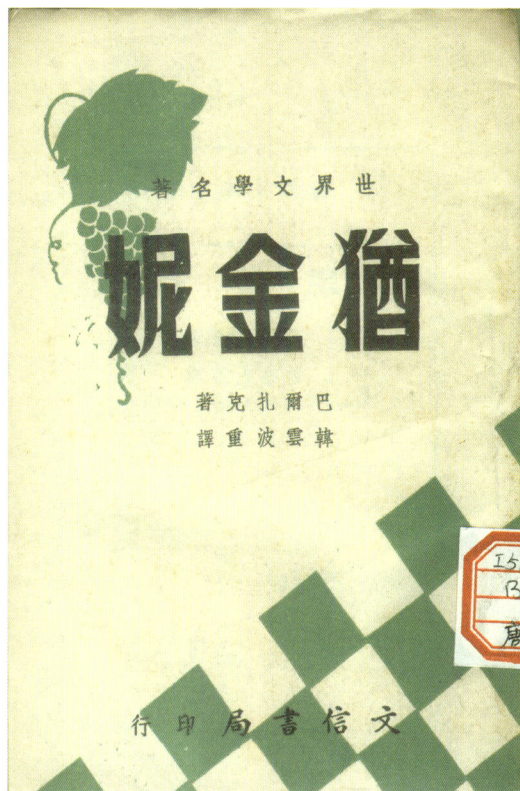

　　小说。【法】巴尔扎克著。韩云波译。民国
三十三年（1944）十二月初版。重庆文信书局印行。
联营书店经售。《世界文学名著》之一种。

　　馆藏文信书局1944年12月初版，见唐弢文库。

　　初版本卷首有韩云波《译者序》。作品不标章
次。

犹太小说集
初版本封面（18.7厘米×12.9厘米）

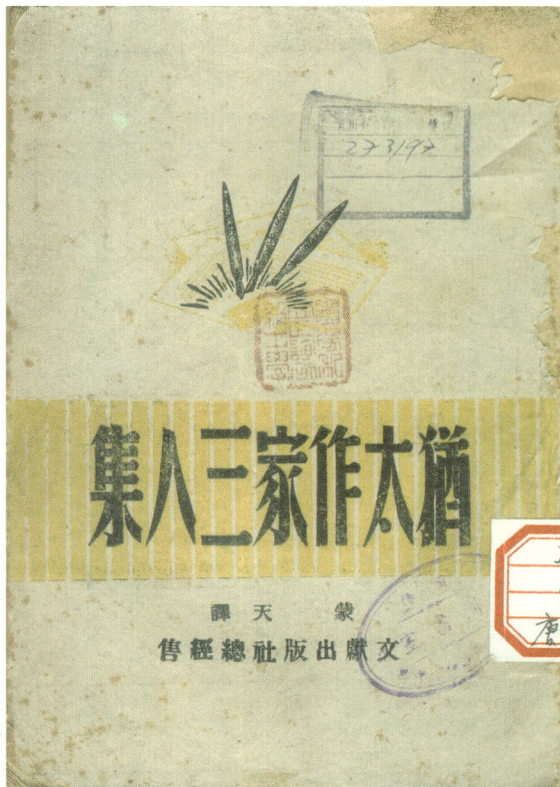

犹太作家三人集
初版本封面（17.8厘米×13.1厘米）

【俄】夏庤姆阿来汉姆等著。鲁彦译。1926年11月付印，12月出版。上海开明书店发行。《文学周报社丛书》之一种。

馆藏开明书店1926年12月初版、1927年12月二版，见唐弢文库、吴组缃文库、图书大库。

初版本卷首有鲁彦《序》。正文收《腊伯赤克》、《中学校》、《诃夏懦腊婆的奇迹》、《不幸》、《宝》、《创造女人的传说》、《灵魂》、《姊妹》、《七年好运》、《披藏谢标姆》、《又用绞首架了》、《和尔木斯与阿利曼》、《搬运夫》、《资本家的家属》共14篇。

小说集。【俄】皮内支等著。蒙天译。民国三十二年（1943）九月初版。桂林文献出版社总经售。三户印刷社印刷。

馆藏文献出版社1943年9月初版，见唐弢文库、图书大库。

初版本无序跋。内收《彭琪·赛伦特》、《电话》、《竞争者》共3篇。

犹太作家小说集
初版本封面（20.2厘米×14.8厘米）

油船"德宾特"号
初版本封面（18.3厘米×12.7厘米）

　　【苏】埃里·高尔顿等著。左海译。1949年8月初版，印4000册。上海时代出版社总经售。

　　馆藏时代出版社1949年8月初版，见唐弢文库、胡风文库。

　　初版本卷首有伐西里·葛洛斯曼《序》。正文收《吉列尔公公和他的外孙》、《房客》、《运水夫》、《摩里雅·鲍勃利克》、《死掉的孩子的床畔》、《米拉婆婆》、《在门边》、《纪念的蜡烛》共8篇。

　　小说。【苏】克雷莫夫著。曹靖华译。民国三十年（1941）九月初版。文学书店印行。《文学月报丛书》之一。

　　馆藏文学书店1941年9月初版，读书出版社同年11月渝初版、1947年4月四版，新光书店1943年2月三版，见唐弢文库、孔罗荪文库、图书大库。

　　文学书店初版本无序跋。作品共有8章。

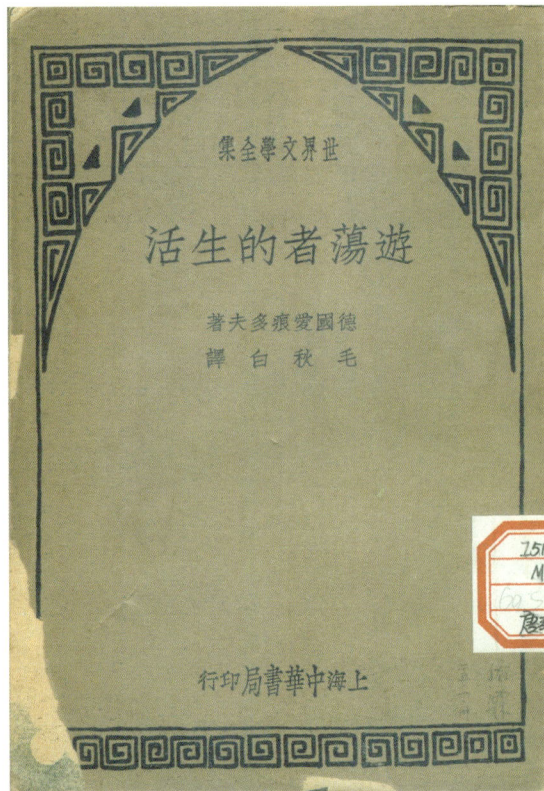

游荡者的生活
初版本封面（18.6厘米×13.2厘米）

游击队员范思加
初版本封面（18.2厘米×12.5厘米）

　　小说。【德】爱痕多夫著。毛秋白译。民国二十四年（1935）二月印刷、发行。上海中华书局印行。《世界文学全集》之一种。

　　馆藏中华书局1935年2月初版、1938年10月二版，见唐弢文库、图书大库。

　　初版本卷首有译者《序》。作品共有10章。

　　小说。【苏】弗兰欧门著。荃麟译。民国三十年（1941）七月初版。桂林文献出版社出版、发行。科学印刷厂印刷。桂林科学书店总经售。《翻译丛书》之一。

　　馆藏文献出版社1941年7月初版，见唐弢文库。

　　初版本无序跋。作品共有10章。

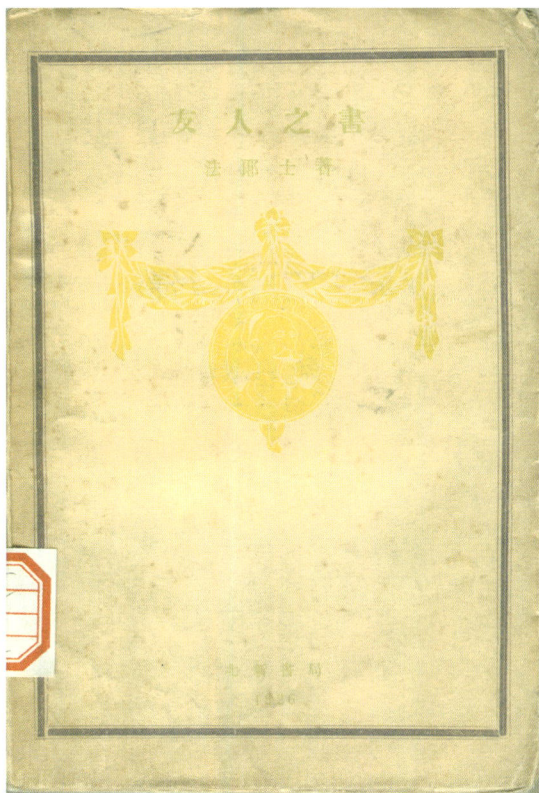

友人之书
初版本封面（19.8厘米×13.9厘米）

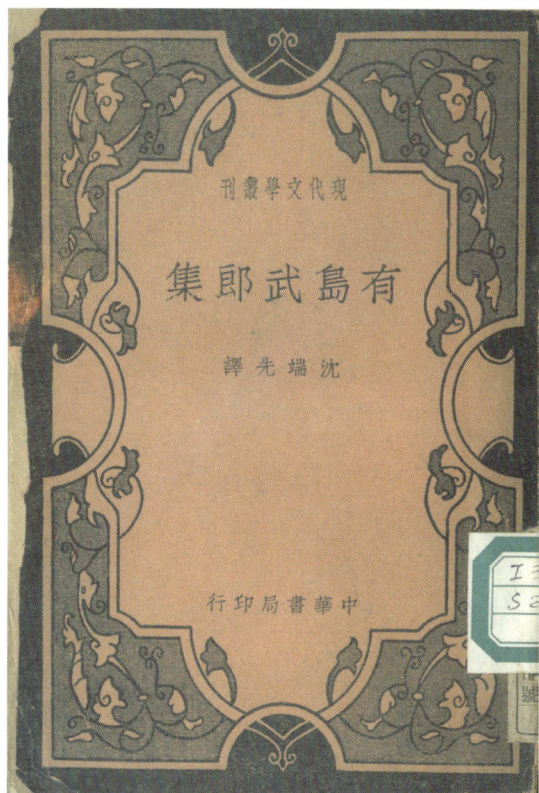

有岛武郎集
初版本封面（18.7厘米×13.2厘米）

　　小说。【法】法郎士著。金满成译。1926年12月出版，印2000册。北新书局发行。

　　馆藏北新书局1926年12月初版、1927年2月二版，见唐弢文库、图书大库。

　　初版本卷首有《法郎士传》（译者）、《绪言》（译者）、《原序》（著者）。《绪言》云："法郎士要写他自己童年的回忆，不愿意用自己的名字，因此借用了彼来〈莱〉·罗页耳（Pierre Noziere）一个假名，就说此人是他的朋友，遂名其书曰《友人之书》。其实书中的事，就是他自己的事。"

　　初版本有第一部《彼莱之书》2章、第二部《许查伦之书》3章，共5章。

　　小说集。【日】有岛武郎著。沈端先译。民国二十四年（1935）二月印刷、发行。上海中华书局印行。《现代文学丛刊》之一种。

　　馆藏中华书局1935年2月初版、某版（版权页未记出版时间及版次，《现代文学丛刊》），见图书大库。

　　初版本无序跋。内收《该隐的末裔》、《出生的烦恼》共2篇。

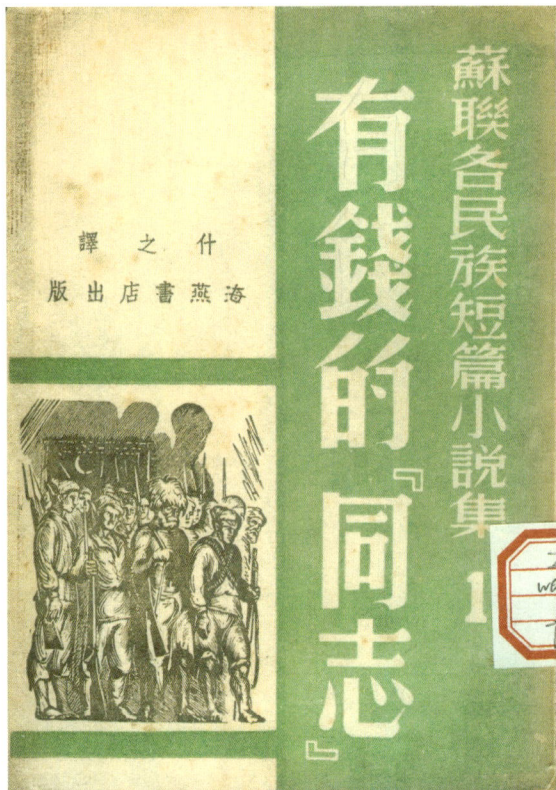

有钱的 "同志"
初版本封面（18厘米×13.2厘米）

小说集。【苏】L.毕尔伏马伊斯基等著。什之译。民国二十九年（1940）九月出版。香港海燕书店出版。《苏联各民族短篇小说集》之一。

馆藏海燕书店1940年9月初版、1949年8月新一版，见唐弢文库、图书大库。

初版本无序跋。内收《在一九一九年》、《宾呼斯·莫佳的伞》、《格里哥尔》、《支票》、《有钱的"同志"》、《现成的纪事》、《老妇米尼皮克的悲哀》、《柱子……柱子上挂根绳子》、《母亲》、《第二号房间》、《上绞刑架》共11篇。

幼 年
初版本封面（18.2厘米×12.9厘米）

回忆录。【俄】L.托尔斯泰著。刘盛亚译。民国三十一年（1942）十一月初版。大时代书局出版、发行。大时代印刷所印刷。马耳主编《世界文艺（扉页为"文学"）名著译丛》之二。

馆藏大时代书局1942年11月初版，见唐弢文库。

初版本卷末有《译后附记》。作品有第一部《幼年》9章、第二部《童年》8章、第三部《少年》13章，共30章。

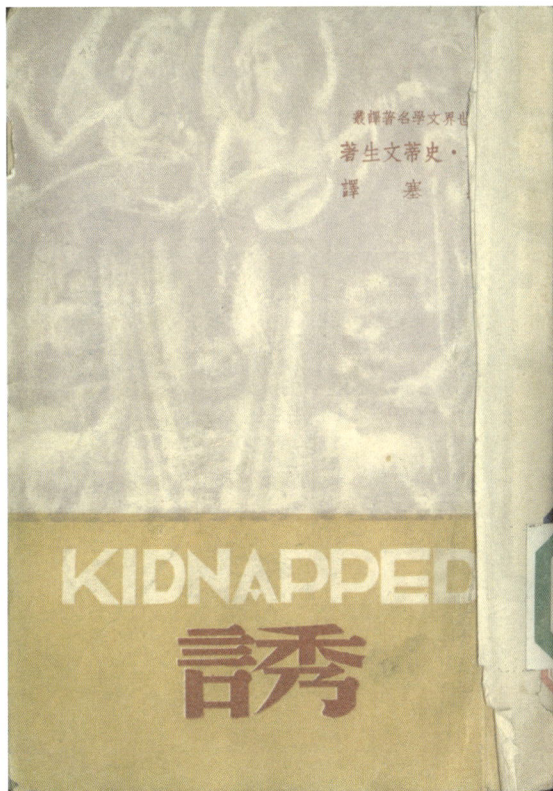

诱
初版本封面（17.9厘米×12.9厘米）

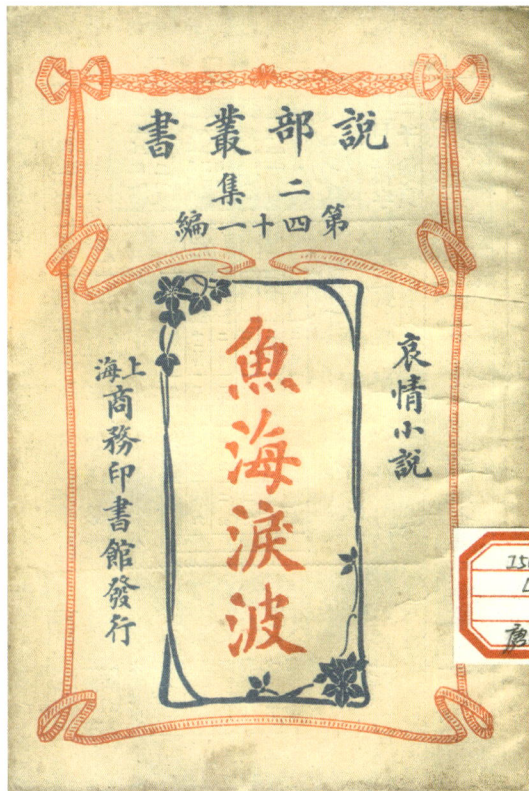

鱼海泪波
初版本封面（18.6厘米×12.8厘米）

小说。【英】史蒂文生著。罗塞译。民国三十八年（1949）一月初版、发行，印1500册。正风出版社总发行。联营书店分发行。《正风世界文学名著译丛》之一种。

馆藏正风出版社1949年1月初版，见图书大库。

初版本卷首有罗塞《译序》、R.L.史蒂文生《献言》。《译序》云："在原书中，题名下还有这样一段注解，现在照译在这里：'《诱拐》，是戴维巴福的历险记，写他怎样的被诱拐与被送出海去；他在一个荒岛上的受苦；他在西部高原的旅行；他与亚伦布吕克斯蒂华[与]及其他劣迹昭著的高原的茹科贝特的认识；以及一切他的奸诈的伯父，萧斯的依贝奈塞所给他的苦难。这书是他自己写的，现在是由R.L.史蒂文生来呈在大家的面前。'"

初版本共有30章。

小说。【法】辟尼略坻（正文作"辟厄略坻"）著。林纾、王庆通译。民国四年（1915）七月二十二日印刷，八月十四日初版、发行。上海商务印书馆印行。四集本《说部丛书》第二集之四十一。

馆藏商务印书馆1915年8月初版、某版（无版权页，《林译小说》第二集），见唐弢文库、图书大库。

本书为哀情小说。初版本无序跋。作品共有5章。

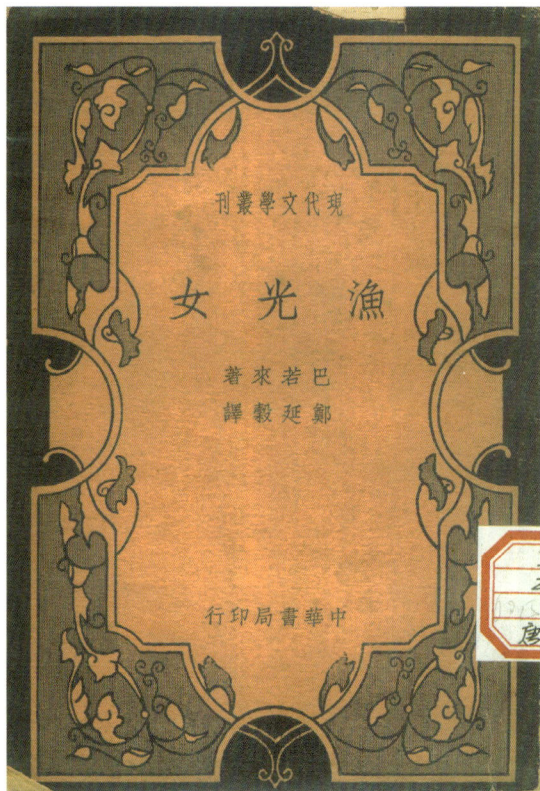

渔光女
初版本封面（18.5厘米×13.1厘米）

隅 屋（上、下）
初版本封面（18.4厘米×12.6厘米）

　　戏剧。【法】巴若来著。郑延谷译。民国二十五年（1936）八月印刷、发行。上海中华书局印行。《现代文学丛刊》之一种。

　　馆藏中华书局1936年8月初版，见唐弢文库、图书大库。

　　初版本卷首有郑延谷《序》。作品共有3幕。

　　小说。著者不详。瞿宣颖编译。民国九年（1920）六月初版。上海商务印书馆印行。四集本《说部丛书》第三集之九十八。

　　馆藏商务印书馆1920年6月初版，见唐弢文库。

　　初版本无序跋。作品有卷上28章、卷下31章，共59章（正文误标为61章）。

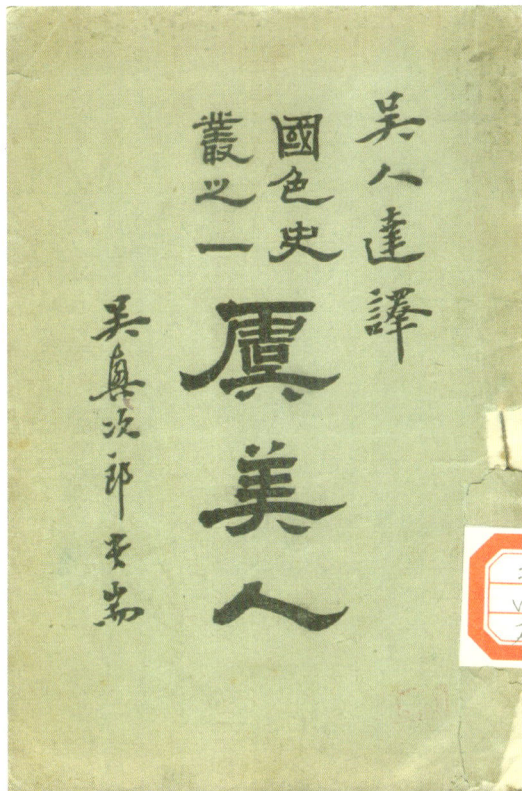

虞美人
初版本封面（18.6厘米×12.6厘米）

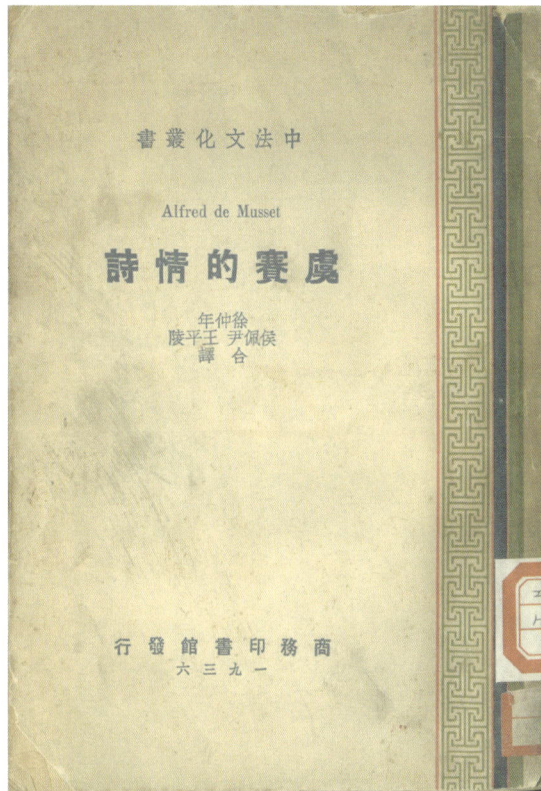

虞赛的情诗
初版本封面（21.3厘米×15.1厘米）

　　小说。【日】宫崎来城著。吴人达译。光绪三十二年（1906）十月印刷、出版。出版者不详。日本神田活版所印刷。上海时中书局总代售。《国色史丛》之一。

　　馆藏1906年（农历）10月初版，见唐弢文库。

　　初版本卷首有吴人达《叙》。作品共有13章。

　　诗歌集。【法】虞赛著。徐仲年等译。民国二十五年（1936）八月初版。上海商务印书馆印行。《中法文化丛书》之一种。

　　馆藏商务印书馆1936年8月初版，见唐弢文库、薛汕文库、图书大库。

　　初版本卷首有徐仲年等《导言》，卷末附有【德】F.Gregh《浪漫派诗人的爱情色彩》。正文收《歌》、《五月之夜》、《十二月之夜》、《八月之夜》、《十月之夜》、《寄希望于上帝》、《悲哀》、《回忆》共8篇。

玉虫缘
初版本封面（19.1厘米×13厘米）

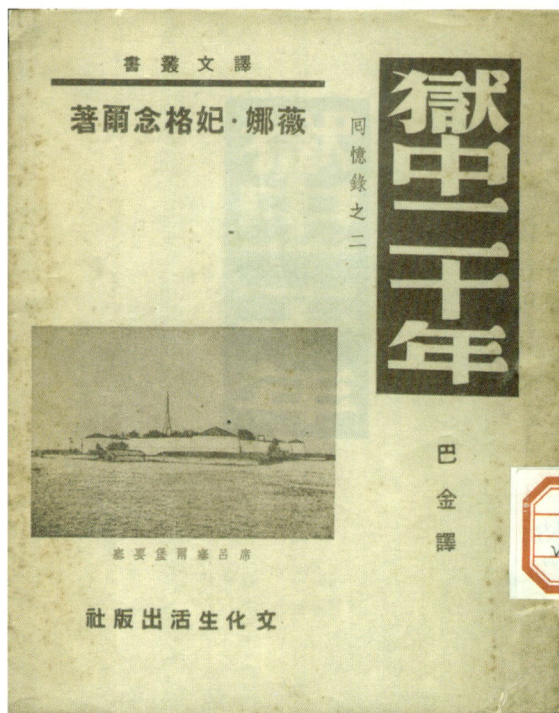

狱中二十年
初版本封面（18.1厘米×14.7厘米）

原名《金之甲虫》。小说。【美】安介坡著。碧罗译。乙巳（1905）五月初版。日本翔鸾社印刷。上海小说林社发行。

馆藏翔鸾社1905年（农历）5月初版、小说林社1906年（农历）4月二版、文盛堂书局1936年九版，见唐弢文库、图书大库。

初版本卷首有萍云《绪言》、译者《例言》，卷末有《附识》（译者）、初我《附叙》。作品不分章节。

一名《生命的钟停了的时候》。回忆录。【俄】薇娜·妃格念尔著。巴金译。民国三十八年（1949）二月初版。文化生活出版社印行。《译文丛书》之一种。

馆藏文化生活出版社1949年2月初版，见唐弢文库、巴金文库、汝龙文库、图书大库。

初版本卷首有妃格念尔《自序》，卷末有巴金《后记》。《后记》云："一九二七年我曾发愿要把俄国革命者薇娜·妃格念尔的《回忆录》全部译成中文。……第二卷是作者的'狱中记'。作者在一八八三年初被捕，到一九〇四年十月出狱，她一共在监狱里住了二十二年。"

初版本共有31章。

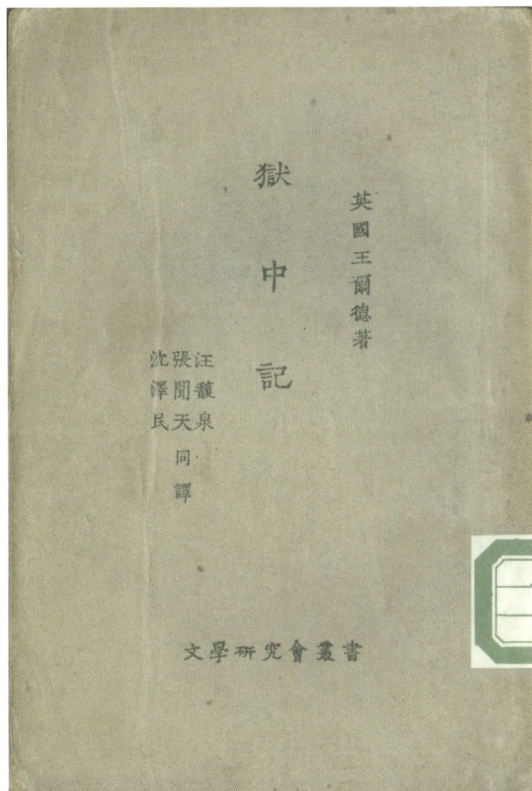

狱中记
初版本封面（18.9厘米×13厘米）

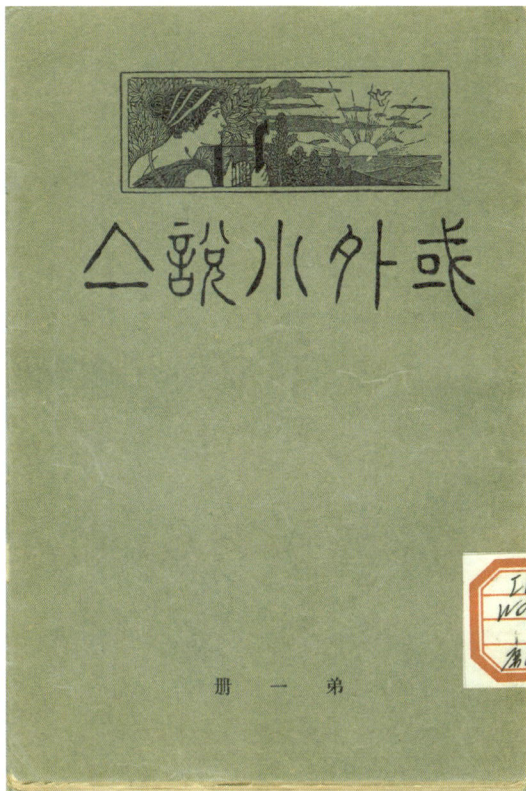

域外小说集（一、二）
初版本封面（18.9厘米×13.3厘米）

　　诗歌散文集。【英】王尔德著。张闻天等译。民国十一年（1922）十二月初版。上海商务印书馆印行。《文学研究会丛书》之一种。

　　馆藏商务印书馆1922年12月初版、1932年7月国难后一版，见图书大库。

　　初版本卷首有田汉《致张闻天兄书》、闻天及馥泉《王尔德介绍》、罗勃脱·洛士《序》。正文收《狱中记》、《莱顿监狱的歌》共2篇。

　　【波兰】显克微支等著。周作人、周树人译。己酉（1909）二月十一日、六月十一日印成。译者自刊。日本东京神田印刷所印刷。上海广昌隆绸庄总寄售。

　　馆藏1909年（农历）2、6月初版，群益书社（增订本全一册）1921年版、1924年版、1929年版，中华书局（增订本全一册）某版（版权页缺失，《现代文学丛刊》）、1940年11月三版，见唐弢文库、巴金文库、艾芜文库、毕朔望文库、端木蕻良文库、侯金镜文库、胡风文库、汝龙文库、李辉英文库、姚雪垠文库、图书大库。

　　初版本每册卷首有《序言》、《略例》，卷末有《杂识》。《略例》云："集中所录，以近世小品为多，后当渐及十九世纪以前名作。又以近世文潮，北欧最盛，故采译自有偏至；惟累卷既多，则以次及南欧暨泰东诸邦，使符'域外'一言之实。"

　　初版本全书正文收《乐人扬珂》、《戚施》、《塞外》、《邂逅》、《漫》、《默》（2篇）、《安乐王子》、《先驱》、《月夜》、《不辰》、《摩诃末翁》、《天使》、《镫台守》、《四日》、《一文钱》共16篇。

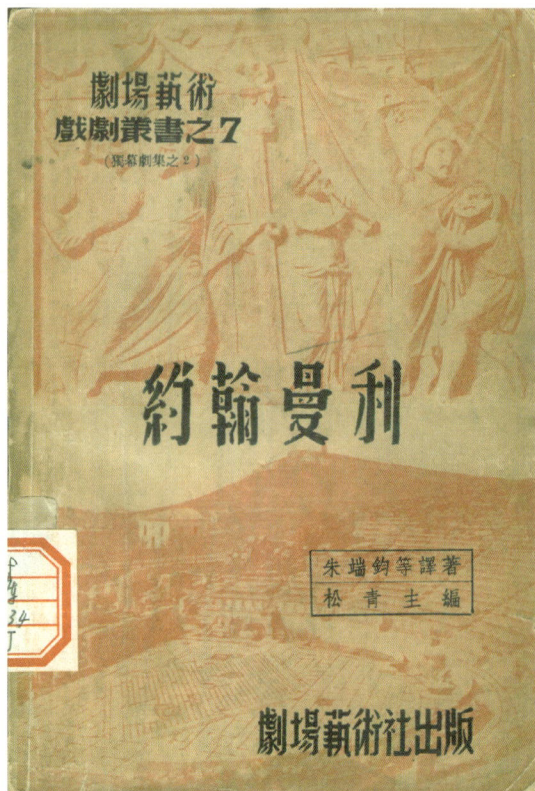

约翰曼利
初版本封面（18.2厘米×12.8厘米）

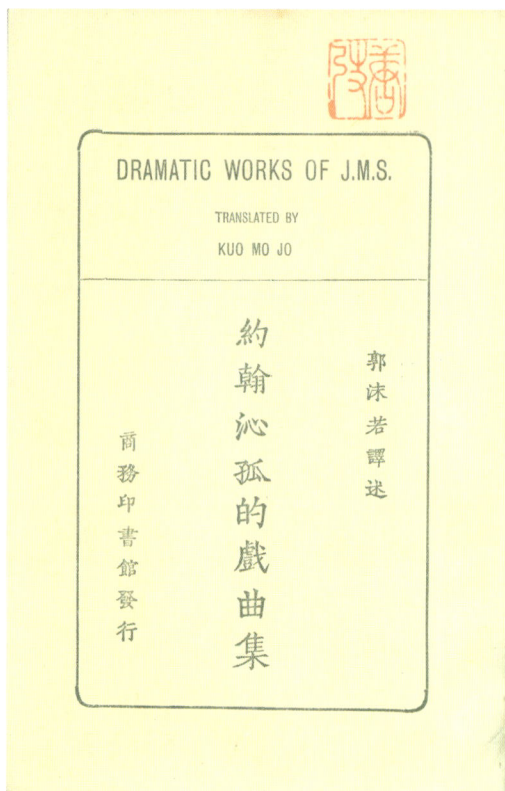

约翰沁孤的戏曲集
初版本扉页（精装本封面无书名。18.5厘米×12.2厘米）

戏剧集。【苏】雅罗涅尔等著。冰之等译。民国二十九年（1940）八月初版。上海剧场艺术出版社出版。上海光明书局总经售。松青主编《〈剧场艺术〉戏剧丛书》之七、《独幕剧集》之二。

馆藏剧场艺术出版社1940年8月初版，见巴金文库。

初版本卷首有松青《呈献（代序）》。正文除汉语创作1篇外收《古堡之暮》、《约翰曼利》、《佳偶天成》、《一个房间》、《处女的心》、《幻灭》共6篇译作。

【爱尔兰】约翰沁孤著。郭沫若译。民国十五年（1926）二月初版。上海商务印书馆印行。

馆藏商务印书馆1926年2月初版、某版（版权页缺失，译者署名为"郭鼎堂"），见唐弢文库、胡风文库、图书大库。

初版本卷首有《译后》。正文收《悲哀之戴黛儿》、《西域的健儿》、《补锅匠的婚礼》、《圣泉》、《骑马下海的人》、《谷中的暗影》共6篇。

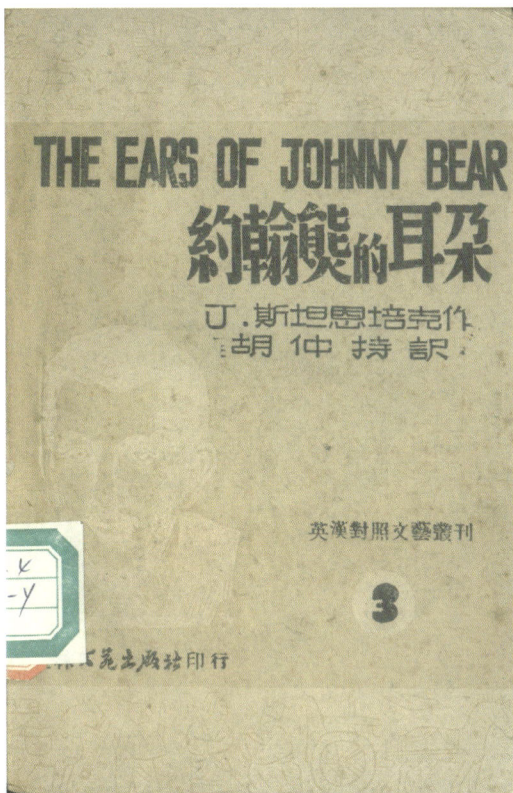

约翰熊的耳朵
初版本封面（18.1厘米×12.1厘米）

约 会
初版本封面（17.4厘米×12.3厘米）

　　小说。【美】J.斯坦恩培克著。胡仲持译。民国
三十三年（1944）元月初版，印3000册。桂林文苑出
版社印行。胡仲持主编《英汉对照文艺丛刊》之三。
　　馆藏文苑出版社1944年1月初版，见图书大库。
　　初版本卷首有译者《前记》。作品不分章节。

　　小说集。【德】苏德曼等著。席涤尘译。民国
十九年（1930）十一月初版。上海金马书堂印行。
　　馆藏金马书堂1930年11月初版，见唐弢文库。
　　本书为《欧洲短篇小说选集》。初版本无序跋。
内收《除夜的忏悔》、《爱神》、《约会》、《流浪
的歌人》、《礁河》、《可汗和他的儿子的故事》、
《一个难堪的境地》共7篇。

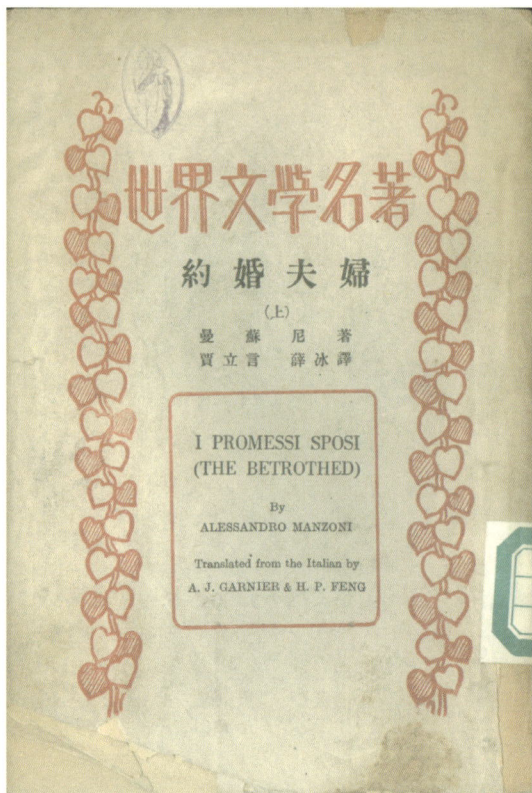

约婚夫妇（上、中、下）
初版本封面（18厘米×12.6厘米）

小说。【意】曼苏尼著。贾立言、薛冰译。民国二十四年（1935）八月初版。上海商务印书馆印行。《世界文学名著》之一种。

馆藏商务印书馆1935年8月初版，见图书大库。

初版本上册卷首有《亚历山大曼苏尼评传》。作品有上册11章、中册13章、下册14章，共38章。

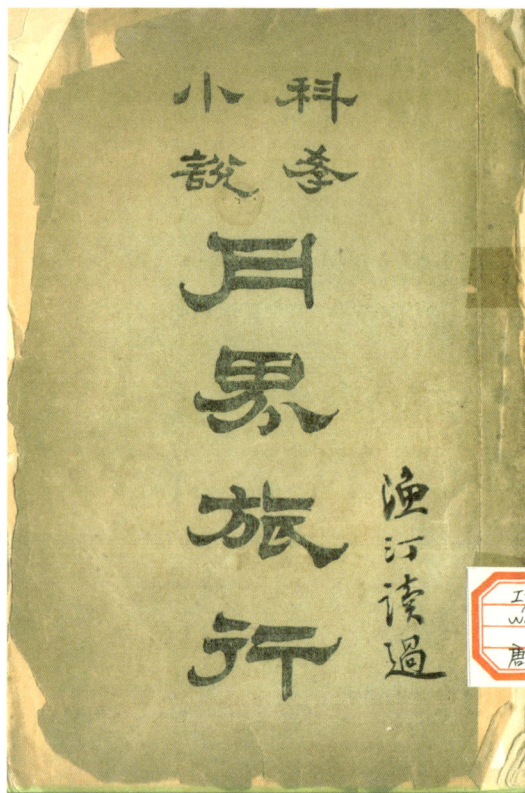

月界旅行
初版本封面（22.3厘米×14.8厘米）

小说。【美】培伦著。中国教育普及社（正文署"进化社"）译。光绪二十九年（1903）十月十一日印刷，十五日发行。进化社发行。日本东京翔鸾社印刷。

馆藏进化社1903年（农历）10月初版，见唐弢文库。

本书为科学小说。初版本卷首有译者《〈月界旅行〉辨言》，内云："《月界旅行》原书，为日本井上勤氏译本，凡二十八章，例若杂记。今截长补短，得十四回。……书名原属'自地球至月球在九十七小时二十分间'意，今亦简略之曰《月界旅行》。"

初版本共有14回。

月亮下去了
初版本封面（16.9厘米×11.8厘米）

月亮下去了
良友复兴图书公司初版本封面（16.6厘米×11.6厘米）

　　小说。【美】斯坦恩倍克著。胡仲持译。民国三十二年（1943）四月初版、发行。上海开明书店印行。

　　馆藏开明书店1943年4月初版，见胡风文库、图书大库。

　　初版本卷首有译者《前记》，内云："这部小说描写着欧洲一个沦陷区里的人民在极端困苦的环境中间，对侵略者的抗战。"

　　初版本不标章次。

　　小说。【美】斯坦培克著。赵家璧译。1943年4月桂林初版。桂林良友复兴图书印刷公司印行。赵家璧编辑《良友文学丛书》之四十一。

　　馆藏良友复兴图书印刷公司1943年4月初版，晨光出版公司（著者译名为"斯坦贝克"）1947年6月初版、同年8月二版、1949年4月三版，见唐弢文库、图书大库。

　　良友复兴图书印刷公司初版本卷首有《译者的话》，内云："本书完成于一九四二年，离北欧被希特勒所侵占已近一年余。写当地某一小城市被轴心军'和平'占领的故事。"

　　初版本共有8章。

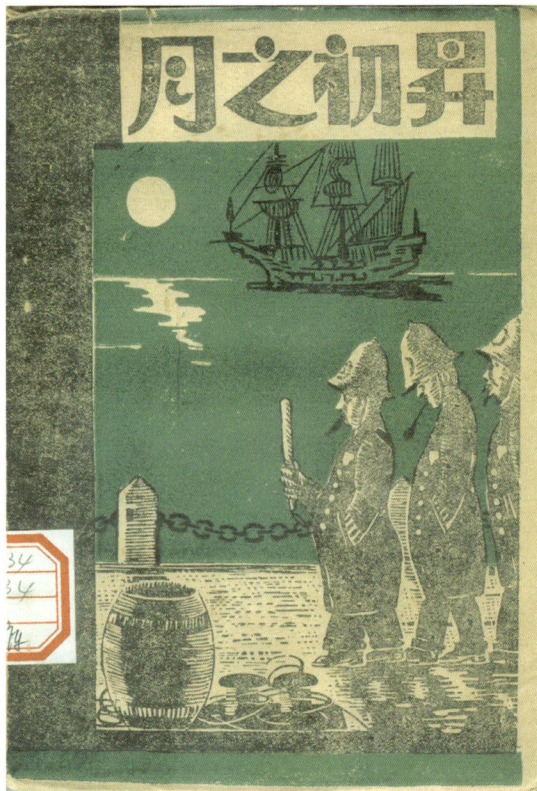

月之初升
初版本封面（18.6厘米×13.2厘米）

戏剧集。【爱尔兰】闺阁丽著。黄药眠译。1929年5月初版，印1500册。上海文献书房出版。

馆藏文献书房1929年5月初版，见唐弢文库。

初版本卷首有《序》（译者）。正文收《监狱门前》、《月之初升》、《启厄新斯黑尔福》、《旅行人》、《谣传》、《贫民院的病室》、《乌鸦》共7篇。

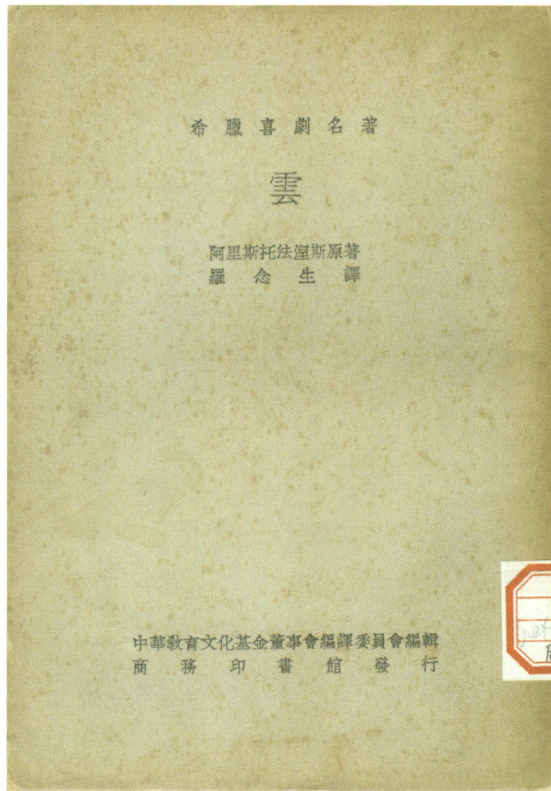

希臘喜劇名著
雲
阿里斯托法涅斯原著
羅念生譯
中華教育文化基金董事會編譯委員會編輯
商務印書館發行

云
初版本封面（21.2厘米×15.2厘米）

戏剧。【古希腊】阿里斯托法涅斯著，【美】福尔曼编。罗念生译。民国二十七年（1938）五月初版。长沙商务印书馆印行。中华教育文化基金董事会编译委员会编辑《希腊喜剧名著》之一种。

馆藏商务印书馆1938年5月初版、1939年10月二版，见唐弢文库、艾芜文库、李辉英文库、阳翰笙文库。

初版本卷首有罗念生《译者序》、《插图表》、《编者的引言》（节译），卷末附有《希腊文译音表》、《译文里的专名词表》、《抄本版本与译本》。作品有5场，另有《开场白》、《合唱》、《插剧》2场、《歌》3支、《退场》，共13幕。

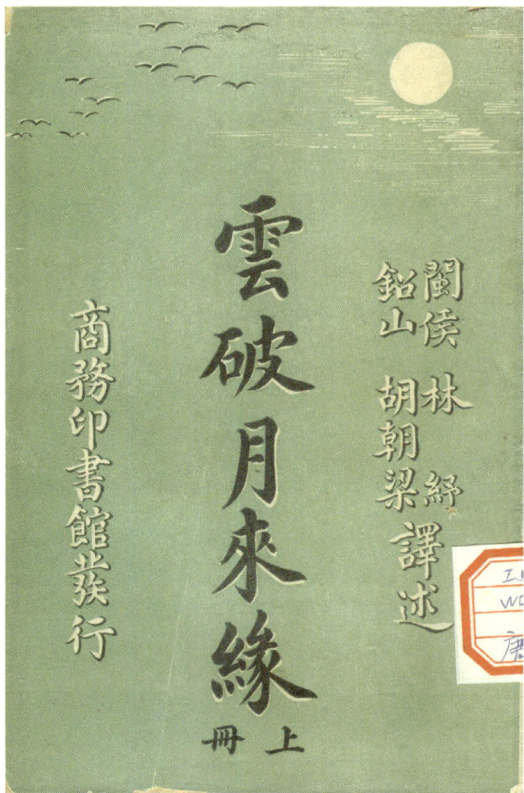

云破月来缘（上、下）
初版本封面（18.7厘米×12.7厘米）

运油船德本号
初版本封面（18.3厘米×12.7厘米）

　　小说。【英】鹡刚伟著。林纾、胡朝梁译。民国五年（1916）十一月初版。上海商务印书馆印行。

　　馆藏商务印书馆1916年11月初版，见唐弢文库。

　　初版本上册卷首有畏庐《序》。作品有上册8章、下册7章，共15章。

　　小说。【苏】尤里·克莱莫夫著。白明译。民国二十九年（1940）七月初版。重庆大时代书局出版、发行。大时代印刷所印刷。

　　馆藏大时代书局1940年7月初版，见图书大库。

　　初版本卷首有国际文学编者《关于作者》。作品共有5章。

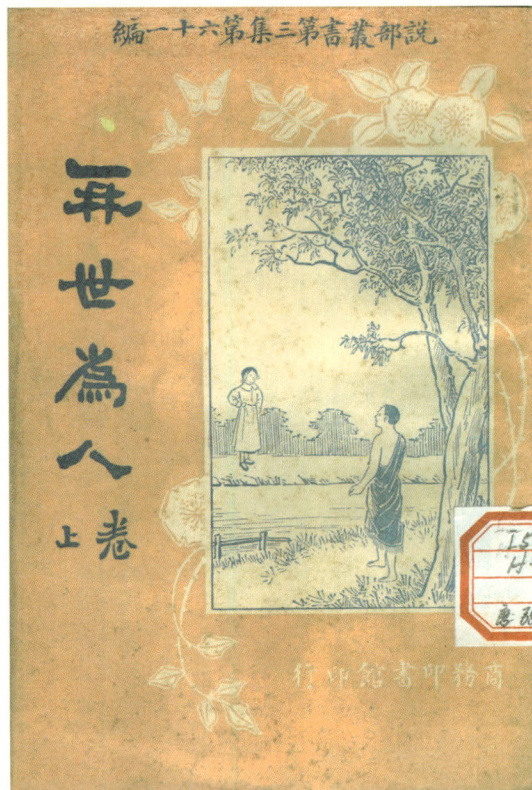

再和我接个吻
初版本封面（12.8厘米×19.5厘米）

再世为人（上、下）
初版本封面（18.3厘米×12.6厘米）

　　小说。【日】菊池宽著。鸬鹚子译。民国十七年（1928）六月一日印刷，九月一日发行，印1000册。译者自刊。上海国光印书局印刷。上海联益贸易公司、商务印书馆寄售。

　　馆藏1928年9月初版、1936年1月校正三版（译者署名为"葛祖兰"），见唐弢文库。

　　初版本卷首有译者《开场白》，卷末有译者《尾声》。作品共有14章。

　　小说。【英】汤姆格伦著。何世枚译。民国八年（1919）一月初版。上海商务印书馆印行。四集本《说部丛书》第三集之六十一。

　　馆藏商务印书馆1919年1月初版，见唐弢文库。

　　初版本无序跋。作品有卷上9章、卷下8章，共17章。

在布拉格的栗树下
初版本封面（17厘米×12.3厘米）

在布拉格栗树下
初版本封面（20.2厘米×14.7厘米）

　　戏剧。【苏】西蒙诺夫著。叶至美译。1949年9月初版。上海开明书店印行。《开明文艺译丛》之一种。

　　馆藏开明书店1949年9月初版，见唐弢文库、巴金文库。

　　初版本无序跋。作品共有4幕。

　　戏剧。【苏】西蒙诺夫著。朱惠译。1949年8月初版，印4000册。上海时代出版社总经售。

　　馆藏时代出版社1949年8月初版，见唐弢文库、胡风文库。

　　初版本无序跋。作品共有4幕。

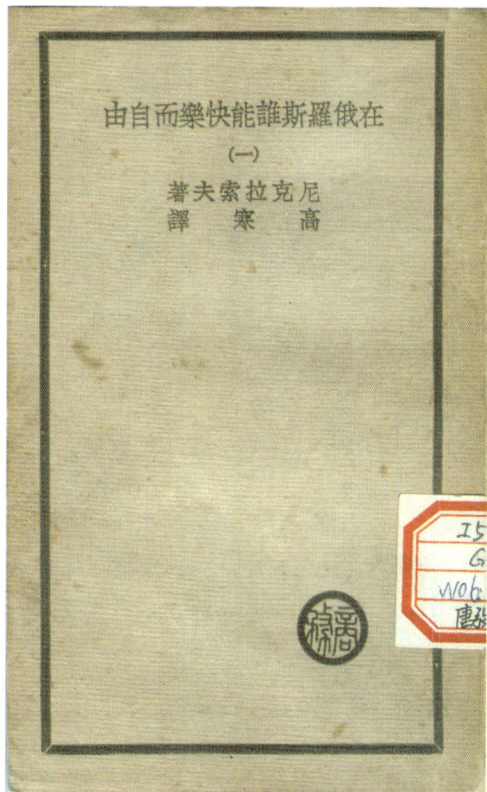

在俄罗斯谁能快乐而自由（一至六）
初版本封面（16.6厘米×10.6厘米）

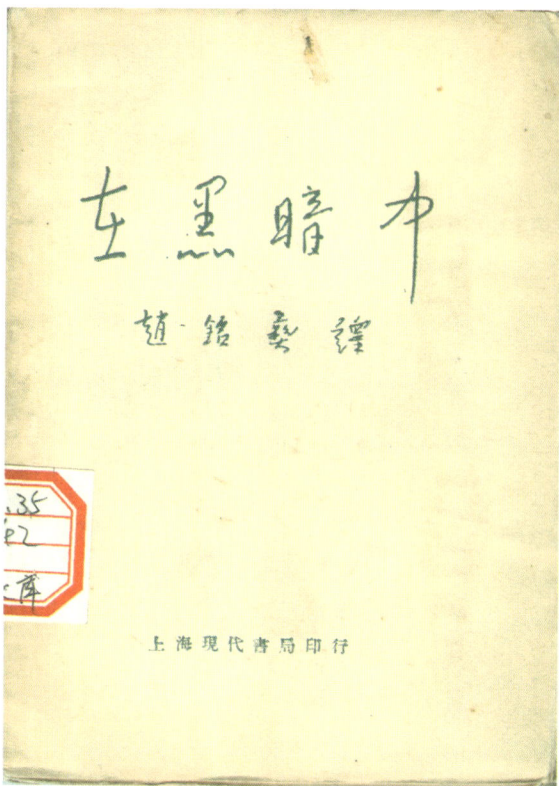

在黑暗中
初版本封面（15.9厘米×12.2厘米）

诗歌。【俄】尼克拉索夫著。高寒译。民国二十八年（1939）十月初版。重庆商务印书馆印行。《文学研究会世界文学名著丛书》之一种。

馆藏商务印书馆1939年10月初版、骆驼书店1947年11月初版（上下册），见唐弢文库、薛汕文库、楚图南文库、臧克家文库。

初版本第一册卷首有高寒《引言》，内云："直到最近才被国外知名的俄国'民众忧患之诗人'，他的一生的杰作《在俄罗斯谁能快乐而自由》，不单是在作风上采用了俄国民歌的形式，说出了俄国农民的忧患和辛苦，刻画出了俄国农民的真挚而伟大的灵魂，且也在诗歌史上，第一次以荷马歌咏英雄和战争的那热心和深情，那种史诗之作者所稀有的大力和气魄，来歌咏了平凡人——农民、劳动者、乞丐、游方僧和流浪人——的生活和不幸。"

初版本有第一部5章、第二部2章、第三部8章、第四部3章，共18章，每一部有《序诗》，第四部有《尾声》。

戏剧集。【俄】海胥倍因等著。赵铭彝译。1930年4月25日出版，印2000册。上海现代书局印行。《世界戏剧译丛》之一种。

馆藏现代书局1930年4月初版，见唐弢文库。

初版本卷首有犹太佛洛格《沙与星》，卷末有《译后语》。正文收《在黑暗中》、《夜》、《冬》、《被遗忘的灵魂》共4篇。

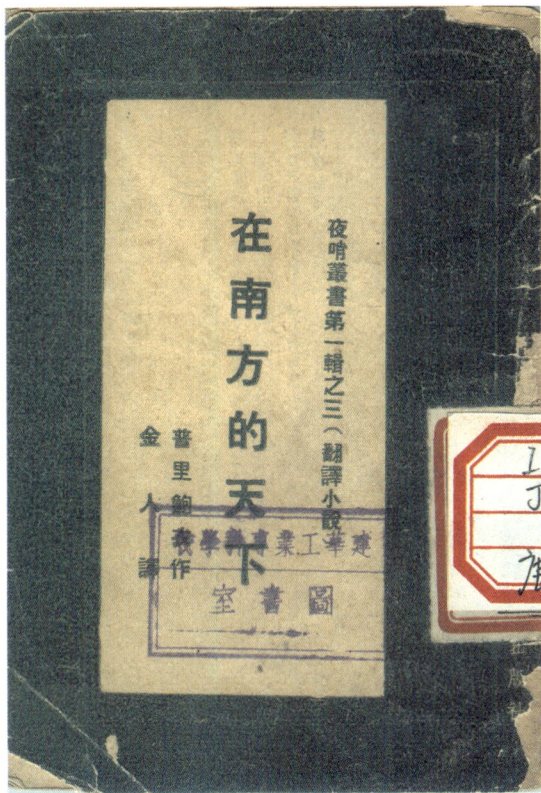

在南方的天下
初版本封面（13厘米×9.3厘米）

在南方的天下
初版本封面（16.8厘米×12.4厘米）

　　小说。【苏】普里鲍衣著。金人译。民国二十六年（1937）八月一日初版。夜哨丛书出版社出版。中国科学公司印刷。上海生活书店特约经售。白朗、金人主编《夜哨丛书》第一辑之三。

　　馆藏夜哨丛书出版社1937年8月初版，见唐弢文库。

　　初版本卷首有译者《前记》。作品共有5章。

　　小说集。【苏】普里鲍衣等著。金人译。民国二十九年（1940）三月一日印刷，四月十五日初版。文艺新潮社印行。上海万叶书店总经售。锡金、钱君匋主编《文艺新潮社小丛书》第一辑之十。

　　馆藏文艺新潮社1940年4月初版，见唐弢文库、巴金文库。

　　初版本卷末有《后记》（译者）。正文收《在南方的天下》、《个人生活》、《滑稽故事》、《少年维特之烦恼》、《忧郁的眼睛》、《悲剧》、《蛇》、《专家》、《老杨树》、《杜霞》、《舵工》、《剧创》共12篇。

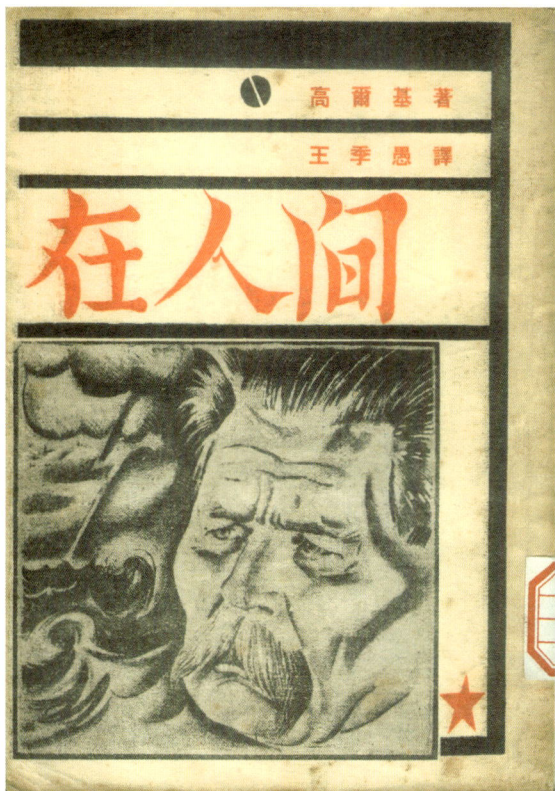

在人间
初版本封面（20.4厘米×14.9厘米）

小说。【苏】高尔基著。王季愚译。1936年9月初版。上海读书生活出版社印行。

馆藏读书生活出版社1936年9月初版、读书出版社1947年6月三版，见唐弢文库、图书大库。

初版本卷末有季愚《后记》。作品共有20章。

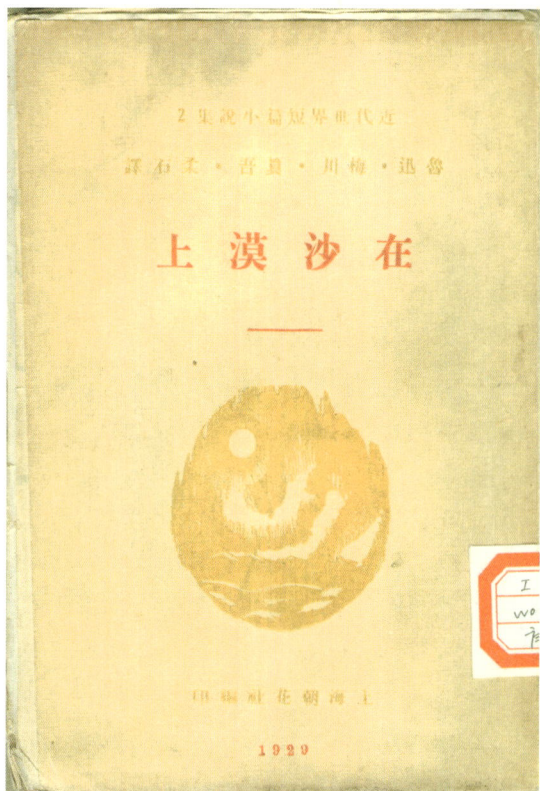

在沙漠上
初版本封面（19.7厘米×13.7厘米）

扉页、版权页题《在沙漠上及其他》。小说集。【苏】伦支等著。鲁迅等译。1929年9月初版，印1500册。上海朝花社编印。上海合记教育用品社发行。《近代世界短篇小说集》之二。

馆藏朝花社1929年9月初版，见唐弢文库、图书大库。

初版本卷首有朝花社同人《小引》。正文收《岛上》、《父与子》、《邻舍》、《孩子们与老人》、《井边》、《在沙漠上》、《农夫》、《空恋》、《放浪者伊利沙辟台》、《跋司珂族的人们》、《狂风暴雨中》、《感谢赞美》共12篇。

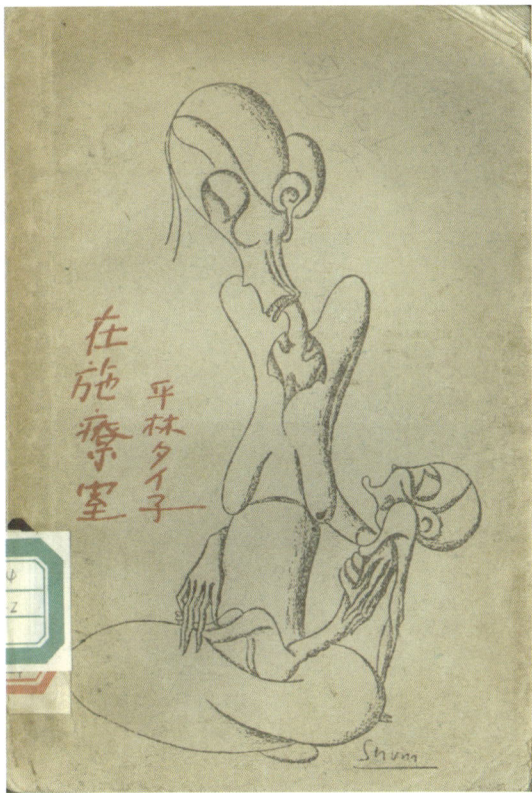

在施疗室
初版本封面（19.2厘米×13.3厘米）

在世界的尽头
初版本封面（18.8厘米×13.1厘米）

　　小说集。【日】平林ダイ子著。沈端先译。1929年7月初版，印1500册。上海水沫书店发行。《新兴文学丛书》之一种。

　　馆藏水沫书店1929年7月初版、现代书局1933年8月增订初版（书名为《平林泰子集》，著者译名为"平林泰子"），见唐弢文库、图书大库。

　　水沫书店初版本卷首有"著者介绍"（译者）。正文收《抛弃》、《在施疗室》、《嘲》、《生活》共4篇。

　　小说集。【波兰】莱芒脱等著。鲁彦译。1930年3月初版，印1500册。上海神州国光社出版。

　　馆藏神州国光社1930年3月初版，见唐弢文库、图书大库。

　　初版本无序跋。内收《在雅室里》、《最后的一个》、《新年》、《坡披和猢狲》、《在世界的尽头》、《安特列奥》、《消夜会》、《笑》、《鹤》共9篇。

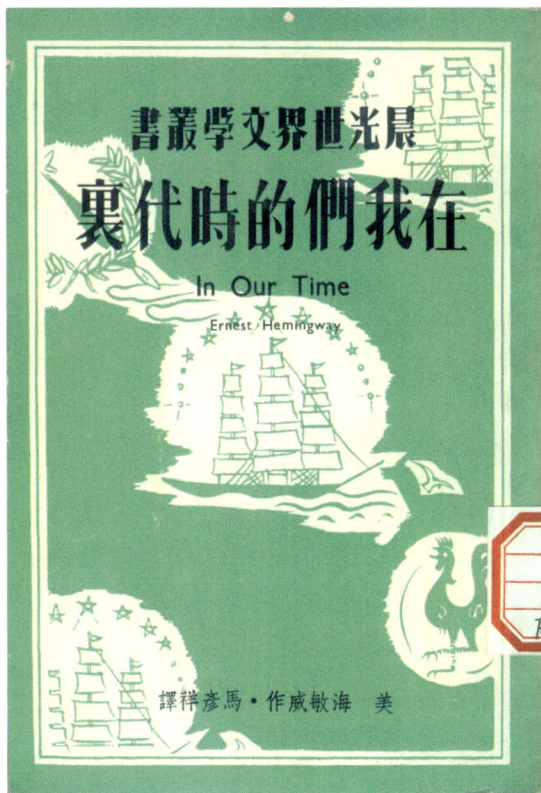

在我们的时代里
初版本封面（17厘米×12厘米）

小说。【美】海敏威著。马彦祥译。1949年3月初版。上海晨光出版公司发行。中华全国文艺协会主编《晨光世界文学丛书》之九。

馆藏晨光出版公司1949年3月初版，见唐弢文库、冯亦代文库。

初版本卷首有赵家璧《出版者言》（丛书总序）。作品共有15章。

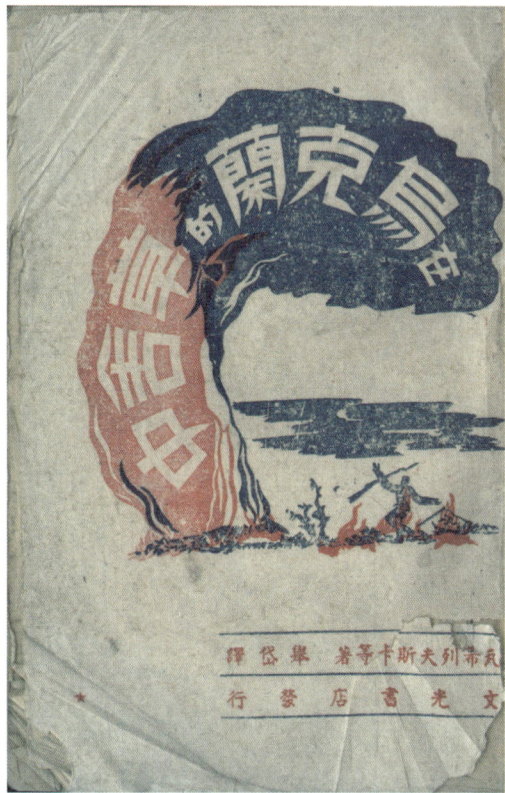

在乌克兰的草舍中
初版本封面（残。17.2厘米×11.2厘米）

小说集。【苏】W.瓦希列夫斯卡等著。林举岱译。民国三十三年（1944）三月初版，印3000册。桂林文光书店发行。桂林国光印刷厂印刷。《文光文丛》之三。

馆藏文光书店1944年3月初版，见图书大库。

初版本卷末有译者《后记》。正文收《卡蒂雅》、《在乌克兰的草舍中》、《死后》、《恨》、《春》、《苹果树》、《查窝龙克夫队长》、《命》、《瓦斯雅的恋爱故事》共9篇。

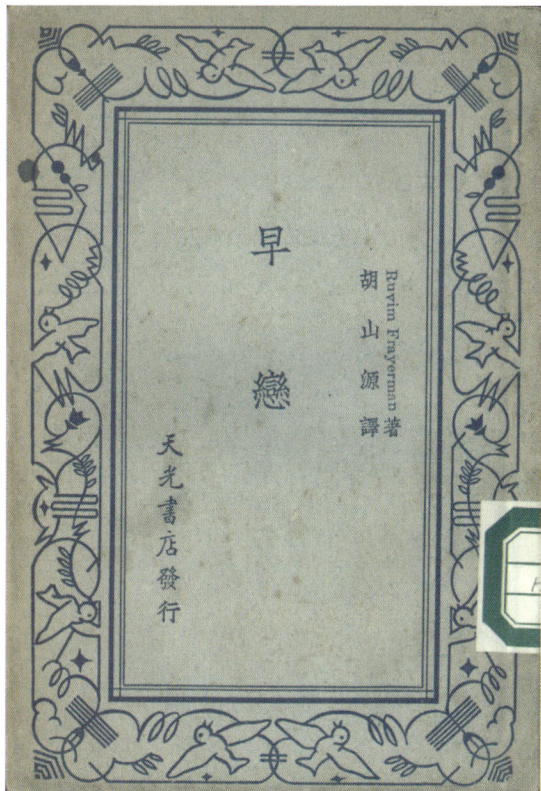

早 恋
初版本封面（17.3厘米×12.1厘米）

造谣学校
初版本封面（18.6厘米×13.2厘米）

　　小说。【苏】拉维姆·夫雷雅曼著。胡山源译。民国三十年（1941）三月初版，印10000册。上海天光书店出版、发行。上海同康印刷制版厂印刷。

　　馆藏天光书店1941年3月初版、日新出版社1947年2月初版，见唐弢文库、巴金文库、图书大库。

　　天光书店初版本卷首有《译者序》、《跋》（译者）。作品共有22章。

　　戏剧。【爱尔兰】谢立敦著。伍光建译。1929年8月初版，印2000册。上海新月书店发行。

　　馆藏新月书店1929年8月初版，见唐弢文库、图书大库。

　　初版本卷首有梁实秋《序》。作品共有5幕。

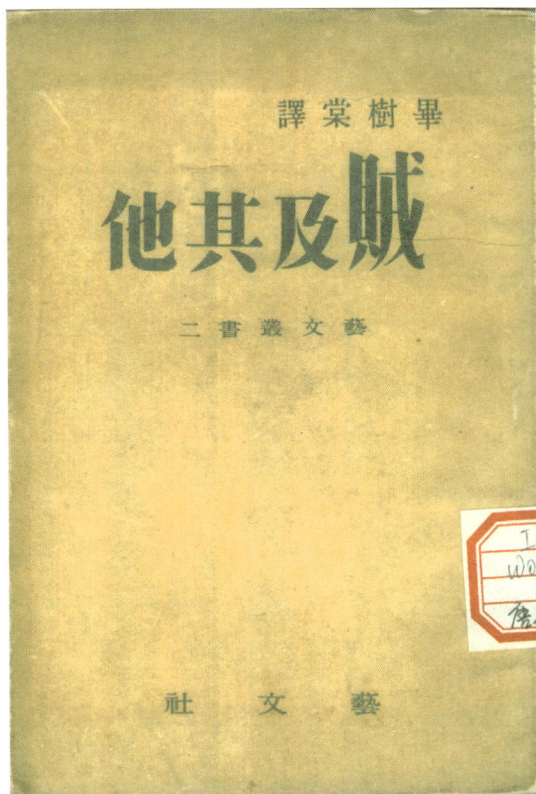

贼及其他
初版本封面（18.2厘米×12.7厘米）

小说戏剧集。【国别不详】W.K.Clifford等著。毕树棠译。民国三十三年（1944）四月十日印刷，二十日发行。艺文社发行。北平新民印书馆印刷、经售。《艺文丛书》之二。

馆藏艺文社1944年4月初版，见唐弢文库。

初版本无序跋。内收《贼》、《无子记》、《无花记》、《失裤记》、《他的徽章》、《寡妇难》、《捉奸》、《白衣女》、《蜜月以后》共9篇。

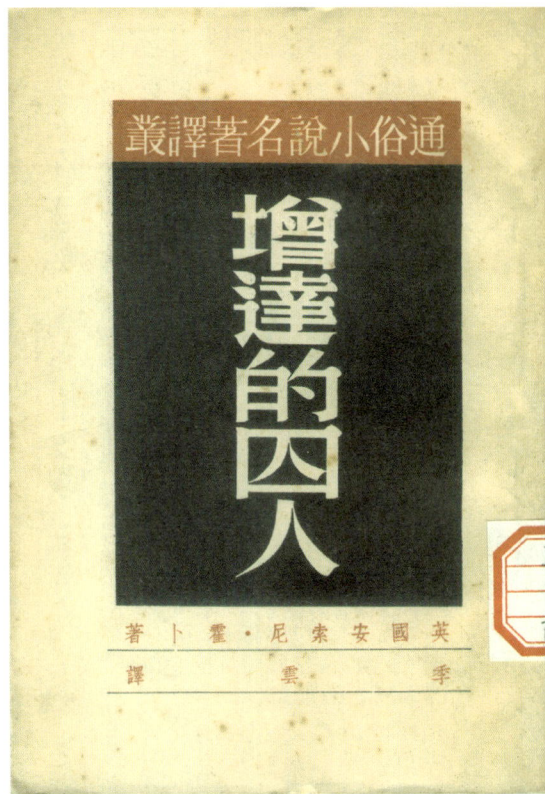

增达的囚人
初版本封面（18.2厘米×12.9厘米）

一名《一个英国绅士生活史中三个月的故事》。小说。【英】安索尼·霍卜著。季云译。民国三十七年（1948）五月出版。文化生活出版社印行。《通俗小说名著译丛》之一。

馆藏文化生活出版社1948年5月初版，见唐弢文库、图书大库。

初版本无序跋。作品共有22章。

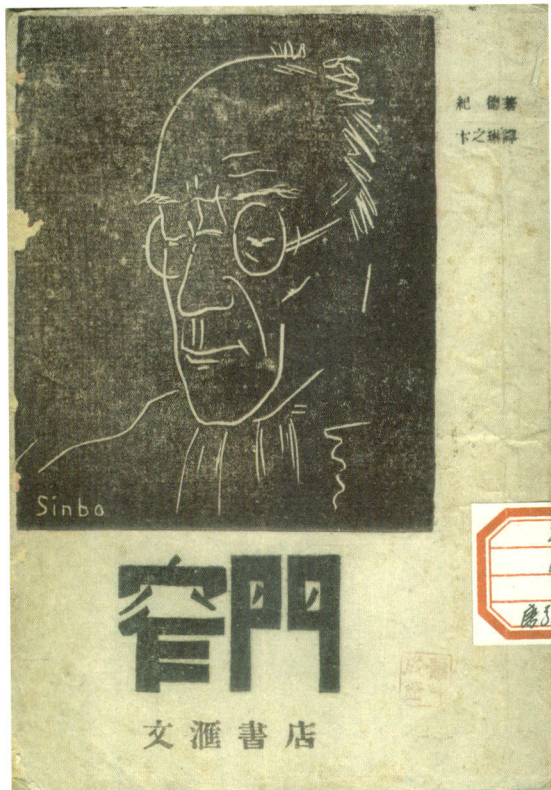

窄 门
初版本封面（18厘米×12.7厘米）

小说。【法】安特列·纪德著。卞之琳译。1943年5月出版。文汇书店发行。桂林上海杂志公司总经售。李绿永主编《世界艺术名著译丛》之四。

馆藏文汇书店1943年5月初版、文化生活出版社1947年9月初版，见唐弢文库、巴金文库、王辛笛文库、刘麟文库、图书大库。

文汇书店初版本无序跋。作品除卷末《阿丽莎日记》外共有8章。

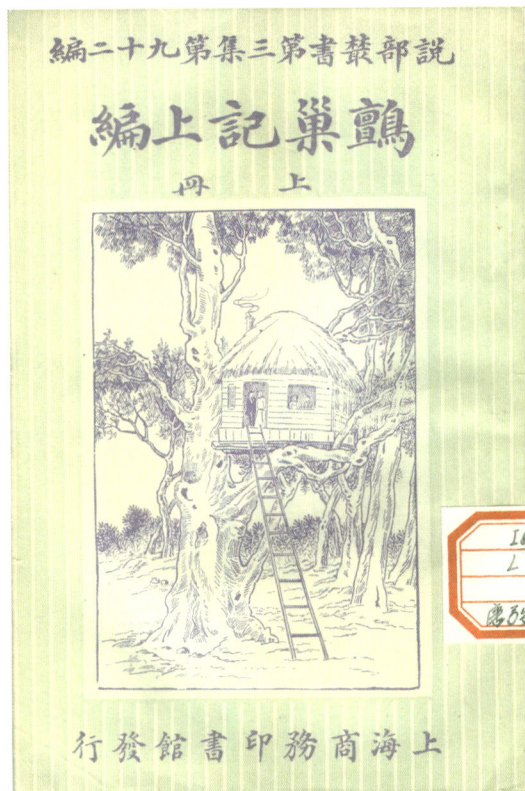

鹢巢记上编（上、下）
初版本封面（18.4厘米×12.6厘米）

小说。【瑞士】鲁斗威司著。林纾、陈家麟译。民国九年（1920）六月初版。上海商务印书馆印行。四集本《说部丛书》第三集之九十二。

馆藏商务印书馆1920年6月初版，见唐弢文库。

初版本无序跋。作品有卷一12章、卷二18章，共30章。

鸮巢记续编（上、下）
初版本封面（18.4厘米×12.6厘米）

战场情话（上、下）
初版本封面（18.3厘米×12.5厘米）

　　小说。【瑞士】鲁斗威司著。林纾、陈家麟译。民国九年（1920）六月初版。上海商务印书馆印行。四集本《说部丛书》第三集之一百。

　　馆藏商务印书馆1920年6月初版，见唐弢文库。

　　初版本无序跋。作品有卷一21章、卷二16章，共37章（章次接续《上编》）。

　　小说。著者不详。史久成编译。民国五年（1916）八月初版。上海商务印书馆印行。四集本《说部丛书》第三集之十。

　　馆藏商务印书馆1916年8月初版，见唐弢文库。

　　初版本无序跋。作品有上册8章、下册9章，共17章。

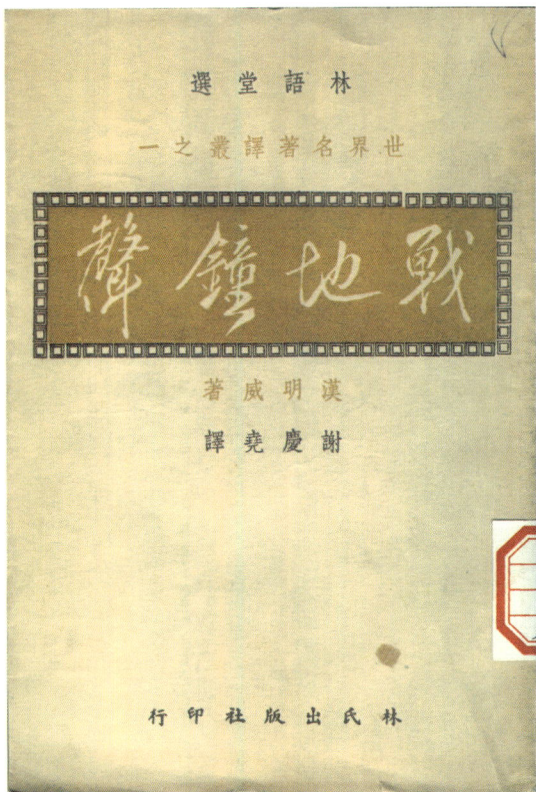

战地钟声
初版本封面（18.3厘米×12.7厘米）

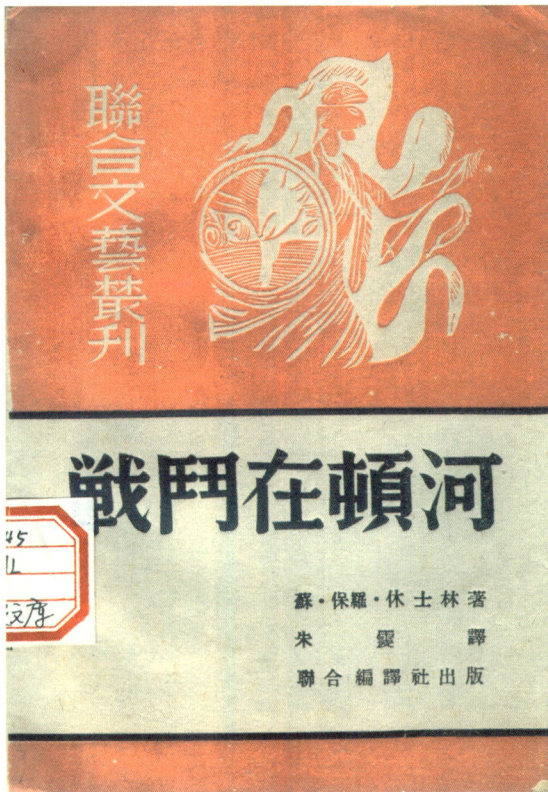

战斗在顿河
初版本封面（17.6厘米×12.7厘米）

　　小说。【美】汉明威著。谢庆尧译。民国三十年（1941）七月初版。上海林氏出版社印行。上海文化生活出版社总经售。林语堂编选《世界名著译丛》之一。

　　馆藏林氏出版社1941年7月初版，见唐弢文库。

　　初版本卷首有谢庆尧《译者序》。作品共有43章。

　　小说。【苏】保罗·休士林著。朱雯译。民国三十四年（1945）九月二十日初版。福建永安联合编译社印行。姚隼主编《联合文艺丛刊》第一辑之二。

　　馆藏联合编译社1945年9月初版，见唐弢文库、图书大库。

　　初版本无序跋。作品共有13章。

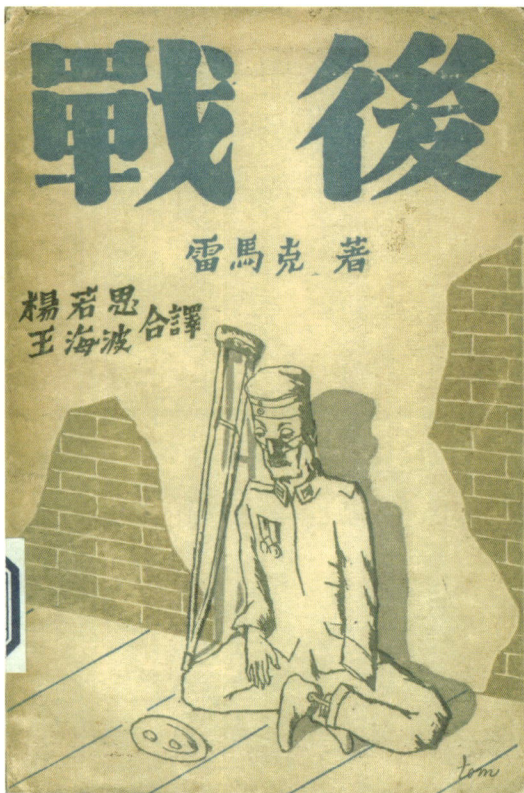

战 后
初版本封面（18.8厘米×13厘米）

小说。【德】雷马克著。杨若思、王海波译。1931年9月付印，10月出版，印2000册。上海光华书局印行。

馆藏光华书局1931年10月初版，见唐弢文库、巴金文库。

初版本卷首有贺扬灵《写在〈战后〉前面》、译者《关于雷马克》，卷末有译者《译后的话》。作品共有47章。

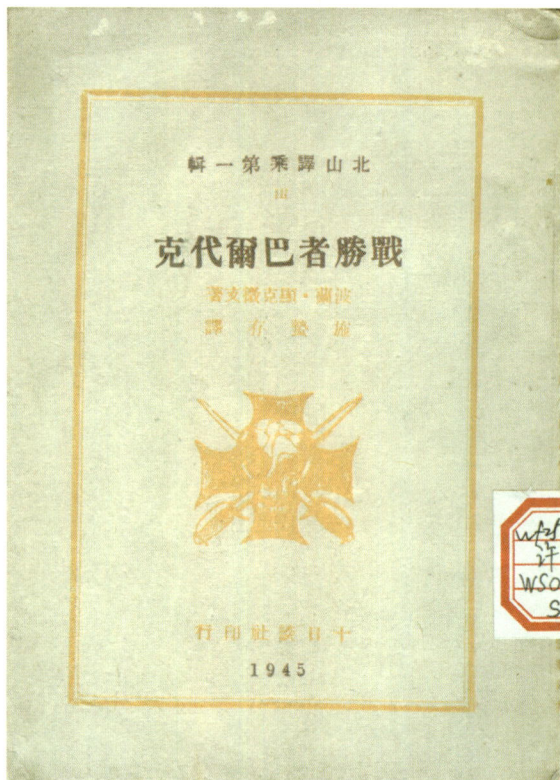

战胜者巴尔代克
初版本封面（17.4厘米×12.9厘米）

小说。【波兰】显克微支著。施蛰存译。民国三十四年（1945）十二月初版。福建永安十日谈社印行。《北山译乘》第一辑之三。

馆藏十日谈社1945年12月初版、正言出版社1948年9月初版（书名为《胜利者巴尔代克》），见唐弢文库、巴金文库、施蛰存文库、许杰文库、图书大库。

初版本卷首有蛰存《译者引言》。作品共有10章。

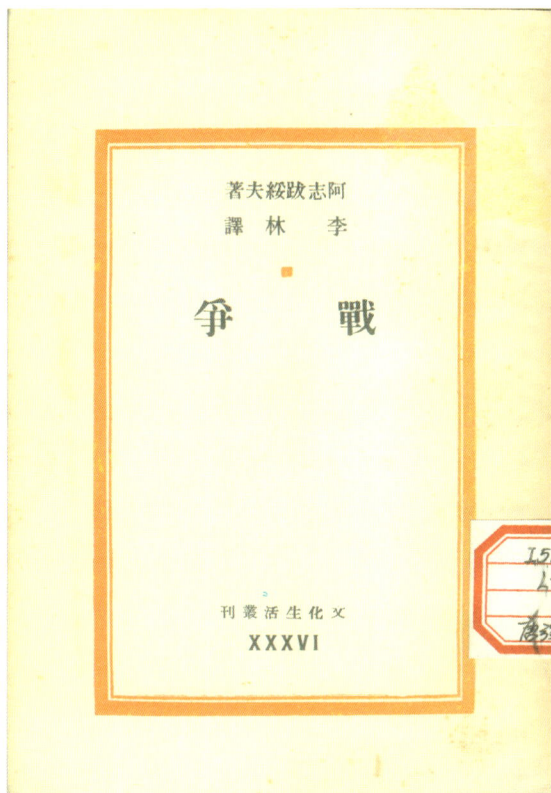

战 争
初版本封面（18.3厘米×13.1厘米）

战 争
初版本封面（19.8厘米×13.8厘米）

戏剧。【俄】阿志跋绥夫著。李林译。民国三十五年（1946）七月初版。文化生活出版社出版、发行。文化生活印刷所印刷。巴金主编《文化生活丛刊》之三十六。

馆藏文化生活出版社1946年7月初版，见唐弢文库、胡风文库、图书大库。

初版本无序跋。作品共有4幕。

戏剧。【俄】阿尔志跋绥夫著。乔懋中译。1930年5月付印，6月发行，印1500册。上海光华书局印行。

馆藏光华书局1930年6月初版，见唐弢文库、图书大库。

初版本卷首有P.Pinkerton《英译本的引言》。作品共有4幕。

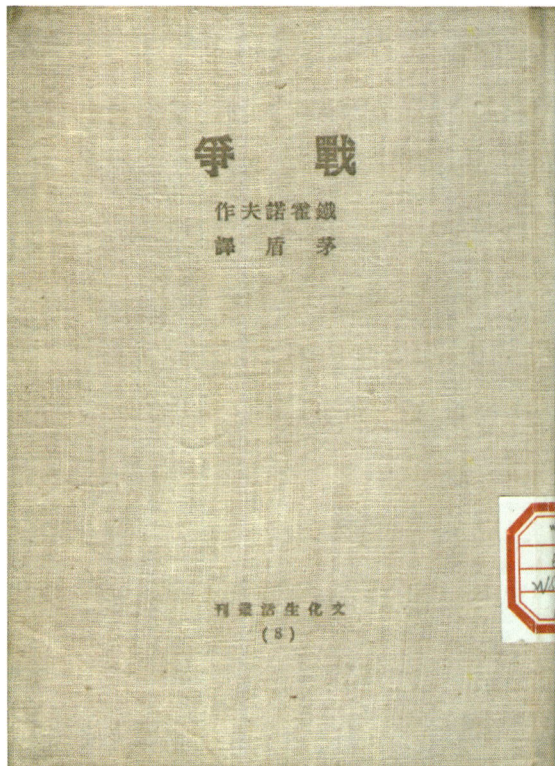

战 争
初版本封面（17.5厘米×12.8厘米）

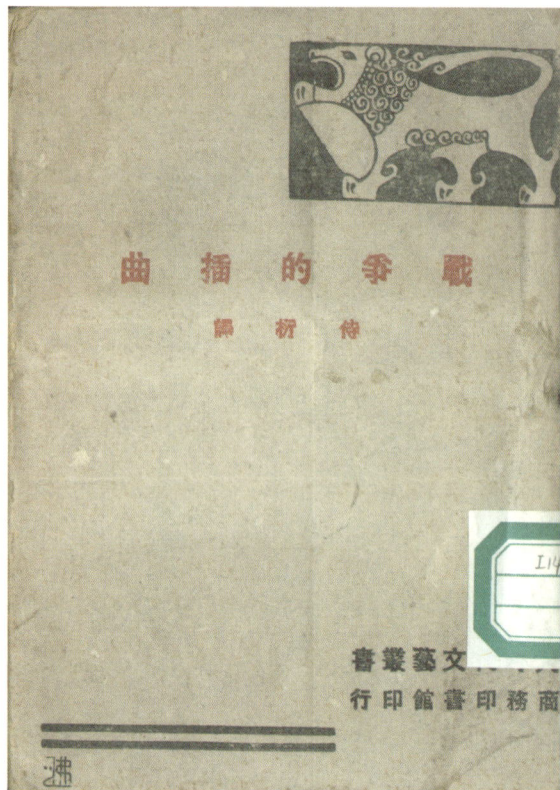

战争的插曲
初版本封面（17.4厘米×12.5厘米）

　　小说。【苏】铁霍诺夫著。茅盾译。民国二十五年（1936）三月初版。上海文化生活出版社出版、发行。上海三一印刷公司印刷。开明书店特约经售。巴金主编《文化生活丛刊》之八。

　　馆藏文化生活出版社1936年3月初版、同年6月四版，见唐弢文库、巴金文库、图书大库。

　　初版本卷末有《铁霍诺夫自传》、茅盾《译后记》。作品共有20章。

　　小说集。【土】萨巴哈丁·亚里等著。侍桁译。民国三十三年（1944）六月初版。重庆商务印书馆印行。《大时代文艺丛书》之一种。

　　馆藏商务印书馆1944年6月初版，见图书大库。

　　初版本卷首有《译者小引》。正文收《磨坊》、《再会吧，儿子！》、《柠檬》、《战争的插曲》、《铃兰花》、《小屋里的故事》、《仇恨》、《少来一杯》、《塞尔维亚之歌》、《他的爱人》、《三个弃儿》、《单纯的心》共12篇。

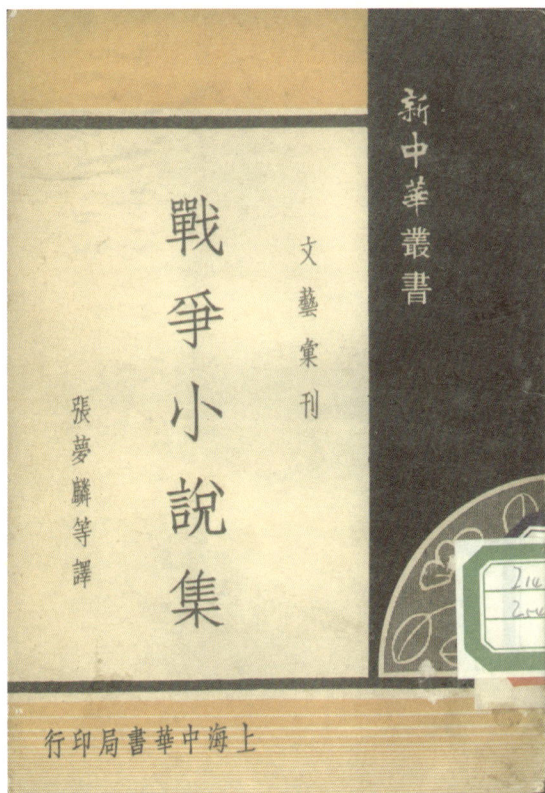

战争小说集
初版本封面（18.6厘米×13.2厘米）

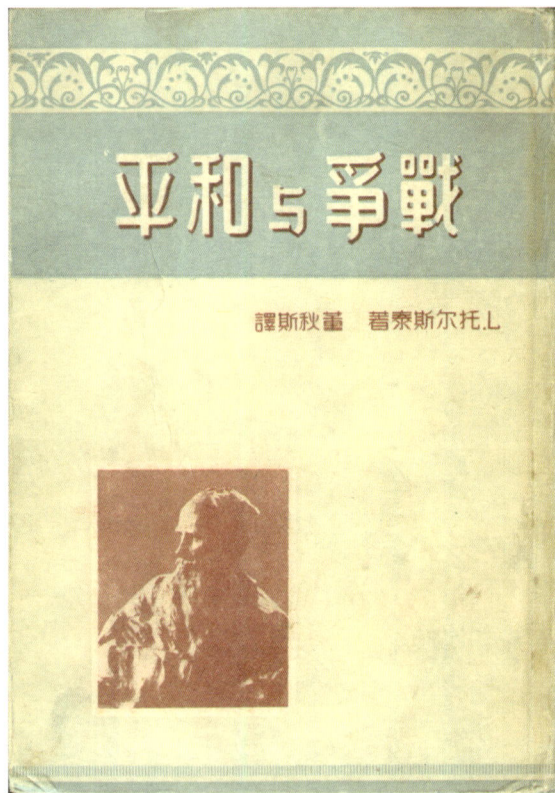

战争与和平（上）
初版本封面（18.6厘米×13.3厘米）

【国别不详】杜兰谛等著。张梦麟等译。民国二十四年（1935）十一月印刷、发行。上海中华书局印行。《新中华丛书·文艺汇刊》之一种。

馆藏中华书局1935年11月初版，见图书大库。

初版本卷首有编者《序》。正文收《奇迹》、《舞女》、《国与国之间》、《战争的终局》、《一只猫的死》、《夜袭》、《盲中尉》共7篇。

小说。【俄】L.托尔斯泰著。董秋斯译。民国三十八年（1949）五月初版，印2000册。上海书报杂志联合发行所发行。

馆藏上海书报杂志联合发行所1949年5月初版，见蔡仪文库。

初版本卷首有董秋斯《译者叙》、《开头几章的注释》、《大事年表》。作品有第一卷28章、第二卷21章、第三卷19章、第四卷16章、第五卷22章，共106章。

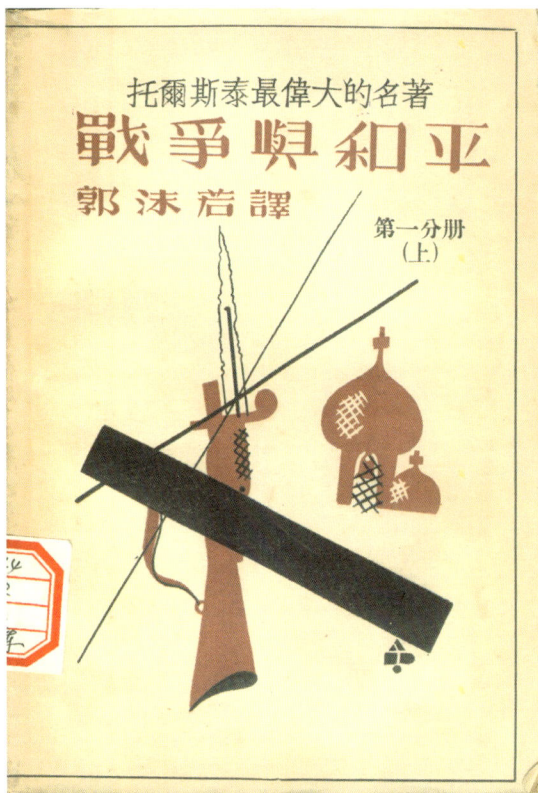

战争与和平（一至三）
初版本封面（18.7厘米×13.2厘米）

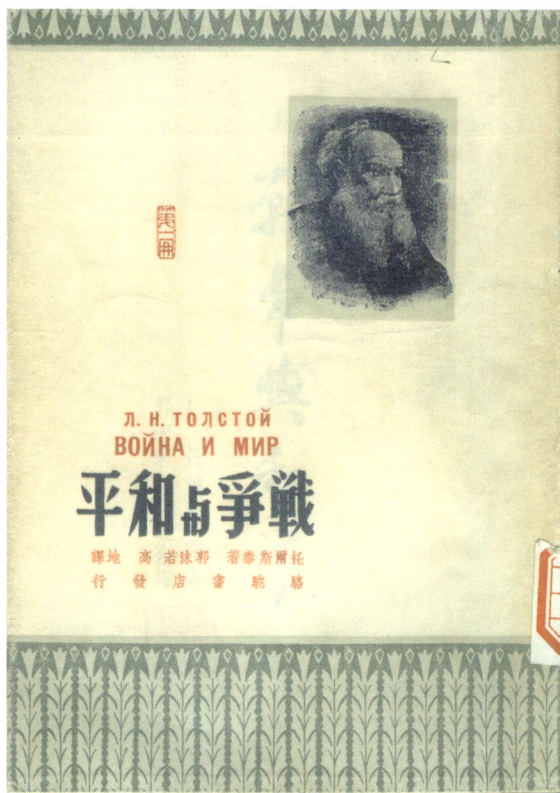

战争与和平（一至四）
初版本封面（18厘米×13.1厘米）

　　小说。【俄】托尔斯泰著。郭沫若译。第一分册上册1931年5月3日付排，8月5日出版，印2000册，下册同年12月15日付排，1932年1月15日出版；第二分册1932年6月5日付排，9月25日出版；第三分册付排出版时间不详。上海文艺书局印行。

　　馆藏文艺书局第一分册上册1931年8月初版、下册1932年1月初版、合订本1934年2月四版，第二分册1932年9月初版、1934年2月二版，第三分册1934年2月二版；中华书局1939年8月初版（分三册）：见唐弢文库、图书大库。

　　初版本无序跋。作品有第一编28章、第二编21章、第三编19章、第四编16章、第五编21章、第六编26章，共131章。

　　小说。【俄】L.托尔斯泰著。郭沫若、高地译。民国三十六年（1947）一月初版，印1500部。上海骆驼书店印行。

　　馆藏骆驼书店1947年1月初版，见唐弢文库。

　　初版本第一册卷首有郭沫若《序》、高地《译校附言》、毛德《论〈战争与和平〉》，第四册卷末有《〈战争与和平〉人名索引》。作品除《尾声》第1部16章、第2部12章外有第一卷第1部28章、第2部21章、第3部19章，第二卷第1部16章、第2部21章、第3部26章、第4部13章、第5部22章，第三卷第1部23章、第2部39章、第3部34章，第四卷第1部16章、第2部19章、第3部19章、第4部20章，共15部336章。

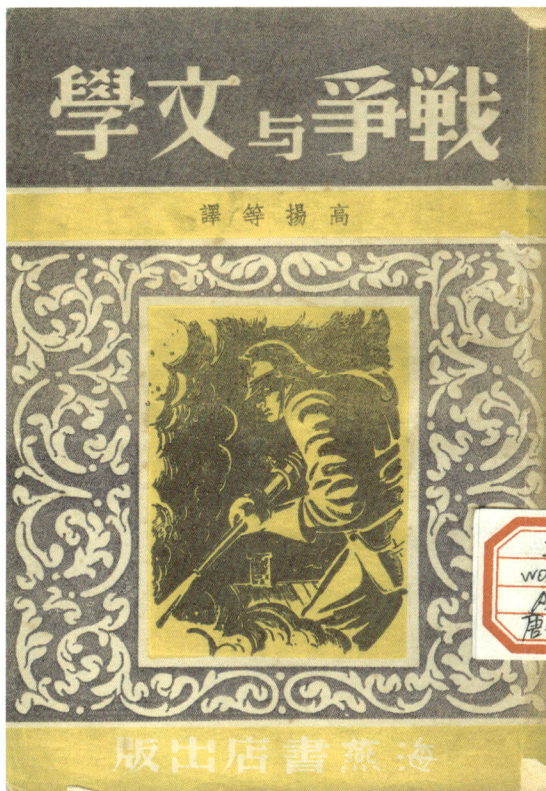

战争与文学
初版本封面（17.2厘米×12.3厘米）

小说散文集。【苏】爱伦堡等著。高扬等译。民国三十年（1941）十月出版。海燕书店出版。香港南洋图书公司经售。

馆藏海燕书店1941年10月初版，见唐弢文库。

初版本卷末有编译者《后记》。正文共收22篇，编排顺序与目录不一，目录页排列为：第一次欧战3篇、西班牙内战3篇、第二次欧战6篇、苏波战争1篇、苏芬战争2篇、苏德战争4篇、其他3篇。

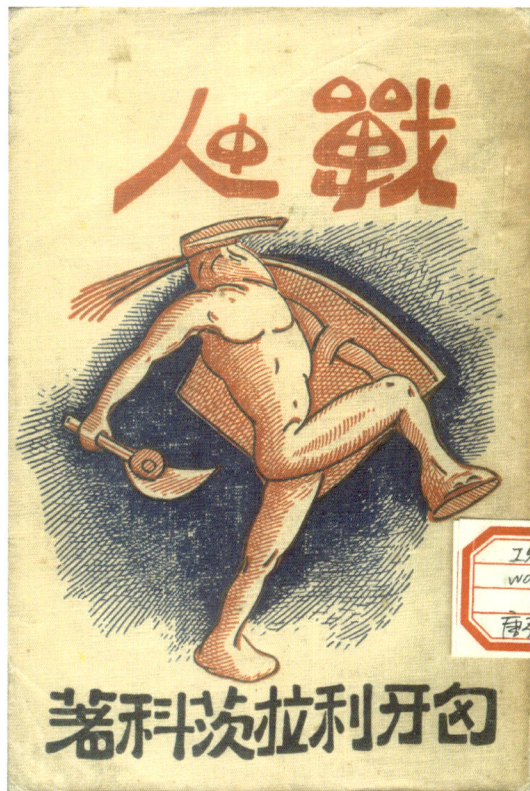

战中人
初版本封面（18.9厘米×13.1厘米）

小说集。【匈】拉茨科著。屠介如译。1931年11月出版，印1000册。北平北新书局出版、发行。北平聚珍阁印刷局印刷。

馆藏北新书局1931年11月初版，见唐弢文库。

初版本卷首有周作人《序》、《译者序》。正文收《开赴前敌》、《炮火的洗礼》、《战胜者》、《我的伙伴》、《一个英雄的死》、《复归故乡》共6篇。

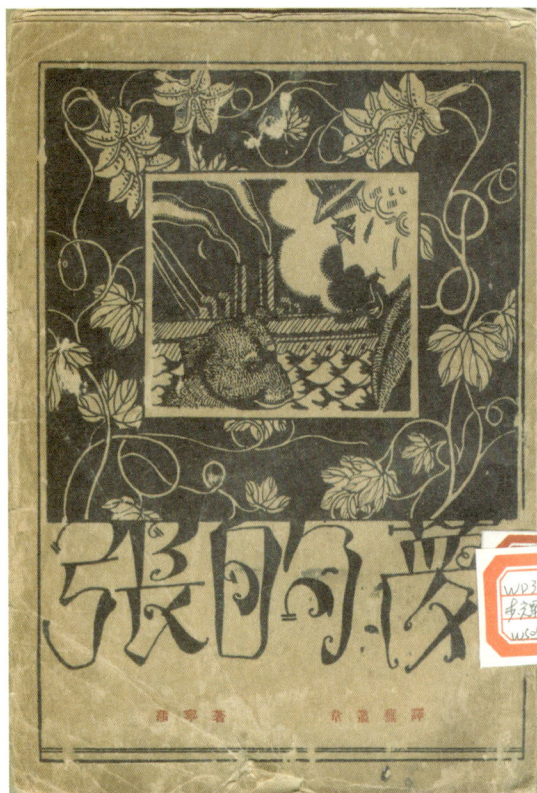

张的梦
初版本封面（19.4厘米×14厘米）

小说集。【俄】蒲宁著。韦丛芜译。1928年10月付排，1929年3月初版。上海北新书局印行。

馆藏北新书局1929年3月初版，见唐弢文库、巴金文库、李辉英文库、图书大库。

初版本卷首有丛芜《小引》。正文收《张的梦》、《轻微的歆歔》、《儿子》共3篇。

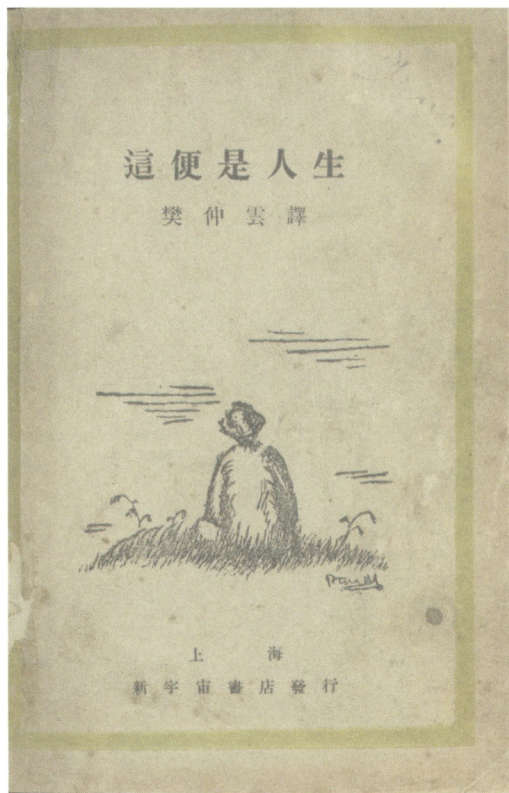

这便是人生
初版本封面（17.7厘米×11.7厘米）

小说集。【英】曼殊斐尔等著。樊仲云译。1928年7月20日付印，8月20日出版，印1000册。上海新宇宙书店发行。

馆藏新宇宙书店1928年8月初版，见图书大库。

初版本无序跋。内收《蜜月》、《橄榄园》、《学艺的保护者——鹰》、《女子》、《幸福》、《二小兵》、《罗马尼亚实事》、《这便是人生》、《斫树》共9篇。

鹧鸪集
初版本封面（19.6厘米×13.7厘米）

珍妮小传（上、下）
初版本封面（17厘米×12.1厘米）

小说集。【法】莫泊桑著。李青崖译。1928年12月付排，1929年6月初版，印3000册。上海北新书局发行。《莫泊桑全集》之三。

馆藏北新书局1929年6月初版，见图书大库。

初版本无序跋。内收《鹧鸪》、《莫兰这公猪》、《那个保护人》、《波宜发司老爹式的命案》、《拔蒂士特夫人》、《在乡里》、《那孩子》、《醉汉》、《发了狂吗？》、《施纳甫的妙算》、《那个乞丐》、《那一场忏悔》、《珞莎丽白吕唐》、《寂寞》、《回忆》等17篇。

小说。【美】德莱塞著。朱葆光译。1949年3月初版。上海晨光出版公司发行。中华全国文艺协会主编《晨光世界文学丛书》之四。

馆藏晨光出版公司1949年3月初版（有上下卷及合订本共两种），见唐弢文库、图书大库。

初版本上卷卷首有赵家璧《出版者言》（丛书总序）。作品有上卷28章、下卷34章，共62章。

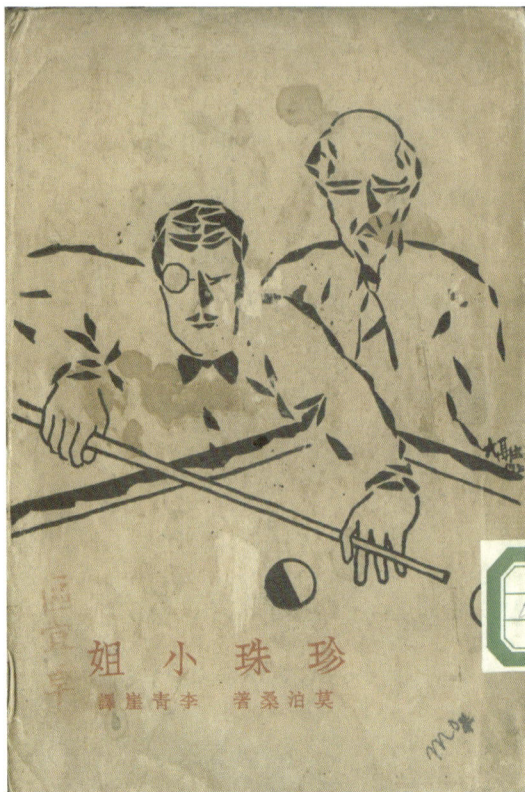

珍珠小姐
初版本封面（19.7厘米×13.7厘米）

　　扉页、目录页题《珍珠小姐集》。小说集。【法】莫泊桑著。李青崖译。1930年3月付排，5月出版。上海北新书局发行。《莫泊桑全集》之七。

　　馆藏北新书局1930年5月初版，见图书大库。

　　初版本无序跋。内收《珍珠小姐》、《友人约瑟》、《骇人听闻的事》、《离婚的一格》、《船埠》、《我们的书信》、《魔鬼》、《惊醒》、《必定如意》、《讦丽乐曼》、《一家人》、《自杀事件》、《爱情》、《堂倌，来一杯黄皮酒！》共14篇。

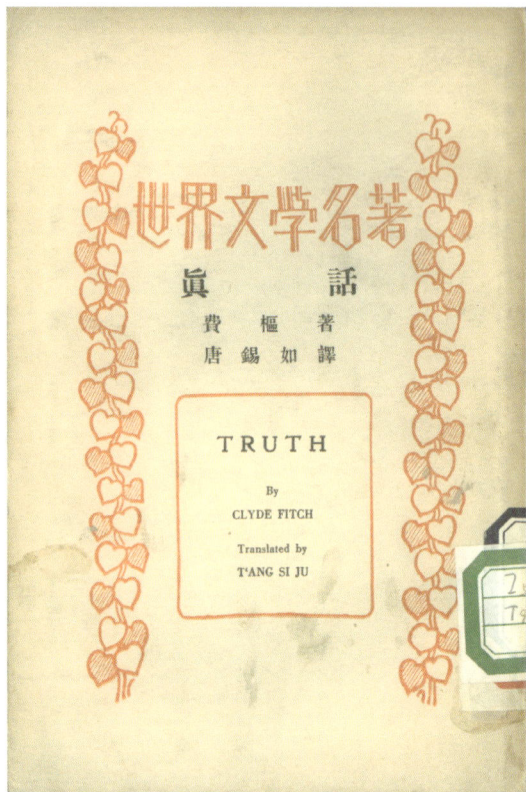

真　话
初版本封面（19厘米×13厘米）

　　戏剧。【美】费枢著。唐锡如译。民国二十三年（1934）五月初版。上海商务印书馆印行。《世界文学名著》之一种。

　　馆藏商务印书馆1934年5月初版，见唐弢文库、艾芜文库、胡风文库、图书大库。

　　初版本无序跋。作品共有4幕。

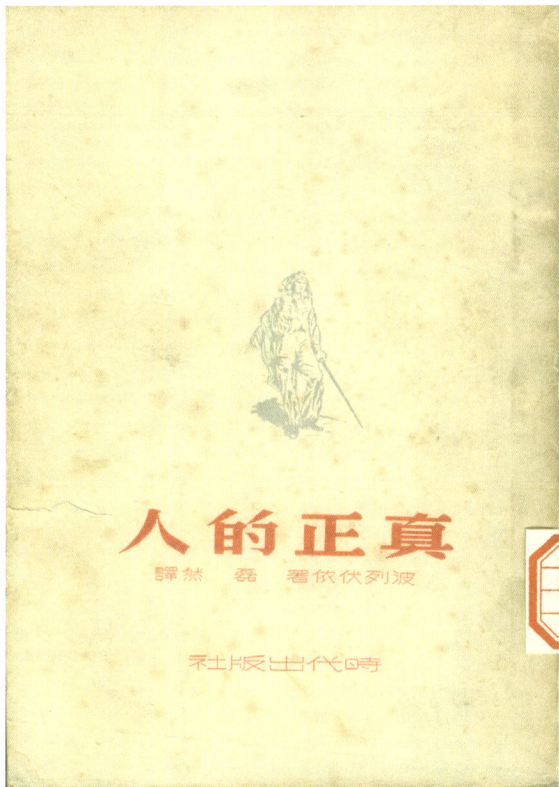

真正的人
初版本封面（20.3厘米×14.8厘米）

争 强
初版本封面（19厘米×12.9厘米）

小说。【苏】波列伏依著。磊然译。1949年6月初版，印4000册。上海时代出版社总经售。

馆藏时代出版社1949年6月初版、同年8月二版，见唐弢文库、巴金文库、秦兆阳文库。

初版本无序跋。作品除《尾声》外有第一部19章、第二部15章、第三部11章、第四部8章，共53章。

戏剧。【英】高尔斯华绥著。南开新剧团改译。民国十九年（1930）四月初版，印1000册。天津南开新剧团发行。《南开新剧团丛书》之一。

馆藏南开新剧团1930年4月初版，见唐弢文库。

初版本卷首有《序》（改译者）。作品共有3幕。

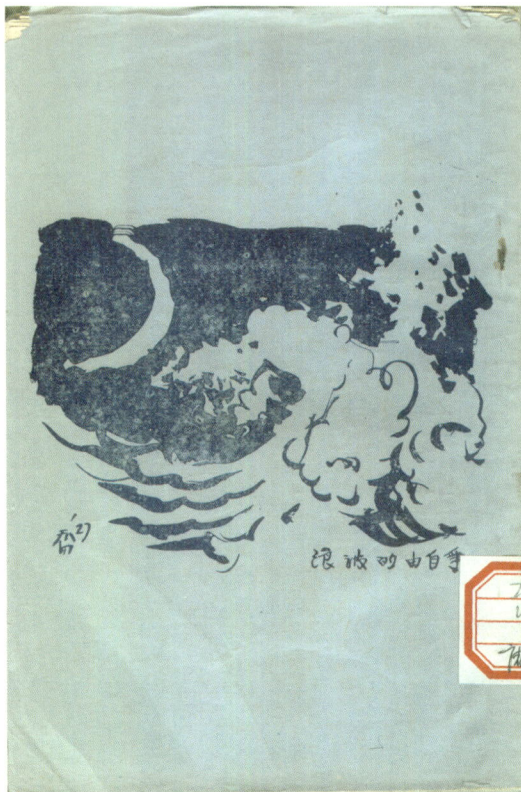

争自由的波浪
初版本封面（20.2厘米×14厘米）

扉页题《争自由的波浪及其他》。小说散文集。【苏】戈理基等著。董秋芳译。1927年4月初版，印1000册。北新书局发行。《未名丛刊》之一种。

馆藏北新书局1927年4月初版、某版（出版时间不详），见唐弢文库、图书大库。

本书为"俄国专制时代的七种悲剧文字"。初版本卷首有【英】威廉哈佛《英译本序》、鲁迅《小引》。正文收《争自由的波浪》、《大心》、《人的生命》、《尼古拉之棍》、《在教堂里》、《致瑞典和平会的一封信》、《梭斐亚·卑罗夫斯凯亚的生命的断片》共7篇。

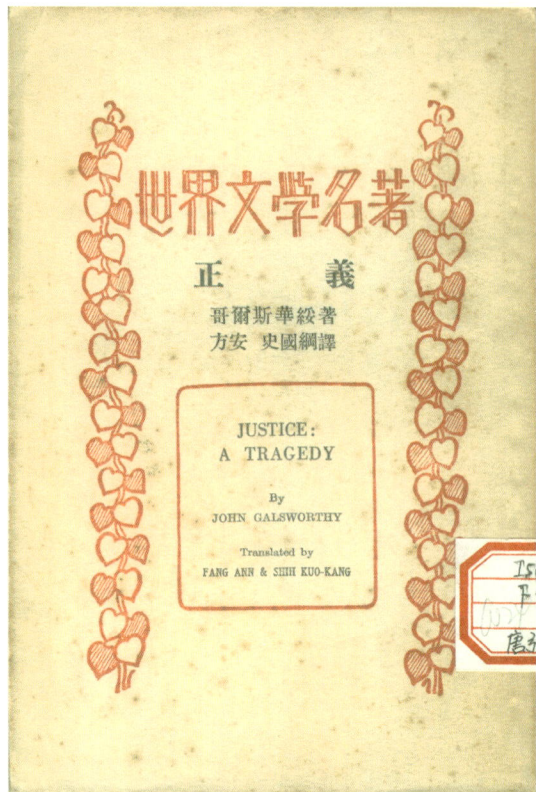

正　义
初版本封面（19.2厘米×13.2厘米）

戏剧。【英】哥尔斯华绥著。方安、史国纲译。民国二十五年（1936）二月初版。上海商务印书馆印行。《世界文学名著》之一种。

馆藏商务印书馆1936年2月初版、1947年3月二版，见唐弢文库、图书大库。

初版本无序跋。作品共有4幕。

正宗白鸟集
初版本封面（18.9厘米×13.3厘米）

小说、戏剧、论文集。【日】正宗白鸟著。方光焘译。民国二十一年（1932）十月初版、发行。上海开明书店出版、发行。上海美成印刷公司印刷。

馆藏开明书店1932年10月初版，见唐弢文库、艾芜文库、图书大库。

初版本卷首有《正宗白鸟年谱》。正文除论文1篇外收《向那里去》、《人生的幸福》共2篇。

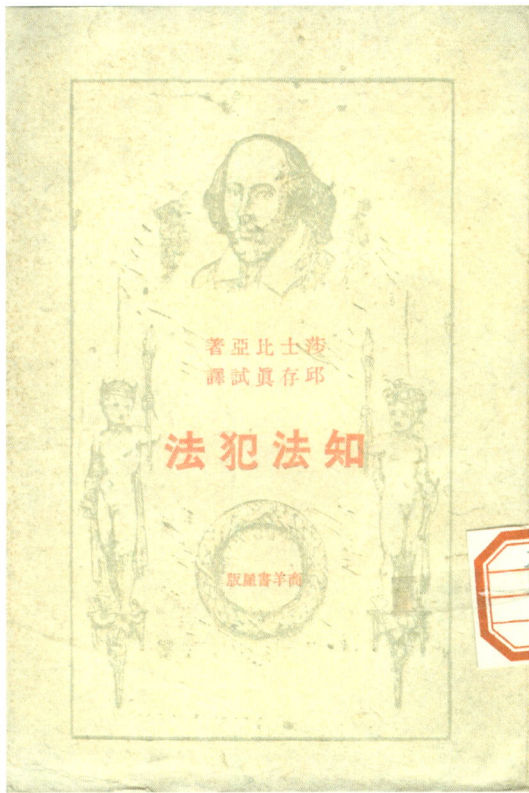

知法犯法
初版本封面（18.2厘米×12.6厘米）

戏剧。【英】莎士比亚著。邱存真译。1944年10月初版，印3000册。重庆商羊书屋出版。重庆生生出版社总经售。

馆藏商羊书屋1944年10月初版，见唐弢文库、阳翰笙文库、图书大库。

初版本无序跋。作品共有5幕。

织工歌
初版本封面（16.8厘米×10.6厘米）

织工马南传
初版本封面（18.8厘米×13.2厘米）

　　诗歌集。【德】海涅著。林林译。民国三十八年（1949）二月初版。香港人间书屋出版、发行。香港印刷工业合作社印刷。生活·新知·读书三联发行所总经售。《人间译丛》之一种。

　　馆藏人间书屋1949年2月初版，见唐弢文库、薛汕文库、李辉英文库、图书大库。

　　初版本卷首有静闻《〈织工歌〉序》，卷末有《后记》（译者）。正文收《掷弹兵》、《创造之歌》、《教义》、《亚当一世》、《警告》、《秘密》、《筹建歌德纪念碑》、《夜卫士到了巴黎》、《鼓手长》、《给某政治诗人》、《给黑尔威》、《倾向》、《中国皇帝》、《长老普洛米修士先生》、《给夜卫士》等43篇。

　　小说。【英】奥利哀特著。梁实秋译。1932年1月初版。上海新月书店印行。

　　馆藏新月书店1932年1月初版、商务印书馆1936年2月二版，见唐弢文库、艾芜文库、图书大库。

　　初版本卷首有梁实秋《序》。作品除《结局》外有卷一15章、卷二6章，共21章。

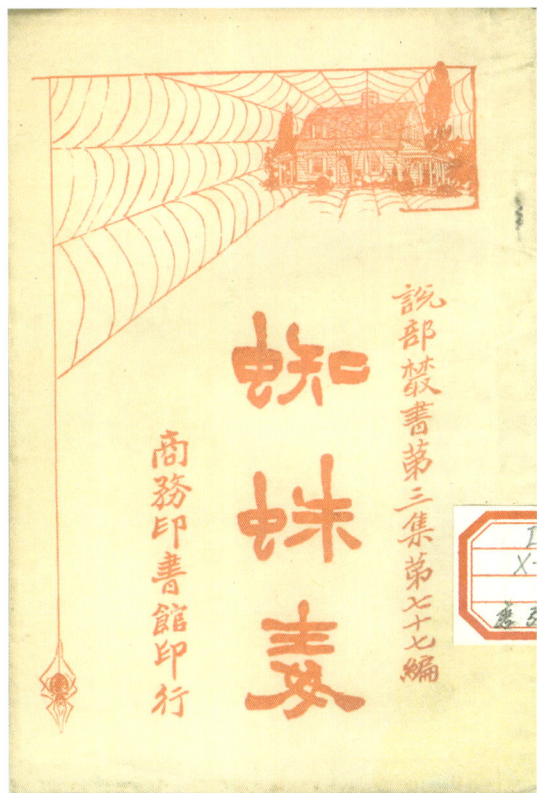

蜘蛛毒
初版本封面（18.2厘米×12.6厘米）

只不过是爱情
初版本封面（18.5厘米×12.8厘米）

　　小说。著者不详。徐慧公编译。民国八年
（1919）十月初版。上海商务印书馆印行。四集本《说
部丛书》第三集之七十七。

　　馆藏商务印书馆1919年10月初版，见唐弢文库。

　　初版本无序跋。作品共有10章。

　　小说。【苏】万妲·华西莱芙斯卡亚著。金人
译。1947年9月初版，印5000册。东北书店出版、发
行。东北日报第二印厂印刷。东北文协编辑《东北文
艺丛书》之一。

　　馆藏东北书店1947年9月初版、1948年11月二版，
见吴组缃文库、图书大库。

　　初版本卷首有《万妲·华西莱芙斯卡亚》。作品
不标章次。

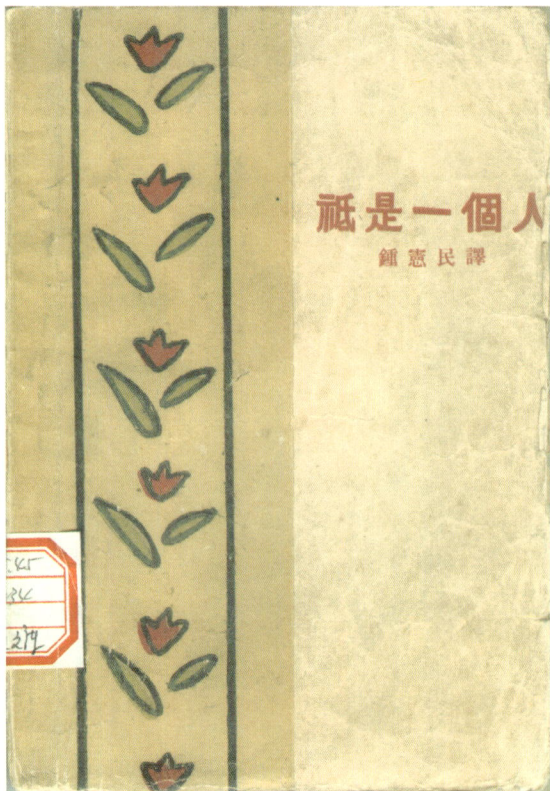

只是一个人
初版本封面（18.6厘米×13.4厘米）

小说。【匈】尤利勃海著。钟宪民译。1928年11月付排，12月出版，印2000册。上海光华书局印行。《世界名著选》之一种。

馆藏光华书局1928年12月初版，见唐弢文库。

初版本卷首有译者《小序》。作品共有5章。

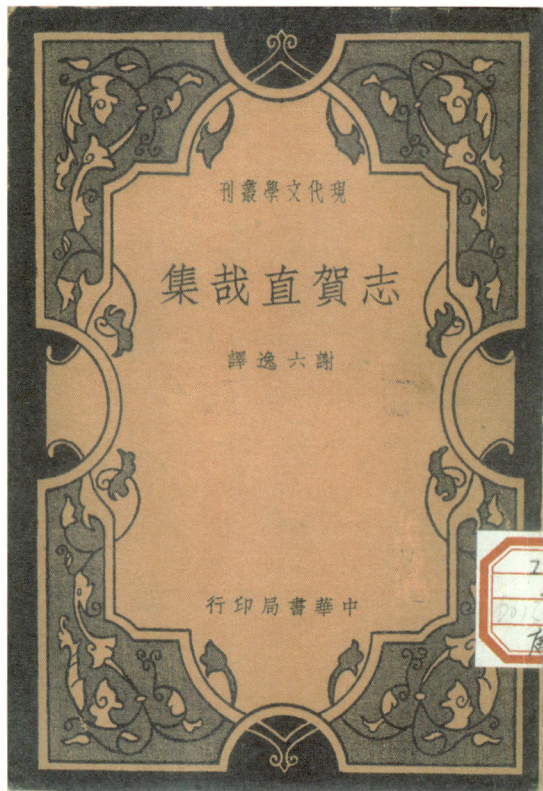

志贺直哉集
初版本封面（18.7厘米×13.1厘米）

小说集。【日】志贺直哉著。谢六逸译。民国二十四年（1935）三月印刷、发行。上海中华书局印行。《现代文学丛刊》之一种。

馆藏中华书局1935年3月初版、1940年11月二版，见唐弢文库、图书大库。

初版本卷首有【日】菊池宽《志贺直哉氏的作品》、【日】宫岛新三郎《志贺氏的艺术的特色》。正文收《荒绢》、《范某的犯罪》、《一个人》、《死母与新母》、《焚火》、《雪之日》共6篇。

智者千虑必有一失
初版本封面（23.1厘米×17.2厘米）

戏剧。【俄】奥斯特罗夫斯基著。林陵译。1949年4月初版，印4000册。上海时代书报出版社总经售。《奥斯特罗夫斯基戏剧集》之二。

馆藏时代书报出版社1949年4月初版，见唐弢文库、图书大库。

初版本无序跋。作品共有5幕。

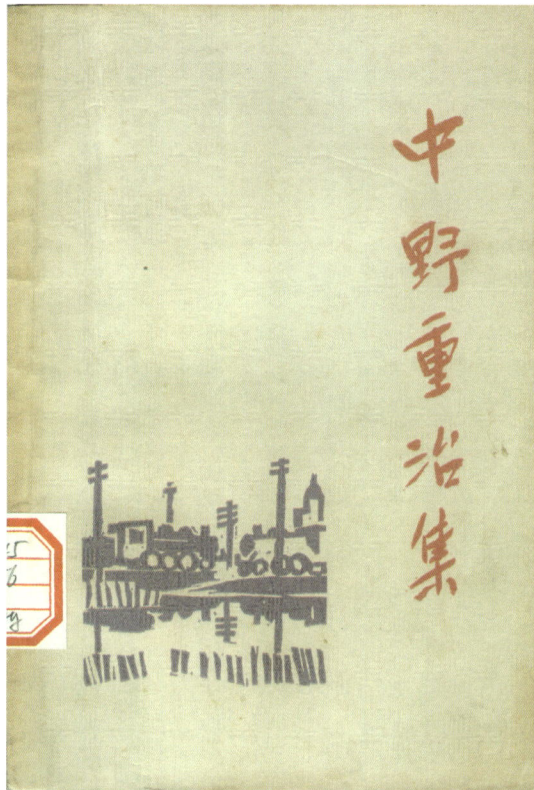

中野重治集
初版本封面（18.4厘米×13.1厘米）

小说集。【日】中野重治著。尹庚译。1934年3月1日初版，印2000册。上海现代书局出版、总发行。现代印刷公司印刷。

馆藏现代书局1934年3月初版，见唐弢文库、图书大库。

初版本卷首有尹庚《题记》。正文收《老铁的话》、《初春的风》、《看樱花·送报的人》、《年轻的人》、《砂糖的故事》共5篇。

忠厚老实人
初版本封面（18.6厘米×13.3厘米）

小说。【日】武者小路实笃著。崔万秋译。1930
年2月10日出版，印1500册。上海真美善书店发行。

馆藏真美善书店1930年2月初版，见唐弢文库。

初版本卷末有崔万秋《译者饶舌》。作品共有13
章。

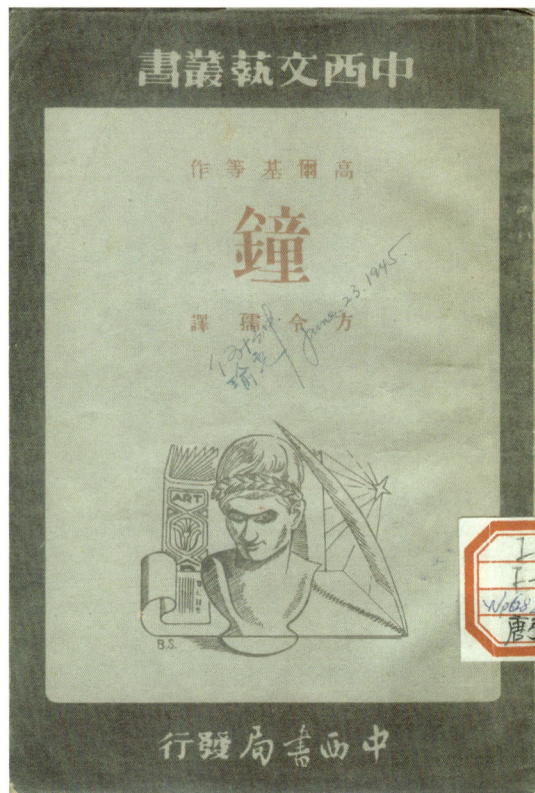

钟
初版本封面（17.5厘米×12厘米）

小说戏剧集。【苏】高尔基等著。方令孺译。民
国三十二年（1943）六月初版。成都中西书局印行。
赵清阁主编《中西文艺丛书》之一种。

馆藏中西书局1943年6月初版，见唐弢文库。

初版本无序跋。内收《投宿》、《胜利的恋
歌》、《钟》、《室内》、《在一个远远的世界里》
共5篇。

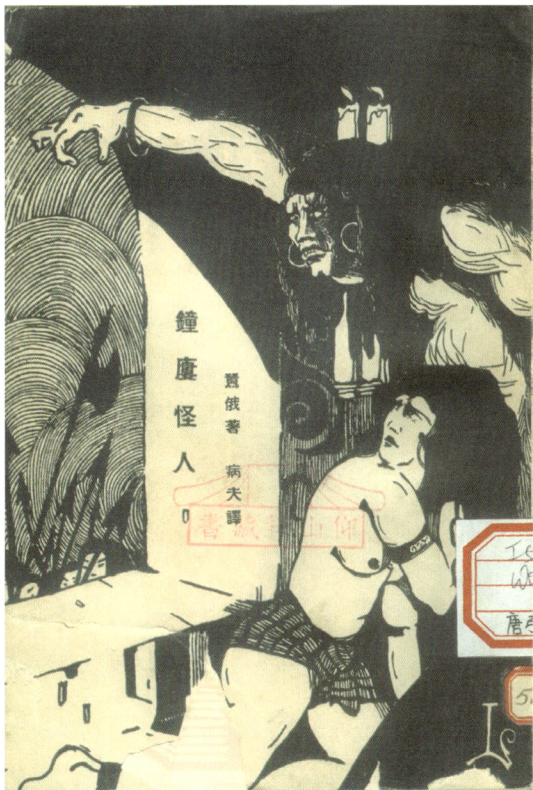

钟虔怪人
初版本封面（18.7厘米×12.9厘米）

歌剧。【法】嚣俄著。病夫译。民国十七年
（1928）十月二十日付印，十一月三十日出版，印
1500册。上海真美善书店发行。上海国光印书局承
印。

馆藏真美善书店1928年11月初版，见唐弢文库。

初版本卷首有《嚣俄自述》。作品共有4折。

仲夏夜之梦
初版本封面（17.9厘米×14.5厘米）

小说集。【英】莎士比亚等著。萧叔夜、戈宝权
编译。民国三十八年（1949）四月初版。上海永年书
局发行。

馆藏永年书局1949年4月初版，见唐弢文库、图书
大库。

初版本卷首有编辑室《前言》。正文收《罗密欧
与朱丽叶》、《仲夏夜之梦》、《罗宾汉》、《宝石
花》共4篇。

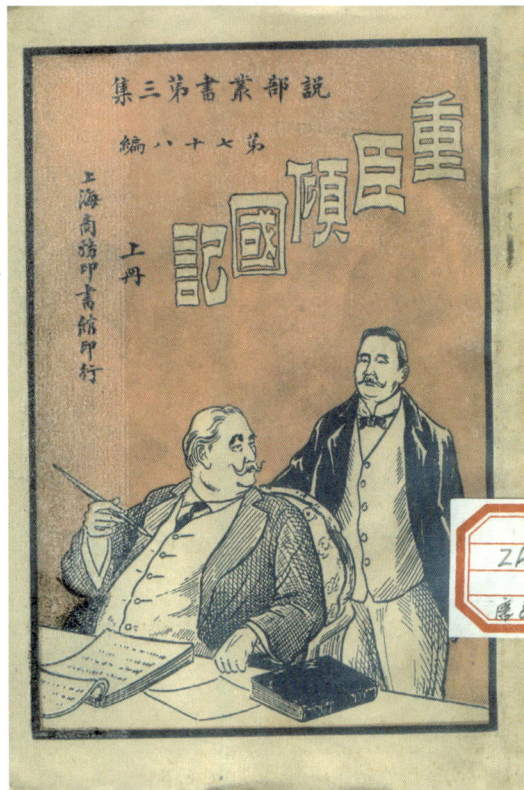

重臣倾国记（上、中、下）
初版本封面（18.2厘米×12.6厘米）

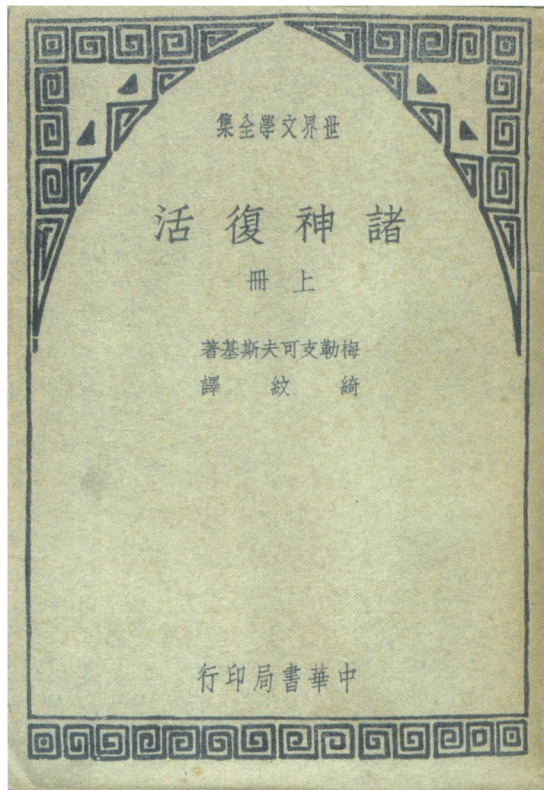

诸神复活（上、下）
初版本封面（18.2厘米×12.9厘米）

　　小说。【英】威连勒格克司著。赵尊岳译。民国
八年（1919）十月初版。上海商务印书馆印行。四集本
《说部丛书》第三集之七十八。

　　馆藏商务印书馆1919年10月初版，见唐弢文库。

　　初版本上册卷首有赵尊岳《译余剩语》，内云：
"吾译威连氏之书，可第四部矣。……复为国家重臣
之事。有一陆军之总长，与秘书朋比图奸，秘书即坐
以要挟。总长复有女公子，斡旋其间，茹辛食苦，至
以身许一漠然不爱之人，拯阿翁于万险。行文伏线，
似较前书胜也。"

　　初版本有上册13章、中册15章、下册13章，共41
章。

　　一名《雷翁那图·达·文奇》。小说。【俄】
梅勒支可夫斯基著。绮纹译。民国三十四年（1945）
十一月初版、发行。上海中华书局印行。《世界文学
全集》之一种。

　　馆藏中华书局1945年11月初版，见唐弢文库、图书
大库。

　　初版本上册卷首有《译者序》。作品有上册10
章、下册7章，共17章。

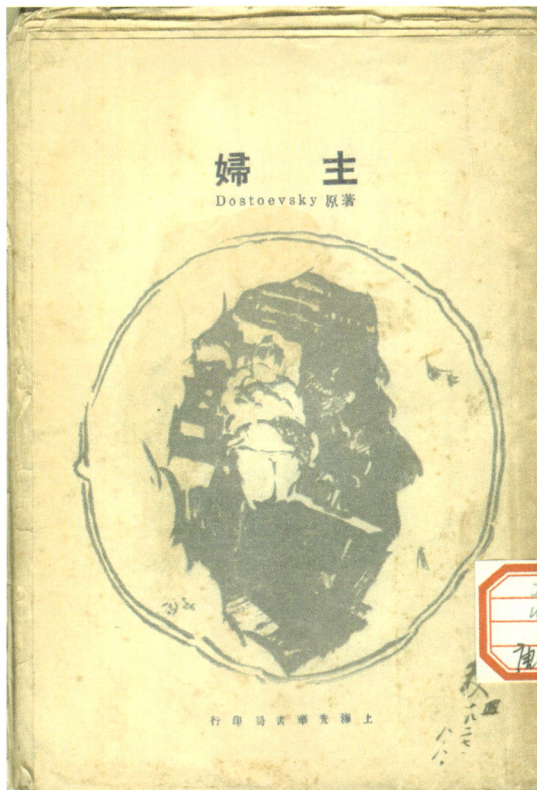

主 妇
初版本封面（19.3厘米×13.3厘米）

小说。【俄】Dostoevsky著。白莱译。民国十六年（1927）二月付印，四月出版。上海光华书局印行。

馆藏光华书局1927年4月初版，见唐弢文库、图书大库。

初版本无序跋。作品有第一、二篇各3章，共6章。

主与仆
初版本封面（17.8厘米×12.4厘米）

小说集。【俄】L.托尔斯泰著。张白山、克明译。民国三十七年（1948）七月初版。上海现代出版社印行。《现代文艺丛书》之一种。

馆藏现代出版社1948年7月初版，见唐弢文库、图书大库。

初版本无序跋。内收《主与仆》、《农村的女人》共2篇。

传 记
初版本封面（17厘米×12.1厘米）

    戏剧。【美】勃尔曼著。石华父译。1949年3月初版。上海晨光出版公司发行。中华全国文艺协会主编《晨光世界文学丛书》之十六。

    馆藏晨光出版公司1949年3月初版，见唐弢文库、图书大库。

    初版本卷首有赵家璧《出版者言》（丛书总序）。作品共有3幕。

追 念
初版本封面（18.3厘米×12.7厘米）

    小说集。【英】摩尔等著。秋莲等译。1941年5月初版。上海中流书店印行。光明书局、五洲书报社、中国杂志公司等总代售。《世界文学丛刊》之一种。

    馆藏中流书店1941年5月初版，见图书大库。

    初版本卷首有《〈世界文学丛刊〉序》。正文收《楼梯上》、《追念》、《自杀俱乐部》、《一个穷的绅士》、《复本》、《迂士录》、《心狱》、《病了的煤矿夫》、《半天玩儿》、《手与心》共10篇。

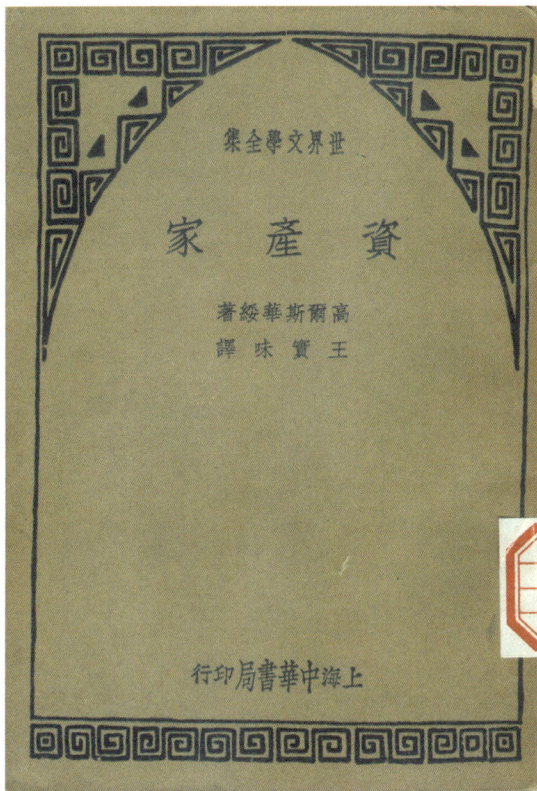

资产家
初版本封面（18.6厘米×13.1厘米）

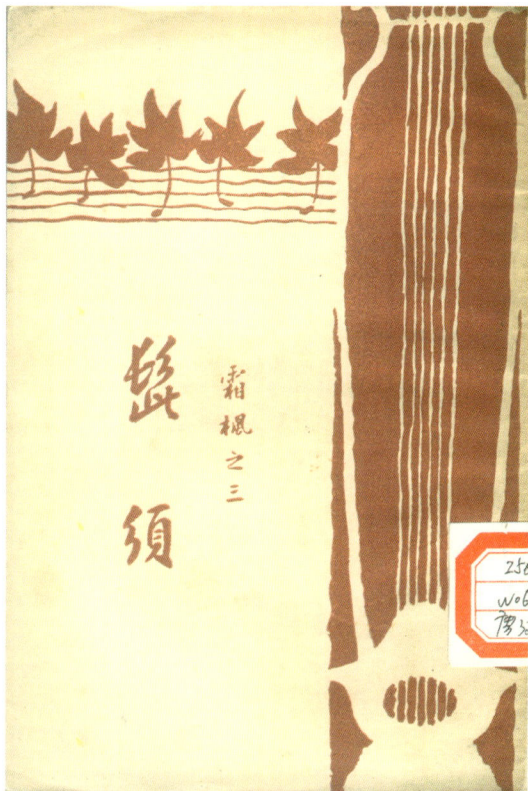

髭 须
初版本封面（18.9厘米×13厘米）

　　小说。【英】高尔斯华绥著。王实味译。民国二十五年（1936）七月印刷、发行。上海中华书局印行。《世界文学全集》之一种。

　　馆藏中华书局1936年7月初版，见唐弢文库、艾芜文库。

　　初版本卷首有张梦麟《序》，内云："《资产家》刚好是这一部英国社会史的起首，从这个意味说来，这部作品，不惟在他的作品中是重要之作，就在我们拿来当成一部英国的社会史读，也是极重要的作品。"

　　初版本有第一部9章、第二部14章、第三部9章，共32章。

　　扉页、目录页及版权页题《髭须及其他》。小说集。【法】莫泊桑著。李青崖译。民国十三年（1924）十一月出版。霜枫社出版。上海朴社发行。《霜枫》之三。

　　馆藏霜枫社1924年11月初版，见唐弢文库、图书大库。

　　初版本无序跋。内收《髭须》、《呢喃》、《窗前的失败》、《代理人》、《林中》、《波宜发司式的命案》共6篇。

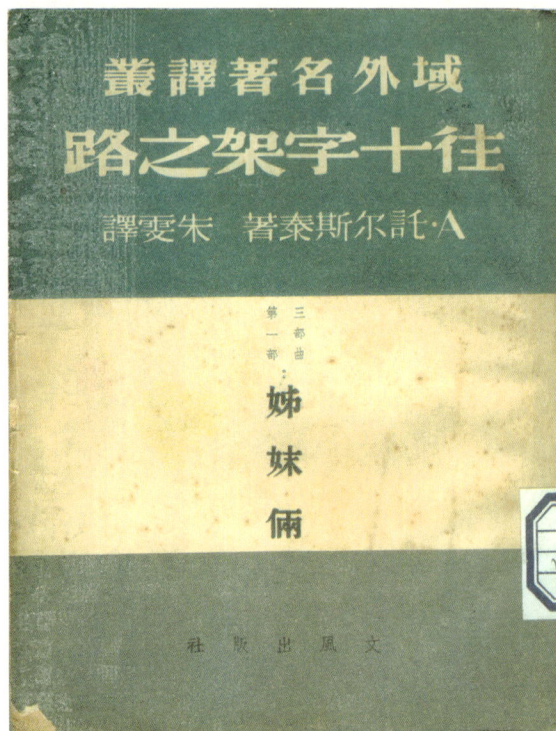

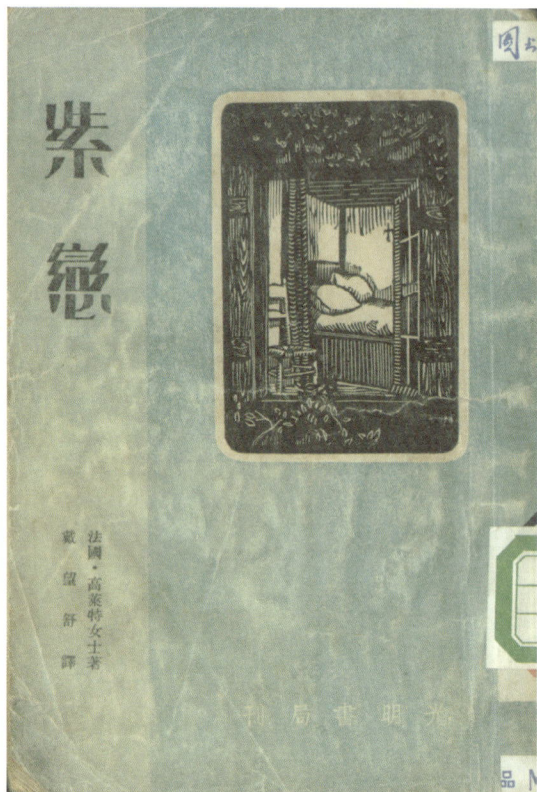

姊妹俩
初版本封面（18.3厘米×14.5厘米）

紫 恋
初版本封面（18.5厘米×12.9厘米）

　　小说。【苏】A.托尔斯泰著。朱雯译。民国三十八年（1949）一月初版。上海文风出版社发行。上海中国印书馆印刷。《域外名著译丛》之一种。

　　馆藏文风出版社1949年1月初版，见唐弢文库、巴金文库。

　　本书为《往十字架之路》三部曲之一。初版本无序跋。作品共有43章。

　　原名《宝宝》。小说。【法】高莱特著。戴望舒译。民国二十四年（1935）四月初版、发行。上海光明书局出版、发行。上海蔚文印刷局印刷。《世界文学名著》之一种。

　　馆藏光明书局1935年4月初版，见图书大库。

　　初版本卷末有译者《译后记》，内云："高莱特……一九二〇年出版了《紫恋》，描写一个青春年纪的舞男与一个初入老境的女人的恋爱纠纷。"

　　初版本不标章次。

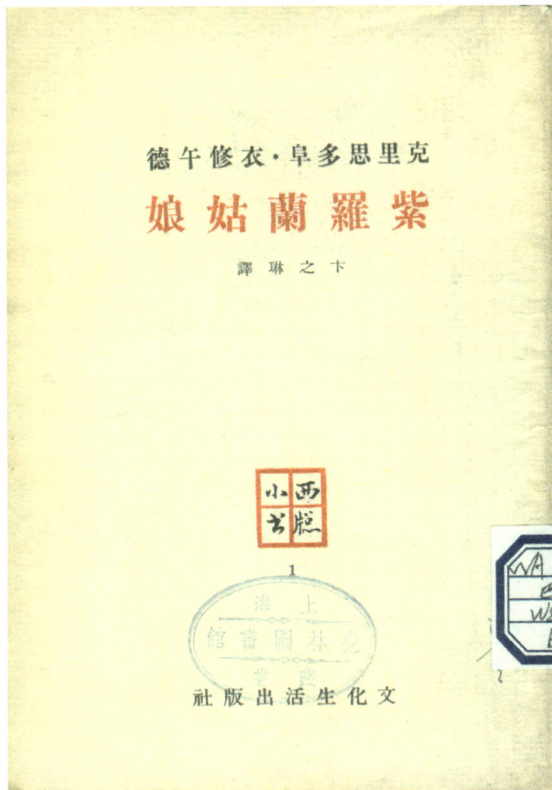

德午修衣·阜多思里克

娘姑蘭羅紫

卞之琳 譯

西窗小书

文化生活出版社

高爾基作品集 ★ 胡明 譯

自殺

上海光華出版社出版 刊行

紫罗兰姑娘
初版本封面（18.2厘米×13厘米）

自　杀
初版本封面（17厘米×12.3厘米）

小说。【英】克里思多阜·衣修午德著。卞之琳译。民国三十六年（1947）二月初版。文化生活出版社发行。文化生活印刷所印刷。《西窗小书》之一。

馆藏文化生活出版社1947年2月初版，见唐弢文库、巴金文库、冯至文库、图书大库。

初版本卷首有卞之琳《译者序》。作品不标章次。

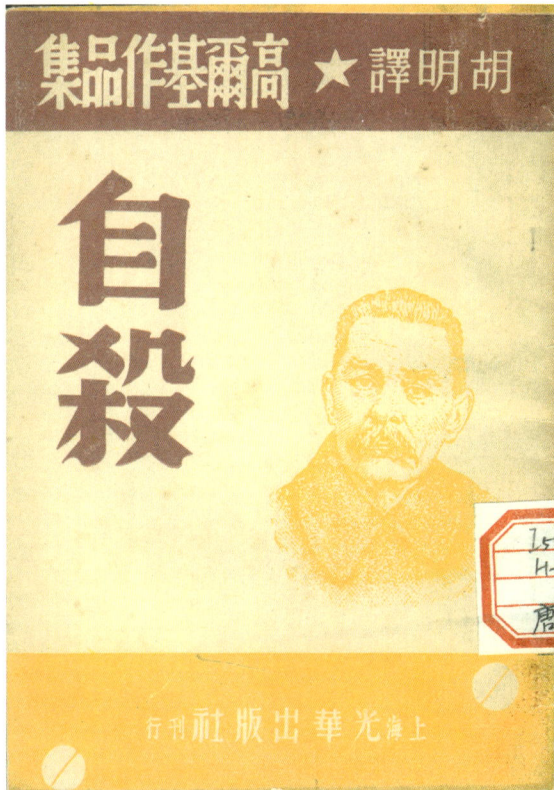

小说。【苏】高尔基著。胡明译。民国三十五年（1946）四月初版。上海光华出版社印行。上海生活书店、上海光明书局总经售。《高尔基作品集》、《世界文学名著》之一种。

馆藏光华出版社1946年4月初版，见唐弢文库、图书大库。

初版本无序跋。作品不分章节。

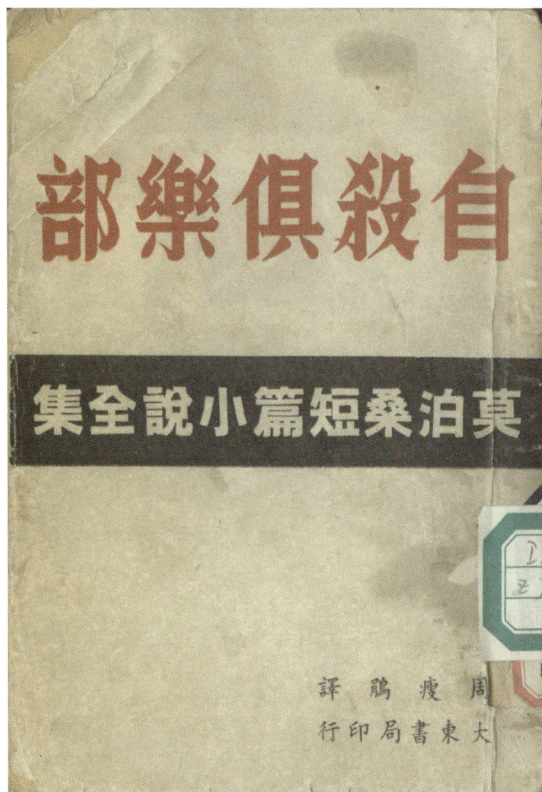

自杀俱乐部
初版本封面（17厘米×12.1厘米）

小说集。【法】莫泊桑著。周瘦鹃译。民国三十六年（1947）二月初版。上海大东书局印行。《莫泊桑短篇小说全集》之一种。

馆藏大东书局1947年2月初版，见图书大库。

初版本无序跋。内收《模特儿》、《新婚第一夜》、《英雄之母》、《钟》、《马亚龙》、《魔鬼》、《勋章》、《巴黎士夫人》、《弑亲者》、《报复》、《迦尔士伯伯》、《自杀俱乐部》、《隐士》、《伞》、《面包》等16篇。

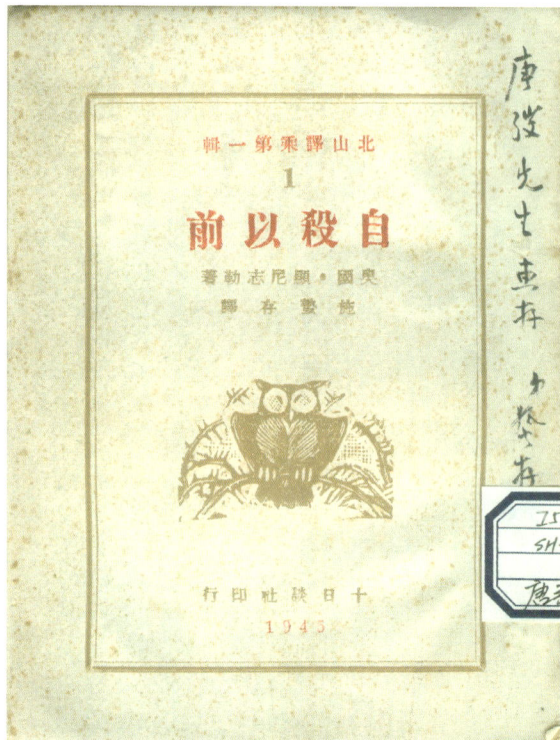

自杀以前
初版本封面（17.6厘米×13.7厘米）

原名《中尉哥斯脱尔》。小说。【奥】显尼志勒著。施蛰存译。民国三十四年（1945）九月初版。福建永安十日谈社印行。《北山译乘》第一辑之一。

馆藏十日谈社1945年9月初版，见唐弢文库、许杰文库。

初版本卷首有《题记》（译者），内云："《中尉哥斯脱尔》是一九〇一年的作品，叙述一个名叫哥斯脱尔的陆军中尉，从音乐会场上出来时，因为受了一个面包师的侮辱，再加以其他不遂意的事件，而想自杀的全部心理过程。全文皆为主人公的内心独白，没有一句作者的描写。此种表现方法，恐怕是显尼志勒的创造。"

初版本不分章节。

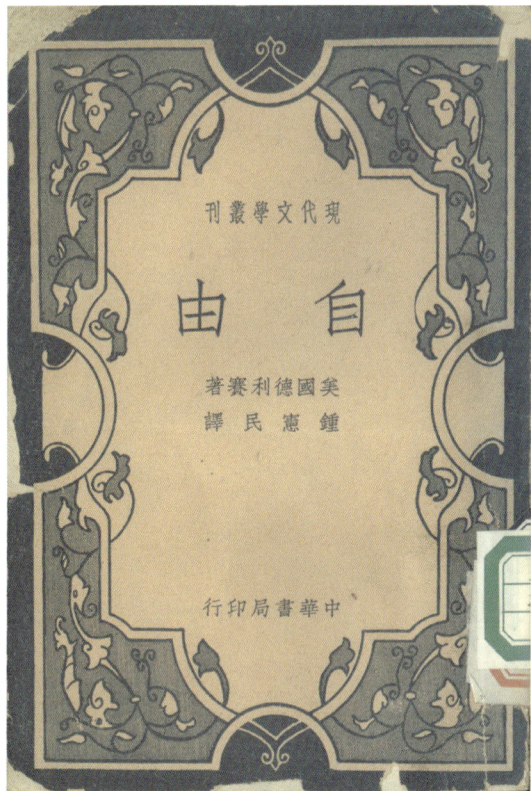

自 由
初版本封面（18.8厘米×13厘米）

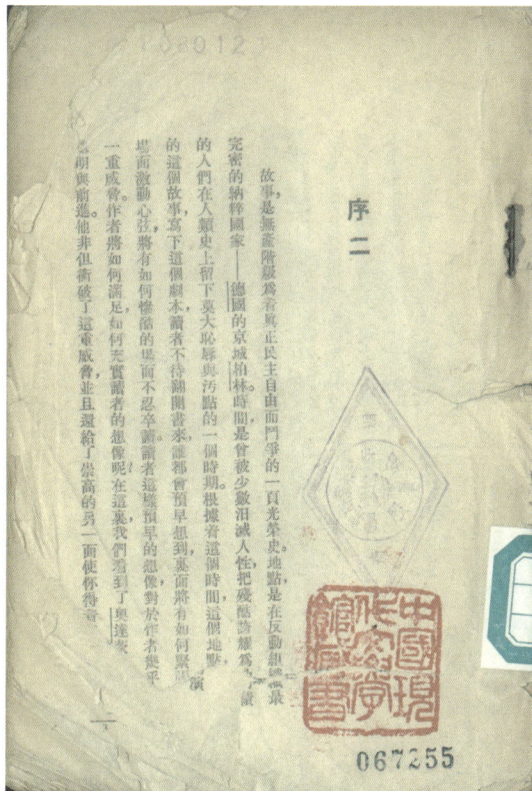

自由万岁
初版本残存首页（封面、扉页缺失。18.1厘米×12.7厘米）

小说集。【美】德利赛、【瑞典】史特林堡著。钟宪民译。民国二十三年（1934）九月印刷、发行。上海中华书局印行。《现代文学丛刊》之一种。

馆藏中华书局1934年9月初版，见图书大库。

初版本卷首有《译者序言》。正文收《自由》、《最后一吻》、《婚后》、《良心的苛责》共4篇。

戏剧。【美】C.奥达茨著。穆俊译。民国二十九年（1940）五月初版。青年文化出版社出版。《奥达茨戏剧集》之一。

馆藏青年文化出版社1940年5月初版，见图书大库。

初版本卷首有《序一》（缺失，作者不详）、仰之《序二》，卷末有《附录》（企程译）。作品共有7场。

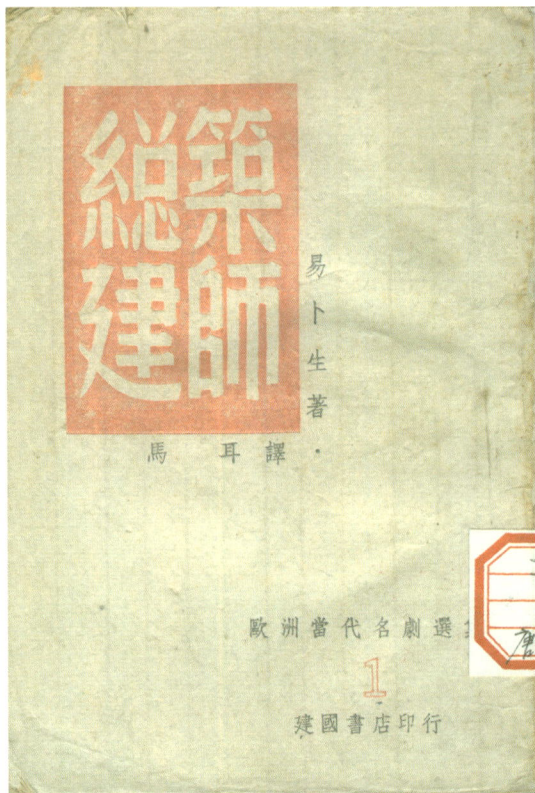

总建筑师
初版本封面（17.5厘米×12.3厘米）

戏剧。【挪】易卜生著。马耳译。民国三十二年（1943）五月初版、发行。重庆建国书店出版、总发行。重庆建文印刷厂印刷。《欧洲当代名剧选集》之一。

馆藏建国书店1943年5月初版，见唐弢文库、艾芜文库。

初版本卷首有《译者序》。作品共有3幕。

总统失踪记
初版本封面（19厘米×12.9厘米）

小说。【美】佚名著。方安译。民国二十五年（1936）六月初版。上海商务印书馆印行。

馆藏商务印书馆1936年6月初版，见唐弢文库。

初版本卷首有《译者序》，内云："这是一本很好的政治小说。它把美国政治社会的横断面，描写得细微之至。从生动的叙述里，我们可以看见军火商人的活动，金融界的势力，各党各派的暗斗，国会议员的腐败，政府当局对付各种恶势力的困难，以及国民在紧急的时候爱国的真挚。这些事实又托出了民主政体的弱点和优点。"

初版本有《星期一——综览》9章、《星期二——大风雨之前夕》3章、《星期三——紊乱时期》13章、《星期四——绝境》10章、《星期五——幕下》14章，共49章。

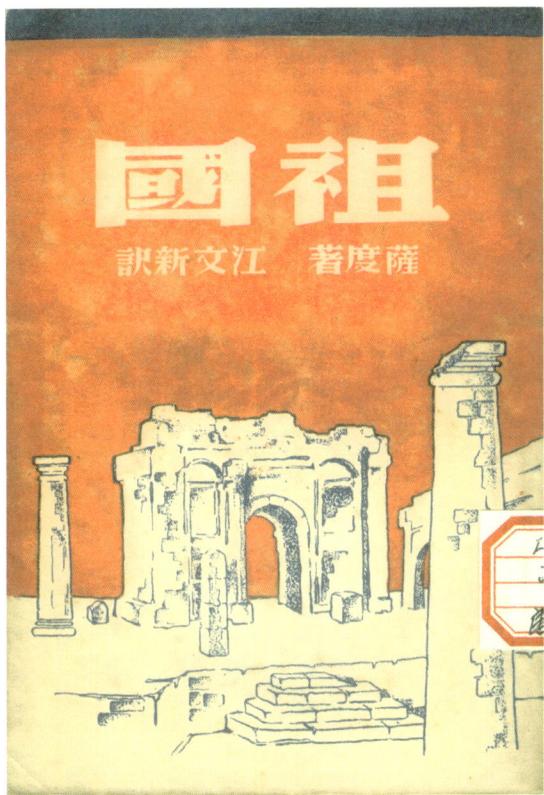

祖 国
初版本封面（18.2厘米×12.8厘米）

戏剧。【法】萨度著。江文新译。民国二十八年（1939）十二月出版。上海国民书店印行。

馆藏国民书店1939年12月初版、1941年6月二版，见唐弢文库、巴金文库、图书大库。

初版本卷首有隐霞《〈祖国〉作者萨度评述》，卷末有江文新《书〈祖国〉译后》。作品共有5幕。

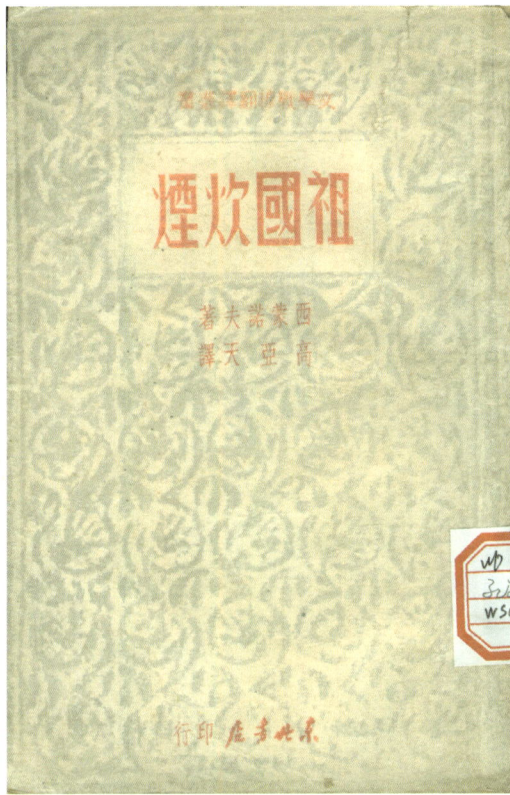

祖国炊烟
初版本封面（18.4厘米×12.4厘米）

小说。【苏】西蒙诺夫著。高亚天译。1949年2月初版，印5000册。沈阳东北书店印行。《文学战线翻译丛书》之一种。

馆藏东北书店1949年2月初版，见唐弢文库、巴金文库、郭小川文库、孔罗荪文库。

初版本卷末有亚天《译后语》。作品有第一部19章、第二部12章、第三部19章，共50章。

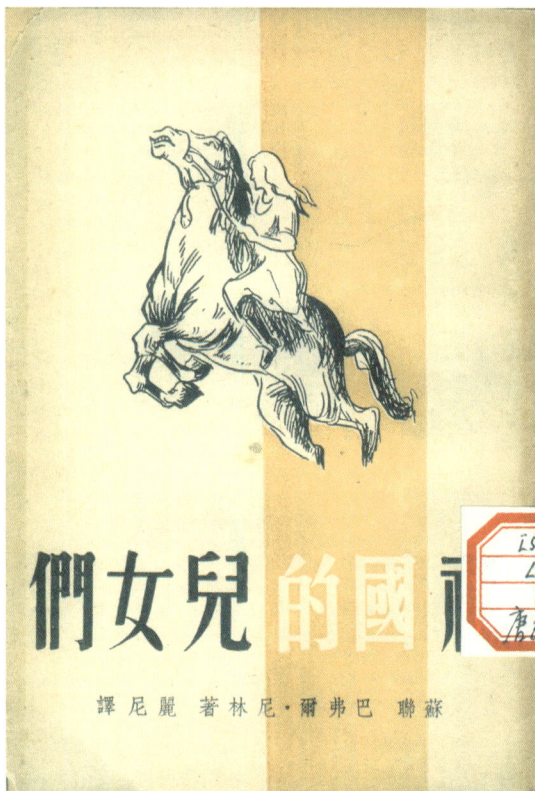

祖国的儿女们
初版本封面（17.3厘米×12.2厘米）

小说。【苏】巴弗尔·尼林著。丽尼译。民国三十四年（1945）十二月初版。上海杂志公司发行。

馆藏上海杂志公司1945年12月初版，见唐弢文库。

初版本卷首有译者《题记》。作品不分章节。

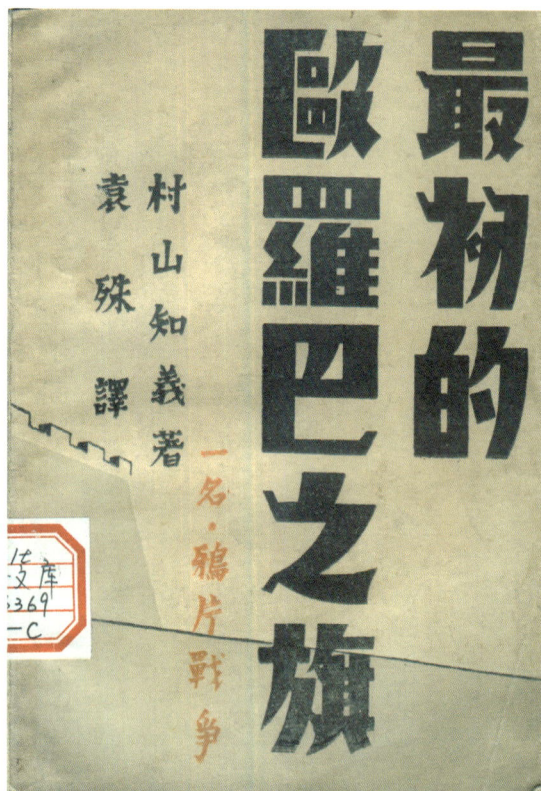

最初的欧罗巴之旗
初版本封面（18.6厘米×12.9厘米）

扉页、目录页题《最初欧罗巴之旗》。戏剧集。【日】村山知义著。袁殊译。民国二十年（1931）十二月二十日付印，民国二十一年（1932）一月二十一日初版。上海湖风书局出版。《曙星剧社脚本丛刊》之二，《世界文学名著译丛》之一种。

馆藏湖风书局1932年1月初版，见唐弢文库、巴金文库、许杰文库、图书大库。

初版本卷首有华帝《村山知义》、《村山访问记节录》、村山知义《致中国读者》，卷末有袁殊《译者后记》。正文收《最初的欧罗巴之旗》（一名《鸦片战争》）、《在沙漠上》共2篇。

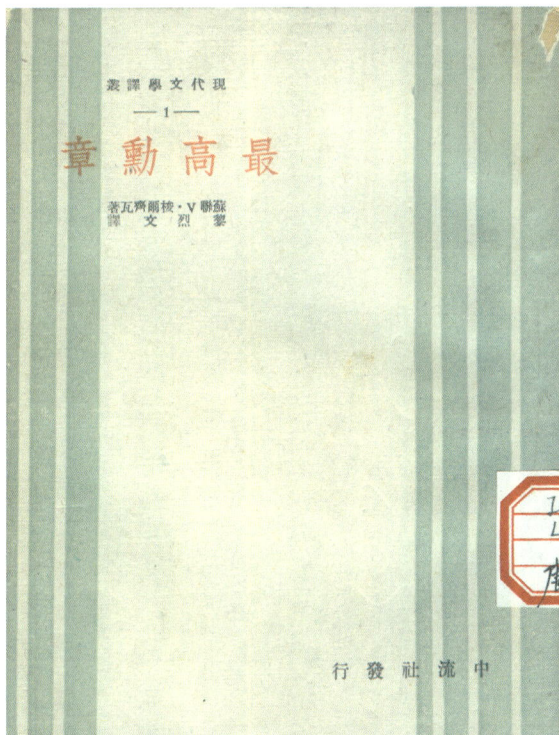

最高勋章
初版本封面（17.1厘米×13.4厘米）

小说集。【苏】V.梭尔齐瓦等著。黎烈文译。民国三十四年（1945）十月闽一版，印3000册。中流社发行。改进出版社印刷所印刷。《现代文学译丛》之一。

馆藏中流社1945年10月初版，见唐弢文库、巴金文库。

初版本卷末有译者《后记》。正文收《最高勋章》、《伟大的命运》、《第九十六个女人》、《萨莉莎》共4篇。

最后的偕游
初版本封面（18.2厘米×13厘米）

小说、诗歌、论文集。【英】白郎宁等著。曾今可译。民国二十年（1931）九月初版，印2000册。上海新时代书局印行。《新时代文艺丛书》之一种。

馆藏新时代书局1931年9月初版，见唐弢文库、薛汕文库。

初版本卷首有曾今可《题记》。正文除论义1篇外收《安立布丽》、《南国》、《最后的偕游》、《年的开始》、《我的妹妹睡着了》、《聪敏人的礼物》共6篇。

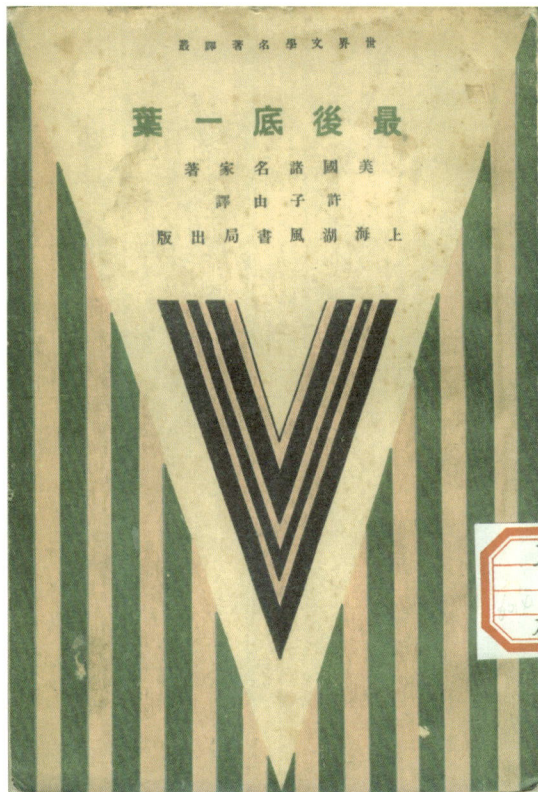

最后底一叶
初版本封面（18.8厘米×13.2厘米）

小说集。【美】欧文等著。许子由译。1932年5月1日付印，6月1日初版。上海湖风书局出版。《世界文学名著译丛》之一种。

馆藏湖风书局1932年6月初版，见唐弢文库。

初版本卷首有译者《写在书前》，卷末有子由《译者的话》。正文收《碎了的心》、《回春法底实验》、《海琴巴德森先生的灾难》、《太早的埋葬》、《松朋的葬歌》、《最后底一叶》、《玩豹者的故事》、《乡里的医生》、《小村的记事》、《犯人的圣诞节》、《婚礼》、《呆笨的爱尔兰人》、《亚美利加的饥馑》共13篇。

罪与罚（上、下）
初版本封面（20.1厘米×14.1厘米）

小说。【俄】陀思妥夫斯基著。韦丛芜译。1930年6月、1931年8月初版，印1500部。北平未名社出版部发行。《未名丛刊》之二十四、二十五。

馆藏未名社1930年6月、1931年8月初版，文光书店版（版权页缺失，上册，著者译名为"陀思退夫斯基"），开明书店1933年11月二版（合订本），见唐弢文库、汝龙文库、卜少夫文库。

初版本上册卷首有丛芜《序》，下册卷末有素园《写在书后》。作品除《尾声》外有卷一7章、卷二7章、卷三6章、卷四6章、卷五5章、卷六8章，共39章。

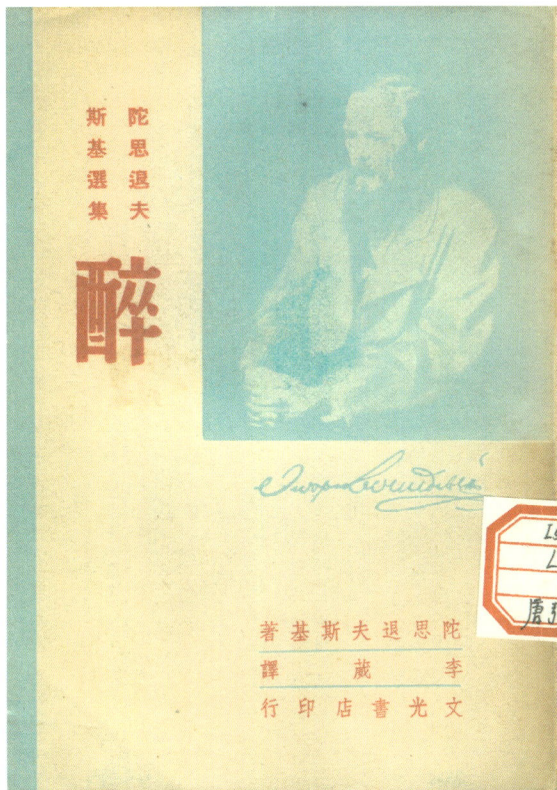

醉
初版本封面（18.2厘米×13厘米）

醉男醉女
初版本封面（18.6厘米×13厘米）

　　小说。【俄】陀思退夫斯基著。李葳译。民国
三十六年（1947）四月沪初版，印2000册。上海文光
书店印行。联营书店、上海利群书报联合发行所分发
行。《陀思退夫斯基选集》之一种。

　　馆藏文光书店1947年4月初版，见唐弢文库、田仲
济文库。

　　初版本卷末有译者《译后记》。作品共有10章。

　　小说集。【西】伊巴涅思著。戴望舒译。1928年
11月付排，12月出版，印1500册。上海光华书局印行。
《伊巴涅思短篇小说集》之下，《世界名著选》之一
种。

　　馆藏光华书局1928年12月初版、1930年5月二版，
见唐弢文库、图书大库。

　　初版本卷末有孙春霆《伊巴涅思评传》。正文
收《醉男醉女》、《失在海上》、《虾蟆》、《奢
侈》、《落海人》、《女囚》、《疯狂》共7篇。

左拉小说集
初版本封面（18.9厘米×13厘米）

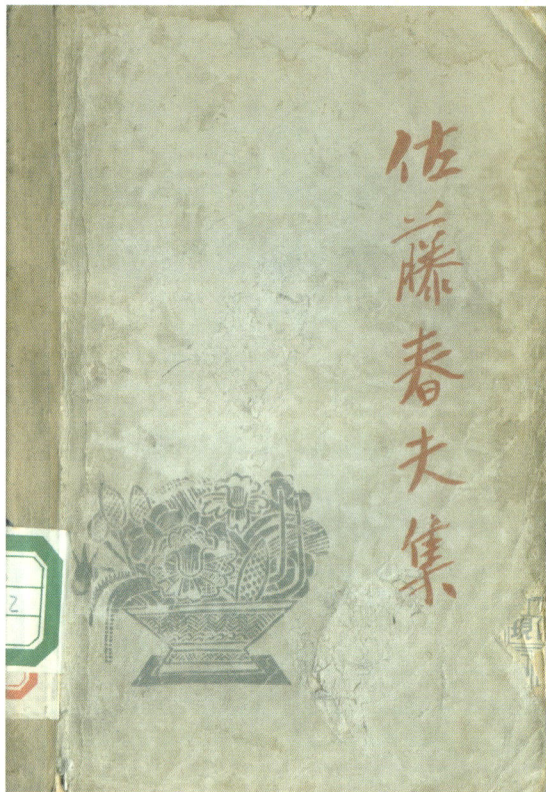

佐藤春夫集
初版本封面（18.3厘米×12.9厘米）

　　【法】左拉著。宅桴、修勺译。1927年1月付印，5月初版，印2000册。上海出版合作社印行。《文艺丛书》之四。

　　馆藏上海出版合作社1927年5月初版，见唐弢文库、巴金文库。

　　初版本卷首有《译者小言》。正文收《约翰·古尔东的四日》、《为一夜的爱》、《涡里维·伯格伊的死》、《失工》共4篇。

　　小说集。【日】佐藤春夫著。高明译。1933年8月15日初版，印2000册。上海现代书局出版、总发行。现代印刷公司印刷。

　　馆藏现代书局1933年8月初版，见艾芜文库、图书大库。

　　初版本卷首有佐藤春夫《代序》。正文收《星》、《开窗》、《阿绢及其兄弟》、《一夜宿》、《濑沼氏的山羊》共5篇。

馆藏初版本不确定的新文学译本

书　名	类别	著者	译者	馆藏版本	馆藏地点
埃司兰情侠传（上、下）	小说	（英）哈葛特	林纾、魏易	1904年版	图书大库
爱	戏剧	（法）奢辣尔第	王了一	商务印书馆版（版权页缺失，《世界文学名著》）	唐弢文库
爱的教育	小说	（意）亚米契斯	夏丏尊	开明书店版（版权页缺失）、1947年10月修正十三版	图书大库
爱国的孩子	故事集	（意）爱米契斯	张鸿飞	正气书局1947年6月版	图书大库
爱欲	戏剧	（日）武者小路实笃	章克标	金屋书店版	唐弢文库
昂朵马格	戏剧	（法）拉辛	陈绵	商务印书馆版（版权页缺失）	唐弢文库、图书大库
傲慢与偏见（上、下）	小说	（英）奥斯登	杨缤	商务印书馆版（版权页缺失，《世界文学名著》）、1947年7月四版	唐弢文库、图书大库
巴黎茶花女遗事	小说	（法）小仲马	晓斋主人、冷红生	秋月玉情瑶怨馆1901年版，不明版本（版权页缺失），知新书社1933年1月版（书名为"茶花女遗事"，译者署名为"林琴南"），新民书社1934年8月二版（书名为"茶花女遗事"，译者署名为"林琴南"），春明书店（书名为"茶花女"，正文题"茶花女遗事"，译者署名为"林琴南"）1932年10月二版、1935年3月五版	唐弢文库、姚雪垠文库、图书大库
巴瓦列先生底女婿	戏剧	（法）亚善、桑多	杨彦劬	商务印书馆版（版权页缺失，《世界文学名著》）	唐弢文库
巴西童话	童话集	（巴西）佚名	不详（版权页缺失）	商务印书馆版（《世界儿童文学丛书》）	图书大库
伯辽赛侯爵	戏剧	（法）赛复旦	王了一	商务印书馆版（版权页缺失，《世界文学名著》）	唐弢文库
不快意的戏剧	戏剧集	（爱尔兰）萧伯纳	金本基、袁弼	商务印书馆版（版权页缺失，共学社《文学丛书》）	唐弢文库
不屈的人们	小说	（苏）戈尔巴朵夫	水夫	苏商时代书报出版社1945年版	唐弢文库
惨世界	小说	（法）嚣俄	苏子谷、陈由己	东大陆图书译印局版	唐弢文库、许杰文库
茶花女	戏剧	（法）小仲马	刘半农	北新书局1926年版（版权页缺失）、同年8月二版、1930年4月四版、1935年1月六版、1937年5月七版	唐弢文库、李辉英文库、图书大库
忏悔录（上卷一、二）	回忆录	（法）卢骚	章独	商务印书馆版（版权页缺失，《世界文学名著》）	唐弢文库
丹麦短篇小说集	小说集	（丹）安徒生等	金桥、淡秋	商务印书馆版（版权页缺失，《世界文学名著》）、1937年3月初版（上下册）	唐弢文库、图书大库
德国——一个冬天的童话	诗歌	（德）海涅	艾思奇	读书出版社版	唐弢文库
电幻奇谭	小说	不详	洪如松	改良小说社版（版权页缺失，《说部丛书》）	唐弢文库
冬天的故事	诗歌	（德）海涅	周学普	十日谈社版	唐弢文库、薛汕文库、许杰文库、图书大库
杜洛斯基之脱逃	回忆录	（苏）杜洛斯基	樊仲云	远东图书公司版（版权页缺失）	唐弢文库

书　名	类别	著者	译者	馆藏版本	馆藏地点
妒误（原名"重燃坏了的火"）	戏剧	（法）本那特	黎烈文	商务印书馆版（版权页缺失，《世界文学名著》）、1935年6月二版	唐弢文库、胡风文库、图书大库
俄罗斯人	戏剧	（苏）西蒙诺夫	白寒	苏商时代书报出版社1945年版	阳翰笙文库
鹅	小说集	（法）巴尔扎克等	宗玮、白悌	文汇书店1942年12月版	图书大库
二十年海上历险记	小说	（美）佐趣利托	曾宗巩	商务印书馆版（版权页缺失，《星期标准书》）、某版（版权页缺失）	唐弢文库、图书大库
法国的歌谣	诗歌集	（法）马荷等	曾仲鸣	嘤嘤书屋版	唐弢文库、薛汕文库、图书大库
法国短篇小说集（一）	小说集	（法）拉萨尔等	刘半农	北新书局1927年版（版权页缺失）、同年8月二版	唐弢文库、图书大库
法国短篇小说集	小说诗歌集	（法）朱拉等	曾仲鸣	嘤嘤书屋版	唐弢文库
法兰西短篇小说集	小说集	（法）服尔兑尔等	李青崖	商务印书馆版（版权页缺失，《世界文学名著》）	唐弢文库
法兰西小说	小说戏剧集	（法）大仲马等	夏莱蒂等	真美善书店版（版权页缺失）	唐弢文库、巴金文库、图书大库
饭桶生涯的片段	小说	（德）埃贤朵夫	廖辅叔	商务印书馆版（版权页缺失，《世界文学名著》）	唐弢文库
费德利克小姐	戏剧	（德）谑恩	杨丙辰	商务印书馆版（版权页缺失，《世界丛书》）	胡风文库、图书大库
分裂了的家庭	小说	（美）赛珍珠	常吟秋	商务印书馆版（版权页缺失，《世界文学名著》）	唐弢文库、图书大库
丰饶的城（书脊、正文题"丰饶的城塔什干"）	小说	不详（扉页、版权页缺失）	穆木天	北新书局版	唐弢文库
烽火中的苏联妇女	小说集	（苏）A.托尔斯泰等	水夫等	苏商时代书报出版社1946年版	唐弢文库
浮士德	小说集	（俄）屠介涅夫	梁遇春、顾绶昌	北新书局版（版权页未见）	唐弢文库
福地	小说	（美）P.S.Buck	伍蠡甫	黎明书局版、1932年12月二版	图书大库
赴苏使命（原名"密斯脱配金斯到布尔雪维克国家的使命"，扉页、正文题"密斯脱配金斯到布尔雪维克国家的使命"）	戏剧	（苏）柯尔纳楚克	水夫	苏商时代书报出版社1945年版	孔罗苏文库、周而复文库、图书大库
复活（上、下）	小说	（俄）托尔斯泰	张由纪（上册）、秋长（下册）	启明书局版（版权页缺失，上册）、1949年4月三版	图书大库
甘地特	小说	（法）福耳特耳	伍光建	商务印书馆版（版权页缺失，《英汉对照名家小说选》）	胡风文库
高尔基杰作集	小说集	（苏）高尔基	鲁迅等	合众书店1948年10月版	图书大库

书　名	类别	著者	译者	馆藏版本	馆藏地点
高尔基选集	小说集	（苏）高尔基	梅川等	铁流书店1946年12月版	图书大库
高尔基早期作品集（一至三）	小说诗歌集	（苏）高尔基	林陵等	苏商时代书报出版社第一集1945年版、1947年9月二版，第二集1946年版，第三集1947年版，合订本1947年版、1948年二版	唐弢文库、汝龙文库、图书大库
弓手安得烈	童话	（苏）A.托尔斯泰	穆木天	现代出版社1949年9月沪一版	萧三文库、图书大库
孤儿历险记	小说	（美）马克吐温	章铎声	光明书局版	图书大库
古鬼遗金记	小说	（英）哈葛德	林纾、陈家麟	开文书局版	唐弢文库
哈泽·穆拉特	小说	（俄）L.托尔斯泰	刘辽逸	光华书店1948年9月东北初版	刘麟文库、图书大库
海魂	小说集	（苏）梭波列夫	白寒	苏商时代书报出版社1946年版	唐弢文库、胡风文库、图书大库
海上英雄	小说集	（苏）卡达耶夫等	磊然等	苏商时代书报出版社1946年版	图书大库
好妻子	小说	（美）奥尔珂德	王大可	春明书店版（出版时间及版次被粘贴，《世界文学名著》）	图书大库
荷兰童话集	童话集	（美）W.E. Griffis	康同衍	中华书局版（版权页未记出版时间及版次，《世界童话丛书》）	图书大库
荷兰小朋友	故事	（美）皮尔克司	王素意	商务印书馆版（版权页缺失，《儿童史地丛书》）	巴金文库
黑暗之光	戏剧	（俄）托尔斯泰	邓演存	商务印书馆版（版权页缺失，共学社《文学丛书》）、1933年3月国难后一版	唐弢文库、图书大库
黑鸟的葬礼	诗剧	不详	玉辛	上海杂志公司版	唐弢文库
黑王子	小说集	（苏）M.左盛柯	孟十还	文学书店版（版权页缺失，《翻译丛刊》）	唐弢文库
红海逃亡记	小说	（国别不详）蒙佛雷特	陈占元	明日社1943年版	唐弢文库
红衣记（原名"The Red Role"）	戏剧	（法）布里安	张仲仁	春华书局版（《世界戏剧名著（扉页为"世界名剧选"）》）	唐弢文库、图书大库
花宴	诗歌集	（法）G.Kahn	蒋遇圭	新世纪社版	图书大库
还乡（上、下）	小说	（英）哈代	张谷若	商务印书馆版（版权页缺失）	唐弢文库
寰球旅行记（上，目录页、正文题"八十日环游记"）	小说	不详	逸儒、秀玉	不明版本	唐弢文库
毁灭	小说	（苏）法捷耶夫	不详	光明书店1947年9月版	唐弢文库
激流	小说	（波兰）康拉脱	鲁丁	朔风书店1941年7月版	图书大库
季革斯及其指环	戏剧	（德）赫伯尔	毛秋白	中华书局版（版权页缺失，《现代文学丛刊》）、1940年11月二版	图书大库
寂寞的人们	戏剧	（德）霍普德曼	钟国仁	商务印书馆版（版权页缺失，《世界文学名著》）、1933年2月国难后一版	唐弢文库、胡风文库、图书大库

书 名	类别	著者	译者	馆藏版本	馆藏地点
佳人奇遇	小说	（日）柴四郎	不详（版权页缺失）	商务印书馆版（十集本《说部丛书》第一集）	图书大库
家	小说	（国别不详）保尔耶诺夫	索非	绿的书店版（《世界语汉译小丛书》）	唐弢文库
经国美谈	小说	不详（版权页缺失）	商务印书馆	商务印书馆版（十集本《说部丛书》第一集）	李健吾文库
经国美谭（前、后编）	小说	（日）矢野文雄	雨尘子	商务书馆版、不明版本（合订本）	唐弢文库
卡门	戏剧	（法）梅礼美	田汉（改编）	现代书局版	唐弢文库、周扬文库
可怜的人（一至九）	小说	（法）嚣俄	方于、李丹	商务印书馆版（版权页缺失，《万有文库》第一集）	唐弢文库
克拉维歌	戏剧	（德）歌德	汤元吉	商务印书馆版（版权页缺失，《世界文学名著》）	唐弢文库
苦女成功记	小说	（法）马劳脱	鲁丁	正气书局1949年3月版	图书大库
Lyrisches Intermezzo	诗歌集	（德）海涅	青主	X书店1929年版	唐弢文库
狼	戏剧	（法）罗曼罗兰	沈绮雨	新中国书店1929年版	唐弢文库
李尔王	戏剧	（英）莎士比亚	梁实秋	商务印书馆版（版权页缺失，共两个版次）	唐弢文库、图书大库
李觉出身传（一至四）	小说	（法）嘉破虏	陆善祥	商务印书馆版	唐弢文库
恋爱的妇人	戏剧	（法）博多里煦	王了一	商务印书馆版（版权页缺失，《世界文学名著》）	唐弢文库
恋爱与社会	小说	（德）史笃谟	李珠	商务印书馆版（版权页缺失，《世界文学名著》）	唐弢文库
恋爱与牺牲	小说集	（法）莫罗阿	傅雷	商务印书馆版（版权页缺失，《世界文学名著》）、1947年2月四版	唐弢文库、图书大库
灵魂游历记	小说	（英）斐鲁丁	金佛徒（扉页、版权页署"殷雄"）	大通图书社1937年4月版	图书大库
陆沉（上）	小说	（美）赛尔维司	安子介、艾维章	商务印书馆版（版权页在下册）	图书大库
旅客所说的故事	小说	（美）伊尔文	伍光建	商务印书馆版（扉页、版权页缺失）	王辛笛文库
绿的猫儿	小说集	（苏）高尔基	郑效洵	远东图书公司版	唐弢文库
罗亭	小说	（俄）屠格涅夫	赵景深	商务印书馆1928年版（版权页缺失）	唐弢文库
玛婷；痛苦的灵魂	戏剧集	（法）斑拿	袁昌英	商务印书馆版（版权页缺失，《现代文艺丛书》）、1934年1月国难后一版	唐弢文库、巴金文库、邹荻帆文库
卖糖小女	戏剧	（法）嘉禾	王了一	商务印书馆版（版权页缺失，《世界文学名著》）	唐弢文库、艾芜文库、胡风文库
曼弗雷德	诗剧	（英）拜伦	刘让言	光华出版社1949年版	薛汕文库、图书大库
猫的天堂	小说	（法）左拉	刘复	不明版本	唐弢文库
美国短篇小说集	小说集	（美）W.欧文等	傅东华、于熙俭	商务印书馆版（版权页缺失，《世界文学名著》）	唐弢文库

书　名	类别	著者	译者	馆藏版本	馆藏地点
美国诗钞	诗歌集	（美）勃猎恩脱等	李溶华	文学丛报社版	胡风文库
闵豪生奇游记	小说	（德）步耳革	魏以新	华通书局版（版权页缺失）、1933年6月二版	唐弢文库、图书大库
明天	诗歌集	（英）雪莱	徐迟	雅典书屋1943年版	唐弢文库、胡风文库、薛汕文库
魔窟逃刑记（原名"流动刑场"）	小说	（匈）山多尔·乔其利	曹庸	新联出版社版	图书大库
母爱与妻爱	戏剧	（法）聂芳	罗玉君	商务印书馆版（版权页缺失，《世界文学名著》）	唐弢文库
娜兰小传（上、下）	小说	不详（版权页缺失）	不详	商务印书馆版（四集本《说部丛书》第二集）	唐弢文库
你往何处去	小说	（波兰）显克微支	徐炳昶、乔曾劬	商务印书馆版（版权页缺失，《世界丛书》）、1924年3月二版、1947年5月二版	唐弢文库、许杰文库、图书大库
农妇	诗歌集	（俄）尼克拉梭夫等	陈国华	1932年3月版	唐弢文库、图书大库
挪威短篇小说选	小说集	（挪）阿历山大巨爱兰德等	古有成	商务印书馆版（版权页缺失）	胡风文库、康濯文库
萍踪奇遇	小说	（美）马克吐温	刘正训	亚东出版社1943年桂版	图书大库
破产者	戏剧	（挪）般生	郭智石	商务印书馆版（版权页缺失，《世界文学名著》）	唐弢文库、胡风文库
普式庚诗选	诗歌集	（俄）普式庚	余振	光华出版社1948年版、1949年版	唐弢文库、管桦文库
妻	小说	（苏）卡达耶夫	磊然	苏商时代书报出版社1945年版	唐弢文库、周而复文库
前线	戏剧	（苏）科尔内楚克	萧三	新华书店1944年6月版	图书大库
虔敬的姑娘	小说	（俄）屠格涅夫	浮尘	中心书店版（版权页缺失）	唐弢文库
侵略	戏剧	（苏）李翁诺夫	林陵	苏商时代书报出版社1945年版	唐弢文库、孔罗荪文库
情书（原名"信"）	戏剧	（英）莫恨	陈绵	商务印书馆版（版权页缺失）、1940年1月二版	唐弢文库、艾芜文库、图书大库
秋灯谭屑	小说集	（美）包鲁乌因	林纾、陈家麟	商务印书馆版（版权页缺失）	唐弢文库
人间悲剧	小说	（美）T.德莱塞	钟宪民	建国书店版（版权页缺失）、国际文化服务社1948年11月三版	田仲济文库、孔罗荪文库
人民不死	小说	（苏）葛洛斯曼	林陵	苏商时代书报出版社1945年版	唐弢文库、胡风文库、图书大库
日本短篇小说集	小说集	（日）芥川龙之介等	高汝鸿	商务印书馆版（版权页缺失，《世界文学名著》）	唐弢文库
日本新童话（下）	童话集	不详	张逸父	商务印书馆版（版权页缺失）	林林文库
瑞士小朋友	故事	（美）L.F.Perkins	王素意	商务印书馆版（版权页缺失，《儿童史地丛书》）	巴金文库
萨芙	小说	（法）都德	王实味	商务印书馆版（版权页缺失，《世界文学名著》）	唐弢文库
萨郎波	小说	（法）弗罗贝尔	李劫人	商务印书馆版（版权页缺失，《文学研究会世界文学名著丛书》）	图书大库
三人（上、下）	小说	（苏）高尔基	钟石韦	商务印书馆版（版权页缺失，《世界文学名著》）	唐弢文库
山大王	小说	（法）阿卜	赵少侯	商务印书馆版（版权页缺失，《世界文学名著》）	唐弢文库

书 名	类别	著者	译者	馆藏版本	馆藏地点
圣诞礼物	小说散文集	（美）洼亨利等	徐蔚南（并著）	百合书房1944年11月版	唐弢文库
圣路易之桥	小说	（英）韦尔德	孙伟佛	启明书局版（版权页缺失，《世界文学名著》）	图书大库
圣女贞德	戏剧	（爱尔兰）萧伯纳	胡仁源	商务印书馆版（版权页缺失，《世界文学名著》）	唐弢文库
失乐园	诗歌	（英）密尔顿	傅东华	商务印书馆版（版权页缺失，《世界文学名著》）、1947年3月三版	唐弢文库、图书大库
石榴树（原名"My Name Is Aram"）	小说	（美）索洛延	吕叔湘	开明书店版、1947年4月四版、1949年3月五版（著者译名为"萨洛扬"）	唐弢文库、图书大库
士敏土	小说	（苏）革拉特珂夫	董秋斯	中外出版社1946年9月北平版	阮章竞文库、图书大库
世界名家短篇小说全集（一）	小说集	（瑞士）甘士南等	周瘦鹃	大东书局版（版权页缺失）	图书大库
试炼	小说	（苏）毕尔文采夫	白寒	苏商时代书报出版社1945年版	唐弢文库、图书大库
斯巴达小朋友	故事	（美）L.F.Perkins	王素意	商务印书馆版（版权页缺失，《儿童史地丛书》）	巴金文库
死椅	小说	（英）米爱德	陈无我	不明版本	唐弢文库
四骑士	小说	（西）伊巴泉兹	李青匡	商务印书馆版（版权页缺失，《世界文学名著》）	唐弢文库
苏联卫国战争诗选	诗歌集	（苏）米哈尔柯夫等	林陵等	苏商时代书报出版社1946年版	唐弢文库、薛汕文库、图书大库
索莫夫及其他	戏剧	（苏）高尔基	林陵	苏商时代书报出版社1946年版、时代书报出版社1948年7月二版	唐弢文库、周而复文库、图书大库
泰谷尔的苦行者	戏剧集	（印）泰谷尔	方乐天	商务印书馆版（版权页缺失）	王辛笛文库
泰山团圆	小说	（美）E.R.Burroughs	殷雄	大通图书社1939年5月版	图书大库
特棱克	小说	（德）佛兰克	绮纹	商务印书馆版（版权页缺失，《世界文学名著》）	唐弢文库
天方夜谭	故事集	（波斯）佚名	方正	启明书局版（版权页缺失）	李辉英文库
铁木儿及其伙伴	小说	（苏）葛达尔	桴鸣	新知书店1946年5月版	唐弢文库
铁手骑士葛兹	戏剧	（德）哥德	周学普	商务印书馆版（版权页缺失，《世界文学名著》）	唐弢文库
统治者（一至四）	诗剧	（英）哈代	杜衡	商务印书馆版（版权页缺失，《世界文学名著》）	唐弢文库、薛汕文库
托尔斯泰短篇小说集	小说集	（俄）托尔斯泰	瞿秋白、耿济之	商务印书馆版（版权页缺失，共学社《俄罗斯文学丛书》）、1924年9月四版	唐弢文库、图书大库
托尔斯泰童话集	童话集	（俄）托尔斯泰	吴承均	大东书局版（版权页缺失，《童话名作集》）	图书大库
妥木宗斯	小说	（英）斐勒丁	伍光建	商务印书馆1934年版（版权页缺失）	施蛰存文库
外科医生	小说	（苏）叶密良诺娃	磊然	苏商时代书报出版社1945年版	唐弢文库
忘记了的因素	戏剧	（美）Allan Thornhill	张道藩	独立出版社1948年8月沪初版	唐弢文库

书　名	类别	著者	译者	馆藏版本	馆藏地点
为跌下而造的塔	小说	（俄）爱罗先珂	胡愈之	绿的书店版（《世界语汉译小丛书》）	唐弢文库
文件	小说	（苏）班台莱耶夫	夏懿	韬奋书店1945年版、民众报社1946年4月翻印版、生活书店1947年2月二版	图书大库
倭城历险记	小说	（美）E.R. Burroughs	张桐馆	商务印书馆版（版权页缺失，《野人记》）	图书大库
我的家庭（原名"家庭历史"）	回忆录	（俄）阿克撒科夫	李霁野	商务印书馆版（版权页缺失，《世界文学名著》）	唐弢文库、图书大库
我的妻	戏剧	（法）嘉禾	王了一	商务印书馆版（版权页缺失，《世界文学名著》）	唐弢文库、巴金文库、图书大库
我叫阿拉谟	小说集	（美）萨洛扬	胡仲持	咫园书屋1947年3月版	胡风文库
无名英雄（原名"侵略"）	戏剧	（苏）不详（版权页缺失）	华容	文通书局版	唐弢文库
武士道	小说	（俄）杜尔斯堆	金四郎	北京日报馆版	唐弢文库
西亚谈奇（正文题"西亚谭奇"）	小说集	不详	关葆麟	1904年（农历）10月版（版权页缺失）	唐弢文库
希腊神话捃华	故事集	（国别不详）柯克斯	易绍兰	中国文化服务社1948年10月沪版	图书大库
现代短剧译丛	戏剧集	（爱斯兰）西古尔英生等	焦菊隐	商务印书馆版（版权页缺失）	唐弢文库、图书大库
乡下医生	小说	（法）巴尔扎克	黎烈文	商务印书馆版（版权页缺失，《世界文学名著》）、1939年4月二版	唐弢文库、图书大库
相鼠有皮	戏剧	（英）高斯华绥	顾德隆（改编）	商务印书馆1925年版（版权页缺失）、1933年版（版权页缺失）、1940年版（版权页缺失）	唐弢文库、胡风文库、图书大库
小弟妹	童话	（德）格林	鞠馨	绿的书店版（《世界语汉译小丛书》）	唐弢文库
小芳黛	小说	（法）乔治桑	王了一	商务印书馆版（版权页缺失，《世界文学名著》）	唐弢文库、图书大库
小市民	戏剧	（苏）高尔基	林陵	苏商时代书报出版社1947年版、时代书报出版社1948年二版	唐弢文库、姜椿芳文库、周而复文库、图书大库
小夏伯阳	小说	（苏）茅基莱福斯卡亚	金人	东北画报社1946年12月版	图书大库
笑的短篇小说（一）	小说集	不详	克让	X书店1929年版	唐弢文库
笑里刀	小说	（英）司提文森	薛一谔、陈家麟	商务印书馆版（版权页缺失，《欧美名家小说》）、1915年10月三版（封面题"关里刀"，四集本《说部丛书》第二集）	唐弢文库、图书大库
新时代曙光（扉页题"新时代的曙光"）	小说	（苏）M.左琴科	曹葆华	太岳新华书店版、晋察冀新华书店1946年1月初版（书名为"新时代底曙光"）	图书大库
新闻记者	戏剧	（德）夫赖塔格	柯一岑	商务印书馆版（版权页缺失，《世界文学名著》）、1933年7月国难后一版	唐弢文库、艾芜文库、图书大库
学生中的生活	小说	（苏）高尔基	李思浩	时代书局1933年版	唐弢文库、图书大库
学校剧本集	戏剧集	（日）神田丰穗	徐傅霖	商务印书馆版（版权页缺失）	巴金文库
巡按	戏剧	（俄）歌郭里	贺启明	商务印书馆1921年版（版权页缺失）、1931年4月初版	唐弢文库

书 名	类别	著者	译者	馆藏版本	馆藏地点
野鸭	戏剧	（挪）易卜生	孙煦	商务印书馆版（版权页缺失，《世界文学名著》）、1939年5月二版	唐弢文库、图书大库
夜未央	戏剧	（波兰）廖抗夫	不详	万国美术研究社版（《欧美社会新剧》）	唐弢文库、王亚平文库、图书大库
一个高贵的灵魂	小说集	（苏）N.阿桑诺夫等	萧三等	北方印刷局版（版权页缺失，《苏联文艺短篇选集》）	图书大库
一个旧式的姑娘	小说	（美）爱尔珂	李葆贞	商务印书馆版（版权页缺失，《世界文学名著》）	图书大库
一个陌生女子的来信	小说	（奥）萨伐格	孙寒冰	商务印书馆版（版权页缺失，《世界文学名著》）、1935年10月二版	唐弢文库、图书大库
一个逃兵	戏剧	（爱尔兰）萧伯纳	刘叔扬	商务印书馆版（版权页缺失，《世界文学名著》）	图书大库
伊索寓言全集（正文题"伊索寓言"）	寓言集	（古希腊）伊索	瞿世镇	三民图书公司1948年版	王辛笛文库
伊万·尼古林——俄罗斯的水兵	小说	（苏）梭罗维约夫	金人	苏商时代书报出版社1945年版	唐弢文库
依利亚特（扉页题"依利亚特故事"、"伊利亚特故事"及"伊利亚特的故事"，正文题"伊利亚特"）	故事	（古希腊）荷马	谢六逸	开明书店1929年版（版权页缺失）	图书大库
遗产	小说	（国别不详）裴有礼	索非	绿的书店版（《世界语汉译小丛书》）	唐弢文库、巴金文库
茵梦湖	小说	（德）施笃姆	施瑛	启明书局版（版权页缺失）	陈文发文库
英国短篇小说集	小说集	（英）兰姆等	韩侍桁	商务印书馆版（版权页缺失，《世界文学名著》）	唐弢文库、图书大库
勇敢的人们	小说集	（苏）A.托尔斯泰等	赵洵等	晋冀鲁豫军区版（版权页缺失）	图书大库
约瑟安特路传	小说	（英）斐尔丁	伍光建	商务印书馆版（版权页缺失，《世界文学名著》）、1933年4月国难后一版	唐弢文库、图书大库
战场絮语	小说	不详	李澍声	不明版本（《说部汇编》第一集）	唐弢文库
战线	戏剧	（苏）柯尔纳楚克	林陵	苏商时代书报出版社1945年版	图书大库
战争	小说	（德）路易·棱	魏以新	华通书局版	唐弢文库
真理的城	小说集	（匈）至尔妙伦	赵绗时	联合出版社1945年11月版	唐弢文库
中山狼	小说	不详（版权页缺失）	商务印书馆	商务印书馆版（《袖珍小说》）	唐弢文库
钟	小说集	（苏）高尔基等	梅益	光明书局1946年3月胜利一版、1948年3月战后三版	图书大库
钟	小说	（法）莱美德尔	胡愈之	绿的书店版（《世界语汉译小丛书》）	巴金文库
筑堤	童话	（苏）L.Kassil	傅东华	新少年出版社1943年5月桂版	图书大库
装饰集（扉页题"妆饰集"）	诗歌集	（英）道生	夏莱蒂	光华书局1927年版	唐弢文库

书　名	类别	著者	译者	馆藏版本	馆藏地点
自传	回忆录	（俄）托尔斯泰夫人	佘贵棠	今代书店版（《世界文艺丛刊》）	唐弢文库
最后的光芒	小说集	（俄）契诃夫等	韦漱园	商务印书馆版（版权页缺失）、1933年9月国难后一版、1935年6月国难后二版	唐弢文库、巴金文库、李辉英文库、图书大库
罪与愁（副标题为"人人所不能免的"）	戏剧	（俄）阿史特洛夫斯基	柯一岑	商务印书馆版（版权页缺失，共学社《俄罗斯文学丛书》）、1931年5月二版、1933年2月国难后一版	唐弢文库、许杰文库、图书大库

馆藏无初版本的新文学译本

书名	类别	著者	译者	馆藏版本	馆藏地点
哀吹录	小说集	（法）巴鲁萨	林纾、陈家麟	商务印书馆1915年9月二版（四集本《说部丛书》第二集）、某版（无版权页，《林译小说》第二集）	唐弢文库、王辛笛文库、图书大库
埃及金塔剖尸记（上、中、下）	小说	（英）哈葛德	林纾、曾宗巩	商务印书馆1907年三版（十集本《说部丛书》第二集）、1914年4月二版（四集本《说部丛书》初集）、同年6月初版（《林译小说丛书》）	唐弢文库、图书大库
爱的分野	小说	（苏）罗曼诺夫	蒋光慈、陈情	亚东图书馆1930年8月二版	唐弢文库
爱的毁灭	小说集	（法）斯丹达尔	赵瑞蕻	正风出版社1946年10月三版	唐弢文库
爱的奴隶	小说集	（苏）高尔基	任钧	上海杂志公司1944年12月复兴渝一版、1946年6月一版、1949年7月二版	唐弢文库、图书大库
爱的受难	小说	（英）利德	予且	中华书局1947年10月二版	李辉英文库
爱国二童子传（上、下）	小说	（法）沛那	林纾、李世中	商务印书馆1914年6月初版（《林译小说丛书》）	唐弢文库、图书大库
爱情！爱情！（副标题为"克罗采长曲"）	小说	（俄）L.托尔斯泰	邹荻帆	文津出版社1944年9月四版、1945年4月五版	唐弢文库、汝龙文库
爱与死	戏剧	（法）罗曼罗兰	梦茵	泰东图书局1929年7月二版	唐弢文库、图书大库
安东尼及枯娄菹	戏剧	（英）莎士比亚	曹未风	文化合作股份有限公司1946年6月普及版	唐弢文库、靳以文库
安魂曲	戏剧	（苏）贝拉巴拉兹	焦菊隐	文化生活出版社1945年12月沪一版、1947年6月沪二版	巴金文库、胡风文库、姚雪垠文库、图书大库
安娜·卡列尼娜	戏剧	（俄）托尔斯泰、（苏）沃滋尼生斯基（编剧）	北鸥	五十年代出版社1944年3月二版、1946年5月北平三版	唐弢文库、图书大库
奥勃洛摩夫	小说	（俄）冈察洛夫	齐蜀夫	新知书店1946年10月沪二版	唐弢文库、孔罗荪文库、图书大库
奥罗夫夫妇	小说	（苏）高尔基	周笕	上海杂志公司1945年4月复兴渝一版、1946年4月复兴一版，生活书店1946年6月初版（译者署名为"周扬"）	唐弢文库、汝龙文库、刘麟文库、周扬文库、图书大库
澳洲历险记	小说	（日）樱井彦一郎	金石、褚嘉猷	商务印书馆1914年4月二版（四集本《说部丛书》初集）	图书大库
八十日	小说	（法）裘尔俾奴	叔子	商务印书馆1915年10月二版（四集本《说部丛书》第二集）	唐弢文库
巴比塞小说选（扉页、正文题"巴比塞选集"）	小说、论文集	（法）巴比塞	李青崖等	群众图书公司版（版权页缺失，翻印本）	图书大库
巴朗先生	小说集	（法）莫泊桑	徐蔚南	现代出版社1949年4月沪一版	图书大库
白茶	戏剧集	（苏）班珂等	曹靖华	未名社1929年1月二版，开明书店1940年6月二版、1943年3月内一版、1947年3月四版	唐弢文库、臧克家文库、图书大库
白巾人（上、下）	小说	（英）歇复克	商务印书馆	商务印书馆版（版权页缺失，四集本《说部丛书》初集）	图书大库
拜轮诗选	诗歌集	（英）拜轮	苏曼殊	1914年（农历）8月三版	唐弢文库、图书大库
斑麋	小说	（奥）沙尔顿	方安	商务印书馆1946年8月上海初版	唐弢文库、图书大库
宝石城	小说	（英）白髭拜	商务印书馆	商务印书馆版（版权页缺失，四集本《说部丛书》初集）	图书大库
暴风雨	戏剧	（英）莎士比亚	曹未风	文化合作股份有限公司1946年6月普及版	唐弢文库、靳以文库

书名	类别	著者	译者	馆藏版本	馆藏地点
贝克侦探谈初编	小说集	（英）马克丹诺保德庆	林纾、陈家麟	商务印书馆1914年6月初版（《林译小说丛书》）、1915年10月二版（四集本《说部丛书》第二集）	唐弢文库、图书大库
贝克侦探谈续编	小说集	（英）马克丹诺保德庆	林纾、陈家麟	商务印书馆1914年6月初版（《林译小说丛书》）、1915年10月二版（四集本《说部丛书》第二集）	唐弢文库、图书大库
倍那文德戏曲集	戏剧集	（西）倍那文德	沈德鸿	商务印书馆1934年版（版权页缺失）	唐弢文库、胡风文库、图书大库
冰蘗余生记（上、下）	小说	（法）勒东路易	魏易（贴改为"双石轩"）	商务印书馆1916年5月二版（四集本《说部丛书》第三集）	唐弢文库
冰雪因缘（上、中、下）	小说	（英）却而司迭更司	林纾、魏易	商务印书馆1913年10月初版（《小本小说》）、1914年6月初版（分六册，《林译小说丛书》）、1915年8月三版（分六册，四集本《说部丛书》第二集）	唐弢文库、王辛笛文库
波华荔夫人传（副标题为"法国外省风俗记"）	小说	（法）弗罗贝尔	李青崖	商务印书馆1937年4月国难后二版	唐弢文库、图书大库
博徒别传	小说	（英）柯南达利	陈大灯、陈家麟	商务印书馆1915年10月二版（四集本《说部丛书》第二集）	唐弢文库
薄幸郎（上、下）	小说	（英）销司倭司（正文作"锁司倭司"）	林纾、陈家麟	商务印书馆1915年10月二版（四集本《说部丛书》第二集）、某版（无版权页，《林译小说》第二集）	唐弢文库、图书大库
不测之威（上、下）	小说	（俄）托尔斯泰	商务印书馆（编纂）	商务印书馆1915年10月二版（四集本《说部丛书》第二集）	唐弢文库、图书大库
不如归	小说	（日）德富健次郎	林纾、魏易	商务印书馆1914年6月初版（《林译小说丛书》）、1915年10月四版（四集本《说部丛书》第二集）	唐弢文库、图书大库
布港谍影	小说	（美）海仑·梅克茵（版权页作"海林·梅克茵斯"）	周克明	文摘出版社1946年11月上海初版	唐弢文库
布罗斯基	小说	（苏）潘非洛夫	林淡秋	正午书局1933年5月二版、华夏书店1947年4月上海初版	唐弢文库、李辉英文库、图书大库
残蝉曳声录	小说	（英）测次希洛	林纾、陈家麟	商务印书馆1914年5月初版（《小本小说》）、1915年8月二版（四集本《说部丛书》第二集）、某版（无版权页，《林译小说》第二集）	唐弢文库、王辛笛文库、图书大库
残烛遗痕	小说	（英）依茄华雷斯	秦瘦鸥	春江书局1941年2月二版、三民图书公司1946年5月二版	图书大库
草丛中	小说集	（日）山田清三郎等	张资平	乐群书店1929年6月二版	图书大库
茶花女	小说	（法）小仲马	夏康农	春潮书局1930年4月三版，知行书店1933年5月重版、1948年11月战后新三版	唐弢文库、陈文发文库
茶花女	小说	（法）小仲马	徐慰慈	春明书店1948年10月二版	图书大库
忏悔	小说	（苏）高尔基	何妨	中华书局1940年11月三版	唐弢文库
忏悔	散文	（俄）托尔斯泰	张墨池、景梅九（正文署"枚九、墨池"）	大同书局1922年二版、梁溪图书馆1923年三版、全民书局1931年11月二版	唐弢文库

书名	类别	著者	译者	馆藏版本	馆藏地点
车中毒针	小说	（英）勃拉锡克	吴梼	商务印书馆1914年4月二版（四集本《说部丛书》初集）	图书大库
沉钟	戏剧	（德）霍甫特门	谢炳文	启明书局1937年6月二版	艾芜文库
迟开的蔷薇	小说集	（德）斯托姆	巴金	文化生活出版社1945年12月沪二版	唐弢文库、图书大库
重洋怪杰	小说	（德）托姆斯	荣复初	商务印书馆1935年3月二版	唐弢文库
出家及其弟子	戏剧	（日）仓田百三	孙百刚	开明书店1930年7月二版	巴金文库
初恋	小说	（俄）屠格涅夫	丰子恺	开明书店1947年4月二版	唐弢文库
处女的心	小说	（法）果尔蒙	姚蓬子	北新书局1927年8月二版、作家书屋1947年7月初版（著者译名为"古尔蒙"）	唐弢文库、图书大库
处女地（上、中、下）	小说	（俄）屠格涅夫	巴金	文化生活出版社上册1944年12月渝二版，中册1945年7月二版，下册1944年12月渝一版，合订本1946年8月沪一版、1949年2月沪四版	唐弢文库、李辉英文库、孔罗荪文库、图书大库
春潮	小说	（俄）屠介涅夫	张友松	北新书局1928年11月二版	唐弢文库
春醒	戏剧	（德）法郎克·卫德耿	汤元吉	商务印书馆1934年4月国难后一版	唐弢文库
春之循环	诗剧	（印）太戈尔	瞿世英	商务印书馆1924年5月四版、1932年12月国难后一版	薛汕文库、李辉英文库、图书大库
慈母泪	小说	（美）H.G.嘉理色	傅东华	龙门联合书局1948年9月二版	图书大库
达哈士孔的狒狒	小说	（法）都德	李劼人	少年中国学会1936年2月四版	李辉英文库
大地	小说	（美）赛珍珠	胡仲持	开明书店1935年7月三版、1948年3月九版、1949年3月十二版	唐弢文库、图书大库
大都会的小故事	小说集	（美）哈伦德等	鲍屡平	商务印书馆1947年7月上海初版	唐弢文库
大街（上）	小说	（美）刘委士	李敬祥	启明书局1946年5月三版	图书大库
大伟人威立特传	小说	（英）斐尔丁	伍光建	商务印书馆1933年5月国难后一版	毕朔望文库
大卫·高柏菲尔（上、中、下，扉页题"大卫·高柏菲尔自述"）	小说	（英）迭更司	许天虹	文化生活出版社1947年4月沪一版	唐弢文库、巴金文库、图书大库
大侠红蘩蕗传（正文题"红蘩蕗传"）	小说	（法）阿克西	林纾、魏易（正文排名为"魏易、林纾"）	商务印书馆1915年1月二版（四集本《说部丛书》第二集）、某版（无版权页，《林译小说》第二集）	唐弢文库、俞平伯文库
到灯塔去	小说	（英）芙琴尼亚吴尔芙	谢庆尧	商务印书馆1946年5月上海初版	唐弢文库、图书大库
盗窟奇缘	小说	（英）蒲斯培	商务印书馆	商务印书馆1914年4月二版（四集本《说部丛书》初集）	图书大库
德诗汉译	诗歌集	（德）乌郎等	应时	世界书局1939年1月初版（卷首有《〈德诗汉译〉再版序》）	薛汕文库
邓肯自传	回忆录	（美）邓肯	孙洵侯	生活书店1936年11月二版	唐弢文库
电术奇谭（目录页、正文及版权页题"电术奇谈"，一名"催眠术"）	小说	（日）菊池幽芳	方庆周	新小说社1905年（农历）10月初版（此前已由骎骎堂出版）、广智书局1911年（农历）3月三版	唐弢文库
电影楼台	小说	（英）科南达利	林纾、魏易	商务印书馆1914年6月初版（《林译小说丛书》）、同年7月初版（《小本小说》）、1915年10月三版（四集本《说部丛书》第二集）	唐弢文库、王辛笛文库、图书大库
东方儿童传说（下）	故事集	（国别不详）图南麦根斯	陈骏	世界书局1933年4月初版	图书大库

书名	类别	著者	译者	馆藏版本	馆藏地点
毒药樽	小说	（法）嘉波留	商务印书馆	商务印书馆1914年4月二版（四集本《说部丛书》初集）	图书大库
杜宾侦探案	小说集	（美）爱伦浦	常觉等	中华书局1932年9月七版	巴金文库
杜勃洛夫斯基	小说	（俄）普式庚	孟十还	文化生活出版社1946年11月三版、1948年10月四版	唐弢文库、图书大库
妒妇遗毒（原名"妻乎财乎"，版权页题"妒妇遗毒记"）	小说	不详	黄静英（编纂）	商务印书馆1920年8月二版（四集本《说部丛书》第三集）	唐弢文库
夺夫及其他（版权页题"夺夫"）	小说集	（英）哈代等	伍光建	黎明书局1933年10月二版	唐弢文库
堕泪碑（上、下）	小说	不详	商务印书馆（编纂）	商务印书馆1915年10月四版（四集本《说部丛书》第二集）	唐弢文库
婀娜小史（初编上下、二编上下、三编上下、四编上下）	小说	（俄）托尔斯泰	陈家麟、陈大镫	中华书局1930年7月四版	唐弢文库
俄罗斯浪游散记	小说诗歌集	（苏）高尔基	耿济之	开明书店1946年4月二版	唐弢文库
俄罗斯水兵	小说	（苏）索洛维约夫	逸尘	华北军区1948年7月翻印版	图书大库
俄罗斯问题	戏剧	（苏）西蒙诺夫	林陵	时代书报出版社1948年5月二版、华东（封面为"山东"）新华书店同年8月二版、冀鲁豫新华书店同年9月初版	唐弢文库、图书大库
鹅妈妈的故事	故事	（法）贝洛尔	戴望舒	开明书店1930年10月三版	图书大库
儿童的智慧	儿童剧集	（俄）托尔斯泰	常惠	北新书局1926年二版	唐弢文库
儿子们	小说	（美）巴克	伍蠡甫	黎明书局1937年8月二版	图书大库
二京记	小说	（英）Charles Dickens	伍光建	商务印书馆1934年6月二版	王辛笛文库
二俑案	小说	（英）许复古	商务印书馆	商务印书馆1914年4月二版（四集本《说部丛书》初集）	图书大库
法宫秘史后编（上、下）	小说	（法）大仲马	君朔	商务印书馆1915年9月二版（四集本《说部丛书》第二集）	唐弢文库、巴金文库
法宫秘史前编（上、下）	小说	（法）大仲马	君朔	商务印书馆1915年9月二版（四集本《说部丛书》第二集）	唐弢文库、巴金文库
法网	戏剧	（英）高尔斯华绥	郭沫若	创造社1927年8月初版（《世界名著选》）、同年11月二版，联合书店1929年9月三版，现代书局1931年10月三版、1933年5月四版	唐弢文库、图书大库
凡隆纳的二绅士	戏剧	（英）莎士比亚	曹未风	文化合作股份有限公司1946年6月普及版	唐弢文库、靳以文库
放浪记	回忆录	（日）林芙美子	崔万秋	启明书局1939年4月三版	图书大库
菲丽斯表妹	小说	（英）Gaskell	徐灼礼	春潮书局1929年4月二版	唐弢文库
斐洲烟水愁城录（上、下）	小说	（英）哈葛德	林纾、曾宗巩	商务印书馆1914年4月二版（四集本《说部丛书》初集）、同年6月初版（《林译小说丛书》）	唐弢文库、图书大库
分家	小说	（美）赛珍珠	唐长儒	启明书局1948年11月初版（《世界文学名著》）	图书大库
风俗闲评（上、下）	小说集	不详	陈家麟、陈大镫	中华书局1928年9月二版	唐弢文库
疯人	散文诗集	不详	刘廷芳	北新书局1930年1月二版	唐弢文库

书名	类别	著者	译者	馆藏版本	馆藏地点
佛兰克林自传	回忆录	（美）佛兰克林	熊式一	商务印书馆1947年5月五版	图书大库
俘虏（正文题"俘虏及其他"）	小说集	（法）都德等	李青崖	开明书店1936年4月二版	唐弢文库
福尔摩斯全案（封面、扉页题"福尔摩斯全集"）	小说集	未署	姚乃麟	中央书店1948年10月十版	图书大库
拊掌录	小品文集	（美）华盛顿欧文	林纾、魏易	商务印书馆1914年6月初版（《林译小说丛书》）、1915年10月四版（四集本《说部丛书》第二集）、1928年8月五版（《小本小说》）	唐弢文库、巴金文库、图书大库
拊掌录（一名"欧文见闻记"，或名"见闻杂记"）	小品文集	（美）华盛顿欧文	王慎之	启明书局1939年5月二版	图书大库
父与子	小说	（俄）屠格涅甫	耿济之	商务印书馆1924年8月二版	唐弢文库
妇人书简	小说集	（法）卜勒浮斯特	李劼人	中华书局1928年9月四版、1931年5月五版	唐弢文库、许杰文库
复仇的火焰	小说	（苏）巴甫林诃	萧林	学文出版社1945年11月上海二版、1947年8月东北三版	唐弢文库、图书大库
复活（上、中、下）	小说	（俄）托尔斯泰	耿济之	商务印书馆1929年12月四版（缺中册）、1935年4月国难后二版	唐弢文库、图书大库
复活	戏剧	（俄）托尔斯泰	夏衍（改编）	美学出版社1944年6月二版、1946年1月三版，浙江省第一巡回戏剧歌咏团1945年6月版	唐弢文库
钢铁是怎样炼成的	小说	（苏）N.A.奥斯特洛夫斯基	梅益	新知书店1946年6月沪二版、太岳新华书店1948年12月版	唐弢文库、周扬文库
高尔基短篇小说集	小说集	（苏）高尔基	黄岚等	经济书店1932年4月二版	图书大库
高尔基选集（一至六）	综合作品、评论集	（苏）高尔基等	巴金等	世界文化研究社第一卷1936年10月二版，第二卷同年9月初版、1940年11月初版，第三四五卷1936年9月初版，第六卷同年7月初版	唐弢文库、图书大库
高家索的回忆	小说集	（俄）托尔斯泰	北芝	独立出版社1946年7月二版	唐弢文库、图书大库
哥萨克（副标题为"一个高加索的故事"）	小说	（俄）莱翁·托尔斯泰	彭慧	文通书局1949年5月上海二版	田仲济文库
哥萨克人	小说	（俄）L.托尔斯泰	侍桁	文风书局1944年9月新一版、国际文化服务社1948年2月上海新版	唐弢文库
格列佛游记	小说	（英）J.史惠甫	范泉（缩脱）	永祥印书馆1948年9月二版、同年10月三版	巴金文库、图书大库
公民潘恩	小说	（美）霍华特·法斯脱	傅又信	世界知识社1949年3月三版	图书大库
孤独之魂	戏剧	（日）武者小路实笃	崔万秋	中华书局1931年5月二版	图书大库
孤露佳人（上、下，原名"Trevlyn Hold"）	小说	（英）亨利瓦特	范彦矩	商务印书馆1920年7月二版（四集本《说部丛书》第三集）	唐弢文库
孤士影（上、下）	小说	（美）玛林克罗福	诗庐	商务印书馆1915年10月二版（四集本《说部丛书》第二集）	唐弢文库
孤星泪（上、下）	小说	不详	商务印书馆（编纂）	商务印书馆1915年10月二版（四集本《说部丛书》第二集）	唐弢文库、图书大库

书名	类别	著者	译者	馆藏版本	馆藏地点
怪画家（原名 "The Moon and Six Pence"）	小说	（英）S.Maugham	王鹤仪	商务印书馆1947年7月上海初版	唐弢文库、图书大库
怪手印（上、下）	小说	不详	丁宗一、陈坚	商务印书馆1918年6月二版（四集本《说部丛书》第三集）	唐弢文库
归来	小说	（英）哈代	海观	正风出版社1948年4月三版	图书大库
鬼	戏剧	（挪）易卜生	沈子复	永祥印书馆1948年11月二版	图书大库
鬼山狼侠传（上、下）	小说	（英）哈葛德	林纾、曾宗巩	商务印书馆1914年4月二版（四集本《说部丛书》初集）、同年6月初版（《林译小说丛书》）	唐弢文库、图书大库
鬼士官	小说	（日）少栗风叶	商务印书馆	商务印书馆1914年4月二版（四集本《说部丛书》初集）	图书大库
贵族之家	小说	（俄）屠格涅甫	高滔	商务印书馆1933年1月国难后一版	唐弢文库、图书大库
国外民歌译（一）	诗歌集	不详	刘半农	北新书局1927年6月二版	唐弢文库
过岭记	小说集	（保）伐佐夫	孙用	中华书局1933年1月二版	唐弢文库、胡风文库、李辉英文库、图书大库
哈孟雷特	戏剧	（英）莎士比亚	田汉	中华书局1932年11月七版、1936年3月八版	唐弢文库、臧克家文库
孩子的心	小说	（美）柏涅特	刘大杰	北新书局1930年4月二版、同年11月三版	图书大库
海外轩渠录	小说	（英）斯威佛特	林纾、魏易（正文署"林纾、曾宗巩"）	商务印书馆1914年4月二版（四集本《说部丛书》初集）、同年6月初版（《林译小说丛书》）	唐弢文库、图书大库
寒涛飞溅	小说	（苏）基李连柯	磊然	时代书报出版社1948年8月二版	图书大库
寒桃记（上、下）	小说	（日）黑岩泪香	吴梼	商务印书馆版（版权页缺失，四集本《说部丛书》初集）	图书大库
汉姆莱特（正文题"汉姆莱特·丹麦的王子"）	戏剧	（英）莎士比亚	曹未风	文化合作股份有限公司1946年6月普及版	唐弢文库、靳以文库
航海少年	小说	（日）樱井彦一郎	商务印书馆	商务印书馆1914年4月二版（四集本《说部丛书》初集）	图书大库
好妻子	小说	（美）奥尔珂德	汪宏声	启明书局1949年4月三版	图书大库
黑楼情孽（上、下）	小说	（英）马尺芒忒	林纾、陈家麟	商务印书馆1915年10月二版（四集本《说部丛书》第二集）、某版（无版权，《林译小说》第二集）	唐弢文库、图书大库
黑母鸡	童话	（苏）帕郭列尔斯基	磊然	时代出版社1949年8月四版	图书大库
黑奴成名记	回忆录	未署	林文波	激流书店1946年10月初版（此前已由冬青书店出版）	康濯文库
黑奴吁天录	小说	（美）斯土活	林纾、魏易	文明书局1905年（农历）8月改订初版、1920年12月四版（上下册，封面题出版者为"进步书局"，封面译者署名为"林琴南"），不明版本	唐弢文库、王辛笛文库
黑伟人（上、下）	小说	（美）博嘉华盛顿	孟宪承	商务印书馆1920年8月二版（四集本《说部丛书》第三集）	唐弢文库、巴金文库
恨绮愁罗记（上、下）	小说	（英）科南达利	林纾、魏易	商务印书馆1914年6月初版（《林译小说丛书》）、1915年10月四版（四集本《说部丛书》第二集）	唐弢文库、图书大库
红的笑	小说	（俄）安特列夫	梅川	商务印书馆1932年11月国难后一版	唐弢文库、图书大库

书名	类别	著者	译者	馆藏版本	馆藏地点
红粉奸仇记	小说	不详	李拜兰（编纂）	商务印书馆1920年8月三版（四集本《说部丛书》第三集）	唐弢文库
红花	小说	（俄）V.M.Garshin	梁遇春	北新书局1931年4月二版	图书大库
红礁画桨录（上、下）	小说	（英）哈葛德	林纾、魏易	商务印书馆1914年6月初版（《林译小说丛书》）	唐弢文库、俞平伯文库、图书大库
红泪影（一至四，一名"外国红楼梦"）	小说	（英）巴达克礼	息影庐主	世界书局1922年6月二版	唐弢文库
红柳娃	小说	（美）柏拉蒙	商务印书馆	商务印书馆1914年4月二版（四集本《说部丛书》初集）	图书大库
红字	小说	（美）N.霍桑	侍桁	国际文化服务社1948年3月上海新版	田仲济文库
红字	小说	（美）霍爽	张梦麟	中华书局1940年6月二版	图书大库
虹	小说	（苏）瓦希列夫斯卡	曹靖华	新知书店1945年11月增订沪版、山东新华书店1946年5月初版	唐弢文库、图书大库
洪罕女郎传（上、下）	小说	（英）哈葛德	林纾、魏易	商务印书馆1914年6月初版（《林译小说丛书》）	唐弢文库、图书大库
洪荒鸟兽记（上、下）	小说	（英）科南达利	李薇香	商务印书馆1915年10月二版（四集本《说部丛书》第二集）	唐弢文库
蝴蝶梦（原名"莉碧嘉"）	小说	（英）德芬杜·莫里哀	杨普稀	正风出版社1949年4月三版	图书大库
虎皮骑士	小说	（乔治亚）路斯赫威里	侍桁、北芒	国际文化服务社1949年3月上海三版	田仲济文库
滑稽外史（上、中、下）	小说	（英）却而司迭更司	林纾、魏易	商务印书馆1914年5月初版（《小本小说》）、同年6月初版（分六册，《林译小说丛书》）、1915年10月四版（分六册，四集本《说部丛书》第二集）	唐弢文库、王辛笛文库、图书大库
化身奇谈	小说	（英）安顿	商务印书馆	商务印书馆版（版权页缺失，四集本《说部丛书》初集）、1914年5月三版（《小本小说》）	图书大库
彗星夺婿录	小说	（英）却洛得倭康、诺埃克尔司（合作）	林纾、魏易（正文排名为"魏易、林纾"）	商务印书馆1915年1月二版（四集本《说部丛书》第二集）、某版（无版权页，《林译小说》第二集）	唐弢文库、王辛笛文库、图书大库
慧劫（上、下）	小说	（英）可林克洛悌	刘泽沛、高卓	商务印书馆1920年7月二版（四集本《说部丛书》第三集）	唐弢文库
活尸	戏剧	（俄）托尔斯泰	文范邨	商务印书馆1923年10月二版、1933年3月国难后一版	唐弢文库
火焰（原名"赤雄鸡"）	戏剧	（德）豪布陀曼	杨丙辰	商务印书馆1935年5月国难后一版	艾芜文库、胡风文库
饥饿及其他	小说集	（苏）赛米诺夫等	傅东华	新生命书局1932年12月重版	唐弢文库
玑司刺虎记（上、下）	小说	（英）哈葛德	林纾、陈家麟（正文排名为"陈家麟、林纾"）	商务印书馆1914年5月初版（《小本小说》）、同年6月初版（版权页、正文译者排名皆为"陈家麟、林纾"，《林译小说丛书》）、1915年10月二版（四集本《说部丛书》第二集）	唐弢文库、巴金文库、王辛笛文库、图书大库
机器妻（上、下）	小说	（日）罗张氏	横竖无尽室主人	改良小说社1909年（农历）2月初版（《说部丛书》）	唐弢文库
畸零人日记	小说集	（俄）屠格涅甫	樊仲云	开明书店1930年10月三版、1933年10月四版	唐弢文库

书名	类别	著者	译者	馆藏版本	馆藏地点
吉诃德先生传（上、下）	小说	（西）塞万提斯	傅东华	商务印书馆1940年6月二版、1947年2月三版	唐弢文库、康濯文库、汝龙文库、孔罗荪文库、图书大库
寄生草	戏剧	（英）H.H.台维斯	洪深（改编）	上海杂志公司1945年6月二版、1946年3月复兴一版、1947年2月复兴二版	唐弢文库、孔罗荪文库、图书大库
加尔曼	小说	（法）梅里美	马耳	建国书店1946年3月沪一版	唐弢文库
迦茵小传（上、下）	小说	（英）哈葛德	林纾、魏易	商务印书馆1914年6月初版（《林译小说丛书》）	唐弢文库、图书大库
家庭幸福	小说	（俄）托尔斯泰	方敬	文化生活出版社1946年2月沪一版、1947年6月沪二版	唐弢文库、巴金文库、图书大库
剑底鸳鸯（上、下）	小说	（英）司各德	林纾、魏易	商务印书馆1914年2月初版（《小本小说》）、同年6月初版（《林译小说丛书》）、1915年10月四版（四集本《说部丛书》第二集）	唐弢文库、王辛笛文库、图书大库
劫后英雄	小说	（英）司各脱	施蛰存	中华书局1947年10月二版	唐弢文库
劫花小影（上、下）	小说	（英）勃雷登	王蕴章	商务印书馆1915年10月二版（四集本《说部丛书》第二集）	唐弢文库
结发妻	小说	（美）赛珍珠	常吟秋	商务印书馆1935年4月二版	唐弢文库
结婚集	小说集	（瑞典）斯特林堡	梁实秋	中华书局1932年5月二版	唐弢文库、图书大库
戒子的秘密	小说	（法）屈里格温	金川	国风书店1947年4月初版（《世界侦探小说名著丛刊》）	图书大库
芥川龙之介集	小说集	（日）芥川龙之介	鲁迅等	开明书店1928年3月二版、1929年5月三版、1931年版（版权页缺失）	唐弢文库、毕朔望文库、图书大库
金风铁雨录（上、中、下）	小说	（英）科南达利	林纾、魏易（正文署"林纾、曾宗巩"）	商务印书馆1914年6月初版（《林译小说丛书》）、1915年10月三版（四集本《说部丛书》第二集）	唐弢文库、图书大库
金河王	小说	（英）罗斯金	丁同力	世界书局1933年4月二版	图书大库
金台春梦录（上、下）	小说	（法）丹米安、（俄）华伊尔（合作）	林纾、王庆通	商务印书馆1920年8月二版（四集本《说部丛书》第三集）、某版（无版权页，《林译小说》第二集）	唐弢文库、图书大库
金银岛（下）	小说	（英）史蒂芬孙	丁留余	世界书局1933年3月初版	图书大库
近代法国小说集（上、下）	小说集	（法）缶友等	谢冠生等	商务印书馆1924年9月二版	唐弢文库、图书大库
近代日本小说集	小说集	（日）国木田独步等	丏尊等	商务印书馆1924年10月二版	唐弢文库、图书大库
近代英美小说集	小说集	（英）王尔德等	愈之等	商务印书馆1924年9月二版、1925年7月三版	唐弢文库、图书大库
阱中花（上、下）	小说	（英）巴尔勒斯	商务印书馆	商务印书馆1914年4月二版（四集本《说部丛书》初集）	图书大库
静静的顿河（一至四）	小说	（苏）M.萧洛霍夫	金人	光明书局第一部1943年8月新一版、1947年3月五版，第二部1943年9月新一版、1947年3月五版，第三部1943年9月新一版、1947年1月四版，第四部1943年9月新一版、1946年11月四版	臧克家文库、图书大库
橘英男	小说	（日）枫村	商务印书馆	商务印书馆1914年4月二版（四集本《说部丛书》初集）	图书大库
剧场大疑狱	小说	不详	无歆羡斋主人	广智书局1908年（农历）6月二版、1911年（农历）6月三版	唐弢文库

书名	类别	著者	译者	馆藏版本	馆藏地点
剧场奇案	小说	（英）福尔奇斯休姆	商务印书馆	商务印书馆1914年4月二版（四集本《说部丛书》初集）	图书大库
卡门	小说	（法）梅理曼	施大悲	启明书局1939年4月二版	图书大库
克阑弗	小说	（英）格士克	伍光建	商务印书馆1933年9月国难后一版	图书大库
克利米战血录	小说	（俄）托尔斯泰	朱世溱	中华书局1930年11月二版	唐弢文库
孔雀女（一名"沙恭达罗"）	戏剧	（印）迦梨陀沙	卢前	正中书局1947年2月沪一版	唐弢文库
枯叶杂记（扉页、正文题"枯叶杂记及其他"）	寓言童话集	（俄）爱罗先珂	愈之、丐尊	商务印书馆1924年10月二版、1925年9月三版	唐弢文库、图书大库
苦儿流浪记（上、中、下）	小说	（法）爱克脱麦罗	包公毅	商务印书馆1915年10月二版（四集本《说部丛书》第二集）	唐弢文库、图书大库
苦海余生录	小说	（英）白来登	商务印书馆	商务印书馆1914年4月二版（四集本《说部丛书》初集）	图书大库
苦恋	小说	（奥）显尼支勒	李志萃	中学生书局1935年6月二版	图书大库
苦女努力记（原名"En Famille"）	小说	（法）马洛	唐允魁	启明书局1949年3月三版	图书大库
块肉余生述（一至四）	小说	（英）迭更司	林 纾、魏易	商务印书馆1937年6月国难后三版、某版（第一册，无版权页，《万有文库》第一集）	巴金文库、图书大库
块肉余生述后编（上、下，正文、版权页题"块肉余生述续编"）	小说	（英）却而司迭更司	林 纾、魏易	商务印书馆1914年6月初版（《林译小说丛书》）、1915年10月三版（四集本《说部丛书》第二集）	唐弢文库、图书大库
块肉余生述前编（上、下）	小说	（英）却而司迭更司	林 纾、魏易	商务印书馆1914年6月初版（《林译小说丛书》）、1915年10月三版（四集本《说部丛书》第二集）	唐弢文库、图书大库
狂人与死女	小说	（瑞典）挪格洛孚	刘大杰	中华书局1939年7月二版、1940年11月三版	唐弢文库、图书大库
兰姑娘的悲剧	戏剧	（英）梅士斐儿	饶孟侃	中华书局1940年11月二版、某版（版权页未记出版时间及版次，《现代文学丛刊》）	唐弢文库、图书大库
浪子回家	小说戏剧集	（法）A.纪德	卞之琳	文化生活出版社1937年5月初版（《文化生活丛刊》）、1947年6月二版（书名为"浪子回家集"）	唐弢文库、巴金文库、刘麟文库、图书大库
劳苦世界	小说	（英）迭更斯	伍光建	商务印书馆1935年6月国难后二版	唐弢文库
离恨天	小说	（法）森彼得	林 纾、王庆骥	商务印书馆1914年6月初版（《林译小说丛书》）、1915年10月三版（四集本《说部丛书》第二集）	唐弢文库、图书大库
李耳王	戏剧	（英）莎士比亚	曹未风	文化合作股份有限公司1946年6月普及版	唐弢文库、靳以文库
莲心藕缕缘（上、下）	小说	（英）卡叩登	林 纾、陈家麟	商务印书馆1920年7月二版（四集本《说部丛书》第三集）、某版（无版权页，《林译小说》第二集）	唐弢文库、图书大库
粮食（副标题为"保卫沙里津"）	小说	（苏）亚历齐·托尔斯泰	蒋学模	大时代书局1941年5月二版	图书大库
柳暗花明	小说	不详	白荻（编纂）	广益书局1947年8月新初版	谭正璧文库
柳下	童话集	（丹）安徒生	赵景深	开明书店1934年4月二版	唐弢文库
龙池惨剧	小说	（美）范达痕	程小青	世界书局1946年1月新三版	图书大库
龙种	小说	（美）赛珍珠	王家棫	正中书局1945年11月沪一版、1946年2月沪五版	唐弢文库、巴金文库、图书大库

书名	类别	著者	译者	馆藏版本	馆藏地点
漏点	小说集	不详	程小青（编纂）	广益书局1949年2月三版	图书大库
卢骚忏悔录	回忆录	（法）卢骚	汪炳焜	启明书局1946年4月四版	图书大库
鲁滨孙飘流记	小说	（英）狄福	顾均正、唐锡光	开明书店1946年1月五版	周扬文库
鲁滨孙飘流记（上、下）	小说	（英）达孚	林纾、曾宗巩	商务印书馆1914年6月初版（《林译小说丛书》）、1938年8月国难后四版（合订本）	唐弢文库、图书大库
鲁滨孙飘流记	小说	（英）笛福	徐霞村	商务印书馆1937年4月二版、1947年2月四版	唐弢文库、图书大库
鲁滨孙飘流续记（上、下）	小说	（英）达孚	林纾、曾宗巩	商务印书馆1914年6月初版（《林译小说丛书》）	唐弢文库、图书大库
鲁森堡之一夜	小说	（法）古尔孟	郑伯奇	泰东图书局1926年8月二版、1928年3月三版、1929年5月四版	唐弢文库、图书大库
露惜传（上、下）	小说	（英）司各德	陈大灯、陈家麟	商务印书馆1915年10月二版（四集本《说部丛书》第二集）	唐弢文库
旅行述异（上、下）	小说	（美）华盛顿欧文	林纾、魏易	商务印书馆1914年6月初版（《林译小说丛书》）、同年同月二版（《小本小说》）、1915年10月三版（四集本《说部丛书》第二集）	唐弢文库、王辛笛文库、图书大库
绿光（上、下）	小说	（国别不详）C.Garvice	张毅汉	商务印书馆1920年7月二版（四集本《说部丛书》第三集）	唐弢文库
罗刹因果录	小说集	（俄）托尔斯泰	林纾、陈家麟	商务印书馆1915年10月二版（四集本《说部丛书》第二集）、某版（无版权页，《林译小说》第二集）	唐弢文库、王辛笛文库、图书大库
罗米欧及朱丽叶（正文题"罗米欧与朱丽叶"）	戏剧	（英）莎士比亚	曹未风	文化合作股份有限公司1946年6月普及版	唐弢文库、靳以文库
罗蜜欧与朱丽叶	戏剧	（英）莎士比亚	田汉	中华书局1928年4月三版、1932年9月五版、1939年6月七版	唐弢文库、图书大库
罗士马庄	戏剧	（挪）易卜生	刘伯量	学术研究会1930年2月二版	唐弢文库、艾芜文库
洛雪小姐游学记（下）	小说	（英）夏罗德布伦忒	伍光建	商务印书馆1932年11月初版	许杰文库
马丹波娃利	小说	（法）G.Flaubert	李劼人	中华书局1933年4月三版、不明版本（中，本册无版权页，著者译名为"佛洛贝尔"，《法国文学名著译丛》）	图书大库
马丁·伊登	小说	（美）杰克·伦敦	周行	新新出版社1947年5月沪初版	唐弢文库、图书大库
卖国奴	小说	（日）登张竹风	吴梼	商务印书馆1914年4月二版（四集本《说部丛书》初集）	图书大库
蛮花情果（上、下）	小说	不详	王卓民（编纂）	商务印书馆1920年8月二版（四集本《说部丛书》第三集）	唐弢文库
蛮荒志异	小说	（英）哈葛德	林纾、曾宗巩	商务印书馆1914年4月二版（四集本《说部丛书》初集）、同年6月初版（《林译小说丛书》）	唐弢文库、图书大库
蛮陬奋迹记	小说	（英）特来生	商务印书馆	商务印书馆1914年4月二版（四集本《说部丛书》初集）	图书大库
曼殊大师译诗集	诗歌集	（英）拜伦等	曼殊	教育书店1946年11月胜利后一版	姚雪垠文库
盲乐师	小说	（俄）克罗连科	张亚权	商务印书馆1933年10月国难后一版、1935年版（版权页缺失）	唐弢文库、夏衍文库、图书大库
猫探	小说	（美）梅丽维勒	刘半侬	中华书局1921年5月四版	唐弢文库

书名	类别	著者	译者	馆藏版本	馆藏地点
没有陪嫁的女人	戏剧	（俄）奥斯特罗夫斯基	梁香	时代书报出版社1948年6月校正二版	唐弢文库
没有太阳的街	小说	（日）德永直	何鸣心	现代书局1932年10月二版	唐弢文库、图书大库
没有樱花	小说集	（苏）洛曼诺夫（扉页作"罗曼洛夫"）	蓬子	现代书局1932年10月二版	唐弢文库、图书大库
玫瑰花续编	小说	（英）巴克雷	林纾、陈家麟	商务印书馆1920年8月二版（四集本《说部丛书》第三集）、某版（无版权页，《林译小说》第二集）	唐弢文库、王辛笛文库
玫瑰与指环	童话	（英）萨克莱	顾均正	开明书店1930年8月二版	唐弢文库
玫瑰与指环	童话	（英）塔克雷	叶炽强	启明书局1937年3月二版	图书大库
梅花落（上、下）	小说	不详	天笑生	有正书局1916年9月五版	唐弢文库
美的性生活（原名"亚芙罗蒂忒"）	小说	（法）比埃尔·路易	鲍文蔚	北新书局1930年2月二版	唐弢文库
美人磁	小说	不详	商务印书馆（编纂）	商务印书馆1915年10月三版（四集本《说部丛书》第二集）	唐弢文库、图书大库
美人手（一至三）	小说	不详	凤仙	新民社第一二卷1907年（农历）8月二版、第三卷1908年（农历）1月二版	唐弢文库
美洲童子万里寻亲记	小说	（美）增米、（英）亚丁（编辑）	林纾、曾宗巩	商务印书馆1914年4月二版（四集本《说部丛书》初集）、同年同月二版（《小本小说》）、1914年6月初版（版权页题"万里寻亲记"，《林译小说丛书》）	唐弢文库、王辛笛文库、图书大库
梦的画像	诗歌集	（德）海涅	李嘉	新群出版社1947年申二版	唐弢文库、薛汕文库
秘密军港	小说	不详	范况、张逢辰	商务印书馆1918年8月二版（四集本《说部丛书》第三集）	唐弢文库
密网重罗	小说	不详	白荻（编纂）	广益书局1947年8月新初版	谭正璧文库
嫫娜娃娜	戏剧	（比）梅脱林克	古狨人	光华书局1928年7月二版	唐弢文库
模范家庭（原名"The Channings"）	小说	（英）H.Wood	陈观奕	商务印书馆1920年8月二版（四集本《说部丛书》第三集）	唐弢文库
模范町村	小说	（日）横井时敬	唐人杰、徐凤书	商务印书馆1915年10月二版（四集本《说部丛书》第二集）	唐弢文库
魔冠浪影	小说	（美）C.C.Andrews	丁宗一、陈坚	商务印书馆1918年6月二版（四集本《说部丛书》第三集）	唐弢文库
墨沼疑云录（上、下）	小说	（英）洛平革拉	陆秋心	商务印书馆1920年8月二版（四集本《说部丛书》第三集）	唐弢文库
母亲的故事	童话集	（丹）安徒生	徐调孚	开明书店1932年4月二版	图书大库
木马	戏剧	（法）雷里、安端（合作）	李青崖	商务印书馆1933年1月国难后一版	唐弢文库、图书大库
木偶奇遇记	童话	（意）C.戈洛笛	范泉（缩写）	永祥印书馆1948年10月三版、同年同月四版	巴金文库、图书大库
木偶奇遇记（正文题"木偶人奇遇记"）	童话	（意）柯洛蒂	傅一明	启明书局1940年5月三版	图书大库
木偶奇遇记	童话	（意）科罗狄	徐调孚	开明书店1929年7月三版、1941年2月九版	李辉英文库、图书大库
拿破仑忠臣传（上、下，正文、版权页题"拿坡仑忠臣传"）	小说	（法）佛蔡斯	曾宗巩、钟濂	商务印书馆1915年1月三版（四集本《说部丛书》第二集）	唐弢文库、图书大库

书名	类别	著者	译者	馆藏版本	馆藏地点
娜娜（上、下）	小说	（法）左拉	王了一	商务印书馆1935年4月三版、三通书局1941年5月初版	唐弢文库、巴金文库、图书大库
女魔力（上、中、下）	小说	（英）奇孟	吴步云	小说林社上卷1906年（农历）4月二版、中卷1907年（农历）5月二版、下卷1906年（农历）2月初版	唐弢文库
女师饮剑记	小说	（英）布司白	林纾、陈家麟	商务印书馆1920年8月二版（四集本《说部丛书》第三集）、1921年9月三版（四集本《说部丛书》第三集）、某版（无版权页，《林译小说》第二集）	唐弢文库、王辛笛文库、图书大库
女性的禁城（原名"克兰舫"，正文题"克兰舫"）	小说	（英）珈兹格尔	朱曼华	启明书局1940年4月三版	图书大库
欧根·奥涅金	诗歌	（俄）A.普式庚	吕荧	希望社1947年2月沪二版	唐弢文库、图书大库
欧洲大陆小说集（上、下）	小说集	（希）蔼夫达利阿谛思等	周作人等	商务印书馆1924年10月二版	唐弢文库、图书大库
藕孔避兵录	小说	（美，正文作"英"）蜚立伯倭本翰	林纾、魏易	商务印书馆1914年6月初版（《林译小说丛书》）、1915年10月三版（四集本《说部丛书》第二集）	唐弢文库、图书大库
潘雪小猪冒险记	童话	（国别不详）J.Penn	赵欲仁	儿童书局1940年3月六版	图书大库
叛逆者之歌	诗歌集	（俄）普式庚等	巴金	平明书店1938年8月三版，文化生活出版社1940年9月初版、1947年10月二版	唐弢文库、薛汕文库
咆哮山庄	小说	（英）爱美莱·白朗特	梁实秋	商务印书馆1944年7月赣二版、1946年4月四版	唐弢文库、图书大库
飘	戏剧	（美）密西尔	柯灵（改编）	美学出版社1946年3月二版	唐弢文库
普的短篇小说	小说集	（美）普	伍光建	商务印书馆1934年8月二版	王辛笛文库
妻	小说	（苏）卡达耶夫	朱葆光	中外出版社1945年10月二版、同年11月北平三版	唐弢文库、图书大库
悭吝人	戏剧集	（法）毛里哀	高真常	商务印书馆1933年2月国难后一版	唐弢文库、图书大库
钱魔	小说	（美）葛普东·辛克莱	林微音	水沫书店1930年2月二版	唐弢文库
钦差大臣	戏剧	（俄）N.果戈里	芳信	世界书局1944年2月初版（《俄国名剧丛刊》）、1947年10月二版	唐弢文库、图书大库
青春不再	戏剧	（意）贾默西屋、渥聚勒（合作）	宋春舫	商务印书馆1947年3月二版	图书大库
青藜影	小说	（英）布斯俾	薛一谔、陈家麟	商务印书馆1915年10月三版（四集本《说部丛书》第二集）	唐弢文库、图书大库
青鸟	小说	（国别不详）勒白仑	由稚吾	世界书局1934年10月二版	图书大库
青鸟	戏剧	（比）梅脱灵	傅东华	商务印书馆1924年4月二版、1932年版（版权页缺失）、1947年2月二版	唐弢文库、图书大库
青鸟	小说	（比）梅脱林克、（国别不详）勒白仑（改编）	叶炽强	启明书局1947年9月三版	图书大库
青衣记（上、下）	小说	不详	商务印书馆（编纂）	商务印书馆1915年1月三版（四集本《说部丛书》第二集）	唐弢文库、图书大库
清宫二年记	回忆录	（美）德菱	东方杂志社	商务印书馆1915年10月二版（四集本《说部丛书》第二集）	唐弢文库

书名	类别	著者	译者	馆藏版本	馆藏地点
情魔	小说	（美）佚名	无歆羡斋	广智书局1913年6月二版	唐弢文库
情与罚（又名"漫琅·兰斯科"）	小说	（法）勃莱浮	彭兆良	中华新教育社1932年10月二版	图书大库
情之所钟	小说	（俄）屠格涅夫	橘林	正风出版社1945年3月二版、1948年6月二版	唐弢文库
髯刺客传	小说	（英）科南达利	林纾、魏易	商务印书馆1914年6月初版（《林译小说丛书》）、同年7月初版（《小本小说》）、1915年10月二版（四集本《说部丛书》第二集）	唐弢文库、王辛笛文库、图书大库
人的生活	戏剧、论文集	（日）武者小路实笃	李宗武、毛泳棠（序言署"毛咏棠"）	中华书局1923年8月三版	唐弢文库
人鼠之间	小说	（美）斯坦倍克	秦似	新知书店1946年5月沪初版	唐弢文库
人心	小说集	（法）莫泊桑	李劼人	中华书局1935年2月增订初版、1940年11月三版	唐弢文库、图书大库
人之一生	戏剧	（俄）安特列夫	耿济之	商务印书馆1931年4月四版、1932年版（版权页缺失）、1936年9月初版	唐弢文库、胡风文库、图书大库
日本童话集	童话集	（日）佚名	许达年	中华书局1934年1月二版	图书大库
日本现代剧选（一·菊池宽剧选）	戏剧集	（日）菊池宽	田汉	中华书局1928年11月四版、1930年9月五版	唐弢文库
如愿	戏剧	（英）莎士比亚	曹未风	文化合作股份有限公司1946年6月普及版	唐弢文库、靳以文库
瑞典短篇小说集	小说集	（瑞典）柏格曼等	伍蠡甫	商务印书馆1936年4月初版（《世界文学名著》）	唐弢文库、胡风文库、图书大库
撒克逊劫后英雄略（上、下，版权页题"劫后英雄略"）	小说	（英）司各德	林纾、魏易	商务印书馆1914年4月二版（四集本《说部丛书》初集）、同年6月初版（《林译小说丛书》）、1926年11月二版（合订本）、某版（版权页缺失，合订本，《中学国语文科补充读本》）、某版（版权页缺失，合订本，《新学制中学国语文科补充读本》）	唐弢文库、巴金文库、俞平伯文库、图书大库
三年	小说	（俄）契诃夫	张友松	北新书局1927年3月二版	唐弢文库
三千年艳尸记（上、下）	小说	（英）哈葛德	林纾、曾宗巩	商务印书馆1914年6月初版（《林译小说丛书》）、1915年8月二版（四集本《说部丛书》第二集）	唐弢文库、图书大库
三天	小说	（苏）戈尔巴托夫	斯曛	海燕书店1946年11月新一版	唐弢文库、胡风文库、图书大库
三兄弟	戏剧	（日）鹿地亘	夏衍	戏剧书店1940年7月初版（此前已由南方出版社出版）	唐弢文库
三羽毛	童话集	（德）格林	章肇钧	开明书店1934年4月二版	图书大库
三字狱	小说	（英）赫穆	商务印书馆	商务印书馆1914年4月二版（四集本《说部丛书》初集）	图书大库
色界之恶魔（上、中、下）	小说	不详	杨希曾	改良小说社1909年（农历）2月二版	唐弢文库
色情文化	小说集	（日）池谷信三郎等	呐呐鸥	水沫书店1929年1月二版	唐弢文库、巴金文库
沙弗	戏剧	（法）杜德、贝洛（合作）	王了一	商务印书馆1934年4月初版（《世界文学名著》）	唐弢文库、图书大库
沙乐美	戏剧	（英）疴丝卡·王尔德	田汉	中华书局1932年9月六版	唐弢文库、图书大库
沙宁	小说	（俄）阿志巴绥夫	郑振铎	商务印书馆1932年10月国难后一版	唐弢文库、许杰文库、图书大库

书名	类别	著者	译者	馆藏版本	馆藏地点
沙宁	小说	（俄）阿志巴绥夫	周作民	启明书局1937年1月三版、同年5月三（？）版	图书大库
山城	小说	（美）辛克莱	麦耶夫	现代书局1933年3月三版	图书大库
山宁	小说	（俄）阿戚巴瑟夫	伍光建	华通书局1930年8月二版	唐弢文库
上海——罪恶的都市（原名"恶心人的都市"或"坏良心的城"）	小说	（俄）N.韦尔霍格拉特斯基	什之	读书出版社1945年10月二版	唐弢文库
少年哥德之创造	小说	（法）莫洛怀	西滢	新月书店1928年3月二版、1930年4月三版	唐弢文库、薛汕文库、图书大库
少年维特的烦恼	小说	（德）哥德	达观生	世界书局1933年5月二版	图书大库
少女日记（上、下）	小说	不详	衣萍、铁民	北新书局上卷1927年5月二版、下卷同年8月初版	唐弢文库、图书大库
蛇女士传	小说	（英）科南达利	林纾、魏易（正文排名为"魏易、林纾"）	商务印书馆1914年2月初版（《小本小说》）、同年6月初版（《林译小说丛书》）、1915年8月二版（四集本《说部丛书》第二集）	唐弢文库、王辛笛文库、图书大库
蛇首党	小说	（美）奥瑟黎敷	范况、张逢辰	商务印书馆1920年8月二版（四集本《说部丛书》第三集）	唐弢文库
深渊	戏剧	（苏）高尔基	谢炳文	启明书局1939年7月三版	图书大库
深渊下的人们	小说	（美）贾克伦敦	邱韵铎	光明书局1933年5月二版	唐弢文库
神曲:地狱	小说	（意）但丁	王维克	商务印书馆1939年9月二版	唐弢文库
神枢鬼藏录	小说集	（英）阿瑟毛利森	林纾、魏易	商务印书馆1914年4月二版（四集本《说部丛书》初集）、同年6月初版（《林译小说丛书》）	唐弢文库、图书大库
审判日	戏剧	（美）艾尔玛·莱士	袁俊	万叶书店1946年5月初版（此前已由联友出版社出版）	唐弢文库
生命的旅途	小说	（美）赛珍珠	荒芜	现代出版社1949年4月二版	唐弢文库、图书大库
诗人解颐语（上、下）	故事集	（英）倩伯司	林纾、陈家麟	商务印书馆1918年6月二版（四集本《说部丛书》第三集）、某版（无版权页，《林译小说》第二集）	唐弢文库、图书大库
十五封信	小说	（俄）屠格涅甫	黄维荣	开明书店1928年10月二版、1931年4月四版、1932年5月五版	唐弢文库
十五小豪杰	小说	（法）杰·佛尔诺	施落英	启明书局1949年1月三版	图书大库
十五小豪杰	小说	（法）焦士威尔奴	饮冰子、披发生	新民社1904年（农历）9月二版	唐弢文库
十月	小说	（苏）A.雅各武莱夫	鲁迅	神州国光社1933年11月二版，鲁迅全集出版社1939年5月初版、1947年3月二版	唐弢文库、侯金镜文库、胡风文库、图书大库
十字军英雄记（上、下）	小说	（英）司各德	林纾、魏易	商务印书馆1914年6月初版（《林译小说丛书》）、同年8月初版（《小本小说》）、1915年10月三版（四集本《说部丛书》第二集）	唐弢文库、王辛笛文库、图书大库
世界名剧精选（一）	戏剧集	（俄）柴霍甫等	曹靖华等	光明书局1947年4月五版	图书大库
世界名小说选（三）	小说集	（日）林房雄等	高汝鸿等	满洲图书株式会社1941年5月初版	图书大库
世界一周	小说	（日）渡边	商务印书馆	商务印书馆1914年4月二版（四集本《说部丛书》初集）	图书大库

书名	类别	著者	译者	馆藏版本	馆藏地点
兽国游记	童话	（国别不详）威斯佛特	吴景新	世界书局1933年4月二版	图书大库
赎罪	小说	（法）力喜腾堡格	顾维熊、华堂	商务印书馆1933年9月国难后一版	图书大库
双冠玺	小说	（英）特渴不厄拔伧	何心川、林黻桢	商务印书馆1914年4月二版（四集本《说部丛书》初集）	图书大库
双孝子噀血酬恩记（上、下）	小说	（英）大隈克力司蒂穆雷	林 纾、魏易	商务印书馆1914年6月初版（《林译小说丛书》）	唐弢文库
双雄较剑录（上、下）	小说	（英）哈葛德	林 纾、陈家麟	商务印书馆1915年9月二版（四集本《说部丛书》第二集）、某版（无版权页，《林译小说》第二集）	唐弢文库、图书大库
双鸳侣	小说	（英）格得史密斯	商务印书馆	商务印书馆1913年1月二版	唐弢文库
双指印	小说	不详	商务印书馆	商务印书馆版（版权页缺失，四集本《说部丛书》初集）	图书大库
水晶瓶塞（下）	小说	（法）玛丽瑟勒勃朗	常 觉、觉迷	中华书局1930年3月五版	巴金文库
水落石出	戏剧	（比）梅特林	王 石 城（改编）	商务印书馆1946年9月上海初版	图书大库
水仙辞	诗歌集	（法）保罗梵乐希	梁宗岱	中华书局1933年1月二版、1937年3月三版	唐弢文库、胡风文库、薛汕文库
死的胜利	小说	（意）邓南遮	陈俊卿	启明书局1936年6月二版	图书大库
死敌	小说集	（苏）爱伦堡等	曹靖华、尚佩秋	生活书店1940年1月二版、同年6月三版，文光书店1947年5月沪一版	唐弢文库、孔罗荪文库、图书大库
死魂灵	小说	（俄）果戈理	鲁迅	文化生活出版社1936年1月二版，同年3月三版，同年5月五版，1940年11月增订十版，1942年4、7月桂一版（上下册），1947年6月十三版，1948年10月十四版，1949年3月十四〈五〉版	唐弢文库、巴金文库、侯金镜文库、王辛笛文库、臧克家文库、孔罗荪文库、图书大库
死了的山村（原名"方塔马拉"）	小说	（意）I.Silone	赵萝蕤	独立出版社1944年9月二版	唐弢文库、图书大库
死之忏悔	回忆录	（日）古田大次郎	伯峰	文化生活出版社1939年12月三版、1941年2月四版	唐弢文库、图书大库
苏后马丽惨史	小说	（法）杜马	魏易	商务印书馆1933年2月国难后一版	图书大库
苏联儿童诗集	诗歌集	（苏）波尔多等	陈原	文化供应社1947年11月初版（《少年文库》）	图书大库
苏沃罗夫元帅	戏剧	（苏）I.巴克梯利夫、A.拉佐莫夫斯基（合作）	瞿白音	东北书店1947年11月初版（此前已由立体出版社出版）	图书大库
他们的儿子	小说	（西）柴玛萨斯	沈余	商务印书馆1933年4月国难后一版	唐弢文库、胡风文库、图书大库
獭皮	戏剧	（德）豪布陀曼	杨丙辰	商务印书馆1935年5月国难后一版	唐弢文库、巴金文库、艾芜文库、胡风文库
苔丝姑娘	小说	（英）哈代	吕天石	中华书局1940年2月二版	唐弢文库
太戈尔短篇小说集	小说集	（印）太戈尔	雁冰等	商务印书馆1924年10月二版	唐弢文库
太戈尔戏曲集（一、二）	戏剧集	（印）太戈尔	瞿世英等	商务印书馆第一册1933年3月国难后一版，第二册某版（版权页缺失，《文学研究会丛书》）、1933年3月国难后一版	唐弢文库、图书大库
泰丕	小说	（美）米勒维	伍光建	商务印书馆1934年10月二版	图书大库

书名	类别	著者	译者	馆藏版本	馆藏地点
泰绮思（正文题 "泰绮思姑娘"）	小说	（法）法朗士	徐蔚南	正风出版社1947年5月二版	图书大库
唐·吉诃德	小说	（西）西万提斯	未署	华北新华书店1947年9月翻印版	图书大库
棠花怨	小说	（法）雷科	吴梼	中国图书公司1909年（农历）5月二版	唐弢文库
逃亡者	诗歌集	（俄）莱蒙托夫	梁启迪	东北书店1949年4月初版（此前已由东方出版社出版）	唐弢文库
天方夜谈（一至三）	故事集	（波斯）佚名	纳训	商务印书馆第一二册1940年8月二版、第三册同年10月初版	唐弢文库
天方夜谭	故事集	（波斯）佚名	范泉（缩写）	永祥印书馆1948年9月三版	巴金文库、图书大库
天方夜谭（一至四）	故事集	（波斯）佚名	奚若	商务印书馆1914年4月二版（四集本《说部丛书》初集）、某版（上册，无版权页，《新中学文库》）、1938年10月国难后六版（下册）	图书大库
天囚忏悔录	小说	（英）约翰沃克森罕	林纾、魏易（正文排名为 "魏易、林纾"）	商务印书馆1914年2月初版（《小本小说》）、同年6月初版（《林译小说丛书》）、1915年10月二版（四集本《说部丛书》第二集）	唐弢文库、王辛笛文库、图书大库
铁甲列车 Nr.14-69	小说	（苏）V.V.伊凡诺夫	侍桁	神州国光社1933年5月二版	唐弢文库
铁流	小说	（苏）绥拉菲莫维支	杨骚	南强书局1932年8月二版	唐弢文库
铁锚手	小说	（英）般福德伦纳	商务印书馆	商务印书馆版（版权页缺失，四集本《说部丛书》初集）	图书大库
屠格涅夫代表作	小说集	（俄）屠格涅夫	黄源等	前锋书店1936年7月三版	唐弢文库
屠介涅夫散文诗（扉页、版权页题 "屠格涅夫散文诗"）	散文诗集	（俄）屠介涅夫	白棣、清野（封面署 "白隶、青野"）	北新书局1931年4月四版（改正版）	田仲济文库
土里罪人	小说	不详	陈冷血	有正书局1917年1月二版	唐弢文库
托尔斯泰短篇杰作全集	小说集	（俄）托尔斯泰	谢颂羔、陈德明（扉页排名为 "陈德明、谢颂羔"）	广学会1937年1月二版、1941年1月四版	唐弢文库
托尔斯泰短篇小说选	小说集	（俄）托尔斯泰	高殿森	正风出版社1948年1月二版	汝龙文库、周而复文库
外交秘事	小说集	不详	商务印书馆（编纂）	商务印书馆1915年10月初版（四集本《说部丛书》第二集）	图书大库
万里鸳（下）	小说	（英）婆斯勃	吴步云	小说林社1905年（农历）11月二版	唐弢文库
王尔德童话	童话集	（英）王尔德	穆木天	泰东图书局1929年4月五版、天下书店1947年1月初版（书名为 "王尔德童话集"）	唐弢文库、巴金文库
望穿秋水	戏剧	（苏）西蒙诺夫	曹靖华	新地出版社1946年3月沪二版	唐弢文库、臧克家文库
威廉的修业年代	小说	（德）哥德	伍蠡甫	黎明书局1937年6月二版	艾芜文库
威廉退尔	戏剧	（德）许雷	马君武	中华书局1926年9月二版、1941年3月四版	唐弢文库、许杰文库、图书大库
围炉琐谈	小说集	（英）柯南达里	刘延陵、巢干卿	商务印书馆1920年8月二版（四集本《说部丛书》第三集）	唐弢文库

书名	类别	著者	译者	馆藏版本	馆藏地点
伟大的恋爱	小说集	（苏）柯伦泰	李兰	现代书局1931年4月二版	唐弢文库、图书大库
卫国战	小说集	（苏）A.托尔斯泰等	白寒等	时代书报出版社1948年7月二版	图书大库
未名剧本	戏剧	（俄）柴霍甫	何妨	正中书局1947年11月沪一版	唐弢文库
未完成的三部曲	戏剧集	（苏）高尔基	焦菊隐	上海杂志公司1945年1月复兴渝一版	唐弢文库
文明人	小说	（法）克老特发赫儿	李劼人	中华书局1940年11月二版	图书大库
文凭	小说	（苏）丹青科	茅盾	现代书局1933年8月二版、春潮社1943年12月初版、永祥印书馆版（版权页缺失，《文学新刊》）	唐弢文库、胡风文库、图书大库
涡堤孩	小说	（德）福沟	徐志摩	商务印书馆1934年8月国难后一版	唐弢文库
我的大学	小说	（苏）高尔基	杜畏之、萼心	湖风书局1932年7月二版	唐弢文库
我的生涯（副标题为"一个俄国农妇自述"）	回忆录	（俄）托尔斯泰（编校）	李藻	商务印书馆1932年版（版权页缺失）	唐弢文库
我的一生（原名"Babia Dolia"）	回忆录	（俄）安尼西亚、托尔斯泰（编校）	陆鸿勋	大东书局1932年10月四版	唐弢文库
无上的恋爱	小说集	（法）玮里耶、（法）佛郎士	萧石君	中华书局1932年7月二版	唐弢文库、图书大库
雾中人（上、中、下）	小说	（英）哈葛德	林纾、曾宗巩	商务印书馆版（版权页缺失，《小本小说》）、1914年4月二版（四集本《说部丛书》初集）、同年6月初版（《林译小说丛书》）	唐弢文库、王辛笛文库、图书大库
西班牙宫闱琐语	小说	不详	商务印书馆（编纂）	商务印书馆1915年10月二版（四集本《说部丛书》第二集）	唐弢文库、图书大库
西利亚郡主别传（上、下）	小说	（美，正文作"英"）马支孟德	林纾、魏易	商务印书馆1914年6月初版（《林译小说丛书》）、1915年10月三版（四集本《说部丛书》第二集）	唐弢文库、图书大库
西楼鬼语（上、下）	小说	（英）约克魁迭斯	林纾、陈家麟	商务印书馆1920年8月二版（四集本《说部丛书》第三集）、某版（无版权页，《林译小说》第二集）	唐弢文库
西奴林娜小传	小说	（英）安东尼贺迫	林纾、魏易	商务印书馆1914年6月初版（《林译小说丛书》）、1915年10月三版（四集本《说部丛书》第二集）	唐弢文库、图书大库
西线无战事	小说	（德）雷马克	洪深、马彦祥	现代书局1932年11月九版	唐弢文库
西线无战事	小说	（德）雷马克	钱公侠	启明书局1939年5月四版、1948年10月三（？）版	图书大库
希腊三大悲剧（下）	戏剧集	（古希腊）埃司克拉斯等	石璞	商务印书馆1937年3月初版	蒋孔阳文库
希腊神话	故事集	（古希腊）佚名	沈德鸿（编纂）	商务印书馆1944年10月渝一版	唐弢文库、图书大库
希腊兴亡记	小说	（美）彼得巴利	曾宗巩	商务印书馆1915年10月二版（四集本《说部丛书》第二集）	唐弢文库
洗澡	小说集	（法）左拉	徐霞村	开明书店1929年10月二版	唐弢文库、图书大库
侠女郎	小说	（日）押川春郎	吴梼	商务印书馆1915年10月二版（四集本《说部丛书》第二集）	唐弢文库
侠女破奸记	小说	（英）加伦汤姆	刘幼新	商务印书馆1915年10月二版（四集本《说部丛书》第二集）	唐弢文库、图书大库

书名	类别	著者	译者	馆藏版本	馆藏地点
侠隐记（上、下）	小说	（法）大仲马	君朔	商务印书馆版（版权页缺失，《小本小说》）、某版（版权页缺失，分四册，四集本《说部丛书》第二集）、1926年11月二版（封面、扉页及版权页译者署名为"伍光建"）、1930年10月三版（封面、扉页及版权页译者署名为"伍光建"）、1932年11月国难后二版（封面、版权页译者署名为"伍光建"）	唐弢文库、巴金文库、图书大库
侠贼小史	小说	不详	潜夫	中国图书公司1917年2月二版	唐弢文库
下场	小说	（美）馥德	黄嘉德	西风社1941年10月重排初版	图书大库
先生的坟	童话集	（日）宇野浩二等	孙百刚	开明书店1934年4月二版	唐弢文库、图书大库
现代独幕剧（一至三）	戏剧集	（英）苏德罗等	赵惜迟等	商务印书馆1924年10月二版	唐弢文库、图书大库
香囊记	小说	（英）斯旦来威门	商务印书馆	商务印书馆1914年4月二版（四集本《说部丛书》初集）	图书大库
降妖记	小说	未署（福尔摩斯故事）	陆康华、黄大钧	商务印书馆1905年（农历）7月二版（十集本《说部丛书》第二集）、某版（版权页缺失，四集本《说部丛书》初集）	唐弢文库、图书大库
橡湖仙影（上、中、下）	小说	（英）哈葛德	林纾、魏易	商务印书馆1914年6月初版（《林译小说丛书》）	唐弢文库、图书大库
小妇人	小说	（美）阿尔珂德	林俊千	春明书店1946年11月二版	图书大库
小公子（上）	小说	不详	小说林社员	文盛堂书局1936年六版	唐弢文库
小拿破仑别记	小说	（英）巴科	朱世溱	中华书局1928年8月二版	唐弢文库
小男儿	小说	（美）奥尔珂德	汪宏声	启明书局1937年3月二版	图书大库
小杉树	童话集	（丹）安徒生	顾均正	开明书店1934年4月四版	图书大库
小物件	小说	（法）都德	李劼人	少年中国学会1931年1月六版、1933年4月七版、1936年8月八版，作家书屋1947年1月改译沪一版（书名为"小东西"）	唐弢文库、艾芜文库、李辉英文库、图书大库
小夜曲	诗歌集	（英）雪莱、（英）拜仑	李岳南	正风出版社版（版权页缺失，卷首有译者再版序）、1946年10月三版、1947年4月四版	唐弢文库、李辉英文库、图书大库
孝女耐儿传（上、中、下）	小说	（英）却而司迭更司	林纾、魏易	商务印书馆1914年2月初版（《小本小说》）、同年6月初版（《林译小说丛书》）、1915年10月四版（四集本《说部丛书》第二集）	唐弢文库、王辛笛文库、图书大库
蟹莲郡主传（上、下）	小说	（法）大仲马	林纾、王庆通	商务印书馆1915年8月二版（四集本《说部丛书》第二集）、某版（无版权页，《林译小说》第二集）	唐弢文库、王辛笛文库、图书大库
心狱	小说	（俄）托尔斯泰	马君武	中华书局1932年10月四版	唐弢文库
新哀绿绮思	小说	（法）卢梭	伍蠡甫	黎明书局1933年9月三版	图书大库
新天方夜谭	小说	（英）路易司地文、佛尼司地文（合作）	林纾、曾宗巩	商务印书馆1914年6月初版（《林译小说丛书》）	唐弢文库、俞平伯文库
新珠	小说	（日）菊池宽	周白棣（版权页署"周伯棣"）	大陆书局1932年10月初版（此前已由东南书店出版）	图书大库
幸运鱼	儿童剧	（苏）塔拉科夫斯加	梁琼	文化供应社1942年5月二版	图书大库
朽木舟	小说	（日）樱井彦一郎	商务印书馆	商务印书馆1914年4月二版（四集本《说部丛书》初集）	图书大库

书名	类别	著者	译者	馆藏版本	馆藏地点
虚无党真相（上、下）	小说	（德）摩哈孙	芳草馆主人	广智书局1908年（农历）6月二版	唐弢文库
续爱的教育	小说	（意）孟德格查	夏丏尊	开明书店1935年2月十版、1948年3月二十三版	图书大库
续侠隐记（一至四）	小说	（法）大仲马	君朔	商务印书馆1915年10月二版（四集本《说部丛书》第二集）、1926年1月初版（上下册，封面、扉页及版权页译者署名为"伍光建"）、1927年3月二版（上下册，封面、扉页及版权页译者署名为"伍光建"）	唐弢文库、巴金文库、图书大库
悬崖勒马	小说	（国别不详）贝厚德	沈骏英	广学会1926年12月二版	唐弢文库
血爱	小说	（德）苏德曼	成绍宗	大光书局1936年6月二版	图书大库
血痕	小说	不详	生可	商务印书馆1918年2月二版（四集本《说部丛书》第三集）	唐弢文库
血泊鸳鸯	小说	（英）哈葛德	薛一谔、陈家麟	商务印书馆1915年10月二版（四集本《说部丛书》第二集）	唐弢文库、图书大库
血手印	小说	（英）佚名	（日）茂源周辅、陶懋立（修正）	文明书局1917年4月二版	唐弢文库
亚德王故事	童话	（英）汶德	孙镇域	启明书局1941年7月三版	图书大库
亚媚女士别传（上、下）	小说	（英）却而司迭更司	薛一谔、陈家麟	商务印书馆1915年6月二版（四集本《说部丛书》第二集）	唐弢文库
艳尸奇案	小说	不详	白荻（编纂）	广益书局1947年8月新初版	谭正璧文库
叶莱的公道	小说	（南斯拉夫）伊凡康卡	王一榴	现代书局1932年11月二版	图书大库
夜航	小说	（法）圣·狄瑞披里	陈占元	明日社1942年2月重版	唐弢文库
夜未央	戏剧	（波兰）廖抗夫	李石曾	革新书局1928年5月四版	图书大库
一百十三案（一至四，正文题"第一百十三案"）	小说	（法）嘉宝耳（正文作"加宝耳奥"）	陈鸿璧	新民社1915年10月初版（序言谓此书为再版）	唐弢文库
一封书（上、下）	小说	（英）麦孟德	吴步云	小说林社1905年（农历）5月、1906年（农历）闰4月二版	唐弢文库
一个秋夜	小说集	（俄）宾斯基等	鲁迅	新文艺书店1932年5月二版	唐弢文库
一家人都飞去了	小说	（英）A.Derish	陈伯吹	中华书局1947年3月二版	图书大库
一束缘	小说	（英）李来姆	商务印书馆	商务印书馆1914年4月二版（四集本《说部丛书》初集）	图书大库
一切的峰顶	诗歌集	（德）哥德等	梁宗岱	时代图书公司1936年3月初版（《新诗库》第一集）、商务印书馆1937年4月增订二版	唐弢文库、冯至文库、王辛笛文库、薛汕文库、图书大库
一万九千磅（正文题"一万九千镑"）	小说	（英）般福德伦纳	商务印书馆	商务印书馆1914年4月二版（四集本《说部丛书》初集）	图书大库
一文奇怪的钱	童话	（俄）斯提泼涅克	陈伯吹	中华书局1947年3月二版	巴金文库

书名	类别	著者	译者	馆藏版本	馆藏地点
伊凡·伊里奇之死	小说集	（俄）托尔斯泰	方敬	文化生活出版社1947年6月沪一版	唐弢文库、巴金文库、陈文发文库、邹荻帆文库、图书大库
遗产	小说	（法）莫柏桑	耿济之	商务印书馆1924年5月二版	唐弢文库、康濯文库
义黑	小说	（法）德罗尼	林纾、廖琇昆	商务印书馆1915年8月二版（四集本《说部丛书》第二集）、某版（无版权页，《林译小说》第二集）	唐弢文库、图书大库
艺林风雨	小说	不详	赵璧（编纂）	广益书局1947年3月新初版	谭正璧文库
易卜生集（一、二）	戏剧集	（挪）易卜生	潘家洵	商务印书馆第一册1930年10月六版、1935年2月国难后三版，第二册1933年4月国难后一版	唐弢文库、艾芜文库、图书大库
意大利短篇小说集	小说集	（意）彭德罗等	戴望舒	商务印书馆1935年12月初版（《世界文学名著》）	唐弢文库、胡风文库、图书大库
茵梦湖	小说	（德）施笃谟	郭沫若、钱君匋	泰东图书局1926年3月重排八版、1927年6月重排九版、1928年3月十版，创造社1927年9月初版、1928年10月二版，光华书局1930年7月二版、1932年7月五版、1933年5月六版，群海社1946年11月沪一版	唐弢文库、图书大库
印度故事集	童话集	（印）佚名	南登山	正中书局1945年11月沪一版	毕朔望文库
印度七十四故事（原名"印度的聪明才智——印度朝野滑稽故事集"）	故事集	（印）佚名、萧野曼·升喀（编集）	汪原放	亚东图书馆1932年8月二版	唐弢文库、毕朔望文库
印度童话集	童话集	（日）丰岛二郎	许达年	中华书局1939年11月三版	李辉英文库
英美名家小说集	小说集	（英）高纳儿等	夏莱蒂	文艺书局1933年4月二版	唐弢文库
英孝子火山报仇录（上、下）	小说	（英）哈葛德	林纾、魏易	商务印书馆1914年6月初版（《林译小说丛书》）	唐弢文库、图书大库
英雄与美人	戏剧	（爱尔兰）萧伯纳	中暇	商务印书馆1932年11月国难后一版	唐弢文库、图书大库
鹦鹉缘（上、下）	小说	（法）小仲马	林纾、王庆通	商务印书馆1920年7月二版（四集本《说部丛书》第三集）、某版（无版权页，《林译小说》第二集）	唐弢文库、王辛笛文库、图书大库
鹦鹉缘续编（上、下）	小说	（法）小仲马	林纾、王庆通	商务印书馆1920年7月二版（四集本《说部丛书》第三集）、某版（无版权页，《林译小说》第二集）	唐弢文库、王辛笛文库、图书大库
幼年·少年·青年	回忆录	（俄）托尔斯泰	高植	文化生活出版社1947年4月沪一版、1949年3月沪二版	唐弢文库、图书大库
幼年时代	小说	（苏）高尔基	陈小航	商务印书馆1932年9月国难后一版、1934年9月国难后二版、1936年9月初版（分三册）	唐弢文库、图书大库
玉楼惨语	小说	（英）威连勒格克司	胡克、赵尊岳	商务印书馆1915年10月二版（四集本《说部丛书》第二集）	唐弢文库
玉楼花劫后编（上、下，正文、版权页题"玉楼花劫续篇"）	小说	（法）大仲马（正文作"仲马"）	林纾、李世中	商务印书馆1914年6月初版（《林译小说丛书》）、1915年10月三版（版权页书名为"玉楼花劫续编"，四集本《说部丛书》第二集）	唐弢文库、王辛笛文库、俞平伯文库、图书大库
玉楼花劫前编（上、下，正文、版权页题"玉楼花劫"）	小说	（法）大仲马（正文作"仲马"）	林纾、李世中	商务印书馆1914年6月初版（《林译小说丛书》）、1915年10月三版（版权页书名仍为"玉楼花劫前编"，四集本《说部丛书》第二集）	唐弢文库、王辛笛文库、俞平伯文库、图书大库
玉雪留痕	小说	（英）哈葛德	林纾、魏易	商务印书馆1914年6月初版（《林译小说丛书》）	唐弢文库

书名	类别	著者	译者	馆藏版本	馆藏地点
狱中记	回忆录	（美）柏克曼	巴金	文化生活出版社1936年4月三版、同年6月四版、1941年5月六版、1947年4月七版	唐弢文库、巴金文库、图书大库
御香缥缈录（一名"老佛爷时代的西太后"）	回忆录	（美）德龄	秦瘦鸥	申报馆1936年9月三版	管桦文库
元配夫人	小说集	（美）赛珍珠	李敬祥	启明书局1946年4月三版	图书大库
圆室案	小说	（英）葛雷	商务印书馆	商务印书馆1914年4月二版（四集本《说部丛书》初集）	图书大库
猿幻奇案	小说	不详	蒋景缄	进步书局1924年3月三版	唐弢文库
远方	童话	（苏）盖达尔	尚佩秋、曹靖华	文化生活出版社1940年4月二版、1944年8月渝一版（著者译名为"葛达尔"）、1947年4月五版	唐弢文库、巴金文库、图书大库
约翰·克利斯朵夫（一至四）	小说	（法）罗曼罗兰	傅雷	骆驼书店第一册1945年12月初版、1946年3月二版，第二三册1946年1月初版、同年12月二版，第四册1946年2月初版、同年12月二版（全书此前已由商务印书馆出版）	唐弢文库、汝龙文库、刘麟文库、卜少夫文库
月下人影	小说	（英）哈代	林伦彦	人间书屋1947年4月港初版	图书大库
云消日出	小说	不详	白荻（编纂）	广益书局1947年8月新初版	谭正璧文库
再续贤妮小传（上、下）	小说	（英）亨利瓦特	丁宗一、陈坚	商务印书馆1920年8月二版（四集本《说部丛书》第三集）	唐弢文库
在爱情中	小说集	（英）D.H.劳伦斯	叔夜	文学编译出版公司1946年6月沪一版	图书大库
造谣的社会	戏剧	（西）J.Echegaray	王鹤仪	商务印书馆1944年2月赣初版	唐弢文库
贼博士（原名"Mysterious Philosophy"）	小说	（国别不详）C.Andolen	无我生	商务印书馆1920年8月二版（四集本《说部丛书》第三集）	唐弢文库
贼史（上、下）	小说	（英）却而司迭更司	林纾、魏易	商务印书馆1914年7月二版（《小本小说》）、同年6月初版（《林译小说丛书》）、1915年10月二版（四集本《说部丛书》第二集）	唐弢文库、王辛笛文库、图书大库
窄门	小说	（法）安得烈·纪得	穆木天	北新书局1929年5月二版	唐弢文库、巴金文库、杨沫文库、图书大库
战后（下）	小说	（德）雷马克	沈叔之	开明书店1931年8月初版	图书大库
长子	戏剧	（英）高尔斯华绥	邓演存	商务印书馆1933年1月国难后一版	艾芜文库、图书大库
丈夫与情人	戏剧集	（匈）莫尔纳	施蛰存	正言出版社1948年9月初版（《域外文学珠丛》第一辑）	巴金文库
遮那德自伐八事（上、下）	小说	（英）科南达利	陈大灯、陈家麟	商务印书馆1915年10月二版（四集本《说部丛书》第二集）	唐弢文库
遮那德自伐后八事（上、下）	小说	（英）科南达利	陈大灯、陈家麟	商务印书馆1915年10月二版（四集本《说部丛书》第二集）	唐弢文库
侦探谭（三，正文、版权页题"侦探谈"）	小说	（日）泪香小史	冷血	开明书店1904年（农历）4月初版	唐弢文库
真爱情	小说	不详	莲心、雏燕（编纂）	商务印书馆1920年8月二版（四集本《说部丛书》第三集）	唐弢文库
真妮姑娘	小说	（美）德莱塞	傅东华	中华书局1940年6月二版	唐弢文库
脂粉议员	小说	（英）司丢阿忒	林纾、魏易	商务印书馆1914年6月初版（《林译小说丛书》）、同年7月二版（《小本小说》）、1915年10月二版（四集本《说部丛书》第二集）	唐弢文库、王辛笛文库、图书大库

书名	类别	著者	译者	馆藏版本	馆藏地点
置产人	小说	（英）伽尔和提	伍光建	商务印书馆1934年9月二版	图书大库
中国孤儿	戏剧	（法）福禄特尔	张若谷	商务印书馆1944年4月赣二版	唐弢文库
钟乳髑髅	小说	（英）哈葛德	林纾、曾宗巩（正文排名为"曾宗巩、林纾"）	商务印书馆1915年10月三版（四集本《说部丛书》第二集）、某版（无版权页，《林译小说》第二集）	唐弢文库、图书大库
仲夏夜之梦	戏剧	（英）莎士比亚	曹未风	文化合作股份有限公司1946年6月普及版	唐弢文库、管桦文库、靳以文库
自传（前、后部）	回忆录	（俄）克鲁泡特金	巴金	新民书店1933年9月二版，开明书店（合订本，书名为"我底自传"）1942年7月湘一版、1949年2月七版	巴金文库、李辉英文库
罪与罚	小说	（俄）杜思妥亦夫斯基	汪炳焜（版权页署"汪炳琨"）	启明书局1936年12月三版、1949年9月新一版	李辉英文库、孔罗荪文库

书名索引

译者索引

出版者索引

后记

从2005年到2014年，九易寒暑中，《中国现代文学馆馆藏珍品大系》6卷12本相继出版。最后编定的这部《中国现代翻译文学初版本图典》是一个休止符，标志着此项工作的阶段性结束。

编辑这套丛书的动议，始自2004年中国作协副主席陈建功主政文学馆不久。那时，建馆后的第一次藏品全面清核工作正在进行中，清核中发现的个别账物不符——主要表现为电子账目错登甚至漏登文物信息等问题，让进一步建立健全文物管理制度的工作成为当务之急。恰逢此时，北京博物馆协会保管专业2004年年会在无锡召开，我受派与会。临行前主持工作的李荣胜常务副馆长特别嘱咐：一定要抓住机会虚心学习，把文物管理之"经"取回来。肩负此重托，会议期间我与多位学者如河南省博物馆保管部主任王玮等专家进行了广泛交流，得以开聪启明之际，对建立健全博物馆藏品档案以及与之相应的藏品图录出版问题感触尤深。回馆详细汇报后，得到领导的高度重视和大力支持，随即按指示写了一份文案——《〈中国现代文学馆藏品集粹图录〉编辑设想》。

由上述背景所决定，"设想"中的丛书，实质上就是一套为馆藏文物"立此存照"的博物馆藏品图录。"建立健全藏品档案"是其立足基点；展示文物，使文物藏品不再"深锁环琅饱蠹鱼"是其直接诉求。唯其如此，文学馆的全部收藏才都被列入了丛书的收录范畴，具体划分为文献、版本、书画、期刊、器物、影像6大系列。考虑到文物入藏工作是一个只有起点而无终点的线性过程，藏品数量会日复日年复年地"与时俱进"，所以"设想"了"系列内分卷，卷为横向开放式，可随藏品种类的增加而增加；卷下分辑，辑为纵向开放式，随入编藏品数量的增长而顺序排列"的编辑体例。

凭心而论，在"设想"的整个策划过程中，我一直以为那就是一项单纯的文案工作，画上了最后一个句号就可以完事大吉。而日后将由自己来全面负责组织实施，并且一干就是近10年，则是从来不曾想到的，否则"设想"很可能就该是另外一种样子，最起码也不会这样贪大求全。好在无论如何，毕竟有一堆书摆在那里了。褒贬损益任由评说之时，借此机会对其进行一番自我查检，感到有失误，也有成绩；有欣幸，更有遗憾。总其大概写在这里，权作给读者一个负责任的交代吧。

（一）书画卷

书画卷一至四辑，均以捐赠者为核心组织内容，正文皆由"藏家档案"与"文物图版"两部分构成。一至四辑分别收录书画图版118帧、132帧、123帧、96帧，以及"附录"图版若干。书画原件的收藏者巴金、冰心、老舍、刘白羽、阳翰笙、周而复、马识途、管桦、高莽、夏衍、丁玲、臧克家、陈白尘、萧乾、王辛笛、柏杨、萧军等17位作家，则分别有"小传"进入相应的"藏家档案"。

本卷之编辑，包括文物遴选、信息校核、影像制作、图文合成四步程序。从2006年7月12日开始，至9月21日送交出版社，前后历时百天。其内容之特点在于以图取胜，充分体现了博物馆出版物的"展示"功能，从而为文学馆的征集工作发挥了一定的助推作用。只可惜时间过于匆忙，本来想把书画所涉纸张、笔墨、印鉴、题跋、收藏标识等各种文物表征都辑录完整，却因未及辨识而不得不忍痛割爱。其结果便是文字说明过于简单，致使本卷的文化信息含量未达预期目标。

（二）手稿卷

手稿卷一辑，虽然出版较晚，却是紧随书画卷之后而在其他各卷之前就进入编辑流程的。它以一件手稿为一辑录单位，每单位均包括文物图片、文物档案、释文、相关作家简介等四项内容。其中"文物档案"之"产生年代"一栏的填写，原则上是以手稿原件结尾处所署时间为据；原件未注确切时间者，根据学术研究资料填写大致年代；其余情况则为"待查"。"释文"一项有两种形式：诗歌、散文及书前序言等手稿之"释"为相关内容摘抄；小说、戏剧、书信、日记类或结集出版者之"释"，则是依据手稿原件内容缩写而成的"简介"。

与其他各卷相比，本卷可以说是名副其实的"图文并茂"；而内容中唯其独有的"文物档案"一项，又让它做了"为文物立档"编辑初衷的忠实演绎者。它后来能荣获"最美图书"之誉，全赖出版社的装帧设计之功；而其"释文"之"简介"文字的较有特色，也许才是编撰者能聊以自慰的一豆亮点。

（三）信函卷

信函卷一辑，所收皆为巴金先生的藏信。正文由前后两部分组成：前者为巴金致友人信，后者为友人致巴金信；另有家人、国际友人以及嘉兴市志编纂室等单位致巴金函数件，以"附录"置于正文之后。一封信为一辑录单位，每单位都由图片、释文、相关人物注释三部分构成。所有释文，均按信函原件抄录。原件中有明显笔误或缺漏之处，酌情予以补正；原件中残缺或无法辨认之字词，以"□"替代；原件中的繁写文字，一律以简体代之；原件无标点者，代为添加了通用标点符号；原件长而又"一气呵成"者，代为划分了自然段落。所有注释，旨在"索引"；笔触所涉，点到为止。内容中凡关涉外国人名、书名者，如原件译音与现在通译不尽一致处，保留原译。

编辑本卷，首先遭遇的是"认字难"。作为亲朋好友间传情达意的工具，信函的书写大概最具性情——可以不求章法，不问字体，信笔游走，文也潇洒字也潇洒。释文者所面对的，正是无数"潇洒"集合而成的龙飞凤舞千姿百态。释文价值，贵在准确。即便错认一字，也极有可能因"差之毫厘"而"谬之千里"……其次便是"排序难"——难在同一人名下有两封以上信函时的队列安排。曾经想当然欲以时为序，到付诸实践才知道"此路不通"——国人写信，绝大多数只署月、日省略年份，而失去了年份的月和日也便失去了记时价值。若为其求解倒也不难，只要有人有时间去查证大量文献资料就是了。只可惜这必须的"两有"我们一个都没有，迫不得已只好走捷径使用了"文物编号"排序法。为此还曾与责编斯日女士发生争论：她说有些信件本来能从内容上明显看出时间先后，用文物编号一排列反倒乱了秩序；我说可是有更多的信是一时无法通过内容确知其先后的，要让它们高低大小各安其位，总得有个统一的规矩标准。用文物编号排队，再怎么着也算得上是一个名正言顺的尺度吧？——这些话，与其说是讲给斯日听，不如说是在说服我自己。因为我心里非常明白，"走投无路"之际，这是唯一的选择。后来《中华读书报》发表一篇书评，题为《"珍品"当以珍品的标准呈现》，重点批评的正是排序问题。作者的认真态度和缜密分析让人感激也让人折服，但我所能回报的却只有一丝苦笑加一声叹息——条件所限，只能如此，祈盼理解并谅解吧。

（四）书目卷

书目卷两辑，一为《巴金文库目录》，一为《唐弢藏书·图书总录》。前者以题材划分单元；后者除把1899年以前的图书划归一处外，余者则以十年为一单元。单元内容均以表格形式呈现。一册（或一套）书为一条目占一横格，依次填写书名、著（编）者、译者、出版社、出版日期、版次、装帧、印刷方式、开本、备注诸项。丛书名、校注者、签名、题字、印章等内容皆录入"备注"项中。

这两辑书的编辑，任务为临时分派且带有突击性质，目的是能尽快给予捐赠者一份郑重的回馈。为了赶时间，《巴金文库目录》的书稿是临时组织人马加班加点"编目""巴金文库"的成果，而《唐弢藏书·图书总录》则是以有关人员直接从数据库中调印的唐弢文库电子图书编目作底稿……本以为按编辑体例对"编目"略作梳理就可照单付印，殊不知由于调印的电子图书编目"先天不足"，单是规范其表述方式一项工作，就能把人耗得心焦气躁精疲力竭——仅以"出版日期"栏目为例，且不说纪年方式有公历、农历、天干地支、朝代年号种种不同，只举例说以公历方式表述的"1893年10月"，在电子图书编目中就能见到"1893、10"、"1893，10"、"1893.10"、"1893-10"、"1893～10"、"1983—10"等等七八种模样。再比如"出版单位"一栏，填写内容也是如"该社"、"该室"、"作者"、"编者"、"上杂"（上海杂志公司）、"商务"（商务印书馆）等等五花八门；"版次"栏目则除了"3版"、"三版"、"？版"、"不详"、"（不详）"、"[不详]"等填法，更多的则是由忽略不计制造出的大量空白……如此这般，若逐一校核"条目"内容，其工作量之大实在让人望而生畏！因此只能抽查——一遍一遍地查，一遍一遍地改，反反复复8次之后才算定稿。虽是如此，心里却仍然忐忑不安：那么巨量的琐屑问题，即使"天网恢恢"，也很难"疏而不漏"啊！但最让人耿耿于怀者并不在此而在两书——尤其是《唐弢藏书·图书总录》的"流水账"内容。假如时间允许，它是应该而且能够以别一种模样呈现的——就像现代文学版本专家朱金顺先生所期望的如《西谛藏书》一样。然而面对假设的不敌现实，人所能有的作为与感受，似乎就只剩下"遗憾"二字了。

（五）期刊卷

期刊卷一辑——《百年中文文学期刊图典（上）》。所录期刊，皆为1900年1月至1949年9月期间创刊而于2006年12月31日前入藏我馆者。内容包括纯文学的期刊与报纸副刊，以及包含文学内容的综合性期刊与报纸副刊。以刊代书的丛刊（后改为期刊者除外）不予收录。其内容分正文和附录两部分。馆藏中有创刊号者入正文，无创刊号者进附表。全书共收正文条目1033个、参见条目63个，附录条目341个。正文中一刊设一条目。条目名称以刊物封面所印文字为据；刊名有演变者，取其有影响者设为条目，余者另设参见条。正文以"条目"为单位，内容均为基本信息、馆藏现状、创刊词摘录、刊物概况四个部分。"基本信息"主要介绍刊别、创停时间、编辑者、发行者、出版地、总期数等情况。"馆藏现状"介绍文学馆收藏总貌。"创刊词摘录"采取尊重历史、不增不改之原则，只对原文中的衍夺讹误予以标示或补正。若刊物没有创刊词，也没有任何阐述其宗旨或介绍其内容之文字，则此项阙如。"刊物概况"介绍刊物性质、主要撰稿人、重要篇目等情况。

此卷既经出版，理应依序而行续编其"（下）"，但考虑到"（下）"拟收录的是1949年10月至1999年12月的文学期刊，它们与我们同处"当代"，编辑难度会相对较小，故决定将其暂时"留中"，按"先难后易"原则，将难度较大的"版本卷"编辑工作提前一步。

（六）版本卷

版本卷两辑——《新文学（创作）初版本图典》和《中国现代翻译文学初版本图典》。

《新文学（创作）初版本图典》收录2008年12月31日以前入藏我馆的1949年10月之前出版的新文学创作单行集和初次结集出版的作品集，不收录在单行集基础上编辑的选集、文集、全集和丛刊性质的多人合集。根据中外文学原著改编的作品以及纪实文学（如报告、通讯、传记、非创作类书信日记等）、通俗文学、民间文学、儿童文学等作品也均不收录。馆藏中有初版本者入正文，无初版本者进附表。正文中一书设一条目。馆藏有初版本者，每种设一条目，计2373条。条目名以封面上的书名为准，扉页、目录或版权页上有不同书名时，在条目中注明。条目所录内容均为初版本信息，第一自然段包括书名、定性（小说、诗歌、散文、戏剧等）、作者、初版年月、印数、出版地、出版者、发行销售者、丛书名等内容。第二自然段罗列本馆所藏该书全部版本的出版者、出版年月、版次及收藏文库。第三自然段摘录初版本序跋中与书集相关的内容，但丛书总序之类不予摘录。对于原文中的衍夺讹误均予以标示或补正。正文后设附表两种：附表一收录无法确定是否为初版本的集子，计314种；附表二收录馆藏无初版本的集子，计319种。

《中国现代翻译文学初版本图典》收录的是2013年12月以前入藏我馆的1949年10月之前出版的外国文学（不含评论）译本。其编辑体例与《新文学（创作）初版本图典》大致相同处，在此不赘。正文和附表中的"不明版本"

是指因版权页缺失等故致使出版者、出版时间及版次都无法得知的版本。同一种原著的不同译者之译本，在正文和附表中分别立目。本书共有正文条目1762条，附表一191条，附表二497条。原著者的国别，除"瑞典"与"瑞士"、"波兰"与"波斯"等易于混淆者使用全称外，一律使用简称，如"英"、"法"、"俄"、"苏"、"日"、"美"等。作品合集的著者或译者有三个及三个以上时，只录排名第一位的著者或译者并加以"等"字。

需要说明的是，与《新文学（创作）初版本图典》相比，《中国现代翻译文学初版本图典》的收录范围有所扩展：一是容纳了创作图典摒弃的选集、全集、多人合集、儿童文学、民间文学等；二是把"新文学"概念做了更广义的理解，从而使20世纪初期商务印书馆出版的一大批外国文学的文言译本也得以辑录其中。依《中国现代文学总书目》之说，最早的翻译文本出现于1874年，而文学馆馆藏中最早的是1900年的《茶花女》。这些文言译本当年被重复收入《欧美名家小说》、《说部丛书》（又分为十集本和四集本）、《林译小说》、《小本小说》、《袖珍小说》等丛书中，版次颇为混乱。为避免混淆，本书对这些版本都加注了丛书名称。另外还有些由于版权页缺失而无法确知出版时间及版次，也注明了丛书名。这些近代翻译作品是中国新文学的重要资源，是中国文学现代性的重要推动力，为了它们而推溯"新文学"之"新"到20世纪之初，相信会是一个不错的选择。

相比于其他各卷，"期刊"、"创作"、"译作"三本图典，似乎更能给人以较足较大的底气与信心。之所以如此，不独因其所录内容——约200余万字近5000幅图片，都是编辑人员经年累月钻在图书库房里，亲手一本一本翻阅、一字一字摘抄、一遍一遍校核而成，所以对其准确性拥有相当把握，更因为有了吴义勤馆长的担纲领衔并直接参与，使其文化信息含量与资料研究价值都得到相应提升。而且，翻译图典作为一个阶段性的收尾工程，在其之后没有其他任务排队催逼，工作节奏较为从容，所以在正文之后又搞了三个"索引"，使查阅使用更为方便。此项工作一直想做而因时间关系一直未做，就此也算了却一桩心愿吧。

综上所述，可以一言以蔽之："大系"的编辑过程，就是一个探索过程、学习过程、研究过程，一个在实践中不断提高认识从而不断调整目的指向的过程。但是无论怎样努力，它充其量也只是一套资料性丛书，在学术与技术含量方面都无法满足太高的期待。"编辑《馆藏珍品大系》与编辑其他书籍不同，根本区别在于它没有现成的书稿，它的所有内容都在因尘封已久而发黄发脆的故纸堆中。要将所需所求者'捕捉归案'，必须抱定开山寻宝沙里淘金的心态，把自己'埋'进文物堆中，小心翼翼地一件一件去翻拣、去研读、去辨析、去求证。这种工作不需要多高的学术水准，却必须要有极高的热情与极强的责任心……每一个工作环节都不敢有一点马虎，因为辑录的每一点信息都要准确无误才行。而辑录对象又是那样的琐屑、繁难，'万一'出现一点偏差，就极有可能摧毁'一万'个正确凝结成的信任与信心。费时费力不小，可见成果不大——极低的'性价比'使'大系'的编辑工作成为名副其实的苦差事。"——这是我发过的"牢骚"（见《新文学（创作）初版本图典》之《后记》），也是实事求是的由衷之言。从乍开始就清醒的认识到这一点而能坚持做下来，实在有赖于胡适先生的"谆谆教诲"——1946年10月16日，胡适主编的《大公报·文史周刊》问世，其创刊词《"文史"的引子》中写道："文化是一点一滴的造成的。文化史的研究，依我们的愚见，总免不了无数细小问题的解答。高明的思想家尽可以提出各种大假设来做文化史的概括见解。但文史学者的主要工作还只是寻求无数细小问题的细密解答。文化史的写定终得倚靠这种一点一滴的努力。"——虽然并不确知此话必是出自胡适先生之口，但我宁愿相信那是一定的！因为它说得太好了，让我受到了舍此便无法受到的启迪与鼓励：干不了大事，就老老实实做点针头线脑的小事吧，诚如一位伟人所言："一个人的能力有大小，但只要有这点精神……"

　　一套丛书，从陈建功馆长编到吴义勤馆长，前者给予了把轮操舵的宏观调控，后者则是切实可行的具体指导；而最后的贯彻落实，靠的是馆内同仁的共同努力。"犹记启动初始，率领着邱俊平、徐俊、侯若愚三人一支小小团队，每日早一小时上班晚两小时下班，午饭前后的休息时间也全部无偿捐赠……每念及此，总会同时想起那些不惮'大系'之苦而曾对'大系'真诚相助的同仁'志愿者'，他们是辛昭瑞、吴光强、刘鲁燕、吴春梅、封晓曌、李莉、田春英……"这几句话，最初写在《新文学（创作）初版本图典》的《后记》中，这里再度提起，除了想表达永志不忘的感激之外，还想由此而特别提到为本"大系"贡献最大而最默默无闻的学者徐俊。徐俊毕业于上海大学文学院。他是老作家姚雪垠的粉丝，对姚著《李自成》情有独钟；又在《红楼梦》成书过程研究方面颇有造诣，与冯其庸等著名学者曾多有书信往还。他勤奋，踏实，一丝不苟，不计名利不惮付出，以合同工身份在文学馆一干就是8年。三大"图典"的全部信息，都是由他执笔辑录的。我作为"执行主编"，除了负责行动前的策划和实施后的验收以及解决执行过程中遇到的某些技术性、学术性问题，其他最细致最繁琐的工作都放在了他肩上。若本"大系"能有"功"可论，头功必非徐俊莫属。

不想再说什么了，因为工作远未结束。且不说中国现代文学馆的"作家文库"还有近百个尚在整理之中，新编目的各种文献资料图书版本因之正在源源不断地入藏上架，其中还有许许多多的"珍品"等待发掘；就是早已列入出版计划的《百年中文文学期刊图典（下）》和《唐弢藏书·期刊总录》，也还一直身处"纸上谈兵"状态而未付实施。特别是从2011年5月起，该大系的编撰工作又被纳入了国家社科基金重大项目《中国现代文学馆藏珍品的发掘、整理、研究与出版》（项目批准号10&ZD099）中。所以，"我们盼望各地的朋友——认识的或不认识的——批评我们的结论，指摘（责）我们的方法，矫正我们的错误"（语出《"文史"的引子》），以期于未来的"大系"编辑工作能发扬成绩，裨补阙漏，从现有基础上取得长足进步。

许建辉

2014年3月10日

图书在版编目（CIP）数据

中国现代翻译文学初版本图典 / 陈建功, 吴义勤主编. –– 南昌：百花洲文艺出版社, 2014.8
ISBN 978-7-5500-1013-0

Ⅰ. ①中… Ⅱ. ①陈… ②吴… Ⅲ. ①外国文学 – 译本 – 中国 – 现代 – 图集 Ⅳ. ①I11-64

中国版本图书馆CIP数据核字(2014)第202087号

中国现代翻译文学初版本图典

陈建功　吴义勤　主编

出 版 人	姚雪雪
责任编辑	胡青松　梁　菁
书籍装帧	张诗思
制　　作	周璐敏
出版发行	百花洲文艺出版社
社　　址	南昌市红谷滩新区世贸路898号博能中心9楼
邮　　编	330038
经　　销	全国新华书店
印　　刷	江西千叶彩印有限公司
开　　本	850mm×1168mm　1/16　　印张　66.5
版　　次	2015年8月第1版第1次印刷
字　　数	600千字
书　　号	ISBN 978-7-5500-1013-0
定　　价	680.00元

赣版权登字　05-2014-206

邮购联系　0791-86895108
网　　址　http://www.bhzwy.com
图书若有印装错误，影响阅读，可向承印厂联系调换。